Groß/Geerds

Handbuch der Kriminalistik

Band 1

Hans Groß

* 26. 12. 1847 † 9. 12. 1915

Groß/Geerds

Handbuch der Kriminalistik

Wissenschaft und Praxis der Verbrechensbekämpfung

Band 1

Die Kriminalistik als Wissenschaft ·
Die Technik der Verbrechen ·
Kriminaltechnik

Ungekürzte Studienausgabe des zweibändigen Werkes
Handbuch der Kriminalistik

Begründet als »Handbuch für Untersuchungsrichter« von
Dr. jur. Hans Groß †
Professor an der Universität Graz
10. völlig neu bearbeitete Auflage von
Dr. jur. Friedrich Geerds
Professor an der Universität Frankfurt a.M.

Lizenzausgabe für
Manfred Pawlak Verlagsgesellschaft mbH, Herrsching

Umschlaggestaltung: Bine Cordes, Weyarn
ISBN: 3-88199-264-2

Vorwort

Das in erster Auflage im Jahre 1893 von Hans *Groß* als „Handbuch für Untersuchungsrichter“ vorgelegte Werk, das er 1913 in 6. Auflage als „System der Kriminalistik“ erscheinen ließ, ist ein so großartiges und zu seiner Zeit bahnbrechendes Werk gewesen, daß sich der Verfasser, als der Verlag vor einigen Jahren an ihn mit dieser Bitte herantrat, nur mit erheblichen Bedenken und Skrupeln entschließen konnte, diese 10. Auflage zu übernehmen. Denn bei aller Bewunderung für dieses Standard- und Lieblingswerk des Altmeisters der Kriminalistik war sich der Verfasser mit dem Verlag darin einig, daß infolge der seitherigen Entwicklung, der erheblich veränderten Gegebenheiten sowie der gewaltig gewachsenen Stoffülle dies Buch in unserer Zeit anders gestaltet sein muß als vor jetzt mehr als 80 Jahren; und selbst seit der letzten von *Groß* besorgten 6. Auflage sind inzwischen über 60 Jahre verstrichen. Es haben nicht nur zwei Weltkriege Länder und Kontinente verwüstet, sondern auch viele andere Ereignisse haben das Leben auf dieser Erde tiefgreifend verändert. Den damit z. T. grundlegend gewandelten Formen kriminellen Verhaltens entspricht zudem eine gerade wegen der Fortschritte der Wissenschaften in unserem Jahrhundert ganz andersartige Situation sowohl der Gegebenheiten als auch Möglichkeiten der Verbrechensbekämpfung.

Anders als seine Vorgänger, Generalstaatsanwalt Dr. Erwein *Höpler,* der die 7. Auflage (1922) besorgte, und Professor Dr. Ernst *Seelig,* der die 8. und 9. Auflage (1942: I. Band; 1954: II. Band) betreut hat, konnte der Verfasser daher nicht auf dem Wege fortschreiten, dieses Werk bei insgesamt unveränderter Anlage lediglich auf den neuesten Stand zu bringen und hier oder da etwas zu ergänzen. Vielmehr stand er vor der schweren Aufgabe, nunmehr das zu tun, was Hans *Groß* bereits in der 1904 veröffentlichten 4. Auflage angekündigt hatte, nämlich die Anlage dieses Werkes völlig umzugestalten. Ihm war klar, daß ein solches Vorhaben gerade bei einem weit verbreiteten und dermaßen geschätzten Buch nicht nur enorme Arbeit und Verantwortung für ihn bedeutet, sondern das Ergebnis bei diesem oder jenem Leser sicherlich auch Zweifel oder gar Kritik hervorrufen würde. Dennoch hat er sich dieser Aufgabe gestellt, da gerade dieses Werk und überhaupt die von Hans *Groß* begründete Tradition es seiner Ansicht nach verdient, gepflegt zu werden, um so weiterhin die schwierige kriminalistische Arbeit sowohl in der Wissenschaft als vor allem auch in der Praxis der Verbrechensbekämpfung zu fördern und ggf. zu beeinflussen.

Obwohl aus diesen später noch genauer darzulegenden Gründen die Anlage des Werkes in der Neuauflage völlig umgestaltet worden ist, meint der Verfasser doch, hier ebenso wie bei der von anderer Seite an ihn herangetragenen, im Jahre 1972 übernommenen Herausgabe des ebenfalls von Hans *Groß* begründeten „Archiv für Kriminologie“ die Arbeit in seinem Geiste fortgesetzt zu haben. Denn Bewahren einer Tradition heißt nicht, daß man am überkommenen Rahmen festhält, was gerade Hans *Groß* nicht getan hat, wie die von ihm besorgten Auflagen des Handbuchs beweisen, sondern daß man in einer der jeweiligen Zeit gemäßen Form in einer Art und Weise arbeitet, die ganz bestimmten Intentionen entspricht. Natürlich läßt sich nicht sagen, wie Hans *Groß* dieses Handbuch heute konzipiert und geschrieben hätte. Und ganz sicher geht in jede derartige Arbeit etwas von der Individualität des Verfassers ein. Dennoch spricht manches dafür, daß sich auch die umgestaltete Anlage des Werkes in den von Hans *Groß* aufgezeigten Bahnen bewegt. Das gilt ebenso für die in der nachstehend auszugsweise wiedergegebenen, von ihm verfaßten Einleitung zur ersten Auflage zum Ausdruck kommende Einstellung wie für den Schwerpunkt des Buches und im wesentlichen wohl auch für die Verteilung der Gewichte. Im Grunde könnte man sogar sagen, daß die neue Gliederung z. T. noch deutlicher als manche frühere auf Dinge Gewicht legt, die *Groß* – wie z. B. die Probleme der Kriminalphänomenologie im Sinne der Verbrechenstechnik – von Anfang an für bedeutsam gehalten hat. Denn neben allgemeineren Fragestellungen dieser Art berücksichtigt die Neuauflage im 2. Abschnitt ihres eigens der Verbrechenstechnik gewidmeten II. Teils wiederum ausdrücklich besondere Formen der Tatausführung. Während man dergleichen in späteren Auflagen vergeblich sucht, hat *Groß* in der nur einbändigen ersten Auflage im „Besonderen Teil" (S. 297 ff.) außer über Spuren von Verletzungs- und Tötungswerkzeugen – insb. auch Waffen – sowie Fuß- und Blutspuren mancherlei über die Praktiken des Diebstahls (S. 477 ff.), der Urkundenfälschung und des Betrugs (S. 537 ff.) sowie der Brandstiftung (S. 585 ff.) und über Kessel-Explosionen (S. 587 ff.) ausgeführt. So gesehen erscheint es folgerichtig, die Verbrechenstechnik – wenngleich an anderer Stelle – wieder ausführlicher und den heutigen Gegebenheiten entsprechend zu berücksichtigen. Ebenso wie hier wird der Leser auch in anderen Komplexen feststellen, daß bei geändertem Duktus doch nach wie vor diejenigen Fragen, auf die Hans *Groß* Wert gelegt hat, in einer Weise behandelt werden, die der gegenwärtigen Situation gerecht zu werden sucht.

Selbstverständlich zwingen die erwähnten Umstände sowie der gesetzte Rahmen nicht nur zu einem u. U. auch im Einzelbereich andersartigen Vorgehen, sondern mitunter darüberhinaus zu etwas anderer Verteilung der Gewichte. Ebenso wie ein Handbuch der Kriminalistik heute nicht mehr der Rechtslage und den Gegebenheiten der k. und k. Monarchie vor dem 1. Weltkrieg entsprechend vom Untersuchungsrichter oder -führer ausgehen kann, haben manche von Hans *Groß* relativ breit behandelte Fragenkomplexe wie die „Zigeuner" (*Groß/Seelig (8/9)* II–94 ff.) inzwischen selbst in Österreich erheblich an Bedeutung verloren oder sind in anderen Ländern nicht bzw. nicht mehr relevant. Auch vieles von dem, was er beispielsweise über „Gaunerkniffe und Gaunerbräuche" (*Groß/Seelig (8/9)* II–1 ff.) – wie z. B. Gaunerzinken – gesagt hat, ist heute nicht mehr aktuell bzw. mehr von historischem Interesse; im übrigen liegen die Dinge oft anders als vor 60 bzw. 80 Jahren. Hier sind Streichungen ohne Substanzverlust nicht nur möglich, sondern nötig, um dafür den an anderer Stelle gewaltig gewachsenen Erkenntnisstand angemessen berücksichtigen zu können. Aber auch andere, nach wie vor aktuelle Komplexe, die bisher – wie etwa die unterschiedlichen Arten von Schußwaffen und Munition – verhältnismäßig ausführlich behandelt worden sind (*Groß/Seelig (8/9)* II–215–261), dürften zweckmäßig komprimierter darzustellen sein. Denn hier kann ein Handbuch der Kriminalistik nicht mehr diejenigen Funktionen übernehmen, die Monographien in derartigen Spezialgebieten zukommen und denen sie heute auch weithin genügen. Nur auf diese Weise läßt sich im Rahmen der Gesamtkonzeption hinreichend Platz finden, um nicht nur in den bisher schon behandelten Gebieten die neueste Entwicklung und die durch sie eröffneten Möglichkeiten zu schildern, sondern auch andere inzwischen für die Kriminalistik erschlossene Sachgebiete in die Darstellung einzubeziehen. Dabei ist sich der Verfasser völlig darüber klar, daß der Leser je nach seiner Interessenlage und Neigung die hier gewählte Verteilung der Gewichte als wenig glücklich oder gar unangemessen empfinden mag. Und sicherlich mögen hier und da trotz aller Mühe und Sorgfalt Lücken, Unklarheiten oder sogar Fehler geblieben sein; sie werden sich erst mithilfe der Hinweise und Kritik insoweit besonders Sachkundiger ausmerzen lassen, die der Verfasser daher dankbar begrüßen wird. Denn ihm war schon bei Beginn der Arbeit offensichtlich, daß ein so umfangreiches Gebiet wie die Kriminalistik selbst bei der begrenzend wirkenden Funktion eines Handbuchs vom Einzelnen kaum vollkommen zu überblicken ist. Vor derselben Frage wie Hans *Groß* bei der ersten Auflage dieses Buches stehend hat er sich ebenso wie jener entschieden (1893, Einleitung S. 1):

„Als es sich um die Ausarbeitung dieses Werkes handelte, lag eigentlich der Gedanke am nächsten, einzelne Theile desselben von besonderen Fachleuten behandeln zu lassen: das Gerichts-Medizinische von einem Arzte, die Waffenlehre von einem Waffentechniker, das Capitel über Photographie von einem Photographen usw.; zweifellos wären diese Abschnitte in dieser Weise technisch richtiger dargestellt worden: aber der eigentliche Zweck wäre nicht erreicht worden. Bücher über diese Materien gibt es ja genug, aber für den UR und seine Zwecke sind sie nicht geschrieben, und so findet sich das nicht, was er braucht. Der Fachmann kann sich nicht in die Lage des Juristen denken, der nicht Fachmann ist und über die Sache doch unterrichtet sein soll, er bietet ihm dann vieles, aber nicht das Nothwendige. So habe ich mich denn entschlossen, alle Abschnitte selbst zu bearbeiten und hiezu die Erfahrungen zu benützen, die ich von Fall zu Fall selbst gemacht oder durch besondere Fachstudien auf sichere Grundlage gestellt habe."

Setzt man hier für „Untersuchungsrichter" den als Kriminal- oder Polizeibeamten, als Staatsanwalt, Strafrichter oder Sachverständigen kriminalistisch Tätigen, so kann die Antwort nicht anders als damals lauten. Abgesehen von den damit verbundenen technischen Schwierigkeiten, die durch lange Wartezeiten spürbar werden, ist die Gefahr einer solchen Arbeitsorganisation nicht nur die, daß es entweder zu Überschneidungen oder Lücken kommt, sondern noch mehr die, daß die Gesamtdarstellung widerspruchsvoll wird und sich die Gewichte verzerrend verschieben. So zeigt sich bei Sammelwerken leider immer wieder, daß sich manche Mitarbeiter ansprechend knapp, vielleicht sogar zu kurz fassen, während andere zu monographischer Breite ausufern, was zwar wegen der nicht seltenen Überschätzung des eigenen Metiers verständlich, dem Gesamtwerk jedoch nicht förderlich ist. Deshalb war für ein Handbuch dieser Art auch heute der von Hans *Groß* eingeschlagene Weg vorzuziehen.

Ebenso wie beim Text auf eine komprimierte, jedoch für diesen Zweck hinreichend instruktive Darstellung Wert gelegt worden ist, war auch bei den Literaturhinweisen eine Auswahl unvermeidbar, über die man naturgemäß wiederum streiten kann. Denn selbst eine nur für den deutschsprachigen Bereich erschöpfende Zusammenstellung aller irgendwie einschlägigen Veröffentlichungen aus jüngerer und älterer Zeit würde vermutlich schon als solche die für dies Handbuch vorgesehenen beiden Bände füllen. Deshalb war in zweifacher Hinsicht Begrenzung geboten. Zunächst einmal mußte sich die Literaturauswahl im Hinblick auf den wesentlichen Leserkreis auf das deutschsprachige Schrifttum konzentrieren, womit selbstverständlich nicht gesagt sein soll, daß Publikationen in anderer Sprache weniger wichtig seien. Dieser Schwerpunkt erklärt sich vielmehr vor allem daraus, daß diesen Lesern Werke in anderer Sprache nicht oder nur schwer zugänglich sind, weshalb derartige Hinweise häufig in das Leere gehen würden. Allerdings soll das nicht heißen, daß dieses Handbuch keinerlei Zugang zu fremdsprachigem Schrifttum eröffnet. Dies kann der spezieller interessierte Leser nicht nur z. T. aus dem angeführten deutschsprachigen Schrifttum entnehmen, sondern hier und da werden auch unmittelbare Hinweise auf fremdsprachige Literatur unerläßlich sein. Die Auswahl wird dabei einmal durch das in anderen Ländern besser betreute Sachgebiet bestimmt und zum anderen durch die Überlegung, daß fremdsprachige Standardwerke selbstverständlich zugleich einen Überblick über das weitere einschlägige Schrifttum jener Länder vermitteln. Naturgemäß trägt die Auswahl bei fremdsprachiger Literatur ferner dem Umstand Rechnung, daß bei der Mehrzahl der Leser lediglich Kenntnisse der weiter verbreiteten europäischen Sprachen wie Englisch oder Französisch vorausgesetzt werden können. Die Zukunft wird lehren, ob sich daraus ergebende, für die Sache schmerzliche Restriktionen, wie sie beispielsweise einstweilen für das kriminalistisch wichtige Schrifttum in slawischen Sprachen noch hingenommen werden müssen, abmildern oder vermeiden lassen. Der Verfasser kann nur um Verständnis dafür bitten, daß er sich zunächst einmal ebenso wie Hans *Groß* am wahrscheinlichen Leserkreis orientiert.

Der bereits hier spürbar werdende Zwang zu einer Begrenzung wirkt sich überdies auch auf die Bibliographie des deutschsprachigen Schrifttums aus. Ohne damit die Verdienste der Altvorderen um die Kriminalistik schmälern zu wollen, war der Verfasser hier gezwungen, um den wissenschaftlichen Apparat dieses Handbuchs zu entlasten, sich in der Neuauflage auf solche Werke zu konzentrieren, die zugleich möglichst zahlreiche weiterführende Literaturhinweise enthalten. Abgesehen von der letzten Auflage dieses Handbuchs (*Groß/Seelig (8)* I, *Groß/Seelig (8/9)* II), an die jeweils angeknüpft wird, werden ältere Werke daher nur noch ausnahmsweise zitiert, weil der insoweit besonders interessierte Leser über die angegebene neuere Literatur unschwer zu diesen für Spezialarbeiten u. U. noch wichtigen Publikationen finden wird. Es wird somit auch hier im Interesse der Übersichtlichkeit die Erkenntnis beachtet, daß zuviele Angaben eher verwirren als helfen. Selbstverständlich wird die Auswahl bei weniger häufig bearbeiteten Gebieten etwas anders als sonst gehandhabt; dort werden natürlich ebenso wie speziellere Arbeiten auch ältere Publikationen genannt.

Der Verfasser bekennt ohne weiteres, daß ihm dennoch die Literaturauswahl immer wieder Kopfzerbrechen bereitet hat, weshalb man hier gewiß über dies oder das wird streiten können. Doch muß er aus den dargelegten Gründen um Verständnis dafür bitten, daß er im Interesse der vermutlichen Mehrzahl der Leser eine Zurückhaltung meinte üben zu müssen, selbst wenn diese den spezieller Interessierten dann und wann enttäuschen mag.

Im übrigen sei nur noch gesagt, daß das Abkürzungsverzeichnis aus denselben Gründen auf ein Minimum reduziert worden ist, die sonstigen Literaturangaben – ggf. an mehreren Stellen – jeweils im Kleindruck in den Text eingerückt werden; sie gelten, wie aus der Anordnung ersichtlich sein sollte, für den betreffenden Teil, Abschnitt, Paragraphen bzw. nur für die gezielt angesprochene Problematik. Auf Fußnoten ist in der Neuauflage – wie bei Handbüchern üblich – verzichtet worden; soweit neben den Literaturangaben spezielle Bezugnahmen notwendig sind, erfolgen diese entweder in Klammern im Text oder in ähnlicher Weise wie bei der Zusammenstellung des einschlägigen Schrifttums. Dem Verfasser scheint, daß auf diese Weise der verständliche Wunsch nach Übersichtlichkeit doch mit dem Interesse an weiterführenden Literaturangaben in etwa in Einklang gebracht werden kann.

Trotz langjähriger Arbeit an dieser Neuauflage gesteht der Verfasser schließlich unumwunden, daß er die Ergebnisse seiner Arbeit in vielen Punkten nur mit unguten Gefühlen oder gar Skrupeln vorlegt, was keineswegs allein mit der soeben behandelten Notwendigkeit der Begrenzung des Umfangs zusammenhängt. Auch hier sieht er sich in derselben Lage wie Hans *Groß* vor gut 80 Jahren, weshalb es erlaubt sei, dessen trefflich formulierte Stellungnahme zu zitieren (1. Aufl., 1893, S. 2):

„Ich behaupte gewiß nicht, daß das Vorliegende erschöpfend sei; ich möchte damit eigentlich nur eine Anregung für künftige Arbeit gegeben haben; ich glaube aber, daß ein Werk in dieser Richtung vollständig werden könnte, wenn sich die betheiligten Kreise mit Eifer der Sache annehmen und mir Mittheilungen, Verbesserungen und Rathschläge zukommen lassen wollten; ich verhehle mir gar nicht, daß mir manches wichtige Capitel, das bearbeitet werden sollte, gar nicht eingefallen ist, daß trotz ängstlicher Sorgfalt mancher Irrtum unterlaufen sein kann, daß manches von anderen besser oder ganz verschieden beobachtet wurde und daß es noch viele Hilfsmittel und Handgriffe gibt, die dem UR eine Arbeit erleichtern können und die mir unbekannt waren oder an die ich nicht gedacht habe.
Für jede Mittheilung, Mahnung oder Verbesserung werde ich dankbar sein, sie prüfen und aufnehmen, wenn etwa eine weitere Auflage nöthig werden sollte; ich bitte daher jeden Leser, daß er keine Wahrnehmung, die er gemacht hatte, für unwesentlich halte – wie in anderen Richtungen, so kann auch hier das scheinbar Unbedeutende zu einer wichtigen Anregung werden."

Dem hat der Verfasser nichts hinzuzufügen. Denn die von *Groß* erwähnte Vollständigkeit kann ersichtlich nur so verstanden werden, daß auf diese Weise eine an Zielsetzung dieses Handbuchs sowie jeweiligem Erkenntnisstand gemessen optimale Darstellung zu erreichen sein dürfte. Schon das Lebenswerk von Hans *Groß* bietet Zeugnis für die im Bereich der Kriminalistik stetige, mitunter sogar beängstigend schnelle Entwicklung, der man immer Rechnung tragen muß, wenn man auf der Höhe seiner Zeit sein will. Dies ist zugleich der wesentliche Grund für die in dieser Auflage vorgenommenen Änderungen, mit denen der Verfasser erreichen möchte, daß dieses Handbuch weiterhin ein zuverlässiges und brauchbares Hilfsmittel für die kriminalistische Arbeit darstellt. Obwohl auch er sich vor allem an diejenigen wendet, denen es in der Praxis der Verbrechensbekämpfung stehend auf eine erste Orientierung und Hilfe ankommt, hofft er doch, daß der Gesamtüberblick selbst für erfahrene Kriminalpraktiker und Wissenschaftler hier und da ebenso von Nutzen sein wird wie die Behandlung einzelner ihnen bisher nicht so vertrauter Probleme.
Bei einer Arbeit dieses Umfangs ist der Verfasser selbstverständlich so vielen zu Dank verpflichtet, daß an dieser Stelle unmöglich alle einzeln genannt werden können. Das gilt sowohl für jene, welche bei der Publikation als solcher mitgeholfen haben, als auch für diejenigen, die ihm durch ihre Arbeit oder ihren Rat behilflich gewesen sind. Da sich unter ihnen ebenso mit der Wirklichkeit vertraute Gelehrte wie Praktiker von Erfahrung und Überblick finden, kann er jetzt nur hoffen, etwas für beide Bereiche brauchbares zuwege gebracht zu haben. Damit aber wäre zugleich sein Ziel erreicht, mit der Neuauflage dieses Handbuchs einen Beitrag zu der gerade in der Kriminalistik unerläßlichen Zusammenarbeit von Praxis und Wissenschaft zu leisten.

Langhecke, im Frühjahr 1976 Friedrich Geerds

Aus der Einleitung zur 1. Auflage (1893)

Dies Buch hat einer geschrieben, der in einer langen Reihe von Jahren, in denen er mit Leib und Seele Untersuchungsrichter war, zur Erkenntnis gekommen ist, daß der UR in seinem Amte mehr braucht, als ihm seine Gesetzbücher, deren Commentare und wissenschaftliche Bearbeitungen zu sagen vermögen.
Manches von dem, was der UR aber sonst noch nöthig hat, ist in verschiedenen Büchern zu finden, manches aber auch nicht; die Bücher hat der UR häufig nicht zur Hand, und wenn er sie hat, so ist das darin Gebotene doch nicht so zusammengestellt, wie er es im Augenblick braucht; um jemanden zu fragen, der es wüßte, fehlt oft die Zeit und Gelegenheit und so ist der UR schließlich doch zumeist auf sich selbst gestellt und höchstens noch auf ein Hilfsmittel angewiesen, das er stets zur Hand haben kann und in dem er zur Noth für die voraussichtlichen meisten Fälle Anhaltspunkte finden könnte.
Ein solches Hilfsmittel soll das vorliegende Handbuch sein, in dem der UR, namentlich als Anfänger, wenigstens für den ersten Augenblick einen praktischen Ratgeber finden soll.
. . . .

Es wurde hier alles zusammengetragen, das nach meinem Dafürhalten in einzelnen Fällen in Frage kommen kann und über welches der UR nicht sofort in der gewöhnlichen Weise Rath finden kann.
. . . .

Die Benützung des vorliegenden Buches stelle ich mir so vor, daß der Anfänger – und für diesen ist es ja in erster Linie bestimmt – sich vorerst mit dem Inhalte desselben vertraut macht, damit er weiß, was er daselbst finden kann, worauf er dann im bestimmten Falle darin nachschlägt.
Was ich aber vor allem vermieden wissen will, ist die Ansicht, daß ich mit den Rathschlägen, die ich hier gebe und die zum Theile wenigstens den Angaben von Sachverständigen entnommen sind, den UR anweisen wollte, sich der Hilfe der Fachmänner mehr oder weniger zu entschlagen – ein solcher Rath gienge dahin: der UR sollte zum Pfuscher werden. Nichts könnte mehr schaden, durch nichts würde der UR seine Stellung mehr verkennen, durch nichts würde er mehr Irrthümern anheimfallen.
So unzulässig es aber ist, wenn sich der UR eine Thätigkeit anmaßen will, die nicht ihm sondern nur dem Fachmann zusteht, ebenso kann aber gefordert werden, daß der UR weiß, in welchen Fällen er Sachverständige fragen soll, welche Art von solchen er wählen muß und endlich, wonach er fragen soll.
. . . .

. . . . . – man vergeße niemals, daß doch der allerbeste Sachverständige noch immer kein Criminalist ist und daß das durch den Sachverständigen Gewonnene nur dann Wert hat, wenn es so geboten wird, als ob es vom UR selbst, in dessen Person die Kenntnisse des Sachverständigen fingiert werden, ausgegangen wäre. Es muß also die Identifizierung der

Person des Sachverständigen mit der des UR erreicht werden und das ist nur dann möglich, wenn das von jenem Gesagte dem UR nicht fremd ist, wenn dieser der Protokollierung durch den Sachverständigen mit gespanntester Aufmerksamkeit folgt und den Verlauf des Gutachtens in dem Geleise hält, in welchem er es für seine Sache nöthig hat – das alles aber ist unmöglich, wenn dem UR alles fremd und neu ist, was der Sachverständige angibt.
Endlich glaube ich aber auch, daß dies Buch nicht bloß für den jungen UR bestimmt sein soll, sondern es in ganz derselben Weise von Polizeibeamten, Gendarmen und allen Organen des Sicherheitsdienstes benützt werden kann, ... gemeint ist unter „UR“ überhaupt jeder, der von amtswegen an der Erforschung von Criminalfällen zu arbeiten hat.

....

Hans Groß

Inhaltsübersicht

Abkürzungsverzeichnis

Arbeitsmethoden d. med. u. naturwiss. Kriminalistik	Arbeitsmethoden der medizinischen und naturwissenschaftlichen Kriminalistik – hrsg. v. Emil Weinig und Steffen Berg – Lübeck
Arch. f. Krim.	Archiv für Kriminologie – unter besonderer Berücksichtigung der gerichtlichen Physik, Chemie und Medizin (1.–65. Bd.: Archiv für Kriminalanthropologie und Kriminalistik)
BKA	Schriftenreihe des Bundeskriminalamtes – Wiesbaden
der kriminalist	der kriminalist. Zeitschrift des Bundes Deutscher Kriminalbeamter
Die Neue Polizei	Die Neue Polizei. Fachzeitschrift für die gesamte Polizei
Die Polizei	Die Polizei. Zentralorgan für das Sicherheits- und Ordnungswesen
Dtsch. Z. f. gerichtl. Med.	Deutsche Zeitschrift für die gesamte gerichtliche Medizin (seit 1970 Zeitschrift für Rechtsmedizin (Bd. 67), Zentralblatt für die gesamte Rechtsmedizin und ihre Grenzgebiete (Bd. 1))
GrKrim	Grundlagen der Kriminalistik – hrsg. v. Herbert Schäfer – Hamburg
Groß/Seelig (8) I	Groß, Hans: Handbuch der Kriminalistik – 8. Aufl. des „Handbuchs für Untersuchungsrichter", neu bearb. u. erg. v. Ernst Seelig – I. Band – Berlin/München 1942
Groß/Seelig (8/9) II	Groß, Hans: Handbuch der Kriminalistik – 8. u. 9. Aufl. des „Handbuchs für Untersuchungsrichter", neu bearb. u. erg. v. Ernst Seelig – II. Band – Berlin 1954
HdwKrim (2) I, II o. III	Handwörterbuch der Kriminologie – 2. Aufl. – hrsg. v. Rudolf Sieverts u. Hans Joachim Schneider – Bd. I, II, III – Berlin 1966–1975
HdwRMed I	Handwörterbuch der Rechtsmedizin für Sachverständige und Juristen – Bd. I: Die Tat und ihr Nachweis – hrsg. v. Georg Eisen – Stuttgart 1973
HdwRMed II	Handwörterbuch der Rechtsmedizin für Sachverständige und Juristen – Bd. II: Der Täter, Persönlichkeit und Verhalten – hrsg. v. Georg Eisen – Stuttgart 1974
Hughes	Hughes, Daniel J.: Homicide Investigation Techniques – Springfield/Ill. 1974
Internat. kriminalpol. Revue	Internationale kriminalpolizeiliche Revue – deutsche Ausgabe der „Revue Internationale de Police Criminelle" (1954–1965)
Kirk/Thorton	Kirk, Paul S.: Crime Investigation – 3. Aufl. v. John I. Thorton – New York/London/Sydney/Toronto 1974

KLbRMed	Kurzgefaßtes Lehrbuch der Rechtsmedizin für Mediziner und Juristen – hrsg. v. W. Schwerd – Köln-Lövenich 1975
Kriminalistik	Kriminalistik. Zeitschrift für die gesamte Wissenschaft und Praxis
Kriminol. Abhandl.	Kriminologische Abhandlungen – hrsg. v. W. Gleispach; NF (= Neue Folge) seit 1946 hrsg. v. Roland Graßberger – Wien/New York
Kriminol. Schriftenreihe	Kriminologische Schriftenreihe – für die Deutsche Kriminologische Gesellschaft hrsg. v. Armand Mergen – Hamburg
Kriminol. Studien	Kriminologische Studien – hrsg. v. Friedrich Schaffstein und Horst Schüler-Springorum – Göttingen
Kriminol. Unters.	Kriminologische Untersuchungen – hrsg. v. Hellmuth von Weber und Thomas Würtenberger – Bonn
KrimWissAbh	Kriminalwissenschaftliche Abhandlungen – hrsg. v. Friedrich Geerds – Lübeck
Mergen	Mergen, Armand: Die Kriminologie. Eine systematische Darstellung – Berlin/Frankfurt a. M. 1967
MoKrim	Monatsschrift für Kriminologie und Strafrechtsreform (1.–27. Jahrg.: . . . für Kriminalpsychologie und . . .; 28.–35. Jahrg.: . . . für Kriminalbiologie und . . .)
Mueller (2) I o. II	Mueller, Berthold: Gerichtliche Medizin – 2., neub. u. erw. Aufl. – Bd. I o. II – Berlin/Heidelberg/New York 1975
O'Hara/Osterburg	O'Hara, Charles E./Osterburg, James W.: An Introduction to Criminalistics. The Application of the Physical Sciences to the Detection of Crime – Neudruck – Bloomington/London 1972
Prokop/Göhler	Prokop, Otto/Göhler, Werner: Forensische Medizin – 3. Aufl. d. Lehrb. d. gerichtl. Medizin – Berlin 1975
Strafrecht. Strafverfahren. Kriminologie	Strafrecht. Strafverfahren. Kriminologie – hrsg. v. Ernst Heinitz und Gerhard Kielwein – Neuwied/Berlin
Svensson/Wendel	Svensson, Arne/Wendel, Otto: Tatortuntersuchung. Moderne Methoden der Verbrechensaufklärung – Lübeck 1956
TbKrim	Taschenbuch für Kriminalisten – I–XVII: Hamburg; seit XVII: Hilden/Rhld.
Zbinden	Zbinden, Karl: Kriminalistik. Strafuntersuchungskunde. Ein Studienbuch – München/Berlin 1954

Andere Abkürzungen erfolgen in der üblichen Weise.

Inhaltsverzeichnis

Bildquellennachweis

Abbildungen **6**/1–21 und **13**/1–4 aus Groß-Seelig, Handbuch der Kriminalistik, 8./9. Auflage, Band II, J. Schweitzer Verlag, Berlin

Abbildungen **6**/22–25; **13**/5–8; **16**/1–6, 9–18 aus Archiv für Kriminologie, Verlag Georg Schmidt-Römhild, Lübeck

Abbildungen **14**/1–36; **16**/7, 8, 19–20 aus Wigger, Kriminaltechnischer Leitfaden, Schriftenreihe des Bundeskriminalamtes, Wiesbaden

Einleitung

Der Begriff der Kriminalistik ist ebenso wie die Terminologie nach wie vor unsicher, obwohl man seit 1838 oder zumindest seit der Jahrhundertwende von einer wissenschaftlich fundierten Kriminalistik sprechen kann. Das gilt nicht nur für die in verschiedenen Ländern bzw. Rechtskreisen vertretenen Standpunkte, sondern oft sogar innerhalb einzelner Länder oder Rechts- bzw. Sprachgebieten derselben.

Sieht man von einer undifferenzierten, insbesondere das Strafrecht umfassenden Verwendung des Terminus „Kriminalistik" ab, wie sie sich beispielsweise bei Franz *von Liszt* (1851–1919) findet, der im Jahre 1888 zusammen mit Adolphe *Prins* (Belgien) und *van Hamel* (Niederlande) die „Internationale Kriminalistische Vereinigung" (IKV) gründete und seit 1889 die „Abhandlungen des Kriminalistischen Seminars" (seit 1914: Institutes) herausgab, so zeigt sich das im deutschsprachigen Bereich besonders deutlich. Ein gutes Beispiel dafür ist Hans *Groß* (geb. am 26. 12. 1847 in Graz, gestorben am 9. 12. 1915 in Graz), den manche als Begründer sowohl der Kriminologie als auch der Kriminalistik ansehen. Nicht von ungefähr lautet der Titel der 1893 in Graz erschienenen 1. Auflage dieses Buches, das als sein Hauptwerk anzusehen ist, „Handbuch für Untersuchungsrichter". Es umfaßt außer dem, was man heute als Kriminalistik ansieht, auch viele Probleme, die man vom differenzierenden Standpunkt aus der Kriminologie zuordnet. In der Tat vertrat *Groß*, wie die verschiedenen von ihm selbst besorgten Auflagen dieses Buches und andere Publikationen aus seiner Feder zeigen, eine umfassende Konzeption.

Er faßte dabei die Kriminalistik zunächst als Oberbegriff auf und wertete beispielsweise Kriminalpsychologie, -anthropologie, -soziologie und -statistik als Untergebiete. *Groß* hat jedoch selbst im Laufe der Zeit seinen Standpunkt korrigiert. Im Vorwort zur 1904 erschienenen 4. Auflage stellte er beispielsweise fest, neben der Kriminalistik hätten sich ihre früher als Untergebiete bezeichneten, oben genannten Schwesterdisziplinen kräftig empor gearbeitet. Damit räumte er ein, daß die Entwicklung anders als von ihm erwartet verlaufen war, was nicht ohne Folgen auf die Stellung der Kriminalistik bleiben konnte.

So erschien denn auch im Vorwort zur 1904 veröffentlichten 4. Auflage (S. 2; vgl. auch *Groß/Seelig* (8) I-XI ff.), das sogar eine schematische Darstellung enthielt, die Kriminologie als der Oberbegriff. Sie gliederte sich seiner Ansicht nach in Kriminalanthropologie, Kriminalsoziologie und Besondere Erscheinungslehre, deren Untergebiete die Subjektive Kriminalpsychologie und die Kriminalistik darstellten. Doch hat *Groß* von der in jener Auflage angekündigten völligen Umarbeitung dieses Werkes Abstand genommen, ohne dies im einzelnen zu begründen. Vermutlich ist er wegen der beim Leser eingeführten und beliebten Anordnung von diesem Gedanken abgekommen (so *Höpler* im Vorwort zur 7. Auflage 1922). In der 6., der letzten von Hans *Groß* selbst besorgten Auflage dieses Werkes vom Jahre 1913 (vgl. dort S. XIV) wurde so die Kriminalistik ebenfalls als eine Tochterdisziplin der Kriminologie angesehen.

Unter Kriminalistik verstand *Groß* aber nach wie vor in erster Linie die Kriminalphänomenologie als Technik der Verbrechensbegehung sowie die praktische Untersuchungskunde. Dies aber entspricht völlig dem Standpunkt, den er bereits in der Einleitung zur 1. Auflage

(1893, S. 1 ff.) unter ausdrücklicher Bezugnahme auf das damals bereits über 50 Jahre alte „Handbuch der gerichtlichen Untersuchungskunde“ von *Jagemann*’s eingenommen hatte. Unsicher und verschieden beurteilt werden bei *Groß* also nicht so sehr Gegenstand und Aufgaben der Kriminalistik als vielmehr ihr Verhältnis zu anderen Disziplinen und insbesondere zur Kriminologie.
Daher sollte nicht verwundern, daß ähnliche Unsicherheiten und Divergenzen sich auch bei anderen Autoren und bis in unsere Tage hinein finden.
Eine an *Groß* anknüpfende bzw. erinnernde umfassende Konzeption der Kriminologie wird nicht nur von *Seelig* und *Graßberger* sowie anderen Anhängern der sog. österreichischen Schule, sondern gegenwärtig auch von *Zbinden* und *Mergen* vertreten.

Zbinden S. 11 ff., 3 f.; *Mergen* S. 443 ff.; *Niggemeyer* in: Kriminologie – Leitfaden für Kriminalbeamte, BKA 1967/1–3, S. 9, 13 ff.; *Schneider,* Hans Joachim: Kriminologie. Standpunkte und Probleme – Berlin/New York 1974 – S. 19, 21; *Mannheim,* Hermann: Vergleichende Kriminologie – Bd. 1 – Stuttgart 1974 – S. 17 f.

Dagegen überwiegt in Deutschland heute wohl die Ansicht, daß Kriminologie und Kriminalistik zwar in einer engen Wechselwirkung stehen, sie aber doch als selbständige Disziplinen anzuerkennen sind.

Exner, Franz: Kriminologie – 3. verb. u. erg. Aufl. d. „Kriminalbiologie“ – Berlin/Göttingen/Heidelberg 1949 – S. 1 ff., insbes. S. 10 Anm. 1; *Mezger,* Edmund: Kriminologie. Ein Studienbuch – München/Berlin 1951 – insbes. S. 3; *Sauer,* Wilhelm: Kriminologie als reine und angewandte Wissenschaft – Berlin 1956 – insbes. S. 8 ff., 11 ff.; *Geerds,* Friedrich: Die Kriminalität als soziale und als wissenschaftliche Problematik – Recht und Staat 315/316 – Tübingen 1965 – S. 25 f.; *Göppinger,* Hans: Kriminologie. Eine Einführung – 2. Aufl. – München 1973 – S. 11 f.; *Kaiser,* Günther: Kriminologie. Eine Einführung in die Grundlagen – 2., völlig neub. Aufl. – Karlsruhe 1973 – S. 49 f.; *Zipf,* Heinz: Kriminalpolitik. Eine Einführung in die Grundlagen – Karlsruhe 1973 – S. 88, 117; *Häring,* Hermann: Was erwartet die Kriminalistik von der Kriminologie? – in: Kriminol. Gegenwartsfragen H. 11, Stuttgart 1974, S. 169 ff., insbes. S. 173 f.

Für die Kriminalistik als solche erscheinen diese Gegensätze nicht als sonderlich relevant. Wenn hier der differenzierende Standpunkt vertreten und die Kriminalistik, wie später noch darzulegen ist, enger verstanden wird, ist das ersichtlich kein Bruch mit der Groß’schen Tradition; denn bei einer gewissen Begrenzung im Stoff werden doch dieselben Gebiete behandelt, die er schließlich der Kriminalistik zugeordnet hat.

Das beweist ferner, um ein neueres Werk zu nennen, ein Vergleich mit dem von *Zbinden* verfaßten Studienbuch „Kriminalistik“, das zwar von der umfassenderen Konzeption ausgeht, sich aber in der Sache auf die ebenfalls hier behandelte Thematik konzentriert. Und ähnlich ist das bei anderen Anhängern der österreichischen Schule, die – wie Seelig – schließlich zu einer Zweiteilung gelangt sind, bei welcher die Lehre von den (realen) Erscheinungen der Verbrechensbegehung – gewissermaßen einer Kriminologie i.e.S. – die Lehre von den (realen) Erscheinungen der Verbrechensbekämpfung – das wäre für uns die Kriminalistik – gegenübergestellt wird; dabei bleibt nur die Besonderheit, daß man hierzu auch die Pönologie rechnet, die wir als Kriminalpädagogik – wie noch darzulegen sein wird – der Kriminologie (i. w. S.) zuordnen.

Braucht der einstweilen nur kurz skizzierte Meinungsstreit mithin für die Sachbehandlung keine nennenswerten Konsequenzen zu haben, so seien doch, abgesehen vom später (§ 2) zu untersuchenden Verhältnis zu anderen Disziplinen, schon hier kurz einige Gründe genannt, die u.E. für den hier vertretenen Standpunkt sprechen. Dabei geht es nicht nur um die später zu erörternden wissenschaftssystematischen Aspekte, sondern auch um praktische Gesichtspunkte. Denn trotz der auch von uns anerkannten engen Wechselwirkung von Kriminologie und Kriminalistik und der infolgedessen möglichen Überschneidungen und fließenden Übergänge sind beide Arbeitsgebiete sowohl theoretisch als vor allem auch praktisch so groß, daß bei zusammenfassender Behandlung eines von ihnen gewöhnlich zu kurz kommt. Nicht zuletzt deshalb ist beispielsweise in Deutschland die wissenschaftliche Fundierung der Kriminalistik merklich hinter jener der Kriminologie zurückgeblieben, obwohl sicherlich auch hier noch mancherlei zu tun ist.

Die Gefahren der umfassenden Konzeption zeigen sich aber auch im wissenschaftlichen Schrifttum. So wird beispielsweise in der „Kriminologie" von *Mergen* das Wort „Kriminalistik" im Sachregister (S. 517 ff.) überhaupt nicht erwähnt, obwohl er sie der Kriminologie zuordnet. Abgesehen von diesem oder jenem in der weit gefaßten Kriminalphänomenologie (S. 145 ff.) enthaltenen kriminalistischen Aspekt wird die Kriminalistik als solche unter dem uns wenig glücklich erscheinenden Begriff der „Kriminaldiagnostik" (S. 443) behandelt. Wenn Mergen hier für die Stichworte Kriminaltaktik (S. 446 ff.) und Kriminaltechnik (S. 451 ff.) mit rund neun Seiten auskommen will, erscheint uns das selbst für eine umfassende Konzeption und bei einem Buch von mehr als 500 Seiten für diese Gebiete entschieden zu wenig zu sein.

Sicherlich sind kriminologische Erkenntnisse auch für Kriminalpraktiker und in Strafsachen tätige Sachverständige von Nutzen. Dennoch sind die Schwerpunkte praktischer Arbeit und die ihnen entsprechenden Interessen der Leser so verschieden, daß Veröffentlichungen nur bei einer begrenzten Thematik eine einigermaßen ausgewogene, wenngleich für die praktische Arbeit oft wichtige Synthese von Kriminalistik und Kriminologie mit Aussicht auf Erfolg anstreben können.

Hatte Hans *Groß* sich bei umfassender Konzeption in diesem Buch von vornherein auf die Probleme der Kriminalistik im angedeuteten Sinne konzentriert, so erscheint es uns nur folgerichtig, wenn wir uns darum konsequent bemühen. Im übrigen werden wir wegen der engen Wechselwirkung von Kriminalistik und Kriminologie immer wieder auch auf Erkenntnisse der Kriminologie hinweisen oder an sie anknüpfen müssen. Doch läßt sich heute noch weniger als bei Erscheinen der 1. Auflage vor über 80 Jahren in diesem Rahmen eine für beide Bereiche gleichermaßen fundierte Darstellung erzielen. Vielmehr ist das Unterfangen schon im dergestalt begrenzten Bereich der Kriminalistik infolge der seitherigen Entwicklung, der Vielzahl zu berücksichtigender Disziplinen und der Fülle des Materials problematisch genug. Das Vorhaben läßt sich daher überhaupt nur wagen, wenn man es als Sinn und Zweck eines Handbuchs ansieht, außer einem möglichst umfassenden Überblick einmal eine Einführung in die Probleme, welche niemals die Tiefe einer Spezialmonographie erreichen kann, und zum anderen eine Zusammenstellung von Literatur zu bieten, welche es dem spezieller Interessierten zumindest ermöglicht, sich an anderer Stelle genauer zu informieren.

Von diesem Standpunkt aus ist auch die Gliederung dieses Handbuches zu verstehen, das diese Aufgaben in zwei Bänden bewältigen will. Im hier vorgelegten **I. Band** sollen in einem **I. Teil** die allgemeinen Probleme der Kriminalistik wie Gegenstand und Aufgaben, ihr Verhältnis zu anderen Disziplinen und ihre Entwicklung als Wissenschaft bis zum gegenwärtigen Stand behandelt werden. Im Zusammenhang damit soll ferner auf die Möglichkeiten historischer Betrachtungsweise und statistischer Methoden eingegangen werden, welche sich selbstverständlich auch für Spezialbereiche nutzen lassen. – Im **II. Teil** soll sodann, soweit das in diesem Rahmen überhaupt möglich ist, die Phänomenologie des kriminellen Verhaltens geschildert werden, soweit diese gerade für den Kriminalisten wesentlich ist. Diese Verbrechenstechnik oder – wie *Groß* sie nannte – Technik der Verbrechensbegehung zeigt sowohl allgemeinere als auch besondere Aspekte, deren Kenntnis uns für die kriminalistische Arbeit sowohl praktisch als auch theoretisch wesentlich erscheint, weshalb dieses Gebiet zweckmäßig an dieser Stelle zu behandeln ist. Denn daran knüpfen die anderen Zweige der Kriminalistik an. – Dies gilt insbes. für die im **III. Teil** darzustellende Kriminaltechnik, die als die Lehre von den Werkzeugen, Mitteln und Methoden zur (repressiven) Aufklärung oder (präventiven) Verhinderung von Verbrechen gewissermaßen das Gegenstück der Verbrechenstechnik darstellt. Gerade hierbei dürfte deutlich werden, in welchem Umfange kriminalistische Arbeit heutzutage eine Kooperation sehr verschiedener Disziplinen voraussetzt und wie oft der Erfolg gerade von einer Vielzahl wissenschaftlicher Methoden abhängt.

Im später erscheinenden **II. Band** dieses Handbuchs wird im **IV. Teil** die Kriminaltaktik zu behandeln sein. Diese Lehre vom taktisch richtigen, d.h. technisch, psychologisch und ökonomisch zweckmäßigen Vorgehen, beim Aufklären oder vorbeugenden Verhindern von Straftaten bietet nicht nur Erkenntnisse dafür, wann und wie die Mittel der Kriminaltechnik, die im Kern auf einen Sachbeweis hinauslaufen, am besten einzusetzen sind, sondern sie umfaßt vor allem auch den Personalbeweis, d.h. Aussagepsychologie und Vernehmungstechnik. Das Arbeitsgebiet der Kriminaltaktik reicht also vom Beginn der Ermittlungen mit Strafanzeige und Tatortarbeit über den Gesamtkomplex der Fahndung schließlich mit der Psychologie des Strafverfahrens bis hin zum Wiederaufnahmeverfahren und damit zu den Fehlurteilen, aus denen der Kriminalist mancherlei lernen kann. – Damit hängt eng die im abschließenden **V. Teil** zu erörternde Organisation der Verbrechensbekämpfung zusammen, bei welcher es außer um den nationalen Bereich auch um Fragen der internationalen Zusammenarbeit gehen wird. Neben der Organisation, Ausbildung und Arbeitsweise der deutschen Kriminalpolizei und vergleichbarer Strafverfolgungsorgane in einigen wichtigen anderen Ländern interessiert hierbei u.a. ihre Kooperation mit anderen Organen der Strafrechtspflege wie Strafrichtern und Staatsanwälten.

Dieser Überblick über die Einteilung des Stoffes muß hier genügen, weil das Vorgehen im übrigen besser im jeweiligen Sachzusammenhang zu erläutern ist.

I. Teil: Die Kriminalistik als Wissenschaft und die Verbrechensbekämpfung im Wandel der Zeiten

Bevor wir uns ihren einzelnen Sachgebieten zuwenden, müssen zunächst Gegenstand und Aufgaben der Kriminalistik im § 1 genauer herausgearbeitet werden. Erst dann läßt sich ihr – wie gesagt – umstrittenes Verhältnis zu anderen Disziplinen klären. Dies soll im § 2 geschehen, wobei wir uns relativ kurz fassen wollen, weil es nur darum geht, den hier eingenommenen Standpunkt zu begründen und zu verdeutlichen.

Sodann soll im § 3 ein Überblick über die Entwicklung der Kriminalistik als einer selbständigen Wissenschaft gegeben und kurz der gegenwärtige Stand umrissen werden, wobei außer auf methodische und systematische Fragen zugleich auf die Quellen und Hilfsmittel einzugehen ist.

Schließlich sollen im Zusammenhang mit diesen einleitenden Ausführungen noch zwei Komplexe behandelt werden, die bisher z.T. noch wenig erforscht sind, obwohl sie für die Kriminalistik als solche oder ihre einzelnen Sachgebiete sowohl für den Wissenschaftler als auch für den Praktiker aufschlußreich und von Nutzen sind.

Einmal geht es um die im § 4 darzustellende Historische Kriminalistik, die insgesamt betrachtet noch weniger erforscht ist als die ihr entsprechende Historische Kriminologie. Nur in mehr oder weniger begrenzten Bereichen findet sich bisher aufgearbeitetes Material, obwohl derartige Erkenntnisse nicht nur die Entwicklung erklären, sondern auch in mancher Hinsicht anregend wirken können. Obgleich man Probleme der Historischen Kriminalistik selbstverständlich – wie das später auch hier geschehen soll – gezielt erörtern kann, soll sie als allgemeine Problematik doch schon an dieser Stelle angesprochen werden.

Nicht viel besser sieht es, wenngleich das Material hier etwas reichlicher ist, bei der statistischen Betrachtung der Verbrechensbekämpfung aus. Sie soll im § 5 näher beleuchtet werden; denn auch hier geht es trotz vielfach spezieller Anwendung um eine allgemeinere Thematik.

§ 1
Gegenstand und Aufgaben der Kriminalistik

Die Kriminalistik ist die Lehre von der unmittelbaren, repressiven und präventiven Bekämpfung der Kriminalität durch die Strafverfolgungsorgane und ihre Helfer in der Lebenswirklichkeit.

Zbinden S. 1 ff., 11 ff.; *Kriminalistik, Allgemeiner Teil* – hrsg. vom Ministerium für Hochschulbildung der UdSSR (in deutscher Übersetzung) – Berlin 1961 – S. 15; siehe ferner auch: *Seelig,* Ernst/*Bellavić,* Hanns: Lehrbuch der Kriminologie – 3. Aufl. – Darmstadt o.J. – S. 31; *Göppinger,* Hans: Kriminologie. Eine Einführung – 2. Aufl. – München 1973 – S. 11 ff.

I. Gegenstand

Für den nach wie vor etwas unsicheren, z.T. umstrittenen Gegenstand der Kriminalistik lassen sich aus der vorangestellten Definition vor allem vier Aspekte entnehmen.

1. Kriminalität

Denken und Handeln des Kriminalisten bezieht sich auf die Kriminalität, also das kriminelle Verhalten von Menschen. Insoweit entspricht der Gegenstand der Kriminalistik völlig dem der Kriminologie im engeren Sinne als der Lehre von den Erscheinungsformen und Ursachen kriminellen Verhaltens.

Vgl. dazu außer *Göppinger: Mannheim,* Hermann: Vergleichende Kriminologie – Stuttgart 1974 – S. 1ff.; *Brauneck,* Anne-Eva: Allgemeine Kriminologie – Hamburg 1974 – S. 26 ff.

Insoweit wird daher der Arbeitsbereich des Kriminalisten vor allem durch die in den einzelnen Staaten mehr oder weniger unterschiedliche Strafgesetzgebung abgesteckt. Dies bedeutet jedoch nicht, daß diese Grenzen ohne Kritik respektiert und auf keinen Fall überschritten werden dürfen. Vielmehr vermögen kriminalistische Erkenntnisse in zweifacher Richtung Material für die Kritik des Strafrechts zu liefern. Einmal kann diese Kritik auf differenzierende Schwerpunktbildung innerhalb des strafbaren Bereichs und zum anderen auf dessen Einschränkung oder aber Ausdehnung hinauslaufen. Ebenso wie der Kriminologe bei Zweifeln der zuletzt angedeuteten Art außer Verstößen gegen das Strafgesetz auch andere Formen sozial abweichenden Verhaltens in seine Überlegungen einzubeziehen hat, um ggf. sodann die Grenzen des Strafbaren kriminalpolitisch überzeugender abzustecken, darf und muß auch der Kriminalist u.U. über den Bereich des unter Strafe Gestellten hinausgreifen. Man kann demnach insoweit sagen, daß die Kriminalistik zwar vorbehaltlich kritischer Konsequenzen den Bereich des Strafbaren zu erschöpfen hat, sie aber darauf nicht begrenzt ist. Noch wichtiger für den Gegenstand der Kriminalistik ist, daß ungeachtet der angedeuteten, von Staat zu Staat unterschiedlichen rechtlichen Grenzen die Kriminalität hier als ein tatsächliches Phänomen zu verstehen ist, worauf insbes. die Bezugnahme auf die Lebenswirklichkeit hinweisen soll. Anders als der einer Normwissenschaft verpflichtete Strafjurist befaßt sich der Kriminalist mit dem Menschen und seinem Verhalten im Rahmen seiner realen Gegebenheiten, stellt die Kriminalistik mithin eine Tatsachenwissenschaft oder empirische Disziplin dar. Dieser Wissenschaftscharakter entspricht wiederum dem der Kriminologie, von der sie sich jedoch – wie wir sehen werden – in den Aufgaben unterscheidet.

2. Unmittelbare Bekämpfung der Kriminalität

Stellen wir ferner auf die unmittelbare Bekämpfung der Kriminalität ab, so bedeutet dies, daß bereits damit der Gegenstand der Kriminalistik im Verhältnis zu dem der Kriminologie (i.w.S.) eingeschränkt wird. Während es bei der Kriminologie i.e.S. gewissermaßen um eine Diagnose geht, bemüht sich die Kriminalpädagogik, die ebenfalls als solche eine Tatsachenwissenschaft verkörpert, kriminellem Verhalten vorbeugend entgegenzuwirken.

Hellmer, Joachim: Kriminalpädagogik. Eine Einführung in ihre Probleme – Berlin 1959; *Nass,* Gustav: Kriminalpädagogik. Behandlung und Resozialisierung des Rechtsbrechers – Der Mensch und die Kriminalität, Bd. III – Köln/Berlin 1959; *Peters,* Karl: Grundprobleme der Kriminalpädagogik – Berlin 1960.

Diese Kriminalprävention, mag sie nun mit Mitteln des Kriminalrechts oder anderen Maßnahmen arbeiten, knüpft in erster Linie an den kriminell disponierten oder gefährdeten Menschen an. Sicherlich können Erkenntnisse der Kriminalistik mittelbar auch diesen diagnostischen oder therapeutischen Zielen der Kriminologie (i.w.S.) ebenso zugute kommen, wie sie häufig die rechtswissenschaftliche Diskussion zu fördern vermögen; man denke beispielsweise im Kriminalrecht an den Streit über die Realzwecke staatlichen Strafens oder im Strafprozeßrecht an Materien wie die Zwangsmittel, die Vernehmungen oder überhaupt an das Beweisrecht. Ungeachtet solcher u.U. möglichen Nutzanwendung konzentriert sich die Kriminalistik doch zunächst einmal auf die durch kriminelles Verhalten – Straftaten oder Straftäter – unmittelbar veranlaßten Maßnahmen. Etwas simplifizierend könnte man daher sagen, im Gegensatz zur Kriminalpädagogik richte die Kriminalistik ihr Augenmerk in erster Linie auf eine bereits begangene oder unmittelbar bevorstehende kriminelle Tat oder ihren Täter.

3. Repressive und präventive Kriminalitätsbekämpfung

Bei dem soeben Dargelegten ist allerdings zu beachten, daß die Bekämpfung der Kriminalität trotz der geschilderten Begrenzung unter zwei ganz verschiedenen Aspekten durch die Kriminalistik gefördert werden kann. Denn die Bekämpfung kriminellen Verhaltens wird hier nicht nur repressiv, sondern auch präventiv untersucht, was übrigens schon für den Gegenstand nicht unwichtig ist. Der Kriminalist hat also nicht nur Straftaten aufzuklären oder Straftäter zu überführen, sondern er soll, soweit das möglich ist, kriminelles Verhalten vorbeugend verhindern. Jedoch handelt es sich bei dieser präventiven Kriminalistik nicht um ein therapeutisches Anliegen im eigentlichen Sinne wie in der auf den einzelnen Menschen oder Gruppen ausgerichteten Kriminalpädagogik, wo es um erzieherische Maßnahmen für wirkliche oder potentielle Rechtsbrecher geht; Ziel der präventiven Kriminalistik ist es vielmehr. Tatsituationen zu verhindern oder doch für den Rechtsbrecher zu erschweren. Anders als bei der repressiven Verbrechensbekämpfung werden hier also die Mittel, Erfahrungen und Möglichkeiten der Kriminalistik genutzt, um drohende kriminelle Aktionen zu verhindern oder doch so zu erschweren, daß zumindest die Verbrechensaufklärung erleichtert wird. Die prinzipielle Gleichartigkeit der präventiv genutzten kriminalistischen Maßnahmen wie bestimmte Formen der Überwachung oder wie technische Sicherungen bzw. Diebesfallen u.dgl. läßt es jedoch, wie später auszuführen sein wird, nicht als ratsam erscheinen, grundsätzlich zwischen repressiver und präventiver Kriminalistik zu unterscheiden, wenngleich diese Aufgaben bereits für Arbeitsfeld und mithin Gegenstand der Kriminalistik wichtig sind.

4. Kriminalitätsbekämpfung durch die Strafverfolgungsorgane und ihre Helfer

Wichtig für den Gegenstand der Kriminalistik ist schließlich, wie ebenfalls in der vorangestellten Definition unterstrichen wird, daß es hier um das Erforschen des Handelns der Strafverfolgungsorgane und ihrer Helfer geht. Andere Stellen oder Personen scheiden, so wichtig ihre Tätigkeit kriminalpädagogisch auch sein mag, aus dem Bereich der Kriminalistik aus, sofern sich nicht ein Strafverfolgungsorgan ihrer als Helfer bedient, wie das etwa bei bestimmten Sachverständigen oder gewissen anderen staatlichen Stellen der Fall ist. Diese

für den Gegenstand der Kriminalistik wichtige Begrenzung schließt es selbstverständlich nicht aus, daß der Kriminalist beispielsweise auch für pädagogische oder sozialpolitische Maßnahmen nützliche Erkenntnisse beisteuern kann.
Bei den für die Kriminalistik wichtigen Strafverfolgungsorganen ist trotz der in den einzelnen Staaten unterschiedlichen Organisationsformen heute in erster Linie an die Polizei und insbes. an die Kriminal- oder solche Sicherheitsbehörden zu denken, die kriminalpolizeiliche Aufgaben zu verrichten haben. Allerdings sind daneben auch Strafrichter und Staatsanwälte oder diejenigen, die derartige Funktionen ausüben, als Strafverfolgungsorgane anzusehen, wenngleich gerade insoweit die Dinge von Land zu Land sehr verschieden liegen können. Ebenso wie in anderen Staaten sind auch in der Bundesrepublik Deutschland als Strafrichter oder Staatsanwälte tätige Strafjuristen durch eine wenig überzeugende Organisation und eine dem leider entsprechende Ausbildung der kriminalistischen Praxis mehr oder weniger weitgehend entfremdet worden. Selbst hierzulande oder anderweitig zu verzeichnende rühmliche Ausnahmen können diese Regel nur bestätigen. Das ändert aber nichts daran, daß auch dem Staatsanwalt und dem Strafrichter mancherlei kriminalistische Aufgaben erwachsen, weshalb ihre diesbezügliche Tätigkeit ebenfalls Gegenstand der Kriminalistik ist, die damit vom Beginn der Ermittlungen über das gerichtliche Strafverfahren bis zu seiner eventuellen Wiederaufnahme reicht. Gerade die insoweit notwendige Zusammenschau dürfte das gegenseitige Verständnis fördern, die erforderliche Kooperation verbessern und damit die Kriminalitätsbekämpfung erfolgreicher werden lassen.

II. Aufgaben der Kriminalistik

Obwohl im Zusammenhang mit dem Gegenstand der Kriminalistik bereits auch deren Aufgaben deutlicher geworden sein dürften, sind insoweit doch noch präzisere Angaben als die angezeigt, daß die kriminalistische Arbeit auf die unmittelbare, repressive und präventive Bekämpfung der Kriminalität durch die Strafverfolgungsorgane und ihre Helfer in der Lebenswirklichkeit gerichtet ist.

Zbinden S. 17 ff.; *Walder,* Hans: Kriminalistisches Denken – 4. Aufl. – Hamburg 1975 – insbes. S. 4 ff.

Wichtiger als der bereits erwähnte Unterschied von repressiver und präventiver Verbrechensbekämpfung sind insoweit die verschiedenen Aufgabengebiete, auf denen Kriminalisten theoretisch oder praktisch tätig werden. Wir können uns hier vergleichsweise kurz fassen, weil wir darauf im Zusammenhang der Systematik zurückkommen werden (§ 3 – III); denn wir werden aus eben diesen Sachgebieten notgedrungen Konsequenzen für die Systematik ziehen. Aber dennoch erscheint es angezeigt, das bisher Gesagte doch im Hinblick auf die vielfätltigen Aufgaben bereits hier noch etwas zu verdeutlichen, damit klarer wird, welche Rolle der Kriminalistik als der Tatsachenwissenschaft von der unmittelbaren Bekämpfung der Kriminalität durch die Strafverfolgungsorgane in der Lebenswirklichkeit zukommt.

1. Verbrechenstechnik

Ein besonderes Gebiet kriminalistischer Arbeit, das – wie gesagt – im **II. Teil** dieses Handbuches genauer behandelt werden soll, ist die Phänomenologie kriminellen Verhaltens, die wir als Verbrechenstechnik bezeichnen. Das erinnert zwar an die an den kriminellen Taten orientierte Kriminalphänomenologie als ein besonderes Gebiet der Kriminologie (i.e.S.). Doch während der Kriminologie die soziale Funktion einzelner typischer Erscheinungsformen kriminellen Verhaltens zu ergründen sucht, knüpft zwar auch der Kriminalist insoweit vor allem an die Tat an, legt jedoch entscheidendes Gewicht auf die mehr handwerkliche Seite der Tatausführung.

Bedeutsamer als die Beweggründe des Täters oder beispielsweise das für die Tötung insoweit aufschlußreiche Verhältnis von Täter und Opfer ist für ihn, wie bestimmte Straftaten – z.B. eine vorsätzliche Tötung – ausgeführt werden. Denn die Kenntnis des insoweit Typischen ist wichtig, um von der bewußten Tötung durch dritte Hand Unglücksfälle, die als fahrlässige Tötung gewertet werden könnten, Selbstmord oder natürlichen Tod zu unterscheiden. Diese typische Art und Weise der Ausführung, auch Modus operandi genannt, ermöglicht es, innerhalb der vorsätzlichen Tötungen, um bei diesem Beispiel zu bleiben, verschiedene Formen der Tatausführung oder Verbrechertechniken zu unterscheiden, die man als ein Modus operandi-System begreifen kann.

2. Kriminaltechnik

Könnte man im einzelnen Kriminalfall die Verbrechertechnik als Basis und Ausgangspunkt kriminalistischen Denkens bezeichnen, so beginnt die eigene Arbeit in der Praxis der Verbrechensbekämpfung häufig mit der Kriminaltechnik. So gesehen ist die Kriminaltechnik, welcher der **III. Teil** dieses Handbuches gewidmet ist, die Lehre von den Werkzeugen, Mitteln und Verfahren, mit denen entweder an Hand des Sachbeweises eine vermeintlich begangene Straftat aufgeklärt werden soll oder deren man sich bedienen kann, um kriminelle Aktionen zu verhindern.
Will man diesen Aufgabenbereich der Kriminalistik recht verstehen, darf man jedoch die Beschränkung auf den Sachbeweis nicht prozessual dahin mißverstehen, daß damit Personalbeweise wie Zeugenaussage und Sachverständigengutachten außer Betracht und nur gerichtlicher Augenscheins- und Urkundenbeweis übrig bleiben. Denn dann würde das Blickfeld der Kriminaltechnik unangemessen und sachwidrig eingeschränkt.

Denn der Sachbeweis wird prozessual nicht selten in das Gewand einer Aussage oder eines Gutachtens gekleidet. Auch wenn man den Sachverständigen – das zur Zeit wohl am meisten umstrittene Beweismittel – dem Personalbeweis zuordnet, geht es im Kern hier häufig um einen objektiven nachprüfbaren Sachbeweis, zu dessen Verwertung man jedoch der besonderen Sachkunde eines Experten bedarf. Sachkunde und Tätigkeit des Sachverständigen sind verifizierbar und ihre Erforschung ist eine Aufgabe der Kriminaltechnik.

3. Kriminaltaktik

Das wohl umfangreichste und überaus vielschichtige Gebiet, das der Kriminalist zu erforschen und zu praktizieren hat, ist die Kriminaltaktik. Diese Lehre vom taktisch richtigen, d.h. vom technisch, psychologisch und ökonomisch zweckmäßigen Vorgehen beim Aufklären und Verhindern von kriminellen Taten soll im **IV. Teil**, d.h. im II. Band dieses Handbuchs, untersucht und dargestellt werden.
Bietet die Kriminaltechnik zu diesen Zwecken geeignete Werkzeuge, Mittel und Untersuchungsverfahren, so geht es in der Kriminaltaktik darum, diese in einem größeren Zusam-

menhang zu sehen, um sie möglichst zweckmäßig einsetzen zu können. Nicht gar so selten gibt es eine ganze Reihe kriminaltechnischer Erkenntnismöglichkeiten, die im Einzelfalle helfen können. Darüber hinaus sind aber ferner auch die rechtlich zulässigen und im Einzelfall zu Gebote stehenden Personalbeweise zu beachten. Der Kriminalist wird damit vor die Frage gestellt, welche Erkenntnismittel im konkreten Falle überhaupt in Betracht kommen und in welcher Reihenfolge er sich ihrer bedienen soll.

Daher ist es Aufgabe der wissenschaftlichen Kriminalistik, diesen Bereich der Kriminaltaktik umfassend und gründlich zu erforschen, um ein insbes. unter den genannten Gesichtspunkten möglichst zweckmäßiges Vorgehen und damit optimale Effektivität zu gewährleisten.

4. Organisation der Verbrechensbekämpfung

Schließlich gibt die Organisation der Verbrechensbekämpfung dem Kriminalisten mancherlei Fragen und damit Aufgaben auf. Denn eine erfolgreiche Verbrechensbekämpfung hängt nicht zuletzt von einer sinnvollen Organisation ab, die einerseits eine zweckmäßige Aufgabenverteilung auf verschiedene Behörden, Instanzen oder Personen und zum anderen eine möglichst reibungslose, dafür jedoch zweckmäßige Zusammenarbeit gewährleisten soll. Diese Problematik wird im **V. Teil** dieses Handbuches erörtert werden.
Im nationalen Bereich geht es hier also nicht nur um die Verteilung der Aufgaben auf beispielsweise Kriminalpolizei, Staatsanwaltschaft und Strafgerichte und deren Verhältnis zueinander, sondern auch um die Organisation jeder dieser Behörden.

In Bundesstaaten wie der Bundesrepublik Deutschland ist hier also zu klären, wie die Organisationsformen der Bundesländer zusammen mit denen des Bundes ein gutes Organisationsgefüge ergeben. Und selbst bei einheitlicher Staatsstruktur kann man – wie unterschiedliche Lösungen beweisen – darüber streiten, wie die Kriminalitätsbekämpfung auf zentraler, regionaler oder lokaler Ebene am besten organisiert wird. Diese Organisationsfragen hängen mit der Qualität und Quantität der bereitgestellten oder bereitzustellenden Mittel sachlicher und vor allem personeller Art zusammen, womit zugleich Probleme der Vor-, Aus- und Fortbildung angesprochen werden.

Da die Kriminalität nicht national begrenzt ist, vielmehr zu einem Teil ausgesprochen internationalen Charakter hat, muß sich der Kriminalist schließlich auch Gedanken darüber machen, wie die Verbrechensbekämpfung auf internationaler Ebene organisiert ist oder werden sollte.

Ein Beispiel für diesen Aufgabenbereich ist die Einrichtung und die Tätigkeit der Internationalen kriminalpolizeilichen Organisation, der Interpol. Doch gibt es noch andere Formen inter- oder übernationaler Zusammenarbeit oder fordert man diese im Interesse wirksamerer Kriminalitätsbekämpfung.

§2
Das Verhältnis zu anderen Disziplinen

Die Klärung des Gegenstands und der Aufgaben der Kriminalistik ermöglichst es, nunmehr das Verhältnis dieser Wissenschaft zu anderen Disziplinen und damit ihren Standort im System der Wissenschaften genauer zu erfassen.

Zbinden S. 1 ff., 15 ff.; siehe auch: *Seelig,* Ernst/*Bellavic,* Hanns: Lehrbuch der Kriminologie – 3. Aufl. – Darmstadt o.J. – S. 28ff.; *Göppinger,* Hans: Kriminologie. Eine Einführung – 2. Aufl. – München 1973 – S. 12.

Bevor wir uns dieser Aufgabe unterziehen, erscheint es jedoch ratsam, kurz zu der auf den ersten Blick recht verworrenen Frage der Terminologie Stellung zu nehmen. Wenn wir den Terminus Kriminalistik benutzen, ist es für uns nur eine schwache Stütze, daß dieser sich in Deutschland und in manchen anderen Ländern für diesen Wissensbereich eingebürgert hat. Denn schon hier wird das z.T. bestritten oder anders gehandhabt. Und selbst in einem deutschsprachigen Nachbarland wie Österreich vertritt man eine diese Kriminalistik umfassende Konzeption der Kriminologie. In anderen, insbes. romanischen Ländern werden kriminalistische Probleme im Bereich der „Polizeiwissenschaft" – police technique, politice scientifique oder polizia technica – behandelt, während sich in anderen Ländern der Ausdruck forensische Wissenschaft – z.B. forensic science – einzubürgern scheint. Um das Wesentliche vorwegzunehmen: Es ist nicht unsere Aufgabe, hier den Sprachgebrauch zu regeln, sondern es geht lediglich darum, die eigene Terminologie kurz zu begründen und sie im Verhältnis zu anderen Formulierungen verständlich zu machen, damit man nicht am falschen Ort und u.U. vergeblich nach dem Material sucht, das wir als kriminalistisch bezeichnen.

Deshalb sei hier für den Bereich der deutschen Sprache nur gesagt, daß u.E. das Fremdwort Kriminalistik, obwohl es mitunter auch umfassender für Kriminologie oder gar für Normwissenschaften verwendet wird, indem man beispielsweise den Strafjuristen als Kriminalisten bezeichnet, von unserem Standpunkt aus jedenfalls nicht unzutreffend, sondern besser als von anderer Seite vorgeschlagene Bezeichnungen ist.

Die Termini „Untersuchungskunde" (*v. Jagemann, v. Hippel,* u.a. auch *Beling*), „wissenschaftliche Untersuchungskunde" *(Pfenninger)* oder „Strafuntersuchungskunde" *(Streicher,* im Untertitel auch *Zbinden)* mögen zwar der Sache nach ebenfalls zutreffen, sind aber sprachlich gewiß nicht schöner; zudem können sie insoweit irritierend wirken, als mit dem an sich überflüssigen Zusatz „wissenschaftliche" oder „Straf-" ein zu enger Bereich vorgetäuscht werden könnte. Kriminalistik ist nicht nur Gegenstand wissenschaftlicher Betrachtung, sondern auch Tätigkeit in der Praxis der Verbrechensbekämpfung. Die Terminologie „*Straf*untersuchungskunde" deutet zu sehr auf den Strafprozeß und damit das Rechtliche hin, das nur den Rahmen kriminalistischer Arbeit beinhaltet. Ähnliche Bedenken ergeben sich gegen Termini wie „Strafprozeßtechnik" *(Beling),* „Technik von der Strafverfolgung" (u.a. *Beling, Mezger*) oder den der „Sachverhaltserforschung" (u.a. *Beling, Seelig, Döhring*); sie sind einerseits zu allgemein und andererseits zu eng, weil darunter beispielsweise die Verbrechenstechnik kaum und die Organisation der Verbrechensbekämpfung wohl nicht mehr paßt. Selbst der eher brauchbare Begriff „Kriminaluntersuchung" *(Niceforo, Lindenau)* ist unsicherer und leicht mit dem Strafverfahren zu verwechseln. Präzisiert man jedoch zum sprachlich schwerfälligeren Terminus „Kriminaluntersuchungskunde", bewirkt das eine ähnliche Verwechslungsgefahr wie bei der „Strafuntersuchungskunde".

Gerade da wir die Frage der Terminologie nicht überschätzen, möchten wir ungeachtet dieser zahlreichen, aber wenig überzeugenden terminologischen Versuche an der Bezeichnung Kriminalistik festhalten. Denn die Gefahr, daß man – etwa in Österreich – darunter etwas anderes verstehen könnte, sollte durch das zum Gegenstand und zu den Aufgaben der Kriminalistik Gesagte gebannt sein, zumal da insoweit nur eine Spezialisierung vorläge, deren Zweckmäßigkeit durch das Folgende dargetan werden sollte.

Das Verhältnis der Kriminalistik zu anderen Disziplinen und ihr Standort im System der Wissenschaften können in diesem Rahmen selbstverständlich nicht erschöpfend behandelt

werden. Aber gerade da wir von der Kriminalistik als einer selbständigen Disziplin ausgehen, muß dies kurz begründet und durch einen Hinweis auf Interdependenzen dem sonst möglichen Irrtum entgegengetreten werden, hier würde diese Wissenschaft zu isoliert betrachtet. Vielmehr ist das Gegenteil der Fall; da wir mit der von uns vertretenen Konzeption nur den Gegebenheiten der Wissenschaftsentwicklung folgen, deren signifikanter Zug zur Spezialisierung eine integrierende Synthese nur um so notwendiger erscheinen läßt.
Aus Gründen besserer Verständlichkeit ist die nachfolgende Skizze bewußt pragmatisch konzipiert. Wir gehen dabei von den Kriminalwissenschaften aus und werden gebräuchliche Klassifizierungen selbst dann benutzen, wenn wir sie in der Sache für problematisch halten, weil für die genannten Zwecke an dieser Stelle nicht mehr geboten ist. Denn es geht lediglich darum, den hier vertretenen Standpunkt zu verdeutlichen und für die Kriminalistik wichtige Wechselwirkungen aufzuzeigen.

I. Kriminalwissenschaften

Wer den Standpunkt der Kriminalistik und ihr Verhältnis zu anderen Disziplinen zutreffend und plausibel erfassen will, geht zweckmäßig vom Begriff der Kriminalwissenschaften aus. Das sind alle diejenigen Disziplinen, die sich in dieser oder jener Form primär mit dem kriminellen Verhalten von Menschen befassen. Damit wird anerkannt, daß auch andere Disziplinen, die – wenngleich insoweit umfassender angelegt – u.a. derartige Fragestellungen behandeln, wichtige Beiträge zur wissenschaftlichen Diskussion und damit zur Problematik der Kriminalwissenschaften leisten; doch dürfen diese nicht isoliert gesehen werden, weil diese Begriffsbildung ersichtlich dem Bestreben nach Konzentration entspricht. Von diesem Standpunkt aus lassen sich juristische und nichtjuristische Kriminalwissenschaften unterscheiden, zu denen als besonderer, dem Oberbegriff unmittelbar zugeordneter Bereich die Kriminalpolitik hinzutritt.

1. Nichtjuristische Kriminalwissenschaften

Da wir die Kriminalistik als eine Tatsachenwissenschaft begreifen, spielt ihr Verhältnis zu anderen nichtjuristischen Kriminalwissenschaften, insbes. zur Kriminologie, eine entscheidende Rolle. Auch dort ist im einzelnen umstritten, ob es sich um mehrere selbständige Disziplinen oder – wie wir meinen – um eine einzige, jedoch mit mehreren unterscheidbaren Bereichen, handelt. Da dies aber für das Verhältnis der Kriminalistik von untergeordneter Bedeutung ist, können wir uns hier darauf beschränken, kurz das insoweit Wesentliche für zwei Bereiche aufzuzeigen, die sich unter dem Begriff der **Kriminologie i.w.S.** zusammenfassen lassen.

a) Kriminologie i.e.S.
Von unserem Standpunkt aus bereitet die Abgrenzung der Kriminalistik von der **Kriminologie i.e.S.** kaum Schwierigkeiten. Hans *Groß,* der eine umfassend verstandene Kriminologie in Kriminalanthropologie, Kriminalsoziologie und Erscheinungslehre gliederte, sah dagegen die Kriminalistik als eine Unterabteilung der Kriminalsoziologie an. Wenn er ihr insoweit die soziale Kriminalpsychologie gegenüberstellte, überzeugt das schon deshalb nicht, weil

damit die Psychologie im Verhältnis zu Soziologie und Anthropologie schief klassifiziert wird.

Aus eben diesem Grunde haben bereits *Seelig* und *Graßberger,* Vertreter der von Hans *Groß* begründeten österreichischen Schule, die umfassend verstandene Kriminologie in die Erscheinungsformen der Verbrechensbegehung und die Erscheinungen der Verbrechensbekämpfung gegliedert; dabei wird allerdings im letztgenannten Gebiet der Kriminalistik im hier vertretenen Sinne die Kriminalprophylaxe gegenübergestellt, womit letztlich die Kriminalpädagogik gemeint ist. Immerhin wird somit in der Sache zwischen der Kriminalistik und einem enger zu verstehenden Bereich, den wir die Kriminologie i.e.S. nennen, unterschieden.

Ist aber die Kriminologie (i.e.S.) die Lehre von den Erscheinungsformen und Ursachen kriminellen Verhaltens, so ist die Aufgabe des Kriminologen ungeachtet nicht zu bestreitender Wechselwirkung doch eine ganz andere als die des Kriminalisten. Dieser befaßt sich nicht so sehr mit den individuellen und sozialen Gegebenheiten, welche kriminelles Verhalten bewirken, sondern sucht die Kriminalität dadurch zu bekämpfen, daß er entweder kriminelle Handlungen repressiv aufklärt und den Rechtsbrecher überführt oder aber in entsprechender Weise – ad hoc – präventiv tätig wird.
Die bereits erwähnte Wechselwirkung zwischen Kriminologie (i.e.S.) und Kriminalistik läßt sich vereinfachend dahin kennzeichnen, daß die Arbeit des Kriminologen vielfach vom Erfolg der kriminalistischen Bemühungen abhängt; denn diese erbringen das wesentliche Material und nicht zuletzt den Rechtsbrecher, auf den sich die Kriminologie – jedoch unter anderen Gesichtspunkten – konzentriert. Umgekehrt wird sich der Kriminalist bei seiner Arbeit des öfteren solcher Erkenntnisse bedienen können und müssen, welche die Kriminologie z.B. über typische Erscheinungsformen kriminellen Verhaltens, Ursachen, Beweggründe usw. gemacht hat; aber die Verwertung erfolgt eben unter anderen – kriminalistischen – Vorzeichen.

b) Kriminalpädagogik

Ähnlich läßt sich auch das Verhältnis der Kriminalistik zur Kriminalpädagogik beschreiben, die im Gegensatz zur diagnostischen Kriminologie (i.e.S.) gewissermaßen den therapeutischen Zweig der Kriminologie i.w.S. darstellt. Hier also wird insbes., aber nicht nur, das Recht zur kriminalrechtlichen Reaktion zu präventiven Zwecken genutzt. Durch den Vollzug der Sanktionen des Kriminalrechts soll der Verurteilte, der zugleich ein potentieller künftiger Rechtsbrecher ist, pädagogisch so beeinflußt werden, daß kriminelles Verhalten von ihm nicht mehr zu erwarten ist.

Aber auch in diesem Bereich der Strafvollzugskunde oder Pönologie ist die Kriminalpädagogik eine Tatsachenwissenschaft, welche die Gegebenheiten und Möglichkeiten des Vollzugs kriminalrechtlicher Sanktionen vor allem empirisch betrachtet. Zur Kriminalpädagogik, und das ist umstritten, jedoch für diese Begriffsbildung ausschlaggebend, rechnen wir ferner auch die Kriminalprophylaxe mit anderen Mitteln als denen des Strafrechts, wobei insbes. an Sozial- und Bildungsarbeit zu denken ist.

Von dieser Aufgabenstellung der Kriminalpädagogik läßt sich die der Kriminalistik unschwer unterscheiden, wenngleich einleuchten dürfte, daß schnelle und erfolgreiche kriminalistische Arbeit u.U. außerordentlich präventiv auf den Ertappten oder Dritte wirken kann. Aber nicht nur die repressive, sondern auch die präventive Kriminalistik zielt anders als die Kriminalpädagogik nicht so sehr darauf ab, bestimmte Menschen zu beeinflussen und möglichst zu wandeln, um sie in die Gesellschaft zu integrieren, sondern soll zunächst einmal kriminelle Taten als solche verhindern oder erschweren. So gesehen ist der Blick des Kriminalisten in die Zukunft ganz anders als bei der Kriminalpädagogik und außerordentlich begrenzt, ein präventiver Erfolg der repressiven kriminalistischen Arbeit nur ein Nebeneffekt, so wünschenswert er auch sein mag.

2. Juristische Kriminalwissenschaften

Was nun das Verhältnis der Kriminalistik und der anderen nichtjuristischen zu den juristischen Kriminalwissenschaften anlangt, sei zunächst etwas zu dem von Franz *v. Liszt* und auch heute teilweise noch für den Oberbegriff Kriminalwissenschaften verwendeten Terminus „gesamte Strafrechtswissenschaft" gesagt. Soll dieser außer Strafrecht und Strafprozeßrecht auch nichtjuristische Disziplinen wie Kriminologie (i.w.S.) und Kriminalistik umfassen, ist dies schon deshalb mißverständlich, weil mit der Verwendung des Begriffs „Straf**recht**" entweder insoweit zu Unrecht eine Zusammenfassung von juristischen Normwissenschaften vorgetäuscht wird oder zumindest der Strafrechtswissenschaft eine Vorrangstellung eingeräumt wird; dies ist aber nicht nur gegenüber der Lehre vom Strafprozeßrecht fehl am Platze, sondern ließe die nichtjuristischen Disziplinen wie Kriminologie (i.w.S.) und Kriminalistik fälschlich als bloße Hilfswissenschaften der Strafrechtswissenschaft erscheinen. Diese insbes. von manchen Strafrechtlern noch vertretene Auffassung mag zwar als Konzession an die geschichtliche Entwicklung der fraglichen Disziplinen verständlich sein, ist jedoch in der Sache unzutreffend, weil sie auf eine Überschätzung des Strafrechts hinausläuft.

Trotz einer unverkennbaren Wechselwirkung, die sich sowohl im Verhältnis von Straf- und Strafprozeßrechtswissenschaft einerseits als auch von diesen gegenüber Kriminologie (i.w.S.) und Kriminalistik bzw. unter diesen feststellen läßt, besagt nichts gegen die Selbständigkeit dieser Wissenschaftszweige oder etwas für die Unterordnung der anderen unter die Strafrechtswissenschaft. Sonst könnte man ebenso die Statistik der Kriminologie (i.e.S.) unterordnen, soweit sie mit deren Material arbeitet; das aber kann schon deshalb nicht richtig sein, da ungeachtet unterschiedlicher Wirkformen eine einzige Methodenlehre bleibt, die aller statistischen Forschung eigentümlich ist und daher die Statistik als selbständige Disziplin erscheinen läßt. Nicht anders kann es im Verhältnis von juristischen und nichtjuristischen Kriminalwissenschaften sein.

Mag das Strafrecht auch als normative Ordnung den Bereich des Kriminellen abstecken und somit der Kriminologie (i.w.S.) gewissermaßen das Kerngebiet ihrer Arbeit zuweisen, so sind doch die Aufgaben dieser Wissenschaften und damit, wie wir sehen werden, ihre Methoden grundverschieden, weshalb von selbständigen Disziplinen auszugehen ist. Dasselbe gilt, wie nunmehr kurz dargelegt werden soll, auch für die Kriminalistik.

a) Strafrechtswissenschaft

Das ist für das weniger problematische Verhältnis von Kriminalistik und Strafrechtswissenschaft ganz offensichtlich. Denn der Normwissenschaft vom Strafrecht korrespondiert bei den nichtjuristischen Kriminalwissenschaften die Kriminologie (i.W.S.). Bedeutsamer als der mehr formale Unterschied von Allgemeinem und Besonderem Teil des Strafrechts sind dessen zwei Aufgabenbereiche, die sich auf den Nenner von Voraussetzungen der Strafbarkeit und von den Rechtsfolgen des Kriminalrechts bringen lassen. Dann aber wird deutlich, daß der Lehre vom Verbrechen, in welcher die allgemeinen und speziellen

Voraussetzungen strafbaren Handelns erörtert werden, die Kriminologie i.e.S. und der Lehre von den Rechtsfolgen die Kriminalpädagogik entspricht.

b) Strafprozeßrechtswissenschaft

Wichtiger, wenngleich schwieriger ist es für uns, das Verhältnis der Kriminalistik zur Strafprozeßrechtswissenschaft zu bestimmen, weil hier die Wechselwirkung ungleich intensiver ist. An das zum Verhältnis von Strafrechtswissenschaft und Kriminologie (i.w.S.) Ausgeführte anknüpfend läßt sich aber wohl schon jetzt sagen, daß der juristischen Strafprozessualistik als Tatsachenwissenschaft eben die Kriminalistik im oben skizzierten Sinne entspricht. Dem Kriminalisten werden – wie dem Kriminologen durch das Strafrecht – durch die Regelung des Strafverfahrens gewisse Arbeitsbereiche zugewiesen, die für ihn aber doch – wie dargelegt – ganz andere Aufgaben als für den Strafprozessualisten beinhalten. Mögen die in den einzelnen Staaten z.T. recht unterschiedlichen Normen des Strafprozeßrechts im Einzelfalle die kriminalistische Aktivität einschränken oder gar hemmen, da sich nicht alles kriminalistisch Wünschenswerte rechtlich verantworten läßt, sollte umgekehrt klar sein, daß die Erkenntnisse der Kriminalistik der rechtswissenschaftlichen Diskussion über den Strafprozeß wertvolles kritisches Material zu liefern vermag. Die lebensferne Blässe, die im Lehrbetrieb der Universitäten dem Strafprozeßrecht z.T. immer noch anhängt, rührt nicht zuletzt daher, daß diese Wechselwirkung von Strafprozeßrecht und Kriminalistik häufig nicht richtig erfaßt oder aber zugunsten der Jurisprudenz verzerrt wird.

Daß dies wenig sinnvoll ist, sei nur an einem Beispiel demonstriert. Die Rechtsvorschriften über die Vernehmung von Zeugen können nur einen äußeren Rahmen abgeben, weil Vernehmung und die ihren Kern bildende Aussage primär kriminalistisch zu würdigende Tatsachen darstellen. Man kann daher nicht gut juristisch über das Vernehmungsrecht diskutieren, ohne die Basis der kriminalistischen Erkenntnisse über Vernehmungs- und Aussagepsychologie zu beachten.

Dies eine Beispiel, das sich beliebig vermehren ließe und gewiß durch das im Folgenden zur Kriminalistik Ausgeführte immer wieder bestätigt wird, läßt eine Synthese von Strafprozeßrechtswissenschaft und Kriminalistik als der Lehre von den tatsächlichen Gegebenheiten der unmittelbaren Kriminalitätsbekämpfung durch die Strafverfolgungsorgane und ihre Helfer in der Lebenswirklichkeit mithin sogar als besonders wichtig erscheinen. Aus eben diesem Grunde werden wir an geeigneten Stellen immer wieder kurz auf diese Zusammenhänge hinweisen, um so eine gerade auch für die Strafprozeßrechtswissenschaft fruchtbare Entwicklung zu fördern.

3. Kriminalpolitik

Gerade dies Verhältnis von Strafprozeßrechtswissenschaft und Kriminalistik als einander korrespondierende Norm- und Tatsachenwissenschaften zeigt zugleich, daß die in ihrem Standort recht unterschiedlich beurteilte Kriminalpolitik in Wahrheit einen Lebensbereich verkörpert, der sich sowohl auf juristische als auch auf nichtjuristische Kriminalwissenschaften bezieht. Es ist also unzutreffend, die Kriminalpolitik, wie dies vornehmlich manche Strafjuristen tun, mit der Strafrechtspolitik gleichzusetzen, die nur einen untergeordneten Aspekt verkörpert. Vielmehr ist die Kriminalpolitik als Teilbereich ein Gegenstand der Politologie und kann schon daher weder den juristischen noch den nichtjuristischen Kriminalwissenschaften, sondern muß dem Oberbegriff zugeordnet werden. Denn auf dieser kriminalpolitischen Ebene begegnen sich juristische und nichtjuristische Disziplinen, indem einmal die Erkenntnisse von Kriminologie (i.w.S.) und Kriminalistik für Rechtsanwendung und -entwicklung verwertet werden, und zum anderen speziell rechtspolitische Gesichtspunkte beachtet werden müssen, weil sie u.U. begrenzend wirken können.

Sieverts, Rudolf: Kriminalpolitik – in: HdwKrim (2) II-1 ff. (1967); *Zipf,* Heinz: Kriminalpolitik. Eine Einführung in die Grundlagen – Karlsruhe 1973.

In der Kriminalpolitik, die als solche keine Wissenschaftsdisziplin sein kann, sondern nur – wie gesagt – Gegenstand politologischer Forschungen ist, handelt es sich mithin um einen Lebensbereich, in welchem man sich insb. um die Synthese von juristischen und nichtjuristischen Kriminalwissenschaften bemühen muß; diese sind, was man selbst im Banne der Tradition nicht verkennen sollte, insoweit an sich gleichrangig. Nur so lassen sich die notwendigen Brücken vor allem zwischen Strafrechtswissenschaft und Kriminologie (i.w.S.) einerseits sowie Strafprozeßrechtswissenschaft und Kriminalistik andererseits schlagen. Gerade für dieses Zusammenwirken der einzelnen Kriminalwissenschaften war es unerläßlich, auf den Standort und die Funktion der Kriminalpolitik einzugehen.
Schematisch betrachtet ergibt sich somit folgendes Bild für die Kriminalwissenschaften:

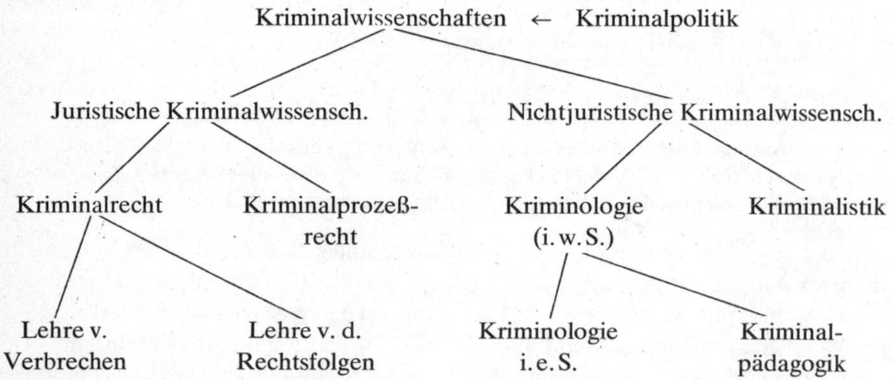

II. Andere Wissenschaftsdisziplinen

Über das Verhältnis der Kriminalistik zu anderen Wissenschaftsdisziplinen können wir uns in diesem Rahmen naturgemäß nur sehr kurz äußern. Wichtig ist dies jedoch vor allem aus zwei Gründen. Einmal möchten wir dadurch dem sonst möglichen Mißverständnis vorbeugen, die soeben geschilderten Kriminalwissenschaften würden ein isoliertes System bilden. Zum anderen erscheint es trotz gebotener Kürze sinnvoll, schon hier auf eine Reihe derjenigen Disziplinen hinzuweisen, mit welchen eine Kooperation für die Kriminalistik besonders wichtig ist.
Doch erfordert dies keine hier zudem unmögliche umfassende Behandlung, weshalb wir nur das Wesentliche kurz andeuten wollen. Auch die von uns gewählte Reihenfolge kann nicht repräsentativ für das von Problem zu Problem schwankende Gewicht dieser Wissenschaften für die Kriminalistik sein. Vielmehr halten wir uns des leichteren Verständnisses wegen in etwa an die herkömmliche Unterscheidung von Natur- und Geisteswissenschaften, obwohl

diese durch die jüngste Entwicklung zumindest weithin überholt und für einzelne Disziplinen ausgesprochen zweifelhaft geworden ist.
Entscheidend ist ungeachtet der auch innerhalb jener Disziplinen bestehenden Meinungsverschiedenheiten oder Schulen, daß der Kriminalist auf Zusammenarbeit mit solchen Experten angewiesen ist, wenn er die ihm gestellten Aufgaben überzeugend meistern will.

Deshalb sprechen wir auch hier nicht von Hilfswissenschaften der Kriminalistik, ebenso wie ihre Abgrenzung von den Kriminalwissenschaften nur unter dem Aspekt der primären Zielsetzung erfolgt ist; denn damit wird beileibe nicht gesagt, daß der Beitrag umfassender angelegter Disziplinen zu einer kriminalistischen Problematik nicht im Einzelfalle u.U. überaus wichtig oder gar ausschlaggebend sein kann. Die Fülle der in Betracht kommenden Disziplinen kann im Folgenden nur durch eine knappe Auswahl angedeutet werden, zumal da auf Einzelheiten besser im speziellen Zusammenhang einzugehen ist, wo sich auch Literaturhinweise finden werden (insb. § 15).

1. Biologie

Die Biologie als die Lehre vom Leben umfaßt außer der Botanik und der Zoologie mit der Anthropologie jedenfalls Teile der Medizin, die sicher nicht auf den Bereich der Krankheiten beschränkt werden darf. Erkenntnisse der beschreibenden sowie der experimentellen Biologie, welche mithilfe des Versuchs Ursachenzusammenhänge der Lebenserscheinungen zu erforschen trachtet, sind selbstverständlich auch für die Kriminalistik – und keineswegs nur für deren Sondergebiet Kriminaltechnik – wichtig.

2. Medizin

Umfaßt die Medizin als Wissenschaft das Studium sowohl des kranken als auch des gesunden Menschen, so ist klar, daß der Kriminalist häufig auf die Erkenntnisse gerade dieser Disziplinen zurückgreifen muß. Dabei kommt es – wie wir sehen werden – keineswegs nur oder wesentlich auf die gerichtliche Medizin (Rechtsmedizin) an, bei welcher die Notwendigkeit der Kooperation allerdings besonders in das Auge fällt. Gerade in der Kriminaltechnik wird deutlich werden, welche Rolle auch anderen Gebieten der Medizin für die kriminalistische Arbeit zukommt.

3. Physik

Die Physik als die Wissenschaft von den Vorgängen in der unbelebten Materie kann zwar auf eine lange Geschichte zurückblicken, hat aber erst in jüngerer Zeit mit gewaltigen Fortschritten nachhaltigeren Einfluß auf die Kriminalistik gewonnen. Ganz besonders gilt das, wie wir im III. Teil sehen werden, für die Kriminaltechnik. Dies ist einer der Gründe, weshalb man teilweise sogar von einem Gebiet der naturwissenschaftlichen Kriminalistik spricht.

4. Chemie

Ähnlich liegen die Dinge bei der Chemie, die mit ihrem Sondergebiet der Toxikologie – der Giftkunde – schon relativ früh die Ermittlungen in einschlägigen Strafsachen beeinflußte. Inzwischen hat sich, wie ebenfalls vor allem bei der Kriminaltechnik sichtbar werden dürfte, der Anwendungsbereich chemischer oder chemisch-physikalischer Methoden und damit das Gewicht derartiger Erkenntnismöglichkeiten erheblich erweitert.

5. Psychologie

Schon seit längerer Zeit hat sich die Psychologie von einem Teilgebiet der Philosophie zu einer selbständigen Wissenschaft entwickelt, welche in heute recht verschiedenartiger Weise die Psyche des Menschen und ihre Erscheinungen zu erfassen sucht. Selbst wenn das Gebiet der Pädagogik für die Kriminalistik vielleicht nicht ganz so wichtig wie für die Kriminologie ist, sollte doch einleuchten, daß exaktes Erfassen und Deuten der Äußerungen seelischen Lebens auch für den Kriminalisten von großem Gewicht sind. Ihrer bedarf er beispielsweise nicht nur bei kriminaltechnischen Untersuchungen, sondern vor allem auch im Bereich der Kriminaltaktik; sogar bei der Organisation der Verbrechensbekämpfung kommt der Psychologie eine wichtige Rolle zu, wenn man sich hier die Öffentlichkeitsarbeit vor Augen führt.

6. Soziologie

Die Soziologie, die Gesellschaftslehre bzw. die Wissenschaft vom Sozialen im Sinne zwischenmenschlicher Beziehungen im Rahmen der Umweltgegebenheiten, steuert nicht nur Wichtiges zur Erklärung des Phänomens Kriminalität bei, was seine Erscheinungsformen und Ursachen anlangt, sondern liefert überdies viele für den Kriminalisten nützliche Erkenntnisse; auf sie wird daher immer wieder zurückzukommen sein.

Schima, Konrad: Der Wirklichkeitsbezug in der neuen Kriminalsoziologie – Arch. f. Krim. Bd. 156, S. 1 ff. (1975).

Daran ändert nichts, daß manche Schulen oder Methoden der Soziologie einen außerordentlich geringen Bezug zur Lebenswirklichkeit aufweisen, was gerade auch der kritische Kriminalist beachten sollte, um sich nicht – befangen im Bestreben um Wissenschaftlichkeit und Modernität – in Wahrheit in lebensfernen, unrealistischen Spekulationen oder gar primitiver Ideologie zu verirren, die man ihm u.U. als „Empirie“ anbietet.

7. Statistik

Obwohl die überlieferte Unterscheidung von Natur- und Geisteswissenschaften hier ebenfalls zweifelhaft werden kann, sei schließlich noch die Statistik erwähnt; sie ist über ihre Bedeutung für die Kriminologie hinausgehend ein für den Kriminalisten wichtiger Erkenntnisbereich, der schon bald in § 5 näher zu beleuchten sein wird.
Diese Auswahl einiger wichtiger Disziplinen, die noch – vor allem im Rahmen der Kriminaltechnik in den §§ 15, 16 – ergänzt und vertieft werden wird, sollte hier nur dem Mißverständnis vorbeugen, daß es im Verhältnis zur Kriminalistik allein auf Rechtsdisziplinen wie das Strafprozeßrecht oder Strafrecht ankommt.

§ 3
Entwicklung und gegenwärtiger Stand der Kriminalistik als Wissenschaft

Nach Klärung des Standorts der Kriminalistik und ihres sich daraus ergebenden Verhältnisses zu anderen Disziplinen ist es nunmehr angezeigt, die Entwicklung dieser Wissenschaft

und ihren gegenwärtigen Stand zu schildern, soweit das zum Verständnis der folgenden Darstellung nötig oder doch nützlich ist.
Der damit angesprochene Aufgabenbereich läßt sich am besten unter vier Aspekten behandeln, wobei zweckmäßig von der **Entwicklung der Kriminalistik** zu einer selbständigen Wissenschaft auszugehen ist. Diese Entwicklungsgeschichte, die relativ kurz ist, muß vor allem von der später zu behandelnden Historischen Kriminalistik unterschieden werden, welche die geschichtlichen Formen und Gegebenheiten der Kriminalitätsbekämpfung im Wandel der Zeiten zu erforschen hat. Hier dagegen geht es einstweilen nur um eine wissenschaftshistorische Analyse.
Im Anschluß daran sind ungeachtet einer bei einzelnen Sachgebieten notwendigen Ergänzung einige allgemeinere Ausführungen zu den **Methoden der Kriminalistik** angezeigt, die zur Frage einer für diese Disziplin brauchbaren **Systematik** überleiten.
Diese mehr wissenschaftstheoretischen, jedoch für die Praxis keineswegs unwichtigen Ausführungen sollen sodann durch einen Überblick über **Quellen und Hilfsmittel der Kriminalistik** abgeschlossen werden. Auch hier müssen wir uns auf allgemein Bedeutsames oder doch besonders Signifikantes beschränken, weil ausführlichere Angaben und insb. Literaturhinweise besser später im speziellen Sachzusammenhang zu machen sind.

I. Entwicklung

Betrachten wir zunächst die Entwicklung der Kriminalistik als einer Wissenschaft, so können wir frühestens seit der ersten Hälfte des 19. Jahrhunderts von einer selbständigen Disziplin sprechen, wenngleich diese Frage – wie wir bereits wissen – noch heute umstritten ist.

Zbinden S. 21 ff.

Selbstverständlich finden sich, wie bei der Historischen Kriminalistik darzulegen sein wird, kriminalistische Ansätze oder Vorläufer dazu schon sehr viel früher. Denn mit dem Verbrechen ergab sich zugleich das Problem der Verbrechensbekämpfung, was Fragen mit sich brachte, die wir heute der Kriminalistik zuordnen. Aber es wird sich bei der Historischen Kriminalistik, wo dieses genauer zu behandeln ist, zeigen, daß man in jenen Zeiten noch nicht von eigentlich wissenschaftlichen Ansätzen sprechen darf, obwohl die Entwicklung in den einzelnen Ländern und Erdteilen insoweit unterschiedlich verlaufen ist.
Selbst im späten 18. Jahrhundert und im beginnenden 19. Jahrhundert finden sich in Deutschland wie überhaupt in Europa lediglich Publikationen, die man bestenfalls als Vorläufer kriminalistischer Studien bezeichnen kann. Dies ist nur für Spezialbereiche wie den der gerichtlichen Medizin anders, in welchem erstmalig kriminalistische Fragestellungen begrenzterer Natur mit bestimmten wissenschaftlichen Mitteln – eben denen der Medizin – untersucht wurden. Im übrigen aber kann man umfassender angelegte Arbeiten aus dieser Zeit nur als Vorläufer der wissenschaftlichen Kriminalistik bezeichnen.

Beispiele dafür sind in Deutschland neben den 1809 in Stuttgart von *Boley* veröffentlichten „Anweisungen zum Verfahren in Strafsachen" und dem 1816 in Berlin von Karl *Falkenberg* publizierten „Versuch einer Darstellung der verschiedenen Klassen von Räubern, Dieben und Hehlern" etwa das von F. A. *Wehrmohs* verfaßte Werk „Über Gauner und über das zweckmäßigste Mittel zur Vertilgung dieses Übels", das 1823 in Güstrow/Mecklenburg verlegt wurde.

Die Entwicklung der Kriminalistik als einer selbständigen wissenschaftlichen Disziplin beginnt nach der u.E. richtigen, wenngleich ebenfalls umstrittenen Ansicht beispielsweise in Deutschland mit dem im Jahre 1838 in Frankfurt a. M. erschienen ersten Band des „Handbuches der gerichtlichen Untersuchungskunde“ von Ludwig Hugo Franz *von Jagemann* (1805–1853). Als großherzoglich-badischer Amtmann und als badischer Generalauditor war *von Jagemann* bemüht, das Strafverfahren zu verbessern; deshalb befaßte er sich in einem bis dahin ganz ungewöhnlichen Umfange mit Problemen, die wir heute kriminalistische nennen würden.

Auf Seite 1 seines Buches beschreibt *von Jagemann* dessen Gegenstand bezeichnenderweise wie folgt. Die Untersuchungskunde solle „alle Kenntnisse und Erfahrungssätze umfassen, mittels derer man am schnellsten, sichersten und sachlichsten, auf gesetzlichem Wege, den wahren Sachverhalt eines vorgefallenen Verbrechens oder Vergehens erforschen kann“. Damit aber ist der Gegenstand der Kriminalistik, wenn wir von der z.T. auch präventiven Zielsetzung absehen, im wesentlichen in dem von uns oben bereits dargelegten Sinne beschrieben. Durchaus zutreffend und noch heute geradezu modern anmutend deutet *von Jagemann* in dieser Definition auch die oben von uns herausgearbeitete Wechselwirkung mit dem Strafprozeßrecht an. Dennoch ist der Schwerpunkt des Werkes ausgesprochen kriminalistisch und verdient das Werk es, gemessen an der damaligen Situation als wissenschaftlich bezeichnet zu werden.

Mit dieser Terminierung für den deutschsprachigen Bereich werden keineswegs die Verdienste von Hans *Groß* um die Kriminalistik geschmälert, welche andere Gelehrte bewogen haben, die Geburtsstunde der modernen Kriminalistik später – etwa um 1900 – anzusetzen; wir werden darauf alsbald zurückkommen.

Aus der großen Zahl der naturgemäß nicht unwidersprochen gebliebenen Veröffentlichungen *von Jagemann*'s seien hier außer dem 1841 erschienenen zweiten Band seines „Handbuchs der gerichtlichen Untersuchungskunde“ vor allem seine 1838 in Karlsruhe verlegte Arbeit „Über die Mittel zur Unterdrückung der Mißbräuche der Untersuchungsbeamten“ und das zusammen mit Wilhelm *Bauer* 1854 herausgegebene „Criminallexikon“ genannt.

Dies auch hier noch interessante und allgemein anerkannte Lebenswerk *von Jagemann*'s (*Weingart* Kriminaltaktik S. 3, H. *v. Hentig* HdwKrim (1) II-900) hinterließ sowohl in Deutschland als auch in seinen Nachbarländern tiefen Eindruck. Schon zu seinen Lebzeiten griffen beispielsweise in der Schweiz Kasimir *Pfyffer* und Johann Baptist *zur Gilgen* seine Gedanken auf (dazu *Zbinden* S. 27).

In Deutschland hinterlassen die Publikationen *von Jagemann*'s zunächst vor allem im polizeiwissenschaftlichen Schrifttum, insb. wo dies sich mit der neu geschaffenen Kriminalpolizei befaßt, Spuren.

Zimmermann, Gustav: Die Polizei im 19. Jahrhundert, 3 Bände – Hannover 1845–1849; *Zimmermann,* Gustav: Wesen, Geschichte, Literatur, Charakteristische Tätigkeit und Organisation der modernen Polizei – Hannover 1852; *Avé-Lallemant,* Friedrich Christian Benedict: Das Deutsche Gaunertum in seiner sozialpolitischen, literarischen und linguistischen Ausbildung zu seinem heutigen Bestande – Theile 1–4 – 1858–1862; *Stieber,* W.: Practisches Lehrbuch der Criminalpolizei – Berlin 1860 (1921 überarbeitet von Hans Schneickert); *Ortloff,* Hermann: Lehrbuch der Kriminal-Polizei auf Grund der Deutschen Reichsgesetze – Leipzig 1881; *Avé-Lallemant,* Friedrich Christian Benedict: Physiologie der deutschen Polizei – Leipzig 1882.

Wenn wir für Deutschland die Geburtsstunde der Kriminalistik in der Mitte des 19. Jahrhunderts annehmen, so entspricht das außer für die Schweiz auch anderen europäischen Staaten. Wesentliche Impulse erhielt die Kriminalistik in der zweiten Hälfte des 19. Jahrhunderts bis in die Gegenwart hinein von österreichischen Gelehrten und Praktikern. Allen voran ist hier Hans *Groß* (geb. am 26. 12. 1847 in Graz, gest. am 9. 12. 1915 in Graz) zu nennen, den manche als den Begründer sowohl der Kriminologie als auch der Kriminalistik ansehen.

Lenz, Adolf: Hans Groß, ZStrW 37-595; *Seelig,* Ernst: Die Grundlegung der modernen Kriminalwissenschaft durch Hans Groß, SchwZStR 63-1 ff.; *Haber,* Hans: Hans Groß' geistiger Nachlaß und seine Bedeutung für die deutsche Wissenschaft und Strafrechtsreform, GA 65-393; *Zbinden* S. 10f., 28f.

Bei allem Respekt vor seinem Lebenswerk sind in der konkreten Frage doch gewisse Vorbehalte angebracht, obwohl es letztlich an sich nicht auf einige Jahrzehnte ankommt. Man muß hier nicht nur beachten, daß Hans *Groß* und ihm folgende Gelehrte das Verhältnis von Kriminologie und Kriminalistik etwas anders sehen als wir; schon deshalb sind exakte Terminangaben zur Kriminalistik problematisch, wenngleich wir nicht bestreiten, daß seine Bedeutung für die Kriminalistik aus unserer Sicht noch größer als für die Kriminologie ist. Das zeigt insb. das aus seiner Feder stammende, in erster Auflage 1893 erschienene „Handbuch für den Untersuchungsrichter", das seit der 8., von Ernst *Seelig* bearbeiteten Auflage in „Handbuch der Kriminalistik" umbenannt worden ist.

2. Aufl.: 1895 – 3. Aufl.: 1898 – 4. Aufl.: 1904 – 5. Aufl.: 1908 – 6. Aufl.: 1914. – Die 7. Aufl., bearbeitet von Erwein Ritter *von Höpler,* erschien 1922 in Wien.
Bei beiden folgenden, von Ernst *Seelig* bearbeiteten Auflagen erschienen als „Handbuch der Kriminalistik": 8. Aufl. (1. Bd.): Berlin und München 1941, 8. und 9. Aufl. (2. Bd.): Berlin 1954.

Schon in der 4., im Jahre 1904 erschienen Auflage räumte Hans *Groß* freimütig ein, die Kriminologie hätte sich wieder Erwarten kräftig emporgearbeitet. Der infolgedessen geänderten Systematik, der wir mit der Einordnung der Kriminalistik hier nicht mehr folgen, entspricht es, wenn Hans *Groß* im Jahre 1898 sein Werk „Die Kriminalpsychologie" (2. Aufl.: Leipzig 1905 – 4. Aufl. bearbeitet von Erwein Ritter *von Höpler:* München/Berlin/Leipzig 1918) und im Jahre 1902 eine besondere Arbeit über „Die Erforschung des Sachverhalts strafbarer Handlungen" (München 1902; 7. Aufl. neu bearbeitet von K. *Leibiç,* München 1938) folgen läßt.
Das im übrigen später (§ 3–IV) noch weiter zu behandelnde Lebenswerk von *Groß* wurde in Österreich vor allem von dem 1955 in Saarbrücken verstorbenen Ernst *Seelig* sowie Hanns *Bellavić* (gest. 28.10 1959 in Wien) und wird gegenwärtig von Roland *Graßberger* in Wien fortgesetzt.
In Frankreich ist, um ein anderes europäisches Land zu nennen, vor allem auf Alphons *Bertillon* (geb. 22. 4. 1853 in Paris, gest. 13. 2. 1914 in Paris) hinzuweisen, der mit seinem 1893 in Mélun erschienenen grundlegenden Werk „Identification anthropométrique" die Frage der Identifizierung von Rechtsbrechern wissenschaftlich vertiefte und damit der Kriminalistik eine neue Komponente hinzufügte.
Auch in Deutschland erlangte die Kriminalistik, vor allem wohl auf Grund der Arbeiten von Hans *Groß,* eine selbständigere, von der Polizeiwissenschaft unabhängigere Stellung. In diesem Zusammenhang sei etwa auf die „Anleitung zur strafrechtlichen Praxis" von Hermann *Lucas* (Berlin 1902 – 5. Aufl., neu bearbeitet von Alfred *Dürr,* Berlin 1931) und die „Kriminaltaktik" von Albert *Weingart* (Leipzig 1904) hingewiesen.
Ein gutes Beispiel dafür, wie ausgesprochen international die Kriminalistik von Anfang an angelegt war, ist Rudolf-Archibald *Reiß* (geb. am 8. 7. 1875 im Schwarzwald, gest. am 13. 8.

1929 in Belgrad), dessen Lehrtätigkeit und Publikationen sich außer auf das deutsche auch auf das französische und serbische Sprachgebiet erstrecken.

Bischoff, M. A.: Le professeur R. A. Reiß – Bibl. de Revue Internationale de Criminalistique, Lyon 1929, S. 2 f.).

Auf die sich im 20. Jahrhundert sowohl in Deutschland als auch in anderen europäischen Ländern mehrenden Veröffentlichungen kriminalistischen Inhalts kann in diesem Zusammenhange nicht näher eingegangen werden, weshalb insoweit auf das später bei den Quellen oder in spezielleren Zusammenhang Auszuführende verwiesen sei (§ 3–IV). Diese wenigen Hinweise dürften bereits genügen, um festzustellen, daß die Kriminalistik im 19. und jedenfalls zu Beginn des 20. Jahrhunderts einen Stand erreicht hat, der dem anderer Disziplinen durchaus gleichkommt.

II. Methodik

Das zur Kriminalistik und zu den ihr besonders verbundenen Disziplinen Ausgeführte dürfte erahnen lassen, daß hier ebenso wie in der Kriminologie die Methodenfragen ziemlich kompliziert liegen und deshalb noch keineswegs ausdiskutiert sind. Es führt ersichtlich nicht weiter, hier mit Gegensatzpaaren wie dem von Natur- und Geisteswissenschaften zu operieren. Denn die entscheidende Frage für den Kriminalisten ist die, in welcher Weise die körperlichen oder sonstigen insb. sozialen Gegebenheiten und der menschliche Geist aufeinander einwirken. Das aber zwingt – wie in der Kriminologie – dazu, Methoden anzuwenden, die einerseits in „naturwissenschaftlicher" Manier quantifizieren und die andererseits fähig sind, das Handeln menschlichen Geistes verstehend zu begreifen.

Exner, Franz: Kriminologie – 3. Aufl. – Berlin/Göttingen/Heidelberg 1949 – S. 10 ff.; *Christiansen,* Karl, O.: Kriminologie (Grundlagen) – in: HdwKrim (2) II-209 ff.; *Göppinger,* Hans: Kriminologie – 2. Aufl. – München 1973 – S. 54 ff.; *Mannheim,* Hermann: Vergleichende Kriminologie – Bd. 1 – Stuttgart 1974 – S. 82 ff.

1. Notwendigkeit der Methodenkombination

Für den Kriminalisten bleibt daher wie für den Kriminologen nur der Weg einer Methodenkombination, über die wir uns zunächst einmal allgemeiner Klarheit verschaffen müssen. Dabei stört es nicht, wenn wir des leichteren Verständnisses wegen von dem bereits erwähnten Gegensatz von Natur- und Geisteswissenschaften ausgehen, um auf diese Weise jeweils eine Vielzahl von Methoden anzusprechen.

Betrachten die Naturwissenschaften vereinfachend gesagt die Vorgänge der äußerlich wahrnehmbaren Körperwelt, so können selbstverständlich der Mensch und die ihn umgebenden körperlichen Dinge mit naturwissenschaftlichen Methoden erforscht werden. So erklärt es sich u.a., warum Mediziner, insb. Gerichtsmediziner, Biologen und andere Naturwissenschaftler als Sachverständige bzw. Experten für die Kriminalistik überaus wichtig sind.

Der Mensch ist aber nicht nur ein Naturwesen, sondern zugleich ein geistiges Wesen. Als solches fungiert er nicht nur als Individuum, sondern ebenfalls als ein Sozialwesen. Sein Handeln ist deshalb als das Bekunden menschlichen Geistes ein geeigneter Gegenstand für geisteswissenschaftliche Methoden. Dies ist der wesentliche Grund dafür, daß auch Phäno-

menologie, Psychologie, Charakterologie und nicht zuletzt Soziologie dem Kriminalisten wichtige Erkenntnismittel zu Liefern vermögen.
Bei der Vielzahl der damit angesprochenen Methoden ist ausschlaggebend, daß diese in der Kriminalistik nicht isoliert gesehen werden dürfen, da es nicht nur darum geht, kausal zu erklären, sondern ebenso darum, verstehend zu deuten. Gewiß kann das Gewicht, das den einzelnen Methoden oder auch Disziplinen bei den einzelnen Fragestellungen der Kriminalistik zukommt, recht verschieden sein. Ferner wird es aus Gründen der Praxis nicht immer möglich sein, Vertreter aller wesentlichen Disziplinen und Methoden gleichzeitig auf das zu klärende Problem anzusetzen. Das alles aber ändert nichts daran, daß im Grunde stets Teamwork nötig ist und die verschiedenen Methoden an sich gleichwertig sind, weil sich die unterschiedlichen Gewichte erst bei Abwägung der jeweiligen Ergebnisse genau beurteilen lassen. Man darf also weder allgemein noch beim einzelnen Forschungsvorhaben der Gefahr erliegen, die Dinge lediglich oder vor allem unter einem – beispielsweise medizinischen – Aspekt zu sehen, weil dann u.U. der wichtigere soziale Sinnbezug sehr leicht übersehen wird.
Diese Methodenkombination, welche ebenso wie für die Kriminologie (i.w.S.) auch für die Kriminalistik charakteristisch erscheint, ist im Grunde nicht neu, sondern wird in der Sache schon weithin – mehr oder weniger bewußt – praktiziert. Mitunter übernimmt allerdings der Experte einer Disziplin bzw. Methode notgedrungen oder leichtfertig Aufgaben einer anderen Wissenschaft, was mangels der wünschenswerten Vertrautheit sehr leicht zu verzerrten oder falschen Ergebnissen führen kann. Denn jeder neigt dazu, die mit einer ihm vertrauten Methodik erzielten Erkenntnisse zu überschätzen.
Dennoch ist im Grunde nichts gegen eine Spezialisierung einzuwenden, die auch innerhalb der Kriminalistik unvermeidbar sein dürfte. Man kann und muß sie sogar noch intensivieren, was solange unschädlich ist, als man sich der damit gezogenen Grenzen bewußt ist. Spezialistentum ist bei einer solchen Selbstbeschränkung jedenfalls ungefährlicher als eine von anderen propagierte Ganzheitsbetrachtung, die üblicherweise auf unklare oder wirre Methodik hinausläuft, mit welcher man dem Zwang zur Kooperation zu entgehen meint.
Die Methodenkombination ist so gesehen ein Denkmodell, das es bei der zwischen den einzelnen Wissenschaften notwendigen Tuchfühlung den Spezialisten ermöglicht, sinnvoll und an sich gleichberechtigt zusammenzuarbeiten.

2. Besondere Anwendungsfälle der Methodenkombination

Da einzelne Methoden – wie gesagt – erst später im speziellen Zusammenhang behandelt werden können, sollen hier nur, um das noch recht abstrakte Bild der Methodenkombination anschaulicher werden zu lassen, einige Anwendungsfälle geschildert werden, die man mitunter als spezielle Untersuchungsmethoden bezeichnet, was jedoch nicht ganz korrekt ist. Selbst wenn nur ein einziger Kriminalist forschend tätig wird, muß er sich in aller Regel dennoch mehrerer Methoden bedienen. Insgesamt betrachtet lassen sich bei kriminalistischen Untersuchungen die folgenden drei Anwendungsfälle der Methodenkombination unterscheiden.

a) Einzelfalluntersuchung
Nach wie vor ist für den Kriminalisten die Untersuchung des Einzelfalles besonders wichtig. Ziel einer solchen Einzelfalluntersuchung ist es, einen konkreten Sachverhalt kriminalistisch

zu analysieren. Diese auch für die Praxis typische Arbeitsweise bietet – richtig durchgeführt – für die konkrete Problematik die größte Sicherheit, weil die auf einen mehr oder weniger kleinen Bereich beschränkte Untersuchung (insb. bei Einschaltung mehrerer Wissenschaftler oder Experten) sehr intensiv durchgeführt werden kann.
Allerdings darf man dabei nicht verkennen, daß der allgemeine Erkenntniswert einer solchen Einzelfalluntersuchung notwendig sehr begrenzt zu sein pflegt. Denn man weiß eigentlich nie genau, inwieweit sich die im konkreten Fall erzielten Ergebnisse verallgemeinern lassen, wann sich eine solche Argumentation mithin als eine unzulässige Verallgemeinerung darstellt. Diese Gefahren vermehren sich zudem in dem Maße, in welchem die personellen Mittel verkürzt werden oder die Intensität der Untersuchung vermindert wird.

b) Reihenuntersuchung

Eine zweite Form der Methodenkombination stellt die Reihenuntersuchung dar, welche die geschilderten Gefahren der Einzelfalluntersuchung bzw. Untersuchungsobjekte durch eine Mehrzahl konkreter Sachverhalte zu vermeiden trachtet. Sie ist wohl die gebräuchlichste Art kriminalistischer Forschung. Denn bei einer mehr oder weniger großen Zahl von Einzelfällen, die überdies noch gewisse gleiche Merkmale aufweisen sollen, können die Ergebnisse eher Anspruch auf allgemeinere Gültigkeit erheben.
Doch auch bei einem derartigen Vorgehen sind gewisse Gefahren nicht zu unterschätzen. Einmal hängt die Repräsentativität der erzielten Ergebnisse, die eine Verallgemeinerung als zulässig erscheinen läßt, von der Zahl der untersuchten Einzelfälle ab. Die sich hier anbietende These „Je mehr, desto besser" hilft in der praktischen Arbeit allerdings kaum, sondern läßt gewöhnlich schnell Grenzen sichtbar werden. Es lassen sich vielmehr überhaupt nicht allgemein gültige Zahlen nennen.

Denn eine zahlenmäßig repräsentative Auswahl von Einzelfällen hängt entscheidend davon ab, wie häufig sich dieser Sachverhalt in der Wirklichkeit zu finden pflegt. So wird man bei relativ häufigen Ereignissen eine größere Zahl als bei nur verhältnismäßig selten vorkommenden Sachverhalten verlangen, um repräsentative Ergebnisse erwarten zu können.

Zum anderen hängt die Repräsentativität des Untersuchungsmaterials ungeachtet der hier bestehenden Auswahlfreiheit davon ab, welche Kriterien die zu untersuchenden Sachverhalte aufweisen müssen, um als für die konkrete Fragestellung relevant angesehen zu werden.

Hier ist schon bei der Planung der Arbeit interdisziplinäre Kooperation wichtig, damit das Vorhaben nicht durch ungeeignete oder einseitige Auswahl des Materials falsch programmiert wird.

Schließlich sind erfahrungsgemäß jeglicher Arbeit und damit auch der kriminalistischen Forschung tatsächliche Grenzen gesetzt, die zudem nicht allein durch größere Investition persönlicher oder sachlicher Mittel weiter gesteckt werden können. Denn die verläßliche Erforschung der einzelnen Fälle wird in aller Regel mit ihrer wachsenden Zahl abnehmen. Und je größer, um dem vorzubeugen, das Team wird, desto mehr wird sich eine Art von Fließbandeffekt negativ auf die Ergebnisse auswirken. Insoweit ist also vor Gigantismus zu warnen und Nüchternheit angezeigt, wenn man sich in der Repräsentativität nicht verschätzen will.
Bei der für die Zahl der zu behandelnden Einzelfälle wichtigen Begrenzung sind zudem zeitliche und räumliche Dimensionen zu beachten. Wird beispielsweise ein größerer Zeitraum gewählt, um die als einigermaßen repräsentativ erachtete Zahl von Einzelfällen zu

erfassen, wirkt das zwar insoweit vereinfachend, als das Untersuchungsgebiet räumlich mehr oder weniger begrenzt bleibt. Doch ist dagegen damit die Gefahr verbunden, daß ein zwischenzeitlich eingetretener Wandel irritierend wirken kann. Entscheidet man sich dagegen, um diesen Gefahren zu entgehen, für einen räumlich größeren Untersuchungsbereich, der ebenfalls zu der gewünschten Zahl von Fällen führt, so können lokal unterschiedliche Strukturen das Bild der Ergebnisse und damit dessen Repräsentativität beeinträchtigen, um von dem vergrößerten Reiseaufwand noch ganz abzusehen. Jedenfalls zeigt sich damit, daß die Ergebnisse einer Reihenuntersuchung im allgemeinen sowohl zeitlich als auch räumlich ebenfalls nur begrenzt repräsentativ sind, weil sich die zu untersuchenden Gegebenheiten entweder im Laufe der Zeit verändern oder sie lokal verschieden geartet sind.

c) Massenuntersuchung

Der dritte Anwendungsfall einer Methodenkombination ist auch für den Kriminalisten die sog. Massenuntersuchung, bei welcher das Untersuchungsmaterial vor allem als Massenerscheinung betrachtet wird. Diese Arbeitsweise ist der einer Reihenuntersuchung natürlich insoweit überlegen, als alles bekannte bzw. verfügbare Material benutzt wird.

Spricht dies an sich für eine besonders große Repräsentativität, darf man sich doch nicht über hier bestehende Hemmnisse täuschen, welche den Wert von Massenuntersuchungen erheblich zu beschränken pflegen. Denn im allgemeinen ist der Kriminalist hier auf diejenigen Merkmale angewiesen, die bei der Zusammenstellung des Materials – z.B. in der vom deutschen Bundeskriminalamt herausgegebenen Polizeilichen Kriminalstatistik – berücksichtigt worden sind. Das sind bei dem mit solchen statistischen Erhebungen verbundenem Arbeitsaufwand in aller Regel nur vergleichsweise wenige, die überdies für die konkrete Problematik nicht einmal besonders aufschlußreich sein müssen. Eigene Massenerhebungen aber sind nur in sehr begrenztem Umfange möglich und unterliegen selbst dann noch ähnlichen Schranken wie die zuvor genannten Quellen.

Die Massenuntersuchung ist dennoch eine bedeutsame Form kriminalistischer Studien, obgleich auch sie nicht als ein Allheilmittel angesehen werden darf, wenn man auf eine vergleichsweise kleine Zahl vorgegebener Merkmale angewiesen ist und weiterer Aufschluß über die erfaßten Sachverhalte nicht zu erlangen ist.

d) Verbindung dieser Arbeitsweisen

Nach dem zu Einzelfall-, Reihen- und Massenuntersuchung Gesagten dürfte einleuchten, daß nicht so sehr die Perfektionierung eines dieser Arbeitsmodelle als vielmehr ihre Verbindung größere Exaktheit und damit Repräsentativität verspricht. Eine solche Verbindung ist je nach dem Gegenstand der Untersuchung auf mehrfache Weise möglich.

Man kann beispielsweise die Untersuchung eines Einzelfalles oder mehrerer von ihnen u.U. relativ leicht durch eine Massenuntersuchung zumindest partiell absichern, während eine ferner durchaus mögliche Reihenuntersuchung wohl mehr Arbeitsaufwand bedeuten würde.

Umgekehrt kann man von einer Massenuntersuchung – gewissermaßen dem Makrozensus – ausgehend im fraglichen Bereich durch eine Reihenuntersuchung – also im Mikrozensus – relativ exakte Ergebnisse erzielen, die mit der Massenuntersuchung zugleich auf ihre allgemeinere Repräsentativität hin abgesichert sind.

Dies geschieht beispielsweise, wenn mit den aus einer vorgegebenen Statistik zu gewinnenden Erkenntnissen die Ergebnisse einer Untersuchung von Strafakten oder einer intensiveren Form der Reihenuntersuchung konfrontiert werden. Selbstverständlich können bei geeigneten Fragen auch noch Einzelfalluntersuchungen einbezogen werden, die entweder Dritte bereits vorgenommen haben oder die man selbst zu diesem Zweck durchführt.

Dies muß hier genügen, um aufzuzeigen, daß es vielfach ratsam sein wird, die zuvor als Anwendungsfälle einer Methodenkombination schematisch geschilderten Arbeitsweisen miteinander zu verbinden, was selbstverständlich gut überlegt sein will.

III. Systematik

Zu systematischen Fragen der Kriminalistik soll hier nur insoweit Stellung genommen werden, wie das für einen Gesamtüberblick notwendig und zur Begründung unseres weiteren Vorgehens unerläßlich ist.

Zbinden S. 14.

Immerhin sollte man sich darüber klar sein, daß die Systematik auch für den Kriminalisten nicht ein für die Praxis völlig irrelevantes Feld gedanklicher Abstraktion ist. Denn eine systematische Aufbereitung bietet nicht nur einen für den Gelehrten wichtigen, sondern ebenso für den Praktiker nützlichen Gesamtüberblick, der Zusammenhänge sowie Aufgaben deutlicher werden läßt und einen vertieften Einblick ermöglicht.
An das bei den Aufgaben Gesagte anknüpfend wollen wir in der Systematik nicht zwischen repressiver und präventiver Kriminalistik unterscheiden, weil ungeachtet der unterschiedlichen Zielsetzung die Mittel und Methoden in beiden Bereichen doch weitgehend dieselben sind. Dann aber erscheint es uns als sinnvoll, vier große Bereiche der Kriminalistik zu unterscheiden. Die Reihenfolge ihrer Behandlung, die aber naturgemäß nicht für die praktische Arbeit präjudizierend sein kann, ergibt sich einmal aus Gründen der Didaktik, dürfte zum anderen aber auch der Sache entsprechen.

1. Verbrechenstechnik

Auszugehen ist bei einer systematischen Betrachtung der Kriminalistik von demjenigen Bereich, den wir als die Verbrechenstechnik bezeichnen. Das kriminelle Verhalten wird hier vorwiegend phänomenologisch – und zwar von der Tatausführung her – betrachtet. Schon Hans *Groß* hat zutreffend die Bedeutung dieser Betrachtungsweise unterstrichen und zwar seinem damaligen Standort entsprechend sowohl für die Kriminalistik als auch die ihr später übergeordnete Kriminologie. Da wir differenzieren, ordnen wir die Kriminalphänomenologie der Kriminologie (i.e.S.) zu und müssen sie daher von der kriminalistischen Verbrechenstechnik abgrenzen.

Geerds, Friedrich: Kriminalphänomenologie. Ihre Aufgaben und Möglichkeiten – in: Beiträge zur gesamten Strafrechtswissenschaft. Festschrift für Hellmuth Mayer, Berlin 1966, S. 605 ff. *Mergen* S. 145ff.

Kommt es für den Kriminologen im Rahmen der Kriminalphänomenologie auf die typischerweise unterschiedliche Funktion an, welche die besonderen Erscheinungsformen kriminellen Verhaltens im Sozialleben aufweisen, so ist der Blickwinkel des Kriminalisten insoweit ein anderer, wenngleich es hier und da Überschneidungen geben kann. Denn die für den Kriminalisten phänomenologisch ausschlaggebende Art und Weise der Tatausführung kann u.U. auch einmal treffend die soziale Funktion bestimmter Formen kriminellen Verhaltens beleuchten. Eine solche partiell zu verzeichnende Übereinstimmung ändert aber nichts an der prinzipiellen Verschiedenheit von Kriminalphänomenologie und Verbrechenstechnik.

Göppinger, Hans: Kriminologie. Eine Einführung – 2. Aufl. – München 1973 – S. 434.

Unterscheiden beispielsweise Kriminologen vom Totschlag den Mord und bei diesem nach dem Zweck Erscheinungsformen wie Raub- oder Eigennutzmord, Lustmord, Deckungsmord usw. oder fassen sie beide Deliktstypen zusammen, um – wie sonst beim Totschlag – an Hand des Täter-Opfer-Verhältnisses Erscheinungsformen wie Gatten-, Geliebten-, Verwandten- (Aszendenten- oder Deszendenten-)totschlag zu unterscheiden, geht der Kriminalist demgegenüber bei der Verbrechenstechnik von der Art und Weise der Tötung aus. Denn er muß – wie schon angedeutet – diese Fälle bewußter Tötung zunächst einmal von tödlichen Unglücksfällen, Selbsttötung oder natürlichem Tod unterscheiden. Für ihn relevante Formen der Verbrechenstechnik sind hier mithin solche wie Tötung durch Schußwaffen, Stichwaffen, stumpfe Gewalt, Gift usw.
Daß der Kriminalist bei seiner weiteren Arbeit auch Erkenntnisse der Kriminalphänomenologie verwertet, ändert nichts daran, daß die phänomenologisch orientierte Verbrechenstechnik zunächst einmal auf die verschiedenen Formen der Tatausführung ausgerichtet ist, die man als den Modus operandi bezeichnet, der – wie wir noch sehen werden (§ 7) – auch in anderer Weise kriminalistisch aufschlußreich ist.
Da die kriminalistische Arbeit in der Praxis üblicherweise von Erkenntnissen über die Verbrechenstechnik ausgeht, soll dieser Fragenkreis als erster im II. Teil dieses Handbuchs erörtert werden.

2. Kriminaltechnik

Gewissermaßen das Gegenstück zu dieser Verbrechenstechnik ist die Kriminaltechnik, unter welcher wir die Lehre von den Werkzeugen, Mitteln und Verfahren verstehen, mit deren Hilfe kriminelles Verhalten entweder aufgeklärt oder verhindert werden kann. Dabei ist allerdings zu beachten, daß wir uns – wie ebenfalls schon angedeutet – auf den Sachbeweis beschränken, der jedoch nicht im förmlichen prozessualen Sinne zu verstehen ist; denn dann blieben beispielsweise nach deutschem Strafprozeßrecht nur gerichtlicher Augenschein und Urkundenbeweis übrig. Vielmehr geht es in der Kriminaltechnik um alle Beweise oder Formen der Beweisführung, die objektiv nachprüfbare, d.h. vor allem (aber nicht nur) naturwissenschaftliche Methoden zulassen; aber auch das darf angesichts der erwähnten Abgrenzungsschwierigkeiten von den sog. Geisteswissenschaften ebenfalls nicht strikt formal verstanden werden.
Im Rahmen der Kriminaltechnik befaßt sich der Kriminalist daher mit allen wissenschaftlichen Erkenntnismöglichkeiten, die sich nicht allein oder wesentlich auf typische Gegebenheiten der personalen Beweismittel beziehen, wie das etwa bei Aussage- und Vernehmungspsychologie der Fall ist; diese Fragen sind besser im Zusammenhang der Kriminaltaktik zu erörtern. Dagegen gehören nach dem Gesagten u.a. auch einem Gutachten zugrundeliegende Tätigkeiten eines Sachverständigen in dem Bereich der Kriminaltechnik, wenngleich die forensische Verwertung eines solchen Gutachtens dem Personalbeweis zugeordnet wird.

Mit diesem Vorbehalt befaßt sich der Kriminalist folglich im Rahmen der Kriminaltechnik mit allen denjenigen Erkenntnismöglichkeiten, die wissenschaftlich objektivierbar nachzukontrollieren sind. Es handelt sich also um den mehr technisch gearteten Teil des Instrumentariums, das zur Erfüllung kriminalistischer Aufgaben in der Praxis der Kriminalitätsbekämpfung dient. Dabei ist übrigens keineswegs nur an die verschiedenen Erkenntnismöglichkeiten und Methoden der oben beispielsweise genannten, der Kriminalistik besonders verbundenen Wissenschaftsdisziplinen oder anderen Bereiche zu denken, vielmehr lassen sich vor die Klammer dieser großen Zahl besonderer kriminaltechnischer Untersuchungen auch andere Probleme der Kriminaltechnik ziehen, wenn wir etwa an den Erkennungsdienst, die darüber hinausgehende Kriminalfotografie oder die Spurenkunde denken, die mit Begriffen wie Spurensuche, Spurensicherung und Spurenauswertung gewissermaßen ein für die Kriminaltechnik allgemein aufschlußreiches Denkmodell bietet.
Dieses Gebiet der Kriminalistik soll im III. Teil dieses Handbuchs eingehender dargestellt werden.

3. Kriminaltaktik

Das wohl umfangreichste Gebiet der Kriminalistik ist die Kriminaltaktik, die Lehre vom taktisch richtigen, d.h. technisch, psychologisch und ökonomisch zweckmäßigen Vorgehen beim Aufklären oder Verhindern kriminellen Verhaltens. Bezogen auf die Erkenntnismöglichkeiten der Kriminaltechnik geht es in der Kriminaltaktik um die Frage, wann und in welcher Form diese Mittel und Verfahren im Einzelfalle zweckmäßig benutzt werden sollen.
Der Bereich der Kriminaltaktik ist insofern umfangreicher, als er anders als die Kriminaltechnik auch den Personalbeweis umfaßt, weshalb hier u.a. auch Aussage- und Vernehmungspsychologie zu behandeln sind.
Allerdings zeigt das zuletzt genannte Beispiel zugleich, daß es in der Kriminaltaktik, wenn man etwa an die Vernehmungstechnik denkt, ebenfalls Fragen von mehr technischer Natur gibt, die aber doch ganz anders als in der Kriminaltechnik strukturiert sind. Es geht hier nicht um die Technik kriminalistisch nutzbarer Methoden, sondern um eine technisch richtige Arbeitsweise des in der Praxis tätigen Kriminalisten.
Bedeutsamer für das Gesamtgebiet der Kriminaltaktik sind jedoch, wie der Hinweis auf die psychologische Zweckmäßigkeit des Vorgehens unterstreichen soll, die Erkenntnismöglichkeiten der forensischen Psychologie.
Der Aspekt der ökonomischen Zweckmäßigkeit des Vergehens betont den tatsachenwissenschaftlichen Charakter der Kriminaltaktik und damit der Kriminalistik überhaupt.
Schließlich sei, um die Bedeutung der Kriminaltaktik zu verdeutlichen, ausdrücklich gesagt, daß es hier weniger um die für die Kriminaltechnik kennzeichnende Beweistätigkeit geht, die nur einen kleinen und anders betrachteten Ausschnitt kriminaltaktischer Überlegungen darstellt. Vielmehr ist Gegenstand der Kriminaltaktik, um einen vor allem von *Graßberger* geprägten Begriff zu benutzen, die gesamte Psychologie des Strafverfahrens; sie reicht von Strafanzeige oder ersten Wahrnehmungen der Strafverfolgungsorgane sowie Beginn der Ermittlungen über die Behandlung der Sache vor dem Strafgericht bis hin zum rechtskräftigen Strafurteil oder zu einer möglicherweise später angeordneten und durchgeführten Wiederaufnahme des bereits rechtskräftig abgeschlossenen Verfahrens. Gerade wenn wir hier an die unterschiedlichen Rollen der an einem Strafprozeß Beteiligten denken, ist klar, daß

neben der Psychologie u.a. auch die Erkenntnismöglichkeiten der Soziologie besonders beachtet werden müssen.
Daß dieses Gebiet der Kriminalistik erst im IV. Teil dieses Handbuchs (im II. Band) untersucht werden soll, besagt demnach nichts gegen das der Kriminaltaktik zukommende Gewicht. Vielmehr erklärt dieser Standort sich vor allem daraus, daß man sich fundierter erst dann, wenn man sich Klarheit über die Erkenntnisse der Verbrechenstechnik und die Möglichkeiten der Kriminaltechnik verschafft hat, Gedanken darüber machen kann, wie bei der kriminalistischen Arbeit zweckmäßig vorzugehen ist.

4. Organisation der Verbrechensbekämpfung

Das vierte und letzte, jedoch keineswegs unwichtige Teilgebiet der Kriminalistik ist die Organisation der Verbrechensbekämpfung. Im Gegensatz zu der mehr dynamisch zu begreifenden Kriminaltaktik geht es hier um die Strafverfolgungsorgane als solche und ihre Organisation an sich.
Selbstverständlich läßt sich auch dieses Teilgebiet nicht völlig isolieren, sondern müssen dafür wesentliche Erkenntnisse und Kritik – u.a. die von der Kriminaltaktik beispielsweise im Bereich der Psychologie des Strafverfahrens erarbeiteten Erkenntnisse – verwertet werden, um so zu einer besseren Organisation oder zumindest zu besserem Funktionieren einer vorhandenen Organisation zu gelangen. Mit dem stets angebrachten Vorbehalt einer notwendigen Synthese auf höherer Ebene ist daher die Organisation der Verbrechensbekämpfung als ein insoweit relativ selbständiges Teilgebiet der Kriminalistik anzusehen.
Wichtiger als allgemeine Ausführungen über die einzelnen Organe der Verbrechensbekämpfung und ihre Aufgaben im Rahmen rechtlich fixierter Pflichten und Befugnisse sind naturgemäß die Organisationsformen, sowie die Handhabung der Zusammenarbeit im nationalen und im internationalen Bereich.
Im **nationalen Bereich,** für den notgedrungen eine Auswahl von Ländern genügen muß, geht es beispielsweise für die Bundesrepublik Deutschland vor allem um die Entwicklung und Organisation der deutschen Kriminalpolizei. Dazu gehören außer Fragen der Aus- und Fortbildung aber auch Fragen der für die Aufgabenverteilung wichtigen Tätigkeit sowie das Verhältnis der Kriminalpolizei zu anderen Strafverfolgungsorganen wie Staatsanwaltschaft und Strafgericht.
Im **internationalen Bereich** müssen wir uns nach einem Blick auf die Entwicklung beim gegenwärtigen Stand mit einem Überblick begnügen, bei dem verständlicherweise die Organisation und Arbeitsweise von Interpol eine besondere Rolle spielt, obwohl auch andere Formen inter- und übernationaler Kooperation erwähnt werden.
Diese Problematik ist Gegenstand des V. Teils, der im II. Bande dieses Handbuchs enthalten sein wird. Denn diese Darstellung setzt einen Überblick über die anderen Gebiete der Kriminalistik voraus.

IV. Quellen und Hilfsmittel

Unser einleitender Überblick über die Entwicklung und den gegenwärtigen Stand der Kriminalistik als Wissenschaft wäre unvollständig, wenn wir nicht diejenigen Quellen und Hilfsmittel nennen würden, die dem in Theorie oder Praxis tätigen und dem in der Ausbildung begriffenen Kriminalisten zur Verfügung stehen. Bei dieser Zusammenstellung, die sich zweckmäßig mit Schwerpunkt im deutschsprachigen Bereich – wie bereits angedeutet – naturgemäß auf einige Staaten sowie im zu erwartenden Leserkreis gängigere Sprachen konzentrieren muß, sind drei Komplexe zu unterscheiden. Es braucht übrigens nicht erneut dargelegt zu werden, daß die Quantität gerade hier zu einer Auswahl zwingt, welche es dem spezieller Interessierten dennoch erlaubt, über die im folgenden genannten Quellen weitere für ihn u. U. wichtige Publikationen zu finden.

1. Das Schrifttum

Beim Schrifttum müssen wir uns an dieser Stelle verständlicherweise auf allgemeine, umfassendere Darstellungen der Kriminalistik beschränken, die aber zugegebenermaßen nicht immer leicht von besonders breit angelegten Monographien zu unterscheiden sind, welche wie andere, speziellere Beiträge besser im jeweiligen Sachzusammenhang genannt werden. Im übrigen ist es angezeigt, wenn schon nicht nach Staaten, so doch nach Sprachbereichen zu gliedern; dabei muß die Auswahl naturgemäß mit zunehmender sachlicher Entfernung vom hier besonders interessierenden deutschsprachigen Bereich strenger gehandhabt werden. Im übrigen muß sich die folgende Zusammenstellung aus den dargelegten Gründen sowohl bei Büchern als auch bei Periodica – von wenigen Ausnahmen abgesehen – auf neuere Werke bzw. die Gegenwart beschränken. Der spezielle Interessierte wird über sie zu älteren Publikationen oder heute nicht mehr erscheinenden Zeitschriften finden.

a) Deutschsprachiger Bereich (BR Deutschland, DDR, Österreich, Schweiz)

Groß, Hans: Handbuch der Kriminalistik – 8., von Ernst Seelig bearb. Aufl. des „Handbuches für Untersuchungsrichter" – 1. Bd. – Berlin/München 1944.

Groß-Seelig: Handbuch der Kriminalistik – 2. Bd. – 8./9. von Ernst Seelig bearb. Aufl. – Berlin 1954.

Zbinden, Karl: Kriminalistik. Strafuntersuchungskunde. Studienbuch – München/Berlin 1954.

Bauer, Günther: Moderne Verbrechensbekämpfung – Bd. 1: Kriminaltaktik, Aussage und Vernehmung, Meldewesen – Lübeck 1970.

Bauer, Günther: Moderne Verbrechensbekämpfung – Bd. 2: Einsatzplanung, Die Anzeige, Der Tatort, Spurenkunde, Gerichtliche Medizin, Observationen und V.-Personen, Präventive Aufgaben – Lübeck 1972.

Walder, Hans: Kriminalistisches Denken – 4. Aufl. – Hamburg 1975.

Siehe ferner:

Wilhelm, J. G.: Einführung in die praktische Kriminalistik – 2. Aufl. – Stuttgart 1947.

Kleinschmidt, Friedrich: Lehrbuch für den praktischen Kriminaldienst – Lübeck 1953.

Meixner, F.: Auskunftsbuch für Kriminalbeamte. Rund 1 400 Stichworte aus Kriminalistik, Kriminologie und verwandten Gebieten nebst Erläuterungen – 2. neu bearb. Aufl. v. Heinrich Helldörfer – Hamburg 1964.

Der Kriminalbeamte und sein Arbeitsgebiet – zusammengestellt und bearb. v. Beamten des Bundeskriminalamts und der Landeskriminalämter – BKA 1964/1-2.

Berke-Müller, Paul: Der rote Faden. Grundsätze der Kriminalpraxis – 8., neub. Aufl. des von Dorsch und Ester begr. Werkes – Hamburg 1975.

Aus dem älteren Schrifttum:

Weingart, Albert: Kriminaltaktik. Ein Handbuch für das Untersuchen von Verbrechen – Leipzig 1904.

Hellwig, Albert: Moderne Kriminalistik – Leipzig/Berlin 1914.

Polzer, Wilhelm: Handbuch für den praktischen Kriminaldienst – München/Berlin/Leipzig 1922.

Aus dem kriminologisch-kriminalistischen Schrifttum vergleiche insbesondere:
Seelig, Ernst: Lehrbuch der Kriminologie – 3. v. Hanns Bellavić neubearb. u. erg. Aufl. – Darmstadt o.J.
Mergen, Armand: Die Kriminologie – Berlin/Frankfurt a. M. 1967.
Niggemeyer, B./*Gallus,* H./*Hoeveler,* H.-J.: Kriminologie – Leitfaden für Kriminalbeamte – BKA 1967/1-3.
Handwörterbuch der Kriminologie – 2. Aufl., hrsg. v. Rudolf Sieverts – Bd. I–III – Berlin 1966–1975 (= *HdwKrim* [2] I–III).

Als Bibliographie sei besonders empfohlen:
Huelke, Hans-Heinrich/*Etzler,* Hans: Verbrechen. Polizei. Prozesse. Ein Verzeichnis von Büchern und kleineren Schriften in deutscher Sprache – 1. Teil: Druckschriften, die bis 1900 erschienen sind – BKA 1959/3; 2. Teil: Druckschriften, die nach 1900 erschienen sind – BKA 1963/2-3.

Als **Periodika,** die im deutschsprachigem Bereich häufiger kriminalistisch wertvolle Beiträge enthalten, sind vor allem folgende zu nennen:

Archiv für Kriminologie (= Arch. f. Krim.)
(bis zum 65. Bd.: Archiv für Kriminalanthropologie und Kriminalistik) 1.–65. Bd. hrsg. von Hans *Groß,* fortg. bis zum 69. Bd. von Hermann *Horch* u. a., 70.–122. Bd. hrsg. von Robert *Heindl,* 123.–139. Bd. hrsg. von Franz *Meinert,* ab 149. Bd. hrsg. von Friedrich *Geerds.*

Die seit 1899 in zwei Bänden jährlich erscheinende Fachzeitschrift, die schon früher den Untertitel „Monatsschrift für Naturwissenschaftliche Kriminalistik und Polizeiarchiv" führte, weist mit dem gegenwärtigen Untertitel „unter besonderer Berücksichtigung der gerichtlichen Physik, Chemie und Medizin" deutlich auf den kriminalistischen Schwerpunkt hin. Das „Archiv für Kriminologie", das zeitweilig einen ausgesprochenen Schwerpunkt in der naturwissenschaftlichen Kriminalistik, d.h. der Kriminaltechnik, aufwies, berücksichtigt in neuerer Zeit daneben auch wieder andere Gebiete der Kriminalistik und praxisbezogene Forschungen im Bereich der Kriminologie.

Heindl, Robert: Das „Archiv für Kriminologie". Ein historischer Rückblick – Arch. f. Krim. Bd. 115, S. 3 ff. (1955).

Kriminalistik. Zeitschrift für die gesamte kriminalistische Wissenschaft und Praxis.
Diese Fachzeitschrift hat der Sache nach die Nachfolge der „Kriminalistischen Monatshefte/Kriminalistik" angetreten, die von 1927–1937 unter dem erstgenannten Titel und von 1938–1945 unter dem zweitgenannten Titel in Berlin erschien.
Die „Kriminalistik", deren Schriftleitung mehrfach gewechselt hat, erschien zunächst seit 1947 in Heidelberg und erscheint seit 1953 monatlich in Hamburg (von 1976 ab in Heidelberg). Bei ähnlicher Thematik wie das „Archiv für Kriminologie" orientiert sich die „Kriminalistik" jedoch mehr an den Belangen der breiten kriminalistischen Praxis, während das „Archiv für Kriminologie" vor allem Wissenschaftler, Beamte des höheren Dienstes und Spezialisten ansprechen dürfte.

der kriminalist. Diese vom Bund Deutscher Kriminalbeamter, einem Zusammenschluß von gewerkschaftlichem Charakter, herausgegebene Zeitschrift erscheint seit 1969 monatlich (seit 1973 in Düsseldorf).
Schriftleitung und Verlag haben mehrfach gewechselt. Neben sich auf die herausgebende Organisation und ihre Tätigkeit beziehenden Veröffentlichungen finden sich jedoch in dieser Zeitschrift Fachbeiträge vorwiegend kriminalistischer, aber auch kriminologischer Art, die sich insgesamt gesehen vor allem an die große Zahl der in der Praxis tätigen Kriminalisten wenden.

Die *„Internationale Kriminalpolizeiliche Revue"* als deutsche Ausgabe der von der Interpol herausgegebenen internationalen Fachzeitschrift „Revue Internationale de Police Criminelle", die vom Jahre 1954 an in Wiesbaden herausgegeben wurde, hat 1965 ihr Erscheinen eingestellt. Es ist im übrigen auf das zur französischen Ausgabe Ausgeführte zu verweisen.

Wegen des Zusammenhangs sei noch auf folgende Fachzeitschriften hingewiesen, die trotz eines anderen Schwerpunkts des öfteren auch Beiträge kriminalistischen Inhalts veröffentlichen.

Deutsche Zeitschrift für die gesamte gerichtliche Medizin
Diese seit 1922, heute bei Springer in Berlin/Göttingen/Heidelberg erscheinende Zeitschrift ist 1970 (Bd. 67) gegliedert worden in:
Zeitschrift für Rechtsmedizin (Originalbeiträge) und
Zentralblatt für die gesamte Rechtsmedizin und ihre Grenzgebiete (Referatenteil) Bd. 1 1970.

Die Polizei – Köln

Öffentliche Sicherheit – Wien

Illustrierte Rundschau der Gendarmerie – Wien

Die Neue Polizei – München

Monatsschrift für Kriminologie und Strafrechtsreform
(1.–27. Bd.: Monatsschrift für Kriminalpsychologie und . . .; 28.–35. Bd.: Monatsschrift für Kriminalbiologie und . . .)

Die Monatsschrift, die zur Zeit von Horst *Schüler-Springorum*, Hermann *Stutte* und Stephan *Quensel* in Köln herausgegeben wird, befaßt sich zwar vorwiegend mit kriminologischen und in neuerer Zeit zunehmend mit kriminalpädagogischen Themen. Doch enthält sie dann und wann, insb. in den älteren Bänden, auch kriminalistisch Bemerkenswertes.

Bezüglich der **Abhandlungsreihen** sei allgemein auf kriminologische Reihen verwiesen, die mitunter kriminalistische Beiträge oder Ausführungen enthalten. Von der Thematik her umfassen die Kriminalistik ausdrücklich folgende Reihen:

Kriminologische Abhandlungen
Die 1926 von *Gleispach* in das Leben gerufene Reihe wird seit 1946 als „Neue Folge" von Roland *Graßberger* herausgegeben. Die Reihe enthält der österreichischen Tradition folgend mancherlei kriminalistische Studien. Im Jahre 1973 ist der Band 10 (N.F.) erschienen.

Kriminologische Schriftenreihe
Sie wird seit 1961 im Auftrage der Deutschen Kriminologischen Gesellschaft von Armand *Mergen* herausgegeben und in Hamburg verlegt. Die 1975 auf 61 Bände angewachsene Reihe widmet sich bei weit gestreuter Thematik und z.T. etwas schwankendem Niveau jedoch mehr kriminologischen Fragestellungen.

Kriminalistik und forensische Wissenschaften. Beiträge zur Theorie und Praxis der sozialistischen Kriminalistik und der forensischen Wissenschaften.

In der von Ehrenfried *Stelzer* und Otto *Prokop* herausgegebenen Reihe, welche in Berlin (Ost) erscheint, ist 1975 der Band 20 erschienen.

Kriminalwissenschaftliche Abhandlungen
Diese seit 1967 von Friedrich *Geerds* herausgegebene, in Lübeck erscheinende Reihe strebt eine Synthese aller juristischen und nichtjuristischen Kriminalwissenschaften an. Von den bis 1975 erschienenen acht Bänden behandeln denn auch fünf wesentlich oder u.a. Probleme der Kriminalistik.

Ähnlich in der Thematik liegen drei vom Bundeskriminalamt in Wiesbaden herausgegebene Reihen, welche in Zusammenarbeit von Praxis und Wissenschaft erwachsende kriminologische und rechtswissenschaftliche Themen in breitem Umfange mit kriminalistischer Arbeit verbinden.

Schriftenreihe des Bundeskriminalamts
Die Schriftenreihe erscheint seit 1955 in jeweils jährlich drei Heften. Die vorwiegend auf die Belange der kriminalpolizeilichen Praxis zugeschnittene Reihe enthält bei etwas schwankendem Niveau manches, was auch für einen weiteren Leserkreis und für Wissenschaftler von großem Nutzen sein dürfte.

Vortragsreihe des Bundeskriminalamts
Diese seit 1954 gewöhnlich ein- oder (früher) zweimal im Jahr erscheinende Publikation gibt die auf den Arbeitstagungen des Bundeskriminalamts gehaltenen Vorträge und seit einigen Jahren auch die Diskussionsbeiträge wieder. Ungeachtet des naturgemäß etwas unterschiedlichen Gewichts der einzelnen Referate verkörpert die Vortragsreihe insgesamt doch eine nicht zu unterschätzende Fundgrube sowohl für den Kriminalpraktiker als auch für den wissenschaftlich arbeitenden Kriminalisten. Denn zu den hier behandelten Themenkreisen finden sich jeweils gewichtige Beiträge, die von namhaften Gelehrten oder Praktikern (auch des Auslands) aus verschiedener Sicht beigesteuert werden.

Forschungsreihe des Bundeskriminalamts
In der seit 1974 unregelmäßig erscheinenden Reihe sind bis 1975 zwei Bände publiziert worden.

b) Französisches Sprachgebiet

Gorphe, F.: La critique du Témoinage – Paris 1927.

Locard, Edmond: Traité de Criminalistique – Lyon 1931–1937.

Locard, Edmond: L'enquête criminelle et les méthodes scientifiques (= Die Kriminaluntersuchung und ihre wissenschaftlichen Methoden, deutsche Übersetzung von Finke, Berlin 1936).

Bischoff, M.: Le police scientifique – Paris 1938.

Gorphe, F.: L'Appreciation des preuves en Justice – Paris 1947.

Archives d'anthropologie criminelle (bis 1914).

Chronique Internationale de Police – International Police Chronicle – Montesson/Frankreich.

Revue de Droit Pénal et de Criminologie – Bruxelles.

Revue de la Police Nationale – Paris

Revue Internationale de Criminologie et de Police technique – Geneve.

Revue Internationale de Police Criminelle (Interpol: franz. Ausgabe) – Paris.

Revue de Science Criminelle et de Droit Pénal Comparé – Paris.

c) Andere romanische Sprachen

Italienisch: *Archivio di antropologia criminale;* nunmehr: *Minerva Medicolegale.* Archivio di antropologia criminale Psychiatria e Medicina Legale – Torina.

Medicina Legale e delle Assicurazioni – Genova.

Spanisch: *Investigacjon* – Madrid.

d) Anglo-amerikanisches Sprachgebiet

O'Sullivan, F. Dalton: Crime detection – Chicago 1928.

Sutherland, Edwin H.: Principles of Criminology – Chicago 1934 (3 ed. 1939).

Nickolls, L. C.: The Scientifique Investigation of Crime – London 1956.

O'Hara, Charles E.: Fundamentals of Criminal Investigation – Springfield/Ill. (3 ed. 1973).

Kirk/Thorton = Kirk, Paul S.: Crime Investigation – 2. Aufl. – hrsg. v. John I. Thorton – New York/London/Sidney 1974.

FBI Law Enforcement Bulletin – Washington.

Fingerprint and Identification Magazine – Chicago; seit 1975 New York.

Forensic Dentistry – Bognor Regis/Sussex.

Forensic Fotography – Bognor Regis/Sussex.

International Journal of Criminology and Penology – London.

The Criminologist – London.

The Indian Police Journal – New Delhi.

The Journal of Criminal Law, Criminology and Police Science – Baltimore.

The Police Journal – Little London.

e) Nordische Sprachen

Svensson, Arne/*Wendel,* Otto: Tatortuntersuchung – ins Deutsche übersetzt u. bearb. v. Theodor Mommsen – Lübeck 1956.

Nordisk Tidsskrift for Kriminalvidenskab – København.

Nordisk Kriminateknisk Tidsskrift – Stockholm.

Politiembetsmennenes Blad – Oslo.

f) Slawische Sprachen

Russisch: *Winberg,* A. J.: Die Hauptprinzipien der sowjetischen kriminalistischen Expertise – hrsg. v. Ministerium der Justiz der UdSSR – Moskau 1949 (= ins Deutsche übersetzt v. Leo v. Lingen, Berlin o.J.).

Kriminalistik, Allgemeiner Teil – hrsg. v. Ministerium für Hochschulbildung der UdSSR, Gesamtredaktion: S. P. Mitritschew u. N. W. Tersijew – Übersetzung aus dem Russischen – Berlin-Wilhelmsruh 1961.

Polnisch: *Archives de Médecine Légale, de Psychiatrie Légale et de Criminalistique* – Warschau.

Serbo-Kroatisch: *Revija za Kriminalistiko in Kriminologijo* – Ljubljana.

Ungarisch: *Kriminalistikai Tarulmany ok* (= Kriminalistische Abhandlungen) – Budapest.

g) Andere europäische Sprachen

Niederländisch: *Het Tijdschrift voor de Politie* – Nijmegen/Niederlande.

h) Überseeische Sprachen

Indien: vgl. d)

Japanisch: *Hanzaigaku Zasshi.* Acta Criminologiae et Medicinae Legalis Japonica – Tokyo.

The Japanese Journal of Legal Medicine – Tokyo.

2. Materialien; Hilfsmittel

Als Materialien oder Hilfsmittel, die man vom eigentlichen Fachschrifttum unterscheidet, kommen sowohl Anschauungsobjekte als auch Aufzeichnungen, Erfahrungsberichte und Ähnliches oder Statistiken in Betracht. Da in diesem Rahmen selbstverständlich kein in etwa erschöpfender oder auch nur repräsentativer Überblick gegeben werden kann, sollen die zum Schrifttum hinzutretenden Materialien und Hilfsmittel, welche u.U. für den Kriminalisten von Nutzen sein können, nunmehr vor allem am Beispiel des deutschsprachigen Bereichs kurz beleuchtet werden, um damit die sich hier bietenden Möglichkeiten zumindest anzudeuten.

a) Statistiken

Zunächst einmal ist auf einschlägige Statistiken, insb. sog. Kriminalstatistiken, hinzuweisen, wie sie in Deutschland seit 1882 vom Statistischen Reichsamt in Berlin und seit 1950 vom Statistischen Bundesamt in Wiesbaden als Verurteiltenstatistik und seit 1953 vom Bundeskriminalamt in Wiesbaden in Form der Polizeilichen Kriminalstatistik herausgegeben werden. Zu diesen im § 5 noch genauer zu behandelnden Kriminalstatistiken treten entsprechende, zeitlich und räumlich begrenzte Zusammenstellungen von anderen staatlichen Stellen (z.B. Statistischen Landesämtern, Landeskriminalämtern) sowie von privaten Organisationen oder Einzelpersonen (z.B. Dissertationen) hinzu, welche vor allem im Rahmen anderer Arbeitsvorhaben oder aus sonstigen Gründen Erhebungen durchgeführt haben. Je nach Art, Örtlichkeit und Zeit können derartige Statistiken auch für den Kriminalisten aufschlußreich sein.

b) Aufzeichnungen. Erfahrungsberichte, Reportagen, Fallsammlungen; u.a.

Außer auf das oben behandelte kriminalistische Schrifttum und Publikationen angrenzender Wissenschaftsdisziplinen kann der Kriminalist mitunter auch auf Veröffentlichungen anderer Art zurückgreifen, die als solche nicht einmal wissenschaftlichen oder fachlichen Charakter zu haben brauchen. Denkt man hier bei Aufzeichnungen mehr an biographische Darstellungen, wie sie außer Kriminalisten und anderen in der Strafrechtspflege Tätigen zuweilen auch Delinquenten anfertigen, so geht es bei Erfahrungsberichten, Reportagen u.dgl. um Veröffentlichungen oder Schriften, welche mehr oder weniger literarisch verarbeitet von Personen verfaßt werden, die nicht einmal Augenzeuge der geschilderten Ereignisse oder Vorgänge sein müssen. Dazu gehören u.a. Sammlungen von Kriminalfällen oder Strafprozessen. In diesem Bereich können daher die Übergänge zur allgemeinen Literatur und zur Unterhaltung fließend werden, was etwa das weite Spektrum der Kriminalromane deutlich werden läßt. Jedoch sollte der Kriminalist derartige Quellen und Materialien nicht von der Hand weisen, wenngleich bei der Verwertung kritische Skepsis sicher am Platze ist. Dennoch gibt es zahlreiche Publikationen dieser Art, welche so oder so bei kriminalistischer Arbeit und Forschung helfen können. Das mag durch die Auswahl einiger Beispiele beleuchtet werden.

Von Kriminalisten u.a. verfaßte Memoiren, Berichte und Ähnliches:

Söderman, Harry: Auf der Spur des Verbrechens. Lebenserinnerungen eines Kriminalisten – Köln/Berlin 1957 (Policeman's Lot, aus dem Amerikanischen übersetzt).
Rückerl, Adalbert (Hrsg.): NS-Prozesse. Nach 25 Jahren Strafverfolgung: Möglichkeiten – Grenzen – Ergebnisse – RJZ 12 – Karlsruhe 1971.
Bauer, Günther: Auf den Spuren des Verbrechens. Grenzen und Möglichkeiten der Kriminalistik – Lübeck 1973.

Von Rechtsbrechern verfaßte Memoiren und dergleichen:

Lutz, Walter: Das Verbrechen in der Darstellung des Verbrechers. Ein Beitrag. Naturgeschichte des kriminellen Menschen – Heidelberg 1927.

Werremeier, Friedhelm: Bin ich ein Mensch für den Zoo – Wiesbaden 1968.

Von Augenzeugen verfaßte Erlebnisberichte und ähnliches:

Sie haben es gesehen. Augenzeugenberichte über die Judenverfolgung im Dritten Reich – red. u. hrsg. v. Gerhard Schoenberner – o.O. (Bertelsmann) o.J.

Jost, Walter: Rufzeichen: HAIFA. Ein Passagier erlebt die Entführung der Swissair DC-8 „Nidwalden" und als Geisel den Krieg der Fedayin – Zürich 1970.

Amtliche Berichte:

Report of the Warren Commission on the Assassination of President Kennedy – hrsg. v. The New York Times/Bantam – New York 1964.

Von Dritten, insb. Schriftstellern verfaßte Reportagen, dokumentarische Berichte u.a.:

von Schmitt, Franz: Vorgeführt erscheint. Erlebte Kriminalistik – Zürich 1955.

Dietrich, Fred: Polizei. FBI-Kripo-Sureté-Scotland Yard – München 1956.

Mostar, Gerhart Herrmann: Unschuldig verurteilt – Stuttgart 1956.

Arnau, Frank: Das Auge des Gesetzes. Macht und Ohnmacht der Kriminalpolizei – Düsseldorf 1962 (erw. Ausg. 1965).

Frankfurter, Felix: The Case of Sacco and Venzetti – New York 1962.

Whitehead, Don: Die FBI-Story. Das US-Bundeskriminalamt öffnet die Akten – München 1964.

Thorwald, Jürgen: Das Jahrhundert der Detektive. Weg und Abenteuer der Kriminalistik – Zürich 1964.

Thorwald, Jürgen: Die Stunde der Detektive. Werden und Welten der Kriminalistik – Zürich 1966.

Zimmermann, Eduard: . . . der Ganoven Wunderland. Nepper, Schlepper, Bauernfänger. Erfahrungen und Erkenntnisse aus der Fernsehserie „Vorsicht, Falle!" – Darmstadt 1966.

Gritschneder, Otto: Der Fall Brühne – Frankfurt a. M. 1966.

Joesten, Joachim: Die Wahrheit über den Kennedy-Mord. Wie und warum der Warren-Report lügt – Zürich 1966.

Epstein, Eduard Jag: Im Kreuzverhör – der Warren-Bericht über den Mord an Präsident Kennedy – Frankfurt a. M. 1966.

Brink, Werner: Es geschah in Berlin – Bayreuth 1970.

Neven du Mont, Jürgen/*Schütz,* Karl: Kleinstadtmörder. Hintergründe zum Fall Lebach – Hamburg 1971.

Literarische Bearbeitungen:

Wassermann, Jakob: Der Fall Maurizius – Roman – o.O. (Bertelsmann) o.J.

Kirst, Hans Hellmut: Verurteilt zur Wahrheit – Roman – München o.J.

Fallsammlungen:

Liepmann, Heinz: Verbrechen im Zwielicht. Berühmte Kriminalfälle aus den letzten Jahrzehnten – o.O. (Bertelsmann) 1959.

Schweder, Paul: Die großen Kriminalprozesse des Jahrhunderts. Ein deutscher Pitaval – Hamburg 1961.

Jacta, Maximilian: Berühmte Strafprozesse – München – 11 Bände.

Der neue Pitaval – hrsg. v. Gerhart Herrmann *Mostar* und Robert R. *Stemmle* – München/Wien/Basel ab 1964 – XIV Bände.

c) Hilfsmittel

Wesentlicher Zweck literarischer Hilfsmittel ist es, entweder bei der Ausbildung von Anfängern oder als eine erste Informationsquelle zu dienen. Obwohl die wissenschaftliche Verarbeitung fehlt bzw. spärlich ist, können diese Publikationen doch nicht nur für den angehenden, sondern u.U. sogar für den erfahrenen Kriminalisten hilfreich sein. Auch ungeachtet ihrer für die Ausbildung wichtigen Funktionen sollen die daher zumindest erwähnt werden. Beispiele dafür sind:

Gundolf, Hubert: Verbrecher von A–Z – Hamburg 1966.

Rößmann, Egon: Taschenlexikon der Kriminologie – 2. Aufl. – Hamburg 1973.

Berke-Müller, Paul: Der rote Faden. Grundsätze der Kriminalpraxis – 9., neub. Aufl. d. v. Dorsch und Ester begr. Werkes – Hamburg 1975.

d) Anschauungsobjekte, Sammlungen und dergleichen

Schließlich sei noch kurz auf Anschauungsobjekte, insb. Sammlungen, sowie weitere optische Hilfen hingewiesen, wie sie in Form von Fotos, Dias und Filmen ebenfalls nicht nur für die Ausbildung des kriminalistischen Nachwuchses, auf die im V. Teil einzugehen sein wird, wichtig sind.

Für Kriminalisten wesentliche Sammlungen dieser Art finden sich üblicherweise in Polizeischulen, anderen Ausbildungsstätten für Kriminalbeamte, Kriminalämtern und ähnlichen Dienststellen. Doch gibt es derartige Sammlungen vereinzelt auch in Universitätsinstituten oder anderen Einrichtungen, z.B. wie das Brandschutz-Museum in der Landesbrandkasse in Kiel.

3. Gesellschaften und Einrichtungen

Bei Gesellschaften und anderen Einrichtungen wie beispielsweise Universitätsinstituten läßt sich nicht immer exakt sagen, inwieweit die Kriminalistik zumindest einen nennenswerten Schwerpunkt der Arbeit bildet.

Würtenberger, Thomas: Organisationen und Institute – in: HdwKrim (2) II-259 ff., insb. S. 268 ff.

Ebenso wie im Bereich der Kriminologie ist auch in der damit oft eng verbundenen Kriminalistik die Entwicklung der Gesellschaften und sonstiger Zusammenschlüsse sowie der Institute recht verschieden verlaufen. Da sich die folgende Darstellung an den gegenwärtigen Gegebenheiten orientieren muß, sei wegen der geschichtlichen Entwicklung auf den Beitrag von *Würtenberger* verwiesen.

Für den internationalen Bereich ist auf die als Nachfolgeorganisation der 1888 von Franz von *Liszt* (Deutschland), Adolph *Prins* (Belgien) und G. A. van *Hamel* (Niederlande) begründeten, im ersten Weltkrieg eingegangenen Internationalen Kriminalistischen Vereinigung (IKV) 1924 in Paris gegründete Association Internationale de Droit Pénal (AIDP) hinzuweisen. Einschlägiger für den Kriminalisten dürfte heute jedoch die sich als Dachorganisation betrachtende 1938 in Paris gegründete Internationale Kriminologische Gesellschaft (Societé Internationale de Criminologie – SIC) sein, deren Mitglieder Gesellschaften, Institute, Behörden und auch Einzelpersonen sind. Noch wichtiger aber dürfte für den Kriminalisten die Internationale Kriminalpolizeiliche Kommission (IKPK) sein, die 1923 in Wien in das Leben gerufen und 1946 in Brüssel neugegründet wurde. Sie heißt heute Internationale

Kriminalpolizeiliche Organisation (IKPO) und ist vor allem unter dem Namen INTERPOL weltbekannt. Ihr sind jetzt über 100 Staaten angeschlossen; das Generalsekretariat befindet sich in Paris. Ihre Organisation und Arbeitsweise werden im V. Teil eingehender behandelt werden. – Die Vereinten Nationen (UNO) haben erst in den letzten Jahren begonnen, sich intensiver mit Problemen der Kriminalistik zu befassen.
Als übernationale Organisation soll an dieser Stelle der Europarat genannt werden, der 1958 ein „Comité Européen pour les problèmes criminels" und 1962 das Conseil Scientifique Criminologique geschaffen hat (vgl. aber auch a).
Im übrigen sollen die für die Kriminalistik wesentliche Gesellschaften und Einrichtungen in einem nach Sprachgebieten bzw. Ländern gegliederten Überblick zusammengestellt werden, der für diese Zwecke nicht vollständig zu sein braucht.

a) Deutschsprachiger Bereich

Gesellschaft für die gesamte Kriminologie

Diese Gesellschaft, die sich früher „Kriminalbiologische Gesellschaft" nannte, wurde 1927 auf Initiative von Adolf *Lenz,* einem Schüler und Mitarbeiter von Hans *Groß,* gegründet. Ihre Mitglieder kommen außer aus Ländern des deutschsprachigen Bereichs wie der BR Deutschland, Österreich und der Schweiz auch aus einigen anderen, vor allem europäischen Staaten, weshalb diese Gesellschaft insoweit übernationalen Charakter hat. Seit 1967 besteht im Rahmen dieser Gesellschaft eine besondere Sektion „Kriminalistik".

Schweizerische Kriminalistische Gesellschaft (1942)

Österreichische Gesellschaft für Strafrecht und Kriminologie, Wien (1952)

Deutsche Kriminologische Gesellschaft (1960)

Universitätsinstitute und andere Einrichtungen:

Lausanne: Institut de Police scientifique et de Criminologie de l'Université. Dieses Institut wurde bereits im Jahre 1909 von R. A. *Reiss* gegründet.

Graz: Auf Initiative von Hans *Groß* wurde 1912 im Rahmen der Juristischen Fakultät ein „Kriminalistisches Universitätsinstitut" (= Universitätsinstitut für Kriminologie) gegründet, das zwar der österreichischen Tradition folgend ebenfalls die Kriminologie betreut, aber vor allem sowohl in Forschung als auch Lehre für die Kriminalistik tätig war und ist.

Wien: Ähnlich sind die Verhältnisse in dem 1923 von Graf *Gleispach* gegründeten „Institut für die gesamte Strafrechtswissenschaft und Kriminalistik" (= Universitätsinstitut für Kriminologie) an der Universität Wien. Dieses Institut wurde seit 1936 von Hubert *Streicher* und wird seit 1945 von Roland *Graßberger* geleitet.

Anders ist die Entwicklung in Deutschland verlaufen. Hier wurden und werden kriminalistische Aufgaben, insb. solche für die Praxis der Verbrechensbekämpfung, zunächst allein von den an allen Universitäten bestehenden Instituten für gerichtliche Medizin (= Rechtsmedizin; Name etwas wechselnd) wahrgenommen.
Inzwischen geschaffene Universitätseinrichtungen befassen sich primär mit Fragen der Kriminologie, nur vereinzelt und dann gewöhnlich mehr am Rande mit kriminalistischen Fragestellungen. Dabei beschränken sie sich – anders als in Österreich – eigentlich immer auf Forschung und Lehre.

Das erste deutsche Universitätsinstitut für Kriminologie wurde 1923 in **Köln** gegründet. Obwohl reines Forschungsinstitut, befaßt es sich verdienstlicherweise auch – früher wohl noch mehr als gegenwärtig –, mit Problemen der Kriminalistik.

Einiges kriminalistisches Material findet sich in den später, vor allem nach dem zweiten Weltkrieg geschaffenen Universitätseinrichtungen für Kriminologie. Das gilt insbesondere für Institute bzw. Seminare in **Freiburg i.Br.** (1930), **Bonn** (1943) sowie die neueren Gründungen in **Kiel** (1957), **Heidelberg** (1962), **Tübingen** (1963) und **Frankfurt a. M.** (1964). Diese Aufzählung ist nicht abschließend; denn naturgemäß enthalten auch andere Spezialbibliotheken innerhalb der Juristischen Fakultäten, selbst wenn insoweit nicht immer gezielt angeschafft wird, für den Kriminalisten bedeutsame Werke. Das gilt beispielsweise für das Max-Planck-Institut für ausländisches und internationales Strafrecht in **Freiburg i. Br.**; dort werden seit den 50er Jahren zusammen mit kriminologischen Veröffentlichungen aus aller Welt gewisse kriminalistische Publikationen angeschafft. Und selbstverständlich gibt es auch außerhalb solcher Universitätseinrichtungen einzelne Gelehrte, welche mehr oder weniger intensiv u.a. kriminalistische Arbeitsvorhaben fördern, wie das beispielsweise in **Mainz** durch Armand *Mergen* geschieht.

Insgesamt aber wird die Kriminalistik an den deutschen Hochschulen immer noch sehr viel weniger gepflegt als die Kriminologie, bei welcher sich die Verhältnisse in den letzten Jahrzehnten etwas gebessert haben, wenngleich sich auch hier noch allerlei tun ließe. Charakteristisch dafür ist weiter, daß die Kriminalistik bisher innerhalb der Rechtsfakultäten kaum als Lehrfach auftaucht. Speziell der Kriminalistik gewidmete Vorlesungen oder Seminare sind einstweilen immer noch seltene Ausnahmen. Derartige Lehrveranstaltungen sind früher von Gotthold *Bohne* in **Köln** durchgeführt worden, wo sich ihnen jetzt Oskar *Wenzky* als Honorarprofessor widmet. Außer Friedrich *Geerds,* der früher in **Kiel** und nunmehr in **Frankfurt a. M.** Vorlesungen und Seminare über dieses Fach hält, ist eigentlich nur noch Rüdiger *Herren* in **Freiburg i. Br.** zu nennen.

Wichtiger für die wissenschaftliche Kriminalistik und insb. für die Praxis sind in Deutschland Einrichtungen der Kriminalpolizei. Dazu gehören u.a. die sogenannten Polizeilaboratorien, die hier wie in vielen anderen Ländern seit der Jahrhundertwende eingerichtet worden sind. Größere Einrichtungen dieser Art sind jedoch im Vergleich zu anderen Ländern relativ jungen Datums.

Hierzu zählen außer dem 1938 in Berlin geschaffenen „Kriminaltechnischen Institut“, das nach dem 2. Weltkrieg in Hamburg beim Kriminalpolizeiamt für die britische Zone eingerichtete Institut. Dieses ist nach Errichtung der BR Deutschland im Bundeskriminalamt in Wiesbaden (Gesetz vom 8. 3. 1951) aufgegangen. Diesem „Kriminaltechnischen Institut“ im Bundeskriminalamt entsprechen kleinere Einrichtungen dieser Art, wie sie sich bei den Landeskriminalämtern und teilweise sogar bei ihnen untergeordneten Dienststellen finden. Wesentliche Aufgabe dieser kriminalpolizeilichen Einrichtungen ist allerdings die praktische Arbeit vor allem auf dem Gebiet der Kriminaltechnik. Demgegenüber treten Forschung in diesem und im weiteren Bereich der Kriminalistik zurück. Insoweit ist auf das im Bundeskriminalamt in Wiesbaden eingerichtete „Kriminalistische Institut“ (Leiter: Karlheinz *Gemmer*) hinzuweisen, welches demgegenüber mehr auf Forschungsaufgaben, wenngleich überwiegend praxisbezogener Art zugeschnitten ist. Die zunächst sehr bescheidene Institution ist erfreulicherweise in den letzten Jahren ausgebaut worden; dennoch sind die Mittel, gemessen an den Aufgaben, immer noch gering.

Gemmer, Karlheinz/*Kube,* Edwin: Kriminalistisch-kriminologische Forschung im Kriminalistischen Institut des Bundeskriminalamts. Gedanken zu deren Planung und Organisation – Arch. f. Krim. Bd. 156, S. 65 ff. (1975).

Im einzelnen werden Organisation und Arbeitsweise dieser Einrichtungen der deutschen Kriminalpolizei im V. Teil dieses Handbuchs zu schildern sein.

Der Entwicklung in Deutschland entspricht die in der **Schweiz**. Auch hier dienen die in Juristischen Fakultäten geschaffenen Einrichtungen vor allem der Kriminologie und beschränken sich zudem auf Forschung und Lehre. Für die kriminalistische Arbeit kommt es auf Einrichtungen des Staates und insb. der Polizei an, die jedoch z.T. – wie das Beispiel gerade von **Zürich** – zeigt, anerkanntes Niveau erreicht haben.

Wissenschaftlicher Dienst der Stadtpolizei Zürich (1950).
Kriminalistisches Institut des Kantons Zürich (1961).

Ähnlich – wenngleich nicht immer ganz so günstig – ist die Lage in den anderen Kantonen, wo beispielsweise die Staatsanwaltschaft des Kantons *Basel-Stadt* über eine „Kriminaltechnische Abteilung" verfügt, welche auch Bemerkenswertes zur Forschung auf dem Gebiet der Kriminaltechnik beigesteuert hat.

b) Französisches Sprachgebiet

Die Länder des französischen Sprachgebiets haben die Entwicklung in diesem Bereich gefördert und nachhaltig beeinflußt.

Frankreich:

In Frankreich gilt dies weniger für wissenschaftliche Gesellschaften als für entsprechende Institute.

Societé française de Criminologie

Bahnbrechend für Polizeilaboratorien war das 1910 von Edmond *Locard,* einem Schüler des seinerzeit in Lausanne lehrenden R. A. *Reiss,* eingerichtete Polizeilaboratorium in Lyon.
Finke: Das Polizeilaboratorium in Lyon – Kriminalistik 1949 – 102 ff.
Ferner sind hier die der Sureté nationale unterstellten kriminaltechnischen Anstalten in Paris, Marseille und Toulouse zu nennen.
Dagegen widmen sich Universitätseinrichtungen außerhalb der gerichtlichen Medizin anscheinend nur ausnahmsweise Fragen der Kriminalistik.

Institut de sciences criminelles, Université Montpellier (1960).

Belgien

École de criminologie, Université de Gand (1938).
École de criminologie, Université de Liège (1946).

Studiecentrum voor Kriminologie, Kriminalistik en Gerechtelijke Geneeskunde, Sint Niklaa Waas.

c) Andere romanische Sprachen

Italien

Società Italiana die Criminologia (1958).

Die kriminalistische Praxis wird in Italien anscheinend vor allem von den Instituten für gerichtliche Medizin betreut.

d) Anglo-amerikanischer Sprachbereich

USA

American Society of Criminology (1935).
American Academy of Forensic Sciences, New York (1948).

Als bedeutendere Institute sind zu nennen:

Federal Bureau of Investigation, United States Department of Justice, Washington/D.C. (1924).

Bureau of Criminal Statistics, Department of Justice, Sacramento/Calif. (1945).

Großbritannien

Für die kriminalistische Praxis kommt es wesentlich auf polizeiliche Einrichtungen an.

e) Nordische Sprachen

Dänemark

Institute of Criminal Science, Universität Kopenhagen (1957).

Norwegen

Kriminologisk selskap, Oslo (1956).
Institutt for kriminologi og strafferett, Universität Oslo (1954).

Schweden

Svensk Kriminalistföreningen, Stockholm.
Statens kriminaltekniska laboratorium, Linköping.

f) Slawische Sprachen

Jugoslawien

Zavod za kriminologiju i kriminalistiku Pravnog fakulteta (Institut de Criminologie de la Faculté de Droit), Universität Beograd (1929).

Inštitut za kriminologijo pri Pravní fakulteti (Institut de Criminologie de la Faculté de Droit), Ljubljana (1954).

Kriminoloski institut Pravnog fakulteta Univerziteta (Institut de Criminologie de la Fakulté de Droit), Universität Sarajevo (1954).

Polen

Societé Polonaise de Médecine Légale et de Criminologie, Warszawa (1949).

UdSSR

Vsesojuznyj institut po izučeniju pričin i razrabotke mer predupreždenija prestupnisti (Allunionsinstitut zur Erforschung der Ursachen und Ausarbeitung von Maßnahmen zur Verhütung der Kriminalität), Moskwa (1963).

Ungarn

Magyar Tudomaányes Akadémia Allam- és Jogtudományi Intézeté (Institut für Staats- und Rechtswissenschaften der Ungarischen Akademie der Wissenschaften), Budapest (1950).

Országos Kriminalisztikaí Intézet (Staatliches Institut für Kriminalistik), Budapest (1960).

g) Andere europäische Sprachen

Niederlande

Nederlandse Criminologenclub, Utrecht (1924).
Psychiatrisch-Juridisch Gezelschap, Winkler (1907).

Belgien (flämisch)

Studiecentrum voor Kriminologie, Kriminalistik en gerechtelijke Geneeskunde, Sint Niklaas Waas.

§ 4
Historische Kriminalistik

Das zur Entwicklung und zum gegenwärtigen Stand der Kriminalistik Gesagte läßt verständlich werden, daß die Geschichte dieses Wissensbereiches noch schwieriger zu erhellen ist als das benachbarte Gebiet der Historischen Kriminologie, in der man ebenfalls noch weit hinter der Strafrechtsgeschichte zurück ist.

Zbinden S. 21 ff., 24 ff.
Ullrich, Wolfgang: Verbrechensbekämpfung. Geschichte. Organisation und Rechtsprechung – Neuwied a. Rh./Berlin-Spandau 1961
Huelke, H.-H.: Der „modus operandi" in geschichtlicher Sicht – Kriminalistik 1955 – S. 369 ff.
Huelke, Hans-Heinrich: Die Technik des Verbrechers und die Technik der Kriminalpolizei in historischer Sicht – in: Kriminalpolizei und Technik, hrsg. v. Bundeskriminalamt, Wiesbaden 1967, S. 43 ff.
Geerds, Friedrich: Verbrechen und Verbrecher als Gegenstand der Forschung. Über den Beitrag der Wissenschaften zur kriminalpolizeilichen Verbrechensbekämpfung in Vergangenheit, Gegenwart und Zukunft – in: Grundlagenforschung und Kriminalpolizei, hrsg. v. Bundeskriminalamt, Wiesbaden 1969, S. 13 ff.
Geerds, Friedrich: Historische Kriminalistik – Arch. f. Krim. Bd. 151, S. 1 ff. (1973)
Spezielleres kriminalistisches Schrifttum (Auswahl)
Schneider, Hugo: Schußwaffen aus sieben Jahrhunderten – Bern 1953
Kube, Edwin: Beweisverfahren und Kriminalistik in Deutschland. Ihre geschichtliche Entwicklung – Kriminol. Schriftenreihe Bd. 13 – Hamburg 1964
Petersohn, Franz: Gerichtliche Medizin für den Kriminalisten – GrKrim 3, S. 478 ff. (1969)
Kind, Stuart/*Overman,* Michael: Science Against Crime – London 1972 (instruktive Fälle und Bilder)
Wehner, Wolfgang: Schach dem Verbrechen. Geschichte der Kriminalistik – Köln 1963
Meinert, Franz: Zur Taktik der Räuberbanden in alter und neuer Zeit – in: TbKrim XVII, S. 86 ff. (1967)
Händel, Konrad: Die Fahndung nach Betrügern in der Vergangenheit – in: GrKrim 13/1, S. 467 ff. (1974)
Prokop in Prokop/Göhler S. 1 ff.
Brinker, Horst: Die Kriminalphantasie in Literatur und Film und ihre Beziehungsrealität. Eine vergleichende Studie – Arch. f. Krim. Bd. 155, S. 65 ff. (1975)

Neben dem mehr oder weniger umfassend angelegten kriminalistischen Schrifttum können aber auch Publikationen in angrenzenden Wissensgebieten für die Historische Kriminalistik bedeutsames Material enthalten. Außer an die Historische Kriminologie und die Strafrechtsgeschichte ist hier vor allem an die Geschichte der Strafrechtspflege und des Polizeiwesens zu denken.

Historische Kriminologie

Radbruch, Gustav/*Gwinner,* Heinrich: Geschichte des Verbrechens – Stuttgart 1951
Steigertahl, Georg: „Die gemeinlästigen Leute" – Asoziale, Sozialschwierige, Gefährdete – MoKrim 1955-1 ff. (38. Jg.)
Middendorff, Wolf: Soziologie des Verbrechens. Erscheinungen und Wandlungen des asozialen Verhaltens – Düsseldorf/Köln 1959 – insb. S. 22 ff.
von Hentig, Hans: Studien zur Kriminalgeschichte – hrsg. v. Christian Helfer – Bern 1962
Geerds, Friedrich: Gaunertum – in: Hdw zur Deutschen Rechtsgeschichte, hrsg. v. A. Erler und E. Kaufmann, 1. Bd., Berlin 1964–1969, S. 1403 ff.
Middendorff, Wolf: Beiträge zur Historischen Kriminologie – Bielefeld 1972

(Darstellungen besonderer Gebiete oder allgemeinerer Art)
Middendorff, Wolf: Die Sittlichkeitsdelikte in historischer und internationaler Sicht (Eine kriminologische und rechtsvergleichende Betrachtung) – in: Sittlichkeitsdelikte, hrsg. v. Bundeskriminalamt, Wiesbaden 1959, S. 45 ff.
Geerds, Friedrich: Warenfälschung – Sammelbezeichnung oder einheitliche Wirtschaftsstraftat? Ein Beitrag zur Problematik des Wirtschaftsstrafrechts – ZStrW Bd. 74, S. 245 ff., insb. S. 247 ff. (1962)
Geerds, Friedrich: Die Brandstiftungsdelikte im Wandel der Zeiten und ihre Regelung im ausländischen Strafrecht – in: Brandermittlung und Brandverhütung, hrsg. v. Bundeskriminalamt, Wiesbaden 1962, S. 15 ff.

Arnau, Frank: Kunst der Fälscher. Fälscher der Kunst. Dreitausend Jahre Betrug mit Antiquitäten – Düsseldorf 1964
Hyde, H. Montgomery: Geschichte der Pornographie. Eine wissenschaftliche Studie – Stuttgart 1965
Arnau, Frank: Jenseits der Gesetze. Kriminalität von den biblischen Anfängen bis zur Gegenwart – München 1966
Middendorff, Wolf: Der politische Mord. Ein Beitrag zur historischen Kriminologie – BKA 1968/1
Gunzenhäuser, Max: Geschichte des geheimen Nachrichtendienstes (Spionage, Sabotage und Abwehr). Literaturbericht und Bibliographie – Frankfurt a. M. 1968
Steinke, Richard: Kurze Geschichte der Geldfälschungen – Kriminalistik 1969–538 ff.
Bauer, Günther: Raub und Räuber – GrKrim 6, S. 13 ff. (1970)
Amelunxen, Clemens: Kriminalität der Grenze. Ein Beitrag zur Kriminalgeographie – Arch. f. Krim. Bd. 156, S. 129 ff., insb. S. 132 ff. (1975)

Strafrechtsgeschichte
His, Rudolf: Geschichte des deutschen Strafrechts bis zur Karolina – in: Handbuch der mittelalterlichen und neuen Geschichte, hrsg. durch v. Below u.a. – München/Berlin 1928
Oehler, Dietrich: Wurzel, Wandel und Wert der strafrechtlichen Legalordnung – Berlin 1950

Geschichte der Strafrechtspflege
Döhring, Erich: Geschichte der deutschen Rechtspflege seit 1500 – Berlin 1953
Kern, Eduard: Geschichte des Gerichtsverfassungsrechts – München/Berlin 1954
Schmidt, Eberhard: Einführung in die Geschichte der deutschen Strafrechtspflege – 3. Aufl. – Göttingen 1965
Schmidt, Eberhard: Geschichte der Strafrechtspflege – in: HdwKrim (2) I-317 ff.

Geschichte des Polizeiwesens
Melcher, Kurt: Die Geschichte der Polizei – Die Polizei in Einzeldarstellungen Bd. 2 – Berlin 1926
Zirpins, Walter: Die Entwicklung der polizeilichen Verbrechensbekämpfung in Deutschland – in: TbKrim V, S. 250 ff., (1955)
Haas, Erich: Aus der Geschichte der Vollzugspolizei – Kriminalistik 1956–345 ff.
Dietrich, Fred: Polizei. FBI – Kripo – Sûreté – Scotland Yard – München 1956
Zirpins, Walter: Die Entwicklung der polizeilichen Verbrechensbekämpfung in Deutschland – in: Das kriminalpolizeiliche Ermittlungsverfahren, hrsg. v. Bundeskriminalamt, Wiesbaden 1957, S. 13 ff.
Riege, Paul: Kleine Polizei-Geschichte – Kleine Polizei-Bücherei Bd. 15/16 – 3. Aufl. – Lübeck 1966
Hohenbichler, Eduard: Anfänge des Polizeiwesens in Wien – Kriminalistik 1972–399 ff.

Bibliographisches
Huelke, Hans-Heinrich/*Etzler,* Hans: Verbrechen, Polizei, Prozesse. Ein Verzeichnis von Büchern und kleineren Schriften in deutscher Sprache – 1. Teil (bis 1900) – BKA 1959/3; 2. Teil (nach 1900) BKA 1963/2-3

Dennoch erscheint es notwendig, hier den Versuch zu unternehmen, aus dem z.T. weit verstreuten Material einen Überblick zu erarbeiten, der zumindest aufzeigt, in welcher Weise die Historische Kriminalistik wissenschaftlich und praktisch nutzbar gemacht werden kann. – Dabei dürften sich jüngste Vergangenheit und Gegenwart besser im Zusammenhang mit der alsbald folgenden, vor allem statistisch untermauerten Darstellung im § 5 behandeln lassen, womit insoweit eine ohnehin erforderliche Synthese dieser verschiedenen Betrachtungsweisen vorweggenommen wird. Denn obwohl man die Anfänge der Kriminalstatistik des öfteren im ausgehenden 17. und 18. Jahrhundert erblicken möchte, bietet sich ungeachtet der auch dann noch wechselnden strafrechtlichen Kategorien doch erst im 19. Jahrhundert brauchbares Material. Zum anderen muß der in diesem § 4 zu erarbeitende Versuch einer Historischen Kriminalistik sich auf das allgemein Bedeutsame oder doch auf das insoweit besonders Aufschlußreiche beschränken. Speziellere historische Hinweise sollen ggf. im besonderen Sachzusammenhang gegeben werden.

I. Allgemeines

Allgemeiner läßt sich zur Historischen Kriminalistik einstweilen nur sagen, daß die geschilderten Schwierigkeiten nicht zuletzt mit dem Umstand zusammenhängen, daß die Kriminalistik als Wissenschaft relativ jungen Datums ist und daher erst in jüngster Zeit selbständiger betrachtet wird.

a) Aus diesem Grunde muß man ebenso wie in der Historischen Kriminologie häufig auf **Quellen** oder Darstellungen anderer Wissensgebiete – wie das auch in der vorangehenden Zusammenstellung geschehen ist – zurückgreifen, die hier unmöglich alle im einzelnen verwertet werden können. Es sei daher lediglich gesagt, daß außer den oben und in diesem Überblick ausdrücklich genannten Werken und Beiträgen kriminalistischen Charakters sowohl allgemein als gerade auch bei spezielleren Untersuchungen Bereiche wie der der Historischen oder auch allgemeinen Kriminologie, die Geschichte der Strafrechtspflege (Geschichte des Strafverfahrens und der Strafgerichtsbarkeit) sowie die Strafrechtsgeschichte zu beachten sind.

Dies erklärt sich daraus, daß bis in die Neuzeit hinein nicht einmal klar zwischen Strafrecht und Strafverfahrensrecht unterschieden wurde, wie ein Blick in die 1532 erlassene Constitutio Criminalis Carolina beweist, die für den deutschsprachigen Bereich und z.T. sogar darüber hinaus für Jahrhunderte die ausschlaggebende Kodifikation war; sie wurde erst im Laufe der Zeit mehr und mehr durch Partikularrechte der deutschen Länder eingeschränkt, welche zunehmend zwischen den beiden genannten Rechtsgebieten unterschieden. Überdies ist die Abgrenzung der Kriminalistik von der Kriminologie, wie bereits dargelegt, noch bis in unsere Gegenwart hinein umstritten, weshalb man insoweit erst sehr spät mit umfassenderer Behandlung speziell der Historischen Kriminalistik rechnen kann.

Schließlich ist – insb. für manche fremden Staaten – auf Arbeiten zur Geschichte des Polizeiwesens hinzuweisen; denn diese können gerade für die Forschung in Spezialgebieten sehr ergiebig sein. Für diese ist allgemein an einschlägige Dissertationen zu denken, welche trotz oft anzutreffender nicht sonderlich ergiebiger historischer Reminiszenzen aus zweiter oder dritter Hand mitunter doch mancherlei für die Geschichte Nützliches oder Wertvolles enthalten.

Im übrigen sind Studien im Bereich der Historischen Kriminalistik außer auf die in der soeben behandelten Sekundärliteratur angegebenen Quellen selbstverständlich auf solche Veröffentlichungen angewiesen, die man als zeitgenössische Publikationen kriminalistischen Charakters werten kann. Neben Urkunden und ähnlichen Dokumenten gilt das außer für Fallsammlungen wie den Pitaval (Gayot *de Pitaval:* Causes celèbres et interessantes) und *Feuerbachs* „Merkwürdige Verbrechen in aktenmäßiger Darstellung“ ferner für Publikationen des 19. Jahrhunderts, die man als Vorläufer der modernen kriminalistischen Literatur werten kann.

b) **Aufgabe** der Historischen Kriminalistik ist es, die tatsächlichen Gegebenheiten sowohl der repressiven als auch präventiven Kriminalitätsbekämpfung durch die Strafverfolgungsorgane im Wandel der Zeiten zu erforschen. Wichtig ist also der tatsächliche Bezug, weshalb die Entwicklung der auch für die Strafverfolgungsorgane maßgebenden und ggf. ihre Möglichkeiten begrenzenden Rechtsgrundlagen ungeachtet gewisser Überschneidungen und

Wechselwirkungen ebenso wie die Historische Kriminologie, die sich mit der geschichtlichen Kriminalität als solcher befaßt, nur eine untergeordnete Rolle spielen.
Beim so zu verstehenden Gegenstand der Historischen Kriminalistik geht es selbstverständlich nicht nur um die sich wandelnden Formen der Verbrechenstechnik, sondern ebenso um die sich ändernden kriminaltechnischen Möglichkeiten sowie vor allem um die Formen und Grundsätze kriminaltaktischen Vorgehens oder der Organisation. Doch sind diese kriminalistischen Probleme hier jeweils auf dem Hintergrund der sozialen Gegebenheiten zu betrachten. So werden nicht nur die größeren Zusammenhänge deutlicher, sondern bewirken die Erkenntnisse der Historischen Kriminalistik zum einen ein besseres Verständnis der gegenwärtigen, in den einzelnen Ländern aus eben diesen Gründen unterschiedlichen Situation und zum anderen bieten sie mit den im Laufe der Zeiten gegebenen geschichtlichen Lösungsmöglichkeiten wertvolles Material für die aktuelle kritische Würdigung.
Während im Folgenden die sich im Laufe der Zeiten wandelnden Gegebenheiten der Verbrechensbekämpfung vor allem insgesamt betrachtet werden sollen, um wesentliche Charakteristika deutlicher hervortreten zu lassen, kann sich die historische Betrachtung selbstverständlich auf mehr oder weniger große Teilbereiche konzentrieren; das ist bereits häufiger geschehen, obwohl insoweit ebenfalls noch vieles nicht oder unzureichend bearbeitet ist. Auf derartige spezielle Fragestellungen kann der folgende Überblick nur dann eingehen, wenn sie geeignet erscheinen, das Gesamtbild zu beleuchten. Im übrigen wird auf solche Erkenntnisse und Arbeiten ggf. später im besonderen Zusammenhange zurückzukommen sein.

c) Wegen der **Methodik** ist allgemein auf die Geschichtswissenschaft zu verweisen, weil es hier um dieselben Probleme wie dort geht. Der besondere Gegenstand der Historischen Kriminalistik läßt lediglich einige wenige Hinweise als angebracht erscheinen.
Auch in diesem Bereich darf man zeitgenössische Quellen nicht ohne weiteres mit der für den Kriminalisten ausschlaggebenden Lebenswirklichkeit gleichsetzen. Denn ebenso wie in der Rechtsgeschichte das über die Normen oder ihre Anwendung Berichtete oft nicht exakt die damals herrschenden Verhältnisse widerspiegelt, können selbst bei kriminalistischen Äußerungen die Realitäten verzerrt oder aber ignoriert werden; das kann außer auf den Autor selbst u.U. auf dessen Auftraggeber zurückzuführen sein. Gemessen an den Tatsachen ist hier sogar besonders häufig mit verzerrender Schönfärberei oder Schwarzmalerei zu rechnen.
Selbst im nationalen und noch mehr im internationalen Bereich ist es nicht selten schwierig, die geschichtliche Entwicklung vom heutigen Standpunkt aus zu erhellen, weil wir häufig mit damals unbekannten Kategorien arbeiten.
Schließlich sei betont, daß es auch in der Historischen Kriminalistik nicht mit einer bloßen Bestandsaufnahme getan, sondern der Versuch einer sinnvollen Deutung anzustreben ist; das sollte aber nicht dazu verführen, wegen eines plausibel erscheinenden Erklärungsmodells dem entgegenstehende Fakten zu übergehen.

d) Was nun die für den folgenden Überblick wesentlichen **Epochen der Historischen Kriminalistik** anlangt, so empfiehlt es sich, mit *Zbinden* zumindest zwei oder besser noch drei große Entwicklungsperioden zu unterscheiden, was mit einigen Vorbehalten für alle Länder gelten dürfte. Insgesamt hängt die Geschichte der Verbrechensbekämpfung natürlich besonders eng mit der Entwicklung des Strafprozesses zusammen.
Zunächst versuchte man im Prozeß die für die Entscheidung wesentliche, üblicherweise in der Frühzeit der Gesellschaften jedoch formalisierte Wahrheit auf magischem oder mysti-

schem Wege zu ergründen. Dieses sog. Prinzip der formellen Wahrheit mußte sich notgedrungen auch auf die Verbrechensbekämpfung und damit auf die Vorläufer der heutigen Kriminalstik auswirken; denn es fehlte sowohl am Ziel der Ermittlung des wahren Sachverhalts als auch an wissenschaftlicher Arbeitsweise.
Später ging man – in Mitteleuropa besonders deutlich vom 15. und 16. Jahrhundert an – dazu über, den einem Strafverfahren wirklich zugrundeliegenden Sachverhalt zu ermitteln. Dies sog. Prinzip der materiellen Wahrheit zwang naturgemäß dazu, daß man sich bemühte, verfeinerte, insb. zunehmend auch wissenschaftlich gesicherte Methoden zu erarbeiten, die für diesen Zweck als geeignet erscheinen.

Dieses Stadium der Entwicklung zur wissenschaftlichen Kriminalistik hat sich in Mitteleuropa und in anderen Ländern über mehrere Jahrhunderte erstreckt, wobei Zeitdauer und Intensität dieses Prozesses mitunter recht verschieden waren. In den sog. Entwicklungsländern ist diese Epoche der Historischen Kriminalistik erst in jüngster Zeit und z.T. vielleicht noch nicht einmal ganz überwunden.

In anderen Ländern aber kam es teilweise bereits im ausgehenden 18., vor allem aber im beginnenden 19. Jahrhundert unter den Zeichen einer rationalen Wahrheitsforschung zu Gegebenheiten und Formen der Kriminalitätsbekämpfung, die man trotz hier und da anzubringender Vorbehalte bereits der Epoche der wissenschaftlichen Kriminalistik zuordnen kann, in welcher auch die Praxis der Verbrechensbekämpfung mehr oder weniger wissenschaftlich abgesichert ist.

II. Die vorwissenschaftliche Epoche

Die vorwissenschaftliche Epoche der Kriminalistik, die zumindest in Deutschland bis weit in die Neuzeit hineinreicht, wird dadurch gekennzeichnet, daß sich weder eine wissenschaftlich fundierte noch zumindest rational zu begreifende Gesamtkonzeption der Kriminalitätsbekämpfung durch besondere Organe feststellen läßt. Das kann jedoch nicht verwundern. Denn in dieser primitiven oder archaischen Epoche des Strafverfahrens dienten bekanntlich vor allem das Gottesurteil in Form von Orakeln, Zweikampf, Bahrprobe usw. dazu, den „Schuldigen“ zu ermitteln. Aufgabe der Eideshelfer beispielsweise war es in jener Zeit, ihre Überzeugung von der Richtigkeit einer Parteibehauptung zu beschwören. Diese wenigen Beispiele aus dem Beweisrecht besagen selbstverständlich nicht, daß es in dieser Frühzeit nicht schon andere Beweismittel gab oder die dergestalt formalisierten, anscheinend irrationalen Verfahrensformen in der Lebenswirklichkeit nicht doch irgendwie rational abgesichert waren.
Selbst wenn sich hier und da weiterführende Ansätze zu zielbestimmter kriminalistischer Arbeit feststellen lassen, was übrigens schon in der Antike der Fall war, ändert das nichts an der charakteristischen Gesamtsituation. Auf besondere Gegebenheiten aber kann man bestenfalls im speziellen Zusammenhang zurückgreifen.

Das gilt durchweg auch für Berichte über die Ausführung und Entdeckung von Rechtsbrüchen in antiker Zeit, welche allerdings beweisen, daß manche Verbrechenstechniken auf eine lange Geschichte zurückblicken können. Das trifft außer für gewisse Formen des Diebstahls, insb. des Einbruchs, auch für Geldfälscher und Betrüger (vgl. insb. *Huelke* a.a.O.) zu. Noch dürftiger fließen die alten Quellen hinsichtlich der damals praktizierten Art und Weise der Ermittlungen.

Daß es noch im deutschen Mittelalter an besonderen Organen der Strafverfolgung fehlt, hängt vor allem damit zusammen, daß man Verhaltensweisen und Konflikte, wie sie Strafta-

ten heute darstellen, damals entweder durch Fehde oder durch Vereinbarung einer Sühneleistung (Buße) zwischen den beteiligten Sippen und innerhalb derselben mit Instrumenten der hausväterlichen Gewalt zu lösen versuchte. – Obgleich Unterschiede zwischen Ländern oder Rechtskreisen zu verzeichnen sind, war damals doch auch in diesem Bereich, den man heute dem Kriminalrecht zuordnet, eine privatrechtliche Konzeption (Privatstrafrecht; delicta privata) vorherrschend; der anders struktuierte, gewöhnlich viel kleinere Bereich des öffentlichen Strafrechts (crimina publica), bei dem es um die Belange der Rechtsgemeinschaft als solcher ging, wies gewöhnlich mehr sakralen Charakter auf.
Selbstverständlich findet der Kriminalist dann und wann in alten Quellen, etwa den altdeutschen Volksrechten oder Rechtsbüchern, Erkenntnisse, die sich – wie etwa bei den Erfordernissen der „genugsamen Anzeige" – als eine kriminalistische Erfahrung begreifen lassen. Ein Capitulare aus dem Jahre 853 n.Chr. enthält u.a. eine Reihe sinnvoller Maßnahmen zur Bekämpfung von Straßenräubern.
Derartige Ansätze, die das Bemühen um eine wirksame Verbrechensbekämpfung erkennen lassen, legen zumindest die Vermutung nahe, daß in der damaligen Zeit nicht alles so irrational war, wie es nach manchen Rechtsquellen scheinen mag.
Kennzeichnend für die weitere Entwicklung in Deutschland und überhaupt in Mittel- und Westeuropa waren die Wandlungen, die sich im Zuge der Christianisierung jedenfalls etwa vom Jahr 1000 n.Chr. immer deutlicher erkennen lassen. Sie bewirkten zusammen mit den sich wandelnden politisch-staatlichen Gegebenheiten, daß vom 12. Jahrhundert an die das alte Recht beherrschende privatstrafrechtliche Konzeption mehr und mehr durch den Gedanken des peinlichen öffentlichen Kriminalrechts ersetzt wird, der nur bedingt und mehr äußerlich an das alte Sakralrecht anknüpft. In Deutschland gewann die öffentliche Konzeption, welche das Strafrecht einerseits auf den Täter individualisierte, um es andererseits zu einem Anliegen des Staates bzw. Herrschers zu machen, mit der Constitutio Criminalis Carolina (1532) eindeutig die Oberhand. Die nicht zuletzt durch den Zerfall der alten Sippenordnung bedingte Konzeption des öffentlichen Strafrechts erforderte notwendig einen anders strukturierten Strafprozeß, der sich deutlicher als bisher vom Zivilprozeß unterscheiden mußte.

Doch auch insoweit war die Entwicklung in den einzelnen europäischen Staaten unterschiedlich, wie das im Gegensatz zu Kontinentaleuropa etwa die Situation in England besonders deutlich zeigt. Aber dessen ungeachtet kann man sagen, daß an die Stelle des alten Parteiprozesses in jener Zeit, die in Deutschland mit der Constitutio Criminalis Carolina zur Epoche des sog. gemeinen Rechts führte, der Inquisitionsprozeß trat.

Dem Ziel des neuen Strafprozesses, die Wahrheit im Sinne richtiger Rekonstruktion des zugrundeliegenden Sachverhalts zu ermitteln, entsprach in den meisten europäischen Staaten bei einem zugleich politisch bedingten Ausbau und zunehmendem Übergewicht staatlicher Organe der Strafverfolgung eine um so schwächere Rechtsstellung des Beschuldigten. Wichtig für diese abschließende Phase der vorwissenschaftlichen Epoche ist wiederum die Entwicklung im Beweisrecht. Kam es jetzt darauf an, den wahren Sachverhalt zu ermitteln, war es zwar einleuchtend, aber letztlich fatal, daß man beim Beweis nahezu ausschließlich auf das Geständnis des Rechtsbrechers setzte, der Angeklagte mithin das überragende Beweismittel darstellte (confessio regina probationum).

Wurde das Geständnis, was gerade angesichts der für das gemeine Recht charakteristischen Leibes- und Lebensstrafen keineswegs ungewöhnlich war, nicht freiwillig abgelegt, so geriet man in eine Zwickmühle; dieser suchte man durch die Anwendung der peinlichen Befragung, d.h. vielfältigen Methoden der Folter zu entgehen. Obwohl man dem infolgedessen drohenden Mißbrauch der Folter vielfach durch besondere Voraussetzungen für ihre Anwendung entgegenzuwirken suchte, war damit doch der Keim für die Kritik und die nächste Reform bereits gelegt.

Was die Kriminalität und die **Verbrechenstechniken** jener Zeit anlangt, so finden sich neben bereits aus der Antike bekannten Praktiken erstmals im deutschen Mittelalter Phänomene, welche auf eine kriminelle Massenerscheinung hindeuten. Die durch die Kirche geförderte Almosentätigkeit ließ ein Bettlerunwesen entstehen, welches sich durch Diebstahl, Lug und Trug zu bereichern suchte, wobei mit der Zeit auch Falschspieler und Gaukler sowie Schatzgräber oder Händler mit falschen Reliquien eine besondere Rolle spielten. Dieses frühe Gaunertum, das vor allem im fahrenden Volk zu finden war, wurde durch nomadisierende Angehörige fremder Völker – insb. Juden und später Zigeuner – verstärkt. Andere Praktiken finden sich beim Raub, der – obwohl schon in der karolingischen Zeit teilweise zu einer Landplage geworden – in Deutschland immer noch nachsichtiger als der Diebstahl geahndet wurde.

Müller-Engelmann, Kurt Peter: Der Raub. Zur Kriminologie und strafrechtlichen Regelung dieser Deliktstypen unter besonderer Berücksichtigung der Geschichte und der Kriminalistik – Diss. Frankfurt a. M. – München 1973 – insb. S. 33 ff.

Das änderte sich erst im Zuge der Landfriedensgesetzgebung, welche das alte Fehderecht zunächst einschränkte und später gänzlich abschaffte. Hier hängt die Entwicklung ebenfalls deutlich mit dem politischen und sozialen Wandel zusammen. Besondere Phänomene stellen angesichts der erstarkenden Macht der Territorialherren die Raubritter und die Vitalienbrüder dar.

Alte und historisch höchst bemerkenswerte Formen der Kriminalität, die ebenfalls durch die sozialen Verhältnisse geprägt sind, finden sich im Bereich der Wilderei.

Löhr, Udo: Die Wilderei. Zur Kriminologie und strafrechtlichen Regelung der Jagdwilderei (§§ 292–296 StGB) unter besonderer Berücksichtigung der geschichtlichen Entwicklung – Diss. Frankfurt a. M. – Clausthal-Zellerfeld 1969 – insb. S. 28 ff.

Die ersten Urkundenfälschungen im deutschsprachigen Bereich verfolgten politische Ziele, weil das Schreiben ansonsten noch wenig verbreitet war.

Kienapfel, Diethelm: Urkunden im Strafrecht – Jurst. Abh. Bd VI – Frankfurt a. M. 1967 – insb. S. 28 ff.; *Stehling,* Jürgen: Die Urkundenfälschung. Ein Beitrag zur Kriminologie, Kriminalistik und strafrechtlichen Problematik dieser Gesetzesverstöße – Diss. Frankfurt a. M. – München 1973 – insb. S. 101 ff.

Derartige Delikte werden wie die 1188 Kaiser Friedrich Barbarossa untergeschobene Fälschung des Freiheitsbriefes für Lübeck schon aus dem 12. und 13. Jahrhundert berichtet. Diese Praktiken, die gewisse Klöster anscheinend perfekt beherrschten, umfaßten insb. die damals häufigen Siegelfälschungen. Mit Verbreitung des Schreibens wurden dann aber zunehmend auch Privaturkunden Ziel krimineller Machenschaften. So wurde selbst der Bildschnitzer Veit *Stoß* am 4. Dezember 1503 in Nürnberg öffentlich vom Henker auf beiden Wangen gebrandmarkt, weil er in einem Zivilprozeß einen Schuldschein zu Beweiszwecken gefälscht hatte.

Durch andere betrügerische Praktiken versuchten Ortsansässige wie Roßtäuscher oder Warenfälscher ungerechtfertigte Vorteile zu erlangen. Die Geldfälscher befaßten sich hierzulande außer mit dem Nachmachen von Münzen auch mit deren Verringern, weshalb man von Kippern und Wippern sprach.

Schmiedl-Neuburg, Dieter: Die Falschgelddelikte. Ein Beitrag zur Kriminologie, Kriminalistik und strafrechtlichen Problematik dieser Gesetzesverstöße – KrimWissAbh Bd. 2 (= Diss. Frankfurt a. M.) – Lübeck 1968 – insb. S. 19 ff.

Immerhin mehren sich schon im 15. und 16. Jahrhundert Quellen, die – wie Achtbücher, Ratsmandate, Aufzeichnungen von Stadtschreibern u.dgl. – über Verbrecher und die von ihnen begangenen Taten sowie über Verfolgungsmaßnahmen berichten. Obwohl das häufig recht knapp geschieht, lassen sich zuweilen doch interessante Aufschlüsse gewinnen. In diesen Rahmen gehört beispielsweise das erstmals um 1500 (bis 1755 in mindestens 33 Ausgaben) erschienene Liber vagatorum, in welchem die Arbeitsweise einer ganzen Reihe von Gaunertypen relativ exakt beschrieben wird.

Handelt es sich hier vor allem um Bettelschwindler, Gaukler und Falschspieler, enthalten andere Berichte recht exakte Angaben über die damaligen Einbruchstechniken, die sich außer auf Schlösser auch auf Geräte zum Aufsprengen von Gittern u.dgl. konzentrierten. Relativ konstant blieben bis zum 18. Jahrhundert anscheinend die Praktiken der Geldfälscher.

Ebenso entspricht es dem Zug jener Zeit, daß man mehr über die schon gründlicher durchdachten Maßnahmen berichtet, mit deren Hilfe man Verbrechen aufzuklären und flüchtige Täter zu ergreifen sucht. In den größeren Städten setzte man anscheinend auf berittene Streifen, welche Straßen und Umgebung überwachen sowie Reisende und verdächtige Personen kontrollieren sollten. Selbst Razzien hat es damals schon gegeben. Ebenso kannte man schon die Belohnung von Denunzianten. Verurteilte Verbrecher wurden häufig in Achtbüchern u.dgl. registriert, was aber wegen der kleinen Gerichtsbezirke und der bei kriminellen Subjekten üblichen Fluktuation wohl ebenso nur begrenzten Wert hatte wie der z.T. vereinbarte Austausch von Nachrichten über Verbrecher.
Für die Historische Kriminalistik stellen das 16. und 17. Jahrhundert daher eine wichtige Entwicklungsphase dar, die deutlich zur nächsten Epoche überleitet.

III. Die Epoche der Konsolidierung kriminalistischer Arbeitsweisen

Die folgende Epoche, die man als die der Konsolidierung kriminalistischer Arbeitsweisen bezeichnen und damit als den unmittelbaren Vorläufer der wissenschaftlichen Kriminalistik ansehen kann, umfaßt für den deutschsprachigen Bereich das 17. und 18. Jahrhundert und reicht teilweise noch in das 19. Jahrhundert hinein.

Katona, Géza: Die Entwicklung der Kriminalistik im 18. und 19. Jahrhundert – Arch. f. Krim. Bd. 154 – S. 1 ff. (1974)

Die Entwicklung der für die Kriminalistik wesentlichen Gegebenheiten hängt hier besonders eng mit dem Gang der politischen Geschichte zusammen. Das zeigt insbesondere der Kampf zwischen dem Kaiser und den erstarkenden Landesfürsten, die ihren Machtanspruch zugleich gegen andere Adelige durchzusetzen suchten. Das angesichts der Zeitläufe – man denke an den 30jährigen Krieg – verständliche Versprechen der weltlichen Machthaber, die Sicherheit auf den Straßen und Plätzen gewährleisten zu wollen, führte neben dem Ausbau

eines vom Landesherrn abhängigen Berufsrichtertums vor allem auch zum Aufbau der Polizei, der wesentliche Aufgaben der Strafverfolgung zufielen; sie wurde bald zu dem in Praxis ausschlaggebenden Organ der Verbrechensbekämpfung.
Noch deutlicher als in den Kodifikationen des 17. und 18. Jahrhunderts wird die für die Kriminalistik wesentliche Entwicklung bei der Rechtsanwendung, dem Gerichtsgebrauch. Die mit dem Kampf gegen die Folter wachsenden Zweifel am Wert der Geständnisse bewirken, daß man sich außer um den Zeugenbeweis bereits intensiver um den Sachbeweis bemüht. Selbst wenn der richterliche Augenschein zunächst noch nicht gesetzlich geregelt wird, wird in dieser Zeit nicht nur der Kreis der Augenscheinsobjekte vermehrt, sondern erarbeitet man auch dabei für die Beweisführung wichtige Grundsätze (z.B. sog. Klugheitsregeln).
Außer für die Besichtigung der Leiche oder des Verletzten gilt dies auch für ggf. zwangsweise durchzuführende Durchsuchung von Häusern und Sachen bzw. überhaupt den Augenschein am Ort der Tat.

Neben Tatortskizzen finden sich im 18. Jahrhundert mitunter schon Formen des Spurenvergleichs. Obwohl sich oft nicht feststellen läßt, inwieweit derartigen Produkten kriminalistischen Fleißes zumindest hinsichtlich der Tat Beweiswert durch das Gericht beigelegt wurde, läßt diese Entwicklung doch zugleich die künftige Bedeutung des Sachverständigenbeweises ahnen. Immerhin sind aus dem 18. Jahrhundert Strafsachen bekannt, in denen nicht nur der gerichtsmedizinische Experte, sondern auch Münzmeister, Schlosser und andere Handwerker als Beweismittel verwendet wurden.

Die sich bereits in den Reichspolizeiordnungen andeutende Tendenz zum Auf- und Ausbau des Polizeiwesens führt schließlich im Zuge weiterer Spezialisierung zur Schaffung einer **Kriminalpolizei** als einer eigens für die Verbrechensbekämpfung bestimmten Institution. In Deutschland war das in den ersten Jahrzehnten des 19. Jahrhunderts der Fall, wenngleich es schon früher im größeren Polizeiverbund bereits in Form von Richtlinien und anderen Publikationen über zweckmäßiges Vorgehen bei Aufklärung von Straftaten und Bekämpfung des Verbrechertums erste Ansätze zu einer Kriminaltaktik gab.

So wird beispielsweise zur Bekämpfung der Straßenräuber mitunter angeordnet, daß nur Gastwirte Fremde aufnehmen dürfen, deren Namen sie aufzuschreiben und einer bestimmten Obrigkeit mitzuteilen haben. Vom Ende des 17. Jahrhunderts an finden sich Unterlagen, in denen Ermittlungen in Kriminalsachen ausführlich beschrieben werden. Aus ihnen kann man daher auch etwas über die Art und Weise der damaligen „Fahndung" entnehmen.

Hand in Hand damit wächst zu Beginn des 18. Jahrhunderts das Interesse an **Verbrechertechniken,** zumal man diese als ein Mittel der Überführung und damit der Verbrechensvorbeugung auffaßte. Neben Bettlern, Beutelschneidern, Schatzgräbern und anderen Gaunern interessierten besonders Diebes-, Räuber- und Mordbrennerbanden. Ihre Aktivitäten und Arbeitsweisen wurden ausführlich beschrieben. Diese sich vor allem seit dem 30jährigen Krieg entwickelnden Banden, deren große Zeit das 17. und 18. Jahrhundert war, dürfen nicht mit den damals schon an Bedeutung verlierenden Raubrittern und Seeräubern (Vitalienbrüder) verwechselt werden. Es handelte sich hier bereits um ein spezialisiertes Gaunertum, welches die Mängel der damaligen Verbrechensbekämpfung geschickt auszunutzen verstand.
Während sich die Einbruchstechniken in dieser Zeit nur langsam veränderten, wurden die Geldfälscher im 18. Jahrhundert mit dem Papiergeld konfrontiert, das man in England bereits 1694 und in Schweden sogar schon 1661 herausgegeben hatte.

Im Bereiche von Lug und Trug begegnen wir seit dem 16. Jahrhundert zunehmend den Alchimisten, die kleinen und großen Leuten das Geld aus der Tasche zogen. Zu diesen Alchimisten und Goldmachern gehört u.a. der als Graf von *Cagliostro* bekannt gewordene Guiseppe Datsamo, der 1795 im Gefängnis von San Leone starb.
Allerdings gibt es im 18. Jahrhundert vereinzelt schon relativ modern anmutende Kriminelle wie den schottischen Aktienschwindler John *Law,* der 1716 und 1717 in Paris Banken gründete, um durch Aktienbetrug reich zu werden. Typischer sind derartige kriminelle Machenschaften jedoch für das 19. Jahrhundert.
Kräftig entwickelten sich in diesen Jahrhunderten solche Gebiete, die man heutzutage der **Kriminaltechnik** zuordnet.
An erster Stelle ist hier wohl die Medizin zu nennen, weil sie sich zuerst in wissenschaftlich ernst zu nehmender Weise mit dem Phänomen der Kriminalität und seiner Bekämpfung befaßt hat.

So hat man beispielsweise schon im 13. Jahrhundert für die Verbrechensaufklärung wichtige Obduktionen in einer für die damalige Zeit recht wissenschaftlichen Weise durchgeführt (Wilhelm von *Saliceto* in Bologna). Doch wird in Frankreich und Deutschland die Hinzuziehung von Ärzten in Strafsachen erst im 14. und 15. Jahrhundert üblich. Zu Leichenschau und Untersuchung von Selbstmordfällen tritt ferner die Wundbegutachtung hinzu. Aus dieser Zeit wird bereits berichtet, daß man sich bei der Leichenschau bemüht hat, eine etwaige Vergiftung festzustellen (Wilhelm von *Varignana*). In Wien soll die erste Sektion im Jahre 1404 durchgeführt worden sein.

Erst im 16. Jahrhundert aber gewinnen die Obduktionen wirklich Einfluß auf die Lehre von den tödlichen Verletzungen. In Italien wird zwar schon zu Mitte des 16. Jahrhunderts Battista *Codronchi* in Imola als „Gerichtsmediziner" erwähnt; jedoch sind dort die ersten gerichtsmedizinischen Publikationen erst im 17. Jahrhundert nachweisbar, in welchem sich derartige Quellen auch in Deutschland finden. Im 18. Jahrhundert kann man hierzulande in etwa von einer gerichtlichen Medizin im heutigen Sinne sprechen. Die erste gerichtsmedizinische Vorlesung soll im Jahre 1736 in Göttingen stattgefunden haben; 1774 wurde an der Universität Ingolstadt die gerichtliche Medizin als besonderes Fach eingeführt.
Außer um Tötung und Kindestötung ging es damals vor allem um Abtreibung. Der Anwendungsbereich dieser Erkenntnisse erweiterte sich über Leichenphänomene wie die Totenstarre und über die Knochenkunde, da man im 17. Jahrhundert das Mikroskop erfunden hatte, nunmehr zur mikroskopischen Histologie. Neben der gerichtlichen Medizin und der damit z.T. verbundenen Pathologie gewann gegen Ende der Epoche dann vor allem die Psychiatrie Einfluß auf die Verbrechensaufklärung.
Von den anderen Naturwissenschaften machte als ein Spezialgebiet der Chemie zuerst die Toxikologie in spektakulären Giftfällen von sich reden. Immerhin sind die in der Beweispraxis auftretenden Experten der „medizinischen Chemie", deren Meinung man bei den in der ersten Josephina zu Anfang des 18. Jahrhunderts bereits erwähnten äußeren Giftmerkmalen und für Giftproben bei Tieren einholte, trotz einfacher, wenngleich solider Methoden wohl noch mehr als Vorläufer der Toxikologie anzusehen. – Obwohl Gifte und damals insb. Arsen schon früh kriminell mißbraucht wurden, brachte doch erst das ausgehende 18. Jahrhundert die entscheidende Wende zur wissenschaftlichen Toxikologie, deren forensische Verwendung von Frankreich und England bald auch nach Deutschland drang.
Um noch ein weiteres kriminalistisches Sondergebiet zu nennen, sei die Dechiffrierkunde erwähnt, die Lehre von den sichtbaren und unsichtbaren Geheimschriften. Obwohl diese auf

ein stattliches Alter zurückblicken können, haben erst die Verbreitung des Schreibens und die wegen der Vielstaaterei in Europa blühende Spionage diese Praktiken im 18. und 19. Jahrhundert auch forensisch bedeutsam werden lassen; bei der Entzifferung bediente man sich zunehmend physikalischer und chemischer Methoden.
Der Dechiffrierkunde verwandt sind Formen der Urkunden- und Schriftuntersuchung, die sich vereinzelt sogar schon im 16. Jahrhundert finden lassen, wenngleich eine wissenschaftliche Methodik hier noch nicht sicher erscheint. Man dürfte sich, um Fälschertechniken bei Schrift und Siegel zu entlarven, mit dem richterlichen Augenschein oder einer Erklärung des Ausstellers über die Echtheit von Dokumenten zufriedengegeben haben. Doch kann man jedenfalls gegen Ende des 18. Jahrhunderts zumindest nennenswerte Ansätze von derartigen Untersuchungsmethoden konstatieren.

IV. Die Epoche der wissenschaftlichen Kriminalistik

Im 19. Jahrhundert beginnt in vielen europäischen und anderen Ländern die in die Gegenwart führende Epoche der wissenschaftlichen Kriminalistik. Ebenso wie in Deutschland kann man sich auch in anderen Staaten über den genauen Zeitpunkt streiten.

Wenzky, Oskar: Zur Untersuchung der Verbrecherperseveranz (Der „modus operandi" als kriminalphänomenologisches Element und als kriminalistisches System) – *BKA* 1959/2 – insb. S. 16 ff.

Selbst wenn man im deutschsprachigen Bereich zuweilen die Kriminalistik mit Hans *Groß* und dabei mit der Erstauflage dieses Werkes im Jahre 1893 beginnen läßt, erscheint es uns gerade angesichts der von Groß damals verfaßten Einleitung gerechtfertigt, das Erscheinen des von Ludwig Hugo Franz *von Jagemann* verfaßten „Handbuch der gerichtlichen Untersuchungskunde" im Jahre 1838 als einen insoweit einigermaßen überzeugenden Termin anzusehen. Denn in diesem Werk wird nicht nur der Gegenstand der Kriminalistik – auf die damaligen Verhältnisse bezogen – einigermaßen vollständig erfaßt, sondern läßt sich überdies von einer hinreichend rationalen Stoffverarbeitung sprechen.
Auch die letzte Epoche beruht auf dem Zusammenwirken der Entwicklungen in recht verschiedenen Bereichen, von denen zumindest drei hier erwähnt werden sollen.
Das 19. Jahrhundert brachte, wenngleich mit gewissen zeitlichen Verzögerungen, die sich bereits abzeichnende tiefgreifende Reform des Inquisitionsprozesses. Mehr als die Veränderungen der Gerichtsbarkeit wie unabhängiges Richtertum oder Einführung bzw. Ausbau der Staatsanwaltschaft und die Umgestaltung der Verfahrensgrundsätze interessiert hier wiederum das Beweisrecht, in welchem zugleich die zunehmende Verwissenschaftlichung spürbar ward.
Die Abschaffung der Folter bewirkte notwendig, daß bei den persönlichen Beweismitteln vor allem der Zeuge an Gewicht gewann; zugleich verstärkte sich der Trend zum Sachbeweis, was wegen der wachsenden Kompliziertheit des Lebens Zahl und Gewicht des Sachverständigenbeweises vermehrte, der allerdings erst in unseren Tagen zum typischen und neuralgischen Beweis geworden ist.

Die mitunter zu beobachtende unkritische Hochschätzung des Sachverständigenbeweises stellt allein auf den zugrundeliegenden, objektivierbaren Sachbeweis ab, mißachtet jedoch, daß dieser durch das

Medium eines Menschen forensisch genutzt werden muß; dies ist genau der Punkt, auf den umgekehrt Kritiker des Sachverständigenbeweises entscheidendes Gewicht legen. Sicherlich hat auch dieses Beweismittel seine ihm eigenen Fehlerquellen, die aber doch weithin anders als beim Beschuldigten oder Zeugen liegen. Klar aber sollte sein, daß diese Entwicklung des Strafverfahrens der Kriminalistik gewaltige Impulse gab.

Daneben war die staatlich-politische Entwicklung, selbst wenn sie in den einzelnen Staaten im 19. Jahrhundert unterschiedlich verlaufen ist, vielfach für die Verbrechensbekämpfung von ausschlaggebender Bedeutung. Sie spiegelte zugleich die gewaltigen Einflüsse wider, welche die sich wandelnden zivilisatorischen und sozialen Gegebenheiten ausübten, wenn man etwa an den oft in diese Zeit fallenden Übergang von der absoluten zur parlamentarischen Monarchie oder gar zur Republik oder die mit dem Aufschwung von Technik und Verkehr einsetzende Industrialisierung denkt. – Doch gerade die staatlichen Veränderungen waren für den Auf- und Ausbau der Kriminalpolizei oder entsprechender Strafverfolgungsorgane wichtig, während die anderen Entwicklungen sich mehr auf ihre innere Organisation und die Arbeitsweise auswirkten.
Ein weiterer für die wissenschaftliche Kriminalistik wesentlicher Impuls ging von den Fortschritten aus, die neben den Naturwissenschaften andere Disziplinen gerade in dieser Zeit zu verzeichnen hatten. Der infolgedessen gewaltig vergrößerte Erkenntnisstand mußte zusammen mit verfeinerten Methoden naturgemäß die Verwissenschaftlichung der Kriminalistik vorantreiben.
Dies alles veränderte ebenso wie die Kriminalität auch die **Verbrechenstechnik.** Andere Wohn- und Wirtschaftsstrukturen sowie die Entwicklung der Eisenbahn als Massenverkehrsmittel führten mit der Verproletarisierung der Arbeiterschaft in den schnell wachsenden Städten zu neuen Formen der Kriminalität. Zugleich brachten in Deutschland die sog. Gründerjahre gegen Ende des 19. Jahrhunderts erstmalig gehäuft Praktiken der Wirtschaftskriminalität mit sich. Ein anderes Phänomen dieser Zeit war die an Auswanderern verübte Kriminalität. Obwohl sich die Verkehrskriminalität im 19. Jahrhundert erst zaghaft und vage abzuzeichnen begann, beeinflußten die Fortschritte der Technik und sonstigen Zivilisation die kriminellen Aktivitäten doch sehr nachhaltig.
Für die Historische Kriminalistik besonders bedeutsam waren Ausbau und Organisation der **Kriminalpolizei,** wie im V. Teil noch genauer geschildert werden soll. Selbst wenn es beispielsweise in Deutschland im Gegensatz zu anderen europäischen Staaten vor dem 1. Weltkrieg noch nicht zu zentralen Organisationsformen kam, waren doch gewisse Formen übergreifender Zusammenarbeit zu verzeichnen. Mit der sich schnell wandelnden technischen Ausrüstung und dem sich rapide entwickelnden Nachrichtenverkehr veränderte sich naturgemäß die Arbeitsweise der Kriminalisten, welche nunmehr auch allgemeiner erforscht wurde.

Für den deutschsprachigen Bereich ist auf das Lebenswerk von Hans *Groß* hinzuweisen. Speziell für Deutschland ist insoweit bezeichnend, daß Albert *Weingart* sein umfangreiches Handbuch für das Untersuchen von Verbrechen 1904 gerade unter dem Titel „Kriminaltaktik“ erscheinen läßt.

Die Entwicklung der **Kriminaltechnik** verlief in dieser Epoche noch eindrucksvoller und vielgestaltiger als in der vorangehenden. Mit zunehmender Nähe zur Gegenwart wurde auch in diesem Gebiet die kriminalistische Arbeit immer differenzierter, was hier nur in großen Zügen angedeutet werden kann.

Thorwald, Jürgen: Das Jahrhundert der Detektive. Weg und Abenteuer der Kriminalistik – 3. Aufl. – Zürich 1956; *Thorwald,* Jürgen: Die Stunde der Detektive. Werden und Welten der Kriminalistik – Zürich 1966.

Die gewaltigen Fortschritte zeigten sich bereits im Bereich der gerichtlichen **Medizin.** Zu verfeinerten Methoden der Thanatologie kamen gegen Ende des 19. Jahrhunderts die für die moderne Kriminaltechnik wesentlichen Blutuntersuchungen und andere serologische Methoden hinzu. Da die Mediziner immer öfter auf chemische, insb. toxikologische und später auch physikalische Methoden zurückgriffen, wurde zwar die Abgrenzung der Disziplinen nicht übersichtlicher, aber doch augenscheinlich, in welchem Ausmaß hier die Wissenschaften jetzt auf die Verbrechensbekämpfung Einfluß nahmen.
Neben der Toxikologie, die außer anorganischen jetzt auch organische Gifte zu berücksichtigen hatte, entwickelten sich andere Zweige der forensischen **Chemie** und eröffneten der Kriminalistik neue Erkenntnismöglichkeiten.
Ähnlich war es mit den Möglichkeiten der ebenfalls gewaltig expandierenden **Physik**, die z.T. in die Chemie hinübergriff. Waren die ersten Schußwaffensachverständigen im Grunde kaum mehr als Büchsenmacher, so entwickelte sich die Ballistik gegen Ende des 19. Jahrhunderts bereits zu einem imposanten Spezialgebiet. Neben Beiträgen aus Nordamerika sind hier die von *Lacassagne* wichtig, der 1899 in Lyon entdeckte, daß die bei Schußwaffen mit gezogenem Lauf bestehenden „Längszüge" oder „Rillen" ein vorzügliches Mittel zur Schußwaffenidentifizierung waren, die sich damit auf Geschoß und Hülse erstreckte. Doch erschloß die Physik, die theoriebetont die Entwicklung lange Zeit nur mittelbar beeinflußt hatte, im 19. Jahrhundert noch viele andere Erkenntnismöglichkeiten wie die Spektrographie, wenngleich die forensische Vielfalt hier erst in diesem Jahrhundert offenbar wurde.
Die **Biologie** nahm im 19. Jahrhundert vor allem dadurch auf die Kriminaltechnik Einfluß, daß sie die Daktyloskopie ermöglichte; diese ist heute nicht nur das wichtigste Instrument zur Personenidentifizierung, sondern kann auch zur Rekonstruktion einer Straftat an Hand von Tatspuren genutzt werden. Daß sie von den Engländern *Herschel, Faulds, Galton* und *Henry* besonders geförderte Daktyloskopie bald in aller Welt zum wichtigsten Hilfsmittel des Erkennungsdienstes wurde und die von dem Franzosen Alphonse *Bertillon* in den 80er Jahren des vorigen Jahrhunderts entwickelte Anthropometrie verdrängte, ändert nichts an dessen wissenschaftlichen Verdiensten. Denn das von ihm geschaffene Körpermeßverfahren kann als wissenschaftliche Methodik durchaus bestehen, obwohl es inzwischen mit dem „portrait parlé" in der Signalementslehre oder Personenbeschreibung aufgegangen ist. – Biologische Methoden benutzte man ferner bei Haaranalysen sowie der Untersuchung von Erd- und Staubspuren, mit denen insb. die Mikrobiologie für die Verbrechensbekämpfung nutzbar gemacht wurde. Auch in diesem Bereich bestätigte sich wiederum die Internationalität der naturwissenschaftlichen Kriminalistik.
Die sich im ausgehenden 19. Jahrhundert allmählich konstituierende **Psychologie** beeinflußte die Entwicklung der Kriminalistik zunächst vor allem in zwei Gebieten. Einmal betraf dies die Aussage- und Vernehmungspsychologie, welche gerade den durch die Entwicklung wichtig gewordenen Zeugenbeweis sehr kritisch beleuchtete. Zum anderen ist hier auf das Sondergebiet der Handschriftenvergleichung hinzuweisen, die sich trotz einiger Debakel – etwa der Affäre Dreyfus, die Frankreich um die Jahrhundertwende tief erschütterte – bald zu einem brauchbaren Instrumentarium entwickelte, um schreibende Rechtsbrecher zu überführen. Dabei verwendete man ebenso andere, z.T. schon lange bekannte Methoden der Urkunden- und Schriftuntersuchung.

V. Erkenntnismöglichkeiten der Historischen Kriminalistik

Da in diesem Rahmen selbstverständlich nur ein Gesamtüberblick geboten werden kann, der nicht die geschichtliche Entwicklung in spezielleren Bereichen auszuloten vermag, erscheint es am Platze, abschließend kurz die Erkenntnismöglichkeiten der Historischen Kriminalistik für die kriminalistische Praxis und Forschung der Gegenwart aufzuzeigen.

Schon nach dem soeben Gesagten sollte einleuchten, daß Erkenntnisse der Historischen Kriminalistik, seien sie nun allgemeinerer oder besonderer Art, häufig für die Gegenwart nützlich sind, weil sie entweder die heutige Situation verständlich werden lassen oder aber – insb. im internationalen Vergleich – für Praxis und Lehre instruktiv und anregend wirken können. Denn nicht gar so selten wird der Blick für das Wesentliche mit zunehmender Distanz schärfer. Obgleich es uns ratsamer erscheint, manche für uns bedeutsame historische Zusammenhänge beim besonderen Sachgebiet zu berücksichtigen, sollte doch auf der Hand liegen, daß ein solches Vorgehen leicht zu einer isolierten Betrachtung führen kann, bei welcher man die Basis – das Gesamtgebiet der Historischen Kriminalistik – aus den Augen verliert. Kann man dennoch gewiß nicht auf spezielle Untersuchungen verzichten, so erscheint es unerläßlich, schon an dieser Stelle auf die Notwendigkeit einer Gesamtkonzeption der Historischen Kriminalistik hinzuweisen. Denn an ihr sind die Einzelergebnisse zu messen, mit denen umgekehrt das Gesamtbild ggf. verifiziert oder modifiziert werden muß.

Nur am Rande sei erwähnt, daß die Bedeutung der im Bereich der Historischen Kriminalistik zu erzielenden Erkenntnisse z.T. weit über das Gebiet der Kriminalistik hinausreicht. Ebenso wie mitunter der Kriminologe daraus wird Nutzen ziehen können, sind sie u.U. sogar für den Juristen aufschlußreich. Und dies gilt sowohl für die Rechtsanwendung als auch für die Rechtsentwicklung. Beispiele dafür stellen außer Vernehmungen und Sachverständigenbeweis inbs. die strafprozessualen Zwangsmittel dar, die kriminalistisch – wie wir sehen werden – als Maßnahmen der Fahndung fungieren.

Nach allem ist nur zu bedauern, daß die Historische Kriminalistik bisher sowohl in vielen Spezialkomplexen als vor allem auch allgemein ziemlich vernachlässigt worden ist. Denn sie könnte ebenso wie für den Wissenschaftler auch für den Kriminalpraktiker zu einer ergiebigen Fundgrube und damit zu einer nicht zu unterschätzenden Hilfe werden.

§ 5
Die Verbrechensbekämpfung im Spiegel der Statistik

Für die jüngere Vergangenheit und für die Gegenwart kann sich der Kriminalist ebenfalls derjenigen Hilfen bedienen, die ihm die Statistik bietet. Denn auch die Verbrechensbekämpfung hat, wie bereits bei der Historischen Kriminalistik deutlich wurde, ihre quantitativen Probleme, die aber nicht nur als solche, sondern zugleich qualitativ betrachtet werden müssen. Selbst wenn die Statistik als Methode und Erkenntnismittel für die Kriminologie (i.w.S.) noch bedeutsamer als für die Kriminalistik ist, können wir doch nicht umhin, hier – wenngleich kurz – auf das Bild einzugehen, das die Verbrechensbekämpfung durch die Strafverfolgungsorgane im Spiegel der Statistik bietet.

Heinz, Wolfgang: Entwicklung, Aufgaben und Probleme der Kriminalstatistik – ZStrW Bd. 84, S. 80 ff. (1972); *Mergen* insb. S. 97 ff. (1967); *Göppinger,* Hans: Kriminologie. Eine Einführung – 2. Aufl. –

München 1973 – insb. S. 62 ff.; *Kerner,* Hans-Jürgen: Verbrechenswirklichkeit und Strafverfolgung. Erwägungen zum Aussagewert der Kriminalstatistik – München 1973; *Collmann,* Hans-Jürgen: Internationale Kriminalstatistik. Geschichtliche Entwicklung und gegenwärtiger Stand – Abh. ü. abweg. Sozialverhalten Bd. 11 – Stuttgart 1973; *Graff,* Helmut: Die deutsche Kriminalstatistik. Geschichte und Gegenwart – Abh. ü. abweg. Sozialverhalten Bd. 13 – Stuttgart 1975; *Stein-Hilbers,* Marlene: Statistik und Kriminalität – in: HdwKrim (2) III-199 ff. (1975); *Heinz,* Wolfgang: Bekanntgewordene Kriminalität und praktische Erkenntnisinteressen. Erwägungen zur Umsetzung amtlicher Kenntnisse über Kriminalität in numerische Information – MoKrim 1975-225 ff. (58 Jg.).

Die Geschichte der Kriminalstatistik, die trotz vereinzelter früher Ansätze in den meisten Ländern erst im 19. Jahrhundert beginnt, ist schon des öfteren literarisch behandelt worden. Deshalb und wegen mannigfacher nationaler Besonderheiten muß hier auf jenes Schrifttum verwiesen werden.

Anders als in der Kriminologie (i.e.S.) geht es hier aber nicht so sehr um Erscheinungsformen und Ursachen kriminellen Verhaltens, sondern mehr um die ermittelnde Tätigkeit der Strafverfolgungsorgane. Eben deshalb liegen die Dinge in den einzelnen Staaten sehr verschieden, weshalb wir uns bei diesem statistischen Exkurs auf die Verhältnisse in der Bundesrepublik Deutschland beschränken wollen, die aber zumindest methodisch für diesen Fragenbereich repräsentativ sein dürften.

Wir können hier aus den genannten Gründen nur kurz auf die allen Statistiken in diesem Bereich eigentümlichen Unsicherheitsfaktoren (vgl. unten II) hinweisen, die man der besseren Übersicht wegen in zwei große Gruppen einteilen kann.

Als **unechte Unsicherheitsfaktoren** bezeichnen wir solche Umstände, die – ohne etwas an der wirklichen Kriminalität zu verändern – das Bild der Zahlen beeinflussen und verzerren, die aber als äußerliche Einflüsse wie Gesetzesänderungen, Änderungen der Rechtsprechung, der statistischen Technik usw. noch relativ leicht zu eliminieren sind, wenngleich sie zahlenmäßig mitunter stark zu Buch schlagen.

Echte Unsicherheitsfaktoren sind dagegen diejenigen Fehlerfaktoren, die nicht nur das Zahlenbild als solches beeinflussen, sondern auch dessen Repräsentativität, weil sie als der Statistik gewissermaßen immanente Fehlerquellen deren Bild verzerren. Gerade auf diese echten Unsicherheitsfaktoren wird daher unter II. zurückzukommen sein.

I. Statistische Quellen und Möglichkeiten

Die statistischen Quellen und Möglichkeiten sollen hier am Beispiel der Bundesrepublik Deutschland demonstriert werden, das sich aber mit mehr oder weniger Modifikationen auf viele andere Staaten übertragen läßt. Die gerade wegen der z.T. allerdings problematischen Vergleichbarkeit nationaler Angaben besonderen Schwierigkeiten einer internationalen Kriminalstatistik sind zweckmäßig später im Zusammenhang mit den Organisationsfragen der internationalen Verbrechensbekämpfung (V. Teil) zu behandeln. – In Deutschland kann sich der Kriminalist vor allem auf zwei statistische Quellen stützen.

a) Einmal ist das die vom Statistischen Bundesamt in Wiesbaden herausgegebene **amtliche Kriminalstatistik** (z.Z. Fachserie A Bevölkerung und Kultur, Reihe 9 Rechtspflege = KrimStat), eine Verurteiltenstatistik, welche die Kriminalität im wesentlichen in Form einer Täterstatistik erfaßt. Diese Statistik beruht auf den Angaben der Strafjustiz nach rechtskräftigen Strafurteilen, weshalb man gerade hier auch von einer Strafverfolgungsstatistik oder

Gerichtsstatistik spricht. Eine solche amtliche Kriminal- oder Verurteiltenstatistik gibt es in Deutschland – mit einer durch den 2. Weltkrieg bedingten Unterbrechung – seit 1882. In ihr werden vor allem die abgeurteilten und verurteilten Personen (Täter) erfaßt, wobei der Zusammenhang mit einem strafrechtlich relevanten Verstoß gegen Bundes- oder Landesrecht nur verkürzt angedeutet wird.

Als Abgeurteilte gelten diejenigen Personen, gegen die als Strafmündige im betreffenden Jahr Anklage erhoben und das gerichtliche Hauptverfahren zumindest eröffnet worden ist. Verurteilte sind dagegen diejenigen, gegen die nach allgemeinem Strafrecht oder nach Jugendstrafrecht von einem Gericht rechtskräftig auf eine Strafe oder eine andere kriminalrechtliche Sanktion erkannt worden ist. Die Zahl der verurteilten Straffälligen ist deshalb geringer als die der Abgeurteilten, da trotz Anklageerhebung und Eröffnung des Hauptverfahrens eine Verurteilung entfallen kann, weil entweder das Gericht auf Freispruch entscheidet oder das Verfahren sonst – z.B. durch Einstellung – ohne Urteil beenden kann.

Hat ein Täter gleichzeitig oder nacheinander mehrere Straftaten begangen, so wird er nur einmal gezählt, wenn die Aburteilung in einem und demselben Strafverfahren erfolgt. Bei Aburteilung in mehreren Verfahren wird derselbe Rechtsbrecher ebenso mehrfach gezählt wie das bei mehreren in einem Verfahren angeklagten bzw. verurteilten Personen der Fall ist. Soweit dabei der Zusammenhang mit Straftaten angedeutet wird, kommt es auf das schwerste, d.h. mit der höchsten Strafe bedrohte Delikt an.
Um die bei wechselnder Größe und Alterszusammensetzung der strafmündigen Bevölkerung problematische kriminelle Belastung genauer auszudrücken, verwendet man die Kriminalitätsziffer (KrZ; auch: Verurteiltenziffer oder Verhältniszahl), bei welcher man die auf jeweils 100 000 der jeweils vorhandenen strafmündigen Bevölkerung (oder ihrer besonderen Altersgruppen) entfallenden Verurteilungen (ggf. wegen bestimmter Straftaten) errechnet.

b) Wichtiger für kriminalistische Fragestellungen ist die **Polizeiliche Kriminalstatistik** (= PolKrimStat), die seit 1953 vom Bundeskriminalamt in Wiesbaden herausgegeben wird. Hier handelt es sich jedenfalls im Kern um eine Straftatenstatistik, welche die Gesetzesverstöße zudem bereits mit Bekanntwerden bei der Kriminalpolizei – also zu Beginn bzw. beim vorläufigen Abschluß der Ermittlungen – erfaßt. Auch diese Polizeiliche Kriminalstatistik beschränkt sich – ebenso wie die amtliche Kriminalstatistik – auf Verbrechen und Vergehen im Sinne von § 1 StGB, ließ also schon früher die kriminell weniger intensiven Übertretungen, deren Strafwürdigkeit nicht selten zweifelhaft war, unberücksichtigt.
Außer den der Kriminalpolizei bekannt gewordenen Fällen des Verdachts derartiger strafbarer Handlungen kann man aus der Polizeilichen Kriminalstatistik ferner entnehmen, wieviele dieser Fälle in dem Sinne aufgeklärt worden sind, daß sich der Tatverdacht zumindest nach Ansicht der Kriminalpolizei bestätigt hat und wieviele Personen so gesehen als Täter ermittelt worden sind. Bei diesen ermittelten Tätern besteht also eine bessere Möglichkeit des Vergleichs mit den Angaben der amtlichen Kriminalstatistik, die sich bei Abgeurteilten, d.h. vor einem Strafgericht Angeklagten, und Verurteilten ebenfalls auf Personen bezieht. Schließlich bietet die Polizeiliche Kriminalstatistik, die gerade insoweit mehrfach (z.B. 1963 durch Ausklammern aller Verkehrsdelikte sowie der Staatsschutzdelikte) und im Jahre 1971 grundlegend geändert worden ist, Aufschluß nicht nur über die Verteilung auf die Bundesländer, sondern auch über den Anteil ausländischer Tatverdächtiger und ihre Nationalität.
Die in der Polizeilichen Kriminalstatistik zu findende, an die Kriminalitätsziffer erinnernde Häufigkeitsziffer (Straftaten- bzw. Kriminalitätsbelastungsziffer) ist die Zahl der durch-

schnittlich auf 100 000 Einwohner (also auch strafunmündige) oder Altersgruppen entfallenden bekannt gewordenen Fälle oder ermittelten Täter.

c) Da auf die allgemeiner interessierenden Angaben dieser beiden **Statistiken** unter II. genauer einzugehen sein wird, sei hier nur noch einiges allgemein zur Statistik und speziell zur Polizeilichen Kriminalstatistik vorausgeschickt.

Die bereits erwähnten und z.T. noch eingehender zu behandelnden Unsicherheitsfaktoren bewirken, daß man das Bild, das die Polizeiliche Kriminalstatistik rein quantitativ im Sinne der jeweiligen praktischen Bedeutung, die allen oder bestimmten Verbrechen oder Vergehen zukommt, bietet, recht skeptisch betrachten muß; denn einerseits wird – man denke an das Dunkelfeld – zu wenig und andererseits – da bloßer Tatverdacht genügt, der sich relativ oft als unbegründet erweist – zuviel erfaßt. Es gilt hier also in besonderem Maße das Bild vom Eisberg, was in diesem Falle bedeutet, daß nur ein kleiner Bruchteil der Kriminalität – und das nicht einmal korrekt – erfaßt wird. Als aufgeklärt gilt nach der Polizeilichen Kriminalstatistik eine Tat und mithin als ermittelt (hinreichend tatverdächtig) bereits ein Täter, wenn nach dem kriminalpolizeilichen Ermittlungsergebnis der Tatverdächtige namentlich bekannt oder auf frischer Tat ergriffen ist; auch hier entscheidet also die Rechtsansicht der Polizei, die sowohl wegen der tatsächlichen Verfahrenssituation als auch juristisch naturgemäß unsicherer ist als die rechtliche Bewertung durch Staatsanwaltschaft oder gar Strafgericht. Insoweit ist das von der Polizeilichen Kriminalstatistik Gebotene mithin noch weniger repräsentativ als das, was sich aus der amtlichen Kriminalstatistik (Verurteiltenstatistik) für die Kriminalität ergibt. Man kann drastisch gesprochen sogar sagen, daß die Polizeiliche Kriminalstatistik weniger ein zutreffendes Bild von der Kriminalität als solcher vermittelt, sondern zuverlässiger über die den Strafverfolgungsorganen entstehende Arbeitsbelastung informiert; aber auch dies ist ersichtlich für den Kriminalisten nicht uninteressant.

Für beide Kriminalstatistiken ist somit festzuhalten, daß die Verwertung nicht ohne Gefahren ist. Das gilt ganz besonders für eine statische Betrachtungsweise, die auf die praktische Bedeutung, d.h. Ausmaß oder Quantität der Kriminalität allgemein oder im spezielleren Bereich zu einer bestimmten Zeit (z.B. in einem Jahr) abstellt. Etwas zuverlässiger ist die dynamische Betrachtungsweise, für welche es auf die Entwicklung der so oder so begrenzten Kriminalität in einem größeren Zeitraum ankommt. Obwohl die Zahlen insoweit ebenfalls nur ein verfälschtes Bild wiedergeben, entspricht es doch zumindest dem der tatsächlichen Entwicklung dieser Kriminalität besser, sofern in den betreffenden Jahren die noch zu behandelnden Unsicherheitsfaktoren einigermaßen konstant geblieben sind.

Ferner ist zu beachten, daß man gerade aus den Angaben der Polizeilichen Kriminalstatistik keine voreiligen Schlüsse ziehen sollte; denn zusammenfassende Zahlen – sei es für alle erfaßten Gesetzesverstöße, bestimmte Deliktsgruppen oder Erscheinungsformen oder sei es für nach Geschlecht oder Alter erfaßte Tätergruppen – verkörpern im Grunde nur Orientierungswerte, die uns bestenfalls weitere Aufgaben stellen. Was nun die Taten anbelangt, so zeigen bereits speziellere Angaben für Deliktsgruppen oder Erscheinungsformen im Vergleich mit den allgemeineren Durchschnittswerten, daß die Dinge im einzelnen erheblich schwanken. Man kann also auf diese Weise lediglich Schwerpunkte ermitteln, um die Ursachen im engeren und mithin homogeren Bereich genauer zu erforschen.

Aber selbst Angaben für eine Deliktsgruppe oder gar für einen Deliktstyp sind kriminologisch und kriminalistisch oft nur bedingt aufschlußreich, da insoweit die Polizeiliche ebenso wie die amtliche Kriminalstatistik mit strafrechtlichen Kriterien arbeiten muß, die mitunter wenig ergiebig sind. Eben deshalb ist es glücklich und instruktiv, daß die Polizeiliche Kriminalstatistik hier und da nach Erscheinungsformen differenziert, wobei nicht nur mitunter der Bereich eines umfassenden Straftatbestandes aufgefächert, sondern vereinzelt zu Recht auch kriminologisch irrelevante Differenzierungen des Strafgesetzes durch zusammenfassende Zahlen übergangen werden.

So ist es beispielsweise nicht nur für den Kriminologen, sondern auch für den Kriminalisten vernünftig, daß der vom Strafgesetzgeber weit gefaßte und mithin recht heterogene Bereich des Diebstahls in tatsächlich doch schon sehr viel homogenere Erscheinungsformen wie z.B. beim einfachen Diebstahl in den von Kraftwagen, Motorrädern u.a., Fahrrädern, Schußwaffen, Sprengstoff, amtlichen Siegel (Stempel, Vordrucke), von und aus Automaten sowie ferner etwa Diebstahl in bzw. aus Banken sowie Kassen, Dienst- und Geschäftsräumen, Läden (Warenhäuser, Selbstbedienungsläden) usw. aufgefächert wird.

Ebenso ist es zu begrüßen, daß diese Kriminalstatistik zuweilen die im deutschen Strafrecht weithin lebensfremde Differenzierung zwischen Diebstahl und unbefugtem Gebrauch von Kraftfahrzeugen durch zusammenfassende Angaben überspielt; denn von den wenigen Fällen, in denen das entwendete Kraftfahrzeug insb. durch Ausschlachten oder durch Verschieben in das Ausland wirklich als Vermögensobjekt verwertet wird, laufen die als Diebstahl gewerteten Fälle wie beim unbefugten Gebrauch nur darauf hinaus, daß der Kraftwagen entweder als Fahrobjekt oder als Tatwerkzeug bei einer anderen kriminellen Aktion verwendet wird.

Doch ist eine dergestalt mehr kriminologisch bzw. kriminalistisch differenzierende Betrachtungsweise, so sehr man sie begrüßen muß, selbst bei der Polizeilichen Kriminalstatistik bisher nur in begrenztem Umfang möglich.
Wichtig ist schließlich, daß man sich bei allem Bemühen um eine statistisch korrekte Arbeitsweise dennoch nicht allein durch Quantitäten faszinieren lassen darf. Sicherlich ist eine u.U. bereits aus der Statistik zu entnehmende große praktische Bedeutung interessant; doch besagt sie wenig für das dieser Art von Kriminalität kriminalpolitisch zukommende Gewicht. So gibt es bekanntlich Straftaten, die wie Mord, Notzucht oder vorsätzliche Brandstiftung, nur vergleichsweise kleine Verurteilten- oder Straftatenzahlen aufweisen, obwohl sie in der Kriminalitätsbekämpfung von hohem kriminalpolitischen Gewicht wird. Man darf daher bei der statistischen Betrachtung der Kriminalität und ihrer Bekämpfung nicht nur zählen, sondern muß vor allem wägen, wie alsbald mit einigen Beispielen gezeigt werden soll. Nur so ermöglicht es die hier befürwortete, mehr als bisher nach Taten und Tätern differenzierende Kriminalitätsanalyse, zu einer sinnvollen Würdigung und damit zu überzeugenden kriminalpolitischen Konsequenzen zu kommen.

II. Zur Situation der Verbrechensbekämpfung in der Bundesrepublik aus der Sicht der Kriminalstatistiken

Das soeben allgemein zur Statistik und ihren Möglichkeiten Ausgeführte soll nunmehr trotz der hier gebotenen Kürze zumindest am Beispiel der Bundesrepublik Deutschland etwas genauer dargelegt werden, bevor wir sodann unter III. auf die Frage eingehen, wie diese Befunde zu deuten sind und welche Erkenntnis- bzw. Anwendungsmöglichkeiten die Kriminalstatistiken für den Kriminalisten eröffnen.
Wir wollen uns dabei, ohne die Notwendigkeit einer differenzierenden Kriminalitätsanalyse aus den Augen zu verlieren, hier auf vier Fragenkreise konzentrieren, wobei wir zugleich einige echte Unsicherheitsfaktoren jeder Kriminalstatistik aufzeigen werden. Denn die eingangs erwähnten unechten Unsicherheitsfaktoren wirken sich üblicherweise mehr in einem

speziellen Bereich – überdies zeitlich und u.U. sogar räumlich verschieden – und weniger allgemein aus, weshalb hier darauf nicht näher eingegangen werden soll. Im übrigen macht es nichts aus, daß die Polizeiliche Kriminalstatistik unmittelbar nur bei zweien dieser Punkte – abgeurteilten und ermittelten Tätern, aufgeklärten und bekannt gewordenen Taten – direkt angesprochen wird. Denn für die Repräsentativität dieser Polizeilichen Kriminalstatistik ist es ferner einerseits wichtig zu sehen, wieviele der angeblich ermittelten Täter tatsächlich angeklagt und schließlich verurteilt werden; und andererseits müssen wir überdies einen Blick auf das statistisch nicht erfaßte Dunkelfeld der Kriminalität werfen, um nicht die insoweit viel zu kleinen Angaben der Statistiken ohne weiteres für bare Münze zu nehmen.

1. Verurteilte und Abgeurteilte

Die Angaben der amtlichen Kriminalstatistik über Verurteilte und Abgeurteilte sind kriminalistisch vor allem als Vergleichsmaterial wichtig. Man kann aus ihnen entnehmen, in wievielen Fällen der nach Ansicht der Kriminalpolizei ermittelte Täter auch von der Staatsanwaltschaft als der ihm zur Last gelegten Tat hinreichend verdächtig bei einem Strafgericht angeklagt und wieviele von diesen Abgeurteilten schließlich von Strafgerichten als überführt angesehen und tatsächlich verurteilt werden. Dabei ist jedoch im Vergleich zur Polizeilichen Kriminalistik – wie gesagt – zu beachten, daß es hier primär um eine Täterstatistik geht, weshalb ein Rechtsbrecher, der wegen mehrerer Gesetzesverstöße gleichzeitig abgeurteilt wird, in dieser Verurteiltenstatistik nur einmal – unter dem Gesichtspunkt des schwersten angewendeten Gesetzes – erfaßt wird.
Die Zahl der Verurteilten ist naturgemäß kleiner als die der Abgeurteilten. Inwieweit die durch Freisprüche, Einstellungen u.dgl. entstehende Divergenz (etwas irreführend auch Freispruchquote genannt) von etwa 12–15% in den letzten zwanzig Jahren damit zu erklären ist, daß Beweisschwierigkeiten und Ähnliches eine Verurteilung verhindern und damit wirkliche Kriminalität verdecken, oder ob sich erst jetzt die Unschuld des Angeklagten herausstellt, er zuvor also fälschlich registriert worden war, kann man nur durch begrenztere Untersuchungen exakter ermitteln.

Kriminalstatistik

Jahr	Abgeurteilte	Verurteilte	KrZ
1955	620730	530655 (85,5%)	1331
1960	624533	548954 (87,9%)	1326
1965	643948	570392 (88,6%)	1234
1970	738141	643285 (87,1%)	1346
1973	807936	698912 (86,5%)	1434

Allerdings sei schon hier darauf hingewiesen, daß die Verurteilungsquote – ebenso wie die KrZ – bei den einzelnen Deliktsgruppen und Delikten z.T. erheblich divergiert, diese Orientierungswerte also insbesondere auch unterschreiten kann. Das soll die folgende Zusammenstellung für das Jahr 1973 dartun.

Krininalstatistik 1973

Delikt	Abgeurteilte	Verurteilte	(Quote)
Mord	279	226	(81,3%)
Totschlag	392	309	(78,8%)
Einf. Diebstahl	113029	97359	(86,1%)
Schw. Diebstahl	42168	37687	(89,4%)
Unterschlagung	8233	6422	(78,0%)
Raub- u. Erpressung	5168	4337	(83,9%)
Betrug	29116	21576	(74,1%)
Urkundenfälschung	10350	9079	(87,7%)
Sexualdelikte	9758	7313	(74,9%)
– Notzucht	1587	1138	(71,1%)
– Mißbrauch v. Kindern	2981	2294	(76,9%)
– Erregung öff. Ärgern.	2007	1649	(82,2%)
Vors. Brandstiftung	690	521	(75,5%)

Die Gründe für die unterschiedlich hohe Verurteilungsquote sind bei den einzelnen Delikten allerdings recht verschieden, wenngleich es sich bei niedriger Quote häufig um Beweisschwierigkeiten unterschiedlicher Art handeln dürfte.

2. Abgeurteilte und ermittelte Täter

Stellen wir nunmehr den Zahlen der amtlichen Kriminalstatistik über Abgeurteilte die Zahlen der nach der Polizeilichen Kriminalstatistik ermittelten Täter gegenüber, so ist klar, daß der mit der Dauer des Strafverfahrens verbundene Verzögerungseffekt verzerrend wirken kann. Da die Kriminalstatistik auf den rechtskräftigen Abschluß abstellt, kann es sein, daß die Polizeiliche Kriminalstatistik, wenn sich die Kriminalität zwischenzeitlich durch Zu- oder Abnahme verändert, für dasselbe Jahr mehr oder weniger Gesetzesverstöße bzw. ermittelte Täter registriert. Da es bei den hier in Frage stehenden zusammenfassenden Zahlen aber ohnehin nur um Orientierungswerte geht, mag ein Hinweis auf diesen Unsicherheitsfaktor genügen; denn das Prinzipielle wird dadurch wohl nicht erheblich beeinflußt. Wichtiger ist es, durch eine solche Gegenüberstellung die rein quantitativen Unterschiede zu verdeutlichen, die mithilfe der erwähnten Unsicherheitsfaktoren zu korrigieren sind.

Abgeurteilte und ermittelte Täter

Jahr	KrimStat: Abgeurteilte	PolKrimStat: ermittelte Täter
1955	620730	1098248
1960	624533	1306471
1965	643948	860264
1970	738141	1026863
1973	807936	1023129

Hingewiesen sei überdies ausdrücklich auf eine Änderung der Polizeilichen Kriminalstatistik im Jahre 1963, bei der durch Herausnehmen der Verkehrsdelikte, auf die nach der amtlichen Kriminalstatistik 1973 rund 52% aller Verurteilten (nämlich 363 277 von insgesamt 698 912 Verurteilten) entfielen, das Bild erheblich verändert worden ist. Auch die Umstellung im Jahre 1971 läßt nur mit Vorbehalt Vergleiche mit den vorangehenden Jahren zu.
Auf den ersten Blick könnte man meinen, daß zunächst nur weniger als 50% oder später 70% der nach Ansicht der Kriminalpolizei ermittelten Täter von der Staatsanwaltschaft als hinreichend tatverdächtig vor ein Strafgericht gestellt, d.h. angeklagt worden sind. Allerdings ist hier an die unterschiedlichen Grundlagen beider Statistiken und daran zu denken, daß nicht gar so selten von der Kriminalpolizei getrennt betriebene Ermittlungsverfahren von der Anklagebehörde zu einem Strafverfahren zusammengefaßt werden. Immerhin ergibt sich auch dann noch, daß im Durchschnitt zunächst etwa nur 60–66% und in neuerer Zeit rund 70–75% angeklagt werden.
Dies aber sind – wie gesagt – lediglich Durchschnittswerte, die bei den einzelnen Deliktsgruppen oder bei einzelnen Delikten erheblich unter- oder überschritten werden können, was – ungeachtet der oben angebrachten Vorbehalte für die Vergleichbarkeit der Statistiken – zumindest für das Jahr 1973 durch einige Beispiele verdeutlicht werden soll, wobei Verzerrungen durch die Dauer der Strafverfahren hier unberücksichtigt bleiben können

Ermittelte und abgeurteilte Täter bei einzelnen Delikten im Jahre 1973

Delikt	PolKrimStat: ermittelte Täter	KrimStat: Abgeurteilte
Mord	1278	279
Totschlag	1486	392
Einf. Diebstahl	310689	113029
Schw. Diebstahl	159462	42168
Unterschlagung	26445	8233
Raub u. Erpressung	9745	5168
Betrug	126030	29116
Urkundenfälschung	17530	10350
Sexualdelikte	29825	9758
– Notzucht	5612	1587
– Mißbrauch v. Kindern	8437	2981
– Erregung öff. Ärgern.	4554	2007
Vors. Brandstiftung	2148	690

Beträgt bei einzelnen Deliktstypen die Zahl der nach der Polizeilichen Kriminalstatistik ermittelten Täter oft ein Vielfaches der nach der gerichtlichen Kriminalstatistik abgeurteilten Rechtsbrecher, darf man auch das nicht ohne weiteres in Prozenten ausdrücken. Zudem sind neben Unterschieden der statistischen Technik noch verschiedene andere Gründe für diese Divergenz maßgebend.

Stehen beispielsweise beim Mord anscheinend ermittelte und angeklagte Täter im Verhältnis von 4–5:1, so kann man getrost annehmen, daß die Polizeiliche Kriminalstatistik in der rechtlichen Klassifikation oft zu hoch greift; dies dürfte die im Vergleich zu den sich vor einer Anklage für die Staatsanwaltschaft ergebenden Beweisschwierigkeiten bedeutsamste Fehlerquelle sein. Bei dem für den Betrug mit 4–5:1 zahlenmäßig ähnlichem Verhältnis dürfte die Kriminalpolizei die Beweisschwierigkeiten unterschätzen, wofür ferner die vergleichsweise niedrige Verurteilungsquote spricht. Hier wie namentlich beim schweren Diebstahl, für den die Zahlen ein Verhältnis von 3–4:1 ergeben, wird überdies der Umstand eine Rolle spielen, daß ein und derselbe Täter in einem Strafverfahren oft zugleich wegen mehrerer Delikte angeklagt wird, welche die Polizeiliche Kriminalstatistik getrennt zählt. Vergleichbar dürften die Dinge bei der Urkundenfälschung liegen, die mit 3–4:1 ein ähnliches Verhältnis aufweist, wenngleich hier die Beweisschwierigkeiten merklich geringer als beim Betrug zu liegen scheinen. Bei der vorsätzlichen Brandstiftung dagegen, die ebenfalls Zahlen im Verhältnis 3–4:1 aufweist, spielen neben einer teilweise zunächst noch unrichtigen Klassifizierung Beweisschwierigkeiten wohl ebenso wie bei der Notzucht (3–4:1) eine ungleich größere Rolle, als das die Polizeiliche Kriminalstatistik vermuten läßt. Die Mehrzahl der auf einen Täter (und ein Verfahren) entfallenden Taten wird hier jedenfalls in der Regel nicht so groß wie bei Diebstahl und Betrug sein.

3. Aufgeklärte und bekannt gewordene Taten

Bald noch wichtiger sind gerade für die kriminalistische Arbeit die Angaben der Polizeilichen Kriminalstatistik über aufgeklärte und überhaupt den Strafverfolgungsorganen bekannt gewordene Straftaten, wobei man strikt genommen natürlich von einem Tatverdacht sprechen müßte. Da hier im wesentlichen die Gesetzesverstöße als solche die Basis bilden, ist klar, daß die Zahlen der aufgeklärten Straftaten nicht denen der ermittelten Täter entsprechen; nicht nur können mehrere Rechtsbrecher gemeinsam eine Tat begehen, sondern häufiger verübt ein einziger Straftäter mehrere Gesetzesverstöße. Dabei ist es gleich, ob die verschiedenen Rechtsbrüche einander in zeitlichem Abstand folgen (Realkonkurrenz, evtl. fortgesetzte Tat) oder sie zeitlich zusammenfallen (Idealkonkurrenz). Obgleich wir wohl nicht erneut vor dem Irrtum warnen müssen, diese Zahlen ohne weiteres mit wirklicher Kriminalität gleichzusetzen, zeigen sie doch am deutlichsten den Arbeitsaufwand, welcher insb. der Kriminalpolizei erwächst.

Bekannt gewordene und aufgeklärte Fälle
(PolKrimStat)

Jahr	bekannt gewordene Fälle	aufgeklärte Fälle	
1955	1575310	1144098	(72,6%)
1960	2034239	1333697	(65,6%)
1965	1789319	951115	(53,2%)
1970	2413586	1166933	(48,3%)
1973	2559974	1201861	(46,9%)

Gemessen an den als bekannt geworden registrierten Taten ist die Zahl der aufgeklärten Taten ständig und nicht unerheblich von 72,6% im Jahre 1955 auf 46,9% im Jahre 1973 um mehr als ein Drittel gesunken. Aber auch aus dem Sinken dieser sog. Aufklärungsquote sollte man keine voreiligen Schlüsse etwa im Sinne schlechter Zensuren für die Kriminalpolizei ziehen. Denn das Bild ist bei einzelnen Deliktsgruppen oder Delikten – wie nunmehr gezeigt werden soll – ganz verschieden, die Entwicklung dort zudem nicht immer dem zusammenfassenden Durchschnitt entsprechend verlaufen.

Polizeiliche Kriminalstatistik 1973

Delikt	bekannt gewordene Fälle	aufgeklärte Fälle	Aufklärungsquote
Mord	1267	1200	94,7%
Totschlag	1427	1400	98,1%
Einf. Diebstahl	778324	328585	42,2%
Schw. Diebstahl	897338	192753	21,5%
Unterschlagung	31381	27363	87,2%
Raub u. Erpressung	18274	10038	54,9%
Betrug	179531	171895	95,9%
Urkundenfälschung	22934	21824	95,2%
Sexualdelikte	47810	34886	73,0%
– Notzucht	7027	5653	71,0%
– Mißbrauch v. Kindern	15566	10968	68,2%
– Erregung öff. Ärgern.	11595	6639	57,3%
Vors. Brandstiftung	5988	2370	39,6%

Selbstverständlich gibt es noch ungünstigere Aufklärungsquoten als bei vorsätzlicher Brandstiftung oder schwerem Diebstahl. So betrug 1973 beispielsweise die Aufklärungsquote bei Diebstahl von Fahrrädern lediglich 9,0% und beim Diebstahl aus Kraftfahrzeugen sogar nur 6,7%. Doch schon diese Beispiele zeigen bereits wegen des unterschiedlichen kriminellen Gewichts, daß man aus der im Vergleich zum Mord (94,7%) „schlechten" Aufklärungsquote des Fahrraddiebstahls (9,0%) keine falschen Schlüsse ziehen darf, um von den im letztgenannten Falle ungleich größeren Unsicherheitsfaktoren, die eine Aufklärung zu Unrecht als kriminell registrierte Taten unmöglich machen, noch ganz abzusehen.

Blenden wir nunmehr an dieser Stelle zu den Ausgangswerten zurück, so stellen wir fest, daß bereits die statistisch erfaßte „Kriminalität" erhebliche Divergenzen aufweist. Das mag eine Zusammenstellung aus beiden Kriminalstatistiken für das Jahr 1973 zeigen.

bekannt gewordene Fälle	aufgeklärte Fälle	ermittelte Täter	Abgeurteilte	Verurteilte
2559974	1201861	1023129	807936	698912

Setzt man, was bei diesem groben Überblick erlaubt sein dürfte, ermittelte Täter und aufgeklärte Straftaten gleich, so kommt es nur in rund einem Viertel der als bekannt geworden registrierten Straftaten zu einer strafgerichtlichen Verurteilung. Das Zahlenbild wird noch paradoxer, wenn man bedenkt, daß man wegen der dort seit 1963 ausgeklammerten Verkehrsdelikte die Zahlen der Polizeilichen Kriminalstatistik an sich in etwa verdoppeln müßte, weil nur etwa die Hälfte der in der Kriminalstatistik erfaßten Straftaten registriert wird; das mag folgende Graphik verdeutlichen.

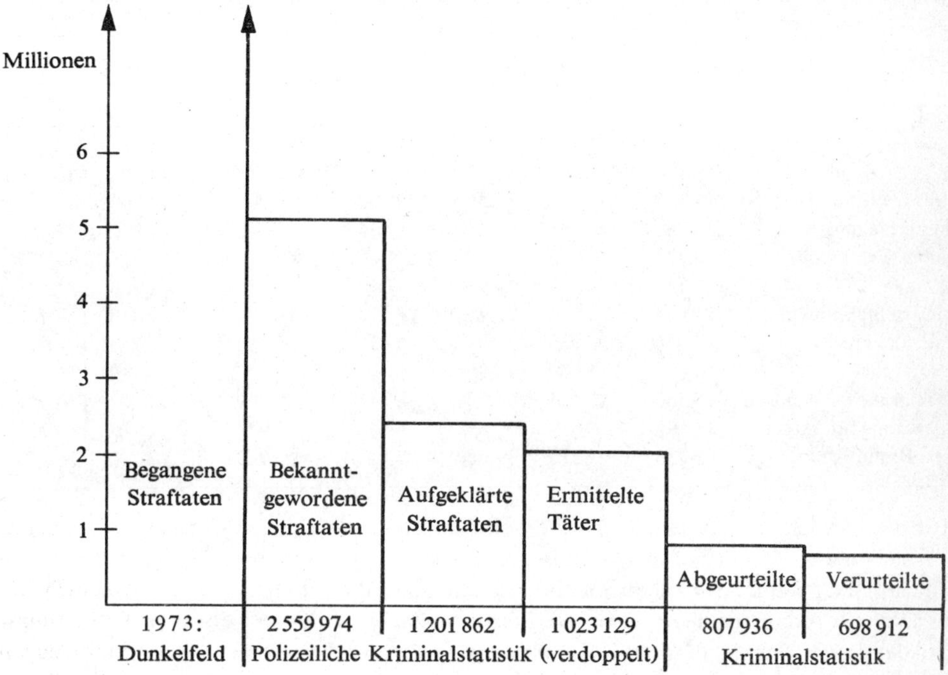

Man kann diesen gewaltigen Schwund ersichtlich nicht allein mit Beweisschwierigkeiten erklären, die insb. Aufklärung, Anklageerhebung oder zumindest Verurteilung verhindern. Vielmehr gibt es nicht nur den vergleichsweise kleinen Anteil von Freisprüchen wegen erwiesener Unschuld, sondern noch eher ist beim mehrdeutigen Freispruch mangels Beweises mit Personen zu rechnen, deren Unschuld sich lediglich nicht beweisen läßt. Ferner wird die Staatsanwaltschaft nicht selten eine Anklage ablehnen, weil sie entweder die Beweise für zu dürftig hält oder sie sogar zu Recht annimmt, es liege kein strafbares Verhalten vor. Ebenso wie sich häufig die Unschuld eines Menschen nicht erweisen läßt, kann umgekehrt die Aufklärung einer angeblichen Straftat schon daran scheitern, daß überhaupt keine vorliegt, beispielsweise ein Verlust fälschlich als Taschendiebstahl angezeigt und registriert worden ist.

Die Divergenz zwischen den beiden Statistiken oder ihren verschiedenen Aufgaben setzt sich einmal aus wirklicher, aber nicht nachweisbarer Kriminalität und zum anderen aus zunächst fälschlich als kriminell registrierten Ereignissen zusammen. Es sollte nach allem auf der Hand liegen, daß sich in diesem Rahmen keine allgemeineren Aussagen darüber machen lassen, wie groß exakt der eine oder der andere Anteil ist, die insgesamt diese Divergenz ausmachen.

Selbst wenn man sich die nach Deliktsgruppen und Delikten differenzierenden Zahlenangaben noch einmal vor Augen führt, wird lediglich mit den stark abweichenden Ziffern die Bedeutung der unechten und vor allem der echten Unsicherheitsfaktoren deutlich. Das möge die folgende Zusammenstellung anschaulich werden lassen.

Einzelne Delikte 1973

Delikte	Polizeiliche Kriminalstatistische Fälle bekannt	Fälle aufgeklärt		Täter ermittelt	Kriminalstatistik Abgeurteilte	Verurteilte	
Mord	1267	1200	(94,7%)	1278	279	226	(81,3%)
Totschlag	1427	1400	(98,1%)	1486	392	309	(78,8%)
Einf. Diebstahl	778324	328585	(42,2%)	310689	113029	97359	(86,1%)
Schw. Diebstahl	897338	192753	(21,5%)	159462	42168	37687	(89,4%)
Unterschlagung	31381	27363	(87,2%)	26445	8233	6422	(78,0%)
Raub u. Erpressung	18274	10038	(54,9%)	9745	5168	4337	(83,9%)
Betrug	179531	171895	(95,9%)	126050	29116	21576	(74,1%)
Urkundenfälschung	22934	21824	(95,2%)	17530	10550	9079	(87,7%)
Sexualdelikte	47810	34886	(73,0%)	29825	9758	7313	(74,9%)
– Notzucht	7027	5653	(71,9%)	5612	1587	1138	(71,1%)
– Mißbrauch v. Kindern	15566	10968	(68,2%)	8437	2981	2294	(76,9%)
– Erregung öff. Ärgern.	11595	6639	(57,3%)	4554	2007	1649	(82,2%)
Vors. Brandstiftung	5988	2370	(39,6%)	2148	690	521	(75,5%)

Über das Gewicht der einzelnen Unsicherheitsfaktoren läßt sich ebenso wie über die jeweils verschiedenen Ursachen auf dieser Basis noch nichts Genaueres sagen. Das ist zudem wegen zeitlicher und lokaler Schwankungen nur aufgrund von Einzeluntersuchungen möglich.
Dasselbe gilt ferner für die dynamische Betrachtungsweise, mit welcher man an Hand der Statistiken die Entwicklung der Kriminalität insgesamt oder besser eines bestimmten Bereiches derselben festzustellen sucht. Obwohl man das erst dann exakter beurteilen kann, wenn man durch Berücksichtigung der Unsicherheitsfaktoren zu verifizierten Zahlen gelangt ist, vermitteln doch schon die blanken Ziffern einen gewissen Eindruck von den Möglichkeiten einer nach Täter- oder Tatengruppen differenzierenden Kriminalitätsanalyse. Das Gesamtbild der statistisch erfaßten Kriminalität sieht dann wie folgt aus:

Entwicklung der Kriminalität

PolKrimStat bekannt gew. Fälle	aufgeklärte Fälle	Täter	Jahr	KrimStat Verurteilt	KrZ
			1890	362163	1049
			1900	456470	1164
			1910	538225	1184
			1923	823902	1693
			1925	575745	1217
			1930	594610	1187
1579310	1144098	1098248	1955	530655	1331
2034239	1373697	1306471	1960	548954	1311
1789319	951115	860264	1965	570392	1234
2413586	1106923	1026803	1970	643285	1346
2539974	1201861	1023139	1973	698912	1434

Denn nur bei einer zumindest nach Deliktsgruppen, Delikten oder Erscheinungsformen differenzierenden Kriminalitätsanalyse lassen sich insoweit präzisere Angaben machen, die um so genauer ausfallen dürften, je kleiner der Untersuchungsbereich ist. Selbstverständlich kann man sich auch hier der Kriminalitätsziffer bedienen, die dann als spezielle Kriminalitätsziffer die kriminelle Belastung der Strafmündigen mit bestimmten Formen von Kriminalität ausdrückt. Das möge die folgende Zusammenstellung einzelner Deliktsgruppen für die letzten 20 Jahren verdeutlichen.

Entwicklung der Kriminalität bei einzelnen Delikten

Polizeiliche Kriminalstatistik			Jahr	Kriminalstatistik	
bekannt gew. Fälle	aufgekl. Fälle	ermitt. Täter		Verurteilte	KrZ
a) Mord und Totschlag					
927	857	904	1955	262	0,6
1116	1020	1071	1960	230	0,6
1556	1488	1565	1965	339	0,7
2399	2268	2335	1970	411	0,9
2694	2600	2744	1973	595	1,2
b) Diebstahl und Unterschlagung					
642 579	305 030	280 113	1955	89 515	214,2
909 803	343 353	243 762	1960	92 383	223,1
1 676 646	377 744	313 978	1965	93 912	203,2
1 585 815	547 124	453 123	1970	138 634	290,0
1 707 043	548 701	496 597	1973	144 284	296,1
c) Notzucht					
4574	3124	3388	1955	687	1,7
6436	4633	5109	1960	1192	2,9
5923	4224	4716	1965	935	2,3
6889	5169	5729	1970	1159	2,4
7027	5053	5612	1973	1138	2,3

Diese Zahlen zeigen, wie der Entwicklungstrend in beiden Statistiken ungeachtet ihrer verschiedenartigen Technik zum Ausdruck kommt. Selbst wenn die Zahlen der Polizeilichen Kriminalstatistik einen zunehmenden Trend nicht nur früher, sondern auch stärker – z.T. aus den bereits genannten Gründen u.U. überhöht – ausdrücken, bestätigt sich hier der Nutzen einer „doppelten Buchführung".

Dasselbe gilt im übrigen, wenn man nach Tätergruppen, d.h. nach Alter und ggf. Geschlecht differenziert; denn auch hier läßt sich die unterschiedliche kriminelle Belastung der einzelnen Gruppen und die Entwicklungstendenz gut durch spezielle Kriminalitätsziffern ausdrücken.

Selbstverständlich kann man schließlich beide Möglichkeiten kombinieren, um einen möglichst genauen Einblick zu erlangen; das aber kann in diesem Rahmen nicht genauer demonstriert werden.

So wollen wir uns in der folgenden Zusammenstellung bei der amtlichen Kriminalstatistik auf die Kriminalitätsziffern für einzelne Jahre beschränken, um einmal mit speziellen Kriminalitätsziffern die unterschiedliche Belastung wesentlicher Altersgruppen und deren Entwicklung anzudeuten und bei der allgemeinen Kriminalitätsziffer lediglich die der weiblichen Verurteilten zu nennen; sie ist ersichtlich viel tiefer als die der weit darüber liegenden der Männer. Obwohl gerade hier die Vergleichbarkeit mit der Polizeilichen Kriminalstatistik ungeachtet der unterschiedlichen Basis problematisch ist, wollen wir so für die letzten 20 Jahre den Zahlen der nach Ansicht der Polizei ermittelten Täter die dabei festgestellten Prozentanteile derselben Altersgruppen die für diese aus der amtlichen Kriminalstatistik zu entnehmenden speziellen Kriminalitätsziffern gegenüberstellen. Die hier zu beobachtenden Veränderungen bestätigen – wie vielfach auch sonst – den aus der amtlichen Kriminalstatistik zu entnehmenden Entwicklungstrend, während andere Divergenzen mit den Unsicherheitsfaktoren zusammenhängen.

Entwicklung der Kriminalität nach Altersgruppen und Geschlechtern

Polizeiliche Kriminalstatistik: Ermittelte Täter Altersgruppen in Prozentanteilen						Kriminalstatistik: Verurteilte (KrZ)				
Zahl (insg.)	Kinder	Jugendl.	Heranw.	Erw.		insg.	weibl. Verurt.	Jugendl.	Heranw.	Erw.
					1890	1049	373	663	1627	1054
					1900	1164	357	745	1936	1144
					1910	1184	369	668	1802	1205
					1923	1693	528	1082		
					1925	1217	377	469		
					1930	1187	304	566	1493	1196
1098348	3,2	7,5	8,8	80,5	1955	1331	295	940	2635	1278
1306471	3,5	7,8	12,5	76,2	1960	1311	273	1392	3019	1170
860264	5,7	9,8	8,9	75,6	1965	1234	258	1361	2964	1138
1026803	7,1	13,4	12,4	67,1	1970	1346	331	1741	3303	1201
1023129	7,1	13,8	12,4	66,8	1973	1434	357	1688	3602	1287

Die Zusammenstellung läßt langfristig eine gewisse Zunahme der Kriminalität erkennen, die jedoch vor allem zu Lasten junger Täter geht. Die kriminelle Belastung Erwachsener hat seit 1900 – von 1973 abgesehen – kaum zugenommen; dagegen hat sich nicht nur die stets überdurchschnittliche Belastung Heranwachsender mehr als verdoppelt, sondern auch die Jugendlichen, die früher weniger belastet waren, sind seit 1960 mehr als Erwachsene und im Vergleich zu 1890 beinahe dreimal so hoch belastet. Die kriminelle Belastung des weiblichen Geschlechts jedoch ist immer noch geringer als vor 1900, obwohl sie in den letzten Jahren wieder etwas zugenommen hat.

Eine solche für den Entwicklungstrend ersichtlich aufschlußreiche statistische Betrachtungsweise kann – wie gesagt – nicht nur für die Kriminalität allgemein noch verfeinert werden, sondern könnte durch Beschränkung auf bestimmte Formen kriminellen Verhaltens – wie oben angedeutet – mehr Präzision erhalten.

4. Das kriminelle Dunkelfeld

Es führt aber nicht nur lediglich ein Bruchteil der statistisch erfaßten „Kriminalität" zur strafgerichtlichen Verurteilung, sondern vieles spricht – wie angedeutet – dafür, daß ungeachtet der verwendeten statistischen Quelle stets nur ein mehr oder weniger großer Bruchteil der wirklichen Kriminalität – dabei mitunter sogar fälschlich als solche – statistisch erfaßt wird.

Wehner, Bernd: Die Latenz der Straftaten (Die nicht entdeckte Kriminalität) – BKA 1957/1; *von Hentig,* Hans: Die unbekannte Straftat – Berlin/Göttingen/Heidelberg 1964.

Die latente, d.h. die statistisch nicht erfaßte oder von den Strafverfolgungsbehörden überhaupt nicht bemerkte Kriminalität ist der wohl gewichtigste Unsicherheitsfaktor, der für den Kriminalisten jedoch vorwiegend eine Aufgabe beinhaltet; denn mit diesen ihnen unbekannt gebliebenen Straftaten werden die Strafverfolgungsorgane ja nicht befaßt. Das Dunkelfeld kann jedoch ein Grund sein, für die kriminalistische Arbeit andere Schwerpunkte zu bestimmen, um eine in einem bestimmten Bereich ungewöhnlich hohe oder angesichts der Bedeutung dieser Taten unerträgliche Dunkelziffer nach Möglichkeit zu verringern.

Üblicherweise versucht man das Dunkelfeld dadurch aufzuhellen, daß man mit einer Dunkelziffer das Verhältnis von wirklicher und statistisch erfaßter Kriminalität ausdrückt. Dabei muß man zunächst einmal beachten, daß unter statistisch erfaßter Kriminalität Verschiedenes verstanden werden kann. Nimmt man beispielsweise die wegen bestimmter Delikte Verurteilten zum Ausgangspunkt, sieht das Verhältnis notgedrungen noch ungünstiger aus, als wenn man sich etwa an der Zahl der bekannt gewordenen oder auch aufgeklärten Straftaten dieser Art orientiert. Zum anderen muß man sich darüber klar sein, daß die Dunkelziffer, die sich in dieser oder jener Relation auf die wirklich begangenen Straftaten bezieht, lediglich einen Schätzwert darstellen kann. Eben deshalb sind allgemeinere, etwa alle Verbrechen und Vergehen umfassenden Schätzungen nicht sinnvoll.

Der Begriff Dunkelziffer wurde vom japanischen Staatsanwalt *Oba* 1908 in einer deutschen Dissertation geprägt. Wahrscheinlich übersetzte er den bei Statistiken im anglo-amerikanischen Bereich für im Dunkeln bleibende Vorkommnisse „dark-number" auf diese Weise. Interessanterweise aber unterschied *Oba* anders als gewöhnlich das spätere deutschsprachige Schrifttum schon damals drei Arten von Dunkelziffern: die Zahl der „unbekannten Verbrechen", der „unentdeckten Verbrecher" und die jener „Verbrecher", welche aus Mangel an Beweisen freigesprochen" oder aus anderen Gründen nicht verurteilt werden.

Allgemein betrachtet ist ungeachtet der möglichen Bezugspunkte jede Dunkelziffer (i.w.S.) die Zahl der wirklich begangenen Straftaten, die man zur Zahl statistisch so oder so erfaßter Delikte in das Verhältnis setzt. Die Problematik ergibt sich außer bei den Verurteiltenziffern der amtlichen Kriminalstatistik also auch für die in der Polizeilichen Kriminalstatistik enthaltenen Ziffern aufgeklärter Taten bzw. überführter Täter und die der überhaupt bekannt gewordenen Straftaten. Da aber alle diese Zahlen – vor allem aber die der Polizeilichen Kriminalstatistik – einen mehr oder weniger großen Anteil fälschlich als kriminell (oder doch strafrechtlich so zu bewertender) Ereignisse enthält, müßten diese Ziffern zunächst mithilfe des soeben zu den echten Unsicherheitsfaktoren Ausgeführten sowie unter Berücksichtigung der eingangs erwähnten unechten Unsicherheitsfaktoren korrigiert werden, um ein exaktes Verhältnis zu den wirklich begangenen Straftaten (Dunkelziffer i.e.S.) auszudrücken. Immerhin vermitteln doch die den Statistiken entnommenen Zahlen auch ohne diese Korrektur schon einen gewissen Eindruck.

Einigermaßen fundierte Schätzungen lassen sich mithin nur für kleinere Bereiche – noch besser für die einzelnen Delikte oder ihre Erscheinungsformen als für Deliktsgruppen – machen, weil man hier auf Vergleichsmaterial angewiesen ist. Bei vorsätzlichen Brandstiftungen kann man beispielsweise den strafrechtlich erfaßten Fällen die von einer Pflichtversicherung vollständig erfaßten Schadensfälle gegenüberstellen, bei denen dann eher zu klären ist, welche Fälle auf Zufall bzw. höhere Gewalt, auf Fahrlässigkeit oder auf vorsätzliches Handeln von Menschen zurückzuführen sein werden. Schätzwert bedeutet also keineswegs Willkür, wie man sie in der kriminalpolitischen Diskussion hier mitunter beobachten kann, sondern setzt das ernstliche Bemühen voraus, den Schätzwert durch nachprüfbare Tatsachen zu belegen, soweit das nur möglich ist.

Auch wenn sich durch Einfallsreichtum und oft nicht unerhebliche Mühe die immer noch beliebten freihändigen Schätzungen mehr und mehr durch fundierte Aussagen werden ersetzen lassen, wird doch vermutlich noch auf lange Zeit für wichtige Bereiche Vergleichsmaterial fehlen oder nur bedingt zuverlässig sein.

Das gilt auch für neuere Methoden der Dunkelfeldforschung, ohne deren Verdienste – auch für den Kriminalisten – schmälern zu wollen. Während die vom Ausland übernommenen Verfahren der „Täterbefragung" (self reported crime; Selbstmeldeverfahren) trotz aller Vorsicht erhebliche sowohl tatsächliche als auch rechtliche Fehlerquellen aufweisen dürften, werden diese bei „Opferbefragung", wo man immerhin über Vergleichsmaterial der Strafverfolgungsorgane verfügt, geringer, jedoch ebenfalls nicht unerheblich sein. Denn bei der Opferbefragung kann nicht nur die rechtliche Qualifizierung bereits für die Interviewer zweifelhaft sein, sondern mahnen schon bei den Angaben gutwilliger Opfer die Erkenntnisse der Aussagepsychologie zur Vorsicht.

Schwind, Hans-Dieter u.a.: Dunkelfeldforschung in Göttingen 1973/74. Eine Opferbefragung zur Aufhellung des Dunkelfeldes und der Erforschung der Bestimmungsgründe für die Unterlassung Strafanzeigen – BKA Forschungsreihe Bd. 2 – Wiesbaden 1975; *Kirchhoff,* Gerd Ferdinand: Selbstberichtete Delinquenz. Eine empirische Untersuchung – Kriminologische Studien Bd. 22 – Göttingen 1975.

Wir werden daher sicherlich beim Dunkelfeld einstweilen noch in vielen Bereichen auf freihändige Schätzungen angewiesen sein, die sich auf Erfahrung oder nur begrenzt nachprüfbare Eindrücke stützen oder aber auf Ergebnisse, die ihrerseits mit mancherlei Fehlerfaktoren behaftet sind.

Nur vage Anhaltspunkte liefern insoweit Art und Häufigkeit von Zufallsentdeckungen, über die etwa im Rahmen der Kriminaltechnik bei Todesermittlungen berichtet werden soll. Sie sollten uns u.a. davor bewahren, wegen der hohen Aufklärungsziffer das Dunkelfeld der vorsätzlichen Tötung zu unterschätzen, das bekanntlich auch in die Verurteilungen wegen fahrlässiger Tötung oder Körperverletzung mit Todesfolge und dergleichen hereinreicht (Zahlreiche Fälle – auch für besondere Delikte – bei *Wehner* a.a.O. S. 18 ff.).

III. Zu den Erkenntnis- und Anwendungsmöglichkeiten der Kriminalstatistiken

Statistisches Arbeiten ist auch im Bereich der Kriminalistik nicht Selbstzweck, sondern dient dazu, die Gegebenheiten exakter einschätzen und infolgedessen fundierter sich anbietende Konsequenzen zu ziehen. Überdies sollten die Ausführungen unter II. und die dort angeführten Beispiele dartun, daß sich auch der Kriminalist keinesfalls allein auf die Zahlen der Polizeilichen Kriminalstatistik verlassen darf, sondern ebenso die der gerichtlichen Kriminalstatistik beachten sollte. Diese zeigen nicht nur, was endgültig bei seiner Arbeit herauskommt, sondern sind in mancher Hinsicht – z.B. in der rechtlichen Klassifizierung – zuverlässiger, während andererseits die Angaben der Polizeilichen Kriminalstatistik mehr Aufschluß für ihn bieten. Es läßt sich daher nicht allgemein sagen, welche dieser Kriminalstatistiken den Vorzug verdient. Das hängt vielmehr von der konkreten Fragestellung ab, wobei jedoch die jeweils andere Kriminalstatistik als mögliches Korrektiv ebensowenig unterschätzt werden sollte wie besondere statistische Einzeluntersuchungen.

Zu den verschiedenen Unsicherheitsfaktoren sei lediglich daran erinnert, daß sie in beiden Kriminalstatistiken mehr oder weniger große Fehler bewirken, und zwar in zwei entgegengesetzten Richtungen. Denn die oben aufgezeigten Divergenzen enthalten – wie wir gesehen haben – zwei ganz verschiedene Posten. Einmal steckt darin wirkliche Kriminalität, deren Aufklärung oder gerichtliche Ahndung durch mancherlei Umstände verhindert wird. Zum anderen ergibt sich die Divergenz daraus, daß andere Ereignisse zunächst fälschlich überhaupt als (oder doch so) kriminell registriert werden. Da sich das bei den statistisch erfaßten Fällen erst im Laufe der Ermittlungen oder gar des gerichtlichen Strafverfahrens herausstellt, kann man allgemein lediglich sagen, daß derartige Fehlregistrierungen, bei denen z.B. eine „Aufklärung" vielfach schon deshalb unmöglich ist, in der Polizeilichen Kriminalstatistik sehr viel häufiger als in der amtlichen Kriminalstatistik sind, wenngleich sich dann und wann sogar rechtskräftige Strafurteile als Justizirrtümer erweisen. Obwohl derartige Fälle den Strafverfolgungsbehörden gewiß auch manchmal viel Arbeit bereiten, darf man sie aber auf keinen Fall der wirklichen jedoch nicht nachweisbaren Kriminalität zuordnen.

Zusammenfassend läßt sich somit festhalten, daß alle Kriminalstatistiken, was **die praktische Bedeutung,** d.h. das Ausmaß der Kriminalität anlangt (statische Betrachtung), wegen der mannigfachen und z.T. erheblichen Unsicherheitsfaktoren kaum repräsentativ sind. Das gilt ebenso für die Gesamtkriminalität wie für einzelne Bereiche, weil selbst aus den Statistiken zu entnehmende Relationen u.U. weitgehend durch Unsicherheitsfaktoren verzerrt werden. Insoweit spiegeln die Kriminalstatistiken also mehr die Arbeit von Kriminalpolizei oder von Staatsanwaltschaft und Strafgerichten wider; ihr Aussagewert ist hier mithin recht begrenzt.

Etwas günstiger ist die Lage, wenn man an Hand der Kriminalstatistiken **die Entwicklung** der Kriminalität allgemein oder für besondere Bereiche einschätzen will (dynamische Betrachtung), wobei eine langfristige Analyse gewöhnlich aufschlußreicher als eine kurzfristige zu sein pflegt. Obwohl auch hier in den obigen Beispielen die Zahlen mithilfe des zu den (echten und unechten) Unsicherheitsfaktoren Ausgeführten korrigiert werden müßten, vermitteln die Kriminalstatistiken ein zwar verkleinertes, aber doch den Tatsachen einigermaßen entsprechendes Bild von der Kriminalitätsentwicklung; das gilt zumindest solange die Unsicherheitsfaktoren im fraglichen Bereich einigermaßen konstant bleiben. Diese Aussage wird naturgemäß um so genauer, je kleiner der Bereich der Kriminalität ist, den man untersucht. – Doch zeigen schon die obigen Beispiele, daß mit der Feststellung einer Zu- oder Abnahme kriminellen Verhaltens oft noch nicht viel gewonnen ist. Speziell für die dynamische Betrachtung ist daher trotz der gebotenen Kürze zumindest darauf hinzuweisen, daß solche **Veränderungen struktureller oder konjunktureller Art** sein können. Bei einer konjunkturell bedingten Zunahme der kriminellen Belastung, wie sie etwa im Jahre 1923 zu verzeichnen ist, handelt es sich um ein vorübergehendes Phänomen, das wieder wegfällt, sobald die dafür ausschlaggebenden abnormen Ursachen (wirtschaftliche Not, Inflation, politisch zerrütete Verhältnisse usw.) entfallen. Von einer strukturellen Veränderung spricht man dagegen, wenn sich die kriminelle Belastung allgemein, bei bestimmten Delikten oder Tätergruppen ändert, obwohl die sozialen Gegebenheiten äußerlich betrachtet dieselben oder doch ähnliche sind.

Noch deutlicher als für die Gesamtkriminalität ist das nach den obigen Beispielen für bestimmte Bereiche zu konstatieren, wenn man sich etwa die Entwicklung der Zahlen für Mord und Totschlag sowie für Diebstahl und Unterschlagung vor Augen führt, obwohl die Entwicklung zeitlich etwas anders verläuft. Das bestätigen übrigens auch die Zahlen für die Notzucht, wo die strukturelle Zunahme gegenüber früher jedoch vor allem in den späten 50er Jahren erfolgte, seither eine gewisse Abnahme bzw. ein Stagnieren zu beobachten ist. Bei anderen Deliktsgruppen ist die Entwicklung nach den Statistiken jedoch unterschiedlich verlaufen, was für den Kriminalisten ebenso wie für den Kriminologen wichtig ist.
Gehören beispielsweise Diebstahl und Unterschlagung zur Vermögenskriminalität, deren Anteil wegen der verkürzten Basis der Polizeilichen Kriminalstatistik dort oft verzerrend groß erscheint, so sind Mord und Totschlag sowie Notzucht und ferner weithin auch der Raub Formen der Gewaltkriminalität, welche bei an sich kleiner Quantität, aber hohem Gewicht insgesamt eine besorgniserregende strukturelle Zunahme aufweist, die allerdings zeitlich bei den einzelnen Formen etwas verschieden verläuft.

Geerds, Friedrich: Gewaltkriminalität. Begriff – Entwicklung – Bedeutung – der Kriminalist 1973 – 123ff.

Oder konzentriert man sich auf die Verkehrskriminalität, um einen anderen wichtigen Bereich anzusprechen, so kann man mit einigen Vorbehalten die fahrlässige Tötung als repräsentativ ansehen, die in über 90% der Fälle im Zusammenhang mit dem Verkehr, insb. dem Straßenverkehr begangen wird. Entsprechendes gilt für die noch häufigeren fahrlässigen Körperverletzungen in Verbindung mit einem Verkehrsunfall.

Die Kriminalitätsziffer für alle fahrlässigen Tötungen betrug 1913 nur 1,7 (807 Verurteilte). 1930 hatte sie sich mit 3,4 (1716 Verurteilte) bereits verdoppelt. Von etwa diesem Stand im Jahre 1950 ausgehend verdoppelte sich die Kriminalitätsziffer mit 7,8 bis zum Jahre 1955 nochmals (3129 Verurteilte). Mit den 1960 für das Bundesgebiet verzeichneten 4020 Verurteilten ergibt sich schließlich eine Kriminalitätsziffer von 9,71 für fahrlässige Tötungen. 1970 sind von insgesamt 4591 fahrlässigen Tötungen (KrZ 9,6) allein 4282 im Zusammenhang mit dem Straßenverkehr begangen worden.

Man kann daher ohne weiteres sagen, daß sich die fahrlässigen Tötungen im Straßenverkehr in den letzten 50 Jahren mehr als verfünffacht haben, was ebenso und noch mehr für leichtere Verkehrsdelikte gelten dürfte und überdies durch die Entwicklung des Kraftfahrzeugbestands sowie die zunehmende Verkehrsdichte bestätigt wird.

Deutlicher als bei der kriminellen Belastung des weiblichen Geschlechts, bei welcher trotz aller sozialen Veränderungen und sog. Emanzipation sowie ungeachtet etwas zunehmender Gesamtkriminalität eher eine abnehmende Tendenz zu konstatieren ist, gilt dies für die Entwicklung der Kriminalität bei den jungen Tätern. Ebenso wie bei den Heranwachsenden (18–21 Jahre), die seit jeher im Vergleich zu Erwachsenen besonders belastet waren, ist nach dem 2. Weltkrieg auch bei den Jugendlichen zwischen 14 und 18 Jahren eine starke strukturelle Zunahme der Kriminalität zu verzeichnen. Sie sind nicht nur seit 1960 mehr belastet als Erwachsene, sondern zeigen einen auch weiterhin zunehmenden Trend. Ist demnach ungeachtet der hier die Zahlen eher zu Gunsten dieser Altersgruppe verzerrenden Unsicherheitsfaktoren eine erhebliche Zunahme der Jugendkriminalität überhaupt nicht zu bestreiten, so darf man daraus allein selbstverständlich keine falschen Schlüsse ziehen, obwohl man sicherlich außer an die unmittelbare Jugenddelinquenz auch an ihre Spätfolgen denken muß. – Wichtig erscheint insoweit, daß die kriminelle Belastung der Erwachsenen im gleichen Zeitraum nicht so sehr wie die Gesamtkriminalität zugenommen hat, sondern eher stagnierende bzw. sogar abnehmende Tendenz zeigt. Daraus ergibt sich, daß die seit etlichen Jahren wachsende Jugendkriminalitt, was bei allem noch ein tröstlicher Aspekt ist, bisher nicht zu einer allgemein festzustellenden vermehrten Belastung der Erwachsenen geführt hat. Demnach dürfte die strukturelle Zunahme der Kriminalität junger Menschen doch wohl vor allem mit Problemen der Entwicklungskriminalität zusammenhängen.

Daran ändert nichts, daß die Dinge in bestimmten Bereichen, z.B. bei der Gewaltkriminalität, etwas anders zu liegen scheinen, hier in den letzten 10–20 Jahren also für alle Altersgruppen eine mehr oder weniger große strukturelle Zunahme der kriminellen Belastung festzustellen ist.

Das muß in diesem Rahmen genügen, weil es hier nur darum ging, die Möglichkeiten der Statistik für den Kriminalisten und seine Arbeit aufzuzeigen. Dabei kam es vor allem darauf an, davor zu warnen, sich einseitig auf eine Quelle zu stützen, womit die Möglichkeiten anderer Quellen ungenutzt bleiben, was außer für die daraus zu gewinnenden Erkenntnisse jedenfalls auch für die vielfach bestehende Chance eines Korrektivs gilt. Dies ist um so wichtiger, als alle Kriminalstatistiken, wie wir an zwei von ihnen erläutert haben, jeweils mehr oder minder nachhaltig durch recht verschieden geartete Unsicherheitsfaktoren beeinflußt werden; diese können jedoch nur mithilfe besonderer Untersuchungen in ihrem zeitlich und räumlich schwankenden Gewicht genauer eingeschätzt werden. Eben deshalb bieten die in den obigen Beispielen zusammengestellten Angaben der Kriminalstatistiken einstweilen nur grobe Orientierungshilfen, welche aber doch die Erkenntnis- und Anwendungsmöglichkeiten der Kriminalstatistiken für den Bereich der Kriminalistik hinreichend beleuchten dürften.

II. Teil: Die Technik der Verbrechen

Sowohl die praktische Arbeit des Kriminalisten als auch kriminalistische Forschungen sollten zweckmäßig von der Technik der Verbrechen (Verbrechenstechnik) ausgehen. Ähnlich wie im Bereich der Kriminologie die letztlich auf Tattypen im Sinne von besonderen Erscheinungsformen abzielende Kriminalphänomenologie weithin noch immer ziemlich vernachlässigt wird, ist auch dieses Gebiet der Kriminalistik bisher noch wenig erforscht und vielfach unsicher, obwohl sich Praktiker und Theoretiker hier schon relativ früh – so insb. Hans *Groß* – mit den Phänomenen kriminellen Verhaltens befaßt haben. Infolgedessen und angesichts der Wechselwirkung von Kriminologie und Kriminalistik kann nicht überraschen, daß die Grenzen von kriminologischer Tattypologie und kriminalistischer Verbrechenstechnik mitunter noch sehr unsicher sind oder zu verschwimmen scheinen.

Zbinden S. 43 ff.

Dabei sollte jedenfalls im Kern klar sein, daß den Kriminologen an den besonderen Erscheinungsformen kriminellen Verhaltens in erster Linie die jeweils typische Funktion im Sozialleben interessiert, während der Kriminalist sein Augenmerk – vereinfachend gesagt – zunächst einmal auf die handwerkliche Seite, die besonderen Gegebenheiten der Tatausführung richtet. In der Verbrechenstechnik geht es, obwohl auch hier eine allgemeinere und umfassendere Betrachtungsweise möglich ist, also um typische Formen der Tatausführung. Aus eben diesem Grunde können hier und da Kriminalphänomenologie und Technik der Verbrechen parallel laufen, wenn nämlich die für den Kriminologen wesentliche Funktion der Tattypen am besten an Hand der unterschiedlichen Begehungsweisen zu beleuchten ist. Obwohl Hans *Groß* gerade auch an dieser Stelle immer wieder die Bedeutung der Phänomenologie betont hat, gilt heute ebenso wie 1954 die Feststellung *Zbindens* (S. 45), daß sie immer noch bei der Ausbildung und erst recht in der Forschung zu kurz kommt. Und wichtiger als der gutgemeinte Rat, Memoiren von Verbrechern oder Strafverfolgungsbeamten, mehr oder weniger wissenschaftliche Darstellungen instruktiver Kriminalfälle und gute Kriminalromane zu lesen, ist wohl die Erkenntnis, daß längere praktische Erfahrung hier der beste Lehrmeister ist. Allerdings tut es eine im Blickfeld notwendig begrenzte praktische Ermittlungstätigkeit allein auch nicht, zumal da sich Erfahrung und vor allem Überblick erst im Laufe der Jahre einzustellen pflegen. Vielmehr bedarf ebenso wie der Akademiker, der auf die spätere Praxis vorbereitet werden soll, so auch der Praktiker einer Aus- und Fortbildung, welche ihm den erforderlichen Überblick verschafft und so seine Arbeit erleichtert.

Wenn deshalb hier auf die Phänomenologie besonderes Gewicht gelegt wird, steht zu hoffen, daß selbst der erfahrene Praktiker ebenso wie der Wissenschaftler hier und da noch Nutzen wird ziehen können. Denn ebenso wie erfolgreiche repressive Verbrechensbekämpfung setzt wirksame Kriminalprophylaxe voraus, daß man das, was es aufzuklären oder zu verhindern gilt, tatsächlich einigermaßen genau kennt.

Bevor jedoch in einem 2. Abschnitt die Technik bei den einzelnen Verbrechern behandelt wird, soll zunächst im 1. Abschnitt – insoweit wieder der ursprünglichen Konzeption von *Groß* folgend – die sich für den Kriminalisten ergebende allgemeine Problematik erörtert werden.

1. Abschnitt: Allgemeines über Werkzeuge, Mittel und Verfahren zur Begehung von Verbrechen

Bei einer allgemeinen phänomenologischen Betrachtung kriminellen Verhaltens geht der Kriminalist zweckmäßig vom sog. Modus operandi aus, bei welchem es noch nicht auf die Besonderheiten krimineller Praktiken der Tatausführung – die einzelnen Verbrechenstechniken – ankommt, sondern die sich daran anknüpfenden Möglichkeiten zunächst allgemein untersucht und vor allem methodisch geklärt werden. Mögen diese Überlegungen mitunter bereits auf gewisse Verbrechenstechniken hinweisen, so gibt es jedoch ebenso kriminalistisch bemerkenswerte Phänomene, die sich, obwohl sie die Tatausführung im Einzelfall mehr oder weniger nachhaltig beeinflussen können, doch besser allgemein betrachten lassen; denn sie sind wie beispielsweise Strukturen des Verbrechertums, seine Sprache und seine Gebräuche von den besonderen Verbrechenstechniken relativ unabhängig.

Eben dies erklärt, warum sich Kriminalisten relativ früh mit derartigen Phänomenen befaßt haben, deren Bedeutung sich z.T. aber gerade in der jüngeren Vergangenheit erheblich gewandelt hat. Wird durch dieses Vorgehen einerseits die Anknüpfung an das vorhandene Schrifttum erleichtert, so hat es andererseits den Vorteil, daß auf diese Weise die Ausführungen zu den besonderen Verbrechenstechniken entlastet werden, weil diese ebenfalls von den allgemeineren Phänomenen geprägt werden können.

Allgemein läßt sich die Bedeutung der Phänomenologie für die Kriminalistik unschwer demonstrieren. Ist es Sinn jeder Phänomenologie, die Lebenswirklichkeit durch Erarbeiten einer Typologie verstehend zu erfassen, so kommt es für den Kriminalisten zunächst einmal darauf an, einen systematischen und nachprüfbaren Überblick über die vielfältigen Techniken der Rechtsbrecher zu erlangen; denn nur auf der Grundlage derartiger Kenntnisse vermag er seine Arbeit sinnvoll zu gestalten.

Der Nutzen einer solchen an der Verbrechenstechnik orientierten Phänomenologie läßt sich unschwer mithilfe der sog. Verbrecherperseveranz erklären, selbst wenn man deren Bedeutung, die früher aber vielleicht wirklich größer war, mitunter erheblich überschätzt hat. Dennoch läßt sich auch heute zumindest noch im Kern festhalten, daß diese Verbrecherperseveranz sich auf den bereits erwähnten Modus operandi als eine spezielle Technik bezieht, deren sich Rechtsbrecher bei der Tatausführung bedienen.

Bei der jeweils typischen Art und Weise der Ausführung krimineller Taten geht es allerdings nicht nur um technische oder handwerkliche Besonderheiten im engeren Sinne; vielmehr kann die Begehung auch durch besondere psychische Gegebenheiten oder Tricks geprägt werden. Hier werden gewissermaßen intellektuelle Kniffe werkzeugartig vom Rechtsbrecher benutzt. Mit diesem Vorbehalt, auf den alsbald zurückzukommen sein wird, versteht man unter Verbrecherperseveranz, daß mehrere oder viele kriminelle Taten eines und desselben Menschen in der Ausführungstechnik bestimmte gleichartige Merkmale aufweisen. – Obgleich man dies Phänomen – wie bereits angedeutet – zuweilen überschätzt hat, ist doch überraschend, wie oft wir auf Rechtsbrecher stoßen, die überhaupt oder doch für eine gewisse Zeit an einer solchen eigentypischen Technik selbst dann noch festzuhalten pflegen, wenn man damit von ihnen begangene Straftaten aufgeklärt hat. Dessen ungeachtet benutzen manche bei ihren kriminellen Taten wiederum dieselbe handwerkliche Eigenart, eine bestimmte zu diesem Zweck entwickelte körperliche Gewandtheit oder denselben intellektuellen Trick. Natürlich muß man auch bei der Verbrecherperseveranz eine gewisse Variationsbreite einkalkulieren. Diese keineswegs neuen Erkenntnisse, die mit Einsetzen einer rationaleren Verbrechensbekämpfung bereits im 19. Jahrhundert und z.T. schon früher nachzuweisen sind, machen augenscheinlich, wie wichtig gesicherte Erkenntnisse von der Verbrechenstechnik für die Kriminalitätsbekämpfung und insb. für die Kriminalistik sind.

So wird, um nur ein Beispiel zu erwähnen, bereits in einem Rundschreiben an die kurfürstlichen Kreisräte der Provinz Niederhessen vom 23. 10. 1826 unter anderem auf die Notwendigkeit des Registrierens der durch frühere Verbrechen bewiesenen Geschicklichkeit hingewiesen, weil „eine langjährige Erfahrung lehrt, daß z.B. Diebe von Profession die nemliche Gattung des Diebstahls gewöhnlich wiederholen, so daß schon die Art der Begehung auf die Person des Thäters leitet“.

Trotz gewiß nicht zu verkennenden Wandels der Kriminalität ist diese Erkenntnis zumindest im Kern auch in neuerer Zeit immer wieder bestätigt worden. Darauf und überhaupt auf die Verbrecherperseveranz soll aber im Zusammenhang mit dem Modus operandi-System (im § 7-III) näher eingegangen werden.
Die Verbrechenstechnik ist zudem nicht nur für den soeben angeschnittenen Bereich bedeutsam, sondern kann dem Kriminalisten auch in anderem Zusammenhange nützlich sein, wenn es etwa darum geht, die Todes- oder Brandursache festzustellen; denn wie die Erfahrung lehrt, sind kriminelle „Uraufführungen“ relativ selten. Deshalb kann man aus dem Verlauf und den Wirkungen bekannter Verbrechenstechniken häufig auf einen Tathergang in der zu untersuchenden Strafsache schließen, was nicht nur die Aufklärungsarbeit erleichtern, sondern zugleich ein kriminaltaktisch wirksameres Vorgehen ermöglichen kann.

Aus dem älteren Schrifttum siehe z.B.:
Weingart, Albert: Kriminaltaktik. Ein Handbuch für das Untersuchen von Verbrechen – Leipzig 1904 – insb. S. 77 ff., 130 ff.

Schließlich ist aber stets zu bedenken, daß neue technische und soziale Gegebenheiten die Tatausführung beeinflussen und so u.U. zu Modifikationen oder gar zu neuen Verbrechenstechniken führen können. Deshalb versteht sich von selbst, daß der Erkenntnisstand hier andauernd auf seine praktische Relevanz geprüft und ggf. ergänzt oder erweitert werden muß, wenn der Kriminalist auf dem laufenden bleiben will. Alles dies dürfte hinreichend dartun, warum wir uns schon an dieser Stelle und verhältnismäßig intensiv mit der Technik der Verbrechen befassen.

§ 6
Verbrechertum. Sprache. Gebräuche

Es ist selbstverständlich unmöglich, in diesem Zusammenhang auf alle Phänomene einzugehen, die in dieser oder jener Form Einfluß auf die Verbrechenstechnik nehmen können. Denn dann müßten wir an dieser Stelle weit in den Bereich der Kriminologie vorstoßen, die sich sowohl in der Kriminalphänomenologie als auch in der Kriminalitätiologie u.a. intensiv mit derartigen Problemen befaßt. Vielmehr wollen wir uns hier auf einige wenige, vor allem kriminalistisch bedeutsame Fragenkreise beschränken, um ggf. später im speziellen Zusammenhang noch auf Dinge einzugehen, denen ebenfalls allgemeinerer Charakter zukommen könnte.

Zweckmäßig erscheint es jedoch, bereits an dieser Stelle diejenigen Gegebenheiten zu erörtern, welche das Verbrechertum als solches in mehr oder minder größerem Umfang zu charakterisieren pflegen. Von denjenigen Fakten, welche das Miteinander der Menschen, die sich konstanter kriminell verhalten, kennzeichnen, wollen wir Sprache und Gebräuche im kriminellen Milieu, wenngleich deren Bedeutung insgesamt betrachtet abgenommen haben dürfte, unterscheiden und gesondert behandeln. Schließlich wollen wir – Hans *Groß* folgend – okkulte Praktiken und Vorstellungen, die oft über ihren kriminellen Mißbrauch hinaus die Lebensweise von Verbrechern prägen, schon in diesem Zusammenhang relativ ausführlich behandeln.

I. Verbrecher- oder Gaunertum

Unter Verbrecher- oder auch Gaunertum sollen hier alle diejenigen Erscheinungen verstanden werden, welche die gesellschaftliche Ordnung bzw. die zwischenmenschlichen Beziehungen der Rechtsbrecher untereinander kennzeichnen.

Lombroso, Cesare: Kerker-Palimpzeste. Wandinschriften und Selbstbekenntnisse gefangener Verbrecher – Deutsch v. H. Kurella – Hamburg 1899; *Heindl,* Robert: Der Berufsverbrecher – 7. Aufl. – Berlin 1927; *Arnold,* Hermann: Vaganten, Komödianten, Fieranten und Briganten – Untersuchungen zum Vagantenproblem an vagierenden Bevölkerungsgruppen vorwiegend in der Pfalz – Schriftenreihe a.d. Gebiet d. öff. Gesundheitswesens, H. 9 – Stuttgart 1958; *von Hentig,* Hans: Der Gangster. Eine kriminalpsychologische Studie – Berlin/Göttingen/Heidelberg 1959; *Geerds,* Friedrich: Gaunertum – in: Handwörterbuch zur Deutschen Rechtsgeschichte, hrsg. v. A. Erler u. E. Kaufmann, Bd. I, S. 1403 ff.

Es geht hier also nicht nur, wenngleich diese Menschen naturgemäß häufiger kriminell in Erscheinung zu treten pflegen, um Rückfallstäter schlechthin oder gar um Begriffe wie die des Berufs- oder etwa des Gewohnheitsverbrechers. Unsere Kenntnisse von den Strukturen des Verbrecher- oder Gaunertums sind schon deshalb begrenzt, weil diese Menschen gewöhnlich in einer Ausnahmesituation zu diesem Zwecke beobachtet werden.

Bezeichnend hierfür sind außer den bereits von *Lombroso* ausgewerteten Kerker-Palimpzesten überhaupt Studien über das Verhalten dieser Menschen im Strafvollzug, wobei am aufschlußreichsten vielleicht sogar noch die allerdings schwierigeren Untersuchungen der Subkultur im Gefängnis sein dürften.

1. Landstreicher und Landfahrer

Eine besondere Rolle haben im Zusammenhang mit dem Verbrechertum stets – wie auch die Historische Kriminalistik (§ 4) zeigt – die Landstreicher oder -fahrer gespielt, zumal da die Übergänge nicht nur wegen der gegen Landstreicherei und Bettelei gerichteten Strafvorschriften, die gewissermaßen notgedrungen „Berufskriminalität" bewirken, fließend waren und auch heute noch viele dieser Menschen als Rückfallstäter anzusehen sind.

Jedoch gehören sie insoweit durchweg zum Typ des Asozialen, der mehr lästig als gefährlich oder mehr gesellschaftsuntauglich als gesellschaftsfeindlich ist. Zudem hat trotz einiger neuer Erscheinungsformen, zu denen außer Stadtstreichern auch Phänomene der Hippies gehören, insgesamt betrachtet die Landstreicherei ebenso, wie das bei asozialen Rückfallstätern allgemein zu beobachten ist, zahlenmäßig abgenommen.

Groß/Seelig (8) I-284 ff.

Mit Recht hat sich schon Hans *Groß* dagegen gewehrt, alle Landstreicher den Verbrechern zuzuordnen, und betont, daß ein Teil dieser Menschen lediglich Landstreicher sei und nie kriminell werde, was bei anderen u.U. aber auch auf einen Mangel an Gelegenheit zurückgeführt werden könne. Doch selbst „nichtkriminelle" Landstreicher u.dgl. zeigen durch Arbeitsscheu, Betteln und Ähnliches zumindest ein sozial abweichendes Verhalten. Und sogar bei denen, die nicht nur wegen Landstreicherei oder Bettelei strafrechtlich belangt werden, hat es mit dem „Abstrafen" seine Schwierigkeit, weil die kriminell durchweg wenig intensiven Taten keinen langen Freiheitsentzug rechtfertigen. Zudem ist die soziale oder kriminelle Prognose beim Landstreicher ebenso wie bei vielen asozialen Rückfallstätern ausgesprochen ungünstig, weil Labilität und extreme Willensschwäche selbst gute Vorsätze als unglaubwürdig erscheinen lassen.

Aus eben diesem Grunde konnte Hans *Groß* den Landstreicher als Prototyp des Unverbesserlichen werten, bei denen 40, 50 oder mehr Verurteilungen keine Seltenheit sind. Ihre Negativauslese wird in denjenigen Ländern, die noch eine solche Sanktionsform kennen, vor allem bei der Belegschaft des Arbeitshauses augenscheinlich. Aus allen diesen Gründen kann nicht verwundern, daß moderne Staaten hier der Sozialarbeit mehr zutrauen als der Strafrechtspflege. In manchen Ländern hat man daher eigens für die Behandlung dieser Menschen und zur Fürsorge für sie besondere Institutionen geschaffen.

Als Verhaltenstypus ist der Landstreicher, da die Versuche, hier einen biologischen Typ zu erarbeiten, wohl als gescheitert angesehen werden müssen, zwar vielfach, aber nicht stets den asozialen Rückfallstätern zuzuordnen. Fehlt es jedoch bei einzelnen Landstreichern an einem konstanteren kriminellen Abnormverhalten, so lassen diese sich oft kaum von ebenfalls zur Unstetheit neigenden oder gar vom Wander- bzw. Reisetrieb beherrschten Bürgern unterscheiden, die dennoch nicht mit den Strafgesetzen in Konflikt kommen.

Hierher gehört wohl auch Robert Thomas, den Hans *Groß* auf Grund seiner Selbstdarstellung (Hrsg. von Julius *Haarhaus:* Unter Kunden, Komödianten und wilden Tieren, Berlin 1905) als echten Landstreicher wertete, während wir diesen Begriff etwas enger fassen und darauf abstellen, daß Thomas als Tierbändiger, Karusseltreiber, Schaubudenführer usw. immerhin einen arbeitsamen, rechtschaffenden Lebenswandel führte.

Ständiger Berufs- und Arbeitsplatzwechsel ist, obwohl er auf kriminogene Strukturen hinweisen kann, allein kein hinreichender Grund, um von einem Landstreicher zu sprechen, für den vielmehr eine sozial nicht integrierte, d.h. unsoziale Lebensweise charakteristisch sein sollte.

2. Zigeuner

Neben dem Landstreicher hat insb. der Zigeuner die Kriminologen und Kriminalisten vieler Länder, so vor allem auch Hans *Groß,* beschäftigt.

Groß/Seelig (8/9) II-94 ff.; *Arnold,* H.: Die Zigeuner, Herkunft und Leben der Stämme im deutschen Sprachgebiet – Freiburg i. Br. 1975.

Ohne seine Verdienste um diesen Fragenkreis schmälern zu wollen, erscheint hier und heute doch mehr Begrenzung angebracht. Sicherlich mögen die Verhältnisse früher und vor allem in der österreichisch-ungarischen Doppelmonarchie insoweit anders gewesen sein als in unserer Zeit sowie überhaupt in Deutschland oder anderen europäischen Staaten. Mit Sicherheit aber haben sich die Probleme, die diese Minorität heute in manchen Ländern

noch bietet, merklich entschärft, weshalb es angezeigt erscheint, die Darstellung etwas anders zu gestalten und insgesamt erheblich zu straffen.
Natürlich hat *Groß* Recht, wenn er meint, man könne mit diesem merkwürdigen Volke schwer umgehen, wenn man es nicht gut kenne. Da die Zigeuner auch gegenwärtig noch in ihren Lebensformen z.T. erheblich von den meisten Völkern Europas abweichen, ist es gerade für Kriminalisten in solchen Ländern, die des öfteren Kontakt mit diesen Menschen mit sich bringen, angezeigt, sich mit der Eigenart der Zigeuner genauer zu befassen. Doch darf man die Zigeuner nicht schon deshalb einfach den Gaunern oder den Rückfälligen zuordnen, selbst wenn sie z.T. merkwürdige Übereinstimmungen mit dem Verhalten dieser Rechtsbrecher zeigen. Dies erklärt sich vor allem aus der Situation einer Minderheit in ganz anders strukturierten Wirtsvölkern, die es zudem nicht an Vorurteilen gegen die Zigeuner fehlen lassen.

Die Zigeuner, deren Vorfahren in der Zeit vom 5. und vor allem vom 9. bis 11. Jahrhundert in mehreren Schüben aus Indien ausgewandert sein sollen, sind in Deutschland seit dem 15. Jahrhundert nachzuweisen; in Griechenland und in anderen Balkanländern wird bereits im 14. Jahrhundert über sie berichtet. Der zunächst wohlwollende Standpunkt der von der fremdartigen Bevölkerungsgruppe vielleicht faszinierten Obrigkeit (so hat z.B. Kaiser Sigismund den Zigeunern im Jahre 1423 einen Schutzbrief ausgestellt) schlug bald in das Gegenteil um, als sich die privilegierten Zigeuner schnell zu einer gefürchteten Landplage entwickelten. Das kann aber bereits mit Vorurteilen zusammenhängen, die angesichts der Gleichförmigkeit des Erscheinungsbildes und Verhaltens von Zigeunern leicht aufkommen konnten.

So kann kaum überraschen, daß nicht nur die rassischen Besonderheiten der Zigeuner, sondern ebenso ihre für andere Völker eigenartigen Lebensformen ein stattliches Schrifttum haben entstehen lassen, dessen Quantität aber nicht immer Qualität bedeutet. Hier genügt es festzuhalten, daß neben ausgeprägtem Stammes- und Volksbewußtsein die bei Zigeunern häufige musikalische Begabung sowie ihr Wandertrieb und die bei an sich genügsamer Lebensführung deutliche Orientierung an materiellen Werten imponierte. Trotz nicht zu verkennender handwerklicher Geschicklichkeit fiel ferner die Abneigung gegen regelmäßige, insb. schwere körperliche Arbeit auf, was dem Zigeuner als Faulheit angekriedet wurde. Auch in der ausführlichen Darstellung von Hans *Groß* finden sich viele Beispiele, welche dies und die diesen Menschen nachgesagte Feigheit belegen sollen, die es übrigens nicht ausschloß, bei sich bietender Gelegenheit die für einen guten Orientierungssinn bekannten Zigeuner als Spione zu benutzen. Zauberkunststücke und gerade bei Zigeunern verbreitete Fähigkeiten zu okkultem Treiben wie Kartenlegen, Wahrsagen und Praktiken der Kurpfuscherei haben ein übriges getan, um diese Bevölkerungsgruppe in den meisten europäischen Ländern in Verruf zu bringen, wovon auch zahlreiche behördliche Maßnahmen gegen sie Zeugnis ablegen.

In dieses weithin negative Bild fügen sich gut unter Zigeunern kursierende Sprichwörter ein, die deren besondere Mentalität zu beleuchten scheinen, wenn es u.a. heißt:

„Wo kein Geld ist, ist keine Liebe."
„Gutes Leben macht gute Freunde."
„Stehlen ist leichter als arbeiten."
„Weib und Tuch wähle man nicht beim Kerzenlicht."
„Wer dir besonders schmeichelt, hat dich betrogen oder will dich betrügen."
„Wer wartet, bis ein anderer ihn zum Essen ruft, der bleibt oft hungrig."

Auch wenn hier und da die Originalität zweifelhaft sein mag, sind diese Sprichwörter natürlich beweiskräftiger als die, deren sich die Wirtsvölker mit Bezugnahme auf die Zigeuner bedienen. Wenn es hier etwa heißt

„Sie leben wie die Zigeuner."
„Falsch wie die Zigeuner."

oder das Wort „Zigeunerei" im Sinne von Falschheit, Betrug und überhaupt der Begriff „Zigeuner" als Schimpfwort gebraucht wird, läßt sich daraus zunächst einmal nur auf die ihnen zugrundeliegende Einschätzung schließen, die jedoch auf einem Vorurteil beruhen kann.

Nüchtern betrachtet bleiben heute nur wenige Dinge für den Kriminalisten und nicht viel mehr für den Kriminologen wichtig, wenngleich anderes auch gegenwärtig noch als bemerkenswert oder merkwürdig erscheinen mag. Mit Sicherheit gehört der durch haarsträubende Geschichten angeblich belegte Volksglaube, die Zigeuner würden Kinder – vorzugsweise solche mit roten Haaren – stehlen, in das Reich der Legende. Auch das, was von ihnen über Liebestränke, unfehlbare Abortmittel und Gifte erzählt wird, hält einer kritischen Nachprüfung nicht stand; zumindest liegen hier die Dinge bei den Zigeunern nicht nennenswert anders als bei anderen Völkern. – Somit bleiben einmal die Schwierigkeiten, die uns wie bei vielen fremden Sprachen die Namen der Zigeuner bereiten; aber auch das ist regional verschieden und bereitet am ehesten bei der Identifizierung Schwierigkeiten. Dasselbe gilt für ihre sprachlichen Besonderheiten, auf die im Zusammenhang mit der Gaunersprache (§ 6-II) einzugehen sein wird. Das für Zigeuner als charakteristisch angesehene Verhalten vor Gericht und ihre Gebärden sind besser bei der Vernehmung zu berücksichtigen. Ähnlich liegen die Dinge bei Krankheiten und deren Behandlung, wenngleich Ursachen, Verlauf und Heilmaßnahmen z.T. erheblich von dem bei anderen Völkern Üblichen abweichen.
Kriminalistisch sind im übrigen somit im Rahmen der Verbrechenstechnik vor allem zwei Bereiche von akutem Interesse, die jedoch ebenfalls besser im spezielleren Zusammenhang zu untersuchen sind. Einmal handelt es sich um betrügerische Praktiken, wie sie sowohl beim Handel als auch bei okkulter Betätigung oder Kurpfuscherei vorkommen. Zum anderen zeigen die Zigeuner beim Diebstahl, mit dem sie besonders stark belastet sind, nicht nur eine außergewöhnliche Geschicklichkeit, sondern haben sie hier eine Reihe spezieller Techniken entwickelt.

3. Zusammenschlüsse Vorbestrafter

Ein anderes Untersuchungsfeld, aus welchem Erkenntnisse über das Verbrechertum gewonnen werden können, sind Zusammenschlüsse Vorbestrafter, wie sie in Deutschland vor allem in den 20er Jahren dieses Jahrhunderts als sog. Ring-Vereine bekannt geworden sind. Bei diesen Vereinen, die in Berlin und in manchen anderen Städten von sich reden machten, handelte es sich überwiegend um Zusammenschlüsse, denen keine unmittelbar kriminogene Wirkung nachzuweisen ist; natürlich läßt sich nicht ausschließen, daß sie durch Stiften von Zufallskontakten die Bildung krimineller Gruppen ermöglicht oder durch ihre Arbeitsweise im Einzelfall einen kriminellen Lebenswandel begünstigt haben mögen.

Hoberg, Ludwig: Organisiertes Verbrechertum – in: HdwKrim (2) II-279ff.

Sieht man jedoch einmal von den erklärten, durchweg bürgerlichen Zwecken dieser Vereine wie Spar-, Kegel- oder Rauchklubs ab, so sollte man statt von Verbrechervereinen besser

von Vorbestraftenvereinen sprechen, denen vor allem zwei Aufgaben zukamen. Zunächst einmal ging es ihnen darum, ihren sozial angeschlagenen Mitgliedern und deren Angehörigen mit einem Gefühl der Solidarität zugleich eine gewisse tatsächliche Hilfe im Stile einer Versicherung auf Gegenseitigkeit etwa für den Fall zu bieten, daß ein Mitglied mit der Strafrechtspflege in Konflikt geriet; hier stellte man nicht nur u.U. einen Verteidiger, sondern man kümmerte sich auch fürsorgend um die Angehörigen. Zum anderen hatten diese Vorbestraftenvereine sicher nicht zuletzt den Zweck, ihren Mitgliedern und Angehörigen einen Ersatz für die ihnen weithin versperrte bürgerliche Freizeitgestaltung zu bieten.
Eine Sonderrolle kommt insoweit wohl nur den Zusammenschlüssen der Zuhälter zu, von denen es beispielsweise allein in Berlin damals rund 40 Vereine gegeben haben soll. Denn angesichts des Zusammenhanges der Zuhälterei mit der Prostitution versteht sich von selbst, daß diesen Vereinen auch die Aufgabe zukam, die Arbeitseinteilung zu organisieren sowie Verstößen gegen sie oder gar Übergriffen anderer Zusammenschlüsse gleicher Art in den selbst beanspruchten Bereichen zu begegnen.

4. Verbrecherorganisationen

Diese Zuhältervereine kommen noch am ehesten an die modernen Formen des organisierten Verbrechens heran, das man von gemeinschaftlicher Begehung durch Gruppen oder auch Banden, mit denen man sich vor allem in der Kriminologie eingehender befaßt, unterscheiden muß. Außer an die süditalienische, genau genommen sizilianische Mafia ist hier ferner – wenngleich nicht nur – an Verbrecher-Syndikate zu denken, wie sie vor allem in den USA von sich reden machen.

Schneider, Hans Joachim: Die Erben der Mafia – Organisiertes Verbrechen in den USA – MoKrim 1973-353 ff. (56. Jg.); *Kerner,* Hans-Jürgen: Professionelles und organisiertes Verbrechen. Versuch einer Bestandsaufnahme und Bericht über neuere Entwicklungstendenzen in der Bundesrepublik Deutschland und in den Niederlanden – BKA 1973/1-3; *Homer,* Frederic D.: Guns and Garlic. Myths and Realities of Organized Crime – West Lafayette/Ind. (Purdue University Press) 1974; *Organisiertes Verbrechen* – Arbeitstagung . . . vom 21. Okt. bis 25. Okt. 1974 – hrsg. v. Bundeskriminalamt – Wiesbaden 1975; *Pace,* Denny F./*Styles,* Jimmie C.: Organized Crime: Concepts and Control – Englewood Cliffs/NJ (Prentice Hall) 1975; *McIntosh,* Mary: The Organisation of Crime n London/Basingstoke (Macmillan Press) 1975.

Diese Verbrecherorganisationen, die über das von kriminellen Gruppen oder Banden Bekannte weit hinausgehen, können in diesem Rahmen naturgemäß nicht genauer behandelt werden. Zudem geht es hier mehr um kriminologische Probleme, die allerdings für die Arbeit des Kriminalisten sehr wichtig werden können. Eben deshalb muß – wenngleich kurz – schon an dieser Stelle auf dieses Phänomen hingewiesen werden.
Nicht von ungefähr ist man sich schon über den **Begriff** des organisierten Verbrechens bzw. der Verbrecherorganisation uneinig. Anders als professionelle Kriminelle, die ihre Straftaten zusammen mit anderen begehen, dabei aber mehr oder weniger selbständig und jedenfalls von einer übergeordneten Organisation unabhängig handeln, kommt es hier jedoch auf bestimmte Organisationsformen und durch sie bestimmte Arbeitsweisen an. Trotz aller Unterschiede, auf die sogleich bei der Geschichte zurückzukommen sein wird, bietet am ehesten noch ein Vergleich mit bestimmten Formen wirtschaftlicher Betätigung geeignete Kriterien für den Begriff der Verbrecherorganisation. Entscheidend dürfte ungeachtet eines

zeitweise u.U. prägenden Einflusses gewisser Obergauner sein, daß die Organisation als solche von den ihr angehörenden Individuen – vor allem auf unterer und mittlerer Ebene – unabhängig ist. Selbst ein personeller Wandel in der Spitze oder der Führungsgruppe sollte wenig am Fortbestand und der Arbeitsweise einer solchen Verbrecherorganisation ändern. Charakteristisch ist für Verbrecherorganisationen aber vor allem eine gegliederte Struktur, bei welcher Kriminelle der unteren und durchweg auch der mittleren Ebene keinen Überblick und vor allem keinen Einblick in die Führungsspitze haben, mit der gewöhnlich nicht einmal persönliche Kontakte stattfinden. Die Kriminalität wird also gewissermaßen in Form eines gegliederten Wirtschaftsunternehmens oder ähnlich einer Administration organisiert.
Über die **Geschichte und die praktische Bedeutung** des organisierten Verbrechens oder einzelner Verbrecherorganisationen ist zwar viel geschrieben worden, jedoch nur weniges als gesichert anzusehen. Das gilt vor allem für die inzwischen längst historische Kriminalität dieser Art, was jedoch nicht heißt, daß derartige Erkenntnisse für die Gegenwart völlig nutzlos sind. Vielmehr zwingt das bisher Bekannte zu der Annahme, daß die einzelnen Verbrecherorganisationen selbst bei nationaler oder internationaler Aktivität oft doch größere Unterschiede aufweisen, als man vielfach noch annimmt.

Mit der geschichtlichen Entwicklung hängen nicht nur u.U. ethnische Probleme zusammen, die sich aber im Laufe der Zeiten wandeln können, sondern auch Organisationsformen, Praktiken der Rekrutierung, Delinquenzbereich und spezielle Verbrechenstechniken. Diese sind gerade auch bei kooperierenden Verbrecherorganisationen zu beachten.

Besonders unsicher ist das, was man über die praktische Bedeutung der einzelnen Organisationen oder des Gesamtphänomens weiß. Mag zuweilen hier etwas übertrieben werden, spricht doch vieles dafür, daß wir es häufig mit einem besonders großen Dunkelfeld zu tun haben. Dies ergibt sich einmal daraus, daß die Aktivitäten dieser Verbrecherorganisationen außer Delinquenz oft auch lediglich unmoralische oder legale Tätigkeitsbereiche umfassen; zum anderen wirkt die vielfach besonders perfektionierte Arbeitsweise naturgemäß verschleiernd.
Bei den **Erscheinungsformen und Verbrechenstechniken** läßt sich zwar Gemeinsames, aber zuweilen auch Verschiedenartiges feststellen. Für das Vorhandensein einer Verbrecherorganisation sprechen neben überregionaler bzw. internationaler Aktivität vor allem präzise Planung und effektive Durchführung der kriminellen Aktionen, welche durchweg den Gegebenheiten geschickt angepaßt sind. Zur Abhängigkeit der Kriminellen von der Organisation pflegen Verschleierungs- und Schutzpraktiken hinzuzutreten, welche des öfteren Rechtsschutz und Fürsorge für ertappte Kriminelle umfassen. Vielfach lassen sowohl die kriminellen Aktionen als auch derartige Maßnahmen auf erhebliche finanzielle Mittel sowie auf mitunter hochgestellte Handlanger oder Sympathisanten schließen, die nicht einmal formell der Organisation angehören müssen.
Typischerweise betätigen sich derartige Verbrecherorganisationen mehr oder weniger umfassend in den Bereichen Glücksspiel, Pornographie, Prostitution, Rauschgiftschmuggel und -absatz; neben der von derartigen Kriminellen schon immer verübten Eigentums- oder Vermögensselinquenz hat in diesem Jahrhundert diese Organisationen die Wirtschaftskriminalität fasziniert, bei welcher ebenfalls die Grenzen des Verbotenen oft unsicher werden. Abgesehen von der Falschgeldkriminalität erfüllen Fälscherpraktiken gewöhnlich nur eine unterstützende Funktion. Neben dem illegalen Waffenhandel und Formen der Gewaltkriminalität, die vielfach aber nur als Mittel für andere Zwecke benutzt wird, hat die mehr oder

minder überzeugend politisch eingefärbte Gewaltkriminalität, der Terrorismus, gerade in den letzten Jahrzehnten in vielen Ländern erheblich an Bedeutung gewonnen.
Bei den **Ursachen** und den **Täterpersönlichkeiten** liegt im Bereich des organisierten Verbrechens noch vieles im Dunkel, da man die bei einer Organisation festgestellten Faktoren, um von vielfältig angebotenen allgemeinen Theorien oder Modellen ganz abzusehen, nicht oder nur bedingt auf andere übertragen kann. Eben deshalb ist vor dem Irrtum zu warnen, man treffe hier auf relativ homogene Persönlichkeitsstrukturen. Neben dem unterschiedlichen Tätigkeitsfeld ergeben sich schon für die charakteristischen verschiedenen Ebenen oft bemerkenswerte Unterschiede. Diese können durch besondere Rekrutierungspraktiken, spezielle Organisationsformen und leicht diffus werdende Tätigkeitsbereiche, wie man sie beispielsweise bei Wirtschafts- und Politkriminalität beobachten kann, noch vertieft werden. Alles in allem bleibt somit festzustellen, daß die Kriminalität solcher Verbrecherorganisationen oft zwar ein Höchstmaß an Perfektion aufweist, aber sie sich doch nicht selten von der Masse der anderen Delinquenz beträchtlich unterscheidet, was der Kriminalist selbstverständlich beachten muß.

II. Gaunersprache

Ein weiteres typisches und schon seit langem bekanntes Phänomen sind sprachliche Besonderheiten, die sich als Gaunersprache bei sozial nicht integrierten Gruppen und insb. auch bei häufig Rückfälligen feststellen lassen.

Groß/Seelig (8/9) II-77 ff.; *Wolf,* Siegmund A.: Wörterbuch des Rotwelschen. Deutsche Gaunersprache – Mannheim 1956; *Wolf,* S. A.: Aus dem Wortschatz des Schweizer Jenischen – Zürich 1959; *Wolf,* S. A.: Großes Wörterbuch der Zigeunersprache (romani täler) Wortschatz deutscher und anderer europäischer Zigeunerdialekte – Mannheim 1960; *Wolf,* S. A.: Jiddisches Wörterbuch. Wortschatz des deutschen Grundbestandes der jiddischen (jüdisch-deutschen) Sprache – Mannheim 1962; *Wolf,* Siegmund A.: Gaunersprache – in: HdwKrim (2) I-249 ff.; *Burnadz,* Julian M.: Die Gaunersprache der Wiener Galerie – 2., erw. Aufl. – Lübeck 1970.

Dieses Phänomen, das man als Gaunersprache oder Rotwelsch zu bezeichnen pflegt, ist für den Kriminalisten vor allem aus zwei Gründen aufschlußreich. Einmal – und das ist insb. für den Kriminologen wichtig – kann man aus diesen sprachlichen Besonderheiten etwas über das Wesen des Verbrechers und überhaupt die Einstellung sozial nicht integrierter Gruppen entnehmen. Zum anderen, und das hat schon Hans *Groß* gemeint, wenn er u.a. sagte, daß derjenige, der sich dieser Sprache bediene, zuverlässig ein Gauner sei, ist die für den Kriminalisten und für seine Arbeit notwendige Kommunikation oder zumindest eine treffende Deutung nur dann möglich, wenn man diese Besonderheiten kennt.

Denn einen Menschen kennt man eben nicht wirklich, solange man nicht weiß, wie er spricht, wenn er unter seinesgleichen ist. Daran ändert nichts, daß ein Gauner sich in aller Regel gegenüber Fremden nicht gern seiner besonderen Sprache bedienen wird.

Das für den normal lebenden, sozial integrierten Bürger Geheimnisvolle der Gaunersprache, des Rotwelsch, das manchmal unfertig, primitiv oder schlicht unverständlich wirkt, wird bereits faßbarer, wenn man sich mit der auch philologisch interessanten Entwicklung dieses Sprachgebrauchs befaßt. Selbstverständlich gibt es hier, und das nicht nur im deutschsprachigen Bereich, wie später noch kurz darzulegen ist, sowohl lokale als auch sachliche

Differenzierungen, worauf bereits Termini technici wie Diebessprache, Spitzbubenlatein, Schinder-, Stromer- und Dirnensprache hinweisen.

Schon Hans *Groß* hat auf derartige regionale oder lokale Eigentümlichkeiten aufmerksam gemacht, indem er beispielsweise vom Berliner oder Wiener Dialekt sprach. Die sachlichen Unterschiede beruhen vor allem darauf, daß es sich beim Rotwelsch insgesamt weniger um eine Geheimsprache, als vielmehr um eine „Berufssprache“ oder einen Jargon handelt, wie man ihn übrigens nicht nur unter Gaunern oder Vaganten bzw. Prostituierten, sondern auch unter Soldaten, Jägern, Sportsfreunden und Studenten findet. Ebenso wie beispielsweise der Jäger nicht von den Ohren, sondern den Löffeln des Hasen oder von der Decke des Rehs statt von dessen Fell spricht, benutzen Verbrecher für bestimmte Begriffe vorzugsweise besondere Worte. Daß bei diesen Wortschöpfungen nicht selten beschönigende Tendenzen, sondern mitunter sogar Galgenhumor mitgespielt haben dürften, entspricht dem menschlichen Wesen.

Zu allen diesen Unterschieden treten Veränderungen im Laufe der Zeiten hinzu. Gerade da hier unmöglich allen Verästelungen und damit auch nicht partiellen Wandlungen nachgegangen werden kann, sollte man nicht verkennen, daß wir es im Kern doch mit einem einheitlichen Phänomen zu tun haben, weshalb man jedenfalls für frühere Zeiten zu Recht von der Sprache einer relativ homogenen Bevölkerungsgruppe, einer Klasse, ausgehen darf.

Dies tat schon Martin *Luther,* als er 1528 das bereits 1495 anonym veröffentlichte „Liber Vagatorum“ – den wohl ältesten Versuch einer Aufzeichnung dieses Wortschatzes – unter dem Titel „Von der falschen Betler Bueberey“ herausgab. Wir finden hier mancherlei Niederschlag von der ältesten Entwicklungsepoche, in welcher das Rotwelsch noch wesentlich als eine Schöpfung der mittelalterlichen Landstraßen anzusehen sein dürfte.

Die ältesten Quellen datieren in Mitteleuropa aus dem 14. Jahrhundert. Dieser Sprachgebrauch ist durch die fahrenden oder unehrlichen Leute geprägt worden, die sowohl vom bürgerlichen Stadtleben als auch von der ländlichen Seßhaftigkeit ausgeschlossen waren; zu diesen fahrenden Leuten zählten außer den Bettlern und falschen Pilgern damals Schausteller, Schüler und sogar gewisse Händler. Später kamen die Landsknechte hinzu. In dieser Entwicklungsepoche geht es also weniger um ein Berufsverbrechertum im modernen Sinne, sondern wird damit vor allem die Bettlerplage als die erste Massenerscheinung sozial abweichenden Verhaltens gekennzeichnet.
Deutlicher setzt mit dem 30jährigen Krieg eine Entwicklung ein, die man als die zweite Schicht des Rotwelsch bezeichnen kann. Obwohl sich ergiebigere Quellen erst gegen Ende des 17. Jahrhunderts finden, wird diese Epoche, die bis in das 19. Jahrhundert hineinreicht, dadurch charakterisiert, daß wirklich kriminelle Lebensformen diese Sprache prägten.

Bezeichnenderweise handelt es sich bei den meisten Quellen denn auch um für die Zwecke von Polizei- und Gerichtsbehörden, welche im Zuge des Ausbaus der staatlichen Strafverfolgung damals geschaffen wurden, zusammengestellte Wörterbücher. Zugleich werden Unterschiede zwischen einer nieder- und oberdeutschen Spielart der Gaunersprache deutlicher; überhaupt wirken sich bei den in dieser Bevölkerungsschicht damals häufigen Analphabeten die verschiedenen Dialekte besonders stark aus.

Kennzeichnend für die Entwicklung des Rotwelsch in jener Zeit aber dürfte sein, daß – vor allem seit dem 18. Jahrhundert – jiddische Wörter in den Vordergrund treten, was den Einfluß der sich damals als Minorität in Europa ausbreitenden Juden beweist. Ferner finden sich – vor allem in Süddeutschland – daneben zunehmend Einflüsse der Zigeunerdialekte.
Die letzte und dritte Schicht des Rotwelsch, deren Ursprünge z.T. schon im 18. Jahrhundert liegen dürften, wenngleich die Entwicklung im 19. Jahrhundert besonders deutlich wird,

zeigt ausgeprägter als früher Ansätze zu einer Eigenentwicklung für verschiedene Bereiche sozial abweichenden Verhaltens, während die Unterschiede zwischen Nieder- und Oberdeutsch sich zu nivellieren beginnen. Das hängt wohl damit zusammen, daß unter der Herrschaft des im 18. Jahrhundert auch in Deutschland auf- und ausgebauten Polizei- und Obrigkeitsstaates das Rotwelsch seine Heimat auf der Landstraße weitgehend verloren hat. Verbrecher und Gauner, die bis dahin gewissermaßen in einer Pariaschicht existieren konnten, mußten infolge dieser Entwicklung von der Landstraße verschwinden. Nimmt man den wirtschaftlichen und sozialen Wandel durch die im 19. Jahrhundert auch hierzulande einsetzende Industrialisierung hinzu, so wird verständlich, daß das Rotwelsch als Gaunersprache zwar nicht untergegangen ist, es aber jetzt doch weniger die geheimnisvolle Sprache einer relativ klar umrissenen Bevölkerungsgruppe, sondern mehr eine Kommunikationsform für das darstellt, was wir heute – insb. in den großen Städten – die Unterschicht (bzw. einen Teil davon) nennen. Eben deshalb spricht man zutreffend und plastisch von der Rotwelschfärbung der großstädtischen Asphaltsprache. Oder anders ausgedrückt sind die Übergänge zwischen der Gaunersprache und dem Bodensatz der Umgangssprache fließender geworden. Das kommt zugleich darin zum Ausdruck, daß in dieser letzten Epoche auch Fremdworte, wenngleich weniger als oft angenommen, vor allem aus dem Englischen, oder überhaupt Termini aus dem Sport mit einer besonderen Bedeutung in die Gaunersprache übernommen werden. Aber wirklich gesicherte Erkenntnisse fehlen insoweit noch weithin.
Denkt man hier mehr an städtische Verhältnisse, auf die Hans *Groß* seine Ausführungen über Gauner sowie Berufsverbrechertum und seinen Jargon zugeschnitten hat, so gibt es beispielsweise neben Besonderheiten wie Dirnen- und Kundensprache sowie anderen Bereichen auch heute noch – wenngleich weniger als früher – allgemeiner verbreitete Sprachgebräuche bei Landstreichern und -fahrern.

Schon seit dem 18. Jahrhundert bezeichnete man diese „fahrenden Leute", die gewöhnlich mit Frau und Kindern umherzogen, im deutschsprachigen Bereich vielfach als die Jenischen. Sie betätigten sich häufiger als Bürstenbinder, Sieb- oder Korbmacher, Scherenschleifer oder Kesselflicker. Da sie ihre Habe auf einem Wagen oder kleinen Karren mit sich zu führen pflegten, nannte man sie in Tirol „Karrner". Gerade bei ihren Lebensgewohnheiten und bei ihrem Sprachgebrauch sind Einflüsse der Zigeuner festzustellen, obwohl es sich bei diesen Jenischen im Kern doch wohl um Minderheiten der einheimischen Bevölkerung handelte, welche im Laufe der Zeiten größere Sippen herausgebildet hatten. Auch diese Bevölkerungsgruppe, die lange Zeit einen besonderen, insb. auch von der Gaunersprache abweichenden Sprachgebrauch aufwies, ist durch die moderne, vor allem im 20. Jahrhundert augenscheinlich werdende Entwicklung weitgehend zerrieben worden.

Es ist unmöglich, in diesem Rahmen eine ausführliche Zusammenstellung des Rotwelsch zu bieten, wie dies Hans *Groß* noch in der 1. bis 6. Auflage dieses Werkes versucht hat. Insoweit muß vielmehr auf einschlägige Publikationen verwiesen werden, was überdies deshalb gerechtfertigt erscheint, weil die praktische Bedeutung dieses Phänomens abgenommen hat. Immerhin dürfte es aus den eingangs genannten Gründen angezeigt sein, die Entwicklung der Gaunersprache an Hand der Epochen mit einer kleinen Blütenlese zu veranschaulichen, um dadurch zugleich die diesem Phänomen auch heute noch zukommende Bedeutung zu unterstreichen.

Aus der ältesten Epoche des Rotwelsch sind deutschstämmige, aber heute kaum noch gebräuchliche Wörter überliefert:

Breitfuß = Gans

Floßart = Wasser, später auch Suppe

Schref = Hure, Dirne

Für die Entwicklung des Rotwelsch war die zweite, vom 17. bis zum 19. Jahrhundert reichende Epoche besonders wichtig. Auf die hier besonders nachhaltigen Einflüsse des Hebräischen weisen etwa folgende Wörter hin:
Ganove = Dieb oder allgemein Verbrecher
Gauner, Jauner = Falschspieler oder allgemein Verbrecher
Sore = Beute, besonders Diebesgut
Kies = Geld
Moos = Geld
Schmiere = Wache, Polizei
Schmiere stehen = aufpassen, besonders beim Diebstahl
Macker = Freund
Schickse = Dirne, Mädchen
Tippelschickse = Wanderdirne, auch Landstreicherin
Nutte = Dirne
Kaff = Dorf
Kohl = unsinniges Gerede, Geschwätz, Schwindel
Schtuß = Unsinn, Dummheit
Kassiber = geheimes Schreiben (aus dem Gefängnis), Schmuggelbrief
Knast = Gefängnis oder Freiheitsstrafe, allgemein Strafe
koscher = rein, unverdächtig
naß = gratis, umsonst
ausbaldowern = auskundschaften
verschütt gehen = verhaftet werden

Auf zigeunerischen Ursprung werden folgende Wörter zurückzuführen sein:
Klisto = Polizist, Gendarm
Dubni = Dirne, Hure
Lówe = Geld
Schnuckel = Hund
duckern = wahrsagen

Kennzeichnend für die dritte, die jüngste Entwicklungsepoche des Rotwelsch dürften folgende Wörter sein:
Bulle oder Blauer = Polizist
Kadi = Richter
Grüne Minna = Gefangenentransportwagen
Verlobungsringe = Handschellen
Flittsch oder Flittchen = leichtes Mädchen, auch Mädchen
Pfiff = Kunstgriff, Trick
Schlepper = Bauernfänger bzw. sein Gehilfe
Leichenwagenbremser = Kunde ohne Handwerk, Arbeitsscheuer
link = falsch, schlecht
hoch gehen = verhaftet werden
singen = aussagen, ein Geständnis ablegen

Es versteht sich, daß dieser notgedrungen auf den deutschsprachigen Bereich begrenzte Überblick für andere Sprachen ergänzt werden muß, um die darin enthaltenen Erkenntnismöglichkeiten für Kriminalisten jener Länder nutzbar machen zu können. Hier aber kam es – wie gesagt – nicht auf eine erschöpfende Darstellung, sondern nur darauf an zu zeigen, welche Bedeutung der Sprache oder besonderen Sprachgebräuchen als einem nicht nur für die Verbrechenstechnik heute noch wesentlichen Phänomen zukommt.

Daher mögen einige Hinweise abschließend dartun, daß es auch in anderen Sprachgebieten ähnliche Möglichkeiten und Arbeiten gibt.

In England etwa hat *Hutton* 1527 das Liber Vagatorum in das Englische übersetzt und im Jahre 1566 der Friedensrichter *Harman* versucht, die Sprache der englischen Gauner systematisch zu erfassen. Umfassendere Publikationen über „Slang" und „Cant" haben dann das 19. und 20. Jahrhundert gebracht, wobei außer England auch die Verhältnisse in den Vereinigten Staaten von Nordamerika berücksichtigt worden sind.

Auch in Frankreich hat man sich intensiv mit der dortigen Gaunersprache, dem sog. „argot" (auch louchebaum, largonje oder janais genannt) befaßt, wenngleich es sich dort von Anfang bereits mehr um einen Verbrecherjargon im Sinne eines professionellen Dialekts und nicht so sehr um Ausdruck eines sozialen Phänomens gehandelt zu haben scheint. Neuerdings versteht man darunter nur die niedere Umgangssprache.

Für das spanische Sprachgebiet liegen ebenfalls Veröffentlichungen über die dortige Gaunersprache (Germanas) vor; z.T. beziehen sie sich bereits auf süd- und mittelamerikanische Länder wie beispielsweise Mexiko.

Mit der italienischen Gaunersprache hat sich bereits *Lombroso* in seinem „L'uomo delinquente" befaßt. Er fand bald in *Niceforo* und *Mirabella* Nachfolger.

Bei den slawischen Völkern kann die Gaunersprache anscheinend auf ein besonders hohes Alter zurückblicken. Auch hier gibt es naturgemäß spezielle Untersuchungen für die einzelnen slawischen Sprachen.

III. Gebräuche

Neben der Sprache gibt es ferner Gebräuche oder bestimmte Formen des Brauchtums, die allgemein oder doch in gewissen Bereichen für das Verbrechertum charakteristisch sind. Obwohl diese Phänomene in erster Linie vom Kriminologen erforscht und gedeutet werden müssen, erscheinen doch einige Hinweise speziell für den Kriminalisten unerläßlich.

Groß/Seelig (8/9) II-1 ff.

Außer auf die Gaunerzinken, welche gegenüber früher erheblich an Bedeutung verloren haben, soll hier auf Geheimschriften als Kommunikationsmittel und auf andere Tricks eingegangen werden.

1. Gaunerzinken

Früher ungleich häufiger, aber zuweilen heute noch anzutreffen sind die Gaunerzinken, zu denen man im weiteren Sinne wohl auch die Zinken der Bettler und solche Zinken rechnen kann, wie sie vor allem in früheren Zeiten von Wanderhandwerkern oder von Zigeunern benutzt worden sind.

Groß/Seelig (8/9) II-29 ff.

Allerdings sind hier die Quellen selbst für die jüngere Vergangenheit naturgemäß viel spärlicher als bei der Gaunersprache; die ersten Nachweise datieren aus dem 16. und 17. Jahrhundert. Sie stammen von der Obrigkeit, die im Zusammenhang mit der Verfolgung straff organisierter „Mordbrenner-Banden" berichtet, diese hätten ein ganzes System von „Zeichen“ entwickelt. Der Ausdruck „Zinken“ – das Wort bedeutet Zeichen, Signum – ist sogar erst für das 18. Jahrhundert nachweisbar; ein 1728 in Ludwigsburg erschienenes „Jaunerverzeichnis“ verwendet ihn in dem geschilderten Sinne.

Anders aber ist das Wort „Zinken“ im Zusammenhang mit dem Falschspiel, etwa dem Zinken von Spielkarten, zu verstehen, bei denen das Markieren ein Übertölpeln der Mitspieler ermöglichen soll. Dies ist daher später im speziellen Zusammenhang zu behandeln.

Derartige Zinken bilden als ein Mittel der Kommunikation in gewissem Sinne ein Gegenstück zur Gaunersprache, da es sich hier um Zeichen handelt, mit denen man sich untereinander verständlich machen konnte, ohne daß Außenstehende den Sinn der Information ohne weiteres verstanden. Die besondere Funktion solcher Zinken ist zuerst im Zusammenhang mit dem Bettlerunwesen deutlich geworden. Hier ging es vor allem darum, etwas über Gebefreudigkeit und überhaupt Verhalten der Bewohner eines Hauses oder eines Dorfes mitzuteilen. Im Zusammenhang mit dem Verhalten anderer Menschen wurden dann auch Gefahren im kleineren oder größeren Bereich zum Gegenstand von Zinken.
Kommt es bei allen Zinken demnach auf die Möglichkeit einer sinnlichen Wahrnehmung durch denjenigen an, dem man sich auf diese Weise verständlich machen möchte, so lassen sich doch mehrere Arten von Zinken unterscheiden. Außer an graphische oder sonst optisch wahrnehmbare Zeichen wie Gebärden oder Mienenspiel ist ferner an akustische Zinken, z.B. Warnsignale, zu denken. Insgesamt aber läßt sich wohl sagen, daß in Deutschland ebenso wie in anderen mitteleuropäischen Ländern der Gebrauch von Zinken in den letzten Jahrzehnten erheblich abgenommen hat. Das dürfte aufgrund der gesellschaftlichen Entwicklung und der modernen Nachrichtentechnik, die breiten Kreisen andere und bessere Kommunikationsmöglichkeiten eröffnet hat, der allgemeine Trend sein, wenngleich die Dinge sich in einzelnen Ländern oder Gebieten auch heute noch etwas anders darstellen mögen.

a) Die **graphischen Zinken,** die nachweisbar seit dem 16. Jahrhundert von Bettlern, anderen fahrenden Leuten und zunehmend von Gaunern als Nachrichtenmittel verwendet worden sind, kommen als Schriftzeichen, Zahlen, bildliche oder symbolische Darstellung vor.

Streicher, Hubert: Die graphischen Gaunerzeichen – Kriminol. Abh. H. 5 – Wien 1928; *Wolf,* Siegmund A.: Gaunersprache – in: HdwKrim (2) I-251 f.; *Pagel,* Friedrich: Haben „Gaunerzinken“ in der heutigen Zeit an Bedeutung verloren? – der kriminalist 1973-100 ff.

Von den allgemeiner üblichen Gaunerzinken, die z.T. bereits lokale und individuelle Besonderheiten aufweisen, lassen sich, obwohl es insoweit Übergänge gibt, Bettler-, Zigeuner- und Wanderhandwerkerzinken unterscheiden.
Bei den allgemeinen Gaunerzinken geht es durchweg um Nachrichten, die für Verbrechensbegehung oder Strafverfolgung bedeutsam sind. Als Grundform dieser graphischen Zinken ist wohl der Pfeil anzusehen, der die Richtung angibt, in die man sich gewendet hat.

Aber selbst durch Zusätze verfeinerte oder andere Formen – etwa das Gitter als Warnung vor Gefahr – modifizierte Zinken waren kein wirkliches Äquivalent für das Rotwelsch, weil der Sinn dieser Zeichen doch nur einem begrenzteren Personenkreis bekannt war. Zudem minderte sich das Bedürfnis nach Kommunikation mithilfe von Zinken in dem Maße, in welchem auch in den unteren Bevölkerungsgruppen das Analphabetentum abnahm.

Die echten Gaunerzinken, die mitunter nur schwer von Bettler- oder Landstreicherzinken zu unterscheiden sind, hatten bei den Mordbrennerbanden zunächst anscheinend mehr die

Funktion einer Markierung, wie sie heute noch der Förster im Wald bei zu fällenden Bäumen anwendet. Manchmal sollte der Zinken, wenn er nach der Tat angebracht wurde, wohl ähnlich wie ein Wappen auf den oder die Täter hinweisen. Bald aber kam sicherlich die Funktion einer Verständigung hinzu.

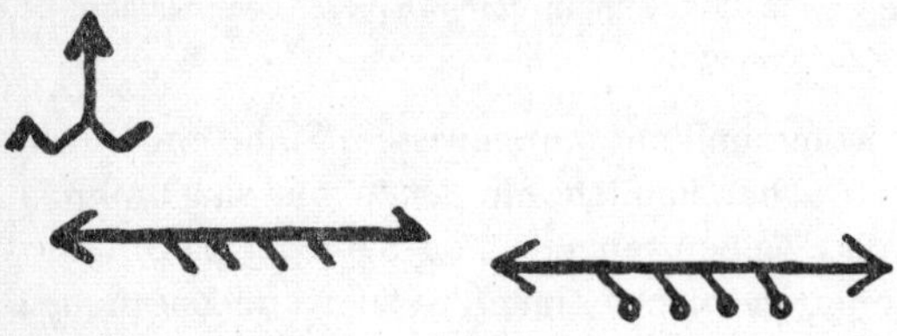

Abb. 6.1. Alte Mordbrennerzeichen.

Abb. 6.2. Modifizierte Mordbrenner-Zinken (Tiroler Bande „Maysskōpf")

Die kleinen vertikalen Striche „oben am Pfeil" geben die begangenen Taten und die horizontalen „unten am Bolzen" die Zahl der Genossen an.

In der Folgezeit sind die Gaunerzinken nicht nur vielfältiger, sondern auch deutlicher auf die Information zugeschnitten, wie die nachstehenden Zinken aus dem 19. Jahrhundert zeigen, die der Karmayrischen Sammlung entnommen sind.

a) b) c) d) e) f)

Abb. 6.3. a) verhaftet; b) verhaftet und dreimal verhört; c) verhaftet und ein Jahr bekommen; d) leugnen; e) gestehen; f) Geständnis widerrufen.

Mitunter wird der als Wegweiser zu verstehende Pfeil auch mit „Wappenzinken" verbunden.

Abb. 6.4. Wappenzinken des M.H. samt Datum und Richtung mit Angabe der Begleiter.

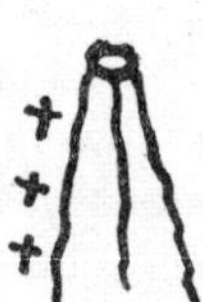

Abb. 6.5. Weggabelung; die drei Kreuze weisen auf den richtigen Weg hin.

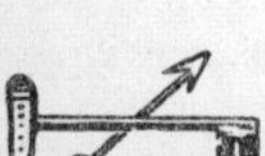

Abb. 6.6. Einbrecherzinken.

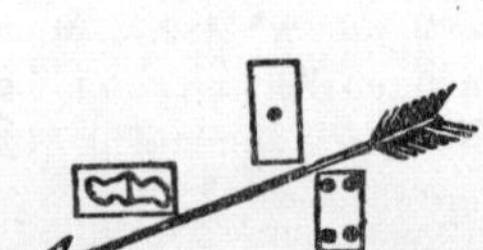

Abb. 6.7. Zinken eines reisenden Falschspielers.

Mit der Zeit werden die graphischen Zinken immer mehr durch Zahlen und Schriftzeichen – insb. auch die an die Stelle der Wappenzinken tretenden Spitznamen – bereichert. Gegen Ende des 19. Jahrhunderts fand Hans *Groß* u.a. folgende Zinken:

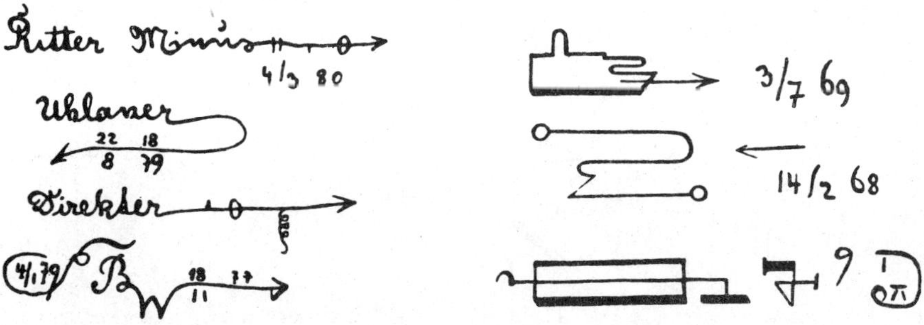

Abb. 6.8. Gaunerzinken aus dem 19. Jahrhundert.

Ein Beispiel für mehr bildlich geformte Gaunerzinken ist der folgende Mordbrenner-Zinken, der gegen Ende des 17. Jahrhunderts an einer einsamen Waldkapelle in Thüringen gefunden wurde:

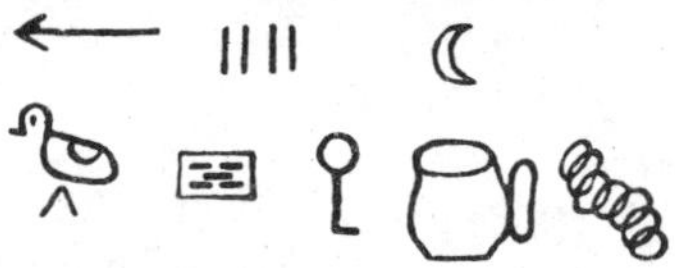

Abb. 6.9. Die erste Zeile bedeutet, das vierte Haus in Richtung des Pfeiles solle in der Nacht des (nächsten) letzten Mondviertels überfallen werden. In der zweiten Zeile bestätigen fünf Gauner Kenntnisnahme dieser Nachricht und sagen ihre Mitwirkung zu.

Bei derartigen Bilderzinken, bei denen eine unmittelbare bildliche Darstellung, da anscheinend zu leicht zu entziffern, selten ist, stößt man vereinzelt auf Gebilde, die einem Bilderrätsel nahekommen.

Abb. 6.10. Der in einem Zuge gezeichnete Papagei, der auf die Sprachfertigkeit des Herstellers anspielt, ist die Marke eines bekannten Einbrechers. Kirche und Schlüssel bedeuten das Vorhaben eines Einbruchs in das Gotteshaus am Ort. Die drei Gegenstände auf dem Strich stehen für das im alten steiermärkischen Bauernkalender zu findende Zeichen des heiligen Stephanus, der als Märtyrer gesteinigt wurde; daraus war zu entnehmen, daß der Einbruch am 26. Dezember durchgeführt werden solle. Das daneben zu sehende Wickelkind weist als Zeichen der Geburt des Heilands auf den 25. Dezember hin, der demnach als Zeitpunkt des Treffens zu diesem Vorhaben angesehen werden mußte. Gendarmen und Gericht, die sich auf Zinken verstanden und sich hinsichtlich der liturgischen Aspekte vom Pfarrer unterstützen ließen, fanden nicht nur diesen Sinn heraus, sondern konnten am Weihnachtstag bei der Waldkapelle, an welcher dieser Zinken angebracht war, drei berüchtigte Gauner dingfest machen.

Weniger glücklich ist die Geschichte des folgenden Zinkens, der Ende des 19. Jahrhunderts erst einige Tage, nachdem ein Gendarm auf einer einsamen Waldstraße durch unzählige Messerstiche ermordet worden war, an einer halbverfallenen Mauer nicht weit vom Tatort gefunden wurde.

Abb. 6.11. Der Zinken, der vor dem Tod des Gendarmen angebracht worden sein mußte, da er vom Regen verwaschen war, obwohl es nach der Tat nicht mehr geregnet hatte, kann nur als Androhung oder Aufforderung zum Mitwirken beim Gendarmenmord gedeutet werden. Die über dem grob karikierten Kopf des Gendarmen sichtbaren vier Messer sind unverkennbar.

1915 wurde in Graz der folgende Bilderzinken gefunden:

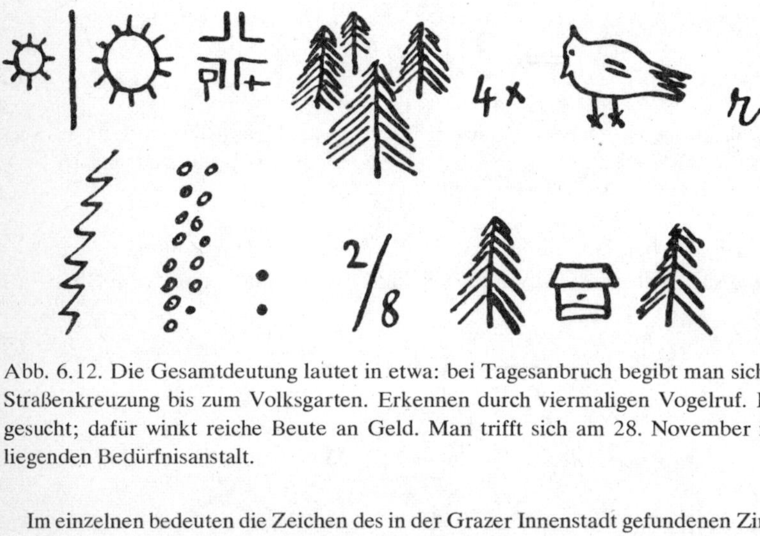

Abb. 6.12. Die Gesamtdeutung lautet in etwa: bei Tagesanbruch begibt man sich auf den Weg von der Straßenkreuzung bis zum Volksgarten. Erkennen durch viermaligen Vogelruf. Es wird Unterstützung gesucht; dafür winkt reiche Beute an Geld. Man trifft sich am 28. November in der im Volksgarten liegenden Bedürfnisanstalt.

Im einzelnen bedeuten die Zeichen des in der Grazer Innenstadt gefundenen Zinkens:

1. Zeichen: Zwischen Mond und Sonne, d. h. bei Tagesanbruch
2. Zeichen: Standort bei dem Haus, an dem der Zinken angebracht worden war; gegenüber Haltestelle der Straßenbahn durch entsprechendes Schild angedeutet
3. Zeichen: Bäume, die offenbar auf den in der Nähe liegenden Volksgarten hinweisen sollen
4. Zeichen: Viermaliger Vogel-r(uf)
5. Zeichen: Unterstützung gesucht
6. Zeichen: Viel Geld
7. Zeichen: Doppelpunkt wie Achtung auf das Folgende
8. Zeichen: Datum, wahrscheinlich 28. (November)
9. Zeichen: Häuschen zwischen Bäumen; wahrscheinlich die im Volksgarten liegende Bedürfnisanstalt gemeint

Vielfach und früher schon deutlicher ist die Funktion des besonderen Nachrichtenmittels bei den **Bettlerzinken** zu erkennen, die sich hierzulande noch bis in die 30er Jahre gut feststellen ließen, dann aber ebenfalls seltener geworden sind. Wanderhandwerker- und auch Zigeunerzinken kommen in Deutschland jetzt praktisch nicht mehr vor. Immerhin seien als Beispiele für diese früher bedeutsamen Arten von Zinken einige genannt, die sich vor allem auf das Betteln beziehen.

a) b). c)

Abb. 6.13. In diesem Hause a) erhält man etwas, b) und c) erhält man nichts.

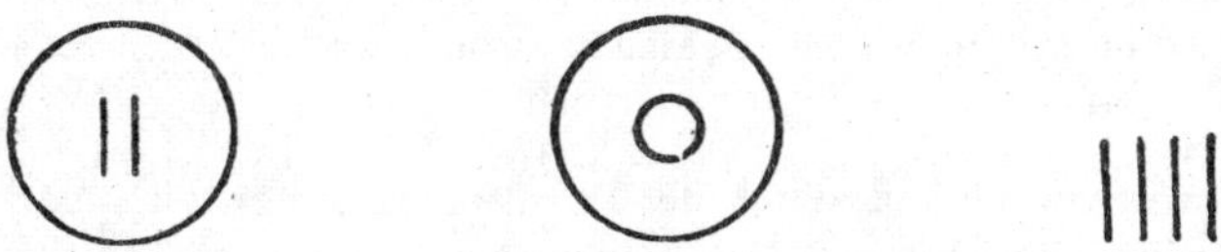

a) b) c)

Abb. 6.14. a) Hausinhaber ruft Polizei; b) Hier erhält man Geld; c) Es wird nur gegen Arbeit gegeben.

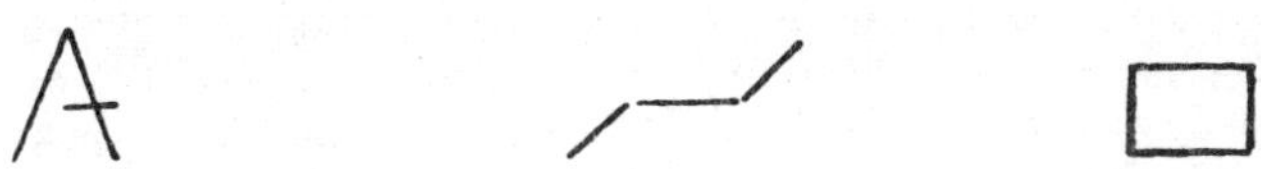

a) b) c)

Abb. 6.15. a) Hier wohnen Frauen, die sich leicht beschwatzen lassen; b) Hier bissiger Hund! c) Hier wird nichts gegeben.

Ähnliche Zinken sind übrigens auch bei Bettlern und Landstreichern in England sowie Frankreich in Gebrauch gewesen.

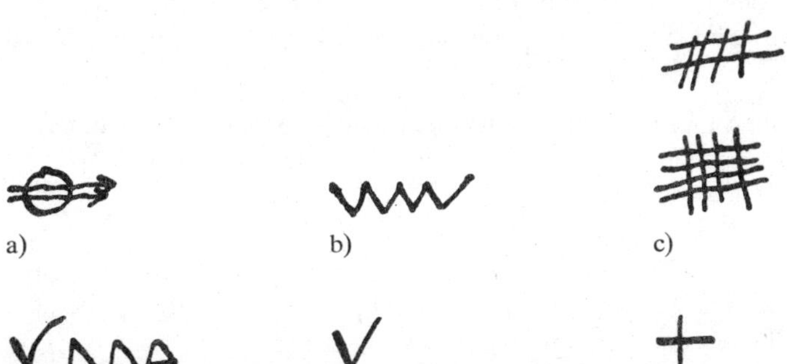

a) b) c)

d) e) f)

Abb. 6.16. a) Feindselige Bewohner; b) Bissiger Hund; c) Gefahr oder Gefängnis droht; d) Mitleidige Frauen; e) Ein Kranker bekommt etwas; f) recht fromm tun.

Auch in den Vereinigten Staaten verwendeten Landstreicher noch im 20. Jahrhundert derartige Zinken.

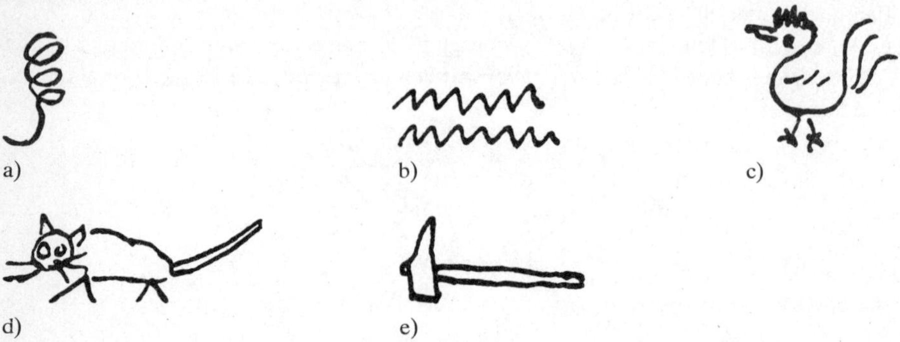

Abb. 6.17. Nordamerikanische Zinken (Anfang 20. Jahrh.) a) Vorübergehen! Hier nichts zu machen; b) Bissiger Hund!; c) Alarmglocken; d) Nur Frauen im Haus; e) Man bekommt etwas, muß dafür aber arbeiten.

Zum Erkennen und Entziffern derartiger Zinken, die in der Praxis nicht immer leicht von äußerlich ähnlichen Schmierereien, wie sie etwa von Kindern, auf Aborten u.dgl. angebracht werden, ist zu sagen, daß sie gewöhnlich in Größe und Farbe unauffälliger als Wandschmierereien sind. Dasselbe gilt ihrem besonderen Zweck entsprechend ebenso für die Fundorte. Die angestrebte Unauffälligkeit erschwert naturgemäß auch eine systematische Suche.

Immerhin kann man sich bei einer solchen Suche doch an den verfolgten Zwecken etwas orientieren. Während beispielsweise Bettler für Zinken dem nicht Eingeweihten wenig auffallende Plätze in der Nähe von Wohnungs- oder Haustüren vorziehen, finden sich Gaunerzinken mehr an solchen Orten, an denen der damit angesprochene Personenkreis zu verkehren pflegt. Hier ist an den Bahnhofsbereich, an Haltestellen anderer öffentlicher Verkehrsmittel und an gewisse Vergnügungsstätten, aber auch an Örtlichkeiten im Justizbereich wie Zellen oder Haftanstalten zu denken, wo Gefangene informieren oder informiert werden wollen.

Beim Entziffern oder Lösen derartiger Zinken kann man, anders als bei der wirklichen Geheimschrift, davon ausgehen, daß die Zinken als Ersatz für die Schrift fungieren, was früher – wie gesagt – wichtiger als heute war. Immerhin zeigen die vor allem aus der Vergangenheit stammenden Zinken, daß vielfach nur ein kleiner Kreis Eingeweihter den Sinn dieser Zeichen zu deuten vermochte, zu dem eben aber auch die Kriminalisten gehören sollten.

b) Neben den graphischen sollen hier noch die **akustischen Zinken** erwähnt werden, deren man sich – insb. als Verständigungs- und Warnrufe – mitunter auch heute noch bedient.

Groß/Seelig (8/9) II-57 ff.

Noch mehr als im städtischen Bereich sind derartige Verständigungsmittel im ländlichen Gebiet oder im Walde gebräuchlich. Im Walde und überhaupt in entsprechenden Gegenden werden nachts Stimmen von Tieren nachgeahmt, wie sie dort auch sonst zu ertönen pflegen. Denn dann ist der gut nachgeahmte Ruf eines Tieres nicht verfänglich; z.T. kann man ihn auch mit Pfeifen und anderen Instrumenten imitieren. Am meisten wird unter den geschilderten Umständen wohl der Eulenschrei – insb. der des kleinen Kauzes und der des Steinkauzes – verwendet.

Aber auch Falkenpfiff, Wachtelruf oder Hahnenschrei sind benutzt worden. In der Nähe von Gewässern hat man Unkenrufe oder Froschgequake imitiert. Bei Vernehmungen ist daher ggf. auch nach derartigen Tierrufen zur Zeit der Tat zu fragen.

Fungieren derartige akustische Zeichen als Warnrufe, so brauchen sie nicht einmal verabredet zu sein, weil beispielsweise bei einem Einbruch ein Pfiff oder selbst ein Räuspern des Komplizen nur auf Gefahr hindeuten kann. Dennoch hat es in früheren Zeiten auch allgemeiner für Warnrufe typische Worte gegeben wie „Lampen", „Lewon" oder „Maandschien" (= Mondschein).
Im Zusammenhang mit solchen akustischen Zinken stehen gewisse Formen der Verständigung, wie man sie vor allem aus Gefängnissen kennt, wo sie früher bei der möglichst strikten Trennung der Gefangenen wohl noch bedeutsamer waren. Man berichtet, daß Gefangene sich durch das Zitieren von Zahlen – z.T. als angeblich Irrsinnige – oder zwei Juden sich durch wechselndes Singen von Psalmen verständigt haben, bei denen es nicht auf den geistigen Inhalt, sondern nur auf die Zahl ankam. Am meisten verbreitet ist von diesen Verständigungsformen in den Strafanstalten aber wohl die Klopfsprache (franz.: Langage frappé; jüdisch-deutsch: Hakesen). Man hat zeitweilig sogar bauliche und andere Vorkehrungen dagegen getroffen. Die Systeme der Klopfsprache können recht einfach sein.
So produziert man beispielsweise einmal so viele Klopftöne, wie das der Stellung des gewünschten Buchstabens im Alphabet entspricht (einmal = a; zweimal = b; dreimal = c usw.). Ein Nachteil dieser Form der Verständigung ist allerdings, daß auch andere diese Information relativ leicht verstehen können. Das gilt selbst dann noch, wenngleich der Kreis Eingeweihter hier schon begrenzter ist, sofern man – was seit Erfindung und Verbreitung der Telegraphie möglich ist – das Morsealphabet benutzt. Ein anderes System, dessen man sich bei der Klopfsprache bedient hat, ist das sog. „Quadrieren", bei dem jeder Buchstabe aus zwei Klopfreihen zusammengesetzt ist, wie das in einem Beispiel die folgende Abbildung wiedergibt.

	1	2	3	4	5
1	a	b	c	d	e
2	f	g	h	i	k
3	l	m	n	o	p
4	q	r	s	t	u
5	v	w	x	y	z

Abb. 6.18. Bei dieser Klopfsprache durch „Quadrieren" bedeutet also 2 + 1 = b, 3 + 2 = h usw.

Dieses System spart nicht nur weithin an der benötigten Zahl der Klopftöne, sondern ist auch dann nicht so einfach zu entschlüsseln, wenn man die durch eine vor dem nächsten Buchstaben eingelegte größere Pause erkennbare Zweiergruppe erfaßt.

c) Abschließend seien noch die von Hans *Groß* ausführlicher behandelten **gestischen Zinken** erwähnt, die auch Jagd-, Fehm- oder Grifflingszinken genannt werden.

Groß/Selig (8/9) II–50ff.

Wir können uns hier kurz fassen, da sie heute vor allem noch bei Vernehmungen eine Rolle spielen, weshalb sie besser in jenem Rahmen zu behandeln sind. Doch muß hier zumindest gesagt werden, daß Verbrecher sich mit ihnen sogar in Gegenwart ihrer Opfer verständigen können, ohne daß dies von Uneingeweihten bemerkt werden muß. Auch bei Zigeunern soll eine derartige Zeichensprache noch recht verbreitet sein. Derartige Gesten sind heute am ehesten noch als Kennzinken – insb. beim Falschspiel – gebräuchlich. Obwohl derlei Dinge besser in den speziellen Zusammenhang solcher Verbrechenstechniken passen, sei hier doch auf zwei Handstellungen hingewiesen, mit deren Hilfe man sich mit einem Komplizen verständigen konnte, der diese Handstellung wiederholte.

Abb. 6.19. Gestische Kennzinken der Gauner.

Schließlich ist bekannt, daß außer dem „Scheinlingszwack", der dem allgemeinen Augenzwinkern verwandt ist, auch Warngesten vereinbart werden können, mit deren Hilfe ein mit den Verhältnissen vertrauter Warner den eigentlichen Täter informiert. Hier mögen diese wenigen Hinweise genügen, weil darauf später noch zurückzukommen sein wird.

2. Geheimschriften

Ein anderer Brauch, der als allgemeine Technik insb. auch kriminell lebender Menschen hier behandelt werden soll, ist die Verwendung von Geheimschriften. Der Charakter einer Geheimschrift kann einmal darauf beruhen, daß die Schrift für den normalen Betrachter unsichtbar gemacht wird, zum anderen darauf, daß die Schrift nach einem besonderen System umgestaltet wird, also nicht mehr in der üblichen Weise zu entziffern ist.

Die Geheimschriften sind also nicht mit heimlichen schriftlichen Mitteilungen, z.B. sog. Kassibern von Strafgefangenen oder an sie, zu verwechseln. Selbstverständlich können auch solche Kassiber mit einer auf Anhieb unsichtbaren oder chiffrierten Geheimschrift arbeiten.

Zbinden S. 53; *Franzheim,* Ludwig; Tarn- und Geheimschriften in Kassibern und Gefängnisbriefen – Arch. f. Krim. Bd. 120, S. 40 ff. (1957); *Franzheim,* Ludwig: Tarn- und Geheimschriften – in: TbKrim X, S. 226 ff. (1960); *Huelke,* Hans-Heinrich: Kriminaltechnik – in: HdwKrim (2) II-185 ff.

a) Unsichtbare Geheimschriften

Die unsichtbaren Geheimschriften haben, obwohl sie auch im kriminellen Bereich noch immer wieder vorkommen, anders als etwa im geheimdienstlichen Sektor gegenüber früher erheblich an Bedeutung verloren.

Langen, Bernhard/*Nippe,* Martin: Unsichtbare Geheimschriften und deren Erkennung – in: Hdb. d. biol. Arbeitsmethoden, hrsg. v. Emil Abderhalden, Abt. IV, Teil 12, 2. Hälfte, H. 3 – Berlin/Wien 1932; *O'Hara/Osterburg* S. 494 ff.

Dabei handelt es sich um uralte Praktiken. So waren bereits im Jahre 183 v.Chr. *Herodot* Pflanzensäfte bekannt, mit denen man in an sich harmlosen Schriftstücken Nachrichten verstecken konnte, die man „geheim" halten wollte.

Daß Geheimschriften dieser Art auch anderen Zwecken dienen konnten und können, beweist der Rat, den *Ovid* im Jahre 43 v.Chr. den Römerinnen erteilte, die ihre Liebesbriefe mit Milch schreiben und diese Schrift durch Aufstreuen von Kohlepulver wieder sichtbar machen sollten. *Plinius wiederum zog im Jahre 23 n.Chr. Pflanzensäfte vor.*

Aber auch in anderen Völkerschaften finden sich Geheimschriften. So empfahl der Araber *Abd-al-latif* um 1200 n.Chr. herum, mit dem weißen Milchsaft der Feige zu schreiben, der sich durch Erwärmen am Feuer rot färbe.
Je näher wir der Gegenwart kommen, desto differenzierter werden Techniken für „unsichtbare" Geheimschriften, wozu insb. das Verfeinern chemischer Erkenntnisse beigetragen hat. So konnte beispielsweise *Locard* im 19. Jahrhundert etwa siebzig Gruppen von chemischen Verbindungen zusammenstellen, die – mit jeweils einem Reagenz für die Sichtbarmachung – für diese Zwecke geeignet waren. Aber auch dies ist, wenn man an die Brauchbarkeit gewisser organischer Stoffe wie Urin oder Speichel denkt, gewiß nur ein kleiner Ausschnitt.

Zudem kann man, wie bereits die Beispiele aus der Antike zeigen, nicht nur mit chemischen Wirkungen, sondern auch durch Verwenden von Staub oder Asche, durch Erwärmen oder Anfeuchten verborgene Schriftzeichen sichtbar machen. In diesen Rahmen gehört schließlich die Druckdurchschrift, bei der ein feuchtes Stück Papier auf einer glatten, harten Fläche – z.B. Glas – durch Beschreiben eines darüber liegenden Blattes „beschriftet" wird. Ist nach dem Trocknen, bei dem besondere Wärme vermieden werden soll, auch nichts mehr zu erkennen, wird doch die Schrift wieder sichtbar, wenn man das so behandelte Papier in Wasser taucht.

Die größte Schwierigkeit bereitet es bei derartigen unsichtbaren Geheimschriften zu erkennen, daß ein anscheinend harmloser Gegenstand, insb. ein unverfänglich erscheinendes Schriftstück, solche verborgenen Nachrichten enthält. Arbeitet der Schreiber, wie das bei Gefangenen die Regel ist, mit wasserhaltigen Geheimtinten, so kann man die Geheimschrift u.U. bereits daran erkennen, daß die Satinage des Papiers mehr oder weniger deutlich angegriffen, der Oberflächenglanz gestört worden ist. Und selbst wenn man einen derartigen Verdacht hegt, ist zu bedenken, daß zur Sichtbarmachung ganz verschiedene Methoden anzuwenden sind und diese sich z.T. sogar ausschließen.

So kann beispielsweise eine Geheimschrift wie die Druckdurchschrift, welche durch Anfeuchten erkennbar gemacht wird, durch vorheriges Erhitzen vernichtet werden. Auch helfen ansonsten nützliche kriminaltechnische Methoden wie die Analysenquarzlampe in diesen Fällen mitunter kaum. Dennoch sollte der Kriminalist bei Verdacht des Vorliegens einer Geheimschrift nicht selbst experimentieren, sondern sofort einen mit chemischen, physikalischen und anderen Methoden in diesem Bereich gut vertrauten Sachverständigen beiziehen.

b) Geheimschriften mit Chiffriersystem

Dasselbe gilt für Geheimschriften, die auf der Grundlage eines Chiffriersystems hergestellt sind, wenngleich die tatsächliche Situation hier eine ganz andere zu sein pflegt, obwohl sich auch Fälle finden, in denen beide Techniken miteinander verbunden werden. Von eigentli-

chem Chiffrieren sind Praktiken der Markierung zu unterscheiden, bei denen man auch von Tarnschriften spricht.
Die **Tarnschrift** ist sichtbar und ohne weiteres zu lesen, ergibt aber mittels einer Markierung (z.B. durch Punkte, Nadelstiche, überstrichene Unter- oder Oberlängen) einen besonderen Sinn. Bei genauer Untersuchung des Schriftstücks bereiten solche Tarnschriften kaum Schwierigkeiten.
Anders ist das bei der zum Chiffriersystem überleitenden **Phantasieschrift,** die darin besteht, daß an sich unverfängliche Begriffe oder Worte für Beteiligte einen ganz anderen Sinn haben, der natürlich vorher vereinbart sein kann. Selbstverständlich kann man unter diesen Voraussetzungen auch technische Manipulationen – z.B. an der Zähnung der Briefmarken – benutzen, um verdeckt Nachrichten zu übermitteln.
Die **Chiffriersysteme,** die wiederum von den staatlichen Geheimdiensten zur Perfektion entwickelt worden sind, weisen erhebliche Unterschiede auf.
So kann die Chiffre einmal darin bestehen, daß aus einem an sich unverfänglich erscheinenden Schreiben der wirkliche Text mithilfe des sog. Code herausgesondert wird. Hier muß also dieser Code bekannt sein oder ermittelt werden. Man spricht hier zuweilen von „Abzählschriften", weil der Code in einer bestimmten Zählweise zu den für die Geheimschrift wesentlichen Buchstaben führt.
Anders ist die Situation bei einer Geheimchfiffre, die als solche erkennbar ist, weil der Text für den uneingeweihten Betrachter keinen Sinn ergibt. Bereitet hier der Umstand, daß eine Geheimschrift vorliegt, auch keinerlei Schwierigkeiten, so bietet doch das Entziffern die eigentlichen Probleme.

In einfach gelagerten Fällen, in denen man andere Buchstaben oder auch Zahlen zur Kennzeichnung von Buchstaben verwendet, kann man entweder über etwa vorhandene Zeichensetzung, Wortgruppierungen oder aber durch Vergleiche mit der üblichen Häufigkeit – auf die jeweils benutzte Sprache bezogen – zum Ziel kommen.

Aber auch bei einer Geheimschrift im Chiffriersystem muß sich der Kriminalist in aller Regel eines Sachverständigen bedienen, der mit den Methoden der Dechiffrierkunde besonders vertraut ist.

3. Kniffe, Tricks und andere Bräuche

Neben Zinken und Geheimschriften gibt es selbstverständlich noch mancherlei Kniffe, Tricks und andere Gebräuche oder Praktiken, deren sich Kriminelle in solchem Ausmaß bedienen, daß sie sich schon hier in einem allgemeinen Überblick behandeln ließen.

Groß/Seelig (8/9) II-1 ff.

Dennoch erscheint es uns, um Wiederholungen zu vermeiden und den wohl wichtigeren speziellen Zusammenhang zu erfassen, als ratsam, sich an dieser Stelle zu beschränken, um derartige Phänomene jeweils im speziellen Zusammenhang genauer zu behandeln.
So sollen beispielsweise Praktiken, die wie das Verändern des Aussehens oder die Maskierung benutzt werden, um die Identifizierung zu erschweren, beim Erkennungsdienst (§ 13) behandelt werden, soweit nicht ein Eingehen darauf bei bestimmten Formen kriminellen Verhaltens angezeigt ist. Dasselbe gilt für das Verwenden falscher Namen, während andere unrichtige Angaben wohl besser im Zusammenhang mit der Vernehmung (§ 21) zu erörtern

sind, soweit sie nicht sogar wie das Vortäuschen von Krankheiten oder anderer Leiden bereits bei den einzelnen Verbrechenstechniken geschildert werden müssen.

IV. Aberglaube. Okkultismus

Aberglaube und der darauf fußende Okkultismus greifen zwar auch in unserer Zeit noch weit über den Bereich kriminellen oder sonst sozial abweichenden Verhaltens hinaus. Dennoch ist bereits hier auf dieses Phänomen einzugehen, weil es nicht nur manche Verbrechenstechniken prägt, die sonst ziemlich unverständlich bleiben, sondern es z.T. in besonderem Maße Bräuche im kriminellen Milieu beeinflußt. Zudem können sich auch sonst daraus kriminalistisch brauchbare Anhaltspunkte ergeben, um von der für den Kriminologen wichtigeren kriminogenen Wirkung ganz abzusehen.

Groß/Seelig (8/9) II-122 ff., 111 ff.; *Schäfer,* Herbert: Der Okkulttäter (Hexenbanner – Magischer Heiler – Erdenstrahler) – Diss. Bonn – Bonn 1958; *Leithäuser,* Joachim G.: Das neue Buch vom Aberglauben. Geschichte und Gegenwart – Berlin 1964; *Hennings,* Elsa: Aberglaube – in: HdwKrim (2) I-1 ff.; *Gottschalk,* Herbert: Der Aberglaube. Wesen und Unwesen – Gütersloh 1965; *Haack,* Friedrich-Wilhelm: Hexenwahn und Aberglaube in der Bundesrepublik. Eine Dokumentation – München 1968; *Wimmer,* Wolf: Die merkwürdige Wissenschaft der Spuk-Professoren. Neue „Ergebnisse" der Parapsychologie – Kriminalistik 1970-329 ff.; *Prokop,* Otto (Hrsg.): Medizinischer Okkultismus – Paramedizin – 3. Aufl. – Jena 1973; *Prokop,* Otto: Naturwissenschaft contra Parapsychologie – Arch. f. Krim. Bd. 154, S. 100 ff. (1974); *Prokop,* Otto/*Wimmer,* Wolf: Der moderne Okkultismus – Stuttgart 1976 (Literaturstand: Oktober 1975).
Aus der älteren Literatur:
Hoffmann-Krayer/Bächtold-Stäubli, H.: Handwörterbuch des deutschen Aberglaubens – 10 Bände – Berlin/Leipzig 1927–1942; *Zucker,* Konrad: Psychologie des Aberglaubens – Heidelberg 1948.

Bei den überwiegend noch relativ harmlos erscheinenden Formen des Okkultismus wie Kartenlegen, Wahrsagen oder Horoskopen sind heutzutage die Grenzen zur Unterhaltung als einer zwar im Ergebnis unnützen, aber üblicherweise nicht schädigenden Freizeitgestaltung des öfteren fließend. Gefährlicher wird es bereits, wie viele besondere Verbrechenstechniken zeigen, wenn sich Okkulttäter wie beispielsweise Hexenbanner, magische Heiler, Erdentstrahler oder sonstige Wundertäter des Aberglaubens anderer Menschen bedienen, um relativ mühelos eigennützige kriminelle Ziele zu erreichen. Und schließlich gibt es sogar Formen oder Begleitumstände der Kriminalität, die sich unmittelbar auf den Aberglauben von Rechtsbrechern zurückführen lassen.
Der Begriff „Aberglaube" ist nicht einfach zu erfassen, da man sich bei seiner Definition häufig negativer Werturteile bedient, welche sich infolgedessen leicht umkehren lassen. Zudem lehrt die Geschichte, daß Dinge, die lange Zeit als sozial üblich oder gar ehrenwert galten, später als abergläubisch erkannt, tabuisiert und z.T. sogar kriminalisiert worden sind. Im Kern geht es hier jedoch um einen Glauben, der etwas, was naturgesetzlich nicht zu beweisen ist, dennoch für wahr hält. Ist insoweit das Fehlen objektiv gesicherter Geltung für abergläubische Phänomene kennzeichnend, so darf man doch nicht verkennen, daß der gerade hier besonders deutliche Wandel nicht alles das, was man früher einmal „geglaubt" hat, zu beseitigen vermochte, sondern Reste davon – mehr oder weniger deutlich als abergläubisch apostrophiert – sich auch heute noch störend bemerkbar machen. Zudem haben zivilisatorische und technische Entwicklung nicht nur manche Erscheinungsformen des

Aberglaubens umgestaltet, sondern auch neue Formen entstehen lassen. Vielleicht sind sogar ganz moderne Entwicklungen ein besonderer Anreiz für diejenigen, die sie nicht zu erfassen vermögen oder sich von ihnen bedrängt fühlen, ihre Zuflucht im Aberglauben zu suchen.

Durch das Element des Glaubens werden oft auch die Grenzen zwischen Religion und Aberglauben fließend. Ein wesentliches Kriterium der Unterscheidung von einer religiös bedingten mystischen, oft passiven Grundeinstellung ist die für Okkultisten kennzeichnende aktive magische Haltung, die sehr leicht zu sozial gefährlichen Handlungen führen kann. Denn der Abergläubische will durch Magie sowohl die übersinnliche als auch die reale Welt beeinflussen. Stehen Aberglaube und der zu abergläubischer Aktivität tendierende Okkultismus in einer untrennbaren Wechselwirkung, so gilt dasselbe für Parapsychologie, Paramedizin u.dgl. Diese heute bei Okkultisten beliebten Termini sind nur andere Worte für Okkultismus oder beschränken sich auf besondere Bereiche desselben.

Bei der Vielfalt abergläubischer Phänomene ist wohl einleuchtend, daß es u.a. recht harmlos anmutende Formen gibt, bei denen – wie etwa bei Horoskopen in Tageszeitungen und Illustrierten sowie beim Legen von Patiencen – für viele der Charakter der Unterhaltung weitaus bedeutsamer ist als der einer okkulten Erkenntnis- oder Steuerungsmöglichkeit. Alle diese Dinge interessieren hier nur am Rande, da durch sie die öffentliche Sicherheit und Ordnung nicht in einer Weise gefährdet wird, die man bei kriminellem Verhalten voraussetzen sollte. Man kann und will nicht gut demjenigen Strafe androhen, der einer schwarzen Katze ausweicht oder der sich vor der Zahl 13 fürchtet; denn dadurch wird die Allgemeinheit nicht ernstlich bedroht. Dennoch gibt es nicht nur fließende Übergänge, sondern seit alters her enge Zusammenhänge zwischen Aberglauben und Kriminalität.
Bevor wir aber auf diesen Fragenkreis genauer eingehen, ist zunächst ein Überblick über die mannigfachen Erscheinungsformen des Aberglaubens angebracht, weil dadurch sowohl die Darstellung der einschlägigen speziellen Verbrechenstechniken erleichtert als auch der hier aufschlußreiche Gesamtzusammenhang verdeutlicht wird. Vom kriminogen wirkenden Aberglauben oder den zumindest das kriminelle Verhalten als tatauslösende Faktoren erklärenden Phänomenen sind zudem solche Erscheinungen zu unterscheiden, die man am besten als durch Aberglauben motivierte Begleitumstände krimineller Taten bezeichnen kann. Bei diesen Begleitumständen handelt es sich nicht um derartige Wirkungen, sondern um Dinge, die – obwohl sie mit der kriminellen Tat an sich nichts zu tun haben – für den Kriminalisten bei seiner Aufklärungstätigkeit dennoch recht aufschlußreich sein können. Sie hat Hans *Groß* gemeint, wenn er auf die aus Aberglauben (am Tatort) zurückgelassenen Dinge oder auf solche Gegenstände aufmerksam gemacht hat, die Verbrecher bei sich zu führen pflegen. Auf sie muß, da sie von den besonderen Verbrechenstechniken unabhängig sind, daher bereits hier eingegangen werden.

1. Erscheinungsformen des Aberglaubens

Die Erscheinungsformen des Aberglaubens sind nicht nur im Laufe der Zeiten, sondern auch noch in unserer Gegenwart so zahlreich und vielfältig, daß hier nur ein Überblick über das versucht werden kann, was gerade für Verbrechertum und überhaupt für Verbrechenstechnik aufschlußreich und wichtig ist. Die folgende Darstellung sollte aber nicht darüber hinwegtäuschen, daß es auch allgemeinere, für alle Formen des Aberglaubens mehr oder weniger Charakteristisches gibt wie beispielsweise die „okkulte Sprache", d.h. die Ausdrucksweise Abergläubischer und ihnen gemäße Sprachtechniken der Okkulttäter (dazu näher *Prokop* a.a.O. S. 29 ff.). Überhaupt sind gewisse typische Argumente, welche in der angeblichen „Beweisführung" Abergläubischer immer wiederkehren, für den Kenner recht aufschlußreich. Sie sind symptomatisch für das sowohl generell als auch in casu magische, d.h. primitive Denken. Darüber können Unterschiede der Formulierung nicht hinwegtäuschen, welche mit dem Bildungsstand zusammenhängen; denn eine abergläubische Haltung findet sich nicht nur bei intellektuell minderbemittelten oder unterentwickelten Menschen („Wilden"), sondern ebenso – wie wir sehen werden – in der Oberschicht und selbst bei Universitätsprofessoren.

a) Wahrsagerei

Die Wahrsagerei hängt mit der Sehnsucht vieler Menschen zusammen, einen Blick in die Zukunft tun zu können. Auch wenn dies in früheren Zeiten noch wichtiger als heute war, wo wegen besserer Kenntnisse von Kausalzusammenhängen im Naturgeschehen oder infolge auch in anderen Bereichen getätigter wissenschaftlicher Erkenntnisse zumindest in gewissem Umfange wissenschaftlich fundierte Voraussagen oder doch Prognosen möglich sind, bietet sich dem Aberglauben hier doch immer noch ein reiches Betätigungsfeld.

Während die Wissenschaften ihre Voraussagen oder Prognosen mit naturgemäß größerem oder geringerem Wahrscheinlichkeitsgrad aufgrund empirisch erforschter Kausalzusammenhänge oder an Hand sonst nachprüfbarer Faktoren machen, ist die in vielfältigen Formen auftretende Wahrsagerei genau das Gegenteil davon, nämlich eine Vorhersage von Künftigem aufgrund behaupteter übernatürlicher Zusammenhänge mit erkennbarem Gegenwärtigen. Dafür strapaziert man besondere „Fähigkeiten" wie die, ein noch nicht existentes künftiges Geschehen „außersinnlich" wahrnehmen zu können – ein glattes Leugnen des Kausalgesetzes also.

Kriminologisch und kriminalistisch ist Wahrsagerei deshalb bedeutsam, weil ein solcher Aberglaube es zweifelhaften Subjekten ermöglicht, durch mühelosen Gelderwerb dumme oder neugierige Mitmenschen auszubeuten.

Strafrechtlich relativ unproblematisch sind Fälle, in denen ein Täter, der selbst nicht die Richtigkeit seiner Angaben glaubt, dafür ein Entgelt fordert und annimmt; doch ist eine solche Bösgläubigkeit mitunter nicht leicht nachzuweisen, kann also gewissermaßen die „Einrede des (eigenen) Aberglaubens" eine Bestrafung verhindern.

Nach einer 1970 in der Bundesrepublik durchgeführten Erhebung ist mit 32% noch rund ein Drittel der Befragten davon überzeugt, daß man die Zukunft – einschließlich der kommenden Lotto-Glückszahlen – **sicher** voraussagen könne, was die praktische Bedeutung dieser Form des Aberglaubens unterstreicht.
Der Aberglaube an die Wahrsagerei hat seine Wurzel – wie gesagt – in dem bei vielen zu beobachtenden Bestreben, den über der Zukunft liegenden Schleier des Unbekannten zu lüften. Dabei ist es vom mehr spielerischen und unterhaltsamen Bleigießen in der Silvesternacht oft nur ein kleiner Schritt bis zu sozial bedenklichen oder u.U. sehr gefährlichen Praktiken, welche außer dem abergläubischen Opfer auch Dritte in Mitleidenschaft ziehen können.

aa) Wie groß die Reichweite derartiger Manipulationen sein kann, zeigt bereits die **Astrologie,** die nicht nur in anderen Kulturkreisen und schon in der Antike betrieben wurde, sondern die im 15. bis 17. Jahrhundert auch in Europa eine unvorstellbare Blütezeit erlebte, in welcher ihr nicht nur Könige, Fürsten und sogar einzelne Päpste, sondern auch zahlreiche

Gelehrte huldigten. Selbst so berühmte Wissenschaftler wie Johannes **Kepler** haben sich mit dem Horoskopieren befaßt, wie sein nachstehend abgebildetes erstes Horoskop für **Wallenstein** beweist.

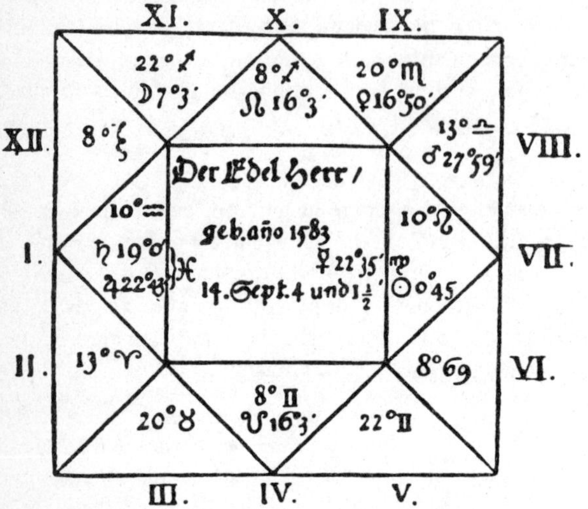

Abb. 6.20 Keplers erstes Horoskop für Wallenstein.

Gottschalk a.a.O. S. 11 ff.; *Boll/Bezold/Gundel:* Aberglaube und Sterndeutung – 5. Aufl. – Darmstadt 1966; *Prokop* a.a.O. S. 179 ff.; *Prokop/Wimmer* a.a.O. S. 7 ff.

Im Vergleich dazu nehmen sich die astrologischen Versuche unserer Zeit relativ bescheiden aus, wenngleich Horoskope gegenwärtig anscheinend zum festen Bestandteil mancher Presseerzeugnisse gehören. So überrascht es nicht, wenn in den 60er Jahren berichtet wird, daß in der Bundesrepublik etwa 30%, in Frankreich und den Vereinigten Staaten sogar rund 50% der Bevölkerung an Horoskope glauben. In Frankreich gab man schon damals jährlich 225 Millionen DM und in den USA sogar 400 Millionen DM pro Jahr für Astrologie aus. Zusammenschlüsse mit hochtrabenden Namen haben in Deutschland die Dachorganisation „Deutscher Astrologenverband e.V." geschaffen.

Selbst wenn man nicht alle Astrologen in einen Topf werfen kann, gibt nicht nur das Ausmaß, sondern auch der Umstand zu denken, daß selbst gebildete Menschen zu ihren Kunden zählen. Es sollen sich nicht nur Wirtschaftsführer, sondern auch Politiker regelmäßig astrologisch beraten lassen, was übrigens ebenso für dem Aberglauben gegenüber empfängliche Größen des Nationalsozialismus wie Heinrich Himmler und Rudolf Heß gegolten hat.

Die „Arbeitsweisen" sind auch heute noch recht verschieden. So geht z.B. die „höhere Astrologie" von einem Weltbild aus, dessen Mittelpunkt nach wie vor die Erde bildet.

Die spezielle Technik des Horoskopierens knüpft hier vor allem an den sog. Aszendenten an, den Grad eines der zwölf Tierzeichen zur Ekliptik in einem maßgeblichen Zeitpunkt, z.B. dem der Geburt eines Menschen. Zu diesem wird der Sternenstand in Beziehung gesetzt. Außer der genauen Zeit des fraglichen Ereignisses berücksichtigt man ferner die geographische Lage des betreffenden Ortes. Es würde zu weit führen, an dieser Stelle näher auf die erhebliche astronomische Rechnungsarbeit oder gar auf die sich daran anschließende Deutung des Horoskopes einzugehen, für die es eine Unzahl von Regeln gibt, welche sich überdies z.T. widersprechen. Neben besonderen Deutungen, die man den Tierkreisen beimißt, spielen vor allem die sieben Planeten, zu denen hier sogar die Sonne gezählt wird, eine Rolle, die oft an die Symbolik erinnert, welche man mit den für ihre Namen ausschlaggebenden Gottheiten verbindet. So gelangt man zu einer mehr oder weniger allgemein gehaltenen Vorhersage, an die ggf. Ratschläge geknüpft werden.

Da dieses System für die – insb. kriminelle – Praxis viel zu kompliziert ist, denn es setzt beträchtliche astronomische Kenntnisse und Rechenfähigkeiten voraus, haben sich vereinfachte Methoden herausgebildet, die man als „Vulgärastrologie" bezeichnen kann.

Hier werden statt eigener Berechnungen Tabellen zu Rate gezogen, die angeblich aufgrund der „Erfahrungen" der höheren Astrologie zusammengestellt worden sind. So wird im allgemeinen nach dem Geburtsjahr derjenige Planet bestimmt, der als „Jahresregent" anzusehen ist, und schon aus seiner Natur wird eine erste, allgemeine Deutung gewonnen. Nach dem Geburtstag wird sodann das Tierkreiszeichen bestimmt, woraus sich ein gewisser Menschentypus ergeben soll. Die hier üblichen Sprüche sind so bekannt, daß man sich eine Zusammenstellung ersparen kann. Gesagt sei nur, daß weitere Tabellen noch Deutungen für die 36 „dekane" und schließlich für jeden Kalendertag enthalten. Bemerkenswert für diese Technik ist, daß lediglich die Angabe des Geburtstages benötigt wird, Geburtsstunde und Lage des Geburtsortes als entbehrlich erscheinen.

Schließlich gibt es, was gerade Kriminalpraktiker bezeugen können, eine nur noch „astrologisch bemäntelte Wahrsagerei", bei welcher lediglich ein solcher Aberglaube finanziell ausgebeutet wird, ohne auch nur den Schein einer individuellen Horoskopherstellung zu wahren oder andeutungsweise den Versuch des Belegens der Angaben zu unternehmen. Hier handelt es sich um einen den blanken Schwindel notdürftig verschleiernden Trick, weshalb diese Arbeitsweise an die von Schwindelfirmen erinnert. Insbesondere die hektographierten oder „Computer"-Horoskope sind Lehrbuchfälle für betrügerischen Vorsatz von Okkulttätern.
Läßt sich über die letzte Modalität vernünftigerweise nicht diskutieren, muß die Kritik an der Astrologie im übrigen an ihre aus dem zuvor Gesagten erkennbaren Prämissen anknüpfen. Sicherlich ist die Abhängigkeit physikalischer und biologischer Vorgänge auf der Erde von den Vorgängen im Kosmos nicht zu bestreiten. Das gilt, was die Gestirne anlangt, aber nur für die Sonne und bestenfalls teilweise noch für den Mond. Ein Einfluß anderer Gestirne ist nicht nachweisbar. Zudem wirken sich die bei der Sonne anzuerkennenden Einflüsse ganz anders aus, als das die Astrologie wahrhaben will. Sie wirken sich nämlich klimatisch und jahreszeitlich aus, greifen damit in wirtschaftliche und sonstige Gegebenheiten der Lebensführung ein, können einzelne Menschen je nach Konstitution auch psychisch beeinflussen. Eben deshalb befaßt sich der Kriminologe ebenfalls mit diesen Wirkungen und ihren Folgen für menschliches Verhalten. Doch schon hier zeigt sich, daß die an sich für alle Menschen im fraglichen Gebiet gleichen Wirkungen sich beim Einzelnen z.T. recht verschiedenartig äußern. Da aber ersichtlich soziale und zivilisatorische Gegebenheiten heutzutage gewöhnlich stärker wirken, führt von diesen Zusammenhängen keine Brücke zu dem abergläubischen Unsinn, der uns in den verschiedenen Systemen der Astrologie entgegentritt.

Der sich vorwiegend aus der Identifizierung von Sternbildern und Planeten mit Gottheiten und mit deren Personifizierung ursprünglich scheinbar ergebende Sinn ist vielmehr bereits mit der Antike verloren gegangen. Eben deshalb sind die tatsächlich bestehenden kosmischen Einflüsse, selbst wenn sich unser Wissen über sie noch vermehren dürfte, doch ganz anderer Art, als das die Astrologie behauptet. Ihr liegt mithin keine irgendwie nachprüfbare Form wissenschaftlicher Erkenntnis zugrunde, weshalb sie in das Gebiet des Aberglaubens gehört. Daher sind Horoskope und sonstige astrologische deklarierte Vorhersagen nichts als z.T. imponierend drapierte Formen von Wahrsagerei.

bb) Ein anderes Gebiet der Wahrsagerei ist das **Handlesen** oder die Chiromantie, bei welcher man behauptet, die Zukunft eines Menschen aus den auf seiner Handfläche erkennbaren Linien und den sich auf ihr befindlichen Wölbungen deuten zu können. Mitunter nimmt man auch die Form der Hand, Stellung und Gestalt der Finger zur Hilfe.

Auch Praktiken des Handlesens sind zumindest schon den alten Griechen bekannt gewesen. Und bereits damals lassen sich Verbindungen zur Astrologie erkennen. Ebenso hat man es im europäischen Mittelalter mit der Handlesekunst versucht, was u.a. daraus hervorgeht, daß Thomas *von Aquin* sie als verwerfliche Wahrsagemethode bekämpfte. Der Aufschwung, den das Handlesen in der Neuzeit in europäischen Ländern genommen hat, hängt vermutlich mit dem Auftauchen der Zigeuner in Mitteleuropa zusammen. Übrigens wurde die Handlesekunst – ebenso wie die Astrologie – sogar an deutschen Universitäten – und zwar bis in das 18. Jahrhundert hinein – gelehrt.

Beim Handlesen verwendet man als Deutungsgrundlage vor allem die Handlinien sowie die Wölbungen oder „Berge“ der Handfläche, wie sie im Schema die folgende Abbildung wiedergibt.

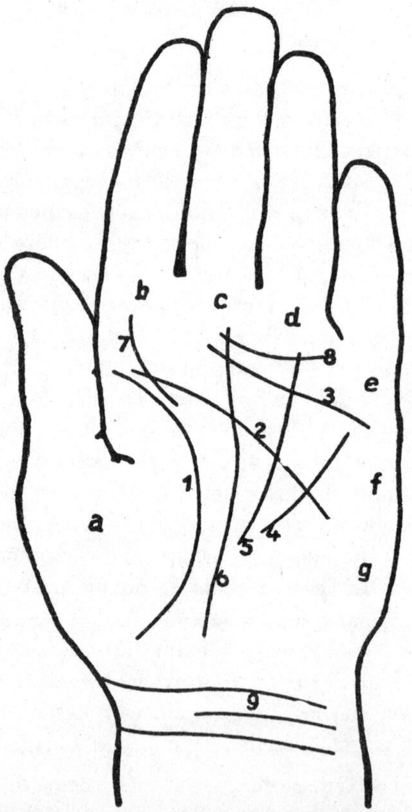

Abb. 6.21. Handlinien und Handberge: 1. Lebenslinie, 2. Kopflinie, 3. Herzlinie, 4. Magenlinie, 5. Sonnenlinie, 6. Schicksalslinie, 7. Marslinie, 8. Venusgürtel, 9. Rascette; a. Venusberg, b. Jupiterberg, c. Saturnberg, d. Sonnenberg, e. Merkurberg, f. Marsberg, g. Mondberg.

Als Hauptlinien gelten die Lebenslinie, aus der vor allem die Länge des Lebens – bei Unterbrechung die Möglichkeit gewaltsamen Todes – entnommen werden soll, die Kopflinie, aus der man sowohl auf Verstandes- und Phantasietätigkeit als auch auf hier lokalisierte Krankheiten oder Unfälle schließen will, und die Herzlinie, die außer auf Gemütsbeschaffenheit auch auf Herzleiden hindeuten soll. Entsprechender Sinn wird den Nebenlinien oder den durch die Linien gebildeten Figuren wie der „großen Triangel" (das durch Lebens-, Kopf- und Magenlinie gebildete Dreieck) oder dem „Tisch" (durch Herz-, Magen-, Kopf-und Saturnlinie gebildete Viereck) beigelegt. Eine zweite Deutungsgrundlage bilden – wie gesagt – die „Berge", die vor allem aus den Ballen unterhalb der fünf Finger bestehen und deren Deutung schon mit der astrologischen Zuordnung fixiert ist. So soll man beispielsweise aus dem Daumenballen als dem „Venusberg" etwas über das Liebesleben erkennen können. Manche beziehen auch die Größe der Daumenglieder in die Deutung mit ein. Größere Abweichungen von diesem Schema zeigen die Regeln, nach denen die Zigeuner beim Handlesen zu deuten pflegen.

Wer nur etwas von der biologischen Individualität und von der Wirkung unterschiedlicher Arbeit auf die menschlichen Hände weiß, muß die hier skizzierte Grundlage des Handlesens als abenteuerlich bezeichnen. Die sog. Handlesekunst mutet schon in ihrer Konzeption so närrisch an, daß sie unschwer als aufgelegter Schwindel zu qualifizieren ist. Selbst wenn das Handlesen nicht schon deshalb stets kriminellen Charakter haben muß, gehört es doch mit Sicherheit als eine Form der Wahrsagerei in den Bereich dumpfen Aberglaubens.

cc) In unserer Zeit noch immer verbreitet ist als Form der Wahrsagerei das **Kartenlegen** oder Kartenschlagen. Diese Form des Weissagens ist so alt wie die Karten selbst, deren Geschichte allerdings noch nicht völlig erforscht ist; doch darf man sicher annehmen, daß sie schon im Mittelalter aufgetaucht sind, weil sie in einer aus dem Jahre 1299 stammenden italienischen Handschrift erwähnt werden.

Vermutlich haben Araber die ersten Kartenspiele aus China und Indien nach Italien gebracht, von wo aus sie sich auf andere europäische Länder verbreiteten.

Daß bis in unsere Gegenwart hinein nicht nur einfache, mit Geistesgaben nicht sonderlich gesegnete Leute, sondern sogar Menschen mit hoher Intelligenz sich vom Kartenlegen beeindrucken lassen, liegt vielleicht mit daran, daß sich die Prozedur in Gegenwart des Fragenden abzuspielen pflegt, er also gewissermaßen Zeuge davon ist, was in den Karten steht und wie es enthüllt wird. Die Wahrsagerei aus Karten baut sich üblicherweise auf drei Teilvorgängen auf: der Symboldeutung der einzelnen Karten, dem Auslegen der Karten in bestimmter Anordnung, woraus sich eine Beziehung ergeben soll, und der Kombination, welche zur eigentlichen Vorhersage führen soll.

Die Symboldeutung der einzelnen Spielkarten ist zwar seit alters her überliefert, zeigt aber doch in Einzelheiten Abweichungen. Zudem läßt eine Karte oft mehrere Deutungen zu, weshalb man dann im Hinblick auf die Nachbarkarten die passendste auswählt. Zudem weichen viele Kartenleger nach einem „eigenen System" von den Grundregeln ab. Es können also nur mit Vorbehalten zur Illustration dieser seltsamen Kunst einige Beispiele für Symboldeutungen gegeben werden.

Herz-As:	Glück, besonders für Haus, Heim, Familie
Herz-König:	wohlwollende Persönlichkeit, vornehmer Herr
Herz-Dame:	die Geliebte bzw. die Fragende selbst
Herz-Bube:	der Geliebte bzw. der Fragende selbst
Herz-10:	Glück in der Liebe, Verlobung, Heirat
Herz-9:	Fröhlichkeit, Glück bei einem Vorhaben
Herz-8:	Glück, insbesondere Geburt eines Kindes

Herz-7:	gute Neuigkeiten, Präsent
Karo-As:	Brief, Nachricht (über Geld, Stelldichein)
Karo-König:	zweifelhafter Freund
Karo-10:	großes Geld in Aussicht
Karo-9:	kleines Geld in Aussicht, aber auch Ärger z. B. durch Klatsch
Treff-As:	Tod, Krankheit, Gefängnis
Treff-König:	Richter, Pfarrer, überhaupt hoher Herr oder Behörde
Treff-Dame:	Nebenbuhlerin, gefährliche Person
Treff-7:	Traurigkeit, schlechte Nachricht, häuslicher Kummer
Pik-As:	Reise, große Veränderung
Pik-König:	Witwer, älterer Herr
Pik-Dame:	Witwe, ältere Frau
Pik-Bube:	Dieb, überhaupt ein Unglück-Bringender
Pik-10:	Unbeständigkeit, Veränderung
Pik-7:	kleiner Weg

Insgesamt bedeuten also die roten Karten, insb. die Herz-Karten, Günstiges, während die schwarzen – vor allem die Treff-Karten – auf Ungünstiges schließen lassen.

Die sich hier anbietenden, z.T. verschiedenartigen Symboldeutungen sollen durch die zufällige Kartenlage fixiert werden und so eine auf den Einzelfall zugeschnittene Wahrsagung ermöglichen. Dafür bedient man sich verschiedener Auslegeschemata.

Sehr häufig legt man nach sorgfältigem Mischen einfach in vier Reihen jeweils acht Karten nebeneinander. Dann kann man zunächst jede Achterreihe für sich deuten, sie sodann mit den anderen in Verbindung bringen und sich auch auf Diagonale beziehen. Man kann dann auch weitere Legevorgänge anschließen, z.B. jede dritte Karte wegnehmen und sie auf eine andere legen, wodurch sich neue Ansätze für die Deuterei ergeben. Manchmal muß der Fragende zunächst einige Karten ziehen. Doch gibt es andere Auslegeschemata wie den „großen Stern", den „italienischen Stern" oder das „magische Kreuz"; bei diesen geht man von derjenigen Karte aus, die – z.B. Herz-Dame – die Fragende symbolisieren soll, um welche sodann die anderen Karten in bestimmter Reihenfolge gruppiert werden. Bei einer anderen Methode werden aus dem Kartenspiel 15 Blätter gezogen und fächerartig ausgebreitet.

Der sich an das Auslegen anschließende eigentliche Wahrsagevorgang, bei welchem die Kartenlegerin ihr „Können" zu beweisen hat, besteht vor allem in einer Kombinationsleistung. Die Kartenlegerin – Männer widmen sich seltener diesem Geschäft – hat es im Grunde völlig in der Hand, alles Beliebige aus den Karten herauszulesen. Ihre Eindruckskraft ist um so größer, je mehr sie über gute Menschenkenntnis verfügt, sich in die Wünsche des Fragenden einfühlen kann und geschickt alles das verwendet, was sie bereits weiß oder vom Fragenden im Zuge ihrer Tätigkeit erfährt. Eine gekonnte Formulierung, in welche der Fragende das ihm Passende hineinlegen kann, erhöht die „Treffsicherheit" der Vorhersage beträchtlich; sie kann schließlich so allgemein sein, daß sie eigentlich immer zutreffen muß.

Hierher gehören etwa Redensarten wie die „Sie haben eine Bekannte, die es zwar ehrlich meint, vor der Sie sich aber doch in acht nehmen müssen" oder „Jemand liebt Sie, wagt es aber nicht, es Ihnen zu gestehen".

Man kann ersichtlich bei zunächst allgemein gehaltenen, mehr tastenden Äußerungen durch Beobachten des Fragenden allmählich zu konkreteren, auf die gegenwärtige Situation zutreffenden Angaben kommen. Die Kritiklosigkeit der Kunden, die sich auf diese Weise „ausnehmen" lassen, erklärt vielfach die eindrucksvollen, weil als richtig erkannten Angaben.

Ein Beispiel dafür ist ein Fall, in welchem eine junge Dame eine ihr empfohlene Kartenlegerin aufgesucht und dieser nichts von ihrer Verlobung gesagt hatte. Ihre Annahme, daß am Kartenlegen doch etwas dran sein müsse, stützt sich allein darauf, daß die Kartenlegerin ihr u.a. prophezeit habe, es werde sich innerhalb von drei Monaten eine Veränderung ereignen, die für ihr weiteres Leben von Bedeutung sei. Als sie (!) nach drei Monaten tatsächlich ihre Verlobung gelöst hatte, stützte sie ihr Urteil allein auf die vieldeutige und als Trick beliebte Redensart der Kartenlegerin, welche sich ohne weiteres ebenso auf Heirat, Erbschaft, Berufswechsel, Domizilwechsel, Tod der Eltern usw. hätte beziehen lassen. Vielleicht ist die junge Dame durch diese Wahrsagerei sogar in denjenigen Zweifeln bestätigt worden, die sie möglicherweise bereits veranlaßt hatten, eine Kartenlegerin aufzusuchen; schließlich hat sie selbst dafür gesorgt, daß die ominöse Dreimonatsfrist dann auch wirklich eingehalten wurde.
Noch skurriler mutet ein Fall von Wahrsagerei an, der aus Wien berichtet wird. Dort übte in einem schmutzigen Café eine Kartenlegerin ihre Kunst für die Damen in der Damentoilette und für Herren im Vorraum zwischen Damen- und Herrentoilette aus. Sie ließ sich prompt von einem Antispiritisten hinter das Licht führen. Man ist geradezu versucht zu sagen, hier sei das Kartenlegen dort gelandet, wo es hingehört.

dd) Von der **Traumdeuterei** als einer weiteren Form des Wahrsagens sind selbstverständlich psychologische Untersuchungen sowohl über das Zustandekommen von Traumerlebnissen als auch über deren psychodiagnostische Auswertung zu unterscheiden. Im Zusammenhang mit dem Aberglauben geht es bei der Traumdeuterei einmal um das angebliche Wahrträumen, die Vorwegnahme eines später wirklich eintretenden oder erst dann wahrnehmbaren Erlebnisses im Traum, und zum anderen um die Zukunftsdeutung an Hand der Träume.

von Siebenthal: Die Wissenschaft vom Traum – Berlin 1953.

In den Bereich der Wahrsagerei paßt am besten der Aberglaube, daß man aus dem Inhalt der Träume etwas über die Zukunft entnehmen könne, die sich – wie man unter dem ungewöhnlichen Eindruck des Traumerlebnisses annahm – in derartigen Träumen offenbare.

Dieser Irrglaube findet sich bereits zur Zeit der Antike im Orient und erklärt die inbs. bei den Babyloniern zu beobachtende Sitte des Tempelschlafes. Dabei begaben sich Frauen zum Schlafen in den Tempel und ließen die daselbst erlebten Träume von den hoch angesehenen Traumdeutern auslegen. Ähnliches findet sich im alten Ägypten, bei den Griechen und den Hebräern, weshalb es nicht überraschen kann, daß auch dem Alten Testament zufolge Jahwe wiederholt zu Menschen im Schlaf gesprochen haben soll, um ihnen Befehle zu erteilen oder Künftiges zu offenbaren. Immerhin hat bereits Aristoteles kritisch dagegen Stellung genommen. Dies hat aber ebenso wie der aus dem erwähnten Grunde indifferente Standpunkt des Christentums später nicht verhindert, daß man die Zukunftsdeutung aus Träumen in ein „wissenschaftliches System" gebracht hat, sich die Traumdeuterei verbreitete und durch das Mittelalter bis in die Neuzeit erhalten hat.

Allerdings erfolgt heute jedenfalls in den zivilisierten Ländern die gewerbsmäßige Ausbeutung des Aberglaubens durch Traumdeuterei weniger dadurch, daß sich Menschen konkret als Traumdeuter betätigen, sondern mehr durch Produktion und Vertrieb dazu angeblich geeigneter Druckerzeugnisse wie etwa der „Ägyptischen Traumbücher" oder ähnlicher Schundliteratur. Hier soll jedermann durch Nachschlagen in dem nach Art eines Wörterbuchs angelegten Werk selbst seine Träume deuten können. Wie unsinnig die ganze Angelegenheit ist, beweist ein Blick in derartige Traumbücher, die zudem erhebliche Unterschiede aufweisen, wenngleich z.T. mit einer verbreiteten Begriffssymbolik gearbeitet wird.

Während man sich früher noch um eine Erklärung bemüht hatte, man z.B. Träume ausschied, die als Nachklingen von Wacherlebnissen oder als Konsequenzen körperlicher Empfindungen während des

Schlafes zu verstehen waren, herrscht heute völlig die Allegorie. So soll etwa das Morgenrot auf Glück oder Hoffnung hindeuten. Das Vage der Deutung erleichtert jedoch Scheinerfolge; auch kann man bei Nichteintritt der ursprünglichen Voraussage eine andere, folglich richtige Deutung als zutreffend erklären.

Insgesamt gesehen aber scheint die Traumdeuterei trotz sich modernisierender, pseudowissenschaftlicher Versuche im Abnehmen begriffen zu sein. Kriminologisch und kriminalistisch geht es zudem weniger um die merkwürdige Art des Gelderwerbs als darum, daß Abergläubische auf diese Weise in ihrem Verhalten den Mitmenschen gegenüber beeinflußt werden können, z.B. infolge solcher Traumdeuterei selbst noch im Strafverfahren den Falschen verdächtigen oder den wirklichen Täter entlasten.
Noch seltener sind heute Wahrsager, die in einem Traum in der Zukunft liegende oder doch noch unbekannte Ereignisse vorweggenommen haben wollen. Bei diesen Abergläubischen oder schlichten Okkulttätern, die dem „zweiten Gesicht" vergleichbar argumentieren, fehlt bisher jeglicher Ansatz für einen exakten Nachweis, der allein die Vermutung der Richtigkeit begründen könnte. Hier kann nichts anderes wie bei Hellsehen gelten.
Jedenfalls sprechen die Erkenntnisse der Psychologie über Schlaf und Traum nicht für einen richtigen Kern der Traumdeuterei, sondern eindeutig dagegen, weil Traumerlebnisse, welche sich nicht auf bereits wirklich Erlebtes oder die gegenwärtige Situation des betreffenden Menschen beziehen, keinerlei Bezug zur Realität haben, wenn man davon absieht, daß mit ihrer Hilfe u.U. die Persönlichkeit des Träumenden erschlossen werden kann. Dies hat aber gerade nichts mit seiner Außenwelt zu tun, auf die sich die traumdeuterischen Angaben und Vorhersagen beziehen sollen. Ihnen und damit der Traumdeuterei überhaupt fehlt folglich jede reale Basis.

ee) Vielleicht aber ist, worauf vor allem in den Vereinigten Staaten einiges hindeutet, mit **Populärtests** als Ersatz dafür eine neue Form des Aberglaubens kreiert worden, bei der aus vermeintlicher Seelenschnüffelei etwa nach dem Motto „Teste dich selbst" klingende Münze gemacht wird. Auch hier verschwimmen wieder die Grenzen von Unterhaltung und Aberglauben. Mit seriösen psychologischen Tests haben derartige Machenschaften nichts zu tun.

ff) Besonderer Beliebtheit erfreut sich in unserem Jahrhundert das **Pendeln,** bei dem es sich aber ebenfalls um einen uralten Aberglauben handelt, der beispielsweise schon für die Regierungszeit des römischen Kaisers *Valens* (364 bis 379 n.Chr.) nachzuweisen ist.

Damals wurden mehrere Nobiles wegen einer Verschwörung gegen den Kaiser angeklagt, bei welcher der Name seines Nachfolgers auf magische Weise festgestellt werden sollte. Aus dem Schwingen eines an einem Faden befestigten Ringes – eben des Pendels – über einem Metallgefäß, in dessen Rand die Anfangsbuchstaben des Alphabets eingraviert waren, wollte man auf den gewünschten Namen schließen.

Reimann in *Prokop* a.a.O. S. 109 ff.

Aus dem älteren Schrifttum:
Lehmann: Aberglaube und Zauberei – 3. Aufl. – Stuttgart 1925.

Das historische Beispiel gibt im Kern eine abergläubische Technik wieder, die man heute gewöhnlich das siderische Pendel nennt, was bezeichnenderweise u.a. von Desiderium (Wunsch, Sehnsucht) abgeleitet ist. Ob dabei nun statt des Fadens ein Bindfaden oder ein Menschenhaar verwendet wird, ist letztlich ebenso belanglos wie eine andere Beschwerung oder ein Ersatz für das Metallgefäß mit dem eingravierten Alphabet. Im übrigen weist nicht nur die Handhabung mancherlei Verschiedenheiten auf, sondern werden mit dem Pendel auch recht verschiedenartige Zwecke verfolgt. Soweit jedoch auf diese Weise eine Krankheitsdiagnose ermittelt werden soll, fällt das in den Bereich des magischen Heilens, weshalb wir uns hier auf andere Ziele und Zukunftsdeuterei mithilfe des Pendels oder ähnlicher Instrumente beschränken wollen.

Daß man früher, z.B. im 30jährigen Krieg, mit dem Pendel auch Leben oder Tod von Soldaten auf dem Schlachtfeld feststellen wollte, sei ebenso am Rande erwähnt wie die Tatsache, daß es während des 2. Weltkriegs in Berlin eine offizielle Stelle gegeben hat, in der man nicht nur mithilfe eines auf eine Seekarte gelegten Schiffsfotos den eventuellen Untergang des abgebildeten Schiffes, sondern mit Fotos von Besatzungsmitgliedern sogar deren Überleben meinte feststellen zu können.

Ebenso sollte eigentlich nur Heiterkeit erregen, wenn man mit dem siderischen Pendel den unbekannten Liegeplatz von Toten, bei Schwangerschaft die Prognose Junge oder Mädchen, Fundorte verlorener Gegenstände oder gar die Echtheit von Schmuck eruieren will.

Die häufigste und primitivste Methode in den hier zu behandelnden Fällen ist die, bestimmte Fragen des Kunden durch das Pendel beantworten zu lassen, wobei Hin- und Herschwingen üblicherweise ein Nein und eine Kreisbewegung ein Ja bedeuten soll. Als Unterlage verwendet man, sofern die Frage im Zusammenhang mit einer Person steht, gern etwas von dieser Stammendes. Außer irgendeinem Gebrauchsgegenstand oder einem Brief soll dank der Fortschritte der Technik hier – wie die oben erwähnten Beispiele zeigen – auch ein Foto von Nutzen sein. So eindrucksvoll die Szenerie für den abergläubischen Augenzeugen sein mag, bleibt dennoch unerfindlich, wie etwa ein Fotoabzug das geheimnisvolle Fluidum des betreffenden Menschen enthalten soll.
Im übrigen dürfte die Art und die Richtung der Pendelschwingungen, sofern diese nicht einfach bewußt manipuliert werden, was gewiß nicht selten ist, bestenfalls von unbewußt durch Wunschvorstellungen geleiteten Bewegungen der Hand (Ideomotorik) des Pendlers abhängen. Auch anderweitig läßt sich das „Mitschwingen" beobachten. Überdies lehrt die Erfahrung, daß man selbst bei bestem Willen ein Pendel nicht längere Zeit vollkommen ruhig halten kann. Die überhaupt für gewisse abergläubische Vorstellungen wichtige Rolle solcher Zitterbewegungen hat vor allem *Lehmann* schon vor vielen Jahrzehnten grundlegend untersucht. Auch sonst lassen sich manche zunächst seltsam erscheinende Phänomene des Pendelns durch physikalische Analysen nüchtern erklären.
Gibt es mithin sicherlich mancherlei Erklärungen für das Schwingen des Pendels, so lassen sich doch die dafür von Okkultisten verantwortlich gemachten „Körperstrahlen" leider nicht physikalisch messen. Ferner sind auch hier vielfältige, kritisch angelegte Kontrollen eindeutig negativ ausgefallen (vgl. hier etwa die Zusammenstellung in Tabelle 6 bei *Reimann* in *Prokop* a.a.O. S. 119). Damit aber hängt die ganze Pendelei im wahrsten Sinne des Wortes in der Luft, weil sich die sich darauf stützende Prophetie mangels realer Basis in ein Nichts auflöst.

gg) Es gibt noch mancherlei **andere Geräte** außer dem Pendel, deren man sich bei der Wahrsagerei bedient. Wohl in Anlehnung an den „magischen Spiegel", in welchem man früher bei Hersagen bestimmter Zauberformeln das Bild des oder der künftigen Geliebten oder aber einer „Hexe" erblicken zu können glaubte, ist ein kleiner Guckkasten konstruiert worden, der vor allem von zigeunerischen Wahrsagerinnen benutzt worden ist.

Durch das Guckloch erblickt man mittels eines Spiegels ein Bild, das von einer seitlich angebrachten Walze oder dgl. stammt, auf der verschiedene Bilder – vorzugsweise von Personen – angebracht sind.

Ähnelt nun etwa das ihm durch Bewegung der Walze vom Wahrsager gezeigte Bild in etwa einer Person, die er schon im Verdacht hatte, so ist der Kunde jetzt durch den Guckkasten von ihrer Schuld fest überzeugt und zahlt gern den verlangten Lohn.

Wir wollen hier nicht mehr an so seltsame Dinge wie das „Erbsieb", den Blutstropfen auf dem Fingernagel oder gar an eben früher zwar häufige, gegenwärtig aber kaum mehr gebräuchliche Modalitäten der Wahrsagerei erinnern wie die Punktierkunst, die man schon gegen Ende des 15. Jahrhunderts zu einem komplizierten System entwickelt hatte.

Diese Punktierkunst hängt nicht nur mit der „Geomantie" der alten Chaldäer zusammen, die aus zufällig im Sand gebildeten Figuren wahrsagen sollten, sondern auch mit der Astrologie. Während man früher einfach Punktreihen in den Sand oder auf Papier machen mußte, an welche die Deutung anknüpfte, hat man diese primitive Technik später durch komplizierte Tafeln zu verdecken gesucht.

Das alles erinnert einen an die von der schulischen Lateinlektüre her hinreichend bekannten Auguren, welche u. a. aus Gedärm oder sonstigem Gekröse etwas über künftiges Kriegs- bzw. Lebensglück entnehmen zu können glaubten. Da derartiges „Erkenntnismaterial" in unserer Zeit schon infolge hygienischer Maßnahmen rar geworden ist, bedienen sich Wahrsager eben des nunmehr reichlich anfallenden Kaffeesatzes oder anderer Abfälle. Diese über Jahrhunderte hinweg zu beobachtende Anpassungsfähigkeit zeigt deutlich, daß die Praktiken dieser falschen Propheten, die hingebungsvoll im dunklen Kaffeesatz oder anderem Unrat rühren, und damit die ganze Wahrsagerei ebenso wie das „Erkenntnismaterial" auf den Kehrichthaufen gehört. Der Nutzeffekt aller dieser Techniken ist mithin sicher nicht größer als eine Methode, von der man gegen Ende des 19. Jahrhunderts aus Paris berichtet hat (Gilles *de la Tourette:* Der Hypnotismus und die verwandten Zustände vom Standpunkt der gerichtlichen Medizin, Hamburg 1889). Danach sollen „vornehme Pariser Zauberinnen" es vermocht haben, anstatt aus den Handlinien auch aus den Falten des Hodensackes recht hübsch wahrzusagen.

b) Hellsehen. Telepathie

Hellsehen oder Telepathie führen uns vielleicht noch deutlicher als Wahrsagerei in Vorstellungen des Okkultismus; Namen und Praktiken sind hier eher noch vielfältiger. Während es bei der Telepathie um Dinge wie das Gedankenlesen, die Gedankenübertragung oder das Fernfühlen geht, stellt man beim Hellsehen – auch als Clairvoyance, Psychoskopie, Freisehen oder, in seltsamem Vorgriff, Fernsehen genannt – mehr auf den Sehsinn ab. Ganz unentwegte Okkultisten glauben allerdings sogar an ein „Hellriechen" und „-schmecken".

Groß/Seelig (8/9) II-193 ff.; *Gubisch,* Wilhelm: Hellseher. Scharlatane. Demagogen. Eine experimentelle Untersuchung zum Problem der außersinnlichen Wahrnehmung und der suggestiven Beeinflussung einzelner Menschen und Menschenmassen. Kritik an der Parapsychologie – München/Basel 1961; *Herren,* Rüdiger: Okkultismus und Verbrechen. Zum Problem der sog. Kriminaltelepathie – Kriminalistik 1964-476 ff. 567 ff.; *Prokop* a.a.O. S. 59 ff.; *Bassin/Platonov:* Verborgene Reserven des höheren Nervensystems – Stuttgart 1973; *Prokop/Wimmer* a.a.O. S. 119 ff.

Kriminalistisch interessieren vor allem zwei Dinge. Einmal sind diese Erscheinungsformen des Aberglaubens ein besonders beliebtes Gebiet für betrügerische Machenschaften, wobei man vielfach mit einem „Medium" arbeitet. Zum anderen könnte sich uns in der Kriminaltechnik die Frage stellen, ob man derartige Methoden bei der Verbrechensaufklärung oder -vorbeugung benutzen darf oder gar soll (sog. Kriminaltelepathie), sofern auf diesem Wege wirklich sonst unbekannte Sachverhalte erfaßt werden könnten.

Auch hier geht es nicht darum zu entscheiden, ob es die von Telepathie und Hellsehen vorausgesetzten Phänomene überhaupt gibt, sondern allein darum, ob die angeblich erarbeiteten Methoden in sich folgerichtig sind und die erzielten Ergebnisse nachweisbar in nennenswertem Umfang zutreffend und somit für die kriminalistische Praxis brauchbar sind. Mehr als bei der Wahrsagerei fühlt man sich hier zuweilen daran erinnert, daß neu entdeckte Erscheinungen wie die Hypnose von der offiziellen Wissenschaft geleugnet oder – im konkreten Beispiel bis in die zweite Hälfte des 19. Jahrhunderts hinein – für unmöglich erklärt und als Täuschung deklariert wurden. Es geht kriminalistisch also mehr darum, methodische Fehlerquellen genau zu erfassen, um gerade die hier nicht seltenen bewußten Tricks zum Zwecke der Täuschung erkennen zu können.

Ein genaues Studium der Geschichte des Okkultismus bringt nicht nur das hierfür notwendige Erfahrungswissen mit sich, sondern sicherlich ebenso die hier gewiß gebotene kritische Einstellung und Skepsis. Denn die Entwicklung des Aberglaubens im hier zu behandelnden Bereich ist außer einer Geschichte menschlicher Irrungen zugleich weithin ein Prospekt mehr oder weniger raffinierter Schwindeleien. Selbst gutgläubige Berichte großer Gelehrter können ein ganz unrichtiges Bild vermitteln, weil die wichtigsten Fehlerquellen übersehen werden.

Ein Beispiel dafür ist ein Bericht von Immanuel *Kant* über die Vision, die *Swedenborg* Ende September 1756 kurz nach seiner Ankunft in Göteborg um 6 Uhr nachmittags von einem großen Feuer in Stockholm gehabt haben soll. Da er dem Gouverneur am nächsten Morgen alle Einzelheiten des Brandes beschrieb, die erste Staffette aus Stockholm aber erst am Montag abend eintraf, war oder besser wäre die Übereinstimmung verblüffend, wenn nicht manches an Kants Bericht problematisch erschiene. Denn dieser Bericht ist erst zwei Jahre nach dem Ereignis verfaßt worden. Er beruht zudem auf Angaben eines Freundes von Kant, der überdies die Vision Swedenborgs nicht selbst miterlebte, sondern sich nur in Göteborg und Stockholm durch Gespräche mit Leuten vergewissert hatte, die sich an diese merkwürdige Geschichte angeblich noch genau erinnerten. Man braucht sich hier nur das vor Augen zu führen, was die Psychologie der Aussage gelehrt hat, um zu erkennen, wie groß in diesem Falle die Zahl der Fehlerquellen war, und daß mit einem Bericht aus zweiter Hand, der sich auf Angaben von dritter Seite stützt, kein wirklich sicherer Nachweis erbracht werden kann.

aa) Unter **Telepathie** versteht man das Übertragen eines seelischen Inhalts von einem Individuum auf ein anderes ohne sinnliche Wahrnehmung materieller Vorgänge, wie sie etwa Sprache, Schrift oder Ausdrucksbewegungen darstellen. Trotz dieser theoretisch klaren Beschreibung sind in der Praxis die Grenzen zum Hellsehen nicht immer gleich deutlich. Etwas wäre schon damit gewonnen, wenn man Telepathie auf anwesende Personen begrenzen würde, obwohl auch telepathische Erlebnisse zwischen weit von einander entfernten Personen behauptet werden, etwa ein Mensch den zu derselben Zeit erfolgten Tod eines Abwesenden gespürt haben soll. Noch wichtiger ist jedoch die Abgrenzung derartiger, angeblich echter Fälle von Phänomenen, die Hans *Groß* Trick- und Salontelepathie genannt hat. Denn hier kann von einer etwaigen Gedankenübertragung keine Rede sein. Vielmehr geht es bei der Tricktelepathie, die auf primitiven Jahrmarkts- oder sonstigen Vergnügungsveranstaltungen geboten wird, um eine vorweg besprochene, plumpe Zusammenarbeit des auf der Bühne sitzenden „Mediums“ mit demjenigen, der es vorführt.

Schon durch die Form der eigenen Fragestellung kann hier nach einem vereinbarten Schlüssel die Antwort des „Mediums“ vorprogrammiert werden. Man hat festgestellt, daß durch mehr abgestufte sprachliche Fassungen auf diese Weise (sog. Geheimcodes) mehrere hundert Gegenstände signalisiert werden können.

Demgegenüber ist das Verfahren bei der Salontelepathie bereits verfeinert. So wird dem „Telepathen“ beispielsweise eine in seiner Abwesenheit vereinbarte Aufgabe gestellt, einen etwa im Raum versteckten Gegenstand zu finden oder eine „Bewegungsaufgabe" auszuführen. Eine beliebige Person aus dem Publikum, die konzentriert an diese Aufgabe zu denken hat, muß den „Telepathen" führen. Ursprünglich ging es darum, aus den Bewegungen der Kontaktperson zu erkennen, ob die eigene Bewegung richtig oder falsch ist, was weniger auf ein Gedanken-, sondern mehr auf ein Muskellesen hinausläuft. Eine verfeinerte Methode, die u.a. auf unbewußte akustische Äußerungen des Publikums abstellt, ermöglicht sogar den Verzicht auf eine Kontaktperson. Mit Telepathie aber hat das alles, so verblüffend eine derartige Fähigkeit sein mag, nichts zu tun. Vielmehr entpuppt sich das, was für Parapsychologen eine Sensation darstellt, nicht selten als plumper Schwindel.

So behauptete der 1950 im Münchener Hotel „Regina" auftretende Hellseher *Strobel,* er könne einem kilometerweit entfernten Rundfunksprecher seinen Willen aufzwingen. Tatsächlich wurde die laufende Rundfunksendung vom Sprecher unterbrochen, der die vom Hellseher angeblich fixierten Worte „Regina Karo Dame" über den Sender gab. Dem angeblichen Nervenzusammenbruch lag, wie sich bald herausstellte, ein Schmiergeld von 300 DM zugrunde, das vom Strafrichter in 3 Monate Gefängnis umgerechnet wurde.

Für die Telepathie, die übrigens gut in das physikalische Weltbild der Gegenwart zu passen scheint, bleibt also die immer noch stattliche Zahl von Berichten über Erscheinungen wie die, daß man das „Anmelden" eines Sterbenden verspürt, plötzliches Denken an bestimmte Personen, die zu dieser Zeit Besonderes – etwa ein Unglück – erleben müssen, Ahnungen, die sich später als „begründet" erweisen, z.B. einen bestimmten Zug oder eine gewisse Linienmaschine nicht zu benutzen. Genauere Analyse ergibt auch hier, daß es sich überwiegend um Ammenmärchen handelt, die entweder auf autosuggestive Täuschung oder aber auf Fehlerquellen zurückzuführen sind, wie sie bei Kants Bericht über Swedenborgs Vision angedeutet worden sind. Es bleibt – wie meistens im Aberglauben – ein Rest, bei welchem Fehlerquellen nicht nachweisbar sind. Fehlt es andererseits an nachprüfbaren positiven Beweisen, so ist die unsichere Beweislage, bei welcher sich u.U. ein Schwindel oder Zufall nicht überzeugend nachweisen läßt, gewiß kein hinreichender Grund dafür, in Strafverfahren „Kriminaltelepathen" als brauchbare oder doch unschädliche Erkenntnismittel einzusetzen. Obwohl die Antwort insoweit heute kaum mehr zweifelhaft sein sollte, gehört sie doch besser in den Rahmen des kriminaltechnischen Beweises durch Sachverständige (§ 15-IX-C).
Jedenfalls sind kritisch angelegte und nüchtern durchgeführte Experimente, die einen Nachweis für Telepathie erbringen sollten, ebenso negativ verlaufen wie jenes, welches 1968 vom Fernsehen (SFB) ausgestrahlt worden ist. Bei derartigen Experimenten ist insb. die mathematische Analyse der Treffsicherheit zu beachten, damit nicht Zufallstreffer leichtfertig als „Beweis" gewertet werden.

bb) Beim **Hellsehen** geht es nicht um das Übertragen von Gedanken ohne sinnliche Wahrnehmung, sondern um ein dem Sehen vergleichbares Erfassen oder Erfühlen von Sachverhalten, die zwar typischerweise in der Zukunft liegen, aber auch – sofern sie bisher nicht allgemeiner bekannt sind – in Gegenwart oder Vergangenheit liegen können. Es fehlt also auch hier an einer sinnlichen Wahrnehmung und selbst deduktives oder induktives Denken sollte keine Rolle spielen. Typische Formen des Hellsehens sind außer dem bereits erwähnten Wahrtraum die sog. „Spökenkieker" oder das sog. „zweite Gesicht", mit dem man zukünftige Ereignisse soll „schauen" können, oder der angeblich im willkürlich herbeigeführten Trancezustand mögliche Blick in Verborgenes von Gegenwart und Vergangenheit.

Nach einer 1958 in der Bundesrepublik durchgeführten Erhebung sollen noch 53% der Befragten an das „Zweite Gesicht" glauben; lediglich 36% sprachen sich dagegen aus, während 11% unentschieden waren. Selbst wenn bei der Quelle *(Bender)* einige Zweifel an der Repräsentativität bestehen mögen, ist auch diese Form des Aberglaubens doch sicher noch recht verbreitet.

Die Wundersucht des Publikums ermöglicht hier naturgemäß zahlreiche betrügerische Tricks, mit denen insb. dann zu rechnen ist, wenn sich Hellseher und Medium gewerbsmäßig für Entgelt zur Verfügung stellen. Was für „Treffer" gehalten wird, ist im übrigen, wie bei der Wahrsagerei ausgeführt, häufig besonderem Einfühlungsvermögen dieser Okkulttäter oder ihrer Formulierungskunst zuzuschreiben, die es dem Fragenden ermöglicht, eine solche vage Antwort richtig zu deuten. Selbst wenn der mitunter durch bestimmte Mittel oder Vorkehrungen herbeigeführte Trancezustand keine betrügerische Täuschung ist, sind eigenartige psychische Leistungen im Trancezustand wie etwa das automatische Schreiben doch skeptisch und nüchtern zu werten.
Obgleich sich bei aller Zurückhaltung in einzelnen Fällen nicht völlig ausschließen läßt, daß die vom Hellseher gemachten Vorhersagen oder Angaben richtig sind, beweist doch die seit langem und in vielen Experimenten festgestellte Unsicherheit, daß man nicht von einem hinreichend sicheren Erkenntnismittel für kriminalistische Zwecke sprechen kann, zumal da jedenfalls ein nachprüfbarer Beweis für derartige Vorgänge noch fehlt.

c) Klopftöne, Tischrücken, Materialisationen u. a. („Psychokinese")
Klopftöne, Tischrücken, Materialisationen, Geisterbeschwörung, Telekinese und ähnliches lassen sich unter dem Oberbegriff der Paraphysik zusammenfassen. Auch diese Formen des Aberglaubens interessieren den Kriminalisten ebenso wie den Kriminologen vorwiegend unter dem Gesichtspunkt des Betrugs. Obwohl manches an den uralten Gespensterspuk erinnert, handelt es sich hier doch noch um eine relativ junge Branche des Okkultismus.

Kennzeichen für derartige Okkulterlebnisse sind vielfach die sog. Seancen, bei denen die gewünschten Ereignisse, die natürlich auch spontan eintreten können, gewissermaßen experimentell herbeigeführt werden. Auch bei der Paraphysik bedient man sich häufig der Hilfe eines Mediums.

Wie verbreitet dieser abergläubische Spuk noch heute ist, zeigt eine 1970 in der Bundesrepublik durchgeführte Erhebung, nach der immerhin noch 12% der Erwachsenen mit eigenen Augen Gespenster gesehen haben wollen.
Das sollte bei diesen gerade optisch zuweilen eindrucksvollen Darbietungen nicht verwundern, die dann aber mehr als mit Geistern mit der gekonnten Arbeitsweise von Zauberkünstlern und Trickakrobaten zu tun haben. Daher sollte bei Ermittlungen in solchen Sachen außer dem Kriminalisten, der mit okkulten Phänomenen und Techniken vertraut ist, ggf. ein Trickexperte (Amateur- oder Profizauberkünstler) beigezogen werden.

Groß/Seelig (8/9(, II-205 ff.; *Prokop/Wimmer* a.a.O. S. 141 ff.

aa) Die **Klopftöne** werden seit 1848 nachweisbar okkult genutzt. Damals fing es in einem Wohnhaus des nordamerikanischen Dorfes Hydesville zu klopfen an. Und selbst als die betreffende Familie die Wohnung wechselte und nach Rochester zog, gab es dort wieder Klopftöne. Ein von dieser Stadt eingesetztes Komitee konnte bei Prüfung keinen Schwindel feststellen. Alsbald versammelten sich im fraglichen Hause abends Menschen, um diese Klopftöne zu hören, die mit einem Tisch zusammenzuhängen schienen. Schließlich begann auch dieser Tisch verschiedene Bewegungen zu machen, womit das **Tischrücken** „entdeckt" war. Der amerikanische Populärphilosoph und Religionsverbesserer A. J. *Davis,* der – Sohn eines trunksüchtigen Flickschusters – schon in seiner Jugend als hellseherisches Heilmedium aufgetreten war, bezog diese Spukerscheinungen, die er mit dem Wirken von Geistern erklärte, in seine Lehre ein, was dazu beitrug, daß sich schnell eine neue spiritistische Theorie entwickelte. Insbesondere das Tischrücken verbreitete sich von Amerika aus nach Europa.

Typischerweise beschwor man die Seelen Verstorbener, entweder berühmter Männer oder Verwandter der Teilnehmer. Durch Klopftöne oder bestimmte Bewegungen sollten angeblich Fragen beantwortet werden.

Die von den Spiritisten zitierten Geister entwickelten bald jedoch noch weitere, merkwürdige Fähigkeiten. Sie läuteten mit Glocken, berührten Teilnehmer, hoben bei der sog. **Levitation** Gegenstände und schrieben mit bereitgelegter Kreide auf Schiefertafeln. Schließlich wurden sogar im Wege des „Apports" Dinge aus der Geisterwelt überbracht und die abergläubischen Kunden mit Blumen, Zitronen, Orangen, Konfekt und anderen Leckereien beglückt, was auf bemerkenswertes Verständnis der Geister für das Diesseits schließen lassen könnte.

Durch die Verbreitung der Fotografie nach 1870 wurden die Möglichkeiten der Paraphysik noch beträchtlich erweitert. Man ging jetzt mit den Mitteln der **„Geisterfotografie"** daran, die herbeizitierten Geister zu fotografieren, was für leichtgläubige Zeitgenossen natürlich besonders eindrucksvoll war.

Daß es aber schon damals kritische Mitbürger gab, mußte der bekannte Geisterfotograf Buguet, der in Paris mit dem Medium Firman „arbeitete", erfahren. Als ein mit der Fotografie vertrauter Polizeibeamter, der unter falschem Namen Einlaß gefunden hatte, da er zusammen mit einem Geist fotografiert werden wollte, die Kassette, die Buguet vor der Aufnahme in den Apparat schieben wollte, an sich nahm und diese ohne Aufnahme entwickelte, stellte sich heraus, daß der Geist bereits auf der Platte war. Ob dieser Eilfertigkeit wurde eine Hausdurchsuchung vorgenommen, bei welcher sich denn auch in Leichengewändern gehüllte „Geister"-Puppen fanden. Die Dienste dieser Okkulttäter wurden daher mit Gefängnisstrafen honoriert.

Derartig plumpe Schwindeleien, die allenfalls noch sehr einfältigen Spukbeflissenen zu imponieren vermögen, sind inzwischen ziemlich aus der Mode gekommen.
Dies alles hindert aber nicht daran, daß der Spuk der **„Psychofotografie"** auch noch in unseren Tagen sein Unwesen treibt und damit sogar anspruchsvollere, (halb-)gebildete Kreise beeindruckt werden.

Wimmer, Wolf: Psychofotografie – eine neue Entdeckung. Zur Phänomenologie des Okkultschwindels – Kriminalistik 1971-261 ff.; *Prokop,* Otto: Naturwissenschaft contra Parapsychologie – Arch. f. Krim. Bd. 154, S. 100 ff., insb. S. 105 ff. (1974).

Die Psychofotografie ist durch den in Chicago als Hotelpage und Gelegenheitsarbeiter tätigen Ted *Serios,* von dem der Parapsychologe Jule *Eisenbud* fasziniert wurde, in das Gerede gekommen. Serios ließ seine „Gedanken" bzw. sich auf Filme einer auf unendlich gestellten Polaroid-Kamera projezieren, vor deren Linse ein kleiner, angeblich leerer Kartonzylinder (Gismo) angebracht wird.
Unschärfe, gelegentliches auf dem Kopf-Stehen und kreisrunde Begrenzung dieser „Psychofotogramme" haben Kritiker wie *Wimmer* und *Prokop* auf eine zwar einleuchtende, jedoch auf Schwindel hinauslaufende Erklärung gebracht. Mit einem nachgebauten „Gismo" konnte man nicht nur vergleichbare „Psychofotos" erzielen, sondern auch den dabei möglichen Trick beweisen.

Abb. 6.22. Eine mit einem nachgebauten „Gismo“ bei Einstellung unendlich gemachte „Psychofotografie“. Bei Einstellung 30 cm ließen sich übrigens gestochen scharfe Aufnahmen erzielen.

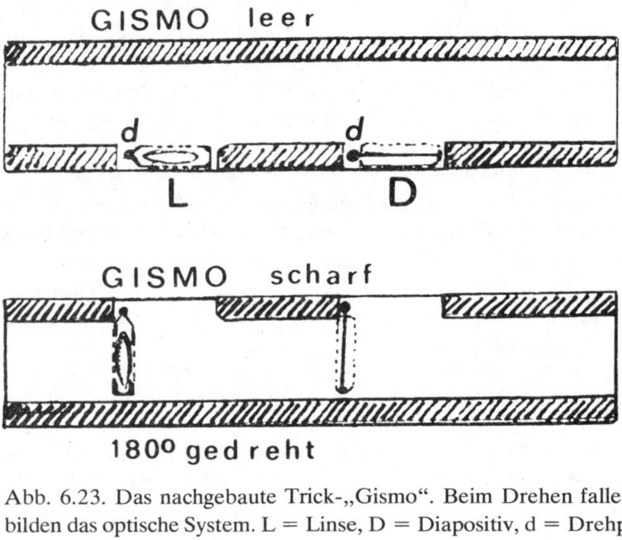

Abb. 6.23. Das nachgebaute Trick-„Gismo“. Beim Drehen fallen Linse und Dia in die Lichtung und bilden das optische System. L = Linse, D = Diapositiv, d = Drehpunkt.

Da inzwischen der „Gedankenfotograf“ Serios seinen jahrelangen Betrug gegenüber Eisenbud gestanden haben soll, kann man diese Masche sicherlich als unseriös abtun.

bb) Eine gewisse Verwandtschaft mit dem Hexenaberglauben zeigen Geräusche, die sog. **Poltergeistern** zugeschrieben werden. Allerdings unterscheiden sich die Poltergeistfälle von den Klopftönen gewöhnlich durch schabernackartige Sinnlosigkeit. In aller Regel entpuppt sich der Geist dann als pubertierender Jugendlicher oder als Schwachsinniger. Werden derartige Fälle nicht geklärt, so steht zu vermuten, daß die Untersuchung mangelhaft angelegt ist.

Als nach dem ersten Weltkrieg in einem größeren Dorf im Odenwald angeblich Poltergeister umgingen, gegen die selbst zwei Hexenbanner nichts zu tun vermochten, nahm sich die Gendarmerie der Sache an. Da der 78jährige Großvater am meisten geplagt wurde, weil die Unsichtbaren Weinflaschen auf den Tisch, Besen an das Fußende seines Bettes stellten und schließlich sogar seinen Nachttopf auf das Rohr der Jauchepumpe transportierten, versteckte sich ohne Wissen der Angehörigen ein Gendarm in der Abstellkammer, von wo aus er durch ein Loch in der Tür in den Wohn- und Schlafraum des alten Mannes blicken konnte. Sein Enkel schleuderte – vom Greis unbemerkt – Holzstücke gegen die Decke und lockerte die Glühbirne, als der Alte nach dem Vieh sah. Der jugendliche „Geist" gestand vor Polizei und Pfarrer, widerrief dann aber, weshalb man im Dorf weiter an die Existenz von Poltergeistern glauben konnte.

Manchmal werden Poltergeister sogar mit dem Hexenaberglauben in Verbindung gebracht.

So mußte in dem von einer Dreizehnjährigen als Schabernack inszenierten Poltergeistfall in Ursendorf ein älteres Flüchtlingsehepaar als Hexer und Hexe herhalten, um das Poltern zu erklären.

So plump manche dieser Tricks auch erscheinen mögen, während andere zumindest technisches Raffinement zeigen, fehlt es selbst hier nicht an Stimmen von Gelehrten, die sich – von diesem Brimborium beeindruckt – positiv äußerten.

Nachdem in England der Naturforscher A. R. *Wallace* und der Chemiker William *Crookes* derartige Phänomene für echt erklärt hatten, wurde 1869 von der Londoner „Dialektischen Gesellschaft" ein Komitee eingesetzt, das die medialen Erscheinungen prüfen sollte. Dies hat gewiß mit dazu beigetragen, daß London bald zur Hochburg des wissenschaftlichen Okkultismus wurde. Aber auch in anderen Ländern war es nicht viel besser. In Deutschland kann z.B. der Leipziger Professor F. *Zöllner* für Astrophysik den traurigen Ruhm für sich in Anspruch nehmen, die Tricks des Mediums Slade nicht nur nicht durchschaut, sondern dafür noch eine tiefsinnige wissenschaftliche Erklärung geliefert zu haben. Das italienische Medium Eusapia Palladino hat u. a. sogar *Lombroso* getäuscht. Im 20. Jahrhundert hat von Schrenck-Notzing, obwohl er sich um die forensische Psychologie sehr verdient gemacht hatte, plötzlich dickleibige Werke mit Fotografien von Geistern und ähnlichen Materialisationen veröffentlicht.
Die Dinge sind seither nicht besser geworden. Im Gegenteil „klären" sog. Parapsychologen, die man mitunter sogar an den Universitäten findet, derartige „Spukfälle" fast stets im okkultistischen Sinne, d.h. führen sie auf irgendwelche übernatürlichen Kräfte zurück, welche sich allerdings als solche nicht nachweisen lassen.

Diese eklatanten Fehlleistungen von Wissenschaftlern beweisen zugleich, in welchem Maße die Okkultisten ihre Tricks verfeinert haben. Und noch heute ist es eine schwierige, nicht einmal immer gelingende Aufgabe, eine wirklich treffsichere Kontrolle durchzuführen; daher wird auf diese Fragen bei der Kriminaltechnik zurückzukommen sein.

cc) Einige am ehesten noch in diesem Zusammenhang passende okkulte Machenschaften ähneln trotz hochtrabender Erklärungsversuche, bei denen geheime Kräfte oder der sog. „Psi-Effekt" eine große Rolle spielen, in Wahrheit mehr der **Gaukelei** oder auf Jahrmärkten bzw. in Varietés üblichen Zaubertricks. Denn außer Fingerfertigkeit und psychologischem Geschick dem Zuschauer gegenüber ist kaum etwas zu konstatieren. Das aber ändert nichts an der Verblüffung vieler Menschen, die beispielsweise das Verschwinden oder Auftauchen bestimmter Gegenstände, das Zerbrechen von Gläsern, Glühbirnen oder anderen Sachen bzw. das Verbiegen von Gabeln nicht darauf, sondern auf vom Gaukler zitierte geheimnisvolle Kräfte zurückführen.

Prokop, Otto/*Hesse,* Günter: Ein Beispiel für Wahrnehmungstäuschung als „Psi-Effekt" gedeutet? – Arch. f. Krim. Bd. 156, S. 24 ff. (1975)

Daß beispielsweise in derartigen Fällen u.a. optische Wahrnehmungstäuschungen geschickt ausgenutzt werden können, läßt sich unschwer demonstrieren.

Abb. 6.24. Die Gabeln A und B erscheinen am Gabelhals verschieden gekrümmt. Die hintere Gabel A imponiert als stärker gekrümmt. Tatsächlich sind beide Gabeln sowohl im Bereich der Gabelschaufel als auch am Gabelhals gleich gekrümmt.

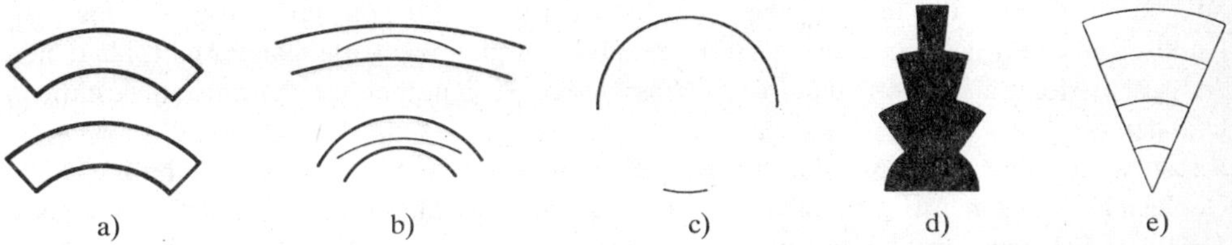

Abb. 6.25. Schematischer Überblick über optische Wahrnehmungstäuschungen. a) Die Ringsektorentäuschung: Das obere und das untere Ringstück sind gleich groß, doch erscheint das obere deutlich kleiner als das untere und auch ein wenig mehr gekrümmt (nach *Jastrow*); b) *Höfer*'scher Krümmungskontrast: oben und unten ist derselbe Kreisbogen in verschieden gekrümmten Bögen eingeschlossen. Effekt: der untere Kreisbogen erscheint weniger gekrümmt: c) Die beiden Bogenstücke gehören dem gleichen Kreis an, aber sie scheinen es nicht zu tun („Krümmung verschieden"); d) und e) Die konzentrischen Kreisbögen aus e) sind in d) zu einer Figur (durch Übereinanderprojezieren verschiedener Sektoren von oben nach unten zunehmend) dergestalt „aufgemacht", daß es so aussieht, als würden sie nicht konzentrisch sein.

Hier ging es nur darum, einen ungefähren Eindruck von den Modalitäten der Paraphysik zu vermitteln, die wie alle abergläubische Betätigung dadurch gekennzeichnet wird, daß es keine nachweisbare übersinnliche Begründung für das Zustandekommen solcher Phänomene gibt, wenn man davon absieht, daß es sich in den aufgeklärten Fällen um handfesten Schwindel handelt.

d) Wünschelrute

Älter als die soeben behandelten okkulten Praktiken ist, obwohl man sie ebenfalls zur Paraphysik rechnen könnte, die Wünschelrute, die gewisse Ähnlichkeiten sowohl mit dem bereits behandelten siderischen Pendel als auch mit den noch zu erörternden Erdentstrahlern aufweist.

Sie war nicht nur in China seit unvordenklichen Zeiten und ebenso den alten Römern bekannt, sondern begegnet uns ebenfalls bei anderen indogermanischen Völkern. Rutengänger beziehen sich übrigens gern auf den Wasserfund des Moses in der Wüste als eine unanfechtbare, frühe Quelle für die Verwendung der Wünschelrute. Das Nibelungenlied erwähnt sie bei der Beschreibung des Nibelungenhortes. In Deutschland und anderen europäischen Ländern stoßen wir jedenfalls im Mittelalter oder der beginnenden Neuzeit auf die Wünschelrute, welche bereits damals von mancherlei abergläubischen Vorstellungen umrankt war. So kommt es, daß nahezu alle Völker historische Abbildungen der Wünschelrute besitzen.

Groß/Seelig (8/9) II-211 ff.; *Prokop,* Otto (Hrsg.): Wünschelrute, Erdstrahlen und Wissenschaft – Stuttgart 1955; *Schäfer* a.a.O. S. 215 ff.; *Prokop* a.a.O. S. 79 ff.; *Prokop/Wimmer* a.a.O. S. 15 ff.

Während man die Wünschelrute, für die nur bestimmte Zweige (insb. Weide oder Haselnuß) verwendet werden sollten, welche überdies zu gewissen Zeiten und unter besonderen Vorkehrungen geschnitten worden sein sollten, zunächst vor allem bei der Suche nach Wasseradern verwendet wurde, bediente man sich ihrer später auch bei der Suche nach Erzen und ähnlichem. Gegen Ende des 17. Jahrhunderts stand in Frankreich ein reicher Landmann bereits in dem Ruf, mit der Wünschelrute sogar Diebe und Mörder entdecken zu können. Noch im 18. Jahrhundert wollte man mit der Wünschelrute nicht nur vergrabene Schätze und versetzte Grenzsteine, sondern selbst feindliche Minen entdecken. Hier aber sind die Grenzen des vernunftmäßig Denkbaren mit Sicherheit weit überschritten.
Doch abgesehen von derartigen obskuren Zwecken zeigen die vielfältigen Theorien über die Wünschelrute immer noch ein recht buntes Bild. Sicher ist daher nur, daß die Wünschelrute oft von Betrügern, die ihre Bewegung willkürlich herbeiführten, mißbraucht worden ist. Andererseits aber läßt sich nicht bestreiten, daß es gutgläubige Rutengänger gibt, bei denen gewisse „Erfolge" bei der Suche nach Wasser die Geeignetheit des Mittels zu bestätigen scheinen.
Selbst wenn man sich auf die für den Kriminalisten wohl allein zweifelhaften Fälle beschränkt, werden für das Phänomen noch mancherlei physiologisch und psychologisch denkbare Erklärungen angeboten, die teilweise denen für das Pendeln ähneln. So nimmt man des öfteren an, daß solche Rutenausschläge durch unbewußte Handbewegungen zustandekommen, wenn der Rutengänger aufgrund des Eindrucks der Örtlichkeit, ihrer Bodenbeschaffenheit und Vegetation, intuitiv das Vorhandensein von Wasser annimmt. Es wird aber auch auf körperliche Reaktionen hingewiesen, die entweder beim Rutengänger wirklich sichtbar sind oder die er doch haben will, wenngleich auch hier bisher Zusammenhänge noch nicht nachgewiesen sind.

Andere wiederum meinen, es gehe von den Wasseradern ein objektiver Reiz auf das Nervensystem eines besonders feinfühligen Rutengängers aus. Aber auch dafür ist noch kein objektiver Nachweis erbracht worden. Selbst wenn man die Echtheit derartiger Angaben von Rutengängern unterstellt, so dürften seine Wahrnehmungen doch rein subjektiv sein.

Im übrigen wird es beim Aufzählen der üblicherweise als Beleg und eventuell als Ersatz für eine überzeugende Theorie gedachten praktischen Erfolge – z.B. von Hinweisen auf fündige Bohr- und Brunnenstellen – geflissentlich unterlassen, die zahlreichen Mißerfolge zu berichten, durch die manchen Auftraggebern erheblicher finanzieller Schaden entstanden ist. Eben deshalb lassen sich selbst bei der Wassersuche ebenso wie staatliche Stellen jetzt auch Gemeinden kaum noch auf Experimentieren mit der Wünschelrute ein.

Der Edle von Graeve, der etliche Gemeinden durch unzutreffende Angaben über wasserfündige Bohrstellen finanziell geschädigt hat (siehe die Zusammenstellung in Tabelle 4 bei *Prokop* a.a.O. S. 80), hatte sich zuvor auf ungewöhnliche Erfolge bei der Wassersuche in Palästina berufen. Eine sodann angestellte Nachprüfung ergab, daß bei vielen von ihm als wasserfündig bezeichneten Stellen nur eine einzige Bohrung wirklich Erfolg hatte; sie lag 10 m neben dem Marienbrunnen in Nazareth.

Nach einer anderen Untersuchung sollen nur 13,8% von Wünschelrutengängern angeregte Bohrungen das vorausgesagte Ergebnis gebracht haben; 63,2% der Hinweise hätten sich als völlig falsch erwiesen.

Dies alles hat aber nicht gehindert, daß die Wünschelrute lange Zeit sogar staatlich sanktioniert war.

Nicht nur der schon erwähnte Edle von Graeve hat zeitweise als Major der türkischen Armee fungiert, sondern auch die damalige österreichisch-ungarische Armee verfügte mit Major Beichl über einen „Heeresrutenmeister". Ähnlich „berühmt" waren der Landsturmfeldwebel K. Pollack und der deutsche Oberapotheker Brünninger. Und nicht nur das frühere deutsche Reichskolonialamt hat die Wünschelrute anwenden lassen, sondern noch im 2. Weltkrieg sind von der deutschen Wehrmacht Wünschelrutengänger eingesetzt worden. Daß auch das SS-Dezernat „Das Ahnenerbe" in München Rutengängerprüfungen durchführte, wirft ein bezeichnendes Licht auf die Geisteshaltung der damaligen Machthaber. Immerhin gibt es noch heute in München eine „Fachschaft Deutscher Rutengänger", die Prüfungen durchführt und den Titel „Rutenmeister" verleiht.

Abgesehen werden soll hier einstweilen von der in der okkulten Praxis häufigen Verwendung der Wünschelrute im Zusammenhang mit angeblichen Erdstrahlern, weil dieses Phänomen, das vielfach bereits zum magischen Heilen überleitet, besser gesondert zu behandeln ist.

Als Ergebnis bleibt somit nur festzuhalten, daß die Erfolgsquote der Wünschelrutengänger selbst im kriminalistisch nicht so kritischen Kernbereich der Wassersuche viel geringer ist, als die uralte Tradition vermuten lassen sollte. Spricht schon die gewaltige Fehlerquote (siehe hier etwa die in der Tabelle 5 bei *Prokop* a.a.O. S. 87 f. enthaltenen einschlägigen Fälle) gegen reale Zusammenhänge, so ist selbst bei Erfolgsfällen noch zu berücksichtigen, daß sich das mit der Wünschelrute erzielte Ergebnis gewöhnlich – und zwar ohne Hilfe wissenschaftlich gesicherter Verfahren – auf andere Weise hätte erreichen lassen. Selbst wenn den Wünschelrutengängern jedenfalls im fraglichen Bereich subjektive Redlichkeit des öfteren nicht abgesprochen werden kann, handelt es sich nicht nur wegen Fehlens realer Beweise um Okkultismus, sondern wiegt in der kriminalistischen Praxis das mitunter starrsinnige Ignorieren und Verschweigen der hohen Fehlerquote schwer und muß daher Zweifel an der Redlichkeit hervorrufen.

e) Erdentstrahler

Mit den Wasseradern, die heute wohl das wesentliche Objekt der Wünschelrute sind, werden in neuerer Zeit – wenngleich nicht nur – angebliche Erdstrahlen in Zusammenhang gebracht, die eine gesundheitsschädliche Wirkung haben, aber auch andere Nachteile bewirken sollen. Dieses Phänomen hat prompt eine neue Art von Okkultisten auf den Plan gerufen, die sog. Erdentstrahler. Sie machten zwar in Ansätzen bereits seit Ende vorigen Jahrhunderts von sich reden; ihre eigentliche Blütezeit aber verzeichneten sie erst in den letzten vier bis fünf Jahrzehnten.

Besondere Publizität und Bedeutung hat hier ein Freiherr von Pohl mit seinem 1932 veröffentlichten Buch „Erdstrahlen als Krankheitserreger" erlangt. Daß selbst Physiker, die eine solche Konzeption ablehnen müssen, hier geneigt sind, die Annahme pathogener Erdstrahlen und die Möglichkeit sie abschirmender Maßnahmen eher als Irrtum oder als schlichte Dummheit, denn als Aberglauben anzusehen, ändert angesichts der Unbeweisbarkeit dieser Dinge nichts daran, daß auch dieses als abergläubisch zu werten sind.

Groß/Seelig (8/9) II-213 f.; *Prokop:* Wünschelrute, Erdstrahlen und Wissenschaft – Stuttgart 1955; *Schäfer* a.a.O. S. 171 ff.; *Prokop* a.a.O. S. 97 ff.

Dieser Aberglaube hat sich – z.T. sogar mit ärztlicher Unterstützung – in unserem Jahrhundert schnell verbreitet, obwohl amtliche Stellen (z.B. das deutsche Reichsgesundheitsamt) nach eingehenden Untersuchungen die völlige Haltlosigkeit derartiger Behauptungen nachgewiesen haben. Dennoch haben sich u.a. Größen des „Dritten Reiches" wie Göring, Frick und Heß nicht entblödet, ihre Häuser gegen angebliche Erdstrahlen abschirmen zu lassen (*Schäfer* a.a.O. S. 5 f., Anm. 7). Daher sollte man sich nicht wundern, daß heute schätzungsweise etwa zwei Drittel der Bevölkerung Deutschlands an die Existenz pathogener Erdstrahlen glauben, während ein solcher Anteil für die nunmehr zu erörternden Gegenmaßnahmen wohl doch zu hoch gegriffen sein dürfte.

Zu einem besonderen, in Deutschland und anderen Ländern immer noch blühenden Geschäft hat sich die Erdentstrahlung entwickelt, als behauptet wurde, man habe dagegen Apparate entwickelt, mit deren Hilfe man sich abschirmen könne. Es handelt sich bei diesen in den 20er und vor allem 30er Jahren entwickelten Erdentstrahlungsgeräten, die heute vielfach – außer in der Bundesrepublik u.a. in Österreich und in der Schweiz – fabrikmäßig hergestellt werden (Zusammenstellungen aus jüngerer Zeit bieten *Schäfer* a.a.O. S. 196 ff. und *Prokop* a.a.O. S. 97 f.), durchweg um sinn- und wertloses Zeug, das für teures Geld auf den großen Markt des Aberglaubens gebracht wird.

Neben mit Öl gefüllten Metallrohren, Kästen diverser Art mit z.T. sinnlosem Drahtgewirr, das bei der mitunter erfolgten, dann oft laienhaften Benutzung von Elektrizität sogar gefährlich werden kann, finden sich die seltsamsten Konstruktionen (siehe hier einige Abbildungen solcher Geräte bei *Schäfer* a.a.O. S. 192 ff.).

Es würde zu weit führen, hier zu versuchen, eine repräsentative Auswahl aus dem reichhaltigen Katalog von Entstrahlungsgeräten bieten zu wollen. Vielmehr müssen einige wenige Beispiele genügen, um das Abenteuerliche dieser obskuren Produkte zu verdeutlichen.

Das Gerät „Schutzengel" besteht aus einem Holzkasten, dessen Boden mit Blech ausgeschlagen und das mit einer bohnerwachsartigen Masse ausgefüllt ist. In dieser Masse stehen zwölf Flaschen mit Aufschriften wie „Gift", „Strahlentot" und „Bleitin". Die Flaschen, die Ameisensäure mit geringen Verunreinigungen enthalten, werden durch Kupferspiralen verbunden. Derartige Geräte kosteten bereits Ende der 50er Jahre zwischen 30 und 120 DM.

Bei dem Gerät der Erdentstrahlerin P. handelte es sich um eine banale Keksdose, die mit Kitt, Erde, Tee und einer Klemme mit einem Kupferdrähtchen gefüllt war. Der Kitt sollte ein Geheimmittel, die selbst gefundene Erde radioaktiv sein und der Kupferdraht die angebliche Wirkung steigern. Auch diese Wunderbüchse kostete bereits damals 60 bis 120 DM.

Das von einem Sägewerksarbeiter entwickelte Gerät „Ehru" besteht aus einer Kupferdrahtspirale, zwei Drahtkreisen, zwei Kondensatoren, einem Eisenkern und einem Reagenzglas, das – mit Korken verschlossen – streichfertige Ofenbronze enthält.

Das lange Zeit in Deutschland wohl bekannteste Gerät gegen Erdstrahlen ist der „Phylax"-Apparat, der in Hagen von der „Phylax-Apparatebau-GmbH" hergestellt wird, die der 1956 verstorbene Erdentstrahler Dannert 1932 gegründet hat. Das Gerät besteht nach den Angaben von *Schäfer* (a.a.O. S. 200 ff.) aus einem glatten Kunststoffkästchen, in welchem eine große Spule von isoliertem Klingeldraht über einen Kondensator kurzgeschlossen ist. Die Preise bewegten sich – von Großraumgeräten abgesehen – ebenfalls zwischen 60 und 120 DM, was auf ein angesichts der Konkurrenz verständliches, jedoch merkwürdig gleichförmiges Preisgebaren schließen läßt. Da nach Auskunft des Herstellers in wenigen Jahren etwa 7000 „Phylax"-Geräte abgesetzt worden sein sollen, muß der Verdienst der Firma selbst bei vermutlich hoher Provision für die rührigen Vertreter beträchtlich sein; denn der Realwert der Geräte lag – wie *Schäfer* schätzt – zu jener Zeit bei etwa 5 DM pro Apparat. Und was die angebliche Wirkung der Geräte anlangt, muß man die Form der Gesellschaft mit beschränkter Haftung vermutlich ernst nehmen.

Ungeachtet dieser grotesk anmutenden Konstruktionen finden sich nicht nur – vermutlich vielfach „gesteuerte" – „Gutachten" für diese Geräte, sondern hat man sich auch – gewöhnlich allerdings ohne Erfolg – um Patente oder dafür ausgegebene Gebrauchsmuster bemüht. Daß vom abergläubischen Kundenkreis leicht Bescheinigungen zu erlangen sind, die als Beweis für Erfolge herhalten müssen, versteht sich von selbst.
Daß im übrigen der Anwendungsbereich dieser Geräte z.T. noch weiter gehen soll, sie u.a. auch gegen Feuchtigkeit in Kirchen und Kellern von Pfarrhäusern gut seien (dazu Beispiele bei *Prokop* a.a.O. S. 98), mag mit einem Beispiel belegt werden, das es als okkulte Kuriosität verdient, der Nachwelt erhalten zu bleiben.

Ein pensionierter Oberlehrer K. hatte einen „Elektronen-Kompensator" konstruiert, der bei aufziehendem Gewitter an das elektrische Netz angeschlossen das Unwetter verhindern sollte. Das seinerzeit 300 DM kostende Gerät ist nicht nur in zahlreichen Dörfern und Städtchen Bayerisch-Schwabens aufgestellt, sondern bei Gewitter sogar in Bad.-W. von der Gemeindepolizei bedient worden. – Dabei konnte der brave alte Herr nicht einmal die angebliche Wirkungsweise seines Unwetterabwehrgerätes beschreiben.

Die findigen Erdentstrahler haben – mit der Zeit gehend – sogar transportable Abschirmgeräte konstruiert, die der „Strahlengläubige" am Hals oder am Handgelenk bei sich tragen soll. Bei diesen geheimnisvollen Geräten, die nicht geöffnet werden sollen, ist die durch seltsame Namen wie „Rollenkondensator", „Bio-Batterie" u.a. gesteigerte Suggestivwirkung besonders augenscheinlich.
Doch werden statt dieser seltsamen Geräte z.T. immer noch Stoffe wie Wurmfarn, Teerprodukte, diverse Fette usw. zur Abschirmung von gemutmaßten Erdstrahlen verkauft und verwendet.
Die Opfer der Erdentstrahler sind so uneinsichtig und unbelehrbar, wie das für Abergläubische charakteristisch ist. Deshalb betrachten sich „Strahlengläubige" kaum jemals als Opfer. Bemerkenswert erscheint, daß hier Männer häufiger als Frauen sind, was wohl mit deren besonderer Empfänglichkeit für die technische Aufmachung zusammenhängen dürfte.

Sie handeln bei derartigen Geschäften zudem wohl oft für die Familie. Betroffen werden wiederum vor allem die Altersgruppen zwischen 40 und 60 Jahren, was vermutlich darauf zurückzuführen ist, daß man sich mit derartigen Geräten und Stoffen vor allem gesundheitlich schützen will. Und in der Tat geht es beim Kauf von Erdentstrahlungsgeräten nur selten um die Vorbeugung, sondern darum, etwas gegen die vermeintlichen Ursachen schon zu verzeichnender Krankheiten oder Schmerzen zu unternehmen. Das soziale Niveau der Opfer entspricht dem Durchschnitt, könnte von ihm eher sogar etwas nach oben abweichen. Aber dennoch ist es hier wohl noch so, daß der Erdentstrahler vielfach bildungsmäßig und gesellschaftlich über seinen Kunden steht, was mit zu deren Hörigkeit beiträgt.

Charakteristisch für die Aktivität der Erdentstrahler sind ihre phantastischen Theorien, die sie pseudowissenschaftlich bemänteln. Besonders imponierend ist dabei ihre Erfindungsgabe, was neue Termini wie Magnetoide, Minuskräfte, kosmische Grundschwingungen u.dgl. anlangt. Allen diesen Konzeptionen sind aber doch gewisse Punkte gemeinsam. Von der These ausgehend, daß alles strahle, glaubt man an pathogene Reizzonen, deren Wirkung man durch Erdentstrahlungsgeräte oder ähnliches beseitigen könne. Die fraglichen Reizzonen sollen zudem nur mithilfe der Wünschelrute, entsprechender Apparate oder besonderer Fähigkeiten zu finden sein. Ansonsten aber werden seltsame und skurrile Thesen über die ominösen Erdstrahlen und deren angebliche Wirkungen vertreten, die bis zu einer vermeintlichen Erklärung für sog. „Todeskilometer" auf Straßen und Autobahnen reichen, weil die Unfallgefährdetheit dieser Stellen eben mit Erdstrahlen zusammenhängen soll.

Dannert hatte schon 1952 einen angeblich durch hohe Unfallzahlen gekennzeichneten „Todeskilometer" der B 6 zwischen Bremen und Bremerhaven „untersucht" und seine Vermutung den Kraftfahrer irritierender Erdstrahlen naturgemäß bestätigt gefunden. Allerdings ergab eine Nachprüfung, daß sich von 1945 bis Ende der 50er Jahre beim fraglichen Kilometerstein 23,9 kein einziger Unfall ereignet hatte. Beim Kilometerstein 23,8 hatte es 1952 zwar einen Unfall mit zwei Toten gegeben, doch war dieser einwandfrei auf Alkoholgenuß zurückzuführen. Beim Kilometerstein 24,0 prallte – ebenfalls im Jahre 1952 – ein Fahrzeug auf einen unbeleuchteten Lastzug auf; ein Mensch starb.

Mögen Erdstrahlen auch theoretisch denkbar sein, so sind sie doch bisher nicht nachgewiesen; dazu müssen nachprüfbare und vor allem reproduzierbare Ergebnisse vorliegen.
Der Erdentstrahler, der nach allem verständlicherweise z.T. mit dem Rutengänger oder mit dem Pendler übereinstimmt, wirkt im allgemeinen äußerlich ziemlich unauffällig. Er ist häufiger ein älterer Erwachsener, was u.a. weißes oder gelichtetes Haupthaar bedingt. Seine Erscheinung wirkt daher oft sogar seriös, was auf gehobene Ausbildung hinzudeuten scheint. Obgleich letztlich alle Berufe vertreten sind, fällt doch der Anteil von Kaufleuten und Vertretern auf, was wohl das Handelsmäßige dieser Form des Okkultismus unterstreicht. Genauere Analyse lehrt jedoch, daß Beruf und Lebensführung in Wahrheit auch bei den Erdentstrahlern die für okkulte Aktivisten typische Unbeständigkeit aufweisen, wenngleich es unter ihnen mehr als sonst insoweit unauffällige Lebensläufe gibt. Es können nach entsprechender Vorbildung sogar medizinische Kenntnisse vorhanden sein, die aber hierfür gewiß nicht notwendig sind.

Das beweisen auch die von *Schäfer* (a.a.O. S. 180) berichteten Erklärungen eines als Erdentstrahler tätigen Arztes, eines Dr. med. Hartmann. Er schreibt: Ich habe im Oktober 1950 begonnen, die Leute, die erkrankt waren, zwischen die Parallelstreifen zu verschieben, aber nach dem, was ich in den darauffolgenden 3 Wochen erlebte, bin ich sehr vorsichtig geworden. Der 1. Fall bekam sofort eine Gelbsucht; dem 2. Fall platzte nach 24 Stunden die Gallenblase; dem 3. Fall brach der Magen durch, anschließend erlebte ich noch 2 Schlaganfälle.

Zugleich zeigt dieses Geschehen, wie gefährlich es ist, wenn selbst ausgebildete Mediziner vom Erdstrahlengerede fasziniert eine gebotene Heilbehandlung und ärztliche Betreuung unterlassen. Es entspricht im übrigen dem relativ guten Ruf der Erdentstrahler, daß sie auf Behaupten okkulter Erlebnisse im üblichen Sinne beim Lebenslauf gewöhnlich verzichten. Auch zeigen sich zumindest oberflächlich bei ihrer Persönlichkeit weniger Merkwürdigkeiten als bei anderen Okkultisten. Für eine genaue Analyse notwendige Gutachten fehlen allerdings, weil verhältnismäßig wenig Strafverfahren gegen Erdentstrahler durchgeführt werden und deshalb bei ihnen keine sonderliche Vorstrafenbelastung zu verzeichnen ist.

Daß die meisten gegen Erdentstrahler in der Bundesrepublik eingeleiteten Strafverfahren mit Einstellung oder Freispruch geendet haben (*Schäfer* a.a.O. S. VII f., 7), ist ein Beweis sowohl für die hier nachsichtige Einstellung der Strafverfolgungsorgane als auch für die ansonsten auftretenden Beweisschwierigkeiten.

Es steht jedoch zu vermuten, daß bei ihnen größer als der Anteil wirklich psychiatrischer Befunde wahrscheinlich der von psychopathologischen Besonderheiten sein dürfte. Ferner ist nicht zu übersehen, daß die Erdentstrahler ebenso wie andere Okkultisten bei den als Ersatz für eine einleuchtende und nachprüfbare Theorie üblichen Bezugnahmen auf nicht exakt nachweisbare Erfolge zudem die in der Praxis zahlreichen Mißerfolge nicht nur wie andere abergläubische Aktivisten unterschlagen, sondern notfalls skrupellos die Wahrheit verdrehen. Mit einigen Modifikationen bietet sich uns somit auch hier die für Abergläubische oder die sie Ausbeutenden typische Phänomenologie.

Fehlt es mithin schon an der für das ganze Erdstrahlen-Getue notwendigen Prämisse, um von den daraus abgeleiteten Wirkungen ganz zu schweigen, so kann man den Rummel mit den Erdentstrahlungsgeräten oder anderen Abschirmpraktiken getrost als aufgelegten Okkultschwindel werten, mit dem Abergläubischen – und insoweit vielfach bösgläubig – ihr gutes Geld aus der Tasche gezogen wird. Denn ob ein solches Gerät aufgestellt und eingeschaltet ist, vermag – wie Experimente ergeben haben – bei der dafür erforderlichen Unkenntnis weder ein dritter Rutengänger noch der Erdentstrahlungsexperte selbst festzustellen. Deshalb rät man in diesen Kreisen von derartigen Kontrollen ab, um im übrigen den dabei zutage getretenen Peinlichkeiten mit neuen Phantastereien entgegenzutreten. Und mit dieser uralten Masche, die selbstverständlich bei ihrem unkritischen Publikum zieht, gleich das Erdentstrahlen letztlich doch den vielen älteren Formen abergläubischer Aktivität. Alles hat nichts mit wissenschaftlich diskutierbarem Geschehen zu tun, sondern ist reine Magie.

f) Hexenbanner

Wirkt der an Erdstrahlen anknüpfende abergläubische Unfug noch irgendwie modern, so betätigen sich Hexenbanner in einem Milieu, das zumindest teilweise an die graue Vorzeit erinnert und jedenfalls in diese zurückreicht. Denn jegliche Aktivität eines Hexenbanners setzt einen Hexenaberglauben voraus. Und diesen hat es nicht nur im Altertum, im „finsteren Mittelalter“ oder in der Neuzeit, wo dies die Hexenverfolgungen im 16. und 17. Jahrhundert besonders deutlich machen, gegeben, sondern er existiert auch heute noch in einem gewiß vielfach nicht einigermaßen richtig erfaßten Ausmaß.

Natürlich tritt uns der Hexenaberglaube im Wandel der Zeiten und selbst gegenwärtig in recht verschiedenen Formen entgegen, wobei wir einstweilen von dem magischen Heilen verwandten Formen absehen wollen, die in anderen Zusammenhang behandelt werden sollen. Wir haben es hier nicht nur mit dem Aberglauben zu tun, daß insb. Frauen durch ein Bündnis mit dem Teufel Fähigkeiten erlangen, die es ihnen ermöglichen, ihre Mitmenschen und die Umwelt auf rational unerklärliche Weise zu schädigen. Vielmehr ist ferner auch an Dinge wie den Vampir-, den Wechselbalg- und den Besessenheitsaberglauben zu denken.

aa) der **Hexenaberglaube** ist viel älter als das Wort „Hexe“, ein Sammelbegriff, der auf das Wort „hagezussa“ zurückgehen dürfte. Dies bedeutet im alemannischen Sprachgebrauch des 13. Jahrhunderts mit „Zaunweib“ eine Frau, die auf einem Zaun oder Stock reitet, eben eine „Hexe“.

Groß/Seelig (8/9) II-125 ff.; *Kruse,* Johann: Hexen unter uns? – Hamburg 1951; *Schäfer* a.a.O. S. 27 ff.; *Baschwitz,* Kurt: Hexen und Hexenprozesse. Die Geschichte eines Massenwahns und seiner Bekämpfung – München 1963; *Auhofer,* Herbert: Der Hexenwahn in der Gegenwart – in: Massenwahn in Geschichte und Gegenwart, hrsg. v. Wilhelm Bitter, Stuttgart 1965, S. 236 ff.; *Gottschalk* a.a.O. S. 83 ff.; *Prokop/Heppe:* Geschichte der Hexenprozesse – 4. Aufl. – Darmstadt 1969.

Einen engen Zusammenhang des Hexenaberglaubens mit den christlichen Religionen läßt gerade seine Blütezeit im späten Mittelalter erkennen. Aus eben dieser Zeit stammt der von den geistlichen Inquisitoren *Sprenger* und *Institoris* verfaßte, 1484 in Straßburg veröffentlichte „Hexenhammer" (Malleus Maleficarum), der – durch geistliche und weltliche Autoritäten unterstützt – zum Standardwerk der Hexenverfolgungen wurde. Einen gesetzlichen Niederschlag hat der Hexenaberglaube sogar in der auf dem Regensburger Reichstag 1532 verabschiedeten Constitutio Criminalis Carolina gefunden, dem für Jahrhunderte maßgebenenden Reichsgesetz für Strafprozeß- und Strafrecht. Dies zeigt besonders deutlich deren Artikel 109.

Art. 109 Straff der Zauberey
Item so jemandt den Leuten durch Zauberey schaden oder nachteil zufuegt, sol man straffen zum tode, und man solle solliche straff mit dem feur tun.
Wo aber jemandt zauberey gepraucht und damit nymandt schaden gethan habe, soll sunst gestrafft werden nach gelegenheit der sache; darinne die urtheiler raths geprauchen sollen, alls von rathsuchen hernach geschrieben steet.

Selbst erlauchte Geister haben sich dem Hexenaberglauben nicht zu entziehen vermocht. Nicht nur *Paracelsus,* auf den auch der sog. Mumienglaube zurückgehen soll, der besagt, daß eine Krankheit auf alle – auch abfallende – Körperteile übergehe, war von der Realität hexerischer Einflüsse überzeugt, sondern sogar Martin *Luther* glaubte noch an sie, wenngleich er bereits gegen gewisse Auswüchse wie den Glauben an Tierverwandlung oder Hexenritte Stellung nahm.

Einen merklichen Wandel brachte in Deutschland erst das 17. Jahrhundert. So setzte sich u.a. der Jesuit Friedrich *von Spee,* der als Beichtvater vieler Hexen die entsetzliche Gewißheit erlangt hatte, daß hier Hunderttausende einer Wahnidee geopfert wurden, in seiner 1631 – bezeichnenderweise zunächst noch anonym – veröffentlichten „Cautio criminalis" gegen diese Scheußlichkeit ein. Doch während in England und Frankreich – wie schon früher in den Niederlanden – die Hexenverfolgung bereits in dieser Zeit abebbte und verboten wurde, wurden in anderen Ländern immer noch grauenhafte Hexenprozesse durchgeführt.

Außer Deutschland, Österreich, der Schweiz sind hier noch insb. Schottland und Schweden zu nennen, wo man 1669 aufgrund von Verdächtigungen aus Kindermund in Mora 70 Frauen und 15 Kinder verbrannte. Nach Christian *Thomasius,* der 1694 Rektor der Universität Halle wurde und leidenschaftlich gegen die Hexenprozesse Stellung nahm, wurde Preußen hierzulande führend. Schon 1714 verbot König *Friedrich Wilhelm I.* Hexenprozesse; sein Sohn, *Friedrich der Große,* schaffte um die Mitte des 18. Jahrhunderts mit der Folter dann auch das für Hexen so fragwürdige Instrument ab, wobei er ausdrücklich erklärte, die Weiber sollten in seinen Landen in Frieden alt werden. Obgleich sich damals derartige Stimmen mehrten, fanden in Deutschland und anderen europäischen Ländern doch noch im 18. Jahrhundert Hinrichtungen von Hexen statt; der letzte Hexenprozeß auf deutschem Boden soll 1775 in Kempten durchgeführt worden sein. Im Schweizer Kanton Glarus wurde aber noch 1782 ein Kindermädchen als Hexe hingerichtet. Auch später sind selbst in Europa noch Hexen getötet worden, wobei es sich aber nicht mehr um Exekutionen, sondern um Lynchmorde gehandelt hat.

In unserer Zeit glaubt zumindest in zivilisierten Staaten die Mehrheit des Volkes nicht mehr daran, daß Hexen die Gestalt von Tieren annehmen oder sie auf dem Besen reitend am

Hexensabbat eine Zusammenkunft abhalten. Doch orientiert sich der damit keineswegs ausgestandene Hexenaberglaube immer noch vornehmlich an alten, häßlichen Frauen oder solchen, die einen „bösen Blick“ haben. Sie macht man für Erkrankungen von Mensch und Tier oder anderes Unheil verantwortlich, dessen Ursachen sonst unerklärlich scheinen. Dabei können irgendwelche Nebensächlichkeiten das Mißtrauen Abergläubischer hervorrufen und so den Ruf einer Hexe begründen.

Eine ältere Bäuerin erregte Verdacht, weil sie Glasscherben vorsichtig mit dem Fuß vom Wege schob.

Eine andere alte Frau wurde verdächtigt, weil sie in der Kirche immer zwei Brillen benutzte, wobei sie jeweils eine auf die Stirn schob.

In einem anderen Falle stimmte mißtrauisch, daß man auf dem Küchentisch ein Buch mit dem Titel „Die Zauberflöte“ sah.

Paßt ersichtlich selbst heute die Hexe besser in die abergläubische Vorstellungswelt, so kennt man doch auch noch den „Hexer“.

Die Ursachen des Hexenaberglaubens in der Gegenwart sind vielfältiger Natur. Besondere Bedeutung hat dabei sicher die Angst vor sonst unerklärlich erscheinenden Ereignissen und Zusammenhängen. Auch gibt es eine enge Beziehung zu Neurosen und ähnlichen psychopathologischen Phänomenen. Kennzeichnend ist ferner die besondere Suggestibilität dieser Abergläubischen. In schweren Fällen läßt sich mitunter ein Ineinandergreifen von Aberglauben und Wahn im Sinne echter Psychose beobachten. Weitere Ursachen des Aberglaubens erklären sich aus der Umwelt. Hiermit hängt u.a. zusammen, warum gewisse Gebiete dafür besonders anfällig sind.

Sind das im Norden Deutschlands etwa die Lüneburger Heide und gewisse Teile Schleswig-Holsteins, wären hier für den Süden insb. die Schwäbische Alb und der Bayerische Wald zu nennen. Allerdings ist dabei zu beachten, daß der Hexenaberglaube insgesamt im protestantischen Norden eher auffällt als im katholischen Süden, wo er leichter religiös getarnt werden kann. Überhaupt ist der Hexenaberglaube in den großen Städten seltener festzustellen, wenngleich er auch hier noch nicht völlig ausgestorben sein dürfte; immerhin scheint diese Lebenssituation doch zumindest für diese Form des Aberglaubens viel ungünstiger zu sein.

In manchen Einzelfällen kommt dann das Gefühl hinzu, ein vom Pech verfolgter Unglücksrabe zu sein, was die Empfänglichkeit für abergläubische Deutungen und Praktiken zu steigern scheint. Zu einem nicht geringen Teil hat der Hexenaberglaube wohl zugleich eine entlastende Funktion, was sich u.a. aus dem Alter entnehmen läßt. Denn ungeachtet gewisser Unterschiede in Einzeluntersuchungen sind anscheinend Männer und Frauen zwischen 40 und 60 Jahren dafür besonders anfällig, was bei den Frauen auf Zusammenhänge mit dem Klimakterium bzw. entsprechende Entwicklungen beim Mann hindeuten dürfte. Begünstigend wirken sich ferner häufig Familienkonflikte und Feindschaften in der Nachbarschaft aus.

Der Sohn eines Ehepaares, das den noch dem Großvater gehörenden Bauernhof bewirtschaftete, nahm nach Erlernen des Schmiedehandwerks gegen den Willen des Alten eine Arbeit beim Volkswagenwerk an. Als er dann erkrankte und selbst eine nervenärztliche Behandlung nichts half, machte man dafür ebenso wie für das Eingehen von sieben Mastochsen und für die schlechte Milchleistung der Kühe den Großvater verantwortlich. Dieser hatte auf dringliche Fragen zwar zugegeben, er wisse von der „Kunst“ seiner verstorbenen Mutter, Menschen und Tiere zu besprechen, aber versichert, daß er diese nicht beherrsche. Da Aktivitäten beigezogener Hexenbanner nichts fruchteten, brachte der Kranke schließlich seinen Großvater als den vermeintlichen Übeltäter mit Beilhieben um; sodann erhängte er sich.

Erkrankungen, insb. solche, bei denen – wie im vorstehend geschilderten Fall – ärztliche Hilfe nichts auszurichten vermag, begünstigen ebenso wie überhaupt unerklärlich erscheinende Schmerzen den Hexenaberglauben. Dafür einige Beispiele:

Eine Frau erlitt, nachdem eine Bekannte sie am Arm berührt hatte, Durchfall, was sie als Beweis für das Wirken einer Hexe wertete.

Eine andere Frau kaufte ein getragenes Kleid von ihrer Freundin. Anschließend erkrankte sie. Das führte sie im Zusammenhang mit einem Besuch ihrer Freundin auf Hexerei zurück, zumal da sich auch das Befinden ihrer kranken Tochter verschlechtert habe, nachdem ihre Freundin über deren Kleidung gestrichen habe.

So kann im Grunde jedes beliebige Ereignis für den Abergläubischen zum Schlüsselerlebnis werden. Erklärungen der folgenden Art sind weiter verbreitet, als man denkt.

Streicheln über den Kopf eines Kindes erzeugt Läuse.
Empfindet ein kranker Patient, der im Bett liegt, einen Rippenstoß, ist das ein Beweis für ein Anhexen der Krankheit.
Wer die Hände – insb. im fremden Stall – in den Taschen hat, der hext.

Naturgemäß bedingt ein solcher Aberglaube Gegenmittel oder Gegenzauber. Außer Prozeduren wie Besprengen mit Weihwasser, Ausräuchern u.dgl. ist dies das Metier der alten Hexenmeister oder – wie man heute sagt – der **Hexenbanner,** wenngleich mitunter Abergläubische sich dank Überlieferung oder aus obskuren Publikationen entnommenen Wisssens selbst wehren zu können meinen. Bei diesen Abwehr- oder Bannmitteln scheinen der Phantasie keine Grenzen gesetzt zu sein.

Zu den gängigeren „Weisheiten" gehören u.a. die folgenden.

Kindern, bei denen Bettnässen zu beobachten ist, wird das dafür vermeintlich ursächliche Spielen mit Feuer oder mit Löwenzahn („Seichblume" = Bettnässen) verboten.

Gegen Bettnässen soll es helfen, dem Kind in drei aufeinander folgenden Nächten jeweils mitternachts eine Oblate zu geben und es ein Vaterunser beten zu lassen.

In das Bett des bettnässenden Kindes soll man für drei Tage, während derer das Hemd nicht gewechselt werden darf, ein Stück Schwarzbrot geben. Fresse danach vor dem Gebetläuten ein schwarzer Hund dieses Brot, werde das Bettnässen verschwinden.

Ist jemand krank, so soll man während des Gebetläutens mit einem derben Stock heftig gegen die Tür schlagen. Dann werde diejenige Person, die schuld an der Krankheit sei, am nächsten Tag von Schmerz geplagt werden.

Bei Erkrankung von Vieh wird u.a. empfohlen, der kranken Kuh geweihtes Salz zwischen zwei Brotschnitten zum Fressen zu geben, um den Hexenbann zu brechen.

In Süderhastedt hat ein Bauer, um den für das Verenden von Vieh Verantwortlichen zu ermitteln, einen frischen Kuhfladen auf die Fensterbank gelegt und darin mit einem Stock gerührt, weil dann das Gesicht des Schuldigen zu erkennen sein sollte. – Besser als für derartige erkennungsdienstliche Zwecke eignet sich dies „Kuhfladenporträt" vielleicht dazu, Kunstprogressisten zu inspirieren.

Ein vorbeugendes Mittel sei es, Pfeffer durch das Schlüsselloch zu blasen, weil so den Hexen ein Durchschlüpfen unmöglich gemacht werde.

Eine besondere Rolle spielen unter den Abwehrmitteln die magischen Amulette, die übersinnliche Kräfte besitzen sollen. Sie werden üblicherweise an den „gefährdeten Stellen" angebracht oder von Menschen mit sich geführt, z.B. als mit Sprüchen bekritzelte Zettel von

Männern in der Geldbörse, von Frauen und Kindern in der Kleidung. Im norddeutschen Raum gibt es eine Zubereitung mit dem schönen Namen „Teufelsdreck“. Manche dieser Amulette sind wie andere Bannpraktiken auf das Ähnlichkeitsprinzip zurückzuführen. Ebenso wie Kreuzdorn oder in Kreuzform geöffnete Scheren, so sind „scharfe“ Brennesseln angeblich gut gegen Hexen. Auch das Vergraben von seltsamen Dingen gehört zu den Praktiken der Hexenbanner.
Vieles aber ist anscheinend mit seltsamen Sprüchen und Gesten zu bewältigen. Dabei spielt im Hexenaberglauben eine 6. und 7. Buch Moses genannte Publikation eine besonders unheilvolle Rolle (ausführlicher dazu mit weiterem Schrifttum *Eigner* und *Prokop* in *Prokop* a.a.O. S. 255ff.). Neben den „Sympathiebüchern“ findet sich zuweilen anderes, oft religiös eingefärbtes Brimborium.

So kassierte ein Hexenbanner allein dafür, daß er vor der Haustür mit ausgestrecktem Zeigefinger drei Kreuze schlug, oft mehr als 200 DM. Andere Hexenbanner arbeiten mit einem Pendel oder schneiden ihren Kunden bzw. den „verhexten“ Tieren Haare ab, um „ihre Sache“ bei sich daheim zu machen. Diese Prozedur hängt manchmal mit Kochen oder Brennen, immer aber mit dem Herunterleiern dunkler Sprüche zusammen, die den auf Amuletten verwendeten ähneln. Man hat Zettel mit solchen Sprüchen auch in das Viehfutter gegeben.

Und je sinnloser und unverständlicher derartige, geheim zu haltende Sprüche sind, desto wirksamer erscheinen sie dem Abergläubischen. Auch davon nur einige Kostproben!

Das Maul der großen Hexe hat dich verrufen,
zwei falsche Augen haben dich versehen,
drei gute sollen dich wieder segnen,
der eine ist Gott Vater,
der andere ist Gott der Sohn,
der dritte ist Gott der Heilige Geist,
die bewahren dir dein Leben, Leib, Blut und Fleisch,
und wenn Schmerzen kommen auf deinen Leib,
so überlasse den drei jungen Gesellen dein Leid.
Im Namen des Vaters, des Sohnes und des Hl. Geistes.

Haben böse Augen dich übersehen,
drei böse Zungen dich übersprochen,
drei will ich dir gewähren,
die sollen dir wiedergeben,
dein Essen, dein Trinken, deinen Schlaf und deine Ruh,
deinen Saft und deine Kraft und deine ganze Eigenschaft,
hat's getan ein Mann, so komm's ihn selber an,
hat's getan ein Weib, so fahr's in ihren eigenen Leib,
du bist beschrien hinterwärts und vorwärts,
das zähl ich dir zugute.
Im Namen . . .

Manche Hexenbanner machen aus ihrer Tätigkeit ein gewaltiges Schauspiel.
So schoß es beispielsweise in dem verhexten Kuhstall, flogen Dinge umher und kämpften Hexenbanner und sein Lehrling mit den gewiß auch ohne die durch Ausschalten des Lichts bewirkte Dunkelheit unsichtbaren Feinden seines Kunden, um schließlich den Sieg zu verkünden und mit Weihwasser und Räucherkerzen noch präventiv tätig zu sein.

Bei den **Opfern des Hexenaberglaubens** denkt man natürlich zunächst an diejenigen, die sich eines Hexenbanners bedienen, d.h. an seine abergläubischen Kunden. Diese entstammen, was zugleich für besondere Verbreitung in der Unterschicht spricht, vor allem den wirtschaftlich schwächeren Kreisen, obwohl Intelligenz – wie Beispiele immer wieder lehren – keineswegs vor dieser Torheit schützt. Sie erleiden nicht nur gewöhnlich finanzielle Einbußen, sondern handeln sich mit einem vermeintlichen Erfolg des Hexenbanners einen um so sichereren Aberglauben mit allen seinen negativen Konsequenzen ein. Daß ihre Aktivität sich nicht nur gegen Dritte als angebliche Hexen oder Hexer richten kann, wie zahlreiche Fälle zeigen, sondern die Abergläubischen u.U. auch Hand an sich selbst legen, beweist der folgende Sachverhalt.

Einer werdenden Mutter war von einer Hexenbannerin ein Stammhalter vorausgesagt worden; ein etwa zur Welt kommendes Mädchen werde eine Hexe sein. Nachdem die Frau von einem Mädchen entbunden worden war, unternahm sie mehrere Selbstmordversuche, die ihr Ehemann jedoch verhindern konnte. Als sie sich dann aber vor einen Zug warf, verlor sie den linken Arm und die rechte Hand. Sie mußte in eine Nervenheilanstalt eingewiesen werden.

Wichtiger aber sind als Opfer doch wohl diejenigen, die den Abergläubischen – oft auf Hinweis des Hexenbanners – als vermeintliche „Hexen" oder „Hexer" erscheinen. Obgleich sie heute nicht mehr mit dem Feuertode zu rechnen haben, drohen diesen armen Menschen nicht nur mancherlei soziale und persönliche Nachteile, sondern ernste Gefahren, wenn die Abergläubischen sich nicht darauf beschränken, zu Hexen deklarierte Mitmenschen lediglich zu meiden. Den Hexenbanner jedenfalls läßt das Schicksal „seiner" Hexen und Hexer völlig kalt. Schon die oben mitgeteilten Beispiele zeigen, daß man nur zu leicht zu Beschimpfungen oder Handgreiflichkeiten und sogar zu so schweren Mißhandlungen übergeht, die sogar zum Tode dieser bemitleidenswerten Menschen führen können.

Im Städtchen Kamp ist 1934 ein Mann als Hexer von einer Schar junger Burschen verprügelt worden.

1949 drang im Landkreis Cham ein Bauer bei einer Frau ein, die sein Vieh verhext haben sollte, und mißhandelte sie, bis ihr Nachbarn zur Hilfe kamen.

Im Lüneburgischen ist auf eine als Hexe verdächtige Frau aus dem Hinterhalt mit einem Gewehr geschossen worden, das mit Viehsalz geladen war. Die Frau, die übrigens entgegen der landläufigen Hexenvorstellung jung und hübsch war, mußte mit schweren Verletzungen in ein Krankenhaus eingeliefert werden. Das polizeiliche Ermittlungsverfahren blieb ergebnislos.

Im Jahre 1924 hat ein Rentner in der sächsischen Lausitz einer Frau mit dem Spaten den Schädel eingeschlagen, weil er sich von ihr behext glaubte.

Selbst ohne derartige Aktivitäten abergläubischer Fanatiker kann es zu schweren Folgen, wenn die in Verruf Gebrachten sich das zu sehr zu Herzen nehmen, kommen.

Im Poltergeistfall Ursendorf, wo für den Schabernack einer Dreizehnjährigen ein älteres Flüchtlingsehepaar, das bis dahin als arbeitsam, hilfsbereit und freundlich allseits geachtet war, als Hexe und Hexer herhalten mußte, nahm sich die 58jährige Ehefrau diesen Verruf so sehr zu Herzen, daß dies vermutlich für einen Schlaganfall ausschlaggebend war.

In der Nähe von Augsburg erhängte sich am 16. 8. 1953 eine 55 Jahre alte, angebliche „Hexe" in einem Fichtenwäldchen. Dabei war eine Witwe, die den plötzlichen Tod ihres Mannes mit Hexerei durch diese Frau erklärt hatte, deshalb bereits wegen Beleidigung verurteilt worden, was aber an der Ächtung der armen Frau nichts geändert hatte.

Die unangenehme, z.T. ausgesprochen bedrohliche Lage Dritter, die für den Hexenaberglauben herhalten müssen, ändert sich – wie der letzte Fall beweist – oft nicht einmal bei gerichtlicher Verurteilung des Hexenbanners oder seiner abergläubischen Gefolgsleute. Überdies ist selbst bei Einleitung eines Strafverfahrens gegen Okkulttäter in deren Nachbarschaft in aller Regel bestenfalls passive Ignoranz, nicht selten aber sogar aktive Feindseligkeit zu erwarten.

So ist es beispielsweise vorgekommen, daß ein Polizeibeamter es bei seinen Ermittlungen gegen einen Hexenbanner nicht gewagt hat, die von diesem an Stalltüren angebrachten Lederamulette als Beweisstücke sicherzustellen, weil er sonst Handgreiflichkeiten befürchtete.

Selbst der Spott über fremden Aberglauben ist nicht ungefährlich, sondern kann einem sogar heutzutage noch Schaden einbringen, der dann allerdings keiner übersinnlichen Erklärung bedarf.

Ein alter, pensionierter Kapitän, der in einem schleswig-holsteinischen Dorf von der Tätigkeit eines Hexenbanners im Schweinestall eines Bauern erfahren hatte, lancierte mithilfe eines Reporters einen spöttischen Artikel darüber in die Lokalzeitung. Der darob erboste Bauer bekam dies heraus; er fiel bei nächster Gelegenheit über den betagten Kapitän her, warf ihn über einen Gartenzaun und verletzte ihn schwer.

Selbst wenn Geistliche oder andere Autoritäten, wie es sie gerade noch auf dem Lande gibt, gegen den Aberglauben Stellung nehmen oder davon in Mitleidenschaft Gezogene in Schutz nehmen, ändert das gewöhnlich wenig und wird oft nur der Verruf weniger offen geäußert. Obwohl sich der wegen Ehrverletzung belangte Abergläubische in einem Sühnetermin wegen der Beleidigung entschuldigt und eine Buße zahlt, sagt er manchmal doch schon an der Tür zum Nächsten: „Und sie ist doch eine!".
Die Folgen des Aberglaubens und der Tätigkeit des Hexenbanners treffen aber nicht nur individuell die angebliche Hexe bzw. den Hexer, sondern sind in überschaubaren Lebensformen, wie sie sich vor allem noch in Dörfern finden, ein sozialer Unruheherd erster Ordnung; das zeigen einige der oben geschilderten Fälle sehr deutlich.
Was nun den Hexenbanner anlangt, mit dem sich die Strafrechtspflege bald noch häufiger und mehr als mit den Abergläubischen selbst befassen muß, so ergeben sich mancherlei Probleme und Schwierigkeiten. Mitunter steht er mehr im Hintergrund und kann u.U. strafrechtlich nicht belangt werden, wie in folgendem Fall.

Bei einer abergläubischen Bauernfamilie, die Unglück mit ihrem Vieh hatte, wurde der Verdacht zunächst durch eine Zigeunerin und sodann von einem Hexenbanner, der ungenannt blieb, auf eine Nachbarfamilie gelenkt, die an der Ecke wohnte. Dabei fielen u.a. die Worte, es sei wohl das Beste, wenn „die ganze Ecke" einmal verschwinde. Zusammen mit einem ebenfalls abergläubischen Nachbarn, der sich auch mit jener Familie verfeindet hatte, machte sich das Familienoberhaupt eines Nachts auf den Weg. Man zündete das Strohdach an. Es brannte nicht nur das ganze Gehöft nieder, sondern der Nachbar und sein Sohn wurden bei Bergungsarbeiten von einem einstürzenden Schornstein erschlagen. – Da man zunächst von einem „schleichenden Kurzschluß" ausging, erregte erst das Gerede Verdacht, das aufkam, weil die Bauernfamilie nicht an der Beerdigung teilnahm.

Der Hexenbanner ist, da auch für ihn die These gilt, daß man mit zunehmendem Alter magisch leistungsfähiger werde, gewöhnlich mehr als 60 Jahre alt. Er kann dabei entweder gepflegt oder aber schmuddelig und ruppig wirken. Mag dies hier und da die Ansprechbarkeit seiner „Kunden" beeinflussen, kommt es doch entscheidend auf seinen Ruf an, der sich im fraglichen Kreis außerordentlich schnell von Mund zu Mund verbreitet. Da man ihm übersinnliche Kräfte und mithin Böses zutraut, stellt man sich mit ihm möglichst gut. Obwohl Beruf und Herkunft kaum Signifikantes zeigen, pflegt der Hexenbanner doch sei-

nen Lebenslauf außer mit einschlägiger Tradition jedenfalls mit okkulten Erlebnissen zu garnieren.
Aufschlußreich für den Hexenbanner ist weiter sein Verhältnis zu den abergläubischen Kunden, die nicht nur – wie sonst beim Betrug – die Rolle eines mehr passiv betroffenen Opfers spielen, sondern mit ihrer abergläubischen Empfänglichkeit eine große Bereitschaft für magische Aktivität mitbringen.

Dabei aber ist eine durch angebliche Gefahren gesteigerte Hörigkeit dem Hexenbanner gegenüber kennzeichnend. Diese Wechselwirkung erklärt zugleich, warum der Kunde sich, obwohl das Opfer okkulter Machenschaften des Hexenbanners, nicht als betrogen fühlt. Die Strafverfolgungsorgane können hier daher nicht auf Kooperation hoffen.

Sicherlich gibt es viele Hexenbanner, die selbst nicht an den Unfug glauben, mit dem sie andere finanziell ausnutzen, indem man sich von den Abergläubischen den als Gegenzauber deklarierten Hokuspokus gut bezahlen läßt. Daran ändert nichts, daß nach abergläubischem Brauch an sich nichts gefordert werden darf, weil sonst die Kraft nachlassen solle. Mag daher eine derartige Honorarforderung u.U. ein Indiz für bewußten Mißbrauch von Aberglauben sein, besagt doch das Fehlen einer solchen gewöhnlich wenig. Denn durchweg haben die Hexenbanner es gar nicht nötig, ausdrücklich ein Entgelt zu verlangen, ein Umstand, der bösgläubigen Schmarotzern zugute kommt.

Nebeneinkommen von mehreren Hundert DM sind keine Seltenheit. Manchmal dürfte durch Umsatz oder besonders finanzkräftige und gebefreudige Kunden das okkulte Einkommen noch höher liegen. So hat man schon vor Jahren monatliche Sätze von DM 2000 und mehr festgestellt. Bei einem Hexenbanner, der allerdings zur Spitze dieses Gewerbes gehören dürfte, hat man eine Kundenliste mit mehr als 5000 Anschriften gefunden, was einen ungefähren Eindruck vom Umfang seiner Tätigkeit und damit wohl auch von seinem Gewinn vermittelt. Derartige bösgläubige Hexenbanner scheuen nicht davor zurück, notfalls der Hexerei etwas nachzuhelfen, damit ihre Hilfe in Anspruch genommen wird.

So fügte ein Hexenbanner täglich der Milch roten Farbstoff zu, um den betroffenen Landwirt glauben zu machen, seine Kühe gäben – was als Zeichen für den Bosheitszauber einer Hexe gilt – blutige Milch. Als man ihn zur Hilfe rief und für die Beschwörungszeremonie bezahlte, fiel naturgemäß prompt die Rotfärbung der Milch weg.

In welchem Umfang man mit Druckerzeugnissen des Aberglaubens verdienen kann, zeigt der folgende Fall.

Da das 6. und 7. Buch Moses auf die angebliche Quelle bezogen mit Sicherheit ein Falsifikat ist, kann das, was der Planet-Verlag in Braunschweig herausgebracht hat, nur als Fälschung einer Fälschung bezeichnet werden. Er setzte dennoch 1950 nicht nur auf Anhieb 9000 Exemplare ab, sondern konnte sogar eine Luxusausgabe – auf Büttenpapier und in Schweinsleder gebunden – zum Preis von 111 DM bei anspruchsvollen Okkultisten los werden. Der gute Geschäftserfolg bewog den Verlag, Moses noch vier weitere Bücher unterzuschieben, um sie so etikettiert unter das abergläubische Volk zu bringen.

Manche Hexenbanner nehmen formell zwar kein oder nur wenig Honorar, bereichern sich aber dennoch auf dreiste und recht plumpe Weise.

Sie verlangen vielmehr etwa für ein angebliches „Opfer“ Geld oder sonst von ihnen Begehrtes. Das unter Beschwörungsformeln vergrabene „Opfer“ ist dann natürlich bald zum Segen des Hexenbanners verschwunden.

Eine Hexenbannerin ließ sich 820 DM aushändigen, die sie angeblich an das Kloster Zwiesel im Bayerischen Wald senden wollte, wo man aber selbstverständlich nie etwas von diesem Geld sah.

Es gibt aber auch Hexenbanner, die selbst dem Aberglauben verfallen sind, man könne sich übersinnliche Kräfte dienstbar machen. Zu dem für diese Fälle dennoch im allgemeinen charakteristischen materiellen Vorteil kommt vielfach und noch deutlicher als bei den bösgläubigen Hexenbannern das Bestreben hinzu, auf diese Weise Minderwertigkeitskomplexe abzureagieren; denn das durch die okkulte Position erhöhte Selbstwertgefühl kommt dem eigenen Geltungsdrang entgegen. Manchmal haben diese selbst abergläubischen Hexenbanner auch psychopathologische oder gar Züge, die in den engeren, klassischen Bereich der Psychiatrie gehören.

bb) Der **Vampiraberglaube,** der anscheinend in Südosteuropa immer noch mehr als in Mitteleuropa verbreitet ist, besagt, daß Verstorbene nachts als blutsaugender Geist die Überlebenden heimsucht, deren Tod u.U. dadurch bewirkt werden könne. Befürchtet man, ein Verstorbener – etwa ein Selbstmörder, Geizhals usw. – könne zum Vampir werden, trägt man ihn manchenorts mit den Füßen voraus zum Sterbehaus hinaus oder gibt ihm eine Münze mit in das Grab, um dies zu verhindern. Andere wiederum empfehlen Praktiken, die auf eine Leichenschändung hinauslaufen.

Steiner, Otto: Vampirleichen. Vampirprozesse in Preußen – Hamburg 1959; *Sturm/Völker:* Von denen Vampiren oder Menschensaugern – München 1968.

Man hat sogar Gräber geöffnet, um die Leiche des vermeintlichen Vampirs zu mißhandeln oder zu zerteilen. Es wird berichtet, eine Dorfgemeinde habe, um den unheilvollen Geist eines Verstorbenen zu bannen, um Mitternacht seine Leiche ausgegraben, diese an einen Baum gelehnt und unter den Klängen der Dorfmusik seltsame Tänze aufgeführt. Als der Dorfgeistliche erschien und sich weigerte, den Leichnam mit Weihwasser zu besprengen, habe die fanatische Menge den Priester in das Grab gestoßen, ihm die Leiche nachgeworfen und ihn durch Zuschütten des Grabes lebendig beerdigt.

Andere Okkultisten huldigen diesem Aberglauben in etwas sublimierterer Form, indem sie sog. „Fastenwunder" oder überhaupt „Auszehrung" sowie andere Schwächegefühle von Patienten damit zu „erklären" suchen, daß jemand einem anderen durch „Psychokinese" oder auf ähnliche unsichtbare Weise körperliche Kraft entziehe und auf sich übertrage (sog. „Od"-Vampirismus). Bei Licht betrachtet handelt es sich um eine aus prähistorischem Zauberglauben herrührende Vorstellung, welche selbst durch dabei verwendete, modern anmutende Termini wie „Fluidumübertragung", „Aufladen mit kosmischer Vibrationskraft" u.dgl. weder aktueller noch gereimter wird.

cc) Selbst der sog. **Wechselbalg,** der früher als Gegenstand des Aberglaubens zu schweren Verbrechen geführt hat, dürfte inzwischen wohl ausgestanden sein.

Insb. bei häßlichen oder verkrüppelten Neugeborenen behaupteten diesem Aberglauben Verfallene, es handelte sich um einen Wechselbalg, der von einer Hexe gegen das richtige Kind ausgetauscht worden sei. Man empfahl grausames Martern, um den Dämon zu einem Rücktausch zu veranlassen, oder Torturen, welche bis zur Tötung des Kleinkindes gehen konnte.

dd) Ebenso kann der **Besessenheitsaberglaube** zu Mißhandlungen oder gar zur Tötung führen. Auch ihm liegt der Wahn von einer Besitzergreifung durch den Teufel zugrunde. Daraus erklärt sich, daß man, wenn man den Besessenen heilen wolle, den Teufel austreiben müsse.

Ernst, Cécile: Teufelsaustreibung – Bern 1972; *Haag,* Herbert: Teufelsglaube – Tübingen 1974.

Derartige Praktiken der Teufels- oder Geisteraustreibung bezeichnet man u.a. als Exorzismus. – Häufig handelt es sich bei den angeblich Besessenen jedoch um körperlich oder vor allem geistig Kranke. Zur weiten Verbreitung dieses Aberglaubens haben wiederum Lehren der christlichen Kirchen beigetragen, die sich bis in das 19. Jahrhundert hinein feststellen lassen. Deshalb findet man unter den namhaften Exorzisten neben religiösen Fanatikern sogar Geistliche.

Man hat die als besessen geltenden Kranken teilweise unvorstellbaren Prozeduren unterzogen. Außer dem auch hier betriebenen „Ausräuchern“ kamen Einsperren in einen Backofen oder Schlagen unter Hersagen biblischer Sprüche in Betracht. Nicht selten endeten diese Prozeduren mit dem Tod der armen Opfer. Noch 1908 wurde in den Vereinigten Staaten eine an Gelenkrheumatismus leidende Frau von den Anhängern einer Sekte als vom Teufel besessen bezeichnet. Sie wurde so unmenschlich gefoltert, daß man ihr beim Drehen des Kopfes das Genick brach. Erst in den letzten Jahren wurde der amerikanische Film „Der Exorzist“, der diesem z.T. ausgesprochen gefährlichen Unfug gewidmet war, bezeichnenderweise in vielen Ländern ein Kassenschlager.

Doch zeigen bis in unsere Tage reichende Fälle, die vor allem bei gewissen Sekten oder in Gegenden zu beobachten sind, in denen Mönche ganz bestimmter Orden (z.B. Kapuziner) leben und Einfluß haben, daß selbst dieser Aberglaube noch nicht ausgestorben ist. Dabei wird seine Herkunft aus dem antiken Synkretismus heute von den Theologen der christlichen Konfessionen nicht mehr geleugnet.

ee) Gewiß gibt es noch manche mehr oder weniger eng mit dem Hexenglauben in Zusammenhang stehende **andere abergläubische Phänomene,** die hier aber unmöglich eingehender behandelt werden können. Vielmehr seien nur einige erwähnt, um darzutun, daß in diesem Rahmen keine erschöpfende Zusammenstellung geboten werden kann. Zudem sind manche dieser abergläubischen Praktiken jetzt anscheinend glücklicherweise im Abnehmen begriffen.

Das gilt besonders für manche Dinge, die bei Verbrechen nützlich sein sollen. Außer den „Diebslichtern“, die den Dieb unsichtbar machen sollen und die aus dem Fett unschuldiger Kinder zubereitet werden, gab es auch den Aberglauben, das warm verzehrte Herz eines ungeborenen Kindes verleihe übernatürliche Kraft.

Nachweislich hat man zu diesem Zweck schwangere Frauen getötet, ihnen den Bauch aufgeschlitzt, um der Leibesfrucht das Herz entnehmen zu können. Im 17. Jahrhundert hat man im Ermland eine gefürchtete Diebesbande gegriffen, die gestand, zu diesem Zweck 14 Schwangere geschlachtet zu haben. – Der Genuß gebratenen Menschenfleisches soll nach einem früher verbreiteten Aberglauben eine Zauberwirkung haben, nämlich das Gewissen beruhigen. Mit Tötungen waren aber u.U. auch auf Anhieb harmlos scheinende Formen des Aberglaubens verbunden, wenn man etwa meinte, einen Schatz nur mithilfe des Blutes unschuldiger Kinder heben zu können. Zu diesem Zweck hatte 1905 ein russischer Bauer namens Serki bereits neun von den geplanten fünfzig Kindern gemordet, als er gefaßt wurde.

In diesen Zusammenhang gehört nicht nur der Marschall Gilles de Rais aus Orléans, ein Zeitgenosse der Jeanne d'Arc, der im Sexualrausch, aber auch zum Zweck der Beschwörung des Teufels im Zusammenhang mit Schatzsuche viele Kinder ermordete, sondern ebenfalls der Fall des Bankdirektors Angerstein; wahrscheinlich hat man, als man ihm 1924 wegen acht Morden den Prozeß machte, das eigentliche „Motiv“ übersehen: Menschenopfer, um Geld zur Entschuldigung zu erlangen.

Besondere Bedeutung hat für manche Okkultisten das Blut von Toten, früher insb. von Hingerichteten, bei denen z.T. Juden eine besondere Rolle spielten. Dieser Aberglaube an Totenfetische hängt kriminalistisch vor allem mit der Leichenschändung zusammen.

1906 verhaftete man in der Nähe von Posen einen gewissen Ogrodowski, welchem Grabschändung in vier Fällen nachgewiesen werden konnte, die er begangen hatte, weil ihm in letzter Zeit mehrfach Pferde eingegangen waren. So fand man als grausige Beute aus den genannten Taten im Pferdestall einen Menschenkopf und im Schornstein des Hauses drei Stücke Menschenfleisch, darunter einen männlichen und einen weiblichen Geschlechtsteil.

Selbstverständlich kamen und kommen noch andere Arten von „Opfer" aus Aberglauben vor; dabei spielt nicht selten der Geschlechtsverkehr eine Rolle.

So hat 1927 in der Nähe von Konsanz ein Hausierer den Aberglauben eines Ehepaars im Hinblick auf einen vorgegaukelten Schatz dazu ausgenutzt, daß man ihm die 15jährige Tochter zum Geschlechtsverkehr überließ.

Der Wunsch nach Gegenzaubern kann möglicherweise zu Diebstählen führen. So hat man in manchen Teilen Deutschlands gestohlenen Speck als Mittel gegen Warzen, das einer Zigeunerin aus der Tasche gestohlene Brot als Mittel gegen Fieber oder Appetitlosigkeit angesehen. Auch andere Talismane oder Sympathiemittel lassen vermuten, daß sie im Wege des Diebstahls erlangt sind.
Obwohl Vorfreude gewiß verfrüht wäre, ist es vielleicht doch bezeichnend und tröstlich, daß sich selbst die teilweise so oder so defekten und daher zum Aberglauben neigenden Delinquenten heutzutage jedenfalls zu ihrem Schutze nicht mehr so leichtsinnig auf den faulen Zauber okkulter Praktiken verlassen.
Der Hexenaberglaube ist jedoch, obgleich seine schlimmsten Auswüchse wohl überwunden sind, ersichtlich immer noch kein lediglich den Historiker interessierender Gegenstand. Zudem hat er viele andere Formen des Okkultismus mehr oder minder nachhaltig beeinflußt, weshalb z.T. selbst historische Modalitäten noch aufschlußreich für Kriminalisten und Kriminologen sind. Mag das Okkulte beim Hexenaberglauben auch besonders augenscheinlich sein, so beweisen doch zahlreiche Beispiele, daß man die Beweisschwierigkeiten nicht unterschätzen darf.

g) Magische Heiler

Das in unserer Gegenwart trotz aller historischen Vorläufer größte und häufig besonders modern aufgemachte Betätigungsfeld von Okkultisten ist das der magischen Heiler und ihnen entsprechender Formen des Aberglaubens. Auch hier sind die Modalitäten nicht nur vielfältig, sondern sie reichen – wie bereits angedeutet – mitunter in den Hexenaberglauben und andere okkulte Gebiete hinein. Mögen derartige Aspekte daher bei anderen abergläubischen Praktiken mitwirken, erscheint es uns dennoch richtig, hier diejenigen zusammenfassend zu behandeln, bei denen eine mit Magie oder auf ihr vergleichbare Weise angestrebte Heilung im Vordergrund steht.

Groß/Seelig (8/9) II-132 ff.; *Schäfer* a.a.O. S. 126 ff.; *Gottschalk* a.a.O. S. 70 ff., 139 ff.; *Schäfer,* Herbert: Magische Heilkunde und Parapsychologie – in TbKrim XV, S. 127 ff. (1965); *Prokop/Wimmer* a.a.O. S. 41 ff.

Magische Heiler treten uns in recht verschiedener Gestalt entgegen. Während beim volksmedizinischen Kurpfuster die Magie gegenüber einer oft allerdings sehr seltsamen Medikamentation etwas zurücktritt, ist das bei der „geistigen", der eigentlich magischen Heilweise genau umgekehrt; hier sollen unter Verzicht auf Medikamente oder das, was ein Kurpfuscher dafür hält, Kranke allein durch übersinnliches Brimborium geheilt oder doch von Schmerzen befreit werden. Dabei steht dem bereits behandelten Erdentstrahler der Magnetopath nahe, der ebenfalls meint, alles strahle, um dann selbst bei aller naturwissenschaftlichen Tarnung „heilstrahlerisch" reine Magie zu praktizieren.

Die Vergangenheit läßt einen engen Zusammenhang dieses Aberglaubens mit dem religiösen Glaubensbekenntnis sichtbar werden. Eben deshalb vereinigte man früher und in primitiven Kulturen noch heute die Tätigkeit des Priesters mit der des Arztes oder Zauberers in einer Person. Dabei soll keineswegs verkannt werden, daß manche im Kern richtige ärztliche Verhaltensmaßregeln lediglich in eine religiöse Form gekleidet worden sind. Gewiß nicht zu leugnende Erfolge dieser Priesterärzte oder Medizinmänner, denen aber – wie wir noch sehen werden – relativ enge Grenzen gezogen sind, haben sicherlich zu dem sich vor allem im Mittelalter ausbreitenden Wunderglauben beigetragen; man braucht hier im übrigen nur an die christlich überlieferten Wunderheilungen zu denken. – Die Aufklärung tat, obwohl sie den religiösen Einfluß zurückdrängte, ein Übriges, indem sie pseudonaturwissenschaftlichen, in Wahrheit schlicht magischen Methoden den Weg ebnete. Erst seit dieser Zeit findet man neben den schon zuvor erwähnten abergläubischen Praktikern, die u.a. Heilung durch Besprechen von Krankheiten bewirken sollen, sowie dem wohl älteren Gesundbeten und den alten Quacksalbern die eigentlich magischen Heiler, zu denen Ahnen Scharlatane wie der angebliche Graf Cagliostro gehören.

Als ein Prototyp der magischen Heiler bzw. der Wunderdoktoren der Aufklärungszeit ist Mesmer anzusehen, der eine bisher nicht bekannte Art technisierten Aberglaubens einführte und – wohl gutgläubig – bis an sein Lebensende mit wechselndem äußeren Erfolg praktizierte.

Der am 23. 5. 1734 in Weiler am Bodensee Geborene wandte sich nach dem Studium von Theologie und Philosophie an den Jesuitenuniversitäten Dillingen und Ingolstadt dem Studium der Medizin zu. In Wien verfaßte er eine Dissertation „Über den Einfluß der Planeten auf den menschlichen Körper".

In seiner ärztlichen Praxis erzielte er wundersame Heilerfolge mit Magneten, weshalb er den „tierischen Magnetismus" als Faktum ansah, obwohl die offizielle Wissenschaft sich völlig ablehnend verhielt. Von 1768 an „heilte" er mittels Eisenmagneten. Als ihm eine angebliche Heilung eines Schwarzen Stars auf diese Weise als Betrug angekreidet wurde, begab er sich 1779 nach Paris, wo die mesmerische Kunst zunächst ebenfalls viel Anklang fand. Er veranstaltete seltsame Versammlungen, sog. Banquets, in Spiegelsälen, bis er auch dort eine vernichtende Kritik erfuhr. Er verließ daraufhin Frankreich, wo er rund 40 Gesellschaften mit über 40 000 Mitgliedern hinterlassen haben soll, und wirkte – als betrügerischer Schwärmer bezeichnet – fortan zurückgezogen in Frauenfeld am Bodensee bis zu seinem Tode im Jahre 1815.

In die Reihe der gewiß nicht immer „gutgläubigen" Wunderheiler gehören außer Samuel Hahnemann, den manche als Begründer der Homöopathie ansehen, der Ende vorigen Jahrhunderts im Elsaß wirkende Jost, der Schäfer Ast, der Lehmpastor Felke, der Pfarrer Blumhardt und der Sektengründer Weißenberg. Aus jüngster Zeit sind der als „Messias von Herford" apostrophierte Gröning und sein ursprünglicher Chefmanager sowie späterer Nachahmer im „Heilen durch den Geist" Dr. jur. Trampler in München zu nennen.

Wenn das Reichsgesundheitsamt 1928 insgesamt 12 098 Laienbehandler – darunter 2803 Frauen – registrierte, wobei zahlreiche illegale Kurpfuscher nicht erfaßt sein dürften, bekommt man eine ungefähre Vorstellung von dem auch heute kaum geringeren Ausmaß dieser Erscheinungsformen des Aberglaubens.

Der große Zulauf, den magische Heiler auch in unseren Tagen verzeichnen können, erklärt sich vor allem aus zwei Gründen. Einmal ist es die trotz aller Fortschritte der Medizin, vielleicht aber gerade wegen der besseren Information darüber die in mancherlei Fällen leider immer noch zu konstatierende Ohnmacht der Ärzte. Zum anderen sprechen für magische Heiler nicht nur angeblich, sondern mitunter auch wirklich erreichte Erfolge.

Kommt zu dem offenkundigen Versagen der Medizin in hoffnungslosen und anderen Fällen sowie zu der sowohl für den Kranken als auch für seine Angehörigen verständlichen Affektsituation dann noch der wirkliche oder angebliche Erfolg der Wunderheiler hinzu, ist es eigentlich ganz verständlich, daß ihnen jedes Mittel recht ist und sie daher gläubig, d.h. hier allerdings abergläubisch auf irgendwie natürlich wirkende „Heilverfahren" setzen.

Die Grenze zwischen Medizin und magischem Heiler bzw. Vertretern der sog. Paramedizin ist nicht immer leicht zu ziehen. Dasselbe gilt, wie man nicht verhehlen sollte, für die Grenze zwischen den mehr oder weniger obskuren Mittelchen kurpfuscherischer Volksmedizin und manchen doch recht merkwürdigen Produkten der modernen pharmazeutischen Industrie.
Ein gutes Beispiel für diese Grenzschwierigkeiten sind die **Naturheilverfahren,** bei denen oft die Volksmedizin eine Rolle spielt. Selbst wenn viele derartige Praktiken getrost als unsinniger Aberglauben abgetan werden dürfen, liegt manchen Mitteln oder Verfahren doch nicht nur eine lange überlieferte Erfahrung zugrunde, sondern sie enthalten zumindest einen richtigen Kern, welcher jedoch von der Fachmedizin noch nicht oder nicht vollständig genug erfaßt wird, um allgemeiner anerkannt zu werden. Es geistern in dieser Grenzzone von Medizin und Scharlatanerie auch „Volksweisheiten" oder „Bauernregeln" herum (dazu mit Beispielen *Meischke in Prokop* a.a.O. S. 137 ff.), wie etwa die, daß ein Schlaganfall sich nach 9 Monaten wiederhole oder der tote Ehegatte die Kraft des Überlebenden mit in das Grab nehmen könne. Lediglich erwähnt sei in diesem Zusammenhang ferner die laienmedizinische Schundliteratur (genauer dazu *Eigner* und *Prokop* in *Prokop* a.a.O. S. 255 ff.).
Es bleiben dennoch gewiß genügend Zweifelsfälle, wenn man etwa an die zunächst mehr auf die Diagnostik zugeschnittene Irisdiagnose (dazu eingehend mit weiterem Schrifttum *Jentzsch* in *Prokop* a.a.O. S. 35 ff.) denkt, die aber häufig zu derartigen Naturheilverfahren zu führen pflegt. Umstritten ist ferner die Zellulartherapie (hierzu mit umfangreicher Bibliographie *Fröhlich* und *Prokop* in *Prokop* a.a.O. S. 157 ff.), deren Möglichkeiten aber gewiß oft überschätzt werden und die deshalb in abergläubischer Manier mißbraucht werden kann.
In den Grenzbereich gehört außer der Akupunktur (besonders kritisch *Prokop* und *Stelzer* in *Prokop* a.a.P. S. 329 ff. mit einiger Literatur) sogar die Homöopathie (siehe hier die kritischen Darstellungen von *Prokop* a.a.O. S. 183 ff., 205 ff. und *Kerde* in *Prokop* a.a.O. S. 211 ff.), die – obwohl auch von medizinisch ausgebildeten Ärzten betrieben – von manchen Fachmedizinern leichthin der Paramedizin zugeordnet wird. Selbst wenn sich hier mitunter phantastisch anmutende Mittel finden und diese Methoden von ihren z.T. fanatischen Anhängern in ihren Möglichkeiten nicht selten irreal überschätzt werden, läßt sich doch nicht von der Hand weisen, daß manche Mittel und Behandlungsmethoden z.B. der Homöopathie nicht nur präventiv wirken bzw. auf suggestive Weise einen Genesungsprozeß fördern können. Die infolgedessen unsicheren Grenzen zwischen Brauchbarem und Scharlatanerie lassen sich in diesem Rahmen verständlicherweise nicht genauer beleuchten, weshalb dieser Hinweis genügen muß.
Wirkliche Erfolge können Wunderheiler jedoch sogar durch an sich medizinisch völlig ineffektive Methoden erreichen, sofern zumindest deren Anwendung auf den Patienten psychisch wirken kann, was – wie wir wissen – mitunter sogar physische Konsequenzen hat. In diesem Rahmen ist u.a. auf die vielfach an „Hexerei" erinnernden Praktiken des „Besprechens" oder „Gesundbetens" hinzuweisen. Obwohl derartiges Getue an sich – medizinisch betrachtet – auf Humbug hinausläuft, bedient sich – wie der folgende Fall beweist – vereinzelt die „Schulmedizin" derartiger Praktiken mit Erfolg.

In einer Universitätsklinik war ein seit Monaten gelähmtes Mädchen mit allen nur möglichen Mitteln – ohne Erfolg – behandelt worden. Dann kam der Leiter der Klinik auf folgende Prozedur. Er teilte dem Mädchen persönlich mit, es werde eigens für sie ein neues, sehr teures Präparat aus Amerika eingeflogen. Am anderen Tag bestrich der Professor nach feierlich-theatralischen Vorbereitungen, bei denen u.a. eine kleine Flasche auf einem Tischchen hereingefahren wurde, die gelähmten Beine der Patientin mit der braunen Wundertinktur. Schon wenige Stunden später konnte die Gelähmte die Beine bewegen und bald die ersten Schritte gehen. Es war in der Tat ein Wunder geschehen: Jodtinktur hatte eine Lähmung beseitigt.

Dies Beispiel soll lediglich belegen, daß in geeigneten Fällen jedes beliebige Mittel – vielleicht dementsprechend drapiert – eine „Wunderheilung" bewirken kann.
Wenn man hier von einer „Suggestivtherapie" gesprochen hat, so ist das zwar nicht falsch, trifft aber dennoch die Sache nur teilweise. Besser erscheint ein Hinweis auf die von manchen aber wohl überschätzte Psychotherapie, die man heute jedenfalls im Kern anerkennt, wenngleich manche „Schulmediziner" ihr sehr skeptisch gegenüberstehen und andere sie zu wenig beachten.

Doch sollte man nicht bestreiten, daß es um Gebiete wie das der klinischen Psychologie bekanntermaßen bei vielen Fachmedizinern nicht besonders gut steht. Und gerade im zwischenmenschlichen Bereich liegen für Wunderheiler die besten Ansätze, um zu einem wirklichen, nicht nur vom Patienten subjektiv so empfundenen Erfolg zu gelangen. Selbst wenn physische Reaktionen lediglich psychisch bedingt sind und daher durch eine entsprechende Einflußnahme auf die Psyche „geheilt" werden können, was mitunter sogar dem medizinischen Laien glückt, dürfte doch klar sein, daß ein solches Vorhaben bei den meisten Krankheiten als aussichtslos erscheinen muß; damit werden zugleich die solchen Behandlungsmethoden gesetzten Grenzen sichtbar. So ist beispielsweise der Wunderheiler Gröning, der angeblich Hunderttausende geheilt haben soll, selbst im Jahre 1959 in Paris an Krebs gestorben, was seltsamerweise nicht so bekannt ist.

Aber sogar dort, wo durch eine rein psychische Therapie allein kein wirklicher Heilerfolg zu erzielen ist, sollte man beachten, daß derartige Methoden zumindest unterstützend oder u.U. präventiv wirken können. Dennoch kümmert sich die traditionelle Fachmedizin vielfach nicht nur zu wenig um derlei Dinge, sondern tut sie hochmütig als Scharlatanerie ab, um ihre Wissenschaft – wenn auch technisch hoch entwickelt – gewissermaßen mehr wie ein Handwerk zu betreiben.

Ein Beispiel für derartige Naturheilverfahren, denen wohl ein präventiver, aber nur begrenzt und selten ein Krankheiten wirklich heilender Effekt zukommt, ist die Hydrotherapie, die man in Deutschland vor allem mit dem Namen von Pfarrer *Kneipp* und Wörrishofen, seiner Wirkungsstätte, verbindet (hierzu und zum Folgenden ausführlicher mit zahlreichen Literaturhinweisen *Hecht* in *Prokop* a.a.O. S. 141 ff.). Das Wirken von Pfarrer Kneipp und seine Persönlichkeit sollten beim nüchternen Betrachter zwiespältige Gefühle hervorrufen.

Nicht zu bestreiten sind seine Verdienste, was die Prävention anlangt, soweit Kneipp sich für ein gesundes Leben eingesetzt hat. Selbst der Hydrotherapie, wie sie übrigens bereits vor Kneipp von Ärzten befürwortet worden ist und wie sie heute von manchen Fachmedizinern betrieben wird, muß ein medizinisch positiver Effekt zuerkannt werden. Allerdings verspricht sie als alleinige Methode der Behandlung nur sehr selten Aussicht auf Erfolg, während sie häufiger eine andere Heilverfahren unterstützende Funktion haben kann.

Ist insoweit also in der Tat ein positives Urteil angezeigt, darf man doch nicht verkennen, daß die praktische Arbeit von Pfarrer Kneipp in nicht unerheblichem Umfange Charakteristika des Kurpfuschertums aufweist. Sieht man einmal vom Fehlen einer medizinischen Grundausbildung ab, ohne welche weithin weder sichere Diagnosen noch eine sinnvolle Auswahl der geeigneten Therapie möglich erscheinen, hat Kneipp mit Sicherheit die Grenzen des von ihm propagierten Verfahrens weit überschätzt und damit gewiß auch viel Unheil angerichtet. Seine Ratschläge haben nicht nur bewirkt, daß in zahlreichen Fällen in Anwendung unbedingt indizierter Heilverfahren unterlassen worden ist. Dabei mag sein Ansehen als Pfarrer ebenso eine Rolle gespielt haben wie der Umstand, daß er mit seiner Tätigkeit nicht – wie andere magische Heiler – auf Erwerb finanzieller Vorteile aus war. Zudem hat er es anders als viele Kurpfuscher durchweg vermieden, die Fachmedizin zu verunglimpfen und in Mißkredit zu bringen, wenngleich bei genauerem Hinsehen dennoch manche seiner Äußerungen insoweit diskriminierend gewirkt haben mögen.

Sehen wir einmal von diesen Grenzgebieten ab und konzentrieren wir uns auf den ohnehin noch großen, eingangs umrissenen Bereich magischen Heilens, so hängt die Bedeutung dieses Phänomens wesentlich von der Einstellung der Opfer ab. Diese ist nicht nur aus den spektakulären Fällen zu entnehmen, in denen einem magischen Heiler, der so oder so eine entsprechende Publizität gewonnen hat, täglich Hunderte oder gar Tausende zuströmen.

Ein Beispiel hierfür ist der Wunderheiler Gröning, der in Herford und auf dem Traberhof bei Rosenheim mitunter wahre Menschenmassen zu mobilisieren vermocht hat; sein Kundenkreis dürfte zeitweilig mehrere Hunderttausend umfaßt haben.

Doch auch sonst finden sich die Mühseligen und Beladenen in einer immer noch stattlichen Zahl bei diesen okkulten Medizinmännern ein.

Zu einem 1957 verstorbenen „Schäfer" reisten im Durchschnitt täglich etwa 50 „Patienten" allein als Fahrgäste der Eisenbahn an.

Der „Wunderdoktor von S." zählte bereits wenige Wochen nach Aufnahme seiner Kuren und der dafür wichtigen Pferdemistbeutelproduktion pro Tag durchschnittlich 100 Kunden.

Der primitives Handauflegen praktizierende „Wunderdoktor von Emmerich" soll es an manchen Tagen auf 500–600 Kunden gebracht haben, weshalb er sogar den Saal einer Gaststätte mieten mußte. Das strafgerichtliche Honorar betrug vier Monate Gefängnis mit Bewährung.

Die noch etwas unsicheren Untersuchungen der Opfer magischer Heiler lassen vermuten, daß ihr Alter sich vorwiegend zwischen 40 und 60 Jahren bewegt, was ebenso wie die Tatsache, daß Frauen etwas früher und häufiger als Männer zu diesen Okkultisten zu kommen scheinen, dem Hexenaberglauben ähnelt. Etwas anders als dort liegen die Dinge hier aber, was Beruf, Bildung Herkunft der Opfer anlangt. Bei den vom magischen Heiler „Verarzteten" sind alle Berufe und alle Gesellschaftsschichten vertreten. Das Bild ist also bunter als beim Hexenaberglauben, der mehr in der Unterschicht zu grassieren scheint. Selbst Akademiker und darunter sogar Mediziner suchen magische Heiler oder ihnen vergleichbare Laienbehandler auf. Auffällig ist gerade bei Abergläubischen das Verlangen nach irgendwelchen Medikamenten; und als solche werden auch okkulte Mittel, die ja besonders geheimnisvoll sind, dankbar hingenommen.
Zwischen dem Kunden und dem magischen Heiler besteht ein seltsames, suggestives mitmenschliches Verhältnis. Selbst nach strafrechtlichen Maßnahmen gegen den magischen Heiler reagieren dessen „Opfer" durchweg täterfreundlich.

aa) Eine noch relativ ungefährliche Form magischen Heilens praktizieren die **volksmedizinischen Kurpfuscher**, wenngleich auch hier das Unterlassen einer indizierten ärztlichen Behandlung mitunter schlimme Folgen zeitigen kann, um von den manchmal weder appetitlichen noch hygienischen Praktiken und dem Aspekt abzusehen, daß auch hier gewöhnlich nur das Geldverdienen groß geschrieben wird.
Manche „Rezepturen" der abergläubischen Volksmedizin muten außerordentlich primitiv an, wenn z.B. gegen Gelbsucht nur gelbe Mittel oder gegen Blutkrankheiten nur rote zu gebrauchen sind. Bei anderen erklärt sich die „Indikation" zwanglos durch sprachliche

Analogie. Schon der Name der Pflanzen weist daraufhin, daß Steinbrech Gallensteine zerbrechen kann und das Bruchkraut sowohl gegen Leisten- als auch gegen Knochenbrüche gut sein muß. Viele Kräuter müssen zudem an besonderen Plätzen oder zu bestimmten Zeiten gepflückt werden.

Der Sektengründer Weißenberg behandelte noch im 20. Jahrhundert alle möglichen Krankheiten außer mit Weißkäse und Ton auch mit Arnika und sogar mit Urin.

Ein anderer „Medizinmann", der seine fragwürdige Weisheit aus dem Buch „Magische Heilmethoden" (von Georg Franck, 1855 im Verlag Scheible in Stuttgart erschienen) bezog, nähte aus alten Damenstrümpfen oder Verbandsgaze kleine Beutel, in die er jeweils zwei Teile Pferdemist und einen Teil einer Kräutermischung füllte. Je nach Leiden mußte der Kunde einen oder mehrere Beutel eine Woche lang am Körper tragen. Beim nächsten Besuch wurde nicht nur dieser Beutel in einem Waschkessel ausgekocht, sondern im mitgebrachten Frühurin auf einem Elektrokocher ein Ei gekocht, das dann in einem Waldameisenhaufen vergraben wurde. Mit dem dadurch angeblich bedingten Eingehen dieser Tiere sollte die Krankheit zurückgehen. – Bei aller Ungereimtheit hat sich dieser Wundermann zumindest noch Arbeit gemacht.

Eine magische Heilerin K. verkaufte Jahre hindurch an zahlreiche Leidende ihren eigenen, mit Wasser verdünnten Urin, der trotz seines Bakteriengehaltes und ungeachtet seines widerlichen Geschmacks von Kranken willig getrunken wurde.

In diesen Rahmen gehören ferner wohl die asiatische Wunderwurzel Ginseng und der Bienenköniginnenfuttersaft, für die in den letzten Jahren viel Reklame gemacht worden ist.
Aber nicht immer sind derartige magische Mittel der Volksmedizin ohne weiteres als solche zu erkennen, weil auch manche Pharmazeutika – wie gesagt – zweifelhaft sein können. Für einen Verdacht auf ein magisches Mittel spricht aber stets, wenn es für eine Unzahl von Krankheiten oder Beschwerden brauchbar sein soll (vgl. hier beispielsweise die Zusammenstellung für einzelne Mittel bei *Schäfer* a.a.O. S. 153 ff.). Ferner sollte skeptisch stimmen, wenn ein Erfolg unter sonst gleichen Umständen nicht mit der bei Arzneimitteln üblichen Sicherheit vorausgesagt werden kann, wenn er insb. von weiteren Bedingungen wie etwa dem „festen Glauben" abhängig gemacht wird. Ein angeblich rascher, jedoch nicht objektivierbarer Erfolgseintritt dürfte ebenso wie der Umstand, daß eine Anwendung durch einen anderen in sonst gleichgelagerten Fällen nicht möglich sein soll, für magischen Charakter des fraglichen Mittels sprechen.
Nicht selten verbinden volksmedizinische Kurpfuscher zudem die Anwendung ihrer Kräuter und Pillen mit besonderen Vorschriften für eine bestimmte Zeit, für gewisse – meist magische – Zahlen oder für sonst einzuhaltende Zeremonien. Das findet sich übrigens teilweise ähnlich bei den Magnetopathen.
Obwohl diese Techniken der volksmedizinischen Kurpfuscher, was die Gesundheit anlangt, häufiger ungefährlich – da überhaupt ineffektiv – sind, können sie doch außer dem Unterlassen einer gebotenen ärztlichen Behandlung mitunter andere fatale Konsequenzen haben.

Ein Bauer, der als Hersteller eines Rheuma- und Ischiasmittels bekannt war, von dem damals eine Portion 5 DM kostete, verschuldete 1954 den Tod eines Menschen. Ein Arbeiter verstarb nach Einnahme des Pulvers, das der Bauer aus getrockneten Käfern und Lorbeerblättern selbst hergestellt hatte. Die Analyse der Pulverrückstände ergab den Befund einer Vergiftung, weil zu Pulver zerstampfte Käfer das stark wirkende Gift Cantharidin enthielten; der Verstorbene mußte mindestens das Doppelte der tödlichen Dosis (0,01 g) eingenommen haben.

bb) Wenden wir uns denen zu, die man als **magische Heiler** im eigentlichen Sinne und deren Heilmethoden man als eindeutig abergläubisch bezeichnen kann, so treffen wir z.T. wieder auf Dinge, die wir bereits bei den volksmedizinischen Kurpfuschern oder in anderem Zusammenhang erörtert haben. Selbst wenn etliche dieser Praktiken an sich für die Gesundheit völlig unschädlich sind, kann außer dem Umstand, daß im Hinblick auf sie eine notwendige ärztliche Behandlung unterlassen wird, das Interesse des Kriminalisten auch anderweitig begründet sein. Denn manche dieser seltsamen Praktiken setzen Straftaten voraus, wenn die benötigten Dinge – z.B. Menschenfett u.dgl. – nur auf verbrecherische Weise zu erlangen sind. Andere Mittel bzw. ihr Erlangen sind zwar nicht kriminalisiert, aber ebenso abenteuerlich wie die gegen Hexerei verwendeten. Ihre Vorläufer sind u.a. die Amulette, die man beispielsweise schon gegen die im 14. Jahrhundert in Europa grassierende Pest verwendet hat. Wieder andere Methoden sind ebenfalls völlig ungefährlich, aber zumindest für den magischen Heiler gewinnbringend. Hier ist vor allem auf die weit verbreiteten und z.T. bereits erwähnten Praktiken des Handauflegens, Besprechens, Gesundbetens und auf das Wirken der Magnetopathen hinzuweisen.

Zum Handauflegen, das mitunter gerade an dem schmerzenden Körperteil erfolgen soll, können Forderungen wie die hinzutreten, fest an Christus und an den magischen Heiler zu glauben. Das Besprechen von Warzen soll beispielsweise nach den Regeln der Magie nur bei Mondlicht erfolgreich sein. Bei inneren Blutungen wird etwa folgender „Segen" empfohlen:

„Am Himmel stehen drei Blumen,
die eine heißt Wohlgemut,
die andere heißt Demut,
die dritte heißt Gottes Wille,
Blut, stehe stille!"

Beim Gesundbeten spielen mehr oder weniger verständliche, vielfach religiös eingefärbte Sprüche die dominierende Rolle. So sollen ggf. das Vaterunser oder ein anderes Gebet rückwärts gesprochen werden.

Andere zu diesen Okkultisten zu rechnende Scharlatane versuchen es mit „Strahlenheilungen", wobei man sich ebenfalls mitunter eines Mediums bedient. Gröning arbeitete bei dieser Technik mit schlichten Stanniolkugeln, die angeblich mit seiner Heilkraft aufgeladen sein sollten. Überhaupt hat das gerade von ihm propagierte „Heilen durch den Geist", dessen Praktiken ebenfalls in gewissen Äußerlichkeiten an das Christentum angelehnt sind, in letzter Zeit Furore gemacht. Neben für derartige magische Heiler typischen Massenveranstaltungen, bei denen dann selbstverständlich die Massensuggestion eine Rolle spielt, finden sich nunmehr als „Vortragsabende" organisierte „meetings"; damit will man wohl vor allem der Gefahr vorbeugen, wegen unbefugter Ausübung der Heilkunde belangt zu werden. Das gilt insb. für Grönings früheren Manager und dessen unmittelbaren Nachfolger, einen Dr. jur. Kurt Trampler in München, der außer Menschen sogar Tiere „durch den Geist" heilen will und meint, dafür dienliche Kontakte über den Fernsprecher und ggf. über Ozeane hinweg herstellen zu können. Übrigens hat man dabei Berufsbezeichnungen wie „Psychotherapeut" – dies vergeblich – oder Ähnliches verwendet, um sich zumindest äußerlich etwas von der Heilkunde zu distanzieren.

Die von derartigen magischen Heilern genannten Zahlen über richtige Diagnosen und angebliche Heilerfolge sind zwar phantastisch, aber weder beweis- noch nachprüfbar. Bei allem oft religiös gefärbtem Brimborium und angeblich moderner, in Wahrheit jedoch pseudowissenschaftlicher Aufmachung zaubert der magische Heiler genau genommen ohne jeden Rückhalt in Naturwissenschaften und Theologie herum, wenn er beispielsweise meint, die von ihm gern zitierte Allmacht durch Stanniolkügelchen oder ähnliche Kinkerlitzchen in seinen Dienst zwingen zu können.

Daß auch diese Form abergläubischen Wahns, für den glücklicherweise nicht – wie bei der Hexerei – unbeteiligte Dritte herhalten müssen, die hier schlimmstenfalls als „Ungläubige" den Lynchpraktiken fanatisierter Anhänger ausgesetzt sind, allein durch das Unterlassen ärztlicher Hilfe gefährlich werden kann, beweist u.a. auch das Wirken des als „Messias von Herford" apostrophierten Gröning.

Obwohl bereits Anfang der 50er Jahre ein Strafverfahren gegen Gröning nur wegen „schuldausschließenden Irrtums" nicht zu einer Verurteilung geführt hatte, kam er 1957 wegen fahrlässiger Tötung wieder auf die Anklagebank. Sein Opfer war ein 18jähriges Mädchen aus Säckingen, das – an Tuberkulose erkrankt – von seinem Vater zu Gröning gebracht worden war, der Heilung versprach, jedoch Hinzuziehung eines Arztes verbot. Da sich der Zustand des Mädchens trotz der Stanniolkügelchen verschlimmerte, besuchte Gröning es in Säckingen, wobei er wiederum ärztliche Konsultation verboten haben soll. Nach dem Tode des Mädchens wurde ein Strafverfahren gegen ihn eingeleitet. Auch abgesehen vom inzwischen erfolgten Tod von Belastungszeugen wurde Gröning in erster Instanz seltsamerweise nur wegen Vergehens gegen das Heilpraktikergesetz zu DM 2000 Geldstrafe verurteilt, was jedoch das abergläubische Publikum im Münchener Justizpalast nicht davon abhielt, sich um den gerade verurteilten „Meister" zu scharen. Im Berufungsverfahren allerdings wurde dieser seltsame Wunderheiler dann doch wegen fahrlässiger Tötung zu 8 Monaten Gefängnis (mit Bewährung) verurteilt.

Selbstverständlich gibt es daneben Praktiken von magischen Heilern und selbst Kurpfuschern, die schon als solche gesundheitsschädlich sind und sogar das Leben des Kranken gefährden können. Man braucht sich hier nicht nur an die bereits erwähnten, für „Besessene" empfohlenen Praktiken zu erinnern, sondern muß wissen, was von diesen Okkulttätern ansonsten mitunter geraten wird.

So soll man, um nur einige Kostproben dieser Kunst zu nennen, nicht nur Spinnweben, sondern in gewissen Fällen Leichenwachs auf offene Wunden legen, lebende Kröten auf krebsbefallenen Stellen des Körpers verenden lassen, in anderen den Speichel eines an Tuberkulose Erkrankten als Mittel gegen Lungenschwindsucht einnehmen. Man hat sogar das zur Leichenwaschung verwendete Wasser als Heilmittel gegen Epilepsie deklariert. In derartigen Fällen werden volksmedizinische Kurpfuscherei und magisches Heilen eindeutig zum gemeingefährlichen, das Leben abergläubischer Menschen bedrohenden Unfug.

Und selbst bei den insoweit ungefährlichen magischen Praktiken bleiben demnach für den Kriminalisten immer noch zwei Gesichtspunkte wichtig. Neben dem Unterlassen einer rechtzeitigen ärztlichen Hilfeleistung, durch das ersichtlich schwerer Schaden entstehen kann, muß man im Auge behalten, daß die Kunden nicht nur in ihrem Aberglauben bestärkt werden, sondern die magischen Heiler bewußt oder unbewußt medizinisch völlig wertlose, zumindest nicht nachweisbar sinnvolle Praktiken benutzen, um sich auf Kosten des abergläubischen Kranken oder seiner Angehörigen zu bereichern. Wie schön der Zauber materiell betrachtet für diese Okkulttäter klappt, soll nur ein einziges Beispiel aus der neueren Praxis zeigen.

Ein sog. „Naturheilkundiger" hat ein Riesengeschäft mit dem Verkauf von gewöhnlichem, klaren Quellwasser gemacht, das als „Aderradium" oder „Augenquelle" gegen alle möglichen Krankheiten gut sein sollte.

Hier werden zugleich die Parallelen zu dem abergläubischen Rummel erkennbar, der um gewisse Wallfahrtsorte mit angeblich heilbringenden „Gnadenwässerlein" u.ä. gemacht wird. Um solche seltsamen Wunder-Requisiten ist in manchen Orten ein blühender Devotionalienhandel entstanden, der von Knochenreliquien bis zu blutigen Schweißtüchern alles bietet, womit ein abergläubischer Kranker seine Leiden zu kurieren hofft.

Angesichts dieser doch recht unterschiedlichen Praktiken sollte verständlich sein, daß die Persönlichkeit der magischen Heiler außerordentlich verschiedenartig und schillernd ist. Allgemeiner läßt sich nur sagen, daß volksmedizinische Kurpfuscher, die in einem begrenzteren Kreis – dort aber oft einflußreich – zu wirken pflegen, äußerlich gewöhnlich wenig auffällig sind. Mehr mag überraschen, daß das ebenso für viele magische Heiler gilt, deren Äußeres gewöhnlich als unauffällig oder als das eines Kleinbürgers zu charakterisieren ist. Immerhin finden sich hier aber auch solche mit einem Erscheinungsbild, das eher zur landläufigen Vorstellung von einem magischen Heiler passen mag.

So wird der „Schäfer A.", womit wohl Ast gemeint ist, folgendermaßen beschrieben: Er hat das Gesicht eines Sehers mit großen, stahlblauen Augen, schneeweißen, gescheiteltem Lockenhaar, ein wohl rasiertes, ovales, schönes norddeutsches Gesicht mit einer edel geschnittenen Nase und virbrierenden Nasenflügeln.

Von dem berühmten Wunderheiler G. – gemeint dürfte Gröning sein – heißt es: Unter einem kräftigderben, faltendurchfurchten Gesicht zeigt sich ein monströser Kropf; das Haupthaar fällt in langen Wellen in den Nacken und weicht vorn leicht zurück. G. liebt schwarze Bekleidung.

Je intelligenter der magische Heiler und je höher das Niveau seiner abergläubischen Anhänger ist, desto geschickter wird seine Aktivität publizistisch und auch strafrechtlich abgesichert. Mitunter kommt es bei ihnen – wie schon bei Weißenberg – zur Gründung von Sekten oder Interessengemeinschaften zw. Gesellschaften.

Nach einschlägigen deutschen Strafverfahren liegt das Durchschnittsalter magischer Heiler um die 50 Jahre. Sie sind, was manche überraschen mag, häufig nicht nur von geringer Herkunft, sondern zeigen nicht selten sowohl lückenhafte Schulbildung als auch eine dürftige bzw. mangelhafte Berufsausbildung. Bezeichnenderweise fehlen bei ihnen durchweg medizinische Grundkenntnisse. Die in ihren Lebensläufen dafür angebotenen okkulten Erlebnisse vermögen kaum zu erklären, warum sich Kranke oder überhaupt Leidende derartigen Menschen anvertrauen. Ihre persönlichen Lebensverhältnisse wirken ganz im Gegensatz zu ihren hochtrabenden, oft religiös eingefärbten Sprüchen oft ausgesprochen ungeordnet; das gilt nicht nur für ihr Sexualleben.

Nach allem kann kaum überraschen, daß psychiatrische Gutachten, die im Zuge einschlägiger Strafverfahren erstellt wurden, bei magischen Heilern häufig psychopathologische Züge feststellen. Bei diesen Wunderheilern – wie etwa bei Gröning auf der Höhe seines zweifelhaften Ruhmes – findet man auch Züge von Größenwahn. Von der abergläubischen Anbetung berauscht bilden sich derartige Okkultisten etwa ein, den Gang der Weltpolitik beeinflussen zu können.

Dabei ist die Belastung mit Vorstrafen bei ihnen im allgemeinen verhältnismäßig gering. Neben einer mitunter unbegreiflichen Milde der Strafverfolgungsorgane, die zum Absehen von Verfahren oder von Verurteilung führt, mag sich eine bei diesen in der Regel nicht besonders fanatisierten Okkulttätern zu beobachtende Scheu vor Konflikten mit der Staatsgewalt und damit vor einer Verurteilung günstig auswirken.

Bei den magischen Heilern gibt es ebenso wie bei den volksmedizinischen Kurpfuschern sicherlich manche, die ihre Mittel und Methoden zumindest subjektiv für aussichts- und erfolgreich halten, wenngleich auch denjenigen, die in Kenntnis der Aussichtslosigkeit fremden Aberglauben auf diese Weise ausbeuten, dies nur selten nachzuweisen sein wird.

Selbst wenn sich gerade Vertreter der „geistigen Heilweise" gern christlich geben, läßt sich in der Praxis doch kaum jemals ein wirklicher Einfluß einer bestimmten Konfession nachweisen. Es handelt sich vielmehr durchweg um ein recht individuell gehandhabtes, z.T. ausgesprochen primitiv anmutendes Pseudo- oder Kattun-Christentum, das einen Kriminalisten nicht täuschen sollte.

Im übrigen bieten magische Heiler, von wenigen Ausnahmen abgesehen, in aller Regel nur zeitlich relativ begrenzte Gastspiele mit größerer Publizität. Man darf daher wohl annehmen, daß es sich bei ihnen um im Grunde unproduktive Schwarmgeister, frömmelnde Gaukler oder aber auch um ekstatische Schwindler sowie bigotte Hochstapler handelt. Mit Heilkunde hat diese Art von Magie herzlich wenig oder nichts zu tun.

2. Aberglaube und kriminelles Verhalten

Schon dieser gewiß nicht vollständige Überblick über vor allem heute noch vorkommende, z.T. weit verbreitete Erscheinungsformen des Aberglaubens läßt erkennen, wie eng Okkultismus und Verbrechertum sowie jedenfalls kriminelles Verhalten zusammenhängen. Es braucht nach allem nicht betont zu werden, daß das Dunkelfeld hier besonders groß ist. Man sollte sich auch davor hüten, die Ergebnisse einzelner, durchaus kritischer Recherchen in dieser Richtung ohne weiteres für bare Münze zu nehmen. Denn es ist leicht erklärlich, warum man hier gewöhnlich zu negativen Ergebnissen wie dem gelangt, der Hexenaberglaube spiele heute keine nennenswerte Rolle mehr. Das wird nicht nur durch einschlägige Fälle widerlegt, die so oder so bekannt geworden sind. Vielmehr spricht alles dafür, daß diese nur einen kleinen Ausschnitt aus dem okkulten Kriminalitätsspektrum sichtbar werden lassen.

Aufschlußreicher sind hier schon heutzutage Arbeiten der Volkskundler, die zeigen, daß der Aberglaube noch weitaus mehr verbreitet ist, als das unsere Gesellschaft wahr haben will. Doch müßten, um ein zutreffenderes Bild von der Realität zu erlangen, nicht nur die Untersuchungsmethoden verfeinert, sondern entsprechend qualifizierte, zudem volksnahe Mitarbeiter gewonnen werden, um die sonst sehr wirksame „Abschirmung" des Okkultismus zu durchbrechen. Wie gut diese funktioniert, beweisen nicht nur in den als solchen untersuchten Fällen die durchweg geringe Zahl der zudem oft sehr spät erfolgten Strafanzeigen, sondern ebenfalls die in derlei Verfahren üblichen beschönigenden Machenschaften der abergläubischen Kunden.

Beim Verhältnis von Aberglaube und kriminellem Verhalten sind zwei ganz verschieden geartete Bereiche zu unterscheiden. Zu dem heutzutage viel häufigeren Mißbrauch fremden Aberglaubens, der insb. zu dem Zweck erfolgt, sich selbst zu bereichern, treten auch gegenwärtig immer noch – wenngleich mitunter anders als früher – kriminogene Wirkungen des eigenen Aberglaubens hinzu.

a) Mißbrauch fremden Aberglaubens

Bei vielen der oben behandelten Erscheinungsformen liegt der für den Kriminalisten wesentliche Aspekt auf dem Mißbrauch fremden Aberglaubens, in aller Regel zum eigenen Vorteil des Okkulttäters. Das gilt beispielsweise für Hexenbanner, die sich ihren Hokuspokus oft teuer bezahlen lassen, ebenso wie für die zahlreichen Sparten der Wahrsagerei und Hellseherei sowie nicht minder für die meisten magischen Heiler.

Koch in Prokop a.a.O. S. 319 ff.

Nicht nur viele Formen des Aberglaubens, sondern auch sein Mißbrauch lassen sich bis in die graue Vorzeit verfolgen, was schon aus den oben mitgeteilten Fällen erhellt. Gerade die kommerzielle Ausbeutung Abergläubischer – sei es durch bös- oder gutgläubige Okkultisten – läßt sich bis in die Gegenwart hinein belegen.

So wird u. a. glaubhaft berichtet, daß eine alte Wahrsagerin, die 1507 nach Augsburg gekommen war, mit der später eingestandenen Lüge, verloren gegangene Sachen wiederbeschaffen zu können, binnen Jahresfrist die für die damalige Zeit gewaltige Summe von rund 100000 Gulden zu verdienen vermochte.

Im 18. Jahrhundert kassierte Franz Anton Mesmer für seinen Magnet-Humbug von mehreren hundert Personen, die jeweils zum Schweigen verpflichtet wurden, Beträge von mehr als 2000 francs pro „Subskription".

Der schizophrene ehemalige Postbeamte Schappeller „entdeckte" durch seine „somnambule" 14jährige Tochter angeblich die biomagnetische Urkraft. Er ergaunerte damit Anfang der 30er Jahre in Deutschland, Österreich, den Niederlanden – u. a. auch vom deutschen Exkaiser Wilhelm II. – insgesamt 180000 RM.

Allein in Hamburg sollen vor wenigen Jahren etwa 6000 Menschen mehr oder weniger gut von abergläubischen Praktiken gelebt haben.

Es gibt mancherlei Versuche, die verschiedenen Formen von Mißbrauch fremden Aberglaubens vom Okkulttäter her – bzw. für bestimmte Bereiche – überschaubar zu machen. Am meisten hat hier wohl die von *Schäfer* (*Schäfer* a.a.O. S. 247 ff.) vorgeschlagene Unterscheidung von echten und unechten Okkulttätern für sich, die ungeachtet gewisser Übergänge und mannigfacher Modalitäten doch eine Groborientierung für den Kriminalisten bietet.

aa) Der **echte Okkulttäter** ist selbst in den Aberglauben verstrickt, von der Realität der Magie und daher von der Wirksamkeit seiner Praktiken überzeugt. Wenn er daher typischerweise kein Entgelt fordert, wird er doch in der Praxis nicht selten so oder so honoriert, weshalb die Annahme eines Entgelts nicht unbedingt gegen einen echten Okkulttäter spricht. Im übrigen liegen die Dinge bei den einzelnen Formen des Aberglaubens etwas verschieden, wenngleich ein Okkulttäter kaum jemals zugeben wird, daß er bewußt getäuscht hat.

Geht es demnach kriminalistisch vor allem darum, die Ehrlichkeit der üblichen Einlassung festzustellen, so sollte man beispielsweise beim Hexenbanner, der zu den Ortsansässigen zu gehören pflegt, darauf achten, ob er seine Praktiken an Ort und Stelle exerziert oder ob er das „zu Hause" macht, was insoweit Bedenken erwecken muß. Zumindest wenn eine derartige häusliche Aktivität nicht einwandfrei bewiesen wird, spricht alles dafür, daß er auf diese Weise nur seine magische Unkenntnis oder ein Nichtstun verbergen will. Gegen einen echten Okkulttäter spricht deshalb beim magischen Heiler, wenn er seine „Heilswellen" zu bestimmter Zeit von seiner Häuslichkeit aus versenden will. Auch das Verweigern von Angaben über „Diagnose" und „Therapie" ist hier als ein Indiz gegen die Redlichkeit dieser Okkulttäter zu werten.

Doch ebenso kann die Art und Weise, in welcher abergläubische Praktiken ausgeübt werden, gegen die Glaubwürdigkeit der üblichen Einlassung sprechen. Während magische Heiler und Erdentstrahler typischerweise öffentlich und sogar in Massenveranstaltungen auftreten, soweit man von bestimmten Praktiken volksmedizinischer Kurpfuscher absieht, wäre dies bei Hexenbannern, Wahrsagern sowie bei gewissen Formen des Hellsehens atypisch und daher Anlaß zu Skepsis; denn hier ist im allgemeinen nur ein Kunde oder ein ganz kleiner Kreis Eingeweihter üblich.

Übrigens beziehen sich die Beweisschwierigkeiten selbst bei echten Okkulttätern vor allem auf den Betrug (§ 263 StGB), die trügerische Reklame (§ 4 UWG) oder ähnliche Delikte. Bei ihnen ist jedoch, sofern schwere Folgen eintreten, selbstverständlich an eine Bestrafung wegen fahrlässiger Körperverletzung oder Tötung sowie anderer Fahrlässigkeitsdelikte – z.B. fahrlässige Brandstiftung (§ 309 StGB) – zu denken. Selbst gewisse Strafvorschriften, die vorsätzliches Handeln voraussetzen, können trotz unwiderlegbarer abergläubischer Einlassung anwendbar sein, wenn es sich etwa um Kurpfuscherei oder unbefugte Ausübung der Heilkunde handelt und der Täter insb. aus früheren Verfahren weiß, daß derartige Praktiken bei Strafe verboten sind. So ist beispielsweise in Deutschland eine Verurteilung nach den §§ 1, 5 HeilpraktikerG immer schon dann möglich, wenn die „Behandlung" unter Berufung auf übersinnliche Kräfte erfolgt, selbst wenn der Täter an solche glauben sollte.

Daher sind Handaufleger und Gesundbeter, wenn ihnen die Bestallung als Heilpraktiker fehlt, ebenso strafrechtlich zu belangen wie der „Wunderheiler vom Schutterwald".

bb) Um einen **unechten Okkulttäter,** der aber nur selten auf Anhieb als solcher zu erkennen ist, handelt es sich bei denjenigen, die selbst nicht abergläubisch sind oder die jedenfalls im Bewußtsein der Wirkungslosigkeit ihrer Praktiken handeln. Sie verwenden den Okkultismus also nur als Vorwand.

Derartige unechte Okkulttäter sind vor allem daran zu erkennen, daß sie falsche Namen oder ihnen nicht zustehende Titel führen. Sie machen ferner häufig auch unrichtige Angaben über Herkunft, Fähigkeiten, Mittel, Leistungen und insb. über angebliche Erfolge. Dabei geht es selbstverständlich nicht um die auch sonst bei der Reklame üblichen Übertreibungen, sondern nur eindeutige und nachweisbare Unwahrheiten rechtfertigen es, wegen einer bewußten Lüge auf einen unechten Okkulttäter zu schließen.

Die bei dem hier dann an sich leichter möglichen Bejahen vorsätzlichen Handelns bestehenden Beweisschwierigkeiten hängen damit zusammen, daß es nicht allein auf die Unrichtigkeit, sondern vor allem auf ein entsprechendes Bewußtsein beim Täter ankommt, bei dem erfahrungsgemäß nicht selten die Grenze zwischen Lüge und Wahrheit verschwimmt. Insgesamt aber dürfte der Anteil unechter Okkulttäter größer sein, als man gemeinhin annimmt und dies die Konsequenzen der angedeuteten Beweisschwierigkeiten vermuten lassen. Eben deshalb muß sich der Kriminalist eingehend mit diesen Phänomenen befassen, um derartige Tarnpraktiken zu erschweren.

b) Kriminogene Wirkungen eigenen Aberglaubens

Die ebenfalls bereits angedeuteten kríninogenen Wirkungen eigenen Aberglaubens interessieren nicht nur als Verbrechensursachen den Kriminologen, sondern ebenfalls den Kriminalisten, der über diese Problematik unterrichtet sein muß, wenn er Straftaten schnell und sicher aufklären will. Bald noch wichtiger als gegenwärtig bei Gaunern immer noch grassierende abergläubische Vorstellungen, die den Schlüssel zur Aufklärung von mancherlei Delikten liefern, ist jedoch, daß selbst an sich nicht kriminelle, jedoch abergläubische Menschen, obwohl sie ansonsten eine Durchschnittspersönlichkeit sind und daher deren Verhalten aufweisen, eben deshalb doch zuweilen mit dem Strafgesetz in Konflikt geraten.

Im Grunde gehören hierher die bereits beim Mißbrauch fremden Aberglaubens erwähnten echten Okkulttäter, die selbst dem Aberglauben verfallen sind und deren Praktiken auch dann als asozial zu werten sind, wenn man sie wegen der Gutgläubigkeit oder Redlichkeit des Täters mangels Tatbestandsmäßigkeit oder Vorsatzes nicht in strengem Sinne als Kriminelle ansehen kann.

Typischer für derartige kriminogene Wirkungen sind jedoch die abergläubischen Kunden und andere okkulte Anhänger, die unmittelbar kriminelle Aktivität gegen Dritte entfalten. Da bei diesen dem Okkultismus Verfallenen nur selten die „Einrede des Aberglaubens" als bloße Ausrede abzutun ist, stoßen Strafverfahren hier auf besondere Schwierigkeiten. Doch ist bei ihnen außer an die bei Eintritt schwerer Folgen – wie bei den zu den echten Okkultä-

tern gehörenden Hexenbannern und magischen Heilern – mögliche Bestrafung wegen fahrlässiger Tat ferner an gewisse, ebenfalls gewöhnlich durch äußerlich wahrnehmbare Erfolge gekennzeichneten Delikte wie Ehrverletzungen, Körperverletzungen, Freiheitsberaubung oder Nötigung zu denken.
Selbstverständlich gibt es u.a. solche Hirngespinste, denen keinerlei kriminelle Relevanz zukommt. Hierher gehört etwa der Bildzauber, von dem man schon aus dem Altertum zu berichten weiß. Der abergläubische Trick ist dabei der, daß man einem anderen per Fernwirkung Schaden zufügen oder ihn gar töten könne, wenn man seine bildliche oder plastische Nachbildung entsprechend behandelt.

Daß man im Mittelalter solche Bildnisse, auch Atzmänner genannt, wiederholt benutzt hat, beweist u.a. ein Fall vom Jahre 1337; in diesem wurde ein Bischof verdächtigt, er habe Papst Johannes XXII. mithilfe verzauberter Wachsbilder umbringen wollen.

In diesen Rahmen gehört ferner das „Totbeten", für welches sich Spuren noch in jüngster Vergangenheit und Gegenwart finden.

Hans *Groß* kannte beispielsweise eine Frau, von der man allgemein annahm, sie verstünde sich auf diese Kunst, bei welcher mit allerlei mystischem Beiwerk einem anderen „das Leben abgebetet wird". Man hat zu diesem Zwecke sogar den Priester am Geburts- oder Namenstag des zu Tötenden eine Messe lesen lassen und ihm dafür ein Geldstück gegeben, das früher im Besitz des in Aussicht genommenen Opfers war; in derartigen Fällen sagte man, man ließe eine „Mordmesse" lesen.

Anders geartet und ebenfalls kriminell irrelevant, wenngleich mitunter für den Kriminalisten dennoch aufschlußreich, sind abergläubische Vorstellungen, die sich ebenso wie in der straffrei lebenden Bevölkerung gerade in Kreisen von Rechtsbrechern finden. So stößt man dann und wann auf Berufseinbrecher, die niemals am 13. eines Monats oder an einem Freitag „arbeiten". Mitunter geben sogar hart gesottene Verbrecher ein kriminelles Vorhaben auf oder brechen es ab, wenn ihnen eine schwarze Katze über den Weg läuft oder ihnen ein Blinder bzw. Einarmiger begegnet.

c) Okkulte Schundliteratur

Obwohl bereits dann und wann auf Publikationen okkulten Charakters hingewiesen worden ist, muß in diesem Rahmen doch noch kurz allgemeiner auf ein Phänomen eingegangen werden, welches über die für abergläubische Kreise charakteristische Sektiererei hinausgehend entweder als kriminogener Faktor kriminelle Ansteckung bewirken oder aber als tatauslösender Faktor doch Art und Umstände einer kriminellen Tat beleuchten kann. Es handelt sich um das, was man am besten okkulte Schundliteratur nennen könnte. Denn die in mannigfacher Form auf den dafür empfänglichen Markt gebrachten Produkte, welche abergläubische, spiritistische oder parapsychologische Praktiken zum Gegenstand haben, sind in ihrer Wirkung auf abergläubische oder einfältige Gemüter wie insb. auf psychisch Defekte oder Kranke nicht zu unterschätzen. Würde man diese bisher nicht hinreichend erforschte Materie genauer erforschen, so würden vermutlich manche rational bisher nicht erklärenden Straftaten wie „Morde ohne Motiv" zumindest begreifbarer werden.
Das Spektrum dieser okkulten Schundliteratur reicht von gut aufgemachten und wissenschaftlich bemäntelten Traktaten bis hin zu evidenten Hirngespinsten, die wie „Experimentalmagie", „Nekromantie", „Liebe nach dem Tode", „Astralsexus" oder „Quabbalah" nicht mehr einen Hauch des dort vielzitierten „Esoterischen" verspüren lassen. Daß dennoch derartiger Wahnwitz reale Folgen zu zeitigen vermag, beweisen außer oben wiederge-

gebenen Kriminalfällen andere, zunächst unbegreifbar erscheinende Praktiken, wie sie etwa durch die Untaten der Manson-Bande weltweit bekannt geworden sind.
Dabei läßt sich bisher nicht einmal sagen, daß die Autoren okkulter Schundliteratur sämtlich an das von ihnen zu Papier gebrachte Zeug glauben. Vielmehr spricht manches dafür, daß viele dieser okkulten Schreibtischtäter in Wahrheit zu den unechten Okkulttätern zu zählen sind, die auf diese Weise lediglich den Aberglauben anderer mißbrauchen und ausnutzen.
Doch ohne Rücksicht auf die so oder so beschaffene Geistesverfassung der Autoren sollte man diesem Fragenkreis der okkulten Schundliteratur entschieden mehr Aufmerksamkeit als bisher zuwenden, um den offenbar nicht von der Hand zu weisenden bedenklichen Konsequenzen für die Kriminalität wirksamer zu begegnen. Denn ansonsten steht zu befürchten, daß wir uns, da man sich mit derlei Dingen auch schon in Rundfunk und Fernsehen – z.T. recht naiv – befaßt hat, bald der Okkult-Television entgegensehen. Die gebotene kritische Auseinandersetzung und Aufklärung aber kann, wenn sie in einem solchen Rahmen nicht besonders verantwortungsbewußt betrieben wird, leicht in das Gegenteil umschlagen und zu einem Publicity-Rummel für den Okkultismus werden.

3. Durch Aberglauben motivierte Begleitumstände krimineller Taten

Aberglaube kann nicht nur so oder so kriminelles Verhalten erklären, sondern trägt dann und wann – wie wir z.T. bereits gesehen haben – zur Aufklärung von Straftaten bei, die damit an sich nichts zu tun haben. Vielleicht noch mehr als unter straffrei lebenden Bürgern, bei denen die Dinge allerdings für manche Berufsgruppen oder Betätigungsformen prekärer als sonst liegen mögen, gibt es unter Rechtsbrechern, insb. solchen mit konstanterem Abnormverhalten, dem Aberglauben mehr oder weniger Verfallene. Infolgedessen prägt der Aberglaube nicht nur deren Verhalten, sondern kann in Dingen Ausdruck finden, die zwar nicht wie von abergläubischen Delinquenten vermutet für sie selbst, aber jedenfalls doch für die Verbrechensaufklärung recht nützlich sind.

a) Dinge, die abergläubische Verbrecher mit sich führen

Sehr deutlich ist dies, wenn der Aberglaube ebenso wie manche anderen Menschen, so auch Kriminelle veranlaßt, Dinge mit sich zu führen, die u.U. helfen können, den Täter zu identifizieren oder sonst den Tathergang zu klären.

Groß/Seelig (8/9) II-141 ff., 146 ff.

Hans *Groß* hat diese heutzutage aber nicht mehr häufige Problematik von der Durchsuchung her angepackt, bei welcher er nicht allzu selten derartige Dinge fand. Jedoch sind heute andere Dinge wichtiger als die von ihm erwähnten Wilderer, die sich durch ein in der Johannisnacht (24. Juni) ausgegrabenes Johannishändchen (eine Farn- oder Orchideenwurzel) oder ein sog. Galgenmännchen (vorzugsweise aus der giftigen Wurzel der Alraune hergestellt) verraten sollen, oder durch die bereits erwähnten Schlummer- oder Diebslichter bzw. den linken Daumen eines Verstorbenen, den sog. Schlafdaumen.

Denn alle diese Sachen, die entweder eine ungestörte Tatausführung ermöglichen oder vor Entdeckung bzw. überhaupt vor Erkrankung und Übel schützen sollen, beleuchten bestenfalls die seltsame Mentalität des betreffenden Rechtsbrechers. Dasselbe gilt ferner für die Hasen- oder Kaninchenpfote, mit der sich Delinquenten früher insb. vor der Todesstrafe zu schützen meinten, und für die mannigfachen „Segen", die weit in die Mythologie zurückreichen.

Jedoch bedeutet das Vorhandensein okkulter Dinge nicht notwendig, sofern nicht ein besonderer krimineller Zweck evident ist, daß man einen Straftäter vor sich hat, weil selbst in unserer Zeit noch viele andere Menschen dem Aberglauben frönen. Immerhin zeigen die erwähnten und weitere von Hans *Groß* mitgeteilten Beispiele, wie man mithilfe dieser Dinge dann und wann auch einmal Straftaten aufklären kann.
Mehr in den Rahmen der Vernehmung gehört der ebenfalls schon von Hans *Groß* ausführlich behandelte Aberglaube beim Schwören, wenngleich mit der Bedeutung des sich seiner sakralen Natur immer mehr entledigenden Eides vermutlich auch das Gewicht dieses Aberglaubens abnehmen wird.

Immerhin mag in Bergländern oder abgeschiedenen Gegenden noch heute der falsch schwörende Bauer beispielsweise die Gegen-Schwurhand nach unten halten, um so den ihn eventuell treffenden Blitz der göttlichen Strafe für diesen Meineid zum Erdreich abzulenken.

b) Aus Aberglauben zurückgelassene Dinge

Kriminalistisch ungleich eindeutiger ist die Lage vielfach, wenn der Täter aus Aberglauben derartige oder andere Dinge am Tatort zurückläßt, weil damit u.U. vorzügliche Möglichkeiten des Sachbeweises eröffnet werden.

Groß/Seelig (8/9) II-139 ff.

So berichtet bereits Hans *Groß* von der Geliebten eines berüchtigten Einbrechers, die in einer kalten Winternacht ihr 10 Monate altes Kind ausgesetzt hatte, und die ihre eigenen Schuhe daneben hatte stehen lassen, weil sie meinte, dann nicht entdeckt zu werden; dabei konnte sie mithilfe des Schusters, der diese Schuhe kurz zuvor angefertigt hatte, unschwer der Tat überführt werden.
Bei dem in der Praxis dann und wann vorkommenden Hinterlassen von Exkrementen am Tatort haben *Groß* und andere auf einen Aberglauben geschlossen, daß dann eine Entdekkung des Täters nicht möglich sei; manche nehmen sogar an, daß die Tat überhaupt nicht bekannt werden könne, solange diese Exkremente noch warm seien, weshalb sie diese dann mit einem Hut oder Tuch zuzudecken pflegen.
Mag durch diesen Aberglauben das ansonsten unverständliche Zurücklassen derartiger „Visitenkarten" am Tatort zumindest teilweise plausibel werden, gibt es dafür doch auch andere Erklärungen, zumal, da heutzutage selbst für derlei Dinge anfällige Kriminelle nicht mehr an diesen allerdings altehrwürdigen und früher international verbreiteten Zinnober zu glauben scheinen. Mehr spricht wohl dafür, daß die mit der Tat häufig verbundene Erregung auf die Darmperistaltik so eingewirkt hat oder aber vandalistische Regungen bewirken, daß der Täter am Tatort seine Notdurft verrichtete. Wer jedoch die moderne Kriminaltechnik kennt, weiß oder ahnt zumindest, welche vielfältigen Ansätze der so oder so produzierte Kot für kriminaltechnische Untersuchungen bietet.
Gerade bei Mordfällen wirkt sich ein anderer Aberglaube ähnlich aus. Von dem Bann, immer wieder an den Tatort zurückkehren zu müssen, suchen Täter sich dadurch zu befreien, daß sie etwas von sich am Tatort zurücklassen. Damit aber sorgt der Delinquent unbewußt für Spuren, welche sich gut kriminaltechnisch auswerten lassen.
Sicherlich gibt es noch diese oder jene merkwürdigen Verhaltensweisen, die im Einzelfalle durchaus mit abergläubischen Vorstellungen zusammenhängen können. Doch braucht darauf hier nicht mehr eingegangen zu werden. Denn ebenso wie die viel häufigeren Spuren,

welche der Täter aus Vergeßlichkeit, Unachtsamkeit oder falschem Optimismus am Tatort hinterläßt, lassen diese sich gewöhnlich gut kriminalistisch nutzen.
Alle diese mit dem Aberglauben des Täters zusammenhängenden Dinge gehören in den größeren Kreis der am Tatort bewußt oder unbewußt zurückgelassenen Dinge, auf die bei der Kriminaltechnik (§ 14-I-A-1-d) zurückzukommen sein wird. Hier sollte nur dieser kriminalistisch interessante Aspekt des Aberglaubens kurz beleuchtet werden.

§ 7
Das Modus operandi-System

Das Modus operandi-System ist – wie gesagt – besonders geeignet, die Problematik der kriminalistischen Phänomenologie, der Verbrechenstechnik zu beleuchten.

Huelke, H.-H.: Der „Modus operandi" in geschichtlicher Sicht – Kriminalistik 1965 – 369 ff.; *Wenzky,* Oskar: Zur Untersuchung der Verbrecherperseveranz. (Der „modus operandi" als Kriminalphänomenologisches Element und kriminalistisches System) BKA 1959/2; *Wenzky,* Oskar: Der „modus operandi" nach englischen, französischen, amerikanischen und deutschen System – in: Internationale Verbrechensbekämpfung, v. BKA, Wiesbaden 1960, S. 97 ff.; *Köther,* H.: Eine Lanze für den „modus operandi" – Kriminalistik 1962 – 128 f.; *Niggemeyer,* u.a.: Modus operandi-System und modus operandi-Technik – eine kritische Untersuchung anhand von mehr als 1000 Fällen aus der kriminalpolizeilichen Praxis – BKA 1963/1; *Pfister,* Wilhelm: Die Verbrecherperseveranz in kriminologischer Sicht – in: Veldenz, Kurt: Die Kriminologie in der Praxis, Kriminol. Schriftenreihe Bd. 22, Hamburg 1966; *Matussek,* Hans: Sind Modus operandi und Perseveranz im Inpol-System überholt? – der kiminalist 1975 – 480 ff.

Zunächst ist naturgemäß zu klären, was als Modus operandi anzusehen ist, womit zugleich die Grenzen einer kriminalistischen Phänomenologie deutlicher werden. Sodann ist zu untersuchen, welche Zusammenhänge zwischen Verbrechenstechnik und diesem Modus operandi-System bestehen. Schließlich soll in diesem Zusammenhang im Anschluß an die gerade im Hinblick auf den Modus operandi wichtige Frage der Verbrecherperseveranz noch kurz auf den allerdings kriminologisch bedeutsameren Fragenkreis von krimineller Ansteckung und krimineller Nachahmung eingegangen werden: denn hier können die relativ leicht zu identifizierenden Techniken der Verbrechensausführung u. U. irritierend wirken.

I. Allgemeines über den Modus operandi

Unter Modus operandi ist die durch bestimmte Merkmale gekennzeichnete Art und Weise der Ausführung einer kriminellen Tat zu verstehen.

Der lateinische Terminus technicus stammt aus dem Ausland, wo insb. die englische Kriminalpolizei zuerst planmäßig mit derartigen Kriterien arbeitete. Sie erfaßte spurenkundlich charakteristische Arbeitsmerkmale beim Tatortbefund sehr sorgfältig, um sich an Hand gleicher oder ähnlicher Arbeitsweise die Ermittlungsarbeit zu erleichtern. Dies wurde von der Praxis und Wissenschaft in anderen Ländern übernommen; das gilt ungeachtet systematischer und methodischer Unterschiede gerade auch für Hans *Groß,* der auf diese Fragen in der kriminalistischen Phänomenologie einging.

Im Vordergrund der phänomenologischen Betrachtung steht mithin die Technik der Tatausführung. Auch insoweit unterscheidet sich eine bestimmte Form kriminellen Verhaltens typischerweise von einer anderen bereits durch eine Vielzahl besonderer Umstände; überdies kann eine Tatausführung sodann noch konstante Merkmale von individuellem Gepräge aufweisen. Dieser für die einzelnen Verbrechenstechniken ausschlaggebende Gegensatz wird deutlich, wenn wir als signifikante Technik aus dem Bereich des Geldschrankeinbruchs beispielsweise die Verwendung eines Knabbers herausgreifen. Trotz aller durch das Tatwerkzeug bedingten Übereinstimmung der Verbrechenstechnik kann nämlich die Art und Weise der Anwendung des Knabbers doch recht verschieden sein. Deutet insoweit etwas auf eine ganz besondere Arbeitsweise hin, kann dies ebenso wie die beispielsweise einem Künstler eigene Manier auf einen besonderen Täter hinweisen. Der Modus operandi ermöglicht also nicht nur eine im konkreten Beispiel mithilfe des Knabbers mögliche Grobregistrierung der Verbrechenstechniken beim Geldschrankeinbruch, sondern kann über bestimmte Anwendungsarten dieses Werkzeugs zu einer Feinregistrierung führen.
Fragen wir nun, welche Merkmale der Tatausführung für den Modus operandi und damit für die Verbrechenstechniken kennzeichnend sind, so bietet sich uns eine ungeheure und bunte Vielfalt an, die in ihrer ganzen Breite wohl erst bei den einzelnen kriminellen Praktiken einigermaßen überschaubar werden dürfte.

Bei den Einbrechern sind z.B. für Einsteigediebe eine Reihe besonderer Arbeitsweisen charakteristisch. Eine derartige spezielle Verbrechenstechnik für Einsteigediebe benutzt der Fassadenkletterer. Kletter- und Springtüchtigkeit kann weiter dadurch besonders charakteristisch werden, daß ein Täter außer bestimmten Fassadenformen auch gewisse Wege (z.B. Verzierungen oder aber Abflußrohre und andere technische Einrichtungen bzw. Efeuranken, Bäume) bevorzugt (etwa Einstieg durch offene Fenster bzw. Balkontüren oder Anwendung von Einbruchstechniken).

Für die Tatausführung können neben der eigentlichen, handwerklichen Arbeitsweise ferner Tatzeit, spezieller Tatort, Ziel der kriminellen Aktion (wie Art der Beute) charakteristisch sein.
Allgemeiner läßt sich für den Modus operandi und damit für das System einer Verbrechenstechnik somit nur sagen, daß es sich keineswegs nur um technische oder handwerkliche Modalitäten im eigentlichen Sinne handelt, sondern außer psychischen Tricks auch individuelle Besonderheiten der Arbeitsweise bedeutsam werden können. Zudem dürfen wir uns nicht auf die Tatausführung im eigentlichen Sinne beschränken; denn den Kriminalisten interessiert phänomenologisch mitunter ebenso und mehr entweder die insoweit aufschlußreiche Vorbereitung der kriminellen Aktion oder aber das Verhalten des Rechtsbrechers nach der Tat.

Beispielsweise gibt es Einbrecher oder Bankräuber, die unmittelbar vor ihren Straftaten ein Kraftfahrzeug stehlen, wobei entweder der Wagentyp oder noch besser die Art des Vorgehens kennzeichnend sein können. Andere wiederum entledigen sich nach der Tat des entwendeten Kraftwagens auf eine mehr oder weniger typische Weise. – Auch bei der Tatausführung selbst lassen sich mitunter Dinge feststellen, die recht bezeichnend sein können, obwohl sie mit der begangenen Straftat an sich überhaupt nichts zu tun haben. So kommt es immer wieder vor, daß bestimmte Täter, etwa ein Einbrecher, nach der Straftat noch am Tatort oder in dessen Nähe ihre Notdurft verrichten. Es gab sogar einmal einen Villeneinbrecher, der sich im Hause des Opfers durch Marmeladenbrote zu stärken pflegte.

Der Modus operandi setzt sich bei den einzelnen Formen kriminellen Verhaltens und dabei oft noch bei den einzelnen Tätern differenzierend aus einer Vielzahl von Merkmalen zusam-

men, welche außer dem eigentlich kriminalisierten Handeln auch Maßnahmen zu dessen Vorbereitung oder Verdeckung umfassen.
Versucht man auf diesem Hintergrund einen Überblick über das zu gewinnen, was mithin für Modus operandi bzw. die Verbrechenstechnik kriminalistisch aufschlußreich sein könnte, so sollte klar sein, daß diesen Umständen nicht nur in den einzelnen Bereichen der Kriminalität, sondern sogar bei den einzelnen Formen der Ausführung einer und derselben kriminellen Tat recht unterschiedliche Bedeutung zukommen kann. Daher vermag die folgende Zusammenstellung nur einen Überblick zu bieten, kann jedoch nicht eine Rangfolge der für phänomenologische Zwecke geeigneten Umstände sein.

a) Wichtig für Verbrechenstechniken kann zunächst einmal der **Tatort** sein, wobei nicht nur an unterschiedliche Siedlungsstrukturen wie Stadt und Land, sondern vor allem an spezielle Tatorte wie bestimmte Gebäude – Geldinstitute, Geschäftshäuser, Wohnhäuser – oder Plätze – Stadtkern, einsame Straßen oder Parkanlagen, Verkehrsmittel wie Straßen- und Eisenbahn bzw. deren Haltestellen – zu denken ist.

Spielen etwa wie beim Einbruch in Gebäude oder Kraftfahrzeuge sachliche Gegebenheiten eine Rolle, so können sogar besondere Bauweise bei Häusern oder spezielle Kraftfahrzeugmodelle kennzeichnend werden.

b) Typisch für den Modus operandi kann ferner häufig die **Tatzeit** sein.

Manche kriminellen Taten werden üblicherweise außerhalb der Arbeitszeit ausgeführt, wenn man etwa an Einbrüche in Läden, Kaufhäuser oder Banken denkt, während andere Verbrechenstechniken – wie etwa Laden- oder Ladenkassendiebstähle – auf die Geschäftszeit angewiesen sind. Auch Einbrüche in Privathäuser oder die hierzu gehörenden Fälle der Villenplünderung lassen gewöhnlich Abhängigkeit von der Tageszeit, dem Wochentag oder gar der Jahreszeit erkennen.

c) Neben der Tatzeit, die mit dem jahreszeitlich bedingt wechselnden Verhältnis von Tageslicht und Dunkelheit bereits hierzu überleitet, können manche Verbrechenstechniken auch auf Zusammenhänge mit der **Witterung** hindeuten.

So kann beispielsweise ein Rechtsbrecher entweder trübes oder regnerisches Wetter – ähnlich wie die Dunkelheit – bevorzugen, oder aber diese Witterungsverhältnisse sind – man denke an Verkehrsdelikte – für derartige Gesetzesverstöße typisch.

d) Für manche Formen der Verbrechenstechnik kann auch die Auswahl des **Opfers,** mit der sich der Kriminologe im Bereich der Viktimologie befaßt, aufschlußreich sein.

Außer an gewisse Formen des Betrugs wie Hochstapelei und Heiratsschwindel ist hier beispielsweise an bestimmte Erpresserpraktiken zu denken, die sich auf Homosexuelle oder Menschen, die gegen das Strafgesetz verstoßen haben, konzentrieren können. Auch bei gewissen Raubüberfällen – insb. dem Handtaschenraub und den milieubedingten Raubtaten – spielen ebenso wie bei manchen Sittlichkeitsdelikten Merkmale wie Alter, Geschlecht oder Verhalten des Opfers eine für die Tatausführung charakteristische Rolle.

e) Auch abgesehen vom Opfer kann ferner das **Objekt der Tat,** z.B. die Art der Beute, für den Kriminalisten – wie mitunter schon für den Kriminologen – typisierend wirken.

Es gibt bekanntlich Diebe, die sich auf Bargeld, Kraftfahrzeuge – oft sogar bestimmten Typs – oder Schmuck bzw. Pelze spezialisiert haben. Hier kann also zusätzlich zu anderen phänomenologisch aufschlußreichen Kriterien die besondere Art des Objekts hinzutreten. Dies braucht übrigens nicht nur eine Sache, sondern kann auch eine Leistung des Opfers sein, z.B. im Befördern oder Gewähren von Unterkunft bzw. Verpflegung bestehen.

f) Eine spezielle Methodik der Tatausführung kann weiter **besondere Fertigkeiten** verraten und insofern für einen bestimmten Täterkreis oder gar einen Individuellen kennzeichnend sein.

Das gilt z.B. für sachgerechte Arbeit mit dem Schweißbrenner, die nur selten autodidaktisch erlernt wird, ebenso wie für manche von Falschmünzern oder Kunstfälschern benutzte Tricks. Eine sachgerecht zerlegte Leiche dürfte im allgemeinen entweder auf einen Mediziner oder einen Schlachter hindeuten. Unter Umständen vermag sogar rasantes und gekonntes Autofahren einen brauchbaren Hinweis auf den Täter zu liefern. Im Zusammenhang mit den psychischen Tricks ist hier an die Fähigkeit damit operierender Rechtsbrecher zu denken, das unberechtigte Führen eines Doktortitels oder aber das Vorgeben von Reichtum bzw. Armut als glaubhaft erscheinen zu lassen.

g) Bei den **Vorbereitungen** krimineller Aktionen ist außer an für die konkrete Arbeitsweise notwendige Spezialkenntnisse, die der Täter entweder schon gehabt oder aber zu diesem Zweck erworben haben muß, vor allem an das Beschaffen der Ausrüstung – Werkzeug, Waffen, Fahrzeugen und Kleidung – zu denken.

h) Auch abgesehen von der eigentlichen (handwerklichen) Arbeitsweise kann u.U. das **Vorgehen am Tatort** sehr kennzeichnend sein. Signifikanter etwa als Vorsicht oder Unbesonnenheit ganz allgemein sind hier selbstverständlich Spuren, die auf eine besondere kriminelle Strategie oder Eigenart hinweisen.

Neben der schon erwähnten Fertigkeit und den damit zusammenhängenden Arbeitsspuren (Werkzeug) ist hier an Finger- oder Fußabdruckspuren, also andere Form- oder auch Situationsspuren, zu denken, welche dartun, daß sich der Täter in ganz bestimmter Weise zum und am Tatort bewegt. Ferner ist auf das Hinterlassen irgendwelcher Gegenstände hinzuweisen, die wie bestimmte zur Tatausführung benutzte oder mitgeführte Gegenstände bzw. Reste von ihnen – z.B. Zigarettenkippen und abgebrannte Streichhölzer – Rückschlüsse auf Besonderheiten der Tatausführung erlauben.

i) Einen besonderen Komplex bilden, und das nicht nur für die schon erwähnten Werkzeug- bzw. Arbeitsspuren, **technische Tatwerkzeuge und Hilfsmittel,** die schon als solche recht charakteristisch sein können.

Außer an bestimmte Waffen, Einbruchswerkzeuge wie Dietriche und Schweißapparate ist hier ferner an Schreibmaschinen, Stempel, bestimmte Papiere oder Schreibmittel zu denken.

j) Ebenso wird die Tatausführung mitunter durch **Verschleierungspraktiken** charakterisiert, zu denen u.U. Besonderheiten gehören, die beim Verlassen des Tatorts und beim Verhalten des Rechtsbrechers nach der Tat zu beobachten sind.

k) Für manche Verbrechenstechniken und damit für den Modus operandi ist **gemeinschaftliche Begehung** oder aber das Handeln Einzelner typisch.

Anders als beim Alleintäter werden manche Taten nicht nur – wie bei der Gruppennotzucht – durch das Zusammenwirken mehrerer oder vieler Delinquenten geprägt, sondern läßt die Tatausführung u.U. bereits eine charakteristische Arbeitsteilung erkennen.

l) Mitunter kann schließlich die **Kombination bestimmter Verbrechenstechniken** sehr typisch sein.

Ein Beispiel dafür sind etwa die in der Praxis keineswegs seltenen Fälle, in denen – wenngleich in vielfältigen Formen – ein Betrug mithilfe von Urkundenfälschung begangen wird. Dem Scheckbetrug geht zuweilen der Geldschrankeinbruch oder ein anderer Diebstahl voraus, durch den der Täter in den Besitz der für die Tat benötigten Formulare gelangt. Dies kann man aber ebenso wie den Kraftfahrzeugdiebstahl vor einem Bankraub oder Einbruch als Besonderheit der Tatvorbereitung werten. Dennoch sollte auf die u.U. recht signifikante Kombination verschiedener Verbrechenstechniken geachtet werden.

II. Technik der Verbrechen und Modus operandi-System

Ist nach allem nicht zu bezweifeln, daß alle diese phänomenologisch brauchbaren Umstände, die man dem Modus operandi zuordnen kann, für die kriminalistische Arbeit bedeutsam sind, so ist heute mehr noch als früher umstritten, in welcher Form man dies als Modus operandi-System für die Praxis nutzbar machen kann. Es geht hier also nicht mehr um den Modus operandi als ein für die Tatausführung charakteristisches Tatbild, sondern darum, inwieweit man darauf ein identifizierendes System gründen kann, welches sowohl die repressive als auch die präventive Kriminalitätsbekämpfung zu erleichtern geeignet ist.

Dieser mögliche kriminaltaktische Nutzen ändert aber nichts daran, daß das Modus operandi-System als solches zur phänomenologischen Verbrechenstechnik gehört (§§ 8–11), deren besondere Formen alsbald ausführlicher zu behandeln sein werden.

Neben den immer noch unsicheren Grenzen, die einer kriminalistischen Phänomenologie gesetzt sind, da man auch in der Praxis mitunter auf kriminologische Kriminalphänomenologie oder gar auf Kriminalätiologie zurückgreift, sind Erfordernisse der modernen Technik getreten, die z.B. bei der elektronischen Datenverarbeitung (§ 13-IX) komplizierend wirken.
Bevor Entwicklung und gegenwärtiger Stand des Modus operandi-Systems umrissen werden, sei – zumal da die Terminologie auch international abweichend ist – kurz etwas zu seinen Aufgaben gesagt, obwohl auf das Arbeiten mit diesen Kriterien im Rahmen der Kriminaltaktik zurückzukommen sein wird.
Ebenso wie in England und der daran anknüpfenden Praxis der Vereinigten Staaten und anderer Länder geht es auch in Deutschland darum, mithilfe dieses Modus operandi-Systems, auf das sich hierzulande kriminalpolizeiliche Nachrichten- bzw. Meldedienst mehr oder weniger gründen, Tatzusammenhänge zu erkennen, die entweder bei mehreren Taten eines noch unbekannten Täters festzustellen sind oder die es gestatten, bisher nicht aufgeklärte Taten einem bekannten, u.U. bereits dingfest gemachten Delinquenten zuzuordnen. Damit geht die erstgenannte Funktion u.U. in die zweite über, sobald ein Tatverdächtiger identifiziert worden ist. Die Brauchbarkeit eines solchen Modus operandi-Systems hängt, wie später untersucht werden soll, ersichtlich davon ab, in welchem Umfange mehrfach gegen das Strafgesetz verstoßende Rechtsbrecher sich dabei immer wieder derselben oder doch einer ähnlichen Verbrechenstechnik (Modus operandi) bedienen.
Bereits im Rahmen der Historischen Kriminalistik (§ 4) haben wir Vorläufer und erste Konzeptionen für ein solches Modus operandi-System kennengelernt, welches *Heindl* als das Rückgrat der ganzen kriminalpolizeilichen Organisation bezeichnet hat.

Schon zu Anfang des 19. Jahrhunderts gab es hierzulande Dienstanweisungen, die wie das vom 23. Oktober 1826 datierende Rundschreiben aus Kurfürstlicher Polizei-Direktion der Provinz Niederhessen auf derartige Kriterien abstellen, welche Täter durch die „Art der Begehung" zu identifizieren suchen. Auch die in Preußen durch Kabinettsorder vom 30. Oktober 1810 eingerichtete Immediat-Sicherheitskommission kam bald darauf, sich die Fahndungsarbeit u.a. durch eine Liste unaufgedeckter Verbrechen zu erleichtern, bei welcher spezielle Arbeitsweisen berücksichtigt wurden. Im einschlägigen Schrifttum jener Zeit (z.B. Gustav *Zimmermann* „Die Deutsche Polizei im neunzehnten Jahrhundert", Bd. II, Hannover 1847, insb. S. 561 ff) stellt man auf die aus dem Tatort- oder Tatbild sichtbar werdende „Spezialität" bei den Ermittlungen ab. So gab es bereits um die Mitte des 19. Jahrhunderts Modus operandi-Listen, mit deren Hilfe man Verbrechen aufzuklären suchte. Sie erscheinen als die konsequente Fortsetzung der alten, die Formen kriminellen Verhaltens bzw. die dabei angewandten Praktiken beschreibenden Listen und Bücher früherer Jahrhunderte.

Die zur Gegenwart führende Entwicklung im 20. Jahrhundert ist eng mit dem Bemühen um überregionale Zusammenarbeit, z.B. zentrale Nachrichtensammelstellen, bzw. um eine Reichskriminalpolizei verbunden. Auch hier konnte sich *Heindl* vor allem auf englische Vorbilder (z.B. das Convict Supervision Office [CSO] in London) beziehen. Da das Reichskriminalpolizeigesetz vom 21. Juli 1922 (RGB1 I-593) jedoch niemals in Kraft trat, sind für die weitere Entwicklung entsprechende Initiativen der Länder ausschlaggebend geworden.
Ein Beispiel für ein solches Modus operandi-System, das zwar z.T. überholt sein mag, aber immer noch die Praxis beeinflußt, ist die im Rahmen des sogenannten „Preußischen Systems" erarbeitete, aus dem Jahre 1927 stammende **„Grundeinteilung der Straftaten"** für kriminalpolizeiliche Zwecke. Diese Grundeinteilung unterscheidet zunächst einmal folgende Delikts- oder Straftatenklassen:

I. Schwere Straftaten (Tötungen, Raub, Attentate, Brandstiftungen, Falschgeldherstellung und Verbreitung)
II. Einbrüche
III. Diebstähle
IV. Betrug
V. Sittlichkeitsverbrechen
VI. Straftaten durch Zigeuner und andere Delikte

Die noch 1933 durchgeführte reichseinheitliche Organisation brachte zwar Modifizierungen, änderte jedoch im Prinzip wenig. So wurde bei der Grundeinteilung die Zahl der Straftatenklassen etwas erweitert und die Untergliederung derselben ausgebaut. Ähnlich war es nach dem Ende des 2. Weltkriegs.

Mit diesen Vorbehalten zeigt die „Grundeinteilung" gegenwärtig etwa das folgende Bild:
Klasse I: Kapitalverbrechen
Klasse II: Diebstähle
Klasse III: Betrug und verwandte Erscheinungsformen
Klasse IV: Falschgelddelikte
Klasse V: Unerlaubte Spiele
Klasse VI: Triebverbrechen und sonstige Vergehen aus sexuellen Motiven
Klasse VII: Rauschgiftdelikte
Klasse VIII: Wilderei

Gewiß ist diese Auswahl nicht erschöpfend und ihrem Gewicht nach in den einzelnen Klassen sehr unterschiedlich, was mehr noch als die Theorie wohl die Praxis der Kriminalitätsbekämpfung zu irritieren vermag.
Wichtiger als die Obergliederung ist aber jedenfalls die Untergliederung, die zugleich verdeutlicht, was mit der jeweiligen Klasse gemeint ist.

So gibt es beispielsweise in der Klasse I drei Gruppen mit jeweils mehreren nach arabischen Ziffern unterschiedenen Formen der Tatausführung. Zur Gruppe A gehören außer 1. Tötungsdelikten einschließlich der Versuche auch 2. gewerbsmäßige Abtreibungen. Die Gruppe B umfaßt außer 1. Raub und räuberischen Diebstahls sowie 2. Raubüberfällen auf Personen in Kraftfahrzeugen (Autofallenraub) auch schwere Freiheitsberaubungen wie 3. den Menschenraub sowie 4. Epressungen aller Art. Zur Gruppe C gehören als Kapitaldelikte schließlich 1. vorsätzliche Brandstiftungen, 2. sonstige gemeingefährliche Straftaten sowie 3. Sprengstoff-, Munitions- und Waffendiebstahl.

Mehr als die Zusammenfassung strafrechtssystematisch streng geschiedener Deliktstypen dürfte bei dieser Klasse die z.T. doch recht unterschiedliche kriminelle Intensität irritieren, wenngleich Ansätze zu einer übergreifenden Zusammenfassung von Gewaltdelikten erkennbar sind.

Anders ist man bei der wegen der großen praktischen Bedeutung erforderlichen Aufgliederung der Klasse II vorgegangen. Hier hat man sich bei den Diebstählen in der Gruppe A auf eine bestimmte Arbeitsweise, bei B auf bestimmte Örtlichkeiten und bei C auf Ausnutzung besonderer Verhältnisse konzentriert, um in der Gruppe D nach bestimmten Objekten zu differenzieren. Innerhalb dieser Gruppen finden sich mitunter 19 mit arabischen Ziffern bezeichnete Ausführungsarbeiten, bei denen u.U. noch mithilfe kleiner Buchstaben nach Modalitäten differenziert wird. So finden wir beispielsweise beim Diebstahl aus Fahrzeugen (II-B-19) unter a) Kraftfahrzeuge, unter b) Wasserfahrzeuge und unter c) sonstige Fahrzeuge. Beim Diebstahl von Instrumenten und Apparaten (II-D-2) werden unterschieden: a) Büro- und Schreibmaschinen, b) Rundfunk-, Fernsehgeräte, c) optische Geräte und deren Zubehör sowie d) Uhren, Instrumente und sonstige Apparte.

Sicherlich enthält diese „Grundeinteilung“ der deutschen Kriminalpolizei vieles, was für die kiminalistische Verbrechenstechnik wertvoll ist, und manches, was kriminalpolizeilich überzeugender als die herkömmliche, an Rechtsgütern orientierte Strafrechtssystematik ist. Dennoch kann sie nicht in dieser Form als Grundlage eines für unsere Gegenwart brauchbaren Modus operandi-Systems angesehen werden.
Einmal handelt es sich um eine recht unvollständige Auswahl von Verbrechenstechniken, während eine Typologie doch eine gewisse Vollständigkeit anstreben muß. Zum anderen aber erscheint auch die Anlage dieser Systematik nicht überzeugend, selbst wenn man bei der Klassifikation mit Recht auf die Bedürfnisse der Praxis Wert legt.

Ist schon die Reihenfolge der Klassen nicht einleuchtend, so erscheint weiter die Systematik innerhalb derselben aus vielen Gründen anfechtbar oder mangelhaft. Sicherlich könnte man nach dem Gewicht „Kapitalverbrechen“ zusammenfassen, was aber schon dann als willkürlich erscheint, wenn man mit schweren, nicht selten mit Todesgefahr verbundenen Gewaltdelikten gegen die Person auch gewerbsmäßige Abtreibungen oder gewisse gemeingefährliche Straftaten zusammenfaßt. Ferner fragt man sich, warum dann Raubüberfälle und schwere Sexualfreiheitsdelikte, die doch Prototypen der Gewaltkriminalität darstellen, verschiedenen Klassen zugeordnet werden, wobei man sie dann wenig überzeugend einmal in der Klasse I, Gruppe B Menschenraub oder zum anderen in der Klasse VI mit anderen Sexualdelikten zusammenfaßt.

Auch sonst sind die in den einzelnen Klassen zusammengestellten Formen kriminellen Verhaltens des öfteren weder nach dem Tatcharakter, mit dem sich besonders die Kriminologie in der Kriminalphänomenologie befaßt, noch nach der Art der Tatausführung völlig verschieden. Schließlich kann man, wie das besonders deutlich in Klasse II bei den Diebstählen geschehen ist, nicht Arbeitsweise, Örtlichkeit, Ausnutzen besonderer Verhältnisse und Art des Objektes einfach nebeneinander stellen, was Überschneidungen mit sich bringt, die erst in der Feingliederung für die Praxis tragbar sein dürften.

Im Ausland sind andere Formen für ein solches System erarbeitet worden (vgl. *Wenzky* S. 31 ff., 37 ff., 49 ff., 55 ff.), die aber dann wenig helfen, wenn auf diese Weise das Gesamtphänomen erfaßt werden soll. Während man beispielsweise im „englischen System“ die Tatausführung in verschiedene Elemente zerlegt und diese alphabetisch nach Stichworten zu erfassen sucht, verwendet das „französische System" verschiedene Kriterien. Teilweise entspricht es der bei der Interpol üblichen Klassifizierung, die mit zehn Hauptgruppen und allerdings unterschiedlich intensiver Untergliederung der „Grundeinteilung" ähneln. Zum Teil folgt man der 1956 beim Polizeipräsidenten von Paris eingeführten Klassifikation, die mehr auf organisatorische und technische (EDV) Gesichtspunkte abstellt.

Man kann daher sagen, daß diese früher in der Praxis gut brauchbare Grundeinteilung selbst für diese Belange in mancherlei Punkten verbessert werden könnte, sie aber jedenfalls keine überzeugende Konzeption für ein Modus operandi-System und damit für eine kriminalistische Verbrechenstechnik darstellt.
Einer der wesentlichen Mängel der bisherigen Diskussion ist der, daß man trotz keineswegs zu leugnender Wechselwirkung nicht nur die Aufgaben von Kriminologie und Kriminalistik durcheinander bringt, z.B. außer auf kriminalphänomenologisch bedeutsame Aspekte auch auf solche der Kriminalitätiologie abstellt, sondern von den für die Verbrechenstechniken charakteristischen Umständen nicht einmal die für einen Täter typischen Umstände der Tatausführung unterscheidet. Gewiß wird der Kriminalist bei seiner Arbeit auch auf solche tätertypischen Begleitumstände achten müssen. Nur ist es falsch, davon bereits die Typologie krimineller Praktiken abhängig zu machen.

Wie etwa das Erscheinungsbild des Täters beschaffen ist, ob er eine Knollen- oder Hakennase, einen intelligenten oder einen stupiden Gesichtsausdruck hat, ist gewiß für die Fahndung interessant, hat aber nichts mit der Verbrechenstechnik zu tun. Eben da man dies oft nicht hinreichend beachtet hat, mußte in der Vergangenheit unnütze Arbeit geleistet werden und haben sich bei Einführung der elektronischen Datenverarbeitung so gewaltige Schwierigkeiten ergeben.

Schöffler, O.: Modus operandi-System und elektronische Datenverarbeitung – in: Kriminalpolizei und Technik, hrsg. v. BKA, Wiesbaden 1967, S. 167 ff.

Wir verzichten also keineswegs auf tätertypische Begleitumstände, meinen aber, daß diese die Verbrechenstechnik lediglich ergänzen, nicht aber entscheidend prägen können. So gesehen zeigt die Gegenüberstellung von typischen Verbrechenstechniken mit tätertypischen Begleitumständen gut die einer kriminalistischen Technik der Verbrechen gesetzten Grenzen.
Gerade bei der Begrenzung der Verbrechenstechnik wird deutlich, daß diese im Sinne eines Modus operandi-Systems ein sehr geeignetes Instrument ist, um Tatzusammenhänge identifizierend zu verdeutlichen. Doch ist dies ersichtlich nicht das einzige Mittel der Verbrechensaufklärung, weshalb man in der Praxis auf Möglichkeiten der Kombination mit anderen Methoden achten muß. Aber nur wenn man sich bei der Verbrechensbekämpfung auf das für die Tatausführung Typische im erläuterten Sinne beschränkt, läßt sich ein System erarbeiten, das sowohl bei aufklärender als auch bei vorbeugender kriminalistischer Arbeit wirklich von Nutzen sein kann.
Stellen wir einstweilen die für die Brauchbarkeit eines solchen Modus operandi-Systems allerdings ausschlaggebende Frage nach der Verbrechensperseveranz zurück, das ist die bei einem Täter im wesentlichen gleichförmig bleibende Art der Tatausführung, so läßt sich – dort ein positives Ergebnis unterstellt – folgendes festhalten und als Grundlage einer kriminalistischen Verbrechenstechnik ansehen.
Betrachtet man die Tatausführung umfassend und als ein Gesamtphänomen, so ergeben sich ungeachtet hier und da möglicher Parallelen doch bemerkenswerte Unterschiede zur kriminologischen Tatphänomenologie (Kriminalphänomenologie). Zudem muß das System einer

Verbrechenstechnik wegen der hier oft schnellen Entwicklung noch elastischer als dort konzipiert werden.

Die Behandlung dieser Fragen im 2. Abschnitt dieses Teils (§§ 8–11) wird vor allem durch zwei Gruppen von Gegebenheiten geprägt. Einmal sind alle diese Fragen insgesamt hier noch so wenig erforscht, daß sich gegenwärtig keine erschöpfende Selbständige Typologie verantworten läßt. Zum anderen ist es aus Gründen besserer Verständlichkeit sowohl für Kriminologen als insbesondere auch für Strafrechtler zweckmäßiger, wenn wir uns bei der Technik der einzelnen Verbrechen in der Obergliederung, soweit das kriminalistisch tragbar ist, an Deliktsgruppen orientieren, wie sie außer dem deutschen Strafrecht ebenso viele andere Strafrechtsordnungen kennen; allerdings können sich hier im Einzelnen Unterschiede der nationalen Rechte mehr oder weniger stark auswirken. Dennoch wird es hier und da unvermeidbar sein, etwas von dem abzuweichen, was in Deutschland und auch in anderen Ländern als herkömmlich angesehen wird.

So sind z.B. vorsätzliche und fahrlässige Tötungen oder Körperverletzungen, die man juristisch oft weitgehend zusammenfaßt, sowohl kriminologisch als auch kriminalistisch grundverschiedene Lebenssachverhalte mit verständlicherweise weithin ganz verschiedenartiger Tatausführung. Müssen wir hier daher zwischen solchen Vorsatz- und Fahrlässigkeitsdelikten unterscheiden, ist klar, daß sich vielfach auch innerhalb der so gegliederten Bereiche kriminellen Verhaltens erhebliche Divergenzen zwischen Kriminalphänomenologie und kriminalistischer Verbrechenstechnik ergeben. Stellt beispielsweise der Kriminologe, sofern er nicht immer noch zwischen Mord und Totschlag zu differenzieren sucht, was beim Mord zu Tatzwecken oder Motiven als ausschlaggebenden Kriterien führt, auf die mithilfe des Täter-Opfer-Verhältnisses zu beleuchtende soziale Funktion der einzelnen Erscheinungsformen vorsätzlicher Tötung ab, so interessiert dies den Kriminalisten erst sekundär, wenngleich derartige kriminologische Erkenntnisse etwa in der Kriminaltaktik ausschlaggebend werden können. Jedenfalls zunächst steht der Kriminalist, wenn es sich um einen Todesfall handelt, vor der oft schwierig zu klärenden Frage, wie es zum Tod des betreffenden Menschen gekommen ist. Denn außer an bewußte Tötung durch dritte Hand ist auch an Selbstmord, an einen Unglücksfall, der u.U. ein Strafverfahren wegen fahrlässiger Tötung nach sich ziehen könnte, oder an natürlichen Tod zu denken, der sich mitunter recht unnatürlich ausnehmen kann. Um diese Frage zu klären, muß der Kriminalist eben mit Verbrechenstechniken im Sinne von verschiedenen Arten der bewußten Tötung durch dritte Hand, mit den Formen des Selbstmords und mit typischen Folgen eines Unfalls vertraut sein. Eben deshalb wird er sich im Bereich der vorsätzlichen Tötung an unterschiedlichen Arten der Tötung orientieren und etwa Tötung durch Schuß-, Stichwaffen, stumpfe Gewalt, Gift, Erdrosseln und dergleichen unterscheiden, um sich sodann mit den jeweils gebräuchlichen Praktiken genauer vertraut zu machen. Denn nur soweit er diese kennt, kann er selbst oder mithilfe eines Sachverständigen den zum Tod eines Menschen führenden Tathergang überzeugend rekonstruieren.

Ebenso wie künftige Entwicklungen werden bereits vorhandene Erkenntnisse in Praxis und Theorie das hier lediglich grob zu skizzierende Bild nicht nur verfeinern, sondern gewiß hier und da abändern. Schon heute können kombinierte Formen der Tatausführung wie der Raubmord Charakteristika spezieller Formen sowohl der vorsätzlichen Tötung als auch des Raubes aufweisen. Daß hier kriminaltaktisch u.U. eine Doppelregistrierung sinnvoll erscheint, ändert nichts an der praktischen und theoretischen Brauchbarkeit des Systems der Verbrechenstechnik. Uns scheint jedenfalls, daß ein solches ggf. zu verfeinerndes, ergänzendes oder korrigierendes System der Verbrechenstechnik nicht nur wissenschaftlich überzeugender als die bisherigen Arbeitsmethoden ist, sondern es gerade für die Praxis unbestreitbare Vorteile mit sich bringt. Denn das Ziel einer möglichst erschöpfenden Erfassung der Lebenswirklichkeit zwingt ersichtlich nicht, in jedem Falle alles Mögliche zu prüfen, sondern es erleichtert vor allem eine sinnvolle Auswahl.

III. Zur Verbrecherperseveranz

Bevor wir uns an eine solche Darstellung der besonderen Verbrechenstechnik machen, ist kurz noch auf die für deren praktische Brauchbarkeit wesentliche Frage der Verbrecherperseveranz einzugehen. Dabei ist ohne weiteres einzuräumen, daß diese Problematik trotz über Jahrzehnte und z.T. Jahrhunderte reichende Erfahrungen wissenschaftlich bisher noch wenig erforscht ist. Das hängt wohl damit zusammen, daß zu einer sich aus der Praxis ergebenden Erfahrung, die oft nur auf bestimmte Bereiche beschränkt ist, die Fähigkeit zur wissenschaftlichen Auswertung dergestalt erzielter Ergebnisse hinzukommen muß.

Im Schrifttum finden sich so bisher vor allem nur Einzeluntersuchungen (vgl. *Wenzky* a.a.O. S. 98 ff.), die entweder an spektakuläre Kriminalfälle wie die Mordtaten von Peter Kürten oder an Serientäter anknüpfen, die als Fassadenkletterer, Museumsdiebe bzw. Autospringer und -knacker tätig geworden sind.

1. Allgemeines

Versteht man unter Verbrecherpereseveranz das Phänomen wiederholt begangener Straftaten mit im wesentlichen gleichartiger, eigentypischer Technik, so ist die wesentliche Frage außer der nach dem Umfang die nach den Gründen für eine derartig beharrende Tendenz. Wichtig und kriminalistisch bedeutsam wird die Verbrecherperseveranz naturgemäß vor allem bei den Rückfallstätern, wobei man sich keineswegs nur auf Berufsverbrecher oder auf Serientäter beschränken sollte, bei denen erfahrungsgemäß nur relativ selten ein dauernder oder doch häufiger Wechsel der kriminellen Arbeitsweise zu beobachten ist. Spielt bei derartigen Kriminellen vielfach wohl der Zwang zu einer auch in diesem Bereich notwendigen Spezialisierung eine wesentliche Rolle, so kommt hier wie sonst der bei vielen Menschen zu beobachtende Hang zur Trägheit hinzu; dieser wird nicht einmal dadurch notwendig aufgehoben, daß sich die von einem Delinquenten bevorzugte kriminelle Strategie oder handwerkliche Eigenart als nicht so perfekt erwiesen hat, er u.U. auf frischer Tat erwischt oder doch später überführt werden konnte.

Wenn Rechtsbrecher selbst dann ganz oder im wesentlichen bei späteren Straftaten wieder dieselbe Arbeitsweise anwenden, so kann das außer auf Trägheit auch auf die ansonsten dafür häufig ausschlaggebenden üblicherweise mehr oder weniger beschränkten Fähig- und Fertigkeiten eines Menschen zurückzuführen sein.
Die gesamte Problematik der Verbrecherperseveranz hängt offensichtlich eng mit der des Rückfalls zusammen, der bekanntlich auf eine ganze Reihe persönlicher und sozialer Faktoren zurückzuführen ist, auf welche hier jedoch nicht näher eingegangen werden kann.

Kriminalistisch ist es wesentlich festzuhalten, daß man den Begriff der Verbrecherperseveranz ebenso wie den kriminologischen Rückfallbegriff nicht zu eng fassen darf, weil Gleichheit gewöhnlich nur begrenzt oder doch zeitlich beschränkt zu verzeichnen ist. Dabei muß man zwei Fragenkreise im Auge behalten.
Sehr grobmaschig ist es, wenn man nur auf Gleichheit im Sinne gleicher Deliktstypen abstellen würde, die zudem nicht mit einem einschlägigen Rückfall im engen Sinne von Verstößen gegen dieselbe Strafvorschrift verwechselt werden darf. Denn kriminologisch und kriminalistisch hängt es oft nur von ganz untergeordneten, mitunter zufällig anmutenden Umständen ab, ob durch eine kriminelle Aktion gegen dies oder jenes Strafgesetz verstoßen wird, z.B.

die Tat strafrechtlich als einfacher oder schwerer Diebstahl, als Diebstahl oder als Raub zu werten ist. Ebenso wie der Begriff des kriminologischen Rückfalls insoweit umfassender zu verstehen ist, muß er umgekehrt gegenüber der strafrechtlichen Wertung eingeschränkt werden. Schon die kriminologischen Erscheinungsformen des Diebstahls sind z.T. so verschieden geartet, daß man bei ihnen nicht von einem einschlägigen Rückfall sprechen kann.

Bei einer Untersuchung von 1000 insoweit allerdings besonders belasteten reisenden Tätern kam man 1963 im Bundeskriminalamt zu dem Ergebnis, daß immerhin 43,1% im Sinne einer Deliktsklasse perseverant gehandelt hatten.

Wichtiger für die Verbrecherperseveranz ist im Rahmen der Verbrechenstechnik jedoch die aus den genannten Umständen resultierende Gleichheit oder Ähnlichkeit der Tatausführung bei wiederholten Gesetzesverstößen. Inwieweit man hier nun von Gleichheit oder doch Ähnlichkeit im Sinne mehr oder weniger deutlich perseveranter Tatausführung sprechen kann, hängt von denjenigen Kriterien ab, die als für die kriminalistische Verbrechenstechnik charakteristisch erachtet worden sind. Hier kann man über eine Fein- sogar zu einer Feinstregistrierung gelangen, wenn man entsprechend viele konstante Merkmale berücksichtigt, die für die Tat an sich sogar irrelevant sein können.

Einen gewissen Anhaltspunkt liefert die oben erwähnte Untersuchung des Bundeskriminalamts vom Jahre 1963 für 1000 reisende Täter, von denen sich auf die Untergruppen der Grundeinteilung bezogen immerhin noch 21,7% stets perseverant verhalten hatten. (Zu Parallel- und Wandeltätern siehe unten.)

2. Einzelne Charakteristika

Bei allem ist jedoch zu beachten, daß für eine bestimmte Form der Tatausführung keineswegs alle der oben genannten Kriterien in Betracht kommen, man sich vielmehr auf eine Auswahl von ihnen zu beschränken hat. Ferner können selbst in einem solchen Rahmen manche Kriterien signifikanter als andere sein, d.h. einige von ihnen sind stets zu beobachten, während andere selbst bei dem betreffenden Rechtsbrecher modifiziert vorkommen, d.h. unter Umständen gewechselt werden; sie sind also nicht so signifikant.

Mit diesem Vorbehalt sind als für das Phänomen der Verbrecherperseveranz folgende der oben bei der Verbrechertechnik bereits angesprochenen Kriterien besonders aufschlußreich.

Das **Opfer** kann nach Geschlecht, Alter und anderen Charakteristika das Bild der Tatausführung prägen. Anders als bei dem Massenmörder Peter *Kürten,* dessen Taten insoweit kein einheitliches Bild zeigen, war das bei dem Massenmörder *Denke,* dessen Opfer stets Handwerksburschen waren. Wichtig ist dies Kriterium ferner außer bei bestimmten Sexualdelikten auch für gewisse Formen des Raubes und des Betruges.

Bei anderen Straftaten kann in gleicher Weise das **Objekt** der kriminellen Aktion, die Tatbeute, signifikant sein. Typische Beispiele dafür bieten Diebstahl, Unterschlagung und Betrug, die oft immer wieder auf Gegenstände derselben Art oder entsprechende Vermögenswerte abzielen.

Im Zusammenhang damit stehen Charakteristika des **Tatorts,** die für Verbrechenstechniken bestimmter Täter sehr genau und gleichförmig fixiert zu sein pflegen. Außer bei Exhibitionisten läßt sich das bei Serientaten von Notzüchtern, aber ebenso bei gewissen Formen von Raub und einfachem bzw. schwerem Diebstahl beobachten.

Ähnliches gilt für die Besonderheiten der **Tatzeit,** die mitunter natürlich auch von klimatischen Bedingungen oder sozialen Gegebenheiten beeinflußt wird. Ein Geldschrankknacker, der seine Einbrüche in Geschäftshäuser (mit sog. „kalter" Arbeit) stets am Samstag verübt hatte, stahl nach Einführung der 5-Tage-Woche – insoweit Wandeltäter – prompt auch am Freitag.

Selbst das **Tatmittel** oder -werkzeug ist bei wiederholten Straftaten nicht selten dasselbe oder doch von gleicher Art, wenngleich durch unvorhergesehene Umstände – z.B. auch Beschädigung – hier mitunter manchmal ein Wechsel erzwungen werden kann. Außer für Tötungs- und Verletzungswerkzeuge gilt dies auch für Einbruchswerkzeuge, z.B. einen Schaufenstereinbrecher, welcher die Scheibe stets mit einem zu diesem Zweck mitgebrachten Stein demoliert.

Die bei den einzelnen Deliktstypen oft verschiedenartige **Arbeitsweise** im Sinne des Gebrauchs bzw. der Anwendung der Tatmittel oder des sonstigen Vorgehens bei der Tatausführung ist ein in diesem Zusammenhang besonders wichtiger Komplex. Die typisierend wirkenden Besonderheiten können außer mit den Fähigkeiten und Fertigkeiten des Delinquenten auch mit von ihm bevorzugten Begleitumständen zusammenhängen.

Eine insoweit stereotype Manier findet man selbst beim intellektuell durchschnittlichen oder gut ausgestatteten Betrüger besonders häufig. Er täuscht des öfteren bei seinen Taten immer dieselbe Funktion vor und arbeitet auch ansonsten fortgesetzt mit dem gleichen Trick; das gilt insbesondere auch für viele Praktiken des Schwindels.

Bei Gewaltdelikten ist hier u.a. an dieselbe oder ähnliche Kleidung bei der Tat oder daran zu denken, daß ein Räuber oder Einbrecher stets dieselbe Maskierung verwendet. Ansonsten aber ist es bei Einbruch und Diebstahl, da der Täter gewöhnlich nicht gesehen wird, insoweit ungünstig. Ebenso gibt es Einbrecher, die entweder stets durch ein Oberlicht oder aber durch ein Kellerfenster an den Tatort gelangen. Auch Alleintäterschaft oder aber gemeinschaftliches, insb. arbeitsteiliges Handeln können besondere Merkmale der Tatausführung sein.

Schließlich ist in diesem Zusammenhang auch an die von manchen Rechtsbrechern ziemlich konstant benutzten Praktiken zur **Vorbereitung** und **Verschleierung** ihrer Straftaten zu erinnern.

So entwendete eine Einbrecherbande vor der Tat einen Kraftwagen, meist Marke „VW", um an die entfernter liegenden Tatorte zu gelangen. Andere Täter wiederum mieten unter falschem Namen ein Fahrzeug als Tatwagen an. Zu den Verschleierungspraktiken bei oder nach Verlassen des Tatorts zählt beispielsweise das Stehenlassen des Tatwagens in einer nahen Seitenstraße, wo der eigentliche Fluchtwagen geparkt war. Zu den u.U. signifikanten Verschleierungspraktiken gehört auch eine übervorsichtige Spuren vermeidende Arbeitsweise, die deutlich von der nervösen oder unbedachter handelnder Täter kontrastiert.

Je größer die Übereinstimmung in dem für die in Frage stehende Verbrechenstechnik wesentlichen Charakteristika ist, desto mehr spricht – wie wir in der Kriminaltaktik sehen werden – dafür, daß zwei oder mehr verschiedene Taten von demselben Täter begangen worden sind. Während der die Taten ex post wertende Wissenschaftler es hier einfacher hat, muß man sich selbstverständlich darüber klar sein, daß die vom ex ante-Standpunkt aus erfolgende Anwendung dieser Erkenntnisse in der Praxis der Kriminalitätsbekämpfung aus vielerlei Gründen größere Unsicherheitsfaktoren aufweist, hier also auch bei einer geringeren Zahl von Charakteristika eine kriminalistisch bedeutsame Wahrscheinlichkeit dafür gegeben ist, daß verschiedene Delikte von demselben Rechtsbrecher begangen sein dürfte. So oder so eröffnet das Modus operandi-System eine Möglichkeit, den Rechtsbrecher zum Opfer seiner eigenen Arbeitsweise werden zu lassen.

Selbstverständlich gibt es Rechtsbrecher, die sich schon heute darum bemühen, eine für sie verräterische gleichförmige Tatausführung zu vermeiden. Mag das im Einzelfall die Ermittlungen u.U. erschweren, bedenken sie doch ebenso wie andere Rechtsbrecher, welche Spuren zu vermeiden suchen, nicht alles, was bei einer Feinregistrierung aufschlußreich sein kann.

Eine Einbrecherbande, die 1956 u.a. mit Geldschrankeinbrüchen begann, änderte, um die Tatzusammenhänge zu verschleiern, ihre Arbeitsweise nach bestimmten Plan; es wurde geknabbert, geschweißt, aufgebrochen oder der Geldschrank abtransportiert. Da sie aber alle Taten im Umkreis von 60 bis 70 Kilometern beging, Geschäftsstellen der Raiffeisenbank bevorzugte und ein besonders raffgieriger Täter alles durchwühlte, um Wertsachen und selbst kleinste Geldbeträge an sich zu bringen, blieben dennoch genügend konstante Merkmale, um im Frühjahr 1958 auf die Aktivität einer und derselben Bande zu schließen.

3. Parallel- und Wandeltäter

Abschließend sei auf zwei Besonderheiten hingewiesen, welche in der Praxis zwar die Arbeit mit dem Modus operandi-System erschweren können, ohne jedoch seine im geschilderten Rahmen zu bejahende Brauchbarkeit in Frage zu stellen.

a) Selbst bei verfeinerter Systematik kann ein und derselbe Rechtsbrecher bei verschiedenen Taten ganz verschiedenartige Verbrechenstechniken anwenden, weshalb ein Zusammenhang nicht ohne weiteres erkennbar sein muß. Man spricht hier daher in der Kriminologie auch von **Paralleltätern,** womit angedeutet werden soll, daß bei ihnen Gleichartigkeit der Tatausführung nur jeweils innerhalb einer der parallel laufenden Tatserien klar zu Tage tritt.

So benutzte der Lüneburger Feuerteufel, der zugleich ein Einbrecher war, einmal bestimmte Einbruchstechniken und zum anderen bestimmte Praktiken der Brandstiftung. Bei der verschiedenartigen Deliktsrichtung blieb der Zusammenhang in der Person des Delinquenten lange Zeit verborgen.

b) Ebenso wie manche Täter ihre Arbeitsweise entgegen dem oben Ausgeführten mit der Zeit doch zu entwickeln und verbessern vermögen, was mehr oder weniger deutliche Konsequenzen für das Bild der Tatausführung haben kann, kommt es auch vor, daß die Arbeitsweise mitunter völlig verändert wird. Bei diesen sog. **Wandeltätern** ist das Phänomen der Verbrecherperseveranz also nur zeitlich begrenzt festzustellen, weil es an Übergängen fehlt. Derartige Täter bewegen sich daher bestenfalls im Rahmen gleicher Deliktstypen, wenngleich selbst das nicht einmal notwendig ist. Kommt es insoweit auf die grobmaschigen Deliktsgruppen oder -klassen an, läßt sich im übrigen Perseveranz wiederum jeweils nur für Teile ihrer Taten konstatieren, z.B. für die zeitlich zurückliegenden Serien von Straftaten und die später mit einer völlig veränderten Verbrechenstechnik verübten Delikte.

Von den 1000 reisenden Tätern in der Untersuchung des Bundeskriminalamts (1963) waren rund ein Drittel (35,2%) sogenannte Mischtäter. Davon waren 209 Paralleltäter und 143 Wandeltäter, die zumindest teilweise Verbrecherperseveranz zeigten. Je nach Abgrenzung dieses Begriffs käme man bei diesem allerdings besonders belasteten Untersuchungsmaterial mithin auf etwa $^2/_3$ oder $^3/_4$ perseverante Täter, die ganz überwiegend (67–96%) auch andere konstante Merkmale aufwiesen.

Selbst wenn diese Prozentanteile bei weniger ausgelesenem Material und überdies verfeinerten Kriterien sehr viel kleiner ausfallen dürften, ändert das nichts an der Brauchbarkeit des Systems, das in der Praxis nach Lage des Falles nicht bis zum letzten Detail ausgeschöpft zu werden braucht.

Diese Hinweise sollten nur zeigen, daß man in der kriminalistischen Praxis u.U. auch über eine eng gefaßte Gleichförmigkeit der Verbrecherperseveranz hinaus aus der Verbrechenstechnik Nutzen ziehen kann, welche im übrigen – wie sich zeigen wird – wesentliche Ansätze für Kriminaltechnik und Kriminaltaktik bietet.

IV. Kriminelle Ansteckung und kriminelle Nachahmung

Mit der Verbrechenstechnik hängt schließlich ein Fragenkreis zusammen, auf den hier kurz eingegangen werden soll, obwohl er für den Kriminologen noch mehr Gewicht als für den Kriminalisten hat. Denn die Identität der Tatausführung bedeutet keineswegs immer, daß man es mit demselben Rechtsbrecher oder derselben kriminellen Gruppe zu tun hat. Vielmehr kann diese Identität auch Ausdruck einer kriminellen Nachahmung oder gar kriminellen Ansteckung sein.

a) Der Kriminalist kann daher bei mehreren Taten u.U. zu dem falschen Schluß verleitet werden, sie seien von demselben Täter begangen. Wichtiger jedoch ist dies vor allem für die Kriminalätiologie, in welcher sich der Kriminologe bei gleichförmiger Tatausführung vor einem zwar naheliegenden, vielfach jedoch falschen Schluß hüten sollte, es liege beim zweiten Rechtsbrecher eine zu kriminogener Disposition führende **kriminelle Ansteckung** vor. Derartige Kurzschlüsse sind außer bei Taten unter Einfluß von Alkohol vor allem in solchen Fällen zu beobachten, in denen angeblich Massenmedien eine Rolle spielen; hier behauptet man bei gleichartiger Tatausführung relativ leicht, es liege eine kriminelle Ansteckung vor.
Dabei dürfte es sich durchweg nicht um einen kriminogenen, sondern einen tatauslösenden Faktor handeln, weil eine kriminogene Wirkung von Massenmedien anders gestaltet sein muß. Denn es ist kaum denkbar, daß beispielsweise ein einziges Filmerlebnis einen an sich normalen Menschen kriminogen deformiert. Ebenso sagt ein „in Mode“ gekommenes Selbstmordmittel im allgemeinen wenig über das Zustandekommen der Suizidneigung bei demjenigen aus, der sich dieses Mittels bedient. Vielmehr können an die Identität der Tatausführung anknüpfende Überlegungen in derartigen Fällen in aller Regel nur erklären, warum es etwa zu diesem Zeitpunkt, bei diesem Opfer oder mit dieser Ausführungstechnik zur kriminellen Aktion gekommen ist; aus der Tatausführung darf man daher nur sehr mittelbar auf die kriminogene Persönlichkeit oder das Zustandekommen der kriminogenen Disposition schließen.

b) Ungleich wichtiger als für die kriminelle Ansteckung ist demnach die Verbrechenstechnik für die **kriminelle Nachahmung,** bei welcher sich ein bereits kriminogen disponierter Täter lediglich der ihm von anderen her bekannten Art der Tatausführung bedient. Während hier kriminalätiologisch nur sehr bedingte Schlüsse möglich sind, kann diese Art von krimineller Imitation, wie sie das Anschlußverbrechen darstellt, gerade für den Kriminalisten in mehrfacher Hinsicht wichtig sein.
Einmal kann sich dadurch der Kreis Tatverdächtiger in bestimmter Weise – z.B. auf diejenigen, die Kenntnis erlangt haben – einschränken. Bestimmte Verbrechenstechniken können aber auch sonst den Kreis potentieller Täter einschränken und darüber hinaus erläutern, warum hier und in dieser Weise delinquiert worden ist. Schwieriger wird die Sache jedoch, wenn die Kenntnisse über bestimmte Verbrechenstechniken weiter – etwa durch Massenmedien – verbreitet worden sind, um von den insoweit problematischen Überlegungen zur Kriminalprophylaxe hier noch ganz abzusehen. Denn dann ist bei anderen Delikten mit

entsprechender Tatausführung natürlich kaum etwas auf den unbekannten Täter Hinweisendes zu finden.
Doch sollte die kriminelle Nachahmung, das Anschlußverbrechen, nicht nur unter diesem Aspekt wesentlich genauer als bisher erforscht werden.

2. Abschnitt: Die Technik der einzelnen Verbrechen

Wer die Erkenntnisse über die Technik der einzelnen Verbrechen zusammenstellen will, muß sich über die einem solchen Vorhaben gesetzten Grenzen klar sein. Denn eine erschöpfende Darstellung ist – von diesem Rahmen ganz abgesehen – aus vielerlei Gründen nicht möglich. Zu insgesamt betrachtet weithin noch wenig gesicherten Erkenntnissen kommt hinzu, daß einige Bereiche bisher kaum oder überhaupt nicht erforscht worden sind. Und selbst für diesen Zweck erarbeitete Erkenntnisse können mitunter lokal nur begrenzt – z.B. für gewisse Länder, Landschaften oder Städte – zutreffen. Ferner können früher erzielte Arbeitsergebnisse unter Umständen schnell an Aktualität verlieren oder schon veraltet sein. Wird dies alles den Praktiker, der weiß, daß der Kriminalist niemals auslernt, schon deshalb nicht überraschen, da sich auch die Rechtsbrecher den neuen technischen und sozialen Gegebenheiten anpassen, sollte der Wissenschaftler zumindest konzedieren, daß die Fülle der zudem örtlich und zeitlich schwankenden Phänomene jedenfalls hier eine erschöpfende Darstellung verbietet.
Dennoch erscheint es notwendig und aussichtsreich, zumindest den Versuch zu unternehmen, einen einigermaßen repräsentativen Überblick zu bieten. Einmal wird dadurch nicht nur das bisher allgemein zur Verbrechenstechnik Gesagte bestätigt und wohl auch anschaulicher gemacht. Zum anderen sollten, soweit das nur möglich ist, dem spezieller Interessierten Hilfen geboten werden, um Spezialfragen besser bewältigen zu können. Überdies eröffnet gerade die Verbrechenstechnik einen für die Kooperation von Kriminalpraktikern und wissenschaftlich arbeitenden Kriminalisten besonders geeigneten Bereich. Schließlich sollten derartige Erkenntnisse auch für Kriminologen und selbst für Strafjuristen besonders nützlich sein. Dennoch ist wohl klar, daß die Literaturhinweise sich auf das vor allem kriminalistisch insoweit aufschlußreiche neuere Schrifttum konzentrieren müssen, welches nicht nur zu älteren Publikationen dieser Art führt, sondern wegen der insoweit bestehenden Abgrenzungsschwierigkeiten z.T. bereits in die kriminologische Literatur überleitet. Eben deshalb dürfte ein solcher Versuch, wenn er einstweilen notgedrungen unvollständig und z.T. skizzenartig bleiben muß, als Hilfe bei der praktischen Arbeit und als ein Appell zur Mitarbeit für die Entwicklung der Kriminalistik in diesem Gebiet einen Sinn haben.

Huelke, Hans-Heinrich: Die Technik des Verbrechens und die Technik der Kriminalpolizei in historischer Sicht – in: Kriminalpolizei und Technik, hrsg. v. Bundeskriminalamt, Wiesbaden 1967, S. 43 ff.; *Simson,* Gerhard/*Geerds,* Friedrich: Straftaten gegen die Person und Sittlichkeitsdelikte in rechtsvergleichender Sicht – München 1969 (jeweils auch geschichtliche und kriminologisch-kriminalistische Ausführungen); *Suitrow,* Georgi Georgijewitsch: Die kriminalistische Lehre von der Begehungsweise einer Straftat – in: Kriminalistische und for. Wissenschaften Bd. 11, Berlin (Ost) 1973, S. 5 ff.

Aus dem älteren Schrifttum siehe u.a.:
Weingart, Albert: Kriminaltechnik. Ein Handbuch für das Untersuchen von Verbrechen – Leipzig 1904 – insb. S. 171 ff.

§ 8
Delikte gegen die Person

Als Delikte gegen die Person werden hier alle Straftaten und damit alle ihnen zuzuordnenden kriminellen Verhaltensweisen verstanden, die sich unmittelbar gegen die Person eines Menschen richten. Vor allem handelt es sich dabei strafrechtlich betrachtet um Delikte gegen das menschliche Leben, die körperliche Unversehrtheit, die Freiheit, den persönlichen Frieden und die Ehre.
Allerdings wird im Folgenden vielfach zwischen sich scheinbar entsprechenden Vorsatz- und Fahrlässigkeitstaten unterschieden werden müssen. So erhebt sich beispielsweise nur bei vorsätzlich begangenen Personendelikten die Frage, inwieweit man sie zur **Gewaltkriminalität** zählen darf. Beschränkt man sich nämlich bei der Gewaltkriminalität auf alle Formen kriminellen Verhaltens, die durch Anwendung schweren, gewissermaßen brachialen Zwanges – sei es als Gewaltausübung oder ihr in der Intensität entsprechende Drohungen gegen Menschen – gekennzeichnet sind, dürfte klar werden, daß mit echten Gewaltdelikten nur bei einigen der hierzu zählenden Deliktstypen zu rechnen ist.

Bschor, F./*Venedey,* W.: Die Entwicklung der Gewaltkriminalität – MoKrim 1971 – 273 ff. (54. Jg.); *Geerds,* Friedrich: Gewaltkriminalität. Begriff – Entwicklung – Bedeutung – der Kriminalist 1973 – 123 ff.

Gewaltdelikte stellen nicht nur bei den Ehrverletzungen, sondern auch bei den meisten Straftaten gegen den Frieden des Einzelnen eine Ausnahme dar; und selbst bei den Freiheitsdelikten wird die Lage insoweit oft zweifelhaft sein. Am ehesten wird man demnach bei vorsätzlichen Körperverletzungen und Tötungen mit Charakteristika der Gewaltkriminalität zu rechnen haben, wenngleich das nicht einmal hier der Fall zu sein braucht; man denke beispielsweise an Fälle der Tötung auf Verlangen oder andere Fälle der Kooperation des Opfers, wie sie sich etwa bei Beteiligung am Selbstmord finden. Ferner wird es bei nicht wenigen vorsätzlichen Körperverletzungen – wie Ohrfeigen oder relativ geringfügigen Störungen des Wohlbefindens – an der für Gewaltdelikte nötigen Intensität brachialen Zwanges fehlen.

Als Delikte gegen die Person sollen mithin vor allem folgende Formen kriminellen Verhaltens behandelt werden:

I. Vorsätzliche Tötungen
II. Fahrlässige Tötungen
III. Abtreibungen u. a.
IV. Vorsätzliche Körperverletzungen
V. Fahrlässige Körperverletzungen
VI. Freiheitsberaubung und Nötigung
VII. Delikte wider den persönlichen Frieden
VIII. Ehrverletzungen

I. Vorsätzliche Tötungen

Zu den vorsätzlichen Tötungen zählen alle Verhaltensweisen, durch die bewußt menschliches Leben vernichtet wird. Derartige bewußte Tötungen sind in der Praxis nicht immer leicht vom natürlichen Tod und von tödlichen Unglücksfällen zu unterscheiden, bei denen

Verantwortlichkeit wegen fahrlässiger Tötung in Betracht kommen kann. Noch schwieriger wird die Abgrenzung, selbst wenn man bei diesen Straftatbeständen in erster Linie an bewußte Tötung durch dritte Hand denkt, beim Selbstmord; denn Beteiligung Dritter wirft ähnliche Fragen auf, wie sie sich in den hier möglichen Fällen von Kooperation zwischen Täter und Opfer – etwa bei der Tötung auf Verlangen – erheben. Schon deshalb sind diese Strafvorschriften, die das Leben als wichtigstes Rechtsgut des Menschen schützen sollen, vielgestaltiger, als man auf Anhieb meinen möchte, was übrigens ein rechtsvergleichender Überblick bestätigt.

Brückner, Günther: Zur Kriminologie des Mordes – Hamburg 1961; *Rasch,* Wilfried: Tötung des Intimpartners – Beiträge zur Sexualforschung H. 31 – Stuttgart 1964; *von Hentig,* Hans: Mordwaffen in der homophilen Sphäre – Arch. f. Krim. Bd. 136, S. 122 ff. (1965); *Krause,* Reinhart: Die vorsätzlichen Tötungen und vorsätzlichen Körperverletzungen mit tödlichem Ausgang im Landgerichtsbezirk Hamburg von 1958–1961 – Diss. Hamburg – Hamburg 1966; *Nass,* Gustav: Die kriminologische Beurteilung sexueller Tötungsdelikte – Strafrecht. Strafverfahren. Kriminologie Bd. 16 – Neuwied/Berlin 1966; *Blanke,* Dieter: Die Kindestötung in rechtlicher und kriminologischer Hinsicht – Diss. Kiel – o.O. 1967; *von Hentig,* Hans: Der modus operandi beim Verwandtenmord – Arch. f. Krim. Bd. 139, 131 ff. (1967); *Streb,* Jochen: Über die Kindestötung. Eine strafrechtliche und kriminologische Studie zur Problematik des § 217 StGB und des von ihm vorausgesetzten Deliktstyps – Diss. Frankfurt a.M. – Offenbach a.M. 1968; *Bauer,* Günther: Morde durch Kinder und Jugendliche. Eine kriminologische Untersuchung – in: TbKrim XIX, S. 9 ff. (1969); *Arlet,* Dieter: Kinder töten Kinder. Eine kriminologische Untersuchung – Kriminol. Schriftenreihe Bd. 52 – Hamburg 1971; *Dotzauer,* Günther/*Jarosch,* Klaus: Tötungsdelikte – BKA 1971/1-3; *Siol,* Joachim: Mordmerkmale in kriminologischer und kriminalpolitischer Sicht. Eine Untersuchung anhand von Gerichtsakten – Kriminol. Studien Bd. 18 – Göttingen 1973; *Trube-Becker,* Elisabeth: Kindestötung – in: HdRMedI – 177 ff.; *Trube-Becker,* Elisabeth: Frauen als Mörder. Mit 186 Falldarstellungen und 24 Tabellen – München 1974.

Wie die Strafjuristen vieler Länder unterscheiden auch Kriminologen bei den vorsätzlichen Tötungen heute vielfach noch zwischen Erscheinungsformen von Mord und Totschlag, wobei man sich gewöhnlich auf Fälle des Mordes als der so oder so besonders schweren vorsätzlichen Tötung konzentriert. Auf diese Weise gelangt man, indem man sich an verschiedenen Zwecken derartiger Taten oder unterschiedlichen Motivationslagen orientiert zu Erscheinungsformen wie Eigennutz- (Gewinn-), Leidenschafts- (Konflikts-), Lust- (Sexual-), Angst- oder Deckungsmord und Begehungsmord, wobei allerdings Kriterien und Termini im einzelnen unterschiedlich beurteilt werden. – Der mitunter verwendete Begriff des politischen Mordes ist insoweit schillernd, selbst wenn man von den nicht seltenen Fällen pseudopolitischer Tarnung solcher von Anarchisten und Terroristen verübten Taten absieht. Obwohl man derartige politische Attentate des öfteren den Leidenschaftsmorden wird zurechnen können, passen sie im übrigen oder z.T. zugleich unter andere Erscheinungsformen, wenn sich etwa der an der Tat interessierte Hintermann zur Ausführung eines „Killers“ bedient.

Wilde, Harry: Politische Morde unserer Zeit – Frankfurt a.M. 1966; *Middendorff,* Wolf: Der politische Mord. Ein Beitrag zur historischen Kriminologie – BKA 1968/1.

Sehr viel unsicherer ist bereits, nach welchen Gesichtspunkten man die verbleibenden Fälle des Totschlags, der gemeinen vorsätzlichen Tötung, erfassen soll. Diese vergleichsweise wenig behandelte Materie bekommt man wohl am besten in den Griff, wenn man vom Verhältnis zwischen Täter und Opfer ausgeht, das oft für die Konfliktssituation charakteristisch ist. Bietet sich insoweit eine Unterscheidung von Gatten- und Geliebtentotschlag, Aszendenten- und Deszendententotschlag (Sonderfall: Kindestötung in oder gleich nach der Geburt), Tötungen im Freundes- und Bekanntenkreis sowie an Unbekannten begangenen Taten an, meinen wir, daß eine solche Tattypologie für alle vorsätzlichen Tötungen aufschlußreicher als die vor allem wohl durch das Strafrecht nahegelegte bisher übliche Zweiteilung ist. Eine solche wäre u.U. jedoch im Hinblick auf Fälle der Kooperation des Opfers sinnvoll, was bedeuten würde, daß man die Tötung auf Verlangen und die vielfältigen Formen der Beteiligung am Selbstmord auch kriminalphänomenologisch gesondert erfassen sollte.

Doch interessieren alle diese Streitfragen und Differenzierungen den Kriminalisten im Bereich der Verbrechenstechnik zunächst einmal wenig. Viel wichtiger ist es für ihn, derartige bewußte Tötungen von Unglücksfällen, die eine fahrlässige Tötung darstellen können, und vom natürlichen Tod zu unterscheiden. Dies ist, obwohl vorsätzliche Tötungen demgegenüber zahlenmäßig selten sind, um so wichtiger, als diesen Taten besonderes kriminalpolitisches Gewicht zukommt.

Besonders kompliziert liegen dabei vorsätzliche Tötungen, die im Zusammenhang mit einer anderen Straftat begangen werden, wobei von Körperverletzungen, Prügeleien und ähnlichen Gewalttätigkeiten abgesehen werden soll, die ohnehin des öfteren im Vorfeld der Tötung liegen. Vielmehr ist hier etwa an Sexualdelikte mit tödlichem Ausgang oder auch Raub bzw. Brandstiftung sowie Geiselnahme mit Tod des Opfers zu denken. Die Tötung kann in derartigen Fällen nicht mehr als Tatmittel fungieren, sondern in den Augen des Täters mehr ein Instrument zur Verdeckung derartiger Verbrechen sein.

Ein Sonderfall, der von der Handlung her besser bei der Verletzung der Sorgepflicht für junge Menschen darzustellen sein dürfte, ist die Kindesmißhandlung mit fatalem Ausgang, die insoweit Besonderheiten gegenüber anderen Fällen der Deszendententötung aufweist.

Ungeachtet der in den meisten Ländern erfreulicherweise hohen Aufklärungsquote (in der Bundesrepublik Deutschland über 90% der den Strafverfolgungsbehörden bekannt gewordenen Taten) sollte die Effektivität der Strafverfolgung selbst bei vorsätzlichen Tötungen nicht überschätzt werden, weil schon hinsichtlich der Quantität mancherlei Zweifel aufkommen sollten. Erfolgt beispielsweise in der Bundesrepublik gegenwärtig nur in etwa 1% aller Todesfälle eine Obduktion, sollte es skeptisch stimmen, wenn LeMoyne *Snyder* in seinem Buch „Morduntersuchung“ (Hamburg 1956) annimmt, es stürben etwa 20% aller Menschen unter solchen Umständen, daß eine amtliche Untersuchung der Todesursache angezeigt sei. Selbst wenn derartige Untersuchungen nur in einem kleineren Anteil den Verdacht einer vorsätzlichen Tötung begründen oder erhärten würden, zeigt dies doch, daß man sich nicht von der hohen Aufklärungsquote über die Problematik der auch bei diesen Formen kriminellen Verhaltens hohen Dunkelziffer hinwegtäuschen lassen sollte; denn selbst ein kleiner Teil dieser Obduktionsfälle wäre ein Vielfaches der heute von den Strafverfolgungsorganen als verdächtig registrierten Todesfälle.

Aber auch in anderer Hinsicht sind die Grenzen gerade für den Kriminalisten unsicher, der sich bei einem Todesfall oft vor die schwierig und gewöhnlich nur mithilfe der Kriminaltechnik zu beantwortende Frage gestellt sieht, ob nun wirklich eine vorsätzliche Tötung, ein Selbstmord, ein Unglücksfall oder ein natürlicher Tod vorliegt. Da sich das im Zuge der Ermittlungen oft erst spät herausstellt, können Verfahren leicht unter einem unzutreffenden rechtlichen Gesichtspunkt eingeleitet werden, was daran anknüpfende Statistiken verfälscht.

Bartmann, Fritz: Dubiose Grenzfälle von Mord, Selbstmord, Unglücksfall – Lübeck 1954.

Vorbehaltlich dieser im Zusammenhang von Kriminaltechnik und -taktik genauer zu behandelnden Fragen, dürfte es auch in der kriminalistischen Verbrechenstechnik angezeigt sein, lediglich zwischen den üblichen Fällen der vorsätzlichen Tötung durch dritte Hand und solchen zu unterscheiden, die durch eine Kooperation von Täter und Opfer gekennzeichnet sind bzw. in dieser oder jener Form auf eine bloße Beteiligung am Selbstmord hinauslaufen. Dabei kommt es weniger auf die hier strafrechtlich oft unsichere und in den einzelnen Ländern unterschiedliche Beurteilung als darauf an, daß die hier maßgebenden Praktiken des Selbstmordes ganz andere als die der eigentlichen Tötung sind.

A. Tötungen durch dritte Hand

Stellt man bei den Tötungen durch dritte Hand und ohne Mitwirkung des Opfers in der kriminalistischen Verbrechenstechnik auf die Art und Weise der Tatausführung ab, so kommt man zu der allen Kriminalpraktikern bekannten Unterscheidung nach Tötungsarten. Mit deren Hilfe läßt sich der eigentliche Tathergang im allgemeinen am besten rekonstruieren, wenngleich sich im Einzelfalle mitunter mancherlei Besonderheiten finden.
Naturgemäß schwankt die praktische Bedeutung der Ausführungsarten bei den einzelnen Erscheinungsformen oder Modalitäten erheblich. Wertet man etwa die bei oder alsbald nach der Geburt begangene Kindestötung als einen Unterfall des Deszendententotschlags, so dominiert hier das Unterlassen des lebensnotwendigen Beistands mit etwa einem Viertel bis zu einem Drittel dieser Fälle. Selbst aktives Handeln der Mutter oder ihres Mittäters, wie es vor allem durch Erwürgen mit der bloßen Hand oder durch Ersticken vorkommt, ist nicht selten auf diese Umstände zurückzuführen, die wie Schreien des Kindes oder Auftauchen Dritter ein Passivbleiben verhindern.

1. Tötung durch Schußwaffen

Als eine erste Gruppe von Verbrechenstechniken lassen sich Tötungen durch Schußwaffen zusammenfassen, die zwar nicht die zahlenmäßig wichtigste, aber eine doch recht charakteristische Ausführungsart darstellen.

Hughes: S. 161 ff.

Ungeachtet der durch die Verwendung einer Schußwaffe als Tatwerkzeug bedingten Gemeinsamkeiten lassen sich bei den verschiedenen Arten von Schußwaffen doch einige Besonderheiten feststellen, die u.U. für die Verbrechenstechnik aufschlußreich sein können. Vor allem bei den überwiegend benutzten Faustfeuerwaffen und bei den Handfeuerwaffen zeigt das Vorgehen der Täter oft charakteristische Unterschiede.

a) Faustfeuerwaffen
In der kriminalistischen Praxis überwiegen bei vorsätzlichen Tötungen mittels einer Schußwaffe bei weitem die mit einer einzigen Hand zu bedienenden, kurzläufigen Faustfeuerwaffen.

Insbesondere handelt es sich dabei um halbautomatische Pistolen und um Revolver, die Täter – wie wir in der Kriminaltechnik sehen werden – überwiegend auf relativ kurze Distanz benutzen, wenngleich keineswegs nur Kontakt- und Nahschüsse bei dieser Verbrechenstechnik vorkommen, die im übrigen recht vielgestaltig ist. Die Art und Weise des Gebrauchs von Faustfeuerwaffen hängt nicht nur von den jeweiligen Tatumständen ab, sondern kann neben technischen Charakteristika (Schalldämpfer, Hülsenfänger) auch durch bevorzugtes Ziel, Zahl der Schüsse und andere Merkmale des Schießens gekennzeichnet werden.

b) Handfeuerwaffen

Doch werden immer wieder vorsätzliche Tötungen auch mittels Handfeuerwaffen begangen, worunter langläufige Schußwaffen zu verstehen sind, die man mit zwei Händen zu bedienen pflegt. Als Handfeuerwaffen, die üblicherweise für etwas größere Distanz benutzt werden, kommen außer Gewehren der verschiedensten Art vor allem Flinten und mitunter Maschinenpistolen oder eigentlich nicht für diesen Zweck bestimmte Schußwaffen in Betracht.

Am 24. 11. 1956 erschoß der damals 16jährige Peter Hößl am Stadtrand von München einen 13jährigen mit einem Kleinkalibergewehr. Obwohl die Leiche sechs Schußverletzungen aufwies, konnte H. glaubhaft machen, daß es nach einem unglücklichen ersten Schuß bei ihm zu einer Panikreaktion gekommen sei. – Nach der im Februar erfolgten Entlassung aus der Strafhaft tötete H. am 23. 5. 1959 im Perlacher Forst mit vier Schüssen aus einem Kleinkalibergewehr einen Rentner und im Juni 1960 einen 19jährigen. – Auch andere Mordtaten, die an Liebespärchen begangen wurden, zeigen Ähnlichkeiten der Tatausführung.

Während die technischen Merkmale der Handfeuerwaffen und der bei ihr verwendeten Munition (Geschoß-, Schrotmunition) kriminaltechnisch sehr aufschlußreich sind, erscheint die Art und Weise der Benutzung hier noch weniger signifikant als bei Faustfeuerwaffen.

2. Tötung durch Sprengstoff

Seltener ist in Fällen vorsätzlicher Tötung der Gebrauch von Sprengstoff, welcher jedoch häufiger bei politischen Attentaten oder Terrorakten auftaucht.

Hughes, S. 268 ff.

Wesentlich bei Tötungen durch Sprengstoff ist, ob sich die Tatausführung primär gegen Menschen, u.U. sogar gegen eine bestimmte Person richtet oder ob bei gegen Sachen gerichteten Sprengstoffattentaten der Tod von Menschen bewußt in Kauf genommen wird. Außer den damit angedeuteten verschiedenartigen Zielen solcher Taten und ihren jeweiligen Begleitumständen hängt die Verbrechenstechnik ferner von der Art des Sprengstoffs und vor allem der verwendeten Zündvorrichtung ab.

3. Tötung durch Stich

Häufiger werden vorsätzliche Tötungen mit Stichwaffen begangen. Dabei ist keineswegs nur an typische Stichwaffen wie Dolche, Stilette und Messer zu denken, welche je nach Art der Benutzung auch einen mehr schneidenden Effekt (unten 4) haben können. Vielmehr benutzen Rechtsbrecher mitunter geplant oder häufiger, da sie zufällig zur Hand sind, andere Instrumente wie Scheren, Nadeln oder sonstige spitze Gegenstände, was dann allerdings weniger für von einem Täter bevorzugte Praktiken der Tatausführung charakteristisch ist.

Neben der vielfach bedeutsamen Art der Stichwaffe und eventuell typischen Begleitumständen kommt es auf die Zahl der Stiche und ggf. auf die in Mitleidenschaft gezogenen Körperteile des Opfers an.

Ein gutes Beispiel für Verbrechensperseveranz bei dieser Art der Tatausführung sind die vom Düsseldorfer Sexualmörder Peter Kürten in der Zeit von Februar bis November 1929 begangenen Morde und Mordversuche, die durchweg durch eine Mehr- oder Vielzahl von Stichen gekennzeichnet waren; neben vereinzeltem Halsschnitt findet sich nur eine Reihe von Ende September bis Oktober mit einem Hammer begangener Mordtaten, was sich daraus erklärt, daß Kürten sich Ersatz für eine bei der Tat demolierte Schere beschaffen mußte und er vielleicht auch den Eindruck hervorrufen wollte, es seien zwei Täter am Werk. Töten durch Stich ist bei Kürten Ausdruck einer sadistischen Veranlagung, die u.a. auf Fließen oder Rauschen von Blut fixiert war.

Steiner, Otto/*Gay,* Willy: Der Fall Kürten – Hamburg o. J.

Ein 19jähriger Seemann hatte beobachtet, daß eine Prostituierte an einem Abend besonders viel „Besuch" hatte. Da er daher reichlich Geld bei ihr vermutete, ließ er sich von ihr mit auf ihr Zimmer nehmen, wo er sie erstach und beraubte. Im Leib des Opfers wurden 27 Messerstiche festgestellt. Obwohl es sich im Kern hier wohl um einen Raubmord handelte, zeigt die Tatausführung auch Züge von Raserei. Der Täter hatte sich sogar selbst an Armen und Beinen verletzt.

4. Tötung durch Schnitt

Als selbständige Tötungsart ist der Schnitt relativ selten. Als Tatwerkzeug fungieren hier vor allem die außerordentlich verschieden gearteten Messer, welche daher recht charakteristische Spuren hinterlassen; doch mitunter werden tödliche Schnittwunden auch durch Dolche, Scheren, Rasierklingen und dergleichen beigebracht. Aufschlußreicher für die Verbrechenstechnik als solche ist jedoch die Art und Weise der Anwendung solcher Schnittwaffen, welche außer durch die Zahl der Verletzungen durch die betroffenen Körperteile charakterisiert werden kann.

Immerhin hat auch der deutsche Massenmörder Kürten, der an sich Dolch oder Schere als Stichwaffen bevorzugte, in zwei der im Jahre 1929 begangenen Mordtaten den Dolch zum Halsschnitt benutzt.

5. Tötung durch halbscharfe Gewalt

Dem Schnitt ähnelt, obwohl sich bereits Übergänge zur stumpfen Gewalt andeuten, die Tötung mit einem Beil, einer Axt oder ähnlichen Tatmitteln, sofern die scharfe Seite benutzt wird. Man spricht hier daher auch recht plastisch von halbscharfer Gewalt, um anzudeuten, daß zum schneidenden Effekt der durch das Gewicht und die Kraftanwendung verstärkte Druck dieser Verletzungswerkzeuge hinzutritt.

Die durch derartige Instrumente hervorgerufenen Verletzungen unterscheiden sich, da sie gewöhnlich tiefer sind und häufig Knochen in Mitleidenschaft ziehen, in der Regel trotz schneidenden Effekts deutlich von den eigentlichen Schnittwunden. Allerdings werden solche Tatwerkzeuge nur seltener planmäßig und von einem Täter wiederholt benutzt.
Immerhin hat der Massenmörder Denke, der nach dem 1. Weltkrieg in Schlesien (Münsterberg nahe bei Breslau) viele (zumindest 30) Handwerksburschen umgebracht hat, die er in seine Wohnung gelockt hatte, als Tatwaffe stets eine Spitzhacke benutzt.

Herren, Rüdiger: Verräterische Notizen – Kriminalistik 1963-293 ff., insb. S. 269.

Hier wie auch sonst waren neben dem bestimmten Tatwerkzeug ebenfalls andere Unterschiede der Tatausführung charakteristisch, die in anderen Fällen jedoch mehr von der besonderen Tatsituation abhängig ist.

6. Tötung durch stumpfe Gewalt

Zahlenmäßig bedeutend und vielfältig in der Tatausführung sind Tötungen durch stumpfe Gewalt. Als Tatmittel kommen hier nicht nur Instrumente wie Hämmer, Eisenstangen, Holzknüppel, Totschläger, Schlagringe oder Gegenstände wie Flaschen, Bierseidel, sondern auch die stumpfe Seite von Beilen, Äxten sowie zum Schlagen verwendete Schußwaffen in Betracht. Zu stumpfer Gewalt kommt es ferner durch Herabstürzen des Opfers aus der Höhe, das Stoßen gegen harte Gegenstände oder das Herabwerfen solcher auf das Opfer. Daher ähnelt die Tatsituation mitunter der von Unfällen.

Hughes: S. 224 ff.

Die perseverante, für einen Rechtsbrecher u.U. charakteristische Tatausführung findet sich bei stumpfer Gewalt zwar nicht so häufig, kommt aber doch in der Praxis immer wieder vor.

Unterschiede der Verbrechenstechnik ergeben sich naturgemäß im Hinblick auf die Verwendung der diversen Schlagwerkzeuge und auf andere Formen der Gewalteinwirkung, die oft weniger als solche, sondern erst durch die Folgen (Auftreffen des Körpers nach Fall oder Stoß) tödliche Verletzungen bewirkt.

Ein 17jähriger besuchte eine ihm bekannte ältere Frau, bei der er einmal Dollars gesehen hatte. Als die Frau sich im Gespräch umwandte, holte der Jüngling einen mitgebrachten Hammer aus seiner Tasche und erschlug die Frau von hinten. Danach wühlte er die Wohnung durch und verschwand mit dem Geld, das er in einer Schublade gefunden hatte. – Auch der Massenmörder Kürten hat vereinzelt einen Hammer als Tatwerkzeug benutzt.

Weniger auffällig ist bei Verwendung irgendwelcher Instrumente oder Gegenstände und Verbrechenstechniken, welche mit den Wirkungen vom Fall aus der Höhe oder Stoß arbeiten, weil sich hier häufiger das für einen Unfall typische Bild bietet. Deshalb kommt es hier noch mehr als sonst auf die Begleitumstände der stumpfen Gewalt an.

7. Tötung durch Ersticken, Erwürgen, Erdrosseln, Ertränken

Ersticken, Erwürgen oder Erdrosseln zeigen als Tötungsarten trotz mancher Unterschiede bemerkenswerte Gemeinsamkeiten. Denn letztlich geht es bei allen Praktiken dieser Art darum, die lebensnotwendige Atmungstätigkeit des Menschen mechanisch zu unterbinden. Deshalb ähnelt diesen Fällen in etwa das bei vorsätzlichen Tötungen relativ seltene Ertränken sowie das Erhängen, das ein bewußt- oder meist wehrloses Opfer vorauszusetzen pflegt.

a) Das **Ersticken** findet man als Tötungsart wie übrigens auch das Erwürgen relativ häufig in Fällen der Kindestötung, wenn die hier typischerweise als Täterin fungierende Gebärende überhaupt aktiv handelt. Auch ansonsten ist das Ersticken als Verbrechenstechnik wenig auffällig, weil es hier nur darum geht, die lebensnotwendige Sauerstoffaufnahme zu unterbrechen.

Gerade bei wehrlosen Opfern wie Neugeborenen kann das schon durch das Bedecken des Kopfes mit Kissen und dergleichen geschehen. Bei anderen, insb. erwachsenen Opfern wird Ersticken dagegen häufiger durch Knebel sehr verschiedener Art verursacht, was deutlichere Spuren hinterläßt. Wird der Erstickungstod durch Verschüttetwerden des Opfers bewirkt, so kann die Abgrenzung vom Unfall schwierig werden.

b) Das **Erwürgen** ist eine Verbrechenstechnik, bei welcher der Täter die Sauerstoffzufuhr dadurch unterbricht, daß er mit seinen Händen den Hals des Opfers zusammenpreßt. Diese an sich recht primitive Art der Tatausführung hinterläßt oft – wenngleich nicht immer – charakteristische, u.U. sogar auf den bestimmten Täter hindeutende Spuren (Würgemale, Eindrücke der Fingernägel, Blutergüsse).

Abgesehen davon, daß die Hände verschieden (z.B. von hinten oder von vorne) zugreifen können, ist hier auf andere Begleitumstände (Opfer, Tatortsituation) Gewicht zu legen.

c) Das **Erdrosseln** kann zwar ebenfalls den Charakter eines Unglücksfalles bei sexuellen Abnormverhalten haben, ist aber dennoch eine typische Ausführungsart des Mordes. Denn hier wird der Hals des Opfers mithilfe von Gegenständen wie Tüchern, Schals, Leinen, Bindfäden, Draht u.dgl. zusammengepreßt, was zumindest in der Regel auf Tötung durch dritte Hand hindeutet – und wie wir sehen werden – typische Spuren hinterläßt (z.B. die vom Drosselwerkzeug verursachte, üblicherweise horizontal an dem Hals verlaufende Drosselfurche).

Beim Erdrosseln geht der Täter üblicherweise überraschend vor, wobei er ggf. seine körperliche Überlegenheit ausnutzt. Auf diese für die Tatausführung wichtigen Umstände ist daher besonderes Gewicht zu legen. Allerdings gibt es ferner Fälle, in denen das Opfer – entweder durch Gewalt oder durch Alkohol bzw. Drogen – bewußtlos oder doch widerstandsunfähig gemacht wird, was dann andere Spuren erwarten läßt.

d) Die bei vorsätzlichen Tötungen seltene, diesen Praktiken im Ergebnis ähnliche Ausführungsart des **Ertränkens** (anders das Ertrinken beim Selbstmord) findet sich häufiger bei der Kindestötung, wo die sich vielfach passiv verhaltende Täterin das Neugeborene durch eine sog. Eimergeburt tötet. Die Schwangere gebiert über einem mit Wasser gefüllten Eimer, das Neugeborene verstirbt in der Regel, ohne überhaupt geatmet zu haben.
Bei erwachsenen Opfern erfordert diese Verbrechenstechnik, daß es zuvor entweder widerstandsunfähig gemacht wird, oder man bei einem Stoß in das Wasser, der einen Unfall vortäuschen kann, den Umstand ausnutzt, daß das Opfer nicht schwimmen kann. Durch Ziehen an den Beinen kann ein Mörder sogar in der Badewanne einen tödlichen Unfall seines Opfers vortäuschen.

Kósa, Ferenc/*Virágos-Kis,* Elisabeth: Mord in der Badewanne – Arch. f. Krim. Bd. 146, S. 99ff. (1970).

8. Tötung durch Gift

Seit alters her bekannt ist als Tötungsmittel das Gift. Derartige Taten werden schon aus der Antike berichtet. Selbst alte und älteste Rechtsquellen weisen daher oft besondere Strafvorschriften für derartige Fälle der vorsätzlichen Tötung auf. Lange Zeit war Arsen das klassische Tatmittel der Giftmörder.

Herx, Liselotte: Der Giftmord, insbesondere der Giftmord Frauen – Universitas-Archiv, Rechtswiss. Abt. Bd. 16 – Emsdetten 1937 (= Diss. Köln); *Specht,* Walter: Giftverdacht? Darstellung für die Praxis ... – Hamburg 1954; *Reuter,* Fritz: Giftmord und Giftmordversuch. Eine forensisch-medizinische und kriminalpsychologische Studie ... Wien 1958; *Unruh,* Claus: Der Giftmord. Tat, Täter, Opfer – Strafrecht. Strafverfahren. Kriminologie Bd. 9 – Neuwied/Berlin 1965; *Mohr,* Hartmut: Erscheinungsformen des Giftmordes – Diss. Zürich – München 1973.

Gerade in den letzten Jahrhunderten haben die enormen Fortschritte der Technik und insb. der Chemie das Arsenal der Giftmörder erheblich vergrößert. Das gilt außer für anorga-

nische insb. auch für organische Gifte, welche die Kriminaltechnik – wie wir noch sehen werden – z. T. vor große Schwierigkeiten stellen.
Allerdings haben sich im Zuge der Entwicklung zugleich die kriminaltechnischen Möglichkeiten des Giftnachweises erheblich verbessert. Hier wie auch sonst sind die zur Tötung durch Gifte verwendeten Verbrechenstechniken für den Kriminalisten, wie nunmehr gezeigt werden soll, außerordentlich aufschlußreich. Wesentlich für derartige Tötungen sind vor allem Materialspuren, aus denen man etwas über die Art des benutzten Giftes entnehmen kann, und sodann der Fundort, wofür des öfteren besondere Organe oder Körperteile in Betracht kommen. Im übrigen sind für die Tatausführung folgende Umstände wichtig.
Schon die Art des verwendeten Giftes – nicht das Geschlecht als solches – erklärt, warum Frauen häufiger als Männer zu diesem Tatmittel greifen. Denn die Wahl von Gift hängt wesentlich davon ab, mit welchen Giftarten der Delinquent vertraut und welche überdies für ihn erreichbar sind. Dies kann sogar ein entscheidender Anlaß für den Tatentschluß sein, der in anderen Fällen gefaßt wird, bevor man sich über das Tötungsmittel klar wird.

Eine Frau brachte 1948 ihren Mann mit Morphium um. Auf den Gedanken kam sie erst dadurch, daß der Arzt dem Manne wegen einer Magen-Darm-Störung ein Opiumpräparat verschrieben hatte.

Die Wahl von Gift oder einer bestimmten Art von Gift als Tötungsmittel hängt von mitunter mancherlei Umständen ab, die sich entweder auf Tatausführung bzw. -situation oder aber mehr auf den Täter beziehen. So läßt sich eine möglichst unauffällige Tatausführung nach Ansicht des Täters oft am besten mit einem Gift erzielen. Sehr häufig tritt der Gedanke einer leichten Tatausführung hinzu oder ist sogar ausschlaggebend für die Wahl von Gift. Eine weitere Zweckmäßigkeitserwägung ist neben der oft als schwierig beurteilten Nachweisbarkeit die vermeintlich schnelle und sichere Wirkung.
Mehr auf die Tatsituation bezieht sich dagegen die Erreichbarkeit giftiger Substanzen, die sich z.T. aber schon im Haushalt oder am Arbeitsplatz finden, u.U. jedoch durch Täuschung, Diebstahl usw. beschafft werden können. Hierher gehören aber u.a. auch einschlägige Prozeßberichte oder das Lesen anderer Publikationen; selbst ein Kriminalfilm kann – obwohl ansonsten nur tatauslösender Faktor – für die Wahl eines bestimmten Giftes ausschlaggebend sein.
Auf den Täter selbst deutet jedoch dessen Vertrautheit mit einer bestimmten giftigen Substanz. Nicht nur Chemiker, Pharmazeuten und Mediziner haben beruflich mit solchen Stoffen zu tun; vielmehr hat sogar die Hausfrau außer mit Arzneien auch mit giftigen Reinigungs- und Schädlingsbekämpfungsmitteln gewisse Erfahrungen. Ferner können gewisse soziale Vorstellungen u.U. die Wahl eines Giftes oder überhaupt von Gift als Tötungsmittel begünstigen.
Die Vorbereitung eines Giftmordes hängt zunächst einmal davon ab, wie das betreffende Gift für den Täter erreichbar ist. Sind im Haushalt, wo das alte, giftige Kochgas insoweit an Bedeutung verliert, giftige Reinigungs- oder Schädlingsbekämpfungsmittel – auf dem Lande typischerweise Insektizide – sowie Schlafmittel verfügbar oder doch leicht zu beschaffen, ist dies bei anderen Giftstoffen mitunter relativ schwierig, sofern nicht der Beruf unauffälligen oder kriminellen Zugang ermöglicht. Doch finden manche Täter selbst zu selteneren und hochwirksamen Giften zuweilen unerwartet leicht Zugang. Schwieriger als die Beschaffung mit einem Giftschein ist gewöhnlich die Eigenproduktion von Giftstoffen, weil dem Täter in aller Regel Spezialkenntnisse fehlen. Die Giftkenntnisse sind daher ein weiterer für die Tatvorbereitung wichtiger Aspekt.

Immerhin gibt es Fälle wie den von Christa Lehmann, der 1954 die „E 605-Welle" (nicht zuletzt wegen der Presseberichte) auslöste. Die Täterin erklärte den Kauf dieses Giftes einfach damit, daß sie im Schaufenster auf der Packung die Aufschrift „Gift" gelesen und den dort abgebildeten Totenkopf gesehen hatte.

Üblicherweise setzt der Giftmord jedoch mehr Kenntnisse voraus. Außer der Berufsausbildung oder anderweitiger Erfahrung gibt es Täter, die sich durch Lektüre und sogar Experimente – auch Tierversuche – zu Spezialisten entwickelt haben.

Ein Beispiel dafür ist der Apotheker Hopf, der von 1900 bis 1913 in Frankfurt a.M. mehrere sensationelle Giftmorde beging.

Neben dem belgischen Grafen de Bocarné, der 1880 auf Schloß Bitrenont einen sensationellen Giftmord beging, ist hier Jean Baptiste Sainte-Croix, ein Vertrauter der Marquise de Brinvillier, zu erwähnen, der 1670 beim Experimentieren in seinem Labor umkam.

Derartige Aktivitäten hinterlassen naturgemäß weitere Spuren. In aller Regel hapert es aber doch mit den Giftkenntnissen, weil kaum eine der üblichen Substanzen über alle Charakteristika eines Idealgifts, was Beibringung, Wirkung und Nachweisbarkeit anlangt, verfügt; manche sind – wie Strychnin, Zeliopaste oder E 605 – sogar unter allen Aspekten verräterisch. Aber das schließt es ersichtlich nicht aus, daß sie – wie auch andere Substanzen – zeitweise zu einem „Modegift" werden konnten oder können.
Das Beibringen von Gift erfolgt üblicherweise ebenso wie die Aufnahme lebenswichtiger Stoffe oder Heilmittel, d.h. über Speise- und Atemwege, oder aber durch Injektion; u.U. kann Gift sogar über die Schleimhäute oder die menschliche Haut zugeführt werden. Üblicherweise aber ist die Einverleibung mit Tarnungstechniken verbunden, die entweder das Beibringen als solches verdecken oder aber verschleiern sollen, daß die zugeführte Substanz ein Gift ist. Für eine solche verdeckte Beibringung – etwa in einer Speise oder einem Getränk – ist daher ein Giftträger wichtig, der Auffälligkeiten des fraglichen Giftes zu verschleiern vermag (z.B. Brandy, Wermut, Malaga-Wein bei Strychnin oder Rotkohl bzw. rote Marmelade bei Zeliopaste). Die suggestive Tarnung, die verschleiern soll, daß die offen zugeführte Substanz ein Gift ist, besteht gewöhnlich in falscher Deklaration. Häufiger bezeichnet man typischerweise Giftstoffe als Medikament, sofern deren Konsum indiziert erscheint.

Ein Täter in Hof/Bayern verabreichte 1955 seiner Ehefrau „E 605" als Herztropfen.

Je nach Lage greift der Täter aber auch zu anderen Deklarationen.

1920 hat in Kiel ein Täter seiner Mutter eine Aufschwemmung von Zyankali mit Erfolg als „künstliche Sahne" angedient.

Bei Injektionen kann die Beibringung jedoch nur suggestiv als Medizinalbehandlung getarnt werden, weshalb hier häufiger Medizinalpersonen als Täter fungieren.
Mitunter werden beim Giftmord sogar die beiden Tarnungstechniken gekoppelt, wobei sich der Täter zugleich Gewohnheiten oder Lieblingsspeisen seines Opfers zunutze machen kann.

In Lübeck hat eine Täterin 1962 ihrem Mann laufend Rattengift in das geliebte Pflaumenmus gemischt; sie soll schließlich auf drei Teelöffel Gift pro Tag gekommen sein.

Auf solche Tarntechniken kann der Täter jedoch im allgemeinen verzichten, wenn er zuvor das Opfer durch Gewalt oder auf andere Weise (Äther, Schlafmittel, Alkohol) betäubt und widerstandsunfähig gemacht hat.
Die Tat wird überwiegend in der Wohnung des Opfers oder aber des Täters ausgeführt; mitunter trifft man sich allerdings an einem dritten Ort. Nicht gar so selten erfolgt die Giftbeibringung ohne persönlichen Kontakt des Täters mit seinem Opfer. So werden diesem die beispielsweise als ein Süßigkeitsgeschenk getarnten Gifte mit der Post oder auf andere Weise zugesandt. – Was die Tatzeit anlangt, findet sich kaum Signifikantes außer dem Umstand, daß in der Tageszeit die Abend- und Nachtstunden deutlich überwiegen. Zudem erfolgt die Giftbeibringung zuweilen über eine längere Zeit hinweg.
Die Motive und Zwecke des Giftmordes entsprechen im übrigen anderen vorsätzlichen Tötungen, weshalb die eingangs erwähnte Sonderstellung, die manche immer noch betonen, recht fragwürdig erscheint. Die alle diese Taten verbindende Gemeinsamkeit ist vor allem die Benutzung von Gift, welche kriminalistisch allerdings besondere Probleme bietet.
Nur am Rande sei erwähnt, daß Gift ebenfalls im Rahmen anderer Straftaten verwendet wird, für welche dann kriminalistisch und insb. kriminaltechnisch Entsprechendes gilt. So wird mitunter das tödliche Gift zu dem Zweck beigebracht, andere Delikte oder Sexualhandlungen zu ermöglichen.

So soll der berüchtigte Kindermörder Seefeld, der 12 Jungen im Alter von 5–12 Jahren tötete, seinen Opfern Zuckerstücke verabfolgt haben, auf die chlorierte Kohlenwasserstoffe getropft worden waren. Diese führten in 10 bis 20 Minuten zu Bewußtlosigkeit und späterem Tod. Zuvor mißbrauchte er seine Opfer und beseitigte anschließend die Spuren.

9. Andere Formen der Tötung

Natürlich gibt es noch andere Formen der Tötung, die wie das **Unterlassen notwendiger Hilfe** partiell – etwa bei der Kindestötung – bei manchen Erscheinungsformen sogar erheblich praktische Bedeutung haben können. Doch fehlen selbst dann in aller Regel besondere Charakteristiken der Tatausführung. Deshalb wird auf sie ebenso wie etwa auf Fälle von bewußter Tötung durch **elektrischen Strom, Verbrennen** usw. erst bei der Kriminaltechnik genauer einzugehen sein.

Kósa, Ferenc: Tötungsversuch durch elektrischen Strom – Arch. f. Krim. Bd. 146 – S. 33 ff. (1970); *Schneider,* V.: Bemerkenswerte Fälle von Strombeibringung durch fremde Hand – Arch. f. Krim. Bd. 151, S. 149 ff. (1970).

B. Selbstmord und Beteiligung am Selbstmord

Selbstmord und Beteiligung am Selbstmord, die ebenso wie die Tötung auf Verlangen durch Mitwirken des Opfers gekennzeichnet sind, stellen uns kriminologisch vor Probleme, die für den Kriminalisten erst bei seiner weiteren Arbeit bedeutsam werden.

Amelunxen, Clemens: Der Selbstmord. Ethik-Recht-Kriminalistik – Hamburg 1962; *Lange,* Ehrig: Der mißlungene erweiterte Suizid – Med.-jurist. Grenzfragen H. 8 – Jena 1964; *Ehrhardt,* Helmut: Euthanasie und Vernichtung „lebensunwerten" Lebens – Forum der Psychiatrie Nr. 11 – Stuttgart 1965; *Balluseck,* Lothar: „Selbstmord". Tatsachen, Probleme, Tabus, Praktiken – Bad Godesberg 1965; *Ghysbrecht,* Paul: Der Doppelselbstmord – München/Basel 1967; *Jaeger,* Ernst: Die Beteiligung am

Selbstmord. Ein Beitrag zur strafrechtlichen Problematik unter besonderer Berücksichtigung kriminologischer Erkenntnisse an Hand von 508 Todesermittlungsakten der Staatsanwaltschaft bei dem Landgericht Kiel aus den Jahren 1958–1961 – Diss. Kiel – München 1968; *Ringel,* Erwin: Selbstmord – in: HdwKrim (2) III-125 ff.; *Stengel,* Erwin: Selbstmord und Selbstmordversuch – Frankfurt a.M. 1969; *Ehrhardt,* Helmut E.: Schwangerschaftsabbruch und Euthanasie – Arch. f. Krim. Bd. 152, S. 129 ff. (1973); *Schweitzer,* Heinz/*Heisterborg,* Bernd: Der Selbstmord im Strafvollzug des Landes Nordrhein-Westfalen in den Jahren 1957 bis 1967 – in: GrKrim 10, S. 87 ff. (1973); *Rauschke:* Selbsttötung (Suizid) – in: HdwRMed I-242 ff.

Bei der strafrechtlich nur schwer oder mitunter nicht exakt zu erfassenden **Beteiligung Dritter** läßt sich beispielsweise von der hier besonders interessierenden bewußten eine unbewußte Teilnahme unterscheiden: so können Dritte, insb. Familienangehörige, durch ihr Verhalten nicht nur den Tatentschluß des Lebensmüden hervorrufen, sondern auch dessen Verwirklichung ermöglichen oder doch erleichtern. In der Praxis geht es dabei vielfach um Formen des Unterlassens.

Bei vorsätzlich am Selbstmord eines anderen Mitwirkenden lassen sich vor allem drei kriminologisch aufschlußreiche Tatsituationen unterscheiden. Zunächst einmal handelt es sich um diverse Praktiken, die auf ein Hervorrufen des Tatentschlusses beim Opfer – ein wirkliches Verleiten – hinauslaufen; die vielfältigen Mittel sind bei dieser Erscheinungsform z.T. sehr rigoros. Außer an brutale Gewalt und schwere Drohung ist aber auch an Überreden zu denken. In derartigen Fällen ist gewöhnlich der Dritte selbst am Tod seines Opfers interessiert, dessen Ausnahmelage er also für seine Zwecke ausnutzt. Das kann bis zum Vortäuschen schwerer Krankheit gehen. – Bei einem bereits zum Selbstmord Entschlossenen kann der Beteiligte sodann durch Rat oder Tat dazu beitragen, daß das Vorhaben ausgeführt wird. Ebenso wie derartige Beihilfehandlungen von recht unterschiedlicher Intensität sein können, kann die Motivation des Dritten ganz verschieden geartet sein. So gibt es hier zunächst einmal Fälle, in denen der Dritte bewußt die vom Lebensmüden ausgehende Initiative fördert, ihn nicht nur in seinem Vorhaben bestärkt, sondern ihm aktiv Beistand leistet, indem er für Tatmittel und eine geeignete Gelegenheit sorgt. In anderen Fällen ist es dagegen mehr so, daß der Dritte sich dem Vorhaben des Selbstmörders nicht widersetzt, ihm sogar aus diesem oder jenem Grunde Hilfe leistet.

Dies ist der wesentliche Unterschied von der dritten Tatsituation, die als ein bloßes Nichtverhindern des Selbstmordes zu charakterisieren ist. Bei dieser in der Praxis wohl am häufigsten zuzutreffenden Lage ist die Frage der strafrechtlichen Verantwortlichkeit des Dritten selbst dann noch oft problematisch, wenn feststeht, daß der Selbstmord hätte vereitelt werden können. Im übrigen wird hier die Situation des Dritten am häufigsten mit der sogleich zu behandelnden des Selbstmörders übereinstimmen, wenngleich auch das Nichtstun mitunter egoistische Züge haben kann, was jedoch bei anderen Formen der Beteiligung häufiger der Fall ist. Insoweit ist gerade hier das Täter-Opfer-Verhältnis aufschlußreich.

Die Zusammenfassung von Selbstmord sowie die Beteiligung daran mit der Tötung auf Verlangen empfiehlt sich gerade im Hinblick auf den „Doppelselbstmord". Schlägt dieser nämlich einseitig fehl, und überlebt der aktive Teil, so stellt sich das Geschehen für den Überlebenden als eine vorsätzliche Tötung – möglicherweise auf Verlangen – dar.

Scheib, Karl-Heinz/*Buchert,* Rainer: Einseitig fehlgeschlagener Doppelselbstmord. Ein Beitrag zum Selbstmordgeschehen – Kriminalistik 1972-482 ff.

Bei den Erscheinungsformen des **Selbstmordes** muß sich der Kriminologie an der durchweg äußerlich erkennbaren Konfliktsituation orientieren. So wird er als Tattypen kriminalphänomenologisch Selbstmorde wegen wirklicher oder vermeintlicher Krankheit, wegen wirtschaftlicher und beruflicher Schwierigkeiten von denjenigen Taten unterscheiden, die wegen unehelicher Schwangerschaft oder wegen gestörter Liebesbeziehungen begangen werden. Ihnen verwandt sind die keineswegs seltenen Selbstmorde wegen Familienstreitigkeiten oder wegen Vereinsamung. Noch seltener als Selbstmorde wegen eigenen, oft kriminellen Fehlverhaltens sind wegen schwerer Mißhandlung oder aufgrund von Zwang begangene Suizide. Recht häufig dagegen sind rational nicht erklärbare Selbstmorde, bei denen des öfteren schon wegen psychiatrischer Befunde beim Betroffenen kein rational plausibler Anlaß zu ermitteln ist.

Hughes, S. 108 ff.

Mehr als Tatort (als spezieller Tatort überwiegen bei weitem die Wohnung oder das Haus des Lebensmüden) und Tatzeit interessieren den Kriminalisten beim Selbstmord die **Formen der Tatausführung** bzw. die dafür charakteristischen Tatmittel. Hier fällt auf, daß Männer und Frauen verschiedene Selbstmordmittel bevorzugen. Während sich nach deutschen Einzeluntersuchungen rund 50% der lebensmüden Männer erhängen, dominieren bei lebensmüden Frauen mit rund 40% der Fälle Gifte als Tatmittel. Die Wahl des Tatmittels hängt außer von Greifbarkeit und ggf. Vertrautheit anscheinend oft von seinem gesellschaftlichen Image oder seinem Symbolwert ab; wesentlich dürfte daneben des öfteren der Gesichtspunkt schneller, sicherer und schmerzloser Wirkung sein.
Besonderheiten pflegt die Tatausführung zu zeigen, wenn ein Selbstmord verschleiert werden soll, um ggf. als Unfall oder gar Mord zu erscheinen. Hier sorgen der Selbstmörder oder seine Helfer bzw. Dritte nach der Tat für Spuren, die auf einen anderen Ablauf der Ereignisse hinzudeuten scheinen, was aber vor allem für das Vorgehen und für kriminaltechnische Untersuchungen wesentlich ist.
Ähnlich kompliziert liegen ferner Fälle, in denen der Selbstmörder mehrere Ausführungsarten kombiniert **(kombinierter Selbstmord).**

Petersohn, Franz: Der kombinierte Selbstmord. Ein Beitrag zur Aufklärung kompliziert gelagerter Todesermittlungsfälle – in: TbKrim XIV, S. 362 ff. (1964); *Holzer*, Franz Josef: Der kombinierte Selbstmord – in: GrKrim 7, S. 321 ff. (1971).

Die Kombination mehrerer Selbstmordtechniken kann sich einmal aus dem Bestreben erklären, den Tod schnell und vor allem sicher herbeizuführen, zum anderen eine Maßnahme der Tarnung sein. Das braucht keineswegs immer vorher geplant zu sein; ebenso wie zum Selbstmord kann es auch recht improvisiert zu einer Kombination kommen oder diese sich als die Folge eines vorausgegangenen, mißlungenen Versuchs darstellen.

Daß ein kombinierter Selbstmordversuch dennoch erfolglos bleiben kann und einer gewissen Tragikomik nicht entbehrt, zeigt ein Fall, der sich 1963 zugetragen hat. Ein lebensmüder Mann, der ganz sicher gehen wollte, nahm eine Überdosis Schlaftabeletten, band sich auf einem Brückengeländer sitzend eine Schlinge um den Hals, deren Strick am Brückengeländer befestigt war. Als er sich zur Sicherheit dann noch eine Kugel in den Kopf schießen wollte, verletzte ihn diese nur unwesentlich, zerriß jedoch den Strick. Als der Lebensmüde nun in den Fluß fiel, erbrach er aus Schreck über das kalte Wasser die Schlaftabletten und blieb am Leben.

Ein Metzger, der mit seiner Frau in Scheidung lebte, wurde am 20. 11. 1954 als Brandleiche gefunden. Er hatte zunächst den Brand, der die Frau um Anteil und Erbe bringen sollte, gelegt und sich dann mit einem Tierschußapparat getötet. Ob die Reste einer Wäscheleine mit laufender Schlinge zum Erhängen benutzt worden sind oder ggf. werden sollten, ließ sich nicht mehr feststellen.

Nachdem ein über 80 Jahre alter Mann in Innsbruck versucht hatte, sich durch – oberflächliche – Pulsaderschnitte das Leben zu nehmen (der Nachttopf, in den er das Blut hatte tropfen lassen, enthielt nur eine geringe Menge), ging der Mann in den Garten und stürzte sich kopfüber in einen Brunnen, wo er ertrank.

Am häufigsten werden von Selbstmördern folgende Tötungstechniken kombiniert: Pulsader- und Halsschnitte, Erschießen und Erhängen oder Ertrinken, Vergiften und Sturz aus der Höhe oder kombinieren mehrerer Gifte.
Schließlich sind bei der **Tötung auf Verlangen** einige Besonderheiten zu verzeichnen. Das gilt vor allem dann, wenn Euthanasie oder eine ihr ähnliche Situation vorliegt. Denn hier wird der Tod nicht nur häufig durch Unterlassen irgendeiner das Leben erhaltenden oder verlängernden Behandlung bewirkt, sondern kann er auch in Form eines medizinischen Eingriffs herbeigeführt werden.
Was nun die kriminalistisch wesentlichen **Ausführungsarten** anlangt, überläßt der an einem Selbstmord beteiligte Dritte ebenso wie der auf Verlangen tötende Täter in aller Regel dem Opfer die Wahl des Tatmittels. Die Dinge liegen daher ähnlich wie beim allein ausgeführten Selbstmord, wenngleich das Mitwirken eines Dritten u.U. die Ermittlungen komplizieren kann.

1. Erschießen

Die in den 30er Jahren bei den Männern mit 16% der Fälle (Frauen 2%) verbreitete Benutzung von Schußwaffen hat in Deutschland erheblich abgenommen; schon für die Jahre 1958–1960 hat man selbst bei Männern nur noch einen Anteil von 5,2% (Frauen 0,4%) festgestellt. Der Selbstmörder bevorzugt als Ziel Herz oder Kopf. Die der Händigkeit (rechts oder links) entsprechend angesetzte Waffe bewirkt einen Nahschuß. Dabei verfehlen derartige Schüsse mitunter dennoch ihr Ziel oder beeinträchtigen doch die Handlungsfähigkeit nicht sofort, weshalb man in 6 bis 10% dieser Fälle mehrfache Schußabgabe festgestellt hat, die mithin nicht ohne weiteres gegen die Annahme eines Selbstmordes spricht. – Charakteristisch ist außer den Zeichen des Nahschusses und dem Vorhandensein der Tatwaffe auch der Umstand, daß die Einschußstelle ggf. oft entblößt wird.

Kenyeres, Imre/*Gerencsér,* György: Ein ungewöhnlicher Selbstmordfall – Arch. f. Krim. Bd. 138, S. 44 ff. (1966) (= Nackenschuß).

Bolzenschußgeräte benutzen vor allem Personen zum Selbstmord, die beruflich mit ihrer Handhabung vertraut sind. Es entstehen die dafür typischen Verletzungen.

Schiermeyer, Hans: Suicid durch zweimaligen Bolzenschuß in den Kopf – Arch. f. Krim. Bd. 151, S. 87ff. (1973).

Noch seltener verwenden Selbstmörder als Tatmittel **Sprengstoff** oder ähnliches.

Greiner, H.: Selbstmord mit einer Zündkapsel – Arch. f. Krim. Bd. 153, S. 141 ff. (1974).

Am ehesten tun das noch Personen, die im Umgang mit Sprengstoffen vertraut sind. So brachte sich ein 52jähriger Sprengmeister mit einer in die Mundhöhle eingeführten, elektrisch gezündeten Sprengkapsel, wie sie im Bergbau verwendet wird, um, ohne daß übrigens äußerlich – wie üblich – schwere Verletzungen entstanden.

2. Schnitt. Stich

Selbstmord durch Schnitt oder Stich ist relativ selten. Nach deutschen Statistiken schwankt ihr Anteil zwischen 2,6% in den 30er Jahren und 1,7% bis 1,6% Ende der 50er Jahre. Mit schneidenden Instrumenten fügt der Selbstmörder sich vor allem Aderverletzungen, insb. Pulsaderschnitte (alternierend zur Rechts- oder Linkshändigkeit) zu, wobei häufiger „Probierschnitte" zu beobachten sind. Es gibt aber auch Halsschnitte.

Hammer, Hans-Joachim/*Leopold,* Dieter: Atypischer Selbstmord durch multiple Schnittverletzungen – Arch. f. Krim. Bd. 138, S. 164 ff. (1966).

Benutzt der Selbstmörder ein Stichwerkzeug, wobei es ebenfalls Versuche gibt, so ist bevorzugtes Ziel das Herz; mehrmaliges Zustechen ist möglich. Auch diese Selbstmörder entblößen des öfteren die Einstichstelle. Mitunter wird der Suizid durch Halsstiche verübt.

Außerordentlich selten sind beim Selbstmord Fälle halbscharfer Gewalt.

Schmechta, H./*Weitermann,* D.: Ein Fall von Selbsttötung mit einem Backmesser – Arch. f. Krim. Bd. 146, S. 10 ff. (1970).

Ganz ungewöhnlich ist ein von *Hughes* (S. 134 ff.) berichteter und fotografisch dokumentierter amerikanischer Fall, in welchem sich ein Selbstmörder mit einer elektrischen Bandsäge etwas oberhalb der Gürtellinie in zwei Hälften zersägt hat.

3. Erhängen. Erdrosseln

Faßt man mit dem Erhängen das bei Selbstmord viel seltenere Erdrosseln zusammen, so ist die Bedeutung dieser Selbstmordart relativ konstant geblieben. Für Männer werden in den genannten Zeiten Anteile von 52,0% bzw. 50,0%, für Frauen 31,0% verzeichnet. Bei Tod durch Erhängen spricht – wie oben ausgeführt – gewöhnlich alles für Selbstmord.

Simon, Axel: Auf Mithilfe dritter Hand deutende Befunde beim Suizid durch Erhängen – Arch. f. Krim. Bd. 137, S. 33 ff. (1966); *Bauer,* G.: Ungewöhnlicher Selbstmord durch Erhängen – Arch. f. Krim. Bd. 156, S. 80 ff. (1975).

Beim Selbstmord durch Erdrosseln ist die Abgrenzung von dem bei dieser Verbrechenstechnik näher liegenden Mord oft recht problematisch.

von Karger, Jobst: Suicid durch Erdrosseln – Arch. f. Krim. Bd. 144, S. 95 ff. (1969).

Selbstmord durch Knebelung ist zwar außerordentlich selten, kommt aber dennoch vereinzelt vor.

Bonte, Wolfgang/*Bode,* Gerd: Fremdkörper im Rachen – Mord oder Selbstmord? – Arch. f. Krim. Bd. 156, S. 160 ff., insb. S. 162 ff. (1975).

Vor allem Gefangene oder andere amtlich Verwahrte benutzen Tuchstücke, Lappen, Baumwolle, Heu, Seegras oder Papier, um auf diese Weise den Tod zu finden.

Ein 66jähriger Kaufmann brachte sich aus Sorgen über die Übergabe seines Geschäfts in einer Feldmark nach einem mißglückten Suizidversuch durch Pulsaderschnitte mit seinem Taschenmesser dadurch um, daß er sich Gras und Erde in den Mund stopfte.

Das häufiger bei autoerotischen Unfällen vorkommende Ersticken dient in seltenen Fällen auch zum Selbstmord.

Bauer, Georg/*Battista,* Hans-J.: Selbstmord durch Ersticken in Butangasatmosphäre – Arch. f. Krim. Bd. 149, S. 3 ff. (1972).

4. Ertrinken

Beim Selbstmord durch Ertrinken ist dagegen eine verhältnismäßig große Belastung des weiblichen Geschlechts festzustellen. In den 30er Jahren kam man hier in Deutschland auf Anteile von 17,8% und auch in jüngerer Zeit noch auf 13,0%, während die Belastung des männlichen Geschlechts von 8,2% auf 5,8% zurückgegangen ist.

Vereinzelt wird Tod durch Ertrinken dadurch begangen, daß der Selbstmörder mit einem Kraftfahrzeug in das Wasser fährt (vgl. 8.).

5. Stumpfe Gewalt

Auf stumpfe Gewalt, zu der u.a. Sturz aus der Höhe zählt, entfallen beim Selbstmord rund 8% der von Männern und 10% der von Frauen begangenen Taten. Dann und wann kann beim Sturz aus der Höhe (Kirchtürme, Aussichtstürme, Hochbrücken, obere Stockwerke von Wohnhäusern) die Abgrenzung von Berufs- oder Haushaltsunfall problematisch werden. Eher ist das beim Sprung aus einem fahrenden Zug der Fall. Hierher zählt im Grunde wohl auch das Überfahrenlassen, auf das jedoch später (unter 8.) eingegangen werden soll.
Die für Selbstmorde ungewöhnliche halbscharfe Gewalt – etwa durch Beilhiebe – entspricht nur bedingt der stumpfen Gewalt, weil der Tod üblicherweise durch Verbluten eintritt. Da die Fälle aber selten sind, mag hier ein Hinweis genügen.

6. Gift

Die Bedeutung der besonders von weiblichen Selbstmördern bevorzugten Gifte hat gegenüber früher eher noch etwas zugenommen; der Anteil von Giften als Selbstmordmittel ist bei den Frauen von 36,6% in den 30er Jahren schon um 1960 auf 43% gestiegen (Männer 13,5% bzw. 29,0%).
Neben allen möglichen giftigen Substanzen, wobei man regional oder zeitlich mitunter so etwas wie eine Mode oder Sitte feststellen kann, spielen giftige Gase eine besondere Rolle. Während das Leuchtgas, das wegen des CO-Gehalts gefährlich ist, wahrscheinlich an Bedeutung verlieren wird, sind Motor- und Auspuffgase gerade von Kraftfahrern zunehmend zum Suizid benutzt worden. Ansonsten wird der Gift-Suizid heutzutage häufiger mit einer Überdosis von Schlaf- oder Betäubungsmitteln begangen.

7. Elektrizität

Obwohl die Gefährlichkeit des elektrischen Stroms allgemein bekannt ist, wird er nur seltener zum Suizid verwendet. Außer den notwendigen technischen Vorbereitungen sind hier typische Folgen wie Strommarken aufschlußreich.

8. Andere Ausführungsarten

Es gibt – wenngleich seltener – noch manche anderen Ausführungsarten des Selbstmords. Während einzelne Selbstmörder den Tod durch einen Straßenverkehrsunfall suchen, lassen andere sich von der Eisenbahn oder S-Bahn überfahren **(Verkehrsselbstmord).** Derartige Fälle sind bereits bei der stumpfen Gewalt erwähnt worden. Die Abgrenzung vom Unfall ist in den meisten Fällen angesichts der Tatsituation und verschiedenartiger Folgen nicht sonderlich problematisch.

Müller, Elmar: Verkehrsunfall und Selbstmord – Arch. f. Krim. Bd. 135, S. 61 ff. (1965); *Müller,* Erich/*Rötzscher,* Klaus: Selbstmord durch Fahrt ins Wasser – Arch. f. Krim. Bd. 144, S. 45 ff. (1969).

Trotz einzelner spektakulärer Fälle ist die **Selbstverbrennung** nach wie vor eine relativ seltene Suizidart, die noch am ehesten bei psychisch Kranken zu beobachten ist. Derartige Selbstmorde werden nicht nur durch Selbstübergießen mit brennbaren Flüssigkeiten ausgeführt.
Die Ermittlungen können schließlich dadurch erschwert werden und eine kriminaltechnische Untersuchung notwendig machen, daß die in der Praxis hinreichend bekannten tödlichen **Unfälle bei autoerotischer Betätigung** nicht immer leicht vom Selbstmord oder u.U. gar von einem Mord zu unterscheiden sind.

Düsse, Manfred: Selbstmord oder Unglücksfall eines Transvestiten – Arch. f. Krim. Bd. 131, S. 158 ff. (1963); *Holzhausen,* Günter/*Hunger,* Horst: Stromtod eines Kleiderfetischisten bei autoerotischer Betätigung – Arch. f. Krim. Bd. 131, S. 166 ff. (1963).

II. Fahrlässige Tötungen

Fahrlässige Tötungen sind ganz anders strukturiert als die soeben behandelten vorsätzlichen Taten; eben deshalb sind hier u.a. Fälle des Unterlassens sehr viel häufiger. Erscheinen Vorsatztaten als geplante Aktionen, die ganz überwiegend individuell auf das Opfer bezogen sind, so haftet fahrlässigen Tötungen oft etwas von Zu- oder Unfall an, weshalb ihnen durchweg individuelle Bezüge fehlen; ausschlaggebend ist hier vielmehr eine vom Täter begangene, allerdings folgenschwere Sorgfaltspflichtverletzung.

Ruge, Bernd: Die fahrlässige Tötung. Ein Beitrag zur Kriminologie, Dogmatik und Strafzumessung unter besonderer Berücksichtigung der Verfahren im Landgerichtsbezirk Kiel in den Jahren 1956–1961 – Diss. Kiel – Kiel 1963.

Um einen Überblick über die Vielfalt tödlich wirkender Sorgfaltspflichtverletzungen zu erlangen, stellt man bereits in der Kriminalphänomenologie auf die für diese Sachverhalte wesentlichen Begleitumstände, d.h. konkret auf die verschiedenen Unfallsituationen ab. Dasselbe sollte der Kriminalist im Rahmen der Verbrechenstechnik tun, weil auf diese Weise die typischen Tatverläufe am besten herausgearbeitet werden. Es kommt hier also noch weniger als bei vorsätzlichen Tötungen auf den Tod eines Menschen, den strafrechtlich mißbilligten Erfolg, als vielmehr auf das Verhalten (Handeln oder Unterlassen) des dafür Verantwortlichen an. Aus eben diesem Grunde bestehen, was das Verhalten des Täters anlangt, kaum Unterschiede zu anderen Fahrlässigkeitsdelikten wie etwa fahrlässigen Körperverletzungen oder selbst Delikten wie fahrlässiger Brandstiftung u.dgl. mit Todesfolge.

Um die weithin mit Zivilisation und Technik zusammenhängenden Formen fahrlässiger Tötung zu verdeutlichen, erscheint es zweckmäßig – wie in der Kriminalphänomenologie – zunächst einmal nach denjenigen Lebensbereichen zu unterscheiden, in denen es häufiger zu tödlichen Unfällen kommt, für welche ein anderer wegen Fahrlässigkeit verantwortlich oder mitverantwortlich sein kann.

1. Tödliche Straßenverkehrsunfälle

Die meisten fahrlässigen Tötungen werden gegenwärtig – jedenfalls in den Industrieländern – im Straßenverkehr begangen; der Anteil dieser Taten an den einschlägigen Verurteilungen liegt um 90% oder höher.

Aebersold, Theo: Die fahrlässige Tötung im Straßenverkehr. Eine kriminologische Untersuchung – Berner kriminol. Untersuchungen 6 – Bern/Stuttgart 1968 (= Diss. Bern – Bern 1968); *Uhlig,* Sigmar: Die fahrlässige Tötung im Straßenverkehr. Täterkreis – Strafzumessung. Eine kriminologische Untersuchung – Diss. Bonn – München 1969.

Bei diesen tödlichen Unfällen, die mit dem Straßenverkehr und seinen Gefahren zusammenhängen, werden am häufigsten Fußgänger betroffen, die bei tödlichen Straßenverkehrsunfällen gewöhnlich mehr als ein Drittel aller Opfer stellen; denen stehen allerdings Kraftfahrzeuginsassen kaum nach. Das restliche Drittel der Opfer verteilt sich auf Motorradfahrer, Soziusfahrer, die Kraftfahrer selbst und Radfahrer. Bei den Tätern stehen jedoch mit 80% die Kraftfahrer im Vordergrund. Beträgt der Anteil der Motorradfahrer immerhin noch 13%, so kommen Straßenbahn- und Busfahrer zusammen nur auf 3,5%, was etwa auch dem Anteil anderer Verkehrsteilnehmer – einschließlich der Fußgänger – entspricht.
Für den Tathergang dürfte es – wie in der Kriminalphänomenologie – am aufschlußreichsten sein, nach Art des zum tödlichen Unfall führenden Verkehrsverhaltens und der für dieses maßgebenden Situation zu differenzieren.

a) Geschwindigkeitsunfälle
Annähernd 50% aller tödlichen Straßenverkehrsunfälle lassen sich so oder so auf eine gemessen an der Verkehrssituation überhöhte Geschwindigkeit zurückführen. Allerdings nur in etwa der Hälfte dieser oder bei einem Viertel aller Straßenverkehrsunfälle, die als fahrlässige Tötung gewertet werden, ist überhöhte Geschwindigkeit die einzige Unfallursache; in den übrigen Fällen trifft sie mit anderen Formen des Fehlverhaltens zusammen.

Überwiegend kommt es auf freier Strecke, also außerhalb geschlossener Ortschaften zu derart folgenschweren Geschwindigkeitsunfällen; vor allem die mit hohen Geschwindigkeiten genutzten Autobahnen oder ähnlich angelegte Schnellstraßen scheinen insoweit besonders gefahrenträchtig zu sein.

b) Überholunfälle
Anders ist die Situation und das für den tödlichen Straßenverkehrsunfall ausschlaggebende Fehlverhalten bei den Überholunfällen, deren Anteil an fahrlässigen Tötungen etwa 20 bis 25% beträgt.
Kommt es einmal zu derartigen Unfällen, da ein Überholen entweder wegen eines Überholverbots oder einer diesem entsprechenden Situation überhaupt unzulässig war, so sind zum anderen Fehler bei einem an sich zulässigen Überholvorgang die eigentliche Ursache des Unfalls.

Häufiger als Überholen bei erkennbarem Gegenverkehr, vor Bergkuppen oder an anderen unübersichtlichen Stellen ereignen sich tödliche Überholunfälle jedoch durch fehlerhaftes Fahren beim Überholvorgang. Vielfach wird hierbei nicht der nötige Seitenabstand eingehalten oder schert das überholende Fahrzeug zu früh wieder ein (schneidet), was durch plötzliches Auftauchen von Fahrzeugen oder Fußgängern veranlaßt werden kann. Nicht gar so selten ist der Überholte selbst am Unfall schuldig oder mitschuldig, weil er seine Geschwindigkeit erhöht, nach links ausschert oder gar selbst überholen will, obwohl ein anderer ihn bereits überholt.

c) Vorfahrtsunfälle

Der Anteil der Vorfahrtsunfälle an den fahrlässigen Tötungen liegt mit etwa 7% bereits deutlich niedriger, wobei nicht überraschen sollte, daß derartige Unfälle sich vor allem in geschlossenen Ortschaften ereignen.

Bemerkenswerter dürfte sein, daß etwa zwei Drittel der Vorfahrtsunfälle unter Verstoß gegen eine beschilderte Vorfahrtsregelung, die an sich besonders klar zu sein scheint, begangen werden, während nur in einem Drittel dieser Fälle gegen die Grundregel rechts vor links verstoßen wird.

Als Täter sind Fahrer von Personenwagen mit diesen Fahrfehlern weit überdurchschnittlich belastet.

d) Unfälle bei Richtungsänderung

Den tödlichen Vorfahrtsunfällen entsprechen zahlenmäßig in etwa folgenschwere Unfälle bei Richtungsänderung. Dabei handelt es sich um Fehler beim Ein- und Abbiegen oder beim Wenden.

Bezeichnend erscheint hier, daß tödliche Fehler in rund 90% aller dieser Unfälle beim Linksabbiegen begangen werden, das mithin eine extrem gefährliche Verkehrssituation darstellt. Beim Rechtsabbiegen kommt es vor allem durch zu weites Ausholen zu Unfällen, da der Abbieger dann auf die Gegenfahrbahn der möglicherweise unübersichtlichen Straße gelangt, die er benutzen will.

In tödliche Unfälle bei Richtungsänderung sind Fahrer von Lastkraftwagen und ähnlichen Fahrzeugen besonders häufig verwickelt, weil sie nicht ausreichend auf die Besonderheiten ihres Fahrzeugs, insb. wenn es einen Anhänger mit sich führt, achten.

e) Unfälle bei falschem Benutzen der Fahrbahn

Den Unfällen bei Richtungsänderung ähneln tödliche Straßenverkehrsunfälle, die durch falsches Benutzen der Fahrbahn entstehen. Zu derartigen Unfällen kommt es vor allem außerhalb geschlossener Ortschaften, wo bei durchweg höherer Geschwindigkeit insb. das Kurvenschneiden eine fatale Rolle spielt.

f) Auffahrunfälle

Der Anteil der Auffahrunfälle beträgt bei den fahrlässigen Tötungen zwar nur etwa 5%, während dieses insgesamt betrachtet die häufigste Form von Straßenverkehrsunfällen ist. Doch tritt eben nur bei höheren Geschwindigkeiten, die im Stadtverkehr oder bei Verkehrsstauungen gewöhnlich nicht erreicht werden, eine so schwere Prallwirkung ein, daß es zum Tode des Auffahrenden oder der Insassen des betroffenen Fahrzeugs kommt. Zudem erfolgen die meisten der schweren Auffahrunfälle durch Auffahren auf ein parkendes Fahrzeug, in welchem sich gewöhnlich keine Insassen befinden; allerdings wirkt dabei oft unzureichende Rückbeleuchtung des parkenden Fahrzeugs mit.

Fährt der Täter auf ein fahrendes Fahrzeug auf, so hat er in aller Regel den Sicherheitsabstand nicht eingehalten. Dieser Fehler findet sich häufiger bei plötzlichem Auftauchen von Nebelbänken, Eis- und Regenglätte sowie bei schnell fahrenden Kolonnen; er kann sich natürlich auch an Unfallorten auswirken, wo es dann bekanntlich auf Autobahnen leicht zu Massenkarambolagen kommt.

g) Abnorme und andere Verkehrssituationen

Nahezu 3% der tödlichen Straßenverkehrsunfälle lassen sich auf ein Fehlverhalten in einer abnormen Verkehrssituation – z.B. an Unfallorten, nach Pannen oder an Baustellen – zurückführen. Diese Unfälle ereignen sich gewöhnlich auf freier Strecke; sie sind den Auffahrunfällen ähnlich.

Als andere, atypische Verkehrssituationen, die bei tödlichen Straßenverkehrsunfällen zu beobachten sind, seien Bahnübergänge, plötzlich an einem Fahrzeug auftretende Defekte und Fehler beim Rückwärtsfahren erwähnt.

2. Tödliche Unfälle in anderen Verkehrsbereichen

Tödliche Unfälle in anderen Verkehrsbereichen treten zahlenmäßig gegenüber tödlichen Verkehrsunfällen stark zurück, obwohl die Wirkungen, wenn es im Schienen-, Luft- oder Schiffsverkehr zu Unfällen kommt, oft verheerend sind. Das kann trotz der bei diesen Verkehrsformen eingesetzten Kräfte und der Zahl der Benutzer nicht überraschen, wenn man zum einen die in diesen Bereichen durchweg noch herrschende Verkehrslichte und zum anderen die ungleich genauere Auslese sowie die – auch technisch durchgeführte – Kontrolle der Führer solcher Verkehrsmittel oder der sonst für diese Art von Verkehr Verantwortlichen bedenkt.

Obwohl sich insoweit ersichtlich einige Gemeinsamkeiten bei diesen Verkehrsmitteln ergeben, überwiegen die Unterschiede doch wohl in einem solchen Maße, daß es angezeigt erscheint, zunächst einmal zwischen den drei genannten Bereichen zu unterscheiden.

a) Schienenverkehr

Beim Schienenverkehr, zu dem außer Eisenbahnen sowie S- und U-Bahnen auch Straßenbahnen auf besonderem Geleiskörper und ferner Seilradbahnen sowie Schwebebahnen zu rechnen sind, lassen sich einige typische Verkehrssituationen unterscheiden, in welchen es zu tödlichen Unfällen kommt. Sie sind für den Kriminalisten wegen der mit dem hier vielfach nötigen Katastropheneinsatz verbundenen Schwierigkeiten und wegen der besonders komplizierten Aufklärung des vielfach durch moderne Technik geprägten Unfallverlaufs interessant.

Die meisten Schienenunfälle ereignen sich in Form von Zusammenstößen oder Entgleisungen durch falsch gestellte Weichen oder Signale bzw. durch Übersehen richtig gestellter Signale in der Nähe von Bahnhöfen oder Haltestellen und dergleichen.

So kamen beispielsweise beim Hamburger S-Bahn-Unglück im Jahre 1961 insgesamt 28 Menschen um, weil der Stationsvorsteher den vollbesetzten Zug fälschlich auf ein Gleis mit einem Bauzug leitete.

Mit dem Versagen von Aufsichtspersonal oder dem Überfahren von Haltesignalen hängen Zugzusammenstöße auf eingleisig befahrenen Schienenstrecken zusammen.

Schienenunfälle auf freier Strecke hängen gewöhnlich mit einem Fehlverhalten des Führers zusammen, der beispielsweise Geschwindigkeitsbegrenzungen nicht beachtet, wodurch es zum Entgleisen kommt.

So entgleiste im Allgäu vor wenigen Jahren ein Schnellzug, der mit einer sehr viel höheren als der zugelassenen Geschwindigkeit eine Kurve durchfuhr.

Schließlich ist auf tödliche Unfälle hinzuweisen, die beim Schienenverkehr durch Fehlverhalten der Benutzer – insb. Auf- und Abspringen – entstehen.

Durch Fahrlässigkeit auf Bahnhöfen oder beim Rangieren verschuldeter Tod von Bedienungspersonal ist dagegen zu den Betriebs- oder Berufsunfällen (unten 3, 4) zu rechnen.

b) Luftverkehr

Obwohl nur sehr selten Strafverfahren wegen fahrlässiger Tötung im Zusammenhang mit dem Luftverkehr durchgeführt werden, kann man nicht sagen, daß es keine durch Fahrlässigkeit verursachte Luftunfälle gibt. Vielmehr fehlt es, da der Führer, der sich u.U. pflichtwidrig verhalten hat, beim Absturz des Flugzeugs um das Leben kommt, in aller Regel nur an einem Angeklagten oder aber läßt sich die Unfallursache – technische Mängel bzw. menschliches Versagen – nachträglich mitunter nicht mehr feststellen.

Bei menschlichem Versagen ist außer an die hierfür typischen Bedienungsfehler an dafür ursächlichen Alkoholgenuß oder Verhaltensweisen wie die zu denken, daß ein Pilot den Steuerknüppel ohne zwingende Gründe einer nicht damit vertrauten Person – z.B. einer Stewardeß – überläßt.

Noch wichtiger als beim Schienenverkehr, worüber das bisher zu beobachtende Ausbleiben von Strafverfahren nicht hinwegtäuschen sollte, ist hier das Fehlverhalten anderer, am Boden für den Flugverkehr verantwortlicher Personen wie der Fluglotsen.
Im übrigen soll auf diesen Fragenkreis im Rahmen der Verkehrsdelikte (§ 10-VII-B-2) näher eingegangen werden.

c) Schiffsverkehr

Tödliche Unfälle im Schiffsverkehr, die keine Berufsunfälle darstellen, sind wohl vor allem wegen der auf dem Wasser durchweg noch herrschenden Verkehrslichte selten.
Sofern es zu Zusammenstößen mit schwerem Personenschaden kommt, ereignen diese sich durchweg in Häfen, auf Flüssen oder im küstennahen Gebiet, insb. vor Flußmündungen oder Hafeneinfahrten.

Bedeutsamer noch als damit vielfach zusammenhängende schlechte Sichtverhältnisse ist die verglichen mit Schienenfahrzeugen oder gar Kraftwagen besonders große Schwerfälligkeit von Schiffen, die schon bei relativ geringer Größe nur langsam auf Rudermanöver oder Geschwindigkeitsänderungen (extrem langer Bremsweg!) ansprechen.

Schiffsunfälle auf hoher See, bei denen es natürlich leicht zum Tod von Menschen kommen kann, sind demgegenüber ausgesprochen selten. Sie hängen häufiger mit Stabilitätsmängeln zusammen.

Sie dürften letztlich auch den Untergang des deutschen Segelschulschiffes „Pamir“ im Jahre 1957 im Atlantik verursacht haben. Zu wahrscheinlich gemessen an der relativ kleinen Besatzung zu späten Segelmanövern kam hinzu, daß in dem ausbrechenden Orkan die zu lose gestaute Gerste in Bewegung geriet. 80 Menschen fanden bei diesem Schiffsunglück den Tod.

Strandungsunfälle haben seltener tödliche Konsequenzen; zudem fehlt es hier im allgemeinen an strafrechtlicher Verantwortlichkeit.
Auch hierauf wird bei den Verkehrsdelikten (§ 10-VII-B-3) zurückzukommen sein.

3. Tödliche Betriebsunfälle

Von den tödlichen Betriebsunfällen vermitteln die Kriminalstatistiken wahrscheinlich ebenfalls ein ganz unzutreffendes Bild. Verstehen wir unter Betriebsunfall Arbeitsunfälle, deren Opfer Betriebsangehörige und ihnen gleichzustellende Personen, so kontrastieren einschlägige Strafverfahren bemerkenswert von anderem statistischen Material. Schon 1954 wurden in Deutschland bei fast 2 Millionen Betriebsunfällen etwa 7000 Menschen getötet; nur in wenigen Fällen wurde jedoch ein Strafverfahren wegen fahrlässiger Tötung eingeleitet.
Genauere Erkenntnisse über die wirkliche Bedeutung und über die verschiedenen Formen tödlicher Betriebsunfälle erlangt man wohl am besten, wenn man zwischen einzelnen Arbeitsbereichen unterscheidet, da nicht nur bestimmte Arbeitsbereiche unterschiedlich gefahrenträchtig sind, sondern überdies die Gefahren z.T. recht verschieden geartet sind.

Der Kriminalist sollte sich aus diesem Grunde hier – wie der Kriminologie – zunächst einmal an unterschiedlichen Arbeitsbereichen und im übrigen an den besonderen Unfallsituationen orientieren, die dann in verschiedenen Sparten Gemeinsamkeiten aufweisen mögen, welche man später zur Richtschnur der Verbrechenstechnik machen könnte. Dies mag durch einige Hinweise für drei besonders wichtige Arbeitsbereiche beleuchtet werden.

a) Baugewerbe
Am meisten belastet scheint, sofern man dem dürftigen Material vertrauen darf, das Baugewerbe – und hier vor allem der Hochbau – zu sein (vgl. § 10-IX-1). Alle anderen Gefahrenquellen überwiegt hier bei weitem Fehlverhalten der für den Bau oder seine Ausführung Verantwortlichen im Hinblick auf Sicherungen gegen Ein- und Absturz.

Auf diese gerade zum Schutz der Arbeiter – eventuell auch des Publikums – notwendigen Sicherheitsvorkehrungen verzichtet man aus Leichtsinn, Bequemlichkeit oder Ersparnisgründen, indem man beispielsweise keine Gerüste oder an diesen keine Geländer anbringt. Es stürzen aber infolgedessen nicht Arbeiter ab, sondern es kann auch zum Herabstürzen von Lasten kommen, die Arbeiter erschlagen.

Ferner kann es im Baugewerbe durch falsche Aufstellung oder Bedienung von Baumaschinen, Lastenaufzügen oder Turmdrehkränen zu tödlichen Betriebsunfällen kommen. Diese Unfallursache spielt allerdings im Tiefbau eine noch größere Rolle als im Hochbau.

b) Landwirtschaft
Nicht viel weniger als das Baugewerbe scheint heutzutage die Landwirtschaft mit tödlichen Betriebsunfällen belastet zu sein. Auch hier spielt die wegen mangelhafter Sicherung gegen Ein- und Absturz mangelnde Betriebssicherheit der Bauten eine große Rolle.

Immer wieder stürzen Arbeiter durch mit Heu bedeckte, daher unsichtbare Luken oder unsichere, bewegliche Decken in die Tiefe.

Daneben ist an mangelnde Sicherung von landwirtschaftlichen Maschinen und an deren falsche Bedienung zu denken. Der Einzug der modernen Technik in den Agrarsektor hat ersichtlich im Bereich der Landwirtschaft zu der Industrie ähnlichen Gefahrenquellen geführt.

Die Antriebswelle eines Kartoffelroders, die entgegen den Sicherheitsvorschriften nicht geschützt war, erfaßte einen Arbeiter, der daraufhin um die Welle gedreht und getötet wurde.

c) Handwerk u.a.

Aber auch in anderen Bereichen und selbst im Handwerk stoßen wir auf tödliche Betriebsunfälle, die strafrechtlich eine fahrlässige Tötung darstellen können. Es dominiert ebenfalls das Unterlassen von Sicherheitsvorkehrungen.

So sackte beispielsweise ein entgegen den Unfallverhütungsvorschriften nicht abgestützter Trecker, der in einer Schmiede aufgebockt worden war, ab und zerquetschte dem darunter liegenden Lehrling den Brustkorb.

4. Tod infolge unsorgfältiger Berufsausbildung

Todesfälle infolge unsorgfältiger Berufsausbildung unterscheiden sich vom Betriebs- oder Arbeitsunfall vor allem dadurch, daß das Opfer betriebsfremd zu sein pflegt. Eben deshalb kann ein tödlicher Betriebsunfall u.U. zugleich einen derartig beruflich bedingten Unfall darstellen, wenn beispielsweise Passanten oder dgl. in Mitleidenschaft gezogen werden. Im Rahmen der Verbrechenstechnik erscheint es ratsam, hier ebenso wie in der Kriminalphänomenologie auf die einzelnen Berufssparten abzustellen, von denen hier natürlich nur eine kleine Auswahl behandelt werden kann. Erst dann werden sich u.U. übergreifende Gesichtspunkte erkennen lassen.

a) Medizinalpersonen

Wegen der besonderen, z.T. von der Rechtspraxis wohl übersteigerten Sorgfaltspflicht werden relativ häufig Strafverfahren wegen fahrlässiger Tötung gegen Medizinalpersonen durchgeführt.

Selbst wenn es infolge der hier oft schwierigen Beweislage nicht zur Anklage oder zu einer Verurteilung kommt, bleiben doch viele Fälle übrig, in denen die Sorgfaltspflichten bedenklich weit gefaßt werden.

Die meisten dieser Sachverhalte haben ein Unterlassen zum Gegenstand, z.B. die Verletzung von Aufsichtspflichten gegenüber Hilfspersonen, das Unterlassen von Kontrollen, von Kontrolluntersuchungen oder das Versäumen eines Krankenbesuches. Es gibt ferner Kunstfehler bei Operationen oder auch Fälle, in denen Medikamente oder Spritzen verwechselt bzw. falsch dosiert werden.

Während es sich hier durchweg um leitende Medizinalpersonen handelt, wird Hilfspersonen wie Krankenschwestern, die man strafrechtlich belangt, vielfach der Vorwurf von Hör- oder Verständigungsfehlern gemacht. Mitunter wertet man auch das Unterlassen einer nötigen Pflege oder Fürsorge, das etwa bei Kleinkindern zum Tode führen kann, als fahrlässig.

Ein besonderes Kapitel stellen die Sorgfaltsfehler der nur bedingt in diesen Rahmen passenden **Heilbehandler** dar, deren Arbeitsweise mehr oder weniger umstritten ist und z.T. in den bereits behandelten Okkultismus in Form von magischem Heilen und Kurpfuscherei (§ 6-IV-1-g) hineinreicht.

Ein Chiropraktiker behandelte eine über Rückenschmerzen klagende Frau, bei der eine Bauchhöhlenschwangerschaft im 4. Monat vorlag, fälschlich auf Ischias. Infolge der Behandlung platzte der Eileiter, die Frau verblutete.

Ein „Heilbehandler“ behandelte eine ihn wegen allgemeiner Schwäche konsultierende 49jährige Frau mit dem Braunscheidt'schen Nadelapparat. Da er nicht sterilisierte Nadeln verwendete, kam es zunehmend zu Bewußtlosigkeit; der Rücken der Frau, die verstarb, war eine einzige Wundrose mit ausgedehnten Eiterherden.

b) Handwerker

Unsorgfältige Planung oder Ausführung von Handwerksarbeiten kann zu tödlichen Unfällen führen, die mithin beruflich bedingt sind. Bekannt sind hier vor allem die Fälle fehlerhafter Installation von Gasgeräten oder elektrischen Apparaten.

So ist es des öfteren vorgekommen, daß nach Installation von Gasöfen in zu kleinen Räumen und ohne zureichende Luftzufuhr Menschen in diesen Räumen erstickt sind. Mangelhafte Elektroinstallationen führen immer wieder zum Stromtod der Benutzer.

Zu tödlichen Unfällen können ferner Fahrlässigkeitsbrände führen, welche die Folge von Verstößen gegen Bauvorschriften sind.

Da ein Rauchrohr zu dicht an einem Eichenbalken vorbeigeführt worden war, kam es zu einem Schwelbrand, dem ein Säugling zum Opfer fiel.

c) Exekutivbeamte

Exekutivbeamte wie Polizisten leben nicht nur, wie selbst ihre Kritiker zugestehen sollten, gefährlich, sondern sie können aufgrund ihrer Verteidigungs- und Angriffswaffen leicht für andere Menschen gefährlich werden.

Ähnlich wie sich bei den Tötungen durch Exekutivbeamte gewöhnlich die Frage erhebt, ob die ihnen zustehenden Zwangsbefugnisse derartiges Handeln nicht decken und es als rechtmäßig erscheinen lassen, kann die Rechtswidrigkeit ferner in solchen Fällen problematisch sein, in denen ein Exekutivbeamter auf andere Weise fahrlässig den Tod eines Menschen verursacht; natürlich ergeben sich hier im übrigen und bei der subjektiven Verantwortlichkeit mitunter intrikate Probleme.

d) Sonstige Berufe

Unter den sonstigen Berufen werden bei tödlichen Unfällen des öfteren solche Personen wegen fahrlässiger Tötung belangt, denen etwa als Lehrer, Heimlehrer oder Kindergärtnerin besondere Aufsichtspflichten auferlegt sind, weshalb dann die Rechtspraxis eine Pflichtverletzung relativ leicht bejaht.
Strafrechtlich zu belangen sind u.U. Gastwirte und ihre Hilfspersonen, die übermäßig Alkohol an Kraftfahrer ausschenken, wenn es infolgedessen zu einem tödlichen Verkehrsunfall kommt.

5. Tödliche Haushaltsunfälle

Bereits bei tödlichen Unfällen infolge unsorgfältiger Berufsausübung sind Gefahren deutlich geworden, wie sie heutzutage ebenso für tödliche Haushaltsunfälle typisch sind. Denn durch die Modernisierung und Technisierung des Haushalts ist dieser viel unfallträchtiger als in früheren Zeiten geworden, in denen es vor allem durch verunglückte Nutzfeuer oder auch einmal durch Verbrühen mit kochendem Wasser zu schweren tödlichen Unfällen kam.
Selbstverständlich gibt es in unserer Zeit ebenfalls noch tödliche Haushaltsunfälle, die sich in dieser oder ähnlicher Form schon vor Jahrhunderten zugetragen haben.

Ein $1^1/_2$ Jahre altes Kind spielte unbeaufsichtigt im Garten; es fiel in ein nicht verdecktes Abflußrohr und ertrank.

Fazekas, I. Gyula/*Kósa,* F.: Säuglingstod infolge Einatmung von Geflügelfedern aus einem Kissen – Arch. f. Krim. Bd. 139, S. 168 ff. (1967).

Ferner ist an Fälle zu denken, in denen unzureichend beaufsichtigte Haustiere – insb. Hunde – Klein- oder Schulkinder töten.

Hierher gehören weiter die auch im häuslichen Bereich vorkommenden Selbststrangulationen von Kleinkindern.
Auch Todesfälle durch Gift sind immer wieder vorgekommen, wenngleich sich die Modalitäten etwas verändert haben. Zur leichtsinnigen Aufbewahrung von Giftstoffen, durch die vor allem Kinder zu Tode kommen, sowie Leuchtgas- und Kohlenmonoxydvergiftungen sind die gefährlichen Auspuffgase hinzugetreten, deren Opfer jedoch gewöhnlich derjenige wird, der sich fahrlässig verhält.
Häufiger aber kommt es gegenwärtig durch defekte Gas- und vor allem Elektrogeräte zu tödlichen Haushaltsunfällen, wobei wir hier von solchen Mängeln absehen, für die eine Berufsperson verantwortlich ist. Es geht daher häufig um von Laien installierte oder reparierte Geräte dieser Art.

Immer wieder kommen Unfälle wie der vor, daß eine junge Frau einen – wie sie wußte – defekten Haartrockner benutzt und daher einen tödlichen Schlag erhält. Dasselbe Schicksal erlitt eine andere Frau mit einem Tauchsieder, weil die Schutzkontakte infolge vom Ehemann falsch verlegter Leitungen die volle Spannung führten.

Als man ohne Inanspruchnahme eines Fachmannes einen Gasherd einige Zentimeter verrückte, um einen Schrank unterzubringen, wurden die Verschlüsse undicht; das ausströmende Gas tötete die ganze Familie.

Schwieriger liegen diejenigen Unfälle, bei denen Anlagen oder Geräte mit der Zeit schadhaft geworden sind, was Laien üblicherweise nicht ohne weiteres feststellen können. Hier läßt sich Fahrlässigkeit am ehesten noch dann bejahen, wenn wegen derartiger Gefahren vorgeschriebener Kontrollen unterlassen worden sind.
Schließlich kann es durch unvorsichtiges Hantieren mit solchen Geräten zu tödlichen Unfällen kommen, für die allerdings oft das Opfer selbst verantwortlich ist.

Dürwald, Wolfgang/*Holzhausen,* Günther/*Hunger,* Horst: Elektro-Todesfälle in der Badewanne – Arch. f. Krim. Bd. 134, S. 164 ff. (1964).

6. Tödliche Spielunfälle

Den tödlichen Haushaltsunfällen sind diejenigen Unglücksfälle nahe verwandt, die man am besten als tödliche Spielunfälle bezeichnet. Allerdings läßt sich die hier für eine Strafe wegen fahrlässiger Tötung notwendige Verletzung einer Aufsichtspflicht nur selten nachweisen und können im übrigen die „Täter“ in aller Regel wegen Strafmündigkeit nicht belangt werden.
Eine besondere Rolle kommt bei den tödlichen Spielunfällen Schußwaffen und Munition zu.

So richtete ein 13jähriger einen Tesching, den er beim Spielen gefunden hatte, im Spaß auf seinen Freund und feuerte ihn ab, weil er nicht wußte, daß die Waffe geladen war.

Oder es ereignen sich tödliche Unfälle bei Schießereien, die junge Menschen mit einem KK-Gewehr leichtsinnig durchführen.

Die Munition ist, wie zahlreiche Beispiele vor allem aus der Zeit nach dem zweiten Weltkrieg beweisen, vor allem wegen der Bastelleidenschaft junger Menschen gefährlich.

So kamen zwei Realschüler zu Tode, als sie in einem Kiefernwald entdeckte 2-cm-Flakgeschosse deutscher Herkunft mit einer Handbohrmaschine anzubohren suchten, um Pulver für Experimente zu gewinnen.

Natürlich gibt es daneben zahlreiche andere gefährliche Instrumente und besondere Gefahrensituationen, die beim Spiel das Leben der Kinder gefährden oder vernichten können.

Auf dem Lande kommt es immer wieder vor, daß Kinder sich gegenseitig mit einem Lastenaufzug auf den Heuboden ziehen. Ein Kind, das sich nicht mehr halten konnte, stürzte aus 8 m Höhe auf die steinerne Tenne und verunglückte tödlich.

Frank, K. H./*Enertz,* J.: Tödlicher Ausgang beim sexuell betonten Spiel im Vorschulalter – Arch. f. Krim. Bd. 150, S. 1 ff. (1972).

7. Tödliche Sportunfälle

Wie beim kindlichen Spiel kann es beim Sport als einer für junge und erwachsene Menschen wichtigen Form der Freizeitgestaltung zu tödlichen Unfällen kommen, für welche ggf. sogar ein Dritter wegen fahrlässiger Tötung verantwortlich sein kann. So spielen beispielsweise bei den Schulunfällen auch diejenigen, die sich im Turnunterricht ereignen, die größte Rolle. Allgemein läßt sich hier sagen, daß tödliche Sportunfälle weniger durch Fahrlässigkeit aktiver Sportler als vielmehr häufiger durch mangelnde Sorgfalt der Veranstalter oder von Aufsichtspersonen verursacht werden. Dies hängt mitunter damit zusammen, daß man sich aus Bequemlichkeit oder aus Gründen der Kostenersparnis über Vorsichtsmaßnahmen zum Schutze von Sportlern und Zuschauern hinwegsetzt.

Die spektakulärsten Ereignisse dieser Art bietet wohl der Motorsport. – So wurden 1955 beim 24-Stunden-Autorennen von Le Mans ein Rennfahrer und 85 Zuschauer das Opfer unzureichender Sicherungen, weil man u.a. auf Schutzwälle verzichtet hatte. Aus demselben Grunde starben 1961 an der Rennbahn von Monza außer einem Fahrer 18 Zuschauer.

Auch bei Pferderennen oder Ski-Abfahrtsläufen ist es infolge unzureichender Sicherheitsvorkehrungen zu tödlichen Unfällen gekommen.

Als eine besonders gefährliche Sportart, bei der man zudem eher von einem Fehlverhalten der Sportler spricht, gilt das Boxen. Doch sollte das Wort vom „Tod im Ring“ zumindest nicht darüber hinwegtäuschen, daß außer einem etwaigen Regelverstoß des Aktiven nicht selten auch ein Versagen von Aufsichtspersonen hinzukommt.

Straßmann, Georg/*Helpern,* Milton: Tödliche Hirnverletzungen im Boxkampf – in: Dtsch. Z. F. Gerichtl. Med. 1968, S. 70 ff.

Beim Kampf um die Weltmeisterschaft im Weltergewicht, der dem Kubaner Paret den Tod brachte, ging es nicht nur um ein Nachschlagen des Gegners, sondern ebenso darum, daß der Ringrichter rechtzeitiges Abschirmen des Kampfunfähigen unterließ.

Eine Verantwortlichkeit aktiver Sportler läßt sich auch ansonsten nur sehr selten feststellen.

Ein Handballer beging einen derartigen groben Regelverstoß, als er einen Mitspieler so ansprang, daß dieser einen Leberriß davontrug, dem er erlag.

Im weitesten Sinne lassen sich schließlich hierher alle tödlichen Unfälle rechnen, die sich im Zusammenhang mit mehr oder weniger sportlicher Freizeitgestaltung ereignen; dies gilt besonders für leichtsinnigen Umgang mit pyrotechnischen oder anderen Dingen, welche für bestimmte Anlässe oder Bräuche genutzt werden.

Graßberger u.a.: Probleme der Ermittlung der Ursachen von Unfällen im Bergland – hrsg. Kuratorium für Sicherung von Berggefahren – Wien (1972); *Specht,* Walter: Latente Gefahrenmomente für Mensch und Gut im ländlichen Brauchtum – Arch. f. Krim. Bd. 155, S. 14 ff. (1975).

8. Fahrlässige Tötung im Zusammenhang mit einer Straftat oder anderem Fehlverhalten

Fahrlässige Tötungen können schließlich in ganz anderer Form als bisher geschildert begangen werden, weshalb jedenfalls noch kurz auf diejenigen Taten eingegangen werden soll, die im Zusammenhang mit einer Straftat verübt werden.
Einen Prototyp dieser Art stellen die sog. erfolgsqualifizierten Delikte wie Körperverletzung mit Todesfolge sowie Freiheitsberaubung, Aussetzung, Notzucht oder Brandstiftung dar, die unvorsätzlich zum Tode von Menschen führen.

Der Versuch einer Notzucht an einem Bahndamm führte unglücklicherweise dazu, daß das Opfer von einem Güterzug überfahren und getötet wurde (*Weinig/Reinhardt* Arch. f. Krim. Bd. 139, S. 7 ff. [1967]).

Doch ähnlich kann bei anderen Delikten das strafbare Handeln u.U. fahrlässig den Tod des Opfers bewirken. Das gilt außer für Gewaltdelikte gegen die Person beispielsweise auch für Abtreibungen durch Kurpfuscher oder Laien.

Schwerd, Wolfgang: Erwürgen oder Abtreiben? – Arch. f. Krim. Bd. 135, S. 1 ff. (1968).

Ein weiteres Beispiel dieser Art sind besonders folgenschwere Kindesmißhandlungen, die in anderem Zusammenhang (§ 10-VIII-3-b) ausführlicher behandelt werden sollen.
Schließlich braucht es sich nicht einmal um eine Straftat zu handeln, sondern kann sogar andersartiges Fehlverhalten u.U. zum Tod eines Menschen führen. Da wegen fahrlässiger Tötung nur ein Dritter bestraft werden kann, geht es hier nicht um die in der Praxis nicht gar so seltenen Todesfälle bei autoerotischer Betätigung, sondern um abnorme Sexualpraktiken, an denen mehrere beteiligt sind. Dabei ist keineswegs nur an Sadismus des Täters, sondern auch an Masochismus des Opfers zu denken.

Im Jahre 1960 erdrosselte in Hannover ein Homosexueller seinen masochistischen Partner mit dem Beinling eines Schlafanzugs, weil er Laute, die sein Opfer noch von sich gab, fälschlich als Ausdruck der Lust gewertet hatte (*Rehberg* Kriminalistik 1963-167 ff.).

III. Abtreibungen u.a.

Die Abtreibung oder – wie man heute vielfach sagt – der illegale Schwangerschaftsabbruch zeigt seit den ältesten Zeiten einen besonders starken Wandel der Wertung. Selbst heute bestehen hier zwischen den einzelnen Ländern z.T. noch erhebliche Unterschiede. Vor allem geht es dabei um die Frage, welche Umstände einen Schwangerschaftsabbruch als legal erscheinen lassen können. Und selbstverständlich sind die insoweit maßgebenden Grenzen medizinischer, eugenischer und humanitärer Indikation recht verschieden, um von einer mehr oder weniger umfassenden Aufhebung dieses Verbots durch die sog. soziale Indikation ganz abzusehen.

Vieth: Die kriminalpolizeiliche Untersuchung von Abtreibungsfällen – in: TbKrim V, S. 79 ff. (1955); *Dotzauer,* Günther: Abtreibung – in: HdwKrim (2) I-5 ff., 21 ff.; *Fischer,* Johann: Die Abtreibung. Problematik und Methoden, ihre kriminologische und polizeiliche Behandlung – Hamburg 1966; *Heiß,* Herbert: Die künstliche Schwangerschaftsunterbrechung und der kriminelle Abort – Stuttgart 1967; *Siegrist,* Harald Olav: Der illegale Schwangerschafts-Abbruch. Aus kriminologischer Sicht. Aufgrund der Akten der vom Oberlandesgericht und Geschworenengericht des Kantons Zürich in den Jahren 1954 bis 1968 ergangenen Urteile und Wahrsprüche – Diss. Zürich – o.O. 1971 (= Kriminol. Schriftenreihe Bd. 53); *Rohner,* Karl: Todesfälle nach Abtreibungen in den letzten 80 Jahren in Zürich – Kriminalistik 1973-35 ff., 81 ff.; *Schwerd:* Abtreibung – in: HdwRMed I-3 ff.; *Jarosch* in Prokop/Göhler, S. 262 ff.; *Hartmann,* G./*Mueller,* B.: in: *Mueller* (2) II-1150 ff.

Der Kriminologe wird sich in derartigen Fällen kriminalphänomenologisch wohl weithin an diesen Indikationslagen orientieren, zu denen allerdings – insb. für den Dritten – noch andere Tatsituationen hinzutreten können. Die häufigste Erscheinungsform dürfte der medizinisch indizierte Abort sein; hierzu zählen nicht nur physische und psychische Erkrankungen der Frau, welche durch weitere Schwangerschaft negativ beeinflußt werden können, sondern auch die Fälle sozialmedizinisch indizierten Aborts. Hier kann beispielsweise ein allgemeiner, nicht anders behebbarer Schwächezustand der Schwangeren ohne Abbruch zu einer für ihre Gesundheit negativen Prognose führen. Bei eugenischer Indikation ist außer an vererbliche Krankheiten oder Defekte ferner an Keimschädigungen zu denken, zu denen es außer durch Viruserkrankungen der Mutter auch durch Röntgenstrahlen oder Einnahme von Medikamenten (Contergan, Thalidomid) kommen kann. Bei humanitärer (ethischer) Indikation spielen in der Praxis entgegen verbreiteter Ansicht weniger Sexualfreiheitsdelikte wie Notzucht und Schändung, sondern mehr Fälle des Mißbrauchs von Kindern und der Verführung Minderjähriger eine Rolle. Vom sozial indizierten Abort spricht man bei einer schwierig zu beurteilenden wirtschaftlichen Notlage oder bei Gefahr anderer sozialer Nachteile, z.B. für uneheliche Mütter. Mögen die Fälle des egoistischen Aborts bei der Selbstabtreibung eine zahlenmäßig relativ kleine Rolle spielen, so ist diese Erscheinungsform doch bei der Fremdabtreibung gewiß nicht unwesentlich. Im übrigen kann selbst bei einem Zusammenwirken die Lage der Schwangeren und die des Dritten grundverschieden sein.

Lohnabtreiber und selbst manche Ärzte handeln weniger aus Nächstenliebe als aus Gewinnsucht; dasselbe gilt übrigens für Erzeuger, die Unterhaltszahlungen sparen wollen. Manche Täter – und das können auch Schwangere sein – handeln vor allem aus Bequemlichkeit, Eitelkeit oder Eigenliebe.

Dagegen wird der Kriminalist in der Verbrechenstechnik auf die verschiedenen Praktiken der Tatausführung abstellen. Denn erst wenn ein Schwangerschaftsabbruch und ggf. die für dessen Illegalität ausschlaggebenden Umstände nachgewiesen sind, gewinnen die soeben angedeuteten Erkenntnisse der Kriminologie über die einzelnen Erscheinungsformen auch für ihn mehr Gewicht.

Von der Tatausführung her lassen sich vor allem zwei oder drei Gruppen von Verbrechenstechniken unterscheiden, wenngleich manche Fragen sich hier nicht mit Sicherheit beantworten lassen, weil die Geschehnisse sich bei den oft erst nach längerer Zeit einsetzenden und sich mitunter lange hinziehenden Ermittlungen des öfteren nicht eindeutig klären lassen, weshalb das Dunkelfeld hier besonders groß ist.

Die von den durch den Gesetzgeber eröffneten Möglichkeiten zu legalem Schwangerschaftsabbruch abhängige Dunkelziffer sollte aber auch nicht, wie das im Zuge polemischer Reformdiskussionen geschieht, überschätzt werden. Vermutlich hat sie ebenso wie die Zahl der Kindestötungen in den letzten Jahrzehnten abgenommen, weil die Praktiken der Empfängnisverhütung verbessert und vor allem weiten Kreisen bekannt geworden sind.

Auf die für Strafverfahren wichtige Frage, ob zur Zeit der Abtreibungshandlung überhaupt eine Schwangerschaft vorlag, soll im Rahmen der Kriminaltechnik (§ 16-A-III) näher eingegangen werden. Wichtiger für die Verbrechenstechnik ist schon die Unterscheidung von tauglichen und untauglichen Abtreibungsmitteln, zumal da zu diesem Zweck die unmöglichsten Praktiken benutzt worden sind. Dennoch wird man als untauglich nur solche Mittel oder Verfahren bezeichnen können, die in abstracto als für diesen Zweck ungeeignet zu werten sind. Ob in solchen Fällen dennoch strafrechtliche Konsequenzen möglich sind, ist eine Rechtsfrage, die es aber nicht rechtfertigt, im Folgenden derartige, oft abenteuerlich anmutende Methoden zu berücksichtigen.
Wesentlich für Abtreibungen ist der in den einzelnen Ländern vermutlich unterschiedliche Anteil von Laien und medizinisch ausgebildeten Täter.

Aber selbst in Ländern mit relativ strengen Abtreibungsvorschriften, wie sie in Deutschland bis 1974 galten, schätzt man, das selbst illegale Aborte überwiegend von Medizinern ausgeführt werden. Das dürfte trotz gewisser mit der Illegalität verbundener Risiken selbstverständlich für unerwünschte Folgen solcher Eingriffe bedeutsam sein; denn bei Tatausführung durch Mediziner werden viele der bei Laien üblichen Risiken vermieden oder doch erheblich vermindert. Das Risiko von Schäden und anderen negativen Folgen eines solchen Eingriffs ist nicht nur von der Art desselben, sondern auch von den Fertigkeiten desjenigen, der ihn ausführt, und von der Verfassung der Schwangeren abhängig. Auf besondere Risiken soll aber später jeweils im Zusammenhang hingewiesen werden. Allgemein sei hier nur gesagt, daß außer an Verletzungen der Frucht mit u.U. bleibenden Defekten vor allem an die mannigfachen Gefahren für die Schwangere selbst zu denken ist. Gefährlicher als die kaum zu vermeidende Blutung, deren Stillen bereits ärztliche Kunst erfordern kann, sind Luft- und Salbenembolien sowie Intoxikationen, Verätzungen oder Infektionen. Obwohl es je nach Art der Ausführung hier Überschneidungen geben kann, lassen sich exaktere Angaben erst im speziellen Zusammenhang machen.

Die Abtreibungstechniken sind bei Selbst- und Fremdabtreibungen im Prinzip dieselben, wenngleich das Handeln eines Dritten die Ausführungsart und deren Wahl beeinflussen kann. Insgesamt überwiegen sowohl bei Selbst- als vor allem auch bei Fremdabtreibung mit z.T. über 80% der Fälle untrauterine Eingriffe.
Bei den Abtreibungspraktiken handelt es sich im übrigen vor allem um zwei große Gruppen, die entweder mechanisch oder mehr chemisch-physikalisch wirken, wenngleich noch andere Manipulationen vorkommen. Diese kriminellen Praktiken sind nicht immer leicht von anderen Fehlgeburten zu unterscheiden, zu denen es – gerade bei leichter Konstitution der Frau – nicht nur durch relativ geringfügige körperliche, sondern durch psychische Traumen – etwa den Schock bei einem Verkehrsunfall – kommen kann. Auch ansonsten ist bei entsprechenden Befunden, z.B. nach Einsetzen von Blutungen, welche ärztliches Handeln erfordern, die Ursache nicht immer sicher zu beurteilen. Es gibt schließlich mitunter Fälle, in denen Ärzte durch Täuschung zu einem Eingriff veranlaßt werden; die sich hier u.U. stellende Frage, ob

zuvor hinreichend gründlich geprüft worden ist, ändert nichts daran, daß unter solchen Umständen der Arzt nicht wegen Abtreibung belangt werden kann.

So behauptete eine Frau in einem Krankenhaus, einen Abgang gehabt zu haben und zeigte zum Beweis ein mitgebrachtes Einmachglas vor. Die Ärzte nahmen eine Ausräumung vor. Erst dann stellte sich heraus, daß es sich im Einmachglas um das Embryo einer Katze handelte.

1. Mechanische Manipulation

In der kriminalistischen Praxis stoßen wir bei Aborten häufig auf mechanische oder sonst instrumentelle Manipulationen, die vor allem dann für die Schwangere gefährlich sind, wenn sie von Kurpfuschern oder Laien bzw. von ihr selbst durchgeführt werden. Derartige Eingriffe werden mitunter mit dem Einspritzen von chemisch oder thermisch wirkenden Flüssigkeiten kombiniert (20–25% der Fälle), auf das alsbald zurückzukommen ist. Um die vielfältigen Arten der Tatausführung zu verdeutlichen, sollen zumindest die bedeutsamsten Techniken hier erwähnt werden.

a) Zerstören der Fruchtblase

Viele der mechanischen Manipulationen zum Zwecke einer Abtreibung zielen unmittelbar oder mittels bestimmter Chemikalien auf ein Zerstören der Fruchtblase ab. Daneben spielen Eihautstiche (Sprengung der Frucht) sowie Versuche, den Cervikalkanal mithilfe gewisser Instrumente („Sonde", Mundstück einer Mutterdusche, etwa auch Strick- oder Häkelnadel, Haarnadeln, Fahrradspeichen usw.) zu erweitern, eine erhebliche Rolle.
Bei derartigen Abtreibungspraktiken kann es leicht zu Perforationen, Luftembolien und Ähnlichem durch Zerstechen der weiblichen Organe kommen (umfangreiches Schrifttum bei *Dotzauer* a.a.O. S. 26 ff.). Noch häufiger kommt es bei einer unhygienisch durchgeführten Abtreibung zu einer tödlich wirkenden Sepsis. Je nach Methode und Verlauf verschieden kann Sterilität die Folge eines solchen Aborts sein.

Das Risiko ist nicht nur bei legalem Abbruch umstritten, sondern wird auch bei illegalen Aborten verschieden beurteilt. Immerhin wird in den letztgenannten Fällen berichtet, daß nach artefiziellem febrilem Abort jede 4. und nach afebrilem Abort jede 7. Frau unfruchtbar geworden sei. Ebenso unterschiedlich sind die Ansichten über die Mortalität; selbst vorsichtige Schätzungen reichen von weniger als 1% bis zu 7% der kriminellen Abtreibungen. – Unsicher ist bei allem, inwieweit neben den Frühkomplikationen auch die schwerer auszumachenden Spätkomplikationen in etwa repräsentativ erfaßt werden, was übrigens für legale Abbrüche ebenso problematisch und umstritten ist wie ein bei wiederholten Eingriffen möglicherweise erheblich vergrößertes Risiko. – Völlig unbekannt sind ferner Zahl und Ausmaß frühkindlicher Schäden nach Aborten oder auch nur nach Abtreibungsversuchen

b) Kürettage

Häufig mit anderen Praktiken kombiniert bedienen sich Abtreiber der Kürettage; das ist die Auskratzung mit einer Kürette, einem scharfen Löffel, wie er seit Mitte vorigen Jahrhunderts von Gynäkologen zu therapeutischen oder zumindest diagnostischen Zwecken verwendet wird.

c) Äußere Gewaltanwendung

Andere Täter bedienen sich, wenn auch nach den einschlägigen Verfahren zu urteilen nicht so häufig, äußerer Gewaltanwendung, um durch Schläge gegen den Unterleib, Massagen usw. den Abgang der Leibesfrucht zu bewirken. Bei derartigen Praktiken ist gewöhnlich die Leibesfrucht mehr als die Schwangere selbst gefährdet.

2. Chemisch-physikalische Manipulationen

Ebenfalls relativ häufig bedient sich die Schwangere oder der Abtreiber chemisch-physikalisch wirkender Manipulationen, um ihr bzw. sein Ziel zu erreichen. Die Skala der Praktiken ist hier eher noch vielfältiger.

a) Ätzende Flüssigkeiten

In breiteren Kreisen bekannt ist der abortive Effekt ätzender Flüssigkeiten, mit deren Hilfe man Fruchtblasen oder Leibesfrucht zu vernichten trachtet. Selbstverständlich kann beim Spülen mit Seifenlösung, gerade bei Laien, die Vorstellung mitwirken, daß Seife säubernd und reinigend wirke. Dasselbe gilt für Desinfektionsmittel wie Sagrotan, Alaun, Sublimat, Kaliumpermanganat.

Dabei werden die Gefahren dieser Technik jedoch völlig verkannt. So kann es, wenn man beispielsweise Seifenlauge oder ähnliche Flüssigkeiten mit irgendwelchen Instrumenten an die Fruchtblase heranbringt, bereits zu mechanischen Verletzungen kommen. Typischer für diese Ausführungsart ist jedoch der Tod der Schwangeren durch Laugenverätzung, die man mitunter – ungenau – als Seifenvergiftung bezeichnet.

So nahmen zwei befreundete Frauen an der Tochter der einen drei Spülungen mit hochkonzentrierter Seifenlauge vor, wobei mit der metallenen Spitze des Spülballes mehrmals der Uterus der Schwangeren zerstochen worden war, die nach Fruchtabgang an einer solchen Laugenätzung starb.

Mitunter versuchen Abtreiber ihr Ziel mit Teeaufgüssen (insb. Kamillentee) oder durch Austausch des Fruchtwassers gegen Alkohol (Boero-Methode) zu erreichen.

Wie über mechanische Insulte und Folgen gibt es auch folgenreiche Vergiftungen wie insb. die hier häufige Seifenintoxikation (Laugenverätzung) und Infektionen ein umfangreiches internationales Schrifttum (*Dotzauer* a.a.O. S. 27 f.).

b) Einnehmen von Medikamenten

Andere Täter benutzen für illegale Schwangerschaftsunterbrechungen Medikamente oder ihnen insoweit gleichzustellende Drogen. Ein typisches Beispiel für derartige innere Abortiva ist das Chinin; aber auch Novellan, Aminopterin, Aminotiazole, Prostigmin und Paludrin sind für diesen Zweck verwendet worden.

Mitunter verbindet man die Einnahme irgendwelcher „Tabletten“ mit einer Wasserspülung zusammen. Mit Medikamenten werden zuweilen Hormone eingenommen.

c) Anwendung von Chemikalien

Zum Zwecke der Abtreibung benutzt man außer den bereits genannten Medikamenten und Drogen aber noch andere Chemikalien, die u.U. als Gifte nicht nur für die Leibesfrucht, sondern für die Schwangere selbst überaus gefährlich sind.

So hat man in einschlägigen Fällen Strychnin, Arsen, Blei- und Quecksilbersalze, Phosphor, Formalin, Lysol und des öfteren Kaliumpermanganat verwendet.

d) Einnehmen von Kräutern

Diesen Praktiken nahe verwandt ist das Einnehmen von Kräutern oder von einem daraus zubereiteten Sud, wenngleich die Tatausführung hier zuweilen bereits in das Gebiet des Aberglaubens hineinreicht.

Giusti, Giusto Virgilio/*Moneta,* Ernesto: Ein Fall von Abtreibung durch Petersilienabsud und Naphtalin – Arch. f. Krim. Bd. 152, S. 161 ff. (1973).

Immerhin wird selbst noch aus neuerer Zeit die Verwendung von Petersilienabsud (Apiol) oder von Senf zum Zwecke der Abtreibung berichtet. Vereinzelt sind Mutterkorn, Milzkraut u.a. als Abortmittel verwendet worden. Im übrigen gibt es kaum ein Gewürz oder Kraut, das nicht irgendwann zum Zwecke der Abtreibung – oft allerdings ohne Erfolg – benutzt worden ist.

3. Andere abortive Maßnahmen

In Strafsachen ungleich weniger, aber wegen der hohen Dunkelziffer vermutlich in der Praxis nicht einmal gar so selten stoßen wir auf abortive Maßnahmen anderer Art wie heiße Bäder, ungewöhnliche Anstrengungen wie das Radfahren auf holprigen Wegen oder das Reiten, Kneten des Leibes oder auf Erschrecken; die Wirkung auf den Körper der Schwangeren kann hier also auf thermische oder mechanische Reize und auf psychische Effekte zurückzuführen sein. Die Praktiken sind z.T. mechanische Manipulationen oder überschneiden sich mit diesen.

Ob derartige Praktiken überhaupt zum gewünschten Erfolg führen können, wird außer vom Zeitpunkt der Vornahme vor allem von der individuellen Konstitution der Schwangeren abhängen.

Ist hier aber im allgemeinen Skepsis geboten, so könnte man die Uterusmassage („Schwedische Massage") doch wohl als taugliches Abtreibungsmittel ansehen.

Ähnlich dürfte es bei der Verwendung von Elektrizität, bei Bestrahlung oder Beschallung sein, wenngleich es hier ebenfalls Praktiken gibt, die zumindest als bedingt tauglich zu werten sind.

IV. Vorsätzliche Körperverletzungen

Die vorsätzlichen Körperverletzungen sind, obwohl ihre praktische Bedeutung verglichen mit anderen Deliktsgruppen sicher nicht gering ist, bisher nur selten kriminologisch oder gar kriminalistisch gründlicher behandelt worden.

Klein, Hans: Körperverletzung – in: HdwKrim (2) I-472 ff.; *Wegner,* Hans-Joachim: Die Körperverletzungen. Ein Beitrag zur Kriminologie und zur Systematik der Körperverletzungsdelikte – Diss. Kiel – Frankfurt a.M. 1963; *Joerss,* Ingomar: Die gefährliche Körperverletzung. Eine strafrechtliche und kriminologische Untersuchung unter Berücksichtigung einer Aktenuntersuchung im Landgerichtsbezirk Kiel 1959–1961 – Diss. Kiel – Bonn 1969.

Kriminalphänomenologisch lassen sich die typischen Erscheinungsformen am besten an Hand besonderer Tatorte unterscheiden, welche gewöhnlich die Tatsituation treffend beleuchten. Neben Wirtshausschlägereien, zu denen alle Streitigkeiten im Zusammenhang mit Zechgelagen zu zählen sind, Nachbar- und Familienstreitigkeiten ist hier ferner an Streitigkeiten bei der Arbeit, bei Sport und Spiel, politische Streitigkeiten sowie an Tätlich-

keiten gegen Amtspersonen oder gegen sonst unbekannte Dritte zu denken. Auf die Kindesmißhandlung wird – wie gesagt – später (§ 11-VIII-3-b) einzugehen sein.
Außer Betracht bleiben sollen hier die dem Selbstmord entsprechenden Fälle der **Selbstbeschädigung** oder Selbstverstümmelung, wie sie vor allem zum Zwecke des Versicherungsmißbrauchs begangen werden (vgl. § 10-III-F). Dabei kann sich der Täter – wie bei der Tötung auf Verlangen oder Beteiligung am Selbstmord – auch der Beihilfe eines Dritten bedienen (sog. indirekte Selbstbeschädigung).
Die Gliederungsmöglichkeiten sind auch für die Verbrechenstechniken überaus vielfältig. Letztlich aber wird man sich, wenn man das für die Tatausführung Wesentliche zu erfassen trachtet, wohl in etwa an die vorsätzlichen Tötungen anlehnen müssen. Allerdings sind die Gewichte hier doch etwas anders verteilt und gibt es auch sonst gewisse Abweichungen. Mehr noch als dort wird hier die Tatausführung mitunter durch Alkoholgenuß geprägt.
Rund 70–75% aller Körperverletzungen werden mit einem besonderen Tatmittel begangen, 50% sogar mit einem gefährlichen Tatmittel (im Sinne von § 223a StGB; zum ganzen *Wegner* a.a.O. S. 63). Nach der Art der besonders gefährlichen Tatmittel hat man beispielsweise die unterschiedliche praktische Bedeutung wie folgt festgestellt:

Messer u.a., Stöcke, Mistgabeln und Schaufeln, Biergläser, Flaschen, beschuhter Fuß, Handwerkszeug, Steine, Schlüssel, Peitschen, Stühle, Feuerhaken, Kochlöffel, Pistolen.

Natürlich ergeben sich örtlich und zeitlich mitunter große Abweichungen, rangieren etwa zur stumpfen Gewalteinwirkung benutzte Schußwaffen u.U. einmal an erster Stelle. Insgesamt aber ist die Wahl des Tatmittels wohl mehr zufälliger Art.
Außer diesen Waffen und gefährlichen Instrumenten gibt es ferner Fälle, in denen lediglich die Art und Weise des Vorgehens als besonders gefährlich erscheint und daher schwere Körperschäden befürchten läßt. Schließlich sollen als „andere Form“ kurz noch die für einfache Körperverletzungen typischen Handlungsweisen erwähnt werden, die normalerweise keine besondere Gefahr für die Gesundheit mit sich bringen und nicht selten schwer von den (tätlichen) Ehrverletzungen zu unterscheiden sind.
Im übrigen aber ist auf das zu den vorsätzlichen Tötungen Ausgeführte (§ 8-I-A) Bezug zu nehmen.

1. Schußverletzungen

Hier interessieren natürlich nur Schußverletzungen, die nicht Folge eines Tötungsversuchs sind. Schon deshalb ist verständlich, warum Pistolen und andere Faustfeuerwaffen seltener vorkommen: denn mit ihnen will man in aller Regel nicht nur verletzen.

Dies aber tat ein Bankräuber, der einer Angestellten in das Bein schoß, um sie zu hindern, den Kassenraum zu verlassen; dafür entschuldigte er sich in aller Form mit den Worten „Es tut mir leid, Madame!“.

2. Sprengstoffverletzungen

Bei Benutzung von Sprengstoff handelt es sich nur selten um vorsätzliche Körperverletzungen. Denn bei vorsätzlichem Handeln muß der Täter bei diesem Tatmittel mit dem Tode von Menschen rechnen. Gibt es außer Toten auch oder nur Verletzte, müssen bei diesem gefährlichen Tatmittel schon besondere Umstände vorliegen, die gegen Tötungsvorsatz sprechen.

3. Stichverletzungen

Häufiger wird der Körper eines anderen durch Stiche lediglich verletzt, wobei wiederum Fälle von Mordversuch außer Betracht bleiben sollen. Die Häufigkeit dieser Ausführungsart sollte nicht überraschen, weil hier viele Formen der vorsätzlichen Körperverletzung die Wirtshausschlägereien, Streitigkeiten im Zusammenhang mit Zechgelagen sowie Familien- und Nachbarstreitigkeiten die mehr oder weniger plötzlich entstehende Tatsituation typisch ist, welche zwar zur Gewalt greifen läßt, die aber nicht die bei Mord oder Mordversuch vorauszusetzende Intensität erreicht. Denkt man an die zahlreich und leicht erreichbaren Werkzeuge, welche zum Stechen benutzt werden können, so wird klar, warum diese Verbrechenstechnik recht häufig vorkommt.

Ein junger Mann löste wegen Untreue seiner Braut die Verlobung. Als er sich nach einiger Zeit in einer Gastwirtschaft mit ihr aussöhnen wollte, lehnte sie dieses ab. Auf dem Heimweg stach er sie nach weiterem Wortwechsel erregt mit dem Taschenmesser. Tötungsvorsatz war nach Art der Stiche nicht nachzuweisen.

Stichverletzungen scheinen in Deutschland bei Gastarbeitern besonders häufig vorzukommen.

4. Schnittverletzungen

Ebenso werden vorsätzliche Körperverletzungen sehr oft durch Schnittwerkzeuge begangen, weil auch diese Instrumente relativ leicht zur Hand sind.

Zu bloßen, nicht tödlichen Schnittverletzungen kommt es vor allem bei Streitigkeiten, wenn einer der Beteiligten zum Messer greift. Die durch diese Waffe zugeführten Verletzungen können dabei auch die Folge einer Abwehrhandlung sein.

5. Verletzungen durch halbscharfe Gewalt

Verletzungen durch halbscharfe Gewalt kommen bei vorsätzlichen Körperverletzungen seltener als bei derartigen fahrlässigen Taten oder Tötungen vor. Da hier zum schneidenden Effekt die Gewalt hinzutritt, die durch Gewicht des Werkzeugs oder Wucht des Schlages erreicht wird, ist schon wegen der zu erwartenden Folgen ein Tötungsversuch anzunehmen, sofern die Tatsituation nicht mehr auf Unfall und ggf. Fahrlässigkeit hindeutet. Immerhin kann der Täter bei den für vorsätzliche Körperverletzungen typische Streitigkeiten u.U. zu einem Werkzeug wie einem Beil oder einer Axt greifen, gerade wenn bei einer sich schnell entwickelten Konfliktssituation kein anderes Instrument zur Hand ist.

Derartige Körperverletzungen sind in der Praxis jedoch nicht leicht von Selbstbeschädigungen oder fahrlässigen Taten Dritter zu unterscheiden.

6. Verletzungen durch stumpfe Gewalt

Körperverletzungen durch stumpfe Gewalt sind außerordentlich häufig. Denn hierzu gehören schon die mit der Faust oder der Hand ausgeführten Taten, die allein etwa 20–25% aller vorsätzlichen Körperverletzungen ausmachen.

Gefährlicher und schwerer werden die Körperverletzungen jedoch, wenn der Täter sich bei der Gewaltanwendung eines dafür geeigneten Instruments oder Gegenstandes bedient. Natürlich kommt es ferner darauf an, wohin der Täter schlägt oder stößt.

Ein 43jähriger Schlachtergeselle (X) geriet mit seiner 47jährigen Ehefrau in Gegenwart ihres Sohnes S in Streit. S entriß dem X das Schlachtermesser und gab es der Frau, damit sie es entferne. Dann schlug er dem X mit einer Fürst-Bismarck-Quelle-Flasche auf den Kopf. X stürzte zu Boden und verstarb, da sich niemand um ihn kümmerte, nach einigen Stunden. Tötungsvorsatz war jedoch nicht nachzuweisen.

Bei Wirtshausschlägereien greifen die Täter mitunter zum Bierglas oder -seidel, was insb. nach Zerbrechen von Glas gefährliche Verletzungen verursachen kann.

Bei häuslichen Auseinandersetzungen hängt es oft mehr vom Zufall ab, was für ein Instrument in der Nähe ist, wenn der Täter zuschlagen will. Ein jugoslawischer Gastarbeiter wurde von der bei ihm wohnenden Geliebten, die seiner überdrüssig war, verhöhnt und ausgelacht. Weinend forderte der dieser Frau hörige Täter sie auf zu schweigen. Als sie ihm daraufhin eine Ohrfeige versetzte, griff er den auf dem Tisch stehenden Elektrokocher und schlug ihr damit mehrmals auf den Kopf.

Potondi, A.: Die Pistole als Schlagwerkzeug – Arch. f. Krim. Bd. 140, S. 41 ff. (1967).

7. Verletzungen durch Würgen, Drosseln usw.

Viele Körperverletzungen werden durch Würgen, Drosseln oder ähnliche Praktiken begangen. Da körperliche Auseinandersetzungen oder Tätlichkeiten oft mit bloßen Händen ausgetragen oder verübt werden, kann man trotz der nicht zu verkennenden Gefährlichkeit dieser Praktiken des öfteren nicht oder nicht hinreichend sicher auf Tötungsvorsatz schließen.

Körperverletzung durch Würgen kann beispielsweise den Zweck verfolgen, das Opfer lediglich am Schreien zu hindern oder als Abwehr zustandekommen. In den meisten Fällen handelt es sich aber wohl um wegen Abwehr fehlgeschlagenes oder aus anderen Gründen nicht vollendetes Erwürgen.

Bei Drosselpraktiken ist außer an Erdrosseln an eine durchaus mögliche Selbstdrosselung zu denken. Nur relativ selten werden Drosselwerkzeuge mit Körperverletzungsvorsatz angewandt; denn selbst bei derartigen wie anderen mit Strangulation arbeitenden abnormen Sexualpraktiken dürfte es regelmäßig am Verletzungsvorsatz des Dritten fehlen.

Eher schon trifft man im Rahmen der für Körperverletzungen typischen Streitigkeiten Praktiken, die auf ein Ersticken hinauslaufen, welches nicht zum Tod des Betroffenen führen, sondern ihn kampfunfähig machen soll.

8. Verletzungen durch Gift und andere Chemikalien

Anders ist das, wenn Gifte oder andere Chemikalien als Tatmittel fungieren. Selbst wenn es lediglich zu Körperverletzungen kommt, liegt bei der Gefährlichkeit dieser Stoffe doch vielfach Tötungsvorsatz nahe. Daß dennoch mitunter nur eine Körperverletzung gewollt war, ergibt sich außer aus der Art und Menge der zur Tat verwendeten Stoffe mitunter aus der Weise, wie diese benutzt werden.

Häufiger sind bei den vorsätzlichen Körperverletzungen beispielsweise Verätzungen aus abnormen Motiven – z.B. sexueller Art – anzutreffen.

9. Gemeinschaftlich oder sonst besonders gefährlich begangene Körperverletzungen

Ergab sich bisher die besondere Gefährlichkeit der Körperverletzung vor allem aus den bei der Tat benutzten Waffen, Instrumenten, Mitteln oder instrumentativ wirkenden Praktiken, so sind nunmehr diejenigen Fälle zu behandeln, die ohne diese Dinge dennoch als besonders gefahrenträchtig anzusehen sind. Die hier mit der Art und Weise des Vorgehens zusammenhängende Gefährlichkeit kann auf verschiedene Umstände zurückzuführen sein, wobei man einmal mehr an den oder die Täter und zum anderen mehr an die Lage des Opfers anknüpfen kann.
Von der Täterseite her sind manche Körperverletzungen schon deshalb besonders gefährlich, weil sie von mehreren gemeinschaftlich begangen werden.

Doch ist nicht nur die Situation für das Opfer prekärer, je größer die Zahl der Täter ist, sondern läßt sich die gemeinsame Aktion überdies schwerer überblicken, um von einer psychisch zu Exzessen verleitenden Gruppen- oder Massensituation noch ganz abzusehen. Immerhin dürfte klar sein, daß das Auftreten mehrerer Täter allein noch nicht ausreicht, um eine insoweit besonders gefährliche Tatausführung anzunehmen.

Bei einem Einzeltäter kann unter gewissen äußeren Umständen die Art und Weise seines Vorgehens selbst dann als besonders gefährlich erscheinen, wenn Praktiken der bisher geschilderten Art nicht festzustellen sind. Man denke hier an Tatorte mit besonderen Gefahren, die etwa einen Sturz oder Stoß leicht folgenschwer werden lassen.
Schwere Körperschäden drohen schließlich dann, wenn der Täter eine auch für das Opfer besonders ungünstige Situation ausnutzt. Außer an körperlich behinderte Opfer ist hier an heimtückisches oder sonst hinterlistiges Vorgehen zu denken.

10. Andere Formen vorsätzlicher Körperverletzungen

Wenn abschließend andere Formen der vorsätzlichen Körperverletzung hier recht summarisch behandelt werden, obwohl sie die Mehrzahl dieser Taten zu bilden pflegen, beruht das darauf, daß die Tatausführung hier weniger aufschlußreich zu sein pflegt. Das heißt jedoch keinesfalls, daß diese Fälle kriminaltechnisch nicht mitunter ebenfalls Rätsel aufgeben können. Nur bieten sich hier für die Verbrechenstechnik – jedenfalls einstweilen – vergleichsweise wenig Ansätze.
Das mag lediglich etwas anders sein, wenn mit Körperverletzungsvorsatz bei der Tötung geschilderte, hier bisher nicht erwähnte Praktiken angewandt werden, der Täter beispielsweise elektrischen Strom oder Hitze benutzt, um das Opfer zu schädigen. Fälle dieser Art finden sich u.a. bei der Kindesmißhandlung.

V. Fahrlässige Körperverletzungen

Wie die fraglichen Vorsatztaten einander, so entsprechen fahrlässige Körperverletzungen in der Verbrechenstechnik in etwa den fahrlässigen Tötungen. Denn sie unterscheiden sich von diesen vielfach nur durch den nicht ganz so schweren Erfolg, nicht jedoch in der Sorgfaltspflichtverletzung an sich, dem strafbaren Verhalten. Aus diesem Grunde erscheint es vertretbar und angezeigt, die fahrlässigen Körperverletzungen hier vergleichsweise knapp zu

behandeln, um im übrigen auf das bei fahrlässigen Tötungen Gesagte zu verweisen (§ 8-II). Mehr als das beiden Gemeinsame interessieren die hier daher kurz anzudeutenden Besonderheiten fahrlässiger Körperverletzungen.
Tatort und Tatzeit hängen auch bei den fahrlässigen Körperverletzungen ganz überwiegend mit dem Straßenverkehr zusammen, weil wie bei der fahrlässigen Tötung die weitaus meisten Strafverfahren Verkehrsunfälle betreffen.

1. Straßenverkehrsunfälle

Die Straßenverkehrsunfälle interessieren uns hier natürlich nur insoweit, als jemand strafrechtlich für die Folgen verantwortlich gemacht wird.
Immerhin sind dieses über 90% aller fahrlässigen Körperverletzungen, die zu Verurteilungen führen; es mag also in Wirklichkeit der Anteil etwas kleiner sein, weil andere Formen seltener verfolgt werden. Immerhin sind in Deutschland gegenwärtig 85% aller Unfälle mit Personenschaden (außer Tod) reine Kraftfahrzeugunfälle. Die Lage ist ansonsten im wesentlichen dieselbe wie bei tödlichen Straßenverkehrsunfällen.

2. Andere Verkehrsunfälle

In den anderen Verkehrsbereichen gibt es kaum Unterschiede von dem zur fahrlässigen Tötung Ausgeführten. Ob hier die schwere Folge vorsätzlich eintritt, hängt weithin nur vom Zufall ab, wenn man von einer im Hinblick auf den möglichen Schaden besonders groben Fahrlässigkeit absieht. Die zu derartigen Unfällen führenden Verhaltensweisen sind ansonsten dieselben.

3. Betriebsunfälle

Der Anteil der Betriebsunfälle ist bei der fahrlässigen Körperverletzung mit 6% etwas größer als bei der fahrlässigen Tötung. Das kann damit zusammenhängen, daß man sich weniger als beim Unfalltod scheut, einen anderen strafrechtlich zur Verantwortung zu ziehen. Vermutlich ist das Dunkelfeld dieser Unfälle aber noch größer als das der tödlichen Betriebsunfälle.
Da die Gefahrenquellen dieselben sind und sich bisher nicht sagen läßt, inwieweit sich die Verhältnisse bei den wenigen schweren Folgen verschieben, erübrigen sich besondere Ausführungen.

4. Unsorgfältige Berufsausbildung

Ähnlich ist es bei der unsorgfältigen Berufsausübung, wenngleich Verhaltensweisen der oben geschilderten Art dadurch begünstigt werden, daß man hier eher noch weniger als dort mit fatalen Folgen rechnen muß. Das zeigt sich beispielsweise schon bei den häufiger belangten Medizinalpersonen, wenngleich es hier merkwürdige Fälle fahrlässiger Körperverletzung gibt.

Ein an Pocken erkrankter Arzt wurde wegen fahrlässiger Körperverletzung bestraft, weil er Patienten angesteckt hatte.

5. Haushaltsunfälle

Haushaltsunfälle dürften demgegenüber noch seltener als tödliche Unfälle im häuslichen Bereich zur Kenntnis der Strafverfolgungsorgane gelangen. Dabei ist ein gewisser Trost, daß es hier nicht zu schweren Schäden gekommen ist, was bei weithin doch gleichförmigem Fehlverhalten gewöhnlich nur durch glückliche Umstände verhindert worden ist.

6. Spielunfälle

Ebenso dürften die Dinge bei den Spielunfällen liegen. Mag bei jugendlichen Tätern eine strafrechtliche Verantwortlichkeit – man denke außer an Prügeleien auch an Benutzung von Schleudern, Pfeil und Bogen sowie gewisse Schußwaffen – an sich schon denkbar sein, so dreht es sich überwiegend ebenfalls um die Verantwortlichkeit von Aufsichtspersonen. Doch wird zumindest bei Verletzungen ohne erheblichen oder bleibenden Körperschaden vermutlich noch eher eine Strafanzeige unterbleiben, weshalb das strafrechtlich erfaßte Material kaum repräsentativ sein wird.
Im übrigen aber geht es – wie bei der fahrlässigen Tötung – vor allem um Nachlässigkeit oder Verantwortungslosigkeit von Aufsichtspersonen.

7. Sportunfälle

Bei den Sportunfällen wird der Anteil dafür verantwortlichen Aktiver wahrscheinlich etwas größer als bei der fahrlässigen Tötung sein.

Typisch für das hier öfter zu beobachtende unsachgemäße Herumhantieren mit Sportgeräten sind nicht zuletzt Sportwaffen, mit denen andere leicht verletzt werden können.

Wegen fahrlässiger Körperverletzung wurde ferner z.B. gestraft, nachdem es auf einer schadhaften Sprungschanze wegen mangelhafter Sicherung zu einem Unfall gekommen war.

8. Fahrlässige Körperverletzungen im Zusammenhang mit Straftaten und anderem Fehlverhalten

Ebenso wie bei der fahrlässigen Tötung können fahrlässige Körperverletzungen im Zusammenhang mit Straftaten oder anderem sozialabweichenden Verhalten begangen werden, wobei oft nur glückliche Umstände oder schnelle Hilfe einen schweren Schaden verhindern. Das Bild dieser Verhaltensweisen dürfte dem der fahrlässigen Tötungen dieser Art entsprechen.

VI. Freiheitsberaubung und Nötigung

Die Freiheitsdelikte sind nicht nur strafrechtlich immer noch in manchen Punkten zweifelhaft, sondern auch kriminologisch und kriminalistisch bisher recht wenig erforscht. Das gilt besonders für den relativ jungen, nicht einmal allen Rechten bekannten Deliktstyp der Nötigung, in etwa aber auch für die einfache Freiheitsberaubung. Nur über schwere Freiheitsdelikte wie Menschenraub und Entführung – auch in Form der in letzter Zeit wieder aktuell gewordenen Geiselnahme – findet sich etwas mehr. Das erklärt sich nicht nur daraus, daß es sich hier um uralte Deliktstypen bzw. Verbrechenstechniken handelt, sondern diese Sonderfälle signifikanter als andere Freiheitsdelikte sind.

Geerds, Friedrich: Zur Kriminologie der Freiheitsdelikte – in: TbKrim XVII, S. 17 ff. (1967).

Von der Nötigung, dem allgemeinen Delikt gegen die Willensfreiheit, sollen im Folgenden die Delikte gegen die Bewegungsfreiheit unterschieden werden, deren Prototyp die Freiheitsberaubung darstellt.

1. Nötigung

Die Nötigung ist in denjenigen Ländern, die diesen Straftatbestand kennen, das jüngste, jedoch zahlenmäßig wichtigste der „Freiheitsdelikte". Dies ist erklärlich, weil diese Strafvorschrift die Willensfreiheit – also sowohl Willensbildung als auch -betätigung – schützen soll. Die durchweg sehr weit gefaßten Straftatbestände sind deshalb schwer zu umreißen, weil sich bei mancherlei Zwängen im menschlichen Dasein davon die Fälle kriminalisierten Zwanges nur schwer abgrenzen lassen. So ist es für Nötigungen geradezu typisch, daß Täter und Opfer in einem rechtlich oder zumindest tatsächlich fundierten Lebensverhältnis stehen, in welchem Zwang ausgeübt wird; gewöhnlich haben wir es hier daher mit einem Überordnungs- oder Unterordnungsverhältnis zu tun.

Busse, Volker: Nötigung im Straßenverkehr – Strafrecht. Strafverfahren. Kriminologie Bd. 27 – Neuwies/Berlin 1968; *Schima,* Konrad: Erpressung und Nötigung. Eine kriminologische Studie – Kriminol. Abh. NF Bd. 10 – Wien/New York 1973 – insb. S. 79 ff.; *Windelen,* Heinz: Bedrohung, Nötigung und Erpressung im Landgerichtsbezirk Mönchengladbach (1945–1954) – Diss. Bonn – o.O. 1972.

Kriminalphänomenologisch dürfte es daher angezeigt sein, nach denjenigen Lebensbereichen zu unterscheiden, in denen der Zwang seine Wirkung entfalten soll, wobei sowohl obrigkeitliche als auch private Verhältnisse in Betracht kommen. Dabei kann sich der Täter entweder eine Machtposition zu Unrecht anmaßen oder aber eine vorhandene Kompetenz überschreiten. So ist es außer bei illegalem Zwang in der Rechtspflege und in der Exekutive ferner bei illegalem Zwang im Wirtschafts- und Berufsleben, in der persönlichen Sphäre und bei Zwang zur Verfolgung krimineller Zwecke.
Für die Tatausführung kommt es bei allen diesen Erscheinungsformen in erster Linie darauf an, ob der für die Nötigung typische Zwang zu einem Handeln, Unterlassen oder Dulden des Opfers in Form von Gewalt oder Drohung ausgelöst wird. Während es sich beim Drohen stets um vis compulsiva handelt, kann Gewalt auch in Form vis absoluta verübt werden.

a) Gewalt
Bei der Gewalt, deren Grenzen bei den Strafrechtlern in manchen Ländern sehr umstritten sind, lassen sich im Hinblick auf das Opfer vor allem zwei Gruppen von Verhaltensweisen unterscheiden. Denn entweder bewirkt die vom Täter ausgeübte Gewalt ein Tun oder ein Nichtstun des Opfers. Allerdings zeigt nähere Betrachtung, daß diese Fälle des Nichtstuns doch verschieden gelagert sein können. Vom Dulden spricht man, und das sind die Fälle der sog. vis absoluta, wenn eine Willensbildung beim Opfer gewaltsam verhindert wird. Das Nichtstun kann aber auch eine Folge entsprechender Willensbildung des Opfers sein, das durch Zwang zum Unterlassen motiviert wird, womit wir letztlich zu drei Tatsituationen bei Anwendung von Gewalt gelangen, welche das Opfer körperlich spüren sollte.

aa) Nötigen zum Dulden

Die Nötigung zur Duldung ist dadurch gekennzeichnet, daß eine Willensbildung des Opfers überhaupt verhindert werden soll. Als Tatmittel kommt hier vor allem physische Gewalt, und zwar der Form vis absoluta, in Betracht. Dies ist der in der Praxis seltenere Fall gewaltsamer Nötigung.

Er kommt vor, wenn ein beim Diebstahlsversuch ertappter Täter die ihn entdeckende Person niederschlägt, um fliehen zu können.

Zur Gewalt gehören aber auch die in der Praxis allerdings seltenen Fälle der Hypnose.

bb) Nötigen zum Unterlassen

Die Nötigung zum Unterlassen hat zwar ebenfalls ein Nichtstun des Opfers zum Ziel, jedoch beruht dessen Passivität hier auf seinem Willen. Insgesamt ist hier gewöhnlich der drohende Charakter des Zwanges bereits wichtiger als die tatsächlich ausgeübte Gewalt, welche in aller Regel der Drohung lediglich Nachdruck verleihen soll. Dieser Zwang ist, wenn etwa zunächst nur Sachen in Mitleidenschaft gezogen werden, oft nicht leicht von der Drohung zu unterscheiden, bei welcher es mehr auf künftige Handlungen des Täters ankommt.

Ein 16jähriger, der auf frischer Tat beim Versuch eines Autodiebstahls ertappt worden war, gab aus einer Schreckschußpistole einen Schuß auf den ihn verfolgenden Autobesitzer ab, um ungestört fliehen zu können.

Schüsse in die Reifen eines wegfahrenden Kraftwagens können den Zweck haben, einen Kraftfahrer zu zwingen, von weiterer Flucht Abstand zu nehmen.

cc) Nötigen zum Handeln

Will der Täter sein Opfer zu einem aktiven Handeln zwingen, so kann er nicht dessen Willensbildung ausschließen, sondern muß sie vielmehr gerade durch Zwang motivieren. Hier dominiert genau genommen bereits die Drohung; die Gewaltausübung ist nur Beiwerk des Zwanges und hat mehr unterstützenden Charakter. Soll das Opfer zu einem Handeln gezwungen werden, das sich auf sein oder fremdes Vermögen nachteilig auswirkt, wird dies in vielen Rechten als Erpressung, d.h. primär als ein Vermögensdelikt, gewertet.

Ein Täter fühlte sich geneppt, als die Dirne nach einigen Präliminarien mehr Geld verlangte; er zerrte sie an den Haaren und erzwang die Rückgabe der bereits gezahlten 10 DM.

Ein 42jähriger Kleinlandwirt trieb abends seine Frau, die mit ihm Mais schälen sollte, dadurch aus dem Bett, daß er auf dieses Petroleum schüttete und anzündete; der Zimmerbrand verursachte einen Schaden von etwa S 1000.

b) Drohung

Typischer für die Nötigung ist als Zwangsmittel jedoch nach allem die Drohung, die das Opfer zu einem Tun oder Nichtstun veranlassen soll; denn von der das Opfer lediglich verunsichernden Bedrohung unterscheidet sich die Nötigung gerade dadurch, daß ein bestimmtes Handeln oder sonstiges Verhalten des Betroffenen bezweckt wird. Auch hier sind die Grenzen des Kriminellen in manchen Ländern unsicher. Kriminalistisch interessiert vor allem der Inhalt der Drohung; dabei lassen sich zumindest vier Verbrechenstechniken unterscheiden.

aa) Drohen mit Gewalt

Daß der Nötigende relativ häufig mit Gewalt droht, sollte nicht überraschen, weil dies eine selbst für primitive Täter probate und glaubhafte Möglichkeit ist. Ziel des Drohenden kann dabei entweder ein Handeln oder Unterlassen des Opfers sein.

Eine 39jährige Ehefrau verließ nach mehreren erfolglosen Selbstmordversuchen mit ihren sechs Kindern den Ehemann, der sie als streit- und eifersüchtiger Trinker des öfteren mißhandelt hatte. Der Ehemann erschien alsbald in der Wohnung seiner Schwägerin, wo die Frau sich aufhielt; mit einem Flobertgewehr drohte er, seine Frau zu erschießen, wenn sie nicht binnen einer Stunde heimkehre.

Ein Landarbeiter drohte seiner früheren, von ihm geschwängerten Geliebten, er werde nachts mit einem Schlagring kommen und sie töten, wenn sie nicht in eine Abtreibung „einwillige".

Zwei entwichene Fürsorgezöglinge bedrohten den Lastkraftwagenfahrer des Heimes, der sie zufällig entdeckt hatte und sie zurückbringen wollte, mit einem Hammer.

bb) Drohen mit Strafanzeige

Ein als drohend vom Opfer empfundenes Übel ist aber nicht nur die Gewalt, weil andere Nachteile es u.U. noch empfindlicher treffen können. Eine besondere Rolle spielt in diesem Zusammenhang das Drohen mit einer Strafanzeige, wobei allerdings neben dem Einschreiten staatlicher Organe bereits der damit üblicherweise verbundene soziale Makel mitspielen kann.

So hat man beispielsweise die Gegenpartei in einer Zivilrechtssache durch Drohen mit einer damit in keinerlei Zusammenhang stehenden Strafanzeige zu einem Vergleich zwingen wollen.

cc) Drohen mit sonstiger Indiskretion

Drohend kann auch das Ankündigen sonstiger Indiskretion – sei es durch Presseveröffentlichung, Beschwerde oder auf andere Weise – wirken, selbst wenn damit nicht ein Strafverfahren verbunden ist. Insbesondere mit der Indiskretion sozial mißbilligter Verhaltensweisen wird beispielsweise Druck auf staatliche Organe ausgeübt, um Konzessionen, Zulassungen, Genehmigungen zu erlangen oder die Einleitung behördlicher Verfahren zu vermeiden.

Ähnlich gefährlich ist eine vom Täter angedrohte Indiskretion aber auch für Privatpersonen, die wegen früheren Fehlverhaltens oder schlecht zu widerlegender Vorwürfe befürchten müssen, dadurch im familiären Bereich, beruflich, politisch oder sonst in ihrem sozialem Ansehen geschädigt zu werden.

dd) Drohen mit anderweitigen Nachteilen

Natürlich kann der Täter, soweit das bei Fassung der betreffenden Strafvorschrift möglich ist, seinem Opfer ferner mit anderen Nachteilen drohen.

Einige Schlachter haben dem zuständigen Fleischbeschauer für den Fall, daß er Zahl oder Gewicht von Schlachttieren nicht – wie aus steuerlichen Gründen gewünscht – geringer angäbe, angedroht, das Schlachtvieh nicht mehr von ihm untersuchen zu lassen.

Man hat schon versucht, dubiose kaufmännische Forderungen mit dem Hinweis einzutreiben, daß Nichtzahlende auf eine „schwarze Liste" kämen.

Hierher gehören schließlich Nötigungen im Straßenverkehr, wenn der Täter einen Verkehrsteilnehmer durch gefährdende Fahrweise stoppen oder ein Überholen erzwingen bzw. verhindern will.

2. Freiheitsberaubungen

Bei den Freiheitsberaubungen handelt es sich insoweit um ein spezielles Delikt gegen die Willensfreiheit, als der Täter bewirkt, daß sein Opfer seinen Aufenthalt nicht mehr frei bestimmen kann; es geht also um die Bewegungsfreiheit. Vom Prototyp der Freiheitsberaubung, der als solcher noch relativ jung ist, lassen sich die schon früher bekannten schweren Fälle des Menschenraubes und der Entführung unterscheiden.

Than, Jürgen: Die Freiheitsdelikte. Ein Beitrag zur Kriminologie und zur strafrechtlichen Problematik, insbesondere zur Systematik der Delikte gegen die Bewegungsfreiheit (§§ 234–239a StGB) – Diss. Frankfurt a.M. – o.O. 1970.

Trotz der bei den einzelnen Deliktstypen und Erscheinungsformen zu verzeichnenden Unterschiede lassen sich für die Freiheitsdelikte insgesamt einige Dinge festhalten

Abgesehen von sexuellen Taten zum Nachteil von Frauen werden derartige Delikte überwiegend in Großstädten begangen; in etwa der Hälfte der Fälle ist der spezielle Tatort die Wohnung. Täter und Opfer kennen sich gewöhnlich, leben nicht selten sogar in engerer Lebensgemeinschaft. Als Tatmittel dient neben Tricks und Listen des öfteren brachialer Zwang (Gewalt oder schwere Drohung); sind hier u.U. Charakteristika der Gewaltkriminalität zu beobachten, so liegen andere Fälle, insb. der einfachen Freiheitsberaubung, mitunter an oder auf der Grenze des Kriminellen.

a) Einfache Freiheitsberaubung

Die einfache Freiheitsberaubung ist der Grundtyp der Delikte gegen die Bewegungsfreiheit. Obwohl es sich hier um das Einsperren eines Menschen und dem vergleichbare Praktiken handelt, zeigen sich doch gewisse Ähnlichkeiten mit der Nötigung. Auch die Freiheitsberaubung wird selten ohne irgendeine wirkliche oder vermeintliche Kompetenz bzw. Befugnis begangen. Deshalb sind das Täter-Opfer-Verhältnis und der dabei verfolgte Zweck kriminologisch besonders aufschlußreich. So kann es beispielsweise leicht zu einer Freiheitsberaubung unter Mißbrauch (Anmaßen oder Überschreiten) hoheitlicher oder privatrechtlicher Befugnisse kommen. Natürlich gibt es zuweilen Freiheitsberaubungen, die ohne jeglichen Vorwand entweder zu kriminellen Zwecken oder überhaupt ohne verständlichen Grund begangen werden.

Für die kriminalistische Verbrechenstechnik kommt es in Fällen einfacher Freiheitsberaubung vor allem darauf an, wodurch und wie der Freiheitsentzug bewirkt wird. Daher sollte man weniger darauf abstellen, auf welche Weise die Bewegungsfreiheit des Opfers beschränkt bleibt, sei es durch Einsperren oder auf andere Weise; relativ uninteressant ist die Dauer des Freiheitsentzugs, die lediglich dann, wenn sie mit persönlicher, der Sklaverei ähnlicher Abhängigkeit des Opfers vom Täter verbunden ist, die schweren Formen der Freiheitsberaubung von den hier zu behandelnden Fällen unterscheidet. Für die einfache Freiheitsberaubung ist es kriminalistisch ausschlaggebend, wie es zu diesem Freiheitsentzug kommt, wie er also bewirkt wird. Dafür benutzt der Täter außer Gewalt und Drohung mitunter eine List.

aa) **Gewaltsame Praktiken** finden sich bei Freiheitsberaubungen vor allem dann, wenn der Täter kriminelle Zwecke verfolgt oder angeblich hoheitliches Handeln vorliegt.

So sperrten beispielsweise Täter ihre minderjährigen Opfer in einem Wochenendhaus ein, um später an den Mädchen Notzucht begehen zu können.

bb) Bei entsprechender Tatsituation kann aber u.U. schon eine **Drohung** genügen, damit sich das Opfer in den Freiheitsentzug fügt. Das ist außer bei angeblich hoheitlichem Handeln vor allem dann der Fall, wenn der Täter mit Waffengewalt oder dergleichen droht, um sein Opfer gefügig zu machen.

cc) Von einer durch **List** bewirkten Freiheitsberaubung ist u.a. dann zu sprechen, wenn der Täter hoheitliche Befugnisse vorspiegelt, z.B. ein falscher Kriminalbeamter angeblich eine Festnahme durchführt, ohne daß dabei mögliche Gewaltanwendung eine Rolle spielt. Doch auch Privatpersonen locken häufig ihr Opfer mit Täuschung in eine Falle, um den Freiheitsentzug möglichst unauffällig und gewaltlos zu bewerkstelligen.

Hierher gehören die in der Praxis nicht seltenen Fälle, in denen weibliche Opfer mit dem Angebot, sie nach Hause zu fahren, in ein Kraftfahrzeug gelockt werden, aus welchem der Täter, der sexuelle Ziele verfolgt, sie dann nicht aussteigen läßt. Allerdings werden derartige Verhaltensweisen oft schon als Frauenentführung oder -raub gewertet.

b) Menschenraub

Im Ergebnis gleicht der Menschenraub zwar der Entführung, da hier ebenfalls im allgemeinen ein längerdauernder Freiheitsentzug gewollt ist, der durch persönliche Abhängigkeit des Opfers vom Täter oder seinen Hintermännern gekennzeichnet zu werden pflegt. Doch in der Tatausführung unterscheiden sich beide Deliktstypen erheblich. Der Menschenräuber bringt das Opfer gegen dessen Willen und unter Einsatz schwerer Zwangsmittel in seine Gewalt und damit Abhängigkeit, während der Entführer – wenngleich das in den einzelnen Rechten nicht einheitlich beurteilt wird – jedenfalls zunächst mehr mit List und daher „mit Willen“ des Opfers vorgeht.

Der lange Zeit als weithin überholt oder doch für die Praxis als wenig relevant angesehene Deliktstyp hat in den letzten Jahrzehnten und insb. durch die gerade in unserer Zeit spektakulär durchgeführten Fälle der Geiselnahme wieder eine bedrückende Aktualität erlangt. Obwohl die Geiselnahme für den mittelbar Betroffenen mehr als eine Erpressung erscheinen mag, handelt es sich beim unmittelbaren Opfer, das für diesen Zweck seiner Freiheit beraubt wird, primär um Menschenraub oder Entführung.

Burgstädter, Johannes: Das Verbrechen der Verschleppung nach geltendem deutschen Strafrecht (§ 234a StGB, § 2 BerlFSchG) – Diss. Freiburg i. Br. – Löningen 1958; *Arnau,* Frank: Menschenraub – München 1968; *Middendorff,* Wolf: Menschenraub, Flugzeugentführung, Geiselnahme, Kidnapping – Historische und moderne Erscheinungsformen – Bielefeld 1972; *Bauer,* Günther: Geiselnahme aus Gewinnsucht – in: Arch. f. Krim. Bd. 150, S. 65 ff., 129 ff. (1972); *Meyer,* Alex: Internationale Luftfahrtabkommen. Bd. VI: Luftpiraterie – Begriff, Tatbestände, Bekämpfung – Schriftenreihe des Instituts für Luftrecht und Weltraumfragen – Köln/Berlin/Bonn/München 1972; *Middendorff:* Geiselnahme und Kidnapping. Historisch-kriminologische Erfahrungen – Kriminalistik 1972-553 ff.; *Hamacher,* Hans Werner: Straftaten mit offener Geiselnahme – in: TbKrim XXIV, S. 83 ff. (1974).

Orientiert man sich kriminalphänomenologisch am Zweck dieser Taten, so gibt es neben dem politischen Menschenraub, bei welchem der politische Gegner in fremde Machtbereiche verschleppt oder sonst isoliert wird, auch wieder die lange Zeit selten gewordenen Fälle ökonomischen Menschenraubs in Form der aus Gewinnsucht begangenen Geiselnahmen; zu ihnen gehört u.a. die erpresserische Kindesentführung, wenngleich hier durchaus ebenso Erwachsene als Opfer fungieren können. Die Erlangung finanzieller Vorteile braucht zudem keineswegs das wesentliche Ziel der kriminellen Aktion zu sein. Sie ist nicht nur bei politisch deklarierten Terrorakten, sondern bei einer Geiselnahme zum Zwecke sicherer Flucht vom Tatort oder aus einer Strafanstalt ein möglicher, wenngleich hier nicht notwendiger Nebenzweck. Daneben wird Menschenraub gegenwärtig nicht selten zu sexuellen Zwecken begangen, wobei jedoch weniger an den „weißen Sklavenhandel“ als an Vorstufen der Notzucht oder sonstiger sexueller Nötigung zu denken ist, die heutzutage des öfteren mithilfe von Kraftfahrzeugen begangen werden.

Barley, Stephen: Die Sex-Händler. Moderne Formen der Sklaverei – Wien/Hamburg 1967.

Die Verbrechenstechniken sind beim Menschenraub bisher noch wenig erforscht. Wichtiger als die verschiedenen Methoden der Anbahnung des Kontakts mit dem (unmittelbaren) Opfer dürfte für den Kriminalisten wiederum die Art und Weise des Einsatzes der Zwangsmittel sein. Denn neben brachialer Gewalt, bei welcher u.U. schon Tricks eingesetzt werden, findet sich häufig schwerer Zwang in Form von Drohung.

Das lange Zeit für diese Fälle typische Kidnapping wird nur selten von einer Einzelperson, sondern gewöhnlich von einer Bande oder Gruppe ausgeführt. Denn es sind nicht nur technische Hilfsmittel wie Kraftwagen notwendig, sondern es müssen, sofern nicht das Opfer alsbald getötet wird, weiter sichere Aufbewahrung und Nachschub sowie die ggf. erforderliche Kommunikation mit dem Drittopfer organisiert werden.

Der am Putsch der OAS vom April 1961 und an Attentaten beteiligte Argoud wurde am 25. 2. 1963 von drei Angehörigen des französischen Geheimdienstes aus einem Münchener Hotel verschleppt, in einem Kraftwagen gefesselt über die Grenze gebracht und in Paris der Polizei in die Hände gespielt.

Die Geiselnahme, wie sie von Terroristen betrieben oder von Räubern und anderen Kriminellen praktiziert wird, zeigt ähnliche Arbeitsweisen. Sie werden dadurch erleichtert, daß hinter den eigentlichen Tätern oft Organisationen oder gar Staaten stehen, weshalb man hier u.a. Besonderheiten des Flugverkehrs ausnutzen kann.

An der Grenze zur Entführung liegen die in der Praxis nicht seltenen Fälle folgender Art. Der Täter, der auf Gelegenheit zum Geschlechtsverkehr aus ist, nimmt an der Auffahrt zur Autobahn oder anderweitig eine Anhalterin mit, obwohl er dann in eine andere Richtung fährt; in einem einsamen Waldstück kommt es zur Notzucht.

Da der Menschenraub in Fällen der **Geiselnahme** nur als Mittel für einen weitergehenden Zweck fungiert, kann man sich hier hinsichtlich der weiteren Tatausführung daran orientieren, wen der Täter auf diese Weise zur Zahlung eines Lösegeldes oder zu anderem Verhalten zwingen will.
Die Lösegeldzahlung durch das **Geisel-Opfer** selbst kommt heute nur noch sehr selten vor. Abgesehen von der hier vorauszusehenden Zahlungsfähigkeit der Geisel bringt neben ihrer sicheren Verwahrung vor allem die hier notwendige Einschaltung einer Vertrauensperson des Opfers mancherlei Probleme mit sich.

In diesen Rahmen passen aus jüngerer Zeit am ehesten noch zwei deutsche Fälle aus dem Jahre 1971.

Zusammen mit seiner Verlobten wurde der als Inhaber von Unterhaltungsstätten bekannte Unternehmer Keese bei der Heimkehr morgens um 4 Uhr vor dem Gartentor seiner Villa gekidnappt. Die drei maskierten Täter, die sich ebenfalls in den Kraftwagen hineingedrängt hatten, verlangten ein Lösegeld. Nachdem dessen Höhe von 1 Million DM auf DM 100 000 heruntergehandelt worden war, ließ man die Frau frei, die diese Summe für Keese beschaffen sollte ohne die Polizei einzuschalten.

Der Großkaufmann Theo Albrecht – Inhaber einer Ladenkette – wurde von zwei Männern mit vorgehaltener Pistole gekidnappt, als er gegen Abend als letzter das Bürohaus seiner Firma verließ. Nach fernmündlicher Information und auch Briefen des Opfers sollte das von einer auf sieben Millionen DM erhöhte Lösegeld von der Ehefrau und einem der Söhne überbracht werden, was abgelehnt wurde. Schließlich wurde über einen Mittelsmann, bei dem sich Albrecht dann noch 24 Stunden aufhalten mußte, ein Lösegeld in Höhe von 7 Millionen DM gezahlt. Als Täter sind der Düsseldorfer Rechtsanwalt Ollenburg und ein gewisser Paul Kron verurteilt worden.

Ungleich häufiger sollen durch die Geiselnahme **Angehörige** des Opfers gezwungen werden, ein Lösegeld zu zahlen. Obwohl auch Erwachsene als Geisel fungieren können, werden vor allem Kinder betroffen, weshalb man allgemeiner von Kidnapping spricht. Gerade hier aber kann die Grenze zu der durch List charakteristischen Entführung fließend werden, weil Gewalt und Drohung in diesen Fällen z.T. mit Tricks verbunden angewandt werden.

In neuerer Zeit begannen die erpresserischen Kindesentführungen in den Vereinigten Staaten im Jahre 1874. In Germantown/Pennsylvania wurde der vierjährige Charley Rose gekidnappt; das wahrscheinlich getötete Opfer wurde nie gefunden.

Der spektakulärste Fall war die am 13. 5. 1932 verübte Entführung des Lindbergh-Babys, das wahrscheinlich alsbald nach der Tat getötet wurde. Dennoch wurde ein Lösegeld in Höhe von 50 000 Dollar gezahlt. Die Tat führte zur größten Fahndung der Geschichte in den USA.

Waller, George: The Story of the Lindberg-Case – London 1961; *Jacta,* Maximilian: Kidnapping. Der Fall Lindbergh – in: Berühmte Strafprozesse IV. Amerika, München 1964, S. 127 ff.

Mit der Entführung des gegen ein Lösegeld von 500 000 Francs freigelassenen 4jährigen Eric Peugeot im April 1960 in Paris griff das Kidnapping auch auf Europa über, nachdem die bereits am 15. 4. 1958 in Stuttgart verübte Tat, die zum Tode des 7jährigen Joachim Goehner führte, nicht zur Zahlung von Lösegeld geführt hatte; der Täter beging in der Untersuchungshaft Selbstmord.

Schon manche der neueren Kidnapping-Fälle leiten zu einer Tatausführung über, bei welcher ein **Unternehmen** – insb. eine Bank oder Fluggesellschaft – auf diese Weise zur Zahlung eines Lösegeldes gezwungen werden soll. In derartigen Fällen soll die Geiselnahme u.U. zugleich oder wesentlich die Flucht der Täter ermöglichen; es kann sich daher beispielsweise auch um Banküberfälle mit Komplikationen handeln.

Am 15. 3. 1971 überfielen fünf bewaffnete Täter mitten in Toulouse eine Bank. Die durch die vom Bankdirektor betätigte Alarmanlage herbeigerufene Polizei überwältigte den die Eingangstür sichernden Täter. Daraufhin benutzten die anderen vier Täter, welche die neue Lage sofort erkannten, die Angestellten und Bankkunden als Geiseln. Nach langwierigen Verhandlungen erhielten sie rund 200 000 DM als Lösegeld und zwei Kraftwagen, um zusammen mit vier Geiseln fliehen zu können.

Ähnlich lagen die Dinge bei dem am 27. 12. 1971 bei dem in Köln auf die gegenüber dem Dom gelegene Filiale der Deutschen Bank durchgeführten Überfall. Auch hier erhielten die Täter schließlich einen Fluchtwagen; der leitende Kriminalbeamte und ein höherer Beamter der Schutzpolizei fungierten im Austausch als Geiseln.

Dagegen war bei dem kurz zuvor am 4. 8. 1971 in München auf die Filiale der Deutschen Bank in der Prinzregentenstraße von zwei Tätern durchgeführten Überfall die Geiselnahme von vornherein eingeplant. Die Täter, die sechs Geiseln zurückbehalten hatten, verlangten 2 Millionen DM als Lösegeld und „freien Abzug“.

Derartige Charakteristika der Geiselnahme zeigen viele Flugzeugentführungen der letzten Jahre und Jahrzehnte, wenngleich das Lösegeld oft nur eine Begleiterscheinung zu den angeblich politischen Zielen darstellt. Doch gibt es auch rein kriminell und lediglich durch das Lösegeld motivierte Fälle von Flugzeugentführungen, bei denen Besatzungsmitglieder und Insassen als Geiseln fungieren; hinzu kommt der erhebliche Vermögenswert, den das Flugzeug darstellt.

Zu diesen Fällen zählt eine im November 1971 in den USA durchgeführte Tat. Die Fluggesellschaft Northwest Airlines zahlte etwa 200 000 DM Lösegeld an den Täter, der mit einem Fallschirm aus der gekaperten Maschine absprang.

Im Februar 1972 erbeuteten Luftpiraten für eine nach Aden entführte Maschine der deutschen Lufthansa rund $15^1/_2$ Millionen DM.

Am 7. 4. 1972 brachte ein etwa 30 Jahre alter Täter auf dem Flug von New Jersey nach Los Angeles eine Maschine der United Airlines in seine Gewalt und dirigierte sie nach San Franzisko um. Dort erhielt er gegen Freilassung der 85 Passagiere von der Fluggesellschaft 500 000 Dollar und vier Fallschirme. Er sprang südlich der Stadt Salt Lake City ab.

Schließlich kann es Ziel der gewinnsüchtigen Geiselnahme sein, eine Lösegeldzahlung durch den **Staat** selbst zu erzwingen, der mitunter bei Kindes- und Flugzeugentführungen bereits helfend eingegriffen hatte. Allerdings kann man bei solchen Praktiken der Tatausführung oft nur noch im übertragenen Sinne von einer Geiselnahme sprechen, weil die Täter nicht mehr persönlich in Erscheinung treten, sondern sie sich bei ihrer Drohung lediglich technischer Mittel bedienen.

Schon im Mai 1971 war in Australien ein Täter auf eine derartige Verbrechenstechnik gekommen. Er teilte der Fluggesellschaft Quantas telefonisch mit, er habe in einer Boeing 707, die sich mit 116 Personen auf dem Flug von Sydney nach Hongkong befand, eine Bombe versteckt. Erst nach Zahlung einer Summe von umgerechnet 2 Millionen DM werde er Näheres über Versteck und Entschärfung der Bombe sagen.

Während sich die Attentatsdrohung im vorgenannten Falle als ein Bluff herausstellte, teilte im März 1972 ein Mann der Fluggesellschaft Trans World Airlines mit, er habe an vier Maschinen der Gesellschaft Bomben versteckt, die er binnen 18 Stunden platzen lassen werde, wenn er nicht 2 Millionen Dollar erhalte. Eine Bombe wurde in einer Boeing 707 entdeckt – kurz bevor sie explodierte. Nach etwa 18 Stunden explodierte eine mehrfach durchsuchte, auf einem Flugplatz abgestellte Maschine der Gesellschaft.

Diese Form der Tatausführung ist übrigens nicht nur bei Flugzeugen, sondern auch bei anderen Verkehrsmitteln möglich, z.B. bei der Eisenbahn. Bekannt wurde hier u.a. der deutsche Fall, in welchem der Täter als „Roy Clark" auftrat. Er begann am 15. 10. 1966 damit, von der Bundesbahn unter entsprechender Drohung Geld zu fordern – zunächst 50 000 DM, später sogar 700 000 DM. Um die Ernstlichkeit seines erpresserischen Verhaltens zu demonstrieren, inszenierte er mehrere Sprengstoffanschläge. Auch durch andere Manipulationen (Lockern von Schienen, Stahlseile über Fahrleitungen) gefährdete er die Sicherheit des Bahnverkehrs.

Diese Techniken der Tatausführung werden hier der Vollständigkeit halber erwähnt, weil sie über den Menschenraub und damit die Geiselnahme im strengen Sinne hinausgehen. Der Geiselnehmer verbindet mit dem Menschenraub – wie etwa beim Kidnapping – oft Praktiken der Erpressung, die als solche aber später (§ 9-VIII) behandelt werden sollen. Mit Verwahrung des Opfers und Kontaktaufnahme sowie Lösegeldübergabe ergeben sich dann – wie wir noch sehen werden – auch die eigentlich kritischen Probleme für den Rechtsbrecher.

c) Entführung

Die Entführung ist insoweit ein spezielles Freiheitsdelikt, als die Tat zunächst mit dem – wenngleich u.U. arglistig manipulierten – Willen des Opfers begangen wird. Das Ergebnis ist

jedoch – wie beim Menschenraub – eine Freiheitsberaubung, die auf längere Zeit angelegt ist und zu einem persönlichen Abhängigkeitsverhältnis vom Täter führt.
Kennen einzelne Rechte noch die Entführung zum Zwecke der Ehe, so sind im übrigen kriminalphänomenologisch vor allem drei Erscheinungsformen zu unterscheiden. Relativ häufig werden Entführungen zum Zwecke sexuellen Mißbrauchs begangen. Das Verhalten der gutgläubigen und vielfach unternehmungslustigen Opfer erübrigt zunächst den Einsatz schweren Zwanges, erst später wird sich das Opfer seiner fatalen Lage bewußt.

Ein Don Juan fährt von Schleswig-Holstein mit dem 18 Jahre alten Backfisch B im unbezahlten schweren Borgward nach Paris. Von dort sandte er, als das Geld ausgegangen war, Greuelbotschaften an seine Frau mit der Bitte um Hilfe. Man übernachtete schließlich im Wagen unter den Brücken von Paris. Als sie in dieser völlig abhängigen Lage, die Don Juan vorausgesehen hatte, mit den erwarteten Gegenleistungen „zahlen" sollte, gelang der B die Flucht; sie kehrte als Anhalterin noch am gleichen Tage von Paris nach Schleswig-Holstein zurück, weshalb man bald an einer abhängigen Lage zweifeln könnte.

Häufiger geschieht es, daß ein Täter, welcher sexuelle Ziele verfolgt, eine Frau – sei es eine flüchtige Tanzbodenbekanntschaft oder eine Anhalterin – mit dem Versprechen in sein Kraftfahrzeug lockt, sie nach Hause oder an einen anderen Ort ihrer Wahl zu fahren, während er sie in Wahrheit an einen Platz bringen will, an welchem er seinen Plan ungestört und leicht auszuführen gedenkt.

Seltener sind heutzutage Entführungen zum Zwecke finanzieller Ausbeutung.

Immerhin entführte noch 1947 ein Bergmann einen 9jährigen Jungen, um ihn zum Betteln anzuhalten und durch ihn Unterstützungen zu erschwindeln.

Am häufigsten werden, was bei der gerade insoweit unsicheren Fassung der Strafvorschriften nicht verwundern kann, Entführungen aus Gründen der Personensorge begangen. Mitunter fehlt es hier an einem die Freiheit gegen den Willen des Opfers beschränkenden Abhängigkeitsverhältnis; ein Elternteil, der nicht das Sorgerecht erhalten hat, maßt sich dieses an. In manchen Fällen will der Täter aus religiösen oder persönlichen Gründen lediglich den Sorgeberechtigten an der Ausübung seines Rechts hindern.

Hängt es hier, speziell bei der Kindesentführung, von der Einstellung des jugendlichen Opfers ab, ob die Freiheitsberaubung ohne seinen Willen bewirkt wird, gibt es dennoch Fälle, die im Ergebnis dem Menschenraub vergleichbar sind. Das ist vor allem dann anzunehmen, wenn das Opfer von ihm unbekannten Personen entführt wird.

Kriminalistisch wird man in Fällen von Entführung, da das persönliche Abhängigkeitsverhältnis zunächst ohne schweren Zwang begründet wird, auf die verschiedenen Praktiken abstellen müssen, mit deren Hilfe der Täter das Opfer in seine Gewalt bringt. Mögliches Tatmittel sind, da Menschenraub brachiale Gewalt oder entsprechende Drohung voraussetzt, mindere Formen psychologischen Zwangs oder Täuschungen verschiedener Art. Zwang wird zunächst bei einer Entführung nur selten ausgeführt. Denn das hierfür u.a. in Betracht kommende Drohen mit Selbstmord setzt besondere persönliche Verhältnisse voraus. Eher dürfte der Täter damit bei Muntbruch drohen, wo dann aber Täter und Opfer auf diese Weise Einwilligung oder Duldung der Eltern als Drittopfer zu erzwingen suchen.
Viel häufiger ist bei Entführung das Benutzen von Tricks oder anderen Täuschungen, die sich dann jedoch gegen das unmittelbare Opfer zu richten pflegen. Neben dem Ausnutzen einer günstigen Gelegenheit – z.B. der unbewacht im Kinderwagen abgestellte Säugling – ist

hier bei jugendlichen und erwachsenen Opfern an arglistige Versprechen oder sonstige Täuschungen zu denken. Nicht selten spekuliert der Entführer dabei auf Habgier, Neugier oder Abenteuerlust seines Opfers.

Der Täter verspricht beispielsweise fälschlich die Beschaffung einer Arbeitsstelle, gibt sich als Sorgerechtigter oder aber als von diesem Beauftragten aus. Können hier sowohl Dritte als auch das Opfer getäuscht werden, richtet sich der alte Bonbon- oder Kirmestrick doch vor allem gegen minderjährige Opfer.

VII. Delikte wider den persönlichen Frieden

Die Delikte gegen den persönlichen Frieden richten sich zwar ebenso wie die Freiheitsdelikte gegen ein Individuum, ziehen aber andere Grundrechte als das auf Willens- oder Bewegungsfreiheit in Mitleidenschaft. Kurz gesagt geht es hier um einen persönlichen Bereich, auf dessen Respektierung der Mensch in einem ordentlichen Gemeinwesen muß vertrauen dürfen. Bei der in den einzelnen Rechten naturgemäß unterschiedlich geregelten Materie geht man am besten von den dadurch besonders beeinträchtigten Grundrechten aus. So gelangt man zu drei hier besonders wichtigen Deliktstypen: Bedrohung, Hausfriedensbruch und Verletzung privater Geheimnisse.

1. Bedrohung

Die Bedrohung ist ein Delikt, das sich gegen den persönlichen Frieden des Einzelnen richtet, dessen Vertrauen in seine Sicherheit durch derartige Taten u.U. erheblich erschüttert werden kann.

Stähr, Wolf: Die Bedrohung. Eine kriminologische und strafrechtliche Untersuchung – Diss. Kiel – Hamburg 1965.

Von der Nötigung unterscheidet sich die Bedrohung – wie angedeutet – dadurch, daß der Täter keinen über die Verunsicherung des Opfers hinausgehenden Zweck verfolgt, von den Delikten gegen den Gemeinschaftsfrieden dadurch, daß unmittelbar nur ein Einzelner (oder mehrere Individuen) betroffen wird.
Kriminologisch und kriminalistisch ist die Bedrohung vor allem als Vorstufe der Gewaltkriminalität interessant. Denn die Erfahrung lehrt, daß Worte wie „Wer droht, macht Dich nicht tot" keinesfalls auf die leichte Schulter genommen werden sollten. Denn ein dergestalt Drohender geht nicht selten schnell zu brutaler Gewaltanwendung über. Dies wird dadurch unterstrichen, daß der Täter nahezu immer mit Gewaltdelikten droht. So kündigt er in mehr als der Hälfte dem Opfer sogar Mord oder Totschlag an. Daneben spielt das Drohen mit körperlicher Mißhandlung eine große Rolle, während Sexualfreiheitsdelikte nur relativ selten angedroht werden. Andere Erscheinungsformen der Bedrohung – mit Freiheits- oder Vermögensdelikten, Indiskretion oder für den Einzelnen bedeutsamen gemeingefährlichen Delikten (Brandstiftung, Sprengstoffattentat) – treten zahlenmäßig sehr zurück.
Was die kriminalistische Verbrechenstechnik anlangt, lassen sich nach Art der drohenden Äußerung folgende drei Fallgruppen unterscheiden.

a) In der Praxis überwiegt gewöhnlich die **mündliche Bedrohung.** Auf sie entfällt nahezu die Hälfte aller dieser Taten. Dabei nimmt der Täter mitunter den Mund allerdings etwas zu voll, z.B. spricht er vom Töten, obwohl er eine Tracht Prügel meint.

Ein Schlachtergeselle zog bei einem Streit ein langes Messer und drohte: „Wenn Du mich anrührst, dann ersteche ich Dich, dann schneid' ich Dich in der Mitte ab".

Ein angetrunkener 18jähriger, der an einer Bushaltestelle einem Mädchen gegenüber ausfallend wurde, bedrohte deren daraufhin eingreifenden Begleiter mit den Worten: „Was willst Du Schwein. Du bist wohl lange Zeit nicht zusammengeschlagen worden."

b) Seltener ist die **schriftliche Bedrohung,** der Drohbrief, der häufig die Anonymität des Delinquenten sichern soll. Ziel solcher Taten sind relativ oft prominente Personen, die als Politiker oder sonst im Blickpunkt der Allgemeinheit stehen.

Zwerenz, Ingrid (Hrsg.): Anonyme Schmier- und Drohbriefe an Prominente – München/Berlin/Wien 1968.

So schrieb eine ältere Frau ihrer Nachbarin mit der sie verfeindet war, einen solchen Drohbrief.

Am ehesten werden Drohbriefe noch von jugendlichen Tätern geschrieben, die mit Absendern wie „Gangstersyndikat" gewissermaßen „hochstapeln".

c) Kriminell intensiver sind oft **Bedrohungen durch aggressives Handeln.** Da derartige Praktiken mitunter benutzt werden, um drohenden Worten Nachdruck zu verleihen, kommt ihnen erhebliche Bedeutung zu. Ob die Tat sich nun im aggressiven Verhalten erschöpft oder ob dieses lediglich drohenden Worten Nachdruck verleihen soll, handelt es sich hier keineswegs nur um unmißverständliche Gebärden, sondern greift der Täter nicht selten zur Gewaltanwendung, die aber recht verschieden geartet sein kann.

Neben dem Drohen mit der bloßen Faust werden außer Schußwaffen, Messern und Dolchen alle möglichen Instrumente wie Mistgabeln, Bierkrüge und Stricke in für das Opfer nicht mißzuverstehender Weise gezeigt.

Ein Busfahrer, der mit seiner Frau in Scheidung lebte, verfolgte die auf einer Landstraße Radelnde mit seinem Fahrzeug bis an den Rand eines Grabens.

Ein als Hausschreck gefürchteter Mieter, dessen Kind vom Hauswirt zurechtgewiesen worden war, weil es mit Steinen geworfen hatte, ging daraufhin mit einem Beil in der Hand auf den Vermieter los. Als Dritte ihm das Beil entrissen hatten, holte er sich ein Brotmesser. Selbst nach seiner Festnahme drohte der hartnäckige Raufbold weiter, er werde nicht eher Ruhe geben, bis der Vermieter kaltgemacht sei.

2. Hausfriedensbruch

Der Hausfriedensbruch verletzt das Hausrecht oder stört – exakter gesagt – den Hausfrieden, eine besondere, dem Einzelnen garantierte Friedenssphäre; denn der Hausfrieden soll dem Einzelnen gewährleisten, daß er in seinem häuslichen Bereich ungestört leben und sich sicher fühlen kann.

Armknecht, Malte: Hausfriedensbruch. Eine strafrechtliche und kriminologische Studie über die §§ 123, 124. 342 StGb – Diss. Frankfurt a.M. – München 1970.

Kriminologisch ist schon deshalb manches unsicher, weil der Hausfriedensbruch häufig als Begleittat anderer Delikte fungiert. Auch stellen die maßgebenden Vorschriften nicht immer exakt auf den Frieden des Einzelnen ab, sondern greifen z.T. in den sozialen Bereich über oder lassen doch eine solche Auslegung zu.

So kommt es beispielsweise, daß in einer Frankfurter Untersuchung beinahe ein Drittel der einschlägigen Verurteilungen auf den Verkehrsbereich – insb. die Empfangshalle des Hauptbahnhofs und eine Station der U-Bahn – entfielen; auch rangieren hier Geschäftsräume (vor allem Gastwirtschaften und Ähnliches) noch weit vor Wohnungen (11,5%). Es kann daher nicht überraschen, daß Hausfriedensbrüche hier überwiegend von dem Opfer unbekannten Tätern begangen worden sind; doch darf man nicht verkennen, daß bei Privatwohnungen die Anzeigefreudigkeit erheblich geringer und mithin das Dunkelfeld größer sein wird.

Kriminalphänomenologisch empfiehlt es sich, den schlichten Hausfriedensbruch, der keine weitergehenden Zwecke verfolgt, von der weitaus größeren Zahl anderer Fälle zu unterscheiden. Die praktische Bedeutung der erstgenannten Erscheinungsform ist trotz der extensiven Rechtsanwendung vergleichsweise gering (10–20%). Auf die anderen Formen, bei denen der Hausfriedensbruch nur Mittel für andere Zwecke ist, entfallen mithin 80–90% aller einschlägigen Fälle. Hierher gehören u.a. der gewalttätige, Personen oder Sachen in Mitleidenschaft ziehende sowie der randalierende Hausfriedensbruch, bei dem es um groben Unfug, ruhestörenden Lärm oder Ehrverletzungen und Ähnliches geht. Sehr häufig fungiert der Hausfriedensbruch jedoch als Begleittat von Vermögensdelikten; man braucht hier beispielsweise nur an die große Zahl der Einbruchsdiebstähle oder an die in Gebäuden verübten Raubüberfälle zu denken. Nur selten bezweckt der Hausfriedensbruch eine Einflußnahme auf Personen oder erfolgt aus Neugier, was etwa auf Ausspähen von Privatgeheimnissen hinauslaufen kann. Gewichtig, wenngleich zahlenmäßig gering, sind schließlich Fälle des Hausfriedensbruchs unter Amtsmißbrauch.
Nach der Tatasuführung lassen sich bei allen diesen Erscheinungsformen kriminalistisch zwei große Gruppen von Verbrechenstechniken unterscheiden, das Eindringen und das unbefugte Verweilen, was in etwa den strafrechtlichen Begehungsweisen entspricht.

a) Das Eindringen

Das Eindringen ist die in der Praxis weitaus wichtigste Form der Tatausführung. Sie kommt mit gewöhnlich mehr als 80% aller Fälle bei allen praktisch bedeutsamen Formen des Hausfriedensbruchs vor. Dabei lassen sich gewaltsames und gewaltloses Vorgehen unterscheiden.
aa) Hausfriedensbruch wird nicht gar so selten unter Anwendung von meist körperlicher Gewalt begangen (gewaltsames Eindringen).

Es werden nicht nur Türen auf- oder eingedrückt, sondern auch Fenster eingeschlagen. Selbst wenn es sich oft um mehrere Täter handelt, werden zu diesem Zweck – man denke an Einbruchstechniken – des öfteren auch Werkzeuge benutzt.

Dringt eine Menschenmenge in einen geschützten Bereich ein, so werden die Grenzen zum Landfriedensbruch fließend.

bb) Fälle gewaltlosen Eindringens, die rein zahlenmäßig übrigens klar überwiegen, haben des öfteren ebenfalls Zwangscharakter und ähneln insoweit mitunter den Gewaltdelikten. Das ist insb. bei Benutzen von Hilfsmitteln wie Leitern, Seilen u.dgl. möglich. Natürlich gibt es daneben auch Modalitäten der Tatausführung, denen jeglicher Zwangscharakter mangelt, weil der Täter ohne Drohung und ohne überwinden technischer Sicherung in den geschützten Bereich gelangt.

Fälle, in denen der Täter durch Bedrohen eines Menschen oder durch raffiniertes bzw. entschlossenes Überwinden technischer Sicherungen Zugang verschafft, sind gewöhnlich kriminell intensiver als andere Praktiken.

So ist es etwa, wenn der Täter eine Waffe oder ein gefährliches Werkzeug mit sich führt, die er ohne weiteres gegen ihn Widerstand leistende Personen einsetzen könnte.

Diese Situation wird häufiger bei rechtswidrigem Handeln von Beamten vorliegen. So hat sich ein Täter als Polizeibeamter Zugang zu einer Wohnung verschafft, um dort eine Vernehmung des beschuldigten Wohnungsinhabers zu erzwingen.

Charakteristisch für gewaltloses Eindringen aber sind Fälle, in denen sich der Täter entweder unzureichende Sicherungen zunutze macht oder sich einer Täuschung bedient bzw. den Irrtum eines Berechtigten ausnutzt. Zur erstgenannten Fallgruppe gehören solche Täter, die sich über ein zwar wirksam bestehendes, aber nicht oder nur begrenzt durchsetzbares Hausverbot hinwegsetzen. Denn hier fehlt es an der Täuschung von Personen oder entsprechend trickreichem Vorgehen.

Ein junger Mann mußte am späten Abend die von den Vermietern seiner Freundin verschlossene Eingangstür überwinden, um zu seiner Freundin zu gelangen und das den Vermietern nicht passende außereheliche Zusammenleben zu praktizieren.

Typisch für gewaltloses Eindringen sind daher Fälle wie der, daß jemand trotz für ihn bestehenden Verbots die Bahnhofshalle oder eine Gaststätte betritt. Natürlich liegen die Fälle anders, wenn der Zugang auf ungewöhnliche Weise – mit Nachschlüsseln, Übersteigen von Mauern oder Zäunen, Benutzung von Nachschlüsseln – erreicht wird.

Ein junger Mann gelangte durch eine nicht verschlossene Tür in das Mansardenzimmer eines Mädchens, auf das er ein Auge geworfen hatte; er wollte dort ihre Rückkehr abwarten.

Durch Unkenntnis des Berechtigten – bei mangelnder Sicherung – sind Fälle geprägt, in denen sich Landstreicher oder andere Personen in einer Scheune einquartieren, um dort zu nächtigen oder einige Tage zu leben.

Charakteristisch für Tricks ist das Vorgehen zweier junger Männer, die kostenlos ein Konzert besuchen wollten. Sie benutzten – mit Violinkästen unter dem Arm – einfach den Angestellteneingang.

Andere Fälle leiten bereits zum unbefugten Verweilen über. So kam ein Mann zu einem Zahntechniker, um den ihn nichtsahnend Einlassenden wegen schlechter Arbeit mit groben Ausdrücken zu beschimpfen; er ließ sich dabei auch nicht durch die Forderung zu gehen stören.

b) Unbefugtes Verweilen

In rund einem Fünftel aller Fälle wird der Hausfriedensbruch durch bloßes, wenngleich unbefugtes Verweilen im geschützten Bereich begangen. Dies ist die Regel kriminell weniger intensive Form der Tatbegehung, weil der Täter sich bereits im häuslichen Bereich befindet, er also nicht erst mit Gewalt oder anderen Mitteln eindringen muß.

Zu dieser Tatsituation kommt es vor allem, wenn der Täter aus Trotz oder Rechthaberei einer an ihn gerichteten Aufforderung, die Örtlichkeit zu verlassen, nicht Folge leistet.

Hierher gehört ferner das Randalieren in Sitzungen oder in Veranstaltungen, die auf diese Weise gestört werden sollen. Handfester ist dabei schon das Verwenden von Stinkbomben. Auf diese Weise protestierten bereits in den 50er Jahren 15 junge Männer in einem Kino gegen den Film „Die Sünderin".

Immerhin kann es bei solchem Tatverlauf zur Anwendung von Gewalt oder zu aktivem Widerstand kommen, wenn der Berechtigte oder andere den Täter so oder so zum Gehen veranlassen wollen.

3. Verletzung privater Geheimnisse

Sicherlich ist die Verletzung privater Geheimnisse sowohl für den Kriminologen als auch für den Kriminalisten interessant, wenngleich einschlägige Strafverfahren nur sehr selten durchgeführt werden und die kriminelle Intensität dieser Gesetzesverstöße im allgemeinen gering ist. Bei sicherlich großem Dunkelfeld beruht die geringe Zahl derartiger Verfahren vor allem darauf, daß private Geheimnisse nur partiell durch das Strafrecht geschützt werden.

Schneickert, Hans: Das Geheimnis. Sein Schutz und Verrat – Jena 1941; *Payne,* Ronald: Die indiskrete Konkurrenz – Bern/München/Wien 1968.

Zunächst einmal muß man von derartigen Privatgeheimnissen sowohl das Amtsgeheimnis als auch das Staatsgeheimnis unterscheiden, dessen Verletzung durch nachrichtendienstliche Tätigkeit nicht nur gewichtiger ist, sondern die kriminalistischen Aspekte gut beleuchtet. Sodann ist zu beachten, daß Privatgeheimnisse niemals absolut, sondern nur partiell durch das Strafrecht geschützt werden können. Zwei für die moderne Strafgesetzgebung wesentliche Aspekte sind dabei besondere Geheimnisträger oder besondere Sicherungen. Führt der letztgenannte Aspekt zu Vorschriften, die das Briefgeheimnis als solches schützen sollen, ist beim anderen an Strafvorschriften zum Schutze von Berufsgeheimnissen zu denken.
Diese Regelungstechnik ist daher für die Tatausführung bedeutsam, sie richtet sich gewöhnlich danach, ob das Privatgeheimnis durch besondere Sicherungen wie Briefumschläge u.dgl. geschützt ist oder ob das nicht der Fall ist; dann muß der Täter sich in dem besonderen Geheimhaltungsbereich befinden oder irgendwie in ihn hineingelangen. Weniger interessant ist kriminalistisch zunächst einmal die Frage, wie der Täter die Geheimnisverletzung ausnutzt, wobei außer an bloße Kenntnisnahme sowie an unentgeltliche oder entgeltliche Weiter- bzw. Rückgabe auch daran zu denken ist, daß er seine Kenntnisse selbst wirtschaftlich verwertet. Wichtiger für die Verbrechenstechnik ist bereits die Frage, ob der Täter bekannt ist oder er seine Anonymität zu wahren sucht; mitunter läßt er den Geheimnisbruch sogar durch Dritte ausführen.

a) Erlangen besonders gesicherter Gehimnisse

Für das Erlangen besonders gesicherter Geheimnisse sind vor allem die bei Verletzung von Briefgeheimnissen zu beobachtenden Praktiken typisch. Denn der Täter muß hier den sichernden Verschluß überwinden, was in aller Regel nicht dadurch geschehen kann, daß er das gesamte Objekt für dauernd an sich bringt; denn dann wird der Geheimnisbruch gewöhnlich schnell offenbar. Daher muß der Täter versuchen, auf andere Weise an derartige Privatgeheimnisse heranzugelangen.
Will der Rechtsbrecher seine Anonymität wahren oder gar den Eingriff verschleiern, damit dieser nicht bemerkt wird, so muß er besonders vorsichtig vorgehen. Er muß zunächst den fraglichen Gegenstand – z.B. den Brief – möglichst unbemerkt in seine Gewalt bringen, um sodann den sichernden Verschluß unauffällig zu überwinden.

Obwohl das Öffnen – z.B. mittels Wasserdampfes – nicht selten Spuren hinterläßt, ist diese Technik weit verbreitet, weil der Empfänger seine Post kaum ohne besonderen Anlaß daraufhin zu prüfen pflegt.

Häufig wird die Klappe des verschlossenen Briefumschlags mit Nadel, Glasstäbchen, Bleistift oder einem ähnlichen Instrument „aufgerollt“. Beim Verschließen muß der Täter dann aber gewöhnlich Klebstoff verwenden, weil die Klebefähigkeit der Gummierung zumindest stark vermindert ist.

Es gibt jedoch – nicht nur im geheimdienstlichen Bereich – weniger verräterische Methoden, die bis zum mitunter möglichen Durchleuchten von Briefen reichen.

Legt der Täter auf Anonymität jedoch keinen Wert, so wird die Tat gewöhnlich so primitiv ausgeführt, daß ihre Spuren unverkennbar sind. Fremdhändige Begehung ist in diesen Fällen anscheinend sehr selten.

Selbstverständlich kann ferner – wie bereits erwähnt – die Art der Weitergabe so oder so erlangter Privatgeheimnisse für den Kriminalisten aufschlußreich sein. Dies gilt besonders für hand- oder maschinenschriftliche Weitergabe und für Benutzung technischer Hilfsmittel wie etwa der Fotokopie, weil sich damit Möglichkeiten des Sachbeweises ergeben, während man bei mündlicher Weitergabe auf den Personalbeweis angewiesen sein dürfte. Selbst ohne Weitergabe kann man durch Verwertung des illegal erlangten Geheimnisses, mag es durch den Täter selbst oder durch Dritte erfolgen, Beweismöglichkeiten erlangen. Beim Briefgeheimnis dürfte sogar die Eigenverwertung dominieren, wenngleich im wirtschaftlichen Bereich eher Fremdverwertung vorkommen dürfte.

b) Erlangen ungesicherter Geheimnisse aus besonderen Schutzbereichen

Anders ist die Sache bei Privatgeheimnissen, die – an sich ungesichert – für besondere Schutzbereiche, vor allem bestimmte Berufspersonen als Geheimnisträger geschützt werden (Berufsgeheimnis). Außer an das Post- und Fernmeldegeheimnis ist vom Gegenstand her an Betriebs- und Geschäftsgeheimnisse sowie an das Steuergeheimnis zu denken, wenngleich hier umstritten ist, ob der Gesichtspunkt des Privat- oder der des Amtsgeheimnisses überwiegt.

Beim Erlangen derartiger Berufsgeheimnisse muß man für die Verbrechenstechnik zwischen Geheimnisträgern und anderen im fraglichen Bereich Tätigen, die ohne sonderliche Schwierigkeiten Zugang bekommen können, einerseits und wirklichen Außenseitern andererseits unterscheiden, die auf andere Weise als durch Mißbrauch von Geheimnisträgern Kenntnis erlangen müssen. Natürlich wenden derartige Täter u.U. auch einmal solche Manipulationen an, wie sie bei Verletzungen des Briefgeheimnisses erwähnt worden sind.

Häufiger als bei Verletzungen des Briefgeheimnisses bedient sich der Täter in diesen Fällen jedoch der Hilfsmittel unserer modernen Technik, um das Geheimnis auszuspähen und u.U. sogleich zu fixieren.

Außer an Kleinbild- und Filmkameras, Fotokopie ist daher ferner an Tonbandgeräte und Abhörvorrichtungen wie Mini-Spione (sog. Wanzen) zu denken.

Auch bei der Verletzung von Berufsgeheimnissen braucht der Täter oft nicht darauf bedacht zu sein, seine Anonymität zu wahren, wenn er beispielsweise ungehindert Zugang zum Geheimnis hat. Mitunter will er sein Verhalten überhaupt nicht verbergen, wobei keineswegs nur an Erpresserpraktiken zu denken ist. Allerdings muß sich der Täter, insb. wenn er Außenseiter ist, beim Ausspähen derartiger Privatgeheimnisse häufig eines Dritten bedienen, der entweder selbst Geheimnisträger ist oder doch leichter als er Zugang zu erlangen vermag.

Die Formen der Weitergabe entsprechen im Grunde dem beim Briefgeheimnis Ausgeführten. Allerdings wird die Fremdverwertung (Betriebs- und Wirtschaftsspionage) hier häufiger als dort sein.

VIII. Ehrverletzungen

Die Ehrverletzungen, als deren Grundtyp man die Beleidigung werten kann, sind sowohl kriminologisch als auch kriminalistisch noch wenig erforscht. Das ist verständlich, weil das Dunkelfeld hier schon allgemein erheblich ist und durch prozessuale Restriktion wie das Erfordernis eines Strafantrags oder die Natur eines Privatklagedelikts noch vergrößert wird.

Christiansen, Hans: Die Beleidigung. Eine strafrechtlich-kriminologische Untersuchung unter besonderer Berücksichtigung der Fälle sozialtypischen Verhaltens, dargestellt an Hand der im Landgerichtsbezirk Kiel in den Jahren 1960–1962 durchgeführten Verfahren – Diss. Kiel – Kiel 1965; *von Lippe,* Christoph: Der Ehrenschutz im deutschen Strafrecht. Eine kriminologische Untersuchung anhand von Strafakten des Landgerichtsbezirks Bonn aus den Jahren 1960–1961 – Kriminol. Unters. H. 24 – Bonn 1966; *Doering,* Hans-Georg: Beleidigung und Privatklage. Eine kriminologische Untersuchung der Beleidigungskriminalität, dargestellt anhand der Privatklageakten der Amtsgerichte Bremen, Göttingen und Northeim aus den Jahren 1957 bis 1965 – Kriminol. Studien Bd. 8 – Göttingen 1971.

Ungeachtet mancher juristischer Differenzierungen und Streitfragen wird der Kriminologe alle Ehrverletzungen zusammenfassen und sich bei den Erscheinungsformen zweckmäßig an dem die Tatsituation kennzeichnenden Anlaß orientieren. So lassen sich beispielsweise Familien-, Nachbar-, Wirtshaus-, Berufs- und Prozeßbeleidigungen von politischen Beleidigungen, entsprechenden Taten beim Sport sowie den zahlenmäßig bedeutsamen Straßenverkehrs- und Sexualbeleidigungen unterscheiden.
Bei der Tatausführung, die sich überwiegend gegen unbekannte Dritte richtet (bei im Lebensbereich der Täter sicher größerem Dunkelfeld), differenziert der Kriminalist am besten nach der äußeren Form des ehrenrührigen Verhaltens.

1. Mündliche Beleidigungen

Im täglichen Leben überwiegen – ungeachtet der hier besonders großen Dunkelziffer – bei weitem mündliche Beleidigungen (Verbalinjurien).

Hierher gehören sowohl Schimpfworte als auch ehrenrührige Tatsachenbehauptungen der verschiedensten Art. Abgesehen von den Beweisproblemen, die sich gewöhnlich auf den Personalbeweis konzentrieren, bereiten diese Fälle den Kriminalisten kaum Schwierigkeiten; eine Ausnahme bilden insoweit telefonische Beleidigungen.

2. Schriftliche Beleidigungen

Schriftliche Beleidigungen sind mit einem Anteil von rund 10% an der statistisch erfaßten Ehrverletzungskriminalität ungleich seltener. Das erklärt sich wohl daraus, daß beleidigende Schriftstücke besonders gut geeignete Beweise liefern; zudem sind viele Menschen nicht sonderlich schreibgewandt oder scheuen einfach die Mühe. Diese Verbrechenstechnik wird naturgemäß von Tätern bevorzugt, die auf diese Weise ihre Anonymität wahren möchten.
Bei den für Kriminalisten besonders interessanten schriftlichen Beleidigungen ist vor allem zwischen beleidigenden Briefen usw. und ehrenrührigen Druckerzeugnissen zu unterscheiden. Zur Schrift sind bei beiden Formen der Kommunikation selbstverständlich Bilder, z.B. beleidigende Karikaturen und Ähnliches zu zählen. Diese Fälle der Ehrverletzung bieten

durchweg für den Sachbeweis geeignete Spuren, können aber wegen des öfteren anonymer Begehung schon komplizierter liegen.
Beleidigende Briefe oder andere ehrenrührige Schriftstücke sind durchweg an Einzelpersonen oder einen begrenzten Kreis von Personen gerichtet. Das insoweit begrenzte Ausmaß besagt aber wenig oder nichts über die zugrundeliegende kriminelle Intensität. Ziel solcher Beleidigungen sind nicht selten im Blickfeld der Öffentlichkeit stehende Personen wie Politiker oder andere „Prominente".

Zwerenz, Ingrid (Hrsg.): Anonyme Schmier- und Drohbriefe an Prominente – München/Bern/Wien 1968.

Einfach ist es noch, wenn ein Kaufmann, der einem angeblich wegen Faulheit entlassenen Lehrmädchen noch einen Restlohn zu überweisen hatte, auf den dafür benutzten Postscheck schrieb: „Als Lohn für Faulheit und Frechheit."

Beleidigende Druckerzeugnisse haben nicht nur eine größere, oft beträchtliche Reichweite, sondern liegen wegen der angewandten Technik vielfach auch kriminalistisch ziemlich schwierig.

Typisch für beleidigende Druckerzeugnisse, die bei mehr Aufwand naturgemäß einen größeren Personenkreis erreichen sollen, sind „Enthüllungen" über Politiker oder andere prominente Personen.

Selbstverständlich gibt es, da Ärger oder Haß die Phantasie dieser Täter oft sehr beflügeln, noch andere Produkte graphischer oder ähnlicher Art, die ehrenrührig sein können.

Als besonders skurril sei daher ein Fall von Straßenverkehrsbeleidigung erwähnt. Ein Fahrer zeigte, wenn er sich beim Überholen behindert fühlte, dem schließlich doch Überholten im Rückfenster ein eigens für diesen Zweck präpariertes Transparent mit der Aufschrift „Schwein".

3. Beleidigendes Verhalten

Wieder etwas häufiger sind, wenngleich die Zahlenangaben hier sehr schwanken (33–45%), die verschiedenen Formen beleidigenden Verhaltens, bei denen schlüssiges Handeln oder symbolische Gesten ehrenrührigen Charakter haben. Hier dürfte das Dunkelfeld wieder etwas größer sein. Die Modalitäten sind außerordentlich verschieden; die Tatausführung reicht vom Unterlassen gebotener Höflichkeit über Formen despektierlichen Verhaltens bis hin zu ehrenrühriger Gewalttätigkeit.
Nicht nur strafrechtlich, sondern auch kriminalistisch sind diejenigen Fälle problematisch, in denen die strafbare Beleidigung im Unterlassen üblicher Höflichkeit bestehen müßte.

Als beleidigend hat man beispielsweise das Weglassen des Wortes „Herr" auf einer Anschrift oder bei einer Anrede gewertet.

Deutlicher tritt ehrenrühriges Verhalten bei ironischer Ehrerbietung und bei despektierlichen Gesten hervor.

Zu den symbolischen Beleidigungen zählt neben dem Tippen an die Stirn, das man auch als „Kraftfahrergruß" bezeichnet, dem An- oder Ausspucken, ferner in bestimmten Landstrichen das Häckselstreuen vor einer Braut oder Ausräuchern eines Stuhls, auf dem der damit Gemeinte gesessen hat.

Manche dieser Verhaltensweisen hängen übrigens mit dem Sexuellen zusammen. Doch liegen derartige Fälle von Sexualbeleidigung mitunter nicht nur tatsächlich, sondern auch rechtlich schwierig.

Denn außer an die meist mündlich geäußerte Aufforderung zum Geschlechtsverkehr oder entsprechendes schlüssiges Verhalten ist hier an die bloße Vornahme sexualbezogener Handlungen bei unbekannten Dritten sowie an das Zusenden obszöner Briefe, eventuell mit Aktfotos, oder unerbetener Werbung für Pornographie oder für andere Sexualartikel zu denken. Hier dient die Strafe wegen Beleidigung in der Rechtspraxis ersichtlich oft dazu, sexuell anstößiges Verhalten des Täters zu ahnden. Zu einem solchen Urteil kann es außer wegen Beweisschwierigkeiten nach Anklage wegen eines Sexualdelikts auch dann kommen, wenn sich die Strafverfolgung aus diesem oder jenem Grunde darauf beschränkt, wegen Beleidigung anzuklagen.

Schließlich kann ehrenrühriges Verhalten in Fällen der tätlichen Beleidigung einen so gewalttätigen Charakter bekommen, daß die Grenze zur vorsätzlichen Körperverletzung unsicher oder überschritten wird.

Typische Fälle dieser Art sind neben dem Verabfolgen von Ohrfeigen oder einer Tracht Prügel das Abschneiden der Haare oder eines Bartes.

Im Zusammenhang mit anderen Gewaltdelikten aber wird – ähnlich wie bei Sexualdelikten – nicht selten zweifelhaft sein, ob sich der Täter des ehrenrührigen Charakters bewußt ist. Ansonsten aber bieten tätliche Beleidigungen in aller Regel wieder mancherlei Möglichkeit für einen Sachbeweis, weil die Gewalt häufiger brauchbare Spuren zu hinterlassen pflegt.

§ 9
Delikte gegen das Vermögen

Die zweite große Gruppe der Delikte gegen den Einzelnen bilden die Straftaten gegen das Vermögen, die gegen spezielle Vermögenswerte wie das Eigentum gerichtete Taten umfassen. Im einzelnen handelt es sich vor allem um folgende Deliktsgruppen:

I. Diebstähle
II. Raub
III. Unterschlagung
IV. Sachbeschädigung
V. Wilderei u. a.
VI. Sachliche Begünstigung und Sachhehlerei
VII. Betrug
VIII. Erpressung
IX. Untreue
X. Wucher u. a.

Diese Individualdelikte, die sich – wie gesagt – gegen das Gesamtvermögen oder besondere Vermögenswerte wie das Eigentum richten, sind nicht nur in den meisten Ländern sehr eingehend geregelt, sondern ihnen kommt auch überdies große praktische Bedeutung zu. Selbst wenn der Schutz von Vermögen und Privateigentum hier und da heute immer noch – kriminalpolitisch betrachtet – überschätzt wird, was sich aus der Entwicklung früherer Jahrhunderte erklärt, gilt dies nicht nur für solche Staaten, die bei einer freien oder sozialen Marktwirtschaft das Privateigentum ausdrücklich respektieren, sondern im Grunde auch für sozialistische Länder; die hier offiziell mehr oder weniger eingeschränkte Bedeutung des

Privateigentums darf nicht darüber hinwegtäuschen, daß die Problematik im wesentlichen nur formal verschoben wird. Denn aus der Sicht des Delinquenten, der sich bereichern will, ist es relativ gleich, ob durch seine Tat Privat- oder Volkseigentum in Mitleidenschaft gezogen wird. Die zu verzeichnenden juristischen Unterschiede ändern also wenig oder nichts an den auch hier kriminologisch und kriminalistisch bestehenden Gemeinsamkeiten.

Wichmann, Axel: Erscheinungsformen und Ursachen der Vermögenskriminalität jugendlicher und heranwachsender Täter. Eine Untersuchung auf der Grundlage eines Vergleichs der Vermögenskriminalität Minderjähriger in den Jahren 1954 und 1961. – Diss. Göttingen – Göttingen 1966; *Jung,* Friedrich: Kriminologische Untersuchungen an Vermögensverbrechen – Kriminol. Studien Bd. 3 – Göttingen 1970; *Werner,* Hans-Jürgen: Professionelles und organisiertes Verbrechen. Versuch einer Bestandsaufnahme und Bericht über Entwicklungstendenzen in der Bundesrepublik Deutschland und in den Niederlanden – IKA 1973/1-3, insb. S. 148 ff.; *Beulke,* Werner: Vermögenskriminalität Jugendlicher und Heranwachsender – Kriminol. Studien Bd. 20 – Göttingen 1974.

I. Diebstähle

Die Diebstähle waren lange Zeit diejenige Deliktsgruppe, auf die hierzulande ebenso wie in anderen Staaten die meisten Verurteilungen entfielen. Das hat sich erst nach dem letzten Weltkrieg geändert, sofern man in die materiell zu betrachtende Gruppe der Verkehrsdelikte die einschlägigen fahrlässigen Tötungen und Körperverletzungen einbezieht. Immerhin machen allein die Diebstähle oft ein Viertel oder Drittel aller Verurteilungen und z.B. bei Jugendlichen teilweise immer noch rund 50% aller Verstöße gegen das Strafgesetz aus.

Groß/Seelig (8/9) II-105 ff.; *von Hentig,* Hans: Diebstahl, Einbruch, Raub – Zur Psychologie der Einzeldelikte – Tübingen 1954; *Diebstahl, Einbruch und Raub.* Arbeitstagung im Bundeskriminalamt Wiesbaden vom 21. April bis 26. April 1958 über Bekämpfung von Diebstahl, Einbruch und Raub – hrsg. v. Bundeskriminalamt – Wiesbaden 1958; *Suttinger,* Günter: Diebstahl – in: HdwKrim (2) 1 – 117ff.

Schon diese große praktische Bedeutung dürfte verständlich werden lassen, warum das Erscheinungsbild der Diebstahltechniken so ungeheuer vielgestaltig ist. Lediglich der Betrug weist eine vergleichbare, vielleicht noch kompliziertere Struktur auf. So kommt beispielsweise die von der deutschen Kriminalpolizei erarbeitete, alte Grundeinteilung der Straftaten nach allerdings recht verschiedenartigen Gesichtspunkten auf über 40 z.T. noch wieder untergliederte Diebstahlsformen.

Gehen wir jedoch von der für die Technik der Verbrechen ausschlaggebenden Tatausführung aus, so lassen sich – wie in der Kriminalphänomenologie – zunächst einmal zwei große Gruppen von Formen unterscheiden. Einbrüchen und verwandten Fällen des schweren Diebstahls, bei denen der Täter besondere Sicherungen zu überwinden hat, um an das Diebesgut zu gelangen, steht die große Zahl der anderen, einfachen Diebstähle gegenüber, bei denen die Beute nicht in dieser Weise gesichert ist. Für diese Unterscheidung zwischen schweren und einfachen Diebstählen sind also nicht die Grenzen der §§ 242, 243 dtsch. StGB maßgebend.

In beiden Gruppen werden wir selbstverständlich zugleich solche Verhaltensweisen berücksichtigen, die das Strafrecht mancher Länder in Form von Sonderregelungen privilegierend oder aber qualifizierend wertet wie etwa den Notdiebstahl oder „Mundraub“ einerseits und den Banden- bzw. Rückfalldiebstahl andererseits. Ferner beziehen wir in die folgende Darstellung diebstahlsähnliche Delikte wie den unbefugten Gebrauch von Kraftfahrzeugen und Fahrrädern (§ 248b dtsch. StGB) oder die Entwendung elektrischer Energie (§ 248c dtsch. StGB) mit ein, weil kriminalistisch insoweit kein nennenswerter Unterschied zu bestehen pflegt.

A. Schwerer Diebstahl (Einbrüche u.a.)

Verstehen wir kriminalistisch und kriminologisch unter Einbrüchen und anderen schweren Diebstählen diejenigen Fälle der Wegnahme fremder Sachen, bei denen der Täter besondere Sicherungseinrichtungen überwinden muß, um an die Beute zu gelangen, so ergeben sich naturgemäß gewisse Unterschiede für Kriminalphänomenologie und Verbrechenstechnik. Denn zum schweren Diebstahl werden hier – wie angedeutet – außer dem mit mechanischer Gewalt arbeitenden Einbrecher auch Nachschlüssel- und Einsteigediebe gerechnet.

Gradmann, Hans: Schlösser und Panzerschränke – in: TbKrim VII, S. 158 ff. (1957); *Schaible,* A.: Moderne Einbruchsmethoden – in: TbKrim X, S. 191 ff. (1960); *Ehrlich,* Camillo: Einbrecher. Aufzeichnungen eines Kriminalkommissars – Hamburg 1963; *Geerds,* Friedrich: Zur Kriminologie des Einbruchs und des Raubes – in: Die Polizei 1966-116 ff., 147 ff.

Kriminalphänomenologisch mag es angezeigt erscheinen, bei diesen schweren Diebstählen nach dem Tatort zu differenzieren, um von den Privateinbrüchen die Geschäftseinbrüche und die Verkehrsmitteleinbrüche zu unterscheiden. Denn die zahlenmäßig mitunter die Hälfte aller schweren Diebstähle ausmachenden Geschäftseinbrüche sind weithin ganz anders strukturiert als die beiden anderen Gruppen von Erscheinungsformen, wenn man einmal an Laden-, Büro-, Lagerraum- und Fabrikeinbrüche und zum anderen an Geldschrank- und Tresoreinbrüche denkt; am ehesten lassen sich in der kriminellen Intensität nach Schaufenster- und Automateneinbrüche mit den Formen der Einbrüche im privaten Bereich (Privateinbrüche) vergleichen, wo man beispielsweise Wohnungs-, Boden- und Kellereinbrüche von Laubeneinbrüchen unterscheiden könnte. Bei den Einbrüchen in Verkehrsmittel (Verkehrsmitteleinbrüche) geht es einmal um Diebstähle von Transportgütern aus parkenden oder fahrenden (Kollidiebe, Autospringer) Kraftfahrzeugen und zum anderen um Diebstähle von Kraftfahrzeugen oder von Kraftfahrzeugteilen mithilfe von Einbruchspraktiken.
Obwohl die verschiedenen kriminalistisch bedeutsamen Ausführungsarten bei diesen Erscheinungsformen ein unterschiedliches Gewicht haben, sollte man dagegen in der Verbrechenstechnik doch primär auf die typische Arbeitsweise der Täter beim Überwinden der für schwere Diebstähle kennzeichnenden Sicherungen abstellen. Selbstverständlich sind dabei Typizitäten, wie sie sich gerade bei einzelnen Erscheinungsformen außer für Tatorte auch für die Tatzeit ergeben, zu beachten. Hierbei lassen sich im wesentlichen fünf Arbeitsweisen unterscheiden:

1. Öffnen von Türen
2. Zugang durch Fenster u.dgl.
3. Anderer illegaler Zugang
4. Geldschrankknacker
5. Automateneinbrüche

Erscheint es zweckmäßig, die Techniken zu diesen Gruppen zusammenzufassen, so darf doch nicht verkannt werden, daß sich mitunter Parallelen finden. In allen fünf Fallgruppen

kann man z.B. einmal die Sicherung – z.B. die Tür, das Fenster, die Wand, den Automaten – als solche zerstören, zum anderen aber, soweit ein Verschlußmechanismus vorhanden ist, diesen illegal betätigen.
Die Einbruchstechniken weisen zudem eine außerordentlich große Variationsbreite auf. Manchmal werden diese Straftaten mehr von der günstigen Gelegenheit geprägt, während in anderen Fällen sorgfältige, vereinzelt sogar generalstabsmäßige Vorarbeit geleistet wird; man horcht das Opfer oder deren Hilfsperson aus bzw. baldowert selbst in geeignet erscheinender Rolle die Gegebenheiten aus.

1. Öffnen von Türen

Beim schweren Diebstahl greift der Täter nicht selten die hier naturgemäß verschlossene Tür an. Dabei geht er außer mit brachialer Gewalt, die im allgemeinen nur bei ungestörter „Arbeit" möglich ist, auch in der Weise vor, daß er die Verschlußeinrichtung illegal betätigt.

a) Gewalt gegen die Tür

Gewalt gegen die sichernde Tür findet sich vor allem dann, wenn der Täter ungestört zu sein glaubt. Außer bei Lauben- oder Kellereinbrüchen kann das im privaten Bereich bei Einfamilienhäusern (Villenplünderei) der Fall sein, deren Bewohner verreist oder zumindest zur Tatzeit abwesend sind. Mitunter aber gehen die Täter auch bei anderen Wohnungseinbrüchen so vor. Bei Geschäftseinbrüchen wird der Einbrecher in der Regel außerhalb der Geschäftszeit und dann so vorgehen, wenn er merkt, vor unerbettenen Beobachtern oder „Hörern" sicher zu sein.

aa) Zertrümmern der Tür

Am simpelsten ist es, wenn der Dieb die sichernde Tür mit Gewalt zertrümmern oder öffnen kann, um Zugang zur Beute zu erlangen. Inwieweit das möglich ist, hängt einmal von der Tatortsituation und zum anderen von der Beschaffenheit der Tür ab.

bb) Schlösserbohren u.a.

Bei festeren Türen, wie sie sich vor allem im geschäftlichen Bereich finden, konzentriert sich der Täter eher auf die Verschlußeinrichtung der Türen, die er durch Schlösserbohren und ähnliche Praktiken funktionsuntüchtig zu machen sucht.

Kraftfahrzeugeinbrecher mit einiger Erfahrung reißen einfach den Türgriff ab, um dann die Schloßfalle zu betätigen, was wieder mehr dem „Zertrümmern" entspricht.

cc) Sonstige Arbeitsweisen

Eine verschlossene Tür kann ferner u.U. auf andere Weise – nahezu geräuschlos – geöffnet werden. So lassen sich Doppeltüren mitunter durch bloßen Druck von außen öffnen.

b) Illegales Betätigen der Verschlußeinrichtung

Mehr als beim gewalttätigen Angriff auf die sichernde Tür muß der „Schließer", der die Verschlußeinrichtung illegal betätigen will, mit dem System vertraut sein. Ein typischer Fall dieser Art ist der Nachschlüsseldiebstahl.

aa) Nachschlüsseleinbrecher

Das Vorgehen der Nachschlüsseleinbrecher richtet sich nach dem Schließsystem der sichernden Tür. Buntbartschlösser bereiten einem einigermaßen erfahrenen Täter keinerlei Schwierigkeit; er wird auch mit Chubbschlössern zurechtkommen, bei denen die Zuhaltungen gesondert angehoben und gehalten werden müssen.

Jedenfalls bis zu vier Zuhaltungen lassen sich abtasten und nachschließen. Denn statt eines Schlüssel- oder Dietrichbundes verwendet der „Schließer" heute vielfach eine Drahtbürste, die zumindest das Nötige erkennen läßt, sofern dann nicht Öffnungshebel ausreichen.

Komplizierter liegen die Dinge bei Zylinder- und ähnlichen Sicherheitsschlössern, bei denen Erfolg nur bei besonderer Vertrautheit mit dem Schloßsystem und entsprechendem Werkzeug möglich ist, sofern man sich nicht auf andere Weise einen passenden Schlüssel beschaffen kann.

Selbst bei schwerem Kraftfahrzeugdiebstahl sind Nachschlüsselpraktiken häufig. Nach einer Züricher Untersuchung (*Dickel,* s.u. B-3-a) traf dies auf 58,9% der einschlägigen Fälle zu, weil der Täter einen passenden Schlüssel zuvor stehlen oder erschleichen konnte (28,7%), anfertigte (13,7%) oder zufällig besaß (16,5%).

bb) Bleistreifeneinbrecher u.a.

Andere Diebe gewinnen das Schlüsselprofil mithilfe eines Bleistreifen-Schlüsselbarts und können so einen geeigneten Nachschlüssel anfertigen.

Ehrlich, Camillo: Die Praxis des Nachschließens. Bleistreifenverbrechen – Kriminalistik 1959, S. 390 ff.

Schwieriger liegen die Dinge – wie gesagt – bei Zylinderschlössern, deren Sicherheit auf einer bestimmten Anordnung von gefederten Stiftzuhaltungen beruht, welche den drehbaren Zylinderkern fest mit dem starren Zylinderkörper verbinden und blockieren. Wer hier mit Öffnungshebeln zum Ziel kommen will, muß über besondere Feinfühligkeit verfügen. Deshalb werden sich Nachschlüsseldiebe besonders um einen echten Schlüssel oder einen Abdruck davon bemühen.

Bei Kombinationsschlössern, bei denen drehbare Scheiben auf eine Geheimzahl eingestellt werden müssen, konnte man früher durch Abhorchen der Reibgeräusche die richtige Einstellung herausfinden. Heute wirkt ein System vor Sperr- und Täuschungseinrichtungen so komplizierend, daß der Täter ohne exakte Kenntnis vom System wohl nicht mehr zum Ziel gelangen kann.

Nachschlüsseldiebe sind verständlicherweise oft handwerklich vorgebildet oder haben sich, wenn sie Erfolg haben wollen, selbst entsprechend ausgebildet.

cc) Riegelzieher und -schieber

Selbstverständlich gibt es auch einfachere Einbruchstechniken, wenn die Verschlußeinrichtung simpler als ein Schloß der behandelten Art ist. Bewirkt beispielsweise lediglich ein Riegel den Verschluß der Tür, so kann man dies Hindernis u.U. durch Drehen oder Schieben dieses Riegels mithilfe eines Schraubenziehers beseitigen.

2. Zugang durch Fenster und dergl.

Die Sicherheit, welche feste Türen und insb. gute Schlösser darstellen, macht verständlich, warum der Dieb häufig durch Fenster oder dgl. den Zugang zur Beute zu erlangen sucht, zumal da dieser Weg mitunter weniger gut zu beobachten ist und daher störungsfreier zu sein verspricht. Es lassen sich gewaltsame und gewaltlose Arbeitsweisen unterscheiden.

a) Gewaltsame Arbeitsweise

Wie beim Zugang durch Türen stellt die gewaltsame Arbeitsweise in der Regel wiederum die primitivste Technik dar, wenngleich der Modus operandi zuweilen durchaus geschickt sein kann oder besondere Umsicht verrät. Besonders gefährdet sind naturgemäß Fenster oder Balkontüren, die im Erdgeschoß liegen oder sonst leicht zu erreichen sind.

aa) Zertrümmern

Bei relativ ungestörtem Tatort und geeignet liegenden Fenstern wird das Glas einfach durch Einwerfen oder Zerschlagen zertrümmert. Nur relativ selten werden Vorkehrungen getroffen, die den damit verbundenen Lärm vermeiden sollen. Noch häufiger gehen aber gerade Schaufenster- oder Automateneinbrecher ohne Rücksicht auf den von ihnen verursachten Lärm vor, indem sie vor allem auf Geschwindigkeit setzen; für eine solche Tatausführung ist gewöhnlich ein Kraftfahrzeug erforderlich.

Die Scheibe wird mit einem Stein, einem Hammer oder einem anderen schweren Werkzeug eingeschlagen. Dann wird das in der Auslage Begehrte behende in Taschen oder Beutel gesteckt, um wieder verschwinden zu können.

Bei Einbrüchen in Kraftfahrzeuge wird außer dem Zertrümmern der Scheiben – vor allem einer Seiten- oder Heckscheibe – bei manchen Wagentypen – insb. früher – eine Technik angewandt, die über gewaltsames Öffnen der drehbaren Entlüftungsscheibe ein Öffnen des Sperriegels ermöglicht; bei neueren Konstruktionen ist das nicht mehr möglich.

In einer Züricher Untersuchung (*Dickel,* s.u. B-3-a) brachen in den 60er Jahren Täter in 26,6% aller Fälle schweren Autodiebstahls ein vorderes Schwenkfenster (Lüfter) auf; anderweitige Gewalt machte nur 5,5% der Fälle aus.

bb) Fensterbohrer

Ein etwas umsichtiger vorgehender Dieb ist der Fensterbohrer, der den mit Zertrümmern der Scheibe verbundenen Lärm und die weithin sichtbaren Folgen vermeidet. Er konzentriert sich – ähnlich wie manche Einbrecher beim gewaltsamen Öffnen einer Tür – auf den Verschluß.

cc) Kittlöser

Die Arbeitsweise des Kittlösers wird dadurch gekennzeichnet, daß die geeignet erscheinende Glasscheibe durch Lösen des Kitts und nach Entfernen der Stifte beseitigt wird. Entweder erlangt man durch die entstandene Öffnung Zugang oder aber kann jetzt von außen das betreffende Fenster öffnen.

dd) Fensterschneider

Im Grunde ähnlich ist das Vorgehen der Fensterschneider, die sich keine Arbeit mit dem Kitt machen, sondern entweder die ganze Scheibe oder einen Teil von ihr mit einem Glasschneider herausschneiden. Will dabei der Täter mögliche verdächtige Geräusche vermeiden, so muß er dafür sorgen, daß es keine Scherben gibt.

ee) Vitrinenangler

Eine an der Grenze zur gewaltlosen Arbeitsweise liegende Technik, die jetzt aber durch andere Konstruktionen dieser Art von Schaufenstern kaum noch möglich ist, sei wegen ihrer Originalität erwähnt. Man hat hier sehr plastisch vom Vitrinenangler gesprochen.

Ein Täter in Kiel bog bei Glasschiebetüren in Schauvitrinen oder Schaufenstern die Glasscheiben mit Holzkeilen auseinander, um sodann mit vorn rechtwinklig eingebogenen Zinkdrähten Bekleidungs- und Schmuckstücke aus der Auslage zu angeln. Zuletzt schaffte er dies u.U. in 40 Sekunden. Seine Gesamtbeute hatte, als er gegriffen wurde, einen Wert von etwa DM 9000.

b) Gewaltlose Arbeitsweise

Während man beim gewaltsamen Zugang durch Türen und Fenster vor allem an Einbruch denkt, ist die typische Form des gewaltlosen Zugangs durch das Fenster der sog. Einsteigediebstahl. Kennzeichnend für die gewaltlose Arbeitsweise des Einsteigediebes, als deren Sonderfall der Fassadenkletterer sogleich behandelt werden soll, ist das geschickte Ausnutzen von Möglichkeiten, die an sich nicht für den Zugang bestimmt sind wie offene Fenster oder höher gelegene Balkontüren, die man vor allem in der warmen Jahreszeit häufiger offen findet. Günstige Tatsituationen bieten sich dem Einsteigedieb, der mit Anwesenheit von Personen rechnen muß, wenn deren Aufmerksamkeit durch Feste, Veranstaltungen oder auch durch das Fernsehen in Anspruch genommen ist; hier ist nicht nur mit bestimmtem Aufenthaltsort dieser Personen, sondern auch mit einer schützenden akustischen Kulisse zu rechnen. Dennoch sind Einsteigediebe besonders bemüht, jegliches Geräusch zu vermeiden oder nach Kräften zu kaschieren. Talentierte Einsteigediebe scheuen nicht einmal die Tat in Gegenwart eines schlafenden Opfers und entwickeln mitunter die Fingerfertigkeit eines Taschendiebs.

Beim spektakulären Diebstahl aus der Schatzkammer des Kölner Doms im Jahre 1975 wandten die Täter nach Einstieg durch ein abgelegenes Fenster u.a. bergsteigerische Praktiken an.

Eine alte, jedoch immer wieder praktizierte Masche ist die, das fragliche Fenster vorher zu öffnen. Das kann der Täter u.a. als Gast in einer Wirtschaft tun, die er dann kurz vor der Polizeistunde verläßt.

c) Fassadenkletterer

Eine besondere Form des Einsteigediebes, der vorzugsweise den Zugang durch Fenster u.dgl. sucht, ist der Fassadenkletterer, der in den 20er Jahren als „Klettermaxe" berühmt geworden ist. Wenngleich er überwiegend gewaltlos arbeitet, benutzt er u.U. auch einmal die oben geschilderten gewaltsamen Praktiken. Allerdings erschwert die moderne Bauweise diese Verbrechenstechnik, die auf Ausnutzen von Mauervorsprüngen, Verzierungen, Regenrinnen und Blitzableitern angewiesen ist, wenn der Täter an höher gelegene Fenster oder Balkone gelangen will.

Der Kellner Hermann N., der bei seinem Vater, welcher Zimmermann war, und als Hilfsarbeiter gelernt hatte, sich auf Gerüsten schwindelfrei zu bewegen, stieg 1951 innerhalb eines Monats (12. 9.–12. 10.) fünfmal – jeweils dreimal in dasselbe Zimmer im 1. und zweimal in dasselbe Zimmer im 2. Stock – in ein erstrangiges Hotel in Köln ein, wo er Armbanduhren, Schmuck, Brieftaschen, Geld und Reiseschecks entwendete. Er suchte sich ein offenes Fenster aus und wartete, bis nach Erlöschen des Lichts Schlaftiefe erreicht sein mußte; dann stieg er über Regen- und Abflußrohre in die Höhe. – Zu 2 Jahren und 6 Monaten Gefängnis verurteilt, floh er über das Dach der Haftanstalt. Bei der Verfolgung über das Dach eines Wohnhauses sprang er über einen 3 m breiten Häuserzwischenraum, der 20 m tief war. Nach der Strafverbüßung wurde am 19. und 24. 6. 1954 im Hotel „Dreesen", Bad Godesberg, am 25. 6. im „Reichshof", Bad Neuenahr, am 27. 6. zweimal im Kurhaus in Wiesbaden, und in sechzehn weiteren Hotels in Köln, Darmstadt, Frankfurt a.M., Bad Homburg, Heidelberg, Baden-Baden eingebrochen, bevor der Täter am 19. 9. 1954 gefaßt wurde, weil er beim Abstieg von der Fassade des Hotels „Post" in Darmstadt einem Postkraftfahrer vor die Füße sprang. Da in allen diesen Fällen vorzugsweise Regenabflußrohre benutzt worden waren, war der Verdacht schnell auf Hermann N. gefallen, der jedoch einer Festnahme zumindest durch Glück entgangen war (*Wensky*, Oskar, BKA 1959/2, S. 113 f.).

Bucher, Hans: „Die Katze". Ein internationaler Fassadenkletterer – Kriminalistik 1972, S. 371 ff.

3. Anderer illegaler Zugang

Andere Formen illegalen Zugangs finden sich vor allem bei besonders wirksamen Sicherungen, wie sie außer bei den alsbald zu behandelnden Geldschränken und Tresoren beispielsweise in Bankgebäuden oder manchen Juwelierläden zu finden sind. Der Einbruch bedarf hier besonders guter Organisation und Vorbereitung; er wird kaum noch von Einzeltätern, sondern häufig von arbeitsteilig vorgehenden Banden oder Gruppen ausgeführt. Soweit möglich, werden Sicherungseinrichtungen umgangen, im übrigen mit Brachialgewalt oder technischem Können angegriffen. Manchen Tätern gelingt es, den Diebstahl durch geschicktes Ausnutzen von Schwachpunkten der Sicherung gewaltlos auszuführen, indem sie sich beispielsweise durch Be- und Entlüftungsanlagen Zugang zur Beute verschaffen. Ganz überwiegend aber muß der Täter Gewalt gegen sichernde Sachen anwenden.

a) Decke

Eine recht aufwendige Arbeitstechnik, die sich nur bei großen Werten lohnt, ist das Durchbrechen einer Decke, wie es etwa im Film „Rififi" gezeigt worden ist.

b) Wand

Etwas häufiger findet sich bei Einbrüchen in Läden, Lagerräumen u.dgl. das Durchbrechen einer sichernden Wand, zumal der Täter bei dieser Arbeitsweise ebenfalls gewöhnlich nicht mit einer Alarmanlage rechnen muß.

c) Fußboden

Ebenso wie durch die Decke kann der Einbrecher natürlich durch den Fußboden an die Beute gelangen. Kann er dafür jedoch nicht den unter dem Tatort liegenden Raum benutzen, so muß er zum mühsamen Tunnelbau greifen, wie ihn die Gebrüder Sass in den Jahren 1928/29 in Berlin in spektakulärer Weise zum Bankeinbruch benutzt haben. Aber auch diese Arbeitsweise lohnt nur bei großen Objekten und ist deshalb eine Rarität.

Brinker, Horst: Die Kriminalphantasie in Literatur und Film und ihre Beziehungsrealität – Arch. f. Krim. Bd. 155, S. 65 ff. (1975), insb. S. 62 ff.

d) Autospringer, Kollidiebe u.a.

Bei schweren Diebstählen aus Kraftfahrzeugen finden sich noch einige besondere Einbruchtechniken. Nicht nur die auf fremde Lastwagen aufspringenden Autospringer, die vor allem in der Notzeit nach dem 2. Weltkrieg von sich reden machten, sondern auch andere, vor allem parkende Fahrzeuge angreifende Täter schlitzen Planen oder für diese ziemlich geräuschlose Arbeitsweise in Betracht kommende Verdecke auf, um so an die Beute zu gelangen. Diese wird dann – wie vorher verabredet – an geeignet erscheinender Stelle heruntergeworfen und von Komplizen weggeschafft. Mitunter hat man diese Technik sogar bei fahrenden Eisenbahnzügen angewandt.

Tegethoff, Jürgen: Das Delikt des Autospringers – Bonn o.J.

Die Autospringer sprangen von ihrem Fahrzeug auf den verfolgten Lastwagen oder seinen Anhänger. Diese risikovolle Arbeitsweise war in der Notzeit dennoch sehr verbreitet. Gehäuft fand sie sich im Raum Köln–Koblenz, wo allein im Jahre 1948 insgesamt 631 Fälle registriert wurden. Außer den veränderten wirtschaftlichen Verhältnissen dürfte die zunehmende Verkehrsdichte bewirkt haben, daß diese Arbeitsweise stark zurückgegangen ist.

4. Geldschrankknacker

Die Verhältnisse liegen bei den Geldschrankknackern insoweit etwas anders, als diese Behältnisse im Gegensatz zu Häusern, Kraftwagen usw. regelmäßig nicht zum Betreten von Menschen bestimmt sind. Die Tür ist hier gewissermaßen Teil des Behältnisses. Doch auch Tresorräume sind in ähnlicher Weise geschützt.

N. N.: Tresoreinbruch bei der Midland Bank Limited – Internat. Kriminalpol. Revue 1959-146 ff.; *Pagel,* Friedrich: Unterschiede zwischen Geldschränken, Panzerschränken und Tresoranlagen – Der Kriminalist 1973-6 ff.

Da nach dem zur Schlüsseltechnik Gesagten hier üblicherweise mit Schließsystemen zu rechnen ist, die nicht durch List überwunden werden können, sind Geldschrank- und Tresorknacker jetzt meistens zu gewaltsamen Vorgehen gezwungen, das aber dennoch sehr verschieden gestaltet ist. Ihre Praktiken lassen sich jedoch mit kalter und warmer Arbeit zu zwei großen Gruppen zusammenfassen, neben denen nur noch der Abtransport zu erwähnen ist.

a) Kalte Arbeit

Bei der kalten Arbeit, die länger bekannt und vielfach auch heute noch angewandt wird, greift der Täter die Wandung oder die Tür mit mechanisch wirkenden Instrumenten an.

Franssen, F.: Ein frecher Geldschrankeinbruch – Internat. Kriminalpol. Revue 1958-136 ff.

aa) Aufbrechen

Die primitivste Form ist das Aufbrechen, das nur bei alten, für eine sichere Verwahrung nicht mehr geeigneten Geldschränken oder bei besonders ungestörter Arbeitsmöglichkeit Erfolg verspricht. Eher schon klappt es mit der sog. Ziehmaschine. Hier wird ein Eisenstück mit dem Kassenschrank verschraubt und sodann durch Eindrehen eines Bolzens die Panzerung zum Bersten gebracht.

Immerhin ist es vor einiger Zeit noch vorgekommen, daß ein 17jähriger, der mit Freunden in ein Büro eingedrungen war, dort in etwa einer Stunde mit einer Eisensäge die Scharniere eines Geldschranks durchsägte.

bb) Bohren

Häufiger sind heute Techniken des Bohrens, die entweder auf ein Herausbohren des Schlosses oder das Durchbohren von Wänden hinauslaufen. Dabei werden Bohrlöcher mit dem

„Reißer", einem Eisen mit hakenförmiger Spitze, zu einem Schlitz verbunden; u.U. geht der Täter dann zur alsbald zu behandelnden Knabbertechnik über. Derartige Löcher oder Schlitze können ferner mithilfe rotierender Sägen oder Schleifscheiben erzielt werden.

cc) Aufknabbern

Beim Aufknabbern bedient sich der Einbrecher eines „Knabbers", der aus Kopf und Hebelarmen bestehend wie ein überdimensionaler Dosenöffner funktioniert. Dies setzt allerdings Löcher oder Schlitze voraus, die der Täter durch Bohren oder dgl. schaffen muß. Man hat mit solchen Knabbern Panzerplatten bis zu 8 mm Dicke durchgeschnitten. Allerdings erfordert dieses Verfahren erhebliche Körperkraft. Da der Bereich um das Schloß zudem gewöhnlich besonders gesichert ist, läßt sich dies häufig nicht freilegen, sondern es muß der Knabber an einer Seiten- oder der Rückwand angesetzt werden.

Die Arbeitsweise selbst zeigt im übrigen noch mancherlei Unterschiede. Einige Täter bevorzugen das „Schürzenformat", bei welchem drei Seiten in Form eines regelmäßigen Dreiecks aufgeschnitten und das Stück über die vierte Seite gezogen wird. Andere Einbrecher knabbern beispielsweise nur zwei Seiten eines Dreiecks in Form eins „V" auf.

b) Warme Arbeit

Die warme Arbeit ist bei den Geldschrankknackern erst seit Anfang dieses Jahrhunderts bekannt; sie wird jedoch zunehmend angewandt und gegenwärtig vor allem in zwei Formen praktiziert.

aa) Schweißen

Beim Schweißen bedient sich der Geldschrankknacker entweder eines Schneidbrenners oder des Thermitverfahrens. Der um die Jahrhundertwende von dem Franzosen *Fouché* entwikkelte Schneidbrenner hat insb. bei den Geldschrankknackern schnell Beifall gefunden. In Deutschland soll er zum erstenmal bei einem Einbruch in das Gebäude der Reichsbank in Leipzig benutzt worden sein. Selbst Werkstückdichten von 400 mm lassen sich auf diese Weise bewältigen. Mit der Sauerstofflanze kann man beispielsweise Eisenbolzen von 2 cm Dicke in wenigen Minuten durchbohren.

Allerdings erfordern diese Verbrechenstechniken nicht nur umfangreiche und z.T. kostspielige Vorbereitungen, sondern überdies gute Fachkenntnisse, weshalb sie nicht so häufig und nur bei als lohnend gewerteten Objekten eingesetzt werden.

bb) Sprengen

Das vor allem in den Vereinigten Staaten vor einiger Zeit beliebte Aufsprengen von Geldschränken, bei dem man Dynamit oder Nitroglycerin benutzte, verspricht nur noch bei älteren Modellen Erfolg und ist infolgedessen ziemlich aus der Mode gekommen. Zudem bringt der mit dieser Arbeitstechnik verbundene Lärm in aller Regel besondere Risiken mit sich.

Borgards, Heinz: Einbrecher von Format. Mit Sprengstoff und Brechstangen ging man den Kassenschränken zu Leibe – Kriminalistik 1954-187 ff.

c) Abtransport

Sofern die Beschaffenheit, insb. das Gewicht des Geldschranks erlaubt, bevorzugen manche Täter den Abtransport, das Carry-away-System, wie man es in den Vereinigten Staaten nennt. Hier wird der ganze Geldschrank hochgewuchtet, verladen und weggefahren. Er kann dann an geeigneter Stelle in Ruhe und mit allen möglichen Hilfsmitteln geöffnet und geplündert werden.

5. Automateneinbrüche

Automateneinbrüche sind typische Seriendelikte; 87% der Täter waren nach einer Untersuchung des deutschen Bundeskriminalamts (BKA 1963/1, S. 74 ff.) Serientäter, denen man vereinzelt bis zu 180 Taten nachweisen konnte. Die Arbeitsweise ist, verglichen mit anderen schweren Diebstählen, verhältnismäßig primitiv. Das Vorgehen der Täter zeigt jedoch bei Geld- und Warenautomaten einige Unterschiede.

von Hentig, Hans: Mord-Genetik und sieben andere Verbrecherstudien – Kriminol. Schriftenreihe Bd. 51 – Hamburg 1971, insb. S. 73 ff. (Der Automatendiebstahl).

a) Geldautomaten

Bei Geld-, typischerweise Spiel- oder Wechselautomaten, kommt es dem Dieb natürlich auf das Bargeld an, das er hier in Form von Münzen finden kann. Bei diesen Automateneinbrüchen lassen sich vor allem vier Praktiken beobachten.

Reuss, Gottfried: Diebstähle aus Geldspielautomaten – Kriminalistik 1974-170 ff.

aa) Aufbrechen

Am einfachsten ist es für den Täter, sofern das Tatsituation und Konstruktion des Automaten erlauben, entweder den Automaten mit geeignetem Werkzeug aufzubrechen oder nach Zerschlagen von Scheiben den Mechanismus zu betätigen.

bb) Anbohren

In anderen Fällen wird der Automat so angebohrt, daß das Geld herausfällt. Unter Umständen kann nach dem Anbohren zu diesem Zweck der Mechanismus betätigt werden.

cc) Illegales Betätigen des Mechanismus

Wesentlich anders ist das Vorgehen, wenn der Täter auf äußere Gewalt gegen den Automaten verzichtet, er vielmehr durch Nadeln, Draht, Speichen oder ein präpariertes Geldstück den Mechanismus illegal betätigt, um das Geld zu erlangen. Diese früher recht häufige Arbeitsweise ist in den letzten Jahren durch andersartige Konstruktion der Automaten weithin unmöglich gemacht worden.

dd) Entwenden des Geldautomaten

Um so eher greifen Diebe jetzt auch bei Geldautomaten zum simplen „Carry-away-System", sofern das die Art der Anbringung der Automaten und die Tatumstände gestatten. Für eine solche Tatausführung benötigt man in aller Regel ein Kraftfahrzeug. Der Geldautomat wird aus der Wand gelöst, herausgebrochen oder -gerissen, wobei man ggf. den ohnehin benötigten Kraftwagen vorspannen kann.

b) Warenautomaten

Bei Warenautomaten kann Ziel des Täters entweder die angebotene Ware oder aber das dafür kassierte Geld sein. Die vielfach jungen Täter scheinen sich besonders für die allerdings auch zahlreichen Zigarettenautomaten zu interessieren; häufig ist dabei Alkoholeinfluß festzustellen. Oft soll durch derartige Taten akuter Geldverlegenheit abgeholfen werden. Doch findet man des öfteren eine serienmäßige Begehung. Aus den bei Warenautomaten unterschiedlichen Zielen ergeben sich gewisse Unterschiede zu den gegen Geldautomaten gerichteten Taten soweit es um die feilgehaltene Ware geht.

aa) Aufbrechen
Bei Warenautomaten arbeiten die Diebe, soweit es die Umstände erlauben, häufig mit gewaltsamen Praktiken des Aufbrechens, Aufschneidens oder das Zertrümmern der Scheibe.

bb) Illegales Betätigen des Mechanismus
Größere Bedeutung als bei den insoweit besser gesicherten Geldautomaten haben bei Warenautomaten die verschiedenen Formen illegalen Betätigung des Mechanismus. So wird manchmal das Fach mit einer echten Münze halb geöffnet; dann läßt sich bei manchen Fabrikaten die Ware aus dem Schacht entleeren (Weichschachteln!).

B. Andere (einfache) Diebstähle

Im Gegensatz zu den soeben erörterten schweren Diebstählen, bei denen es naturgemäß kennzeichnend ist, in welcher Weise die Sicherung der potentiellen Diebesbeute überwunden wird, ist das Bild bei den einfachen Diebstählen anders und wohl noch vielfältiger. Am ehesten sind hier Tatort bzw. Tatortsituation für die Art und Weise der Tatausführung ausschlaggebend, obwohl sich auch dabei gewisse Überschneidungen ergeben können. Denn Taschendiebstähle führt man nicht nur im Freien oder in Verkehrsmitteln aus, die man insoweit noch zusammenfassen könnte, sondern ebenso in Warenhäusern oder in Form des Beischlafdiebstahls, der im allgemeinen doch wohl in einem Zimmer begangen wird.
Das aber bedeutet, daß die Technik der Verbrechen hier wiederum durchweg den besonderen Erscheinungsformen kriminellen Verhaltens korrespondiert. Natürlich gibt es auch Beispiele, für die das Objekt charakteristisch ist, welches sich an recht verschieden gearteten Örtlichkeiten befinden kann, weshalb der Täter mitunter sogar Einbruchspraktiken anwenden muß. So spielen beispielsweise die in den letzten Jahren in vielen Ländern zunehmenden Diebstähle von Kunstwerken eine erhebliche Rolle; sie finden sich nicht nur an der Öffentlichkeit zugänglichen Orten oder Gebäuden, sondern auch in Privat- und Geschäftshäusern. Auf derartige Taten spezialisierte, oft international organisierte Banden müssen sich aber angesichts der bei der wertvollen Beute üblichen Sicherungen sogar nahezu immer der oben (I-A) geschilderten Einbruchstechniken bedienen.
Im Folgenden gehen wir also wieder vom Tatort aus und unterscheiden zunächst einmal einfache Diebstähle im privaten von denen im geschäftlich- und gesellschaftlichen Bereich sowie in der Öffentlichkeit begangenen Taten.

1. Diebstähle aus Wohnungen, Privathäusern und dergl.

Sprechen wir von Diebstählen aus Wohnungen, Privathäusern u.dgl., so ist der hier zur Klassifikation dienende Begriff der Örtlichkeit weit zu fassen, weil es auch im privaten

Bereich mehr auf die speziellen Tatorte ankommt, welche die Tatausführung prägen. Es werden daher in dieser Gruppe von Diebstählen wiederum in Wochenendhäusern, Lauben, Kellern, Böden, Schuppen usw. begangenen Taten einbezogen, sofern es sich wesentlich um privaten Lebens- und Wohnbereich handelt.
Gehen wir davon aus, daß der Täter in allen diesen Fällen nicht so sehr mit technischen, sondern mehr mit persönlichen Sicherungen zu rechnen hat, die Beute also im übrigen seinem Zugriff ungesichert ausgesetzt ist, so ist für seine Arbeitsweise in aller Regel kennzeichnend, in welcher Rolle er auftritt und sein Ziel – die Diebsbeute – erreicht. Dabei werden mitunter sogar die Grenzen zwischen Insidern, die an sich ohne Schwierigkeiten zugreifen können, und Outsidern fließend, die sich erst auf diese oder jene Weise Zutritt – und damit Zugriffsmöglichkeiten – verschaffen müssen.

a) Verwandte

Beim Verwandtendiebstahl, der sicher ein hohes Dunkelfeld aufweist, liegen die Dinge sehr einfach, wenn man sich auf diejenigen Verwandten im weitesten Sinne beschränkt, die für kurze oder längere Zeit dort wohnen, wo die Tat begangen wird. Sie haben in aller Regel, soweit es sich nicht um Dinge in verschlossenen Räumen, Schränken oder Kassetten handelt, eine ungehinderte Zugriffsmöglichkeit. Sie brauchen also lediglich eine günstige Situation für die Tat abzuwarten, die sie nicht so leicht in Verdacht kommen läßt.

Ziel dieser Taten sind gewöhnlich kleinere Geldbeträge, wie sie sich in der Haushaltskasse, Brieftasche oder anderweitig finden, oder aber Genußmittel.

b) Hausangestellte

Ähnlich liegen die Dinge bei Hausangestellten. Da die sog. Dienstmädchen in unserer Zeit immer mehr zur Rarität werden, sei hier auch auf Haushälterinnen, Putzfrauen und andere Hilfspersonen hingewiesen.

Meinert, F.: Hausangestelltendiebstähle – Kriminalistik 1950-232 ff.; *Fröhling,* P.: Eine hartnäckige Diebin – Kriminalistik 1957-174 ff.

c) Besucher

Während Verwandte und Hausangestellte sich naturgemäß mehr oder weniger lange Zeit im Tatortbereich aufhalten, handelt es sich bei Besuchern meistens um einen kurzfristigen Aufenthalt; hierher zählen allerdings auch Verwandtenbesuche, die mitunter aber länger andauern. Sieht man von der gewöhnlich begrenzten Zeit und der z.T. möglicherweise auch bei Besuchern etwas eingeschränkten Bewegungsmöglichkeit ab, liegen die Dinge für einfache Diebstähle kaum anders als in den vorher behandelten Fällen.

d) Handwerker

Merklich anders ist die Tatsituation aber schon bei Menschen, die sich als Handwerker oder in ähnlicher Funktion für in aller Regel nur kurze Zeit im Wohnbereich der Opfer aufhalten, wobei vorausgesetzt wird, daß die Tätigkeit nicht lediglich ein Vorwand ist.

e) Bettler, Hausierer u.a.

Sind Handwerker u.dgl. heutzutage gern gesehen, so gibt es andere Personen, die einen kurzfristigen Aufenthalt in fremdem Wohnbereich zu Diebstahl nutzen können. Denkt man hier an Bettler, Hausierer, ungebetene Vertreter, Werber u.dgl., so wird klar, daß die

Grenze zu den Fällen, in denen ein solches Anliegen nur noch als Vorwand für den Dieb fungiert, fließend werden kann; die letztgenannten Fälle sollen aber dennoch gesondert behandelt werden.

Hier geht es also um solche Diebstähle, die von Bettlern u.dgl., insb. wenn sie in die Wohnung hineingelassen werden, bei sich bietender Gelegenheit begangen werden.

f) Falsche Beamte usw.

Mehr Vorbereitung und Raffinesse zeigen gewöhnlich Diebstähle, die von Tätern begangen werden, welche sich zu diesem Zweck eines Vorwandes bedienen, um eine Zugriffsmöglichkeit zu erlangen. Außer an falsche Beamte ist u.a. an angebliche Angestellte der Gas-, Wasser- und Elektrizitätswerke, „Leitungsrevisoren" usw. zu denken; ferner kommen angebliche Handwerker, Sammler usw. in Betracht.

g) Klingelfahrer

Von den falschen Beamten, Bettlern u.dgl., deren Trick darauf angelegt ist, Personen zu übertölpeln, um so ungehindert an Diebesgut heranzugelangen, unterscheiden sich die Klingelfahrer dadurch, daß es ihnen nicht am Kontakt mit einer Person liegt.

Klingelfahrer ziehen von Tür zu Tür, um Möglichkeiten zu einem Diebstahl auszubaldowern. Manche gehen – als Bettler, Vertreter oder andere Besucher verkleidet – zu Einbruchstechniken über, wenn auf mehrfaches Klingeln hin nicht geöffnet wird. Wird ihnen geöffnet, so haben sie eine Ausrede, indem sie irgendwelche Fragen stellen oder spielen auch Rollen, wie wir sie bei falschen Beamten kennengelernt haben.

Auch wenn diese Täter dann manchmal zu jener Arbeitsweise übergehen, liegt ihnen doch in aller Regel daran, sich unbehelligt und möglichst unverdächtig wieder entfernen zu können.

Typisch für den Klingelfahrer ist, daß er, sofern sich niemand meldet, die offene bzw. unverschlossene Tür für einen Diebstahl ausnutzt; auch der unter der Fußmatte „wohlversteckte" Schlüssel kommt hier in Betracht. Man kann also sagen, daß der Klingelfahrer, soweit es sich nicht um bloßes Sondieren für schweren Diebstahl handelt, Vergeßlichkeit und Unachtsamkeit seiner Opfer im Hinblick auf mögliche diebische Ziele auszunutzen sucht.

h) Beischlafdiebstähle

Die Beischlafdiebstähle sollen angesichts der intimeren Tatortsituation hier ohne Rücksicht darauf erfaßt werden, ob sie im Einzelfalle im geschlossenen Raum, in einem „öffentlichen Hause" oder gar im Freien begangen werden. Außer dem flinken Zugriff finden sich mancherlei Tricks und Kniffe, die z.T. an den Taschendiebstahl erinnern.

So versuchte z.B. eine 50jährige dadurch körperlichen Kontakt mit dem Opfer zu erlangen, daß sie in der Dunkelheit um Hilfe bei angeblicher Schlüsselsuche oder um eine Stütze bat, um dann entweder nach erfolgreichem Griff zur Brieftasche alsbald zu verschwinden oder aber animierend ihre Beine zu zeigen, damit man über Zärtlichkeiten noch zum Erfolg gelange.

2. Diebstähle aus Läden, Geschäftshäusern, Fabriken usw.

Typisch für die nunmehr zu behandelnden Diebstähle aus Läden, Geschäftshäusern, Fabriken usw. ist demgegenüber die geschäftlich-dienstliche Natur des damit mehr oder weniger

öffentlichen Bereichs. Zum geschäftlich-dienstlichen Bereich zählen außer den genannten Örtlichkeiten auch Büros, Werkstätten, Lagerräume usw.
Die möglichen Täter unterscheiden sich dadurch, daß sie einmal im fraglichen Bereich tätig sind (Arbeitnehmerdiebstähle), während sie zum anderen etwaige Sicherungen dadurch überwinden, daß sie sich einen an sich erlaubten, aber vorübergehenden Aufenthalt zunutze machen oder sich diese Position erschleichen (Kundendiebstähle).

Schmidt, Johannes Werner: Kriminalität in der eisenschaffenden Industrie (1951–1957) – Kriminol. Untersuch. H. 14 – Bonn 1963, insb. S. 27 ff.; *Iversen,* Dieter: Die Kriminalität im Bereich zweier Großbetriebe der chemischen Industrie (in den Jahren 1951–1960) – Diss. Bonn – Bonn 1966, insb. S. 25 ff., 67 ff.; *Sarfert,* Eberhard C.: Die Kriminalität in einem Betrieb der Automobilindustrie einer Großstadt Süddeutschlands in den Jahren 1958–1967 – Diss. Bonn – München 1972, insb. S. 47 ff.

Obwohl der Begriff **Betriebskriminalität,** wie er zunehmend verwendet wird, in seinen Grenzen immer noch unsicher ist, was angesichts der verschiedenartigen Aufgaben des Werkschutzes nicht überraschen kann, dürfte es sich bei den Diebstählen insoweit doch vor allem um solche Taten handeln, die von Arbeitnehmern begangen werden.

a) Arbeitnehmerdiebstähle
Arbeitnehmerdiebstähle im weitesten Sinne werden dadurch gekennzeichnet, daß der Täter als so oder so „zum Hause gehörig“ eine besonders günstige Ausgangsposition hat. Die Wegnahme erfolgt hier gewöhnlich – insb. bei Gelddiebstählen – in einer Weise, die Verwandten-, Hausangestellten- und Besucherdiebstählen im privaten Bereich ähnelt, wenngleich es vielfach um andere Objekte geht und die gewerblichen Verhältnisse andere Tatumstände mit sich bringen können.

aa) Ganz überwiegend gehen **Arbeitnehmerdiebstähle zu Lasten des Arbeitgebers;** doch werden mitunter auch Arbeitskameraden oder Kunden geschädigt, was Ähnlichkeiten mit dem Taschendiebstahl und anderen Erscheinungsformen mit sich bringt.
Im industriellen und handwerklichen Bereich, in dem Arbeitnehmerdiebstähle ein erhebliches Ausmaß erlangen können, geht es den Tätern oft darum, sich auf diese Weise Werkzeug oder Material für Schwarzarbeit oder für häusliche Basteleien zu beschaffen.
Im Bereich des Handels zielen derartige Arbeitnehmerdiebstähle außer auf Geld vor allem auf Verbrauchs- und Gebrauchsgegenstände, mit denen die Firma des Täters handelt. Manchmal schaffen die Täter, insb. wenn sie als Verkäufer fungieren, ihre Diebesbeute auch im Zusammenwirken mit angeblichen Kunden heraus.

bb) Bestehlen Täter ihre Arbeitskollegen (sog. **Kameradendiebstahl**), so hat das gewöhnlich nur wenig mit der betrieblichen Situation zu tun, sondern erinnert mehr an Hotel- und Gaststättendiebstähle, zu denen auch das Entwenden von abgelegter Garderobe und ihres Inhalts gehört.

Hier geht es außer um Geldbeträge um zusammen mit der Kleidung abgelegte Wertgegenstände.

cc) Selbst Kunden können beispielsweise in Kraftfahrzeugreparaturwerkstätten oder Tankstellen das Opfer diebischer Arbeitnehmer werden. Dasselbe gilt für Konfektionsgeschäfte, wenn der Kunde Kleidungsstücke oder mitgeführte Taschen ablegt, um noch ganz vom Taschendiebstahl abzusehen. Doch ähneln diese Fälle – wie gesagt – im Grunde mehr anderen Erscheinungsformen des Diebstahls.

b) Kundendiebstähle

Zu den Kundendiebstählen zählen natürlich auch und vor allem die von angeblichen Kunden begangenen Taten. Da es sich hier um Outsider handelt, die nicht ohne weiteres Zugang zur Beute haben, ist es am besten, die unterschiedlichen Diebstahlstechniken nach dem speziellen Tatort zu ordnen. Obwohl der Begriff des Ladendiebstahls oft so weit gefaßt wird, daß er außer Selbstbedienungsläden (und Supermärkten) Warenhäuser umfaßt, wollen wir im Folgenden jedoch zwischen diesen Erscheinungsformen sowie Messen- und Marktdiebstählen unterscheiden. Als eine weitere Sonderform sollen Kassen- und Schalterdiebstähle behandelt werden, die bei allen Verkaufsformen vorkommen, jedoch viele Gemeinsamkeiten aufweisen. Von den anderen Örtlichkeiten sind vor allem Hotel- und Gaststättendiebstähle durch eine besondere Tatsituation gekennzeichnet.

Rust, Paul: Ladendiebstahl und „Selbstjustiz" – Diss. Zürich – Zürich 1972; *Kucklick,* Wolfgang/*Otto,* Josef: Ladendiebstahl in der Hamburger Innenstadt. Eine kriminologische Untersuchung von 3622 Fällen und 3815 Tätern aus dem Jahre 1970 – hrsg. v. Landeskriminalamt Hamburg – Hamburg 1973.

aa) Ladendiebstähle

Der in einem Einzelhandelsgeschäft herkömmlicher Art begangene Ladendiebstahl (i.e.S.), ist ein recht häufiges Delikt. Teilweise werden derartige Diebstähle erst durch einen ungewöhnlichen Rückgang des an sich zu erwarteten Gesamtgewinns entdeckt. Ziel derartiger Taten sind überwiegend Gegenstände des täglichen Ver- und Gebrauchs. Schon unter diesen Ladendieben finden sich relativ viele junge Täter. Doch gibt es auch Spezialisten und Teams, die es mit Praktiken des Trickdiebstahls auf höherwertige Gegenstände abgesehen haben; dabei handelt es sich dann in aller Regel um Erwachsene.

Für die Tatausführung werden neben der Hauptgeschäftszeit, die das Personal besonders beansprucht, gerade bei kleineren Läden geschäftsarme Zeiten bevorzugt, in denen man dann das verringerte Personal – etwa die über Mittag allein tätige Verkäuferin – auf diese oder jene Weise ablenkt; das kann durch besondere Wünsche ebenso wie durch vorgegebene Unruhe bzw. Eile oder durch den fingierten Telefonanruf eines Komplizen geschehen. Dasselbe läßt sich ferner leicht bewerkstelligen, wenn mehrere Täter („Abdecker", „Pakker", „Schlepper") zusammenarbeiten. Nicht gar so selten benutzt der Ladendieb Techniken des Trickdiebstahls, indem er seine Kleidung oder von ihm mitgeführte Gegenstände zweckentsprechend präpariert.

Es gibt natürlich auch ungewöhnliche Fälle (*Tegel,* Kriminalistik 1963-203 ff.).

In den Vereinigten Staaten mit ihrer sehr viel größeren Rauschgiftsucht haben Süchtige versucht, durch Ladendiebstähle im Werte von täglich etwa 50 $ ihre hohen Unkosten zu decken.

Hierher gehören ferner Fälle der sog. Kleptomanie, die man heute aber nicht mehr als eine wirkliche Krankheit auffaßt, sowie Taten von Fetischisten, die sich durch Besitz bestimmter Gegenstände zu befriedigen suchen, z. B. von Damenunterwäsche, Seide oder von Puppen.

Eine Rarität ist der Juwelendieb, der in einer im allgemeinen argwöhnischen Umgebung listenreich vorgehen muß, weshalb hier Charakteristika von Trickdiebstählen zu beobachten sind. Ein einfacher Trick ist es, im Laden angeblich einen Koffer aufspringen zu lassen, um dann mit dem Inhalt auch Diebsbeute zu verstauen. Manchmal fehlt es aber auch an der gebührenden Aufmerksamkeit beim Personal.

In Wien hat man beispielsweise in einem Juwelierladen erst bei Geschäftsschluß bemerkt, daß im Laufe eines Tages von einem Ständer 35 goldene Eheringe verschwunden waren.

Üblicherweise arbeiten bei dieser Sonderform des Ladendiebstahls zwei Täter zusammen, von denen einer die Aufmerksamkeit des Verkäufers in Anspruch nimmt, um die Manipulationen seines Komplizen – Verschwindenlassen oder Austausch der Beute gegen minderwertige Stücke – zu erleichtern.

bb) Diebstähle in Selbstbedienungsläden

Im weiteren Sinne sind die in Selbstbedienungsläden und Kaufhäusern begangenen Taten ebenfalls Ladendiebstähle. Dennoch lassen Besonderheiten der Tatsituation eine getrennte Darstellung als zweckmäßig erscheinen, wenngleich die Problematik der Selbstbedienung bereits z.T. in den Bereich der Warenhausdiebstähle hineingreift, weil die Kaufhäuser – und das nicht nur in ihren Lebensmittelabteilungen – immer mehr zur Form der Selbstbedienung übergehen. Zu den Selbstbedienungsgeschäften sollen hier trotz größerer, an Kaufhäuser erinnernder Dimensionen die sog. Supermärkte gezählt werden.

Tegel, Heinrich: Der Diebstahl in Selbstbedienungsläden. Eine kriminologisch-kriminalistische Betrachtung – in: TbKrim XVI, S. 148 ff. (1966); *Stephani,* Rolf: Die Wegnahme von Waren in Selbstbedienungsgeschäften durch Kunden. Eine kriminologische Untersuchung von 1481 Tätern – Bern/Stuttgart 1968.

Die Selbstbedienungsläden sind Ausdruck einer neueren Verkaufstechnik, die einmal Personal einspart und zum anderen den Kunden besondere Anreize für den Kauf bietet. Da der Kunde unmittelbaren Zugang zu den angebotenen Waren erhält, er lediglich diejenigen Gegenstände, die er kaufen will, in einen Einkaufswagen oder -korb legen muß, der der Kassiererin vorgeführt wird, kommen für Diebstahl hier auch andere Praktiken als beim gewöhnlichen Ladendiebstahl in Betracht.

Einmal arbeitet der Täter an der Kasse mit Tricks, welche – dem Betrug ähnlich – die Kassiererin hindern sollen, alle ausgewählten Waren in Rechnung zu setzen.

Zum anderen bemüht sich der Täter, im Verkaufsraum entwendete, nicht in die an der Kasse zu kontrollierenden Behältnisse gelegte Waren in seiner Kleidung oder in mitgeführten Taschen u.dgl. zu verbergen. Diese Verbrechenstechnik ist die hier bei weitem häufigste.

Es kommt aber auch vor, daß derartige Gegenstände in Waren versteckt werden, die bezahlt werden sollen, oder der Täter an Preisschildern manipuliert. Auf alle diese Praktiken zielen die auch in Selbstbedienungsläden eingeführten Kontroll- und Überwachungsmaßnahmen besonders ab.

cc) Warenhausdiebstähle

Ebenso groß wie beim Diebstahl in Selbstbedienungsläden ist das Dunkelfeld bei den Warenhausdiebstählen, obwohl wegen Zunahme dieser Taten der Selbstschutz hier erheblich verbessert worden ist. Infolgedessen wird die überwiegende Mehrzahl der polizeilich registrierten Ladendiebstähle i.w.S. – in der Hamburger Untersuchung waren es sogar über 95% – gegenwärtig in Warenhäusern begangen. Dafür spricht ferner, daß beispielsweise in Hamburg 84% der Taten durch Hausdetektive oder Personal des Warenhauses entdeckt wurden. Dennoch schätzt man, daß in Deutschland etwa die Hälfte der 70% an Inventurverlusten der Warenhäuser, welche auf Diebstahl zurückzuführen sind, von solchen Tätern begangen wird. Doch selbst bei ertappten Warenhausdieben sieht man immer noch oft von einer Strafanzeige ab und begnügt sich mit Schadenersatz oder Hausverbot.

Bei den Tätern handelt es sich vielfach um junge Menschen, insb. um Jugendliche und Kinder; bei den erwachsenen Warenhausdieben ist der Anteil der Frauen erheblich größer als bei vielen anderen Straftaten. Alter und Geschlecht sind verständlicherweise auch für die

Auswahl der Beute wichtig, deren Skala von Spielzeug und einfacheren Verbrauchs- und Gebrauchsgegenstände des täglichen Bedarfs bis zu recht wertvollen Waren reicht.

Tegel: Der Warenhausdieb – in: TbKrim XIV, S. 131 ff. (1964).

Die Tatzeit zeigt zwischen 11 und 14 Uhr und vor allem in den späten Nachmittagsstunden (16–18 Uhr) Schwerpunkte; als Wochentage sind vor allem Samstag und Freitag belastet. Der Warenhausdieb bevorzugt ersichtlich Zeiten regen Verkehrs. Daneben scheint mangelnde Kontrolle – etwa beim Umkleiden – derartige Praktiken zu begünstigen.

Zwei junge Burschen, die aus der Sportabteilung eines Kaufhauses ein Kanu über ihren Köpfen hinweggetragen hatten, wurden erst ertappt, als sie zurückkehrten, um sich auch noch die Paddel zu holen.

Nicht erwischt wurde dagegen ein vermutlich treusorgender Familienvater, der sich im 6. Stock eines Warenhauses einen großen gepolsterten Sessel auf den Rücken legte, mit dem er dann über den Lastenaufzug ungestört den Ausgang erreichte.

Die Tatausführung ist beim Warenhausdiebstahl oft so simpel wie sie im Falle einer 17jährigen, die ein ihr besonders gut gefallendes Kleid, da sie nicht genug Geld hatte, einfach in ihrer Einkaufstasche verschwinden ließ.

Der Warenhausdieb hat es ungeachtet der z.T. unterschiedlichen Angebote anscheinend in erster Linie auf Lebens- und Genußmittel – also auf Verbrauchsgegenstände – abgesehen, die im Durchschnitt etwa ein Drittel der Fälle ausmachen. Im übrigen geht es um Gebrauchsgegenstände, wobei Bekleidungsstücke – insb. für Damen – vor Spielwaren, Uhren und Schmuck oder anderen Gegenständen rangieren. Bei einer solchen Tat wird überwiegend nur ein einzelnes Stück entwendet. Der Wert der Beute lag 1970 in Hamburg mehrheitlich unter DM 20, häufig zwischen 2 und 10 DM; Werte über DM 500 erlangt der Warenhausdieb nur recht selten.

Daß Warenhausdiebe dennoch nicht nur „Opfer des Konsumterrors“ oder einer günstigen Gelegenheit sind, sondern sich unter ihnen nicht gar so selten auch hartnäckige Rückfallstäter finden, beweist folgender Fall.

Ein gutsituierter Ehemann und seine ebenfalls in einer Schuhfabrik arbeitende Frau stahlen drei Jahre lang in Warenhäusern. Bei etwa 5000 Einzeltaten wurden Waren im Werte von rund DM 200 000 erbeutet und vielfach – z.T. auf Bestellung und über einen „Vertreter“ – veräußert.

Tegel, Heinrich: Ladendiebstahl als Beruf – Arch. f. Krim. Bd. 132, S. 36 ff. (1963).

dd) Messen- und Marktdiebstähle

Eine gewisse Ähnlichkeit mit allen diesen Ladendiebstählen zeigen die Messen- und Marktdiebstähle, obwohl die etwas andersartigen Verkaufssituation naturgemäß einige Besonderheiten mit sich bringt. Denn die vielfach primitiven Gegebenheiten und der hier öfter zu beobachtende jahrmarktähnliche Trubel ermöglichen vergleichsweise simplere Wegnahmepraktiken.

ee) Kassen- und Schalterdiebstähle

Eine Sonderform zu den bisher behandelten Ladendiebstählen, die auf Waren abzielen, stellen die Kassen- und Schalterdiebstähle dar; sie finden sich außer in Ladengeschäften und Verkaufsstätten der verschiedensten Art auch in Banken und öffentlichen Kassen. Bei allen diesen Diebstählen geht es dem Täter um das an diesen Orten ebenfalls zu findende Bargeld. Dies ist zugleich auch der Prototyp des sog. Trickdiebstahls.

Frommolt, K. H./*Schwarz,* K. G.: Internationale und lokale Trickdiebe – der kriminalist 1974-32 ff., 104 ff., 224 ff., 335 ff.

Neben dem mehr oder weniger plumpen Griff in die Kasse, der häufig durch Ablenkungsmanöver erleichtert wird, gibt es hier den Wechselfallendieb, der beim Geldwechseln täuscht, und andere Praktiken des Trickdiebstahls.

ff) Hotel- und Gaststättendiebstähle

In Hotels, Gaststätten, Kantinen, Pensionen, Herbergen usw. sucht der Dieb seine Beute gewöhnlich ohne Rücksicht darauf aus, ob sie dem Inhaber, seinem Personal oder Kunden gehört. Er betrachtet diese der Bewirtung dienenden Örtlichkeiten mehr als ein Jagdrevier, das den Zugriff auf die Habe sich dort aufhaltender Menschen oft relativ leicht macht.

Gabeler, Wolfgang: Der „Hotelschreck" Peschel – Kriminalistik 1955-331 ff.

Diebe, die sich in Hotels einmieten, um dort etwas zu stehlen, nennt man Hotelratten. Mitunter benutzen sie sogar Einbruchstechniken; doch meistens bevorzugen sie günstig ausgespähte Gelegenheiten oder aber Tricks, die eine gewisse Ähnlichkeit mit Betrügereien haben können. Deshalb treten diese Täter üblicherweise als Hotelgäste auf, ohne sich jedoch wirklich – dann aber unter falschem Namen – in dem betreffenden Hotel oder Gasthaus einzumieten.

Die primitivste Form des Hotel- und Gaststättendiebstahls richtet sich ausschließlich auf Garderobe und deren Inhalt. Diese sog. Mantelmarder entwenden fremde Mäntel oder räumen bei sich bietender Gelegenheit geschickt die Taschen von Mänteln u.dgl. aus. Mitunter ähnelt die Tatausführung in diesen Fällen schon dem Taschendiebstahl.

In diesen Zusammenhang gehören im Grunde die z.T. an den Diebstahl zum Nachteil von Arbeitskameraden erinnernden Straftaten, die in Krankenhäusern, Heimen oder Gemeinschaftslagern gegenüber anderen Insassen begangen werden; hier kann der Täter aber eher unter dem Personal zu suchen sein.

gg) Andere Örtlichkeiten

Selbstverständlich können Diebstähle auch in anderen als den bisher genannten Örtlichkeiten begangen werden. Selbst Kasernengelände sind nicht vor Dieben sicher.

In einer Kaserne der Bundeswehr in Schleswig-Holstein kam man dahinter, daß Dienstbenzin in erheblichem Umfange gestohlen werden mußte. Das war möglich, weil 230 privateigene Kraftfahrzeuge im Gelände Dauerparker waren. Die Täter wurden jedoch schnell und eindrucksvoll überführt, worauf bei den Diebesfallen zurückzukommen sein wird.

Ein seit alters her bekannter Sonderfall ist der **Kirchendiebstahl,** der jedoch häufiger mit Mitteln des Einbruchs durchgeführt wird.

Tegel, Heinrich: Kirchendiebstähle – Arch. f. Krim 128, S. 121 ff. (1961); *Martin,* Leopold: Kirchendiebstähle in Bayern – in: TbKrim XV, S. 141 ff. (1965).

Doch haben wir es hier heute weniger mit dem alten Opferstockdieb zu tun, der auf Bargeld aus ist, als mit diebischen Lieferanten für den Kunsthandel. Überhaupt sind die Grenzen zwischen Kirchen- und **Kunstdiebstahl** fließender als früher geworden.

Einer der ersten spektakulärsten Fälle dieser Art war der im Jahre 1958 begangene Diebstahl einer Riemenschneider-Madonna (im Wert von mehr als 1 Million DM) aus der Wallfahrtskirche „Maria im

Weingarten" bei Volkach in Oberfranken. Wegen der seltsamen Umstände der über eine Illustrierte erfolgten Rückgabe des Schnitzwerkes wird darauf später zurückzukommen sein.

Doch sollten derartige sensationelle Straftaten nicht über die große Zahl kleiner Fälle und darüber hinwegtäuschen, daß Kirchen und ähnliche Bauten wie etwa Museen trotz besserer Sicherung immer noch ein Reservoir für mit Diebstahl arbeitende „Kunsthändler" ist.

In den Jahren 1958–1963 sollen allein in Bayern in 475 Kirchen und Kapellen Diebstähle begangen worden sein.

Tegel, Heinrich: Der Diebstahl von Kunstwerken – in: TbKrim XVIII, S. 113 ff. (1968).

3. Diebstähle in der Öffentlichkeit

Von Diebstählen in der Öffentlichkeit, die ja z.T. schon bei den genannten Geschäftslokalen gegeben ist, sprechen wir hier außer bei öffentlichen Straßen und Plätzen ferner bei öffentlichen Gebäuden und bei Verkehrsmitteln. Da die Tatortsituation sich im Gegensatz zu den zuvor genannten Fällen bei der jedermann zugänglichen Stelle in der Regel nicht so sehr unterscheidet, ist es hier wohl am besten, die benutzten Praktiken nach dem Objekt zu gliedern. Dies besagt allerdings nicht, daß derartige Objekte nicht u.U. ebenso aus Privat- oder Geschäftshäusern entwendet werden können.

a) Kraftfahrzeugdiebstähle

Die Kraftfahrzeugdiebstähle, zu denen kriminologisch und kriminalistisch auch Fälle des unbefugten Gebrauchs von Kraftfahrzeugen zählen, haben mit der Motorisierung gewaltig zugenommen.

Geerds, Friedrich: Über Diebstahl und unbefugten Gebrauch von Kraftfahrzeugen – in: Kriminalistik 1960-106 ff., 171 ff., 212 ff.; *Mayerhofer,* Christoph: Der Kraftfahrzeugdiebstahl und verwandte Delikte – Kriminol. Abh. N.F. Bd. 5 – Wien 1961; *Schmidt,* Manfred: Diebstahl und unbefugter Gebrauch von Kraftfahrzeugen in kriminologischer und strafrechtlicher Betrachtung. Einzeluntersuchung von im Jahre 1959 in Kiel begangenen abgeurteilten Straftaten – Diss. Kiel – o.O. 1967; *Bickel,* Walter: Zur Kriminologie des Autodiebstahls und verwandter Delikte (nach den Akten der Kantons- und Stadtpolizei Zürich) – Diss. Zürich – Zürich 1972.

Kriminalphänomenologisch werden hier in aller Regel (z.T. 80–90% der Fälle) Gebrauchszwecke verfolgt, die Beute soll also lediglich als Fahrzeug für den Täter fungieren. Einen Sonderfall verkörpern insoweit diejenigen Taten, in denen das entwendete Fahrzeug – wie etwa bei vielen Einbrüchen oder Raubüberfällen – kurzfristig als Tatwerkzeug benutzt werden soll. Als Vermögensobjekt fungieren gestohlene Kraftfahrzeuge nur in 5–10% dieser Fälle.

Während der Autoschlachter, der deshalb gängige Typen bevorzugt, das Fahrzeug alsbald zerlegt, um so gewisse Teile verwerten zu können, trachtet der Autoschieber danach, das gestohlene Fahrzeug, dessen Identität zu diesem Zweck allerdings verschleiert werden muß, durch Verkauf im Ausland zu versilbern. Hier müssen sich die gewöhnlich bandenmäßig arbeitenden Täter vielfach auch solcher Praktiken bedienen, wie sie bei Urkundenfälschung und Betrug vorkommen.

Für die Arbeitsweise beim Diebstahl selbst sind diese Erscheinungsformen im allgemeinen jedoch nicht wichtig. Sofern der Täter nicht Einbruchstechniken benutzen muß, wird der unverschlossene oder sonst leicht zugängliche Wagen mit einem zuvor erlangten Nachschlüssel oder noch einfacher durch Kurzschließen in Betrieb gesetzt und weggefahren. Besonderheiten, wie sie bei Autoschiebern und Autoschlachtern angedeutet worden sind, stellen ebenso wie bei als Tatwerkzeugen benutzten Wagen vorkommende Auswechseln der polizeilichen Kennzeichen nur partiell zu verzeichnende Phänomene dar.

In der Züricher Untersuchung war nahezu die Hälfte der entwendeten Wagen (42,9%) offen, die Zündung nicht gesperrt (wie bei weiteren 14,3%). Bei den verschlossenen (40,1%) Kraftwagen war z. T. (7,7% aller Fälle) die Zündung nicht gesperrt. Selbst bei gesicherter Zündung bereitet, sofern nicht ein Zündschlüssel illegal verfügbar ist (49,6%), das Ingangsetzen der Zündung (32,3%) dem Täter kaum Schwierigkeiten.

b) Fahrraddiebstähle

Die Fahrraddiebstähle ähneln in vielem den Kraftfahrzeugdiebstählen. Sie sind aber durchweg leichter auszuführen und auch mehr durch eine günstige Gelegenheit geprägt, weshalb hier junge Täter besonders häufig sind. Auch läßt sich diese Beute leichter „umfrisieren", weshalb hier eher als bei Kraftfahrzeugen mit längerem Eigengebrauch zu rechnen ist.

Frieden, Kurt: Fahrraddiebe – zur Kriminologie des Fahrraddiebstahls – Kriminalistik 1955-465 ff.

c) Diebstahl von Fahrzeugteilen

Der Diebstahl von Fahrzeugteilen richtet sich, wenn er ohne Einbruchstechniken ausgeführt wird, vielfach auf leicht abnehmbare Teile von Kraftfahrzeugen wie Kühlerverschraubungen, Antennen und Radkappen. Neben Kraftfahrzeugen kommen als Tatobjekte auch Fahrräder und andere Fahrzeuge in Betracht. Diese überwiegend von jungen Rechtsbrechern begangenen Diebstähle erscheinen in aller Regel als Gelegenheitstaten.

d) Diebstahl von Transportgütern

Beim Diebstahl von Transportgütern handelt es sich, wenn der Täter – wie hier vorausgesetzt – ohne Einbruchstechniken zum Ziel gelangt, vor allem um aus diesem oder jenen Grund unverschlossene Kraftfahrzeuge. Selbstverständlich kommen daneben andere Transportmittel wie Fahrräder, Handwagen, Eisenbahnwaggons oder Wasserfahrzeuge in Betracht. Die Ausführung dieser Diebstähle hängt außer von Art und Zustand des zum Transport verwendeten Fahrzeugs auch von dessen Standort sowie Zugänglichkeit und im übrigen von der Beschaffenheit der Beute ab.

e) Garten-, Feld- und Forstdiebstahl

Ungleich altertümlicher als die hier bisher behandelten Fälle wirken vielfach die Garten-, Feld- und Forstdiebstähle, welche am besten hier erwähnt werden, obwohl sie außer der öffentlichen Hand auch Privatpersonen wie beispielsweise Landwirte oder Schrebergärtner schädigen können. Die Diebesbeute besteht übrigens nicht nur aus Blumen, Sträuchern und anderen Pflanzen, Garten- und Feldfrüchten, sondern kann u.U. dort verwendetes Arbeitsgerät oder Ähnliches sein. Obgleich sich die Vielfalt dieser Diebstähle, die bei sicher großer Zahl in der Regel nicht sonderlich gewichtig sind, in diesem Rahmen nicht im einzelnen darstellen läßt, war doch ein Hinweis auf diese Taten angebracht.

f) Taschendiebstahl

Der Taschendiebstahl ähnelt zwar in manchem dem Trickdiebstahl, unterscheidet sich aber doch zumindest in zwei Punkten von ihm. Ziel des Taschendiebs sind Sachen, die ein Mensch trägt, in seiner Kleidung (insb. deren Taschen) oder in seinem Handgepäck (Hand- oder Einkaufstasche, Aktentasche usw.) mit sich führt. Von ihm angewandte Tricks sollen die betroffene Person mehr ablenken als bewußt täuschen, während der Trickdieb oft unter den Augen seines Opfers wie ein Gaukler arbeitet. Der Taschendiebstahl wird häufig dort begangen, wo im Freien, auf Messen oder sonst bei Massenveranstaltungen viele Menschen zusammenkommen; dies gilt daher auch für Verkehrsmittel und für stark frequentierte Gebäude wie Warenhäuser oder andere Verkaufsstätten.

Harnisch, Gerhard: Taschendiebe – BKA 1962/2.

Der Taschendiebstahl ist trotz z.T. geänderter Praktiken ein uraltes kriminelles Phänomen, wenn man etwa an die alten Marktdiebe oder Beutelschneider denkt.

Auch in neuerer Zeit gibt es Gelegenheiten und Anlässe wie Weltausstellungen, Olympiaden und ähnliche Sportveranstaltungen, Fürstenhochzeiten oder Volksvergnügen, welche gerade internationale Taschendiebe anziehen. Auf der Wiener Messe 1934 wurden 20 von ihnen, 1960 auf dem Eucharistischen Weltkongreß in München 14 festgenommen.

Die Dunkelziffer ist beim Taschendiebstahl deshalb besonders groß, weil vermutlich manche dieser Taten als bloßer Verlust gewertet werden oder man bei der Geringfügigkeit des Schadens die Mühe einer Anzeige scheut.
Obgleich hier und da Taschendiebstähle aus Gelegenheit von jungen Tätern begangen werden, handelt es sich doch wohl überwiegend um erwachsene, nicht selten berufsmäßig operierende Täter, die entweder allein oder mit Komplizen arbeiten. Manche Praktiken erinnern bereits an Trickdiebstähle oder Betrug.

Aus früheren Zeiten und später auch noch aus dem Ausland wird von Diebesschulen berichtet, in denen bereits Kinder an einer lebensgroßen, mit Glocken versehenen Puppe zu Taschendieben ausgebildet wurden.

Kosyra, Herbert: Ein Meister seines Faches – Arch. f. Krim 147, S. 133 ff. (1971).

Sieht man von den kleineren Taschendiebstählen einmal ab, bei denen Unachtsamkeit des Opfers ein wesentlicher Faktor sein dürfte, kommt es für den Täter zunächst einmal darauf an, sich über die erstrebte Beute und das geeignete Opfer klar zu werden. Danach gilt es, die räumliche Distanz zum Opfer zu überwinden und ggf. seine Aufmerksamkeit abzulenken. Am ehesten gelingt das, wenn der Taschendieb in einer unübersichtlichen, unruhigen Situation den unmerklichen Kontakt mit seinem Opfer sucht. Gut geeignet ist ein Gedränge, wie es beim Betreten oder Verlassen von Verkehrsmitteln oder auch in Garderoben zu entstehen pflegt; denn die äußere Erscheinung des Täters ist selbstverständlich regelmäßig ganz unauffällig. Während der Fahrt stiehlt man in Verkehrsmitteln, obwohl gerade bei stehenden Fahrgästen Kurven oder Bremsvorgänge die Möglichkeit zu unauffälligen Kontakt eröffnen, heutzutage nur noch selten, weil die oft automatisch funktionierenden Türen ein nicht unerhebliches Risiko bedeuten.
Hat der Taschendieb oder als „Zieher" fungierende Komplize eine günstige Ausgangsposition erlangt, erfolgt der eigentliche Zugriff auf die Beute. Geschicklichkeit, Schnelligkeit und Übung kennzeichnen den professionellen Taschendieb, der nicht nur mit den Fingern, sondern zugleich mit Auge und Hirn zu arbeiten pflegt.

Durch irgendeine Berührung wird das Opfer vom eigentlichen Beutegriff abgelenkt, der beispielsweise in einer von Mittel- und Zeigefinger gebildeten „Schere" bestehen kann, mit welcher die Beute aus Taschen u.dgl. herausgezogen wird. Manchmal müssen derartige Taschen zuvor aufgeknöpft oder aufgeschlitzt werden. Arbeitet der Täter mit einem Komplizen, so gibt der „Zieher" die Beute möglichst schnell an den „Schlepper" weiter, der sofort das Weite zu suchen hat. Verdächtige Beuteteile – z.B. der Brieftasche, Ausweise usw. – entledigt man sich möglichst schnell.

Alvarez del Castillo, Dagoberto: Die Aktentaschenaufschlitzer – Intern. Kriminalpol. Revue 1958-176ff.

Selbstverständlich gibt es beim Taschendiebstahl je nach dem Platz, an welchem sich das Beuteobjekt befindet, noch viele besondere Ausführungsarten.

So bieten etwa Innentaschen der Kleidung regelmäßig größere Schwierigkeiten als Außentaschen oder vom Opfer mitgeführte Taschen; z.T. wird die Kleidung vom Taschendieb aufgeschnitten oder -geschlitzt. Wieder anders ist die Lage, wenn ein Gegenstand – wie beispielsweise eine Armbanduhr – unmittelbar vom Körper des Opfers gestohlen wird.

Natürlich gibt es andere Fälle, die mehr dem Trickdiebstahl ähneln, was nicht überraschen kann. Teilweise benutzt der Taschendieb, der sein Opfer täuschen will, nämlich solche Methoden und Kniffe wie bei einem Trickdiebstahl. Allerdings muß der Zugriff auch hier so unauffällig erfolgen, daß der Täter sich in Sicherheit bringen kann, bevor das Opfer den Schaden bemerkt und eventuell die „Masche" durchschaut.

Die bereits erwähnte, weit über 50 Jahre alte Frau, die zudem nicht gerade mit verführerischen Reizen ausgestattet war, verlor angeblich an einsamen Stellen ihren Schlüsselbund; sie bat dann ältere Männer um Hilfe. Fand der Ritter den Schlüsselbund, so fiel sie ihm um den Hals, um ihm dabei Brieftasche oder das darin befindliche Geld zu entwenden.

II. Raub

Vom Diebstahl unterscheidet sich der Raub kriminologisch vor allem dadurch, daß Mittel der Wegnahme fremder Sachen Gewalt oder unmittelbar drohende Gewalt gegen eine Person ist. Die Intensität dieses schweren Zwanges gegen Leib oder Leben rückt den Raub in die Nähe der Tötungen und Körperverletzungen, womit er nicht so sehr einen qualifizierten Fall des Diebstahls, sondern als sog. Kapitalverbrechen ein aliud darstellt. Ähnlich ist die äußere Situation beim räuberischen Diebstahl (§ 252 dtsch. StGB), bei welchem der Zwang allerdings dazu dient, den Erfolg der bereits erfolgten Wegnahme aufrechtzuerhalten. Mag es kriminologisch wegen der damit verbundenen Not- und Angstsituation des Ertappten, der doch wohl meistens seine Haut retten möchte, zweifelhaft sein, diese Fälle dem Raub gleichzustellen, obwohl es im Grunde meistens nur darum geht, eine diebische Aktion ungeschoren abschließen zu können, kommt es kriminalistisch auf diesen Unterschied nicht wesentlich an; denn bei der Tatausführung als solcher müssen wir vor allem an den Zwang anknüpfen.
Von der Erpressung unterscheidet sich der Raub – ebenso wie der Diebstahl – vor allem durch die Tatausführung; denn der Vermögensschaden wird durch den unmittelbaren Eingriff des Täters und nicht durch die von ihm veranlaßte Vermögensverfügung des Opfers herbeigeführt. Im Hinblick auf die Tatmittel bedeutet dies, daß der Raub primär ein Gewaltdelikt und die Erpressung typischerweise ein Drohungsdelikt ist. Ist die Drohung beim Raub lediglich eine Vorstufe der ohne weiteres auszuübenden Gewalt, so verkörpert diese bei der Erpressung mehr ein Mittel, das der weitergehenden Drohung Nachdruck verleihen soll.

von Hentig, Hans: Diebstahl, Einbruch, Raub – Zur Psychologie der Einzeldelikte Bd. 1 – Tübingen 1954; *Diebstahl, Einbruch und Raub.* Arbeitstagung im Bundeskriminalamt Wiesbaden vom 21. April bis 26. April 1958 über Bekämpfung von Diebstahl, Einbruch und Raub – hrsg. v. Bundeskriminalamt – Wiesbaden 1958; *Lüdemann,* Günter: Zur Kriminologie des Raubes. Eine Untersuchung an 150 in den Jahren 1954 bis 1957 in Hamburg wegen Raubes Verurteilten – Diss. Hamburg – Hamburg 1959; *Geerds,* Friedrich: Zur Kriminologie von Raub und Erpressung – in: Die Neue Polizei 1962-178 ff.; *Geerds,* Friedrich: Zur Kriminologie des Einbruchs und des Raubes – in: Die Polizei 1966-147 ff.; *Kucklick,* Wolfgang: Raubkriminalität in Hamburg – hrsg. v. Landeskriminalamt Hamburg – Hamburg 1970; *Raub und Räuber.* Ein kriminalistischer und kriminologischer Beitrag zur Bekämpfung und Verhütung der Raubkriminalität von Günther Bauer – GrKrim 6 (1970); *Müller-Engelmann,* Kurt Peter: Der Raub. Zur Kriminologie und strafrechtlichen Regelung dieser Deliktstypen unter besonderer Berücksichtigung der Geschichte und der Kriminalistik – Diss. Frankfurt a.M. – München 1973; *Müller-Engelmann,* Kurt Peter: Zur Phänomenologie des Raubes – in: Arch. f. Krim. 152-65 ff. (1973).

Typologisch ist für Raubüberfälle sowohl in der Kriminologie als auch in der Kriminalistik zunächst einmal der Tatort wichtig, der durchweg den Modus operandi prägt. Zur Tatzeit sei nur gesagt, daß die Tageszeit bei den einzelnen Erscheinungsformen divergiert; jahreszeitlich ist im Winter eine leichte Zunahme zu verzeichnen.

Die Tatmittel des Raubes sind nicht sonderlich signifikant, weil der Täter nahezu immer (80–90%) brachiale Gewalt anwendet oder aber in den restlichen Fällen schnell von entsprechender Drohung zur Gewalt übergehen kann. Eher als früher verwenden die Räuber heutzutage Waffen; dies ist in rund einem Drittel der Fälle zu beobachten, wenngleich eigentliche Schußwaffen nur in etwa 10% aller Raubfälle mitgeführt werden; bei einzelnen Formen wie dem Bankraub oder Überfällen auf Geldtransporte oder auf Kassenboten liegt dieser Anteil natürlich höher. Nur in einer gewissen Zahl von Fällen benutzen die Täter eine Maskierung oder ein Kraftfahrzeug.

Klassifikatorisch lassen sich nach dem Tatort hier zunächst einmal drei Gruppen unterscheiden:

1. Raubüberfälle in Gebäuden
2. Raubüberfälle im Freien
3. Raubüberfälle in Verkehrsmitteln.

Innerhalb dieser Gruppen gelangen wir dann an Hand spezieller Tatorte zu besonderen Raubtechniken.

1. Raubüberfälle in Gebäuden

Bei den Raubüberfällen in Gebäuden lassen sich nach dem speziellen Tatort unschwer drei bzw. vier Formen der Tatausführung unterscheiden.

a) Bankraub

Der Bankraub ist, obwohl er zahlenmäßig nicht so sehr hervortritt, heute geradezu ein Prototyp des Raubüberfalls. Das liegt u.a. daran, im Verhältnis zur hohen und in der Art besonders erstrebten Beute – Bargeld – die Sicherungen des öfteren immer noch gering sind.

Stolz, Hans: Internationale Bankräuber und Mörder Donald Brown-Hume – Intern. Kriminalpol. Revue 1961-15 ff.; *Terpitz,* Werner: Raubüberfälle auf Kreditinstitute unter besonderer Berücksichtigung der Überfälle auf Sparkassen. Auswertung statistischer Unterlagen aus den Jahren 1963 bis 1966 – Bonn 1966; *Helldörfer,* Heinrich: Die Objektwahl. Eine Untersuchung zur Phänomenologie des

Bankraubes – Kriminalistik 1966-185 ff.; *von Hentig,* Hans: Bankräuber aus honorigen Berufen – in: Der Muttermord und sieben andere Verbrechensstudien – Strafrecht. Strafverfahren. Kriminologie Bd. 24 – Neuwied/Berlin 1968, S. 80 ff.; *Wensky,* Oskar/*Sobek,* Raimund: Analyse des Bankraubes – Kriminalistik 1969-17 ff.; *Würtenberger,* Thomas/*Herren,* Rüdiger: Bankraub in der Bundesrepublik – Kriminalistik 1970-475 ff.; *Reffken,* Hermann: Kriminologische Untersuchungen zu Bankräubern – Kriminol. Studien Bd. 11 – Göttingen 1972; *Schubert,* Dieter/*May,* Volker: Bankraub in der Bundesrepublik Deutschland Bd. I – Kriminologie. Abhandl. ü. abweg. Sozialverh. Nr. 7 – Stuttgart 1972.

Immerhin werden derartige Taten doch überwiegend vorher geplant (*Schubert* 93,6%) und häufig von mehreren Tätern begangen. Im allgemeinen aber ist die Tatausführung dennoch ziemlich primitiv. In aller Regel begnügen sich die Täter nämlich mit einer mehr oder weniger oberflächlichen Tatortbesichtigung und einigen Vorbereitungen für die Flucht, wobei die Intensität wiederum sehr verschieden ist. Vom bloßen Ablesen des U-Bahn-Fahrplanes geht es bis zum mehrfachen Abfahren des Fluchtweges mit einem Kraftfahrzeug und Stoppen der benötigten Zeit. Wird für die Flucht ein Kraftfahrzeug benötigt, so muß es relativ häufig zuvor durch Diebstahl beschafft werden, zumal da man dann durch Umsteigen in einen anderen Wagen die Verfolgung erschweren kann.
Interessant sind die für das Scheitern derartiger Taten ermittelten Gründe, wobei wir uns auf diejenigen Fälle konzentrieren, die deshalb im Versuch steckengeblieben sind.

Da mitunter mehrere Gründe zusammenwirken, ist *Schubert* in 70 solchen Fällen vor allem auf Widerstand von Personal (70,1%) oder Kunden (12,9%) sowie auf Sicherungen (20,0%) gestoßen. Außer Unentschlossenheit der Täter (8,6%) gibt es aber noch mancherlei andere Gründe (20,0%), die Banküberfälle scheitern lassen. Neben vorheriger Alarmierung der Polizei, u.U. wegen auffälligen Verhaltens vor der Bank oder vorzeitigen Schließens der Bankfiliale, sind dafür mitunter ungeeignete Tatmittel ausschlaggebend.

Etwa die Hälfte der Bankräuber begeht die Taten irgendwie maskiert. Von der Benutzung einer Sonnenbrille reicht die Skala über mehr oder weniger kunstvolles Verkleiden bis hin zu die untere Gesichtshälfte verhüllenden Rollkragenpullovern und Strumpfmasken.
Unterschiede ergeben sich zwischen den Bankhäusern der Großstadt, d.h. des Zentrums, und Bankfilialen in der Provinz bzw. in Vorstädten. Gewöhnlich bevorzugen Bankräuber kleinere Zahlstellen, die nur mit ein oder zwei Mann besetzt sind und die zur Tatzeit keinen großen Publikumsverkehr aufweisen; eben deshalb werden diese Überfälle vielfach alsbald nach Geschäftsbeginn oder kurz vor Geschäftsschluß ausgeführt. Überdies spielen günstige Fluchtmöglichkeiten bei der Objektwahl eine Rolle.
Häufiger als früher werden gegenwärtig Waffen oder gefährliche Instrumente mitgeführt, die jedoch nach einer deutschen Untersuchung überwiegend entweder nicht geladen oder nur gefährlich erscheinende Attrappen waren (65,3%).
Typischerweise arbeitet der Bankräuber also mit der Drohung. Gebrauch der Schußwaffen gilt bei versierten Tätern nicht nur wegen des Lärms, sondern auch deshalb als „Kunstfehler", weil dadurch Panik oder unerwartete Reaktion der Opfer ausgelöst werden können. Das übliche Schema der Tatausführung ist einfach.

Von den gewöhnlich zwei oder drei Tätern muß einer Angestellte und Kunden in Schach halten, während ein anderer sich das Geld entweder vom Kassierer aushändigen läßt oder es selbst zusammenrafft. Ein weiterer Täter sichert vor der Bank und fährt, sofern es keinen besonderen „Fahrer" gibt, den Fluchtwagen – meist ein gestohlenes Kraftfahrzeug – bis zu dem Platz, wo man in ein anderes, zuvor bereitgestelltes Fahrzeug umsteigt. Da Schnelligkeit erstes Gebot ist, werden über die Hälfte der Banküberfälle in weniger als 2 Minuten durchgeführt; über 5 Minuten dauerten lediglich 6% der untersuchten Fälle. Nicht gar so selten finden sich bei Banküberfällen Praktiken der Geiselnahme, werden also die Übergänge zum Menschenraub und zur Erpressung fließend. Das gilt nicht nur bei unerwartet schnellem Erscheinen der Polizei, sondern wird mitunter sogar von vornherein eingeplant.

b) Kassenraub

Dem Bankraub nahe verwandt ist der Kassenraub, den wir hier aber doch gesondert behandeln wollen, weil die Tatortsituation bei öffentlichen Kassen, z.B. Stadt-, Finanz- oder Postkassen, vielfach etwas anders als bei Banken liegt. Da man dem Publikum hier im allgemeinen nicht so viele Konzessionen macht und dementsprechend die Sicherungen üblicherweise wirksamer sind, müssen Räuber bei derartigen Kassen gewöhnlich mit größeren Schwierigkeiten als bei Banken und gerade oft kleinen Filialen rechnen.
Es gibt aber durchaus simplere Fälle des Kassenraubs, wenn man etwa an die hierher gehörenden Raubüberfälle auf Kassenschalter der Bundesbahn, auf Zollstellen oder auf Postschalter bzw. mit einer Person besetzte ländliche Poststellen denkt.

Ein Täter bedrohte einen 59jährigen Beamten, der eine Postzweigstelle leitete, mit einer Pistole, als dieser die Haustür verschließen wollte. Mit den Schlüsseln des Gefesselten erbeutete er DM 7000.

c) Ladenraub

Von den bisher genannten Fällen unterscheiden sich die Praktiken des Ladenraubs durchweg erheblich. Selbst wenn wir hier Raubüberfälle auf Ladenkassen oder überhaupt in Büro-, Arbeits- und Lagerräumen einbeziehen, so sind zwar die zu erwartenden Geldmittel durchweg geringer, dafür aber noch weniger Sicherungen als in Geldinstituten zu erwarten. Vielfach gehen die Täter daher in diesen Fällen unüberlegter vor. Man stelle sich beispielsweise einen Überfall auf einen Zigarrenladen vor, in dem sich nur die ältliche Inhaberin befindet; aber auch Tankstellen werden des öfteren von Räubern heimgesucht.
Häufiger als beim Bankraub setzt der Ladenräuber jedoch sofort – oft brutale – Gewalt ein. Das Mißverhältnis von möglicher Beute und brutaler Tatausführung läßt gerade den Ladenraub weniger als ein Vermögens-, sondern mehr als ein Gewaltdelikt erscheinen.

Ein Junge und ein Mädchen drangen in einen Blumenladen ein, schlugen die 72 Jahre alte Inhaberin nieder und entkamen mit DM 70.

Im Mai 1968 überfielen zwei bewaffnete Täter eine Briefmarkenhandlung. Sie schlossen die Ladentür von innen ab, fesselten und knebelten die Anwesenden. In der Kasse fanden sie nur DM 50. Bei den durchsuchten Opfern raubten sie etwa DM 280 und zwei Uhren.

Ausnahmen stellen Raubüberfälle auf Läden dar, in denen erhebliche Geldmengen oder große Werte zu erlangen sind, z.B. große Juweliergeschäfte oder die Tageskasse von Supermärkten. Bei diesen Überfällen ähnelt die Tatausführung wieder mehr der des Bankraubs.

d) Wohnungsraub

Die durchweg primitivste Form des Raubüberfalles in Gebäuden ist der Wohnungsraub, bei welchem sich das Opfer in seiner Wohnung oder in anderen privat genutzten Räumlichkeiten befindet. Hier sind die Sicherungen für einen entschlossenen Räuber minimal. Als Opfer besonders gefährdet sind, wenn man von den später zu behandelnden milieubedingten Raubüberfällen absieht, die mitunter ebenfalls in einer Wohnung oder einem Hotelzimmer begangen werden, alleinstehende Frauen oder überhaupt ältere Menschen. Außer Gewalt kann der Räuber, um in die Wohnung hineinzugelangen, auch eine Täuschung anwenden, sich z.B. als Beamter, Handwerker, Vertreter oder Hausierer bzw. Bettler ausgeben. Dennoch sind diese Taten deshalb wenig attraktiv, weil nur selten mit Bargeld in größerer Menge und nur ausnahmsweise mit für den Täter interessanten Wertgegenständen zu rechnen ist.

Ein angeblich taubstummer, etwa 35 Jahre alter Bettler bat Mitte Dezember 1967 gegen 16 Uhr an einer Wohnungstür mit einem Zettel um Essen, Kleidung und Geld. Während die Frau ihm Milch eingoß, verschloß der Bettler die Wohnungstür, drängte die Frau in das Wohnzimmer, wo er sie niederschlug. Das geknebelte und gefesselte Opfer mußte zusehen, wie der Täter mit Beute im Wert von DM 25 000 verschwand.

Ein Vertreter, der am Ortsrand einer größeren Stadt Bestellungen für ein Modeheft zu erlangen suchte, wurde aufdringlich. Er erkannte, daß die Frau nur zum Schein nach dem abwesenden Mann rief. Der Täter zog eine Pistole und verlangte Geld. Er entriß der Frau die Geldbörse, versetzte ihr einen Schlag und verschwand.

Unter Umständen kann auch aus einer Notzucht ein Raub oder ein solcher durch eine entsprechende Tatsituation den Räuber veranlassen sein Opfer auch noch zu vergewaltigen; hier zeigen sich also gemeinsame Wurzeln der Gewaltkriminalität. Anders liegen die Dinge, wenn der Täter bei einem Einbruchsdiebstahl durch Auftauchen oder unerwarteten Widerstand des Opfers veranlaßt wird, zu den schweren Zwangsmitteln des Räubers zu greifen.

Mikeler, Rolf: Ein abartiger Räuber – in: Die Kriminologie in der Praxis, Kriminol. Schriftenreihe Bd. 22 – Hamburg 1966, S. 82 ff.

Unter staatlich abnormen Verhältnissen können diese Raubtaten jedoch derartig zunehmen, daß die Tatausführung zuweilen an die alte Heimsuchung erinnert. Weit über das eigentliche Ziel der kriminellen Aktion hinausgehend verwüsten derartige Täter den Tatort, was Zusammenhänge mit dem Vandalismus, der durch sinnlose Gewalt gegen Sachen charakterisiert wird, offenbar werden läßt.

In Deutschland überfielen beispielsweise in den Jahren 1945–1949 Räuberbanden in ländlichen Gegenden Geschäftshäuser oder Gehöfte, um Geld, Schmuck, Kleidung oder Nahrungsmittel zu erbeuten. Dabei wie die Vandalen hausend, verbreiteten sie Furcht und Schrecken.

Häufiger als bei den bisher behandelten Erscheinungsformen finden sich beim Wohnungsraub Alleintäter, die aber ebenso wie beim Ladenraub vielfach recht brutal vorgehen.
Die eigene Wohnung des Täters scheidet aus Gründen der Sicherheit normalerweise aus.

Immerhin sind insoweit Sonderfälle bekannt geworden, als man Geldbriefträger in der Weise beraubt hat, daß man sie mit einer kleinen Geldsendung in eine eigens zu diesem Zweck gemietete Unterkunft gelockt hat.

Vor allem werden derartige Taten mithin in der Wohnung des Opfers begangen. Hier handelt es sich nicht selten um Fälle, in denen der Täter nicht einmal gewaltsam eindringen muß; denn beispielsweise Homosexuelle oder Dirnen nehmen andere mit in ihre Behausung oder das Zimmer eines Stundenhotels. Sie werden dann leicht das Opfer von Raub, wie sich bei den milieubedingten Raubüberfällen zeigen wird.

2. Raubüberfälle im Freien

Bei den Raubüberfällen im Freien lassen sich nach dem Objekt zwei Fallgruppen unterscheiden. Einmal beziehen sich die Raubüberfälle auf Handgepäck und zum anderen auf Transportgüter, die durch ein fahrendes Verkehrsmittel verhältnismäßig gut gesichert sind. Aber auch davon abgesehen ergeben sich einige für die Verbrechenstechnik erhebliche Unterschiede.

a) Handtaschenraub

Vom Handtaschenraub sprechen wir ganz allgemein bei Raubüberfällen, die normales Handgepäck zum Gegenstand haben; außer an Damenhandtaschen ist hier ferner an Aktentaschen, Pakete sowie an Brieftaschen und Geldbörsen zu denken, die von Fußgängern oder Radfahrern mit sich geführt werden. Auszuscheiden und gesondert zu behandeln sind allerdings Behältnisse, die speziell zum vorübergehenden Geldtransport dienen.

Stadler, Max: Handtaschenräuber in einer Kleinstadt – Kriminalistik 1967-529 f.

In aller Regel ist der Handtaschenraub zahlenmäßig die wichtigste Erscheinungsform. Darf man hier mit einem Anteil von 33% und mehr an allen Raubüberfällen rechnen, so kann sich bei besonderen Gegebenheiten (Vergnügungsviertel im großstädtischen Milieu) der Anteil jedoch zugunsten milieubestimmter Taten etwas verringern. – Ein Sonderfall, der hier kurz erwähnt werden soll, ist der Raubüberfall auf Liebespaare, der mitunter zugleich Charakteristika von Sexualdelikten aufweist. Die Tatorte sind beim Überfall auf Liebespaare gewöhnlich abgelegen; die Opfer werden nicht selten dadurch behindert, daß der Täter sie in einem Kraftfahrzeug aufstöbert.

Daß diese Taten im Vergleich mit anderen Handtaschenräubereien oft auf erhebliche kriminelle Intensität schließen lassen können, zeigen außer den vom Räuber Opitz in den Jahren 1931–1934 im Braunschweigerischen durchgeführten Überfällen auf Liebespaare auch die Raubtaten der Gebrüder Götze in den Jahren 1934–1938 in Berlin.

In der Technik sind viele Handtaschenräubereien so primitiv, daß man bezweifelt, ob strafrechtlich überhaupt Raub vorliegt; denn nicht selten gelingen derartige Taten vor allem deshalb, weil beispielsweise das verblüffte Opfer die Tasche, die ihm entrissen wird, nicht wirklich festhält. Die Opfer sind zudem ganz überwiegend Frauen oder Personen, von denen kein ernsthafter Widerstand zu befürchten ist.

Bei derartigen Taten fehlen mithin oft Charakteristika der Gewaltkriminalität, weshalb sie eher den Diebstählen vergleichbar erscheinen, obwohl die Strafgerichte vieler Länder hier ebenfalls Raub annehmen. Allerdings können Überfälle, die auf das Erbeuten von Taschen und anderem Handgepäck abzielen, durchaus die kriminelle Intensität eines Raubes aufweisen. Manche Handtaschenräuber schlagen ihre Opfer sofort brutal zusammen; bei weiblichen Opfern können ebenfalls die Grenzen zu den Sexualfreiheitsdelikten unsicher werden. Es gibt mithin beim Handtaschenraub Fälle, bei denen erhebliche Diskrepanz zwischen relativ geringer Beute und angewandter Brachialgewalt besteht. Vor allem für junge Rechtsbrecher mag in derartigen Fällen das Gefühl der Selbstbestätigung manchmal wichtiger als der Wert der Beute sein.

Tatorte sind überhaupt oder doch zur Tatzeit wenig frequentierte Straßen, Parks und ähnliche Örtlichkeiten. Jugendliche und auch Erwachsene überraschen hier das Opfer z.B. dadurch, daß sie zunächst um Feuer oder um die Uhrzeit bitten. Man hat vereinzelt Knallkörper verwendet, um eine Frau in Angst und Schrecken zu versetzen. Zum Teil wird der Tatort sogar manipuliert. So wird z.B. das Opfer u.U. vom weiblichen Lockvogel, der Räuberbraut, an den geeigneten Platz gelockt, wo es dann ungestört ausgeraubt werden kann. Derartige Fälle vom „Beischlafraub“, wie sie ähnlich bei homosexuellen oder betrun-

kenen Opfern vorkommen können, sollen jedoch alsbald im Rahmen der milieubestimmten Raubüberfälle behandelt werden.
Ausnahmen bilden insoweit wiederum Überfälle auf Personen, die große Werte mit sich führen, z.B. Juweliere, die man typischerweise beim Besteigen oder Verlassen von Kraftwagen beraubt.

Zwei Täter erbeuteten beispielsweise auf diese Weise 1958 Juwelen im Werte von DM 75 000.

b) Milieubestimmte Raubüberfälle

Eine andere Erscheinungsform des Raubes, die sich ebenfalls auf Handgepäck bezieht und die man deshalb vielfach zum Handtaschenraub zählt, sind milieubestimmte Raubüberfälle. Gerade da ihr Anteil unter bestimmten Umständen erheblich werden kann (eine Frankfurter Untersuchung ist auf nahezu die Hälfte aller erfaßten Raubtaten gekommen) und sich auch sonst Besonderheiten zeigen, sollen diese Fälle hier gesondert behandelt werden. Kennzeichnend für diese Erscheinungsformen sind besondere Täter-Opfer-Beziehungen, wie sie üblicherweise in den großstädtischen Vergnügungsvierteln angeknüpft werden; das Verhalten des Opfers ist hierbei besonders wichtig.
Es lassen sich vor allem drei auch für die Tatausführung aufschlußreiche Tatsituationen unterscheiden.

aa) Zechraub

Relativ oft werden unter den genannten oder ähnlichen Voraussetzungen Überfälle in Form des Zechraubes begangen. Der Zechraub wird typischerweise bei Dunkelheit an wenig frequentierten Orten mit oft brutaler Gewalt ausgeführt. Das hier stärkere Moment des Zufalls erklärt, warum es sich überwiegend um Alleintäter handelt.

Ullrich, Johannes: Zwei Fälle von Zechanschlußraub – Kriminalistik 1971-514 ff.

Am häufigsten suchen sich derartige Täter in einer Gaststätte ein ihnen geeignet erscheinendes Opfer aus, dem sie sich plumpvertraulich nähern und schließlich als Begleiter für die weitere Zechtour oder den Heimweg anbieten. Es bereitet dann in der Regel kaum Schwierigkeiten, unterwegs das häufig alkoholisierte Opfer zu überwältigen und auszurauben.

So verfuhren in Frankfurt drei Täter mit einem Messegast, mit dem sie in der Bahnhofsgaststätte Kontakt aufgenommen hatten. Bei dem von ihnen angeregten Stadtbummel drückte einer der Täter den Messebesucher an das Geländer der Friedensbrücke, der andere hob dessen Beine vom Boden, während der dritte die Brieftasche an sich brachte.

Im Ruhrgebiet schlugen drei junge Männer einen 52jährigen Arbeiter nieder, der gerade seinen Lohn in Höhe von DM 500 erhalten und einige Lagen für sie ausgegeben hatte, während man – wie von ihm vorgeschlagen – ein anderes Lokal aufsuchen wollte.

Mitunter wird der Zechraub aber auch ohne vorherige Kontaktaufnahme ausgeführt. Die Täter folgen einfach einem Lokalbesucher, bei dem sie zufällig einen größeren Geldbetrag entdeckt haben, und fallen dann in einer dunklen Straße oder an sonst günstigem Ort über das Opfer her.
Am ähnlichsten sind dem üblichen Handtaschenraub noch Überfälle auf Betrunkene, denen der Täter zufällig begegnet; kurzentschlossen nimmt er ihnen, wenn Tatort und Situation günstig erscheinen, die Barschaft ab.

Ein Junge und ein Mädchen überfielen einen betrunkenen Mann mittleren Alters. Das Mädchen sprach ihn an und hielt ihn fest, der Junge konnte die Wegnahme, obwohl sich das Opfer zur Wehr setzte, vollenden.

bb) Beischlafraub

Noch stärker wird der Beischlafraub durch eine milieugebundene Kontaktaufnahme geprägt. Opfer dieser Raubüberfälle werden außer dem vereinzelten Freier sehr oft auch die Dirnen selbst; Taten mit homosexuellem Hintergrund werden alsbald gesondert zu untersuchen sein.

Wagner, Marie Luise: Der Sexualakt als „Überraschungssituation" bei Tötungsdelikten – Arch. f. Krim. Bd. 115, S. 41 ff., 100 ff. (1955); *Merz,* Ernst: Raubüberfälle im „Milieu" – Kriminalistik 1962-25 ff.

Des öfteren wirkt bei diesen Räubereien eine Dirne als Lockvogel mit; sie lockt den Freier, der sich mit dem Wunsch nach einem sexuellen Erlebnis das Risiko eines Gewaltdelikts einhandelt, an einen geeigneten Ort, wo ihr Zuhälter oder andere Komplizen die Tat relativ ungestört ausführen können.

Eine 23jährige Frau lockte aus einer Gaststätte einen 24jährigen Mann, der ihr beim Wechseln eines Hundertmarkscheins aufgefallen war, mit der Aussicht auf ein amouröses Erlebnis in ein Kleingartengelände, wo die ihnen folgenden beiden Komplizen dann – wie besprochen – den Überfall durchführten.

Eine an der Kölner Rheinuferstraße flanierende Frau ließ sich mehrfach von erlebnishungrigen Autofahrern mitnehmen. Sie dirigierte den Fahrer in eine abgelegene Vorortsstraße, wo er beim Anhalten von zwei bewaffneten Komplizen um Geld, Wertsachen und Kraftwagen erleichtert wurde.

Noch häufiger sind allerdings im Zusammenhang mit dem Beischlaf Raubüberfälle, die zum Nachteil der Dirne begangen werden. Hier tritt der Täter als Freier auf, um die Dirne an einen geeigneten Ort zu locken und dort auszurauben; dabei kann der Täter ggf. ein Kraftfahrzeug benutzen. Zu Beraubungen von Prostituierten kann es allerdings auch ohne vorherigen Plan kommen, wenn der Täter etwa über ihre „Leistungen" enttäuscht ist oder ihn sonst sein Geld reut, das er dann mit Gewalt wieder an sich zu bringen sucht.

Ein Gastarbeiter, der spät abends in einer Anlage etwa 1–3 Minuten mit einer von ihm angesprochenen Dirne geschlechtlich verkehrt hatte, entriß dieser, die nicht mehr weitermachen wollte, im Zuge einer tätlichen Auseinandersetzung einen zuvor ausgehändigten 10-Mark-Schein, weil er sich betrogen fühlte.

Mitunter veranlassen Täter die Dirne, in einen Personenwagen einzusteigen, in welchem der Geschlechtsverkehr durchgeführt werden soll; tatsächlich sollen die Frauen so an geeigneter Stelle ausgeraubt werden.

cc) Raubüberfälle auf Homosexuelle

Wie beim Beischlafraub, so wird auch bei Raubüberfällen auf Homosexuelle der Kontakt zum Opfer gewöhnlich im „Milieu" aufgenommen, wobei Homosexuellentreffpunkte bevorzugt werden. Die Opfer sind nahezu ausschließlich Männer, die sich homosexuell provozieren lassen, weshalb die Täter häufig Strichjungen sind oder sich doch wie solche verhalten.

1969 lauerten sechs Jugendliche in der Nähe einer als einschlägig bekannten, in einem Park gelegenen Bedürfnisanstalt Homosexuellen auf, wobei ein 15jähriger als Lockvogel fungierte. Kam es zu Manipulationen, so erschienen die anderen Täter, bedrängten und schlugen das Opfer, dem sie Geld und Wertstücke raubten.

Ein Betriebswirt lernte in einem Homosexuellen-Lokal einen Strichjungen kennen. Auf einem Hotelzimmer, wo sie geschlechtliche Manipulationen vornehmen wollten, schlug der Täter das Opfer plötzlich mit einem Aschenbecher mehrmals auf den Kopf. Dann zog er einfach die Kleider des Opfers an, in denen sich auch die Brieftasche befand.

Drei Strichjungen, die von einem homosexuellen Ingenieur in seine Wohnung mitgenommen worden waren, verlangten dort von ihm Geld. Als sich das Opfer widersetzte, zerschlugen die Täter Flaschen, Gläser und eine Blumenvase auf seinem Kopf; so erlangten sie die Brieftasche.

Mitunter aber wirkt ein sexuelles Fehlverhalten des Opfers tatauslösend und bietet dem Täter einen mehr zufällig anmutenden Anlaß.

Ein Strichjunge, der von seinem Opfer längere Zeit beherbergt worden war, hat diesem – angeblich durch dessen Ansinnen angeekelt – so heftig mit einer Kognakflasche auf den Kopf geschlagen, daß der 70jährige daran verstarb. Der heruntergekommene Jüngling nahm sodann dem hilflos am Boden liegenden Geld, Wertsachen und Bekleidungsstücke ab.

So war es trotz tödlichen Ausgangs wohl auch im folgenden Fall, in den drei Täter (18–22 Jahre) verwickelt waren. Nach reichlichem Alkoholkonsum beschlossen sie, Liebespaare im Park zu stören. Als einer von ihnen eine Toilette aufsuchte, näherte sich ihm das als homosexuell bekannte spätere Opfer in eindeutiger Weise. Der insoweit aufgrund früherer Erlebnisse empfindliche junge Mann stieß es zurück und rief: „Hier ist ein Homo, der will was von mir." Zusammen mit seinen Freunden verfolgte er den Flüchtenden, der brutal zusammengeschlagen und dabei dann beraubt wurde. Das Opfer erlag wenig später den erlittenen Verletzungen.

Derartige Überfälle werden insgesamt betrachtet jedoch weniger in Wohnungen, Hotelzimmern, sondern meist im Freien, insb. in öffentlichen Anlagen, durchgeführt. Die vielfach noch recht jungen Täter gehen dabei nicht selten äußerst brutal vor, was sie mit Ausreden wie der „wir wollen Schwule kloppen" zu bagatellisieren suchen.
Das Dunkelfeld wird schon deshalb besonders groß sein, weil der Homosexuelle vor einer Strafanzeige zurückscheut.

c) Raubüberfälle auf Kassenboten

Den beim Handtaschenraub als Ausnahme genannten Überfällen auf Juweliere entsprechen bei den auf Handgepäck abzielenden Taten als Typ am meisten die Raubüberfälle auf Kassenboten. Denn hier ist u.U. mit erheblichen Mengen an Bargeld, dafür aber mit mehr Aufmerksamkeit, Widerstand und Sicherungen zu rechnen. Bei anderem Tatort nähert sich diese Erscheinungsform somit bereits wieder dem Bank- und Kassenraub; deshalb sind die Techniken anders und durchweg überlegter als bei Handtaschenraub und milieubestimmten Raubüberfällen. Zur Tatausführung benutzen die Täter hier wieder öfter ein Kraftfahrzeug.

Das taten übrigens schon die Brüder Baumeister, die zusammen mit einem gewissen Quaken von 1929 bis 1943 (!) Kassenboten überfielen. Sie hielten mit einem Wagen neben dem Opfer. Ein Täter schlug es nieder und entriß ihm die Aktentasche, während ein anderer etwaige Passanten im Schach hielt. Der dritte Komplize war der Fahrer des neben dem Opfer gestoppten Wagens. Obwohl sie in drei Fällen sogar die Kassenboten erschossen hatten, konnten sie trotz fieberhafter Suche erst nach 14 Jahren gefaßt werden, weil der überfallene Kassenbote einen der Räuber durch einen Kopfschuß tötete. Seine Identifizierung überführte dann endlich auch die Mittäter.

Allerdings bleiben die Sicherungen in der Praxis oft hinter dem zurück, was man erwarten sollte. Meist wird auf Begleitpersonal und überhaupt auf geschulte Kräfte verzichtet, indem man Lehrlinge, Aushilfskräfte oder Rentner mit dem Geld losschickt; auch durch gleichförmige Durchführung der Botengänge erleichtert man derartige Taten.

Selbst Banken beachten nicht immer die Sicherheitsvorschriften. So hat man einen 17jährigen Lehrling mit DM 90 000 durch die ganze City einer Großstadt geschickt.

Es ist sogar vorgekommen, daß Räuber mit der Geldtasche zugleich die sinnigerweise darin untergebrachte Schußwaffe, die man dem Kassenboten eines Finanzamts ausgehandigt hatte, erbeuteten.

d) Autofallenraub

Verhältnismäßig selten wird – zumindest in Deutschland und Ländern mit ähnlicher Struktur – der Überfall in Form des Autofallenraubes begangen, bei welchem ein Kraftfahrer in räuberischer Absicht angehalten wird; denn die häufigen Überfälle auf parkende Kraftfahrer oder beim Ein- und Aussteigen gehören zu den Fällen des Handtaschenraubes.
Die geringe Zahl dieser Taten erklärt sich daraus, daß angesichts der heutigen Verkehrsdichte einmal die Gefahr der Entdeckung groß ist, zum anderen die Auswahl des Opfers äußerst unsicher erscheint.

Immerhin hat man – erfolglos – versucht, einen Brotwagenfahrer, der zu einem Aussiedlerhof wollte, nach Anhalten durch über die Fahrbahn gelegte Balken und Latten seiner Einnahmen zu berauben; er konnte jedoch ungeschoren mit diesen entkommen.

Ein Kraftfahrer wurde nachts um 1 Uhr von drei Männern auf einer Straße durch einen quer gestellten Lastwagen und rote Blinkzeichen gestoppt und ausgeraubt.

Eher als mit derartigen mechanischen Sperren kann man hier mit einer Tatausführung rechnen, die den beim räuberischen Mitfahrer zu schildernden Anhaltertricks nahekommt; dann wird allerdings sofort gedroht oder Gewalt angewandt.

So sah um 23.30 Uhr ein in seinem Personenwagen auf dem Heimweg befindlicher junger Mann im Licht der Autoscheinwerfer einen Mann im Straßengraben liegen. Als er hielt und Hilfe leisten wollte, tauchten noch zwei weitere Männer auf, die den Kraftfahrer überwältigten und ausraubten.

Es ist auch vorgekommen, daß ein Täter, den man für einen Polizeibeamten halten konnte, ein Auto gestoppt hat, um dann die Insassen auszurauben.

e) Raubüberfälle auf Geldtransporte

Sehr viel lukrativer mag gerade angesichts der Schwierigkeiten in den soeben geschilderten Fällen der Raubüberfall auf Geldtransporte erscheinen, die Bargeld in großer Menge befördern.

Hartwig, Dieter: Neue Arbeitsweise bei Überfall auf Geldtransport – Kriminalistik 1972-565.

Da hier allerdings zusätzliche Sicherungen zu erwarten sind, dürfte eine genauere Planung unerläßlich sein. Angesichts der insoweit üblichen Sicherheitsvorkehrungen sollen zusammen mit denjenigen Fällen, in denen das Fahrzeug gestoppt werden muß, auch solche Überfälle behandelt werden, die beim Be- oder Entladen von zum Geldtransport bestimmten Fahrzeugen begangen werden. Auf die Art des benutzten Verkehrsmittels kommt es nicht entscheidend an, wenngleich heute für diese Zwecke Kraftfahrzeuge bevorzugt werden.

Nicht nur im Wilden Westen, sondern schon früher waren Postkutschen, in denen oft auch Geld befördert wurde, ein beliebtes Ziel von Raubüberfällen. Noch 1922 überfielen vier Täter bei einem Bauerngehöft eine Pferdedroschke, mit welcher 500 000 Mark Lohngelder – wie üblich – von der Filiale der Reichsbank in Recklinghausen zur Zeche Emscher-Lippe geschafft werden sollten. Die Täter aber benutzten schon damals einen Kraftwagen – ein Taxi, dessen Fahrer überwältigt und gefesselt ausgesetzt worden war – zur Flucht.

Am 28. 1. 1957 erbeuteten Täter bei einem Überfall auf einen Geldtransport der Stadtkasse Essen DM 105 000.

1969 überholten in der Nähe von Darmstadt drei Täter das Transportfahrzeug und drängten dies in den Straßengraben. Nach einem Warnschuß in die Heckscheibe erhielten die Täter rund DM 500 000.

In Tokio wurde 1968 ein Geldtransportwagen von einem angeblichen (uniformierten) Polizisten angehalten, der vorgab, den Wagen nach einer Zeitbombe durchsuchen zu müssen. Als das Begleitpersonal den Wagen verlassen hatte, fuhr der Täter mit diesem und dem Geld im Werte von etwa 3,3 Millionen DM davon.

Ein Geldtransport der Bundespost ist in Niedersachsen in der Weise beraubt worden, daß der Täter einen Verkehrspolizisten – mit Ledermontur, weißer Mütze sowie Spielzeug-Haltekelle und Spielzeugpistole – vortäuschte.

In einem auch verfilmten Kriminalroman hat James Hadley Chase in „The world in my pocket" (deutsch: An einem Freitag um halb zwölf, Ullstein 818) einen Überfall auf einen Geldtransport in Amerika meisterhaft geschildert.

Mitunter wirkt bei diesen Überfällen unzuverlässiges Begleitpersonal des Geldtransports mit.

Bei einem Überfall, der sich am 31. 8. 1972 in Offenbach a.M. ereignete, wirkte ein als Aushilfskraft beschäftigter Student mit. Die Beute betrug 1,8 Millionen DM; der Fahrer wurde durch vier Schüsse in den Kopf ermordet.

Zu dieser Erscheinungsform gehören schließlich Fälle wie der am 8. 8. 1963 auf den Postzug Glasgow–London bei Chaddington durchgeführte Überfall, bei dem die Täter rund drei Millionen Pfund (= 35 Millionen DM) erbeuteten.

Wensky, Oskar: Der Postzug-Überfall am 8. August 1963 in Chaddington – in: Kriminalpolizei und Technik, hrsg. v. Bundeskriminalamt, Wiesbaden 1967, S. 71 ff.; *Bauer,* Günther: Raub und Räuber – GrKrim 6, S. 50 ff. (1970).

3. Raubüberfälle in Verkehrsmitteln

Zwischen den in Gebäuden und den im Freien begangenen Raubüberfällen steht der Raub in Verkehrsmitteln. Liegt hier einerseits die für Raubüberfälle durchweg günstige Situation „im Freien" vor, so entfällt andererseits die Sicherung, die ein motorisiertes, im Betrieb befindliches Verkehrsmittel sonst bietet.
Als Verkehrsmittel ist der Kraftwagen besonders gefährdet; außer an die bekannten Fälle von Taxiraub ist hier aber auch an räuberischer Mitfahrer in anderen Kraftfahrzeugen zu denken. Abschließend soll, obwohl die Fälle selten sind, auf in anderen Verkehrsmitteln begangene Raubtaten hingewiesen werden.

a) Taxiraub
Neben dem Bankraub ist der Taxiraub ein Prototyp der heutigen Raubüberfälle. Mitunter werden diese Taten sogar zum Raubmord am Taxifahrer (etwa 5% der Fälle); die Lebensgefahr für das Opfer ist in aller Regel noch größer als beim Bankraub.

Hochschulz, Rudolf: Raubüberfälle auf Taxifahrer. Eine kriminologische Untersuchung von 62 Überfällen aus den Jahren 1949 bis 1963 innerhalb des Stadtgebiets der Freien und Hansestadt Hamburg – Diss. Gießen – Clausthal-Zellerfeld 1969.

Die Techniken sind durchweg primitiv und im allgemeinen nicht sonderlich durchdacht oder überlegt. Kann der Täter beim Taxichauffeur mit wenig Bargeld – etwa wie beim kleinen Ladenraub – rechnen, so hat er doch den Vorteil, das Opfer in eine günstige Tatsituation bringen zu können, indem er ein ihm geeignet erscheinendes Fahrtziel angibt und sodann die Inanspruchnahme des Fahrers durch den Verkehr ausnutzt. Die Taten sollen oft akuten Geldmangel nach einer „Vergnügungstour" befriedigen.
Auch der Taxiräuber droht nur relativ selten, wendet häufiger sofort brachiale, oft recht brutale Gewalt an, weshalb er leicht zum Taximörder werden kann. Die Überfälle werden meistens während der Dunkelheit durchgeführt. Sie werden an abgelegenen oder zur Tatzeit wenig frequentierten Orten begangen, an welche der Täter – wie gesagt – den Taxifahrer als angebliches Fahrtziel dirigieren kann.

Nachts um drei Uhr bestellten drei Männer in Emden ein Taxi und ließen sich von einer Gaststätte zur anderen und alsbald in eine Hafengegend fahren. Als der Fahrer das per Funk durchgeben wollte, betäubte ihn einer der Täter mit einem nach Chloroform riechenden Tuch. Dann raubten sie den ohnmächtigen Taxifahrer aus.

Drei Männer fuhren mit einem Taxi an den Stadtrand von München. Dort umklammerte einer den Hals des Fahrers, ein anderer drohte mit einer Pistole, während der dritte den Geschädigten – erfolglos – durchsuchte.

b) Räuberische Mitfahrer

Ist der Taxiräuber in etwa mit dem Ladenräuber zu vergleichen, so könnte man den räuberischen Mitfahrer eher dem Wohnungsräuber gleichstellen; denn die Beute pflegt hier noch geringer zu sein, dafür aber hat der Täter gewöhnlich ein besonders leichtes Spiel.
Technisch interessiert hier vor allem, da der Täter aus Gründen der Sicherheit – wenn wir vom Homosexuellen u.dgl. absehen – nicht mit dem Opfer bekannt sein darf, wie er in die Rolle des Mitfahrers gelangt. Dabei bedient er sich häufig der bekannten Anhalterpraktiken, geht jedoch anders vor als beim Autofallenraub, bei dem der Täter, der auf diese Weise ein Kraftfahrzeug zum Halten gebracht, dann sofort mit dem Raub beginnt. Der räuberische Mitfahrer überwältigt sein Opfer entweder während der Fahrt oder bei einem Aufenthalt, sofern ihm die Situation günstig erscheint; natürlich kann er sein Ziel u.U. schon durch Drohen mit einer Waffe erreichen.
Mitunter werden derartige Taten auch von Räuberpärchen begangen, welche sich auf diese Verbrechenstechnik spezialisiert haben. Dabei veranlaßt der weibliche Partner als Lockvogel den Kraftfahrer zum Anhalten. Dann wird entweder mit dem oder den versteckt lauernden Komplizen sofort der Überfall ausgeführt, was mehr dem Autofallenraub entspricht, oder taucht der andere Räuber auf, der u.U. als Frau verkleidet zusammen mit dem Lockvogel in Kraftfahrzeuge gelangt. Sobald die Umstände günstig erscheinen, wird der Überfall – oft sehr brutal – durchgeführt. So ging beispielsweise in Niedersachsen das berüchtigte Pärchen Popp/Marchlowitz vor, das auf diese Weise auch Raubmorde beging (vgl. *Rehberg* in Kriminalistik 1961-380 ff., 424 ff., insb. 431, 486 ff.).
Zu dieser Erscheinungsform zählen umgekehrt auch diejenigen Fälle, in denen ein Mitfahrer das Opfer des Täters oder seines Komplizen wird. Doch kommt es anders als bei Menschen-

raub oder Entführung mittels eines Kraftfahrzeuges dem Täter hier nur auf die materielle Beute an.

Ein Bauarbeiter, der als Anhalter von zwei Mittätern mitgenommen worden war, wurde von diesen auf einem Waldweg ausgeraubt; er hatte ihnen leichtsinnigerweise erzählt, daß er noch etwa DM 1300 vom Monatslohn bei sich habe.

c) Eisenbahnräuber u.a.

Raubüberfälle können selbstverständlich auch in anderen Verkehrsmitteln begangen werden, wenngleich diese Fälle viel seltener als Taxiraub und Überfälle durch räuberische Mitfahrer (bzw. Fahrer) sind. Immerhin sind beispielsweise auch in Deutschland schon im fahrenden Eisenbahnzug Überfälle begangen worden.

So wurde am 25. 3. 1958 im F-Zug zwischen Göttingen und Hannover ein Kaufmann von einem Räuber überfallen.

1969 wurde in einem von München kommenden Schnellzug kurz vor Frankfurt ein Juwelier niedergeschlagen, geknebelt und gefesselt. Die Täter verschlossen das Zugabteil von außen und entkamen mit einem Koffer, der Schmuck im Wert von rund DM 150 000 enthielt.

III. Unterschlagung

Zahlenmäßig treten die Unterschlagungen im Vergleich zum Diebstahl zwar sehr zurück; dennoch sind sie eine auch praktisch bedeutsame Deliktsgruppe. Es handelt sich bei der Unterschlagung nicht nur um ein typisches Eigentumsdelikt, sondern das zwischen Eigentümer und Täter vorausgesetzte besondere Verhältnis, das diesem erst die Chance bietet, sich eine eigentümerähnliche Position anzumaßen, bewirkt, daß manche Formen der Unterschlagung im Zusammenhang mit dem Wirtschaftsleben begangen werden. Deshalb ist die Unterschlagung als ein Wirtschaftsdelikt i.w.S. zu werten.

Post, Kurt: Die Unterschlagung und ihre Bekämpfung – Düsseldorf 1953; *Bauer,* Birgit: Die Unterschlagung. Zur historischen, kriminologischen und strafrechtlichen Problematik der §§ 246 bis 248a, 350, 351 und 370 Abs. I Ziff. 5 StGB – mit einem rechtsvergleichenden Überblick – Diss. Frankfurt a.M. – o.O. 1970; *Post,* Kurt/*Post,* Manfred: Die Unterschlagung im Betrieb und ihre Bekämpfung unter besonderer Berücksichtigung der elektronischen Datenverarbeitung – 3. Aufl. – Köln 1971.

Der bei Unterschlagungen partiell zu verzeichnende wirtschaftskriminelle Charakter ist nicht nur für Tatorte und Tatzeiten bedeutsam, sondern erklärt zugleich, welche Arten von Sachen unterschlagen werden.

Tatobjekt der Unterschlagung ist in etwa der Hälfte der Fälle Geld, was sich bei abnormen Währungssituationen naturgemäß verändern kann. Bei den im übrigen dominierenden Gebrauchsgegenständen spielen gegenwärtig Personenkraftwagen eine große Rolle. Es folgen Kleidungsstücke und Koffer bzw. Taschen und Ähnliches, sowie weiter Fernseh- und Rundfunkgeräte, Uhren, Schreibmaschinen und Möbelstücke. Zeigen sich hier bereits Zusammenhänge mit Ratenzahlungsgeschäften, so kann nicht überraschen, daß Verbrauchsgegenstände in normalen Zeiten nur relativ selten unterschlagen werden.

Was die Tatausführung selbst anlangt, überwiegen bei der Unterschlagung ganz deutlich Alleintäter. Sorgfältiger geplant ist lediglich ein kleiner Teil der Unterschlagungen; er dürfte bei 12–25% liegen. Häufiger begeht der Täter zugleich andere Delikte wie z.B. Betrug, Untreue, Urkundenfälschung, welche die Unterschlagung entweder ermöglichen oder aber

verdecken sollen. In der Mehrzahl der Fälle unterschlägt der Täter zu eigenem Nutzen, d.h. er gebraucht oder verbraucht die erbeuteten Sachen, was insb. natürlich für Geldunterschlagungen gilt.
Doch für die kriminalistische Verbrechenstechnik ist es ebenso wie für die Kriminalphänomenologie aufschlußreicher, sich an dem zwischen Täter und Opfer bestehenden besonderen Verhältnis zu orientieren, weil die Unterschlagung in einem solchen Rahmen begangen wird, der dann naturgemäß die Art und Weise des Vorgehens bestimmt. Auf die davon abweichenden Fälle der sog. Fundunterschlagung soll am Schluß noch kurz eingegangen werden.

1. Vorbehalts- und Sicherungseigentum

Die in praxi bedeutsamste Form ist die Unterschlagung von Vorbehalts- und Sicherungseigentum. Sie dürfte heute regelmäßig weit über ein Drittel aller Fälle ausmachen, wobei wir davon absehen, ob es kriminalpolitisch sinnvoll ist, hier in dieser Allgemeinheit von kriminellem Verhalten zu sprechen; denn die eigentlich Schuldigen sind nicht selten leichtsinnig Kredit gewährende Unternehmer.

Baumann, Jürgen: Der strafrechtliche Schutz bei den Sicherungsrechten des modernen Wirtschaftslebens. Zugleich ein Beitrag zur Lehre von der Abhängigkeit des Strafrechts vom Zivilrecht – Münst. Beiträge zur Rechts- und Staatswiss. 4 – Berlin 1956.

a) Vor allem handelt es sich in diesen Fällen um Täter, die sich am **Vorbehaltseigentum** vergreifen, weil sie aus diesem oder jenem Grunde zu einem Ratenkauf gekommen sind, die übernommenen Verpflichtungen aber nicht erfüllen können oder wollen; ist das von vornherein der Fall, so haben wir es mit einem Betrug zu tun. Bei Unterschlagung von Vorbehaltseigentum gibt es vor allem zwei Tatsituationen.
Zunächst einmal – und das ist bei weitem die Mehrzahl, nach einer Untersuchung sogar vier Fünftel dieser Fälle – handelt es sich um Menschen, die etwas auf Raten gekauft haben, die aber ihren Verpflichtungen nicht nachkommen können; das kann entweder von vornherein feststehen oder aber – insb. bei knapper Kalkulation – durch veränderte Lebensumstände bewirkt sein.

Es handelt sich um leichtsinnige und durchweg nicht sonderlich intelligente Täter, die sich vom Wunsch nach „höherem Lebensstandard“ leiten und nicht selten von Vertretern oder Verkäufern zum Abschluß überreden lassen.

Erscheinen diese Täter mitunter mehr als Opfer, insb. der Verkaufspraktiken, der Werbung und überhaupt der gesellschaftlichen Situation, so wiegen andere Fälle der Unterschlagung von Vorbehaltseigentum durchweg viel schwerer. Denn hier handelt es sich um Delinquenten, die mithilfe der Ratenzahlungschance schnell zu Sachen oder durch Verkauf derselben zu Geld kommen wollen.

So ist es etwa schon im Falle einer Sekretärin, die eine Nerzjacke für DM 2800 kaufte, welche sie schon vier Tage später in ein Leihhaus brachte, obwohl noch nicht einmal die erste Rate bezahlt war.

Es gibt sogar Täter, die Ratenzahlungsgeschäfte in großer Zahl abschließen, um die erlangten Sachen sofort zum halben Preis zu versilbern.

b) Beim **Sicherungs- und Treuhandeigentum,** deren Anteil durch neue Finanzierungstechniken etwas zugenommen haben mag, liegen die Dinge im Grunde ähnlich, wenngleich der

Sicherungs- oder Treugeber in der Regel vorsichtiger verfährt als der Vorbehaltsverkäufer. In der Mehrzahl schlittern aber auch diese Täter mehr oder weniger leichtsinnig in die Unterschlagungssituation hinein, weil Finanzierungsinstitute und andere Geldgeber sich nicht selten ganz ungebührlich hoch absichern.

So wurde eine Serviererin wegen Unterschlagung gestraft, die ihren Kraftwagen, der wegen eines Darlehens einer Bank sicherungsübereignet war, verkaufte, als sie einen besseren Wagen erbte. Dabei wurde das Darlehen alsbald zurückgezahlt.

Anders sind allerdings diejenigen Fälle zu beurteilen, in denen der Täter eine Sache mehrfach zur Sicherung übereignet oder er die Sache planmäßig alsbald – oft unter Wert – veräußert.

Ein 28jähriger Hilfsarbeiter kaufte kurz nacheinander zwei Fernsehgeräte auf Raten, wobei die Geräte einer Kredit gewährenden Bank zur Sicherheit übereignet wurden. Er verkaufte alsbald beide Geräte weit unter Wert an Dritte.

2. Provisionsvertreter, Auslieferer

Provisionsvertreter begehen relativ häufig Unterschlagungen. Der Anteil dieser Fälle schwankt und wird verschieden beurteilt; wurden früher Anteile von 20% und mehr genannt, kommen andere, selbst wenn man die „Auslieferer" einbezieht, heute nur auf rund 12% der statistisch erfaßten Unterschlagungen. – Diese immerhin bemerkenswerte Belastung sollte jedoch nicht zu falschen Schlüssen verführen.

Die für Unterschlagungen günstige Situation ist keineswegs nur für zweifelhafte Subjekte verlockend; vielmehr bietet der Beruf des Vertreters für manche, die so oder so in Not geraten sind, eine Verdienstmöglichkeit, weil vielfach keine besondere Ausbildung nötig ist. Man sollte daher nicht nur auf die „Täter", sondern auch einmal auf die „Opfer" schauen, weil immer wieder Firmen die Zwangslage ihrer Provisionsvertreter durch Knebelungsverträge, Zurückhalten von Provision u.dgl. ausnutzen, was dann beim Betroffenen dazu führen kann, der Not auf diese Weise zu steuern.

Typischerweise verstoßen im eigenen oder fremden Namen handelnde Reisende, Gelegenheits-, Kommissions- und Platzvertreter dadurch gegen das Strafgesetz, daß sie fremdes, ihnen überlassenes Eigentum für sich verwenden oder aber eingenommene Gelder nicht abliefern. Häufig stellt dieses Verhalten zugleich einen Betrug gegenüber dem Vertretenen dar, was beispielsweise dann zutrifft, wenn mit fingierten Bestellungen gearbeitet wird.
Noch häufiger trifft man gegenwärtig bei Unterschlagungen auf „Auslieferer"; das sind Verkaufsfahrer oder Beifahrer von Lieferwagen, die bei der Lieferung sogleich die Rechnung kassieren. Hier wirken wohl nicht nur durch Personalmangel bedingte unzureichende Kontrollen mit.

In Frankfurt konnte ein erblich schwachsinniger, vielfach vorbestrafter 19jähriger, der eine Woche als Beifahrer im Zustelldienst eines Geschenkgeschäfts tätig war, 372 DM Kundengeld an sich bringen, das er übrigens für Übernachtungen in teuren Hotels ausgab.

3. Dienst- und Arbeitsverhältnisse

Die im Rahmen von Dienst- und Arbeitsverhältnissen begangenen Unterschlagungen treten, da die Provisionsvertreter hier ausscheiden, zahlenmäßig etwas zurück. Als Täter kom-

men hier vor allem Angestellte (z.B. Bankkassierer sowie Kassenboten, Arbeiter, Lehrlinge) oder Hausangestellte in Betracht, die aus irgendeinem Grunde mit Willen des Dienstherrn bzw. Arbeitgebers Alleingewahrsam an diesem gehörenden Sachen erlangen.
Die Tatausführung ist der Position des Täters entsprechend unterschiedlich. Es kann sich um primitive Taten wie die eines Lehrlings oder Kassenboten handeln, die bei günstiger Gelegenheit einen kleinen Betrag für sich verwenden. Derartige Unterschlagungen werden überwiegend in kleineren Betrieben begangen.
In größeren Betrieben, insb. auch Banken, sind solche Taten schon wegen der Kontrolle zwar seltener, dafür aber werden sie vielfach raffinierter ausgeführt und stiften mehr Schaden. Hier lassen sich somit bereits wirtschaftskriminelle Praktiken beobachten. Denkt man im allgemeinen bei diesen Unterschlagungen auch mehr an Einzelaktionen, so gibt es doch Fälle, in denen Kassierer oder Filialleiter jahrelang planmäßig Gelder auf die Seite schaffen, wobei es unerheblich ist, daß daneben Urkundenfälschungen, Betrug oder Untreue begangen werden. – Ähnlich ist die Situation bei den allerdings relativ seltenen Unterschlagungen im öffentlichen Dienst.

Nach dem Zweiten Weltkrieg verkaufte der damalige Präsident der Oberpostdirektion Freiburg i.Br. wertvolle Briefmarken der Post für eigene Rechnung.

Eine besondere Rolle spielen in diesem Zusammenhang Unterschlagungen durch Taxi- und Mietwagenfahrer. Diese Taten sind wohl vielfach auf ein gespanntes Verhältnis zwischen Unternehmer und angestellten Fahrern zurückzuführen; es mag z.T. aber auch die nur oberflächlich gehandhabte Kontrolle bei der Anstellung der Täter mitwirken. Die Dinge erinnern hier also oft an die Situation der Provisionsvertreter.

4. Auftragsverhältnisse

Bei den etwa gleichermaßen bedeutsamen Unterschlagungen im Rahmen von Auftragsverhältnissen ist nicht nur an das gleichnamige Rechtsverhältnis, sondern vor allem an Gefälligkeiten, Gelegenheitsaufträge, Transport von Sachen des täglichen Bedarfs und Einzahlung kleinerer Geldbeträge zu denken, soweit dieses nicht im Rahmen von Dienst- oder Arbeitsverhältnissen erfolgt. Von den Gefälligkeitsaufträgen, bei denen häufig eine wirkliche Bindung zwischen Täter und Opfer fehlt, lassen sich Aufträge im Rahmen vertraglicher Verhältnisse und aufgrund des Gesetzes unterscheiden.
In aller Regel – etwa zwei Drittel dieser Fälle – handelt es sich hier also um Gelegenheitsaufträge, die Geld oder geringere Sachwerte betreffen.

Meistens wird einer mehr oder weniger bekannten Person Bargeld mit der Bitte ausgehändigt, dafür etwas zu kaufen oder eine Rechnung zu bezahlen. Der Beauftragte verwendet das Geld dann jedoch aus diesem oder jenem Grunde für eigene Zwecke.

Daß solche Unterschlagungen sogar in der Illegalität vorkommen, mag folgender Sachverhalt dartun: Ein Täter, der Geld erhalten hatte, um damit für den Auftraggeber Falschgeld zu beschaffen, gab das echte Geld einfach für sich aus.

Bedenklicher sind schon Unterschlagungen, wenn es sich um die Erledigung von Aufträgen im Rahmen vertraglicher Verhältnisse handelt, was nicht immer leicht von den folgenden Formen abzugrenzen ist.

So fertigte ein Kürschner aus Fellen, die ihm ein Kunde geliefert hatte, einen Mantel an und verkaufte diesen an einen Dritten.

Besonders in Notzeiten eigneten sich Handwerker ihnen zur Reparatur übergebene Sachen oder Teile davon an.

Glücklicherweise sind Unterschlagungen in kraft Gesetzes begründeten Rechtsverhältnissen relativ selten.

Hierher gehören Vormünder, die Mündelvermögen veruntreuen und Testamentsvollstrecker, die sich an der Erbmasse vergreifen.

5. Verwahrung und Aufbewahrung

Im Rahmen von Verwahrung oder Aufbewahrung kommt es nur relativ selten zu Unterschlagungen; man berichtet über Anteile von 2–8%. Anders als bei den oft gelegentlich erteilten Aufträgen besteht hier zwischen Täter und Opfer gewöhnlich ein besonderes, oft sogar langes und enges Verhältnis.
Typischer Anlaß dafür, daß der Täter eine Sache für das Opfer verwahren oder aufbewahren soll, die er dann treuwidrig verbraucht oder versilbert, sind verwandtschaftliche oder sonst enge Beziehungen. Nur dann kann man derartiges, unentgeltliches Entgegenkommen und die erforderliche Vertrauenswürdigkeit erwarten.

Häufiger als um Bargeld geht es um die Verwahrung wertvoller Sachen wie Schmuck oder Bilder.

Es gibt ferner jedoch Unterschlagungsfälle, bei denen die Lebensbeziehung zwischen Täter und Opfer kurz sowie bei Licht betrachtet einseitig bzw. nur ein Vorwand ist. Hier spielt nicht selten ein gewisser Leichtsinn des Opfers mit, das einem falschen Freunde etwas zur Verwahrung übergibt. Ähnlich ist es beim Mädchen bzw. der Frau, die dem angebeteten Heiratsschwindler das Sparkassenbuch anvertraut, was aber zugleich auch Betrug darstellt.

Fälle dieser Art haben sich beispielsweise gehäuft gegen Kriegsende und in den Nachkriegsjahren ereignet, als Nachbarn oder andere Bekannte für Flüchtlinge oder Evakuierte Gegenstände in Verwahrung nahmen, welche sie sich alsbald aneigneten.

Doch kann es auch in der Unsozialität zu solchen Verhaltensweisen kommen. So wird etwa „heiße Ware", die jemand verwahren soll, ebenso wie auf unlautere Weise erlangtes Geld, leicht Objekt einer Unterschlagung.

6. Miete und Leihe

Ähnlich liegen die Dinge bei Miete und Leihe, einem ebenfalls persönlich geprägten Rechts- oder Lebensverhältnis; der Anteil dieser Taten schwankt zwischen 5 und 9%.
Überwiegend handelt es sich hier gegenwärtig um die Unterschlagung von Leihwagen. Ansonsten geht es um weniger wertvolle Objekte wie Schreibmaschinen, Bücher, Campingausrüstungen, Fotoapparate, Rundfunkgeräte und Gegenstände aus möbiliert vermieteten Wohnungen oder Zimmern. Typisch ist hier also, daß das Opfer aus der Vermietung solcher Sachen Profit zu ziehen sucht.

Im übrigen haben wir es hier mit einer Leihe zu tun, die unentgeltlich erfolgt; die Gegenstände haben hier geringeren Wert. Meistens geht es um Bücher, Möbel oder Ausrüstungsgegenstände z.B. für Campingzwecke.

Immerhin wurde ein junger Mann wegen Unterschlagung einer Fotoausrüstung verurteilt; er trug sie für eine Amerikanerin bei einer „Tour" durch Frankfurt, „vergaß" dann aber später sie zurückzugeben.

7. Fundunterschlagung

Die Fundunterschlagung ist nicht nur juristisch zweifelhaft und umstritten, sondern zeigt auch kriminalistisch eine recht heterogene Tatausführung. Es werden, da es an anderen Rechtsbeziehungen zum Opfer fehlt, vom Täter lediglich die gesetzlichen Pflichten eines Finders verletzt, sofern die Gewahrsamserlangung nicht anderem Zufall zuzuschreiben ist. Über 5–7% kommt der Anteil dieser Form an der Unterschlagungskriminalität durchweg nicht hinaus.

Wenn eine Frankfurter Untersuchung hier formell auf etwa ein Fünftel aller Unterschlagungen gekommen ist, so dürfte das auf besonderen Verhältnissen beruhen, wobei u.a. vermutlich die extensive Interpretation der als Auffangtatbestand gewerteten Strafvorschrift mitgewirkt haben dürfte.

Da bei Fundsachen keine Beziehung zwischen Täter und Opfer bestehen, handelt es sich durchweg um Fälle von geringer krimineller Intensität. Auch die erbeuteten Werte sind im allgemeinen gering. Die Technik ist dementsprechend überaus primitiv; der Täter behält bei sich ihm bietender Gelegenheit einfach eine von ihm gefundene Sache.

Dabei mag bisweilen die mit dem Weg zum Fundbüro verbundene Mühe durchaus mitwirken oder tröstet sich der unehrliche Finder damit, der Verlierer würde entweder die Sache sonst auch nicht zurückerhalten oder sich nicht mehr darum kümmern.

Bei den vereinzelt vorkommenden wertvolleren Fundgegenständen mag ferner bei diesen Tätern ohnehin eine gewisse Charakterschwäche mitspielen, weil sie sich nicht überwinden können, das Stück wieder – zudem an eine anonyme Behörde wie das Fundbüro – aus der Hand zu geben.
Stellt man bei der Unterschlagung strafrechtlich nicht so sehr darauf ab, daß der Täter sich eine Sache aneignet, die er bereits in seinem Alleingewahrsam hat, sondern faßt diese Strafvorschrift als den Grundtatbestand der Aneignungsdelikte auf, lassen sich auch Verhaltensweisen darunter subsumieren, die nur bedingt durch die Situation des Finders gekennzeichnet sind. Hier erlangt der Täter infolge anderer Zufälle Gewahrsam an einer fremden Sache, die er sich dann aneignet.

So können Sachen, die dem Täter irrtümlich ausgehändigt werden, Gegenstand einer Unterschlagung werden. – Eine Hausfrau erhielt von einem Reinigungsunternehmen versehentlich eine fremde Hose, die sie für sich behielt, weil sie von besserer Qualität als ihre eigene wahr.

Insgesamt aber weichen diese Fälle ebenso wie die der echten Fundunterschlagung doch regelmäßig sehr vom typischen Bild dieses Eigentumsdelikts ab; zudem ist die kriminelle Intensität durchweg gering. Die demgegenüber umfangreiche und heftige juristische Diskussion dürfte daher weder quantitativ noch qualitativ in einem angemessenen Verhältnis zu den Realitäten stehen.

IV. Sachbeschädigung

Sachbeschädigungen werden zwar sehr häufig begangen, aber überaus selten allein. Doch gerade diese Fälle interessieren hier, weil die Tat im übrigen nur eine Begleiterscheinung anderer Delikte zu sein pflegt. Im Gegensatz zur Kriminalphänomenologie, wo man wahrscheinlich am besten auf die verschiedenen Anlässe abstellt, dürfte es sich für die Verbrechenstechnik empfehlen, zunächst einmal die gegen Sachgesamtheiten oder größere Objekte gerichteten Taten von den gezielten Aktionen gegen einzelne Sachen zu unterscheiden.

1. Vandalismus

Der gegen Sachgesamtheiten oder größere Objekte gerichtete Vandalismus ist die ungleich gewichtigere Form der Sachbeschädigung; derartiges Verhalten kann selbstverständlich auch den Charakter einer Begleittat haben. Kennzeichnend ist neben dem größeren Ausmaß, daß diese Taten leicht irgendwie sinnlos wirken, weil alle möglichen Dinge, die sich in Reichweite des Täters bzw. der Täter befinden, in Mitleidenschaft gezogen, zerstört, demoliert oder beschmutzt werden. Es geht also nicht so sehr darum, einzelne fremde Sachen in ihrer Funktionstüchtigkeit zu beeinträchtigen, sondern vielmehr um eine mehr oder weniger ausgedehnte Verwüstung. Dabei erhebt sich nicht selten die Frage, ob eine derartige Heimsuche eigentlich mehr das Opfer und Dritte beeindrucken soll, oder ob es sich hier nicht mehr um ein von der Täterpersönlichkeit her zu erklärendes Abreagieren handelt.

von Hentig, Hans: Der jugendliche Vandalismus, Vorboten und Varianten der Gewalt – Düsseldorf/Köln 1967; *Schweinitzer,* Peter: Friedhofsschändungen – Kriminalistik 1973-158 f.; *Tegel,* Heinrich: Kunstvandalen – Kriminalität 1968-103f.

Immerhin dürften Sachbeschädigungen in Form von Vandalismus diejenigen Fälle sein, in denen wir am ehesten die Problematik der gegen Sachen gerichteten Gewalt ausloten können. Selbst wenn z.T. dem Tatort (Friedhöfe, Kirchen) oder der Person des Täters eine Schlüsselrolle zuzukommen scheint, steht doch der durch die Heimsuchung hervorgerufene Schaden weder in verständlichem Verhältnis zum Anlaß, noch ist er rational nachvollziehbar, weshalb es schon hier mehr auf die Persönlichkeit der Täter ankommt. Die für die Tatausführung bei Vandalismus oft kennzeichnende Wut des Täters kann allerdings mitunter recht konkrete Gründe haben, die hier aber wohl mehr tatauslösend wirken.

Ein typischer Fall von Vandalismus ist die Verwüstung von Friedhöfen durch wahlloses Umstürzen von Grabsteinen, Zerstören der Grünanlagen und Bepflanzung sowie Beschmutzen von Gebäuden, Denkmälern usw.

Ein randalierender Untersuchungshäftling setzte nach Verlegung in eine Beruhigungszelle Strohsack und Kopfteil in Brand; nach der dadurch veranlaßten Verlegung demolierte er das Mobiliar einer anderen Zelle.

Zum Vandalismus zählen ferner serienmäßig begangene, ansonsten aber völlig ungereimt erscheinende Zerstörungen bestimmter Sachen.

So demolieren gerade junge Täter mitunter in einem Zuge alle erreichbaren Fernsprechzellen, Parkuhren oder Automaten. Bei den ebenfalls in Mitleidenschaft gezogenen Straßenlaternen dürfte es sich überwiegend um begrenztere Einzelaktionen handeln.

Drei jugendliche Täter, die unter Alkoholeinfluß standen, rissen eines Abends nicht nur Zäune und Pfosten von 21 Grundstücken um, sondern warfen auch Fensterscheiben ein.

Nach der Kirchweih oder anderen Volksbelustigungen werden von alkoholisierten jungen Menschen nicht nur Mülltonnen umgestürzt, Gartenpforten verschleppt, sondern mitunter sogar geparkte Kraftfahrzeuge mutwillig beschädigt.

Formen des Vandalismus zeigen sich ferner bei angeblich politischen Demonstrationen, wenn beispielsweise wahllos Schaufensterscheiben eingeschmissen oder Kraftfahrzeuge demoliert werden.

Der Vandalismus kann – wie angedeutet – schließlich als eine Begleittat anderer Delikte erscheinen, obwohl diese in Wahrheit nur äußerer Anlaß sein dürften.

So zerstörten fünf Jugen im Alter von 12 bis 15 Jahren bei einem Einbruch in Lager- und Büroräume, wo sie Geld entwendeten, Schreibmaschinen und Mikroskope. Sie zerschnitten Tapeten und Gemälde sowie Koffer, gossen Tinte und Säure aus. Schließlich bewirkten sie durch Aufdrehen der Wasserhähne eine Überschwemmung. Selbst die Toiletten wurden mit Geschäftspapier verstopft. Es fehlte bei den Tohowabohu nur noch das mitunter zu beobachtende Verrichten der Notdurft, um das an sich wenig zum Einbruch passende Bild des Vadalismus zu vervollständigen.

2. Gegen Einzelgegenstände gerichtete Aktionen

Das zum Vandalismus Gesagte bedeutet selbstverständlich nicht, daß man nicht auch durch Studium anderer Sachbeschädigungen wie der gegen Einzelgegenstände gerichteten Aktionen, Erkenntnisse über diese Art von krimineller Gewalttätigkeit erlangen könnte. Zu dieser Fallgruppe rechnen nicht nur Taten, bei denen eine einzige fremde Sache beschädigt oder zerstört wird, sondern auch solche, bei denen mehrere Dinge in Mitleidenschaft gezogen werden; allerdings muß zwischen diesen Sachen ein Zusammenhang bestehen, und darf die Tat nicht der Charakter einer gezielten Aktion verlieren. Denn kennzeichnend für diese Fälle der Beschädigung einzelner fremder Sachen ist, daß sie sich anders als beim Vandalismus gezielt auf bestimmte Objekte richten. Dabei braucht das Vorgehen des Täters allerdings nicht notwendig eine rationale Motivation erkennen zu lassen, sondern es kann durchaus emotional geprägt sein.
Insoweit sind Sachbeschädigungen bisher noch wenig erforscht. Doch dürfte es sich empfehlen, in diesen Fällen nach Art der Objekte zu differenzieren, weil der Modus operandi weitgehend von deren Beschaffenheit abhängt. Immerhin können, wenn mehrere, dazu verschiedenartige Sachen in Mitleidenschaft gezogen werden, die Grenzen zum Vandalismus unsicher werden. Deshalb ist darauf abzustellen, daß entweder eine bestimmte Sache als das eigentliche Ziel des Angriffs erscheint oder bei mehreren gleichartigen Dingen die „Serie" nicht den Charakter von Einzelaktionen zweifelhaft werden läßt.

Ein spanischer Gastarbeiter, der gegen eine Anzahlung von DM 100 ein Kofferradio gekauft hatte, kam zwei Monate später wieder in das Radiogeschäft. Da die Inhaberin nicht – wie er es wünschte – das Geschäft wegen seiner Heimkehr nach Spanien rückgängig machen wollte, sondern den Restkaufpreis verlangte, warf der Täter das Gerät nicht nur mehrfach auf den Boden, sondern er demolierte auch noch einige Lampenschirme und die Scheibe der Ladentür, die man derweil versperrt hatte.

Junge Täter zerstechen oder zerschneiden mitunter Reifen eines unbewachten Kraftfahrzeugs; auch werden Stoßstangen oder Antennen abgebrochen. Mitunter erfolgen derartige Sachbeschädigungen aber auch deutlicher unter vermögensdeliktischen Aspekten wie das „Sammeln" von Kühlerverschraubungen (Pflücken von Mercedes-Sternen), was wieder den Charakter der Begleittat hervortreten läßt, oder weisen Anhaltspunkte für eine Serie, d.h. Charakteristika des Vandalismus, auf.

In den Vereinigten Staaten haben Jugendliche nicht nur in ihrer Schule Brände gelegt, sondern Feuerlöschgeräte demontiert und zerstört oder Wasserhähne aufgedreht, wobei es wohl überwiegend nicht in erster Linie darum ging, Ausfall des Schulunterrichts zu erreichen.

Es gibt allerdings – wie gesagt – gewisse Fälle, die schwer vom Vandalismus abzugrenzen sind. So können Taten, die wegen serienmäßiger Begehung beim Vandalismus erwähnt worden sind, nicht nur begrenzten Umfang haben, sondern gezielt auf Sachen erfolgen, die einem Eigentümer oder einer bestimmten Gruppe von Eigentümern gehören. Charakteristisch hierfür sind aus Anlaß einer Demonstration gegen Schaufenster einer gewissen Firma oder der Institution eines gewissen Staates gerichtete Aktionen.

V. Wilderei

Von den sonstigen speziellen Vermögensdelikten neben den Eigentumsdelikten ist für den Kriminologen vor allem die Wilderei – insb. die sog. Jagdwilderei – interessant.

Schubert, Dietmar: Die Delikte der Jagd und Fischwilderei (§§ 292, 293 StGB) in den Jahren 1955 bis 1963 im Landgerichtsbezirk Paderborn – Diss. Bonn 1968 – Witterschlick o.J.

A. Jagdwilderei

Unter Jagdwilderei versteht man alle Formen kriminellen Verhaltens, das sich auf jagdbares Wild oder sonst dem Jagdrecht unterliegende Dinge beziehen. Durch derartige Taten werden die Rechte des Jagdberechtigten geschmälert oder gefährdet. Dem historisch recht interessanten Deliktstyp kommt heute in den meisten Ländern kriminalpolitisch nur noch eine begrenzte Bedeutung zu.

Lorbacher, Dieter: Die Jagdwilderei. Eine Untersuchung von Tatformen und Tätern im Gebiet des Landgerichtsbezirks Essen unter besonderer Berücksichtigung der durch die Industrie geprägten Lebensverhältnisse – Diss. Bonn – o.O. 1967; *Löhr,* Udo: Die Wilderei. Zur Kriminologie und strafrechtlichen Regelung der Jagdwilderei (§§ 292–296 StGB) unter besonderer Berücksichtigung der geschichtlichen Entwicklung – Diss. Frankfurt a.M. – Clausthal-Zellerfeld 1969; *Holzer,* Franz Josef: Beziehungen der Gerichtsmedizin zu Jagd und Jäger – Arch. f. Krim. Bd. 103, S. 1 ff., 65 ff. (1974).

In den meisten europäischen Industriestaaten bieten sich nur noch relativ wenige Möglichkeiten zur Jagdwilderei, die sich außer auf Hasen und Kaninchen vor allem auf Rehe und anderes Rotwild konzentriert; daneben spielen außer Schwarzwild vor allem Fasanen und Rebhühner eine gewisse Rolle. Diese Objekte der Wilderer sind auch die in diesen Ländern oder Regionen am häufigsten vorkommenden Wildarten. In anderen Ländern liegen die Verhältnisse, was die Bedeutung der Jagdwilderei anlangt, z.T. noch völlig anders oder kommen auch andere Arten von Wild in Betracht.
Sowohl kriminalphänomenologisch als auch kriminalistisch lassen sich die Erscheinungsformen der Jagdwilderei am besten an Hand der Arbeitsweise der Täter unterscheiden. So gelangt man zu drei bzw. vier großen Formen der Tatausführung:

1. Wildschütze
2. Schlingen- und Fallensteller
3. Benutzen von Tieren u.a.
4. Aneignung von Fallwild und Ähnliches

1. Wildschütze

Der Wildschütz benutzt bei seiner Tat Feuerwaffen, die jedenfalls zum Teil waidgerecht sind. Mit einem Anteil von etwa der Hälfte aller bekannt gewordenen Fälle ist dies noch immer die häufigste Form der Jagdwilderei. Die Bewaffnung der Täter ist im einzelnen allerdings recht verschieden.

Neben allen Arten von Handfeuerwaffen finden sich beispielsweise auch Luftgewehre; besonders beliebt sind ferner als Tatmittel leicht und preisgünstig zu beschaffende Kleinkalibergewehre. – Manchmal werden diese Waffen besonders präpariert, z.T. mit Zielfernrohr oder Schalldämpfer versehen.

Zunehmend benutzen Wilderer ein Kraftfahrzeug, was nicht nur den Aktionsradius vergrößert, sondern den Transport der Waffen und der Beute erleichtert. Teilweise wird das Kraftfahrzeug sogar bei der Tatausführung selbst – zum Blenden des Wildes mit starken Scheinwerfern oder wegen der verschleiernden Motorengeräusche – eingesetzt.

Beine, Engelbert: Motorisierte Jagdwilderei – Kriminalistik 1962-472 ff.

2. Schlingen- und Fallensteller

Kann man bei Wildschützen jedenfalls z.T. noch von einer echten Jagdleidenschaft sprechen, so sieht es bei den Schlingen- und Fallenstellern weithin anders aus; sie passen viel besser in das übliche Bild des Vermögensverbrechers. Die Dunkelziffer dürfte hier eher noch größer als beim Wildschützen sein. Insgesamt aber ist die Tendenz bei diesen beiden Formen der Jagdwilderei abnehmend, weil gemessen am Zeitaufwand der Wert der Beute üblicherweise gering ist.

a) Schlingensteller

Die von Schlingenstellern bei ihren Taten verwendeten Techniken sind recht vielgestaltig. Außer dem geschickt transportierten und angebrachten Draht verwendet er auch andere Konstruktionen.

Günther, Paul: Der Schlingensteller – Kriminalistik 1953-115 ff.

Der Schlingensteller muß nicht nur mit der Örtlichkeit, sondern darüber hinaus mit dem Verhalten des Wildes vertraut sein. Aus diesem Grunde und wegen der damit verbundenen Wege arbeitet der sog. „Ströpper“ gern in der Nähe seiner Wohnung. Er tarnt sich bei seinen Kontrollgängen als Spaziergänger, Holz- oder Pilzsammler. Die Schlingen werden – wie gesagt – im allgemeinen aus Draht angefertigt, der des öfteres geglüht wird, um die Elastizität zu erhöhen und den Glanz zu nehmen.

Sogar eine 51jährige Frau hat sich – allerdings in Abwesenheit ihres männlichen Komplizen – mit Rehschlingen befaßt. Sie wurde dabei 150 m von ihrem Landhaus entfernt auf frischer Tat ertappt.

Heute werden Doppelschlingen oder der Schnellbaum, der infolge der Bewegungen des in die Schlinge geratenen Tieres in die ursprüngliche Stellung zurückschnellt und dabei die Schlinge zuziehend das Wild erhängt, nur noch selten angewandt.

b) Fallensteller

Der Fallensteller bedient sich bei sonst ähnlicher Arbeitsweise anderer Fangwerkzeuge, wie beispielsweise Schlageisen, anderer Fallen oder Gruppen davon. Mit Schlag- oder Tellereisen stellen Wilderer vor allem Raubwild, mit Fallen Fasanen u.dgl. nach. Auch diese Täter arbeiten am liebsten in der Nähe ihrer Wohnung.

Am Edersee stellte ein 43jähriger Polier, der dort Ferien machte, in der Nähe des Campingplatzes sogar eine Kastenfalle auf, um einen der dort vorkommenden Waschbären zu fangen.

3. Benutzen von Tieren und anderen Mitteln

Schließlich werden vom Wilderer mitunter entsprechend abgerichtete Tiere oder andersartige Tatmittel benutzt; manchmal fungieren Tiere lediglich als Lockmittel.

Zwei Täter stellten in einem Wiesengelände Käfige mit Vögeln auf, um Marder anzulocken. Ein Iltis, der auf diese „Lockvögel" hereinfiel, wurde mit einem Luftgewehr erschossen.

Mit Hunden hetzt der Wilderer vor allem Niederwild. Zum Wildern von Kaninchen können Frettchen benutzt werden; diese jagen die Kaninchen aus dem Bau, wobei sie sich dann in davor gespannten Netzen verfangen.

Während Gift relativ selten als Tatmittel verwendet wird, da der Wilderer im allgemeinen genießbare Beute erhalten möchte, finden sich zuweilen recht seltsam anmutende Tatmittel. Der Anteil dieser Verbrechenstechniken machte in einer hessischen Untersuchung *(Löhr)* immerhin 17,7% aller einschlägigen Fälle aus.

Durch einen tragischen Todesfall eines Kindes wurde bekannt, daß ein Bauer in Tirol mit sog. Fuchskugeln (Blausäure enthaltenden Cynanglasphiolen), die er in Äpfeln verbarg, Rehe und Hirsche wilderte.

Außer mit der Armbrust, Pfeil und Bogen oder einer Schleuder sind Täter sogar mit Mistgabeln, Stöcken und Steinen auf Wild losgegangen, das bei Erfolg derartiger Aktivitäten des öfteren wohl recht lendenlahm gewesen sein dürfte.

Ein Feuerwehrmann versuchte, Kaninchen auszuräuchern und die aus dem Bau fahrenden Tiere mit einem Knüppel zu erschlagen.

Drei Jugendliche entdeckten zufällig eine Wildente. Sie bewarfen das Tier mit Steinen, schlugen mit Stöcken nach ihm und drehten ihm schließlich den Hals um. Dieser Fall erinnert bald mehr an Praktiken der Sachbeschädigung als an Wilderei.

Drei spanische Gastarbeiter versuchten (allerdings vergeblich) Hasen mit einem Katapult zu erlegen.

Erfolgreicher waren drei andere Männer, die auf Grund von Kriegserfahrungen Stolperdrähnte über Wechsel und Suhlen spannten; mithilfe selbstgefertigter Minen erlegten sie auf diese Weise drei Wildschweine.

Diese vielfach zufällig wirkenden und bereits aus dem typischen Bild der Jagdwilderei herausfallenden Arbeitstechniken entarten zur Karikatur, wenn als Tatwerkzeug lediglich die bloße Hand fungiert.

Immerhin fing ein betrunkener Arbeiter zwei Wildtauben mit der Hand und drehte ihnen den Hals um.

Einem italienischen Gastarbeiter gelang es sogar einen Hasen mit der bloßen Hand zu erschlagen.

Manche Täter benutzen das Kraftfahrzeug sogar als Waffe und versuchen, damit das Wild zu überfahren, um es sich dann anzueignen.

4. Aneignen von Fallwild und Ähnliches

Ähnlich untypisch – wenngleich mit Anteilen von 15–25% keineswegs selten – wirken die oft unter diese Strafvorschriften zu submierenden Fälle der Aneignung von Fallwild. Während es früher vor allem um Teile wie Geweihe ging, haben wir es heute in einschlägigen Strafsachen nahezu ausschließlich mit Menschen zu tun, welche Tiere an sich nehmen, die sie selbst oder andere mit einem Kraftfahrzeug überfahren haben.

Daß es dabei nicht immer um den Genuß von Wildbret geht, beweist der Fall eines jungen Lastwagenfahrers, der das von ihm angeschossene Rehkitz auf dem Balkon seiner Wohnung hielt.

B. Fischwilderei

Kriminalpolitisch noch geringeres Gewicht als der Jagdwilderei kommt der Fischwilderei zu. Sie hat vielfach mehr den Charakter eines zivilrechtlichen Delikts, weil ohne Erlaubnis gefischt und so „Gebühren" gespart werden sollen, wie man sie selbst beim Angeln in öffentlichen Gewässern verlangt. Dasselbe gilt für das noch lukrativere Fischen in solchen Gewässern, die eindeutig privaten Charakter haben und – wie etwa Forellenteiche – ersichtlich für die Fischzucht hergerichtet sind. Was die Arbeitsweise anlangt, sind wohl vor allem zwei Fallgruppen zu unterscheiden. Einmal wird die Fischwilderei mit dem üblichen Fanggerät, zum anderen mit sonstigen Mitteln begangen.

1. Fischereigerät

Ganz überwiegend benutzen die Täter zur Fischwilderei Fischereigeräte wie Angeln, Netze, Kescher und Ähnliches. Mag derartiges z.T. selbstangefertigtes Gerät auch mehr oder weniger perfekt sein, entspricht die Arbeitsweise völlig oder in etwa der von Berufs- oder Sportfischern.

2. Sprengstoff u.a.

Allerdings finden sich bei der Fischwilderei mitunter Praktiken, die schon als solche nicht den üblichen Methoden des Fischfangs entsprechen. So verwenden manche Delinquenten Sprengstoff, lassen aufgestaute Gewässer ab oder arbeiten, wenn sie nur schädigen wollen, mit giftigen Substanzen bzw. unterbrechen durch technische Manipulation z.B. Frischwasser- oder Luftzufuhr. Bei derartigen Praktiken kann nicht nur der angerichtete Schaden beträchtlich sein, sondern ähneln die Phänomene u.U. denen der Sachbeschädigung, die bei privaten Gewässern sogar bejaht werden kann.

VI. Sachliche Begünstigung und Sachhehlerei

Sachliche Begünstigung und Sachhehlerei beziehen sich auf Vermögensdelikte als kriminelle Vortaten, sind daher nach richtiger Ansicht besondere Vermögensdelikte. Sie unterscheiden sich vor allem dadurch voneinander, daß bei der sachlichen Begünstigung der Täter den Vorteil des Vortäters im Auge hat, während der Hehler auf seinen eigenen Vorteil aus ist, dieser Eigennutz seiner Tat also das besondere Gepräge gibt. Von der sachlichen Begünstigung ist trotz anderer Gesetzestechnik mancher Rechte die persönliche Begünstigung kriminalpolitisch zu unterscheiden, die hier als Strafvereitelung bei den Straftaten gegen die Rechtspflege behandelt wird (§ 11-III-D).

Rehberg, Herbert: Hehlerei und Begünstigung – in: HdwKrim (2) I-373 ff.; *Toelle,* Peter: Sachliche Begünstigung und Hehlerei. Zur strafrechtlichen, historischen und kriminologischen Problematik dieser Deliktstypen (§§ 257–262 StGB) unter besonderer Berücksichtigung der in den Jahren 1965–1967 im Bereich des Landgerichts Frankfurt a.M. durchgeführten Strafverfahren – Diss. Frankfurt a.M. – Augsburg 1970.

A. Sachliche Begünstigung

Die (sachliche) Begünstigung bezieht sich nahezu immer auf einen Diebstahl als Vortat. Typisch ist ferner ein besonderes persönliches Verhältnis zum Vortäter, der in aller Regel ein Angehöriger oder Freund des Begünstigenden ist. Nur selten wird jemand begünstigt, zu dem nicht schon vorher derartige Beziehungen bestanden.
Bei der sachlichen Begünstigung empfiehlt es sich, in der Verbrechenstechnik ebenso wie in der Kriminalphänomenologie von der Tatausführung im Hinblick auf die Beute oder die Vortat auszugehen, weil so die charakteristischen Formen des Beistands am besten erfaßt werden.

a) Verwahren und Verbergen der Beute
In etwa der Hälfte aller Fälle wird der Vortäter durch bloßes Verwahren oder aber durch Verbergen seiner Beute, typischerweise der Diebesbeute, begünstigt. Hier überwiegen bei weitem Praktiken des Verwahrens der vom Vortäter bereits vorläufig gesicherten Beute. Das geschieht gewöhnlich in der Wohnung, im Keller oder in sonstigen Nebenräumen des Begünstigers oder auch in diesem gehörenden Lager- und Geschäftsräumen. Mitunter veranlaßt der Täter auch Dritte zu derartigen Manipulationen.

Ein Lehrling stellte ein gestohlenes Fahrrad im Keller eines Freundes unter, wo es „umfrisiert“ werden sollte.

Unterschlagene Stoffballen sind vom Begünstiger für längere Zeit in einem Lagerraum verstaut worden.

Ein Täter verwahrte für einen Freund, der wegen Diebstahls für vier Jahre in das Zuchthaus mußte, getreulich die Diebesbeute von DM 2000 als „Anfangskapital“.

Beim Verbergen oder Verheimlichen geht der Beistand über das bloße Verwahren von Beute oder verdächtigen Gegenständen wie Tatwerkzeugen hinaus.

Die Ehefrau eines Räubers forderte, um der polizeilichen Fahndung zuvorzukommen, ihre Schwester auf, die zunächst im ehelichen Schlafzimmer versteckte Beute mitzunehmen und bei einer ihr bekannten Familie aufbewahren zu lassen.

Mitunter verbirgt der Begünstiger lediglich eine ihm vom Vortäter wegen drohender Gefahr zugesteckte Beute in seiner Hosentasche.

Das tat ein Begünstiger, dem sein Freund ein gestohlenes Feuerzeug zustecken konnte, bevor die Polizei ihn festnahm.

Zum Verbergen gehört ferner das Verheimlichen, bei welchem der Begünstiger Beistand leistet, ohne selbst die Verfügungsgewalt über die Beute zu erlangen. Diese nicht gerade häufigen Praktiken bieten ungewöhnliche Fallsituationen.

So unterließ es ein Zugführer, der einen Bahnbediensteten beim Diebstahl ertappt hatte, diesem die entwendeten Flaschen wieder abzunehmen und den Vorfall zu melden.

Ein Gastwirt ließ es mehrere Wochen lang zu, daß Stammgäste in seiner Wirtschaft anderen Gästen offensichtlich Diebesbeute anboten.

Zwei Einbrecher waren mit ihrem Fahrzeug, in dem sich der gestohlene Geldschrank befand, auf einem Feldweg stecken geblieben. Um den Kassenschrank dort in Ruhe „knacken" zu können, holten sie Werkzeuge und brachten einen Freund mit, der „Schmiere" stehen sollte.

b) Wegschaffen der Beute

Kaum weniger häufig wird (sachliche) Begünstigung durch Wegschaffen oder Bergen der Beute begangen. Bei diesen Praktiken ist der zeitliche Bezug zur Vortat anders als bei bloßem Verwahren oder Verbergen recht typisch. Der Begünstiger handelt hier an Stelle des Vortäters, der bereits verdächtig ist oder sich dadurch verdächtig machen würde.

So transportierte eine Ehefrau, die ihren Mann an der Arbeitsstelle aufsuchte, in ihrer Einkaufstasche 25 Pfund gestohlenes Mehl ab.

Häufig stellt der Begünstiger dem Vortäter auch ein Fahrzeug für den Abtransport der Beute zur Verfügung.

c) Absatzhilfe

Begünstigt wird mitunter (etwa 10% der Fälle) durch Praktiken der Absatzhilfe, obwohl hier gewöhnlich Hehlerei anzunehmen ist, weil der Delinquent dabei häufig auf eigenen Vorteil aus ist. Fehlt es aber daran, so liegt nur eine Begünstigung vor. Obwohl sich dies manchmal an das Verwahren der Beute gewissermaßen als zweiter Schritt anschließt, braucht der Begünstiger hier die „heiße Ware" nicht zu erlangen, sondern kann wie ein Makler durch Nachweis eines Käufers Beistand leisten.

Ein Tankwart verwahrte nicht nur einen vom Vortäter gestohlenen Lastwagen, sondern hielt gleichzeitig auch nach einem Käufer Ausschau.

Ein anderer Täter versetzte gegen eine Belohnung von nur 20 DM für einen Vortäter ein Perlencollier im Pfandhaus.

Ein Begünstiger wies dem in der betroffenen Stadt unbekannten Täter lediglich einen Käufer für das gestohlene Fahrrad nach.

d) Falsche Angaben

Falsche Angaben, die beiß der Strafvereitelung eine besonders große Rolle spielen, sind bei der Begünstigung verhältnismäßig selten. Derartiger Beistand bezieht sich zudem weniger auf die Person des Vortäters, sondern mehr auf die Beute oder sonstige Sachbeweise.

Typisch für irreführende Angaben ist ein Geschäftsfreund, der gegenüber der Polizei jede Kenntnis leugnete, obwohl er selbst die vom Vortäter illegal eingeführten Filme wegen der drohenden Hausdurchsuchung aus seinen Geschäftsräumen entfernt hatte.

Es kommt jedoch vor, daß Begünstigter Beute fälschlich als ihr Eigentum bezeichnen, um sie auf diese Weise dem Vortäter zu erhalten.

e) Einflußnahme auf Beweismittel

Beistand leistet der Begünstigte zuweilen auch durch Einflußnahme auf Beweismittel. Durchweg handelt es sich dabei um Praktiken, die sich auf sachliche Beweismittel beziehen. So werden gefälschte Kraftfahrzeugpapiere geliefert oder vorhandene Beweisstücke verfälscht.

Ein Buchhalter belastete ein Kundenkonto mit einer fingierten Zahlungsschuld, um Veruntreuungen eines Gesellschafters zu verdecken.

Bei der Beute selbst ist an das „Umfrisieren" von Fahrzeugen, insb. Fahrrädern und Mopeds, zu denken.

Die Einflußnahme auf persönliche Beweismittel erfolgt meist in der Weise, daß der Begünstigende gewisse Dritte durch Zahlung von Schweige- oder Schmiergeld veranlaßt, keine oder falsche Aussagen zu machen.

B. Sachhehlerei

Die strafrechtlich ebenfalls umstrittene Sachhehlerei ist kriminalpolitisch als ein Vermögensdelikt zu werten, das im Gegensatz zur altruistischen Begünstigung ausgeprägt egoistischen Charakter hat, weil der Hehler vor allem auf seinen Vorteil aus ist.

Geerds, Friedrich: Zum Tatbestand der Hehlerei aus der Sicht des Kriminologen – Goltd. Archiv 1958-129 ff.; *Grosse,* Erwin: Zur Kriminologie der Hehlerei. Eine Untersuchung an 180 in den Jahren 1959 bis 1961 in Hamburg wegen Hehlerei Verurteilten – Diss. Hamburg – Bamberg 1967.

Wichtiger als Begehungsweisen oder Tatobjekte dürfte daher kriminalphänomenologisch die Einstellung des Hehlers oder der von ihm verfolgte Zweck sein. Dieser besteht in rund zwei Drittel aller aufgeklärten Fälle darin, die kostenlos oder sehr billig erlangte kriminelle Beute zum Eigenverbrauch oder -gebrauch zu nutzen. Besser als dieser in der Praxis überwiegende Verbrauchertyp paßt der Schiebertyp zum landläufigen Bild des Hehlers. Ob diese Hehler nun heiße Ware billig einkaufen, um sich durch baldigen Verkauf zu bereichern oder ob sie als „kriminelle Makler" sonst beim Absatz mitwirken, kommt es ihnen doch auf das finanzielle Ausnutzen der Vortat an. Einem solchen Schmarotzer könnten u.U. diejenigen, in der Praxis aber seltenen Hehler gleichgestellt werden, die zwar Eigenbesitz anstreben, die man jedoch deshalb als „Raffertyp" bezeichnen könnte, weil sie allein aus Habgier oder Geiz kriminell erworbene Sachwerte an sich bringen und horten.
Diese kriminalphänomenologische Unterscheidung zwischen Verbraucher- und Schiebertyp ist für den Kriminalisten wohl nicht so wichtig. Er wird in der kriminalistischen Verbrechenstechnik bei der Hehlerei am besten an Hand typischer Formen der Tatausführung unterscheiden. Dabei laufen jedenfalls Ankaufen und anderweitiges, nicht selten unentgeltliches Ansichbringen auf Erlangen eigener, wenn auch u.U. vorübergehender Verfügungsmacht hinaus, während es bei der Absatzhilfe um andere Praktiken geht.

1. Ankauf

Der Ankauf „heißer Ware" gegen ein mehr oder weniger hohes Entgelt ist ein typischer Fall der Hehlerei. Zusammen mit den Formen unentgeltlichen Ansichbringens dürfte er etwa die Hälfte bis zwei Drittel aller Fälle von Hehlerei umfassen.

a) Der Ankauf erfolgt ganz überwiegend zum **eigenen Ge- oder Verbrauch,** was dem Verbrauchertyp entspricht. Der Täter zahlt für Objekte der verschiedensten Art im allgemeinen – mehr oder weniger preisgünstig – mit Bargeld. Vereinzelt wird gegen Schulden verrechnet oder erfolgt ein Tausch.

Verrechnet der Hehler gegen eigene Schulden, so handelt es sich häufiger um Zechschulden, für die (gestohlene) Ringe oder Uhren angeblich „zur Sicherheit" gegeben werden.

Ein „Tauschgeschäft" kann beim Hehler skurril wirken. So gab ein Täter Bauhandwerkern für gestohlenes Baumaterial Flaschenbier.

In einer Gaststätte im Frankfurter Bahnhofsviertel tauschte ein Hehler sogar einen gestohlenen Personenwagen vom Typ „Opel Kapitän" gegen einen Papagei ein.

Mit einem Ankauf wird durchweg auch in den seltenen Fällen gearbeitet, die man kriminologisch zum Raffertyp zählen könnte, bei dem Verbrauchs- und vor allem Gebrauchsgegenstände gehortet werden. Die Motive dieser gewöhnlich auf Sachen bestimmter Art spezialisierten kriminellen Sammler sind allerdings sehr verschieden.

Neben einem Bergmann, der zwei Jahre lang u.a. Kühlschränke und Möbel hortete, finden sich Liebhaber von Damenwäsche, bei denen Fetischismus mitwirken mag. Es gibt aber auch Hehler, die gestohlenes Kristall oder Prozellan bzw. Kunstgegenstände u.dgl. sammeln.

b) Ebenfalls mit Praktiken des Ankaufs operieren ferner Täter, die kriminalphänomenologisch zum Schiebertyp zu rechnen sind, weil der – billige – Ankauf nur zum Zwecke baldigen Verkaufs mit mehr oder weniger hohem Gewinn erfolgt. Ein solcher **Beutehandel** paßt besser zum landläufigen Bild des Hehlers und ist kriminell intensiver. Denn außer hehlerischen Kleinhändlern finden sich gut organisierte Großhandelsunternehmen der Branche Hehlerei. Mitunter wird die Hehlerei sogar mit der beruflichen Tätigkeit des Hehlers verbunden; das findet man außer im Schrotthandel beispielsweise bei Gebrauchtwagenhändlern und gewissen Kraftfahrzeugreparaturwerkstätten. Großhehler spezialisieren sich gewöhnlich auf wertvolle Dinge wie Fahrzeuge, Rauchwaren oder Kunstgegenstände, die von den Vortätern teilweise sogar auf Bestellung herbeigeschafft werden. Der Beutehandel ist in der Praxis häufiger als die ihm ähnliche, alsbald zu behandelnde Absatzhilfe.

So „exportierte" beispielsweise ein staatenloser Gastwirt für rund 2 Millionen DM Pelze in die Niederlande.

2. Unentgeltliches Ansichbringen

Wie wichtig bei weiter Fassung der einschlägigen Strafvorschriften diese Begehungsweise ist, beweist der Umstand, daß in Deutschland allein für die „kostenlose Befriedigung eigener Bedürfnisse" oft Anteile von mehr als 33% festgestellt worden sind, denen die mitunter gleich starke Gruppe „unverhältnismäßig billige Befriedigung eigener Bedürfnisse" jedenfalls z.T. sehr ähnlich ist; denn eine geringfügige Gegenleistung kann dann den Charakter einer Schenkung verändern.

Nicht nur Angehörige, Geliebte oder Freunde erhalten von dem sich großzügig gebenden Vortäter Schmuckstücke, Geld oder Verbrauchsgegenstände geschenkt, sondern insb. dann, wenn dieser sich „heißer Ware" schnell entledigen will, werden auch ihm völlig unbekannte Personen „beglückt".

Zu diesen Fällen des unentgeltlichen Ansichbringens gehört schließlich die Beteiligung am Verbrauch, die selbst bei großem Dunkelfeld in der Praxis weniger bedeutsam als in der juristischen Diskussion ist.

Typisch sind hierfür Fälle, in denen der Vortäter entwendete Nahrungsmittel oder Genußmittel zusammen mit seinen Angehörigen, Freunden oder auch Bekannten verzehrt, welche bei Wissen um die Herkunft der Sachen ggf. als Hehler belangt werden können.

3. Verbergen

Das bloße Verbergen, das in manchen Rechten für Hehlerei ausreicht, kommt ebenso wie weitere Praktiken des Ansichbringens relativ selten vor; deutsche Untersuchungen berichten über Anteile von 1 bis 2%. Die Tatsituation läßt in diesen Fällen die Grenzen zur sachlichen Begünstigung fließend werden, weil in dem Bestand für die Vortäter lediglich deutlicher als dort der Eigennutz des Hehlers hinzutritt.

So kann es hier um Verwahrung von Diebesbeute gehen, wenn dafür eine gemessen am Wert erhebliche „Belohnung“ oder Teilung bei eventuellem Absatz zugesagt wird.

4. Absatzhilfe

Häufiger ist jedoch wieder die Absatzhilfe, bei welcher der Hehler gewöhnlich keine Verfügungsgewalt über die Beute erlangt. Man darf hier mit 5 bis gut 10% aller Fälle rechnen. Zusammen mit dem beim Ankauf geschilderten Beutehandel kommen diese Praktiken krimineller Makelei insgesamt auf ein Viertel bis ein Drittel aller Hehlereifälle.
Dabei handeln Hehler selbst hier nicht selten zugleich aus philanthropischen Motiven. Das gilt bei der sich dieser Technik bedienenden kriminellen Makler ebenso wie für den Beutehändler, der „heiße Ware“ ankauft, um sie dann selbst mit Gewinn zu versilbern.

Ein Hehler hatte die Aufgabe, für eine Bande Käufer für die von ihr primitiv unterschlagenen Leihwagen zu finden. Für jeden nachgewiesenen Käufer erhielt er 100 DM „Provision“.

VII. Betrug

Der Betrug ist schon rein zahlenmäßig das nach dem Diebstahl wichtigste Vermögensdelikt. Sein kriminalpolitisches Gewicht ist des öfteren schwerer als das vieler Diebstähle. Insgesamt gesehen hat die Betrugskriminalität in den letzten Jahrzehnten, obwohl z.B. angesichts der extensiven Interpretation durch deutsche Gerichte einige Abstriche angebracht sind, wohl doch etwas zugenommen.
Anders als der Diebstahl und die bisher behandelten Delikte, die sich durchweg gegen spezielle oder spezialisierte Vermögenswerte richteten, ist der in den einzelnen Ländern allerdings unterschiedlich kriminalisierte Betrug ebenso wie die im Anschluß daran zu behandelnden Straftatbestände ein Delikt gegen das Gesamtvermögen eines anderen. Wichtig für die Tatausführung ist, daß es sich beim Betrug um ein Dispositionsdelikt handelt; der Vermögensschaden wird nämlich dadurch bewirkt, daß der Täter einen anderen veranlaßt, über sein Vermögen oder das eines Dritten zu verfügen. Ziel des Betrügers jedoch ist es, wie

das Merkmal der Vorteilsabsicht zeigt, sich auf diese Weise einen Vermögensvorteil auf Kosten des anderen zu verschaffen. Das Tatmittel, dessen der Betrüger sich bedient, um sein Opfer zu einer Vermögensdisposition zu veranlassen, ist die Täuschung.
Ist es somit das Ziel des Betrügers, sich durch Täuschung anderer auf Kosten fremden Vermögens einen Vorteil zu verschaffen, so wird verständlich, daß die Formen der Tatausführung überaus vielfältig sind. Ihre Zahl übertrifft sogar noch die des Diebstahls. Mehr als dort fällt ferner gerade beim Betrug die Verbrechensperseveranz auf, der bei vielen Tätern gleichartige oder doch ähnliche Modus operandi.
Grob gesehen lassen sich – wie in der Kriminalphänomenologie – zwei Gruppen von kriminellen Techniken unterscheiden. Bei den Wirtschaftsbetrügereien bedient sich der Täter der üblichen Formen des Rechtsverkehrs im Wirtschaftsleben, er tritt also als Kaufmann, Vertreter oder Kunde auf. Demgegenüber kann man in den Fällen des Schwindels, obwohl auch hier u.U. einmal die Form eines Rechtsgeschäfts benutzt wird, nicht von einer Teilnahme am Wirtschaftsleben sprechen; vielmehr ist für diese Betrügereien die trickhafte Tatausführung charakteristisch.
Was im übrigen die Art und Weise der Täuschung anlangt, durch die üblicherweise das Verhältnis von Leistung des Opfers und eigener Gegenleistung (Ware oder Leistung und Preis) manipuliert wird, sind die Möglichkeiten überaus vielgestaltig, selbst wenn man vom hier besonders problematischen Unterlassen der Aufklärung des Geschäftspartners absieht. Denn die täuschende Tatsachenbehauptung des Täters kann außer in völlig unwahren Angaben auch darin bestehen, daß Unrichtiges mit Wahrem gemischt oder arglistig nur die halbe Wahrheit als vollständig angeboten wird, was ebenfalls ein falsches Gesamtbild ergibt. Wichtiger aber erscheint für die konkrete Tatausführung, in welchem Rahmen derartige Praktiken vom Betrüger angewandt werden; deshalb soll hier – wie bereits angedeutet – verfahren werden.

Groß/Selig (8/9), II-15ff., 122ff., 148ff.; *Betrug und Urkundenfälschung* (unter Ausschluß der Korruption und der Wirtschaftsdelikte) – Arbeitstagung ... vom 23. April bis 28. April 1956 – hrsg. v. Bundeskrimi nalamt – Wiesbaden 1956; *Lenz,* Edgar: Der Betrogene. Eine kriminologische Untersuchung – Kriminol. Schriftenreihe Bd. 1 – Hamburg 1961;*Zirpins,* Walter/*Terstegen,* Otto: Wirtschaftskriminalität – Erscheinungsformen und ihre Bekämpfung – Lübeck 1963 – insb. S. 402 ff., 435 ff.; *Naucke,* Wolfgang: Zur Lehre vom strafbaren Betrug. Ein Beitrag zum Verhältnis von Strafrechtsdogmatik und Kriminologie – Kriminol. Forschungen Bd. 3 – Berlin 1964; *Zirpins,* Walter: Betrug – in: HdwKrim (2) I-81 ff.; *Ehrlich,* Camillo: Betrüger und ihre Opfer. Die Technik des Betrugs und seine Spezialitäten – Hamburg 1967; *von Hentig,* Hans: Betrüger und beglückte Opfer – in: Mord-Genetik und sieben andere Verbrecherstudien – Kriminol. Schriftenreihe Bd. 51, Hamburg 1971, S. 37 ff.

A. Wirtschaftsbetrügereien

Die im Zusammenhang mit dem Wirtschaftsleben und mittels seiner Formen begangenen Wirtschaftsbetrügereien stellen sowohl zahlenmäßig als auch ihrem Gewicht nach die weitaus größte Gruppe betrügerischer Praktiken dar. Dies ist deshalb besonders wichtig, weil es sich hier um Wirtschaftsdelikte i.w.S. handelt, die gerade als solche gegenwärtig für die Rechtspraxis immer noch bedeutsamer als die echten Wirtschaftsdelikte sind, die später behandelt werden sollen (§ 10-III). Insgesamt sei zu den Wirtschaftsbetrügereien nur noch gesagt, daß sie typischerweise als ein Preisdelikt fungieren, bei welchem der Täter die für den Preis wesentliche Relation zum Verkehrswert durch seine Täuschung so oder so mani-

puliert; das Ergebnis ist insoweit üblicherweise, daß er entweder zuviel erhält oder aber unangemessen billig erwirbt.
Was die einzelnen Formen der Wirtschaftsbetrügereien anlangt, so ist es am besten, hier – ebenso wie in der Kriminalphänomenologie – nach dem Gegenstand des zwischen Täter und Opfer bestehenden wirtschaftlichen Verhältnisses zu klassifizieren, weil dessen Natur weithin die Betrugstechniken bedingt. Daraus ergeben sich zwanglos die einzelnen Erscheinungsformen und ihre verschiedenen Modalitäten.

1. Warenbetrug

Von Warenbetrug sprechen wir bei allen betrügerischen Praktiken, die sich auf Handelsware im Sinne des Wirtschaftslebens beziehen; hierzu gehören natürlich auch Dienst- oder Werkleistungen. Die Ware oder die ihr entsprechende Leistung können für den Betrüger jedoch eine ganz unterschiedliche Funktion haben. Einmal kann die Ware oder Leistung das eigentliche Betrugsmittel darstellen, während sie zum anderen das Ziel des Betrügers ist. So lassen sich beim Warenbetrug unschwer der Betrug mit Waren und der Warenkreditbetrug unterscheiden.

a) Betrug mit Waren
Unter Betrug mit Waren ist demnach der betrügerische Verkauf von Waren oder Werkleistungen zu verstehen. Insgesamt gesehen liegt das Betrügerische hier darin, daß der Täter durch arglistige Täuschung eine Wert-Preis-Diskrepanz bewirkt. Eine Sonderform des Betrugs mit Waren ist das betrügerische Veräußern von Kunstwerken. Sie wird jedoch wegen des Zusammenhangs eingehender bei Urkundenfälschung und – als Kunstfälschung – bei Warenfälschung behandelt (§ 10-III-B-3).

Dressler, Otto-Georg: Abgrenzung von Warenfälschung und Betrug – Diss. Kiel – Hamburg 1962.

aa) Qualitätsbetrug
Der eigentliche Qualitätsbetrug bedeutet, daß der Täter es durch seine Täuschung erreicht, für minderwertige Ware das übliche Entgelt oder für durchschnittliche Ware ein überhöhtes Entgelt zu erhalten. Nicht selten werden dabei besonders billige Lieferquellen vorgetäuscht. Man denke hier an Ausländer, Landfahrer und Hausierer, die Stoffe, Teppiche, Wolldecken, Uhren an den Mann bzw. an die Frau bringen wollen. Diese Praktiken, die man früher Roßtäuschermethoden nannte, kann man auch im Gebrauchtwagenhandel beobachten.

Barenberg, Helmut: Roßtäuschermethoden im Gebrauchtwagenhandel – Kriminalistik 1963-262 ff.

Ein Gebrauchtwagenhändler G arbeitete in dieser Weise mit seinem Angestellten A gut zusammen. Hatte A z.B. einen VW für DM 1800 angeboten, der neulackiert und angeblich fahrbereit war, so tauchte G auf und brüllte A an: „Sie wollen Autoverkäufer sein? Der Wagen müßte DM 2600 bringen. Sie ruinieren mein Geschäft!“ So wurde der Kauf unter Dach und Fach gebracht und der Kunde freute sich. Die Freude dauerte allerdings nur kurze Zeit, weil der Wagen, den G selbst für DM 500 erworben hatte (wobei sich der Verkäufer noch über diesen hohen Preis wunderte), nur Schrottwert hatte; neu und verkehrssicher war lediglich der Lack. Selbst als der VW nach fünf offensichtlichen Reparaturen (Kühlung, Bodenblech durchgerostet, Bremsen unbrauchbar) dem TÜV vorgeführt wurde, konnte er nicht zugelassen werden, weil an wichtigen Fahrzeugteilen insgesamt noch weitere 22 Mängel festgestellt wurden.

Zu diesen modernen Roßtäuschermethoden gehört auch das Zusammenflicken von Autos aus Unfallwagen, von Manipulationen am Kilometerzähler ganz zu schweigen. So kann beispielsweise der etwa vier Stunden dauernde Umbau der Fahrgestellnummer eines neueren Unfallwagens in ein älteres Vehikel zu einem Mehrpreis von DM 1000 führen.

Auch Wertpapiere können u.U. als Ware fungieren, wenn sie wirtschaftlich wertlos sind oder viel geringeren Wert als vorgegeben haben.

N. N.: Betrug mit ausländischen Aktien – Arch. f. Krim. Bd. 152, S. 186 (1973); *v. Ungern-Sternberg:* Wirtschaftskriminalität beim Handel mit ausländischen Aktien – Kriminalistik 1975-100 ff.

So hat z.B. ein cleverer Täter Aktien einer angeblich auf Kupfer und Gold basierenden kanadischen Gesellschaft, die nur an einigen anderen Unternehmen beteiligt war, weit über Kurs an deutsche Käufer versilbert. – Ähnlich wurden kanadische Aktien verkauft, die nicht einmal an der Börse vertreten waren.

Mithilfe des Tricks einer Gesellschaftsgründung in Panama wurde ebenfalls in Deutschland Aktienbetrug begangen, obwohl die einzigen Investitionen der Gesellschaft in den Kosten der für die Opfer bestimmten Zeitungsinserate und Drucksachen bestanden.

Eine Sonderform stellt der **Raritätenbetrug** dar, wie er vor allem im Kunst- und Antiquitätenhandel vorkommt. Da es im Zusammenhang mit dem Betrug nur um die Absatzpraktiken geht, ist darauf – wie gesagt – bei der Kunstfälschung im Rahmen der Warenfälschung einzugehen.

Würtenberger, Thomas: Der Kampf gegen das Kunstfälschertum in der deutschen und schweizerischen Strafrechtspflege – Wiesbaden 1951 – insb. S. 83 ff.; *Schüller,* Sepp: Fälscher, Händler und Experten. Das zwielichtige Abenteuer der Kunstfälschungen – München 1959; *Meinert,* F.: Der Raritätenbetrug – in: TbKrim X, S. 53 ff. (1960); *Dittmer,* Reinhart: Der Betrug mit Sammlungsobjekten (Raritätenbetrug) – TbKrim XIV, S. 174 ff. (1964); *Arnau,* Frank: Kunst der Fälscher, Fälscher der Kunst. Dreitausend Jahre Betrug mit Antiquitäten – Düsseldorf 1964.

Schraubt in den bisher genannten Fällen der Täter die Qualität seiner Ware oder Leistung arglistig hoch, so kann er u.U. auch die in der Hand des als Verkäufer auftretenden Kunden befindliche Ware gewissermaßen zum negativen Qualitätsbetrug verwenden.

Beispielsweise kann ein Juwelier die ihm angebotenen echten Perlen für Zuchtperlen erklären und so weit unter ihrem Wert erwerben.

Ein Kunstliebhaber durfte sich auf einem Dachboden ein paar Bilder aus altem Familienbesitz ansehen, welche die Erben verkaufen wollten. Er entdeckte – wie von den Verkäufern beabsichtigt – mit Kennerblick einen „echten Spitzweg", verriet aber nichts davon, um den Preis günstig zu halten. In der Tat verkaufte man ihm das Bild und er meinte, trotz des ansehnlichen Preises einen großen Fang gemacht zu haben; dabei hatte er nicht – wie vermutet – das Original, sondern eine eigens für diesen Zweck angefertigte Kopie teuer bezahlt. Da keiner der Beteiligten etwas gesagt hatte, dürfte das Betrugsverfahren seine Schwierigkeiten gehabt haben.

bb) Bezahlungs- oder Vorschußbetrug

Beim Bezahlungs- oder Vorschußbetrug ergaunert sich der Betrüger mit der unwahren Zusage seiner Lieferung oder Leistung eine sofortige bzw. vorzeitige volle oder teilweise Gegenleistung, ohne im Gegenteil zu den Fällen des Qualitätsbetruges überhaupt etwas leisten zu wollen.

N. N.: Betrug mit der Adressenbranche-Masche – Arch. f. Krim. Bd. 156, S. 116 (1975).

Der Betrüger, der seinem Opfer den Mund wäßrig gemacht hat, ergaunert beispielsweise eine Anzahlung, mit der der Geschäftspartner Bindung erreichen will, um unter vorgegebenen Vorwand die Kaufsache angeblich einstweilen noch zu behalten.

Eine seit dem Zweiten Weltkrieg beliebte Masche ist die Ankündigung irgendeines Adressenwerkes (Adressenbuch, Branchenregister, Telexverzeichnis). Dem Opfer wird entweder Pflicht zur Zahlung eines Betrages oder großer Nutzen für eine Aufnahme versprochen, obwohl das fragliche Werk kaum Absatz findet oder überhaupt nie gedruckt wird.

cc) Einsponbetrug

Eine besonders gefährliche, jedoch nur seltener vorkommende Art des Betruges mit Waren ist der sog. Einsponbetrug, bei welchem das Opfer von zumindest zwei kooperierenden Rechtsbrechern „eingesponnen" wird; dazu kann u.U. als Komplize noch ein Vermittler oder „Sachverständiger" treten.

Teufel, Manfred: Zur Phänomenologie des Einsponbetruges – Arch. f. Krim. Bd. 149, S. 49 ff. (1972).

Der Täter täuscht beim Einsponbetrug zusammen mit dem Verkäufer dem Opfer einen hohen Gewinn als Zwischenkäufer vor; dabei behauptet er beispielsweise, die Abnahme durch den gewöhnlich im Hintergrund bleibenden Käufer verzögere sich nur aus irgendwelchen Gründen noch etwas, der Verkäufer aber müsse oder wolle sofort verkaufen. Bei Gelingen des Planes bleibt dann das Opfer als betrogener Zwischenkäufer auf der tatsächlich weit überzahlten Ware sitzen.

So hat man vor wenigen Jahren eine Reihe von Ölgemälden, die später angeblich nach Südamerika gehen sollten, preisgünstig an den Mann gebracht.

Auch aus dem illegalen Waffenhandel sind derartige Fälle berichtet worden.

b) Warenkreditbetrug

Anders als beim Betrug mit Waren ist für den Warenkreditbetrug kennzeichnend, daß der Betrüger als Käufer einer Ware oder als Empfänger einer Werkleistung, d.h. als Kunde, auftritt. Sein Ziel ist es hier also, Warenlieferung oder Werkleistung zu erlangen, ohne seine eigene Gegenleistung – typischerweise die sofortige oder alsbaldige Zahlung des Entgelts – überhaupt oder voll zu erbringen. Diese Betrüger sind also darauf aus, Lieferung auf Kredit in Form von Stundung zu erlangen. Der Warenkreditbetrug wird vor allem in zwei Formen begangen.

aa) Lieferungsbetrug

Die typische Form des Warenkreditbetruges ist der sog. Lieferungsbetrug, bei welchem der Täter seinen Geschäftspartner arglistig veranlaßt, eine Ware zu liefern oder eine Leistung zu erbringen, ohne dafür die betrügerisch zugesagte Bezahlung oder eine sonstige Gegenleistung zu erhalten. Noch häufiger als über den Zahlungswillen – z.B. bei Unterschrift mit falschem Namen oder unrichtiger Anschrift – wird über die Leistungsfähigkeit getäuscht, wobei der Täter auch gefälschte oder frisierte Unterlagen benutzt.

Mangelnder Zahlungswille lag z.B. bei einem Täter vor, der sich von verschiedenen Briefmarkenhändlern des In- und Auslands Marken zusenden ließ, um sie sofort nach Eingang weit unter Wert zu veräußern und den Erlös für sich zu verwenden.

Ein Warenkreditbetrüger täuschte karikative Vereinigungen vor. Er bestellte unter Bezeichnungen wie „Flüchtlingshilfe", „Hilfskomitee der reformierten Advents-Kirchengemeinschaft" oder „Soziales Hilfswerk der reformierten Brüderkirchengemeinschaft" vor allem Textilien, die er alsbald unter Wert verschleuderte. Man hatte wegen seiner Firmierung unbedenklich auf Kredit geliefert.

Über seine mangelnde Leistungsfähigkeit täuschte 1958 ein Firmeninhaber in Basel etliche deutsche Stahl- und Eisenwerke. Er schob bei Bestellung großer Mengen von Walzprodukten angesehene Schweizer Firmen vor (Urkundenfälschung u.a.), um Lieferung ohne die branchenüblichen Sicherheiten zu erlangen. Die so erlangten Waren im Wert von mehr als einer Million Schweizer Franken wurden unter Gestehungswert verkauft, bevor der Täter sich nach Südamerika absetzte.

Ein anderer beliebter Trick, um Ware ohne sofortige Be- oder Anzahlung zu erlangen, ist das Verlangen, die Ware ausgehändigt zu bekommen, um ihre Qualität oder Eignung prüfen zu können. Eventuell erbringt der Betrüger jedoch zum Zwecke der Täuschung sogar eine geringe An- oder Vorschußzahlung.

Hierher gehören im Grunde auch Praktiken, mit denen Betrüger auf Ratenzahlungsbasis abschließende Unternehmen wie Versandhäuser schröpfen; für eine gewöhnlich kleine Anzahlung erhalten sie u.U. wertvolle Gegenstände, die alsbald verschleudert werden.

bb) Stoßbetrug
Eine besondere Art des Warenkreditbetruges ist der sog. Stoßbetrug, bei welchem der oder die Täter als Kaufleute auftreten, welche für diesen Zweck eigens eine Firma gründen oder eine solche vortäuschen. So erschleichen sie sich – eventuell durch zunächst ordentlich abgewickelte kleinere Geschäfte – das Vertrauen von Lieferanten, um später die auf längeres Ziel und in größerer Menge gelieferten Waren sogleich – gewöhnlich unter Preis – abzustoßen. Platzt der Schwindel, so hat sich die Firma meist in Wohlgefallen aufgelöst und die „Inhaber" sind verschwunden.

2. Geldbetrug

Objekt des Geldbetruges ist, wie der Name sagt, das Geld; dem Bargeld als dem prototypischen Zahlungsmittel stehen im heutigen Zahlungsverkehr natürlich gewisse Geldwerte, insb. gebräuchliche Wertpapiere, gleich. Das Geld kann in diesen Fällen wiederum entweder als Mittel oder aber als Beute des Betrügers fungieren, womit sich wiederum zwei Erscheinungsformen, Betrug mit Geld und der Geldkreditbetrug unterscheiden lassen.

a) Betrug mit Geld
Beim Betrug mit Geld spiegelt der Täter anderen Personen vor, er könne ihnen in dieser oder jener Form Geld zur Verfügung stellen. In Wahrheit denkt er jedoch nicht daran, sondern ist vielmehr auf die Gegenleistung seiner Opfer aus, die diese ihm als seine Geschäftspartner für die arglistige Zusage erbringen sollen. Das verdeutlichen vor allem drei typische Tatmodalitäten.

aa) Darlehensbetrug
Eine relativ häufige Form des Betruges mit Geld ist der Darlehensbetrug. Der Täter verspricht hier seinem Opfer betrügerisch die Gewährung eines Darlehens, um von diesem Gebühren für angebliche Auskünfte, Spesen oder sonstige Unkosten zu erlangen. Leistet der am Darlehen Interessierte derartige Zahlungen, so ist das Geschäft für den betrügerischen Finanzvermittler beendet; sein Opfer hat das Nachsehen.

Auf diese Weise hatte eine Firma 1956 Kreditsuchende um rund 68 000 DM Vorausgebühren geprellt, lediglich 30 000 DM an 16 Personen vermittelt, wie das Amtsgericht Hamburg 1957 bei Abweisung einer Klage auf Unterlassung angeblich wahrheitswidriger Behauptungen gegen den Verein Pro Honore e.V. feststellte.

bb) Hypothekenbetrug

Eine besondere Form des Betruges mit Geld ist der Hypothekenbetrug; hier tritt an die Stelle des Darlehens eine Hypothek, die der Betrüger angeblich seinem Opfer gewähren kann und will; dabei spielen die anzufertigende „Taxe" oder andere Gutachten, welche angeblich vom Geldgeber verlangt werden, oft eine wesentliche Rolle.

Sobald der Interessent diese angeblichen Unkosten beglichen hat, platzt unter irgendeinem Vorwand das erstrebte Hypothekengeschäft.

cc) Zessionsbetrug

Beim Zessionsbetrug schließlich geht es typischerweise um Geldwerte. Der Betrüger spiegelt z.B. beim Verkauf einer in Wahrheit faulen Forderung einen überaus günstigen Preis vor oder er täuscht bei niedrigerem Preis darüber, daß die an das Opfer abgetretene Forderung überhaupt nichts wert ist.

Eine OHG trat ihrer Bank zur Sicherheit angeblich existente Forderungen in Höhe von 25 000 DM ab, obwohl die Firma erst Teillieferungen erbracht, die Auftraggeber das betreffende Rechtsgeschäft aber bereits mit 45 000 DM bevorschußt hatten.

b) Geldkreditbetrug

Beim Geldkreditbetrug ist der Täter – ähnlich wie beim Warenkreditbetrug – darauf aus, das Geld oder den Geldkredit als Leistung des Opfers möglichst ohne eigene Gegenleistung zu erhalten. Die kriminellen Praktiken sind bei dieser auch zahlenmäßig sehr bedeutsamen Form der Wirtschaftsbetrügereien besonders vielfältig.

Bertling, Günther: Die Kriminalität im bargeldlosen und bargeldsparenden Zahlungsverkehr – BKA 1958/3.

Selbst von den noch gesondert zu behandelnden Wertpapieren abgesehen, spielen deliktische Kreditsicherungen eine große Rolle.

aa) Darlehenskreditbetrug

Ein typischer Fall des Geldkreditbetruges ist der Darlehenskreditbetrug, bei welchem der Täter sich auf Grund von Täuschungen Geld kreditweise verschafft, was ihm beispielsweise in Kenntnis seiner Finanzlage oder seiner Pläne nicht gewährt worden wäre. Typischerweise täuscht der Täter hier entweder die eigene Kreditwürdigkeit oder aber eine gewinnbringende Anlage vor.

In den letzten Fällen spricht man auch vom **spanischen Schatzschwindel,** was besagen will, der Täter lasse sich kreditweise Betriebskapital gegen relativ hohe Zinsen vorschießen, um den Schatz in Spanien zu heben und von dort zu holen. – Einfacher läßt sich dieser Trick beispielsweise aber mit dem Bluff schaffen, man habe eine fette Erbschaft gemacht oder im Lotto gewonnen. Mitunter beruht die Kreditunwürdigkeit aber nicht auf fehlenden Mitteln, sondern schlicht darauf, daß der Täter nicht zahlungswillig ist.

Gewisse Unterschiede ergeben sich im Hinblick auf das Opfer. Ist dies eine natürliche Person, hat es der Kreditbetrüger im allgemeinen leichter, wenn er entweder auf die Gewinnsucht oder aber Mitleid bzw. Hilfsbereitschaft des Opfers spekuliert. Etwas schwieriger ist ein Erfolg, wenn Banken oder öffentliche Geldinstitute das Darlehen gewähren sollen. Hier werden mitunter Praktiken des Scheck- und Wechselbetrugs angewandt oder Manipulationen mit Überweisungen gemacht, um die Bank in Sicherheit zu wiegen.

Das aber schließt nicht aus, daß mitunter sogar Großbanken, die sonst oft „übersichern", von cleveren Großbetrügern hereingelegt werden. Selbst mit den aus geschäftlichen Interessen eingeführten Klein- oder Arbeitnehmerdarlehen hat man sogar neue kriminelle Maschen entwickelt. Denn nicht nur die hierfür verlangten Verdienstbescheinigungen sind relativ leicht zu fälschen, sondern die Kontrolle war jedenfalls zunächst recht mangelhaft; eine Bank merkte erst bei der 7. Aktion, die ein Täter in derselben Stadt bei einer ihrer Filialen versuchte, daß sie immer wieder von demselben Betrüger angezapft worden war.

Ein Darlehenskreditbetrug kann ferner dadurch begangen werden, daß der Täter einen soliden Verwendungszweck vortäuscht, der den Geldgeber sichern würde.

Statt zur Sanierung des Unternehmens wird das Kreditkapital in Spekulationsgeschäfte, statt zur Anschaffung von Einrichtungs- oder Betriebsgegenständen für persönlichen Aufwand verwendet.

Schließlich veranlaßt der Täter das Opfer u.U. dadurch zur Gewährung von Geldkredit, daß er dieses über vermeintlich erlangte Sicherungen täuscht. Außer an wilde Verpfändungen fremder beweglicher Sachen ist hier beispielsweise an wilde Sicherungsübereignung zu denken. Als „wild" bezeichnet man diese Maßnahmen, weil die fraglichen Werte überhaupt nicht vorhanden sind oder zumindest dem Täter nicht gehören; das ist auch bei Mehrfachübereignung derselben Sache der Fall, wobei ferner an Unterschlagung zu denken ist. Ähnlich kann die Lage bei Sicherung durch eine unter Eigentumsvorbehalt erlangte Sache sein.

Ein Gebrauchtwagenhändler kaufte schrottreife Unfallwagen, um sich mit Hilfe der Kfz-Briefe durch Sicherungsübereignung (von Schrott statt fahrbereiter Wagen) von seiner Bank Kredit zu verschaffen.

Ein insolventer Schuldner versprach dem in seinem Büro auftauchenden Gläubiger die Sicherungsübereignung eines zufällig auf seinem Grundstück stehenden Lieferanten-Lastwagens, um weiteren Kredit zu erhalten; der angeblich in einem Banksafe lagernde Kfz-Brief sollte nachgeliefert werden.

Ist eine Sache bereits wirksam zur Sicherheit übereignet worden, so kann ein Dritter – von gutgläubigem Erwerb abgesehen – nicht mehr Eigentum und damit Sicherheit erlangen.

Zur angeblichen Sicherung ist außer an Zessionsbetrug auch an betrügerische Bürgschaften und sogleich (unter bb) zu behandelnde Grundstückspfandrechte zu denken, die – obwohl unsicher – als vollwertig und sicher realisierbar bezeichnet werden.

bb) Hypothekenkreditbetrug

Auf ähnliche Weise kann sich der Täter selbst, ohne kreditwürdig zu sein, einen Hypothekenkredit verschaffen.

Er täuscht hier beispielsweise über den Wert des Grundstücks oder über vorrangige Sicherungen.

cc) Scheck- und Wechselbetrug u.a.

Besondere und in der Praxis überaus wichtige Formen des Geldkreditbetruges sind Scheck- und Wechselbetrug, die nicht selten zusammen mit einer Urkundenfälschung begangen

werden. Den gewünschten Kredit – insoweit ist es in aller Regel eben ein Kreditbetrug – erhält der Betrüger in diesen Fällen dadurch, daß er seine Bargeldzahlung durch Hingabe eines Schecks oder Wechsels ersetzt, obwohl diese Wertpapiere nicht gedeckt oder überhaupt gefälscht sind. Mittelbar erlangt er statt Bargeld auf diese Weise natürlich zuweilen auch Waren oder Werkleistung. Doch ist das eigentliche Rechtsgeschäft hier eben mit einem Kreditgeschäft gekoppelt.
Geschädigt wird im allgemeinen der Geschäftspartner, seltener das Geldinstitut, auf das sich der Scheck oder Wechsel bezieht.
Der **Scheckbetrug** hat die ungleich größere praktische Bedeutung, obwohl die Frist relativ kurz ist, während der die Manipulation unerkannt bleibt oder vertuscht werden kann; denn dieses Wertpapier ist weitaus mehr verbreitet als der Wechsel.

Um die Abwicklungsfrist zu verlängern, zahlt man mit faulen Schecks zweckmäßig über weite Distanz oder bei umständlicher Verbindung. Bei Kooperation mit dem Empfänger oder auf andere Weise kann man faule Schecks abfangen und „Platzen" verhindern.

Allerdings gibt es auch raffinierte Täter, die mit einer geringen Einlage extra zum Zwecke des Scheck- oder Wechselbetruges ein Konto errichten. So erhalten sie, obwohl die Banken vorsichtiger geworden sind, z.B. das für den Scheckbetrug wichtige Scheckheft.
Besondere Ausführungsarten finden sich bei **Reiseschecks**, die von den meisten Geldinstituten in nahezu alle Währungen umgetauscht werden können. Häufiger als Totalfälschungen ganzer Serien ist der Mißbrauch gestohlener, unterschlagener oder gefundener Reiseschecks; für diesen Zweck muß entweder die erste Unterschrift entfernt oder die zweite nach deren Vorbild ausgeführt werden.

Schon in den Jahren 1956 und 1957 bewirkte ein vom Reisescheckbetrug lebendes Verbrechertrio an 170 Orten in der Bundesrepublik, Österreich, Jugoslawien und Ländern des Nahen Ostens einen Schaden in Höhe von mindestens 160 000 DM.

Andere Wertpapiere tauchen beim Betrug nur verhältnismäßig selten auf, wenngleich man z.B. auch schon das „Akkreditiv" oder den Lagerschein für diese Zwecke mißbraucht hat.

In Hamburg übereignete ein Kaufmann zur Sicherung eines Darlehens einen Posten von 680 000 Dosen Rindfleisch mittels Lagerschein; der Lagerschein war gefälscht, das Rindfleisch gab es nicht.

Beim **Wechselbetrug** kann sich der Betrüger die geringe Vertrautheit breiter Kreise mit dem schon komplizierten Wertpapier zunutzte machen. Er entlockt Wechsel durch Täuschung, mißbraucht oder verfälscht sie.
Ein Sonderfall ist die Wechselreiterei, bei welcher sich zwei oder mehrere Firmen gegenseitig Wechsel über gleiche Summen – einmal als Aussteller und einmal als Bezogener – ausstellen, um sich durch Diskontierung bei einer Bank Geld- oder Warenkredit zu beschaffen. Bei Fälligkeit der Wechsel werden neue Wechsel ausgestellt, die höher sein müssen, um die alten und die recht hohen Kosten bezahlen zu können. Das sich schnell aufblähende Kreditvolumen führt nicht selten zum Ritt in den Abgrund.

3. Grundstücks- und Baubetrug

Beim Grundstücks- und Baubetrug handelt es sich streng genommen um Spezialformen des Waren- bzw. Geldbetruges, die sich auf Grundstücke und Bauwesen beziehen, sofern man hier die betrügerische Vermittlung außer Betracht läßt. Dennoch empfiehlt sich aus manchen Gründen, diese Fälle gesondert zu erörtern. Sie zeigen im großen und ganzen drei Arten betrügerischer Praktiken.

Bertling, Günter: Bau- und Wohnungswesen aus kriminalpolizeilicher Sicht – in: TbKrim V, S. 112 ff. (1955).

a) Betrügerische Veräußerung und Vermietung

Bei der betrügerischen Veräußerung oder Vermietung gibt der Täter vor, als dazu Berechtigter ein Grundstück oder eine Wohnung zu veräußern, verpachten oder vermieten.

Schramm: Baukostenzuschuß-Betrug. Erfahrungen der Berliner Kriminalpolizei – in: Wirtschaftsdelikte (einschließlich der Korruption), hrsg. v. Bundeskriminalamt – Wiesbaden 1957, S. 145 ff.

Zweck dieses Täuschungsmanövers ist es, vom Geschäftspartner den vereinbarten Kaufpreis, einen Baukostenzuschuß oder ein Pächter- bzw. Mieterdarlehen zu erhalten; natürlich kann der Täter die von ihm erstrebten finanziellen Vorteile auch anders deklarieren. Derartige Taten zeigen z.T. auch Charakteristika des Vermittlerbetruges (unten 5-a).

Eine Grundstücksentwicklungsgesellschaft soll allein in der Bundesrepublik Kleinaktien (100-Dollar-Stücke) für mehr als eine halbe Million DM abgesetzt haben.

Anfang der 50er Jahre hatten mittellose Täter Ruinengrundstücke ausfindig gemacht, deren Eigentümer kein Kapital zum Wiederaufbau besaßen. Sie vereinbarten Kauf gegen sofortige Bezahlung und Leibrente und begannen noch vor Abschluß der Verhandlungen mit dem Ausbaggern. Mit Vorauszahlungen der so beeindruckten Mietinteressen imponierten sie den Eigentümern. Zur Eigentumsübertragung kam es nicht mehr, weil sie durch Mehrfachvermietung alsbald mit Baukostenzuschüssen Hunderttausende von DM erbeutet hatten.

b) Betrügerische Bau- und Zwecksparkassen

Die betrügerischen Bau- und Zwecksparkassen bzw. Wohnungsbaugesellschaften und -vereinigungen, die selbstverständlich ebenfalls die zuvor geschilderten Praktiken anwenden können, setzen mit ihren Tricks typischerweise aber anders an. Sie lassen beispielsweise Einlagen usw. gewähren, ohne ernsthaft im Sinn zu haben, das dafür Versprochene oder jedenfalls wie vereinbart zu leisten.

Die betrügerische Manipulation wird häufig durch Propagieren hochtrabender Ideen verschleiert. Besondere Aktivität hat hier nach dem 2. Weltkrieg eine „Arbeitsgemeinschaft Bau GmbH" gezeigt, die nicht einmal alle interessierten Unternehmer und Handwerker als Gesellschafter aufnehmen konnte. Daher gründete man 1949 noch eine „Gemeinschaft von Betrieben des Bauhaupt- und Baunebengewerbes".

Ein anderes Beispiel dieser Art ist ein „Bund Bau- und Eigenheimhilfe e.V.", der, obwohl schon 1949 Vorwürfe gegen ihn erhoben wurden, in Hamburg bis 1956 sein Unwesen trieb. Obwohl nach Abzug der vertraglich vereinbarten Ausgaben noch rund 210 000 DM hätten vorhanden sein müssen, fand sich keinerlei Bargeld oder Guthaben mehr. Vielmehr stellten die Kriminalbeamten unberechtigte Entnahmen in Höhe von 154 000 DM und weitere Verluste in Höhe von 135 000 DM fest.

c) Baubetrug

Von Baubetrug schließlich spricht man in denjenigen Fällen, in denen im Zusammenhang mit dem Bau ein Werkunternehmer bzw. das den Bau tragende Unternehmen sich eine minderwertige oder überhaupt nicht erbrachte Leistung bewußt voll bezahlen läßt. Die Praktiken sind so vielfältig, daß skeptische Zeitgenossen annehmen, nur relativ wenige Bauvorhaben würden ohne derartige Betrügereien durchgeführt.

Im Hinblick auf Baumaterialien werden beispielsweise dem Bauherrn größere Mengen oder bessere Qualitäten, als sie tatsächlich verwendet worden sind, in Rechnung gestellt.

Manchmal enthalten Rechnungen Posten für Arbeiten, die überhaupt nicht oder nicht in der angegebenen Form ausgeführt worden sind.

Bei den Arbeitskosten werden im übrigen nicht selten Löhne für mehr als die wirklich am betreffenden Bau beschäftigten Kräfte, in Wahrheit überhaupt nicht für diesen Bau geleistete Arbeitsstunden oder höhere Lohnsätze, als sie dem Arbeitnehmer ausgezahlt werden, in Ansatz gebracht.

4. Beteiligungs- und Kautionsbetrug

Gegenstand des Beteiligungs- oder Kautionsbetruges ist regelmäßig die Beteiligung als Inhaber bzw. in anderer Weise oder aber die Anstellung bei einem Wirtschaftsunternehmen. Der Betrüger fungiert hier als der Anbietende; ihm kommt es darauf an, die für derartige Beteiligungen üblichen Leistungen zu erlangen, obwohl er selbst in Wahrheit keine oder doch nicht in etwa die vereinbarte Gegenleistung zu erbringen vermag.

a) Beteiligungsbetrug

Der Beteiligungsbetrug im eigentlichen Sinne besteht darin, daß der Täter sein Opfer veranlaßt, sich an einem Wirtschaftsunternehmen durch eine Einlage als Mitinhaber oder Gesellschafter zu beteiligen. Der Täter tritt als Inhaber dieses Unternehmens auf oder gibt sonstige Einflußmöglichkeiten vor. Dem Opfer werden gute Geschäfte, wertvolle Lager oder teure Fabrikationseinrichtungen und damit eine besonders gewinnbringende oder doch sichere Geldanlage vorgetäuscht. Leistet daraufhin das Opfer, so ist sein Geld im allgemeinen flöten.

b) Gründerbetrug

Eine besondere Form des Beteiligungsbetruges ist der Gründerbetrug. Der Name rührt daher, daß die Täter hier eigens zum Zweck eines solchen Beteiligungsbetruges eine Scheinfirma gründen oder das Vorhandensein einer Firma lediglich vorspiegeln. Selbstverständlich kann auch eine billig erworbene alte Firma eine gute Kulisse abgeben. Denn entscheidend ist für den Gründerbetrug wie für den Beteiligungsbetrug nur, daß durch angebliche Verwertung neuer Ideen, Patente oder Stoffe eventuell unter Hinweis auf gewaltige Aufträge große Gewinnchancen vorgegaukelt werden. Die Einlagen der Opfer sind häufig die einzigen Einnahmen solcher Schwindel- oder Luftfirmen.

c) Erfinderbetrug

Beim Erfinderbetrug tritt an die Stelle eines angeblich florierenden Wirtschaftsunternehmens irgendeine mehr oder weniger sensationelle Erfindung, die aber auf alle Fälle hohen Gewinn bringen oder sonst die Menschheit beglücken soll. Der Trick dieser an den spanischen Schatzschwindel (oben 2-b-aa) erinnernden Betrügereien ist der, daß man für das Verwerten einer derartigen Erfindung noch finanzielle Mittel benötigt, die das Opfer – vielfach gegen Zusage hoher Gewinnbeteiligung – geben soll. Da das ganze Projekt wirr ist oder überhaupt nur aus den Sprüchen des Betrügers besteht, erweist sich die Erfindung, sofern das Opfer darauf hereinfällt, letztlich als eine nur für die Finanzen des Täters gute Idee.

Ein als internationaler Betrüger bekannter Musiker machte sich 1958 – ohne einen Pfennig – daran, in der Nähe von Hamburg eine Fabrikation für einen neuartigen Hubschrauber mit zunächst 2000 später 8000 Arbeitern aufzubauen. Er erwarb ein Gelände im Wert von 1,3 Millionen DM, beschaffte sich damit – obwohl noch nichts bezahlt worden war – weitere Kredite. Zusammen mit einem technischen und einem kaufmännischen Direktor bereiste er – z.T. mit angemietetem Sportflugzeug – die Bundesrepublik und das europäische Ausland. Eine Versicherungsgesellschaft wollte ihm für sein Vorhaben 10 Millionen DM zur Verfügung stellen.

d) Pachtbetrug

Der Pachtbetrug ist insofern eine besondere Form, als es hier nicht um eine echte Beteiligung geht, sondern das Opfer lediglich Pächter werden und als solcher möglichst ein Pächterdarlehen oder andere Vorausleistungen erbringen soll. Im Grunde geht es hier um betrügerische Veräußerung oder Vermietung, die nur wegen der besonderen Nutzungsrechte des Pächters mehr an eine Beteiligung erinnert.

In Wahrheit bekommt der Pächter, der auf diese Machenschaften hereinfällt und unsinnig hohe Gegenleistungen erbringt oder verspricht, unter derartigen Umständen nicht die Goldgrube, sondern ihn erwartet nicht selten die nackte Pleite. Auch diese Täter legen auf Vorauszahlung der Pachtsumme Wert oder verpachten dasselbe Objekt zu diesem Zweck mehrfach.

e) Kautions- oder Lizenzbetrug

Beim Kautions- und Lizenzbetrug soll das Opfer nicht Mitinhaber, Gesellschafter oder sonst am Unternehmen Beteiligter, sondern Angestellter bei diesem werden. Die in Aussicht gestellte Tätigkeit wird vom Täter gewöhnlich in den rosigsten Farben geschildert, um die verlangte Sicherheit oder die mit der Erteilung der Lizenz verbundene Abnahme von Waren zu rechtfertigen. In Wahrheit sind jedoch die gegen Vorauszahlung übernommenen Waren dann minderwertig oder sonst schwer verkäuflich; die Lizenz ist wenig oder nichts wert bzw. in der Firma, in die das Opfer eintreten durfte, tut sich nichts, was nachträglich dessen Kaution verständlich werden ließe.

Eine besondere Form dieser Täter ist der betrügerische Automatenvertrieb, bei welchem mit unrichtigen Verdienstchancen vom Opfer „Einlagen“ und dergleichen erschwindelt werden.

N. N.: Gaunertricks beim Automatenvertrieb – Arch. f. Krim. Bd. 155, S. 122 (1975).

Mit Zeitungsinseraten, die bei zwei Stunden Arbeit pro Monat einen Nebenverdienst von etwa 4000 DM für das Jahr vorspiegeln, wird Interesse für eine „Einlage“ oder „Kaution“ in Höhe von 7000 DM entlockt. Der dafür vom Täter – für viel geringeren Preis – gekaufte Spielautomat wird dem Opfer zur Sicherheit übergeben. Bemerkt das Opfer den Schwindel, kann sich der Täter u.U. mithilfe einer gerissen formulierten Vertragsklausel durch „Verzicht“ auf Rückvergütung von allen Gegenansprüchen des Opfers befreien, das auf dem wenig einbringenden und ziemlich wertlosen (gebrauchten) Automaten sitzen bleibt.

N. N.: Mitarbeiterwerbung nach dem Schneeballsystem als Kundenfang – Arch. f. Krim. Bd. 153, S. 55 (1974).

f) Heimarbeiterfang

Eine besondere Spielart des auf Arbeitnehmer zielenden Kautionsbetrugs ist der Heimarbeiterfang.

N. N.: Neues vom Heimarbeiterfang – Arch. f. Krim. Bd. 149, S. 184 (1972).

Die Opfer sind Heimarbeit Suchende, die nicht mit solchen verwechselt werden dürfen, welche selbständige Heimgewerbetätigkeit ausüben. Sieht man vom hier ebenfalls zu beobachtenden, alsbald zu behandelnden Vermittlerbetrug ab, geht es dem Täter darum, für die fälschlich in Aussicht gestellte Beschäftigung als Heimarbeiter Vorleistungen des Interessenten zu erlangen; diese werden in Form von Zahlungen als Kostenausgleich für Informationsmaterial oder für Material verlangt, das – gewöhnlich zu stark überhöhtem Preis angeboten – für angebliche „Probearbeiten" benötigt wird.

So ging z.B. ein Buchdruckermeister B zunächst allein und später mit zwei Komplizen auf Heimarbeiterfang aus. Man spiegelte den Opfern gute Verdienstmöglichkeiten mit Linolschnitten vor. Zu diesem Zweck mußte man aber vorher bei B für 10 DM das dafür notwendige Material kaufen. Eingesandte Probearbeiten wurden in aller Regel beanstandet und zurückgesandt, vereinzelt – jedoch sehr gering – vergütet. Das „Unternehmen", ein Einmann-Betrieb in einem Wohnwagen auf fremdem Grundstück, konnte in vier Monaten rund 6000 Heimarbeiter anwerben, von denen 3815 wirklich gearbeitet haben; Anzeigen haben bezeichnenderweise nur 100 erstattet. Bei Einzahlungen von mehr als 70 000 DM war der Gewinn beträchtlich, weil das Material B nicht 10 DM, sondern kaum 1,50 DM kostete.

Der Fall zeigt zugleich, wie Heimarbeiter, wenn sie sich schon nicht durch die im Angebot bagatellisierten Schwierigkeiten, das geringe Entgeld oder andere Arbeitsbedingungen abschrecken lassen, systematisch abgewimmelt werden. Deshalb kommt es vor, daß solche auf Heimarbeiterfang spezialisierten Täter überhaupt keine Produktion und keinen Absatz der fraglichen Produkte anstreben.

Ein österreichischer Heimarbeiterfänger spezialisierte sich auf sog. krakelierte oder Reißlackbilder, von denen man in einer Stunde angeblich unschwer 9 oder 12 Stück sollte herstellen können. Pro Bild wurden 24,40 S zugesagt, was bei Materialkosten in Höhe von 15 S jeweils nahezu 10 S Verdienst bedeutete. Der wesentliche Punkt war der, Materialpakete für 20 Bilder zum Preis von 300 S an den Mann oder die Frau zu bringen. Er konnte rund 2000 dieser Pakete absetzen, von denen 1600 völlig mißglückten, weil es sich keineswegs um leichte Heimarbeit handelte.

5. Vermittlungsbetrug

Beim Vermittlungsbetrug besteht gegenüber den bisher behandelten Praktiken die Besonderheit, daß der Täter nicht in eigenem Namen oder als Vertreter handelt, sondern seine Tätigkeit sich insoweit auf eine Vermittlung beschränkt, die erst von einem anderen gebilligt werden muß. Infolge dieser Zwischenstellung, die der Täter einnimmt, lassen sich nach dem Kreis der Betroffenen zwei Formen unterscheiden. Beim eigentlichen Vermittlerbetrug ist Opfer derjenige, für den der Täter bei einem anderen etwas vermitteln will. Beim Vertreterbetrug wird durchweg der vom Täter Vertretene geschädigt.

Brettner: Betrug durch Geschäftsreisende – in: Betrug und Urkundenfälschung, hrsg. v. Bundeskriminalamt, Wiesbaden 1956, S. 77 ff.

a) Vermittlerbetrug

Beim Vermittlerbetrug handelt der Täter gewissermaßen für das als Kunde fungierende Opfer, dem er als Mittelsperson etwas zu tun verspricht, obwohl vielleicht nicht einmal eine Person da ist, an die er sich zu diesem Zweck wenden könnte. Eine vom Delinquenten dennoch entfaltete Aktivität ist daher oft nur eine Scheintätigkeit; sie beschränkt sich dann prompt auf die Zeit der Anwesenheit des Opfers.

Nach dem Gegenstand, auf den sich die Vermittlung bezieht, lassen sich mancherlei Modalitäten unterscheiden, von denen einige geschildert werden sollen, um die Vielgestaltigkeit des Vermittlerbetruges anschaulich werden zu lassen. Ziel des Betrügers, der nichts zu bieten hat, sind in diesen Fällen Gebühren, Spesen u.dgl.

aa) Warenvermittlung

Bei der Warenvermittlung spiegelt der Betrüger vor, daß er Abschlüsse mit Dritten über für das Opfer interessante Waren und Leistungen vermitteln kann.

Ein Täter versprach beim Verkauf einer elektrischen Bügelmaschine auf Raten die Beschaffung lohnender Heimarbeit. Die Opfer erhielten für eine Anzahlung von 200 DM weder die Maschine noch die gewünschte Heimarbeit.

Ein Schreibmaschinenvertreter versprach einen lohnenden Schreibmaschinen-Fernlehrgang, verschwieg aber, daß mit dem Abschluß gleichzeitig eine teure Schreibmaschine bestellt wurde.

bb) Darlehens- und Hypothekenvermittlung

Nicht selten wird Vermittlerbetrug im Hinblick auf Darlehen oder Hypotheken begangen, die der Täter – anders als beim Hypothekenbetrug – angeblich bei Dritten beschaffen kann.

Des öfteren haben sich Betrüger mit der Vermittlung von Kleinkrediten befaßt. Auf eine entsprechende Anzeige des Täters (T) in einer schleswig-holsteinischen Zeitung hin meldeten sich u.a. die Eheleute B, die einen Kleinkredit wünschten. T schrieb ein Formular der Dresdner Bank über einen Kredit in Höhe von 2000 DM aus und ließ sich eine Bearbeitungsgebühr in Höhe von 2%, das sind 40 DM, für etwas bezahlen, das nichts war.

Eine sich dem Hypothekenbetrug nähernde Form des Vermittlungsbetrugs besteht darin, daß der Täter als Werber für eine sog. „Kapitalzeitschrift" auftritt. Angesichts der angeblich guten Erfolgsaussichten, auf diese Weise zu der gewünschten Hypothek zu kommen, werden erhebliche Gebühren gefordert und gezahlt. Dabei ist von mancher dieser Zeitschriften nicht eine einzige Nummer erschienen.

cc) Geschäftsvermittlung

Bei der Geschäftsvermittlung gaukelt der Täter dem Opfer die Möglichkeit des Vermittelns von Geschäftsabschlüssen, für die er dann Gebühren oder Auslagenvorschuß verlangt, oder von kaufmännischen Verdienstmöglichkeiten vor.

Ein Beispiel dafür ist der Betrug mit Waren- und Spielautomaten, die mit unwahren Angaben über Verdienstmöglichkeiten an den Mann bzw. die Frau gebracht werden (vgl. auch oben 4-e).

dd) Stellenvermittlung

Bei der Stellenvermittlung behauptet der Betrüger fälschlich, seinem Opfer eine Stellung als Arbeitnehmer oder auch als freier, selbständiger Mitarbeiter verschaffen zu können.

Bekannt sind hier die Tricks, mit denen man filmsüchtige Teenager und Lieschen Müller ausnimmt. Man verspricht eine angeblich aussichtsreiche Vermittlung an Film oder Fernsehen, kassiert dafür eine Bearbeitungsgebühr in Höhe von 5 oder 10 DM, um nichts zu tun oder eine Karte in einer völlig nutzlosen Kartei schmoren zu lassen. Das Opfer kann nur von Glück sagen, daß man diese Prozedur nicht noch gleichzeitig für zweifelhafte oder pornographische Fotos ausnutzt.

Verbreitet ist die betrügerische Stellenvermittlung auch bei Angeboten von Heimarbeitsmöglichkeiten. Teilweise laufen die schon beim Heimarbeiterfang geschilderten Praktiken darauf hinaus, einen „Kostenausgleich“ für angeblich wichtiges, in Wahrheit jedoch wertloses Informationsmaterial zu erhalten, z.T. betreffen die Angebote überhaupt nicht Heimarbeit bzw. verteilt man die Anschriften von auf Heimarbeiterfang spezialisierten „Unternehmen“, weshalb das Opfer vom Regen des Vermittlungsbetrugs in die Traufe des Beteiligungsbetrugs geraten kann.

N. N.: Der Doppeltrick beim Heimarbeiterfang – Arch. f. Krim. Bd. 154, S. 115 f. (1974).

Eine typische, hierher gehörende Masche ist der seit Jahren beliebte Schwindel mit „Angebotslisten“. Der mehr oder weniger eindeutig als Vermittler auftretende Täter, bzw. seine „Firma“, schickt Heimarbeit Suchenden, die sich auf vage Zeitungsinserate hin melden, wortreiche, aber undurchsichtige Schreiben. In diesen wird für Zahlung eines als „Kostenausgleich“ oder ähnlich deklarierten Betrages eine Liste von Firmen versprochen, die angeblich Heimarbeiter suchen, wobei regelmäßig die Verdienstmöglichkeiten weit übertrieben werden. Zahlt daraufhin der Heimarbeit Suchende, so erhält er vom Täter die fragliche Liste. Sie ist für den Interessenten durchweg wertlos, weil sie keine echten Angebote für Heimarbeit, sondern bestenfalls für andere (selbständige) Heimgewerbetätigkeit (Vertreter usw.) enthält. Wer sich dennoch bewirbt, fällt per Doppeltrick gewöhnlich einem Heimarbeiterfänger in die Hände, der ihm mit den beim Kautionsbetrug beschriebenen Praktiken wiederum Geld aus der Tasche zieht. Auch die vom Angebotslistenhändler mitunter gewährte „Garantie“ taugt nichts, weil der Heimarbeit Suchende kaum an eine Firma gerät, die ihn mit „Ablehnungsbescheid“ abweist; vielmehr wird er auf andere Weise systematisch abgewimmelt.

Teilweise wird die angebliche Stellenvermittlung, da die Übernahme einen Ortswechsel erforderlich machen würde, mit Angeboten für Unterbringung und Transport gekoppelt, worauf sogleich zurückzukommen ist.

ee) Wohnungsvermittlung

Bei der Wohnungsvermittlung maßt sich der Betrüger die Rolle eines Maklers an, ohne jedoch dessen Leistungen bieten zu können. Mitunter werden Deckadressen mitgeteilt, wo dem Wohnungssuchenden lediglich erklärt wird, es sei leider schon vermietet.

Geht es hier nur um die Unterbringung des Opfers und seiner Familie, kann in anderen Fällen sogar die Chance gewichtiger sein, auf diese Weise eine zusagende Erwerbstätigkeit zu erhalten.

In diesen Rahmen passen daher auch manche beim Auswandererbetrug zu beobachtende Praktiken.

Ein in Not befindlicher Arbeitsloser bot 1955 durch Inserate deutschen Landwirten eine günstige Auswanderung nach Brasilien an, um unter diesem Vorwand jeweils einen Unkostenbeitrag in Höhe von 30 DM zu erlangen.

Ein anderer Täter kassierte jeweils 10 DM von Personen, die an der angeblich auf 50 Jahre befristeten Pachtung eines Teils der im Indischen Ozean gelegenen Seychellen-Inseln interessiert waren.

ff) Heiratsvermittlung

Selbst per Heiratsvermittlung haben Betrüger insb. heiratswütige Frauen und Mädchen geschröpft. Das gelingt besonders leicht, wenn der Täter in Inseraten oder sonst „Lockvögel" anbieten kann.

Vereinzelt sind vom Betrüger sogar Treffen des Ehewilligen mit einem Komplizen arrangiert worden, wobei es naturgemäß nicht zur Eheschließung kam.

gg) Adoptionsvermittlung

In den seltenen Fällen der Adoptionsvermittlung geht es gewöhnlich um das Erlangen von Adelsprädikaten. Dem ist das Vermitteln von Orden und Titeln ähnlich.

Durch Zeitungsanzeige wurden unter Hinweis auf einen größeren Betrag, der dem Kind als Erziehungsbeihilfe mitgegeben werden sollte, Adoptiveltern gesucht. Wer sich meldete, wurde gebeten, eine bestimmte Gebühr zu bezahlen, weil er in die engere Wahl gekommen sei. Abgesehen von einem Elternpaar, dem das Kind später unter Auszahlung der Erziehungsbeihilfe übergeben wurde, hörte keiner der Interessenten, der gezahlt hatte, wieder etwas vom Vermittler.

Außer der Verleihung von Doktorwürden und Professorentiteln durch Pseudo-Akademien für 1000 bis 10 000 DM werden von Betrügern Orden und Ehrenzeichen an den Mann gebracht.

Ein als „Bundespräsidialamt-Oberregierungsrat" firmierender, 1960 in Freiburg i.Br. verurteilter Einbrecher ergatterte in Form von Unkostenbeiträgen in Höhe von 50 DM die durch die öffentliche Verleihung des vom Opfer begehrten Bundesverdienstkreuzes entstünden, innerhalb weniger Wochen mehr als 30 000 DM von Industriebossen.

b) Vertreterbetrug

Wird beim Vermittlerbetrug gewissermaßen der vermeintliche Kunde geschädigt, so handelt der kriminelle Mittelsmann beim Vertreterbetrug zu Lasten seines Geschäftsherrn, eventuell aber auch einmal der Kunden. Vor allem zwei Praktiken sind hier zu beobachten.

aa) Provisionsbetrug

Beim Provisionsbetrug zielen die Machenschaften des betrügerischen Vertreters darauf ab, für faule, d.h. wirtschaftlich wertlose oder für gefälschte Aufträge die für ordentliche Aufträge vereinbarten Provisionen zu erlangen.

Verbreitet sind derartige Praktiken bei der Zeitschriftenwerbung. Schon vor Jahren konnte hier ein krimineller Werber auf diese Weise innerhalb von 3 Monaten rund 5000 DM an Provision einheimsen.

H und D waren 1957 in Schleswig-Holstein für verschiedene Lebensversicherungsfirmen in einer kriminalistisch bemerkenswerten Weise tätig; nebenher bezogen sie auch Arbeitslosenunterstützung bzw. Krankengeld. Sie nutzten das allgemeine Interesse für Kleinkredite dadurch aus, daß sie solche anboten, oder sich auf entsprechende Zeitungsanzeigen hin meldeten. Zur Sicherung und Rückerstattung machten sie die Gewährung des gewünschten Kleinkredits vom Abschluß einer Lebensversicherung abhängig, die angeblich mit der Rückzahlung des Kredits auslaufen sollte. Die Lebensversicherung wurde so bemessen, daß die Prämien im vereinbarten Zeitraum der Summe zuzüglich Zinsen entsprachen, die für die Versicherung gewährte Provision jedoch höher war. Innerhalb von sechs Monaten tätigten H und D Abschlüsse in Höhe von 1 130 000 DM; die Provisionen dafür betrugen 26 422,52 DM. Da sie für Darlehen 16 830 DM zu verauslagen hatten, blieb ein Überschuß von 9 592,32 DM, was für jeden Täter monatlich zusätzlich 685 DM bedeutete.

bb) Betrügerisches Erlangen von Musterkollektionen u.a.
Manchen Vertretern kommt es darauf an, durch die arglistige Zusage der Vertretertätigkeit in den Besitz der hierfür zur Verfügung gestellten Musterkollektionen u.dgl. zu kommen, die dann versilbert werden.

cc) Andere Formen
Von anderen Formen des Vertreterbetruges seien hier einmal falsche Reisekostenberechnungen (Spesen) zu nennen, die der Geschäftsherr – wie üblich – begleichen soll; die Belege werden u.U. gefälscht oder im Wege der Gefälligkeit von Wirten, Kellnern und Tankstelleninhabern erlangt.
Zum anderen ist auf Fälle hinzuweisen, in denen Vertreter – ob zu Recht oder Unrecht – bei Kunden kassieren, dies aber nicht alsbald dem Geschäftsherrn anzeigen oder gar ihm gegenüber behaupten, die fragliche Rechnung stehe noch offen. Zumindest erlangt der Täter bei derartigen Inkassobetrügen so den Vorteil, nicht umgehend abrechnen zu müssen.

1. Versicherungsbetrug

Ein sehr weites Feld bietet der Versicherungsbetrug, bei welchem sich der Betrüger stets in der Rolle des Kunden, des Versicherungsnehmers, befindet. Anders als in der Kriminalphänomenologie, wo man die unterschiedlichen Versicherungssparten im Auge behalten muß, kommt es kriminalistisch doch vor allem auf den Modus operandi an. Obwohl die Dinge ähnlich wie bei dem im Rahmen der echten Wirtschaftsdelikte ausführlicher zu behandelnden Versicherungsmißbrauch liegen, da die Schädigung des Individualvermögens der Versicherung eine Folge derselben Tat ist, erscheinen doch schon einige Hinweise als zweckmäßig.

Farny, Dieter: Das Versicherungsverbrechen. Erscheinungsformen, Motive, Häufigkeiten und Möglichkeiten der versicherungstechnischen Bekämpfung – Berlin 1959; *Martens,* Hans-Hermann: Strafrecht in der Sozialversicherung – Bad Godesberg 1954 – insb. S. 89 ff.; *Schad,* Thomas: Betrügereien gegen Versicherungen. Ein Beitrag zum kriminologischen und strafrechtlichen Problemwert der Wirtschaftskriminalität – Diss. Kiel – München 1965; *König,* Walter: Der Versicherungsbetrug. Aktuelle Formen und ihre Bekämpfung – Zürcher Beiträge z. Rechtswiss. NF H. 280 – Zürich 1968.

Grob gesehen lassen sich die beim Betrug zum Nachteil einer Versicherung benutzten Tricks auf vier Verbrechenstechniken zurückführen, die bei den einzelnen Versicherungssparten natürlich verschiedene Bedeutung haben. Hier muß allerdings ein kurzer Überblick genügen, weil diese Praktiken zweckmäßig im Rahmen der Wirtschaftsdelikte beim Versicherungsmißbrauch (§ 10-III-F) zu behandeln sind.

aa) Betrügerischer Vertragsabschluß
Von einem betrügerischen Vertragsabschluß sprechen wir, wenn bereits der Abschluß des Versicherungsvertrages durch die Arglist des Täters beeinflußt wird. Dieser Fall liegt von der Handlungssituation her dem Betrug als Individualdelikt am nächsten. Denn beispielsweise werden hier Vertreter der Versicherung über wesentliche Risiken getäuscht.

bb) Betrügerisches Vortäuschen eines Versicherungsfalles
Beim betrügerischen Vortäuschen eines Versicherungsfalles ist der Vertragsabschluß korrekt. Auch ist tatsächlich ein Schadensereignis eingetreten. Da dies aber die Versicherung

unter den gegebenen Umständen nicht zur Zahlung verpflichtet, muß der Täter, der dennoch etwas von ihr verlangen will, dafür geeignete Umstände behaupten oder gar durch irgendwelche Maßnahmen für entsprechende „Beweise" sorgen.

cc) Betrügerisches Herbeiführen eines Schadensfalles

Vom betrügerischen Herbeiführen eines Schadensfalles sprechen wir dann, wenn der Täter ein Schadensereignis – z.B. einen Brand – herbeiführt, um auf diese Weise einen Versicherungsfall vorzutäuschen und so in den Genuß von Versicherungsleistungen zu gelangen. Dem entsprechen in etwa diejenigen Fälle, in denen ohne ein Schadensereignis das Vorliegen eines Versicherungsfalles – z.B. ein tödlicher Badeunfall gegenüber einer Lebensversicherung – behauptet wird.

dd) Betrügerisches Ausnutzen eines Versicherungsfalles

Beim betrügerischen Ausnutzen eines Versicherungsfalles liegt im Gegensatz zu den vorgenannten Praktiken wirklich ein Versicherungsfall vor. In diesen Fällen betrügerischer Schadensliquidation behauptet der Täter jedoch beispielsweise fälschlich Verlust oder Schäden von Gegenständen, die vom versicherungspflichtigen Schadensereignis in Wahrheit nicht in Mitleidenschaft gezogen worden sind, oder er setzt arglistig den Wert der versicherten Sachen zu hoch an.

B. Schwindel

Im Gegensatz zu allen diesen Wirtschaftsbetrügereien umfaßt der Schwindel diejenigen Erscheinungsformen des Betruges, denen das kaufmännische oder wirtschaftliche Element nicht eigentümlich ist, obwohl zuweilen hier ebenfalls die Form eines Rechtsgeschäfts gewählt wird. Doch kommt es entscheidend auf die Art und Weise der Tatausführung an, für die gewöhnlich ein bestimmter Trick kennzeichnend ist.

Zirpins, Walter/*Ferstegen,* Otto: Wirtschaftskriminalität. Erscheinungsformen und Ursachen – Lübeck 1963 – insb. S. 405 ff.

Deshalb müssen wir gerade in der Kriminalistik – wie schon in der Kriminalphänomenologie – nach dem Modus operandi im eigentlichen Sinne gliedern. Dabei lassen sich die überaus vielfältigen Formen des Schwindels klassifikatorisch zu fünf großen Gruppen zusammenfassen, für die aber in der Praxis durchweg charakteristisch ist, daß Hinweise auf die Person des Schwindlers nach der Tat noch viel seltener als bei den Wirtschaftsbetrügereien zu erlangen sind; denn dann ist er gewöhnlich verschwunden, wobei in der Regel kaum Möglichkeiten für einen Sachbeweis bleiben.

1. Personenschwindel

Vom Personenschwindel sprechen wir in allen denjenigen Fällen des Schwindels, in denen bei dem charakteristischen Trick das persönliche Element stark überwiegt. Der Täter legt sich Titel, Eigenschaften u.dgl. zu, die seine Opfer beeindrucken sollen, oder er täuscht persönliche Absichten, Situationen oder Nöte vor, die seine Umwelt menschlich ansprechen sollen, um so auf Kosten anderer zu Geld oder sonstigen materiellen Vorteilen zu gelangen.

a) Hochstapler

Der Prototyp des Betrügers im Bereiche des Personenschwindels ist der Hochstapler. Denn hier geht es nicht nur um hochstapelndes Beiwerk, wie es beispielsweise auch ein Kreditbetrüger verwenden kann, sondern ist das, was hochgestapelt wird, dem Täter subjektiv zumindest ebenso wichtig wie das, was ihm infolgedessen zufließt.

Der Idealtyp des Hochstaplers war so gesehen in den 20er Jahren Harry Domela (= Victor Ziska), der sich u.a. auch als Prinz Wilhelm von Preußen ausgab. Das Gericht in Köln berücksichtigte strafmildernd, daß die Vorteile, die Harry Domela sich damit verschaffte, minimal waren, er also Bescheidenheit bewiesen hatte. (*Domela,* Harry: Der falsche Prinz. Leben und Abenteuer von Harry Domela – Berlin 1927). Andere aber nutzen harmlose und leichtgläubige Gemüter sehr viel mehr aus.

Der Trick eines Hochstaplers kann sich auf alles beziehen, was seine Umwelt und gerade die Opfer besonders schätzen. Neben adliger Herkunft, Ansehen, Bildung spielen Orden, Verdienste, Beziehungen und Reichtum eine Rolle. Der wirkliche Hochstapler ist daher mehr oder weniger immer auch ein Schauspieler, dem seine Rolle schon als solche Genuß macht. Dabei braucht er nicht so bescheiden wie Harry Domela zu sein, sondern er kann seine Fähigkeiten intensiver ausmünzen. Neben den Aufwendungen des Opfers, von dem er sich gern üppig bewirten läßt, versteht es der Hochstapler, z.B. unter Berufung auf augenblickliche Geldknappheit Vorschüsse, Darlehen oder Anzahlungen durch phantastische Zusagen zu erschwindeln. Da Hochstapler von Format auf „gesellschaftliches Ansehen" Wert legen müssen, dies aber einen aufwendigen Lebensstil bedingt, ist ihr Geldbedarf unter diesen Umständen erheblich.

So verursachte die große Züricher Hochstaplerin Katherine Tainter in Belgien innerhalb kurzer Zeit einen Schaden von $2^1/_2$ Millionen Francs.

Nicht selten kommt zu entsprechendem Auftreten, fremdländischer Erscheinung u.dgl. eine Berufskleidung hinzu, die beim Opfer leicht Fehlassoziationen erweckt. War es beim „Hauptmann von Köpenick" und anderen die Soldatenuniform, so haben andere Hochstapler das Priestergewand mißbraucht.

b) Heiratsschwindler

In dieser Betonung des Persönlichen entspricht der Heiratsschwindler dem Hochstapler; mitunter werden sogar beide Techniken kombiniert.

Padowetz, Marianne: Der Heiratsschwindel. Eine kriminologische Studie – Kriminol. Abhandl. NF Bd. 3 – Wien 1954; *Veldenz,* Kurt: Heiratsschwindel als Folge mangelnder Aufklärung der Bevölkerung – in: TbKrim XVI, S. 178 ff. (1966).

Typischerweise wird der Heiratsschwindel von Männern begangen. Dann und wann aber gibt es auch Frauen, die einem Ehewilligen Heiratsabsichten vorspiegeln, um sich auf diese Weise zu bereichern.

So verlegte sich eine mehrfach wegen Betrugs – darunter auch betrügerischer Ehevermittlung – vorbestrafte Frau 1939 auf den Heiratsschwindel. Auf eine Heiratsanzeige hin gaukelte sie einem Fleischergesellen unter Vorspiegeln prominenter und reicher Herkunft Ehewilligkeit vor, um ihm Lebensmittel und Geld zu entlocken. Sie konnte ihr Opfer bis 1948 hinhalten. In diesen Jahren hatte die Frau auf ähnliche Weise noch andere Heiratsbekanntschaften u.a. mit einem Hüttenpächter, einem Sägewerksbesitzer und einem Landwirt, denen sie jeweils geschickt Geldbeträge zu entlocken verstand.

Noch seltener sind Fälle, in denen Betrüger in einer nur äußerlich dem Heiratsschwindel ähnlichen Weise einem Heiratswilligen mit Vorspiegeln eines meist fiktiven Ehewilligen durch gefälschte Korrespondenz Geld und andere Vermögenswerte abluchsen.
Der Heiratsschwindler hat allerdings durchweg nicht das schauspielerische Format des Hochstaplers, was übrigens bei seinen Opfern in aller Regel nicht nötig ist. Denn ehewütige Frauen und späte Mädchen, die sehnsüchtig auf den Mann warten, fallen in der Tat häufig auf das dümmste Geschwätz herein; u.U. bringen sie ebenso wie die Opfer des Hochstaplers den Heiratsschwindler überhaupt erst auf die kriminelle Bahn. Zum Wunsch nach Heirat tritt also beim Opfer oft die unwahrscheinliche Leichtgläubigkeit hinzu.
Natürlich gibt es häufiger Täter, die diese günstige Situation von vornherein bewußt suchen und ausnutzen. Die Wege zum Opfer über Bekannte, Anzeigen, Heiratsvermittlungen usw. sind zahlreich. Dabei ist übrigens nicht nur an oft raffiniert formulierte Anzeigen des Täters, sondern auch an eine solche Initiative einer heiratslustigen Frau zu denken, auf die der Täter dann geschickt mit z.T. rührenden Briefen eingeht. Ganz clevere Schwindler haben sogar mit kitschigen Musterbriefen gearbeitet, die nur hier und da jeweils etwas abgeändert wurden. Mitunter werden sogar die Eltern des Opfers mit entsprechenden Briefen traktiert. Wichtiger als ebenfalls mißbrauchte Eheanbahnungsinstitute ist in der Praxis allerdings die dann anzubahnende unmittelbare Bekanntschaft. Die Dinge liegen ähnlich wie sonst beim ersten persönlichen Zusammentreffen mit dem Opfer, auf das der Täter einen guten Eindruck zu machen wünscht; dabei spielen Herkunft, Vermögen und berufliche Stellung eine große Rolle. Überhaupt ist der Heiratsschwindler mit Lügen nicht zimperlich. Ein weiterer wichtiger Aspekt, der beim Heiratsschwindel u.U. bedeutsamer als der finanzielle Vorteil sein kann, ist das Sexuelle, was sich aber nur teilweise in Aussagen oder gar Briefen niederzuschlagen pflegt. Der Heiratsschwindler profitiert – wie der Hochstapler – einmal von den Aufwendungen, die der hoffnungsfroh auf Freiersfüßen Wandelnde macht; zum anderen hilft er dieser Freigiebigkeit mit mancherlei Tricks nach, die jedoch gewöhnlich leichter als kriminell zu qualifizieren sind.
Nach der Anbahnung geht es dem Heiratsschwindler gewöhnlich vor allem darum, sein Opfer finanziell zu erleichtern bzw. auszubeuten, wobei von möglicherweise willkommenen sexuellen Kontakten abgesehen werden soll. Die Basis dieser Aktivitäten ist das durch betrügerische Eheversprechen und andere Lügen gewonnene Vertrauen des Opfers und ggf. seiner Angehörigen. Manchmal bekommt der Täter das Geld ohne besondere Gründe. Häufiger muß er sich jedoch eines Vorwands bedienen, um den diese Betrüger aber nie verlegen sind; denn neben der eigenen beruflichen Entwicklung bietet die angeblich gemeinsame Zukunft viele Möglichkeiten, die Geld kosten. Zudem soll die Verlegenheit oft nur vorübergehender Natur sein. Außer auf Geld haben es Heiratsschwindler aber auch auf Schmuck, Ge- oder Verbrauchsgegenstände abgesehen. Dann müssen sie entsprechende Tricks erfinden, um zum Ziel zu gelangen.

Relativ plump verfuhr ein 52jähriger Gauner, der mit 24 Jahren beinahe die Hälfte seines Lebens hinter Gittern verbracht hatte. Er lieh sich von der Angebeteten einen Ring, um danach die Verlobungsringe anfertigen zu lassen oder um einen Brillanten einsetzen zu lassen, und verschwand dann.

Ein mehrfach vorbestrafter Heiratsschwindler verstand es, Frauenherzen in sechs Sprachen zu betören. Er machte sich als Handelsattachee, Oberst der NATO-Streitkräfte, Hotelier oder Gelehrter in Luxushotels, Fernschnellzügen und auf Überseedampfern an elegante Damen heran.

Kriminalistisch interessant ist schließlich noch, wann und warum der Schwindel platzt bzw. eine darauf gegründete Bekanntschaft beendet wird. In aller Regel war das – oft späte –

Entstehen von Mißtrauen beim Opfer dafür ausschlaggebend. Dazu kann es kommen, wenn sich bei Erkundigungen Angaben des Täters als unwahr erweisen. Doch auch über den Umstand, daß kurzfristig „geliehenes" Geld nicht zurückerstattet wird, kann es zum Bruch kommen. Manchmal scheitert das Vorhaben durch einen für beide Seiten unerwarteten Zufall, beispielsweise die Festnahme des Schwindlers. Doch gar nicht so selten erhält der Heiratsschwindler noch in der Untersuchungshaft glühende Liebesbriefe von seinem Opfer. Des öfteren aber lassen es Täter nicht soweit kommen, sondern beenden mit oder ohne Vorwand das Verhältnis, wenn sie genügend profitiert zu haben meinen. – Die Reaktion auf den Zusammenbruch der betrügerischen Machenschaften ist oft aufschlußreich für die Persönlichkeit des Opfers.

c) Grußbesteller, Bekanntenschwindler

Grußbesteller und Bekanntenschwindler fingieren ebenfalls das persönliche Element, indem sie sich als Freunde oder Bekannte eines Angehörigen ihres Opfers ausgeben, um daraus für sich selbst Nutzen zu ziehen. Sie erschwindeln sich damit Bewirtung oder auch Geld bzw. andere Unterstützungen – sei es für ihren angeblichen Freund oder für sich selbst. Im allgemeinen handelt es sich hier jedoch um Praktiken von geringer krimineller Intensität.

Ein Schwindler, der von einem Fremden in einem Lokal fälschlich für einen Landsmann gehalten worden war, hatte bei dieser Gelegenheit geeignete Anschriften „gemeinsamer Bekannter" erfahren. Er begnügte sich, als er diese Personen aufsuchte, um Grüße zu bestellen, aber nicht mit Quartier und Beköstigung, sondern versuchte zugleich, sich dadurch Darlehen zu beschaffen, daß er den wohlhabenden Kaufmann spielte, der seine Brieftasche vergessen hatte. Das wurde ihm zum Verhängnis.

Selbst falsche Unglücksboten kommen zu Geld, weil sie dem Opfer vorspiegeln, dies an die ihm nahestehende, in Not befindliche Person weiterleiten zu wollen.

d) Bettel- und Unterstützungsschwindler

Bettel- und Unterstützungsschwindler spielen mitunter virtuos auf dem Klavier des Mitleids, um unter falschem Vorwand kleinere Geldbeträge oder sonstige Unterstützungen für sich zu erlangen. Es fehlen zwar bei ihnen u.U. die von anderen Schwindlern strapazierten persönlichen Beziehungen; das aber schadet nichts, weil sie gewissermaßen als „Tiefstapler" auf das Mitleid gerade ihnen unbekannter Menschen wegen der vermeintlichen Not spekulieren.

Als angeblicher Heimkehrer oder Sowjetzonenflüchtling hatte ein 45jähriger Täter, der 1958 in Darmstadt festgenommen wurde, in mehreren norddeutschen Städten insgesamt etwa 31 000 DM ergaunert.

Ein anderer Schwindler markierte auf öffentlicher Straße Selbstmordversuche, um die vermeintlichen Retter durch eine herzergreifende Geschichte zu einer spontanen Sammlung zu veranlassen.

Ein vielfach vorbestrafter Schuster schlug aus seinem Aussehen – er war nur 1,33 m groß und verkrüppelt – in der Weise Kapital, daß er fernmündlich als Fürsorger karitative Stellen oder als mildtätig bekannte Personen bat, einen gewissen „Berger" einzukleiden oder einen Barbetrag für ihn zu verauslagen. Er stellte sich dann bald danach als jener Berger ein.

Übergänge zum Sammelschwindel finden sich in denjenigen Fällen, in denen Betrüger durch bekannte Kleidung oder Trachten als hilfsbedürftig und vertrauenswürdig erscheinen wollen.

Meyer, Gerd: Krishna – Betrug im Mönchgewandt – der kriminalist 1974 – 478ff.

1960 lief in einem Hotel in Hameln eine in Schwesterntracht des DRK operierende Schwindlerin auf, die durch dramatische Schilderung angeblicher Katastropheneinsätze in Agadir und im Kongo die anderen Hotelgäste zu Spenden und zur Bezahlung der Hotelkosten zu veranlassen wußte.

Trotz umfangreicher Organisation kann bei Auftreten im Mönchgewand doch der Unterstützungsschwindel mehr als die Sammeltätigkeit im Vordergrund stehen, wie das bei den in den letzten Jahren Krishna-Anhängern der Fall sein dürfte.

e) Sammelschwindler

Dagegen gibt der Sammelschwindler, obwohl er ebenfalls häufig auf das Mitleid seiner Opfer spekuliert, fälschlich vor, das ihm Zugewendete nicht für sich selbst zu benötigen, sondern für einen anderen guten Zweck verwenden zu wollen. Seine Masche ist also, sich entweder mithilfe des Hinweises auf die Not anderer Menschen auf Kosten Mildtätiger selbst zu bereichern oder aber allgemeiner an den Edelmut seiner Opfer zu appellieren, um jedoch in Wahrheit nicht den guten Zweck, sondern sich selbst zu fördern.

Ein Schwindler fälschtc einen Stempel, mit dessen Hilfe er Ausweis und Quittungen herstellt, um angeblich Spenden für Ferienkinder zu sammeln.

Ein anderer Gauner stahl bei einem Pfarrhauseinbruch eine Priesterkleidung, die er zum angeblichen Sammeln für Leprakranke mißbrauchte.

Zwei neun- bzw. zwölfjährige Jungen sammelten mit einer Banksparbüchse auf offener Straße angeblich „Spenden für die Armen". Nach etwa einem Vierteljahr gerieten sie mit einem von ihnen angekeilten Polizeibeamten an den Falschen.

2. Legitimationsschwindel

Dagegen kommt es beim Legitimationsschwindel nicht so sehr auf das Persönliche als vielmehr auf das Simulieren einer Legitimation an; diese Betrüger operieren fälschlich mit einer Befugnis oder einem Anspruch, um so zu finanziellen Vorteilen zu gelangen. Dies kann ggf. in Form von Sozialbetrügereien gegenüber staatlichen Stellen erfolgen, wobei sich Ähnlichkeiten mit dem Versicherungsmißbrauch ergeben können. Die Vielfalt dieser Betrügereien soll zumindest durch einige Schwindelpraktiken beleuchtet werden.

a) Lohnvorschuß- und Heimarbeitsschwindler

Lohnvorschuß- und Heimarbeitsschwindler arbeiten beispielsweise mit dem Trick, sich anstellen zu lassen, um dann mit dem Lohnvorschuß oder dem überlassenen Arbeitsmaterial zu verschwinden, obwohl sie nicht einmal im Traum daran dachten, sich in der dem Opfer versprochenen Weise zu betätigen.

Ein Täter reiste auf ein Inserat hin als angeblicher Friseurmeister am Sonntag an. Er erhielt sofort eine Zusage, ließ sich vom Inhaber ein Hotelzimmer besorgen und zur Begleichung der Reise- und Hotelkosten 150 DM als Lohnvorschuß geben, ohne die Arbeit aufzunehmen.

Ein besonders cleverer Ganove entwickelte sich sogar zum „Vorsteller". Er bewarb sich, obwohl er über keinerlei entsprechende Kenntnisse verfügte, so geschickt auf Stellenangebote für Betriebsleiter, Konstrukteure usw., daß er zur Vorstellung aufgefordert wurde. Obwohl man ihn dann mangels Kenntnissen abwies, erhielt er Spesen und Fahrgeld erstattet. Am Fahrgeld verdiente er deshalb besonders, da er sich den normalen Fahrpreis erstatten ließ, obwohl er eigens für diese Zwecke eine billigere Netzkarte gekauft hatte. Nach eigenen Angaben verdiente er auf diese Weise 1960 wöchentlich zwischen 200 und 500 DM.

Dagegen schädigten die Heimarbeitsschwindler die sie anstellenden Firmen oder Zwischenmeister vor allem dadurch, daß sie mit dem ihnen überlassenen Arbeitsmaterial und -gerät verschwinden.

b) Quittungsschwindler

Typisch für den Legitimationsschwindel sind ferner die Quittungsschwindler, die beispielsweise mit einer u.U. gefälschten oder unwirksamen Quittung eine Inkassoberechtigung vortäuschen, um das Geld in Wahrheit für sich selbst zu kassieren.

c) Brief- und Paketfallenschwindler

Brief- und Paketfallenschwindler setzen sich durch ihre Tricks unbefugt in den Besitz von Paketen oder Briefen, in denen sie Geld vermuten, oder vertauschen solche geschickt mit wertlosen Sendungen.

Ein 1956 Norddeutschland heimsuchender Paketfallenschwindler baldowerte abwesende Familien aus, um bei ihren Nachbarn für Päckchen mit angeblich bestellten Waren Beträge zwischen 4 und 12 DM zu kassieren.

Ein anderer Täter ließ fernmündlich in Hotels ein Zimmer reservieren und bat, ein von ihm erwartetes Paket einzulösen. So zahlte man für ein an den angeblichen Hotelgast gerichtetes Paket, das ein ihm Bekannter brachte, etwa 35 DM.

d) Fürsorgeschwindel

Als Fürsorgeschwindel werden hier solche Sozialbetrügereien bezeichnet, die sich in z.T. dem Versicherungsmißbrauch ähnlicher Weise gegen staatliche Stellen richten. Der Betrüger manipuliert hier die für einen angeblichen Anspruch auf Arbeitslosenunterstützung, Altersruhegeld, Ausbildungsförderung oder Kindergeld ausschlaggebende Tatsachen.

Schweiger, Eberhardt: Der manipulierte Anspruch – in: GrKrim 13/1, S. 449 ff. (1974).

3. Leistungsschwindel

Unter Leistungsschwindel sind betrügerische Praktiken zu verstehen, die dadurch gekennzeichnet sind, daß entweder Leistungswilligkeit oder aber bereits erbrachte Leistungen vorgetäuscht werden; hierher gehören auch Fälle der sog. Leistungserschleichung (§ 265a dtsch. StGB). Obwohl manche dieser Fälle dem Lohn- und Heimarbeitsschwindel ähneln, ist das Charakteristische doch, daß der Täter hier nicht auf Vorschuß oder Ähnliches spekuliert, sondern sich wie ein zahlungswilliger oder durch Zahlung berechtigter Kunde Leistungen gewähren läßt, obwohl er keinerlei Gegenleistung erbracht hat oder zu erbringen gedenkt.

a) Hotel-, Pensions- und Einmieteschwindler. Zechpreller

Hotel-, Pensions- und Einmieteschwindler lassen sich Unterkunft und – wie insb. der Zechpreller – Bewirtung gewähren, wobei sie vorspiegeln, zahlungsfähig und -willig zu sein. Die Besonderheit der Einmieteschwindler ist lediglich die, daß sie sich außerhalb des Beherbergungsgewerbes betätigen.

Heyn, Gunter: Der Zechbetrug. Eine kriminologische und eine strafrechtlich-kriminalistische Betrachtung – Kriminalistik 1968-600 ff.

Ein Zechpreller trat mit konfortablem Kraftwagen in Kleinstädten als Journalist einer großen ausländischen Zeitung auf. Die Zeche vom ersten Tag in seinem Hotel bezahlte er sofort. Nach fingierten

Ferngesprächen in fremder Sprache gewährte man ihm, da er angeblich mehrere Tage bleiben mußte, Kredit auf die Gesamtrechnung für Quartier und (hohe) Zechen. Der Täter bestand dennoch auf Vorauszahlung. Er benutzte zu diesem Zweck einen Scheck, der sich jedoch als ungedeckt erwies, als der Täter am Montag von einem Ausflug nicht zurückkehrte.

b) Fahrgeldpreller

Der Fahrgeldpreller nimmt ein Beförderungsmittel in der üblichen Weise – vielleicht mit diesem oder jenem Trick – in Anspruch, ohne jedoch den Fahrpreis dafür entrichten zu wollen. Es handelt sich bei den geringen Werten durchweg um Bagatelltaten.

Mitunter werden jedoch bereits benutzte Fahrkarten „frisiert" oder Fahrkarten mit verfälschtem Gültigkeitsdatum verwendet.

c) Eintrittsschwindler

Ähnlich ist es meist bei den Eintrittsschwindlern, die ohne das Eintrittsgeld zu zahlen dennoch in einer einigermaßen üblichen Weise in Sportveranstaltungen oder Darbietungen kultureller Art bzw. unterhaltsamer Art hineingelangen.

d) Wechselschwindler

Bei Wechselfallenschwindlern finden wir dagegen Praktiken, die zuweilen dem Kassen- und Schalterdiebstahl ähneln. Denn mit ihren Tricks wollen diese Betrüger andere beim Geldwechseln bzw. bei der Herausgabe von Wechselgeld übertölpeln.

Typisch ist hier folgende Arbeitsweise. Nach Vorlage einer größeren Note will der Täter angeblich mit Kleingeld bezahlen, um dann doch die zurückerhaltene Note wechseln zu lassen; die behält der Täter jedoch in der Hand, um sie verschwinden zu lassen, während er das Opfer ablenkt.

Der Täter verlangt beim zweiten Wechseln noch einmal die gleiche oder eine andere Ware. Wenn der Verkäufer sich umwendet, läßt er die Banknote vom Ladentisch verschwinden.

Manchmal arbeiten auch zwei Täter zusammen. Das betrügerische Manöver des ersten wird dann dadurch erleichtert, daß der später kommende zweite Täter Eile vortäuscht und so das Opfer ablenkt.

e) Bauernfänger, Nepper

Bauernfänger und Nepper lassen sich deshalb hier einordnen, weil sie sich zumindest eigene Leistungen ungebührlich hoch bezahlen lassen. Ungeachtet einer gewissen Ähnlichkeit mit manchen Wirtschaftsbetrügereien, aber auch Praktiken des Glücksspiels und insb. der Wette überwiegt hier dennoch der individuelle Trick.
Typischerweise wird beim Neppen zudem im Gegensatz zu den Wirtschaftsbetrügereien ein Privatverkauf vorgegeben. Besondere Formen des Neppers sind der „Uhrennepper" und der „Stoffkeiler". Nicht selten zeigen sie Charakteristika der Landfahrer.

Sprung, E.: Nepper und Bauernfänger – in: Betrug und Urkundenfälschung, hrsg. v. Bundeskriminalamt, Wiesbaden 1956, S. 37 ff.; *Sprung,* E.: Nepper und Bauernfänger – Kriminalistik 1956-320 ff.; *Zimmermann,* Eduard: . . . der Ganoven Wunderland. Nepper, Schlepper, Bauernfänger. Erfahrungen und Erkenntnisse aus der Fernsehserie „Vorsicht, Falle!" – Darmstadt 1966.

Nepper verkaufen beispielsweise wertlose Talmigegenstände als Edelmetalle oder Edelsteine; sie gaukeln oft eine besonders günstige Gelegenheit vor.

Andere Nepper täuschen ferner den in akuter Geldverlegenheit befindlichen „besseren Herrn" vor (z.B. Verlust oder Diebstahl von Bargeld); das dem hilfsbereit zahlenden Opfer überlassene kostbare Pfand erweist sich als eine geringwertige Armbanduhr.

Mitunter hat man sogar den Eindruck, daß es Neppern vor allem auf die ihnen gewährte Bewirtung ankommt, die sie sich für irgendwelche, angeblich für das Opfer wesentliche Leistungen versprechen lassen. Wenn diese lediglich im getarnten Arrangieren eines Lokalbummels oder auch besonderer sexueller Erlebnisse für das Opfer besteht, werden die Grenzen zur Bauernfängerei fließend.

Der im Vergleich zum Nepper allgemeinere Begriff ist der des **Bauernfängers,** worunter an sich Personen zu verstehen sind, die sich an ungewandte Opfer heranmachen und diese so oder so ausnehmen; mitunter wird man dabei an Trick- oder Taschendiebstähle erinnert. Allerdings beobachtet man zuweilen auch Praktiken des Spielschwindels, weshalb manche die Bauernfänger zum Proletariat der Falschspieler rechnen. Zum Teil arbeiten sie aber nur als „Schlepper" für die eigentlichen Falschspieler oder Bauernfänger bzw. Nepper und führen diesen Opfer zu. Ist das Tatmittel beim Nepper gewöhnlich eine Sache, so überwiegen beim Bauernfänger Dienst- und Werkleistungen, obwohl er sich u. U. im Bereich der „Gefälligkeit" halten kann.

4. Spielschwindel. Falschspiel

Beim Spielschwindel haben wir es vor allem mit den Falschspielern zu tun, die oft mit für Uneingeweihte undurchschaubaren Tricks operieren; kürzlich hat man sogar mit Funkgeräten ausgerüstete „Kiebitze" dingfest gemacht. Dieses Falschspiel ist vom z.T. ebenfalls bei Strafe verbotenen Glücksspiel zu unterscheiden, das später behandelt werden soll (§ 10-IX-7).
Kennzeichnend für das Falschspiel sind bei an sich primitiven Spielen relativ hohe Einsätze sowie ferner die Möglichkeit, den Spielablauf mit unerlaubten, regelwidrigen Mitteln zu beeinflussen. Diese lassen sich allgemein auf drei Tricks zurückführen: Präparieren von Spielgerät, verdeckte Zusammenarbeit mit anderen Spielern oder Dritten, eigene Geschicklichkeit.

Bekämpfung von Glücks- und Falschspiel – Arbeitstagung . . . vom 23. Mai bis 28. Mai 1955 – hrsg. v. Bundeskriminalamt – Wiesbaden 1955; *Wiese,* Johannes: Betrugsmöglichkeiten durch Spielveranstalter auf Volksfesten – in: TbKrim IX, S. 39 ff. (1959); *Eschenbach,* Eberhard-Joachim: Glücks- und Falschspiel – in: HdwKrim (2) I-350 ff., 360 ff.

Die Falschspieler, bei denen wir außer Gelegenheitsspielern sogar ausgesprochene Spezialisten, Berufsspieler von internationalem Format finden, arbeiten mit Spielkarten, Würfeln und allen möglichen Glücksspielen sowie mitunter auch mit Geschicklichkeitsspielen.
Die betrügerische Manipulation kann sich einmal auf die Spielgegenstände beziehen, z.B. das Zinken der Karten, Beschweren der Würfel. Allerdings scheuen Routiniers diese Tricks, die – wenngleich z.T. raffiniert ausgeführt – gute Beweise gegen sie liefern.
Deshalb bevorzugen Falschspieler gewöhnlich andere Manipulationen. Sie können aber auch in täuschenden Kunstgriffen beim Spiel selbst bestehen, wobei zuweilen – wie erwähnt – die Technik eingeschaltet wird. Die betrügerischen Möglichkeiten sind bei den einzelnen Spielarten und Spielen verschieden, insgesamt aber beträchtlich.
Sie finden sich beim Falschspiel mit Karten häufiger als präparierte Spielkarten oder technische Vorkehrungen wie Spiegel mannigfache Formen der Kooperation; Falschspiel großen

Stils wird vielfach bandenmäßig betrieben, wobei der Komplize als Mitspieler oder als „signalisierender" Zuschauer (Kiebitz) fungieren kann.

Viele Falschspieler haben nicht nur große Fingerfertigkeit, sondern beherrschen gewisse betrügerische Tricks beim Kartenmischen, durch die sie sich Vorteile verschaffen. Bei der allerdings riskanten „Kellerarbeit" werden günstige Karten gestohlen und verborgen, um im geeigneten Zeitpunkt in das Spiel gebracht zu werden.

Ebenso wie beim Kartenspiel, dessen Bedeutung für Falschspieler jedoch gegenüber früher abgenommen hat, gibt es beim Würfelspiel und anderen Glücksspielen zahlreiche Tricks, die den Zufall ausschalten und daher als betrügerisch zu werten sind.
Selbst Geschicklichkeitsspiele, wie man sie bei Volksfesten oder auf Jahrmärkten findet, können von kriminellen Schaustellern sehr leicht betrügerisch mißbraucht werden.

So gibt es immer wieder Fälle, in denen Veranstalter einer Tombola Gewinnlose zurückhalten oder bei der harmlos erscheinenden „Lustigen Nagelei" statt eines astfreien Fichtenholzbalken ein Balken aus Hartholz, geölte Hammer oder ausgeglühte Nägel verwendet werden, was den Spieler erheblich benachteiligt. Selbst bei Schießbuden bestehen zahlreiche Möglichkeiten, die Erfolgschancen arglistig zu vermindern und damit die Geschicklichkeit des Spielers mehr oder weniger auszuschalten.

Bei anderen, dem Spiel verwandten Formen der Unterhaltung wie Wette, Lotterie usw. eröffnet sich ebenfalls ein weites Feld für betrügerische Machenschaften.

Moser, K.: Rennwettbetrug – TbKrim X, S. 92 ff. (1960); *Steinke,* Wolfgang: Der Toto- und Lottobetrug in Deutschland. Eine kriminologische Untersuchung – Diss. Mainz – Mainz 1968.

5. Okkultschwindel

Reichhaltig sind ferner die Formen des Okkultschwindels, dem offenbar nicht einmal das Atomzeitalter Abbruch tun kann. Vielmehr ist das z.T. schon etwas antiquiert anmutende, aber immer noch attraktive Reservoir der Okkultisten um solche Figuren wie magische Heiler, Erdentstrahler usw. bereichert worden. Wir wollen diesen Medizinschwindel als Kurpfuscherei von anderen Fällen des Okkultschwindels unterscheiden. Nach der ausführlichen allgemeinen Schilderung dieser Phänomene (§ 6-IV) müssen in diesem Zusammenhang einige wenige Hinweise zu besonders gängigen okkulten Betrugspraktiken genügen.

Groß/Seelig (8/9) II-122 ff., 148 ff.; *Prokop,* Otto (Hrsg.): Wünschelrute, Erdstrahlen und Wissenschaft – Stuttgart 1955; *Schäfer,* Herbert: Der Okkulttäter (Hexenbanner – Magischer Heiler – Erdentstrahler) – Diss. Bonn – Bonn 1958 (= Hamburg 1959); *Schäfer,* Herbert: Der Okkulttäter – in: TbKrim XII, S. 35 ff. (1962).

a) Kurpfuscher, magische Heiler, Erdentstrahler

Kurpfuscher sind diejenigen, die mit angeblich okkulten Kräften irgendwelche medizinischen Wirkungen hervorrufen wollen. Das kann natürlich u.U. durch angebliches Hexenbannen erfolgen, welches aber wohl besser in anderem Zusammenhang zu behandeln ist, weil man Menschen dafür verantwortlich macht. Typisch sind bei diesem Medizinschwindel neben Kurpfuschern, die wertloses oder sogar gefährliches Zeug als Medizin oder unsinnige Prozeduren als Behandlung anbieten, magische Heiler, Erdentstrahler usw.; diese Okkulttäter bieten ihren Opfern Scheindiagnosen und Scheinbehandlungen. Die abergläubigen Opfer, die gewöhnlich ausdrücklich oder stillschweigend zur Kasse gebeten werden, erhalten für ihr Geld nichts oder werden sogar gefährdet. Bei ihnen dennoch mitunter zu beobachtende Zufriedenheit ist nichts anderes als frommer Selbstbetrug.

Leichtweiß: Die Kurpfuscherei – in: TbKrim XII, S. 56 ff. (1962); *Schüppert,* Roman: Kurpfuschertum und Kriminalität – Arch. f. Krim Bd. 133, S. 78 ff. (1964).

Scheindiagnosen werden auf angeblich wissenschaftliche oder eigene Methoden zurückgeführt.

Die Scheinbehandlung kann in schwindlerischen Manipulationen oder im Verabfolgen von entsprechenden Mitteln bestehen. Eine als Dr. med. in einem Badeort auftretende Schwindlerin versprach einer an Kreislaufstörungen leidenden Frau eine Frischzellenkur. Sie massierte die Kranke mehrmals mit einer Salbe, die als Einreibemittel aus einer Drogerie stammte, und kassierte dafür 100 DM.

Ein Schwindler veräußerte in einer Apotheke gekauften Gebirgswacholdersaft unter Phantasiebezeichnungen mit bis zu 500% Aufschlag an Patienten.

Noch beliebter sind bei vielen Okkulttätern psychische Formen angeblicher Heilbehandlung, insb. die bei „Heilen durch den Geist" mögliche Fernbehandlung.

b) Hexenbanner usw.

Andere Okkulttäter wie z.B. Hexenbanner wollen überhaupt böse Kräfte oder Menschen vom Opfer fernhalten oder verbannen.

Schäfer, Herbert/*Wendte,* Hugo H.: Hexenmacht und Hexenjagd. Ein Beitrag zum Problem der kriminellen Folgen des Hexenaberglaubens der Gegenwart – Hamburg o.J.

Ihre seltsamen Praktiken sind deshalb besonders gefährlich, weil für das Brimborium dieser Okkultisten oft ganz harmlose Menschen als Hexen oder Hexer herhalten müssen. Auch sie handeln im allgemeinen nicht aus Nächstenliebe, sondern lassen sich für ihre merkwürdigen Aktivitäten gut bezahlen. Selbst wenn es nicht leicht ist, diesen Okkulttätern nachzuweisen, daß sie selbst nicht an ihren nur als Mittel zum Zweck eigener Bereicherung praktizierten Humbug glauben oder sie doch um dessen Unwirksamkeit wissen, ist der Betrug hier oft der strafrechtlich ausschlaggebende Aspekt. Denn nur bei schweren Folgen, für die oft aber die Abergläubischen selbst verantwortlich zu machen sind, kann der Hexenbanner u.U. wegen fahrlässiger Tötung bzw. Körperverletzung oder anderer Delikte strafrechtlich belangt werden.

c) Wünschelrutengänger

Die Wünschelrute, auf die man bereits im Zusammenhang mit angeblichen Erdstrahlen stößt, wird – wie oben dargelegt – zuweilen für andere Zwecke und nicht nur für die Wassersuche verwendet. Mitunter geschieht das jedoch in einer Weise, die als betrügerisch zu werten ist.

Giller, W./*Prokop,* O/*Wendte,* H. H.: Eine Wünschelruten- und Schatzgräberaffäre von unvorstellbarem Ausmaß – Arch. f. Krim. Bd. 116, S. 3 ff. (1955).

d) Wahrsager, Handleser, Kartenleger

Relativ harmlose Nachfahren der römischen Aguren, die sich recht ominöser Erkenntnismittel bedienten, um die Zukunft vorauszusagen, sind Wahrsager, Handleser, Kartenleger, Horoskopen und Astrologen.

Gubisch, Wilhelm: Hellseher, Scharlatane, Demagogen? Eine experimentelle Untersuchung zum Problem der außersinnlichen Wahrnehmung und der suggestiven Beeinflussung einzelner Menschen und Menschenmassen. Kritik an der Parapsychologie – München/Basel 1961.

Selbst wenn diese Dinge mitunter mehr den Charakter von Unterhaltung haben, gibt es dennoch Menschen, die anderen mit diesem Humbug ihr Geld aus der Tasche ziehen. Häufiger ist das der Fall, wenn Hellsehen – oft per Medium – oder andere okkulten Praktiken kommerziell betrieben und genutzt werden.

e) Gaukler

Als ein Grenzfall zum Okkulten mögen hier die Gaukler erwähnt werden. Betrug kann, da es hier vielfach lediglich um Unterhaltung geht, wohl nur dann angenommen werden, wenn für den arglosen Betrachter ungewöhnlich scheinende Dinge auf „höhere Kräfte" oder „besondere Geschicklichkeit" zurückgeführt werden, obwohl in Wahrheit plumpe Tricks benutzt werden, um andere zu verblüffen und sie dafür noch bezahlen zu lassen.

Eine Gesundbeterin, der 50 Fälle nachgewiesen werden konnten, bediente sich auch zum Zwecke des „Geldsegnens" mit Erfolg eines Zeitungstricks. Sie erbat sich Geldscheine, die sie in eine Zeitung legte. Bei angeblicher Beterei ließ sie das Geld verschwinden, um dann die Zeitung, die in den nächsten drei Stunden nicht geöffnet werden sollte, in eine Kassette oder einen Schrank zu legen.

VIII. Erpressung

Strafrechtlich ähnelt die Erpressung in vielem dem Raub; letztlich bleibt als Unterscheidung eigentlich nur der in der Praxis mitunter schwer faßbare Gegensatz von Dispositions- und Wegnahmedelikt.

von Hentig, Hans: Die Erpressung – Zur Psychologie der Einzeldelikte Bd. 4 – Tübingen 1959; *Geerds,* Friedrich: Erpressung – in: HdwKrim (2) I-179 ff.; *Reinsberg,* Dietrich: Die Erpressung. Eine kriminologische, kriminalistische und strafrechtliche Untersuchung – Diss. Frankfurt a.M. – München 1970; *Windelen,* Heinz Otto: Bedrohung, Nötigung und Erpressung im Landgerichtsbezirk Mönchengladbach (1945–1954) – Diss. Bonn – o.O. (1972); *Schima,* Konrad: Epressung und Nötigung. Eine kriminologische Studie – Krim. Abh. N.F. Bd. 10 – Wien/New York 1973; *Gewaltkriminalität und Erpressung.* Tagungsberichte der Deutschen Kriminologischen Gesellschaft . . . – Kriminol. Schriftenreihe Bd. 58 – Hamburg 1975 – insb. S. 69 ff.

Sehr viel deutlicher unterscheiden sich beide Deliktstypen in der Kriminalphänomenologie. Dort erscheint der Raub als ein Gewaltdelikt, das schnell zum Ziele führen soll, weshalb die Drohung als Tatmittel nur eine Vorstufe der Gewaltanwendung verkörpert. Stellt der Raub somit gewissermaßen ein Delikt mit Initialzündung dar, ist die Erpressung ungeachtet der weithin gleichen Tatbestandsmerkmale gleichsam ein Delikt mit Zeitzünder, weil wesentliches Tatmittel hier gerade die Drohung ist; die Gewalt dient lediglich dazu, einer weitergehenden Drohung Nachdruck zu verleihen. Eben deshalb kann der Erpresser sich in aller Regel auf die zwingende Kraft seiner Drohung verlassen, wenn er den Willen seines Opfers dahin beeinflussen will, daß diese sich oder einen anderen durch eine Vermögensverfügung schädigt.

Wesentlich für die kriminologisch aufschlußreichen Erscheinungsformen der Erpressung ist der Gegensatz von ausbeuterischer Erpressung, bei welcher der Täter eine wirkliche oder angebliche Verfehlung des Opfers benutzt, um dieses durch Androhen der Indiskretion botmäßig zu machen, und von erpresserischer Bedrohung, bei welcher er durch das Androhen von Gewalt- oder Willkürakten wie Mord und Brand erst diese Zwangslage selbst schaffen muß.

Bei den zahlenmäßig mit 66–75% überwiegenden ausbeuterischen Erpressungen (auch: Schweigegelderpressung) kommt es vor allem darauf an, auf welchem Hintergrund sich die Indiskretion auswirken soll, was wesentlich von der Art der wirklichen oder angeblichen Verfehlung des Opfers abhängt. Eventuelle Strafbarkeit ist daher nicht so bedeutsam, wenn das Opfer mit sozialem Makel rechnen muß. Eben deshalb sind Ehebruch und homosexuelle Verhaltensweisen auch nach Aufhebung der Strafbarkeit immer noch geeignete Anknüpfungspunkte für den Erpresser und lassen verständlich werden, warum Erpressungen mit sexuellem Hintergrund hier eine viel größere Rolle spielen als Taten mit beruflichem oder politischem Hintergrund. Zeigen diese ausbeuterischen Erpressungen vielfach eine Ähnlichkeit mit Betrug, Korruption oder White-collar-Kriminalität, so fallen bei den erpresserischen Bedrohungen mitunter Charakteristika der Gewaltkriminalität in das Auge. Denn da der Täter sich hier nicht auf ein Fehlverhalten seines Opfers beziehen kann, muß er dieses durch Androhen von Gewalttaten oder andersartige Übel unter Zwang setzen; um einer solchen Drohung Nachdruck zu verleihen, setzen Epresser hier häufig brutale Gewalt ein. Zu dieser durchweg primitiven Form des Geschäfts mit der Furcht gehören außer der erpresserischen Kindesentführung, dem Kidnapping, andere Formen der gewinnsüchtigen Geiselnahme, wie sie gerade in den letzten Jahren – nicht nur von Terroristen – zunehmend praktiziert worden sind, um so ein Lösegeld zu erlangen. An den mit einer Geiselnahme verbundenen Menschenraub schließen sich hier also Praktiken der Erpressung an. Im übrigen ist auf das oben (§ 8-VI-2-b) zum Menschenraub und insb. zur Geiselnahme Ausgeführte zu verweisen.

Für den Modus operandi besagt diese auf den Anlaß bzw. Zweck abstellende Tattypologie jedoch wenig. Daher erscheint es kriminalistisch zweckmäßiger, bei der Verbrechenstechnik von der unterschiedlichen Situation bei bekanntem, ohne weiteres identifizierbarem Täter und bei dem in der Praxis wohl überwiegenden anonymen Erpresser auszugehen; denn insoweit ist die Tatausführung und mithin die Aufklärungsarbeit ganz unterschiedlich.

1. Bekannte Epresser

Als bekannt ist derjenige Erpresser anzusehen, dessen Persönlichkeit das Opfer kennt oder den es ohne weiteres zu identifizieren vermag. Dies ist allerdings nicht sehr häufig. Es handelt sich dann des öfteren um Fälle, in denen der Erpresser Gewalt gegen Personen anwendet, was am ehesten bei erpresserischer Bedrohung zutreffen dürfte. Bei ausbeuterischer Erpressung verzichten Täter nur dann freiwillig und bewußt auf ihre Anonymität, wenn sie infolge einer besonders prekären Zwangssituation ihres Opfers ihrer Sache relativ sicher sein können. Da das Dunkelfeld beim anonym arbeitenden Erpresser größer sein dürfte, kann nicht überraschen, daß bei den von den Strafverfolgungsorganen erfaßten Erpressungen die Anteile mitunter anders aussehen.

In vielen Fällen erpresserischer Bedrohung entspricht dagegen die Arbeitsweise des bekannten Erpressers im wesentlichen der bereits geschilderten des Räubers, weshalb es kriminalistisch in erster Linie auf die für die Gewaltanwendung typischen, auswertbaren Personen- und Sachspuren ankommen dürfte.

Im übrigen – also bei der Drohung als Tatmittel – wird man ein solches Vorgehen des Erpressers – wie gesagt – nur in solchen Fällen erwarten können, in denen er sich auf eine für das Opfer besonders unangenehme Zwangslage so verlassen zu können glaubt, daß er sich nicht scheut, seine Identität zu offenbaren.

Man könnte hier unter anderem an ausbeuterische Erpressungen auf sexuellem Hintergrund denken, wenn z.B. der Zuhälter einer Dirne oder der Komplize der beteiligten Frau als angeblicher Vater bzw. Ehemann in Erscheinung treten, um ihre Ermpörung bzw. Eifersucht durch einen entsprechend dosierten Geldbetrag besänftigen zu lassen.

Hierher gehört wohl auch der Fall des Landgerichtsdirektors Hasse, der gut zeigt, wie die Gefährdung mit höherer sozialer Position zunimmt. Als H. eine Bedürfnisanstalt in der Nähe des Landgerichts betrat, folgte ihm ein junger Mann. Da dieser sich auffällig benahm, ließ H. sich zu einer unzüchtigen Berührung hinreißen. In diesem Augenblick erschienen zwei Männer und riefen: „Was haben Sie mit unserem Bruder getan?“ Da sie mit Veröffentlichungen drohten, zahlte Hasse nach und nach 40 000 RM und stand Weihnachten 1904 vor dem Ruin.

Doch auch bei anderen Verfehlungen kann der Erpresser u.U. eine so starke Stellung haben, daß er sich nicht in die Anonymität flüchtet.

So ist das z.B. bei Beamten einer Polizeistreife gewesen, die angetrunkene Kraftfahrer durch Drohen mit einer Strafanzeige erpreßten.

Mitunter verzichten Erpresser oder doch ihre Komplizen auf Anonymität, wenn ehebrecherische, verfängliche Szenen oder sonst kompromittierende Situationen (Nacktfotos) fotografiert worden sind.

Eine nicht gerade seltene Beilage für Erpresserbriefe sind Fotos, die vom Opfer in kompromittierender Situation gemacht sind. So ging beispielsweise ein französisches Mädchen vor, das verheiratete Männer zu sich einlud, damit ihr Geliebter, dessen Studium so finanziert wurde, die Liebesszenen vom Nebenraum aus fotografieren konnte.

2. Anonyme Erpresser

In der wohl überwiegenden Zahl der Fälle (anders für Österreich: *Schima*) haben wir es jedoch mit einem anonymen Erpresser zu tun, d.h. einem Täter, dessen Persönlichkeit unbekannt ist und der sich bemüht anonym zu bleiben.

Schima, Konrad: Die anonyme Erpressung – Arch. f. Krim. Bd. 152. S. 146 ff. (1973).

Für diese Gruppe von Fällen, bei der man das größere Dunkelfeld beachten muß, ist es im Rahmen der Technik der Verbrechen u.E. aufschlußreich, auf welche Weise der Erpresser seine Anonymität zu wahren sucht, weil sich eine Kommunikation mit dem Opfer bei der Erpressung als einem Dispositionsdelikt naturgemäß nicht umgehen läßt. Selbstverständlich kann der Erpresser im Laufe seiner Tat die für den Modus operandi kennzeichnende Technik, d.h. die Kommunikationsmittel wechseln. Im übrigen aber lassen sich drei Arbeitsweisen unterscheiden, von denen die schriftliche Verbindung weit häufiger als die fernmündliche oder der persönliche Kontakt sein dürfte.

Vereinzelt soll Anonymität durch falschen Namen gewahrt werden. So erpreßten 1946 zwei Brüder als falsche Kriminalbeamte mit gefälschten Ausweisen von einem Landwirt, von dessen ehemaliger Parteizugehörigkeit sie erfahren hatten, 1500 RM, Schnaps und Lebensmittel.

a) Schriftliche Verbindung

Das wichtigste Kommunikationsmittel ist für den anonymen Erpresser die Schrift. Die dann als Antwort dienende schriftliche Mitteilung muß natürlich an eine bestimmte Stelle gerichtet sein, welche jedoch nicht mit der Anschrift des Täters identisch sein darf. Er erbittet daher die Antwort postlagernd oder unter einer Deckanschrift, wobei er überdies noch einen Boten zum Abholen oder Bringen der schriftlichen Nachricht einschalten kann.

Die Verwendung von Brieftauben ist atypisch und wohl nur als kriminalistisches Kuriosum zu erwähnen; sie führte übrigens nicht zum Erfolg, weil den Brieftauben, die das Geld befördern sollten, ein Hubschrauber der Polizei zum heimatlichen Schlag und damit zum Täter folgte.

Der seit langem bekannte Erpresserbrief, zu dem u.a. die „Brandbriefe" früherer Jahrhunderte gehören, zeigt, wie beliebt diese Form der Kommunikation bei Erpressern ist.

Ein angeblicher Dr. med. aus Südamerika, der in erstklassigen Hotels Schweizer Kurorte logierte, verführte dort verheiratete, reiche Frauen, die er dabei unbemerkt in kompromittierender Situation fotografierte. Das Opfer erhielt dann vom Gauner einen Brief, dem ein Abzug beigefügt war, mit der Forderung, eine bestimmte Summe auf das genannte Konto zu zahlen, wenn der Ehemann nichts erfahren sollte.

Daß es den Brandbrief noch gibt, beweist folgender Sachverhalt. Zwei Täter drohten in anonymen Briefen, die Anwesen zweier hessischer Bauern anzuzünden, falls nicht innerhalb einer bestimmten Frist je 2000 DM an bestimmter Stelle hinterlegt würden. Ein Brief kam wegen verspäteter Postzustellung erst nach Ablauf der Frist an; zwei Stunden später brannte die Scheune dieses Bauern.

Wichtig für diese Form der Kommunikation ist insoweit vor allem, auf welchem Weg die Antwort des Opfers erfolgen soll; hier lassen sich drei Möglichkeiten unterscheiden.

aa) Postlagernd

Eine häufiger zu beobachtende Technik der Erpresser ist die, eine Antwort postlagernd zu erbitten, wobei stark frequentierte Postämter und Hauptgeschäftszeiten bevorzugt werden. Wegen der hier möglichen Überwachung benutzen Täter zum Abholen der an sie gerichteten Post gern einen ahnungslosen Mittelsmann. Man kann u.U. auch mit Postnachsendeaufträgen operieren.

bb) Deckanschrift

Unter einer Deckanschrift ist hier eine Anschrift zu verstehen, unter welcher der Täter gefahrlos Post erhalten zu können glaubt. Nicht selten ist zudem der Inhaber der Deckanschrift völlig arglos, weil der Täter ihn mißbraucht, wenn dieser z.B. an die Post herankommen kann, um eine für ihn bestimmte Nachricht zu entnehmen.

cc) Hinterlegung an einem bestimmten Ort

Zur Deckanschrift gehört im weitesten Sinne die Hinterlegung an einem bestimmten Ort, wie sie für die Übergabe des verlangten Geldes bei anonymen Tätern geradezu üblich ist. Dabei kommen zweierlei Örtlichkeiten in Betracht. Manche Erpresser bevorzugen Orte in einsamer abgelegener Gegend, die Strafverfolgungsbeamten möglichst wenig Gelegenheit zum Verbergen, dem Täter jedoch Möglichkeit zum Beobachten der Szene geben soll. Wird ausnahmsweise einmal ein abgelegener Ort gewählt, der unübersichtlich ist, z.B. ein Friedhof, so zeugt das in aller Regel von Romantik und wenig Überlegung, was auf unerfahrene, insb. junge Täter hinweisen dürfte.

Eine Ausnahme ist die Entführung der 23jährigen Evelyn Smith, der Tochter eines wohlhabenden Vaters in Montana und Gattin eines Stahlindustriellen in Phoenix. Der Täter, der sie in ihrem eigenen, vor einem Friseursalon geparkten Wagen entführt hatte, zwang den Ehemann u.a. zu folgenden Aktionen. Nach dem ersten Anruf holte er seinen Golfbeutel in einer 60 km entfernten Tankstelle ab; er fand darin einen Zettel mit der Forderung nach 75 000 Dollar. Am nächsten Tag sollte er um 14 Uhr in Apache Innchlims sein, von dort zu Hause anrufen. Dort hatte man einen Rosenstrauß mit einem Brief abgegeben, der eine Ortsangabe enthielt. Dort fand er – und so ging es mehrfach – einen neuen Zettel mit neuem Ziel vor. Auf dem letzten wurde er angewiesen, auszusteigen und zu Fuß zu gehen. Nach einer Stunde Fußmarsch fand er die Weisung, hier die Tasche mit dem Geld zu hinterlegen. Da hörte er seine Frau schreien und sah über sich auf einer Anhöhe den bewaffneten Täter mit ihr stehen. Während er zu seiner Frau hinaufkletterte, stieg der Täter nach unten und nahm die Tasche mit dem Geld.

Andererseits kann die Wahl des Erpressers aber auch u.U. auf solche Orte fallen, die – wie Bahnhöfe, Haltestellen, Jahrmärkte, Sportveranstaltungen – sehr beliebt, weil diese es dem Täter ermöglichen, unauffällig zu beobachten und leicht unterzutauchen.

Zur letztgenannten Arbeitsweise siehe den Kriminalroman „Nightmare in Manhattan“ (Kidnapper in Manhattan) von Thomas *Walsh;* das Buch wurde mit dem amerikanischen Edgar Allan Poe-Preis ausgezeichnet.

b) Fernmündliche Verbindung

Soweit es sich um bloße Nachrichtenübermittlung handelt, kann der Erpresser sich selbstverständlich des Fernsprechers bedienen, was gerade bei die Geldübergabe vorbereitender Kommunikation heutzutage häufig ist.

Das taten außer Tillmann, der im Jahre 1958 in Stuttgart den kleinen Peter Goehner gekidnappt hatte, auch die Erpresser, die 1971 den Kaufmann Albrecht entführt hatten.

Ein Vorteil dieser Kommunikationsart ist, daß ein Erpresseranruf nur mit einigem Aufwand fixiert werden kann, was aber heute bei typischerweise mehrfachen Kontakten ebenfalls gelingt. Selbst wenn der Telefonkontakt vielfach die Beamten nicht unmittelbar zum Täter führt, bieten sich nunmehr auch hier für die moderne Kriminaltechnik versprechende Ansätze.

c) Persönlicher Kontakt

Die dritte Möglichkeit der Kommunikation zwischen dem Erpresser und seinem Opfer bzw. Mittelspersonen ist der persönliche Kontakt, der sich allerdings sehr schwierig gestaltet, wenn der Täter bei der persönlichen Entgegennahme einer Nachricht oder der Beute seine Anonymität wahren will.

Jacta, Maximilian: Kidnapping. Der Fall Lindbergh – in: Berühmte Strafprozesse IV, Amerika, o.O. 1964, S. 127 ff.

Nach der Entführung des Lindbergh-Babys im Jahre 1932, dem größten und kostspieligsten Ermittlungsverfahren der Vereinigten Staaten, z.B. hatte der Vertrauensmann des Vaters am Gitterzaun eines Friedhofes vorbeizugehen, durch den an einer vorher nicht bekannten Stelle der Erpresser seine Hand hindurchstreckte.

Etwas leichter läßt sich der persönliche Kontakt – wie bei Postsendungen – dadurch herstellen, daß zu diesem Zweck ein Bote benutzt wird, der durchaus ahnungslos sein mag. Der Täter kann dann diesen Boten überwachen und mit ihm bei geeignet erscheinender Gelegenheit Kontakt aufnehmen.

Immer wird bei solchen Kontaktaufnahmen, vor allem bei Geldübergabe, versucht, durch mehrfach geänderte Treffpunkte und -zeiten eine Überwachung durch die Polizei nach Möglichkeit zu vermeiden oder doch zu erschweren.

IX. Untreue

Die Untreue ist strafrechtlich oft als ein reines Vermögensbeschädigungsdelikt konstruiert; tatsächlich aber ist der Täter eigentlich immer zugleich auf seinen Vorteil aus. Zudem lehrt die Strafrechtsgeschichte, daß die Untreue, die ursprünglich den Unterschlagungstatbestand in bestimmten Fällen ergänzen sollte, jetzt, da man sich im Konstruktiven verloren hat, strafrechtlich sehr weit geraten ist und auszuufern droht. Überdies zeigt die Kriminologie, daß man sich nicht so sehr am Vermögensschaden, der allen Vermögensdelikten mehr oder weniger eigentümlich ist, orientieren darf, sondern das Wesen der Untreue vor allem durch eine besondere Pflichtenstellung des Täters geprägt wird, die man am besten als Vermögensfürsorgepflicht bezeichnen kann; denn diese besondere Pflicht zur Sorge für fremdes Vermögen ist es, die für den Täter auch die tatsächliche Möglichkeit mit sich bringt, sich auf Kosten dieses Dritten zu bereichern. Die bloße zum Schadenersatz verpflichtende Schädigung fremden Vermögens genügt also nicht für strafbare Untreue. Vielmehr muß wesentlicher Gegenstand des zwischen Täter und Opfer bestehenden Verhältnisses eine solche besondere Vermögensfürsorgepflicht sein, die man z.B. bei einem Filialleiter oder einem Kassierer, die Gelder unterschlagen oder vertun, bejahen kann, nicht aber beim Diebstahl einer Verkäuferin oder einer Reinemachefrau.

Zirpins, Walter/*Terstegen,* Otto: Wirtschaftskriminalität. Erscheinungsformen und ihre Bekämpfung – Lübeck 1963 n insb. S. 664 ff.

Die bei der Untreue angewendeten Praktiken dürften am ehesten zu erfassen sein, wenn wir zunächst einmal den kriminalphänomenologisch herausgearbeiteten Erscheinungsformen folgen, weil die ganz unterschiedliche Pflichtenstellung jeweils andere Arbeitsweisen bedingt. Wenn die Dinge besser als bisher erforscht sind, lassen sich dann vielleicht auch typische Modalitäten der Tatausführung bei diesen Formen unterscheiden und u.U. übergreifende Gemeinsamkeiten erkennen. Ganz überwiegend – aber nicht immer – wird die Untreue im Zusammenhang mit dem Wirtschaftsleben begangen; sie ist insoweit ein Wirtschaftsdelikt i.w.S.

1. Untreue im Wirtschaftsleben

Die praktisch bedeutsamste Gruppe von Erscheinungsformen ist die der Untreue im Wirtschaftsleben. Denn ähnlich wie bei den Wirtschaftsbetrügereien wird die kriminelle Tat hier im Rahmen und in Formen des Wirtschaftslebens begangen. Dabei lassen sich im Hinblick auf die Position des Täters im Verhältnis zum Opfer drei Formen unterscheiden:

a) Angestellten-Untreue
b) Geschäftsführer- und Teilhaber-Untreue
c) Unternehmer-Untreue

Diesen Erscheinungsformen entsprechen regelmäßig unterschiedliche Praktiken der Tatausführung.

a) Angestellten-Untreue

Die Angestellten-Untreue umfaßt solche Fälle, in denen der Täter in abhängiger, oft schon ziemlich untergeordneter Stellung für fremdes Vermögen zu sorgen hat. Mag der Straftatbestand ebenso wie das Verlangen nach restriktiver Interpretation anderes erwarten lassen, so ist dies nach wie vor die zahlenmäßig wichtigste Erscheinungsform.

Die Angestellten-Untreue, die des öfteren mit einer Urkundenfälschung verbunden ist, weist vor allem zwei für den Kriminalisten wichtige Ausführungsarten auf. Einmal wird die Untreue ohne Buchung und zum anderen zusammen mit einer falschen Buchung begangen. Pflichtverletzungen ohne Falschbuchung oder vergleichbare Manipulationen sind im allgemeinen die, was kriminelle Intensität und auch Schaden anlangt, weniger gewichtigen Fälle der Untreue.

Immerhin konnte sich ein Bankkassierer binnen fünf Monaten einen Betrag von rund 5400 DM dadurch beschaffen, daß er fast täglich einfach aus den Geldscheinbündeln Noten bis zum Wert von 300 DM herausnahm. Erst später mußte er die Fehlbeträge durch Falschbuchungen verdecken.

Typischer ist hier der Fall eines Geschäftsreisenden, der mit Kunden seines Geschäftsherrn Vorträge für eigene Rechnung abschloß.

Raffinierter sind Untreuetaten, die mit Buchführungsmanipulationen begangen werden. Dabei können falsche Vorgänge richtig gebucht oder die Buchführung kann als solche gefälscht, verfälscht oder teilweise vernichtet werden; hier muß der Kriminalist also an die Urkundenfälschung als Schlüsseldelikt denken.

Teufel, Manfred: Der Buchhaltungs-Defraudant – Kriminalistik 1971-575 ff., 630 ff.

Ein Buchhalter mit Inkassovollmacht unterschlug neun Jahre lang von ihm kassierte Beträge und verschleierte das geschickt durch Falschbuchungen.

Mitunter arbeiten derartige Untreue-Täter mit unredlichen Kunden zusammen, denen z.B. größere Mengen als in Rechnung gestellt geliefert oder unzulässige Rabatte gewährt werden.

Eine Verkäuferin gab an Bekannte Ware zu den nur für Betriebsangehörige geltenden Preisen ab.

b) Geschäftsführer- und Teilhaber-Untreue

Von Geschäftsführer- und Teilhaber-Untreue spricht man bei Tätern, die sich in leitender oder zumindest in gehobener Position befinden. Obwohl formal Arbeitnehmer, sind diese Personen materiell doch eher den Unternehmern vergleichbar, was besonders beim Teilhaber deutlich wird.

Gebräuchliche Techniken bei Geschäftsführer- oder Teilhaber-Untreue sind die illegale Verminderung des Betriebsvermögens, die Vortäuschung einer schlechteren oder günstigeren Vermögenslage des Unternehmens. Insgesamt ist die Tatausführung komplizierter und werden derartige Taten raffinierter begangen. Denn der trotz äußerlich abhängiger Stellung in der Sache unabhängigere, weithin selbständig handelnde Täter muß seine Machenschaften gewöhnlich verschleiern. Neben plumpen „Rechenfehlern“ und teilweisem Vernichten der Geschäftsbücher finden sich diverse Buchführungsmanipulationen.

Relativ simpel liegt noch der Fall des Direktors D einer Hafengesellschaft, der seinen Lagerverwalter zu einer Strafanzeige gegen Unbekannt wegen Diebstahls eines Kupferkessels veranlaßte. Denn aufgrund der Aussagen der bald ermittelten Täter wurde nicht nur festgestellt, daß der fragliche, der Firma gehörende Kessel z.T. in das Jagdhaus des D eingebaut worden war, sondern auch, daß dieses illegal von Betriebsangehörigen aus Firmenmaterial hergestellt worden war. Überdies hätte D für diesen Zweck von der Betriebsleitung noch ein Baudarlehen in Höhe von 40 000 DM erhalten.

Ein Bankdirektor gewährte einem Bankkunden nicht nur vorschriftswidrig einen Kredit und vereinbarte dafür eine zu niedrige Provision, sondern deckte Ultimo-Überbrückungen mit Scheckmanipulationen.

Eine besondere Situation ergibt sich bei Personal- und Kapitalgesellschaften.

Ein Vorstandsmitglied einer Gesellschaft stellte für diese einen Scheck aus und ließ sich den Betrag gutschreiben.

Eine Gesellschafterin und Prokuristin G eines Tiefbauunternehmens war in der Kommanditgesellschaft für den Innendienst verantwortlich, während sich der Komplementär K, ein biederer Handwerksmeister, um den Außendienst kümmerte. So gelang es der G, durch Umschreibungen im Kassenbuch und andere Manipulationen ihre privaten Rechnungen durch die Firma bezahlen zu lassen, Zahlungen von Kunden ebenso wie die von K geleistete Einlage für sich zu verbrauchen. Der Schaden des K dürfte 40 000 DM übersteigen.

c) Unternehmer-Untreue

War bei den beiden zunächst genannten Formen der Unternehmer bzw. Inhaber des Unternehmens der Geschädigte, so wirken sich Untreuehandlungen von Unternehmern üblicherweise zum Nachteil der Lieferanten, Gläubiger oder anderer Geschäftsfreunde wie Versteigerer, Treuhänder, Kommissionäre aus.
In erster Linie ist hier an Kommissionsgeschäfte zu denken, bei denen Täter die dergestalt erlangten Waren vertragswidrig verwenden und den Erlös nach Verkauf nicht abführten.

Zwischen einer Margarinefabrik M und einer Firma F, die Margarine auf Kommissionsbasis vertrieb, ergab sich zwischen gelieferter und abgerechneter Ware eine Divergenz von rund 110 000 DM. Nachdem man sich auf Anzeige der M hin lange über Preise, Provisionen und Retouren gestritten hatte, ergab eine umfassende kriminalpolizeiliche „Inventur", daß Verkäufe von etwa 70 000 DM nicht gemeldet und Zahlungen in Höhe von 40 000 DM abredewidrig nicht an M abgeführt worden waren.

2. Untreue in anderen Verhältnissen

Untreue in anderen Verhältnissen als denen des Wirtschaftslebens kommt verhältnismäßig selten vor. Man könnte hier nur an Hand der einzelnen besonderen Positionen z.B. des Vormunds, des Notars usw. gliedern. Diese Fälle haben zudem mehr individuellen Charakter, weshalb hier wohl auf weitere Ausführungen verzichten werden kann.

X. Wucher u.a.

Von den bisher nicht behandelten Vermögensdelikten interessiert kriminalistisch am ehesten noch der Wucher, der öfters als ein Vermögensgefährdungsdelikt konstruiert ist, welches Ausnutzen der Not, der Unerfahrenheit usw. bei bestimmten Geschäften voraussetzt. Die gesetzliche Regelung ist meistens überaus kasuistisch und lückenhaft, zudem gewöhnlich unpraktikabel. Schon deshalb werden derartige Vorschriften in den meisten Ländern außerordentlich selten angewandt, weshalb hier einige Hinweise genügen müssen, die aber doch auch andere Gründe für die Divergenz zwischen Strafgesetz und Lebenswirklichkeit verdeutlichen dürften.

1. Kreditwucher

Die erste und wohl wichtigste Gruppe von Erscheinungsformen ist die des Kreditwuchers. Der Täter nutzt eine Notlage oder den mangelnden Überblick bei seinem Opfer aus, um sich für den Kredit unangemessen hohe Gegenleistungen versprechen und gewähren zu lassen; so gesehen ist der Wucher – wie der Betrug – ein Preisdelikt, bei welchem der Täter jedoch die Wert-(Kredit-)Preis-Relation durch Ausbeuten einer Not- oder Zwangslage seines Opfers manipuliert. Wie in der Kriminalphänomenologie hat sich der Kriminalist vor allem mit zwei Formen des Kreditwuchers zu befassen.

a) Darlehenswucher

Beim Darlehenswucher erlangt der Täter vom Opfer für das diesem gewährte Darlehen eine weit überhöhte Gegenleistung. Dies für den Wucher charakteristische Mißverhältnis von Kreditgewährung und Gegenleistung wird natürlich üblicherweise verschleiert; es wird also nicht ohne weiteres ein offensichtlich überhöhter Zinssatz verlangt oder einfach eine viel kürzere als die übliche Jahresfrist zur Berechnungsgrundlage genommen. Man zahlt vielmehr die Darlehenssumme tatsächlich nicht in voller Höhe aus oder koppelt ein harmlos scheinendes Kreditgeschäft mit einem anderen Geschäft, das die eigentlich wucherischen Vorteile bringt.

Ein prominenter Darlehensgeber D ließ sich schon vor Jahren für auf drei Monate befristete Darlehen in Höhe von 40 000 DM und 50 000 DM „Zinsen“ in Höhe von 5000 DM bzw. 6000 DM geben. Obwohl das umgerechnet auf das Jahr Zinssätze von weit über 50% ergab, und ungeachtet der bei Kreditgeschäften üblichen Übersicherung wurde das Strafverfahren wegen Wuchers eingestellt. Nur eine falsche Aussage beim Bankrott des Schuldners verhalf diesem cleveren Zeitgenossen doch noch zu einer Strafe.

b) Stundungswucher

Der Stundungswucher läuft darauf hinaus, daß der Gläubiger gegen wucherische Vorteile befristet davon absieht, seine Forderung geltend zu machen.

Verschleiert wird das dadurch, daß neben vertretbaren Zinsen einfach die Rückzahlung eines höheren Betrags vereinbart oder sonst Gegenleistungen vom Schuldner erbracht werden.

Nicht nur mithilfe der gewöhnlich kurzen Fristen kann der Wucherer auf diese Weise Profit machen. Vielmehr gibt es auch eine wirksame Kombination beider Praktiken. Bei dieser sog. Krawattenmacherei beginnt der Täter mit einem Darlehenswucher, den er oft seinem Opfer geradezu aufschwatzt, um dann zu gegebener Zeit zum Stundungswucher überzugehen und den Schuldner ausbluten zu lassen bzw. dessen Firma schließlich für Ei und Butterbrot erwerben zu können.

2. Leistungswucher

Noch schwerer faßbar sind die Fälle des Leistungswuchers, bei welchem das Opfer nicht an Geld bzw. Kredit interessiert ist, sondern vom Täter bestimmte Lieferungen oder Leistungen selbst gegen ein unangemessen hohes Entgelt zu erlangen sucht. Allgemeine oder persönliche Mangelsituationen des Opfers sind für diese Form des Wuchers ausschlaggebend, von denen zumindest zwei genannt werden sollen.

a) Warenwucher

Beim Warenwucher geht es dem Opfer um Waren, für die es, da sie entweder anderweitig überhaupt nicht oder doch nicht legal und auf diese Weise zu erlangen sind, einen viel zu hohen Preis verspricht und ggf. zahlt.

Beispiele für derartige Praktiken des Wuchers bietet gegenwärtig vor allem die Drogenszene. Man findet sie ferner in Ländern mit Prohibitionsgesetzgebung beim Erwerb von Alkoholika. Überhaupt kann in der Situation einer Zwangsbewirtschaftung alles Mögliche zum Mittel des Warenwuchers werden.

b) Mietwucher

Der Mietwucher ist sicher weitaus mehr verbreitet, als die Statistik vermuten läßt. Nicht nur bei Wohnungsvermietung, sondern gerade bei Untermietern werden bei allgemein oder doch für Mieter besonderer Art – etwa bestimmte Ausländer – bestehender Mangellage immer wieder weit überhöhte Preise verlangt und gezahlt.

Gegenüber Untermietern kann man dieses unanständige Preisgebaren noch dadurch verschleiern, daß man vorgibt, beim Preis das Überlassen (wackliger) Möbel und (ominöser) Nebenleistungen zu berücksichtigen.

§ 10
Delikte gegen das Gemeinschaftsleben

Als Delikte gegen das Gemeinschaftsleben bezeichnen wir alle diejenigen Straftaten gegen die Allgemeinheit, die sich nicht gegen den Staat als solchen oder gegen seine Organe richten. Hier handelt es sich also um Werte, die vor allem im Interesse der Gemeinschaft geschützt werden, womit natürlich auch die einzelnen Mitglieder Schutz genießen. Doch steht beim Unrechtsgehalt hier eben nicht das individuelle Interesse im Vordergrund, sondern das Gemeinschaftsleben als solches.

Die Deliktsgruppe ist recht heterogen und weist schon deshalb in den einzelnen Ländern beträchtliche Divergenzen auf, weil die meisten dieser Straftatbestände relativ spät in das Blickfeld der Juristen gekommen sind. Denn vielfach wurde hier erst nach Ablösung der absoluten Monarchie durch andere Regierungsformen oder mit der modernen Massengesellschaft das Bedürfnis nach kriminalpolitischen Maßnahmen wirklich dringend. Trotz mancherlei Entwicklung ist in vielen Ländern der sowohl juristisch als auch kriminologisch zu verzeichnende Nachholbedarf immer noch erheblich, was selbstverständlich auch die Arbeit des Kriminalisten erschwert.

Die Delikte gegen das Gemeinschaftsleben lassen sich, um etwas Überblick zu gewinnen, am besten zu neun großen Gruppen zusammenfassen:

I. Urkundendelikte
II. Falschgelddelikte
III. Wirtschaftsdelikte
IV. Sexualdelikte
V. Gemeingefährliche Delikte
VI. Delikte gegen die Volksgesundheit
VII. Verkehrsdelikte
VIII. Verletzung sozialer Pflichten
IX. Andere Delikte gegen die öffentliche Ordnung und Sicherheit.

Dabei kann man Urkunden-, Falschgeld- und Wirtschaftsdelikte als Straftaten gegen die öffentliche Glaubwürdigkeit auffassen. Neben den von anderen Deliktsgruppen z.T. schwierig abzugrenzenden Sexualdelikten läßt sich bei den unter V. bis IX. genannten Straftaten von Delikten sprechen, die in dieser oder jener Form die öffentliche Ordnung und Sicherheit beeinträchtigen oder gefährden. Dabei können einmal – wie bei den gemeingefährlichen Delikten – mehr Belange der Sicherheit des Lebens und der Gesundheit einer unbestimmten Zahl von Menschen oder erhebliche Sachwerte im Vordergrund stehen; zum anderen kann es – wie bei Verletzung sozialer Pflichten – vor allem um das Respektieren von Grundsätzen gehen, die für das Miteinander von Menschen, also die soziale Ordnung, wesentlich sind. Mögen einige der hierher zu rechnenden Straftatbestände in den meisten Ländern schon auf eine lange Tradition zurückblicken, so kann dennoch – wie gesagt – kein Zweifel darüber herrschen, daß gerade diese Sozialdelikte im übrigen einen erheblichen Nachholbedarf sowohl in strafrechtlicher als gerade auch in kriminologisch-kriminalistischer Hinsicht aufweisen. Der zum Fehlen oder geringen Alter einschlägiger Strafvorschriften hinzutretende Materialmangel mit oft nur fragmentarischen Erkenntnissen über die tatsächlichen Gegebenheiten läßt die folgenden Ausführungen mitunter recht knapp werden. Sie erscheinen aber gerade aus diesen Gründen notwendig und sind vielleicht ein Anlaß, sich auch in diesem Bereich um einen verbesserten Wissensstand zu bemühen.

I. Urkundendelikte

Zu den Urkundendelikten rechnen wir alle kriminellen Taten, die sich so oder so auf die Urkunde als Beweismittel im Rechtsverkehr beziehen. Der insbesondere für Rechtsverkehr und Rechtspflege wichtige Beweiswert der Urkunden muß vor allem im Interesse der Gemeinschaft garantiert werden.
Im Rahmen der Urkundendelikte lassen sich nach der Art und Weise, wie der Beweis durch eine Urkunde gefährdet oder vereitelt wird, vier Grundtypen unterscheiden:
A. Urkundenfälschung
B. Falschbeurkundungen
C. Beeinträchtigen des Beweiswertes von Urkunden
D. Mißbrauch ordnungsmäßiger Urkunden
Bei den Urkundenfälschungen wird der Urkundenbeweis durch eine Täuschung über die Echtheit gefährdet; insoweit kommt es daher allein darauf an, ob die Urkunde in dieser Form von der als Aussteller erkennbaren Person herrührt, nicht aber auf die inhaltliche Richtigkeit im übrigen. Dagegen betreffen Falschbeurkundungen gerade, und zwar ohne Rücksicht auf die Urheberschaft, eine inhaltliche unrichtige, also unwahre Urkunde; das Strafrecht garantiert diese inhaltliche Richtigkeit im wesentlichen jedoch nur bei öffentlichen Urkunden. Beim Beeinträchtigen des Beweiswertes von Urkunden – den Prototyp stellt heute wohl die Urkundenunterdrückung dar – wird eine echte und wahre Urkunde dadurch mehr oder weniger unbrauchbar, daß sie vernichtet oder dem Beweisberechtigten sonst entzogen oder vorenthalten wird. Vereinzelt, nämlich bei Ausweispapieren, wird sogar der bloße Mißbrauch echter und wahrer Urkunden unter Strafe gestellt, d.h. eine täuschende Art und Weise der Verwendung derartiger Spezialurkunden.

Kienapfel, Diethelm: Urkunden im Strafrecht – Jurist. Abh. Bd. VI – Frankfurt a.M. 1967.

A. Urkundenfälschungen

Die weitaus meisten Urkundendelikte sind in der Praxis Urkundenfälschungen. Außer an die hier eindeutig überwiegenden Verstöße gegen § 267 StGB ist im deutschen Recht an die §§ 277, 279 StGB zu denken, die diese Grundsätze auf Gesundheitszeugnisse bezüglich der Eigenschaft der Medizinalperson ausdehnen. Die früher in den §§ 275, 276 geregelten, nicht sonderlich bedeutsamen Wertzeichenfälschungen hat man – wenig überzeugend – als § 148 StGB den Falschgelddelikten zugeordnet. Schließlich ist an ergänzende Strafvorschriften wie den § 268 dtsch. StGB über das Fälschen technischer Aufzeichnungen oder an gewisse Sondervorschriften für sog. Beweiszeichen zu denken, wenn diese nicht unter den Begriff der Urkunde fallen.

Betrug und Urkundenfälschung (unter Ausschluß der Korruption und der Wirtschaftsdelikte) – Arbeitstagung . . . vom 23. April bis 28. April 1956 – hrsg. v. Bundeskriminalamt – Wiesbaden 1956; *Pleying,* Hans, Horst: Das Delikt Urkundenfälschung im Landgerichtsbezirk Hagen in der Zeit von 1945 bis 1956 – Diss. Bonn – München 1971; *Stehling,* Jürgen: Die Urkundenfälschung. Ein Beitrag zur Kriminologie, Kriminalistik und strafrechtlichen Problematik dieser Gesetzesverstöße – Diss. Frankfurt a.M. – München 1973; *Stehling,* Jürgen: Zur Kriminalistik der Urkundenfälschung – Arch. f. Krim Bd. 153, S. 21 ff. (1974); *Stehling,* Jürgen: Zur Phänomenologie der Urkundenfälschung – Arch. f. Krim. Bd. 154, S. 129 ff. (1975).

Die strafrechtlichen Begehungsweisen sind phänomenologisch sowohl in der Kriminologie als auch in der Kriminalistik uninteressant. Herstellen einer echten Urkunde und Verfälschen einer echten zu einer unechten Urkunde ließen sich bestenfalls, und das nicht einmal zwingend, auf den Gegensatz von Total- und Teilfälschung bringen. Das Gebrauchen im Rechtsverkehr ist eine Begehungsweise, durch die von einer unechten Urkunde in täuschender, rechtserheblicher Weise Gebrauch gemacht wird.

Kriminalphänomenologisch kann man sich auf die Art der Urkunden konzentrieren und so zu sinnvollen und einigermaßen homogenen Erscheinungsformen der folgenden Art gelangen:

a) Wertpapierfälschungen
b) Wertzeichenfälschungen
c) Fälschungen von Sparkassenbüchern und Überweisungen
d) Fälschungen schriftlicher Privaturkunden (Quittungen, Bescheinigungen, Vertragsunterlagen, Schuldscheine)
e) Paß- und Ausweisfälschungen
f) Fälschungen schriftlicher öffentlicher Urkunden
g) Präge- und Stempelfälschungen
h) Kunst- und Antiquitätenfälschungen

Schon diese Erscheinungsformen lassen verständlich werden, warum Urkundenfälschungen vorwiegend in städtischen Verhältnissen begangen werden; der Zusammenhang mit Handel und Wandel ist unverkennbar. Urkundenfälschungen treffen daher oft mit anderen Straftaten, insb. mit Betrug (rund 50% aller Fälle) zusammen. Da der Betrug als intellektuelles Delikt in aller Regel wenig Anhaltspunkte für den für den Sachbeweis bietet, ist eine damit verbundene Urkundenfälschung kriminalistisch besonders interessant; denn den sich hier bietenden Ansätzen für Sachbeweise kommt eine Schlüsselfunktion für die Aufklärung des Betruges zu.

In der kriminalistischen Verbrechenstechnik empfiehlt es sich jedoch, von den einzelnen Fälschungsmethoden auszugehen, da sie sich auch bei verschiedenen Erscheinungsformen finden. Unberücksichtigt bleiben soll dabei allerdings im wesentlichen der z.T. auch kriminalistisch bedeutsame Unterschied von Totalfälschung und (teilweiser) Verfälschung. So gelangen wir zu den fünf großen Arten von Fälschungsmethoden.

1. Fälschung durch Handschrift

Bei der Fälschung durch Handschrift, die als Totalfälschung und auch als Verfälschung vorkommt, lassen sich vor allem Nachahmung, Pausfälschung und frei vollzogene Fälschung unterscheiden. Eine Besonderheit bietet daneben das Verstellen der eigenen Handschrift.

Michel, Lothar: Die Verstellung der eigenen Handschrift – Arch. f. Krim. Bd. 154, S. 43 ff., 65 ff. (1974).

a) Nachahmung

Eine wirklich täuschende Nachahmung setzt voraus, daß der Täter entweder die Originalschrift kennt oder er eine Vorlage von ihr besitzt. Die fremde Handschrift eignet er sich dann entweder vor der Fälschung durch gründliches Üben an oder er versucht, sie auf Anhieb nachzuahmen. Das Üben hat den Vorteil, daß verkrampfte oder gehemmte Bewegungsabläufe bei der Tat eher vermieden werden.

b) Pausfälschung

Der Vorteil der Pausfälschung besteht darin, daß ohne viel Üben ein recht genaues Abbild der Originalschrift erzielt werden kann. Probleme ergeben sich allerdings daraus, daß der Fälscher beim Nachziehen die Originalspur genau treffen muß, um die Spuren der Paustechnik zu verdecken; deshalb schreibt er beim Nachziehen oft langsam und stockend.

Das Pausen kann auf unterschiedliche Weise erfolgen. Am häufigsten wird Pauspapier benutzt; die vorgezeichnete Spur wird dann mit einem normalen Schreibmittel nachgezogen. Manche Fälscher bevorzugen das Arbeiten mit einer Lichtquelle hinter Vorlage und Schreibmaterial. Demselben Prinzip folgt das sog. „Durchfenstern“, bei welchem das Tageslicht benutzt wird, indem man Vorlage und Papier gegen eine Fensterscheibe drückt. Da bei beiden Methoden die Dicke des für die Fälschung benutzten Schriftträgers eine Rolle spielt, werden dünnere Papiere bevorzugt. Bei transparentem Papier kann man sogar ohne Lichtquelle dahinter pausen.

Wittlich, Bernhard: Testamentsfälschung. Ein Fall aus der Praxis der Schriftuntersuchung – Arch. f. Krim. Bd. 144, S. 134 ff. (1969).

c) Frei vollzogene Fälschung

Als eine weitere Fälschungstechnik bei Handschriften ist die frei vollzogene Fälschung zu nennen, bei welcher der Täter auf die nachzuahmende Originalschrift keine Rücksicht nimmt. Diese Methode muß vor allem dann benutzt werden, wenn der Täter an die Originalschrift nicht herankommen kann, er im Beisein Dritter schreiben muß oder eine andere Technik nicht beherrscht.

Diejenigen Fälle, in denen ein Täter nach Einüben der fremden Schrift die Fälschung „freihändig“ ausführt, gehören also zum Nachahmen.

d) Verstellung der eigenen Schrift

Als Sonderfall der Handschriftfälschung sei noch das Verstellen der eigenen Schrift, insb. der eigenen Unterschrift, erwähnt, eine Technik, mit welcher der Täter zuweilen der mit einer Unterschrift eingegangenen Bindung zu entgehen sucht.

2. Fälschung durch Schreibmaschine

Immer häufiger werden Urkundenfälschungen in unserer Zeit mit einer Schreibmaschine begangen.
Ein wirklich erfolgreiches Vorgehen setzt hier voraus, daß der Täter eine für ein Original in Betracht kommende Maschine oder doch eine gleicher Art und möglichst gleicher Serie benutzt, damit nicht schon insoweit bestehende Divergenzen den Verdacht der Fälschung hervorrufen. Kann der Täter nicht die Originalmaschine benutzen, so wird er möglichst darauf achten, ob sie oder die benutzte Tatmaschine verräterische Defekte aufweist, die durch Abnutzung oder Bedienungsfehler entstehen können.
Verfügt der Täter über die Original- oder eine geeignete Tatmaschine, muß er bei der Fälschung ferner an die individuelle Schreibweise eines möglichen Schreibers denken, um ein möglichst gut täuschendes Falsifikat herstellen zu können.
Werden mit einer Schreibmaschine Schriftstücke nur partiell verfälscht, ergeben sich durch notwendige Radierungen und das Einpassen der neuen Schrift noch weitere Schwierigkeiten.

3. Druckfälschungen

Die Zahl der Taten, in denen mit Druckfälschungen gearbeitet wird, ist zwar viel geringer; jedoch ist nicht nur der Schaden vielfach besonders groß, sondern auch mit erheblicher krimineller Intensität zu rechnen.
Wesentlich für derartige Fälschungen sind die Druckverfahren, mit denen Originalschriftstücke üblicherweise hergestellt werden. Der Fälscher muß also mit Verfahren wie Hoch-, Tief- oder Flachdruck einigermaßen vertraut sein. Er muß weiter über eine entsprechende Ausbildung verfügen oder sich sonst derartige Kenntnisse und Fähigkeiten angeeignet haben, sofern das nicht mit einem Komplizen der Fall ist. Denn er muß sich beispielsweise darüber klar sein, ob ein solches Druckerzeugnis im Hand- oder Maschinensatzverfahren angefertigt wird.
Hat der Täter Klarheit hinsichtlich der mitunter sogar zu kombinierenden Druckverfahren erlangt, so muß er weiter darauf achten, daß eine der Originalschrift gleiche oder möglichst ähnliche Schrifttype verwendet wird; ferner muß er die Druckfarbe berücksichtigen.
Außer diesen drucktechnischen Schwierigkeiten wird sich der Fälscher um geeignetes Material für den Schriftträger bemühen, z.B. gleiches oder ähnliches Papier benutzen, wie es für die Originalschriftstücke verwendet wird. Dies kann bei besonderen Urkunden wie Wertpapieren oder Formularen für Ausweise sehr schwierig sein, weshalb manche Täter, sofern das möglich ist, Beschaffung im Wege des Diebstahls vorziehen.

4. Prägefälschungen

Ähnlich kompliziert sind Prägefälschungen, die mittels eines Stempels durchgeführt werden. Außer an Schriftstücke ist hier ferner an Metall oder anderes Material zu denken.
Bei Schriftstücken kann eine Prägefälschung entweder mittels eines nachgemachten Stempels oder durch Übertragen eines echten Stempelabdruckes auf das Falsifikat begangen werden.

Stempelnachahmungen werden gewöhnlich aus Schiefer, Steatit, Holz oder Kork hergestellt; Metall erfordert als Material bereits graviertechnische Fähigkeiten. – Einfacher ist das Übertragen eines echten

Stempelabdrucks. Dies kann mithilfe der frischen Schnittfläche einer rohen Kartoffel oder eines Apfels erfolgen; mitunter haben Fälscher dabei ein hart gekochtes Ei benutzt. Sehr einfach lassen sich Stempelabdrücke übrigens mithilfe von Hektographenpapier übertragen.

Soll Metall als Schriftträger fungieren, so bedarf der Fälscher einer Stempelnachahmung. Gewöhnlich muß – etwa bei Motor- oder Fahrgestellnummer – an der zu prägenden Stelle zunächst die alte Prägung beseitigt werden. Das geschieht üblicherweise durch Abfeilen, Abmeißeln oder Abschleifen, sofern nicht überhaupt ein neues Metallstück eingesetzt wird. Erst dann wird mit dem nachgemachten Schlagstempel erneut geprägt.

5. Fälschen durch Radierung

Eine Urkundenfälschung kann schließlich durch Radieren begangen werden, das bei Teilfälschungen – wie angedeutet – oft eine vorbereitende Technik ist. Die Rasur dient also nicht nur dazu, Buchstaben und Zeichen zu entfernen, sondern kann sie auch verändern. Im einzelnen lassen sich zwei Methoden der Rasur unterscheiden.

a) Mechanische Rasur

Bei der mechanischen Rasur, die häufig keine allzu großen Vorbereitungen erfordert, wird je nach Art des Schreibmittels ein Radiergummi oder eine Rasierklinge benutzt, um bestimmte Schriftzeichen oder Teile derselben zu entfernen.

Ob dies mehr oder weniger leicht ist, hängt außer von der Beschaffenheit des Schriftträgers und der Art des Schreibmaterials vor allem von der Geschicklichkeit des Fälschers ab. Da Rasuren dennoch oft die Oberfläche des Schriftträgers mehr oder minder stark beschädigen, versucht der Fälscher gewöhnlich, derartige Schäden zu beheben oder zu vertuschen. So ist er beispielsweise bemüht, die beschädigte Leimung des Papiers durch Bestreichen mit Gelatinelösung, Harzseife oder einer Lösung von Harz in Alkohol wiederherzustellen.

b) Chemische Rasur

Bei der chemischen Rasur benutzt der Täter üblicherweise Oxydations- oder Reduktionsmittel in saurer oder alkalischer Lösung, insb. im Handel erhältliche Bleichmittel wie Chlorkalk, Eau de Javelle, Eau de Labaraque, Sulfitlauge, Wasserstoffsuperoxyd in Verbindung mit anorganischen Säuren wie z.B. Oxalsäure und Zitronensäure. Werden mithilfe dieser Chemikalien Tinten-, Farbstift- und Kopierstiftschriften oder Stempelabdrücke ausgewaschen, gibt es auch im Schriftträger chemische Veränderungen, die der Täter möglichst begrenzt zu halten versucht.

B. Falschbeurkundungen

Bei den Falschbeurkundungen, die bereits zahlenmäßig gegenüber Urkundenfälschungen sehr zurücktreten, empfiehlt es sich kriminologisch, nach Art der durchweg öffentlichen Urkunden zu unterscheiden. Neben unwahren Personenstands- und Sozialurkunden haben wir es vor allem mit unwahren Wirtschaftsurkunden zu tun.

Für die kriminalistische Verbrechenstechnik dürfte es jedoch mehr auf andere Gesichtspunkte ankommen, die zudem erheblich von denen der Urkundenfälschung abweichen. Denn üblicherweise handelt hier der zuständige Urkundsbeamte, weshalb sich derartige Fälschungspraktiken erübrigen.

Ebenso wie in der Strafgesetzgebung üblich sollte man kriminalistisch zwischen Fällen, in denen der Urkundsbeamte bewußt eine unrichtige Beurkundung vollzieht, und solchen unterscheiden, in denen ein Täter einen gutgläubigen Urkundsbeamten zu diesem Zweck mißbraucht. Denn die beiden damit gekennzeichneten Tatsituationen sind grundverschieden. Der „bösgläubig“ handelnde Urkundsbeamte wird vielfach ganz anders als der „gutgläubige“ vorgehen, bei dem man auf die Praktiken des Dritten, der ihn mißbraucht, abstellen muß.

1. Die unmittelbare Falschbeurkundung

Bei der unmittelbaren Falschbeurkundung haben wir es mit einem „bösgläubigen“ Urkundsbeamten zu tun, der entweder allein oder zusammen mit anderen eine unrichtige öffentliche Urkunde herstellt, d.h. Unwahres öffentlich beurkundet. Kriminalphänomenologisch dürfte es sich vor allem um Falschbeurkundungen in Personenstandsbüchern wie Geburten-, Heirats- und Sterberegistern handeln; hier ist ferner an Zustellungsurkunden sowie an Protokolle oder diesen vergleichbare Tagebücher zu denken. Andere Fälle der Falschbeurkundung, die sich bei der dürftigen Materiallage einstweilen nur schwer beurteilen lassen, sind beispielsweise Quittungen, die Steuerschuldnern mit falschem Datum erteilt werden, oder sonstige Bescheinigungen.
Für die Verbrechenstechnik kommt es, da der Urkundsbeamte vorsätzlich handelt oder mitwirkt, auf dessen Verhalten und Motive an. Neben Bequemlichkeit des Beamten und dem Verdecken eigenen Fehlverhaltens findet sich Gefälligkeit gegenüber anderen sowie das Erstreben eigenen Vorteils.

Ein Bürgermeister beurkundete eine vor ihm vollzogene Eheschließung, obwohl die Verlobten überhaupt nicht erschienen waren.

Zustellungen werden unrichtig beurkundet, weil sie durch eigene Schuld des Beamten verspätet erfolgen. Das findet sich außer bei Gerichtsvollziehern auch bei Postbeamten; ein solcher beurkundete eigene Zustellung, obwohl er sie aus Bequemlichkeit seinem Bruder überlassen hatte.

Wegen irrtümlich verfrühter Entlassung eines Strafgefangenen wird ein späterer Termin in das Gefangenenjournal eingetragen.

Ein anderer Bürgermeister beurkundete als Standesbeamter eine unrichtige Anerkennung der Vaterschaft. Er wußte, daß die tatsächlich abgegebene Erklärung unrichtig war.

Ein Fleischbeschauer beurkundete aus Gefälligkeit Tauglichkeit von Kalbfleisch, obwohl er es als krank und untauglich befunden hatte.

Ein Gerichtsvollzieher fertigte ein Versteigerungsprotokoll an, das unrichtig war, weil statt des wirklich erzielten Überschusses von 55,90 RM nur ein Betrag von 3,70 RM angegeben wurde.

2. Die mittelbare Falschbeurkundung

Eher noch unübersichtlicher ist bisher die mittelbare Falschbeurkundung, bei welcher ein Außenstehender einen „gutgläubigen“ Urkundsbeamten mißbraucht, um eine inhaltlich unwahre öffentliche Urkunde zu bewirken. Vermutlich ist hier der Anteil falscher Beurkundungen des Personenstandes eher noch größer und kommt man allein bei dieser Erscheinungsform auf mehr als 50% derartiger Fälle. Als besonders gefährdet erscheinen neben Standesbeamten gewisse Strafvollzugsbeamte, die veranlaßt werden, unrichtige Angaben in

Gefangenenbüchern u.dgl. einzutragen. Aber auch unrichtige Beurkundungen durch Sozialbehörden spielen in der Praxis ebenfalls eine Rolle. Daneben sind Falschbeurkundungen von wirtschaftlicher Relevanz – nicht nur in Zeiten einer Zwangsbewirtschaftung – zu erwähnen.

Im Rahmen der Verbrechenstechnik wird man unterscheiden müssen, ob der Dritte, der den Urkundsbeamten zu einer gutgläubigen Falschbeurkundung veranlaßt, allein mit unrichtigen Angaben operiert oder ob er zu diesem Zweck unrichtige Urkunden bzw. andere Dokumente vorlegt bzw. derartige Dinge täuschend verwendet; mitunter bestätigen allerdings Mittelspersonen derartige Angaben.

Lediglich unrichtige Angaben findet man bei mittelbaren Beurkundungen im Strafvollzug, da man hier wegen der Nachteile, die der Betroffene zu erwarten hat, mitunter eine Nachprüfung als vermeintlich überflüssig unterläßt. Typisch sind ferner Fälle, in denen der Dritte unter falschem Namen lebt oder doch einmal so auftritt, um einen Prozeß für einen anderen zu erledigen oder für ihn eine Freiheitsstrafe abzusitzen. Manchmal wird nur ein falsches Geburtsdatum beurkundet. Derartiger Rollentausch ist aber auch schon bei Prüfungen in Schulen und Universitäten vorgekommen. Seltener sind derartige Praktiken beim Mißbrauch von Standesbeamten, die gewöhnliche Vorlage von Dokumenten verlangen. Insgesamt also erleichtert eine unangenehme Rolle des Dritten derartige Machenschaften, weil der Beamte eher von möglicher Nachprüfung absieht.

Immerhin ist es vorgekommen, daß der Tod einer alten Frau, was den Ort anlangt, auf falsche Angaben des Witwers hin unrichtig beurkundet worden ist.

Häufiger sind Fälle, daß jemand unter falschem Namen festgenommen, angeklagt und verurteilt wird, was zur Folge hat, daß er dann unter diesem falschen Namen bei Strafverbüßung in Gefangenenbüchern eingetragen wird.

Insgesamt häufiger arbeitet der Dritte, der einen Urkundsbeamten hinter das Licht führen will, mit falschen Urkunden u.dgl.; hier ist also der Gesichtspunkt der Urkundenfälschung zu beachten.

Nicht nur in der Nachkriegszeit sind Standesbeamten gefälschte Dokumente, die Rückschlüsse auf den Personenstand ermöglichen sollen, vorgelegt worden, um eine entsprechend unrichtige Beurkundung zu bewirken. Eine solche liegt ebenfalls vor, wenn mit der beglaubigten Abschrift einer unrichtigen Vaterschafts-Anerkennung gearbeitet wird.

Eintragung unter falschem Namen in die Musterrolle hat ein Seemann mithilfe eines gefälschten Seefahrtsbuches erlangt.

Waren in Notzeiten Falschbeurkundungen wegen unrichtiger Angaben in bezug auf bewirtschaftete Waren nicht selten, gehört hierher eine mit gefälschten Unterlagen erschlichene Beurkundung durch Wirtschaftsbehörden.

Ein Fleischbeschauer stempelte aufgrund von Machenschaften des Täters, der alles wußte, gutgläubig untaugliches Fleisch mit dem amtlichen Stempel als tauglich.

C. Beeinträchtigungen des Beweiswertes von Urkunden

Praktiken, die wie die Urkundenunterdrückung oder das Verrücken von Grenzsteinen darauf abzielen, den Beweiswert von Urkunden zu beeinträchtigen, sind zwar relativ alte Deliktstypen, haben heute aber nur noch untergeordnete Bedeutung.

Kriminalistisch ist lediglich zu beachten, daß bei der hier üblichen Gewalt gegen die Urkunde als Sache gewöhnliche Spuren entstehen, die einen Sachbeweis ermöglichen; im übrigen ist beim gewaltlosen Beiseiteschaffen die Situation eine ähnliche wie beim Diebstahl.

D. Mißbrauch ordnungsgemäßer Urkunden

Nur der Vollständigkeit halber sei schließlich der Mißbrauch von Ausweispapieren erwähnt, der für den Kriminalisten vor allem unter dem Aspekt interessant ist, solche Machenschaften möglichst zu erschweren. Im übrigen kommt es für die Verbrechenstechnik auf ähnliche Probleme wie beim Diebstahl oder aber – in Fällen der Kooperation mit dem Ausweisinhaber – auf Personalbeweise an.

Denn die Fälschung von Ausweisen gehört in die Problematik der Urkundenfälschung. (Oben A.)

II. Falschgelddelikte

Die Falschgelddelikte sind strafrechtlich Spezialfälle der Urkundendelikte. Kriminologisch zeigen sich allerdings bemerkenswerte Unterschiede, wobei die Falschgelddelikte aber insgesamt als gewöhnlich schwerwiegende Gesetzesverstöße erscheinen, die nicht nur den Einzelnen mehr oder weniger hart treffen, sondern u.U. sogar die gesamte Volkswirtschaft stören können. Das zeigt bereits die lange, in Europa mit den ersten Münzen des 7. Jahrhunderts v. Chr. einsetzende Entwicklung der Falschgelddelikte (vgl. § 4).
Ebenso wie in der Kriminalphänomenologie müssen wir zunächst einmal zwischen dem Herstellen und dem Absatz von Falschgeld und sodann beim Herstellen noch zwischen Hartgeld- und Banknotenfälschungen unterscheiden.

Bekämpfung des Falschgeldunwesens – Bericht . . . – hrsg. v. Bundeskriminalamt – Wiesbaden 1954; *Kallenborn,* J. W.: Internationale Münz- und Banknotenfälscher – in: Internationale Verbrechensbekämpfung, hrsg. v. Bundeskriminalamt, Wiesbaden 1960, S. 131 ff.; *Steinke,* Richard: Geldfälschungsaktionen – in: TbKrim XV, S. 53 ff. (1965); *Huelke,* Hans-Heinrich: Geldfälschung – in: HdwKrim (2) I-254 ff.; *Schmiedl-Neuburg,* Dieter: Die Falschgelddelikte. Ein Beitrag zur Kriminologie, Kriminalistik und strafrechtlichen Problematik dieser Gesetzesverstöße – Diss. Frankfurt a.M. (= KrimWissAbh 2) – Lübeck 1967; *Steinke,* Richard: Geldfälschungen heute – Kein technisches Problem – in: TbKrim XIX, S. 149 ff., (1969); *Steinke,* Richard: Stand und Entwicklungstendenzen der Falschgeldkriminalität – in: TbKrim XXIII, S. 161 ff., (1973).

A. Herstellen von Falschgeld

Im Verhältnis zum Absatz umfaßt das Herstellen von Falschgeld die im allgemeinen sehr viel schwereren Verstöße. Es geht dem Geldfälscher darum, mit möglichst geringem Aufwand solche Falsifikate herzustellen, die jedenfalls bei einer nicht besonders intensiven Prüfung als echt angesehen werden.

Nivera, Wilhelm: Kriminalpraxis. Ein Leitfaden – 2. Aufl. – Lübeck 1968 – insb. S. 101 f.

Naturgemäß sind die Techniken der Fälscher bei Herstellung von Banknoten und von Münzen grundverschieden.

1. Herstellen falscher Banknoten

Hergestellt werden vor allem falsche Banknoten, nur relativ selten noch falsches Hartgeld, weil dessen Werte gemessen am Aufwand zu gering sind. Dabei erfordert eine erfolgreiche Fälschung von Banknoten insgesamt gesehen mehr Fertigkeiten als die meisten Techniken der Münzfälschung. Die Produktion erfolgt häufig im Ausland, weil sie dort eher unbemerkt bleibt (Genfer Konvention vom 20. 4. 1929). Vor allem haben es die Hersteller falscher Banknoten, der sog. Blüten, oft auf Massenproduktion angelegt. Deshalb überwiegen die gemeinschaftliche Begehung oder das Handeln einer organisierten Bande.
Praktiken der Verfälschung kommen nur vereinzelt – vor allem bei ausländischen Banknoten – vor, weil hier relativ leicht Mißtrauen erregt wird. Dennoch haben Fälscher damit zuweilen seltsame Erfolge erzielt.
Bei der in der Praxis völlig dominierenden Totalfälschung lassen sich mannigfache Verbrechenstechniken beobachten, wenngleich Druckverfahren der verschiedensten Art überwiegen.

a) Handzeichnung

Die Handzeichnung als Modus operandi setzt nämlich außerordentliche Fähigkeiten und, wenn die Täuschung gelingen soll, beinahe einen Künstler oder besser einen technischen Zeichner voraus. Das Verfahren ist langwierig und lohnt sich wiederum nur bei höheren Noten, deren Absatz sich dann aber wieder schwieriger gestaltet. Diese Arbeitsweise, die sich gewöhnlich auf einzelne Falsifikate beschränkt, findet sich dementsprechend vor allem bei Einzeltätern.

Immerhin hat es im Jahre 1951 ein gewisser Kerner in mühseliger Arbeit durch Übertragen des Notenbildes auf geeignetes Papier und Kolorieren sogar geschafft, auf diese Weise dreißig 20-, zwanzig 10-und fünf 50-DM-Noten herzustellen.

b) Druckverfahren

Bei der Fälschung von Banknoten überwiegen heute jedoch – wie gesagt – eindeutig die verschiedenen, mitunter kombinierten Druckverfahren (Hoch-, Tief- und Steindruck), die allerdings gewisse fachmännische Fähigkeiten und das Vorhandensein der notwendigen Einrichtung voraussetzen. Die schwierigste Arbeit ist hier die Herstellung der Druckformen; z.T. bedient man sich dabei der Fotografie. Obwohl Selbstbau der zum Druck erforderlichen Geräte möglich ist, bemühen sich jedenfalls Banden darum, Druckereifachleute für sich zu gewinnen; denn die richtigen Druckstöcke sind kaum zu erlangen. Auch muß einigen räumlichen Gegebenheiten genügt sein, die aber nicht so anspruchsvoll wie beim Prägeverfahren sind. Neben dem Druck bereitet dem Täter vielfach das Material Schwierigkeiten. Denn es geht nicht nur um ähnliches Papier, sondern ebenso um Sicherungen in Form von Wasserzeichen, Textilfäden oder Metallfolien. Nur selten gelangen Täter über handwerkliche Methoden zu gewissermaßen industrieller Produktion hinaus.
Alle diese Schwierigkeiten umgehen Täter, die einen graphischen Betrieb einschalten können, z.B. Banknoten angeblich zu Reklamezwecken verwenden wollen.

Noch effektiver wurde – mithilfe gefälschter Urkunden – im Jahre 1925 die portugiesische Banknoten-Affäre eingefädelt. Die Täter täuschten einer englischen Druckerei, die auch für den Staat Banknoten produzierte, einen staatlichen Auftrag der Verwaltung von Angola vor. Es wurden 580 000 Banknoten zu 500 Escudos mit natürlich ausgezeichneter Qualität angefertigt, von denen über 200 000 abgesetzt werden konnten, ehe die ganze Serie eingezogen werden mußte.

1958 beschafften sich zwei Belgier Druckplatten von 1000-bfrs-Noten, indem sie bei der Klischeeanstalt mit einem einrahmenden Werbetext Reklamezwecke vorgaben. Sie wurden gefaßt, da eine Firma in München, bei der gleichzeitig angefragt worden war, stutzig wurde, weil sie keine Nummern auf den Klischees haben wollten.

c) Fotoverfahren

Für die mitunter zur Banknotenfälschung verwendeten Fotoverfahren muß der Täter außer über einige Sachkunde vor allem über die erforderlichen Geräte verfügen; die Reproduktionen müssen sodann gewöhnlich noch koloriert werden. Ein täuschender Effekt wird dadurch erschwert, daß für solche Verfahren verwendetes Material durchweg sehr vom üblichen Notenpapier abweicht, was weitere Maßnahmen notwendig werden läßt.

d) Technische Manipulationen

Schließlich finden sich zuweilen noch technische Manipulationen, durch die man Banknoten fälscht. Das Primitivste ist insoweit das Zusammenkleben zu Reklame- oder Propagandazwecken hergestellter einseitig mit Notendruck versehener Papiere.

So verwendete man u.a. bei der Bundestagswahl 1957 verteilte Wahlpropagandazettel, um Falschgeldblüten zu produzieren, die entsprechend dick und primitiv – z.B. gleichseitig – ausfielen. Dennoch hielt die Bundesbank bis zum 1. 10. 1958 insgesamt 2075 derartiger Falsifikate an. In Schleswig-Holstein waren es 131 Blüten; in 23 Fällen wurde der Vertreiber ermittelt.

Andere wiederum machen sich bei entsprechender Geduld die Mühe, aus echtem Papiergeld mehr zu machen, indem sie mehrere Banknoten so kunstfertig schneiden und wieder zusammenkleben, daß man aus den verbleibenden Resten eine weitere, aber falsche Banknote fertigen kann, die auf den ersten Blick erstaunlich echt aussehen kann. Diese Falsifikate nennt man Systemnoten.

Einfacher machen es sich Täter wie eine Frau, die lediglich 20-DM-Scheine aufspaltete und daran Teile alter ungarischer Scheine klebte.

2. Herstellen falschen Hartgeldes

Das Herstellen falschen Hartgeldes läßt sich am besten nach der Arbeitsweise des Täters erfassen. Auf das Kippen und Wippen (früher § 150 dtsch. StGB a.F.) als eine inzwischen historische Methode brauchen wir wohl nicht mehr einzugehen; sowohl im Hinblick auf das für echte Münzen verwendete Material als auch auf den Arbeitsaufwand ist diese uralte Verbrechenstechnik heute nicht mehr sinnvoll.

a) Gußverfahren

Relativ einfach ist falsches Hartgeld im Gußverfahren herzustellen. Man verwendet hierzu beispielsweise Gipsformen, die man für beide Seiten von einer neuen Münze gemacht hat. Dann verbindet man beide Formen, gießt das Fälschungsmaterial hinein, das in aller Regel keinen besonders hohen Schmelzpunkt (unter 400 Grad) hat, und bemüht sich, die bei diesem Verfahren besonders verräterische Randnaht zu entfernen. Auch fühlen sich diese Stücke oft anders als echtes Geld an und haben einen anderen Klang als dieses. Zudem lassen sich die Gipsformen nur begrenzt verwenden.

Der Fälscher Bohmann aus Frankfurt mußte daher 120 Gipsformen anfertigen, um seine 2700 Falsifikate herstellen zu können. Ähnlich sind Fälschungen im Sandformgußverfahren, bei dem sich – Fachwissen vorausgesetzt – mit einem Abguß nur ein einzelnes Falsifikat herstellen läßt. Dennoch produzierte der Fälscher Kogler auf diese Weise im Jahre 1955 über 400 5-DM-Stücke.

Besser haltbar sind Metallformen, sog. Kokillen, die aus Kupfer, Zink, Eisen oder Aluminium hergestellt werden. Man kann dann sogar das Preßgußverfahren anwenden, das bessere Falsifikate zu bringen pflegt.

Dem Kokillenguß ähnelt das Preßgußverfahren, bei welchem das flüssige Metall unter hohem Druck in die Kokille gepreßt wird.

Zahntechniker oder Goldschmiede bedienen sich ferner des Schleudergußverfahrens, für das man ein Wachsmodell der Münze in Christobalith oder Durotherm einbettet. Durch ein kleines, in die Masse hineingeschlagenes Loch wird dann mithilfe eines Schleudergeräts die Legierung in den so entstandenen Hohlraum gepreßt.

Auf diese Weise hat eine Zahntechnikerin über 100 Falsifikate produziert.

b) Galvanoplastikverfahren

Vereinzelt bedienen sich Falschmünzer des Galvanoplastikverfahrens, bei dem vorbereitete Falsifikate galvanisch mit einer täuschenden, hauchdünnen Metallschicht überzogen werden. Zwar werden selbst feinste Einzelheiten besser als beim Guß wiedergegeben, doch sind die Falsifikate ebenfalls gewöhnlich am Rand und am Klang leicht zu erkennen.

Gute Galvanos lieferte jedoch der Fälscher Lukaszcyk, der mit einem im Schuhschrank untergebrachten galvanischen Bade Tausende 1-, 2- und 5-DM-Stücke herstellte.

c) Prägeverfahren

Die beste Herstellungsmethode für falsches Hartgeld ist das Prägeverfahren, das auch von der staatlichen Münze verwendet wird. Doch macht dieses Verfahren erhebliche Kosten und Schwierigkeiten, weil u.a. das Arbeitsgeräusch sehr laut ist. Überdies bringt die hier angezeigte Verwendung harter Metalle auch sonst mancherlei Schwierigkeiten mit sich.

Immerhin hat der Fälscher Salaton in den 20er Jahren im Keller einer von ihm in Berlin gemieteten Villa mit einer Prägemaschine etwa 60 000 falsche 2-RM-Stücke herstellen können.

B. Absetzen von Falschgeld

Beim Absetzen von Falschgeld besteht kein erheblicher Unterschied zwischen falschen Banknoten und falschem Hartgeld. Lediglich der kleinere Wert des Hartgeldes erschwert es, dies in echtes Geld umzusetzen, welches man beim Absatz in möglichst großer Menge zu erlangen trachtet.

1. Absatz als Ware

Der Absatz von Falschgeld als Ware, der einen bösgläubigen Erwerber voraussetzt, erfolgt im allgemeinen in beträchtlichen Mengen. Es gibt sogar Falschmünzerbanden, die sich auf die Produktion, und andere, die sich auf den Vertrieb beschränken; diese verkehren wie Wirtschaftsunternehmen miteinander. Auch gibt es Kriminelle, die sich wie ein Zwischenhändler betätigen. Zwischen einer Fälscher- und einer Vertriebsorganisation besteht regelmäßig keine organisatorische Verbindung.

2. Absatz als Zahlungsmittel

Anders ist die Lage wenn das Falschgeld als Zahlungsmittel verwendet werden soll, um dafür beim Wechseln echtes Geld und Werte oder überhaupt nur Werte zu erlangen. Die Arbeitsweise aller Absatzpersonen läuft in der Regel darauf hinaus, für die Falsifikate möglichst viel echtes Wechselgeld zu erhalten. Zu diesem Zweck müssen diese Täter als Käufer auftreten, wobei kleinere Läden, Kioske u.dgl. bevorzugt werden; aber auch Lichtspielhäuser, andere Veranstalter und selbst Automaten werden mit Falsifikaten beglückt. Hier ist weniger mit kritischer Prüfung durch besonders geschultes Personal als in Zahlstellen zu rechnen; zudem kann man ungünstige Lichtverhältnisse oder den Andrang der Hauptgeschäftszeit ausnutzen.
Schließlich können der absetzende Täter oder sein Komplize das Opfer auf alle mögliche Weise ablenken, um eine genauere Prüfung zu verhindern.

Ein Täter nahm vor der Bundestagswahl 1957 Zigarettenhändler mit politischen Reden in Anspruch, um falsche 10-DM-Scheine abzusetzen.

Ein anderer Delinquent mimte bei Geschäftsschluß in Fachgeschäften den eiligen Kunden, der noch einen wertvollen Gegenstand kaufen wollte. Er spekulierte richtig, daß deswegen und wegen des guten Geschäfts vor Feierabend die Blüte nicht genauer in Augenschein genommen zu werden pflegt.

Im einzelnen ist der Absatz allerdings ganz unterschiedlich organisiert. In der Reihenfolge der festgestellten Häufigkeiten finden sich folgende Absatzpraktiken.

a) Einzelgänger

Einzelgänger, die mit den Herstellern identisch sein können, gehen vielfach besonders vorsichtig vor. Sie haben oft nur ein Falsifikat bei sich, um sich im ungünstigen Fall leichter herausreden zu können; ansonsten werden die mitgeführten Falsifikate mehr oder weniger raffiniert versteckt.

Eine Arbeitsteilung zwischen Fälschen und Absetzen durch verschiedene Einzelpersonen findet man naturgemäß häufiger bei Ehepaaren.

b) Mehrere Partner

Erfolgt der Absatz durch mehrere Täter, so kann einer von ihnen wie ein Einzelgänger arbeiten, während ein anderer, der weitere Falsifikate bei sich führt, im Hintergrund bleibt.

Ein Drucker setzte zusammen mit einem Komplizen auf dem Heidelberger Volksfest im Jahre 1955 falsche 5-DM-Münzen ab, die sie sich jeweils von einem dritten Täter holten, der ihnen mit einem Koffer folgte.

Eine Ehefrau, die das Falschgeld so absetzte, daß sie zunächst eine große echte Note anbot, um auf die Frage nach kleinerem Geld dann mit einem Falsifikat zu bezahlen, holte jeweils Nachschub von ihrem Mann, der in seinem Kraftwagen wartete, in welchem die gekaufte Beute sogleich verstaut wurde.

c) Organisierte Bande

Bei Absatz durch organisierte Banden kann nicht nur eine Aufgabenverteilung auf mehrere Partner erfolgen, sondern wird häufig ein genauer Absatzplan erarbeitet, der einerseits großen Absatz und andererseits möglichst viel Sicherheit verspricht. Sind die Praktiken an sich ähnlich wie bei mehreren Partnern, so erfolgt der Absatz hier doch oft schlagartig und ggf. sogar in mehreren größeren Städten, um durch zeitliche Begrenzung das Risiko zu vermindern.

Derartige Banden arbeiten häufiger mit Falschgeld in fremder Währung, das nicht so leicht als unecht erkannt wird.

Eine Bande ließ zunächst mit echtem Geld Schmuck kaufen, um dann am nächsten Tag wertvollen Schmuck mit Falschgeld zu bezahlen.

Maler und Komplizen kauften Pelze und Uhren; sie bezahlten mit gebündeltem Falschgeld, wobei oberster und unterster Schein echt waren.

Einen besonderen Trick versuchte eine Kölner Bande, welche bei einer Münchener Bank ein Darlehen zu erhalten suchte, wofür sie 16 000 falsche Dollar als „Sicherheit" anbot.

III. Wirtschaftsdelikte

Den Urkunden- und Falschgelddelikten verwandt ist die Gruppe der (echten) Wirtschaftsdelikte, die wir hier in dem engeren Sinne verstehen, daß es sich um Straftatbestände handeln muß, die primär die Wirtschaftsordnung und ihr Funktionieren schützen sollen. Demgegenüber handelt es sich bei den Wirtschaftsdelikten i.w.S. wie Betrug, Untreue, Unterschlagung usw. um Delikte gegen das Vermögen des Einzelnen oder dgl., die lediglich häufig im Zusammenhang mit dem Wirtschaftsleben begangen werden; hier wird der Wirtschaftsverkehr also nur mittelbar geschützt.

Nahezu alle hier interessierenden Tatbestände finden sich in Nebengesetzen. Eine Ausnahme bildet beispielsweise im dtsch. StGB insoweit nur der § 265, durch den Versicherur ,smißbrauch teilweise unter Strafe gestellt wird.

I rtling, Günter: Wirtschaftskriminalität – BKA 1956/1; *Wirtschaftsdelikte* (einschließlich der Korruption). Arbeitstagung . . . vom 8. April bis 13. April 1957 – hrsg. v. Bundeskriminalamt – Wiesbaden 1957; *Terstegen:* Die sog. „Weiße-Kragen-Kriminalität" unter besonderer Berücksichtigung des Entwurfs – in: Strafrechtspflege und Strafrechtsreform, hrsg. v. Bundeskriminalamt, Wiesbaden 1961, S. 81 ff.; *Grundfragen der Wirtschaftskriminalität.* Arbeitstagung . . . vom 27. Mai bis 1. Juni 1963 – hrsg. v. Bundeskriminalamt – Wiesbaden 1963; *Zirpins,* Walter/*Terstegen,* Otto: Wirtschaftskriminalität. Erscheinungsformen und ihre Bekämpfung – Lübeck 1963; *Wirtschaftskriminalität – Sachverständigengutachten* – hrsg. Armend Mergen – Kriminol. Schriftenreihe Bd. 43 – Hamburg 1969; *Gemmer,* Karlheinz: Die Techn.k des Wirtschaftsstraftäters – in: Kriminalpolizei und Technik, hrsg. v. Bundeskriminalamt, Wiesbade. 1967, S. 125 ff.; *Wirtschaftskriminalität und Wirtschaftskriminalistik* – GrKrim 2 (1967); *Geerds* ⁻ iedrich: Probleme der Wirtschaftskriminalität und ihrer Bekämpfung – in: Kriminalistik 1968, S. 4 ff., 300 ff., 356 ff.; *Tiedemann,* Klaus: Die Verbrechen in der Wirtschaft. Neue Aufgaben f" strafjustiz und Strafrechtsreform – Recht-Justiz-Zeitgeschehen Bd. 10 – Karlsruhe 1970; *irtschaftskriminalität. Weiße-Kragen-Kriminalität* – GrKrim 13/1 (1974); *Berckhauer,* Friedrich Helmut: Wirtschaftsdelinquenz. Eine Bibliographie – hrsg. v. Max-Planck-Institut f. ausl. u. internat. Strafrecht – Freiburg i.Br. 1975; *Opp,* Karl-Dieter: Soziologie der Wirtschaftskriminalität – München 1975; *Teufel,* Manfred: Zur Kriminologie der Wirtschaftsdelikte. Ein Überblick – Arch. f. Krim Bd. 155, S. 129 ff. (1975).

Trotz zunehmenden Interesses für die Probleme der Wirtschaftskriminalität ist der ganze Bereich kriminologisch und kriminalistisch bisher nur unvollkommen erforscht. Obwohl daher und wegen des gewaltigen Umfangs dieser Spezialmaterie die folgenden Ausführungen z.T. skizzenartig bleiben müssen, soll doch der Versuch unternommen werden, einen Überblick über das Vorhandene zu geben und einige Gesichtspunkte aufzuzeigen.
Selbstverständlich müssen hier eine ganze Reihe von Komplexen ausgeklammert bleiben, die sich entweder nur in Spezialarbeiten nutzbringend darstellen lassen oder bei denen die Materiallage besonders schlecht ist. Hierzu gehört beispielsweise außer Delikten des Gesellschaftsstrafrechts auch die übrige Problematik unlauterer Wirtschaftsunternehmen und Schwindelfirmen, der Buchführungs- und Bilanzdelikte sowie im wesentlichen die Delinquenz im Bank- und Kreditwesen, soweit sie nicht nach anderen Strafvorschriften zu erfassen ist. Dasselbe gilt für Geheimnisverletzungen und Computer-Kriminalität, die z.T. im Wirtschaftsleben gerade besonders bedeutsam ist.

Zirpins, Walter: Von Schwindelfirmen und anderen unlauteren (kriminellen) Unternehmen des Wirtschaftslebens – BKA 1959/1; *Gössweiner,* Theodor: Wesen und Probleme der Bilanzdelikte – Strafrecht. Strafverfahren. Kriminologie Bd. 31 n Neuwied/Berlin 1970; *Tiedemann,* Klaus/*Cosson,* Jean: Straftaten und Strafrecht im deutschen und französischen Bank- und Kreditwesen – Köln/Berlin/Bonn/München 1973; *Tiedemann* , Klaus/*Sasse,* Christoph: Delinquenzprophylaxe, Kreditsicherung und Datenschutz in der Wirtschaft – Köln/Berlin/Bonn/München 1973; *von zur Mühlen,* Rainer A. H.: Computer-Kriminalität – Gefahren und Abwehrmaßnahmen – Berlin/Neuwied 1973; *Sieben,* Günter u.a.: Bilanzdelikte – BKA-Forschungsreihe 1 – Wiesbaden 1974.

Im einzelnen bleiben somit folgende Delikte bzw. Deliktsgruppen zu behandeln:
A. Preistreiberei
B. Warenfälschungen
C. Unlauterer Wettbewerb
D. Verletzung von Patenten, Gebrauchsmustern und Warenzeichen
E. Unzulässige Wettbewerbsbeschränkungen
F. Versicherungsbetrügereien
G. Steuer- und Zolldelikte
H. Insolvenzdelikte

A. Preistreiberei

Die Preistreiberei ist nur in einigen Ländern und dort in recht unterschiedlicher Form unter Strafe gestellt. Die Vorschriften sind wie § 4 dtsch. Wirtschaftsstrafgesetz vom 9. 7. 1954 weitgehend ineffektiv, obwohl diesem Preisdelikt, das man auch als Sozialwucher bezeichnen kann, nicht unerhebliches Gewicht zukommen kann.
So lassen sich bei dem bisher dürftigen Material einstweilen nur drei Erscheinungsformen aufzeigen, die sowohl für Kriminologen als auch für Kriminalisten von Nutzen sein dürften, obwohl näherer Aufschluß über die Arbeitsweise der Täter dringend nötig ist.
a) Von einer **unzulässigen Preisregulierung** läßt sich außer bei einer unzulässigen Preisabrede, die von gleichrangigen Wirtschaftssubjekten eines mehr oder weniger großen Gebietes getroffen wird (horizontale Absprache), bei der wohl noch häufigeren (vertikalen) Preisbindung sprechen; hier veranlaßt ein höherrangiges Wirtschaftsunternehmen andere, von ihm abhängige Wirtschaftssubjekte bestimmte oder „empfohlene“ Mindestpreise nicht zu unterschreiten.

b) Zu einer **unzulässigen Preisgestaltung** aufgrund wirtschaftlicher Machtstellung kann es einmal durch natürliche oder rechtliche Monopolstellung und zum anderen durch eine Mangellage kommen, die bestimmten Wirtschaftssubjekten eine dem Monopol ähnliche Situation zukommen läßt.
c) Eine besondere Situation bietet sich wegen der nach wie vor angespannten Lage im Wohnungssektor bei der **Mietüberhöhung.**

B. Warenfälschungen

Schon in der gegenwärtigen kriminalistischen und forensischen Praxis ungleich bedeutsamer sind die Fälle der Warenfälschung, obwohl die Gesetzgebung hier in den meisten Ländern nur sehr schwer zu überblicken ist und nicht selten als wenig überzeugend erscheint.

Geerds, Friedrich: Warenfälschung – Sammelbezeichnung oder einheitliche Wirtschaftsstraftat? Ein Beitrag zur Problematik des Wirtschaftsstrafrechts – in: ZStrW 74, S. 245 ff. (1962); *Dressler,* Otto-Georg: Abgrenzung von Warenfälschung und Betrug – Diss. Kiel – Hamburg 1962; *Landeskriminalpolizeiamt Niedersachsen* (Hrsg.): Lebensmittelverfälschungen. II. Arbeitstagung . . . vom 20. bis 23. Februar 1962 – Hannover 1962; *Eigenbrodt,* Otto: Lebensmittelverfälschung – in: HdwKrim (2) II-227 ff.

Um zumindest einen groben Überblick zu erlangen, sollen ohne Rücksicht auf die Rechtslage zumindest drei große Formen der Warenfälschung geschildert werden, bei denen sich sowohl kriminalphänomenologisch als auch kriminalistisch sicher noch weiter differenzieren läßt.

1. Verbrauchsmittelfälschungen

In der Praxis dominieren eindeutig die mit Verbrauchsmitteln begangenen Warenfälschungen, als deren Prototyp man diejenigen Lebensmittelfälschungen ansehen kann, bei denen es nur um einen Qualitätsschwindel und nicht notwendig um Gefahr für Gesundheit der Konsumenten geht.

Kunze, Gerhard: Die Lebensmitteldelikte im Amtsgerichtsbezirk Oberhausen in den Jahren 1951–1956 – Diss. Bonn – Bonn 1967.

Außer an das Nachahmen fester Nahrungsmittel ist an Zusätze minderwertiger Stoffe oder Entzug wertvoller Bestandteile zu denken. Schließlich gibt es Praktiken, die – wie das Färben – ohne Änderung der Substanz lediglich den Anschein einer besonderen Qualität erwecken sollen; so etwa färbt man Wurstwaren oder erreicht durch Farbstoffe im Hühnerfutter wunderschön gelbe Eidotter. Bei diesen Praktiken kommt es also darauf an, Frische oder Haltbarkeit vorzutäuschen.
Bei den Getränken, bei denen außer an Nahrungsmittel ebenfalls an Genußmittel zu denken ist, unterscheidet man zweckmäßig alkoholische und nichtalkoholische Getränke. Für Warenfälschungen im Bereich der Alkoholika sind die seit alters her praktizierten Weinfälschungen typisch, die vom Abbrechen des Gärungsprozesses über Zusätze von Zucker bis hin zum Kunstwein gehen.

Meyer, Heinz: Die Delikte gegen das Weingesetz im Landgerichtsbezirk Koblenz in den Jahren 1938–1942 und 1949–1951 – Diss. Bonn – Bonn 1967.

Das Panschen von Wein ist etwas aus der Mode gekommen, weil Wasserzusätze von dem mit dem Analysenbild eines Weines vertrauten Chemiker relativ leicht festzustellen sind. Man muß dann schon die dadurch bewirkten Defizite durch andere Zusätze (z.B. Hefepreßwein) mit entsprechend hohem Extraktgehalt ausgleichen, um das Produkt einigermaßen „analysenfest" zu machen.

Wichtiger ist in der Praxis der Kunstwein, ein Produkt, das zwar in Aussehen, Geruch und Geschmack dem Wein ähnelt, aber nie einen Rebstock gesehen hat. „Könner" haben aus 800 g Alkohol und 200 g Zucker sowie einigen anderen Zusätzen beispielsweise 10 l „Spätlese" hergestellt. Hier können u.a. nur sehr sorgfältige chemische und biologische Analysen helfen.

Ebenfalls weit verbreitet sind Praktiken unzulässiger, verschönender Weinbehandlung. Zwar geht es hier um Wein, dem jedoch durch solche „Spätlesezauberer" der Anschein besserer Qualität gegeben wird, indem man billigen Wein verschneidet und durch Zusätze „verbessert".

Daß es bei nichtalkoholischen Getränken derartigen Qualitätsschwindel gibt, zeigt das bereits mit dem Milchhandel aufgekommene Panschen von Milch; auch bei den jetzt in Mode gekommenen Fruchtsäften und Limonaden bieten sich viele Möglichkeiten, den Verbraucher zu täuschen, um für angeblich bessere Qualität mehr Geld zu kassieren.
Doch sollte man nicht nur an Lebensmittel denken, sondern wissen, daß sich auch bei anderen zum Verbrauch bestimmten Handelswaren bei der Produktion eine täuschende Beschaffenheit erzielen und beim Absatz ausnutzen läßt. Wahrscheinlich sind derart unseriöse Praktiken nicht nur bei Kosmetika weit verbreitet, sondern gibt es mehr Arzneimittelfälschungen, als man auf Anhieb annehmen möchte.

2. Gebrauchsmittelfälschung

Ein reiches Betätigungsfeld bieten dem Warenfälscher ferner die Gebrauchsgegenstände, wenngleich sich ihre Funktionstüchtigkeit hier und da leichter als die qualitative Beschaffenheit wird feststellen lassen.
Eine täuschende Qualität kann außer durch Nachahmen von Markenartikeln und lukrativen Absatz solcher Produkte auch dort zur Übervorteilung des Publikums mißbraucht werden, wo der Laie die für die Qualität wesentlichen Kriterien nicht ohne weiteres feststellen kann. Man denke hier außer an Stoffe etwa an angeblich handgeknüpfte Teppiche.

3. Kunstfälschung

Ein zur Zeit besonders gut florierender Bereich der Warenfälschung ist die Kunstfälschung, zu der im Grunde der Antiquitätenschwindel gehört. Doch außer auf die bei der Fälschung im Vordergrund stehenden Produktionsmethoden kommt es auch hier auf die Absatzpraktiken an, die u.U. als Betrug – man denke insb. an den Raritätenbetrug – geahndet werden können. Denn alle diese Dinge sind insoweit wesentlich Handelswaren, die aber gerade wegen der täuschenden Beschaffenheit einen weitaus größeren Preis als den verkehrsüblichen erzielen.

Rossmann, Ernst: Der sensationelle Lübecker Kunstfälschungsprozeß Malskat und Genossen – Arch. f. Krim. Bd. 116, S. 139 ff. (1955); *Gieser,* Werner: Ein großer Hamburger Bildfälscherprozeß – Arch. f. Krim Bd. 116, S. 161 ff., Bd. 117, S. 50 ff. (1955/1956); *Froentjes,* W.: Kunstfälschungen (Bilderfälschungen) im internationalen Bereich – in: Grundfragen der Kriminaltechnik (1958), S. 237 ff.; *Meinert*, F.: Der Raritätenbetrug – in: TbKrim X, S. 53 ff. (1960); *Kallenborn*, J. W.: Die Affäre van Meegeren – in: TbKrim X (1960), S. 78 ff. (= Int. Krim. Revue 1948 – Nr. 22 – S. 8 ff.); *Arnau*, Frank: Kunst der Fälscher, Fälscher der Kunst. Dreitausend Jahre Betrug mit Antiquitäten – Düsseldorf 1964; *Dittmar*, Reinhart: Der Betrug mit Sammlungsobjekten (Raritätenbetrug) – in: TbKrim, S. 174 ff. (1964); *Würtenberger*, Thomas: Kunstwerkfälschung – in: HdwKrim (2) II-221 ff.

Die Techniken im Bereich der Produktion sind so vielgestaltig, daß sie hier nicht einmal angedeutet werden können. Denn Kunst ist in diesem Rahmen nicht eng zu verstehen, sondern umfaßt außer Antiquitäten auch philatelistische Fälschungen und somit letztlich alle Sammelobjekte, die für Menschen einen Liebhaberwert darstellen können. – Die Verbrechenstechniken können – wie bei der Urkundenfälschung – auf Total- oder Teilfälschung (Verfälschung) hinauslaufen.
Soweit Produkte der Kunstfälschung abgesetzt werden, haben wir es gewöhnlich sogar mit Praktiken des Betrugs (mit Waren) zu tun. Gesagt sei nur, daß der Handel teilweise besondere Organisationsformen (Sachverständige, Experten!) aufweist und internationalen Charakter haben kann; viele dieser Falsifikate werden so oder so in den regulären Markt eingeschleust.
Strafrechtlich sind Kunstfälschungen vor allem deshalb relevant, weil die im 18. Jahrhundert herausgestellte Originalität sich alsbald mit einer ökonomischen Betrachtungsweise verband. Der für Originale zu erzielende hohe Preis ließ Rechtsbrecher auf den Gedanken kommen, von ihnen oder in ihrem Auftrag hergestellte Fälschungen als Originale zu verkaufen, um so einen übersetzten Preis zu erlangen. Daß eine derartige Veräußerung regelmäßig als Betrug (mit Waren) faßbar ist, versteht sich. Da es aber entscheidend auf Herstellung des Produkts ankommt, reicht die Problematik der Kunstfälschung weiter und ist zweckmäßig in diesem Rahmen zu behandeln.
Im engeren Sinne ist von Kunstfälschung zu sprechen, wenn ein unechtes Kunstwerk hergestellt wird, um es als echtes gelten zu lassen. Im weiteren Sinne gehören zur Kunstfälschung alle Praktiken, die einem Kunstwerk einen höheren Wert zu geben scheinen.
Obwohl bei älteren Kunstwerken bereits die Aspekte Kunst und Antiquität ineinander verschmelzen, ist bei der in vielen Ländern zu verzeichnenden Nachfrage doch noch ausdrücklich darauf hinzuweisen, daß oft angeblich antike Gegenstände hergestellt oder diese Produkte dann doch zu Preisen wie Antiquitäten abgesetzt werden.

Außer der Nachahmung von italienischen Meistergeigen gibt es dies besonders bei Stilmöbeln. Doch sind derartige Praktiken außer bei alten Münzen und Medaillen auch bei Werken der Goldschmiedekunst beobachtet worden, z.B. mehr oder weniger gelungene Imitationen als „alter Schmuck“ an den Liebhaber gebracht.

C. Unlauterer Wettbewerb

Nur zum Teil und überdies in recht unterschiedlicher Form haben viele Länder bisher Praktiken des unlauteren Wettbewerbs kriminalisiert. Hier handelt es sich um Verhaltensweisen, die das Funktionieren des gerade für freie Marktwirtschaftssysteme wesentlichen Wettbewerbs stören oder gefährden. Um welche Fälle es hier geht, mag an einigen Deliktstypen gezeigt werden, welche das deutsche Nebenstrafrecht kennt.

1. Trügerische Reklame

Der Tatbestand der trügerischen Reklame oder ihr verwandte Spezialvorschriften sollen verhindern, daß in der öffentlichen Wirtschaftswerbung zur Irreführung geeignete Angaben gemacht werden, die den Anschein eines besonders günstigen Angebots hervorrufen und daher das Funktionieren des (redlichen) Wettbewerbs gefährden. Es geht hier also um selbst bei einem Leistungswettbewerb unerlaubte Praktiken des Kundenfangs.
Ergänzend zu § 4 dtsch. UWG und Vorschriften wie den §§ 7, 7a, 9a sind beim sog. „Anreißen" Strafvorschriften zu beachten, wie sie sich im Rabattgesetz und der ZugabeVO finden. Von Anreißen spricht man im weiteren Sinne bei Lockangeboten, von denen nur wenige Stücke oder Stücke in abnormen Größen verfügbar sind, und bei Zusendung unbestellter Waren. Auch angebliche, in Wahrheit auf den Verkaufspreis aufgeschlagene Gratisproben können ebenso als Anreißen gewertet werden wie grob aufdringlicher Kundenfang oder psychologischer Verkaufszwang. Schließlich wird auch die Spielleidenschaft ausgenutzt.

N. N.: Unsauberer Wäsche-Handel – Arch. f. Krim. Bd. 155, S. 181 (1975).

Hierher gehört die Werbung durch Preisausschreiben, welche entweder nicht durchgeführt werden oder Preise ergeben, die als Gutscheine zu einem vermeintlich billigen Einkauf animieren sollen, obwohl die Kosten auf den Kaufpreis aufgeschlagen worden sind.

Im Wäsche-Versandhandel hat man außer mit solchen Gutscheinen ferner mit angeblich kostenlosen Zugaben von Bestecken operiert, die je nach der Menge gekaufter Bettwäsche in Edelstahl, Silber oder Gold geliefert wurden. In Wahrheit waren die Wäschepreise entsprechend kalkuliert worden.

Schmidt, Peter: Die trügerische Reklame. Ein Beitrag zur kriminologischen und strafrechtlichen Problematik dieser Wirtschaftsstraftat – Diss. Kiel – München 1965.

Was die Tatzeit anlangt, zeigen sich – z.B. bei den Schlußverkäufen – typische Schwerpunkte im Jahresablauf. Kriminalistisch wesentlich sind die verschiedenen Arten der Reklame, um von der nicht unerheblichen, Gefühl ansprechenden Suggestion abzusehen, die ebenso wie stereotypes Wiederholen mangels einer Tatsachenbehauptung aus diesem Rahmen fällt; ihr kann nur anders begegnet werden.
Der Art nach verschieden sind Sprach-, Schrift- und Sachreklame, bei der die Sache dem Interessenten selbst oder bildlich dargestellt wird. Bei diesen Arten kann man sich nicht nur verschiedener Medien, sondern auch eines ganz unterschiedlichen Rahmens bedienen. So ist etwa bei der Sprachreklame außer an das Verkaufsgespräch oder marktschreierische Ankündigungen an Verkaufsständen bzw. auf Jahrmärkten auch an „geschlossene" Werbeveranstaltungen wie z.B. die berüchtigten „Kaffeefahrten" zu denken. Noch größer ist der Kreis der Angesprochenen bei Rundfunk- und Fernsehreklame.
Da hier aber noch mancherlei zu klären ist, sei zunächst nur das Spektrum der Praktiken an Hand typischer Erscheinungsformen geschildert, die sich zu zwei großen Gruppen zusammenfassen lassen.

a) Täuschungen über das Angebot

Eine erste Gruppe sind Täuschungen über ein bestimmtes Angebot. Der an wahrheitsgemäßer Information Interessierte soll hier durch irreführende Angaben über Qualität, Preis und Verkaufssituation getäuscht werden.

aa) Qualitätsschwindel

Beim Qualitätsschwindel stellt die Reklame für die Qualität einer Ware oder gewerblichen Leistung wichtige Eigenschaften sachlich unzutreffend heraus.

So können bereits Täuschungen über die Herkunft irreführend wirken, weil sich mit einem bestimmten Produktionsort die Vorstellung besonderer Qualität verbindet (z.B. bei Wäsche „Bielefelder Schnitt" oder bei Branntwein „Wodki, hergestellt in Mosco-Berlin").

Täuschungen über die Beschaffenheit betreffen gewöhnlich die Substanz, z.B. den Wollgehalt bei Tuchen oder den Silbergehalt. Es kann sich aber auch um unzutreffende Angaben über Brauchbarkeit und Wirkung handeln.

Falsche Angaben über die Wertschätzung spekulieren darauf, daß der Interessent dies als besondere Garantie wertet. Allerdings muß es sich um nachprüfbare und einigermaßen exakte Tatsachenbehauptungen handeln, was bei sog. Superlativreklame (marktschreierische Reklame) fehlt. Typischerweise benutzt man Zuschriften angeblich zufriedener Kunden oder gar wissenschaftliche Urteile sowie auch Diplome oder sonstige Auszeichnungen.

bb) Preisschwindel

Beim Preisschwindel zielt die trügerische Reklame darauf ab, bei dieser Qualität den geforderten Preis als besonders günstig erscheinen zu lassen. Bei der Preisverschleierung hebt der Täter Nebenumstände hervor, um den wirklichen Preis im unklaren zu lassen.

Außer an Lockartikel ist hier auch an das Verschweigen preismindernder Umstände – Schadhaftigkeit, abnorme Größe – zu denken. Hierher gehören auch das Operieren mit Grenzpreisen wie Pullover im Werte von 8 bis 80 DM sowie die berüchtigten Mischanzeigen (z.B. Kaffee und ein Kugelschreiber).

Von falscher Preisbenennung spricht man, wenn in der Reklame eine unzutreffende Kalkulationsgrundlage (z.B. Selbstkosten-, Fabrikpreis) angegeben wird; im Interessenten wird der falsche Eindruck erweckt, bei diesem Preis spare er die Zuschläge des Zwischenhandels.

Eine unrichtige Angabe preisgünstiger Bezugsquellen liegt vor, wenn vom Gelegenheitsverkauf gesprochen und ein niemals kalkulierter höherer Preis durchgestrichen wird, um den geforderten Kaufpreis als sehr günstig erscheinen zu lassen. Dasselbe gilt bei angeblichen Konkurs- oder Japanwaren.

cc) Verkaufsschwindel

Beim Verkaufsschwindel ist die Werbung deshalb trügerisch, weil fälschlich mit einer den Preis üblicherweise senkenden Verkaufssituation operiert wird.

So macht man falsche Vorratsangaben, gibt den Warenbestand zu klein oder zu groß an. Bei falschen Angaben über den Verkaufsgrund täuscht man Verkaufssituationen vor, die ein besonders günstiges Angebot erwarten lassen. Eine größere Rolle als Sonderverkäufe spielen dabei angebliche Ausverkäufe, die aber nicht immer leicht von üblichen Aktionen dieser Art zu unterscheiden sind.

Manchmal wird auch gewerbsmäßiges Handeln verschwiegen oder aber mit Preisrätseln und dergleichen in Wahrheit ein Absatz bezweckt.

b) Täuschung über die Solidität

Andere Formen der trügerischen Reklame laufen auf eine Täuschung über die Solidität des anbietenden Unternehmens hinaus. Sie treten zahlenmäßig etwas zurück.

aa) Firmenschwindel
Unter den sog. Firmenschwindel fällt hier den Interessenten irreführende verbale Hochstapelei, die ein Wirtschaftsunternehmen in ungerechtfertigter Weise einstuft, wozu auch die Angaben einer falschen, hohen Handelsstufe gehört.

bb) Prestigeschwindel
Beim Prestigeschwindel soll die Wettbewerbschance dadurch verbessert werden, daß man unrichtige Angaben über Ansehen, Leistungsfähigkeit oder Alter der anbietenden Firma macht, was zuweilen durch geschickte Fotomontage unterstützt wird.

2. Angestelltenkorruption

Bei der Angestelltenkorruption kommt es hier nicht auf den Unterschied von Bestechung und Bestechlichkeit an, weil die Korruption ein einheitlicher Lebensvorgang ist.

Sievers, Reimer: Bestechung und Bestechlichkeit von Angestellten. Eine strafrechtlich-kriminologische Untersuchung zu § 12 UWG – Diss. Kiel – Kiel 1963.

Interessiert den Kriminologen somit bei der Korruption vor allem der mit derartigen Praktiken verfolgte Zweck, ist hier damit wenig anzufangen.

Denn stets ist es das Ziel des Bestechenden, seine Wettbewerbschancen zu verbessern, während der bestechliche Angestellte sich zu bereichern trachtet. Orientiert man sich am geschäftlichen Vorgang, so geht es in diesen Fällen vor allem um Bau- und Lieferungsaufträge der Privatwirtschaft. Doch werden mit Schmiergeld auch Reklamationen verhindert, Kredite und Bürgschaften sowie Geschäfts- oder Betriebsgeheimnisse erlangt.

Kriminalistisch ist für das Vorgehen des Rechtsbrechers am ehesten noch die Art des Vorteils aufschlußreich, die bestimmte Formen der Zuwendung bedingt. Im übrigen ist auf die später ausführlich zu behandelnde Korruption von Exekutivbeamten zu verweisen.
In der Praxis geht es hier nahezu immer um materielle Werte, weshalb der juristische Streit um die immateriellen Vorteile wenig sinnvoll erscheint. Die Schmiergelder sind bei der Angestelltenkorruption z.T. erheblich.

a) Bargeld
Am gebräuchlichsten ist als Bestechungsmittel das Bargeld, das aber meist unter irgendeinem Vorwand an den bestechlichen Angestellten gezahlt wird. Man spricht von Prämien, Gratifikationen und dergleichen. Auch soll es sich um Auslobungen oder Schaufensterwettbewerbe handeln. Doch wird auch mit Gewinnbeteiligungen oder Mitarbeiterhonoraren gearbeitet, die u.U. mittelbar – über Ehefrau oder Kinder – zugewendet werden.

b) Geldwerte
Geldwerte sind für den bestechlichen Angestellten auch Rabatte oder sonst günstige Einkaufs- bzw. Zahlungsbedingungen. Ferner gibt man ihm günstige Kredite oder gewährt Schulderlaß.

c) Sachwerte
Auch Sachwerte sind als Bestechungsmittel recht beliebt, weil bei Ge- oder Verbrauchsgegenständen der wahre Charakter der Zuwendung noch besser verschleiert werden kann.

Man deklariert derartige Sachen als Werbe- oder Höflichkeitsgeschenke. Die Skala der Objekte reicht von Dingen des täglichen Bedarfs über Genußmittel bis hin zu Luxusartikeln und Liebhaberwerten wie Münzen, Briefmarken oder Antiquitäten.

d) Nutzwerte

Bei den Nutzwerten, die der Bestechende verwendet, handelt es sich um Leihgaben sowie Werk- oder Dienstleistungen. Bei der Bewirtung ergeben sich schwierige Grenzfälle.

3. Geschäftliche Verleumdung

Die geschäftliche Verleumdung ist nach § 15 dtsch. UWG eine wider besseres Wissen aufgestellte Tatsachenbehauptung über das Erwerbsgeschäft eines anderen, über die Person des Inhabers oder Leiters oder über die Waren und Leistungen, sofern dadurch eine Schädigung eintreten kann.

D. Verletzung von Patenten, Gebrauchsmustern und Warenzeichen

Als Beispiele für andere wirtschaftskriminelle Praktiken sind aus dem Bereich des gewerblichen Rechtsschutzes die z.T. unter Strafe gestellten Verletzungen von Patenten, Gebrauchsmustern und Warenzeichen zu werten. Denn der Rechtsschutz kommt nicht nur dem Begünstigten zugute, sondern soll auch ein redliches Gebaren im Wirtschaftsleben gewährleisten.

Durch illegale Produktion von Waren, die als Patente oder Gebrauchsmuster geschützt sind, oder durch Absatz solcher Artikel verschaffen sich Wirtschaftsdelinquenten ungerechtfertigte Vorteile.

Bedeutsamer ist in der Praxis jedoch der Mißbrauch von Warenzeichen oder einen ihnen gleichgestellten Ausstattung.

So hat man nicht nur Prozellan mit den Warenzeichen bekannter Manufakturen hergestellt, sondern eine alte Nähmaschine nach Lackierung mit dem Firmenzeichen „Singer“ versehen. Ebenso wie die Produktion ist auch der Absatz solcher Artikel ein Mißbrauch des Warenzeichens.

E. Unzulässige Wettbewerbsbeschränkungen

Ebenfalls nur kurz sind die Kartelldelikte zu erwähnen, zumal da viele Länder sie nicht als solche unter Strafe gestellt haben; auch das deutsche Recht wertet derartige unzulässige Wettbewerbsbeschränkungen bisher nur als Ordnungswidrigkeiten. Doch sollte kaum zweifelhaft sein, daß diese Situation der Gesetzgebung unbefriedigend ist. Denn durch Kartellpraktiken wird der Wettbewerb so organisiert und manipuliert, daß es keiner weiteren unlauteren Praktiken mehr bedarf, um ganz unangemessene Gewinne einzustreichen. Obwohl derartige Praktiken z.T. durch andere Strafvorschriften – z.B. Betrug, Nötigung und Erpressung – erfaßt werden können, bietet sich hier Gesetzgebung und Rechtspraxis eine wesentliche Aufgabe. Das sei dadurch unterstrichen, daß im Folgenden jedenfalls einige der übelsten Kartellpraktiken geschildert werden.

1. Unerlaubte Bildung marktbeeinflussender Positionen

Die unerlaubte Bildung marktbeeinflussender Positionen, die selbstverständlich entsprechende Verbote voraussetzt, erfolgt vor allem auf zwei Wegen. Der Delinquent kann sich einmal über ein gesetzliches Verbot hinwegsetzen, z.B. bei einer Ausschreibung nach Preisabsprache mit anderen Unternehmen Scheinangebote abgeben. Außer vertikalen Bindungen gibt es auch Sternverträge, bei denen mehrere Unternehmer eine Vertriebsgesellschaft gründen. Zum anderen kaschiert der Täter Kartellpraktiken als erlaubte Maßnahmen, erschleicht sich z.B. mit unrichtigen Angaben eine kartellbehördliche Erlaubnis.

2. Unerlaubte Beschränkung der wirtschaftlichen Freiheit

Besonders gefährlich ist auch im wirtschaftlichen Bereich illegaler Zwang. Derartige Beschränkungen der wirtschaftlichen Freiheit kommen vor allem in drei Formen vor.
a) Der **innere Organisationszwang** richtet sich gegen Mitglieder einer an sich erlaubten Organisation. Sie sollen z.B. durch möglichen Verfall von Sicherheiten zu kartellkonformem Verhalten gezwungen werden.

So ersuchte beispielsweise eine Innung ihre Mitglieder, sich nicht zum Handlanger eines Versandhauses zu machen, das im fraglichen Kreis eine Vertragswerkstatt suchte.

b) Der **äußere Organisationszwang** ist gegen Außenseiter gerichtet. Bekannt ist hier vor allem der Boykott, den der Täter als Bezugs- oder Liefersperre androht, um seinen Geschäftspartner zu einem bestimmten Verhalten dem Außenseiter gegenüber zu veranlassen. Der Zwang kann den Außenseiter aber auch unmittelbar treffen.

Eine derartige Diskriminierung liegt beispielsweise vor, wenn Treuerabatte dafür gewährt werden, daß nur von Mitgliedern eines bestimmten Verbandes bezogen wird.

c) Schließlich gibt es eine **Wettbewerbsbeschränkung** durch Maßnahmen, die durch Gewähren von Vorteilen oder Androhen von Nachteilen ungesetzliches Verhalten Dritter bewirken sollen.

3. Fortsetzen des Mißbrauchs wirtschaftlicher Machtstellung

Eine andere Gruppe von Kartellpraktiken wird dadurch charakterisiert, daß man den Mißbrauch wirtschaftlicher Macht fortsetzt, obwohl bereits eine verbietende Entscheidung der Kartellbehörde vorliegt. Hier geht es um marktbeherrschende Unternehmen (Monopole, Obligopole), an sich erlaubte Kartelle oder um Unternehmen, die durch Bindung anderer besondere Macht erlangt haben.

F. Versicherungsmißbrauch

Der Versicherungsmißbrauch wird vielfach dem Betrug zugeordnet oder angenähert; dem entspricht teilweise die strafrechtliche Konstruktion der Vorschriften gegen den sog. Versicherungsbetrug. Der Deliktstyp ist zwar seit längerem bekannt, aber durchweg noch ziemlich dunkel. Mehr als auf Schädigung oder Gefährdung des Individualvermögens der Versicherung, die zudem bei normaler Situation Schäden per Beitrag auf die Versicherungsnehmer abzuwälzen pflegt, kommt es u.E. jedoch auf den Schutz eben dieser Versicherungsnehmer an, die letztlich ungerechtfertigte Inanspruchnahme ihrer Versicherung zu tragen haben. Spricht man daher zu Recht vom Schutz des Sozialvermögens, ist aufgrund der heutigen Funktion der Versicherungen besser von einem Delikt gegen das Gemeinschaftsleben, und zwar von einem Wirtschaftsdelikt i.e.S. auszugehen.

Martens, Hans-Hermann: Strafrecht in der Sozialversicherung – Bad Godesberg 1954 – insb. S. 89 ff.; *Farny,* Dieter: Das Versicherungsverbrechen. Erscheinungsformen, Motive, Häufigkeiten und Möglichkeiten der versicherungstechnischen Bekämpfung – Berlin 1959; *Schad,* Thomas: Betrügereien gegen Versicherungen. Ein Beitrag zur kriminologischen und strafrechtlichen Problematik der Wirtschaftskriminalität – Diss. Kiel – München 1965; *König,* Walter: Der Versicherungsbetrug. Aktuelle Formen und ihre Bekämpfung – Diss. Zürich – Zürich 1968; *Suchan,* Hans-Joachim: Versicherungsmißbrauch – Erscheinungsformen und Strafrechtsreform – in: Tiedemann a.a.O., S. 67 ff.; *Geerds,* Friedrich: Versicherungsmißbrauch (§ 265 StGB) – in: Festschrift für Hans Welzel, Berlin/New York 1974, S. 841 ff.

Kriminalphänomenologisch sollte man sich beim Versicherungsmißbrauch vor allem an den einzelnen Versicherungssparten orientieren, also derartige Taten beispielsweise im Bereich von Feuer-, Transport-, Einbruchs-, Naturschaden-, Kraftfahrzeug-, Lebens-, Kranken-, Unfall- oder Haftpflichtversicherung unterscheiden.
Für die Verbrechenstechnik kommt es jedoch mehr auf die typischen Ausführungsarten an, deren Formen bei den einzelnen Versicherungssparten allerdings unterschiedliche Bedeutung haben. Insgesamt lassen sich vier trickhafte Manipulationen unterscheiden, mit deren Hilfe Unberechtigte in den Genuß von Versicherungsleistungen zu gelangen suchen.

1. Betrügerische Vertragsgestaltung

Bei der betrügerischen Vertragsgestaltung handelt der Täter bereits im Augenblick des Vertragsabschlusses arglistig, indem er z.B. über den Wert der versicherten Sache oder über andere Risiken bzw. darüber täuscht, daß ein Schaden schon eingetreten ist.

Bei Feuer- oder anderer Sachversicherung wird der Wert der versicherten Gegenstände zu hoch angesetzt (Überversicherung).

Kranken- und Lebensversicherungen werden bei Vertragsabschluß über für sie wichtige Krankheiten oder Leiden des Versicherungsnehmers getäuscht.

Es ist auch vorgekommen, daß man eine Kraftfahrzeugversicherung abgeschlossen hat, nachdem bereits ein Unfall eingetreten war, für welchen man mit entsprechenden Manipulationen Ersatz zu erlangen versuchte.

2. Vortäuschen eines Versicherungsfalles

Vom Vortäuschen eines Versicherungsfalles spricht man bei Praktiken, die bei einem tatsächlich eingetretenen Schadensfall darauf hinauslaufen, diesen als Versicherungsfall erscheinen zu lassen.

So wird beispielsweise ein einfacher, nicht zu Versicherungsleistungen berechtigender Diebstahl zum schweren Diebstahl „frisiert“.

Haftet eine Lebensversicherung nicht für Selbstmord, so wird ein solcher Sachverhalt vom Täter dergestalt verschleiert, daß alles auf natürlichen Tod oder auf Raubmord hindeutet.

3. Arglistiges Herbeiführen eines Schadensereignisses zur Vortäuschung eines Versicherungsfalles

Noch weiter geht der Täter, wenn er arglistig ein Schadensereignis herbeiführt, um damit einen Versicherungsfall vorzutäuschen. Derartige Taten werden nicht nur, was man seit langem weiß, zum Nachteil von Feuerversicherungen begangen, sondern auf dieselbe Weise können auch Einbruch-, Unfall-, Invaliden- und sogar Lebensversicherungen geschädigt werden.

In den Jahren 1933 und 1934 legte in Pommern die Fechtner-Bande auf Bestellung in 36 Ortschaften Brände, durch die Versicherungsleistungen erlangt werden sollten.

Beim Versicherungsmord muß der Täter oder einer von ihnen der Begünstigte der Lebensversicherung sein; ferner muß der Mord kaschiert, z.B. ein tödlicher Unfall, natürlicher Tod vorgetäuscht oder das Verbrechen sonst verschleiert werden.

Der eigene Tod wird nicht nur mittels einer fremden Leiche vorgetäuscht, was 1929 den Kaufmann Tetzner und bald darauf einen Kaufmann Saffran zum Mord veranlaßte, sondern kann auch mit angeblichem „Verschollensein“ erklärt werden. So täuschte 1952 in Kiel der Kaufmann Iwersen einen tödlichen Badeunfall in Laboe vor. In allen diesen Fällen muß aber ein Komplize als Begünstigter der Lebensversicherung fungieren.

Hierbei zählen im Bereich der Kranken- und Invalidenversicherung Fälle der Selbstbeschädigung, die sich der Versicherungsnehmer selbst – u.U. mit Hilfe eines Dritten – beibringen läßt. Bei bleibendem Defekt spricht man hier von Selbstverstümmelung.

Kósa, Ferenc: Eine ungewöhnliche Art von Selbstverstümmelung zum Zwecke eines Versicherungsbetruges – Arch. f. Krim. Bd. 152, S. 1 ff. (1973); *Brettel:* Selbstbeschädigung, Selbstverstümmelung – in: HdwRMed I-238 ff.; *Dürwald:* Simulation und Selbstbeschädigung – in: Prokop/Göhler, S. 309 ff.

4. Arglistiges Ausnutzen eines Versicherungsfalles

Beim arglistigen Ausnutzen eines Versicherungsfalles, der betrügerischen Schadensliquidation, liegt zwar an sich ein Versicherungsfall vor, macht der Versicherte aber beispielsweise falsche Angaben über Zahl und Wert der versicherten Sachen oder aber über die für eine Reparatur benötigten Kosten.

Der Bestohlene gibt nach einem Einbruch Gegenstände als entwendet an, die nicht vorhanden waren, oder setzt ihre Zahl bzw. ihren Wert viel zu hoch an.

In der Kraftfahrzeugbranche scheinen diese Praktiken verbreitet zu sein. Häufig werden bei der Reparatur nicht unfallbedingte Schäden mit ausgebessert oder sonst überhöhte Reparaturkosten angemeldet.

Bei der Unfallversicherung werden nach einem versicherungspflichtigen Unfall Krankheitssymptome simuliert, fälschlich auf den Unfall zurückgeführt (Dissimulation), übertrieben (Aggravation) oder sie sollen angeblich länger gedauert haben (Prolongation).

Dürwald: Simulation und Selbstbeschädigung – in: Prokop/Göhler, S. 309 ff.

G. Steuer- und Zolldelikte

Die Steuer- und Zolldelikte sind nicht nur für die Praxis wichtige, sondern auch für das Wirtschaftsleben bedeutsame Straftaten. Obwohl man diese Fragen juristisch verschieden beurteilt, sollen sie hier bei den Wirtschaftsdelikten zumindest erwähnt werden.

Pfund, W. R.: Das Steuerdelikt, seine Bedeutung, Erscheinung und Verfolgung – Schriften zum Schweizer Steuerrecht 4 – Basel 1959; *Kottke,* Klaus: Steuerersparung, Steuerumgehung. Steuerhinterziehung – 2. Aufl. – Freiburg i. Br. 1962; *Gößweiner-Saiko,* Th. C.: Steuerdelikte. Phänomenologie, Tatbestandsmäßigkeit und Fragen der kriminalistischen Untersuchungsführung – Arch. f. Krim. Bd. 134, S. 38ff., 103ff. (1964).

1. Steuerdelikte

Ungeachtet der auf Grund der nationalen Steuersysteme und sonst bestehenden Unterschiede ist als Prototyp der Steuerdelikte wohl die sog. Steuerhinterziehung oder **Steuerverkürzung** anzusehen. Um welche Arten von Steuern es sich handelt und welche Praktiken benutzt werden, um sich der Steuerpflicht zu entziehen, hängt einmal von der Art der Erwerbstätigkeit und zum anderen davon ab, in welcher Weise die betreffende Steuer erhoben wird.

Bei der vor allem für Angestellte und Arbeiter wichtigen Lohnsteuer sind die Möglichkeiten der Steuerverkürzung begrenzt, weil der Arbeitgeber entsprechend der Höhe des Lohnes Beträge für die Steuer einbehalten muß; hier sind Unterschleife in aller Regel nur mit seiner Mitwirkung möglich.

Diese Steuerpflichtigen müssen sich also auf Erschleichen von Freibeträgen oder unwahre Angaben beim Lohnsteuerausgleich konzentrieren oder aber steuerpflichtige Nebenverdienste verschweigen.

Auch bei der Grundsteuer, bei welcher die Behörde selbst den steuerlichen Tatbestand ermittelt, sind Unterschleife nur schwer möglich.

Schon etwas anders liegen die Dinge bei der Einkommensteuer, die vor allem für selbständige Kaufleute, Handwerker, sonstige Gewerbetreibende und freiberuflich Tätige wie z.B. Ärzte und Rechtsanwälte wichtig ist. Hier kann durch falsche Angaben, insb. auch unrichtige Buchungen bereits die Bemessungsgrundlage manipuliert werden.

So entzog eine Firma durch rigorose Unterbewertung aller Bestände den größten Teil ihrer Gewinne der Besteuerung, um dafür modernste Maschinen anzuschaffen und die Konkurrenzfirma auszuschalten.

Wieder anders sind die Gegebenheiten bei der Mehrwert- oder Umsatzsteuer.

Ein Sonderproblem der Steuerdelikte ist die **Steuerflucht,** bei welcher sich entweder der Täter in das Ausland absetzt oder aber er Vermögenswerte dorthin verbringt, um dabei u.U. die zwischen den Staaten unterschiedliche Steuerbelastung für sich auszunutzen. Täter sind hier vor allem finanzstarke Steuerpflichtige.

Sofern sich nicht der Täter selbst in das Ausland – vorzugsweise in sog. Steueroasen – absetzt, bedarf er hier eines Partners, um dort beispielsweise „schwarzes Geld" unterzubringen. Die Steuerflucht wird im übrigen durch Ertrags-, Kosten- und Betriebsvermögensmanipulationen der verschiedensten Art verschleiert.

Neben diesen eigentlichen Steuerdelikten gibt es die schwer faßbaren Praktiken der **Steuerumgehung,** die oft nur in den Zusammenhang von Schwindelfirmen und unlauteren Wirtschaftsunternehmen passen. Vereinfacht gesagt werden hier, um Steuern zu sparen, zivil- und handelsrechtliche Gestaltungsmöglichkeiten mißbraucht, was aber durch Verletzung sonstiger Pflichten dann gewöhnlich auch strafrechtlich faßbar wird.

Im sog. Mitropa-Fall hatten die Gründer der „Mitteleuropäischen Speise- und Schlafwagengesellschaft“, um Kapitalverkehrssteuer zu sparen, eine stillgelegte Kali-AG gekauft, um unter diesem leeren Mantel einer Montan-AG ein Dienstleistungsgewerbe zu betreiben.

Ein Steuerpflichtiger gründete eine von ihm beherrschte GmbH, um durch diese steuergünstiger (damals 1% statt 4% Umsatzsteuer) ver- und bearbeiten zu lassen.

Ein anderer Steuerpflichtiger kaufte den Mantel einer sanierungsbedürftigen GmbH, um deren noch nicht aufgelösten Verlustvertrag gewinnbringend für sich auswerten zu können.

2. Zolldelikte

Typische Formen der Zolldelikte, die ebenfalls die Einnahmen der öffentlichen Hand verkürzen, sind Warenschmuggel, insb. Grenz- und Transferschmuggel, sowie Devisenschmuggel.

Reinmold, Karl: Die Zollamtskriminalität im Hauptzollamtskreis Heinsberg vor der Abgabesenkung des Jahres 1953 – Diss. Bonn – Bonn 1966; *Teufel,* Manfred: Methoden des Schmuggels und seine Abwehr – Arch. f. Krim. Bd. 133, S. 20 ff. (1964).

Beim Waren- und Devisenschmuggel kann es sich um geringfügige Verstöße handeln, die Einzeltäter bei sich bietender Gelegenheit mitunter mehr aus Abenteuerlust oder „Sport“ ausführen. Natürlich kann der Schmuggel auch bandenmäßig im großen Stil betrieben werden.

In einem ordnungsgemäß deklarierten Lastwagen mit einer Ladung Käse sollten in einem Geheimversteck eine Million Zigaretten unverzollt die Grenze passieren.

Beim Wertzoll wird ein zu niedriger Kaufpreis – evtl. belegt durch besondere, für den Zoll bestimmte Rechnung – angegeben.

Neben dem Rauschgiftschmuggel hat bei den Zolldelikten noch der illegale Handel mit Gold und Diamanten Gewicht und ebenfalls kriminell größeres Format.

Thomsen, R.: Illegaler Gold-, Diamanten- und Rauschgifthandel – in: Internationale Verbrechensbekämpfung, hrsg. v. Bundeskriminalamt, Wiesbaden 1960, S. 121 ff.

Den Zöllen vergleichbar sind **Verbrauchssteuern** und **Monopolabgaben.**

Bei den Verbrauchssteuern operiert der Täter mit Angaben zu geringer Mengen oder falschen Verwendungszwecks, wenn dieser steuerfrei ist oder begünstigt wird wie ein leichtes Heizöl gegenüber Kraftstoff für Dieselmotoren.

Bei der Hinterziehung von Monopolabgaben ist in erster Linie an das Schwarzbrennen zu denken, das entweder völlig geheim in einer nicht gemeldeten Anlage oder aber in größerem Umfange als gestattet betrieben wird. Dies ist vor allem in Süddeutschland möglich, wo es Tausende sog. Abfindungsbrenner gibt.

3. Delikte im Außenwirtschaftsverkehr, Subventionserschleichung

Ein besonderer Komplex im Bereich der öffentlichen Abgaben sind Delikte im Außenwirtschaftsverkehr und die damit zusammenhängenden Praktiken der Subventionserschleichung, welche gerade in den letzten Jahrzehnten im Zuge des Ausbaus der Europäischen Gemeinschaft erheblich zugenommen haben.

Einmal geht es hier um Strafvorschriften zum Schutz der **Devisenbewirtschaftung,** die selbst bei einer Marktwirtschaft in Zeiten wirtschaftlicher Depression von vielen Staaten für wichtig gehalten werden, um den Außenhandel zu begrenzen und Devisen zu sparen.
Dem entsprechen Strafvorschriften, die anders motivierte Beschränkungen der **Außenwirtschaft** – Ausfuhr strategisch wichtiger Güter, Einfuhrkontingente zum Schutz der eigenen Wirtschaft – gewährleisten sollen.

Hutt, Thomas: Embargoverstöße im System des Außenwirtschaftsstrafrechts – in: Tiedemann, S. 57 ff.

Das in Deutschland, anderen EG-Ländern und auch weiteren Staaten wichtigste Gebiet stellt gegenwärtig jedoch die **Subventionskriminalität** dar, wobei es außer um das Erschleichen direkter Subventionen (Beihilfen, Zuschüsse, Ausgleichsgelder) auch um indirekte Subventionen, insb. das ungerechtfertigte Erlangen von Steuervergünstigungen geht.

Gurski, Hans: Außenhandelskriminalität, insbesondere die Subventionserschleichung – in: Tiedemann a.a.O., S. 41 ff.; *Tiedemann,* Klaus: Subventionskriminalität in der Bundesrepublik. Erscheinungsformen, Ursachen, Folgerungen – rororo studium 53 – Reinbek bei Hamburg 1974; *Tiedemann,* Klaus: Kriminologische und kriminalistische Aspekte der Subventionserschleichung – in: GrKrim 13/1, S. 19 ff. (1974); *Graeber,* Heinz: Subventionsbetrügereien in der EWG – in: GrKrim 13/1, S. 423 ff. (1974).

Im Bereich der wirtschaftspolitischen Subventionen spielt im Hinblick auf zahlreiche Normen der EG der Agrarsektor eine große Rolle. Diese Subventionen stellten z.T. auf bestimmte Produkte, aber auch auf Investitionen und Strukturverbesserungen ab.

Nachdem schon Maßnahmen zur Förderung des Rapsanbaus zu Praktiken der Subventionserschleichung geführt hatten, wurde dies Phänomen vom Jahre 1956 ab mit der Eiersubventionierung allgemeiner bekannt. Außer für nichtgestempelte, sog. „Blankeier“, wurden Subventionen für überhaupt nicht vorhandene „Lufteier“ und Mehrfachsubventionen für sog. „Karusselleier“ erschlichen.

Bei Milch- und Milcherzeugnissen ging es vor allem um Subventionen für Milchpulver und für Butterschmalz, die hier durch „Kreisverkehr“ zu erlangen waren.

Doch auch im Zusammenhang mit Fleisch, Getreide und Zucker, wo es darum ging, die Abschöpfungsfreiheit für Zuckerimporte zu erschleichen, kam es zu ausgedehnter Subventionskriminalität.

Bei Subventionen, die entweder zu Investitionen anreizen oder durch Abbau die Struktur verbessern sollen, erschlich man u.a. Beihilfen, welche die Rindertuberkulose ausmerzen sollten, und Investitionsbeihilfen, welche die Anpassung der landwirtschaftlichen Betriebe erleichtern sollten, sowie zinsverbilligte Kredite. Bei Strukturverbesserungen durch Abbau von Kapazitäten führten bei der Stillegungsaktion in der Mühlenwirtschaft zu einschlägigen Straftaten.

Im Bereich der Montan-Industrie kam es ebenfalls zu Praktiken der Subventionskriminalität.

Hier ergaunerte man sich beispielsweise in den Jahren 1954–1958 Ausgleichszahlungen für Importschrott.

Im Transport- und Verkehrswesen, in dem man des öfteren mit Subventionen arbeitet, um Kapazitäten abzubauen, Investitionen anzuregen oder Kosten zu verbilligen, gab es prompt kriminelle Praktiken.

Ist hier einmal auf zu Unrecht erlangte Abwrackprämien für Binnen- und Seeschiffe hinzuweisen, zielten andere Taten auf Zuschüsse für Gleisanschlüsse und sonstige Formen kombinierten Verkehrs ab. Was die Verbilligung der Betriebskosten anlangt, sind außer Erschleichung von Getreidefrachthilfen vor allem Fälle ungerechtfertigter Erstattung von Straßenbenutzungsgebühren für Berlin-Transporte bekannt geworden.

Dies leitet bereits zu Subventionen über, die einer regionalen Wirtschaftsförderung dienen und vor allem zu Investitionen anreizen sollen.

Neben mißbräuchlicher Inanspruchnahme von Investitionszulagen im Zuge der Berlinhilfe hat vor allem die Vergabe verbilligter Kredite zur Zonenrandförderung zu mancherlei krimineller Aktivität geführt.

Doch auch im Zusammenhang mit Export und Entwicklungshilfe, die man ebenso durch Subventionen zu beleben sucht, hat es kriminelle Praktiken gegeben.
Nur der Vollständigkeit halber sei erwähnt, daß es auch andere als wirtschaftspolitische Subventionen gibt, die dennoch z.T. einschlägige Wirtschaftskriminalität hervorrufen können. Besonders gilt das für sozialpolitische Subventionen, wie sie insb. im Bau- und Wohnungswesen vorkommen.

Zielen die kriminellen Praktiken in der Bauwirtschaft u.a. auf Schlechtwettergeld, Urlaubsentgelt usw., so ist im Wohnungswesen an das Ergaunern von Wohnungsbauprämien zu denken.

Weniger wirtschaftskriminell einschlägig sind in der Regel Subventionen, die kultur- oder sonstige bildungspolitische Zwecke verfolgen.

Doch außer im Schulsektor, wo es z.B. um Schulbücher ging, hat es in der Filmwirtschaft Fälle von Subventionserschleichung gegeben.

H. Insolvenzdelikte

Als letztes Beispiel aus dem Bereich der echten Wirtschaftsdelikte sollten die Insolvenzdelikte erwähnt werden. Hier handelt es sich um Straftaten, bei denen entweder der eigene wirtschaftliche Zusammenbruch in grob unverantwortlicher Weise herbeigeführt bzw. zum eigenen Vorteil ausgenutzt wird oder durch die eine ordnungsmäßige Liquidation verhindert bzw. gefährdet wird.

Skrotzki, Franz-Artur: Konkursdelikte. Eine kriminologische Untersuchung im Landgerichtsbezirk Hannover in den Jahren 1955–1957 – Diss. Hamburg – o.O. 1963; *Hammerl,* Horst: Die Bankrottdelikte. Zur strafrechtlichen und kriminologischen Problematik des einfachen und schweren Bankrotts (§§ 239, 240KO) – Diss. Frankfurt a.M. – o.O. 1970; *Thelen,* Herbert: Konkursdelikte im Landgerichtsbezirk Koblenz 1949–1959 – Diss. Bonn – o.O. 1970; *Aeschbacher,* Rudolf: Pfändungs- und Konkursdelikte in kriminologischer Sicht – Diss. Zürich – o.O. o.J.

Die Insolvenzdelikte spiegeln nicht nur die Vielfalt wirtschaftlicher Betätigung wider, sondern zeigen ungleich deutlich die in unserer Wirtschaft bestehenden Abhängigkeiten (Firmen, Unternehmen). Neben dem Einzelkaufmann finden sich noch etwas häufiger Gesellschafter von Kapitalgesellschaften, ferner Gesellschafter von Personalgesellschaften und Geschäftsführer bzw. Prokuristen, die nicht nur bei der Stellung eines weisungsgebundenen Strohmannes mit dem Strafgesetz in Konflikt geraten. Es sind im übrigen, wenngleich mit einigen Unterschieden, alle Sparten wirtschaftlicher Betätigung vertreten.

Mehr als das Handwerk sind gerade kleinere Industrieunternehmen und vor allem das Bau- und Wohnungsgewerbe an den Insolvenzen beteiligt, obwohl hier die Zahl der Konkurse konjunkturell schwankt. Die höchste Belastung mit Pleiten zeigen nahezu immer Groß- und Kleinhandel, die – nicht nur per Kredit – auf andere angewiesen sind; sie werden infolgedessen leicht das Opfer von Kettenreaktionen, zumal da diese Tätigkeit anscheinend für Wirtschaftskriminelle besonders attraktiv ist. Gering ist die Belastung der Banken und Versicherungen mit Insolvenzkriminalität, wenngleich hier Pleiten besonders spektakulär wirken. Ähnlich ist die Lage bei den freien Berufen.

Der Schaden ist schwer zu fassen und im Einzelfall recht verschieden. Denn zu dem noch relativ leicht zu beziffernden Vermögensverlust der Gläubiger, zu denen insoweit die ihres Lohnes harrenden Arbeitnehmer zu rechnen sind, kommen wirtschaftlich abhängige dritte Unternehmen sowie durch Verlust der Arbeitsplätze die Arbeitnehmer und ihre Familien bzw. die einspringende Allgemeinheit hinzu. Zudem wird u.U. das Kreditgefüge ernsthaft erschüttert.
Kriminalphänomenologisch und wohl auch kriminalistisch geht man einstweilen am besten von den Tatmodalitäten aus, die nicht nur bei Bankrott und den nachfolgenden Konkursdelikten verschieden sind, sondern an Hand derer man auch einfachen und schweren Bankrott unterscheiden kann.

1. Einfacher Bankrott

Beim einfachen Bankrott liegt der Pleite ein sozial unverantwortliches, grob unkaufmännisches Gebaren zugrunde. Vor allem die folgenden vier Formen lassen sich hier beobachten.

Gößweiner-Saiko, Th. C.: Vom Wesen des einfachen Bankrotts. Eine Übersicht für die Praxis des Insolvenzstrafrechts – Arch. f. Krim. Bd. 137, S. 102 ff. (1966).

a) Gründung und Erweiterung von Unternehmen ohne ausreichende Kapitalbasis

Neugegründete oder erweiterte Unternehmen brechen häufiger wegen falsch eingeschätzter Finanzierung zusammen; die eigene Kapitalbasis ist zu klein.

Von der für die Gründung einer GmbH erforderlichen 20 000 DM werden nur 7500 DM in bar eingebracht; die als weitere Aktivposten zu hoch bewerteten Filme „Das Geheimnis des roten Affen“ und „Die Jagd begann im Hafen“ waren wenig gefragt. Nachdem schon 6 Monate nach der Gründung ein Wechsel über 17 000 DM zu Protest ging, fiel mit der Pleite alsbald der Vorhang.

Eine Gießerei, die ohne jegliches Eigenkapital eine Betriebsvergrößerung für eine halbe Million DM durchzuführen gedachte, ging in die Brüche.

Ein Installateurmeister ging Konkurs, weil er nach einem Großauftrag die Zahl seiner Angestellten verdoppelte, obwohl das in keinem Verhältnis zum Auftragsvolumen stand; andere Fehlinvestitionen kamen hinzu.

b) Fachliche Unzulänglichkeit

In anderen Fällen hängt der Bankrott mit der fachlichen Unzulänglichkeit des Täters, insb. unzureichenden kaufmännischen Kenntnissen zusammen. Fehlt einigen Bankrotteuren jegliche Fachausbildung, haben andere durch Eigenverschulden keinen Überblick über ihre Vermögenssituation oder über die Marktsituation, was bis zur sog. „Blindwirtschaft“ gehen kann.

Ein „Kaufmann“, der seine Waren einfach mit 10% Aufschlag verkaufte, ohne seine höheren Unkosten zu bedenken, mußte mit diesem Kalkulationsbetrag Schiffbruch erleiden.

Häufiger gehen nach Betriebsgründungen Handwerker Konkurs, denen hinreichende kaufmännische Kenntnisse fehlen. Typisch ist ferner für manche Delinquenten in diesen Fällen häufiger Branchenwechsel.

Ein in einer Konditor- und einer Kaufmannslehre gescheiterter Täter versuchte es nacheinander mit einem Drahtgeschäft, einer Gastwirtschaft, einer Handelsvertretung und einem Inkassogeschäft. Es ist völlig unmöglich, daß er sich in allen diesen Branchen in der knappen Zeit ausreichend auskannte.

An Überblick fehlte es notgedrungen einem Textilkaufmann, der bei zwei Ladengeschäften für die kaufmännischen Aufzeichnungen mit einem Schulschreibheft auskam, das auf den ersten Seiten noch einige englische Aufsätze enthielt.

Völlig verschätzt in den Absatzmöglichkeiten hatte sich ein Gemeinschuldner, der inmitten von Grünflächen ein Lebensmittelgeschäft eröffnete.

Von Blindwirtschaft kann man bei einem Unternehmen, das Lifte einbaute, sprechen; es nahm viel mehr Aufträge an, als es ausführen konnte, was infolge hoher Schadensersatzforderungen zum Konkurs führte.

c) Fehldispositionen

Von der mangelnden fachlichen Kapazität sind die eigentlichen Fehldispositionen zu unterscheiden, die auch dem Fachmann unterlaufen können, wenn er leichtfertig handelt. Beispiele dafür sind neben zu hohem geschäftlichen oder privaten Aufwand die Aufnahme überhöhter Kredite, wirtschaftlich untragbare Investitionen und Übernahme eines unverantwortlichen Risikos in der Hoffnung auf hohen Gewinn.

Ein Bauunternehmen brach zusammen, weil eine für mehrere Millionen DM errichtete Mischanlage kaum zur Hälfte ausgelastet war.

Ein anderer Bauunternehmer ging pleite, weil bei Bauerwartungsland, das er mit Eigenmittel und 400 000 DM Fremdkapital gekauft hatte, das Umlegungsverfahren zu lange dauerte und er die Zinsen nicht mehr aufbringen konnte.

d) Fehlverhalten bei Marktstörungen

Den gewöhnlichen Fehldispositionen ähnelt das Fehlverhalten bei abnormen Wirtschaftssituationen, insb. bei Marktstörungen. Diese sind deshalb gefährlich, weil hier ein Fehlverhalten leicht zur Pleite führen kann. Natürlich muß es sich, wenn Strafbarkeit in Betracht kommen soll, um grob unkaufmännische Reaktionen handeln.

Das ist etwa der Fall, wenn starrsinnig am Markt und Bedarf vorbei produziert wird, wie das in der Baubranche des öfteren vorgekommen ist.

Größere Bedeutung als angekündigte Ein- und Ausfuhrverbote, die nicht beachtet werden, haben in der Praxis nicht genügend berücksichtigte Kreditrestriktionen.

2. Schwerer Bankrott

Wirkt beim einfachen Bankrott außer dem unverantwortlich leichtsinnigen Verhalten vielfach etwas mit, was als Schicksal oder Pech gewertet werden könnte, sieht das grob unwirtschaftliche Verhalten beim schweren Bankrott doch ganz anders aus und hat trotz vielfältiger Verschleierungspraktiken eindeutig dolosen und eigennützigen Charakter. Dabei gibt es zwei ganz unterschiedliche Tatsituationen, die jedoch beide darauf hinauslaufen, daß der Täter sich auf Kosten anderer zu bereichern sucht.

a) Absichtliches Herbeiführen eines Bankrotts
Das absichtliche Herbeiführen eines Bankrotts umfaßt alle Maschen, die dartun, wie man paradoxerweise durch eine Pleite reich werden kann. Praktiken dieser Art sind Schleuderverkäufe und übermäßige Privatentnahmen, wobei die Erträge in der Mehrzahl der Fälle in das Ausland oder sonst beiseitegeschafft werden.

Ein in Frankfurt ansässiger Weinhändler verramschte kurz vor seinem Abflug Wein im Werte von 90 000 DM für ganze 3300 DM.

Ein Täter, der eigens für diesen Zweck eine Schwindelfirma „Großvertrieb von Weinen" gegründet hatte, verkaufte den an ihn gelieferten Wein für den halben Einkaufspreis; er „erwirtschaftete" in sechs Wochen rund 60 000 DM.

Die übermäßigen Entnahmen aus dem Geschäftsvermögen als häufigste Masche des betrügerischen Bankrotts betreffen gewöhnlich Bargeld. Aus dem Vermögen einer nur mit Verlust arbeitenden OHG entnahmen beide Gesellschafter in wenigen Wochen jeweils 50 000 DM.

a) Mißbräuchliches Ausnutzen der Bankrottsituation
Häufiger sind aber wohl diejenigen Fälle, in denen der Täter zwar nicht bewußt auf einen Bankrott hinarbeitet, er jedoch die so oder so eingetretene Bankrottsituation mißbraucht, um sich auf Kosten anderer zu bereichern, d.h. zumindest Reste des Vermögens für sich zu retten. Das kann durch Aufstellen fingierter Forderungen oder noch besser durch Verheimlichen von Vermögenswerten geschehen.

Außer angeblichen Forderungen, welche scheinbar die Passiva vergrößern und so die Masse vermindern, wird mitunter auch eine zurückdatierte Sicherungsübereignung behauptet.

Zu demselben Zweck werden Sachen oder Waren beiseitegeschafft, Gelder auf Fremdkonten eingezahlt oder in das Ausland geschafft, um sie dem Zugriff der Gläubiger zu entziehen. Geschickte Täter begehen zu diesem Zweck betrügerische Bankmanipulationen. Häufig werden in derartigen Fällen mit dem Täter kooperierenden Dritten – Eltern, Geschwister oder in Gütertrennung lebenden Ehefrauen – Vermögenswerte übertragen oder Gelder gezahlt, wobei man bemüht ist, die Unentgeltlichkeit der Zuwendung zu kaschieren.

3. Konkursdelikte

Bei den Konkursdelikten handelt es sich dagegen um Machenschaften, die eine ordnungsmäßige Abwicklung des Vergleichs- oder Konkursverfahrens verhindern sollen. Hierher gehört der im Hinblick auf Gläubigerbestimmungen praktizierte Stimmenkauf, bei dem Vorteile dafür geboten werden, daß die Stimme im Sinne des Gemeinschuldners oder des sonstigen Täters abgegeben wird.

IV. Sexualdelikte

Die Sexualdelikte fallen insgesamt gesehen zwar zahlenmäßig nicht so sehr in das Gewicht, doch kommt ihnen infolge der vielfach ausgesprochen individualrechtlichen Komponente und der z.T. beträchtlichen kriminellen Intensität hohe symptomatische Bedeutung zu. Auch bei dieser Deliktsgruppe ist die Verbrechensperseverenz häufig sehr ausgeprägt.

Allerdings ergeben sich zwischen den einzelnen dieser Deliktsgruppe zugeordneten Verhaltensweisen bei näherer Betrachtung so erhebliche Unterschiede, daß eine zusammenfassende Behandlung kaum sinnvoll erscheint. Zudem werden die Grenzen dieser Deliktsgruppe in den einzelnen Ländern sehr verschieden beurteilt. Obwohl streng genommen nur einige der nachstehend behandelten Deliktstypen ein Verhalten kriminalisieren, das als solches sexuellen Charakter haben muß, soll im Folgenden – wegen der durchweg weiter ausgreifenden Gesetzgebung und aus Gründen besserer Verständlichkeit – ein weiterer Begriff als der dieser Sexualdelikte im eigentlichen Sinne zugrundegelegt werden.

Groß/Selig (8/9) I-258 ff.; *Sittlichkeitsdelikte.* Arbeitstagung . . . vom 20. April bis 25. April 1959 – hrsg. v. Bundeskriminalamt – Wiesbaden 1959; *Berg,* Steffen: Das Sexualverbrechen. Erscheinungsformen und Kriminalität der Sittlichkeitsdelikte – Hamburg 1963.

Phänomenologisch sind die mithin in Betracht kommenden kriminellen Verhaltensweisen nur sehr schwer zu überblicken. Am besten gewinnt man wohl Übersicht, wenn man sie – ebenso wie in der Kriminalphänomenologie – zunächst einmal der Strafrechtsdogmatik entsprechend zu fünf Gruppen oder Grundtypen zusammenfaßt.

A. Delikte gegen die geschlechtliche Freiheit
B. Mißbrauch der Unreife und der Abhängigkeit
C. Delikte wider die Normalität des Geschlechtslebens
D. Ausbeuten und Fördern fremder Unzucht. Prostitution
E. Delikte gegen das öffentliche Anstands- und Schamgefühl

Da die sexuellen Aberrationen unter C. nur zum Teil behandelt werden, obwohl sie auch die Tatausführung bei anderen Sexualdelikten beeinflussen können, sei insoweit auf die ergänzenden Ausführungen bei der kriminaltechnischen Untersuchung der einzelnen Verbrechen verwiesen (§ 16-C-IV-C).

A. Delikte gegen die geschlechtliche Freiheit

Zu den Delikten gegen die geschlechtliche Freiheit zählen wir alle Sexualdelikte, bei denen der Unrechtsgehalt vor allem durch das Beeinträchtigen der Selbstbestimmung, d.h. der Willensfreiheit des Opfers geprägt wird. Außer an Notzucht (Vergewaltigung) und gewaltsame Unzucht (sexuelle Nötigung) ist hier ferner an die Fälle der Schändung zu denken. Diese Sexualfreiheitsdelikte sind, wenngleich die forensische Beurteilung in nicht wenigen Fällen durch irritierende Umstände problematisch werden mag, zur Gewaltkriminalität zu zählen; denn es geht um brachialen Zwang, weil im Verhältnis zur schweren Gewalt gegen Personen die schwere Drohung, insb. mit Gefahr für Leib oder Leben, nur eine Vorstufe der Gewalt darstellt.

1. Notzucht und sexuelle Nötigung

Notzucht und sexuelle Nötigung, die man hier zusammenfassen kann, da das erstrebte Sexualverhalten nicht so wesentlich ist wie der in beiden Fällen als Tatmittel fungierende schwere Zwang, sind schon kriminologisch wenig erforscht.

Weimann, Waldemar: Die 22 Notzucht-Attentate des Hans Zahn – Arch. f. Krim. Bd. 120, S. 18 ff. (1957); *Schäfer,* Herbert: Gruppennotzucht durch Jugendliche und Heranwachsende – in: TbKrim

XIV, S. 89 ff. (1964); *Preissler,* Hans-Peter: Zur Kriminologie der Notzucht – (med) Diss. Saarbrükken – o.O. 1965; *Kucklick,* Wolfgang: Notzuchtkriminalität in Hamburg – hrsg. v. Landeskriminalamt Hamburg – Hamburg 1970; *Hischer,* Erhard: Kriminalpsychologische Fallstudien zum Problem der Notzucht – Neuburgweier/Karlsruhe 1970.

Die zusammenfassende Darstellung von Notzucht bzw. Vergewaltigung und sexueller Nötigung rechtfertigt sich schon deshalb, weil vergleichsweise viele Notzuchtstaten im Stadium des Versuchs stecken bleiben; von 226 Fällen einer Hamburger Untersuchung waren das 119 oder 52,7%.
Bei beiden Deliktstypen dürften sich hetereo- und homosexuelle Betätigung weniger unterscheiden, als manche annehmen, wenngleich gewisse Schwerpunkte insoweit selbstverständlich etwas anders liegen können. Insgesamt aber überwiegen eindeutig heterosexuell orientierte Täter; der Homophile greift viel seltener zum brachialen Zwang, um sein Ziel zu erreichen. Eine vor allem juristisch und kriminalpolitisch zu beantwortende Frage ist die, ob außer den geschilderten Mitteln schweren Zwanges – wie das manche Regelungen festsetzen – die List als Tatmittel ausreichen soll.

Wer das bejaht, sollte zumindest konzedieren, daß derartige Verhaltensweisen nicht recht zum Typ eines Sexualfreiheitsdelikts passen, das schon tatsächlich betrachtet gegen oder doch ohne den Willen des Opfers begangen worden sein muß.

In der Kriminalphänomenologie sollte man auf den unterschiedlichen sexuellen Hintergrund derartiger Straftaten abstellen, der durchweg aufschlußreicher als das daneben gewiß nicht unwichtige Täter-Opfer-Verhältnis ist.

Denn sexuelle Gewalttäter überfallen nur verhältnismäßig selten ihnen vor der Tat völlig unbekannte Opfer. Neben familiären Verhältnissen findet man vor allem mehr oder weniger enge Bekanntschaften. Als Opfer dominiert auch dort, wo dies keine Konsequenz der strafrechtlichen Regelung ist, das weibliche Geschlecht. Auffallend hoch sind mit Anteilen bis zu 40 oder 50% Minderjährige bis zu 21 Jahren. Am meisten aber sind an sich die Altersgruppen zwischen 18 und 25 Jahren – also Jungerwachsene – gefährdet.

Der Tatort ist wenig aufschlußreich, wenn man davon absieht, daß Sexualfreiheitsdelikte in der Familie oder bei engen Bekannten häufig in Räumen begangen werden, während bei wenig oder nicht bekannten Opfern Tatorte im Freien dominieren. In Hamburg wurden derartige Taten naturgemäß gehäuft in Stadtbezirken mit Vergnügungsvierteln begangen. – Jahreszeitlich sind wegen der im Freien begangenen Taten die Monate Juni bis Oktober am meisten belastet. Was die Tatzeit anlangt, sind Sonn- und Feiertage etwas mehr und in der Tageszeit vor allem die Stunden zwischen 22 und 3 Uhr belastet. Neben der mithin typischen Mehrbelastung der warmen Jahreszeit und der Freizeit ist vor allem das Täter-Opfer-Verhältnis aufschlußreich.
Für die den Kriminalisten besonders interessierende Tatausführung dürfte es jedoch mehr auf die Arten des Zwanges und darauf ankommen, wie und unter welchen Umständen er eingesetzt wird. Sind beim Einzeltäter brachiale Gewalt und schwere Drohung als Tatmittel zu unterscheiden, so bietet die Gruppennotzucht, an der mehrere Täter beteiligt sind, eine besondere Tatsituation, wenngleich ebenfalls mit Mitteln schweren Zwanges gearbeitet wird. Obwohl der Einzeltäter häufiger überfallartig vorgeht (Hamburg 40,5%), findet sich dies Vorgehen doch auch bei der Gruppennotzucht (Hamburg 26,1%).
Zur Notzucht oder sexuellen Nötigung kommt es keineswegs immer überraschend. Vielmehr kann die Tat, selbst wenn man den hier aus verschiedenen Gründen häufig falschen

Strafanzeigen absieht, vom Opfer – wenngleich z.T. unbewußt – provoziert oder veranlaßt worden sein. Gerade bei derartigen Fällen, in denen der Tat aufreizendes Verhalten oder vom Opfer gebilligte Zärtlichkeiten bzw. sexuelle Manipulationen vorausgehen, kann vorsätzliches Handeln des Täters zweifelhaft erscheinen.

Ein Fall dieser Art hat sich vor einigen Jahren in Schleswig-Holstein nach einem dörflichen Feuerwehrball ereignet. Schon während desselben hatte man außerhalb der Gaststätte Intimitäten ausgetauscht und dies dann auf dem Heimweg fortgesetzt. Als der Täter auf einer kleinen Brücke – möglicherweise etwas derb – den Geschlechtsverkehr vollzog, behauptete das Opfer später eine Notzucht. Selbst wenn man das nicht als nachträgliche Ausrede abtut, läßt sich nicht sagen, daß der Mann nach Lage der Dinge ernstlich annehmen konnte, jetzt gegen den Willen der Frau zu handeln.

Anders liegt ein Fall, in dem ein Pärchen nach einer Faschingsveranstaltung in der Wohnung des Mannes nachts Kaffee trank. Denn die Frau wehrte sich kratzend und beißend heftig gegen den Casanova, der dann gewaltsam den Verkehr erzwang.

Soweit keine längeren Beziehungen bestanden, bahnt der Täter den Kontakt mit seinem Opfer vor allem auf öffentlichen Straßen und in Lokalen sowie auf Tanzböden an. Bei längerer persönlicher Beziehung dominieren unter den Opfern Freundinnen bzw. Bekannte bzw. Frauen und Mädchen aus der Nachbarschaft. Als exponierte, d.h. sich insoweit besonderer Gefahr aussetzende Opfer sind Prostituierte und Streunerinnen, auch entwichene Fürsorgezöglinge oder sonst als vermißt geltende Personen anzusehen. Bei Notzucht und sexueller Nötigung benutzt der Täter nicht selten ein Kraftfahrzeug; ein nicht unerheblicher Anteil der Tat wird sogar in einem solchen Fahrzeug begangen.
Unterschiedlich kann das mit diesen Mitteln angestrebte Sexualverhalten sein. Beschränken sich Deliktstypen wie Notzucht oder Vergewaltigung auf Vollzug des außerehelichen Beischlafs, so werden andere Sexualbehandlungen mitunter von ergänzenden Vorschriften erfaßt.

a) Gewalt

Der bei den Strafjuristen umstrittene Begriff der Gewalt sollte hier relativ eng dahin ausgelegt werden, daß es sich um ein Verhalten handeln muß, welches das Opfer unmittelbar körperlich empfindet; der Intensität nach muß es mit Lebensgefahr oder der Gefahr einer nicht ganz unwesentlichen Körperbeschädigung verbunden sein. Die Gewalt ist das typische Tatmittel der Sexualfreiheitsdelikte; ihr Anteil liegt oft weit über 75–90% aller Fälle; in Hamburg sind 127 der insgesamt 221 Opfer mehr oder weniger schwer verletzt worden.

Ein betrunkener 32jähriger Täter mißbrauchte seine 10jährige Tochter zum Beischlaf, wobei er dem widerstrebenden Kind ins Gesicht schlug.

Ein Täter holte eine vor ihm radelnde 12jährige Schülerin ein, riß sie an einer einsamen Stelle in einem Waldgelände zu Boden und vergewaltigte sie.

Die angewandte Gewalt besteht, wenn man hier vom Festhalten absieht, überwiegend in Schlagen, Würgen und Zuhalten des Mundes. Einzelne Täter benutzen aber auch die von anderen nur zum Drohen verwendeten Schußwaffen oder ein anderes gefährliches Werkzeug.

b) Schwere Drohung

Als schwere Drohung, die ebenfalls in den Strafvorschriften z.T. verschieden beschrieben und überdies zuweilen unterschiedlich ausgelegt wird, ist hier wie bei allen Gewaltdelikten eine Vorstufe der Gewalt zu verstehen, die mit nicht ganz entfernter Gefahr für Leib und Leben des Bedrohten verbunden sein muß. Typisch ist daher das Festhalten und Drohen mit Gewalt.

Häufiger als mit Schußwaffen, Messern oder anderen Verletzungswerkzeugen droht der Täter mit anderer Gewalt. In Fällen der Gruppennotzucht kann schon die Zahl der Täter drohenden Charakter haben.

2. Schändung

Die relativ seltenen Fälle der Schändung können entweder als besondere Modalitäten der Notzucht oder aber als diese ergänzende Deliktstypen begriffen werden.
Einmal handelt es sich um solche Fälle, in denen Zwang sich erübrigt, da der Täter durch entsprechende Machenschaften den Willen seines Opfers eigens zu dem Zwecke ausschaltet, um sein Opfer im willenlosen Zustand zu mißbrauchen.
Zum anderen handelt es sich um Opfer, die, ohne Zutun oder jedenfalls darauf abzielendes Verhalten des Täters, in einen Zustand der Willensunfähigkeit geraten sind und nun sexuell mißbraucht werden.

In der Praxis überwiegen als Opfer betrunkene Frauen. Doch sind auch schon unter Tabletten- und Drogenwirkung stehende Frauen mißbraucht worden.

B. Mißbrauch der Unreife und der Abhängigkeit

Eine weitere Gruppe von Sexualdelikten wird dadurch geprägt, daß der Täter die Unreife oder Abhängigkeit seines Opfers mißbraucht. Die diesem Grundtyp zuzuordnenden Straftaten sind insoweit mit den Delikten gegen die geschlechtliche Freiheit verwandt, als z.T. das Opfer – z.B. ein Kind – noch nicht zu einem sinnvollen Gebrauch seiner Freiheit fähig ist oder der Betroffene als Minderjähriger bzw. Abhängiger hier überhaupt oder zumindest dem Täter gegenüber noch nicht völlig frei ist.

1. Sexueller Mißbrauch von Kindern

Ein mitunter besonders und jedenfalls zahlenmäßig in das Gewicht fallendes Delikt ist der sexuelle Mißbrauch von oder die Unzucht mit Kindern. Allerdings muß man bei dem weiten Straftatbestand kriminalphänomenologisch doch schon sehr differenzieren, da man in aller Regel bei Taten von Jugendlichen oder Greisen nicht vom gleichen Gewicht wie bei Taten Erwachsener ausgehen kann, die übrigens ebenfalls noch recht unterschiedlich liegen können. Kann dennoch der Modus operandi, wenn man nur auf den unzüchtigen Vorgang abstellt, in allen diesen Fällen der gleiche sein, so ist es doch wohl richtig, hier zunächst einmal der kriminalphänomenologischen Gliederung zu folgen.

Albrecht, Otfried: Die Unzucht mit Kindern. Eine kriminologisch-strafrechtliche Untersuchung unter Verwendung von Aktenmaterial des Landgerichts Kiel aus dem Jahre 1959 – Diss. Kiel – o.O. 1964; *Heinz,* Wolfgang: Bestimmungsgründe der differentiellen Wahrscheinlichkeit strafrechtlicher Sanktionierung bei Unzucht mit Kindern (§ 176 Abs. 1 Ziff. 3 StGB) – MoKrim 1972-116 ff. (55. Jahrg.); *Niemann,* Harald: Unzucht mit Kindern. Eine kriminologische Untersuchung unter Verwendung Hamburger Gerichtsakten aus den Jahren 1965 und 1967 – Kriminol. Studien Bd. 19 – Göttingen

1974; *Potrykus*, Dagmar/*Wöbcke*, Manfred: Sexualität zwischen Kindern mit Erwachsenen – München 1974.

Was die Taten anlangt, die des öfteren (mitunter 25–33% der Fälle) mit demselben Opfer fortgesetzt verübt werden, zeigen großstädtische Verhältnisse eine etwas größere Belastung als das Landgebiet, wo jedoch die Dunkelziffer größer sein könnte. Vor allem dürfte dies aber zu Lasten Erwachsener, insb. alter Täter gehen.

Die speziellen Tatorte finden sich überwiegend in geschlossenen Räumen, seltener im Freien (Kiel 35,3%), wo man zudem häufiger auf junge als auch erwachsene Täter trifft. Ganz überwiegend wird der sexuelle Mißbrauch von Kindern in der Wohnung des Täters begangen (Kiel 46,7%), zuweilen aber auch in der Wohnung des Opfers, geschäftlichen und anderen Räumen. – Jahreszeitlich sind Frühjahr und Sommer mehr belastet, was allerdings zum Teil nicht für alte Täter zuzutreffen scheint. Im übrigen sind Kinder am Wochenende und am Nachmittag besonders gefährdet, was mit der Freizeit der Opfer zusammenhängen dürfte.

Der Ort der Anbahnung schwankt, sofern besondere soziale Beziehungen zwischen Täter und Opfer fehlen, bei den Tätergruppen nach dem Alter. Dasselbe gilt für die dabei benutzten Mittel wie das Gewähren oder Versprechen von Geschenken, das Locken an bestimmte Orte oder Erteilung irgendwelcher Aufträge.

Was die Arten der sexuellen Praktiken anlangt, sei vorausgeschickt, daß das bloße Betrachten des kindlichen Genitals, welches wohl die harmloseste „Tathandlung" darstellt, relativ selten vorkommt. Häufiger sind manuelle Manipulationen wie das Betasten der bedeckten oder nackten Geschlechtsteile bzw. geschlechtsbezogener Körperteile. Intensivere Manipulationen, die bereits als Sexualverhalten des Kindes erscheinen können, finden sich vor allem bei Mädchen von mehr als 10 Jahren oder noch etwas älteren Jungen. Von diesem Alter ab kommt es bei Mädchen zu auf Beischlaf abzielenden Praktiken, denen intensivere homosexuelle Manipulationen bei männlichen Opfern entsprechen. Derartig intensivere Manipulationen sollen etwa ein Drittel aller Fälle ausmachen. Insgesamt zeigen die Täter verschiedener Altersgruppen hier soweit keine auffälligen Divergenzen.

Ein Überblick über die einschlägigen Praktiken ist hier deshalb besonders schwierig, weil die einschlägigen Strafvorschriften bei den Begehungsweisen z.T. doch ziemlich divergieren. Neben sexuellen Manipulationen am Kind oder dem Veranlassen des Kindes kommen Praktiken ohne körperlichen Kontakt in Betracht; die Skala reicht hier bis zum Vorzeigen pornographischer Gegenstände.

Vorbehaltlich dieser rechtlichen Grenzen läßt sich zur Verbrechenstechnik doch Folgendes sagen. Das Ziel der sexuellen Manipulationen kann übrigens schon vom Täter her recht verschieden sein. Ohne Rücksicht auf das Alter der Täter geht es diesen bei deren Taten häufig entweder um einen normalen Geschlechtsverkehr oder aber darum, ihre sexuelle Neugier zu befriedigen. Daneben findet man in diesen Fällen – vor allem bei erwachsenen und alten Tätern – zuweilen Ersatzhandlungen oder Betätigung einer Perversion.

Die Tatausführung ist ganz überwiegend wenig gewaltsam; aggressives Vorgehen von mehr oder weniger großer Intensität hat man in kaum 20% der Fälle festgestellt. Das äußere Bild unterscheidet sich also erheblich von dem der Sexualfreiheitsdelikte. Dabei ist allerdings wiederholter Mißbrauch desselben Opfers recht häufig.

Kriminalistisch aufschlußreich sind gerade beim sexuellen Mißbrauch von Kindern nicht selten die Praktiken, mit denen der Täter sein Verhalten zu verdecken sucht. Neben brutalen Drohungen finden sich Ermahnungen dieser oder jener Art.

Besonders abscheulich verhielt sich insoweit ein 67jähriger Täter, der seine Enkelin, die damals erst 10 Jahre alt war, etwa vier Jahre lang mißbrauchte. Nach Geschenken benutzte er später Drohen mit einer Anzeige, die ihm angeblich nichts mehr ausmache, das Kind aber in ein Erziehungsheim bringen werde. Auch drohte er, andernfalls seine gelähmte Frau, die Großmutter des Opfers, zu schlagen. Schließlich wurden Verlangen und Drohungen sogar schriftlich fixiert.

Alle diese Charakteristika zeigen aber bei den einzelnen, sich an die Täter anlehnenden Erscheinungsformen des sexuellen Mißbrauchs von Kindern bemerkenswerte Divergenzen.

a) Jugendunzucht

Sprechen wir bei Tätern von etwa 10–16 Jahren oder auch 18 Jahren von der Jugendunzucht, so ist bei dem vielfach geringeren Altersabstand von Täter und Opfer klar, daß es hier gehäuft um Entwicklungsprobleme geht, wenngleich man mitunter noch von einer den harmlosen Sexualspielen der Kinder vergleichbaren Situation sprechen kann. Immerhin spielen beim Täter und u.U. sogar beim Opfer fehlende Aufklärung und sexuelle Neugierde oft eine verhängnisvolle Rolle. Dazu paßt, daß die Beteiligten sich häufig schon vor der Tat kennen, wenngleich es auch die überraschende, überfallartige Tatausführung gibt.

Schröer, Heinz: Studien zur Kriminologie des jungen Sittlichkeitsdelinquenten. Untersuchung anhand der in den Jahren 1952 und 1953 in Hamburg und Essen verübten Straftaten. – Diss. Hamburg – o.O 1960.

Die Anbahnung dieser Taten erfolgt vielfach auf öffentlicher Straße oder an der Arbeitsstätte bzw. auf einem Kinderspielplatz. Junge Täter locken ihre Opfer überwiegend an einen bestimmten, ihnen geeignet erscheinenden Ort (Kiel 53,6%) und operieren nur seltener mit Geschenken (Kiel 14,3%); häufiger gehen sie überfallartig vor (Kiel 17,9%).

Bei den sexuellen Manipulationen fällt auf, daß der junge Täter noch häufiger als ältere den Vollzug des Beischlafs oder ihm ähnlicher Handlungen (Schenkel-, Afterverkehr) versuchen oder mitunter auch erreichen. Dennoch geht es in diesen Fällen vielfach doch nur darum, die sexuelle Neugier des Täters zu befriedigen.

b) Altersunzucht

Bei der Altersunzucht, wie sie von Tätern über 60 oder auch 50 Jahren begangen wird, haben wir es naturgemäß häufiger mit Problemen der Alterskriminalität zu tun.

Schulte, Walter: Greise als Täter unzüchtiger Handlungen an Kindern – in: MoKrim 1959, S. 138 ff. (42. Jahrg.); *Amelunxen,* Clemens: Alterskriminalität – Hamburg 1960.

Auch der alte Täter bahnt die Tat vielfach in seiner Wohnung (Kiel 32,4%) oder auf der Arbeitsstätte (Kiel 23,5%) an; doch geschieht das mitunter ebenso auf öffentlicher Straße (Kiel 11,8%) oder einem Kinderspielplatz (Kiel 8,8%). Dabei bedient er sich gern irgendwelcher Geschenke (Kiel 37,9%) oder sonstiger Verlockung. Überraschendes Vorgehen ist hier außerordentlich selten.

Bei der Altersunzucht finden sich überwiegend weniger intensive Handlungen ohne körperlichen Kontakt mit dem Opfer wie obszöne Reden, Zeigen pornographischer Bilder oder exhibitionistische Handlungen. Intensive Manipulationen – insb. Vollzug des Beischlafs – treten dagegen deutlich zurück.

Selbst bei der Altersunzucht läßt sich nicht gar so selten noch von einem normalen Geschlechtsverkehr sprechen. Jedenfalls ist eine Perversion hier noch seltener als bei den anderen erwachsenen Tätern. Ganz überwiegend stellen die Manipulationen für alte Täter also Ersatzhandlungen dar, die sich aus dem Fehlen der Gelegenheit zu normalem Verkehr erklären.

c) Erwachsenenunzucht

Verbleibt für die Erwachsenenunzucht somit die Altersgruppe zwischen 18 bzw. 20 und 50–60 Jahren, ist doch das Bild der Tatausführung keineswegs einheitlich.
Relativ häufig kennt das Opfer den Täter als Verwandten, Nachbarn oder sonstigen Bekannten, was die Kontaktaufnahme erheblich erleichtert. Das Kind wird durch Geschenke, andere Vorteile, aber auch durch Drohungen oder Hinweise auf die Autorität gefügig gemacht. Doch werden derartige Taten ebenfalls von dem Kinde unbekannten Delinquenten begangen, die gewöhnlich überraschend vorgehen, wenngleich zuweilen mit Geschenken oder Androhen von Repressalien operiert wird. Die Tatausführung ist hier jedoch oft brachialer, weil der Unbekannte nicht so sehr an spätere Konsequenzen denkt.

Dem entspricht es, daß nahezu die Hälfte dieser Taten in der Wohnung des Täters (Kiel 48%) oder auf der Arbeitsstätte (Kiel 20%) und nur seltener (Kiel 16%) auf öffentlicher Straße angebahnt werden. Erwachsene benutzen häufiger Geschenke (Kiel 36%), als daß sie Opfer an einen bestimmten Ort locken (Kiel 24%). Überraschend gehen sie nur sehr selten vor.

Was die Art der sexuellen Manipulationen anlangt, ist bei erwachsenen Tätern lediglich festzustellen, daß sie sich ungleich seltener als andere mit Handlungen ohne körperlichen Kontakt zufrieden geben. Erwachsenen Tätern geht es darum, sich durch den Mißbrauch geschlechtlich zu befriedigen, wenngleich sie bei unzureichend entwickelten Opfern sogleich zu Ersatzhandlungen greifen können. Bei manchen Tätern aber kann man sogar auf sexuelle Aberrationen schließen, was inbs. bei homosexuellen Praktiken zutreffen dürfte. Der Anteil dieser Fälle dürfte hier bei twa 25% liegen, was ungefähr die Hälfte der Fälle von Erwachsenenunzucht ausmacht. Man kann also selbst bei diesen Erwachsenen nicht ohne weiteres davon ausgehen, daß es sich durchweg um pädophile oder sonst abnorm veranlagte Menchen handelt.

2. Verführung Minderjähriger

Bei der Verführung Minderjähriger, die zwar das Schutzalter der Kinder überschritten, aber noch nicht die für Erwachsene als ausschlaggebend erachtete Altersgrenze erreicht haben, zeigt selbst die moderne Strafgesetzgebung ein ziemlich unübersichtliches Bild. Häufiger schützt man jedoch Mädchen geringeren Alters – etwa bis zu 16 Jahren – vor der Verführung zum Beischlaf, während in anderen Straftatbeständen das Schutzalter für männliche Jugendliche vor homosexuellen Praktiken oft höher – z.B. auf 18 bis 21 Jahre – festgesetzt wird.
Ist schon deshalb die tatsächliche Lage schwer zu überblicken, kommt es aber wohl mehr darauf an, die Selbstbestimmung des Heranwachsenden jedenfalls noch vor arglistigen Verführungspraktiken (unterhalb des brachialen Zwanges) zu schützen.
Kriminalphänomenologisch sollte man bei der Verführung Minderjähriger auf das Täter-Opfer-Verhältnis abstellen. Denn nur vergleichsweise selten werden diese Taten ohne nähere Beziehung zwischen Täter und Opfer begangen, wobei das Verhalten des Opfers regelmäßig wohl nur in Fällen flüchtiger Bekanntschaft Irrtümer beim Täter hervorrufen kann.

Überwiegend existiert vor der Tat ein soziales Verhältnis zwischen Täter und Opfer, was jedoch nicht sexueller Natur oder gar eine echte Liebesbeziehung sein muß. Gerade Familie, Freundschaft, Bekanntschaft bringen, zumal wenn damit eine Abhängigkeit des Opfers vom Täter verbunden ist, für eine Verführung besonders günstige Umstände mit sich. Nicht selten ist nach den geltenden Vorschriften Strafbarkeit selbst im Rahmen von Verhältnissen zu bejahen, die wenn nicht schon als Liebesbeziehung, so doch als sexuelle Partnerschaft von einiger Dauer anzusprechen sind.

Für die Verbrechenstechnik kommt es weniger auf Tatort und -zeit oder das Schutzalter an, soweit dies nicht mit dem angestrebten Sexualverhalten oder Praktiken der Tatausführung zusammenhängt. Hierbei lassen sich zwei für die Verführung wesentliche Tatsituationen unterscheiden. Außer Betracht bleiben entgegen der Rechtslage in manchen Ländern solche Fälle, in denen die Initiative vom Opfer ausgeht oder dessen Wille vom Täter überhaupt nicht beeinflußt zu werden braucht.

a) Verführung im Rahmen bestehender Verhältnisse

Besteht ein familiäres, durch Freundschaft oder lange Bekanntschaft bedingtes persönliches Verhältnis zwischen Täter und Opfer, wirkt der Täter, sofern man hier überhaupt vom „Verführen" sprechen kann, überwiegend langsam in Gesprächen auf seine sexuellen Ziele hin.

Da er dafür häufig viel Sorgfalt und Energie aufwendet, sind diese Praktiken oft schwer von echten Liebesbeziehungen zu unterscheiden. Doch erfordert ein kriminelles Verführen, daß der Wille des Opfers durch Geschenke, Versprechen von Vorteilen oder Androhen bzw. Zufügen von Nachteilen, die unterhalb der Schwelle der Sexualfreiheitsdelikte liegen, gefügig gemacht werden muß; das läßt sich in Mitarbeiterverhältnissen eher bejahen.

b) Anbahnung oder Mißbrauch von Verhältnissen zum Zwecke der Verführung

Typischer für die Verführung Minderjähriger ist es jedoch, daß Freundschaft oder Bekanntschaft eigens zum sexuellen Zweck begründet, daher mehr oder weniger schnell intensiviert werden. Das Opfer duldet dies und erweckt u.U. durch irgendein Entgegenkommen sogar Hoffnung.

Dies findet sich sowohl bei heterosexueller als auch bei homosexueller Kontaktaufnahme. Ungeachtet der möglicherweise irrigen Einschätzung durch das Opfer greift der Täter dann ggf. zu relativ rabiaten oder arglistigen Praktiken, um sein ausschließlich sexuelles Ziel zu erreichen.

3. Mißbrauch von Abhängigen

Der sexuelle Mißbrauch von Abhängigen oder die Unzucht mit ihnen ist ein Deliktstyp, der in den einzelnen Ländern recht unterschiedlich geregelt ist. Doch wird hier ganz oder weithin nicht nur auf ein bestimmtes Schutzalter verzichtet, sondern werden raffiniertere Formen des Zwanges, als wir sie von den Sexualfreiheitsdelikten her kennen, unter Strafe gestellt.

Tamm, Klaus-Peter: Die Unzucht mit Abhängigen (§ 174 Ziff. 1 StGB) kriminologisch und kriminalpolitisch betrachtet. Eine Untersuchung anhand Hamburger Gerichtsakten der Jahre 1958–1962 – Diss. Hamburg – München 1965; *Theede,* Peter: Unzucht mit Abhängigen (§ 174 StGB). Eine strafrechtliche und kriminologische Untersuchung – KrimWissAbh. 1 – Lübeck 1967.

Ebenso wie in der Kriminalphänomenologie wird der Kriminalist in der Verbrechenstechnik vom Täter-Opfer-Verhältnis ausgehen, das ausschlaggebend für die Tatausführung ist; denn es kennzeichnet die Tatsituation.

Zum sexuellen Verhalten sei lediglich gesagt, daß bei heterosexuellem Umgang die Skala von exhibitionistischen Akten über das Streicheln nackter Körperteile des Opfers bis zum Beischlaf reicht, der hier allerdings häufig das eigentliche Ziel des Täters ist. Natürlich finden sich außer anderen sexuellen Handlungen – allerdings nur sehr selten – auch masochistische, sadistische oder sonst abnorme Manipulationen; häufiger sind derartige Dinge allerdings bei homosexuellem Umgang.
Selbst wenn das Dunkelfeld hier die Statistiken verzerren mag, dürfte es sich doch häufig um Täter handeln, die ihre Position als Eltern oder sonst Sorgeberechtigte zu sexuellen Zwekken mißbrauchen. Während bei den Tätern wegen des vorausgesetzten Autoritätsverhältnisses Erwachsene – insb. solche zwischen 30 und 50 Jahren – dominieren, fällt bei den Opfern ein vielfach noch sehr jugendliches Alter ins Auge.
Was die Tatmittel allgemein anlangt, sind die Fälle eines eklatanten Mißbrauchs der Autorität – unverblümtes Androhen von Vor- oder Nachteilen – relativ selten (z. T. nur 3,8% der Fälle). Viel häufiger sind Fälle, in denen der Täter trotz Vermeidens derartiger Praktiken seine überlegene Position bewußt in Rechnung stellt. Mitunter wird erst nach den sexuellen Handlungen entweder gedroht oder aber Schweigen des Opfers mit Geschenken erkauft. Nicht gerade selten (z.T. 25%) sind Fälle, die zwar von Strafgerichten als kriminell gewertet werden, obwohl das formal bestehende Abhängigkeitsverhältnis jedenfalls für das Opfer vermutlich ohne jede Wirkung war. Außer an Liebes- und Freundschaftsverhältnisse ist hier auch das leichtsinnige Ergreifen einer sich bietenden Gelegenheit zu denken.

a) Unzucht in „Familienverhältnissen“

Die weitaus größte Zahl dieser Straftaten wird in „Familienverhältnissen“ begangen; in Deutschland sind das oft über 80% der abgeurteilten Fälle. Doch mehr als leibliche Eltern sind insoweit Stief-, aber auch Pflege- und Adoptiveltern gefährdet. Nur relativ selten (gut 12% der Fälle) leistet das Opfer nennenswerten Widerstand.

Häufig genügt daher schlichtes Auffordern des Täters, der bei Zögern des Opfers mit überzeugender Selbstsicherheit zu sagen versteht, daß intimer Kontakt nichts Böses sei.

Nur sehr selten schlägt der Täter oder verwendet er massive Drohungen; eher weist er darauf hin, daß bei Bekanntwerden des Vorfalles bei den Beteiligten Nachteile wie Strafe oder Heimerziehung drohen.

Ansonsten sieht der Täter u.U. von einer vom Opfer erwarteten Strafe ab, sofern es sich als gefügig erweist.

Ein 14jähriges Mädchen konnte sich ihrem 28jährigen Stiefvater dadurch entziehen, daß es wahrheitswidrig behauptete, soeben sei die Mutter in das Haus gekommen.

b) Unzucht in Schul- und Bildungsverhältnissen

Demgegenüber tritt die Unzucht in Schul- und Bildungsverhältnissen zahlenmäßig erheblich zurück. Doch ist die Autorität hier mitunter noch so groß, daß der Täter sich der Abhängigen ohne Umschweife geschlechtlich nähert. Bei älteren Opfern ist das Vorgehen aber gewöhnlich vorsichtiger.

Ein 63jähriger Volksschullehrer setzte sich zu seinen 9- bis 11jährigen Schülerinnen in die Bank und versuchte, ihnen unter den Rock zu greifen.

Ein 36jähriger Mittelschullehrer bat leistungsschwache Schüler von 15 bis 16 Jahren zu sich nach Hause, wo er auch Nachhilfeunterricht erteilte. Er bewirtete sie mit Schnaps und Zigaretten, legte ihnen sodann Aktfotos vor, die auch homosexuelle Praktiken zeigten. Erst dann bat er – mit Erfolg – die jungen Leute, sich ihm für ein Aktfoto zur Verfügung zu stellen.

Allerdings hat man gerade bei dieser Erscheinungsform den Eindruck, daß der angebliche Täter in einem nicht geringen Teil der strafrechtlich geahndeten Fälle in Wahrheit das Opfer seiner Stellung wurde, weil sich gegenseitige Liebe entwickelte oder er verführt wurde.

Im Fall eines 34jährigen Volksschullehrers, der sich in eine 14jährige, aber reifer wirkende Schülerin verliebt hatte, hieß es im medizinischen Gutachten, die Abhängigkeit der Schülerin habe nichts zu besagen.

Ein 59jähriger Mittelschulrektor wurde von seiner 17jährigen Schülerin, die aus eigenem Antrieb handelte, zu wechselseitigen Manipulationen verführt.

c) Unzucht in Arbeits- und Lehrverhältnissen

Etwas häufiger werden Abhänige in Arbeits- und Lehrverhältnissen mißbraucht. Allerdings handelt es sich gewöhnlich um junge Opfer von 15 oder 16 Jahren. Zudem geht es durchweg um heterosexuelles Verhalten.

Auch hier nähern sich die Täter überwiegend ohne besondere Umschweife dem Opfer; doch spielt das Lehr- oder Autoritätsverhalten – vom Ansehen des Täters abgesehen – kaum eine Rolle.

Es kommt zudem vereinzelt vor, daß für den Fall der Weigerung mit Entlassung des Lehrlings oder anderen Nachteilen gedroht wird.

Zweifelhaft ist dagegen ein Mißbrauch der Abhängigkeit in den nicht seltenen Fällen wie dem eines 42jährigen Tankstellenbesitzers, der die bereits früher aufgenommenen intimen Beziehungen mit einer 17jährigen fortsetzte, als sie zu ihm in die Lehre kam.

d) Persönliche Betreuungsverhältnisse

Von persönlichen Betreuungsverhältnissen kann man außer bei Formen der Jugendarbeit ferner bei Ferienkindern und dergleichen sowie bei Jugendwohlfahrts- und Obhutsverhältnissen sprechen. Bei der Jugendarbeit ist außer an staatliche und kirchliche Organisationen auch an politische und private Formen zu denken. Kennzeichnend für derartige persönliche Betreuungsverhältnisse ist die Pflicht zur Obhut für zeitweilig anvertraute Minderjährige.

Während die Täter hier oft älter sind, handelt es sich überwiegend um recht junge Opfer. Deshalb dominiert bei der Tatausführung die schlichte Vornahme sexueller Manipulationen. Auch ansonsten ähneln diese Fälle dem sexuellen Mißbrauch von Kindern, wenngleich hier homosexuelle Praktiken anscheinend wieder etwas häufiger sind.

Ein 56jähriger Diakon, der eine CVJM-Jungschar leitete, verging sich bei einem Sommerlager an drei ihm anvertrauten Kindern im Alter von 10 bis 14 Jahren.

Ein 34jähriger Rechtsanwalt näherte sich als Vorsitzender der Grenzlandjugend 28 Angehörigen seiner Gruppe (14–19 Jahre) gleichgeschlechtlich.

Nur selten droht die obhutspflichtige Autoritätsperson mit Fürsorgeerziehung oder Mitteilung an die Eltern für den Fall, daß der Jugendliche nicht zu Willen sei oder die Vorfälle nicht geheim halte.

So war es in einem Falle, in welchem sich aber aus dem auf diese Weise erzwungenen Beischlaf bei dem bereits 18 Jahre alten Opfer eine echte Liebesbeziehung entwickelte.

e) Unzucht in Pflege- und Fürsorgeinstitutionen

Fälle der Unzucht in Pflege- und Fürsorgeinstitutionen werden relativ selten bekannt, obwohl hier die Abhängigkeitsverhältnisse auf längere Dauer angelegt sind und vielleicht stärker durch Autorität gekennzeichnet sind. Doch ist die Tatausführung ähnlich wie bei persönlichen Betreuungsverhältnissen.

Eine 23jährige Kinderschwester legte sich zu den Kindern ins Bett und übte dabei teilweise den Beischlaf aus.

Auch wenn das Alter hier, es sei auf Krankenhäuser, Pflegeanstalten, Kurheime und Altersheime hingewiesen, juristisch in aller Regel keine Rolle spielt, sind doch wiederum jüngere, wenngleich z.T. schon erwachsene Opfer am meisten gefährdet.

Die sexuellen Manipulationen, die hier häufiger homosexuellen Charakter haben, werden von den Opfern oft erst spät als solche erkannt, weil man sie gern als Teil der Behandlung erscheinen läßt.

f) Unzucht im Zusammenhang mit amtlicher Tätigkeit

Bei der Unzucht im Zusammenhang mit amtlicher Tätigkeit sind zwei Fallgruppen zu unterscheiden. Geht es einmal um einen Mißbrauch innerdienstlicher Abhängigkeit, haben wir es im Grunde mit der Berufs- oder Arbeitsposition des Täters zu tun. Zum anderen wird in manchen Rechten ferner der Mißbrauch der amtlichen Position gegenüber Außenstehenden unter Strafe gestellt.

Während innerdienstliche Abhängigkeiten berufsspezifisch sind und an Disziplinargewalt erinnern, weshalb es gewöhnlich um heterosexuelle Kontakte geht, kann man im Außenverhältnis nur selten von einer wirklichen Abhängigkeit des Bürgers sprechen. Kommt es hier zu sexuellen Kontakten, die dann dem Üblichen zu entsprechen pflegen, handelt der Dritte in aller Regel entweder aus eigenem Antrieb oder aus materiellen Gründen.

Anders liegen die Dinge wohl nur bei besonderen Gewaltverhältnissen, von denen man beispielsweise bei Soldaten oder Verwahrten, auch Häftlingen spricht.

Hier ist die Abhängigkeit größer und wegen des regelmäßig gleichen Geschlechts von Abhängigen und Beamten mehr mit homosexuellen Praktiken zu rechnen. Aber auch hier sollte man nicht verkennen, daß der „Abhängige" nicht gar so selten aus diesen oder jenen Gründen an solchen Kontakten interessiert oder er die Triebfeder ist.

4. Blutschande

Eine gewisse und rechtlich sehr umstrittene Sonderstellung nimmt der alte Deliktstyp der Blutschande ein, den man aber doch wohl am besten diesem Grundtyp zuordnet. Dafür sprechen sowohl kriminologische als auch kriminalistische Erkenntnisse.

Hopp, Elfriede: Zur Bearbeitung von Inzestfällen – Rechtliche Hinweise – in: TbKrim XVII, S. 251 ff. (1967); *Palmen,* Franz: Der Inzest. Eine strafrechtlich-kriminologische Untersuchung – Diss. Köln 1968.

So gliedert man beispielsweise in der Kriminalphänomenologie die Erscheinungsformen an Hand des Täter-Opfer-Verhältnisses. Dabei überwiegen in der Praxis inzestuöse Handlungen, die von Aszendenten mit Deszendenten begangen werden. Am häufigsten wird der Inzest von Vätern an Töchtern begangen; von Großvätern an der Enkelin begangene Taten sind schon wegen der heutigen Wohngepflogenheiten seltener als früher. Ähnlich scheint es bei Müttern und Großmüttern mit ihren männlichen Nachkommen zu sein. – Die zweite Form ist der Geschwisterinzest, der vor allem bei Jugendlichen – mit hoher Dunkelziffer – häufiger anzutreffen ist. – Schließlich gibt es in vielen Ländern auch Inzestverbote für

Verschwägerte auf- und absteigender Linie. Zu diesem Verschwägerteninzest gehört als absolut häufigster Fall von Blutschande die Beziehung von Vater und Stieftochter.
Über die Tatzeit läßt sich wenig sagen, weil sie von Arbeits-, Schulzeit und sonstigen, in den Familien auch unterschiedlichen Gegebenheiten abhängt. Als Tatort dürfte vor allem die – oft gemeinsame – Wohnung der Beteiligten fungieren.
Die eigentliche Tatausführung hängt nicht nur von diesen äußerlichen Gegebenheiten und dem bei der Kriminologie erwähnten Täter-Opfer-Verhältnis ab. Vielmehr lassen sich, was Tatanbahnung und -ausführung anlangt, drei Fallgruppen unterscheiden, wenngleich Überschneidungen bleiben oder die Dinge nicht signifikant sind.

a) Gewalttätiger Inzest

Der Inzest kann wie andere Sexualdelikte mit den Mitteln schweren Zwanges, Gewalt oder entsprechend intensiver Drohung, begangen werden. Bei dieser zahlenmäßig begrenzten Ausführungsart ist die Drohung sicher häufiger als die Gewalt, für die man Anteile um 5% herum festgestellt hat; man wird auf 10–20% aller Fälle schätzen können.

b) Inzest mittels Verführung

Häufiger werden beim Inzest jedoch weniger brachiale Mittel der Verführung von dem gewöhnlich viel älteren Täter angewandt, welcher die Initiative ergreift; man darf auf etwa 20–30% oder noch mehr aller Fälle schätzen. Denn hierzu zählen u.a. die bei jungen Opfern nicht seltenen Fälle des Mißbrauchs der Abhängigkeit; eben deshalb wird auch Widerstand unterlassen, der sonst wohl zur Gewalt führen würde.

Ein Hauptmann der Bundeswehr ging auf angeblich religiöser Basis mit seiner Frau und der 14jährigen Tochter einen „Bund" ein, der von allen dreien in der Bibel unterschrieben werden mußte. So brachte man das Mädchen zum oft praktizierten Triolenverkehr.

c) Vom Opfer provozierter Inzest

Keineswegs selten geht die Initiative zu einem Inzest sogar vom „Opfer", dem im Vergleich zum Täter bedeutend jüngeren Verwandten oder Verschwägerten aus. Wenn man in 10–15% der Fälle entgegenkommendes Verhalten der Opfer festgestellt haben will, so muß man bedenken, daß es hier nicht um die Initiative des Opfers geht, sondern die Skala der Provokation bis zum unbewßt aufreizenden Verhalten neigt, jedenfalls mit Neigung zu sexuellem Umgang verbunden ist. Da nachweislich 30–40% der Opfer schon vor dem inzestuösen Akt anderen Verkehr gehabt haben, dürfte es realistischer sein anzunehmen, daß man mit derartigen Praktiken in 15–30% aller Fälle rechnen kann.

Kinder, insb. Mädchen, machen sich oft in ganz unzweideutiger Weise an Verwandte oder Verschwägerte, insb. solche, von denen sie derartige Neigungen erraten oder wissen, heran, um die eigene sexuelle Neugier zu befrieidgen oder aber auf diese Weise materielle Vorteile zu erlangen.

d) Inzestuöses Liebesverhältnis

Nicht viel kleiner, man darf Anteile zwischen 10 und 20% vermuten, dürften inzestuöse Praktiken im Rahmen einer echten zwischen den Beteiligten bestehenden Liebesbeziehung sein.

Hierzu gehören auch Fälle wie der, in welchem die älteste Schwester nach dem Tode der Mutter nicht nur im bäuerlichen Haushalt und bei der Erziehung der kleineren Geschwister die Rolle der verstorbenen Ehefrau übernahm. Erst eine nach Wiederverheiratung des Vaters von der damals 15jährigen begangenen Brandstiftung am neuen Arbeitsplatz brachte die Dinge ans Licht.

C. Delikte wider die Normalität des Geschlechtslebens

Bei den Delikten wider die Normalität des Geschlechtslebens oder dem Verwirklichen sexueller Aberrationen handelt es sich um Verhaltensweisen, die nach der Ansicht mancher Gesetzgeber als besonders mißbilligenswerte Perversionen strafwürdig erscheinen. Obwohl man dies als einen für die strafrechtliche Systematik wenig geeigneten Anknüpfungspunkt und als kriminalpolitisch nicht überzeugend ansehen muß, erscheinen angesichts der in vielen Ländern noch bestehenden Rechtslage hier einige Hinweise angebracht; allerdings unterscheiden sich Formen hetero- und homosexuellen Verhaltens weniger als solche, sondern sind nur hier und da bei der Tatausführung differenzierend zu betrachten. Dies hat sich aber schon bei den bisher behandelten Sexualdelikten gezeigt und wird auch durch das Folgende bestätigt werden.
Um Mißverständnissen vorzubeugen, sei lediglich gesagt, daß wir uns auf selbständig strafbare Formen sexuellen Abnormverhaltens beschränken. Denn derartige Aberrationen oder Perversionen wie Fetischismus, Sadismus, Masochismus, Voyeurismus, Frotteurismus, Transvestitismus und Nekrophilie können das Bild aller möglichen Straftaten mitgestalten oder diese entscheidend motivieren. Auf sie wird daher im Zusammenhang der Kriminaltechnik bei einzelnen Formen kriminellen Verhaltens genauer einzugehen sein (§ 16-C-IV-C).

So stoßen wir beispielsweise auf Fetischisten bei Diebstählen, auf Sadisten oder Masochisten außer bei gewissen Sexualdelikten etwa bei Körperverletzungen und Kindesmißhandlungen. Der Voyeur oder Spanner entwickelt Praktiken, die auf Ehrverletzungen oder Hausfriedensbruch hinauslaufen können. Nekrophile begehen – des öfteren als Friedhofsangestellte – Leichenschändungen und mitunter zu diesem Zweck Einbrüche oder Sachbeschädigungen.

Groß/Selig (8/9) I-258 ff.; *Wollek,* Paul: Abartiges Sexualverhalten und ungewöhnliche Sexualpraktiken – München 1967.

Es sind vor allem zwei Formen des sexuellen Abnormverhaltens, die zu besonderen Strafvorschriften geführt haben: gleichgeschlechtliche Unzucht (Homophilie) und widernatürliche Unzucht (Sodomie).

1. Gleichgeschlechtliche Unzucht (Homophilie)

Die gleichgeschlechtliche Unzucht oder Homophilie wird strafrechtlich durchweg nur in Form der Homosexualität – d.h. für das männliche Geschlecht – erfaßt. Die **lesbische Liebe,** sexuelle Manipulationen unter Frauen, ist bei gewiß großem Dunkelfeld ersichtlich für die Gesetzgeber nicht in gleichem Maße störend, obwohl auch sie bei bestimmten Strafvorschriften, man denke an sexuellen Mißbrauch von Kindern und Abhängigen, für tatbestandsmäßiges Verhalten ausreichen.

von Hentig, Hans: Die Kriminalität der lesbischen Frau – 2., völlig umgearb. Aufl. – Beiträge zur Sexualforschung – Stuttgart 1965; *Kronhausen,* Phyllis: Abarten des weiblichen Sexualverhaltens – München 1967.

Doch wird die Notwendigkeit strafrechtlicher Maßnahmen auch gegenwärtig bei homosexuellen Praktiken offenbar höher eingeschätzt, obwohl diese – wie bereits angedeutet – unter entsprechende Verbote brachialen Zwangs oder Mißbrauchs der Unreife bzw. Abhängigkeit fallen. Und obgleich sich hier gerade – wie wir gesehen haben – in der Tatausführung einige Divergenzen ergeben, bleibt die für den Gesetzgeber wesentliche Frage die, ob derartige Sondervorschriften wirklich notwendig sind.

von Hentig, Hans: Die Kriminalität des homophilen Mannes – Beiträge zur Sexualforschung Bd. 20 – Stuttgart 1960; *Doucet,* Friedrich W.: Homosexualität – München 1967; *Bräutigam,* Walter: Formen der Homosexualität. Erscheinungsformen. Ursachen. Behandlung. Rechtsprechung – München 1967; *Humphreys,* Laud: Klappen-Sexualität. Homosexuelle Kontakte in der Öffentlichkeit – Beiträge zur Sexualforschung Bd. 54 – Stuttgart 1974.

Kriminalphänomenologisch könnte man bei den äußerlich doch ziemlich eintönig wirkenden homosexuellen Praktiken auf den sexuellen Zweck abstellen. Vielfach dient homosexuelles Verhalten lediglich als ein Ersatz für heterosexuelle Betätigung. Doch kann homosexuelles Verhalten auch Ausdruck sexueller Abnormität sein, die allerdings ganz verschieden strukturiert ist.

Denn neben vorübergehenden homosexuellen Neigungen während oder kurz nach der Pubertät gibt es mehr oder weniger verfestigte Triebstörungen; diese können sogar zu langfristigeren Beziehungen zwischen bestimmten Partnern führen. Schließlich dient homosexuelles Verhalten mitunter nur als Mittel für andere Zwecke, hat also nichts oder wenig mit der eigenen Sexualität zu tun. So betätigen sich beispielsweise des öfteren an sich heterosexuell veranlagte Strichjungen homosexuell, um wirtschaftliche Vorteile zu erlangen. Oder Abhängige gehen auf homosexuelle Ansinnen ein, wovon sie sich materielle oder andere Vorteile versprechen.

Für die Verbrechenstechnik aber sollte man zunächst mehr auf das Erscheinungsbild und die Begleitumstände der Homosexualität abstellen, um besondere und vor allem intensivere Formen klarer heraustreten zu lassen. Wie der homophile Täter vorgeht, hängt wesentlich von der Einstellung des Opfers ab. Zwischen homosexuellen Kontakten völlig abgeneigten und den dazu aus verschiedenen Gründen von vornherein bereiten Personen gibt es Zwischenstufen wie die zunächst an derlei Dingen Uninteressierten, die sich dann aber doch darauf einlassen. Fälle dieser Art sind bereits bei der Unzucht mit Abhängigen und der Verführung Minderjähriger erwähnt worden. Sie brauchen hier, selbst wenn sie ebenfalls durch diese Strafvorschriften erfaßt werden können, nicht mehr besonders hervorgehoben zu werden.
Neben der gewalttätig oder arglistig erfolgenden homosexuellen Betätigung sind daher die Formen zu behandeln, bei denen kein Widerstand besteht, weil das Opfer aus materiellen oder anderen Gründen zu derartigem Verhalten bereit ist.

a) Gewalttätige und arglistige Homosexualität

Formen gewalttätiger und arglistiger Homosexualität sind entweder durch Anwendung schweren Zwangs – Gewalt oder Drohung damit – oder durch Benutzen handfester Verführungspraktiken bzw. Mißbrauch der Abhängigkeit des Opfers gekennzeichnet. Sie lassen sich trotz gewisser, oben geschilderter Divergenzen ohne weiteres unter Deliktstypen wie sexuelle Nötigung, Mißbrauch von Kindern, Verführung Minderjähriger und Mißbrauch Abhängiger subsumieren, weshalb auf das dort Ausgeführte verwiesen werden kann.

von Hentig, Hans: Mordwaffen in der homophilen Sphäre – Arch. f. Krim. Bd. 136, S. 122 ff. (1965).

Gewalttätig gehen vor allem heranwachsende Täter gegen jüngere Opfer vor. Andere benutzen Alkohol, überraschen das Opfer oder wenden – zumindest bei Anbahnung – Listen und Tricks an.

Ein Täter setzte einen 17jährigen völlig unter Alkohol. An einem einsamen Ort zog er dem Volltrunkenen die Hose herunter, rieb an seinem Glied und führte den Afterverkehr bei ihm aus.

Mit überraschendem Vorgehen arbeiten Täter, die sich an einem Schlafenden vergehen oder die sog. „Nudelgreifer", die in einer öffentlichen Bedürfnisanstalt plötzlich an das Glied eines Urinierenden greifen.

b) Homosexuelle Prostitution. Eigennützige Homosexualität

Anders ist die Lage bei Strafvorschriften gegen homosexuelle Praktiken des Strichjungenunwesens oder ähnliche Formen eigennütziger Homosexualität.

Kuhn, Gerhard: Das Phänomen der Strichjungen in Hamburg – BKA 1957/2; *Klemens,* Klaus-Ulrich: Die kriminelle Belastung der männlichen Prostitution. Zugleich ein Beitrag zur Rückfallprognose – Berlin 1967.

Gewisse tatsächliche Besonderheiten, die sich hier ergeben, haben wir beispielsweise beim Raub, insb. bei den milieubestimmten Raubüberfällen, berücksichtigt. Juristisch aber gehört dieser Fragenkreis, obwohl noch viele Rechte besondere Strafvorschriften kennen, wohl doch mehr zu Kuppelei und Prostitution, die alsbald zu behandeln sind.

Dennoch soll, da es für die Tatausführung aufschlußreich ist, hier doch kurz etwas über das seit alters her bekannte Strichjungenunwesen (Gesetze des Zaleukos, Feilhalten auf dem Marsfeld im antiken Rom) gesagt werden. Das Alter der Strichjungen schwankt gewöhnlich zwischen 16 und 23 Jahren, obwohl es mitunter jüngere und nicht so selten auch ältere Menschen gibt, die diesem merkwürdigen Gewerbe nachgehen.

Vor allem in gewissen Großstädten suchen derartige Strichjungen bestimmte Lokale oder Örtlichkeiten (z.B. in öffentlichen Anlagen oder bei Bahnhöfen) auf, die von Homophilen besonders frequentiert werden. Dabei ist zu beachten, daß der Strichjunge selbst kein Homosexueller sein muß; er nutzt oft nur diese Veranlagung anderer Menschen aus, z.T. spiegelt er seine Bereitschaft lediglich vor, um sich kriminelle Aktionen anderer Art zu erleichtern (z.B. milieubedingte Raubüberfälle, ausbeuterische Erpressung, Homosexuellenmord).

Kommt es zu homosexueller Betätigung, die recht verschieden sein kann, so wird diese häufig im Freien durchgeführt, weil der Partner des Strichjungen sich scheut, diesen in seine Wohnung oder auf ein für diesen Zweck gemietetes Hotelzimmer mitzunehmen. Anders ist das vor allem, wenn es zu einem länger dauernden Verhältnis zwischen dem Strichjungen und dem Homophilen kommt. Was die homosexuelle Betätigung der Strichjungen anlangt, so überwiegt das gegenseitige Onanieren. Häufiger noch als der After- ist der Schenkelverkehr. Dies aber bedingt ebenso wie der coitus per os gewöhnlich einen besonderen, gegen neugierige Blicke geschützten Tatort.

Die Tatausführung ist kaum anders in Fällen, in denen das „Opfer" zwar nicht als Strichjunge zu bezeichnen ist, es aber wie dieser aus materiellen Gründen an den homosexuellen Manipulationen des Täters interessiert ist und daher keinerlei Widerstand zu überwinden ist.

Bei den oft minderjährigen „Opfern" genügen gewöhnlich kleine Geld- oder Sachgeschenke wie Zigaretten, Genußmittel oder Kleidungsstücke. Auch das Freihalten oder Bewirten durch den Täter stellt eine beliebte Begleiterscheinung dar. Man kann daher bei an sich bestehender Bereitschaft gewöhnlich nicht von einer Verführung sprechen, weshalb nur dort Strafe möglich ist, wo homosexuelle Kontakte als solche strafbar sind, sofern nicht einer der zuvor erwähnten Straftatbestände eingreift.

c) Andere homosexuelle Beziehungen

Somit bleiben von diesem Komplex nur noch andere, nicht durch die genannten Umstände charakterisierte homosexuelle Beziehungen, wie sie einzelne Rechte als sog. einfache Homosexualität unter Strafe stellen. Damit soll zum Ausdruck gebracht werden, daß hier besondere, sog. qualifizierende Merkmale fehlen, sofern man von schon erwähntem Mißbrauch einer Autorität oder der sonstigen Abhängigkeit des Opfers absieht. Typisch sind hierfür, soweit Strafbarkeit nach dem geltenden Recht gegeben ist, Fälle des Kontakts mit einem homosexuell interessierten oder doch insoweit neugierigen Partner.

Der Homosexuelle trifft solche Partner in stadt- und landbekannten Gaststätten, Klubs, an bestimmten öffentlichen Plätzen oder in gewissen Bedürfnisanstalten. Die Kontaktaufnahme bereitet dann kaum Schwierigkeiten. Weniger begüterte oder schüchterne Homophile machen auf andere Weise aus, ob sich eine Person für derartige Praktiken interessiert.

Überwiegend handelt es sich jedoch strafrechtlich hier um Fälle, in denen es dem älteren, oft sozial besser gestellten Täter gelingt, sein oft minderjähriges Opfer auf diese oder jene Weise umzustimmen, wobei das Vorliegen einer kriminellen Verführung zweifelhaft werden kann.

Manche Täter bedienen sich der audiovisuellen Reizung, um beim Opfer sexuelle Neugier und Bereitschaft zu wecken. Außer an erotische Gespräche, Zeigen pornographischer Produkte ist auch an Veranstaltungen zu denken, die mit Vorführen von Sexualakten u.dgl. das Gepräge von Gruppensex bekommen können.

Alle derartigen Straftatbestände entsprechen noch dem für diesen Grundtyp der Delikte wider die Normalität des Geschlechtslebens als wesentlich erachteten Kriterium. Obgleich diese Strafvorschriften zunehmend abgeschafft worden sind, kann dies nicht der Ort sein, den daraus zu entnehmenden Trend kriminalpolitisch zu würdigen. Vielmehr ist kriminalistisch nur zu sagen, daß es in diesen Ländern für tatbestandsmäßiges Handeln allein auf Vorliegen homosexueller Praktiken ankommt, wobei nahezu nur noch derartige Kontakte zwischen Männern kriminalisiert werden; die sich auf Frauen beziehende Homophilie ist – wie gesagt – heute beinahe überall straflos.

Besondere Probleme der Entwicklungs- und Alterskriminalität, die bereits beim Mißbrauch von Kindern behandelt worden sind, ergeben sich bei jugendlichen und alten Tätern.

2. Widernatürliche Unzucht (Sodomie)

Die widernatürliche Unzucht mit Tieren, die nur noch in einzelnen Ländern strafbar ist, soll hier ebenfalls mehr aus Gründen der Vollständigkeit erwähnt werden. Zudem bedeutet die hier zu verzeichnende Entkriminalisierung keineswegs, daß es derartige Verhaltensweisen, die man auch als Zoophilie bezeichnet, nicht mehr gibt. Und man kann nicht einmal sagen, daß sie heute nahezu überall straflos sind. Denn selbst in denjenigen Ländern, die keine besonderen Strafvorschriften gegen Sodomie mehr kennen, können derartige Praktiken Strafe wegen Tierquälerei, Sachbeschädigung oder dgl. nach sich ziehen. Allerdings ist die Zahl einschlägiger Strafverfahren schon deshalb sehr begrenzt, weil der Anteil defekter, zurechnungsunfähiger Täter hier besonders groß ist.

von Hentig, Hans: Soziologie der zoophilen Neigung – Beiträge zur Sexualforschung H. 25 – Stuttgart 1962; *Grassberger,* Roland: Die Unzucht mit Tieren – Kriminol. Abhandl. N.F. Bd. 8 – Wien 1965.

Doch von der ansonsten oft abnormen Täterpersönlichkeit abgesehen, bereiten diese Verhaltensweisen dem Kriminalisten in der Sache üblicherweise nur geringere Schwierigkeiten.

Denn diese Praktiken pflegen häufig Spuren zu hinterlassen, die sich gut kriminaltechnisch auswerten lassen. Ganz besonders gilt das, wenn die Tat sich auf fremde Tiere bezieht, zu denen ich der Rechtsbrecher gewöhnlich erst mit Mitteln des Einbruchs Zugang verschaffen muß. Aber auch bei Mißbrauch eigener ohne weiteres zugänglicher Tiere darf man, wenn man hier vom größeren Dunkelfeld absieht, jedenfalls bei intensiveren Ausführungsarten mit Spuren rechnen.

Kriminalphänomenologisch wird man bei sodomitischen Aktivitäten am besten nach dem sexuellen Zweck differenzieren. Überwiegend dürfte es den Tätern bei der Sodomie um eine möglichst normale geschlechtliche Befriedigung gehen, weil ein Verkehr mit Frauen nicht ohne weiteres möglich. Eine andere Fallgruppe ist deutlicher psychopathologisch geprägt; der Mißbrauch des Tieres dient in diesen Fällen eindeutig dazu, perverse Sexualvorstellungen abzureagieren. Sodomitische Akte erscheinen hier entweder als Ausschweifungen eines Wüstlings oder als Ausdruck bzw. Folge einer näheren Beziehung zu dem betroffenen Tier; der Täter entschuldigt sich dann damit, er habe dem Tier etwas Gutes tun wollen.

Vereinzelt dient der sodomitische Akt mehr zur Animierung des Täters, der beispielsweise seine Frau von einem Hund begatten läßt, um dann selbst den Verkehr vollziehen zu können.

Im übrigen ist zur Tatausführung zu sagen, daß sodomitische Akte nur selten im Freien, sondern ganz überwiegend in Gebäuden oder Gebäudeteilen, insb. Ställen, durchgeführt werden. Handelt es sich, wie häufiger bei den im Freien begangenen Taten, um fremde Tiere, so müssen sich die Delinquenten doch ähnlicher Praktiken wie bei Hausfriedensbruch oder Einbruch bedienen. Tatobjekte sind überwiegend Haustiere. Anders als früher, wo man häufiger das inzwischen seltener gewordene Pferd mißbrauchte, handelt es sich gegenwärtig in der Mehrzahl um Kühe bzw. Kälber. Daneben werden vor allem Ziegen und Schweine mißbraucht; Schafe und Hunde treten zahlenmäßig zurück, wenngleich bei Hunden die Dunkelziffer besonders groß sein dürfte. Eine gewisse Rolle spielt bei Sodomie schließlich das Federvieh.

Was die Praktiken anlangt, lassen sich bei der Sodomie im übrigen drei Fallgruppen unterscheiden.

a) Zur Zooerastie

Zur Zooerastie rechnet man Berühren und Reiben tierischer Geschlechtsteile sowie das Beleckenlassen der menschlichen Genitalien; bei fetischistischer Abnormität können schon relativ harmlose Praktiken ausreichen.

Außer an das Betasten tierischer Geschlechtsteile und des Hineinführen des Fingers oder der Hand in die Scheide größerer Tiere sind hier Manipulationen an Geschlechtsteilen männlicher Tiere zu berücksichtigen.

Zum Beleckenlassen menschlicher Genitalien verwendet man nicht nur Hunde, sondern ist auf die seltsamsten Praktiken gekommen. Ein 65jähriger Rentner beschmierte seinen Penis mit dem Genitalschleim einer Stute und ließ eine Kuh daran lecken. Eine junge Frau soll ihr Geschlechtsteil mit Honig bestrichen haben, um sich durch das Kitzeln der davon angezogenen Fliegen sexuell zu befriedigen.

Ein Landwirt, der weder für Frau noch Mann sexuell empfand, hatte beim Reiten von Pferden Ejakulationen.

b) Zoostuprum

Am häufigsten wird die Sodomie durch beischlafähnliche Handlungen mit Tieren begangen. Ein solcher Zoostuprum kann per vias naturales erfolgen, d.h. männliche Täter benutzen die

Geschlechtsorgane größerer weiblicher Tiere, Frauen vergehen sich mit männlichen Tieren. Daneben gibt es Praktiken des Analverkehrs oder andere, merkwürdige Manipulationen.

Ein Täter soll sein Glied in die Nüstern eines Pferdes eingeführt haben. Frauen haben sich mit Fischen „amüsiert"; sie führten deren Schwänze in die Vulva ein und veranlaßten sie durch Druck auf den Kopf zum Zappeln.

Ein 43jähriger Klempner aus Bonn zwang seine Ehefrau, mit einem Dobermannrüden Unzucht zu treiben. Er selbst führte dabei den Geschlechtsteil des darauf abgerichteten Hundes in die Scheide der Ehefrau ein.

c) Zoosadismus

Schließlich gibt es eine Gruppe von Ausführungspraktiken, bei denen sich die Sodomie mit anderen Perversionen, insb. dem Sadismus verbindet. Durch Martern oder Töten der Tiere erregen diese Täter ihre Wollust oder steigern sie.

Typische Fälle dieser Art bietet die mit Enten, Gänsen und Hühnern betriebene Kloakenanonie. Die durch Einführen des Gliedes in den After des Tieres verursachten Qualen und die damit verbundenen reflektorischen Muskelkontraktionen sollen den Reiz erhöhen; manchmal schneidet der Täter dem Tier dabei den Kopf ab.

Bei Pferden und Rindern führt der Täter Werkzeugteile oder Stöcke ein, die ebenfalls schwere, nicht selten tödliche Verletzungen hervorrufen.

Zu Mißhandlungen der Tiere durch den wütenden Täter kann es aber auch dadurch kommen, daß stehendes Vieh ihm auszuweichen sucht.

D. Ausbeuten und Fördern fremder Unzucht. Prostitution

Eine vierte Gruppe von Straftatbeständen kann man nur deshalb noch den Sexualdelikten zuordnen, weil sich das strafwürdige Verhalten auf die Unzucht bzw. Sexualakte anderer Menschen bezieht; der Täter braucht also selbst nicht im eigentlichen Sinne sexuell oder unzüchtig zu handeln, sondern er wird bestraft, wenn er die Unzucht anderer ausbeutet oder fördert.

Bartsch, Georg: Prostitution, Kuppelei und Zuhälterei – Hamburg 1956.

Zu diesem Grundtyp gehören Strafvorschriften gegen Kuppelei, Zuhälterei und Prostitution, deren Abgrenzung unsicher ist, was nicht überraschen kann, weil alle Komplexe irgendwie miteinander zusammenhängen und sich daher z.T. überschneiden.

1. Kuppelei

Der Prototyp des Ausbeutens und Förderns fremder Unzucht ist die Kuppelei, die in vielen Ländern aber nur strafwürdig ist, wenn besondere Merkmale wie Eigennutz, gewohnheitsmäßiges Handeln, Arglist oder gesteigerte Pflichten dem Opfer gegenüber hinzutreten. Diese Straftatbestände sind zudem in den einzelnen Staaten recht unterschiedlich und zudem vielfach nicht nur als solche mißglückt, sondern auch phänomenologisch infolgedessen schwer zu erfassen.

Eschweiler, Peter: Die Kuppelei. Eine strafrechtliche und kriminologische Studie unter besonderer Berücksichtigung der im Bezirk des Oberlandesgerichts Frankfurt a.M. in den Jahren 1964 bis 1966 durchgeführten Strafverfahren – Diss. Frankfurt a.M. – Clausthal-Zellerfeld 1970.

Sieht man von den strafrechtlich unsicheren Grenzen ab, die daher auch im Folgenden eine weite Fassung des Begriffs der Kuppelei als angezeigt erscheinen lassen, ist festzustellen, daß die Sexualität bei den Kuppeleitatbeständen vielfach lediglich ein Bezugspunkt ist, das Verhalten des Kupplers also nicht sexuellen Charakter haben muß: deshalb sollte man hier streng genommen nicht mehr von einem Sexualdelikt sprechen. Da sich die einschlägigen Strafvorschriften aber dennoch gewöhnlich in diesem Zusammenhang finden, folgt dem – wie gesagt – auch diese Darstellung.
Daß unter dem Begriff der Kuppelei oft recht verschiedenartige Verhaltensweisen zusammengefaßt werden, veranschaulicht gut die Kriminalphänomenologie, die hier auf die typischen Funktionen derartiger Taten für den Kuppler abstellen sollte.

Die in der Praxis wichtigste Erscheinungsform ist die eigennützige Kuppelei, durch welche der Täter materielle Vorteile zu erlangen sucht. Obwohl ihr Anteil je nach Fassung der Strafvorschriften verschieden groß ist, sind vermutlich die Hälfte aller Fälle oder etwas mehr dieser Erscheinungsform zuzuordnen. – Mit einem Anteil von etwa 20–25% aller Fälle tritt die sexuelle Kuppelei zwar zurück, ist aber keineswegs selten. Diese Fälle passen am ehesten zu den Sexualdelikten, weil es hier auch dem Kuppler vor allem um Befriedigung seiner sexuellen Wünsche geht; hierher zählen aber ebenfalls Eltern oder Ehemänner, welche die sexuellen Interessen ihrer Kinder oder Frauen fördern wollen. Dem verwandt ist die Eheschließungskuppelei, bei welcher durch den Verkehr vor allem weiblicher Partner unter die Haube gebracht werden soll; auf sie entfallen 10–20% aller Fälle von Kuppelei. – Die anderen Erscheinungsformen sind vergleichsweise selten. Dennoch kommt gerade der arglistigen Kuppelei, bei der mit Verführungspraktiken gearbeitet wird oder der Täter unter Verdeckung der wahren Absichten Vorteile für sich oder einen Partner anstrebt, meist kriminelle Intensität zu. Kuppelei wird ferner mitunter aus emotionalen Gründen begangen, beispielsweise um nicht die Frau bzw. ein Kind zu verlieren, oder aus einer Schwäche, bei welcher das Fördern auf bloßes Gewährenlassen hinausläuft. Bei weit gefaßten Tatbeständen kann der Anteil dieser Fälle 10% oder mehr ausmachen.

Während die Tatzeit wenig signifikant ist, zumal da die Täter oft mehrfach und über einen längeren Zeitraum hinweg verkuppeln, hat man die Kuppelei dem Tatort nach lange als ein typisches Großstadtdelikt angesehen; das aber läßt sich nach neueren Untersuchungen nicht mehr halten. Die Verkuppelten, die vielfach noch minderjährig sind, haben oft persönliche, nicht selten familiäre Beziehungen zum Kuppler. Was ihren Partner anlangt, lassen sich hier ebenfalls überwiegend persönliche Beziehungen feststellen.

Diese hatten nach einer deutschen Untersuchung in nahezu der Hälfte aller Fälle längere und zu einem Viertel geringere Dauer, d.h. währten einige Stunden, Tage oder Wochen. Immerhin lagen in etwa 25% der strafrechtlich geahndeten Fälle keinerlei Beziehungen vor, was dem Erscheinungsbild der Prostitution entspricht.

Bei der Verbrechenstechnik lassen sich zwei große Arten von kupplerischen Verhaltensweisen unterscheiden:
aa) Vermittlungskuppelei
bb) Gelegenheitskuppelei

aa) Bei der **Vermittlungskuppelei** stellt der Täter entweder den Kontakt zwischen Personen her, die zu Sexualhandlungen bereit sind, oder aber er bewirkt erst durch sein Verhalten eine solche Bereitschaft. Überwiegend handelt es sich um Fälle der erstgenannten Art; insgesamt dürften diese Praktiken 10–20% der Kuppeleifälle ausmachen, wobei der Anteil jedoch lokal schwanken wird. In Großstädten und insb. im Milieu wird er z.B. größer sein. Die Art der Tatausführung kann dabei recht verschieden sein.

In Zeitungen und Zeitschriften finden sich immer wieder Anzeigen, die unmißverständlich auf Partner für hetero- und homosexuellen Verkehr bzw. Gruppensex abzielen. Dazu nur ein Beispiel: „Welche schwarzhaarige Dame, rassig bis vollschlank, hat Lust zu vielseitiger, nicht alltäglicher Freizeitbeschäftigung m. 33j. Kaufmann."

In anderen Anzeigen wird in ähnlicher Weise für Urlaubsreisen oder Feriendörfer geworben. Soll hier u.U. eine Auslosung das Kennenlernen erleichtern, so berichtet man aus Skandinavien über Preisausschreiben und Tombolen mit attraktiven Fotomodellen als Hauptgewinn.

In manchen Lokalitäten werden gegen Bezahlung Kellnerinnen zu Gästen geschickt; man hat sogar eine Bar wiederholt geschlossen, damit sich die weiblichen Angestellten dem zahlenden Gast ungestört widmen konnten.

Kellner, Portiers und Taxifahrer arbeiten mitunter mit derartigen Etablissements oder Prostituierten zusammen, denen sie Kunden zuführen.

Ein anderer Prototyp der Vermittlungskuppelei ist der Call-Girl-Ring, bei dem der Kuppler mit einer Anzahl Prostituierter (= Profis) oder auch HWG-Personen (= Amateure) zusammenarbeitet. Auf fernmündliche „Bestellung" hin wird eine entsprechende Anschrift mit Termin genannt oder ein Call-Girl veranlaßt, den Anrufer aufzusuchen bzw. ein Treffen mit ihm auszumachen.

Schließlich ist hier auf Bordelle und ähnliche Einrichtungen hinzuweisen, in denen Dirnen als Angestellte fungieren, die an den „Kunden" vermittelt werden. Dabei findet auch Alkoholausschank statt. In Deutschland ist ebenso wie in anderen Ländern vielfach an deren Stelle das „Dirnenwohnheim" getreten, das keine Besuchern zugänglichen Gemeinschaftsräume enthält und in denen die Dirnen mitunter mehr die Rolle von Unternehmern ausüben. Die tatsächlichen Verhältnisse sind aber bei sich wandelnden Praktiken der Kuppler und Zuhälter gegenwärtig nicht sicher zu beurteilen. Die neueste Kreation dieser Machart sind die „Eros-Center".

bb) Sehr viel häufiger ist die **Gelegenheitskuppelei,** bei welcher der Täter den Verkuppelten die Gelegenheit verschafft, ihr sexuelles Vorhaben durchzuführen. Das geschieht oft – man schätzt in einem Drittel aller Fälle – durch bloßes Unterlassen.

Die Eltern gehen schlafen, obwohl die Tochter ihren Freund zu Besuch hat. Sie lassen ihn nachts mit in das Zimmer der Tochter gehen oder unternehmen nichts dagegen, daß ihr Sohn für einige Zeit seine Freundin in seinem Zimmer beherbergt. Manche Eltern nehmen den Freund der Tochter als Untermieter auf, ohne etwas gegen intimen Verkehr zu unternehmen. Nachdem eine Mutter sich per Blick durch das Schlüsselloch vergewissert hatte, empfahl sie der Tochter Verhütungsmittel.

Manche Ehemänner tolerieren den „Hausfreund" oder gar die „Ehe zu dritt".

Bei einem weiteren Viertel oder Drittel aller Fälle fördert der Kuppler den Geschlechtsverkehr durch Aktivitäten der verschiedensten Art.

Er überläßt ihnen nicht nur einen Raum seiner Wohnung, sondern vermietet „Absteigequartiere" an Prostituierte zu hohem Preis. In „Stundenhotels" oder entsprechenden Pensionen vermietet man ungeniert für diesen Zweck auf kurze Frist Zimmer an Nichtverheiratete und das selbst in Fällen, in denen eindeutig Prostituierte beteiligt sind; das können hier natürlich auch Strichjungen sein.

Vorschub kann ferner dadurch geleistet werden, daß man die Dirne mit dem Auto in ihr Revier fährt oder ihr dort Hilfestellung bzw. Schutz bietet.

Aufschlußreicher als diese Formen der Vermittlungs- und Gelegenheitskuppelei dürfte jedoch für den Kriminalisten sein, ob sich der Täter auf bloßes Vorschubleisten beschränkt oder er durch sein Verhalten Einfluß auf den Willen der Verkuppelten oder eines von ihnen nimmt.

a) Schlichte Kuppelei

Ganz überwiegend (66–75%) handelt es sich um schlichte Kuppelei, bei welcher keinerlei Einfluß auf den Willen der Verkuppelten genommen wird. Außer dem Verschaffen der Gelegenheit durch Unterlassen gehören hierzu auch Aktivitäten wie das Vermieten von Zimmern. Selbst die Vermittlungskuppelei entspricht häufig ganz und gar dem Willen der Beteiligten.

b) Veranlassungskuppelei

In etwa 20% der Fälle veranlaßt der Täter die oder doch einen Verkuppelten zu Sexualhandlungen, die von ihnen oder ihm vorher noch nicht beabsichtigt waren. Der Wille wird zwar nicht manipuliert, aber doch motiviert.

Der Täter weist Unverheirateten ein gemeinsames Zimmer oder Bett zu.

Nicht gerade selten bietet der Ehemann seine Frau zum Geschlechtsverkehr an. Ein Ehemann bezeichnete seine Frau als Schwägerin und animierte mitgebrachte Arbeitskollegen zum Verkehr mit ihr für 5 bis 10 DM.

Ein Vater bot einem Gastarbeiter, den er in einer Wirtschaft getroffen hatte, gegen Bezahlung Verkehr mit seiner Tochter an.

Weibliche und männliche Prostituierte nehmen mittellose Minderjährige zunächst bei sich auf und sodann mit auf den Strich.

Hierher gehören ferner manche Sex-Parties. Nach seltsamen Pfänderspielen oder Zeigen pornographischer Filme bzw. Fotos kommt es über Auslosungen, Striptease, Nackttänze und Ähnliches zum Partnertausch. An derartigen „Vergnügungen“ nimmt der Kuppler gewöhnlich teil.

c) Verführungskuppelei

Kriminell intensiver sind die Praktiken der Verführungskuppelei, die aber mit etwa 5% der Fälle jedoch eher zu tief eingeschätzt wird, weil das Dunkelfeld hier beträchtlich sein dürfte. Die charakteristischen Praktiken sind nicht nur auslösender Art wie bei der Veranlassungskuppelei, sondern bewirken trotz zunächst entgegenstehendem Willen eines Verkuppelten, daß er sich später sexuell betätigt.

Besonders gefährdet sind Minderjährige. So versuchte ein Mann, seine zwei jugendlichen Neffen unter dem Vorwand „Aufklärung“ zum Verkehr mit seiner Ehefrau zu bringen.

Neben der Unerfahrenheit und Unreife werden Notlagen vom Verführer ausgenutzt. Mittellose Mädchen oder Burschen werden angesprochen und aufgenommen, dann – u.U. mit Tricks – zur Prostitution gebracht. – Diese Fälle sind nicht immer leicht von dem bei vielen Prostituierten zu beobachtenden stufenweisen Abgleiten in die Asozialität zu unterscheiden.

Es gibt schließlich Sex-Parties oder Orgien mit Verführungspraktiken, die zunächst harmlos und derartigen Dingen abgeneigte Opfer übertölpeln und gefügig machen sollen.

d) Nötigungskuppelei

Bei der Nötigungskuppelei verzichtet der Täter ganz oder im wesentlichen auf Praktiken der Verführung. Er wendet vielmehr sofort oder alsbald Zwang in Form von Gewalt oder Drohung an, um das Opfer zum Geschlechtsverkehr oder anderer sexueller Betätigung zu bringen. Das geschieht in etwa 5% der bekannt gewordenen Fälle.

Ein Gastwirtsehepaar brachte einen am Hausmädchen interessierten Mann auf deren Zimmer, wo er sich bereits ins Bett legte. Später gingen sie mit dem einen intimen Verkehr verweigernden Mädchen nach oben, verabschiedeten sich an der Zimmertür und verschlossen diese von außen.

Nicht gar so selten werden Mädchen oder Frauen von Männern durch Schläge oder Androhen von Prügel zum Geschlechtsverkehr oder zur Prostitution gezwungen. Ein Mann hatte seine sich sträubende 24jährige Ehefrau wiederholt geschlagen; er schloß sie mit entsprechender Drohung dann jeweils mit dem Besucher ein und ging in das Kino. Die verzweifelte Frau unternahm zwei Selbstmordversuche.

Zwei junge Männer nahmen ihre Freundinnen in eine entfernte Großstadt mit. Unterwegs hatten sie im Wagen mehrfach Geschlechtsverkehr. Am Ziel forderten sie die Frauen auf, sich Autofahrern anzubieten; anderenfalls führe man allein nach Hause und sie könnten sehen, wo sie blieben.

2. Zuhälterei

Die Zuhälterei ist praktisch gesehen nur eine spezielle Form der Kuppelei. Dies wird deutlich, wenn man von kupplerischer Zuhälterei spricht. Stellt man dieser mitunter die ausbeuterische Zuhälterei entgegen, so ist das wenig sinnvoll, da eigentlich niemand seinen Lebensunterhalt ganz oder teilweise von einer Dirne bezieht, ohne ihre gewerbsmäßig ausgeübte Unzucht so oder so zu fördern.

Fock, Jürgen: Das Problem des Zuhältertums. Aufgezeigt in einer kriminologischen Untersuchung aller in den Jahren 1958 bis 1962 in Berlin (West) wegen Zuhälterei bestraften Täter – Diss. Berlin – München 1966; *Borchers,* Rolf: Zuhälter in Hamburg 1956–1960. Ein kriminologischer Beitrag zur Strafrechtsreform – Diss. Hamburg – München 1967; *Amelunxen,* Clemens: Der Zuhälter. Wandlungen eines Tätertyps – Hamburg 1967.

Überhaupt ergeben sich phänomenologisch für Kriminologen und Kriminalisten kaum signifikante Unterschiede, obwohl sich in den letzten Jahren anscheinend die Formen der Zuhälterei wieder einmal gewandelt haben; doch bedeutet dies im wesentlichen nur eine andere Verteilung der Quantitäten.

Die Tatzeit besagt bei der Zuhälterei überhaupt nichts. Dasselbe gilt für den Tatort; setzt man ihn mit dem Ort der Prostitution gleich, sind bei vorliegenden Untersuchungen lokale Besonderheiten zu beachten, die keineswegs nur von der Größe der Stadt, der Siedlungsstruktur, abhängen. Deshalb sind „öffentliche Straßen" u.dgl. mitunter nicht einmal in einem Drittel der Fälle das Betätigungsfeld. Nicht viel weniger knüpfen Dirnen jedenfalls den Kontakt in Lokalen; hier wird ebenso wie bei dem mit einigem Abstand an dritter Stelle rangierenden Straßenstrich der Verkehr jedoch häufiger in entsprechenden Hotels oder Pensionen durchgeführt.

Bei dem für die Zuhälterei aufschlußreichen Verhältnis zwischen Täter und Dirne interessiert zunächst einmal der Beginn der Beziehung, die Kontaktaufnahme.

Ganz überwiegend – man nennt Sätze von 75–80% – hatte sich die Dirne bereits vorher mit gewerbsmäßiger Unzucht befaßt. Der zunächst als Freier auftretende Zuhälter wird häufig von der Dirne aufgenommen, man plant – oft recht utopisch – eine gemeinsame Zukunft, für welche die Dirne zunächst aber noch „anschaffen" gehen soll. In den verbleibenden Fällen, in denen die Frau noch nicht wirklich der Prostitution verfallen war, beginnen die Beziehungen oft mit einem Liebesverhältnis. Wegen wirtschaftlicher Schwierigkeiten nimmt die Frau aus eigenem Antrieb oder auf Veranlassung des Mannes die gewerbsmäßige Unzucht auf. Fälle, in welchen Frauen vom Zuhälter ohne sexuelle Beziehungen zur Prostitution verführt oder gezwungen werden, sind außerordentlich selten. Derartige Praktiken finden sich eher bei der erstgenannten Fallgruppe. Auch die für das weitere Verhältnis von manchen als kennzeichnend angesehenen Prügel, mit denen der Zuhälter die Dirne bedenkt, sind kein sicheres Kriterium. Ähnlich ist es mit der Frage des Zusammenlebens während der „freien Zeit". In etwa drei Viertel aller bekannt gewordenen Fälle wohnen Zuhälter und Dirne in einer Wohnung oder aber in einem Hotel bzw. einer Pension zusammen. Das gilt selbstverständlich gerade für die Gruppe der sog. Familien- oder besser gesagt Angehörigenzuhälter, bei denen als Zuhälter der Ehemann, Vater oder ein anderer Angehöriger der Dirne fungiert. Ansonsten halten sie sich zusammen am „Arbeitsplatz" der Dirne auf oder treffen sich beide doch häufig.

Für alle Zuhälter typisch ist eine mehr oder minder ausgeprägte Affinität zu anderen, nicht einmal die Dirne betreffenden kriminellen Aktivitäten. Besonders, jedoch keineswegs nur, gilt das für die aktiven, das Verhältnis zur Dirne beherrschenden Zuhälter. Denn auch in anderen Fällen kann seine Schutzfunktion für die Dirne den Zuhälter zu Straftaten veranlassen, deren Opfer nicht nur „Kunden" sind. Außer an Mißhandlungen, mit denen man bei dem hier häufigen Schlägertyp rechnen muß, ist an Raubüberfälle, Erpressung und andere Gewalttaten sowie allgemein an Diebstahl und vor allem Hehlerei zu denken.

Dieser kriminelle Hintergrund vieler Zuhälter erklärt zugleich das immer wieder zu beobachtende Streben nach Kooperation in der Illegalität. Außer an den nordamerikanischen Prostitutionsrackets ist hier an die oben erwähnten, früheren Zuhältervereine in Deutschland zu denken (§ 6-I-4 und 3). Dieser Aspekt des Zuhälter-Unwesens ist kriminalpolitisch oft noch gewichtiger als das bloße Ausbeuten der Prostitution.

Somit bleibt eigentlich nur die Möglichkeit, das zuhälterische Verhältnis danach zu charakterisieren, ob einer der Beteiligten und wer von ihnen die entscheidende Rolle spielt. Gerade hier aber sind lokale und vor allem zeitliche Veränderungen möglich.

a) Vom Zuhälter bestimmte Verhältnisse

In etwa 20–25% derartiger Verhältnisse spielt der Zuhälter mehr oder weniger deutlich die entscheidende Rolle; doch sind die Quantitäten in den einzelnen Ländern oder deren Regionen verschieden und schwanken überdies zeitlich. Der Zuhälter ist der aktivere Teil, der tonangebend ist und auf seine Vorteile achtet; er bestimmt, wann und wie die Dirne auf den Strich geht und wieviel Zeit sie auf einen Freier verwenden darf.

Gewöhnlich muß die Dirne die Einnahmen beim Zuhälter abliefern, der ihr Taschengeld oder etwas für den Lebensunterhalt zuteilt. Dieses Abhängigkeitsverhältnis der Dirne soll häufiger in solchen Fällen zu beobachten sein, in denen der Täter sie erst zur Prostitution gebracht hat. Diese Situation ist zudem typisch für Verhältnisse, in denen der „Lude" oder „Louis" nicht mit der Dirne zusammenlebt oder in denen er sogar mehrere derartige „Pferdchen" hält. Aber auch Angehörigen-Zuhälter sind häufiger ausgesprochen aktiv gegenüber ihren Ehefrauen und Töchtern; sie sparen ebenfalls nicht mit Drohungen und Mißhandlungen.

b) Von der Dirne bestimmte Verhältnisse

Etwas kleiner ist – mit in Deutschland zur Zeit schätzungsweise 15–20% – der Anteil derjenigen zuhälterischen Verhältnisse, in denen die Dirne tonangebend ist. Sie entscheidet hier, wo und wann sie auf den Strich geht, wieviel Zeit sie auf einen Freier verwendet.

Üblicherweise liefert sie hier nicht ihr Geld ab, sondern verwaltet es selbst, gewährt dem Zuhälter Kosten des Lebensunterhalts oder u.U. auch ein kleines Taschengeld. Gewöhnlich beherrscht in diesen

Fällen die Dirne den Zuhälter auch sexuell. Diese passiven Zuhälter erscheinen mehr als von der Dirne angeheuert und ausgehalten.

c) Unauffällige Verhältnisse

In den meisten Fällen jedoch, die bekannt geworden sind (50–60%) ist gegenwärtig in Deutschland das Verhältnis zwischen Zuhälter und Dirne relativ unauffällig, weil keiner von ihnen eine klar dominierende Position hat. Hier haben sich zwei Menschen, die sich in Haltlosigkeit, Arbeitsscheu, Alkoholneigung und sexueller Verwahrlosung gleichen, zusammengetan, um ein gemeinsames Leben zu führen. Ihr Zusammenleben zeigt daher mancherlei „normale" Züge, weil die Lebensbedingungen gemeinsam festgesetzt oder doch vom Partner toleriert werden.

3. Prostitution

Unter Prostitution versteht man die Preisgabe des eigenen Körpers gegen Entgeld zu geschlechtlichem Verkehr oder zu anderen sexuellen Manipulationen. Überwiegend denkt man bei der Prostitution an Personen weiblichen Geschlechts, obwohl es auch eine männliche Prostitution – das Strichjungenunwesen – gibt, das oben schon behandelt worden ist (oben C-1-b).

Redhardt, Reinhard: Prostitution – in: HdwKrim (2) II-307 ff.; *Reng,* Brigitte/*Redhardt,* Reinhard: Prostitution bei weiblichen und männlichen Jugendlichen – Beiträge zur Sexualforschung H. 45 – Stuttgart 1968.

Obgleich die Prostitution als solche nur noch in wenigen Staaten bei Strafe verboten ist, sich die meisten Länder also auf mehr oder weniger umfassend abgestreckte Ausschnitte oder Ausübung der Prostitution beschränken, haben sich die Kriminologen dennoch häufig und intensiv mit diesem Phänomen befaßt. Trotzdem ist man bisher nicht einmal zu einer überzeugenden Klassifikation der Formen der Prostitution gelangt. Selbst wenn man von denen, die ausschließlich von der Prostitution leben, diejenigen unterscheiden wollte, die diese als Nebenerwerb betreiben, gibt es Schwierigkeiten. Am ehesten läßt sich, obwohl auch hier die Grenzen mitunter fließend sein können, von der öffentlichen Prostitution (Profi), die erkennbar ausgeübt und durch staatliche Stellen dieser oder jener Form kontrolliert wird, noch die heimliche oder „wilde" Prostitution (Amateure, HWG-Personen = Personen mit häufig wechselndem Geschlechtsverkehr) unterscheiden. Die Formen beider Sparten der Prostitution haben sich jedoch in vielen Ländern in den letzten Jahrzehnten – wie angedeutet – gewandelt, und dieser Prozeß scheint noch nicht abgeschlossen zu sein. Während lange Zeit die Berufsdirnen kaserniert lebten und als Angestellte des Bordellunternehmers erschienen, hatten sie danach vielfach Selbständigkeit erlangt, die jetzt aber z.T. durch neue Entwicklungen des Zuhälterunwesens wieder eingeschränkt werden könnte.

Die Prostitution findet sich natürlich, aber keineswegs nur in den großen Städten. Neben „öffentlichen Straßen" mit Dirnenunterkünften oder sog. Eros-Center ist auch an Appartementhäuser sowie Hotel-, Pensionszimmer und sonstige Absteigen zu denken. Daneben spielen vor allem noch gewisse Straßenzüge, Plätze und öffentliche Anlagen oder Kraftfahrzeuge eine Rolle.

Der Platz, an dem die sexuellen Handlungen vorgenommen werden, ist naturgemäß häufig nicht mit dem Ort identisch an welchem der Kontakt mit dem Kunden aufgenommen wird. Dies alles ist ebenso wie das

Verhältnis der Dirne zum Freier noch wenig erforscht. Denn es kommt hierfür nicht nur auf die Motive der Freier an, die ganz überwiegend verheiratet sind. Mit Unterscheidungen wie Gelegenheits-, Stammkunden und zwangsneurotischen Kunden kann man wenig anfangen. Ebenso unergiebig für dies Verhältnis dürfte die Art und Weise der geschlechtlichen Betätigung sein, die der Kunde von der Dirne verlangt.

Wenngleich die Übergänge fließend sind und zeitlich ein Wechsel möglich ist, sollte man ohne Rücksicht auf die oben angedeutete Unterscheidung von „Profis“ und „Amateuren“ (oder HWG-Personen) für die Belange der Praxis folgende drei Formen unterscheiden, in denen Prostitution heute ausgeübt wird.

a) Vollprostitution

Bei der Vollprostitution bestreiten die Dirnen – die Skala reicht von der billigen Straßendirne bis zur Salon- oder Autodirne im Luxuswagen – ihren Lebensunterhalt ausschließlich mit der Gewerbeunzucht. In aller Regel ist jedoch schon heute, so jedenfalls in Deutschland, der Anteil öffentlich zugegebener und behördlich tolerierter Prostitution (Profis) kleiner als der der „wilden“ Prostitution (Amateure, HWG-Personen); doch gerade im letztgenannten Bereich findet man verhältnismäßig mehr „gehobene Mädchen“, welche – wie etwa das Call-Girl – die allgemeine Diskriminierung einer notorischen Dirne vermeiden wollen.

b) Nebenerwerbsprostitution

Von Nebenerwerbsprostitution ist bei weiblichen Personen zu sprechen, die neben einem Arbeitsverhältnis oder der Aufgabe als Hausfrau und Mutter aus wirklicher bzw. vermeintlicher Not oder aus Gewinnsucht der Gewerbsunzucht nachgehen, um sich zusätzliche Einnahmen zu verschaffen. Im Gegensatz zur alsbald zu schildernden Gelegenheitsprostitution ist hier jedoch eine gewisse Regelmäßigkeit vorauszusetzen, die außer bei Stammkunden ferner bei bestimmten organisatorischen Vorkehrungen (Call-Girl) zu bejahen sein dürfte. Die entgeltliche Preisgabe braucht hier keine große, sollte aber doch eine einigermaßen ständige Einnahmequelle sein.

c) Gelegenheitsprostitution

Schließlich gibt es noch eine Gelegenheitsprostitution, welche von Frauen und Mädchen betrieben wird, die an sich auf diese Art von Erwerb nicht angewiesen sind. Diese „Heimlichen“, die sämtlich zu den „Amateuren“ der Gewerbsunzucht gehören, sind vor allem Ehefrauen oder Witwen, welche gelegentlich durch bezahlte Gewerbsunzucht etwas „nebenbei“ verdienen wollen, um gewisse Anschaffungen zu tätigen, Raten zu bezahlen oder doch ihr Taschengeld aufzubessern.

Charakteristisch für die Gelegenheitsprostitution ist das gewöhnlich Zufällige der Kontaktaufnahme und vor allem die zeitliche Unregelmäßigkeit, die bei Stammkunden nicht möglich ist. Natürlich helfen diese Frauen der Gelegenheit oft etwas nach, indem sie ggf. für eine Kontaktaufnahme geeignete Plätze aufsuchen. Sofern sie sich zu diesem Zweck um geeignete, zeitlich begrenzte berufliche Nebentätigkeit bemühen, liegt es näher, von einer damit zugleich beabsichtigten weiteren Nebentätigkeit – eben der Nebenerwerbsprostitution – zu sprechen.

E. Delikte gegen das öffentliche Anstands- und Schamgefühl

Bei einer letzten Gruppe strafbarer Verhaltensweisen wird es überhaupt zweifelhaft, ob man noch von Sexualdelikten sprechen kann. Zum Teil handelt es sich um Vorschriften, die nicht

einmal etwas Unzüchtiges oder in sexueller Hinsicht Anstößiges voraussetzen; in anderen Vorschriften wird zwar der Begriff Unzucht verwendet, jedoch anders als sonst aufgefaßt; man läßt beispielsweise anstößiges oder unanständiges Verhalten ausreichen.
Wesentlich sind in diesem Zusammenhang vor allem zwei recht verschieden geartete Deliktstypen. Deshalb sollen im Folgenden Fällen, in denen das Verhalten des Täters als solches öffentliches Ärgernis erregt oder erregen kann, kriminelle Praktiken gegenübergestellt werden, die unzüchtige oder doch anstößige Schriften, Abbildungen usw. – also auch die Pornographie – betreffen.

1. Erregen öffentlichen Ärgernisses u.a.

Zunächst einmal handelt es sich um Verhaltensweisen, durch die ein öffentliches Ärgernis erregt wird oder werden kann; kriminalpolitisch sollte es hier allerdings ausreichen, daß der Täter eine Handlung begeht, welche geeignet ist, einen solchen Erfolg zu zeitigen.

Schaufelsberger, Jürg: Die „öffentlichen unzüchtigen Handlungen“. Eine kriminologische Darstellung unter besonderer Berücksichtigung der in den Jahren 1967 und 1968 im Kanton Zürich strafrechtlich beurteilten Fälle – Diss. Zürich – Zürich 1973.

a) Exhibitionismus

Überwiegend werden nach diesen Vorschriften Exhibitionisten bestraft. Allerdings läßt sich dieser seit dem 19. Jahrhundert gebräuchliche Begriff verschieden auslegen. Hier soll er eng in dem Sinne verstanden werden, daß es sich um die sexuell motivierte Entblößung der eigenen Geschlechtsorgane vor anderen ohne deren Zustimmung handeln muß.

Otto, Josef: Exhibitionismus in Hamburg – hrsg. v. Landeskriminalamt Hamburg – Hamburg 1974.

Gewiß sind derartige Delinquenten gewöhnlich Rückfallstäter. Doch ist die kriminelle Intensität durchweg nicht sonderlich hoch. Vielmehr sind derartige Taten in aller Regel Folgen einer Fehlentwicklung in der Reifezeit oder eines anderen psychischen Defekts, wie er bekanntlich gehäuft bei der Alterskriminalität der Männer auftritt.

Die überwiegend im Freien begangenen exhibitionistischen Akte hängen z.T. von zeitlichen Faktoren ab, wobei einmal die wärmere Jahreszeit – insb. die Monate Juni bis September – und zum anderen die Tagesstunden am meisten belastet sind, was damit zusammenhängt, daß der Täter dann am ehesten mit als Opfer in Betracht kommenden Personen rechnen kann. In der Hamburger Untersuchung liegt der Höhepunkt um 16–17 Uhr; daneben zeigen sich Schwerpunkte in der Zeit von 7 bis 9 und 12 bis 14 Uhr. Dies hängt wohl damit zusammen, daß der Exhibitionist gesehen werden will.

Nur selten handelt es sich nicht um eine Ausrede, wenn der Exhibitionist behauptet, er habe nicht gesehen werden wollen. Am ehesten noch ist das glaubhaft, wenn andere Abnormitäten mitwirken. Ein 25jähriger Buchdrucker entwendete nach Mitternacht im Hof eines Mehrfamilienhauses einige Stücke Damenwäsche. Er zog sich dann nackt aus, legte sich auf die Wäsche und führte beischlafähnliche Bewegungen aus. Dabei wurde der wohl mehr fetischistisch veranlagte Täter von einer Frau beobachtet.

Kann der Exhibitionist nicht – wie üblich – das Tageslicht ausnutzen, so ist er – vor allem in den Wintermonaten – auf fremde Lichtquellen angewiesen. Die Tageszeiten legen zudem den Schluß nahe, daß der Täter zu seinen exhibitionistischen Aktivitäten die Wege von und zur Arbeit nutzt, die auch sein Opfer zur gleichen Zeit zu machen pflegt. So könnte auch verständlich werden, warum die Tage von Montag bis Freitag hier mehr als das Wochenende belastet sind.

Von 19 im Jahre 1972 in Hamburg zwischen 0 und 5 Uhr in Erscheinung getretenen Exhibitionisten wurden 10 ermittelt; neun davon waren betrunken.

Die Exhibitionisten bevorzugen zwar öffentliche Straßen, Wege und Plätze, meiden jedoch dicht besiedelte und stark frequentierte Tatorte, weshalb Park- und Grünanlagen sowie Waldgebiete hier bald typischer sind. Nur in etwa 10–20% der Fälle betätigen sich Exhibitionisten in einem Gebäude oder Treppenhaus.
Was die Tatausführung bei kriminalisierten exhibitionistischen Handlungen anlangt, lassen sich ungeachtet individueller Besonderheiten einige Gemeinsamkeiten beobachten. Als Opfer bevorzugen Exhibitionisten ganz eindeutig das weibliche Geschlecht (gewöhnlich 80% und mehr), dabei besonders Minderjährige und Personen bis zu 21 Jahren; doch werden Kinder unter 10 Jahren nur selten belästigt. Allerdings wird in derartigen Fällen oft vor mehreren Kindern exhibiert.
Die Reaktion der Betroffenen hängt von ihrem Alter und von der Einschätzung des Täters ab; die meisten ergreifen die Flucht, andere rufen um Hilfe. Nur relativ selten beschimpft das Opfer den Täter, wendet sich entrüstet ab oder straft ihn mit Nichtachtung bzw. ironischen Worten; außerordentlich selten wird das Opfer tätlich.

Als sich ein Exhibitionist vor einem Fenster drei Frauen zeigt, nahm eine einen Eimer mit Wasser und goß den Täter vollkommen naß.

Eine 48jährige Frau hetzte ihren Hund auf den Täter.

Ein 17jähriges Mädchen schlug um sich, weil der Täter es an der Schulter festhielt.

Ein kräftiges Bauernmädchen, das bei der Feldarbeit von einem Mann, der in 25–30 m Entfernung exhibierte, angerufen wurde, verfolgte den die Flucht ergreifenden Täter, holte ihn ein und stach ihn mit der Mistgabel derart in das Hinterteil, daß er in das Krankenhaus mußte.

Die Schäden sind, da sie an sich nur psychischer Art sein können, schwierig zu beurteilen. Wohl nur bei kleineren Kindern kann man u.U. mit einem Schock rechnen, der aber kaum nachhaltig wirken dürfte.

Nach *Schaufelberger* (S. 37) will allerdings sogar eine 43jährige, verheiratete Frau drei Tage unter einer Schockwirkung gestanden haben, die der Anblick des Exhibitionisten hervorgerufen haben soll.

Die Wahl des speziellen Tatorts wird naturgemäß davon beeinflußt, ob der Täter dort die von ihm als Opfer bevorzugte Menschenkategorie erwarten kann, z.B. in Wäldern, Parks, anderen Erholungsgebieten oder auch bestimmten Wegen bzw. Stätten. Manchmal hängt die Wahl von Tatort und -zeit mit Beginn und Ende des Schulunterrichts oder der Arbeitszeit zusammen. Einige Täter suchen diesen Ort mit einem Kraftfahrzeug, jedoch mehr mit einem Fahrrad auf, was aber vor allem wohl schnelle und unauffällige Flucht erleichtern soll.
Da der Exhibitionist sein Opfer in aller Regel nicht kennt, tritt er ihm an geeignet erscheinendem Ort einfach gegenüber. Fällt der Blick des Opfers nicht automatisch auf den Exhibitionisten, macht er durch Zeichen oder Geräusche bzw. Rufe auf sich aufmerksam. Manche Täter sind dann schon entblößt, zeigen sich nackt oder doch teilweise nackt, schlagen den verdeckenden Mantel zurück bzw. nehmen einen Gegenstand, der ihre Genitalien verdeckt, fort. Die meisten Täter entblößen sich jedoch erst, wenn sie bereits gesehen werden.
Der exhibitionelle Akt besteht bei manchen Tätern im bloßen Zeigen der Geschlechtsteile, häufiger wird dabei onaniert; andere holen das später nach. Überwiegend starrt der Täter das Opfer stumm an und registriert dessen Reaktion, andere lächeln, stöhnen oder sprechen

die betroffene Person an. Nach der Tat verlassen Exhibitionisten meist fluchtartig den Ort. Da die Belästigten sie nur selten verfolgen, entkommen sie meistens unerkannt.

Werden sie gestellt, so geben sie sich – wie überhaupt bei der Polizei – gewöhnlich entrüstet, verweisen auf normale Sexualbeziehungen und bringen Ausreden wie die vor, man habe nur uriniert, etwas aus den Kleidern entfernt oder dieses wegen Trunkenheit zu ordnen vergessen.

Im übrigen lassen sich nach Art des exhibitionistischen Verhaltens folgende Erscheinungsformen bzw. Praktiken unterscheiden, die der Täter üblicherweise recht monoton zu verwirklichen pflegt.

aa) Bloße Demonstration

Manche Täter beschränken sich auf das bloße Zeigen der Genitalien. Sexuell kann für sie schon das Erlebnis des Erblicktwerdens genügen; andere rechnen auf Erschrecken oder andere Reaktionen des Betroffenen oder hoffen, bei diesem sexuelle Empfindungen auszulösen.

Mitunter macht der Täter durch Worte, die bei dieser Form aber nicht obszön sein dürfen, Pfeifen oder auf andere Weise auf sich aufmerksam.

Eine besondere Modalität sind die vor allem an einsameren Orten anzutreffenden Nacktgeher, die ihren ganzen Körper entblößen.

bb) Demonstration mit Onanie

In etwa einem Drittel bis zur Hälfte aller einschlägigen Fälle verbindet der Täter mit der Demonstration seiner Geschlechtsteile onanistische Praktiken; auch dabei kann er ebenfalls durch Worte oder Pfeifen auf sich aufmerksam machen.

cc) Exhibitionismus mit obszönen Redensarten

Eine nicht geringe Zahl von Fällen – man hat stark schwankende Anteile von 15 bis 40% festgestellt – verbindet mit dem exhibitionistischen Akt jedoch eindeutig obszöne Redensarten. Teilweise geht es dem Täter hier aber wohl mehr darum, Aufmerksamkeit zu erregen; teilweise reagiert er sich jedoch damit ab.

Mitunter fordert der Täter mit Redensarten wie „Komm, Kleine, wir machen einen“ oder „Liebchen, hast du Lust?“ das Opfer zu sexuellen Handlungen auf.

dd) Aggressiver Exhibitionismus

Aggressiver Exhibitionismus, der über beleidigende Worte hinaus zu Tätlichkeiten gegen das Opfer greift, ist glücklicherweise selten. Zudem ist die Intensität üblicherweise gering; der Täter begnügt sich damit, das Opfer lediglich zu berühren oder anzufassen, um es am Weglaufen zu hindern.

Ein 27jähriger griechischer Gastarbeiter überraschte beim Verlassen eines Lokals eine jüngere Frau, welche an seinem Tisch saß, damit, daß er seinen entblößten Penis an ihren Arm drückte.

Ein 29jähriger italienischer Gastarbeiter legte auf einem Feldweg plötzlich einen Arm um die Hüfte einer 14jährigen Schülerin, der er gefolgt war, und zeigte ihr mit der anderen Hand sein entblößtes Glied.

Mitunter will der Täter allerdings auch die Geschlechtsteile der Betroffenen berühren. Tätlichkeiten des Exhibitionisten können jedoch die Antwort auf eine ihm unangemessen erscheinende Reaktion oder einen Angriff des Opfers sein.

Als ein Mädchen, dem der Täter sein entblößtes Glied mit den Worten „Hallo, Schätzchen!" zeigte, entsetzt aufschrie, erhielt es vom Täter, der dann flüchtete, eine Ohrfeige.

ee) Abnormer Exhibitionismus

Sexuelles Abnormverhalten kann sich schließlich noch im Exhibitionismus auswirken. Homosexuell veranlagte Exhibitionisten bevorzugen als Opfer Personen männlichen Geschlechts. Neben Fetischismus und Transvestitismus zeigen vereinzelt exhibitionistische Akte sogar Züge von Sadismus und Masochismus.

b) Andere Belästigungen

Inwieweit andersartige Belästigungen strafbar sind, hängt von der Reichweite der einschlägigen Strafvorschriften ab. Die Auffassungen über das in sexueller Hinsicht oder überhaupt Schickliche haben nicht nur im Laufe der Zeiten erheblich geschwankt, sondern sind auch in den einzelnen Ländern sehr verschieden, divergieren zudem örtlich oder in den sozialen Schichten. Neben der Ausführung des Geschlechtsverkehrs vor unbeteiligten Dritten, welche bei manchen Menschen die sexuelle Erregung steigert, gibt es öffentlich ausgeführte homosexuelle Handlungen und andere Abnormpraktiken, die sicher belästigend wirken können. Außer auf das Zeigen der Nates, des entblößten Gesäßes, ist ferner auf Frotteurismus hinzuweisen, bei welchem das nicht entblößte Glied im Gedränge am Körper anderer Personen gerieben wird, um sexuelle Befriedigung zu erlangen.

Homosexuelle Handlungen in der Öffentlichkeit werden vor allem an bekannten Treffpunkten – gewöhnlich sogar während der Dunkelheit – ausgeführt. Während manche Täter ohne Rücksicht auf etwaige Beobachter handeln, wollen andere auf diese Weise – z.B. durch Masturbieren – zu homosexuellen Kontakten auffordern. Derartige Taten werden vorwiegend durch Polizeibeamte angezeigt, die sie bei Kontrollgängen beobachten.

Ein Täter hatte hinten in seine Hose eine Klappe eingebaut, die er mit einem zum Kopf geführten Faden durch Nicken heben konnte. Er überholte mit dem Fahrrad weibliche Personen, nickte mit dem Kopf und zeigte sein infolgedessen entblößtes Hinterteil.

Manchmal geht der Frotteurist weiter und läßt sein Genital nicht nur verdeckt spüren. Im dichten Gedränge vor einer Kirmesbude entdeckte eine Frau, die ihre Hände auf dem Rücken hatte, plötzlich, daß ein Mann ihr seine entblößten Genitalien hineinlegte.

Schließlich fallen unter derartige oder mitunter besondere Strafvorschriften (z.B. §§ 184a, 184b dtsch. StGB) gewisse Formen der verbotenen, jugendgefährdeten oder sonst anstößigen Ausübung der Prostitution.

Sexuell-ordinäre Redensarten, sog. verbaler Exhibitionismus, bei welchem sich der Täter oft des Fernsprechers bedient, wird in den meisten Ländern als Ehrverletzung geahndet. Dasselbe gilt für den „graphischen Exhibitionismus", soweit nicht die nunmehr zu behandelnden Strafvorschriften gegen anstößige und unzüchtige Schriften, Abbildungen usw. anwendbar sind. Denn es geht hier keineswegs nur um obszöne Kritzeleien in Toiletten und Fernsprechzellen oder um primitive Briefe bzw. Zeichnungen, mit denen Mitmenschen belästigt werden.

2. Unzüchtige und anstößige Schriften, Abbildungen usw.

Die Strafvorschriften gegen unzüchtige und sonst anstößige Schriften, Abbildungen usw. haben sich im Laufe der Zeiten des öfteren gewandelt; sie sind nicht nur in den einzelnen

Ländern recht unterschiedlich und werden zudem oft verschieden gehandhabt, sondern sind in der öffentlichen Diskussion vielerorts sehr umstritten. Während manche eine Kriminalisierung schlechthin ablehnen und Dinge wie Sex-Shops oder Porno-Messen gutheißen, beklagen sich andere über die viel zu laxe Handhabung der existierenden Strafvorschriften. Diese richten sich bei manchen Divergenzen gegen unzüchtige bzw. anstößige Schriften, Bücher, Abbildungen oder andere Gegenstände; dabei rechnet man zu diesen Dingen mitunter auch Mittel zur Verhütung von Geschlechtskrankheiten oder zur Empfängnisverhütung.

Verboten werden gewöhnlich der Verkauf oder sonstiges Inverkehrbringen; manche Gesetze beschränken sich auf den Verkauf an Jugendliche, andere werten diese Fälle als straferschwerend. Als tatbestandsmäßig erachtet man nicht selten bereits das Herstellen oder die Einfuhr derartiger Produkte.

Graßberger, Roland: Diskussionsbeitrag – in: Enquete über die Anwendung und Gestaltung des Pornographie-Gesetzes – o.O., o.J.; *Huelke,* H.-H.: Der Pornographienhandel und seine Bekämpfung – in: TbKrim V, S. 34 ff. (1955); *Huelke,* H.-H.: Pornographische Zeitschriften – in: TbKrim IX, S. 25 ff. (1959); *Gundolf,* Hubert: Pornographie heute – Kriminalistik 1965-152 ff.

Ebenso unsicher wie die Beurteilung dessen, was als unzüchtig oder anstößig zu werten ist, erscheint der Begriff der Pornographie. Das ist u.a. darauf zurückzuführen, daß die fraglichen Gegenstände in aller Regel nicht ohne weiteres als unzüchtig oder anstößig zu wertende Praktiken wiedergeben und dabei eindeutig auf den Sexualtrieb des Betrachters oder Benutzers ausgerichtet sind. Ebenso wie u.U. die Verhütung von Geschlechtskrankheiten oder der Empfängnis im Vordergrund stehen kann, sind bei sonstigen Gegenständen andere, wirklich oder angeblich existierende Funktionen festzustellen, was zu schwierigen Grenzfragen führt. Nur selten kann man von eindeutiger, schlichter oder nackter Pornographie sprechen.

Charakteristisch für diese Fälle, in denen man auch von qualifizierter oder harter Pornographie spricht, ist das Schildern sexueller Abnormitäten; hier kann beispielsweise mit sadistischen Praktiken auch zur Gewalttätigkeit stimuliert werden.

Viel häufiger beruft sich der deswegen strafrechtlich Belangte jedoch auf die Freiheit von Kunst oder Wissenschaft bzw. auf die Notwendigkeit von Aufklärung. Deshalb ist es in diesen Fällen oft schwierig zu entscheiden, ob die fraglichen Strafvorschriften in der Tat Bereiche der genannten Art tangieren oder gar gegen sie schützende Verfassungsnormen verstoßen oder ob es sich um billige Ausreden handelt, mit denen man die „getarnte Pornographie" zu bemänteln sucht.
Umstritten ist insgesamt, inwieweit pornographische Produkte dieser oder jener Art Verhalten und Entscheidung von Menschen kriminogen beeinflussen oder doch zumindest als tatauslösender Faktor wesentlich werden können. Jedenfalls wird überwiegend zumindest die Notwendigkeit eines strafrechtlichen Jugendschutzes bejaht.

Unter diesen Umständen muß jedoch nicht nur auf eine kriminalpolitische Würdigung derartiger Strafvorschriften, sondern zugleich auf eine ausführlichere Darstellung verzichtet werden; daher müssen einige Hinweise auf diesen Fragenkreis genügen.

Sicherlich könnte man kriminalphänomenologisch zwischen schlichter, harter und getarnter Pornographie unterscheiden, um dabei im letzten Bereich beispielsweise nach Kunst, Wissenschaft, Aufklärung und dergleichen zu differenzieren, wobei man im übrigen an Hand der

Arten unzüchtiger bzw. anstößiger Gegenstände vorgehen könnte. Erscheint uns ein solches Vorgehen ungeachtet der bisher bestehenden Materialschwierigkeiten als zweifelhaft, sollte der Kriminalist in der Verbrechenstechnik von der jeweiligen Strafgesetzgebung ausgehend wohl besser an Hand der verschiedenen Arten kriminalisierter Gegenstände gliedern, um im Zusammenhang damit die einzelnen Verhaltensweisen zu berücksichtigen.
Natürlich lassen sich einige Fragen, die alle Bereiche betreffen, zusammenfassend vorab behandeln. Dazu gehört außer den Organisationsformen gewerbsmäßigen Vertriebs pornographischer Artikel das Bewerkstelligen der Einfuhr derselben sowie gewisse Praktiken der Werbung. Denn des öfteren befassen sich Produzenten und Händler mit verschiedenartigen Artikeln. Aufschlußreich ist, da für diese Delinquenten finanzielle Gesichtspunkte wichtiger sind als der sexuelle Charakter ihrer Waren, welche Preise man für derartige Produkte fordert; sie sind gewöhnlich stark übersetzt, wobei noch ganz von der technisch oft minderwertigen Qualität abgesehen werden soll.

Für die interessante Frage, was illegal vertriebene unzüchtige Bilder und Schriften kosten, ist eine Zusammenstellung aus dem Jahre 1959 aufschlußreich, als man vier Koffer eines Pornographie-Händlers beschlagnahmte, in denen sich u. a. 1132 Bücher, 1300 Schriften, 1800 Fotos und 25 Schmalfilme für den Export nach Skandinavien befanden. Die Preise betrugen:

Bei Büchern:	DM
Mata Hari (150 S.)	33,00
Das Bildnis des Dorian Gray (227 S.)	42,00
Sofie Kallhofer, Aus dem Leben einer Wiener Dirne (200 S.)	52,00
Memoiren einer Sängerin (184 S.)	48,00
Yvonne (96 S.)	29,00
Ypsilla (144 S. m. 49 Zeichn.)	56,00
Fotos:	
10 Stück (Coitus-Fotos)	19–29
24 Stück	70,00
14 Radierungen in Rembrandt-Manier	35,00
Fotoserie „Pompejanische Fresken“ (24 Reprod. in Postk.-Größe aus der Straße der Freude)	35,00
Filme:	
franz. Schmalfilme 16 und 6 mm (Titel: Yvonne, Laura, Familienabend, Der Untermieter)	170–480
Colorfilme	550,00

Was den Vertrieb von Pornographie anlangt, muß man vom heimlichen den offenen Handel unterscheiden, in welchem man natürlich vor allem mit getarnter Pornographie arbeitet.

Der Pornographiehandel ist z.T. in einer Weise organisiert, wie man sie vom Rauschgifthandel her kennt. Man arbeitet häufig mit Importen, die gewöhnlich in das Inland eingeschmuggelt werden müssen. Aber auch der inländische Produzent stützt sich z.T. auf eine Vertriebsorganisation, die mit Zwischenhändlern und Verteilern (Kleinhändler) arbeitet. Der Absatz erfolgt außer durch Verkauf zuweilen durch Vermieten, wenn man etwa an kostspielige Produkte wie Porno-Filme denkt.

a) Schriften

Noch mehr als mit Büchern, bei denen man trotz strittiger Einzelfälle bereits in Deutschland mit mehreren hundert Titeln rechnen kann, bestehen pornographische Schriften aus heimlich gehandelten Heftchen, die mitunter als Serie erscheinen, und Blättern; es gibt dann und wann sogar pornographische Zeitschriften, um von den insoweit verdächtigen offen gehandelten Magazinen, Illustrierten und Zeitungen noch ganz abgesehen.

Huelke, H.-H.: Pornographische Zeitschriften – in: TbKrim IX, S. 25 ff. (1959).

Die oft im Vervielfältigungsverfahren, z.T. aber auch gedruckten Pornographien, die vielfach plump illustriert sind, haben nichtssagende Titel wie „Dorfgeschichten" oder aber reißerische wie „Der Club der Perversa" und „Tut's weh – Madame?".
Bei der getarnten Pornographie arbeitet man außer mit Sittenromanen gern mit angeblichen Biographien.

b) Abbildungen

Bei den pornographischen Abbildungen handelt es sich vor allem um Fotos und daneben Filme. Eher als mit seltenen Originalzeichnungen ist mit Reproduktionen von solchen zu rechnen.

Neben problematisch zu bewertenden Aktaufnahmen finden sich Darstellungen aller möglichen sexuellen Aktivitäten; hierbei sind nicht nur Menschen verschiedener Rassen beteiligt, was anscheinend für manche stimulierend wirken soll, sondern auch Tiere. Insgesamt wirken Ausstattung und Fototechnik bei diesen pornographischen Erzeugnissen weithin ausgesprochen primitiv. Der sexuelle Gegenstand soll hier also mit billiger Masche den Produzenten und Händlern zum Reichtum verhelfen.

c) Sonstige Gegenstände

Als sonstige Gegenstände sind vor allem plastische Darstellungen zu nennen, die entweder Sexuelles wiedergeben oder bei sexuellen Manipulationen verwendet werden können.

Die breite Skala dieser Artikel, die ein Blick in Sex-Shops oder Kataloge entsprechender Versandfirmen deutlich macht, kann und braucht nicht im einzelnen geschildert zu werden.

V. Gemeingefährliche Delikte

Gemeingefährliche Delikte sind diejenigen Straftaten gegen die Allgemeinheit, die durch Entfesseln von Naturgewalten Leib oder Leben einer unbestimmten Zahl von Menschen oder größere fremde Sachwerte gefährden bzw. verletzen. Der Begriff ist also enger zu verstehen als ihn etwa der auch der deutsche Strafgesetzgeber im 27. Abschnitt verwendet. Wesentlich für die Gemeingefahr ist die im Opferkreis mehr oder weniger unbestimmte Gefährdung, die deshalb hier überdies besonders schwer wiegt, weil bei Naturgewalten und dergleichen das Ausmaß nicht vorhersehbar ist; denn sie sind selbst mit Feuerwehren und anderen Mitteln nur begrenzt beherrschbar. Eben deshalb lassen sich einige durch die Zivilisation bedingte Straftaten gegen die öffentliche Versorgung heute eher als gemeingefährliche Delikte begreifen als andere Straftaten, die manche Gesetzgeber diesen zuordnen.
Hier müssen wir uns jedoch zunächst auf vorsätzliche Brandstiftungen und auf die wegen ganz anderer Gegebenheiten davon getrennt zu behandelnden Fahrlässigkeitsbrände kon-

zentrieren, um sodann weitere kriminelle Verhaltensweisen, für die bisher allerdings kein oder nur dürftiges Material vorliegt, lediglich abschließend zu erwähnen.

Brandermittlung 7: Bericht über die 7. kriminalistische Arbeitstagung des Polizei-Instituts Hiltrup – hrsg. von der Bayer. Versicherungskammer, Abt. f. Brandversicherung – München 1954; *Brandermittlung IV:* Vorträge über Fragen der Brandermittlung. Bericht über die IV. Internationale Brandermittler tagung in Kiel vom 7. bis 12. Juli 1958 – hrsg. v. Georg Helmer – Kiel 1958; *Brandermittlung und Brandverhütung:* Arbeitstagung . . . vom 9. April bis 14. April 1962 – hrsg. v. Bundeskriminalamt – Wiesbaden 1962; *Brandkriminalistik* – GrKrim Bd 8/1 (1972), Bd. 8/2 (1973).

1. Vorsätzliche Brandstiftungen

Die vorsätzlichen Brandstiftungen, die durch den Einsatz von Feuer, einer schwer beherrschbaren Naturgewalt, als Tatmittel gekennzeichnet sind, müssen – wie gesagt – von den ganz anders strukturierten Fahrlässigkeitsbränden unterschieden werden. Obgleich die strafrechtlichen Regelungen der einzelnen Länder mitunter beträchtlich divergieren, wird doch überall die mit einer Brandstiftung verbundene Gemeingefahr als das diese Straftaten von der Sachbeschädigung unterscheidende Charakteristikum gewertet. Dabei kann hier unberücksichtigt bleiben, inwieweit das Strafrecht außer der Gefahr für Leib und Leben von Menschen die Gefahr für Sachen umfaßt und ob für Strafbarkeit eine bei Vorliegen bestimmter Umstände vermutete abstrakte Gefährdung ausreicht oder die Feststellung einer konkret entstandenen Gefahr verlangt wird. Denn sicher haben Brandstiftungen nicht nur erhebliche wirtschaftliche Bedeutung, sondern verkörpern sie in erster Linie ein Sozialdelikt, das die allgemeine Sicherheit von Menschen und großen Sachwerten beeinträchtigt. Die Zahlen schwanken mitunter beträchtlich und zeigen zumindest bei gewissen Erscheinungsformen eine deutliche Abhängigkeit von den wirtschaftlichen Gegebenheiten.

Eschenbach, Eberhard: Brandbriefe – Brandstifter – Brandermittler – in: TbKrim IX, S. 98 ff. (1959); *Geerds,* Friedrich: Die Brandstiftungsdelikte im Wandel der Zeiten und ihre Regelung im ausländischen Strafrecht – in: Brandermittlung und Brandverhütung, hrsg. v. Bundeskriminalamt, Wiesbaden 1962, S. 15 ff., 43 ff.; *von Storch,* Henning: Die vorsätzliche Brandstiftung. Eine kriminologisch-strafrechtliche Untersuchung anhand der Brandstiftungskriminalität erwachsener Täter in Schleswig-Holstein unter besonderer Berücksichtigung des Landesgerichtsbezirks Kiel – Diss. Kiel – München 1965- *Graßberger,* Roland: Brandstiftung – in: HdwKrim (2(I-95 ff.; *Harms,* Dieter: Die Kriminologie der vorsätzlichen Brandstiftung. Ein Beitrag zur Phänomenologie der vorsätzlichen Brandstiftung unter besonderer Berücksichtigung der Verhältnisse in Niedersachsen – in: der Kriminalist 1972, S. 1 ff., 16 ff.

Kriminalphänomenologisch ist es daher zweckmäßig, bei den Brandstiftungen nach der für den Täter ausschlaggebenden Motivationslage oder nach Zweck bzw. Funktion dieser Taten zu differenzieren. So lassen sich von den Eigennutzbränden, zu denen u.a. die Versicherungsbrände gehören, die Leidenschaftsbrände unterscheiden, bei denen emotionale Motive wie Haß, Eifersucht, Eitelkeit oder Geltungsbedürfnis vorherrschen. Ferner ist an philanthropische Brandstiftungen, aus weltanschaulichen Gründen begangene Taten sowie an Übermuts- und Spielbrände zu denken, zu denen die in der Praxis.wichtige Form rational unverständlicher Brandstiftungen hinzukommt; außer von Geisteskranken gelegte Brände zählt Handeln aus sexuellen Gründen oder aus Hysterie hierzu. Mitunter gibt es auch die den Eigennutzbränden ähnlichen kriminellen Brände, die entweder eine Straftat – z.B. Erpressung – vorbereiten oder ein anderes Delikt – etwa einen Einbruch oder gar Mord – verdecken sollen.

Brände zum Zwecke der Tötung werden jedoch ebenso wie von enttäuschten Kriminellen aus Wut begangene Brandstiftungen zu den Leidenschaftsbränden zu rechnen sein. Bemerkenswert dabei sind allgemein Unterschiede zwischen den vom Eigentümer und den von ihm nicht kooperierenden Dritten begangenen Taten. Während beim Eigenbrandstifter, dem es ganz überwiegend auf wirtschaftliche Vorteile ankommt, im allgemeinen größere Vorbereitungen nötig sind, um dem hier leicht möglichen Tatverdacht zu begegnen, spielt dieser Gesichtspunkt beim Fremdbrandstifter nur ausnahmsweise eine Rolle.

Bei den vorsätzlichen Brandstiftungen sollte der Kriminalist im Rahmen der Verbrechenstechnik jedoch nicht an Hand dieser Erscheinungsformen vorgehen, weil der insoweit wesentliche Modus operandi dadurch nicht präjudiziert wird. Bald noch wichtiger als die Unterscheidung nach Schnell- und Zeitzünder dürfte die nach den Zündmitteln sein, womit wir zugleich die von fremder Hand bewußt geschaffene Brandursache relativ gut von Unglücksfällen, die bestenfalls fahrlässige Taten verkörpern können, und von natürlichen Brandursachen abgrenzen können. Kriminalistisch sind schließlich die Brandbriefe wichtig, die manche Täter vor oder nach der Tat schreiben; denn in aller Regel ist der Täter der Briefschreiber.

a) Schnell- und Zeitzünder

Mit der **Schnellzündung** arbeiten vor allem Fremdbrandstifter, die bei Gebäuden vorwiegend an der Außenfront oder in deren Nähe Feuer legen; allerdings gelingt es bei günstigen Umständen Tätern nicht gar so selten, den Brand in Häusern u.dgl. zu legen. Dabei treten zur Benutzung von Zündhölzern oder Feuerzeug oft leicht brennbare Materialien hinzu. Diese Form der Tatausführung überwiegt gerade bei Brandstiftungen im ländlichen Bereich ganz deutlich, wo mitunter mehr als 80% aller Brandstiftungen lediglich mithilfe eines Zündholzes begangen werden.

Einen besonders konstruierten Schnellzünder benutzte eine Melkerin zum Zweck des Betrugs der Brandversicherung. Nachdem sie zusammen mit ihrem Mann den beweglichen Besitz weggeschafft hatte, höhlte sie eine Kartoffel aus, stopfte Filterpapier hinein und tränkte es mit Benzin. Dann zündete sie das Papier an und warf diese Brandfackel durch eine Bodenluke auf den Heuboden. Als ihr Mann und die sechs Kinder schon in Sicherheit waren, verließ sie als letzte im Nachthemd das brennende Haus.

Einer der seltenen Fälle von Brandstiftung zum Zweck des Mordes ereignete sich am 15. April 1959 in Lünen. Ein 56jähriger Täter, der mit seinen Untermietern verzankt war, überschüttete in der Küche eine bei ihm zur Untermiete wohnende 33 Jahre alte Frau mit den Worten „Da hast du dein Fett" mit Benzin und zündete sie mit einem Feuerzeug an. Die Frau und ihr 4jähriger Sohn, dessen Kleidung Feuer fing, erlagen ihren Verletzungen. Einen zur Hilfe eilenden Hausbewohner übergoß der Täter ebenfalls mit dem Zweitaktgemisch, konnte aber wegen Gegenwehr die Kleidung nicht entzünden. Einer anderen Untermieterin, deren Kleider er dann noch in Brand setzen wollte, gelang die Flucht.

Um den Zusammenhang von Tatzeit und Tatgelegenheit zu verschleiern und sich ein Alibi zu sichern, benutzen andere Eigenbrandstifter vor allem aber **Zeitzünder**. Das sind Apparate bzw. Vorrichtungen, welche ein bereits entzündetes Feuer erst mit zeitlicher Verzögerung auf das eigentliche Brennmaterial oder Brandobjekt überleiten oder überhaupt erst nach einem gewissen Zeitablauf zünden. Sinn dieser Arbeitsweise ist es, die Gefahr am Tatort gesehen oder sonst leicht überführt zu werden, zu verringern. Der Brandstifter kann sich hier also mit mehr Aussicht auf Erfolg um ein Alibi für den Zeitpunkt des Brandes bemühen. Lediglich mit Verzögerung das Feuer übertragende Zeitzünder sind beispielsweise Konstruktionen, die mit einer Kerze arbeiten, welche erst nach teilweisem Abbrennen das eigentliche Zündmaterial erreicht, das aus Papier, Stroh, Heu oder auch Materialien wie Benzin zu bestehen pflegt. Alle Elektrifizierung hat wenig daran geändert, daß Kerzen immer noch beliebte Brandmittel sind.

Die zeitliche Verzögerung hängt wesentlich von der Länge der benutzten Kerze ab; so benötigt man bei einer normalen Haushaltskerze, wenn sie richtig brennt, für eine Stunde etwa 2 cm. Problematisch ist die Kerze als Zündmittel aber nicht nur, weil zeitliche Schätzungen lediglich vage sein können, sondern sie infolge unerwarteter Umstände schief brennen oder überhaupt verlöschen kann, was bereits für den Täter unheilvolle Tatspuren bedeuten kann.

Wiederholt hat man elektrische Wärmestrahler als Zünder benutzt, z.B. im Schweinestall eines alten Bauernhofes; man hatte dort um einen 50 bis 60 cm vom Boden einer Ferkelbucht aufgehängten Tiefstrahler Preßstrohballen aufgeschichtet, die nach einiger Zeit Feuer fangen mußten.

Die anderen Zeitzünder bewirken erst nach Ablauf einer bestimmten Zeit die erforderliche Zündwärme. Dabei sind mechanische Zeitzünder häufig dem Pionierzünder nachgebildet. Es wird also nach Zeitablauf die Verankerung eines gespannten Schlagbolzens – z.B. durch eine Säure – gelöst; der dann vorschnellende Schlagbolzen löst den Zündmechanismus aus.
Chemische Zeitzünder bestehen häufiger aus einem Gemisch von Chlorat und einer organischen Substanz; das Gemisch wird durch Schwefelsäure gezündet, sobald diese den Verschluß der sie umgebenden Phiole zersetzt hat.
Bei elektrischen Zeitzündern, wie sie gegenwärtig wohl am häufigsten benutzt werden, bedient sich der Täter gewöhnlich eines Relais, das anspricht, sobald die die Temperierung besorgende Ruhestrombatterie erschöpft ist. Der Effekt eines solchen Zeitzünders kann aber ebenso durch Manipulationen an elektrischen Anlagen erreicht werden.

b) Zündmittel. Zündmaterial

Die Zündmittel hängen bei der vorsätzlichen Brandstiftung ersichtlich mit der Art der Zündung zusammen. Dominiert bei der Schnellzündung das Streichholz, so gibt es beim Zeitzünder eine verzögernd wirkende Apparatur, die mit offenem Feuer, aber auch chemisch oder elektrisch arbeiten kann. Bei beiden Zündarten muß der Täter allerdings ferner gewöhnlich auf ein Zündmaterial achten, welches das Feuer dem eigentlichen Brandobjekt mitteilen kann; das gilt ebenso für das Zündholz wie für die Zeitzünder, wenn nicht schon das in Frage stehende Objekt leicht entflammbar ist. Noch besser als Papier, Pappe eignen sich Substanzen wie Benzin, Öl oder entsprechende feste Stoffe, die für derartige Zündsätze verwendet werden, zu einem kriminaltechnischen Nachweis.

2. Fahrlässigkeitsbrände

Dagegen werden wir uns bei Fahrlässigkeitsbränden, den fahrlässigen Brandstiftungen, wieder an den besonderen kriminologischen Erscheinungsformen orientieren können, weil sie auf das für den Brand ursächliche Verhalten und damit auf bestimmte Formen der Tatausführung abstellen.

Geerds, Friedrich: Fahrlässigkeitsbrände – in: Brandkriminalistik. GrKrim Bd. 8/1, S. 37 ff. (1972).

Vorausgeschickt sei jedoch, daß die zunächst in städtischen Verhältnissen festzustellende Zunahme der Fahrlässigkeitsbrände in Deutschland seit einigen Jahren auch auf ländliche Gebiete übergegriffen hat, was wohl damit zusammenhängt, daß die moderne Technik mit

ihren Gefahrenquellen hier Einzug gehalten hat. Der bei Fahrlässigkeitsbränden besonders augenfällige Zusammenhang mit Technik und Zivilisation erklärt ferner, warum weibliche Täter hiermit mehr als im Durchschnitt und junge Täter etwas geringer belastet sind. Insgesamt sind die Fahrlässigkeitsbrände ein gutes Beispiel dafür, wie sich bei anderen Lebensverhältnissen soziale Notwendigkeiten und damit strafrechtliche Wertungen ändern.
Die Tatausführung ist in diesem Bereich durch physikalische oder chemische Reaktionen gekennzeichnet, denen nicht selten etwas von Zufall oder höherer Gewalt anhaftet.

So überschneiden sich mitunter die nunmehr zu behandelnden Erscheinungsformen, wenn etwa leicht entflammbare Stoffe zu nahe an Feuerstätten gebracht werden oder überhitzte Anlagen brennbare, wenngleich an sich nicht besonders feuergefährliche Materialien entzünden. Die sich aus der rasanten Entwicklung erklärende Unsicherheit der für eine strafrechtlich relevanten Sorgfaltspflichtverletzung maßgebenden Kriterien, die sich außer in den verschiedenen Gesetzen und Verordnungen auch in Vorschriften zur Unfallverhütung, DIN-Normen oder beruflichen Regeln finden, entspricht dem insoweit bei der Brandverhütung zu verzeichnenden Nachholbedarf.

Derartige Fahrlässigkeitsbrände haben in den letzten Jahrzehnten mit fortschreitender Technisierung von Wirtschaft und Haushalt erheblich zugenommen; sie betragen in den Industriestaaten zahlenmäßig heute ein Vielfaches der vorsätzlichen Brandstiftungen. Wie der Kriminologe wird sich hier auch der Kriminalist an den unterschiedlichen Brandursachen orientieren, denen sich die einzelnen Formen der Tatausführung gut zuordnen lassen. Vor allem geht es wohl um die folgenden drei Komplexe:
a) Leichtsinniger Umgang mit offenem Feuer (und Feuerrückständen)
b) Leichtsinniger Umgang mit feuergefährlichen Geräten und Anlagen
c) Leichtsinniger Umgang mit feuergefährlichen Stoffen

a) Leichtsinniger Umgang mit offenem Feuer
Eine typische und seit längerem bekannte Form der fahrlässigen Brandstiftung ist der leichtsinnige Umgang mit offenem Feuer und mit Feuerrückständen wie glühender Asche, glimmenden Zigaretten- und Streichholzresten. Gerade an derartigen Brandfällen sind häufig Kinder und Jugendliche beteiligt, die mit den Gefahren des Feuers noch nicht hinreichend vertraut sind. Mehr als an Heizzwecken dienende Feuer ist heutzutage allerdings an Kerzen oder Zündhölzer zu denken, wenngleich es auch durch unsachgemäßen Gebrauch von Sprengstoff, Munition oder Feuerwerkskörpern zu Bränden kommen kann. Das Verunglükken eines offenen Nutzfeuers kann ferner auf mangelhafte Beschaffenheit der Feuerstätten oder auf falsche Handhabung zurückzuführen sein; hier wird die Verantwortlichkeit allerdings durchweg Erwachsene treffen.

Außer an durch Wegwerfen von glimmenden Zigaretten aus Unachtsamkeit entstandene Waldbrände, Ausbruch von Feuer in Warte- und Fabrikräumen sowie die mitunter fatale „letzte Zigarette" im Bett ist hier an Feuer zum Abkochen im Freien oder Verbrennen von Abfällen zu denken, wobei die Flammen dann wider Erwarten auf andere Dinge übergreifen.

b) Leichtsinniger Umgang mit feuergefährlichen Geräten und Anlagen
Als feuergefährliche Geräte sind neben Gasapparaten heute vor allem elektrische Geräte und Motoren zu nennen. Feuergefährlich werden derartige Geräte oder Anlagen entweder durch vorschriftswidrige Herstellung oder Veränderung (Reparatur); zum anderen kann unsachgemäße Benutzung zu einem Brand führen.

Schnell, P.: Brände durch elektrischen Strom – in: Brandermittlung und Brandverhütung, hrsg. v. Bundeskriminalamt, Wiesbaden 1962, S. 53 ff.

Da durch Bau- und Produktionsvorschriften bereits zahlreiche Gefahrenquellen vermieden werden, spielen gegenwärtig eher als schwer erkennbare Abnutzungserscheinungen vorschriftswidrige Reparaturen – insb. durch Laien – und Bedienungsfehler eine große Rolle in der kriminalistischen Praxis. Typische Beispiele dieser Art sind das Unterlassen des Ausschaltens derartiger Koch- oder Heizgeräte bzw. des elektrischen Bügeleisens.

Brandgefahr durch elektrischen Strom entsteht einmal vor allem durch Glühendwerden von Geräten oder Leitungen bzw. Auftreten von Funken und zum anderen durch Aufheizen an der Übergangsstelle von Fehlerstrom, dem sog. Kurz- oder Erdschluß.

Eine Brennerei brannte im wahrsten Sinne des Wortes ab, weil Leitungen zu einer unter dem Kesselraum illegal betriebenen Schwarzbrennerei falsch verlegt worden waren. Die Lampen in diesem versteckten Raum waren einmal durch einen Phasenleiter geschickt mit einem Kraftschalter, auf der anderen Seite aber nur mit der Wasserleitung verbunden; statt über den Nulleiter floß der Strom jedoch über die Erde zum Transformator zurück.

Infolge unsachgemäßer Reparatur brannte eine Baracke mit einer Lichtpausanstalt ab. Da Arbeiter gegen Mittag Funken an einer Abzweigdose bemerkt hatten, schickte der Eigentümer einen Mechaniker. Dieser war kein Elektrofachmann, weshalb er seinen Auftrag, das Funken zu beseitigen, durch Zerren am Isolierrohr bewirkte. Als eine Stunde später Brandgeruch gemeldet wurde, schnitt derselbe Mechaniker ein Stück aus einer Blechmanschette und unterbrach diesen Fehlerstromkreis. Ein anderer besorgte jedoch, daß um 22 Uhr die Baracke abbrannte.

Ähnlich ist die Lage bei Geräten und Anlagen, die mit Gasen der verschiedensten Art betrieben werden, selbst wenn hier der Beleuchtungszweck heute kaum noch eine Rolle spielt.

Außer an Gas und Elektrizität ist aber auch an Anlagen und Geräte zu denken, die mit anderen Energiequellen arbeiten, ohne daß man von offenem Feuer sprechen kann. Ferner ist auf mangelhafte oder mangelhaft gewordene Rauchabzüge, insb. Schornsteine hier ebenso hinzuweisen wie auf Maschinen, bei denen Material-, Konstruktion- oder Bedienungsfehler zu Überhitzung oder gar Explosionsgefahr führen können. Das gilt nicht nur für Kraftfahrzeuge, sondern ganz allgemein für Handwerk und Industrie, wo es durch Druck oder Reibung zum Ausbruch eines Brandes kommen kann.

c) Leichtsinniger Umgang mit feuergefährlichen Stoffen

Feuergefährliche Stoffe sind solche, die sich von selbst entzünden können oder die bei Berührung mit offenem Feuer oder den soeben genannten feuergefährlichen Geräten ganz besonders leicht Feuer fangen; außer an Benzin und Petroleum ist hier beispielsweise an Heu, Stroh, Papier und Pappe zu denken. Doch mehr als diese altbekannten Gefahrenquellen hat die Verbreitung von Chemikalien ebenso wie Fortschritte der Technik, man denke etwa an Kunststoffe, die Zahl der Fahrlässigkeitsbrände wachsen lassen.

Glathe, Hans: Selbsterhitzung und Selbstentzündung von Erntestoffen – in: Brandermittlung und Brand verhütung, hrsg. v. Bundeskriminalamt, Wiesbaden 1962, S. 77 ff.; *Wolgast,* W.: Feuergefahren durch moderne Baustoffe unter besonderer Berücksichtigung der Kunststoffe – in: Brandermittlung und Brandverhütung, hrsg. v. Bundeskriminalamt, Wiesbaden 1962, S. 113 ff.

Die zunächst beim Heu bekannt gewordene Selbstentzündung ist inzwischen in Industrie und Handwerk durch zahlreiche neue Varianten bereichert worden.

Außer an gebrannten Kalk bei Naßwerden ist hier u.a. an Aluminiumspäne zu denken, sofern Wasser oder Öl vorhanden ist, ferner an gewisse Düngemittel, bestimmte Farbstoffe,

insb. Öl- und Nitrolacke sowie ferner an feuchte Sägespäne, ölgetränkte Wolle und Zinkspäne.
Ähnlichkeit mit dergestalt entstehenden Bränden haben mitunter Staubexplosionen, die u.U. ebenfalls zu einem Brand führen können. Als insoweit besonders gefährdet werden Düngemittelfabriken, Baumwollspinnereien, Lohgerbereien, Mühlen aller Art und gewisse Reinigungsanstalten angesehen.
Man darf bei den feuergefährlichen Materialien demnach ersichtlich nicht nur an Benzin und andere Kraftstoffe denken, welche die besonderen Sicherheitsvorschriften für Tankstellen und Garagen verständlich werden lassen, sondern sollte überdies beachten, daß selbst entleerte Benzinfässer oder Tanks bei unvorsichtigem Verhalten leicht zu einem gefährlichen Brandherd werden können.

3. Andere gemeingefährliche Delikte

Als andere gemeingefährliche Delikte, die durch Entfesseln von Naturgewalten oder in ähnlicher Weise Leib und Leben einer unbestimmten Zahl von Menschen oder bedeutende Sachwerte gefährden und nicht selten beschädigen oder vernichten, sind, wie hier noch kurz erwähnt werden soll, Sprengstoffdelikte, das Herbeiführen einer Überschwemmung sowie u.U. Straftaten gegen wichtige Versorgungs- oder Fernmeldeanlagen anzusehen.

a) Sprengstoffdelikte

Als Sprengstoffdelikte sollen in diesem Rahmen außer dem vorsätzlichen oder leichtfertigen Herbeiführen einer Explosion von Sprengstoff auch mittels Kernenergie begangene Verbrechen gewertet werden.

Meyer, Karl F.: Unfälle in Verbindung mit radioaktiven Substanzen. Eine Einführung in das Gebiet der Strahlenunfälle aus der Sicht polizeilicher Interessen – BKA 1963/3; *Wischnath,* Heinz: Spurensicherung nach Explosionen – in: GrKrim 8/1, S. 437 ff. (1972); *N. N.:* Sprengstoffe und Zündmittel – in: GrKrim 8/1, S. 423 ff. (1972).

Während bisher für den kriminellen Mißbrauch der Kernenergie glücklicherweise noch wenig Material vorliegt, ist der Sprengstoff als Tatmittel dem Kriminalisten wohlbekannt. Obwohl diese Fälle nicht so häufig wie kriminelle Brände sind, liegen die Dinge doch ähnlich wie dort. Die vergleichsweise seltenen vorsätzlichen Taten sind wegen der katastrophenartigen Folgen oft ebenfalls nicht leicht von fahrlässigem Handeln und von den häufigen Unglücksfällen zu unterscheiden, für die niemand strafrechtlich verantwortlich gemacht werden kann.
Das vorsätzliche Herbeiführen einer Explosion mittels Sprengstoff ähnelt zwar in den Erscheinungsformen den vorsätzlichen Brandstiftungen, zeigt kriminalistisch in der Verbrechenstechnik aber doch manche Besonderheiten.

Wie schon früher werden Sprengstoffdelikte vor allem als politische Attentate begangen. Neben direkt auf das Opfer geworfenen Bomben gibt es – insb. in sog. Höllenmaschinen – Zeitzünder chemischer oder chemisch-mechanischer oder elektrischer Konstruktion, die mit einem Uhrwerk gekoppelt sein können. Die Arbeitsweise der Zünder ist außerordentlich verschieden. Außer dem Zeitfaktor können auch andere Einwirkungen (Druck, Zug, Entlastung, Erschütterung) ggf. über elektrischen Strom zündend wirken. Hier weichen ebenso wie im Aufbau der zündfähigen Ladung die Verbrechenstechniken z.T. erheblich voneinander ab, was für kriminaltechnische Untersuchungen wichtig ist.

Ähnlich ist das bei Fahrlässigkeitstaten, die wie beispielsweise Gas- oder Staubexplosionen nicht immer leicht von Fahrlässigkeitsbränden zu unterscheiden sind, zumal da es hier ebenfalls häufiger zum Ausbruch von Feuer kommt.

b) Herbeiführen einer Überschwemmung, Beschädigung von Wasserbauten

Durch Überschwemmungen herbeigeführte Katastrophen sind nur selten auf leichtfertiges fahrlässiges und lediglich ganz vereinzelt auf vorsätzliches Verhalten von Menschen zurückzuführen. Immerhin gibt es einige Fälle, in denen Dämme oder andere Wasserbauten beschädigt oder zerstört worden sind, um Sachwerte oder gar Menschenleben zu vernichten. Eher jedoch sind derartige Schäden auf fahrlässiges Verhalten zurückzuführen. Denn durch Leichtsinn oder Unachtsamkeit können Anlagen, die dem vorbeugen sollen, beschädigt oder völlig funktionsuntüchtig gemacht werden.

c) Delikte gegen wichtige Versorgungs- oder Fernmeldeanlagen

Manche Strafgesetzbücher (vgl. §§ 321, 317 dtsch. StGB) berücksichtigen im Rahmen der gemeingefährlichen Delikte schließlich gegen wichtige Versorgungs- oder Fernmeldeanlagen verübte Taten, die beim gegenwärtigen Stand der Zivilisation in vielen Ländern oder Staaten durchaus dieselbe oder eine noch größere Wirkung als eine Naturkatastrophe haben können. Dabei soll hier noch von den später zu behandelnden Verkehrsanlagen abgesehen werden.

Außer an die öffentliche Wasser- und Stromversorgung, die heute für viele Menschen lebenswichtig ist, haben wir hier an Brücken und Transporteinrichtungen zu denken, die nicht dem Verkehrsbereich zuzuordnen sind. Der durch kriminelle Aktivitäten bedingte Ausfall der Stromversorgung in größeren Gebieten führt nicht nur im privaten und wirtschaftlichen Bereich, sobald er länger andauert, erhebliche Schäden (Kühl- und Gefrieranlagen!) herbei, sondern gefährdet oder vernichtet u.U. Menschenleben, wenn davon Krankenhäuser und dergleichen betroffen werden, welche nicht über Notaggregate verfügen.

Fernmeldeanlagen wie etwa das Fernsprechnetz sind in unserer Zeit vielerorts als eine Errungenschaft der Zivilisation üblich und so wichtig, daß ihre Zerstörung oder Störung wie bei Anlagen der Versorgung unabsehbare Folgen haben kann. Man vergegenwärtige sich nur einmal, was geschieht, wenn in großen Teilen der Stadt das Fernsprechnetz infolge krimineller Sabotage ausfällt, schnelle ärztliche Hilfe, Einsatz der Feuerwehr usw. nicht mehr auf diese Weise veranlaßt werden kann.

VI. Delikte gegen die Volksgesundheit

Von den gemeingefährlichen Delikten unterscheiden sich die Straftaten gegen die Volksgesundheit einmal dadurch, daß es hier allein um die Gefährdung von Leib und Leben einer unbestimmten Zahl von Menschen, nicht aber die Gefährdung von Sachwerten geht. Zum anderen aber sind auch die Tathandlungen unterschiedlich; trotz der z.T. ebenfalls beträchtlichen Gefahr kann man doch nicht davon sprechen, daß Naturgewalten im üblichen Sinne entfesselt werden. Vielmehr hängen diese Straftaten durchweg noch deutlicher als die gemeingefährlichen Delikte mit Zivilisation und Technik zusammen.

Vor allem vier Grundtypen der Delikte gegen die Volksgesundheit sind auch für den Kriminalisten interessant:

1. Verbreiten ansteckender Krankheiten u.a.
2. Inverkehrbringen und Herstellen gesundheitsschädlicher Gegenstände
3. Rauschgiftdelikte
4. Umweltdelikte.

1. Verbreiten ansteckender Krankheiten

Obwohl viele Strafgesetzbücher Vorschriften gegen das Verbreiten auf Menschen übertragbarer Krankheiten aufweisen, sind diese Verhaltensweisen sowohl kriminologisch als auch kriminalistisch bisher kaum erforscht worden. Abgesehen von der in den einzelnen Rechten oft unterschiedlich – z.T. lokalen, z.B. klimatischen Gründen zu Recht – beurteilten Auswahl bestimmter Arten von Krankheiten, wobei ansteckende Geschlechtskrankheiten und andere Seuchen mitunter gesondert geregelt werden, zeigen auch die Begehungsweisen und die Gefährdungskonstruktion mancherlei Divergenzen.

Sieht man einmal von denjenigen Straftatbeständen ab, die sich lediglich auf gesundheitspolizeiliche Vorschriften beziehen und Verstöße dagegen kriminalisieren, wird etwa zwischen der Ansteckung, bei welcher die infektiöse Krankheit unmittelbar auf einen anderen übertragen wird, und sonstigen Formen der Übertragung unterschieden. Das ist ebenso wie der Umstand kriminalistisch relevant, daß außer dem in der Praxis selten vorkommenden Vorsatz auch Fahrlässigkeit als Schuldform ausreicht.

a) Vorsätzliche Verstöße

Vorsätzlich begangene Taten dieser Art weisen naturgemäß andere Verbrechenstechniken als entsprechende Fahrlässigkeitsdelikte auf. Sie haben, obwohl es sich juristisch um Sozialdelikte handelt, in aller Regel eine mehr individuelle, den Tötungen und Körperverletzungen ähnliche Struktur.

Selbst bei vorsätzlichem Handeln werden diese Taten nur selten mit dem Ziel begangen, andere erkranken zu lassen, sondern wird ein Ver- oder Gebot wissentlich verletzt.

Außer an Handlungen wie das Umgehen einer behördlich wegen Seuchengefahr angeordneten Absperrung ist ferner an Fälle des Unterlassens von aus demselben Grund angeordneten Kontrolluntersuchungen zu denken.

b) Fahrlässige Verstöße

Dagegen hat das (teilweise ebenfalls strafbare) fahrlässige Verbreiten ansteckender Krankheiten durchweg mehr den Charakter von Unglücksfällen, wie wir sie in etwa auch bei fahrlässigen Tötungen oder Körperverletzungen finden. Natürlich sind die hier in Betracht kommenden unverantwortlichen Verhaltensweisen durchweg anders geartet als etwa bei der fahrlässigen Tötung, die materiell weithin als ein Straßenverkehrsdelikt erscheint.
Aufgabe der kriminalistischen Verbrechenstechnik wird es sein, neben unverantwortlichen, leichtsinnigen Handlungen, welche die Gefahr der Ansteckung anderer und damit der Verbreitung einer solchen Seuche mit sich bringen, ferner die häufigen Fälle des Unterlassens der durch Schutzvorschriften gebotenen Vorsichtsmaßnahmen zu erfassen. In enger Zusammenarbeit insb. mit Medizin und Hygiene sind also solche Situationen herauszuarbeiten, bei denen typischerweise die Gefahr einer Ansteckung anderer bewirkt wird.

2. Herstellen und Inverkehrbringen gesundheitsschädlicher Gegenstände

Auch das Herstellen und Inverkehrbringen gesundheitsschädlicher Gegenstände wird nicht nur strafrechtlich, sondern ebenso kriminologisch und kriminalistisch gewöhnlich wenig beachtet. Dabei ist das kriminalpolitische Gewicht derartiger Taten wegen der Gefährdung einer unbestimmten, oft großen Zahl von Menschen insgesamt zugleich größer als das von Körperverletzungen oder sogar Tötungen. Neben einschlägigen, oft weniger bekannten und unglücklich gefaßten Straftatbeständen in der allgemeinen Kodifikation (z.B. §§ 324, 326 dtsch. StGB) sind in diesem Rahmen einige Strafvorschriften der Nebengesetze zu beachten, die sich häufiger im Lebensmittelrecht (z.B. §§ 8 ff., 51 f. dtsch. LMG), aber auch an anderer Stelle befinden. Da es durchweg um Handelswaren geht, kann man diese Taten als Wirtschaftsdelikte i.w.S. werten.

Lebensmittelverfälschungen. II. Arbeitstagung zur Bekämpfung von Lebensmittelverfälschungen beim Landeskriminalpolizeiamt Niedersachsen vom 20. bis 23. Februar 1962 – Hannover 1962; *Landry,* Klaus: Inverkehrbringen und Herstellen gesundheitsschädlicher Gegenstände (§§ 324, 326 StGB, 3 und 11 LMG). Eine strafrechtliche und kriminologische Untersuchung unter besonderer Berücksichtigung der Verfahren im Oberlandesgerichtsbezirk Schleswig-Holstein in den Jahren 1962 bis 1964 – Diss. Kiel – Kiel 1966; *Kunze,* Gerhard: Die Lebensmitteldelikte im Amtsgerichtsbezirk Oberhausen in den Jahren 1951–1956 – Diss. Bonn – o.O. 1967.

Kriminalphänomenologisch dürfte es sich empfehlen, nach Art der in Betracht kommenden Gegenstände zu unterscheiden, wobei man den in der Praxis eindeutig dominierenden Verbrauchsgegenständen die lediglich zum Gebrauch bestimmten Waren gegenüberstellen kann.

aa) Gesundheitsschädliche Verbrauchsgegenstände

(a) Bei den für die menschliche Gesundheit gefährlichen Verbrauchsgegenstände handelt es sich nahezu immer um gesundheitsschädliche **Nahrungsmittel,** wobei dieser Begriff allerdings weit aufzufassen ist.

In aller Regel haben wir es mit festen Nahrungsmitteln zu tun, bei denen vor allem Rohfleisch, Fleischprodukte (man denke an Zusätze wie Nitrit) und Fisch häufiger zur Gefahrenquelle werden, während das bei Getreide, Backwaren und auch Meiereiprodukten ebenso wie Fetten weniger der Fall zu sein scheint. Wichtiger als Süßigkeiten ist hier in der Praxis das Speiseeis (vor allem sog. Softeis), das relativ häufig eine recht hohe Gesamtkeimzahl aufweist. Bei Gemüse, Obst und Südfrüchten ist an Behandlung mit Pflanzenschutzmitteln, aber auch an gesundheitlich bedenkliche Praktiken der Lagerung zu denken, auf die man auch bei Konserven stößt.

Auch Getränke und andere flüssigen Nahrungsmittel können für die menschliche Gesundheit schädlich sein.

Das kann bei Trink- oder Mineralwasser schon durch Verunreinigung oder bei Frucht- und Gemüsesäften durch schädliche Zusätze oder Rohstoffe bewirkt werden. Wieder andere Gefahrenquellen, die z.T. schon mit Krankheit der Tiere zusammenhängen, lassen sich bei der Milch feststellen. Selbst bei Speiseöl hat man zum menschlichen Genuß ungeeignete Zusätze festgestellt, z.B. von Motorenöl, wodurch 1959 in Marokko etwa 10 000 Menschen – meist unheilbare – Lähmungen erlitten.

(b) Bei den **Genußmitteln** ist in diesem Zusammenhang an Alkoholika zu denken, denen Methylalkohol oder andere Stoffe zugesetzt worden sind, was auch bei Wein und Obstwein festgestellt wurde. Bei Bier beruht die gefährliche Beschaffenheit gewöhnlich auf unsauberen Schankanlagen.

(c) Mehr der Vollständigkeit halber sei erwähnt, daß sogar **Heilmittel** entgegen ihrer Zweckbestimmung gesundheitsschädlich sein können, um von unerwünschten Nebenwirkungen noch ganz abzusehen.

(d) **Drogen und Kosmetika,** denen ebenfalls keine Nährfunktion zukommt, haben sich mitunter als gesundheitsschädlich erwiesen, was auf Verwendung entsprechender Stoffe oder Behältnisse beruhen kann. Ähnlich ist die Lage bei Reinigungsmitteln, wenn es hier zum Kontakt mit dem menschlichen Körper kommen kann.

bb) Gesundheitsschädliche Gebrauchsgegenstände

Gebrauchsgegenstände werden seltener bzw. nur begrenzt unter strafrechtlichen Schutz gestellt; das hängt wohl damit zusammen, daß die Möglichkeiten körperlicher Einwirkung hier vielfach geringer sind.

Immerhin können derartige Gegenstände u.U. für die menschliche Gesundheit gefährlich werden, wenn man etwa an Bleizusätze bei Haushaltswaren, Verwendung von Quecksilberverbindungen bei Spielwaren oder Kleidungsstücke mit toxisch wirkenden Bestandteilen denkt.

Sicherlich bestehen zwischen diesen Erscheinungsformen und sogar zwischen den ihnen zuzuordnenden Modalitäten Unterschiede, die auch für den Kriminalisten bedeutsam sind. Dennoch sollte er in der Verbrechenstechnik u.E. primär von übergreifenden Ausführungsarten ausgehen, um ggf. innerhalb derselben in der angedeuteten Weise zu differenzieren. Mag dies auch an strafrechtliche Begehungsweisen erinnern, ist beispielsweise der insoweit fundamentale Gegensatz von Produktion und Absatz kriminalistisch wenig interessant.

Man muß nur wissen, daß zum Inverkehrbringen je nach Rechtslage außer Verkauf und Lieferung auch Vorstufen wie Anbieten, Feilhalten oder Vorrätighalten zum Absatz gehören. Da sich alle diese Absatzpraktiken auf gesundheitsschädliche Gegenstände beziehen, kommt es für die Verbrechenstechnik mehr darauf an, wie die gesundheitsschädliche Beschaffenheit dieser Waren entsteht. Auch dabei geht es vor allem um die Produktion und Bearbeitung, neben denen andere Formen des Umgangs mit Handelsware hier nur eine geringere Bedeutung haben.

Zusammenfassend lassen sich folgende Praktiken unterscheiden, die eine gesundheitsschädliche Beschaffenheit bewirken und damit oder beim Absatz strafrechtliche Verantwortlichkeit begründen können, bei welcher wiederum die Fahrlässigkeit eine besondere Rolle spielt.

a) Gesundheitsgefährliches Gewinnen

Versteht man unter Gewinnen eine Tätigkeit, die zum menschlichen Ver- oder Gebrauch bestimmte Naturprodukte hervorbringen soll, so ist zwar klar, daß es bereits hier mancherlei Gefahrenquellen gibt, wenngleich diese Fälle in der Praxis nicht so zahlreich sind.

Häufig geht es um falsches Füttern von Tieren oder unsachgemäßes Düngen von Pflanzen bzw. deren Behandlung mit Pflanzenschutzmitteln. In einer Kinderklinik nahmen Säuglinge in wenigen Tagen bis zu 400 g ab, weil der ihnen verabfolgte Möhrensaft ein gesundheitsschädliches Pflanzenschutzmittel enthielt.

Die Gefahr kann ihre Ursache ferner in unsauberer Arbeitsweise oder durch Mitverwenden schädlicher Ausgangsstoffe – z.B. verdorbener Pflanzen oder kranker Tiere – haben.

b) Gesundheitsgefährliches Herstellen

Ungleich häufiger sind in der Praxis die Formen gesundheitsgefährlichen Herstellens. Darunter ist das Herstellen eines Produkts außerhalb der Urproduktion zu verstehen. Überwiegend trifft man hier auf eine unsorgfältige, oft unsaubere Arbeitsweise.

So hat man z.B. zur Wurstfabrikation unzureichend gereinigte Därme oder in einer Meierei unsaubere Milchflaschen verwendet. Mitunter sind auch die Fabrikationsräume unglaublich verschmutzt oder wird mit stark verunreinigten Geräten gearbeitet. Mängel oder Unfälle bei der Produktion, aus denen man nicht die gebotenen Konsequenzen gezogen hat, können zu gefährlichen Fremdkörpern (Glassplitter, Metallspäne) in Nahrungsmitteln führen.

Eine andere Modalität stellt das Verwerten ungeeigneter Rohstoffe (verdorbenes Fleisch) oder Zusätze (zum Verschönern wie Nitrit oder gewisse Farbstoffe) oder zum Konservieren (Salicylsäure, Borsäure, Parachlorbenzoesäure) dar.

c) Gesundheitsgefährliches Bearbeiten

Nicht ganz so häufig, aber keinesfalls selten sind Praktiken gesundheitsgefährlicher Bearbeitung. Ein an sich fertiges Produkt, das nur noch behandelt wird, um es gebrauchsfertig, haltbar oder besonders ansehnlich zu machen, erlangt durch eben diese Bearbeitung die gesundheitsschädliche Beschaffenheit.

Überwiegend handelt es sich um mangelhafte Bearbeitungsverfahren, wobei wiederum die Verunreinigung der Arbeitsräume oder -geräte eine besondere Rolle spielt. Natürlich gibt es auch Fälle unsachgemäßer Bearbeitung, z.B. ein für das Pökeln nicht ausreichendes Schnellspritzverfahren oder zu heiße Räucherung, die Verderben der Ware bewirkt. Ferner ist an das Benutzen ungeeigneter Geräte (Zinkgefäße bei säurehaltigen Lebensmitteln) zu denken.

Aber auch bei der Bearbeitung findet man schädliche Zusätze oder das unachtsame Verwenden bereits verdorbener Waren.

d) Gesundheitsgefährliches Aufbewahren

Während es sich bisher stets um Produktionsvorgänge handelte, können Praktiken gesundheitsgefährlicher Aufbewahrung von Ver- oder Gebrauchsgegenständen sowohl in der Produktion als auch bei Handel oder Absatz vorkommen. In der Praxis ist dies anscheinend die wichtigste Gefahrenquelle, die mitunter die Hälfte aller einschlägigen Fälle ausmacht.

Dabei ist es häufig allein eine zu lange Dauer, die zum Verderben der Ware führt. Ferner kommt es vor, daß der Aufbewahrungsort zu beanstanden ist, was gewöhnlich wieder mit Unsauberkeit zusammenhängt. Es können aber verdorbene Waren in der Nähe der fraglichen Ware oder das Unterlassen notwendiger Kühlung gefährdend wirken.

e) Gesundheitsgefährliches Befördern

Dem Aufbewahren ist das gesundheitsgefährliche Befördern verwandt. Für den Transport können außer den Produzenten die Händler der verschiedenen Stufen oder der Transportunternehmer verantwortlich sein.

In etwa der Hälfte dieser Fälle sind unsaubere Transportmittel die Gefahrenquelle. Ein Fahrer beförderte unverpackten Speck in einem Wagen, dessen Ladefläche durch Darmreste verunreinigt war. Man hat Fleisch in verzinkten, z.T. verosteten und mit Keimen behafteten Gefäßen transportiert.

Die Gefahr kann ferner durch unzureichenden Schutz vor Witterungseinflüssen oder Staub entstehen.

f) Gesundheitsgefährliches Verpacken

Schließlich kann Gesundheitsgefährlichkeit auch durch unsachgemäße Verpackung entstehen, für die Produktion oder Absatz verantwortlich sein kann.

Außer an bleihaltige Zahnpastatuben ist an gewisse Kunststoffe oder mangelhafte bzw. ungeeignete Konservendosen zu denken.

Im Ausland wird bzw. wurde Exportobst mit einer Paraffinlösung bespritzt, der gefährliche Dosen von Diphenyl oder o-Phenylphenol zugesetzt wurden, um Schimmelbefall zu verhindern.

3. Rauschgiftdelikte

Obwohl die Rauschgiftdelikte in den letzten Jahren in vielen Ländern, die bisher dies Problem kaum kannten, erhebliche Bedeutung erlangt haben, ist kriminologisch und kriminalistisch nach wie vor vieles unsicher und unklar.

Rauschgift – Arbeitstagung ... vom 21. Nov. bis 26. Nov. 1955 – hrsg. v. Bundeskriminalamt – Wiesbaden 1956; *Beuter,* Rudi: Rauschgiftsucht und Kriminalität – in: TbKrim XX, S. 37 ff. (1970); *Bschor,* Friedrich: Jugend und Drogenkonsum. Erfahrungen, Eindrücke und vorläufige Schlußfolgerungen aus einer Feldstudie in Berlin – in: TbKrim XXI, S. 67 ff. (1971); *Bauer,* Günther: Rauschgift. Ein Handbuch über die Rauschgiftsucht, den Rauschgifthandel, die Bekämpfungsmaßnahmen und die Hilfen für die Gefährdeten – Lübeck 1972; *Rauschgiftmißbrauch, Rauschgiftkriminalität* – GrKrim 9 (1972); *Jenny,* Rolf: Drogenkonsum und Drogenhandel in der Sicht des Kriminologen. Kriminologische, kriminalpsychologische und strafrechtliche Aspekte der Drogenproblematik – Diss. Zürich – Zürich 1973; *Huber,* Christian: Betäubungsmittel vom Typ Cannabis – strafrechtliche Problematik und gesetzgeberische Aspekte – Diss. Zürich – Zürich 1973; *Schulz,* Heinz: Die Bearbeitung von Rauschgiftdelikten – in: TbKrim XXV, S. 263 ff. (1975); *Kreuzer,* Arthur: Drogen und Delinquenz. Eine jugendkriminologisch-empirische Untersuchung der Erscheinungsformen und Zusammenhänge – Wiesbaden 1975.

Das gilt insb. auch für die Verbrechenstechnik, bei der man vermutlich drei Bereiche wird unterscheiden müssen, die allerdings bei den einzelnen Drogen (insb. geht es um Opium, Morphin, Heroin, Kokain, Haschisch, Lysergsäurediäthylamid – LSD, Weckamine) gewisse Unterschiede aufweisen.

a) Illegale Produktion

Zunächst einmal sollte man sich bemühen, die Methoden der illegalen Produktion und Bearbeitung im Inland genauer als bisher zu erforschen. Bei Drogen, die nicht im Inland gewonnen werden können, sind also zumindest die Möglichkeiten der Bearbeitung im Auge zu behalten. Dies gilt außer für Morphin insb. für Heroin. LSD wird sogar durchweg im Inland im sog. „Küchenlabor" hergestellt.
Eine zumindest äußerlich ähnlich liegende Problematik ist die des Fälschens von Drogen, was in der Praxis zuzunehmen scheint, und die des Handels mit solchen Produkten.

Kreuzer, Arthur: Illegales Herstellen, Fälschen und Handeln von Drogen – in: Die Polizei 1974 – 38 ff.

b) Illegaler Handel und Absatz

Ein anderer Bereich von weithin erheblicher krimineller Intensität sind illegaler Handel und Absatz.

Hernandez, Frias: Handel mit gefährlichen Rauschgiften – Internat. Kriminalpol. Revue 1960-10 ff.; *Kreuzer,* Arthur: Der illegale Drogenhandel – in: Die Polizei 1974-104 ff.; *Bauer,* Günther: Die Bekämpfung des Rauschgiftdealers – der kriminalist 1975-138 ff.

Zuweilen ist es allerdings schwierig, den Handel vom Konsum abzugrenzen, da mitunter „Kleinhandel“ und Konsum ineinander übergehen. Sinnvoll erscheint es daher, den kleinen „Dealer“, der zugleich selbst Drogenkonsument ist und so nur seine Sucht finanzieren möchte, zum nächsten Bereich zu rechnen.

Der illegale Handel mit berauschenden Drogen hat in vielen Ländern erhblich zugenommen, wenngleich die Praktiken bei den einzelnen Rauschgiften z.T. recht verschieden sind. Manche dieser Drogen tauchen überhaupt nur in gewissen Ländern in nennenswerten Mengen auf.

So wird Kokain außer in den USA und neuerdings auch Lateinamerika vor allem in Frankreich (Paris, Marseille) konsumiert. Während das Opiumrauchen beispielsweise in Deutschland und den europäischen Ländern ungewöhnlich ist, kommt es außer in den asiatischen Staaten hier und da in Nordamerika (New York, Chicago, San Francisco) vor. Häufiger ist aber in den Vereinigten Staaten wie zunehmend überhaupt in den westlichen Ländern das Heroin, zumal da das Geschäft durch „Strecken“ besonders lohnend wird.

Beim Handel mit Drogen sind zwei teilweise nur lose miteinander zusammenhängende Komplexe zu unterscheiden: Schmuggler und Absatzhändler.

Die im Ausland produzierten Drogen müssen illegal in das Inland gebracht werden, um sie – eventuell nach weiterer Bearbeitung – der Drogenszene zuzuführen. Neben Einzelpersonen betätigen sich Organisationen im Drogenschmuggel, die für diese Zwecke sowohl Aufkäufer als auch Transporteure beschäftigen. Maßgebend für den Kriminalisten sind die z.T. bereits bei den Zolldelikten erwähnten vielfältigen Praktiken des Grenzschmuggels.

Selbstverständlich haben die Drogenschmuggler mancherlei neue Tricks entwickelt. Man hat z.B. bei Kraftfahrzeugen außer doppelten Karosserieteilen auch besondere Behälter im Benzintank für den Transport von Drogen benutzt. Bei Schiffs-, Luft- oder Eisenbahntransport müssen natürlich andere Praktiken angewandt werden. Der Transporteur schützt hier gern eine andere kaufmännische oder gewerbliche Tätigkeit vor. Natürlich können auch deutsche Bürger zum Zweck des Transports benutzt werden, die beispielsweise als Touristen reisen. 125 kg Haschisch kamen im Jahre 1970 als Lederbekleidung deklariert in vier Metallkollis per Luftfracht aus Kabul in Köln an.

Bei den eigentlichen Absatzhändlern interessieren naturgemäß Organisationen und Banden mehr als Einzelhändler, die so oder so an Drogen gelangen. Gerade international bedeutsame Absatzorganisationen, die u.U. auch Aufgaben des Schmuggels übernehmen, sind z.T. recht kompliziert gestaltet, um die Risiken beim Zugriff zu verringern. Neben einem oder mehreren Großverteilern gibt es hier eine Mehrzahl von Zwischenhändlern und zahlreiche Kleinverteiler; ist noch eine Bearbeitung nötig, muß ferner ein Chemiker mitwirken. So bleiben Bandenführer und Geldgeber hier eigentlich immer im Hintergrund. Der illegale Handel, insb. der „Großhandel“, ist vielfach bereits international organisiert. Es haben sich also gerade die Beschaffungsmöglichkeiten hier in den letzten Jahrzehnten sehr verändert.

Während der Handel mit Heroin von internationalen Kriminellen relativ straff organisiert ist, gibt es beim quantitativ ungleich größeren Handel mit dem billigen Haschisch neben dem organisierten Vertrieb häufiger Formen umorganisierten Handels (Amateure). Selbstverständlich werden solche Gelegenheitshändler vergleichsweise oft erwischt, was das Bild vom Rauschgifthändler verfälschen kann.

Insbesondere Gastarbeiter und Urlauber führen Haschisch in nicht unerheblicher Menge zum Absatz ein, wie Fahndungserfolge und Beschlagnahmen beweisen. So fand man bei einer fünfköpfigen Reisegesellschaft, die in die Bundesrepublik einreiste, 5 kg Haschisch, das aus Pakistan stammte. Dort sollte es angeblich billig gekauft worden sein, um trotz knapp werdender Mittel die Urlaubsreise fortsetzen zu können.

c) Illegales Anschaffen und Konsum von Rauschgift

Bei Anschaffen und Konsum von Rauschgift geht es um diejenigen Menschen, die sich verbotenerweise Drogen nur oder wesentlich zum eigenen Verbrauch beschaffen. Dabei sind selbstverständlich von gelegentlichem, oft einmaligem Konsum die Fälle mäßigen Konsums und chronischen Mißbrauchs zu unterscheiden, die jedoch oft schwer als solche zu erkennen sind. Der Konsument, der nicht zugleich Kleinverteiler (Dealer) ist, kann nur illegal in den Besitz der von ihm begehrten Droge gelangen.

Kreuzer, Arthur: Beschaffen von Drogen durch Rezept-Fälschungen – in: Die Polizei 1973-351 ff.; *Kreuzer,* Arthur: Erschleichen ärztlicher Verschreibungen – in: Medizinische Klinik 69 (1974), S. 252 ff.; *Kreuzer,* Arthur; Drogenmißbrauch und illegale Drogenbeschaffung in Haftanstalten, Kliniken und anderen Einrichtungen – in: Zentralblatt für Jugendrecht und Jugendwohlfahrt 1974-214 ff.

Außer an Kauf, wobei u.U. die benötigten Mittel durch Straftaten der verschiedensten Art beschafft werden, ist hier auch an Urkundenfälschung, Betrug und Diebstahl – insb. an Einbrüche in Apotheken u.dgl. – zu denken; der Fälscher versucht natürlich auch, Rezeptblöcke bei Ärzten zu stehlen, um sich die Arbeit zu erleichtern. Neben entsprechenden Rezeptfälschungen kommen ferner Praktiken wie das Erschleichen ärztlicher Verschreibungen in Betracht. Einen besonderen Bereich stellen die schon früher insoweit auffälligen Täter aus dem Bereich von Medizin und Pharmazie dar, die auf andere Weise relativ leicht in den Besitz der von ihnen begehrten Drogen gelangen können.

4. Umweltdelikte

Mit dem Umweltschutz ist die Umweltkriminalität zu einem Problem geworden. Ist schon im Umweltschutz mancherlei umstritten, unsicher oder kaum erforscht, sollte nicht überraschen, daß der Einsatz des Strafgesetzgebers, soweit er bereits erfolgt ist oder gefordert wird, häufig noch wenig durchdacht erscheint.

Kunz, Roy: Die Verletzungen des biologischen Lebensraumes als strafrechtliche Tatbestände – Diss. Zürich – Zürich 1973; *Schaefer,* Hans (Hrsg.): Folgen der Zivilisation. Therapie oder Untergang – Bericht der Studiengruppe „Zivilisationsfolgen" der Vereinigung Deutscher Wissenschaftler – Frankfurt a.M. 1974; *Pohl,* W.: Umweltschutz und Polizei – in: TbKrim XXV, S. 349 ff. (1975).

Schon infolgedessen fallen kriminologisch und kriminalistisch hier Ungewißheit und Unsicherheit besonders ins Auge. Es kann daher im Folgenden weniger um das Vermitteln einigermaßen gesicherter Erkenntnisse als nur darum gehen, die hier vor uns liegenden Aufgaben aufzuzeigen, um Leib und Leben von Menschen besser als bisher vor solchen Gefahren zu schützen. Dabei sind verschiedene Arten der Umweltgefährdung oder -schädigung zu unterscheiden, wobei wir hier von dem bei den gemeingefährlichen Delikten behandelten Strahlenschutz (§ 10-VI-3-a) absehen wollen.

a) Umweltgefährdung in der Wasserwirtschaft

Wasserwirtschaft ist hier im weitesten Sinne zu verstehen. Außer an die Versorgung der Menschen mit Trinkwasser ist ferner an den Gewässerschutz vor gefährlicher Verunreinigung und an die Meeresverschmutzung zu denken. Neben Fragen der Trinkwasserbeschaffung und -aufbereitung sind also die verschiedenen Ursachen der Verunreinigung der Binnengewässer und der Meere zu erfassen.

Umweltschutz (I). Wasserhaushalt, Binnengewässer, hohe See und Küstengewässer – Zur Sache 3/71 – Bonn 1971.

Bei den Gewässern geht es hier vor allem um das vielschichtige Problem der Abwässer, die im Haushalt, Handwerk und Industrie anfallen.

Sodann ist außer auf die in den Abwässern enthaltenen, beispielsweise aus Waschmitteln stammenden Phosphate und auf die Konsequenzen einer Phosphatüberdüngung in der Landwirtschaft hinzuweisen. Ferner können durch das Grundwasser die Gewässer durch Öl oder andere Substanzen verunreinigt und gefährlich gemacht werden.

Die Verschmutzung der Meere ist außer auf Abwässer dieser Art, die hier jedoch nicht so sehr oder nur bei bestimmter Situation in das Gewicht fallen, vor allem auf Öl zurückzuführen, das nicht nur bei Tankerkatastrophen oder anderen Schiffsunglücken anfällt, sondern ständig von Tankern und mit Öl fahrenden Schiffen in das Wasser eingeleitet wird. Eine andere Quelle der Ölverschmutzung, die Unfällen beim Lade- oder Löschvorgang ähnelt, ist durch das Fördern von Erdöl im Küstenmeer entstanden. Selbstverständlich gibt es noch andere Schadstoffe, die das Meerwasser gesundheitsgefährlich werden lassen. Auf Grund der sich im Meer vollziehenden physikalischen, chemischen und biologischen Prozesse können daher Abfälle trotz der gewaltigen Dimensionen leicht zu einer Gefahrenquelle werden. Dabei geht es weniger um das Wasser selbst als um den Genuß von Meerestieren, die derartige Schadstoffe u.U. speichern.

b) Umweltgefährdung durch Luftverunreinigung

Die für den Menschen und überhaupt für die Natur lebensnotwendige Luft kann durch heute mögliche und übliche Immissionen sehr leicht gefährlich für die menschliche Gesundheit werden. Eben deshalb hat man für verschiedene staub- oder gasförmige Stoffe Immissionsgrenzwerte festgelegt, die z.T. aber wohl noch weiter überdacht werden müssen.

Umweltschutz (II). Luftreinhaltung und Abfallbeseitigung – Zur Sache 3/72 – Bonn 1972.

Vor allem im industriellen Bereich, bei Kraftfahrzeugen, aber auch bei den Haushalten (Ölheizung!) versucht man Vorkehrungen gegen gefährliche oder doch unnötige Immissionen zu treffen. Hier geht es vor allem um den CO- und Bleigehalt der Abgase. – Besondere Maßnahmen sind für Ausnahmelagen vorgesehen, weil sie die von der Witterung besonders abhängige Luft schnell zu einer ernsten Gefahr werden lassen können (z.B. Smog).

c) Umweltgefährdende Abfallbeseitigung

Gingen wir bei der Umweltgefährdung bisher mehr vom natürlich Vorgegebenen aus, so könnte man den Abfall oder Müll demgegenüber lediglich als ein Zivilisations- oder Wirtschaftsproblem ansehen. Dieser erste Eindruck trügt jedoch, da sich jedenfalls mit der Notwendigkeit der Abfallbeseitigung auch Praktiken anbieten, die auf eine Umweltgefährdung hinauslaufen.

Umweltschutz (II). Luftreinhaltung und Abfallbeseitigung – Zur Sache 3/72 – Bonn 1972.

Hier kann allerdings nicht näher auf diejenigen Besonderheiten eingegangen werden, die sich außer bei Hausmüll, Sperrmüll und Straßenkehricht vor allem bei gewerblichen Abfällen ergeben. Auch sei nur erwähnt, daß Autowracks und Altreifen ebenso wie bestimmtes, insb. aus gewissen Kunststoffen (z.B. PVC) gefertigtes Verpackungsmaterial heute in vielen Ländern erhebliche Sorgen bereiten.

Umweltgefährdungen dieser Art werden vor allem durch wildes Ablagern der Abfälle begangen. Dies verschandelt nicht nur die Landschaft, sondern bringt mit Gerüchen, Brandentwicklung oder Ungeziefer außer Belästigung bereits gewisse Gefahren für Menschen und Tiere mit sich. Besonders gefährlich sind jedoch sog. Sonderabfälle, die wegen ihrer chemischen Eigenschaften nicht in Müllgruben oder -anlagen für Hausmüll gelangen dürfen. Manche dieser Substanzen können durch Zersetzung zu ausgesprochenem Giftmüll werden, der nicht nur das Grundwasser verseucht.

d) Umweltgefährdender Lärm

Als ein weiterer, keineswegs unwichtiger Bereich des Umweltschutzes sei die Lärmbekämpfung erwähnt. Obwohl es seit langem Strafvorschriften gegen ruhestörenden Lärm gibt, reichen diese nicht mehr aus, da nicht nur die technische Entwicklung zu vielen neuartigen Gefahrenquellen geführt hat, sondern zudem erwiesen ist, daß es hier nicht lediglich um eine Belästigung der Mitmenschen, sondern auch um eine Gefährdung oder Beeinträchtigung ihrer Gesundheit gehen kann.

Umweltschutz (III). Lärmbekämpfung, Bundes-Immissionsschutzgesetz – Zur Sache 4/73 – Bonn 1973.

Es sei hier außer auf den gewerblichen Lärm, zu dem u.a. der Lärm am Arbeitsplatz zu rechnen ist, nur auf den Verkehrslärm (insb. Auto- und Fluglärm) hingewiesen. Obwohl der Straßenlärm, über den viele klagen, vor allem mit dem Kraftfahrzeug zusammenhängt, gibt es gerade bei Zweiradfahrzeugen immer wieder Besitzer, welche mit Manipulationen am Auspuff den Mangel ihres fahrbaren Untersatzes an Ausmaß durch vermehrten Krach ausgleichen wollen. Außer an eine Reduzierung derartiger Lärmquellen ist ferner beispielsweise an einen verbesserten Schallschutz zu denken. Dasselbe gilt für Flughäfen, in deren Umgebung der Fluglärm oft ganz erheblich ist.

e) Natur- und Landschaftsschutz

Beim Natur- und Landschaftsschutz mögen Gefahren für Leib und Leben nicht so augenfällig und so gewichtig wie in anderen Bereichen des Umweltschutzes sein. Eben deshalb begnügt man sich hier bei Verstößen gewöhnlich mit Geldbußen. Doch darf man keineswegs nur auf ästhetische Gesichtspunkte oder auf das Erhalten von Freizeiträumen abstellen. Vielmehr arbeitet die Umweltgefährdung hier gewissermaßen mit einem Zeitzünder.

So kann Zersiedeln einer Landschaft den Kreislauf der Natur schließlich erheblich verändern, z.B. zu Wüstengebieten oder für die menschliche Gesundheit gefährlichen Umständen führen.

VII. Verkehrsdelikte

Die Verkehrsdelikte sind ausgesprochen moderne Formen der Kriminalität, die aber bisher weithin noch nicht einmal juristisch einigermaßen überzeugend erfaßt sind. Wertet man einerseits noch oft jedes verkehrswidrige Verhalten als strafbar, was auf zuviel Kriminalrecht in diesem Bereich hinausläuft, so sind andererseits oft diejenigen Fälle, die wirklich kriminelles Unrecht enthalten, noch nicht wirklich klar herausgearbeitet oder rangieren fälschlich als Ordnungswidrigkeit bzw. Polizeidelikt.

Doch auch von diesen unsicheren Grenzen abgesehen ist die praktische Bedeutung dieser Deliktsgruppe sicherlich groß. Rechnet man zu diesen Deliktstypen diejenigen Straftatbestände hinzu, die – wie wir bei fahrlässigen Tötungen und Körperverletzungen sahen – vor allem falsches Verhalten im Straßenverkehr ahnden, stellt man also mehr auf das Handeln als auf den beim Einzelnen eintretenden Schaden – den Erfolg – ab, so dürften die Verkehrsdelikte in vielen Ländern heute die stärkste Gruppe von Verbrechen und Vergehen überhaupt darstellen.

Im Folgenden soll der weite und für die Praxis besonders wichtige Bereich des Straßenverkehrs von anderen Verkehrsbereichen unterschieden werden, am Schluß behandelnde Strafvorschriften gelten – wie z.B. Strafvorschriften gegen Verkehrsunfallflucht – im Grunde für alle Verkehrsbereiche. Allerdings finden sich zu manchen Straßenverkehrsdelikten ebenfalls gewisse Parallelen in anderen Verkehrsbereichen. Dennoch dürfte es sich empfehlen, um einen Überblick über die Verkehrskriminalität zu erlangen, folgendermaßen zu gliedern:

A. Gefährdung des Straßenverkehrs
B. Transportgefährdung
C. Verkehrsunfallflucht.

A. Gefährdungen des Straßenverkehrs

Die zahlenmäßig wichtigste Gruppe der Verkehrsdelikte sind die verschiedenen Gefährdungen des Straßenverkehrs, was bei dessen Bedeutung gerade in den Industriestaaten kaum überraschen kann. Als Prototypen dieser Straßenverkehrsdelikte sollen neben der Trunkenheit am Steuer und anderen Fällen der Fahruntüchtigkeit hier noch zwei in den einzelnen Ländern allerdings recht verschiedenartig geregelte Deliktstypen behandelt werden, die entweder durch grob verkehrswidriges Verhalten von Fahrzeugführern oder von außen erfolgende, für den Straßenverkehr gefährliche Eingriffe entstehen.

Leopold, D.: Die Motorradunfälle des Kreises Leipzig (1959–1965) und ihre Ursachen – Arch. f. Krim. Bd. 144, S. 167 ff. (1969); *Kaiser,* Günther: Verkehrsdelinquenz und Generalprävention. Untersuchungen zur Kriminologie der Verkehrsdelikte und zum Verkehrsstrafrecht – Tübingen 1970; *Middendorff,* Wolf: Beiträge zur Verkehrskriminologie – Bielefeld 1972.

Obwohl der Strafgesetzgeber bei diesen Strafvorschriften üblicherweise eine abstrakte oder konkrete Gefährdung anderer oder von Sachwerten ausreichen läßt, kommt es in der Praxis gewöhnlich doch nur dann zu Strafverfahren, wenn ein Unfall mehr oder weniger ernste Folgen gezeitigt hat. Deshalb dürfte das Dunkelfeld bei folgenlos gebliebenen Gefährdungen des Straßenverkehrs beträchtlich sein, worüber die Zahlen der Statistik nicht hinwegtäuschen sollten.

Im Zusammenhang mit der Gefährdungskonstruktion steht ferner die Tatsache, daß ungeachtet der unterschiedlichen Fassung derartiger Straftatbestände vorsätzliches Handeln jedenfalls hinsichtlich der Gefährdung in der Praxis kaum eine Rolle spielt, selbst wenn man die insoweit zu verzeichnenden Beweisschwierigkeiten in Rechnung stellt. Denn vorsätzliche Fremdgefährdung bedeutet notwendig bewußte Eigengefährdung, die man in der Praxis nur selten annehmen und noch seltener beweisen kann. Trotz mitunter anderer Tatbestandskonstruktionen sind daher fahrlässiges Handeln oder eine Verbindung von vorsätzlichem Fehlverhalten mit fahrlässiger Fremdgefährdung die für Straßenverkehrsdelikte typische Konstellation.

1. Trunkenheit am Steuer

Unter Trunkenheit am Steuer verstehen wir alle Verhaltensweisen, bei denen durch Alkoholgenuß verursachte Fahruntüchtigkeit andere Verkehrsteilnehmer oder fremde Sachen so oder so gefährdet.

Schumann, Hans-Heinrich: Trunkenheit am Steuer. Eine kriminologische und strafrechtliche Studie über einen in der Entwicklung begriffenen Typ einer Verkehrsstraftat unter besonderer Berücksichtigung der in den Jahren 1961 und 1962 im Amtsgerichtsbezirk Hamburg durchgeführten Strafverfahren – Diss. Kiel – Kiel 1964; *Mau,* Klaus-Peter: Die Alkoholeinwirkung als Tatbestandsmerkmal bei Verkehrsdelikten und ihre Beziehung zur Schuld – Diss. Kiel – Kiel 1966; *Mazurczak,* Eric: Persönliche Verhältnisse angetrunkener Fahrer – Eine kriminologische Untersuchung – Diss. Zürich – Zürich 1972.

Tatzeit und durchweg auch Tatort dürften für die Trunkenheit am Steuer nicht sonderlich aufschlußreich sein.

Bei der Tatzeit werden das Wochenende sowie die Abend- und Nachtstunden eine gewisse Mehrbelastung zeigen, weil der Alkoholkonsum naturgemäß in der üblichen Freizeit steigt. Was den speziellen Tatort anlangt, mögen aus ähnlichen Gründen geschlossene Ortschaften mehr belastet sein.

Während als Täter vor allem Fahrer von Personen- und Lastwagen in Betracht kommen, liegen die Personenschäden bei Trunkenheit am Steuer erheblich höher als der Anteil alkoholbeeinflußter Unfälle an allen Unfällen im Straßenverkehr. Dasselbe dürfte für Sachschäden gelten. Selbst hier machen bloße Gefährdungen nur etwa 10% aller Strafverfahren aus; sie werden überwiegend von Polizeibeamten veranlaßt.

Was die Tatausführung anlangt, so ist – wie in der Kriminalphänomenologie – am besten nach denjenigen Fehlern zu klassifizieren, welche die alkoholbedingte Fahruntüchtigkeit beim Führen von Fahrzeugen bewirkt. Dabei spielt es keine Rolle, ob wegen eines Unfalls, zu dem es auch ohne Beteiligung Dritter kommen kann, ermittelt wird, oder ob dies auf Grund von Wahrnehmungen von Polizeibeamten oder einer Anzeige Dritter geschieht.

a) Verstöße gegen allgemeine Verkehrsvorschriften

Die häufigsten Verstöße sind solche gegen allgemeine Vorschriften. Schon bei gewöhnlichen Verkehrsverhältnissen sind diese mannigfaltig. Neben dem Zickzackfahren als dem hier prototypischen Fahrfehler ist vor allem an zu schnelles Fahren, falsches Bremsen, falsches Abbiegen und Kurvenschneiden zu denken.

In Hamburg kam es bei „ondulierter Fahrweise" eines Fahruntüchtigen zu beachtlichem Sachschaden, weil der angefahrene Lichtmast umkippte und auf ein parkendes Fahrzeug stürzte; der Wagen des Täters rollte noch gegen einen frei aufgestellten Briefkasten, der dann eine große Schaufensterscheibe einschlug.

Bei außergewöhnlichen Verkehrsverhältnissen kommt es zu gefährlichen Handlungen durch falsches Überholen oder zu schnelles Fahren; bei schlechten Straßen- oder Sichtverhältnissen oder mangelndem Beachten von Fahrbahnbeschränkungen, Fußgängerüberwegen, Baustellen und Unfallstellen kommt es leicht zu Unfällen.

Ein betrunkener Vespa-Fahrer fuhr trotz deutlicher Absperrung genau in ein Zelt, das über einem Telefonkabelschacht errichtet war. Obwohl der Roller in den geöffneten Schacht stürzte und Totalschaden erlitt, wurden Fahrer und Postarbeiter glücklicherweise nur leicht verletzt.

b) Verstöße gegen besondere Verkehrsregelungen

Bei den Verstößen gegen besondere Verkehrsregelungen denken wir vor allem an Gebots- und Verbotszeichen, Zeichengebung durch Polizeibeamte usw.
Hier kommt es infolge der Trunkenheit sehr häufig zu Vorfahrtsverletzungen an Kreuzungen und Einmündungen oder es werden Zeichen von Ampeln, Polizisten usw. übersehen.

Ein angetrunkener Gärtner ignorierte den Kreisverkehr; geradeaus weiterfahrend landete er in einem Blumenbeet vor einer Blumenschale, die in der Mitte des Kreisels aufgestellt war.

Fahruntüchtige übersehen nicht nur Verkehrsampeln, sondern auch auf Kreuzungen stehende Verkehrspolizisten, die oft nur in letzter Sekunde beiseite springen können.

Natürlich kann gefährdend weiter das Übersehen anderer auf diese Weise sichtbar gemachter Verkehrsbeschränkungen wirken, z.B. Befahren einer Einbahnstraße in falscher Richtung, Benutzung einer Straße trotz Verkehrsverbotes für Fahrzeuge dieser Art.

Ein Täter kollidierte auf einer Kreuzung mit einem vorfahrtsberechtigten Fahrzeug, bog dann in falsche Richtung in eine Einbahnstraße, wo er prompt mit einem entgegenkommenden Fahrzeug zusammenstieß.

c) Falsches Benutzen technischer Einrichtungen des Fahrzeugs

Gefährlich kann die Trunkenheit des Fahrers sich ferner dadurch auswirken, daß er technische Einrichtungen des Fahrzeugs falsch benutzt.

Dieses gilt einmal für die Beleuchtung, die entweder nicht eingeschaltet oder mit der – insb. auf freier Strecke – geblendet wird. Auch zeigen Betrunkene die Änderung der Fahrtrichtung mitunter nicht oder aber falsch an.

Es kommt schließlich vor, daß Betrunkene bei schlechter Witterung vergessen, den Scheibenwischer anzustellen.

So mußte beispielsweise ein Fahruntüchtiger, der vermutlich ohnedies alles nur noch verschwommen wahrnahm, erst von seinem Beifahrer aufgefordert werden, den Scheibenwischer einzuschalten; doch bevor die verdreckte Scheibe richtig gesäubert war, war es bereits zu einem Unfall gekommen.

d) Benutzen eines nichtfahrbereiten Fahrzeugs

Infolge der Trunkenheit kommt es schließlich dadurch zu Grfährdungen des Straßenverkehrs, daß nichtfahrbereite Fahrzeuge benutzt werden. Außer an völlig mangelhafte und deshalb abgemeldete Automobile ist hier an Unfallwagen zu denken.

Beispielsweise benutzte ein angetrunkener Berufskraftfahrer einen Lastwagen, der vom technischen Überwachungsverein als „völlig verrottet und unbrauchbar" bezeichnet worden war.

Ein Lkw-Fahrer hatte vergessen, die Bremsschläuche anzuschließen. Als er auf einer Kreuzung bremste, warf der Hänger den Motorwagen um.

Bei Unfallwagen ist eine typische, von den Gerichten gewöhnlich sogar akzeptierte Einlassung des Täters die, er habe den die Betriebssicherheit beeinträchtigenden Unfall überhaupt nicht wahrgenommen.

2. Andere Fälle der Fahruntüchtigkeit

Noch weniger erforscht als alkoholbedingte sind andere Fälle von Fahruntüchtigkeit, die von den einschlägigen Strafvorschriften mehr oder weniger weitgehend erfaßt werden. Außer an Drogenkonsum und die Einnahme von Medikamenten ist auch an körperliche Defekte zu denken, welche die Fahrtüchtigkeit beeinträchtigen können. Die kriminelle Intensität dürfte hier sehr unterschiedlich sein, weshalb die rechtliche Einordnung ebenso wie das Strafmaß Kopfzerbrechen bereiten kann. Während man beispielsweise Drogenkonsum dem Alkoholgenuß gleichstellen kann, werden Medikamente doch gewöhnlich aus ganz anderen Gründen eingenommen, was ebenso wie gewisse körperliche Defekte das Verhalten des Täters in milderem Licht erscheinen lassen kann.

Kreuzer, Arthur: Drogen und Delinquenz. Eine jugendkriminologisch empirische Untersuchung der Erscheinungsformen und Zusammenhänge – Wiesbaden 1975 – insb. S. 363 ff.

Dies gilt insb. für „harte Drogen" und ganz besonders im Falle von zusätzlichem Alkoholgenuß. Das Dunkelfeld scheint bei Drogenmißbrauch noch größer als beim Alkoholgenuß. Dabei dürfte die Fahrweise nach den Angaben der Täter durch Drogen gerade im Hinblick auf unfallträchtiges Fahren erheblich beeinflußt werden.

3. Gefährliches Verhalten im Straßenverkehr

Recht unübersichtlich ist die Strafgesetzgebung, was anderweitiges gefährdendes Fehlverhalten im Straßenverkehr anlangt. Das beruht vor allem wohl darauf, daß man bisher mehr auf Schaden oder Gefährdung als auf typische und gefahrenträchtige Fahrfehler abstellt. So wirken etwa in § 315c-I-Ziff. 2 dtsch. StGB bei einer bunten Auswahl von Fahrfehlern vor allem Merkmale wie „grob verkehrswidrig" und „rücksichtslos" strafbegründend, weil ansonsten u.U. nur eine Ordnungswidrigkeit vorliegt.

Meyer, Ernst/*Jacobi,* Ernst: Typische Unfallursachen im deutschen Straßenverkehr. Ihre Bekämpfung als Aufgabe für Gesetzgebung, Polizei und Justiz – Eine Veröffentlichung des Kuratoriums „Wir und die Straße" und des HUK-Verbandes – Bände I–III – Frankfurt a.M. – München 1961; *Ursachen und Begleitumstände der Verkehrsunfälle* mit schwerem Personenschaden in der Bundesrepublik Deutschland – hrsg. v. Verband der Haftpflicht-, Unfall- und Kraftverkehrsversicherer e.V. – 8 Bände (Unfalltypen, A, B, C, D, E, F, G–L, Sammelband M) – Hamburg 1971-1973.

Versucht man von den typischen Gefahrenquellen oder Unfallursachen her zu klassifizieren, so kommt man zu ähnlichen Ergebnissen, wie wir bereits bei fahrlässigen Tötungen oder Körperverletzungen im Zusammenhang mit dem Straßenverkehr geschildert haben (§ 8-II-1). Selbst wenn sich hier deshalb eine erneute Darstellung erübrigt, sollte doch klar sein, daß die Formen verkehrswidrigen Verhaltens genauer als bisher auf ihre kriminalrechtliche Relevanz hin untersucht werden müssen.

4. Gefährliche Eingriffe in den Straßenverkehr

Schließlich gibt es noch Straftatbestände, die sich nicht gegen fehlerhaftes und somit gefährliches Verhalten im Straßenverkehr richten, sondern die eine Gefährdung desselben durch Eingriffe von außen zu vermeiden suchen. Hier geht es also um das Beschädigen, Zerstören oder Beseitigen von Verkehrseinrichtungen oder Fahrzeugen sowie um das Bereiten von Hindernissen, durch welche die Sicherheit des Straßenverkehrs beeinträchtigt wird. Als Tatmittel kommen außer dem eigenen Fahrzeug andere Gegenstände wie Drahtseile, Holzmasten, heruntergefallene Teile der Ladung usw. in Betracht. Mitunter sind diese Fälle nicht leicht vom Fehlverhalten wirklicher Verkehrsteilnehmer abzugrenzen.

So ist das etwa, wenn der Täter mit dem Wagen auf der Straße hin- und herpendelt, um das ihn verfolgende Polizeiauto am Überholen zu hindern. Typischer sind bereits Fälle, in denen der Täter auf die Fahrbahn gefallene, den nachfolgenden Verkehr gefährdende Ladung liegen läßt oder nach Unfällen deren Folgen nicht beseitigt.

Noch deutlicher wird der Zweck dieser Strafvorschriften bei Verhaltensweisen, die mit dem Straßenverkehr überhaupt nichts zu tun haben.

So werden aus Fahrlässigkeit oder Übermut mitunter Steine oder Bretter von Brücken auf die Autobahn geworfen oder es blockieren nicht genügend bewachte Tiere die Fahrbahn. Nur selten kommen derartige Praktiken als Vortaten zu anderen Delikten – etwa als Autofalle – vor.

B. Transportgefährdung

Von der Transportgefährdung sprechen wir nach dem eingangs Gesagten bei anderen Verkehrsbereichen als dem des Straßenverkehrs. Hier ist bereits im Rahmen der fahrlässigen Tötungen (§ 8-I-2) und Körperverletzungen wichtige Vorarbeit geleistet worden. Doch nicht nur kriminologisch und kriminalistisch, sondern ebenso juristisch ist es angezeigt, darauf an dieser Stelle nochmals einzugehen, die den wohl auch rechtlich besseren Anknüpfungspunkt bietet. Dabei sei kurz erwähnt, daß manche Strafgesetze hier ähnlich wie beim Straßenverkehr in mehrere Deliktstypen gliedern, was jedoch nicht immer überzeugt. Gewiß gibt es Phänomene, die für alle Verkehrsbereiche gelten und daher gewissermaßen vor die Klammer gezogen werden können; andererseits aber liegen die Dinge trotz mitunter festzustellender Parallelität in diesen Verkehrsbereichen weithin anders als im Straßenverkehr.
Daß Schienen-, Luft- und Schiffsverkehr trotz der dabei eingesetzten erheblichen Kräfte, weshalb Unfälle mitunter den Charakter von Katastrophen annehmen, bisher relativ sicher sind, hängt – wie bei den Fahrlässigkeitsdelikten bereits angedeutet – außer mit einer hier durchweg noch bestehenden Verkehrslichte vermutlich mit der üblicherweise doch genaueren Auswahl und Kontrolle der Führer zusammen.
Allgemein sei noch vorausgeschickt, daß die Unfallorte bei diesen Verkehrsformen überwiegend in der Nähe von Verkehrsknotenpunkten wie Bahnhöfen, Flughäfen und Seehäfen liegen, weil der Verkehr hier dichter ist und sich dort überdies technisch bedingte Gefahrenquellen vermehren.

1. Schienenverkehr

Was das gefährliche Fehlverhalten im Schienenverkehr anlangt, ist einmal auf das Überfahren von Signalen und zum anderen auf zu schnelles Fahren – insb. in Kurven – hinzuweisen, daß die Gefahr des Entgleisens mit sich bringt.
Anders als im Straßenverkehr spielt hier aber insb. das Versagen anderer für den Schienenverkehr verantwortlicher Personen eine größere Rolle; man denke beispielsweise an falsche Anweisungen von Fahrdienstleitern, falsch gestellte Signale oder nicht bediente Schranken.
Der Schienenverkehr ist mehr als Luft- oder Schiffsverkehr durch Eingriffe von außen gefährdet, weil der Bahnkörper gewöhnlich leichter zugänglich ist.

So können oft nicht nur Kinder Steine auf die Schiene legen oder es werden von Eisenbahnbrücken Gegenstände herabgeworfen, sondern auch Erpresser wie „Roy Clark“ versuchen, durch Sabotageakte gegen Einrichtungen der Bundesbahn ihrem kriminellen Verlangen Nachdruck zu verleihen.

Im übrigen kann auf das bei den fahrlässigen Tötungen und seine Zusammenhänge Angeführte (§ 8-II-2-a) verwiesen werden.

2. Luftverkehr

Der Luftverkehr bedient sich vor allem des Flugzeugs als des wohl kompliziertesten Verkehrsmittels. Eben deshalb eignet es sich – wie bei der Geiselnahme (§ 8-VI-2-b) geschildert – besonders gut für Aktivitäten von Terroristen und anderen Kriminellen. Doch kommt es zunächst einmal auf die gefährliche Handhabung des Flugbetriebs an. Denn schon kleine Bedienungsfehler oder der Ausfall winziger Betriebsteile können fatale Folgen haben. Was Piloten und Bordpersonal anlangt, kommt es schon deshalb selten zu Strafverfahren, weil mögliche Tatverdächtige hier den Unfall gewöhnlich nicht überleben; die bloße folgenlose Gefährdung wird aber in der Regel nicht bekannt. Die hier im Vergleich zum Schienenverkehr noch eher mögliche Verantwortlichkeit des Boden- oder Kontrollpersonals läßt sich nach Flugzeugabstürzen vielfach nur sehr schwer feststellen.

Krefft, S.: Kriminalität in der Luftfahrt – Arch. f. Krim Bd. 153, S. 84 ff. (1974).

a) Eine dennoch sicherlich bedeutsame Ursache für Luftunfälle ist das vor allem den Piloten anzulastende ungenügende Beachten von Instrumenten oder eine falsche Reaktion bei plötzlich auftauchenden Schwierigkeiten. Eben deshalb sind Start und Landung die für den Luftverkehr besonders kritischen Punkte; mitunter sind derartige Bedienungsfehler auch auf Alkoholgenuß zurückzuführen.

Eine für die Jahre 1963–1967 an 900 abgestürzten nordamerikanischen Privatpiloten durchgeführte Untersuchung ergab, daß über ein Drittel von ihnen einen hohen Blutalkoholgehalt gehabt hatte.

b) Eine andere Ursache von Luftunfällen geht vorwiegend zu Lasten des Bodenpersonals, das für Reparaturen und Wartung verantwortlich ist. Auch hier können Unachtsamkeiten und andere Fehler leicht fatal wirken und mit dem Absturz der Maschine zum Tod vieler Menschen führen.

In England stürzte ein Flugzeug ab, weil bei der Reparatur ein Einzelteil falsch herum eingebaut worden war, so daß es die Steuerung erschwerte, statt sie zu erleichtern.

Im September 1971 stürzte in der Nähe von Hamburg eine Chartermaschine der „Paninternational" ab, weil statt Kühlflüssigkeit für die Triebwerke Kerosin eingefüllt worden war.

Vereinzelt wird, was ebenfalls schwierig von einem Unfall zu unterscheiden ist, das Flugzeug zum Selbstmord benutzt. Während Fälle des Herausspringens im allgemeinen noch relativ eindeutig sind, ist das anders, wenn der Selbstmörder ein Flugzeug aus diesem Grunde zum Absturz bringt, was vor allem in den Ländern vorkommt, in denen die Privatluftfahrt mehr verbreitet ist.

c) Unsicher ist bei der angeblich großen Zahl von Beinahe-Zusammenstößen in frequentierten Lufträumen, in welchem Umfang und auf welche Weise Fluglotsen und anderes Kontrollpersonal für Unfälle verantwortlich sind.

d) Eingriffe von außen sind beim Luftverkehr relativ schwierig zu bewerkstelligen. Mehr als in der Regel gut zu bewachende Flughafenanlagen, die aber ebenfalls mitunter von Terroristen heimgesucht werden, sind in der Luft befindliche Flugzeuge durch kriminelle Aktivitäten (Flugzeugentführungen in Form von Geiselnahme, Attentate, Bombendrohungen) gefährdet, was jedoch in anderem Zusammenhang schon behandelt worden ist.

3. Schiffsverkehr

Beim Schiffsverkehr wirkt, wie wir bereits bei den fahrlässigen Tötungen (§ 8-II-2-c) gesehen haben, besonders unfallträchtig, daß Brems- und Rudermanöver eine erhebliche Zeit beanspruchen. Die Verantwortlichkeit trifft nahezu immer den Schiffsführer und das Schiffspersonal, weil Dritte nicht die Rolle wie im Schienen- oder Luftverkehr spielen.
a) Deshalb können in der Nähe von Häfen oder auf stark befahrenen Seestraßen der Verstoß gegen Fahrgebote oder Ausweichregeln ebenso wie falsche Signalgebung zu Kollisionen führen. Selbstverständlich wirken dabei ungünstige Sicht- oder Witterungsverhältnisse – z.B. Regen oder Nebel – mit. Natürlich gibt es noch andere Fehler beim Führen von Binnen-oder Seeschiffen; sie können außer dem Kapitän oder einem Schiffsoffizier auch anderen Besatzungsmitgliedern unterlaufen. Dabei kann erfahrungsgemäß „Trunkenheit auf der (Kommando-)Brücke“ durchaus mitwirken.
b) Eingriffe von außen – etwa Manipulationen an Seezeichen – sind im Schiffsverkehr kaum möglich und kommen infolgedessen nur sehr selten vor.

C. Verkehrsunfallflucht

Als wichtigstes Beispiel eines in allen Verkehrsbereichen, wenngleich naturgemäß beim Straßenverkehr am häufigsten vorkommenden Verkehrsdelikte sei hier die Verkehrsunfallflucht (Fahrerflucht) genannt. Obwohl dieser Straftatbestand allgemein bekannt ist, zeigen die Regelungen der einzelnen Länder bemerkenswerte Divergenzen. Geht es dem Gesetzgeber anscheinend manchmal mehr um die finanzielle Liquidation der Unfallfolgen oder den Schutz des geschädigten Gläubigers bzw. gar um eine daraus resultierende strafrechtliche Verantwortlichkeit, stehen zum anderen mehr die beim sozialen Bereich des Verkehrs und der dafür maßgebenden Versicherung erforderliche Aufklärung sowie eventuell notwendige Hilfe im Vordergrund.

Lincke, Dieter: Verkehrsunfallflucht (§ 142 StGB). Eine kriminologische und strafrechtliche Studie unter besonderer Berücksichtigung der in den Jahren 1964 und 1965 im Landgerichtsbezirk Kiel durchgeführten Strafverfahren – Diss. Frankfurt a.M. – München 1968.

Soweit sich das bei den unterschiedlichen Regelungen und der noch geringen empirischen Erforschung überhaupt sagen läßt, sind Tatort und Tatzeit bei der Verkehrsunfallflucht nicht sonderlich aufschlußreich. Sie hängen wohl mit der für alle Verkehrsdelikte wesentlichen Verkehrssituation zusammen, bei der man u.U. Berufs-, Ausflugs- und Feierabendverkehr unterscheiden könnte. – Als Täter überwiegen verständlicherweise Kraftfahrer, vor allem Fahrer von Personenwagen.

Selbst wenn das nach den Strafvorschriften in aller Regel nicht nötig ist, sind die Täter nahezu immer am Unfall beteiligt, haben sogar in mehr als 90% der Fälle schuldhaft gehandelt. Was die Personen- und Sachschäden der zugrundeliegenden Unfälle anlangt, läßt sich trotz spektakulärer Ausnahmen feststellen, daß die Verkehrsunfallflucht mit zunehmender Unfallschwere abnimmt.

Infolge der geschilderten Situation der Gesetzgebung sind ebenso wie die Erscheinungsformen die bei der Unfallflucht zu beobachtenden kriminellen Praktiken nur schwierig zu erfassen. Wir wollen daher hier von möglicherweise unter Strafe gestellten Formen der Unfallverschleierung absehen, die als Nichtrückkehr zum Unfallort – z.B. nach Abtransport

Verletzter – oder Unterlassen der Anzeige, falsche Angaben, Verwischen der Spuren wie etwa durch den „Nachtrunk“ juristisch z.T. erheblich umstritten sind, und uns auf zwei Tatsituationen konzentrieren, die für den Kriminalisten besonders wichtig sind.

1. Kopflose Flucht

Der Prototyp, der mehr als dic Hälfte aller Fälle von Verkehrsunfallflucht ausmachen dürfte, ist die sofortige, offene, meist kopflos durchgeführte Flucht. Der Täter verläßt, obwohl Geschädigte oder zumindest andere Zeugen anwesend sind, sofort den Unfallort. Überwiegend geschieht das ohne anzuhalten, manchmal nach kurzem Stop oder auch Aussteigen, bei dem der Täter sich hier aber gewöhnlich auf keinerlei Gespräche einläßt.
Wenn wir von sofortiger, kopfloser Flucht sprechen, bedeutet das weder stets besondere Rücksichtslosigkeit, da Schrecken und Angst mitwirken können, noch völlig unüberlegtes Handeln.

Auch in derartigen Fällen kommt es vor, daß geistesgegenwärtige Täter sofort das Licht ausschalten, um das Lesen ihres Kennzeichens zu verhindern.

Zur sofortigen Flucht kommt es naturgemäß gerade in denjenigen Fällen, in denen am Unfallort keine Zeugen anwesend sind. Auch wenn hier die Grenze zur überlegten, späteren Flucht im Einzelfall zweifelhaft werden kann, darf man den Anteil dieser Fälle auf 10 bis 15% schätzen.

Häufiger sind derartige Fälle beim Herausfahren aus Parklücken oder Hereinfahren in diese, beim Beschädigen von Verkehrseinrichtungen oder Hauseinfriedungen.

2. Überlegte Flucht

Eine spätere, durchweg überlegte Flucht ist in der Praxis nicht so häufig. Man kann hier einen Anteil von 20–30% vermuten. Nicht gar so selten verläßt der Wartepflichtige den Unfallort, nachdem er mehr oder weniger ausführlich mit dem Geschädigten oder anderen „verhandelt“ hat. Die Skala reicht hier vom höflichen Gespräch bis zu groben und langen Beschimpfungen. Hier muß also das Opfer-Verhalten noch genauer analysiert werden. Denn ein großer Teil der Täter, die nach einem Unfall anhalten, dürfte an sich bereit sein, sich auszuweisen und sich über die Unfallabwicklung zu einigen; erst das Beharren anderer auf Beiziehung der Polizei veranlaßt sie zur Flucht, weshalb hier Angst oder Panik mitwirken können.
Die Formen der späteren, meist überlegten Flucht sind daher vielgestaltig.

Entfernen sich manche nach höflichem Gespräch mit dem Geschädigten unter oft plumpem Vorwand, so kommt es auch zur Schlägerei mit Geschädigten oder Passanten, welcher sich der „Täter“ durch die Flucht entzieht. Es gibt aber auch Täter, die ihrerseits Zeugen niederschlagen, um ungehindert fliehen zu können.

Mitunter hilft der Täter vor der Flucht noch Verletzten oder trifft Sicherheitsvorkehrungen bzw. macht sein Fahrzeug wieder betriebsbereit. In einem Fall half der geschädigte Hauseigentümer sogar dem Täter, Teile der Karosserie zurechtzubiegen und den Wagen wieder fahrbereit zu machen, mit welchem jener sich dann aus dem Staube machte.

Nicht gar so selten verlassen Täter den Unfallort zu Fuß oder per Taxe, was zwar die Identifizierung nicht zu verhindern pflegt, aber eine befürchtete alsbaldige Blutprobe verzögern und so vielleicht wertlos werden lassen kann.

VIII. Verletzung sozialer Pflichten

In der bereits juristisch unsicheren, z.T. sogar unbekannten Gruppe der Verletzung sozialer Pflichten fassen wir eine Reihe von kriminellen Verhaltensweisen zusammen, die recht verschieden geartet, aber insgesamt noch durchweg unbefriedigend geregelt sind. Vor allem gilt dieses für die häufig in den Strafgesetzen geregelten Familiendelikte, die kriminalpolitisch in dieser Form aber wohl unhaltbar sind. Denn die Familie kann als solche überhaupt nicht mit Mitteln des Strafrechts geschützt werden. Hinter diesem Begriff verbergen sich in Wahrheit viel allgemeinere Rechtsgrundsätze oder Schutzobjekte.

Kriminologisch und kriminalistisch ist dieser Bereich weithin noch unerforscht. Aber gerade deshalb erscheinen einige Hinweise an dieser Stelle angebracht. Sie sollen und müssen sich auf die drei folgenden Deliktstypen konzentrieren:

1. Personenstandsfälschung
2. Delikte gegen die Ehe
3. Verletzung von Unterhalts- und Fürsorgepflichten.

1. Personenstandsfälschung

Der Personenstand, d.h. der familienrechtliche Status eines anderen, kann vor allem auf zweifache Weise verfälscht werden. Beim Verändern des Personenstandes – insb. durch Unterschieben oder Verwechseln eines Kindes – wird ein anderer Personenstand vorgetäuscht. Beim Unterdrücken des Personenstandes verhindert oder erschwert der Täter, daß der wirkliche Status einer Person zur Geltung kommt.

Kriminalistisch ähneln diese Gesetzesverstöße den bereits behandelten Urkundendelikten, insb. der Falschbeurkundung oder auch der Urkundenfälschung, und den noch zu untersuchenden Aussagedelikten.

2. Delikte gegen die Ehe

Delikte gegen die Ehe sind weniger Straftaten gegen den Ehegatten als vielmehr Delikte gegen die staatliche Eheordnung. Nachdem in Deutschland ebenso wie in anderen Ländern der Ehebruch nicht mehr strafbar ist, wenngleich er etwa nach wie vor bei ausbeuterischen Erpressungen eine Rolle spielt, kommt es hier vor allem auf die Doppelehe an. Denn die Bigamie wird als Verstoß gegen das in den meisten Ländern anerkannte Prinzip der Einehe nach wie vor als strafbar erachtet.

Kriminologisch und kriminalistisch liegt noch vieles im Dunkel, weshalb man für die Verbrechenstechnik – wie bei der Personenstandsfälschung – einstweilen nur auf Urkunden- und Aussagedelikte verweisen kann.

3. Verletzung von Unterhalts- und Fürsorgepflichten

Bei der Verletzung von Unterhalts- und Fürsorgepflichten handelt es sich um verhältnismäßig moderne und die praktisch bedeutsamsten Tatbestände dieser Gruppe. Dennoch sind diese Vorschriften in vieler Hinsicht noch nicht richtig durchdacht. Aber zumindest bei einzelnen hierher zu rechnenden Deliktstypen findet sich einiges kriminologisch und kriminalistisch brauchbares Material.

a) Verletzung der allgemeinen Hilfspflicht

Als Grundtatbestand dieser Deliktsgruppe kann man die Verletzung der allgemeinen Hilfspflicht werten, wie sie etwa in § 330c dtsch. StGB unter Strafe gestellt ist. Hier ist die Materialsituation aber noch recht dürftig. Wegen der Bedeutung des Verkehrs für die in Unfällen zuweilen entstehende Hilfspflicht muß daher vor allem auf das zu den Verkehrsdelikten Gesagte verwiesen werden. Für Ärzte und andere Berufspersonen können sich gesteigerte Pflichten ergeben. In manchen Ländern übernehmen Straftatbestände wie der einer allgemeinen Lebensgefährdung zugleich Funktionen dieser Strafvorschrift.

b) Verletzung der Fürsorgepflicht gegenüber Minderjährigen. Kindesmißhandlung

Ungleich intensiver haben sich Kriminologen und Kriminalisten bereits mit der Verletzung der Fürsorgepflicht gegenüber Minderjährigen befaßt. Sie stellen im Grunde jedoch nur einen Ausschnitt aus einem noch umfassender zu konzipierenden strafrechtlichen Jugendschutz dar, wenngleich sich in Nebengesetzen einiger Länder Sondervorschriften über Jugendarbeitsschutz, zum Schutz der Jugend in der Öffentlichkeit oder vor Schund und Schmutz finden.

Hier müssen wir uns jedoch auf Straftatbestände der erstgenannten Art beschränken, zumal da schon diese in mancher Hinsicht zweifelhaft erscheinen können. Zu diesen Fürsorgepflichtverletzungen gegenüber Minderjährigen rechnen wir auch, wie bei den Körperverletzungen (§ 8-IV) angedeutet, die Fälle der Kindesmißhandlung, die mitunter sogar zum Tode des Opfers führen. Doch kommt es nicht allein oder wesentlich auf einen Schaden an Leib und Leben, sondern jegliches Gefährden der normalen Entwicklung an, weshalb eine zusammenfassende Behandlung an dieser Stelle angezeigt ist, weil die sozialen Aspekte des Jugendschutzes überwiegen.

Ullrich, Wolfgang: Die Kindesmißhandlung in strafrechtlicher, kriminologischer und gerichtsmedizinischer Sicht – Strafrecht, Strafverfahren, Kriminologie Bd. 8 – Neuwied/Berlin 1964; *Schaible-Fink,* Beate: Das Delikt der körperlichen Kindesmißhandlung. Literatur, Statistik, Kasnistik – Kriminol. Schriftenreihe Bd. 34 – Hamburg 1968 (= med. Diss. Marburg); *Biermann,* Gerd: Kindeszüchtigung und Kindesmißhandlung. Eine Dokumentation – München/Basel 1969; *Bauer,* Günther: Die Kindesmißhandlung. Ein Beitrag zur Kriminologie und Kriminalistik sowie zur Anwendung des § 223b StGB – KrimWissAbh. 3 – Lübeck 1969; *Klimmek,* Ulrich: Verletzung der Sorgepflicht gegenüber Kindern und Jugendlichen. Eine strafrechtlich-kriminologische Untersuchung zu den §§ 223b, 170d StGB und zur zukünftigen Ausgestaltung dieses Deliktstyps – Diss. Frankfurt a.M. – o.O. 1970; *Lechleiter,* Georg: Kind als Gegenstand und Opfer krimineller Mißhandlung – Diss. Zürich – Bern/Frankfurt a.M. 1971 (= Europ. Hochschulschriften Reihe II, Bd. 39); *Schreter,* Lothar-Hans: Die Mißhandlung von Kindern und alten Leuten. Zur Kriminologie der Tätergruppe – Kriminol. Schriftenreihe Bd. 48 – Hamburg 1971; *Trube-Becker:* Kindesmißhandlung – in: HdwRMed I-172 ff.; *Hughes:* S. 225 ff.; *Patscheider,* Hubert: Zwei ungewöhnliche Fälle von Kindesmißhandlung – Arch. f. Krim., Bd. 155, S. 19 ff. (1975).

Kriminalphänomenologisch sollte man sich bei der Kindesmißhandlung an das die Situation kennzeichnende Täter-Opfer-Verhältnis anlehnen. So gelangt man etwa zu Erscheinungsformen wie: das versagende oder enttäuschende Kind als Opfer, das störende Kind als Opfer, das unerwünschte Kind als Opfer. Hängt hier die Abneigung des Täters gegen das Kind u.U. bereits mehr mit der Antipathie gegen den Ehepartner oder Erzeuger zusammen, gibt es aber noch andere Erscheinungsformen der Kindesvernachlässigung. Außer übertriebener Züchtigung (außer an verfehlte Erziehungsmethoden ist an erziehungsschwierige Kinder zu denken) gibt es Vernachlässigungen aus sadistischer oder sexueller Veranlagung des Täters. Schließlich kommen Kindesvernachlässigungen vor, die vor allem durch eine ungün-

stige soziale Situation geprägt sind; hierher gehört die wirtschaftliche Ausbeutung Minderjähriger.
Während Tatzeit und Tatort bei der Kindesmißhandlung oder -vernachlässigung nicht nur schwer zu ermitteln, sondern auch wenig ergiebig sind, kommen als Täter vor allem Sorgeverpflichtete in Betracht.

In erster Linie sind es die leiblichen Eltern und hier die Mutter, die sich zudem als besonders erfinderisch erweist. Bei den Stiefeltern, die nicht ganz so schlecht wie ihr Ruf sind, ist jedoch vor allem der Stiefvater gefährdet; bei Pflegeeltern ist die Belastung anscheinend ausgeglichener. Nur selten finden sich unter den Tätern Adoptiveltern, Verlobte oder andere Familienangehörige. Bei den nicht so häufigen außerfamiliären Taten ist heute weniger an Lehrer oder Arbeitgeber, sondern eher an Pfleger und Heimerzieher zu denken.

Als Opfer sind jüngere Kinder besonders gefährdet. Stellen in einer Untersuchung Kinder bis zu sieben Jahren mehr als zwei Drittel aller Opfer, so war die Hälfte davon noch nicht einmal zwei Jahre alt. Jungen werden weitaus häufiger als Mädchen mißhandelt oder vernachlässigt (etwa 2:1). Von ihrem familiären Status her sind Stiefkinder, vor- und uneheliche Kinder besonders gefährdet.
Die Schäden sind vielfältig. Selbt bei den festgestellten Folgen körperlicher Gewalt sind die Ursachen nicht immer leicht zu ermitteln.

Dasselbe gilt für Krankheiten der verschiedensten Art, die Folge einer Vernachlässigung sein können. Bei den für die Entwicklung gewiß nicht zu unterschätzenden psychischen Schäden, bei denen man akute Folgen und Spätwirkungen unterscheiden muß, stößt die Beurteilung auf erhebliche Schwierigkeiten.

In der Verbrechenstechnik empfiehlt es sich, bei der Kindesmißhandlung oder -vernachlässigung ohne Rücksicht auf die Folgen, die bis zum vorsätzlich oder fahrlässig herbeigeführten Tod des Opfers reichen können, von den Formen der Tatausführung auszugehen, die zwei große Gruppen bilden.

aa) Mißhandlungsarten
Unter Mißhandlungen im eigentlichen Sinne ist ein aktives Tun zu verstehen, das außer dem Körper des Schutzbefohlenen auch dessen Psyche und Entwicklung in Mitleidenschaft ziehen kann.
Hier überwiegen diejenigen Fälle, in denen der oder die Täter lediglich ihre Hände zum Schlagen, Kneifen, Kratzen oder dazu benutzen, das Opfer an den Haaren zu reißen.

Ein betrunkener Vater, der sich wegen Erwerbstätigkeit seiner Ehefrau auch um die Kinder kümmern mußte, stellte fest, daß der 3jährige Sohn sein Bett verunreinigt hatte. Aus Wut darüber schlug er blindlings auf den Jungen und seine neben ihm liegende 10 Monate alte Schwester ein, riß ihm sogar Haarbüschel aus. Obwohl die Kinder Platzwunden am Kopf erlitten, kümmerte er sich dann nicht mehr um sie.

Andere Mißhandlungsfälle enden folgenschwerer. So schlug ein 37jähriger Vater, der durch seinen Säugling bei einer Fernsehsendung über Sport gestört wurde, seinen 7 Monate alten Sohn so heftig, daß man später nur noch den Tod feststellen konnte.

Insgesamt gefährlicher sind Kindesmißhandlungen mit Stöcken, Riemen oder anderen Schlagwerkzeugen, die ebenfalls relativ häufig sind.

Ein 34jähriger Mann benutzte außer der Faust eine Hundepeitsche und einen Kochlöffel, mit denen er bei geringfügigem Anlaß seinen 11jährigen Sohn traktierte.

Ein älteres Ehepaar, vorwiegend die Mutter, das zum Schlagen auch Handfeger, Stöcke und Staubsaugerrohre benutzte, mißhandelte Jahre hindurch seine Tochter so schwer, daß sie schließlich daran verstarb.

Ein 16 Monate altes Kind wurde von seinen Eltern wegen Bettnässens mit einer Holzlatte so schwer mißhandelt, daß es daran starb.

Ein Kind wurde außer durch Schläge und Fußtritte durch Schlagen mit einem Stahlstab mißhandelt und gegen die Wand geworfen. Trotz Anzeige und Ermittlungen wurde auch dann, als das Kind wegen Oberarmbruchs stationär behandelt werden mußte, nichts unternommen. Erst nachdem das Kind an Mißhandlungen verstorben war, kam es zu einem Strafverfahren.

Nicht selten erhalten Kinder Fußtritte oder werden auf Gegenstände geschleudert.

Ein Vater, dessen 6jähriger Junge noch Bettnässer war, versetzte dem Kind so rabiate Fußtritte, auch gegen den Kopf, daß die Kopfschwarte verletzt wurde.

Ein $2^1/_2$ Jahre altes Mädchen, das sich beschmutzt hatte, wurde vom Vater aus dem Bett gezerrt und so auf die Bettkante geschleudert, daß es eine tödliche Herzverletzung erlitt.

Manche Eltern schrecken selbst vor Mißhandeln durch Hitze oder Feuer nicht zurück.

Ein Rabenvater mißhandelte mehrere Monate hindurch seine 6jährige Tochter; dabei drückte er auf deren nacktem Körper und der Gesichtshaut brennende Zigaretten aus.

Ein Maurer preßte die Hände seiner 11 und 9 Jahre alten Kinder zur Bestrafung eines Diebstahls von Schokolade auf eine noch glühende Herdplatte.

Ein Vater „bestrafte" sein 5jähriges Kind, das eine Katze auf die heiße Herdplatte gesetzt hatte, damit, daß er es selbst mit nacktem Gesäß auf die Herdplatte preßte; schwerste Verbrennungen waren die Folge.

Eine Täterin, die in Abwesenheit der Eltern für einen 5jährigen Knaben zu sorgen hatte, der wegen Bettnässens und auch sonst „nicht beliebt" war, wollte dem Jungen in einer Sitzbadewanne mit einer mehrfach angedrohten „Heißwasserdusche" einen Denkzettel verpassen. Sie verbrühte den Jungen, den sie mit der anderen Hand in die Wanne drückte, durch etwa fünf Minuten langes Abbrausen mit heißem Wasser von 75 bis 88 Grad Celsius so schwer, daß er nach zwei Tagen verstarb. Sie wurde wegen schwerer Kindesmißhandlung mit tödlichem Ausgang verurteilt, weil Tötungsvorsatz nicht nachzuweisen war.

Andere Eltern verwenden Kälte zur Mißhandlung, lassen sie in kalten Räumen oder im Freien frieren.

Eine Mutter prügelte und stieß ihr 3jähriges uneheliches Kind, wenn es sich naß gemacht hatte; dabei überschüttete sie es mit mehreren Eimern kalten Wassers.

Ein Vater „badete" in Abwesenheit der Mutter, mit der er in wilder Ehe zusammenlebte, sein stark erkältetes Kind in eiskaltem Wasser und verprügelte es. Das Kind starb am folgenden Tage.

Selbst Würgen, Drosseln und Ähnliches findet sich bei Kindesmißhandlungen.

Ein 4jähriges Mädchen, das von seiner Mutter der 20jährigen Täterin anvertraut worden war, riß sich von dieser im Stadtverkehr los. „Zur Strafe" wurde es im nächsten Hausflur und dann im Keller verprügelt, mit einem Seidenschal gewürgt und in einen leeren Aktenschrank eingesperrt, aus dem es glücklicherweise bald befreit werden konnte.

Ein Täter strangulierte seine 9jährige Tochter mit einem Damenstrumpf und schrie dabei, er wolle sie umbringen.

Andere, nicht seltene Praktiken der Kindesmißhandlung sind Einsperren oder Fesseln.

Um in Ruhe ihre Besorgungen machen zu können, fesselten Eltern das Fußgelenk ihres 7jährigen Jungen an das Bett.

Ein 6jähriger Junge mußte einen ganzen Tag lang in einem Keller knien und dabei die Hände auf dem Rücken halten.

Ein 13jähriger wurde an Händen und Füßen auf einen Tisch gefesselt mit einem Gummischlauch geschlagen, dann für beinahe einen Tag ohne Essen in der kalten Badestube eingesperrt.

Ein Junge wurde nach Mißhandlungen durch Stiefvater und Mutter für zwei Tage und zwei Nächte in eine Kiste eingesperrt.

Bereits im vorstehend geschilderten Fall wird der Entzug von Nahrung und Trinken von Kindesmißhandlern benutzt, die aber auch auf andere Gedanken kommen. Sie zwingen Kinder, ihren Kot oder von ihnen Erbrochenes zu essen. Es ist sogar vorgekommen, daß Kinder nicht nur schmerzhafte Stellungen einnehmen mußten, sondern ihnen bewußt Glieder verrenkt oder gebrochen worden sind.
Bei psychischer Mißhandlung richtet sich die Gewalt oft gegen Sachen, die wie Spielzeug oder Tiere dem betroffenen Kind besonders lieb sind.

Ein jede Zärtlichkeit entbehrendes Kind hing sehr an einem Kaninchen. Der mit der Kindesmutter zusammenlebende Täter erschlug es und zwang das Kind, um es zu „strafen", eine Nacht mit dem toten Tier im Bett zu verbringen.

b) Formen der Vernachlässigung

Diesen verschiedenen Arten der aktiven Mißhandlung Schutzbefohlener stehen gewisse Formen der Vernachlässigung, obwohl sie durch Passivität gekennzeichnet sind, kaum nach. Dabei dürfte das Dunkelfeld hier noch größer sein. Vor allem haben wir es bei den Vernachlässigungen mit zwei Verhaltensweisen zu tun.
Einmal handelt es sich um bewußte Entziehung von Nahrung mit der Folge von Unterernährung, die nicht nur die körperliche, sondern auch die psychische Entwicklung in Mitleidenschaft zieht, in Extremfällen sogar zum Tode des Opfers führen kann.

Ein dem Trunke ergebenes Elternpaar, dem schon drei Kinder genommen waren, beköstigte vier weitere Kinder (2, 4, 6 und 14 Jahre alt) so unzureichend, daß diese versuchten, ihre Nahrung in Mülltonnen zu finden.

Eine 28jährige Frau, die sich in einem Hafengebiet herumtrieb, ließ ihre sechs Monate alte Tochter buchstäblich in ihrem Kinderbett verhungern.

Eine andere 28 jährige Frau verließ am Weihnachtsabend ihre drei Kinder (9 Monate, 4, 8 Jahre alt) und verbrachte die nächsten fünf Tage bei ihrem Liebhaber. Da sie nur ein Stück Brot, eine Tüte mit Haferflocken, etwas Milch und einen Hering hinterlassen hatte, war bei ihrer Rückkehr das jüngste Kind verhungert.

Zum anderen wirkt sich die Passivität dieser Täter in mangelnder Pflege und Unterlassen sonstiger Fürsorge aus.

Eine Mutter von sechs Kindern war von ihrem Mann verlassen worden; drei Kinder waren bereits anderweitig untergebracht. Als die Frau einen anderen Mann kennenlernte, vernachlässigte sie Wohnung und Kinder so, daß ihr ein Jahr altes Kind in einem völlig durchnäßten und verschmutzten Kinderwagen gefunden wurde. Die Betten der anderen, ebenfalls unterentwickelten Kinder boten ein ähnliches Bild. Der Fußboden war erheblich mit Schmutz bedeckt.

Eine 34jährige Frau trieb sich nachmittags und nachts herum und vernachlässigte ihre beiden Kinder (7 Monate, 2 Jahre) völlig. Als Nachbarn die Polizei holten, war das 2jährige Mädchen vor der verschlossenen Wohnungstür blaugefroren zusammengebrochen. Beide Kinder waren unterernährt, die Wohnung war völlig verwahrlost.

Des öfteren kommt es bei verwahrlosten Kindern vor, daß Krankheiten – insb. Hauterkrankungen – nicht behandelt werden.

c) *Verletzung der Unterhaltspflicht*

Die Verletzung der familiären Unterhaltspflicht, das einzige zahlenmäßig und in der Sache wirklich bedeutsame „Familiendelikt", ist lediglich ein Sonderfall der allgemeinen Hilfspflichtverletzung. Zugleich ergänzt die Vorschrift – ohne Rücksicht auf das Alter des Berechtigten – den Strafbestand der Fürsorgepflichtverletzung gegenüber Minderjährigen, soweit es lediglich um die materielle Gewährung des Lebensunterhalts oder Zahlungen dafür geht. Dennoch ist das bisher vorliegende kriminologische und vor allem kriminalistische Material vergleichsweise dürftig.

Schmidt, Norbert: Die Verletzung der Unterhaltspflicht im Amtsgerichtsbezirk Oberhausen in den Jahren 1949 bis 1956 – Diss. Bonn-Köln (1963); *Ihm,* Richard: Die wegen Verletzung der gesetzlichen Unterhaltspflicht nach § 170b StGB im Bezirk des Amtsgerichts Freiburg i.Br. in den Jahren 1950 bis 1956 abgeurteilten Täter – Diss. Freiburg i.Br. – o.O. (1965).

Selbst wenn man kriminalphänomenologisch vielleicht besser an Hand des familiären Verhältnisses von Täter und Opfer oder gar der speziellen Konfliktsituation die besonderen Erscheinungsformen gliedern sollte, empfiehlt es sich doch für die kriminalistische Verbrechenstechnik, von den verschiedenen Arten der Tatausführung auszugehen, obwohl im Einzelfall mehrere Praktiken kombiniert werden.
Vorab sei jedoch kurz etwas allgemein zu diesen Straftaten gesagt. Da sie sich über einige Zeit, oft sogar lange Jahre hinweg erstrecken, ist zur Tatzeit und wegen der Aufenthaltswechsel auch zum Tatort nichts Besonderes zu sagen. Die Täter sind naturgemäß durchweg Erwachsene, nicht selten sogar höherer Altersgruppen, wenngleich die Belastung um das 25. Lebensjahr herum am stärksten ist. Der Anteil weiblicher Täter liegt hier teilweise sogar etwas über dem Durchschnitt; doch sind typischerweise die Männer Täter der Unterhaltspflichtverletzung. Die davon betroffenen Opfer sind in der Mehrzahl unehelich geborene Kinder, wenngleich auch ehelich geborene Kinder noch auf etwa 20–25% kommen; Ehegatten werden weniger häufig und dann gewöhnlich zusammen mit Kindern benachteiligt.
Bei der Ausführung lassen sich im wesentlichen fünf Arten krimineller Praktiken umschreiben, durch welche sich der Täter der Unterhaltspflicht zu entziehen sucht.

aa) Wechsel des Aufenthaltsortes

Eine durchweg primitive, jedoch radikale Art, sich einer Unterhaltspflicht zu entziehen, ist der Wechsel des Aufenthaltsortes, auf den 20–25% aller dieser Taten entfallen sollen.

Ein 45jähriger Kriminalrat a.D. aus dem früheren Reichssicherheits-Hauptamt, der bereits im Kriege schuldlos von seiner Frau geschieden worden war, billigte die Übertragung des Sorgerechts für seine beiden Kinder auf die Frau, als diese wieder heiratete. Doch als man Unterhaltszuschuß verlangte, wechselte er seinen Aufenthaltsort und reiste als Vertreter für Kulturfilme in der Bundesrepublik herum, um eine Zustellung der Klage zu verhindern.

Auch Kindesmütter, die ihre Kinder in Heimen unterbringen, entziehen sich oft mit einer Erwerbstätigkeit als Vertreter der Unterhaltspflicht.

Ein zunächst in der Landwirtschaft tätiger Ostzonenflüchtling zog, als er für ein uneheliches Kind zahlen sollte, ohne festen Wohnsitz umher und ernährte sich von Gelegenheitsarbeiten.

bb) Wechsel des Arbeitsplatzes oder des Berufes

Andere Unterhaltspflichtige behalten zwar ihren Aufenthaltsort bei, versuchen aber, sich durch Wechsel des Arbeitsplatzes oder des Berufes ihrer Pflicht zu entziehen (ebenfalls 20–25%). Man will auf diese Weise die Zustellung vollstreckbarer Titel verhindern. Deshalb ist naturgemäß des öfteren ein solcher Wechsel nötig, der selbstverständlich auch mit verändertem Aufenthalt verbunden sein kann.

Ein geschiedener 25jähriger Kraftfahrer, Vater von drei Kindern, wechselte nahezu alle vier Wochen seine Arbeitsstelle im Bundesgebiet.

Ein anderer Täter, der zuvor als fleißiger Arbeiter galt, entschloß sich außer zum Arbeitsplatzwechsel sogar zu einjährigem Dienst in der Fremdenlegion.

Seltener als erwartet wechseln Täter zu diesem Zweck den Beruf, wenn man von solchen später zu behandelnden Fällen absieht, die mehr auf Verschleiern der Einkünfte hinauslaufen. So ging ein schuldig geschiedener Bergmann, als er für seine Frau und die beiden kleinen Kinder zahlen sollte, als Gehilfe zu einem Zirkus.

cc) Aufgeben und Unterlassen von Erwerbstätigkeit. Wechsel zu minderer Arbeit

Wieder andere Täter, und dies dürfte mit 40–50% die Mehrzahl sein, bevorzugen Praktiken, die durch Aufgeben oder Unterlassen einer Erwerbstätigkeit Unterhaltsleistungen unmöglich machen oder doch bei Wechsel zu minderer Arbeit mehr oder weniger verhindern wollen. Hier lassen sich also vor allem drei etwa gleich häufige Modalitäten unterscheiden.

Das Aufgeben eines Arbeitsplatzes ist häufig eine spontane Reaktion des Täters auf Vollstreckungsmaßnahmen. Hier interessieren einstweilen aber nur diejenigen Fälle, in denen es nicht zu einem Wechsel des Arbeitsplatzes kommt, sondern Erwerbstätigkeit bis auf weiteres verweigert werden soll. – Ein 25jähriger wegen Diebstahls entlassener Polizeibeamter, der als Kraftfahrer arbeitete, verließ ohne Kündigung seine Arbeitsstelle, als ein Pfändungs- und Überweisungsbeschluß zugestellt wurde. Dasselbe tat ein 22jähriger Hilfsarbeiter, der für ein uneheliches Kind zahlen sollte; er wollte nicht für andere arbeiten, sondern ließ seine Eltern für sich sorgen.

An Arbeitsscheu erinnernde Praktiken des Unterlassens jeglicher Erwerbstätigkeit verhindern ebenfalls Unterhaltsleistungen. Hier handelt es sich also um Arbeitslose, die aus eben diesem Grunde die Übernahme einer Erwerbstätigkeit verweigern. – So lehnte ein 31jähriger, alleinschuldig geschiedener Kraftfahrer sieben ihm nachgewiesene Arbeitsplätze mit dem Vorwand ab, er sei krank. Ein anderer stützte sich darauf, daß ihm branchenfremde Tätigkeit nicht zuzumuten sei. Selbst unterhaltspflichtige Prostituierte begründeten ihr Verhalten mit Arbeitslosigkeit.

Noch schwieriger sind oft Praktiken zu beurteilen, die durch einen Wechsel zu minderer Arbeit oder nicht volle Ausnutzung der Arbeitskraft gekennzeichnet sind. Der verschlechterte Verdienst macht jedenfalls Unterhaltsleistungen des Pflichtigen unmöglich; der Täter ist bestrebt, nur soviel zu verdienen, daß man ihm nichts pfänden kann. – So wechselte etwa ein 37jähriger, alleinschuldig geschiedener Vertreter seine Arbeitsstelle und verdiente nur noch die Hälfte. Eine 21jährige uneheliche Mutter tauschte die Ganztagsstelle gegen eine Stundenstelle im Haushalt ein. – Ebenso wie diese Täter versuchen andere auf mancherlei Weise plausibel zu machen, warum sie ihre Arbeitskraft nicht voll ausnutzen, z.B. halbtägig statt ganztägig, als Hilfsarbeiter statt als Fachkraft arbeiten oder nur noch Gelegenheitsarbeiten übernehmen. Ein 37 Jahre alter Kaufmann arbeitete auch nach dem Kriege zunächst wieder beim Oberfinanzpräsidenten und in der Oberfinanzkasse. Aus einer zusammen mit seinem

Bruder gegründeten Fabrik schied er alsbald aus. Er verließ danach Frau und Kind, machte nur noch Vertretungen mit geringen Einkünften.

dd) Verschleierung der Einkünfte

Die Fälle, in denen sich der Täter durch Verschleiern seiner Einkünfte der Unterhaltspflicht zu entziehen sucht, machen bei vermutlich hoher Dunkelziffer lediglich 5–10% der bekannt gewordenen Verstöße aus. Allerdings werden – wie angedeutet – diese Tricks ebenfalls bei anderen Begehungsweisen angewandt.

Ein Versicherungsvertreter ließ einen Teil seiner Provisionen an einen Bekannten auszahlen, um angeblich ein Darlehen zurückzuzahlen.

Ein im Geschäft seiner zweiten Frau angestellter Friseurmeister erhielt für diese Tätigkeit offiziell nur DM 100 im Monat, um einen Zugriff der ersten Frau unmöglich zu machen.

ee) Verschwendung. Schenkungen

Nur sehr selten werden Fälle abgeurteilt, in denen die mangelnde Leistungsfähigkeit des Unterhaltsverpflichteten dadurch bewirkt wird, daß dieser seine Einkünfte oder sein Vermögen durch Verschwendung oder unbegründete Schenkungen schmälert.

Ein 24jähriger Provisionsvertreter besaß mehrere Grundstücke, von denen das Jugendamt bereits zwei hatte versteigern lassen, um zu Unterhaltsbeiträgen zu gelangen. Um derlei für die Zukunft zu verhindern, übertrug der Täter die restlichen Grundstücke zu Schleuderpreisen an seine beiden Brüder; so wurde er vermögenslos.

IX. Andere Delikte gegen die öffentliche Sicherheit und Ordnung

Es gibt noch eine ganze Reihe von Delikten gegen die öffentliche Sicherheit und Ordnung, die sich aber nicht in die vorgenannten Deliktsgruppen einordnen lassen. Zudem sind die Regelungen der einzelnen Länder so verschieden, daß wir uns hier auf eine Auswahl beschränken müssen, die zumindest auf diese Problematik hinweist. Geht es bei allen diesen Deliktstypen um Verstöße gegen Normen, die ein vernünftiges Mit- oder Nebeneinander im Gemeinschaftsleben gewährleisten sollen, kommt es dabei mitunter mehr als auf eine solche Ordnung wohl auf Gesichtspunkte der Sicherheit für Leib und Leben einer unbestimmten Zahl von Menschen an.

1. Baugefährdung

Ein zwar wenig bekannter, aber für unsere Zeit charakteristischer Straftatbestand ist die Baugefährdung, bei welcher sich für Kriminologen und Kriminalisten bedeutsame Gegebenheiten der modernen Technik und Zivilisation zeigen.

Velten, Rolf-Jürgen: Die Baugefährdung (§ 330 StGB). Eine strafrechtliche und kriminologische Untersuchung – Diss. Kiel – Kiel 1965.

Fälle krimineller Baugefährdung sind gewiß viel häufiger als das Kriminalstatistiken vermuten lassen. Kommt es überhaupt zu einem Strafverfahren, so sind gewöhnlich fahrlässige Tötung oder Körperverletzung sein Gegenstand; nur selten stützen sich Strafverfolgungsbehörden auf die eigentlich ausschlaggebende Strafvorschrift. Während man schon in der Zeit

von 1954 bis 1961 mit alljährlich 7000 bis 7500 Verstößen gegen die Regeln der Baukunst in der Bundesrepublik gerechnet hat, sind in diesen acht Jahren nur 120 Verurteilungen wegen Verstoßes gegen den § 330 StGB registriert worden, weshalb eine u.a. auf Vergleich mit Unterlagen der betreffenden Bauberufsgenossenschaft gestützte Schätzung der Dunkelziffer 1:60 wohl nicht so hoch gegriffen sein dürfte.
Während die Tatorte wenig spezifisch sind, weil außer an Neubauten auch an Umbauten und Reparaturen zu denken ist, hängt die Tatzeit naturgemäß erkennbar mit der Bausaison zusammen.
Daß der Art nach der Hochbau am meisten betroffen ist, erklärt sich aus dem Umfang dieser Bautätigkeit und dem vielfach engeren Kontakt mit dem Publikum. Dies ist beim Tiefbau anders, wo Baugefährdung vor allem auf Einsturz durch mangelnde Sicherheitsmaßnahmen (z.B. Grabenverbau) zurückzuführen ist. Wieder anders liegen Baugefährdungen im Straßen- und Eisenbahnbau sowie im Wasser- und Bergbau, die schon wegen der Verwendung von Spezialisten nicht so häufig sind. Es sind daher trotz zusammenfassender Behandlung die unterschiedlichen Gegebenheiten dieser Bauarten zu beachten.

Die tatsächliche Zahl bloßer Gefährdungen ist – wie beim Verkehr – sicher viel größer als die folgenschweren Unfälle, die naturgemäß eher zu einem Strafverfahren führen. Ähnlich ist es im Verhältnis von Sach- und Personenschäden. Bei 1200 Verstößen gegen Sicherheitsvorschriften sind so beispielsweise nur 18 Unfälle mit Tod oder schweren Körperschäden ermittelt worden.

Da es entscheidend auf das Fehlverhalten verantwortlicher Personen ankommt, wird man sich in der Verbrechenstechnik – ebenso wie in der Kriminalphänomenologie – am besten an der Art der Tätigkeit im Zusammenhang mit dem Bau orientieren; so lassen sich bereits zwei große Fallgruppen unterscheiden.

a) Der gefährliche Bau

Der als solcher gefährliche Bau umfaßt jedoch nur einen kleinen Anteil der Baugefährdungen, der selbst bei Berücksichtigung der Dunkelziffer kaum über 5% und sicher nicht über 10% hinauskommen wird, obwohl das Fehlverhalten vielgestaltig sein kann.

aa) Unsachgemäße Planung

Die von einem Bau ausgehende Gefahr kann bereits mit Fehlern bei der Planung zusammenhängen, die aber – wie beispielsweise das Unterlassen von Bodenuntersuchungen – in früherer Zeit wohl eine größere Rolle als gegenwärtig spielten.

Immerhin sind infolge von Fehlern bei der statischen Berechnung auch in den letzten Jahren mehrstökkige Wohnhäuser oder Brücken eingestürzt.

Ein anderer Planungsfehler sind beispielsweise zu niedrig angelegte Fensterbrüstungen.

bb) Verwendung unzureichend geprüften Baumaterials

Zur Baugefährdung aber kann es ferner durch Verwenden unzureichend geprüften Baumaterials kommen.

So ist es vorgekommen, daß Mauersteine nicht genügend Bruchfestigkeit aufwiesen oder für Schornsteine nicht hinreichend hitzebeständig waren. Da ein nicht genügend geprüfter Tonerde-Schmelzzement verwendet worden war, stürzten vor einigen Jahren in Schulhäusern und Stallgebäuden mehrfach Betondecken ein. Überwiegend aber handelt es sich darum, daß man wegen unzureichender Kontrollen Fabrikationsfehler nicht erkannt hat.

cc) Unsachgemäße Ausführung der Arbeiten am Bau

Die häufigste Fehlerquelle ist beim gefährlichen Bau die unsachgemäße Ausführung der Arbeiten. Die Möglichkeiten sind so vielgestaltig wie die Bauarbeiten selbst.

Neben mangelnder Beaufsichtigung von Bauarbeiten ist hier etwa das Unterlassen des Absteifens von frei stehenden Mauern zu nennen. Durch schlechte Isolierung kann Wasser die Standsicherheit von Gebäuden beeinträchtigen. Mangelhafte Untermauerung kann u.U. Feuergefahr bewirken. Bei Betonarbeiten in einem Personentunnel wurden nicht – wie vorgesehen – 12er Eisen, sondern nur die vorhandenen 8er Eisen verwendet. Immer wieder brechen Dachstühle zusammen, weil man auf Sturmverbände oder andere Verstrebungen verzichtet; 1960 wurden, als sich in Hannover ein solcher Unfall beim Richtfest ereignete, der Maurerpolier erschlagen und 15 weitere Personen z.T. schwer verletzt.

Verstöße gegen die Baukunst werden ebenfalls durch unsachgemäße Ausführung von Abbrucharbeiten begangen. Mauern werden beispielsweise nicht von Schicht zu Schicht abgestemmt, sondern in größeren Partien eingerissen, wobei es durch unerwartet fallende Mauerbrocken zu tödlichen Unfällen kommen kann; mit Schutt zu hoch beladene Geschoßdecken brechen.

b) Das gefährliche Bauen

Häufiger als die vom Bau selbst drohende Gefahr ist jedoch mit etwa 90% aller Baugefährdungen das gefährliche Bauen, die durch Verstöße gegen Sicherheitsvorschriften gekennzeichnete Bautätigkeit als solche. Hier trifft man vor allem auf folgende drei Formen von Fehlverhalten.

aa) Falsche Bedienung von Baumaschinen

Signifikant, aber mit einem Anteil von nur etwa 10% aller Fälle nicht gerade häufig ist die falsche Bedienung von Baumaschinen. Häufiger als Wartungsfehler, z.B. unterlassene oder unzureichende Reparaturen, sind Fehler bei der Aufstellung und vor allem bei der eigentlichen Bedienung von Baumaschinen.

So war bei einem Kran die Überlastsicherung unwirksam gemacht, weshalb er bei Überladung mit 1,7 t Montiereisen umkippte.

Zu schwache oder nicht fachgerecht montierte Dachdecker-Aufzugsgalgen sind des öfteren Ursache schwerer Unfälle geworden. So wurde von einem 28 m hohen Zementsilogebäude der Aufzugsgalgen heruntergerissen, der einen Lehrling erschlug. Fehler haben auch beim Aufstellen von Turmdrehkränen zum Umstürzen und schweren Unfällen geführt.

Am häufigsten aber kommt es vor, daß technisch einwandfrei und richtig aufgestellte Baumaschinen falsch bedient werden. Derartige Bedienungsfehler wie Schrägziehen von Lasten finden sich außer bei Turmdrehkränen auch bei Bauaufzügen. Manchmal werden Arbeitsmaschinen verbotswidrig benutzt, z.B. eine Fördereinrichtung für den Materialtransport für die Beförderung von Personen. Ein 16jähriger Hilfsarbeiter bediente unzulässigerweise einen Bauaufzug; da er den falschen Hebel erwischte, rauschte die Plattform zur Erde und erschlug einen Maurer.

bb) Mangelhafte Sicherung der Bauarbeiter gegen Ab- und Einsturz

Die in der Praxis mit durchweg mehr als 75% aller Fälle wichtigste Form der Baugefährdung ist die mangelhafte Sicherung der Bauarbeiter gegen Ab- und Einsturz. Häufig sind mangelhafte Sicherungen gegen Absturz von Bauarbeitern oder von Gegenständen, z.B. fehlende Absperrungen oder unverdeckte Öffnungen. Es werden Leitern unsicher aufgestellt oder lange Leitern nicht gegen Durchbiegen gesichert.

In beinahe einem Drittel aller untersuchten Fälle fehlte jegliche Sicherung gegen den Absturz von Personen, z.B. Fanggerüste oder Fangleinen bei in Höhen von mehr als 5 m über dem Erdboden durchgeführten Arbeiten. Die Folge sind oft tödliche Absturzunfälle.

Die nächstwichtige Fehlerquelle (über 15%) waren bei dieser Untersuchung in Niedersachsen mangelhafte, nach den Unfallverhütungsvorschriften unzureichende Absturzsicherungen. Sie finden sich häufig im Gerüstbau, wo man zu schwaches oder defektes Material verwendet oder bei Auslegergerüsten zu große Abstände wählt. Oder es werden beim Abbruch des Gerüsts Verankerungen zu früh gelöst. Gerüste, insb. auch Deckenrüstungen, werden für die fraglichen Lasten zu schwach konstruiert.

Bald noch gefährlicher als im Hochbau sind Verschalungsmängel im Tiefbau, weil bei Einstürzen von Leitungsgräben den darin befindlichen Arbeitern der Erstickungstod droht.

Ein Beispiel für nicht verdeckte Öffnungen ist ein Fall, in welchem ein Maurer, da das Treppenhaus über dem 3. Obergeschoß nicht vorschriftsmäßig abgedeckt war, bei Einschalungsarbeiten aus dem 4. Obergeschoß in den Keller zu Tode stürzte. – Da die zum Abdecken verwendeten Bretter nicht stabil genug waren, brachen sie und ein Bauhilfsarbeiter stürzte zusammen mit seiner Karre, die mit Steinen beladen war, etwa 3,80 m tief ab.

Durchbruchgefährdet sind nicht tragfähige Dachflächen, insb. Glasdächer; mitunter werden zu schmale oder zu schwache Arbeitsstege bzw. Leitern verwendet. Derartige Unfälle treffen außer dem Glasreiniger- auch das Malergewerbe.

Schließlich kommen Bauarbeiter dadurch zu Schaden, daß gefährliche Bereiche wie Aufzüge nicht ordentlich abgesperrt oder nicht gegen dort leicht herabstürzende Lasten vorschriftsmäßig durch Schutzdächer gesichert sind.

c) Mangelhafte Sicherung des Publikums

Dieser Form sind Baugefährdungen vergleichbar, die auf mangelhafter Sicherung des Publikums beruhen. Hier handelt es sich um andere Personen als den Bauherrn oder sonstige Besucher der Baustelle, die denselben Gefahren wie Bauarbeiter ausgesetzt sind. Vornehmlich beim Hochbau an belebten Straßen oder Verkehrswegen können durch Einsturz eines Gerüsts oder Herabfallen leicht auch Passanten geschädigt werden.

Eine Gefahrenquelle ist insoweit eine fehlende oder unzureichende Absper[illegible] der Baustelle, durch welche verhindert werden soll, daß Unbefugte – insb. Kinder [illegible]en Gefahrenbereich hineingelangen, in Baugruben, von Gerüsten fallen oder von [illegible]maschinen erfaßt werden.

Ist der Bauplatz an sich gesichert, kann nach Lage der Dinge das Publikum du[illegible]ler der geschilderten Art u.U. dennoch in Mitleidenschaft gezogen werden.

So können unzureichend verankerte Gerüste vom Wind auf belebte Straßen geworfen werden oder umstürzende Turmdrehkräne Personen erschlagen oder verletzen.

2. Volltrunkenheit

Kriminologisch und vor allem kriminalistisch noch wenig erforscht sind die Fälle krimineller Volltrunkenheit z.B. § 330a dtsch. StGB). Hier hilft die Bezugnahme auf Untersuchungen des Alkoholgenusses im Zusammenhang mit dem Straßenverkehr ebenso wenig wie Studien über andere Straftaten, z.B. Körperverletzungen, unter Alkoholeinfluß. Sowohl die Tatsituationen als auch typische Reaktionsweisen Volltrunkener müssen exakter als bisher erforscht werden, bevor sich hier Genaueres sagen läßt.

Schäfer, Klaus: Die Volltrunkenheit (§ 330a StGB) im Landgerichtsbezirk Bonn in den Jahren 1952–1954 und im Landgerichtsbezirk Köln im Jahre 1954 – Diss. Bonn – Bonn 1958; *Cramer,* Peter: Der Vollrauschtatbestand als abstraktes Gefährdungsdelikt – Tübingen 1962.

3. Störung oder Gefährdung des Gemeinschaftsfriedens

Delikte gegen den Gemeinschafts- oder Rechtsfrieden sind diejenigen Straftaten, deren wesentlicher Unrechtsgehalt darin besteht, daß durch sie die Sicherheit oder der Frieden einer Vielzahl von Menschen gestört oder gefährdet wird.

Geerds, Friedrich: Rechtsfriedensdelikte – in: HdwKrim (2) III-1 ff.

Die Delikte gegen den Gemeinschaftsfrieden sind kriminologisch bisher relativ wenig erforscht, was nicht nur daran liegt, daß hier vielfach auch Individualinteressen oder aber staatliche Belange in Mitleidenschaft gezogen werden. Ebenso findet sich kriminalistisch daher nur wenig Material, obwohl diese Dinge in den letzten Jahren im Zusammenhang mit Krawallen und vor allem Demonstrationen aktuell geworden sind und auch diskutiert werden. Hier muß daher einstweilen ein Überblick genügen, der sich noch an die kriminologisch zu unterscheidenden Erscheinungsformen anlehnt. Dabei lassen sich je nachdem, ob es nur zu einer Gefährdung oder gar einer Störung des Gemeinschaftsfriedens gekommen ist, zwei Gruppen von Deliktstypen unterscheiden.

a) Störungen des Gemeinschaftsfriedens

aa) Störungen des Gemeinschaftsfriedens werden in erster Linie in Form des **Landfriedenbruchs oder ähnlicher Massendelikte** begangen, was bedeutet, daß der eigentlich störende Faktor eben die Masse ist. Differenziert man nach dem Anlaß, so lassen sich soziale, politische und Krawall-Massendelikte unterscheiden. Haben soziale Massendelikte deutlich das Gepräge einer Not- oder Protestaktion, bedeutet das nicht, daß man nicht auch bei politischen Massendelikten Derartiges behauptet; doch dominieren hier eindeutig politische Ziele wie beispielsweise eine Veränderung der bestehenden Machtverhältnisse. Krawall-Massendelikte verfolgen keine derartigen Ziele, sondern sind mehr emotional strukturiert.

Typische Beispiele dafür sind die sog. Halbstarkenkrawalle der 50er Jahre. Vom „reinen Krawall" spricht man, wenn die Zusammenrottung ohne ersichtlichen Anlaß erfolgt, während bei „Veranstaltungs-Krawallen" angeblich avantgardistische Musikdarbietungen oder andere Ereignisse auslösend wirken. Der „Folge-Krawall" schließlich ist ein Produkt der kriminellen Ansteckung, das durch einen vorangehenden Krawall verursacht oder Berichte darüber ausgelöst wird. Auch politische Massendelikte, die gern als Demonstration bezeichnet werden, weisen nicht selten zugleich Charakteristika solcher Krawalle auf.

bb) Allerdings kann der Gemeinschaftsfrieden auch durch Einzelne gestört werden, die Masse also nur noch als Opfer fungieren. So ist es nicht nur beim **Landzwang** und verwandten Straftatbeständen, sondern ebenso bei grobem Unfug, ruhestörendem Lärm und ähnlichen Verhaltensweisen.

b) Gefährdungen des Gemeinschaftsfriedens

Der historisch enge Zusammenhang mit den Delikten gegen den Staat und seine Organe erklärt, warum manche Gesetzgeber gewisse Verhaltensweisen bereits als bloße Gefährdung

des Gemeinschaftsfriedens unter Strafe gestellt haben. Hier lassen sich vor allem zwei Arten von Deliktstypen und damit Gruppen von Erscheinungsformen unterscheiden.
aa) Einmal geht es um **Äußerungsdelikte** wie das Auffordern zum Ungehorsam gegen die Gesetze oder zu strafbaren Taten; ferner ist an gewisse Vorschriften zum Schutz von Minderheiten und überhaupt an das Verunglimpfen staatlicher Einrichtungen zu denken.

Nach dem Anlaß lassen sich hier politische und persönliche Äußerungsdelikte unterscheiden; die früher vorkommenden religiösen Äußerungsdelikte haben in den meisten Ländern sehr an Aktualität verloren.

bb) Zum anderen ist auf **Verbindungsdelikte** hinzuweisen. Hier handelt es sich um Strafvorschriften, die bereits die Beteiligung an einem Zusammenschluß verbieten. Bedeutsamer als Straftatbestände gegen Geheimbündelei oder bewaffnete Haufen sind heute solche gegen kriminelle Vereinigungen, deren Spezialfall beispielsweise das Mordkomplott ist. Durch Maßnahmen des Staatsschutzes und ansprechende Kriminalisierung können derartige Straftatbestände aber sehr leicht prekär werden.

Obwohl die Abgrenzung deshalb problematisch werden kann, weil sich auch kriminelle Banden oder Organisationen oft einer pseudopolitischen Tarnung bedienen, sollte man doch von den wesentlich politischen Verbindungen einmal eindeutig kriminelle Vereinigungen und sodann solche Zusammenschlüsse unterscheiden, bei welchen die Grenzen verschwimmen; bei diesen Gruppen ist weniger auf Aufmachung oder varbales Getue als darauf abzustellen, ob die Taten dessen ungeachtet als eindeutig kriminell erscheinen, was die Annahme einer kriminellen Vereinigung rechtfertigen dürfte. Außer an eine Tarnung ist ferner daran zu denken, daß die Entwicklung zur kriminellen Organisation sich oft erst im Laufe der Zeit vollzieht; das Bild, das eine solche Gruppe oder Bande bietet, kann also jeweils anders aussehen. Doch werden Auftreten und Aktivitäten aller dieser Arten von Organisationen trotz gewisser Gemeinsamkeiten bekanntlich von den Zielen und der – u.U. nur vorgetäuschten – Motivation geprägt.

4. Delikte gegen das Pietätsempfinden

Eine gewisse Ähnlichkeit mit den Delikten gegen den Gemeinschaftsfrieden zeigen mitunter Straftatbestände wie Gotteslästerung oder Störung der Totenruhe. Denn derartige Delikte gegen das Pietätsempfinden haben nicht selten einen sozialen Hintergrund oder doch jedenfalls eine die Allgemeinheit beunruhigende Wirkung.
Sowohl kriminologisch als auch kriminalistisch sind sie bisher aber wenig erforscht. Dabei handelt es sich einerseits um Gewalt gegen Sachen, die ähnliche Probleme wie die Sachbeschädigung aufwirft, und andererseits um Äußerungen, die mehr an Ehrverletzungen erinnern.

5. Tierquälerei

Die Tierquälerei mag ihrem Gewicht nach als nicht sonderlich bedeutsam erscheinen. Dennoch ist sie für Kriminologen und Kriminalisten u.U. überaus aufschlußreich, weil derartige Taten eine besondere kriminelle Intensität des Täters oder bei ihm existierende psychopathologische Phänomene erkennen lassen, wie wir das etwa im Rahmen der Sexualdelikte bei der Sodomie gesehen haben. Der Tierquälerei kann nicht nur für manche Sexualdelikte, sondern möglicherweise als Vorstufe oder Modalität der Gewaltkriminalität eine Schlüsselrolle zukommen, weshalb man diese noch wenig erforschte Materie nicht unterschätzen sollte.

Krumbiegel, Ingo: Straftaten im Zoologischen Garten – Arch. f. Krim Bd. 126, S. 61 ff. (1960), Bd. 138, S. 25 ff. (1966), Bd. 141, S. 126 ff. (1968); *Krumbiegel,* Ingo: Tierquälerei als Vorstufe sadistischer Gewaltverbrechen – Arch. f. Krim. Bd. 140, S. 22 ff. (1967), Bd. 148, S. 41 ff. (1971).

Ebenso wie manche von einem Täter oder mehreren gemeinschaftlich begangene Serien solcher Taten können u.U. brutal und geradezu sadistisch durchgeführte Einzelfälle von Tierquälerei bedrücken. Die Opfer können außer eigenen und fremden Haustieren auch Tiere in zoologischen Gärten u.dgl. oder wild lebende Tiere sein.

Dabei sollen die keineswegs seltenen aus Gedankenlosigkeit oder sonstiger Fahrlässigkeit begangenen Quälereien hier ganz außer Betracht bleiben, obwohl in Zoos, Freigehegen und anderweitig immer wieder Tiere beispielsweise durch vermeintliches, aber falsches Futter oder andere Gegenstände gequält werden oder daran verenden, wie etwa vor einigen Jahren im Tierpark (Opel-Zoo) von Kronberg/Taunus ein Nilpferd, das eine in sein Becken hineingeworfene Cola-Flasche gefressen hatte. Vielmehr wollen wir uns hier auf vorsätzlich begangene Taten beschränken.

Die z.T. schon bei Sodomie (§ 10-IV-C-2) und Wilderei (§ 9-V) geschilderten Praktiken, die sich u.U. auch als Sachbeschädigung ahnden lassen, laufen einmal auf einen mehr oder minder qualvollen Tod des Tieres hinaus.

Außer Giften der verschiedenen Art benutzen Tierquäler Knüppel, Messer und alle möglichen Werkzeuge oder Praktiken wie die, lebenden Hunden oder Katzen das Fell ganz oder teilweise abzuziehen.

Zum anderen handelt es sich um alle möglichen und unmöglichen Formen der Tierverstümmelung, die im Einzelfall noch grausamer als eine schnelle Tötung anmuten können; mitunter gehen sie dieser aber voraus.

Außer an Abhacken oder Abschneiden von Schwänzen, Füßen und Läufen ist bei Vögeln an das Abreisen von Flügeln oder an das Blenden von Tauben zu denken. Auch durch Anzünden des Felles oder mit glimmenden Zigaretten hat man Tiere bewußt und scheußlich gequält. Ähnlich wirken z.T. die bei der Wilderei erwähnten unwaidmännischen Jagd- und Fangmethoden.

6. Bettelei, Landstreicherei, Arbeitsscheu

Wieder anders liegen die Dinge bei Bettelei, Landstreicherei, Arbeitsscheu und anderen Formen der sog. Kleinkriminalität. Gewiß mag man das kriminelle Gewicht derartiger Straftaten als gering und ihre Kriminalisierung als zweifelhaft ansehen. Dennoch ist nicht zu bestreiten, daß diese Verhaltensweisen für derartige Menschen und damit für andere Bereiche der Kriminalität aufschlußreich sein können. Deshalb sollte man sich auch damit genauer befassen, zumal da Kenntnisse der verschiedenen Praktiken hier auch die Aufklärung anderer Straftaten erleichtern kann.

Harnisch, Gerhard: Die Bekämpfung des Stadtstreicherunwesens – in: TbKrim XXIII, S. 87 ff. (1973).

7. Verbotenes Glücksspiel

Die dem beim Betrug behandelten Falschspiel (§ 9-VII-B-4) in praxi oft nahe verwandten, jedoch von ihm zu unterscheidenden Formen des strafbaren Glückspiels sind recht vielfältig. Sie sind bei unterschiedlichen Regelungen kriminologisch und kriminalistisch jedoch etwas gründlicher erfaßt als die zuvor behandelten Bereiche, obwohl sich auch hier durchweg nicht von besonderer krimineller Intensität sprechen läßt.

Vieth: Glücksspiele – in: TbKrim IV, S. 91 ff. (1954); *Bekämpfung von Glücks- und Falschspiel* – Arbeitstagung ... 23. Mai bis 28. Mai 1955 – hrsg. v. Bundeskriminalamt – Wiesbaden 1955; *Wiese,* Johannes: Betrugsmöglichkeiten durch Spielveranstalter auf Volksfesten – in: TbKrim IX, S. 39 ff. (1959); *Berk,* Wilhelm: Geldspielautomaten und Polizei – in: TbKrim IX, S. 56 ff. (1959); *Berk,* Wilhelm: Die Glücksspielkriminalität. Begriffe – Rechtsvorschriften – Bekämpfung – in: TbKrim XV, S. 11 ff. (1965); *Eschenbach,* Eberhard-Joachim: Glücks- und Falschspiel – in: HdwKrim (2) I-350 ff.

Spiele und somit auch Glücksspiele sind eine menschliche Tätigkeit, die nicht nur der Entspannung, sondern ebenso zur An- oder Erregung dienen kann. Bei dem elementaren Spieltrieb kann nicht verwundern, daß Spiele und insb. Glücksspiele uralt sind, wenngleich immer wieder einmal Neues erfunden wird.
Kennzeichnend für das Glücksspiel ist, daß das Ergebnis vom Zufall abhängt, der – wie Spielautomaten zeigen – sogar mechanisiert werden kann. Nimmt man den weiter für das Glücksspiel typischen Geldeinsatz hinzu, so handelt es sich hier um eine seltsame Mischung von Spiel und Gewinnstreben. Die Nähe des Glücksspieles zum Falschspiel beruht darauf, daß derjenige Spieler, der auf Gewinn aus ist, dort den Zufall durch eigene Tricks oder Geschicklichkeit zu steuern oder ersetzen bemüht ist.

Während Praktiken des Falschspiels gewöhnlich – wie dargelegt – als Betrug gewertet werden können, liegen die Dinge beim Glücksspiel anders. Doch versuchen viele Länder durch recht verschiedenartige Strafvorschriften, die mit dem Glücksspiel für viele Menschen verbundenen, nicht nur finanziellen Risiken zu begrenzen. Dennoch bleiben weite Bereiche des Glücksspiels ausgenommen oder werden – wie Geldspielautomaten – auf andere Weise (z.B. Gewerberecht) eingegrenzt.

Strafvorschriften gegen Glücksspiele setzen im allgemeinen voraus, daß der Gewinn einen Vermögenswert hat und das Spiel öffentlich, für Dritte zugänglich durchgeführt wird.

Die strafrechtlich bedeutsamen Formen des Glücksspiels lassen sich am besten zu drei Gruppen zusammenfassen:
a) Spiele
b) Wetten
c) Unerlaubte Lotterien und Ausspielungen

a) Spiele

Die eigentlichen Glücksspiele, bei denen Gewinn und Verlust völlig oder ganz überwiegend vom Zufall abhängen müssen, sind zunächst einmal von den Geschicklichkeitsspielen zu unterscheiden, bei denen der Gewinn demgegenüber vor allem von manuellen oder geistigen Fähigkeiten des Spielers abhängt. Die Glücksspiele lassen sich im wesentlichen in vier große Gruppen zusammenfassen:
aa) Kartenspiele
bb) Würfelspiele
cc) Tafelspiele
dd) Spielautomaten
Natürlich gibt es noch andere Arten von Glücksspielen, die wie Japanisches Fadenziehen, Angelspiele und Wurfspiele sogar auf Jahrmärkten zu finden sind. Auf sie kann in diesem Rahmen aber nicht näher eingegangen werden, zumal da es in der Praxis oft nur wieder um Fragen der behördlichen Kontrolle geht. Überhaupt ist ungeachtet der vielschichtigen Materie wegen des relativ geringen kriminalpolitischen Gewichts, das sich nur bei Verbrecherorganisationen (§ 6-I-4) anders darstellt, Kürze geboten.

aa) Kartenspiele
Unter den Kartenspielen werden, obwohl Einzelheiten strittig sind, vor allem Kartenlotterie, Kümmelblättchen, Meine Tante–Deine Tante und Pokern als verbotene Glücksspiele angesehen; ferner ist hier auf Bakkarat (Chemin de fer), Makao, Häufeln (Polnisch Kupka), Karten-Domino, Kutscherskat (Ölkopf), Rouge et noir, Schrum-Schrum sowie Siebzehn und vier (Vingt et un) hinzuweisen.

bb) Würfelspiele
Bei den Würfelspielen kommt es vor allem auf den Einsatz von Geld, nicht so sehr auf divergierende Spielregeln an. Hier finden sich zudem besonders häufig präparierte Spielgeräte.

cc) Tafelspiele
Typische Tafelspiele sind außer dem Roulette etwa das Spiralo-Roulette sowie ähnliche Spiele (u.a. Kreisel- und Kugelroulette).

dd) Geldspielautomaten
Schließlich sind, obwohl diese Geräte z.T. gesetzlich zugelassen sind, Spielautomaten zu erwähnen, die nicht auf Geschicklichkeit, sondern wesentlich auf den Zufall abstellen. Abgesehen von der für das Glücksspiel wichtigen, recht verschiedenartigen technischen Konstruktion ist bei diesen in vielen Ländern weithin tolerierten Automaten noch mancherlei umstritten.

b) Wetten
Die durch Rennwett- und Lotteriegesetze in manchen Ländern verbotenen oder eingeschränkten Wetten sind am besten nach dem Verhältnis des Täters zur Wette zu klassifizieren, weil dieses unterschiedliche Praktiken bedingt.

Selbst wenn es bei der Wette anders als beim Spiel darum gehen soll, einen Meinungsstreit zu bekräftigen, wirken manche Wettpraktiken doch mehr wie eine Unterhaltung oder werden sie deutlich durch Gewinnstreben geprägt.

Kriminalistisch werden im Zusammenhang mit Wetten vor allem folgende drei Praktiken bedeutsam, die den Rahmen erlaubter Wettabschlüsse, welche einem Mißbrauch vorbeugen soll, überschreiten, um von zum Falschspiel zu rechnenden Praktiken wie dem Rennwettbetrug ganz abzusehen.

aa) Gewerbsmäßiges Abschließen und Vermitteln von Wetten, Auffordern dazu
Einmal handelt es sich – bei der Schwarzbucherei – um illegal tätige Buchmacher, die Wetten gewerbsmäßig abschließen, oder Hilfspersonen, die derartige Wetten vermitteln oder dazu auffordern. Mitunter wird sogar das bloße Dulden eines solchen illegalen Wettbetriebs kriminalisiert. Alle hier vorkommenden Praktiken lassen sich besser als in Deutschland an Hand der in den Vereinigten Staaten herrschenden Verhältnisse studieren.

bb) Unerlaubtes Handeln zugelassener Unternehmer
Unerlaubte Wettpraktiken gibt es weiter aber auch dann, wenn zugelassene Unternehmer die ihnen gesetzten Grenzen überschreiten.

cc) Anreizen zu Wetten, Gewerbsmäßige Voraussagen

Schließlich finden sich mitunter ergänzende Strafvorschriften, die sich allgemein gegen ein Anreizen zur legalen Wette oder gegen damit zusammenhängende, gewerbsmäßige Voraussagen richten, für welche natürlich ein Entgelt gefordert wird.

c) Unerlaubte Lotterien und Ausspielungen

Die Strafvorschriften gegen unerlaubte Lotterien und Ausspielungen erklären sich aus der Geschichte des Lotterieverbots. Geht es bei der **Lotterie** in aller Regel um Geld, so betreffen **Ausspielungen** (Verlosungen) in aller Regel bewegliche und unbewegliche Sachen oder sonstige Dienstleistungen wie Reisen und Bewirtungen. Deren Charakter ändert sich noch nicht dadurch, wenn dem Gewinner zusätzlich ein Taschengeld in bar gewährt wird. Anders ist es allerdings, wenn der Gewinner statt der Sachleistungen die Zahlung einer Geldsumme wählen darf.

Da selbst öffentliche Lotterien und Ausspielungen jetzt in beträchtlichem Umfang erlaubt sind oder zugelassen werden, wobei insb. der Spielplan geprüft wird, kommt diesen Strafvorschriften nur noch begrenzte Bedeutung zu.

Strafbar macht sich heute vor allem noch derjenige, der eine öffentliche Lotterie oder Ausspielung ohne behördliche Genehmigung veranstaltet. Zuständig für die Genehmigung sind gewöhnlich die Landesbehörden. Allerdings handelt auch derjenige Veranstalter ohne Erlaubnis, der nach Erteilung einer Genehmigung vom Spielplan abweicht oder die Spielbedingungen ändert.

§ 11
Delikte gegen den Staat und seine Organe

Die Delikte gegen den Staat und seine Organe sind diejenigen gegen die Allgemeinheit gerichteten Straftaten, die entweder den Staat als solchen oder die für ihn handelnden Organe betreffen. Derartige Strafvorschriften sind immer noch besonders zahlreich, obwohl diese Gruppe von Straftatbeständen in der Praxis am wenigsten vorkommt. Das besagt natürlich nicht, daß es sich nicht auch hier um u. U. besonders gefährliche Verbrechen handeln kann, weil der quantitative Gesichtspunkt insoweit nichts besagt. Dennoch muß sich die folgende Darstellung ungeachtet der Vielzahl der Strafvorschriften doch ganz besonders beschränken und auf die in der kriminalistischen Praxis häufigeren Deliktstypen konzentrieren.

Von den Straftaten gegen den Bestand des Staates lassen sich gegen einzelne Staatsorgane gerichtete Verbrechen unterscheiden; gliedert man den Staatsgewalten entsprechend in etwa drei Fallgruppen, gelangt man zu folgenden vier Deliktsgruppen:

I. Politische Delikte
II. Delikte gegen die Legislative
III. Delikte gegen die Judikative
IV. Delikte gegen die Exekutive

I. Politische Delikte

Zu den politischen Delikten im klassischen Sinne zählen außer dem gegen die innere Sicherheit gerichteten Hochverrat und dem die äußere Sicherheit gefährdenden Landesverrat in neuerer Zeit eine Reihe weiterer Straftatbestände, die in den einzelnen Ländern jedoch recht unterschiedlich geregelt sind. Am ehesten lassen sich davon noch die Delikte gegen das Völkerrecht zusammenfassen, zu denen außer seit langem bekannten Straftaten gegen ausländische Staaten, insb. ihre Repräsentanten und Symbole, auch Kriegshetze, Vorbereitung von Angriffskriegen und Verbrechen gegen die Menschlichkeit wie der Völkermord gehören. Noch größere Unterschiede zeigt der internationale Vergleich bei einer Deliktsgruppe, welche für innere Sicherheit heutzutage wichtiger als die des Hochverrats ist. Spricht man hier zusammenfassend von Staatsgefährdung, Verfassungsverrat oder Gefährdung des demokratischen Rechtsstaates, so geht es im Grunde um Praktiken der sogenannten kalten Revolution oder „5. Kolonne“.
Gewiß spielen alle diese Straftatbestände ungeachtet der erwähnten nationalen Besonderheiten zahlenmäßig nur eine ganz untergeordnete Rolle, was allerdings – wie gesagt – nicht heißt, daß derartige Taten nicht doch im Einzelfall erhebliches Gewicht zukommen kann. Insgesamt betrachtet sind diese Deliktsgruppen kriminologisch ebenso wie kriminalistisch wenig erforscht; das beruht vor allem wohl darauf, daß viele dieser Straftaten im Rahmen der Kriminalitätsbekämpfung eigentlich in allen Ländern eine Sonderstellung einnehmen. Denn zuständig für die Bekämpfung derartiger Machenschaften sind häufig nicht die Kriminalpolizei oder ihr vergleichbare Strafverfolgungsorgane, wenn man von hier und da bestehenden besonderen Organisationsformen absieht. Vielmehr ist dies das eigentliche Tätigkeitsfeld der Geheim- und Nachrichtendienste.

Zu ihnen sind auch Einrichtungen wie der Verfassungsschutz und der militärische Abwehrdienst zu zählen, um von Institutionen abzusehen, die wie Politische Polizeien, Geheime Staatspolizeien oder Staatssicherheitsdienst in Vergangenheit und Gegenwart in manchen Ländern traurigen Ruhm erlangt haben.

Ungeachtet der sich im gesamten Bereich zudem besonders häufig wandelnden Praktiken, erscheint es angesichts der Sondersituation angezeigt und tragbar, diesen Fragenkreis hier relativ knapp abzuhandeln.

Langemann, Hans: Das Attentat. Eine kriminalwissenschaftliche Studie zum politischen Kapitalverbrechen – Hamburg 1956; *Tietjen,* Jürgen: Politische Straftaten vor Hamburger Gerichten 1954–1963. Eine kriminologische Untersuchung – Kriminol Schriftenreihe Bd. 33 – Hamburg 1967; *Könitzer,* Burkhard: Methoden und Täter bei politischen Straftaten gegen Strafgesetze der Bundesrepublik Deutschland – Diss. Köln – o. O. (1967); *Schroeder,* Friedrich-Christian: Der Schutz von Staat und Verfassung im Strafrecht. Eine systematische Darstellung, entwickelt aus Rechtsgeschichte und Rechtsvergleichung – Münchner Univ. Schriften, Reihe der Jurist. Fak. Bd. 9 – München 1970.

A. Hochverrat

Der Hochverrat, der auf eine sogen. heiße Revolution oder entsprechende revolutionäre Akte hinausläuft, hat mit dem Wandel der politischen Verhältnisse überall viel von seiner früheren Bedeutung eingebüßt, wenngleich derartige Praktiken dennoch nicht nur in jungen Staaten wie Entwicklungsländern oder Regionen wie Süd- und Mittelamerika sowie Afrika auch heutzutage immer noch vorkommen.

Bucher, Peter: Der Reichswehrprozeß. Der Hochverrat der Ulmer Reichswehroffiziere 1929/30 – Wehrwiss. Forschungen/Abt. Militärgeschichtl. Studien, 4 – Boppard 1967.

Derartige revolutionäre Machenschaften sind also nicht nur für den Historiker, sondern z.T. auch für die Gegenwart von Interesse. Und gewiß gibt es trotz der Sonderrolle dieser Straftaten mannigfache Überschneidungen mit den Verbrechenstechniken bei anderen Formen kriminellen Verhaltens. Dennoch darf und muß hier auf eine eingehendere Darstellung verzichtet werden, die den Rahmen sprengen würde, wenn sie wirklich ergiebig sein soll. Vielmehr muß derjenige Kriminalist, der sich für diesen Bereich oder hier besonders deutlich werdende Phänomene interessiert, auf die einschlägige Spezialliteratur verwiesen worden.

B. Staatsgefährdung

Ähnlich ist das bei den verfassungsfeindlichen Aktivitäten, welche Juristen als Staatsgefährdung, Verfassungsverrat oder Gefährdung des demokratischen Rechtsstaates bezeichnen. Auch hier überwiegt trotz gewisser Überschneidungen das geheim- und nachrichtendienstliche Milieu bei weitem die übliche kriminalistische Arbeit.

Amelunxen, Clemens: Politische Straftäter. Ein Beitrag zur Kriminologie der Staatsgefährdung – Hamburg 1964; *Verfassungsschutz.* Beiträge aus Wissenschaft und Praxis – hrsg. v. Bundesministerium des Innern – Köln/Berlin/Bonn/München 1966.

Vermutlich können in diesem Spezialbereich Tätige wie beispielsweise Angehörige des deutschen Verfassungsschutzes eher von Erkenntnissen der Kriminologie und Kriminalistik profitieren als umgekehrt, wenn man etwa an Sprengstoffdelikte und Waffengebrauch oder an Erpressung, Verletzung privater Geheimnisse und Korruption denkt. Selbst wenn das hier und da sicher möglich sein wird, rechtfertigt das nicht eine ausführliche Darstellung verfassungsfeindlicher Aktivitäten an dieser Stelle, zumal da terroristische und anarchistische Aktionen ohnehin in anderem Rahmen behandelt worden sind.

C. Landesverrat

Ebenso ist im Grunde die Situation beim Landesverrat, als dessen Prototyp man wohl die Spionage ansehen darf.

van Bergh, Henrik: ABC der Spione. Eine illustrierte Geschichte der Spionage in der Bundesrepublik Deutschland seit 1945 – Pfaffenhofen 1965; *Gerken,* Richard: Spione unter uns. Methoden und Praktiken der Roten Geheimdienste, nach westlichen Quellen. Die Abwehrarbeit in der Bundesrepublik Deutschland – Donauwörth 1965; *Gunzenhäuser,* Max: Geschichte des geheimen Nachrichtendienstes (Spionage, Sabotage, Abwehr) Literaturbericht und Bibliographie – Frankfurt a.M. 1968; *Brückner,* Annette: Der Landesverrat. Eine kriminologische Studie – Diss. Bonn – Bonn 1971.

Obwohl sich Agenten der Geheimdienste sowohl in der Spionage als insbs. auch in der Abwehr in nicht geringem Ausmaß aus anderen Bereichen der Kriminalistik bekannter Praktiken bedienen, liegen die tatsächlichen Verhältnisse hier insgesamt doch schon deshalb anders, weil hinter landesverräterischen Aktivitäten noch häufiger als bei der Staatsgefährdung ein fremder Staat zu stehen pflegt, sie also anders als sonstige Straftaten organisiert werden. Hier ist infolgedessen das geheimdienstliche Milieu am ausgeprägtesten. Der Kriminalist muß daher auf das einschlägige Spezialschrifttum verwiesen werden.

D. Delikte gegen das Völkerrecht

Etwas anders liegen die Dinge jedenfalls zum Teil bei den Delikten gegen das Völkerrecht, wenngleich Straftaten gegen den Frieden oder Menschlichkeitsdelikte mitunter ebenfalls von Staaten oder politischen Gruppen organisiert werden.

Aber schon die in diesem Zusammenhang verübten Attentate gegen Personen oder Sachen entsprechen vielfach dem, was wir aus anderen Bereichen der Kriminalistik kennen; deshalb können diese Fragen auch dort berücksichtigt werden, weil der besondere, u. U. politische Hintergrund sich weniger auf die Verbrechenstechnik als mehr auf die weitere kriminalistische Arbeit und die kriminologische Erforschung auswirkt. Im übrigen – etwa bei anderen Straftaten gegen Repräsentanten und Symbole fremder Staaten – liegen die Dinge, was die Verbrechenstechnik anlagt, ebenso oder ähnlich wie bei gewissen Delikten gegen Einzelne oder gegen die Allgemeinheit.

II. Delikte gegen die Legislative

Von den gegen bestimmte Bereiche der Staatsgewalt oder ihre Repräsentanten gerichteten Straftaten lassen sich die Delikte gegen die die Legislative hier ebenfalls verhältnismäßig kurz abhandeln. Denn diese Straftaten spielen nicht nur zahlenmäßig, sondern überwiegend auch ihrem Gewicht nach eine viel geringere Rolle, als das der in manchen Ländern erhebliche juristische Aufwand vermuten lassen könnte. Speziell für die Verbrechenstechnik bieten zudem weder praktisch bedeutsamere Deliktstypen noch gewichtigere Einzelheiten gewöhnlich spezifische Probleme, weil derartige Täter sich der aus anderen Bereichen bekannten kriminellen Praktiken bedienen.
Die folgende Darstellung kann also nur die Aufgabe haben, die hier geübte Zurückhaltung zu begründen, einige Besonderheiten aufzuzeigen und im übrigen auf vergleichbare Bereiche hinzuweisen, in denen für diese Delikte wichtige Fragen ausführlicher behandelt worden sind oder werden.
Die in Betracht kommenden Straftatbestände, die in den einzelnen Ländern zudem vielfach recht unterschiedlich geregelt sind, lassen sich zu zwei großen Gruppen zusammenfassen.

A. Delikte gegen die Volksvertretung und andere Verfassungsorgane

Bei den Delikten gegen die Volksvertretung und andere Verfassungsorgane handelt es sich um Straftatbestände, die auf Parlamentsnötigung, Zwang gegen Abgeordnete, gegen die Regierung oder einzelne Mitglieder derselben sowie gegen andere Verfassungsorgane hinauslaufen.

Geilen, Gerd: Der Tatbestand der Parlamentsnötigung (§ 105 StGB) – Abh. zur Rechtswissenschaft Bd. 1 – Bonn 1957.

Derartiger Zwang verspricht in modernen Staaten aber nur noch selten Erfolg. Im übrigen entspricht nicht nur die Tatausführung dem bei der Nötigung Einzelner Gesagten, sondern ergeben sich hier überhaupt ähnliche Probleme wie dort. So ist im politischen Bereich oft ebenfalls zweifelhaft, wann auf solche Verfassungsorgane ausgeübter Druck oder Zwang als illegal zu werten ist; denn selbst eine ordentlich funktionierende Demokratie kennt viele Formen der Einflußnahme, die nicht nur toleriert, sondern z. T. als Engagement der Bürger sogar begrüßt werden müssen.

Bedeutsamer als brachiale Formen des Zwanges sind zudem in der Praxis Verhaltensweisen in seinem Vorfeld. Hier handelt es sich um Strafvorschriften, welche mit dem Bannkreis von Volksvertretungen oder der Hausordnung des Parlaments eine von sachfremden Einflüssen ungestörte Arbeit der Abgeordneten garantieren wollen. Die u. U. gewiß angebrachte Kritik darf nicht dann verleiten, Praktiken systematischer Verunsicherung zu legalisieren, die hier ebenso wie im privaten Bereich beim Hausfrieden fehl am Platz sind, wenn man auf eine solide Arbeitsweise der Parlamente Wert legt. Kann man sich daher z. T. an dem zum Hausfriedensbruch (§ 8-VII-2) Ausgeführten orientieren, so sind hier doch diejenigen Besonderheiten zu beachten, die sich daraus ergeben, daß diese Verfassungsorgane im sozialen Bereich arbeiten und die politischen Gegebenheiten etwas andere Kriterien als das Individualdelikt nahelegen.

B. Delikte gegen die Ordnungsmäßigkeit der Wahlen und Abstimmungen

Während es bei den soeben behandelten Delikten darum ging zu verhindern, daß Willensbildung und Arbeit der Verfassungsorgane unmittelbar durch illegale Aktionen – insb. Zwang – beeinflußt werden, ist es Ziel der nunmehr zu behandelnden Wahldelikte, auf die Zusammensetzung oder die Arbeitsweise derartiger Verfassungsorgane dadurch illegal Einfluß zu nehmen, daß man Wahlen oder Abstimmungen manipuliert. Dabei sind von den Wahlen zu Volksvertretungen die in denselben erfolgenden Wahlen und Abstimmungen zu unterscheiden.

Olderog, Rolf: Die Wahl- und Abgeordnetenbestechung. Eine strafrechtliche und kriminologische Untersuchung zum geltenden und zukünftigen Recht – Diss. Kiel – Kiel 1965.

1. Illegale Einflußnahme auf Wahlen zu Volksvertretungen

Die Möglichkeiten einer illegalen Einflußnahme auf Wahlen zu Volksvertretungen durch Zwang, Verletzung des Wahlgeheimnisses, Fälschung oder Bestechung sind jedoch in der Massengesellschaft recht gering; darüber sollte die Zahl einschlägiger Straftatbestände nicht hinwegtäuschen.

Derartige Fälle kommen bestenfalls noch in kleinen, gut überschaubaren Bereichen wie beispielsweise Kommunalwahlen kleiner Gebietskörperschaften oder in Ländern mit unterentwickelter bzw. besonderer politischer Struktur vor. Hier werden Wahlen nicht selten zur Farce, da nicht nur auf das für die Machthaber gefährliche Wahlgeheimnis verzichtet wird, sondern diese sogar Wahlfälschung großen Stils betreiben, um die bei der Masse der Wähler mühsamen Praktiken des Zwanges oder der Bestechung zu vermeiden.

Im übrigen zeigen diese Delikte, sofern sie vorkommen, große Ähnlichkeit mit ihnen entsprechenden Formen kriminellen Verhaltens, die – wie die Bestechung – noch an anderer Stelle zu behandeln sind (§ 11-IV-6).
Eine gewisse Sonderrolle spielt allerdings die Wahlbestechung, die deshalb kurz zu behandeln ist. Wichtiger als die Tatzeit, die mit dem Wahltermin zusammenhängt, und der Tatort sind bei dieser Art von Korruption die Tatmittel, bei denen – wie auch sonst – Geld und geldwerte Vorteile dominieren. Die Zuwendung von Bargeld an Einzelne oder Personengruppen wird naturgemäß kaschiert.

Vielleicht sind hier überhaupt Sach- und Dienstleistungen noch häufiger als sonst, wenn man etwa an Bewirtung mit Freibier, Schnaps und dergleichen denkt, wobei aber die Grenze zur Sympathiewerbung zweifelhaft werden kann. Auch Einrichtungsgegenstände oder Leihgaben an Vereine oder Verbände haben als Bestechungsmittel fungiert. Schließlich ist auf Erteilung von behördlichen Genehmigungen, Erlaubnissen, beschleunigte Bearbeitung, Beförderung oder Gehaltserhöhung hinzuweisen, die nicht nur den öffentlichen Dienst, sondern ebenso den privaten Bereich betreffen können. Der für die einzelnen Erscheinungsformen der Wahlbestechung aufschlußreiche Hintergrund ist recht verschieden. Häufiger als aus politischem „Idealismus" werden derartige Taten aus politischem Geltungsdrang oder zum Mißbrauch der Politik für Privatinteressen begangen.

2. Abgeordnetenbestechung

Bedeutsamer als diese Wahldelikte ist die im Bereich der mittelbaren Demokratie erfolgende Stimmbestechung, die Abgeordnetenbestechung.

Umso mehr muß überraschen, daß manche Länder keine derartigen Strafvorschriften kennen, sondern diese Problematik – wie in Deutschland – als politisch und juristisch nicht lösbar ansehen. Ungeachtet der nicht zu leugnenden Besonderheiten und Schwierigkeiten sprechen dagegen bereits einschlägige Straftatbestände anderer Rechte. Und sicherlich gibt es diese Form der Korruption, wie etwa die Protokolle von parlamentarischen Untersuchungsausschüssen und anderes Material beweisen, gerade in solchen Staaten, die keine einschlägigen Strafvorschriften kennen.

Ungeachtet der damit zusammenhängenden Unsicherheit und des hier ohnehin großen Dunkelfelds sind derartige Taten gewiß häufiger und vor allem gewichtiger als andere Wahldelikte. Denn bei der Bedeutung, die parlamentarischen Entscheidungen in vielen Staaten zukommt, können diese durch Praktiken der Korruption gezielt beeinflußt werden. Gebräuchlicher als Zuwendungen an politische Parteien, die ebenso wie sonstige Wahlspenden die Problematik der Parteifinanzierung aufwerfen, ist es, einzelne Abgeordnete oder eine kleine Gruppe von ihnen mit Schmiergeldern und dergl. zu bedenken.

Handelt es sich hierbei überdies um Ausschußmitglieder oder sonstige Experten, so kann der Täter die parlamentarische Entscheidung schon im Vorfeld von Diskussionen in der Fraktion oder gar im Plenum in seinem Sinne manipulieren. Die Kozentration der Mittel auf eine oder wenige Personen erhöht nicht nur die Attraktivität und begrenzt den Aufwand des Täters, sondern sie erleichtert es überdies, derartige Machenschaften geheim zu halten.

Kriminalphänomenologisch lassen sich vor allem zwei Formen der Abgeordnetenbestechung unterscheiden. Meistens geht es darum, bestimmte Wahlen, Abstimmungen oder ähnliche Vorgänge zu beeinflussen (spezielle Abgeordnetenkorruption).

Diese Täter können außer wirtschaftlich bedeutsamen Entscheidungen, an denen große Unternehmen, Konzerne oder Verbände interessiert sind, ferner Auftragsvergabe, Grundstücksverkäufe oder ganz andere Gegenstände (z.B. Natur- oder Denkmalschutzfragen) betreffen. Doch dürften wirtschaftliche Probleme wie Ein- und Ausfuhrkontingente, Preisfestsetzung, Steuer- und Zollrecht die wesentliche Rolle spielen.

Es kommen aber außerdem Fälle genereller Abgeordnetenkorruption vor, durch die allgemeine, gewissermaßen Weichen stellende Entscheidungen oder aber eine Reihe solcher in bestimmten Sinne beeinflußt werden sollen.

Hierher gehören außer Wahlen des Regierungschefs und des Parlamentspräsidenten etwa die Bindung der Stimmabgabe für oder gegen ein Mißtrauensvotum. Auf diese Weise kann weiter die Bildung oder

Auflösung von Koalitionen beeinflußt werden. Ferner ist bei der Abgeordnetenkorruption daran zu denken, daß alle gesetzgeberischen Maßnahmen für einen gewissen Bereich – etwa der Wirtschaft oder speziell des Kartellrechts – eine bestimmte, vom Täter gewünschte Richtung bekommen sollen. Bei der generellen Abgeordnetenbestechung spielen finanzielle Interessen gewöhnlich eine größere Rolle als politisch-ideologische.

Ungeachtet dieser Besonderheiten weicht die Abgeordnetenbestechung allerdings in der Verbrechenstechnik nur wenig von anderen Formen der Korruption ab, wenngleich die zugewendeten Vorteile hier durchweg wertvoller als bei der Wahlbestechung sind.

Neben der hier wieder häufigeren Zuwendung von Bargeld, die üblicherweise als Kreditgewährung, Anstellungs- oder Beraterverträge, angebliche Wahlspende oder dergl. kaschiert werden, finden sich unüblich günstige Preise oder Zahlungsbedingungen. Ferner benutzt der Täter – ebenfalls kaschiert – Sach- und Dienstleistungen; diese „Schmiersachen" werden als Geburtstagspräsente, sonstige Höflichkeitsgeschenke oder als Werbung deklariert. Außer Einrichtungs- und Kunstgegenständen für bestechliche Abgeordnete findet sich hier die Überlassung sogen. Leihwagen, um von den vielfältigen Praktiken der Bewirtung ganz abzusehen.

III. Delikte gegen die Judikative

Die Delikte gegen die Judikative, die Rechtspflegedelikte, bilden die wohl interessanteste Gruppe von Verstößen gegen Vorschriften zum Schutze staatlicher Organe, obwohl sie zahlenmäßig u. U. noch von den Delikten gegen die Exekutive übertroffen werden können. Denn hier geht es um die Rechtspflegeorgane selbst, weshalb die Materie geradezu als ein Test für den Rechtsstaat gewertet werden kann. Deshalb sollen nunmehr zumindest die wichtigsten Deliktsgruppen oder -typen behandelt werden.

Geerds, Friedrich: Rechtspflegedelikte – in: HdwKrim (2) III-11 ff.

A. Aussagedelikte

Eine typische und wichtige Gruppe von Straftaten gegen die Rechtspflege verkörpern die Aussagedelikte. Ziel dieser Strafvorschriften ist es, den für die Judikative wichtigen Personalbeweis zu sichern, weshalb ihre praktische Bedeutung wesentlich vom Beweis-, d. h. Prozeßrecht abhängt, das in den einzelnen Rechtskreisen bemerkenswerte Unterschiede aufweist.

Kern aller Aussagedelikte ist eine falsche Aussage. Ob sie uneidlich gemacht oder mit dem Eide bekräftigt wird, ist mehr eine Frage der Form ebenso wie die, ob die Aussage in einer Gerichtsverhandlung oder als Vernehmung an Eides Statt und dergl. erfolgt. Denn ebenso wie sich die Form eines Vor- oder Nacheides aus der historischen Entwicklung und der darauf basierenden Verfahrenskonzeption erklärt, hängt es vom Prozeßrecht ab, ob es überhaupt zu einer Vereidigung kommt, wenngleich dann außer dem vorsätzlich begangenen Meineid auch der fahrlässige Falscheid strafbar zu sein pflegt. Ansonsten kann bei einer falschen Aussage jedenfalls vor einer zur Eidesabnahme befugten Stelle oder Person entweder wegen versuchten Meineids oder sonst wegen uneidlicher Falschaussage gestraft werden. Im übrigen kommen in national unterschiedlichem Umfang mindere Mittel der Glaubhaftmachung wie die Versicherung an Eides Statt in Betracht, die dann als bedeutsame Personalbeweise gewöhnlich ebenfalls strafrechtlich gesichert werden. Von juristischen Besonderheiten wie Verleitung Gutgläubiger zu einer falschen Aussage kann hier abgesehen werden.

Groß/Seelig (8/9) II-146 ff.; *Richter,* Willi Kurt: Die Aussage- und Eideskriminalität nach dem zweiten Weltkrieg. Eine kriminologische Untersuchung über die Zeit von 1945–1955 an Hand der Akten der Staatsanwaltschaft beim Landgericht Essen – Diss. Bonn – Bonn 1962; *Mumm,* Dieter: Zum Wesen der Aussagedelikte. Ein Beitrag zur Kriminologie, Kriminalistik und zum Unrechtsgehalt dieser Delikte unter Berücksichtigung der Verfahren im Landgerichtsbezirk Kiel in den Jahren 1957–1961 – Diss. Kiel – (Hamburg) 1964 (= Kriminol. Schriftenreihe Bd. 16).

Schon kriminalphänomenologisch faßt man daher zweckmäßig alle Aussagedelikte zusammen, um bei den Erscheinungsformen an Hand des Rahmens und Zweckes zu differenzieren, in welchem die Falschaussage gemacht wird. So können sich Falschaussagen mit straf-, vermögens- und personenrechtlicher Konsequenz von solchen unterscheiden, die Ausbildungs- oder berufsständische Verfahren betreffen. Der damit skizzierte Hintergrund von Falschaussagen ist nicht nur wichtiger als die oben genannten juristischen Formen, die schon auf Grund der Gesetzgebung bei den einzelnen Erscheinungsformen unterschiedlich stark vertreten sind.

Kriminalphänomenologisch mögliche Differenzierungen – etwa bei Falschaussagen mit vermögensrechtlichem Hintergrund, im allgemeinen Forderungs-, Unterhaltsprozesse sowie Armenrechts- und Vollstreckungsverfahren – werden erst in der weiteren kriminalistischen Arbeit wesentlich. Andere Kriterien wie Tatzeit und Tatort sind hier für den Kriminalisten wenig aufschlußreich.

Wichtiger für die Verbrechenstechnik sind bei Falschaussagen die allgemeinen Erkenntnisse der Aussage- und Vernehmungspsychologie, die uns zu besonderen Formen der Falschaussage führen werden. Im übrigen muß gerade der Kriminalist auf die Vernehmung, welche den Rahmen der Aussage bildet, und daher auf die in der Kriminaltaktik ausführlicher zu erörternde Vernehmungstechnik und -taktik (§ 21) hingewiesen werden.

1. Psychologie der Aussage und der Vernehmung

Die allgemeinen Erkenntnisse der Aussage- und Vernehmungspsychologie, die gerade auch für Falschaussagen bedeutsam sind, können in diesem Rahmen daher nur kurz skizziert werden, weil sie besser im Rahmen der Kriminaltaktik oder gewisser kriminaltechnischer Begutachtungen passen. Doch sie sind wichtig, um das Charakterische der besonderen Formen der Falschaussage plausibel werden zu lassen.

Hellwig, Albert: Psychologie und Vernehmungstechnik bei Tatbestandsermittlungen – 4. Aufl. – Stuttgart 1951; *Meinert,* Franz: Vernehmungstechnik – 4., verb. Aufl. – Lübeck 1956; *Undeutsch,* Udo: Forensische Psychologie – in: HdwKrim (2) I-205 ff.

a) Zur Psychologie der Aussage

Allgemein ist für die Psychologie der Aussage festzuhalten, daß es für jede und damit auch für die falsche Aussage drei wesentliche Stufen gibt, die jeweils mit besonderen Fehlerquellen verbunden sind, welche selbst bei gutem Willen der Aussageperson Unrichtigkeit ihrer Angaben bewirken können.

aa) Bei der **Wahrnehmung** oder Aufnahme (Rezeption) der Erlebnisinhalte, die den Gegenstand der Aussage bilden, ist zu beachten, daß eine richtige Rezeption nicht nur wirklichkeitsgetreues und vollständiges Erfassen, sondern eine entsprechende Reaktion des Bewußtseins voraussetzt.

Ebenso wie eine vollständige und zutreffende Wahrnehmung bereits aus vielfältigen äußeren oder aber (dauernd bzw. vorübergehend) in der Person des Betreffenden liegenden Gründen verhindert werden kann, können mangelnde Erfahrung und dergleichen auch eine richtige Verarbeitung beeinträchtigen. Wahrnehmungsfehler sind deshalb gefährlich, weil die Deutung sich vielfach unterhalb der Bewußtseinsschwelle vollzieht.

bb) Eine weitere Stufe der Aussage ist die **Erinnerung** oder Reproduktion des Wahrgenommenen. Dies ist möglich, weil die vom Bewußtsein registrierten Sinneseindrücke sich nicht ohne weiteres verflüchtigen, sondern Spuren hinterlassen, die es ermöglichen, sich des Wahrgenommenen später wieder bewußt zu werden. Allerdings dürfte damit zugleich klar sein, daß sehr häufig selbst das von der Beweisperson Wahrgenommene aus mancherlei Gründen später nicht mehr vollständig und korrekt reproduziert werden kann, die Erinnerung also gelitten hat.

Inwieweit eine Wahrnehmung und damit das Erlebte reproduzierbar ist, hängt zunächst einmal von der Qualität und Intensität der ursprünglichen Vorstellung ab. Dieses Vorstellungsbild kann bei wirklichkeitsgetreuer Wahrnehmung schon deshalb vom Erlebnis abweichen, weil im menschlichen Gehirn sachfremde Erlebnisinhalte oder die Phantasie darauf Einfluß genommen haben (Kontamination, Konfabulation). Allerdings ist diese Ausfüllungstendenz verschieden stark. Die Qualität der Vorstellung hängt ferner von der seit der Wahrnehmung verstrichenen Zeit und vom Interesse der Aussageperson ab.

Weitere Fehlerquellen sind mit dem Reproduktionsakt verbunden, weshalb bei wiederholter Befragung die Aussagefähigkeit eingeengt ist, weil man sich mehr oder weniger auf das Rekapitulierte konzentriert. Neben der Merkfähigkeit hängt das Erinnerungsvermögen, das bekanntlich mit zunehmendem Alter abzunehmen pflegt, schließlich von der Assoziationsstärke ab.

cc) Die dritte Ebene ist die **Wiedergabe,** der eigentliche Aussageakt, der wiederum mit mancherlei Fehlerquellen behaftet ist, die hier nur kurz angedeutet werden können, obwohl die Fehlerquellen hier besonders vielfältig sind. Aber gerade da sie weithin mit der Vernehmung und der sie durchführenden Person zusammenhängen, soll hier den späteren Ausführungen nicht unnötig vorgegriffen werden.

Eine exakte Wiedergabe der noch vorhandenen Vorstellung hängt von Denkprozessen, d.h. von intellektuellen Fähigkeiten wie dem Abstraktionsvermögen ab. Da diese Denkarbeit nicht nur von der geistigen Kapazität, die schwanken kann, abhängt, sondern Bequemlichkeit, voreilige Schlußfolgerungen oder Vorurteile Einfluß nehmen können, sind Fehlerscheinungen schon hier nicht selten. Hinzu kommen die angedeuteten Fehlerquellen beim eigentlichen Wiedergabevorgang, der im Rahmen einer Vernehmung zu formulierenden Aussage, auf welche die Begleitumstände und die Person des Vernehmungsbeamten Einfluß nehmen.

b) Zur Psychologie der Vernehmung

Gerade das zur Wiedergabe Gesagte zeigt, daß man eine Aussage nicht isoliert betrachten darf. Außer der Persönlichkeit des Aussagenden ist daher ferner die des Vernehmenden zu beachten, der nicht nur Fehlerquellen der geschilderten Art z.T. vermeiden oder aber erkennen kann, sondern ebenso neue bringen kann. Das gilt schließlich überhaupt für die Art und Weise der Vernehmung, die nicht nur vom Stand des Verfahrens und der prozessualen Stellung der Aussageperson (Beschuldigter, Zeuge, Sachverständiger) abhängt, sondern ebenso von der äußeren Umgebung, dem Alter und der sozialen Stellung des Vernehmenden sowie von dritten Personen. – Alle diese Probleme sollen später (§ 21) ausführlich erörtert werden.

2. Besondere Formen der Falschaussage

Führt man sich diese mannigfachen Fehlerquellen der Aussage und die der sie beeinflussenden Vernehmung vor Augen, so sollte klar sein, daß kaum eine Aussage in dem Sinne richtig sein kann, daß sie das an sich Wahrnehmbare vollständig und exakt wiedergibt.

Wären somit nahezu alle Aussagen mehr oder weniger unrichtig, geht es bei der Falschaussage in diesem Zusammenhange doch nur um solche unrichtigen Aussagen, die bewußt, d. h. vorsätzlich, oder doch zumindest fahrlässig gemacht worden sind, bei denen also der Aussagende das Unrichtige zumindest hätte vermeiden können. Immerhin ist die Grenze zu anderen unrichtigen Aussagen nach allem nicht immer leicht zu erkennen. Dennoch sollte der Kriminalist zwischen einigen Formen von Falschaussagen unterscheiden, von denen vor allem vier bedeutsam sind, um die Gegebenheiten falscher Aussagen besser einschätzen zu können.

Es kommt also auf diejenigen typischen Modalitäten an, welche eine Aussage als ganz oder teilweise unrichtig erscheinen lassen.

a) Die Lüge

Lüge ist ein bewußtes Bekunden der Unwahrheit; sie erfolgt im Widerspruch zur tatsächlichen vorhandenen Vorstellung. Dabei ist von der pathologischen Lüge abzusehen, die schwer zu erkennen ist, weil der Vernommene seine Aussage für wahr hält.

Lügen bedeuten jedoch keineswegs immer, daß eigenes Verschulden verschleiert werden soll; es kann auch andere, persönlich triftige Gründe haben. Gewöhnlich ist zudem nicht die ganze Aussage unrichtig, sondern wird Unwahres mit Richtigem vermischt, was bei einer kritischen Prüfung sehr leicht irritieren kann.

b) Das falsche Geständnis

Das falsche Geständnis, bei welchem Tatsachen zugestanden werden, die überhaupt nicht oder doch so nicht der Wirklichkeit entsprechen, ist eine Sonderform der Lüge. Die Unrichtigkeit wird nur deshalb oft nicht erkannt, weil der Aussagende sich damit belastet.

Dafür gibt es – wie wir in der Kriminaltaktik noch sehen werden – mancherlei Gründe, weshalb ein Geständnis stets kritisch geprüft werden sollte. Nicht zuletzt gilt dies für allerdings seltene Fälle pathologischen Geständniszwangs, bei denen es sonst leicht zum Justizirrtum kommt.

c) Das Verschweigen

Zur Falschaussage kann es ferner in Fällen kommen, in denen der Aussagende an sich richtige, jedoch unvollständige Angaben macht, wodurch der Eindruck erweckt wird, die betreffende Person habe erschöpfend ausgesagt. Denn bei völligem Schweigen kann sich das Problem einer Falschaussage nicht ergeben.

Derartige Praktiken werden mitunter durch unsorgfältige Vernehmungen erleichtert, finden sich aber auch sonst. Die infolgedessen insgesamt täuschende Aussage ist deshalb gefährlich, weil Nachprüfung der gemachten richtigen Angaben die Zuverlässigkeit zu bestätigen scheint. Zudem sichert sich der Aussagende vielfach, wenn er zur Sache gehörende Angaben unterdrückt, eine Ausrede, die oft schlecht zu widerlegen ist.

d) Gedankenlose Unrichtigkeit

Schließlich gibt es, soweit Fahrlässigkeit als Schuldform ausreicht, auch die gedankenlose Unrichtigkeit; hier handelt es sich um eine objektiv unwahre Aussage, die der Vernommene zwar subjektiv für wahr und vollständig hält, obwohl er an sich hätte erkennen können, daß dies nicht zutrifft.

Diese Falschaussagen sind deshalb besonders schwer als solche zu erkennen, weil sie angesichts der subjektiven Überzeugung des Aussagenden an sich die Charakteristika der Aussage einer gutwilligen und wahrheitsliebenden Auskunftsperson aufweisen können. Denn nur relativ selten wird in derartigen Fällen schon die erkennbar leichtfertige Art und Weise, in welcher eine solche Aussage gemacht wird, den vernehmenden Beamten skeptisch und damit vorsichtig machen.

B. Falschverdächtigung

Der Unrechtgehalt der Falschverdächtigung oder falschen Anschuldigung ist nach wie vor in wichtigen Punkten umstritten, weshalb die Strafvorschriften der einzelnen Länder mitunter erheblich voneinander abweichen. Richtigerweise aber stellt die Falschverdächtigung nicht nur ein allgemeines Rechtspflegedelikt, sondern sogar ein Delikt gegen die Strafrechtspflege dar. Diese wird dadurch gefährdet, daß die Äußerung des Täters den Verdacht auf eine bestimmte, in Wahrheit jedoch unverdächtige Person lenkt.

Reich-Dörr, Marta: Zur Psychologie der falschen Anschuldigung und falschen Selbstbezichtigung – Kriminol. Schriftenreihe Bd. 7 – Hamburg 1962; *N. N.*: Falsche Beschuldigungen – Kriminalistik 1966 – 527f.; *Ranniger,* Ulf: Die Falschverdächtigung (§ 164 StGB). Eine kriminologische und juristische Untersuchung unter besonderer Berücksichtigung der Verfahren im Oberlandesgerichtsbezirk Schleswig in den Jahren 1959–1963 – Diss. Kiel – Frankfurt a. M. 1968; *Kemmelmeier,* Eckart: Anonyme und pseudonyme Anzeigen und Hinweise – in: TbKrim XXI, S. 113ff. (1971).

Kriminologisch sollte man die Erscheinungsformen an den Hintergrund anknüpfend bilden, womit zugleich der jeweilige Zweck verdeutlicht wird. Selbst wenn es im Einzelfall – wie bei jeder Typologie – Überschneidungen geben kann, lassen sich Denunziationen in Bezug auf den Beruf (Beamten-Denunziation, Taten gegen freiberuflich Tätige, Denunziation im Wirtschaftsleben) von politischen Denunziationen und solchen unterscheiden, die sich auf das Privatleben (Familie, soziale Stellung) beziehen; letztere pflegen über die Hälfte aller einschlägigen Fälle auszumachen. Auf Denunziationen mit beruflichem Hintergrund entfallen 30–40%, während die politische Denunziation je nach Lage der maßgebenden Verhältnisse erheblich schwankt.

Für die Ausführung derartiger Taten ergibt die Tatzeit nichts und der Tatort bestenfalls insoweit Abweichungen, als über die durchschnittliche Belastung der verschiedenen Siedlungsformen hinaus die z. T. konzentrierende Organisation der Strafverfolgung noch etwas weiter verzerrend wirkt. Schon bei der alten Fassung des § 164 dtsch. StGB, die leichtfertiges Handeln ausreichen ließ, überwog mit rund zwei Drittel aller Fälle die vorsätzliche Begehung. – Dem Inhalt der Anzeige nach überwiegen mit 25–50% die auch sonst häufigen Vermögensdelikte, während der Anteil der Delikte gegen das Gemeinschaftsleben bei gut einem Drittel zu liegen pflegt, was vor allem auf Sexualdelikte und gewisse Verkehrsdelikte zurückzuführen ist. Straftaten gegen die Person treten mit 10–15% schon deutlich und Delikte gegen den Staat und seine Organe mit Anteilen von nur 2–3% erheblich und noch mehr als beim durchschnittlichen Anteil dieser Kriminalitätsformen zurück.

Wichtiger für die Verbrechenstechnik dürfte die in den Strafvorschriften der einzelnen Staaten unterschiedlich behandelte Art der Tatausführung sein. Selbst in Rechten, die öffentliche Äußerungen, welcher Verdacht einer strafbaren Tat erregen und deshalb ein Strafverfahren bewirken können, ausreichen lassen, werden solche Fälle kaum von den Kriminalstatistiken registriert. Ganz überwiegend handelt es sich um förmliche Strafanzeigen; daneben spielen in der Rechtspraxis nur noch andere Personen verdächtigende Aussagen eine gewisse Rolle.

1. Falschen Verdacht erweckende Strafanzeigen

Strafanzeigen, die einen falschen Verdacht erwecken können, machen etwa 80% aller Fälle von Falschverdächtigungen aus. Rund zwei Drittel dieser Anzeigen erfolgen schriftlich, etwa ein Drittel mündlich oder fernmündlich.

In Deutschland werden solche unrichtigen Anzeigen ganz überwiegend bei der Polizei gemacht. Ist diese nach einer einschlägigen Untersuchung in über 75% der Adressat, entfallen auf die Staatsanwaltschaft etwas über 6% und auf Gerichte weniger als 3%, was die Rolle der Strafverfolgungsorgane bei der Kriminalitätsbekämpfung hierzulande gut beleuchtet. Häufiger als Staatsanwaltschaft und Gericht waren zudem andere Behörden mit einem Anteil von knapp 15% Adressaten solcher falscher Strafanzeigen.

Kriminalistisch interessanter als äußere Form und Empfänger ist jedoch die Frage, ob die Verdächtigung offen oder unter Verschleiern der Identität erfolgt.

a) *Offene Strafanzeige*

Beinahe 90% fälschlich verdächtigender Strafanzeigen erfolgen mit voller und richtiger Namensangabe. Selbst bei den schriftlichen Falschanzeigen ist insoweit noch ein Anteil von etwa 60% zu verzeichnen. Differenziert man hier nach Geschlechtern, so liegt dieser Anteil bei Männern mit rund 75% noch höher, während die Frauen hier nur auf etwas über 20% kommen.

Kósa, Ferenc: Falsche Anschuldigungen zur Verschleierung autoerotischer Handlungen – Arch. f. Krim. Bd. 148, S. 106ff. (1971).

b) *Anonyme und pseudonyme Strafanzeige*

Demnach beträgt der Anteil anonymer und pseudonymer Anzeigen, bei denen der Täter seine Identität verschweigt oder diese verschleiert, was eigentlich nur bei schriftlicher oder fernmündlicher Tatausführung möglich ist, insgesamt lediglich 10% aller Fälle oder aber 40% der insoweit besonders gefährlichen schriftlichen Anzeigen.
Dabei überwiegen mit 9% aller falschen oder mehr als einem Drittel aller die anonymen schriftlichen Anzeigen.

Das Verhältnis der Geschlechter ist hier umgekehrt wie bei offenen Anzeigen. Während die Begehungsweise bei schriftlichen Anzeigen von Männern nicht einmal 25% ausmacht, erreicht ihr Anteil bei den Frauen beinahe 66% der falschen Anzeigen.

Noch stärker divergiert das Verhältnis der Geschlechter bei pseudonymen Anzeigen, die insgesamt knapp 2% aller falschen Strafanzeigen oder etwa 6% aller schriftlichen Falschanzeigen ausmachen.

Wenn der entsprechende Anteil für schriftliche Anzeigen bei den Männern nur 3%, bei den Frauen aber nahezu 15% beträgt, wird deutlich, daß weibliche Täter bei der Falschverdächtigung weitaus häufiger als Männer die mit Anonymität oder Verwenden falschen Namens verbundene Heimlichkeit und List bevorzugen.

aa) Anonyme Strafanzeige

Die anonyme Strafanzeige liegt kriminalistisch insoweit einfacher, als äußerlich erkennbar ist, daß sich der Anzeigende nicht zu ihr bekennt. Wie sich in der Kriminaltaktik zeigen wird, bedeutet das aber keineswegs, daß derartige anonyme Anzeigen immer oder auch nur ganz überwiegend unrichtig sein müssen. Vielmehr gibt es mancherlei Gründe, die den Anzeigenden veranlassen können, seine Anonymität möglichst zu wahren, ohne daß darunter die Richtigkeit der Angaben zu leiden braucht (vgl. § 18–I–1–a–dd).

Außer bei wenig ansprechenden Motiven wie Haß, Eifersucht und Neid ist hier an Furcht vor Rache, vor möglicher eigener strafrechtlicher Verantwortlichkeit, an schlichte Angst oder an die Scheu zu denken, selbst mit den Unbequemlichkeiten oder Risiken der Rolle als Zeuge in einem Strafverfahren behelligt zu werden. Auch die Unsicherheit über die so oder so erlangten verdächtigen Angaben kann zu einer solchen Verhaltensweise führen. Die Situation der anonymen Anzeige stellt uns also kriminaltaktisch vor ganz besondere, später zu behandelnde Probleme.

bb) Pseudonyme Strafanzeige

Nicht viel anders ist das bei pseudonymen Anzeigen, bei denen die Verwendung eines falschen Namens regelmäßig aber wohl nur auf den ersten Blick täuschen kann. Denn bei den Ermittlungen dürfte sich bald herausstellen, daß der Anschein einer offenen Strafanzeige hier täuscht.

Der diesen Weg einschlagende Anzeigende gewinnt also nur ganz kurzfristig Vorteile. Sobald die Unrichtigkeit der Identitätsangaben erkannt ist, sind ähnliche Überlegungen wie bei der anonymen Anzeige anzustellen, da auch diese Handlungsweise nicht notwendig bedeutet, daß ein anderer zu Unrecht verdächtigt wird. Wird auf diese Weise eine Falschverdächtigung begangen, so werden mitunter sogar die Ermittlungen – wie wir in der Kriminaltaktik sehen werden – durch den falschen Namen erleichtert.

2. Falschverdächtigung durch Aussagen

Je nach strafrechtlicher Regelung gibt es noch andere Formen wie etwa die Falschverdächtigung durch Aussagen als Zeuge oder Beschuldigter. Auf derartige Praktiken entfallen in Deutschland rund 20% aller Falschverdächtigungen.

Da hier nicht einmal die Problematik einer pseudonymen Anzeige aufzutreten pflegt, kommt es für derartige Taten mehr auf Aussage- und Vernehmungspsychologie an; denn die unrichtigen Aussagen werden durchweg bei Vernehmungen in einem Strafverfahren gemacht oder als mit diesem im Zusammenhang stehende Auskünfte erteilt.

Für diese Ausführungsart dürfte es vor allem auf die prozessuale Rolle des Täters ankommen. Fungiert dieser beispielsweise im betreffenden Strafverfahren als Beschuldigter, so kann der Zweck sich zu entlasten überwiegen, während bei der Rolle des Zeugen außer einem derartigen Motiv eher Feindschaft dem Verdächtigten gegenüber oder aber Geltungsdrang mitwirken können.

C. Vortäuschen einer Straftat

In manchen Ländern ist das Vortäuschen einer Straftat kriminalisiert worden, während diese Fälle in anderen Ländern der Strafvereitelung zugerechnet werden oder aber straffrei bleiben. Auch in diesen Fällen geht es um eine Irreführung der Strafverfügungsorgane; sie unterscheidet sich von der Falschverdächtigung vor allem dadurch, daß der Verdacht nicht auf eine bestimmte Person gelenkt, sondern die Strafverfolgungsorgane durch diese Angaben völlig in die Irre geführt werden können.

Zirpins, Walter: Fingierte Überfälle – in: TbKrim XV, S. 133ff. (1965); *Holzer,* F. J.: Zur Aufklärung fingierter Überfälle – Arch. f. Krim. Bd. 143, S. 1ff., 96ff. (1969); *Meissner,* Ludwig: Die Vortäuschung einer Straftat. Ein Beitrag zur strafrechtlichen und kriminologischen Problematik des § 145 d StGB unter besonderer Berücksichtigung der Rechtsvergleichung und der Kriminalistik – Diss. Frankfurt a.M. – München 1970; *Kemmelmeier,* Eckart: Anonyme und pseudonyme Anzeigen und Hinweise – in: TbKrim XXI, S. 113ff. (1971).

Kriminalphänomenologisch mag es bei derartigen Straftaten angezeigt sein, nach den mit ihnen verfolgten Zwecken zwischen dem Verdecken eigenen oder fremden Fehlverhaltens und dem bloßen Erstreben künftiger Vorteile oder Schädigung Dritter zu unterscheiden.
Zur ersten Fallgruppe zählt als die in der Praxis wohl wichtigste Erscheinungsform, auf die über 60% aller dieser Taten entfallen, das Verdecken einer eigenen oder fremden Straftat. Mit einem Anteil von beinahe 20% kommt dem Verdecken sonst sozial mißbilligenden oder ehrenrührigen Verhaltens nicht unerhebliche praktische Bedeutung zu.

Man denke etwa an außereheliche Schwangerschaft, sonst nicht plausibles Fernbleiben, Ausgeben oder Verlieren von Geld, durch Selbstmordversuch oder auf andere Weise eingetretene Verletzungen, deren wirklicher Grund verschleiert werden soll.

Das Erstreben künftiger Vorteile tritt demgegenüber mit 12–18% aller Fälle schon zahlenmäßig deutlich zurück, selbst wenn man den Begriff des Vorteils weit faßt.

Ganz überwiegend geht es hier um das Erlangen wirtschaftlicher Vorteile. Man fingiert etwa zum Zwecke des Versicherungsmißbrauchs einen Einbruch oder verlangt Schadensersatz für angebliche Körperverletzungen oder Überfälle bzw. spekuliert mit der angeblichen „Vortat" nur auf das bare Münze bewirkende Mitleid anderer. Seltener erstrebt der Täter persönliche Vorteile, indem er beispielsweise behauptet, um sein Renommee zu heben, er habe Räuber in die Flucht geschlagen. Frauen haben Überfälle behauptet, um ihren Mann wieder an sich zu ziehen bzw. um lediglich zu erreichen, daß dieser sie auf dem nächtlichen Heimweg begleite.

Sehr selten ist die Schädigung Dritter. Zu dieser Erscheinungsform, auf die nur 2 oder 3% der Deliktsvortäuschungen entfallen sollen, zählen Selbst- oder Fremdbezichtigungen, die in Wahrheit jedoch vor allem Dritte – z. B. verhaßte Familienmitglieder oder Arbeitgeber bzw. Vorgesetzte – in ein Strafverfahren verwickeln sollen.
Kriminalistisch kommt es ebenfalls auf die Reichweite der ausschlaggebenden strafrechtlichen Regelung an. Im übrigen zeigen sich Ähnlichkeiten mit der Falschverdächtigung. Während die Tatzeit – wie dort – wenig aufschlußreich ist, fällt beim speziellen Tatort auf, daß die Deliktsvortäuschung durchweg unmittelbar gegenüber Strafverfolgungsorganen begangen werden, weshalb es sich in aller Regel um falsche Angaben handelt.

Was die vorgetäuschten Delikte anlangt, spielen von den Straftaten gegen die Person am ehesten noch die Körperverletzungen eine Rolle, die sich aber teils mit anderen Gewaltdelikten überschneiden. Kann man bei Personendelikten auf Anteile von 8–15% schätzen, liegt dieser bei den Delikten gegen den Staat und seine Organe mit 1–3% noch viel tiefer. Vor allem werden also Vermögensdelikte und Straftaten gegen das Gemeinschaftsleben vorgetäuscht. Obwohl die Anteile zeitlich und regional sehr schwanken, darf man doch bei den Vermögensdelikten von Anteilen zwischen 20 und 33% ausgehen, wobei außer Raub vor allem Diebstähle behauptet werden. Der mit 33–40% oder mehr noch größere Anteil der Straftaten gegen das Gemeinschaftsleben ist außer auf Verkehrsdelikte vor allem auf Sexualdelikte wie etwa die Notzucht zurückzuführen; allein für die Vergewaltigung werden Anteile bis zu 36% genannt.

Erfassen die einschlägigen Strafvorschriften außer den „fingierten Verbrechen", bei denen fälschlich eine Straftat behauptet wird, obwohl in Wahrheit keinerlei Anhaltspunkte für einen Tatverdacht bestehen, ferner „ablenkende Täuschungsmanöver", die bei Vorliegen einer Straftat die Ermittlungen von Tatverdächtigen ablenken sollen, so ergeben sich vor allem zwei Gruppen von Ausführungspraktiken.

1. Deliktsvortäuschung durch falsche Angaben

Bis auf wenige Ausnahmen handelt es sich ausschließlich oder zumindest auch um Deliktsvortäuschung durch falsche Angaben. Die Praktiken hier entsprechen denen der Falschverdächtigung. Wir haben es mit Anzeigen oder Aussagen zu tun, die bei Strafverfolgungs- oder anderen Behörden gemacht werden. Insoweit kann man sich hier an dem oben zu offenen oder anonymen bzw. pseudonymen Anzeigen Ausgeführten orientieren. Eine Besonderheit in diesen Fällen der Deliktsvortäuschung ist allerdings, daß zu den Angaben mitunter andere, sie erhärtende Umstände hinzutreten, die aber bei der sogleich zu behandelnden Ausführungsart näher geschildert werden sollen.

Um Unterschlagungen zu vertuschen, behauptete eine Filialleiterin, sie sei in ihrem Geschäft überfallen und beraubt worden. Sie benannte nicht nur als Täter einen gewissen Menzel, sondern bezeichnete auch in der ihr vorgelegten Lichtbildkartei einen Menschen, der nicht nur zufällig Menzel hieß, sondern sogar einschlägig vorbestraft war, weshalb es bald zu seiner Verurteilung gekommen wäre.

2. Schaffen oder Verfälschen von Tatspuren

Obwohl sich das Schaffen oder Verfälschen von Tatspuren nur selten allein findet, begegnen wir ihm bei der Deliktsvortäuschung als einer die unrichtigen Angaben anscheinend untermauernden Arbeitsweise doch viel häufiger als bei der Falschverdächtigung.

Ein Arbeiter, der seinen Wochenlohn vertrunken hatte, wollte seiner Frau den Verlust durch Behaupten eines Raubüberfalls plausibel machen; zu diesem Zweck hatte er sich einen tiefen Stich in den Unterarm beigebracht. Die Initiative der besagten Frau bewirkte mit Einschaltung der Kriminalpolizei, daß der „Fall" aufgeklärt wurde.

Ein 63jähriger Mann, der als Kassierer der Stadtwerke tätig war, behauptete, in seiner Wohnung überfallen und beraubt worden zu sein. Der angeblich als Tatwerkzeug fungierende Aschenbecher wies keinerlei Spuren auf, die Verletzungen hatte der Mann sich selbst beigebracht, um eine Unterschlagung der kassierten Gelder in Höhe von S 20.100 zu verschleiern.

Bald noch wichtiger als das Schaffen angeblicher Spuren von Einbrüchen, Körperverletzungen oder sonstiger Anwendung körperlicher Gewalt bzw. andersartiger zum Sachbeweis geeigneter Spuren finden sich hier Praktiken des Verfälschens.

Der Täter läßt nicht nur einen einfachen Diebstahl als schwer erscheinen, sondern schleppt eine Leiche auf den Bahnkörper, um einen Unfall vorzutäuschen, oder er gestaltet Tatumstände so, daß man statt auf Mord auf Selbstmord schließen sollte.

Die Übergänge zu den falschen Angaben werden fließend, wenn an sich vorhandene, u. U. kaum abgeänderte Spuren – z. B. Verletzungen des Körpers oder Beschädigungen von Sachen – anders interpretiert werden, um die Strafverfolgungsbehörden zu falschen Schlüssen zu veranlassen.

Es werden also nicht nur täuschende Tatspuren geschaffen, sondern ebenso vorhandene Spuren verändert oder verwischt. Diese Art der Tatausführung ist selbst dann, wenn sie lediglich begleitenden Charakter hat, für den Kriminalisten wichtig, weil sich damit kriminaltechnische Möglichkeiten und daher konsequenterweise kriminaltaktische Besonderheiten ergeben.

D. Strafvereitelung

Die Strafvereitelung oder persönliche Begünstigung ist ebenfalls ein noch recht unsicherer, obwohl keineswegs unwichtiger Deliktstyp. Das hängt nicht zuletzt mit der historischen Entwicklung zusammen, die nicht nur Zusammenhänge mit sachlicher Begünstigung und Hehlerei bewirkt hat, sondern zunächst sogar von allgemeinen Lehren (Teilnahme nach der Tat) ausgegangen ist. Heute aber sollte man die Strafvereitelung als ein selbständiges Delikt gegen die Strafrechtspflege werten. Das Verhalten des Täters bezieht sich dabei auf eine bereits früher begangene strafbare Handlung und bezweckt zu verhindern, daß an dieser Vortat Beteiligte bestraft werden.

Geerds, Friedrich: Über die Erscheinungsformen der Strafvereitelung – in: Kriminol. Schriftenreihe Bd. 29 (Kriminologische Wegzeichen, Festschrift v. Hentig), Hamburg 1967, S. 133 ff.; *Rodenhäuser,* Wolfgang: Die Strafvereitelung. Ein Beitrag zur Kriminologie und strafrechtlichen Problematik dieser Deliktstypen (§§ 257, 257 a, 258 346 StGB) – Diss. Frankfurt a. M. – München 1970.

Wenn der Tatort bei der Strafvereitelung etwas von der durchschnittlichen Belastung der Siedlungsformen abweicht, so erklärt sich das wohl nicht zuletzt daraus, daß heutzutage häufig Verkehrsdelikte den Anlaß dazu bilden, weshalb Kleinstadt und Landgebiet mehr als sonst belastet werden.
Sicherlich ließe sich auch bei der Strafvereitelung eine andere Konzeption erarbeiten als sie für die Kriminalphänomenologie vorgeschlagen wird. Und vielleicht erweist sich ein solches Vorgehen später als richtig, wenn die Dinge mehr als bisher erforscht sind. Man könnte etwa an Praktiken wie Manipulationen am Sachbeweis, falsche Angaben, Rollentausch oder andere Möglichkeiten denken, welche den Vortäter einer Bestrafung zu entziehen suchen. Da diese Praktiken zudem jeweils unterschiedliche Bedeutung haben, dürfte es sich aus Gründen der Übersichtlichkeit einstweilen empfehlen, sich in der Verbrechenstechnik an die Kriminalphänomenologie anzulehnen.
Vorausgeschickt sei allgemein nur noch, daß zwischen dem Täter und dem von ihm begünstigten Vortäter häufig ein enges persönliches Verhältnis besteht. Außer an Ehegatten und andere Angehörige ist daher an Freunde und Bekannte, selbst in Form des Verhältnisses von Untergebenem und Vorgesetztem, zu denken.

Während bei der Art der Vortaten, auf welche sich die Strafvereitelung bezieht, früher die Diebstähle dominierten, handelt es sich heute überwiegend (z. T. 64%) um Verkehrsdelikte. Daneben haben nur noch die Diebstähle praktische Bedeutung (etwa 20–33%).

1. Verbergen einer Person

Das Verbergen einer Person ist eine zwar prägnante, aber in der Praxis selten vorkommende Erscheinungsform. Zum bloßen Gewähren von Unterkunft kommen oft nicht nur andere Machenschaften, sondern falsche Angaben hinzu.

Eine Frau verbarg ihre wegen Unterschlagung gesuchte lesbische Freundin nicht nur in der eigenen Wohnung, sondern erklärte den nach ihr fahndenden Polizeibeamten, sie sei seit geraumer Zeit in der Schweiz.

Als weitere Machenschaften kommen weniger Verpflegung als den Aufenthaltsort verheimlichende Praktiken in Betracht.

Manchmal sollen durch das Verbergen auch Sachbeweise – etwa der Blutalkoholnachweis – beeinträchtigt werden.
Eine besondere, jedoch ebenfalls hierher zu rechnende Form ist der in der Praxis nicht gar so seltene Rollentausch, der sich keineswegs nur auf falsche Angaben beschränkt, wie sie etwa nach einem Verkehrsunfall gemacht werden.

Hier interessieren neben dem Rollentausch ferner Fälle wie das Absitzen einer Freiheitsstrafe oder auch die Zahlung einer Geldstrafe für einen Dritten.

2. Ermöglichen der Flucht

Eher kommt schon ein Ermöglichen der Flucht vor, weil außer an echte Fluchthilfe auch an Verschaffen von Geld, Vermitteln eines Fahrzeugs oder auch an eine bloße Warnung zu denken ist.

Häufiger als der Wegtransport – u. U. in das Ausland – oder Überlassung von Transportmitteln bzw. Geld für die Flucht sind heute andere Praktiken.

Ein Deserteur erhielt von seinem Bruder Paß, Kleidung und Reisetasche für die Flucht.

Ein Taxifahrer fuhr zwei amerikanische Soldaten von einer Schlägerei weg, um die Feststellung ihrer Identität zu verhindern.

Häufiger ist Fluchthilfe nach Verkehrsdelikten. Ein Täter vereitelte Feststellungen, indem er das Unfallfahrzeug samt dem Fahrer abschleppte.

Die bloße Warnung genügte für die Fluchthilfe bei einem Dieb, der von einem Gastwirt den Tip erhielt zu verschwinden, weil die Polizei gerade nach ihm gesucht habe.

Befindet sich der Vortäter bereits in Haft, so wird die Fluchthilfe juristisch üblicherweise zur Gefangenenbefreiung.

Ebenso wie beim Verbergen geht es hier außer um besondere Probleme bei der Vernehmung vor allem um kriminaltaktische Besonderheiten.

3. Falsche Angaben

Bei der Mehrzahl aller Strafvereitelungen – man nennt Anteile von mehr als 50% bis zu 66% aller dieser Fälle – wird dem Vortäter dadurch Beistand geleistet, daß man falsche Angaben gegenüber den Strafverfolgungsorganen macht. Derartige irreführende Angaben

können sich sowohl auf die Person des Vortäters als auch auf Beutestücke oder Spuren beziehen.
Die durchweg mündlichen Angaben verfolgen entweder das Ziel, ein strafbares Verhalten als straflos erscheinen zu lassen, oder aber der Verdacht soll abgelenkt werden; bezichtigt sich der Strafvereiteler selbst, so liegt ein Fall von Rollentausch vor.

Als einem jungen Mann, der sich mit seiner Freundin auf der Kirmes in einer Schiffsschaukel bewegte, eine geladene Pistole aus der Tasche fiel und der sich lösende Schuß das Mädchen verletzte, behaupteten beide vor der Polizei, sie wüßten nicht, woher der Schuß gekommen sei.

Die Frau eines angetrunkenen Lehrers, der einen Verkehrsunfall verursacht hatte, behauptete vor der Polizei wahrheitswidrig, einen „Nachtrunk" mit Kognak. – Oder aber Strafvereiteler behaupten verkehrsgemäßes Verhalten des Vortäters.

Mitunter leugnen Strafvereiteler, den Vortäter zu kennen. Das tat u. a. eine Frau, obwohl sich der Fahrer, der ihren Zaun beschädigt hatte, vorher richtig ausgewiesen und mit ihr über die Schadensregulierung geeinigt hatte.

Nicht gar so selten sind falsche Angaben in Fällen des Rollentausches bei dem sich der Strafvereiteler fälschlich als Vortäter ausgibt, um den Verdacht von diesem abzulenken.

Zuweilen tauscht nach einem Verkehrsunfall ein anderer den Platz mit dem Fahrer, wenn dieser größere Nachteile zu erwarten hat oder ihm gar die Fahrerlaubnis entzogen werden konnte.

Ein Handwerksmeister hatte nicht nur auf seinen Namen ein Kraftfahrzeug für den Vortäter erworben, sondern auch durch Strafbefehl und Strafverfügung wegen von diesem begangener Verkehrsdelikte verhängte Geldstrafen bezahlt, um sich diese dann allerdings zurückerstatten zu lassen.

Wie die wenigen Beispiele zeigen dürften, weist diese praktisch bedeutsame Erscheinungsform, was die Tatausführung anlangt, große Ähnlichkeit mit Falschverdächtigungen und Deliktsvortäuschungen auf, soweit diese durch unrichtige Aussagen oder Angaben bei der Polizei begangen werden.

4. Einflußnahme auf persönliche Beweismittel

Einflußnahme auf persönliche Beweismittel kann der Täter beispielsweise dadurch ausüben, daß er eine Aussageperson durch Zahlen eines Schweigegeldes oder gar durch Zwang veranlaßt, falsche Aussagen zu machen. Derartige Fälle sind in der Praxis relativ selten. Auch hier geht es vielfach um Probleme, wie wir sie von der Vernehmungstechnik her kennen und auch sonst um besondere Situationen.

Ein Arbeitgeber, der wegen eigener Trunkenheit einen Angestellten fahren ließ, welchem die Fahrerlaubnis entzogen war, veranlaßte diesen, als die Polizei ermittelte, zu der Aussage, sein Chef habe den Wagen gefahren.

Ein Strafvereiteler versuchte, die Mutter eines sexuell mißbrauchten Kindes zu überreden, auf dieses einzuwirken, damit es im Strafprozeß den Vortäter nicht belaste.

5. Einflußnahme auf sachliche Beweismittel

Eine Einflußnahme auf sachliche Beweismittel erfolgt u. a. durch Verbergen oder Vernichten von Beweisstücken. Diese Erscheinungsform ist mit 20–25% aller Fälle viel häufiger als die Einflußnahme auf persönliche Beweismittel. Auch dies hängt wohl mit der hier ebenfalls zunehmenden Bedeutung der Verkehrsdelikte als Vortaten zusammen.

Fälle dieser Art sind beispielsweise Akte der Fluchthilfe, die einen baldigen Nachweis des Blutalkoholgehalts vereiteln sollen. Man hat übrigens, um die Strafverfolgungsorgane irrezuführen, sogar Blutproben vertauscht.

Mitunter wird, etwa nach Vermögensdelikten, die Tatbeute vernichtet oder beiseitegeschafft. Das kommt sogar bei Kapitaldelikten vor. Ein Vater, der seine Tochter vergewaltigt hatte, warf das Neugeborene den Schweinen zum Fraß vor. Ein Täter, der zusammen mit einem Freund seinen Bruder besuchte, entdeckte, daß dieser seine Freundin ermordet hatte. Man zerstückelte nicht nur die Leiche, sondern packte die Teile und verräterische Habseligkeiten in drei Koffer, die im Hafen versenkt wurden.

Manche Täter greifen aber auch bei der Strafvereitelung zu Praktiken, wie wir sie als Schaffen oder Verfälschen von Tatspuren bereits bei der Deliktsvortäuschung behandelt haben.

Eine Ehefrau, die zusammen mit ihrem Geliebten ihren Ehemann umgebracht hatte, legte die Leiche auf die Bahnschienen, um einen Unfall vorzutäuschen. – Hierher gehören nicht nur kosmetische Operationen und dergleichen, die Gangstern ein anderes Aussehen geben sollen, sondern ebenso Delikte, die eigens dazu begangen werden, den Verdacht vom Vortäter abzulenken.

6. Sabotage durch Strafverfolgungsorgane

Von Sabotage durch die Strafverfolgungsorgane oder Begünstigung im Amt sprechen wir, wenn ein zur Mitwirkung im Strafverfahren Verpflichteter solche Praktiken ausübt.

Ein Bahnpolizist beschlagnahmte nicht die in einem Koffer gefundene Schwarzmarktware, sondern tauschte sie gegen unverfängliche Ware aus.

Außer an pflichtwidriges Unterlassen des Einschreitens durch Polizeibeamte ist hier ferner an einen Oberstaatsanwalt zu denken, der anklagereife Sachen einfach nicht bearbeitete, sondern verjähren ließ.

Manche Täter gehen noch weiter. Ein Polizist unterließ es nicht nur, einen Haftbefehl sofort zu vollstrecken, sondern warnte den Tatverdächtigen, um diesem die Flucht zu ermöglichen. Um seine Machenschaften zu verdecken, registrierte er den Eingang des Haftbefehls für den folgenden Tag.

Sogar in späteren Stadien kann massiv auf das Strafverfahren eingewirkt und so eine anstehende Urteilsvollstreckung vereitelt oder gar eine Gefangenenbefreiung durch Strafverfolgungsorgane ermöglicht werden.

E. Gefangenenbefreiung. Gefangenenmeuterei u.a.

Sonderfälle der Strafvereitelung sind – wie wir schon gesehen haben – Gefangenenbefreiung, Gefangenenmeuterei und ähnliche Deliktstypen, bei denen in vielen Ländern zwischen Vollzugsbeamten und anderen Personen unterschieden wird.

Giger, Hans: Kriminologie der Entweichung – Diss. Zürich-Winterthur 1959; *Dickmann,* Wilhelm: Das Entweichen Gefangener. Eine kriminologische Studie unter besonderer Berücksichtigung der Strafvollzugsverhältnisse im Landgerichtsbezirk Bonn in den Jahren 1953–1961 – Kriminol. Unters. Bd. 20 – Bonn 1964.

Bei der **Gefangenenbefreiung** geht es einmal um Selbstbefreiung ohne fremde Hilfe und zum anderen um Entweichen aus dem Freiheitsentzug mit Hilfe Dritter. Diese können entweder

für den Freiheitsentzug zuständige Beamte oder aber Personen sein, die einmal durch ihr Verhalten und zum anderen durch Verschaffen von Gegenständen dem Gefangenen die Flucht ermöglichen.
Die **Gefangenenmeuterei** ist ein gewaltsamer Ausbruch, der typischerweise von mehreren begangen wird. Dabei können nicht nur mehrere Gefangene gemeinschaftlich handeln, sondern auch dritte Personen Beistand leisten.
Kriminalistisch ist für die Tatausführung in beiden Fallgruppen wichtig, ob Gewalt gegen Sachen oder gar gegen Personen angewandt wird oder ob die Täter nur mit List und sonstigen gewaltlosen Tricks arbeiten, wie das für das Entweichen lassen durch Beamte typisch ist.

F. Nichtanzeige von Verbrechen

Die Nichtanzeige von Verbrechen ist als solche nur in manchen Rechten und überdies lediglich unter bestimmten, unterschiedlich beurteilten Voraussetzungen strafbar. Es geht dabei weniger darum, Behinderungen der Strafrechtspflege zu vermeiden, als darum, ihr rechtzeitiges präventives Eingreifen zu ermöglichen; auf diese Weise oder durch Selbstschutzmaßnahmen des rechtzeitig vom kriminellen Vorhaben informierten Opfers soll einem Schadenseintritt vorbeugend begegnet werden.

Schwarz, Joachim: Die unterlassene Verbrechensanzeige. Zugleich ein Beitrag zur Lehre vom Unterlassungsdelikt – Strafrecht. Strafverfahren. Kriminologie Bd. 23 – Neuwied/Berlin 1968.

Wichtiger als die für das Strafrecht oft wesentliche Art drohender krimineller Aktionen dürften sowohl kriminologisch als auch kriminalistisch die Situation und die Umstände sein, die den Täter veranlassen, von einer rechtzeitigen Anzeige oder Information Abstand zu nehmen, weil das Unterlassen, d. h. Nichtstun, das typische Tatbestandsverhalten ist.

G. Richterkorruption

Um den Überblick über die Rechtspflegedelikte in etwa abzurunden, soll abschließend noch kurz auf einige Straftatbestände hingewiesen werden, die wie Richterkorruption nur selten vorkommen, zudem kriminologisch und kriminalistisch wenig erforscht sind.
Bei der Bestechung und Bestechlichkeit von Richtern wird man sich, obwohl es sich juristisch um ein Rechtspflegedelikt handelt, an dem orientieren können, was bisher zu Korruptionspraktiken ausgeführt worden ist und noch bei den Exekutivbeamten zu sagen sein wird. Denn weder die Zwecke noch die Gegebenheiten der Tatausführung dürften nennenswerte Besonderheiten aufweisen.

H. Rechtsbeugung

Etwas anders ist das bei der anscheinend in manchen Ländern noch selteneren Rechtsbeugung.

Seebode, Manfred: Das Verbrechen der Rechtsbeugung – Strafrecht. Strafverfahren. Kriminologie Bd. 28 – Neuwied/Berlin 1969.

Denn in rechtsstaatlichen Verhältnissen ist ein Mißbrauch richterlicher Position, sei es zum Schaden oder zum Vorteil von Bürgern, nur in sehr begrenztem Umfang möglich, weshalb derartigen Praktiken der Charakter des Singulären anhaften wird. Für die Strafbarkeit reichen allerdings nicht zu leugnende andere Einflüsse auf die richterliche Überzeugungsbildung und Entscheidung, wie wir sie später bei der Psychologie des Strafverfahrens behandeln wollen, nicht aus.

I. Unzulässige Strafverfolgung und -vollstreckung

Mit rechtsbeugender richterlicher Aktivität zum Nachteil eines Bürgers hängen schließlich Praktiken unzulässiger Strafverfolgung und -vollstreckung zusammen, die im übrigen das Gegenstück zur Strafvereitelung in Form der Sabotage der Rechtspflege darstellen.
Als Täter kommen hier aber nur andere Organe der Strafrechtspflege als diejenigen in Betracht, welche richterliche Gewalt ausüben. Laufen die in der Praxis rechtsstaatlicher Länder seltenen Fälle unzulässiger Vollstreckung im Ergebnis für das Opfer auf Nötigung, Freiheitsberaubung und andere persönliche oder finanzielle Nachteile hinaus, so ist bei Verfolgung Unschuldiger oder unzulässiger Vollstreckung doch der Mißbrauch staatlicher Zwangsgewalt im Rahmen der Rechtspflege das kennzeichnende Charakteristikum. Der Kriminalist wird sich vor allem auf die Art und Weise, in welcher dieser Mißbrauch erfolgt, zu konzentrieren haben.

IV. Delikte gegen die Exekutive

Bei den Delikten gegen die Exekutive handelt es sich um Straftaten gegen Staatsorgane, die den staatlichen Willen als solchen auszuführen haben. Ungeachtet der vielfach aus historischen oder politischen Gründen großen Zahl derartiger, jedoch in den verschiedenen Ländern oft voneinander abweichenden Strafvorschriften ist die praktische Bedeutung vieler dieser Straftatbestände ziemlich gering, schon deshalb sind sie kriminologisch und kriminalistisch noch weithin unerforscht. Wir beschränken uns daher insoweit auf einige Hinweise und konzentrieren uns im übrigen auf die wichtigeren Deliktstypen dieser Gruppe.

1. Beamtennötigung. Widerstand gegen die Staatsgewalt

Unter den Straftaten gegen die Exekutive hat eigentlich überall die Beamtennötigung bzw. der sogen. Widerstand gegen die Staatsgewalt schon zahlenmäßig die größte Bedeutung. Zudem handelt es sich hier wohl um den Prototyp dieser Deliktsgruppe.

Stührmann, Ralf: Verbrechen gegen die Staatsgewalt (§ 113 StGB). Eine kriminologische und dogmatische Untersuchung – Diss. Kiel-München 1965; *Dörr,* Erwin: Die Widerstandsdelikte gegen die Staatsgewalt (§§ 120–122b StGB) im Landgerichtsbezirk Bonn in den Jahren 1957–1960 – Diss. Bonn – o. O. 1964.

Denkt man bei der Beamtennötigung an illegale Einflußnahme auf die Willensbildung von Beamten, d.h. staatlicher Exekutivorgane, so ist der Anwendungsbereich beim Widerstand gegen die Staatsgewalt etwas weiter, selbst wenn man sich hier auf den Schutz von Vollstreckungsbeamten beschränkt; mitunter scheinen sogar Ungehorsam oder bloße Ehrenrührigkeit, die an die alte Majestätsbeleidigung erinnert, in den Vorschriften die Oberhand gegenüber der Einflußnahme auf staatliche Willensbildung durch Gewalt oder anderen Zwang zu gewinnen.

a) Beamtennötigung

Soweit Strafgesetzte den Deliktstyp der Beamtennötigung kennen, dürfte diese als der Grundtatbestand anzusehen sein. Sowohl bei den Erscheinungsformen als auch bei der Verbrechenstechnik wird man sich hier in etwa an dem orientieren können, was zur Nötigung des Einzelnen ausgeführt worden ist.

Nicht nur illegaler Zwang in der Rechtspflege und in anderen obrigkeitlichen Verhältnissen, sondern auch die Tatausführung werden wenig davon beeinflußt, daß der Beamte hier als Organ staatlicher Willensbildung fungiert.

Bei Anwendung von Gewalt durch den Täter kann der Beamte nicht nur zu einem Handeln, sondern zu einem Unterlassen oder schlichtem Dulden gezwungen werden.

Häufig wird derartige Gewaltanwendung jedoch strafrechtlich als Widerstand gegen die Staatsgewalt geahndet. Typischer ist insoweit daher Zwang in Form der Drohung, wenngleich dies u. U. als Widerstand aufzufassen ist. Denn außer dem Drohen mit einer Strafanzeige, Indiskretion oder anderweitigen Nachteilen kommt hier das Androhen von Gewalt in Betracht.

b) Widerstand gegen die Staatsgewalt

In denjenigen Ländern, die daneben oder lediglich den Widerstand gegen die Staatsgewalt kennen, braucht es sich – wie gesagt – nicht um eine Spezialvorschrift zum Schutz von Vollstreckungsbeamten zu handeln, sondern kann der Anwendungsbereich sogar noch weiter gesteckt sein.

Dabei sehen wir von juristischen Problemen wie dem ab, inwieweit die vor Widerstand geschützte Amtsausübung auch fehlerhaftes, d. h. materiell zwar rechtswidriges, aber doch nicht grob sachwidriges Handeln des Beamten umfaßt; das kriminalpolitische Ziel, Unsicherheiten und leichte Irrtümer nicht, insb. nicht mit Gewalt auf dem Rücken der ausführenden Beamten austragen zu lassen, läßt sich übrigens auch dadurch erreichen, daß man insoweit fahrlässiges Handeln genügen läßt.

Da der Widerstand sich in der Praxis vor allem – man rechnet mit 66–75% aller Fälle – gegen Polizeibeamte richtet, wird der Anteil der Gewalt im Verhältnis zur Drohung noch größer als bei Beamtennötigung oder Nötigung überhaupt sein. Und das Ziel der kriminellen Aktion wird mehr als dort ein Unterlassen amtlichen Handelns oder Dulden der Widerstandshandlung sein.

In anderen Fällen kann der Widerstand bei weiter Fassung der Vorschrift mitunter mehr an die Ehrverletzungen erinnern. Der Widerstand ist nicht nur jahreszeitlichen Schwankungen unterworfen, sondern wird weithin als Freizeitdelikt anzusprechen sein, weshalb das Wochenende sowie Abend- und frühe Nachtstunden besonders belastet sein dürften.

2. Verletzung staatlicher Rechte

Zu den Delikten gegen die Exekutive gehört eine Reihe von Straftatbeständen, die in dieser oder jener Form die Verletzung bestimmter staatlicher Rechte unter Strafe stellt. Obwohl diese Deliktstypen unterschiedlich geregelt und empirisch bisher wenig erforscht sind, soll doch an Hand einiger Deliktstypen kurz auf diese Problematik hingewiesen werden.

Die historischen Wurzeln dürften ebenfalls in der Majestätsbeleidigung und Strafvorschriften zum Schutz amtlicher Bekanntmachungen oder Symbole zu sehen sein. Wir wollen, um diesen Fragenkreis zu beleuchten, hier Siegelbruch, Verstrickungsbruch und Verwahrungsbruch herausgreifen.

a) Siegelbruch

Ein schon etwas älterer Straftatbestand, den viele Rechte kennen, ist der des Siegelbruchs, bei dem es rechtspolitisch heute jedoch nicht mehr so sehr um die Form des Siegels als um seine Funktion geht.

Kriminologisch wird man daher nach Art und Zweck des Siegels klassifizieren, wobei sicherlich das Pfändungszeichen des Gerichtsvollziehers eine besondere Rolle spielen wird; daneben ist aber auch an Stempel auf dem polizeilichen Kennzeichen von Kraftfahrzeugen oder an Verschlußplombe zu denken. – In der Verbrechenstechnik dürfte vielleicht noch mehr als die Art des Siegels die Frage interessieren, auf welche Weise der Täter das Siegel beseitigt oder umgeht.

b) Verstrickungsbruch

Der Verstrickungsbruch hängt vor allem mit der Entwicklung des Vollstreckungsrechts und anderer Zwangsmaßnahmen zusammen. Doch wird das durch Pfändung, Beschlagnahme oder sonst entstehende öffentliche Verstrickungsverhältnis hier als solches und ohne den förmlichen Ausdruck eines Siegels oder dergl. vor Handlungen geschützt, die seinem Zweck zuwiderlaufen.

Kriminalphänomenologisch bietet sich daher eine Gliederung nach Art und Zweck des Verstrickungsverhältnisses an. Da hier Zwangsvollstreckung in bewegliches Vermögen im Vordergrund stehen wird, dürfte die praktische Bedeutung dieser Delikte erkennbar mit dem Wandel der wirtschaftlichen Verhältnisse zusammenhängen. – In der Verbrechenstechnik dürfte es sich jedoch empfehlen, demgegenüber auf die verschiedenen Praktiken abzustellen, mit denen man die Verstrickung beseitigt oder umgeht.

c) Verwahrungsbruch

Der Verwahrungsbruch, wie er auch in § 133 dtsch. StGB unter Strafe gestellt ist, verkörpert den jüngsten und allgemeinsten Deliktstyp dieser Art; ihm kommt gegenwärtig in diesem Zusammenhang die größte praktische Bedeutung zu. – Diese Strafvorschrift soll Sachen, die sich aus Gründen öffentlichen Interesses in amtlicher Verwahrung befinden, vor Zerstörung, Beschädigung oder Beiseiteschaffen schützen, damit diese Gegenstände stets für die allgemeinen Zwecke verfügbar sind. Vorläufer dieses Straftatbestands waren Vorschriften, die u. a. das Entwenden von Urkunden aus öffentlichen Archiven verboten.

Kriminalphänomenologisch wird man bei diesem Deliktstyp wohl zunächst einmal zwischen dauernd in amtlicher Verwahrung befindlichen Sachen und solchen unterscheiden, die dort nur vorübergehend und zeitlich begrenzt verwahrt werden. Im übrigen bietet sich eine Differenzierung nach Art der Gegenstände oder wohl noch besser nach den Zwecken der amtlichen Verwahrung an.

Für die Verbrechenstechnik wird es demgegenüber entscheidend darauf ankommen, auf welche Art und Weise diese Verwahrung durch den Täter gestört oder aufgehoben wird. Einmal geht es hier, wenn man an Zerstören oder Beschädigen der verwahrten Gegenstände denkt, um der Sachbeschädigung vergleichbare Praktiken. Zum anderen ist – etwa beim Beiseiteschaffen – an Arten der Tatausführung zu denken, wie wir sie von Diebstahl und Raub her kennen.

3. Delikte gegen die Landesverteidigung

Eine besondere, jedoch vielgestaltige Gruppe stellen die Delikte gegen die Landesverteidigung dar.

Rohde, Achim: Kriminalität in der Bundeswehr. Verstöße gegen das WStG – Diss. Bonn – o. O. 1967.

Die von Land zu Land unterschiedlichen Straftatbestände erinnern z.T. – etwa beim Militärischen Nachrichtendienst – an die auch bei den politischen Delikten im klassischen Sinne auftauchenden geheimdienstlichen Praktiken. Andere Vorschriften schützen Waffen und Anlagen der Bundeswehr und ähneln so dem Verwahrungsbruch. Bei strafbarem Ungehorsam und Verleitung dazu mutet manches disziplinarrechtlich an. Doch gibt es daneben wie bei Desertation oder Fahnenflucht oder der im Vorfeld davon liegenden Wehrpflichtvereitelung sowie anderen Praktiken, durch die sich jemand seiner Wehrpflicht entzieht, ebenso wie bei der Selbstverstümmelung für diesen Bereich spezifische Deliktstypen.
Auf alle diese Deliktstypen kann hier – wie bei den politischen Delikten im engeren Sinne – nur hingewiesen werden, um nicht den Rahmen dieser Darstellung zu sprengen. Da der Aspekt, unter dem man alle diese Straftatbestände mitunter zusammenfaßt, im übrigen aber wohl doch mehr formaler Natur ist, ist ansonsten für die Verbrechenstechnik auf vergleichbare, anderweitig behandelte Formen kriminellen Verhaltens zu verweisen.

4. Amtsanmaßung und dergl.

Eine Besonderheit dagegen bieten, wenngleich diese Straftatbestände kriminologisch und kriminalistisch ebenfalls noch wenig erforscht sind, die Amtsanmaßung und ähnliche Deliktstypen.
Anders als bei Verhaltensweisen, die manche unter dem Gesichtspunkt der Diskreditierung, und Gefährdung der Staatsgewalt zusammenfassen, während wir diese Formen kriminellen Verhaltens bei den Delikten gegen den Gemeinschaftsfrieden behandelt haben (§ 10–IX–3), geht es bei der Amtsanmaßung nicht so sehr um die mit derartigen Praktiken – man denke an den Fall des Hauptmanns von Köpenick – möglicherweise verbundene Diskreditierung der staatlichen Gewalt, sondern um den Mißbrauch dieser Gewalt für eigene Zwecke.

Nicht nur die im historischen Fall maßgebende Uniform oder ihr vergleichbare Titel täuschen staatliche Zwangsgewalt vor und sind schon deshalb für andere ein Druckmittel, sondern ebenso wird der durch diese Verhaltensweisen hervorgerufene Eindruck mißbraucht, daß hier ein Handeln der Staatsgewalt vorliege; denn der Täter maßt sich unbefugterweise die mit einem staatlichen Amt verbundenen Befugnisse an oder nimmt Handlungen vor, die nur einem solchen Amtsinhaber zukommen.

Überwiegend wird die Amtsanmaßung nicht Selbstzweck, sondern nur ein Mittel sein, um auf diese Weise andere, ebenfalls kriminelle Zwecke leichter erreichen zu können. Da derartige Taten nicht nur von Zivilisten, sondern auch von Beamten begangen werden können, die damit allerdings ihre hoheitlichen Befugnisse überschreiten, gehören Spezialvorschriften wie die, welche sich gegen übermäßige Gebühren- und Abgabeerhöhung richten, letztlich in diesen Zusammenhang.

Und nicht nur unechte Amtsdelikte, die für allgemein strafbare Handlungen wie Körperverletzungen, Freiheitsberaubungen oder Hausfriedensbruch schwerere Strafe vorsehen, wenn Beamte sie unter Überschreiten ihrer Befugnisse begehen, sondern gewisse echte Amtsdelikte wie die Falschbeurkundung weisen derartige Charakteristika auf, obwohl auch sie zweckmäßig an anderer Stelle zu behandeln waren.

Doch dürfte die Amtsanmaßung nicht nur insoweit als ein Prototyp anzusehen sein, sondern zugleich die Besonderheiten derartiger Arbeitsweisen beleuchten.
Wichtiger jedoch als derartige Ziele der Amtsanmaßung oder -überschreitung dürfte für den Kriminalisten sein, wie der hier primär doch wohl mit Lug und Trug arbeitende Rechtsbrecher anderen eine amtliche Position und damit legales Verhalten mit staatlicher Machtfülle im Hintergrund vorzutäuschen vermag. Die Verbrechenstechnik sollte sich daher an der unterschiedlichen Art und Weise dieses Vorgehens orientieren.

5. Verletzungen der Amtsverschwiegenheit

Die Verletzungen der Amtsverschwiegenheit, für die ebenfalls besondere Strafvorschriften zu existieren pflegen, sind bereits in anderem Zusammenhang erwähnt worden (§ 8–VII–3), um klar zu machen, daß es hier manchmal mehr um den Schutz privater Geheimnisse geht, der lediglich dem Beamten oder sonst öffentlich Bediensteten als Berufsperson auferlegt wird (Berufsgeheimnis). Jedoch sind diese Straftaten deshalb nochmals zu erwähnen, da es Deliktstypen gibt, bei denen die mit öffentlichen Ämtern verbundenen allgemeinen Interessen an Geheimhaltung gewisser Tatsachen ausschlaggebend sind, ohne daß man deshalb schon von Staatsgeheimnissen sprechen kann, die wesentlicher Gegenstand der Vorschriften gegen Landesverrat sind.
Während der Kriminologe hier nach den Arten amtlicher Geheimnisse differenzieren wird, dürfte der Kriminalist in der Verbrechenstechnik – wie bei Verletzung privater Geheimnisse – darauf abstellen, wie der Beamte in den Besitz des Geheimnisses gelangt ist. Wichtiger als etwa durch Briefumschläge oder auf andere Weise mechanisch gesicherte Geheimnisse dürfte hier allerdings der besondere Schutzbereich sein, den gerade die amtliche Verwahrung oft darstellen soll.
Hier ist daher zunächst einmal zu unterscheiden, ob der Täter sich erst, obwohl er dem öffentlichen Dienst angehört, illegal Zugang zu dem besonderen Geheimnisbereich verschaffen muß, oder ob er Geheimnisträger ist, weil ihm gerade in seiner Eigenschaft als Beamter geheimzuhaltende Tatsachen anvertraut oder doch zugänglich gemacht worden sind; denn dann ist der Zugang unproblematisch, weshalb nur noch interessieren dürfte, welche Sparten insoweit besonders problematisch sind.
In Fällen illegalen Zugangs haben wir es einmal mit Praktiken zu tun, durch die sich der Täter irgendwie gewaltsam in den Besitz eines Geheimnisses bringt, das für ihn so oder so interessant ist. Zum anderen gibt es auch für Personen, die nicht Geheimnisträger sind, mancherlei Möglichkeiten sich mithilfe technischer Mittel oder durch andere Tricks Kenntnis von den geheimzuhaltenden Tatsachen zu verschaffen.
Eine andere, für alle Verletzungen von Amtsgeheimnissen wichtige Frage ist die, wie der Täter die so oder so erlangte Kenntnis von amtlichen Geheimnissen später ausnutzt, ob er sie etwa an interessierte Dritte weitergibt oder sie selbst verwertet. Denn auch hieran kann die kriminalistische Arbeit u. U. anknüpfen.

6. Korruption in der Exekutive

Eine Form kriminellen Verhaltens, bei welcher Amtspersonen und Dritte zusammenwirken müssen, weshalb man hier sowohl von einem echten Amtsdelikt als auch von einem Delikt gegen ein Amt – genauer gegen Exekutivbeamte – sprechen kann, ist die Korruption in der Exekutive.

Die Bestechung bzw. Bestechlichkeit von Exekutivbeamten wird gewöhnlich nicht nur relativ genau geregelt, sondern verkörpert überdies einen praktisch bedeutsamen Bereich der Korruption, wenngleich die tatsächlichen Gegebenheiten in den einzelnen Staaten oft sehr verschieden liegen. Denn es gibt bekanntlich Länder, bei denen Schmiergeld oder Bakschisch anscheinend beinahe als Bestandteil des Gehalts zu werten ist, um von Regimen abzusehen, die überhaupt auf Korruption und anderweitige Ausbeutung zum eigenen Vorteil der jeweiligen Machthaber angelegt sind; in dergestalt pervertierten Verhältnissen funktionieren die schönsten Strafvorschriften gegen Korruption nicht oder nur teilweise, nämlich beim politischen Gegner oder den Untertanen.

Geerds, Friedrich: Über den Ungerechtgehalt der Bestechungsdelikte und seine Konsequenzen für Rechtsprechung und Gesetzgebung. Eine strafrechtliche und kriminologische Studie – Tübingen 1961; *Engelhardt,* Volker: Zur Struktur der Bestechungsdelikte. Eine systematische Untersuchung auf soziologischer, gestaltgeschichtlicher und rechtsvergleichender Grundlage – Diss. Tübingen – Düsseldorf 1963; *Hempler,* W.: Erfahrungen bei der Aufklärung von Korruptionsfällen – in: Grundfragen der Wirtschaftskriminalität, hrsg. v. Bundeskriminalamt, Wiesbaden 1963, S. 141 ff.; *Zirpins,* Walter: Wirtschaftskriminalität unter besonderer Berücksichtigung der Korruption – in: TbKrim XVI, s. 68 ff. (1966); *Barker,* Thomas/*Roebuck,* Julian: An Empirical Typology of Police Corruption. A Study in Organizational Deviance – Springfield/Ill. 1973.

Ungeachtet der juristischen Streitfragen wird man, da diese Straftaten ein Zusammenwirken von Exekutivbeamten und Nichtbeamten voraussetzen, nicht nur Bestechlichkeit und Bestechung, die das Strafrecht im Hinblick auf Anwendungsbereich und Strafmaß wohl unterscheiden muß, zusammenfassen, sondern kann man hier auf die Unterscheidung von einfacher und schwerer Korruption verzichten. Denn es spielt weder kriminologisch noch kriminalistisch eine große Rolle, ob bei sonst pflichtgemäßem Handeln einem Beamten verbotene Vorteile zugewendet werden oder ob er diese für pflichtwidrige Amtshandlungen erhält oder erhalten soll, selbst wenn die erstgenannten Fälle insoweit farbloser erscheinen mögen.

Kriminalphänomenologisch wird man sich bei den Erscheinungsformen am besten an der unterschiedlichen Art der dienstlichen Tätigkeit orientieren, was zugleich Schlüsse auf die Ziele des Bestehenden zuläßt. So könnte man etwa von der Strafverfolgungskorruption die vor allem in Notzeiten oder bei Zentralverwaltungswirtschaft wichtige Bewirtschaftungskorruption von der eigentlichen Wirtschaftskorruption unterscheiden, die in den meisten Ländern und in normalen Zeiten die weitaus größte Rolle spielt.

Für die Verbrechenstechnik dürften Tatort und Tatzeit weniger ergiebig sein als das Tatmittel, dessen sich der Bestechende bedient. Da die Zuwendung in aller Regel aus verständlichen Gründen verschleiert wird, interessiert die Art und Weise, in welcher die Vorteile zugewendet werden.

Dafür nutzt man alle möglichen Anläße oder Zwecke sowie günstig scheinende Begleitumstände aus. So nehmen Täter allgemeine Feiertage oder auch persönliche Feiertage gern zum formellen Anlaß einer Zuwendung, die ansonsten als Werbe- oder auch blosses Höflichkeitsgeschenk deklariert wird; ähnlich ist es gewöhnlich bei den vielfältigen Formen der Bewirtung. Auf derlei Besonderheiten wird ggf. einzugehen sein, wenn wir uns jetzt an Hand bestimmter Arten von Vorteilen die einschlägigen Praktiken vor Augen führen. Da es sich selbst bei u. U. weiter gehenden Strafvorschriften nahezu immer um materielle Vorteile handelt, können andere Vergünstigungen (immaterielle Vorteile) außer Betracht bleiben.

a) Bargeld

Am beliebtesten ist bei der Korruption von Exekutivbeamten Bargeld, wenngleich derartige Zuwendungen hier schwierig und besonders gefährlich sind. Deshalb leuchtet ein, daß die Unentgeltlichkeit der Zuwendung jedenfalls für den flüchtigen Betrachter plausibel kaschiert werden muß. Man gewährt dem Beamten – eventuell mittelbar über Angehörige – ein „Darlehen", das jedoch nicht zurückgezahlt werden soll, oder Prämien, Provisionen und dergleichen. Man schließt mit ihm oder seinen Mittelspersonen Mitarbeiter- oder Beraterverträge ab, für die ansonsten von ihm kaum etwas zu leisten ist.

Relativ simpel ging eine Lebensmittelhändlerin vor, welche die Ladenschlußzeiten nicht beachtet hatte. Sie bot dem Polizeibeamten für Unterlassen der Anzeige 100 Mark.

Eine Schieberorganisation, die in der Notzeit zwei Waggons Schweizer Stumpen über die Grenze schaffen wollte, bot einem Zollbeamten für seine Mitwirkung 2000 und später 8000 Mark, jedoch vergeblich.

Nicht zurückzahlbare „Darlehen" in Höhe von zunächst jeweils 200–500 Mark erhielt ein Finanzamtsinspektor vier Jahre lang für „Beratung" einer Firma; als er bei Einleitung des Steuerstrafverfahrens u. a. Prüfungsunterlagen des Finanzamts aushändigte, erhielt er mindestens 3000 Mark.

Ebenfalls ein „Darlehen" und dazu noch eine bestimmte Provision pro Kubikmeter für an ihn gelieferte Steine ließ sich ein Stadtbaumeister von einem Steinbruchbesitzer gewähren, der ein Liefermonopol für die Stadt anstrebte.

b) Geldwerte

Zu den Geldwerten zählen außer günstigen Einkaufs- und Zahlungsbedingungen ungewöhnlich günstige Kredite oder Schuldenerlaß, wenn er nicht – wie bei angeblichen „Darlehen" – sofort erfolgt.

Ein Verwaltungsdirektor erhielt für Lieferungen an die Stadt jahrelang Gutschriften in Höhe von 5%, die bei „Privateinkäufen" verrechnet wurden.

c) Sachwerte

Bei den Sachwerten handelt es sich je nach allgemeiner Wirtschaftslage mehr um Nahrungs- oder Genußmittel bzw. um Gebrauchsgegenstände, die gerade in guten Zeiten nicht selten Luxusartikel sind. Manchmal erfolgt die Zuwendung unentgeltlich, in anderen Fällen wird ein viel zu niedriges Entgelt gezahlt.

Die Skala reicht nach Gerichtsurteilen von einer Schachtel Zigaretten, Taschenkalendern und Kugelschreibern über teure Spirituosen und inhaltsschwere Präsentkörbe bis hin zu Musiktruhen, Orientteppichen, Antiquitäten, Ölbildern und anderen Kunstgegenständen. Dabei kann man sich leicht, wenn auch fadenscheinig, auf allgemeine oder persönliche Feiertage des Beamten stützen und derartige Präsente als Höflichkeits- oder Werbegeschenke deklarieren.

Im sogenannten Bielfelder Schmiergeldprozeß, in den über 200 z. T. gut bekannte Firmen verwickelt waren, sollen ganze Wagenladungen von Geschenken für die Weichnachtsbescherung der Angestellten des alliierten Beschaffungsamtes angekommen sein.

Bei einem Verwaltungsinspektor des früheren Luftfahrtministeriums, der bei der Auftragsvergabe mitzuwirken hatte, fanden sich zu Beginn des 2. Weltkrieges Geschenke der verschiedensten Art im Werte von rund 20000 RM, die sämtlich als „unbedeutende Reklameartikel" deklariert waren.

d) Nutzwerte

Zu den Nutzwerten, auf die man in Korruptionsfällen stößt, gehören außer Werk- und Dienstleistungen wie dem Bau von Villen, Jagd- und Sommerhäusern oder Schwimmbädern das unentgeltliche Überlassen von Arbeitskräften für derartige Zwecke. Selbst die unentgeltliche Benutzung von Grundstücken oder Wohnungen bzw. Häusern ist vorgekommen.

Eine traurige Rolle haben zeitweise die sogen. „Leihwagen" gespielt, die Politikern und Regierungsbeamten zum dienstlichen aber auch zum privaten Gebrauch überlassen worden sind; damit hat man sogar Familienangehörige der Beamten (sogen. mittelbare Korruption) „beglückt".

In diesen Zusammenhang gehört schließlich die in vielen Formen mögliche Bewirtung. Hier geht es von der durchweg wohl unverfänglichen Einladung zu einem Kantinenessen beim Firmenbesuch über aufwendige Gelage, Bezahlung von Hotelunterkunft bis hin zur Erstattung der Kosten einer Urlaubsreise.

Ein Bauunternehmer lud für ihn interessante Beamte zu großen Zechgelagen ein.

Ein anderer Täter operierte mit Jagdeinladungen an Beamte.

Es soll sogar vorgekommen sein, daß man Beamten Besuche in Vergnügungsvierteln recht zweifelhafter Art – inklusive individueller „Damenunterhaltung" – spendiert hat.

III. Teil: Kriminaltechnik

Unter Kriminaltechnik wird hier die Lehre von den Werkzeugen, Hilfsmitteln und Verfahren zur Aufklärung oder Verhinderung von kriminellem Verhalten verstanden. Es geht also gewissermaßen um das Gegenstück zur Verbrechenstechnik, in welcher wir die einzelnen Mittel und Methoden behandelt haben, welcher sich Rechtsbrecher beim Begehen von Straftaten bedienen. Die Kriminaltechnik betrifft demnach das Instrumentarium und die Verfahrensweisen, mit deren Hilfe man vor allem an Hand von Sachbeweisen u. a. ermitteln kann, wie ein Täter nach Lage der Dinge vorgegangen sein könnte und ob damit strafrechtliche Relevanz begründet erscheint.

Zbinden S. 48ff.; *Kriminaltechnik* – BKA 1955/2; *Grundfragen der Kriminaltechnik* – Arbeitstagung ... vom 25. November bis 30. November 1957 – hrsg. v. Bundeskriminalamt, Wiesbaden 1958; *Wigger,* Ernst: Kriminaltechnischer Leitfaden – BKA 1965/1–3; *Mergen* S. 451ff.; *Huelke,* Hans-Heinrich: Kriminaltechnik – in: HdwKrim (2) II – 138ff.; *Kriminalpolizei und Technik* – Arbeitstagung ... vom 17. April bis 21. April 1967 – hrsg. Bundeskriminalamt – Wiesbaden 1968; *Walls,* H. J.: Forensic Science. An Introduction to Scientific Crime Detection – 2. Aufl. – London 1974; *Kasper,* Siegfried G.: Freie Beweiswürdigung und moderne Kriminaltechnik – Kriminol. Schriftenreihe Bd. 61 – Hamburg 1975.

Allgemeinere Literatur:
Nickolls, L. C.: The scientific investigation of crime – London 1956; *Svensson/Wendel* S. 7ff.; *Kind,* Stuart/*Overman,* Michael: Science Against Crime – London 1972 (insb. z. T. gute Abbildungen).

Aus dem älteren Schrittum:
Weingart, Albert: Kriminaltaktik. Ein Handbuch für das Untersuchen von Verbrechen – Leipzig 1904 – insb. S. 56ff., 75ff., 136ff., 171ff.; *Heindl,* Robert: Kriminaltechnik. Ein Blick in die Werkstatt der Kriminalpolizei – 11. Aufl. – Berlin 1924.

§ 12
Aufgaben und Möglichkeiten der Kriminaltechnik

Die Möglichkeiten der Kriminaltechnik lassen sich schon nach dem bisher Gesagten erst dann genauer beurteilen, wenn wir uns zuvor Klarheit über die Aufgaben dieses Zweigs der Kriminalistik verschafft haben.

Niggemeyer: Begriff und Aufgaben der Kriminaltechnik – in: Grundfragen der Kriminaltechnik, hrsg. v. Bundeskriminalamt, Wiesbaden 1958, S. 7ff.

Ist Gegenstand der Kriminaltechnik – wie bereits angedeutet – vor allem der naturwissenschaftlich zu deutende Sachbeweis, wird verständlich, daß ihre Aufgaben z. T. denen des Strafprozesses entsprechen, in welchem zu klären ist, ob eine Straftat begangen worden

ist und sich eine bestimmte Person hierfür strafrechtlich zu verantworten hat. Geht es im Strafprozeß allerdings primär um die rechtliche Problematik, so werden die dafür ausschlaggebenden Tatfragen, mit denen sich die Kriminalistik befaßt, mehr für die Rechtsanwendung als für die Gesetzgebung bedeutsam. Zudem ist das Beweisrecht nur ein Gebiet des Strafverfahrensrechts, das überdies auch andere Erkenntnismittel als die umfaßt, mit denen es die Kriminaltechnik zu tun hat. Denn in der Kriminaltechnik geht es – wie gesagt – um Sachbeweise, mit denen sich das Strafprozeßrecht vor allem bei Augenschein und Urkunden als Beweismitteln befaßt. Allerdings sind darüberhinaus auch Personalbeweise wie Aussagen von Beschuldigten, Zeugen und Sachverständigen u.U. kriminaltechnischen Methoden zugänglich; und beim Sachverständigenbeweis können die Grenzen überhaupt fließend werden, da sein Kern gewöhnlich ein Augenschein ist, welcher jedoch besondere Sachkunde erfordert, über die das Strafrecht überlicherweise nicht verfügt. Wir dürfen uns also nicht durch die strafprozessuale Gliederung der Beweismittel irritieren lassen, wenn wir nach den Grenzen der Kriminaltechnik fragen.
Ungeachtet der mithin unterschiedlichen prozessualen Einführung der kriminaltechnisch erlangten Beweise war für deren Gewicht gerade ihr hoher, wenngleich manchmal auch überschätzter Beweiswert – etwa gegenüber einer Zeugenaussage – ausschlaggebend. Selbst wenn neue Methoden ebenso wie in der Vergangenheit auch in der Zukunft einerseits Skepsis bei Kriminalisten oder Strafjuristen und andererseits unangebrachte oder unkritische Gutgläubigkeit hervorrufen können, ist doch nicht zu leugnen, daß auf diese Weise die Beweisführung mit Indizien insgesamt betrachtet auf eine sehr viel solidere Basis gestellt werden könnte als etwa durch einen Personalbeweis.

Faßt man die Aussage prozessual als direkten Beweis auf, so bedeutet dies paradoxerweise, daß die unmittelbare Beweisführung durch Indizien, d.h. mithilfe der Kriminaltechnik ermittelter indirekter Beweise, auf das Ganze gesehen verläßlicher ist. Man kann den Wert der durch Spuren erlangten Beweise kaum überschätzen; denn die daran durch Einzelfälle hervorgerufenen Zweifel hängen entweder mit noch unsicheren Methoden oder aber der unzulänglichen Anwendung an sich zuverlässiger Untersuchungsmethoden zusammen. Ziel der Folgenden Darstellung ist es daher auch, diese Fehlerquellen möglichst zu verringern.

Die Kriminaltechnik ist zwar ein Spezialgebiet, welches aber – wie schon bei der Historischen Kriminalistik (§ 4) deutlich geworden sein sollte – gerade durch die in den letzten Jahrhunderten zu verzeichnende Entwicklung der Naturwissenschaften wesentlich zur modernen, wissenschaftlichen Kriminalistik beigetragen und auch deren andere Gebiete nachhaltig beeinflußt hat.

Nach wichtigen Beiträgen von Medizin und insb. Gerichtsmedizin haben – wie dargelegt – zunächst namentlich Chemie, Physik und Biologie eine Fülle neuer Erkenntnisse und Methoden entwickelt, welche die Kriminaltechnik sodann für die Kriminalitätsbekämpfung und -verhinderung nutzbar gemacht hat. Die infolgedessen für weite Bereiche der Ermittlungstätigkeit wesentlichen kriminaltechnischen Untersuchungen lassen heute die Anwendung von chemischen Analysen, Spektrographie oder Elektronenmikroskop – um nur einige Beispiele zu nennen – als geradezu selbstverständlich erscheinen. Die Kriminaltechnik ist umso wichtiger geworden, je komplizierter und raffinierter die Verbrechenstechniken wurden.

Der Begriff „Kriminaltechnik", der erst im 20. Jahrundert gebräuchlich wurde, aber noch heute umstritten ist, erscheint uns besser als synonym verwendete Termini wie „Kriminal-

technische Untersuchungskunde", „Kriminalistik i.e.S.", naturwissenschaftliche Kriminalistik" oder „Polizeitechnik". Im anglo-amerikanischen Sprachgebiet entspricht dem in etwa der Begriff „Forensic Science".
Allerdings müssen wir die Kriminaltechnik schon hier von der später zu behandelnden Kriminaltaktik unterscheiden, die oberflächlich betrachtet ähnliche Ziele verfolgt, wenn es dort um das taktisch richtige Vorgehen beim Aufklären oder Verhindern von Straftaten gehen soll. Jedoch unterscheiden sich, wenn man genauer hinsieht, die Fragestellungen beträchtlich. Denn taktisch richtiges, d.h. technisch, psychologisch und ökonomisch zweckmäßigen Vorgehen des Kriminalisten setzt bereits die Kenntnis der kriminaltechnischen Möglichkeiten voraus. Fragt man nach der Taktik oder Strategie des Vorgehens, ist die wesentliche Frage die, welche dieser kriminaltechnischen und anderer Erkenntnismittel im konkreten Fall in Betracht kommen und wann bzw. in welcher Reihenfolge sie zweckmäßig einzusetzen sind.
Ist mithin nicht nur die Fragestellung der Kriminaltaktik anders, sondern reicht sie außerdem über das Gebiet der Kriminaltechnik hinaus, dürfte einleuchten, warum man sich bei dieser auf den Sachbeweis zu beschränken pflegt, d.h. auf diejenigen Beweise, die sich auf physische oder zumindest naturwissenschaftlich zu erklärende Spuren beziehen.

Zbinden S. 51.

Ist es im geschilderten Bereich Aufgabe der Kriminaltechnik, die tatsächlichen Gegebenheiten und Möglichkeiten des Sachbeweises oder ihm vergleichbarer Beweise zu erforschen, um so eine möglichst zuverlässige Ermittlung des historischen Sachverhalts zu erzielen, reicht das Arbeitsgebiet des Kriminalisten doch weiter als das des Strafjuristen. Denn es geht nicht nur um die Aufklärung bereits begangener Straftaten, sondern u. U. darum, mithilfe kriminaltechnischer Erkenntnisse drohende Verbrechen zu verhindern oder doch die Überführung künftiger Straftäter zu erleichtern. Diese präventive Arbeit des Kriminalisten, die beispielsweise besondere Sicherungen oder Fangstoffe einsetzen kann, läßt sich mitunter nur schwer von kriminaltaktischen Problemen unterscheiden.

Dennoch und gerade deshalb muß auf diesen Aspekt bereits hier hingewiesen werden, der sich im übrigen noch am besten bei den einzelnen Formen der Kriminalität berücksichtigen läßt.

Ist es mithin Aufgabe der Kriminaltechnik, entweder der Aufklärung bereits begangener Straftaten zu dienen oder aber drohende Delikte zu verhindern bzw. zumindest zu erschweren, lassen sich ihre Möglichkeiten relativ einfach umreissen. In der Kriminaltechnik sollen Erkenntnisse und Untersuchungsmethoden aller Disziplinen für diese Zwecke nutzbar gemacht werden, welche sich auf physische – d. h. sachliche oder körperliche – oder doch naturwissenschaftlich zu deutende Spuren beziehen; das können sogar psychische, seelische Spuren sein, sofern sie ihren Niederschlag in äußerlich wahrnehmbaren Umständen finden. Dagegen werden Aussage- und Vernehmungstechnik, die den Schwerpunkt des Personalbeweises bilden, besser im Zusammenhang der Kriminaltaktik behandelt. – Die Kriminaltechnik befaßt sich mithin als Tatsachenwissenschaft mit den Werkzeugen, Hilfsmitteln und Verfahren zur Aufklärung oder Verhinderung kriminellen Verhaltens an Hand physischer oder zumindest naturwissenschaftlich erklärbarer Spuren.
Damit aber läßt sich die Kriminaltechnik, wie in den einleitenden Worten angedeutet, hinreichend klar von Verbrechenstechnik und Kriminaltaktik unterscheiden. In der Verbrechenstechnik als dem Gebiet der kriminalistischen Phänomenologie befaßt man sich –

gewissermaßen vom Standpunkt des Rechtsbrechers aus – mit den Werkzeugen, Hilfsmitteln und Verfahren, die zur Begehung von Straftaten benutzt werden. Demgegenüber bietet uns die Kriminaltechnik Mittel und Methoden, um festzustellen, ob eine kriminelle Technik und welche im Einzelfall angewandt worden ist. Sicherlich sind für die Kriminaltaktik Erkenntnisse und Methoden der Kriminaltechnik wichtig. Fragt jedoch der Kriminaltechniker beispielsweise allgemein, welche Ergebnisse man mit einer Untersuchung des Blutalkoholgehalts erzielen kann und wie sich eine solche Untersuchung am besten durchführen läßt, ist demgegenüber die kriminaltaktisch wesentliche Frage die, ob und wann man von dieser Erkenntnismöglichkeit im konkreten Strafverfahren zweckmäßig Gebrauch machen sollte.

Was die Durchführung kriminaltechnischer Untersuchungen anlangt, liegt diese teilweise in den Händen externer Sachverständiger und wird im übrigen von Experten innerhalb der Kriminalpolizei besorgt. Das in den einzelnen Ländern z.T. recht unterschiedliche Verhältnis externer und interner Spezialisten erklärt sich vor allem aus der historischen Entwicklung sowohl im Bereiche der Institutionen von Wissenschaft und Industrie als auch der Polizei selbst.

In Deutschland hat man beispielsweise erst um die Jahrhundertwende begonnen, durch Schaffung von Polizeilaboratorien und Einstellung bzw. Ausbildung besonderer Experten kriminaltechnische Analysen in der Kriminalpolizei selbst zu ermöglichen, wodurch sich die Notwendigkeit der Einschaltung externer Sachverständiger zwar verringerte, aber wegen der z. T. zu verzeichnenden Spezialisierung von der staatlichen Strafverfolgung organisatorisch nie wird völlig aufheben lassen.

Selbst bei weiterem Ausbau der kriminaltechnischen Einrichtungen der Kriminalpolizei wird, wie das Beispiel anderer Länder zeigt, auch künftig in nicht unerheblichem Ausmaß die Zusammenarbeit mit externen Sachverständigen und ihren Institutionen nötig sein. Wie die kriminaltechnische Arbeit zweckmäßig zu verteilen ist, stellt eine Frage der Organisation und Kriminaltaktik dar, welche von den tatsächlichen Gegebenheiten und den sie bietenden Möglichkeiten abhängt.

Dennoch bleibt das Gebiet der Kriminaltechnik außerordentlich groß und läßt sich in diesem Rahmen schon deshalb nur schwer darstellen, weil oft allgemeine und spezielle Aspekte durcheinandergehen. Ein einigermaßen repräsentativer Überblick dürfte sich jedoch erzielen lassen, wenn wir uns zunächst einmal auf allgemeinere Fragestellungen konzentrieren. Nach den in § 12 zu behandelnden Aufgaben und Möglichkeiten der Kriminaltechnik soll im § 13 der Erkennungsdienst behandelt werden. Geht es hier auch in erster Linie um die Identifizierung von Rechtsbrechern, reichen die Möglichkeiten doch weiter. Denn mithilfe erkennungsdienstlicher Methoden lassen sich auch Opfer von Verbrechen, schweigende Ausreisser oder unbekannte Personen bzw. Tote indentifizieren.

Denkt man beim Erkennungsdienst heute vor allem an Personenbeschreibung und Daktyloskopie sollen in diesem Zusammenhange Fotografie, forensische Odontologie, Stimmvergleichung sowie Datenverarbeitung allgemeiner behandelt werden, obwohl sie in der Kriminalistik bekanntlich nicht nur für erkennungsdienstliche Zwecke wichtig sind. Auszuklammern sind jedoch rein organisatorische Fragen, die besser in den V. Teil passen, in welchem die Organisation der Verbrechensbekämpfung erörtert werden soll.

Wird mit dem § 13 die teilweise über die Kriminalitätsbekämpfung hinausreichende Problematik des Erkennungsdienstes – der Personenidentifizierung – gewissermaßen vor die Klammer der Kriminaltechnik gezogen, für die sie aber in der Praxis häufig sehr bedeutsam

ist, so wird das weite Gebiet der Kriminaltechnik im übrigen zweckmäßig in drei große Komplexe gegliedert, obgleich diese sich hier und da überschneiden.
Der § 14 ist mit der Spurenkunde ebenfalls zunächst allgemeineren Problemen gewidmet; denn im Grunde ist die Spurenkunde der allgemeine Teil der Kriminaltechnik. Dabei muß naturgemäß vor allem auf Fragen der Spurensuche und -sicherung Wert gelegt werden, während die hier nur kurz zu streifenden Probleme der Spurenauswertung sich besser im Zusammenhang der im § 15 zu schildernden einzelnen kriminaltechnischen Untersuchungen darstellen lassen; denn nicht selten liegt hier der Schwerpunkt der Arbeit von Sachverständigen oder anderen Experten.

Dabei wird nicht verkannt, daß mitunter auch schon Suche oder Sicherung von Spuren besondere Sachkunde erfordern, was ebenfalls in diesem spezielleren Zusammenhang nachgetragen werden soll, um jedenfalls einen ungefähren Überblick über für den Kriminalisten wichtige Disziplinen und ihre verschiedenen Arbeismethoden zu erlangen.

Erst danach sollen im § 16 spezielle Fragen der Kriminaltechnik bei einzelnen Formen der Kriminalität behandelt werden, um darzutun, daß den einzelnen kriminaltechnischen Erkenntnismöglichkeiten und anderen zunächst allgemein behandelten Fragen bei den verschiedenen Deliktstypen in der Praxis eine ganz unterschiedliche Bedeutung zukommt.

Mitunter liegen die Dinge sogar bei den kriminologischen Erscheinungsformen oder den einzelnen Verbrechenstechniken eines Delikts recht verschieden. Gerade hier kann angesichts der Vielfalt, welche die kriminelle Realität bietet, keine erschöpfende Darstellung, sondern nur ein Überblick angestrebt werden, der Schwerpunkte oder auch Ausnahmen deutlich werden läßt, um so die Praxis der Kriminalitätsbekämpfung zu erleichtern.

Diese – systematisch betrachtet – vielleicht ungewöhnlich anmutende und manchen möglicherweise irritierende Dreiteilung erscheint jedoch für ein Handbuch zweckmäßig, weil der Kriminalist, mag er nun mehr praktisch oder mehr theoretisch interessiert sein, von ganz verschiedenen Punkten aus den Zugang zur Kriminaltechnik suchen wird. Während die Spurenkunde in § 14 mit Schwerpunkt auf der Ausgangslage des tatsächlichen Befundes – der Arten und Formen der Spuren und ihrer Sicherung – dargestellt werden soll, geht der Überblick über die einzelnen kriminaltechnischen Untersuchungen in § 15 mehr von den für die Kriminaltechnik wesentlichen Disziplinen und ihren Methoden aus; hier dominieren also Probleme der Spurenauswertung, wenngleich sie nicht so selten bereits im Zusammenhang mit Spurensicherung und auch -suche gesehen werden müssen. Im § 16 schließlich soll von Deliktsgruppen bzw. Formen kriminellen Verhaltens ausgehend demonstriert werden, auf welche Arten von Spuren es jeweils besonders ankommt und was man mit Hilfe einzelner Methoden durch eine kriminaltechnische Untersuchung erreichen kann. Ebenso wie auch hier nur eine Auswahl geboten werden kann, welche vom Delikt ausgehend die Wechselwirkung verdeutlichen soll, dürfte klar sein, daß im übrigen ergänzend das in den vorangehenden Paragraphen Gesagte zu beachten ist. Insgesamt aber dürfte auf diese Weise auch bei verschiedener Fragestellung dem Leser der Einstieg in die Probleme der Kriminaltechnik erleichtert werden.
Ergänzen sich mithin nicht nur die allgemeiner konzipierten Abschnitte der folgenden Darstellung mit diesem von einzelnen Kriminalitätsbereichen ausgehenden Überblick, versteht sich, daß die Kriminaltechnik als solche nicht nur häufig von der Verbrechenstechnik abhängt, sondern sie früher oder später in Fragen der Kriminaltaktik mündet, es also

insoweit ebenfalls zu einer Zusammenschau kommen muß. Das folgende Vorgehen beruht also mehr auf dem Interesse einer überschaubaren Darstellung, sollte aber nicht wirklichkeitsfremd Zusammengehöriges zergliedern.

Im Rahmen der Historischen Kriminalistik (§ 4) haben wir – wie soeben angedeutet – bereits gesehen, daß gerade die Kriminaltechnik und ihre Vorläufer für die geschichtliche Entwicklung der Kriminalistik bedeutsam waren. Nach der Medizin und ihrem sich allmählich konstitutionierenden Sondergebiet der gerichtlichen Medizin gewann vom 18. Jahrhundert ab vor allem die Chemie Einfluß auf das strafprozessuale Beweisverfahren. So kam es, daß sich im 19. Jahrhundert durch vermehrtes Benutzen wissenschaftlich fundierter Untersuchungsmethoden und die häufigere Einschaltung von Sachverständigen in Deutschland ebenso wie in anderen Ländern die Lage so veränderte, daß man von der Geburtsstunde der modernen Kriminalistik sprechen kann. Auch wenn die Kriminaltechnik im dem 1838 erschienenen „Handbuch der gerichtlichen Untersuchungskunde" *von Jagemanns* noch eine untergeordnete Rolle spielt, änderten sich mit dem Ausbau des Erkennungsdienstes in der 2. Hälfte jenes Jahrhunderts und der Schaffung von Polizeilaboratorien im beginnenden 20. Jahrhundert doch auch insoweit die Verhältnisse. Ein Beweis dafür ist die 1893 erschienene 1. Auflage dieses Werkes, das von Hans *Groß* damals noch als „Handbuch für den Untersuchungsrichter" bezeichnet wurde.

Groß setzte sich insb. für die Schaffung kriminologischer Institute im Rahmen der rechtswissenschaftlichen Fakultäten ein; er wies diesen Instituten gerade auch für die Praxis wichtige Aufgaben kriminaltechnischer Laboratorien zu. Im übrigen befürwortete er den Einsatz von Wissenschaftlern, die bei anderen Stellen oder Instituten tätig waren.

Diese Vorschläge von *Groß* wurden Anfang des 20. Jahrhunderts an der Universität Lausanne durch R. A. *Reiß* im Jahre 1909 verwirklicht. 1912 gründete Groß das von ihm geleitete Kriminalistische Universitätsinstitut in Graz. Im Jahre 1923 schuf man entsprechende Einrichtungen in Wien, Köln und Riga.

Parallel zu dieser Entwicklung wurden von den Polizeibehörden kriminaltechnische Einrichtungen auf- und ausgebaut, wobei es zunächst vor allem um den Erkennungsdienst ging; doch arbeiteten zunehmend andere Untersuchungsämter mit der Polizei zusammen. Wichtig sind neben dem 1910 gegründeten, von Edmond *Locard* geleiteten Polizeilaboratorium in Lyon eine entsprechende Einrichtung bei der Pariser Polizeipräfektur und das 1924 in Wien gegründete Kriminaltechnische Institut der Polizeidirektion, das von *Türkl* geleitet wurde. In Dresden hatte *Heindl* ein chemisches Polizeilaboratorium gegründet, das aber wegen des Krieges keine große Bedeutung erlangte. Erst 1938 schuf man im Zuge der Zentralisierung ein Kriminaltechnisches Institut und später Kriminaltechnische Untersuchungsstellen bei den Kriminalpolizeistellen. – Dagegen hatten Staaten bzw. Städte in Nord- und Südamerika bereits in den 20er und 30er Jahren Polizeilaboratorien bekommen; die älteste Institution ist hier wohl das 1923 geschaffene Kriminaltechnische Laboratorium von Los Angeles. – Da es hier mehr darum geht, den zunehmenden Einfluß der Kriminaltechnik zu verdeutlichen, werden die weitere Entwicklung und der gegenwärtige Stand bei der Organisation der Verbrechensbekämpfung im V. Teil behandelt werden.

Rhodes, Henry T. F.: Alphonse Bertillon. Father of Scientific Detection – London/Toronto/Wellington/Sydney 1956; *Matheyer,* Jaques: Das Institut für Polizeiwissenschaft und Kriminologie feiert sein 50jähriges Bestehen – Internal. kriminalpol. Revue 1959 – 150ff.; *Népote,* Jean: Die Kriminaltechnik in Frankreich – Internal. kriminalpol. Revue 1961 – 174ff., *Kube,* Edwin: Beweisverfahren und Kriminalistik in Deutschland – Kriminol. Schriftenreihe Bd. 13 – Hamburg 1964.

§ 13
Erkennungsdienst

Im Zusammenhang mit dem Erkennungsdienst, der sich vor allem mit der Identifizierung von Personen (sogen. Personenfeststellung) befaßt, was heutzutage vor allem mithilfe einer Personenbeschreibung und daktyloskopisch ausgewerteter Fingerabdrücke erfolgt, wollen wir auch Fotografie und Datenverarbeitung behandeln, obwohl deren Bedeutung weit über die erkennungsdienstliche Behandlung hinausreicht. Dennoch erscheint es zweckmäßig, daß diese bereits hier wesentlichen Möglichkeiten verhältnismäßig früh behandelt werden, damit wir ggf. später darauf verweisen oder daran anknüpfen können.

Huelke, Hans-Heinrich: Kriminaltechnik – in: HdwKrim (2) II–138ff., insb. S. 148ff.; *Walls,* H. J.: Forensic Science – 2. Aufl. – London 1974 – S. 127ff.; *Kasper,* Siegfried G.: Freie Beweiswürdigung und moderne Kriminaltechnik – Kriminol. Schriftenreihe Bd. 61 – Hamburg 1975.

Gewiß gab es schon früh in der Menschheitsgeschichte Phänomene, die an Zwecke des Erkennungsdienstes erinnern könnten. Außer an Formen der Brandmarkung ist hier an gewisse Leibesstrafen zu denken, die nicht nur einen Rechtsbrecher als solchen – etwa durch Abschlagen einer Hand – äußerlich erkennbar kennzeichneten, sondern sicherlich auch das Wiedererkennen und damit die Identifizierung für die Zwecke eines gerichtlichen Verfahrens erleichterten. Eher paßt in diesen Rahmen der Austausch von Personenbeschreibungen von Rechtsbrechern, wie er bereits im 15. und 16. Jahrhundert zwischen einzelnen Städten vereinbart wurde. Dasselbe gilt für die Gaunerlisten des 18. und 19. Jahrhunderts in Deutschland, die außer Personalien gewisse Angaben zur Personenbeschreibung enthielten. Aber schon hier zeigt sich, daß die Kriterien oft wenig zuverlässig waren und der Nutzen zweifelhaft wurde, wenn das Material zu stark wuchs.
Alle diese Dinge spielen gegenwärtig auf der Welt kaum noch eine Rolle und sind in den meisten Ländern schon lange Zeit überwunden. Nach der vor allem im 19. Jahrhundert auch wissenschaftlich fundierten modernen Auffassung geht es hier um wissenschaftlich nachprüfbare Methoden wie Anthropometrie, Signalementslehre und Daktyloskopie. Daneben hat seit längerer Zeit die Fotografie und in den letzten Jahren außer diversen Verfahren der Rekonstruktion, der Odontologie und der Röntgenidentifizierung die Datenverarbeitung an Gewicht gewonnen.

I. Allgemeines

Bevor die einzelnen, gegenwärtig mehr oder weniger wichtigen Methoden erkennungsdienstlicher Behandlung zu schildern sind, ist allgemein einiges über die Aufgaben dieses Zweiges der Kriminalistik vorauszuschicken.
Die Personenidentifizierung ist vor allem, aber keineswegs nur für die Kriminalistik wichtig. So denkt man in erster Linie an die sichere Feststellung der Identität einer Person, die als Beschuldigter für ein Strafverfahren in Betracht kommt. Auf diese Weise lassen sich also u.U. auch frühere Vorstrafen feststellen. Manche erkennungsdienstlichen Methoden wie die Daktyloskopie ermöglichen es, die Identität eines Spurenlegers, der eine Spur verursachenden Person, festzustellen. Ferner kann eine erkennungsdienstliche Behandlung nicht nur dazu dienen, die Identität eines eventuell zu überführenden Beschuldigten festzustellen, sondern sie läßt sich auch bei entwichenen Personen anwenden.

Wichtige Funktionen erfüllt der Erkennungsdienst ferner in einigen Bereichen, die über die Strafverfolgung hinausgehen. So hilft er, die Identität unbekannter Toter zu ermitteln, was insb. bei Katastrophen wichtig sein kann. Mitunter müssen Vermißte, Geisteskranke oder Personen identifiziert werden, die keine Angaben zur Person machen können oder wollen bzw. deren Angaben zweifelhaft sind.
Die Rechtsgrundlagen für eine erkennungsdienstliche Behandlung sind in den einzelnen Staaten recht verschieden, wobei problematisch aber wohl nur die gegen oder ohne Willen des Betroffenen erfolgenden Maßnahmen sind. In der Bundesrepublik findet sich eine recht allgemein gefaßte Rechtsgrundlage in § 81b StPO. Andere Staaten stellen dagegen auf mehr oder weniger speziell gefaßte Vorschriften des Polizeirechts ab.

Hust, Gerhard: Erkennungsdienstliche Behandlung und Persönlichkeitsschutz – Kriminalistik 1965 – 499ff.; *Kohlhaas,* Max: Körperliche Untersuchung und erkennungsdienstliche Maßnahmen – Stuttgart/München 1972.

Die wichtigsten Grundlagen der Personenidentifizierung sind heute neben der Daktyloskopie vor allem Fotografie und Personenbeschreibung. Daneben kann man sich in bestimmten Fällen der Identifizierung mithilfe der Odontologie, der Röntgenuntersuchung oder der Stimmvergleichung bedienen. Alle diese Verfahrensarten werden heute durch die elektronische Datenverarbeitung nachhaltig beeinflußt, weshalb darauf schon in diesem Zusammenhang einzugehen ist. Natürlich gibt es noch andere Methoden, die u.U. zur Personenidentifizierung genutzt werden können. Doch hängen derartige Erkenntnisse, wie sie etwa die Blutgruppenuntersuchung oder das erbbiologische Gutachten zu zeitigen vermögen, noch mehr als die soeben genannten Verfahren mit der Auswertung von Tatspuren zusammen, weshalb es zweckmäßig erscheint, sie später zu behandeln.

Chevet, S./*Ceccaldi,* P. F.: Der Identitätsnachweis beim Menschen durch kombinieren von Fotografie, Anthropometrie und Personenbeschreibung – Internat. Kriminalpol. Revue 1964 – 266ff.

II. Anthropometrie. Signalementslehre (Personenbeschreibung)

Während die Signalementslehre in Form der Personenbeschreibung auch heute noch für den Erkennungsdienst bedeutsam ist, stellt die ebenfalls im 19. Jahrhundert entwickelte Anthropometrie eine besondere, jetzt vor allem noch historisch interessierende Methode dar.

Zbinden S. 51ff.; *Nolding,* W.: Theorie und Praxis der kriminalistischen Identifizierung – Berlin-Wilhelmsruh 1959.

Aus dem älteren Schrifttum:
Klatt, Otto: Die Körpermessung der Verbrecher nach Bertillon und die Fotografie als die wichtigsten Hilfsmittel der gerichtlichen Polizei sowie Anleitung zur Aufnahme von Fußspuren jeder Art – Berlin 1902.

1. Anthropometrie. Körpermeßverfahren

Die Anthropometrie, das Körpermeßverfahren, nennt man auch Bertillonage, weil es vom Franzosen *Bertillon* in den 80er Jahren des 19. Jahrhunderts (ab 1879, in Paris eingeführt

1882) entwickelt und propagiert wurde. Obwohl andere erkennungsdienstliche Methoden diese Anthropometrie als solche schon seit Jahrzehnten verdrängt haben, ist doch das Verdienst Bertillons nicht zu bestreiten, hier ein wissenschaftlich fundiertes Verfahren zum Zwecke der Identifizierung von Menschen entwickelt zu haben.
Alphonse *Bertillon,* seit 1880 Chef des „Service de l'identité judiciaire" in Paris, ging davon aus, daß sich das menschliche Knochengerüst etwa vom 20. Lebensjahr nicht mehr verändere und es sich überdies bei allen Menschen unterscheide, wenn man nur eine genügend große Zahl von Maßen einbeziehe. Bertillon selbst hielt elf Maße für ausreichend, von denen sich drei auf den Gesamtkörper, vier auf den Kopf und vier auf einzelne Gliedmaßen beziehen.

Im einzelnen handelte es sich um folgende Maße (Zur Technik der Messungen *Groß/Seelig (8)* I–418)

1. Körpergröße
2. Spannweite (Von Mittelfingerspitze bis zu Mittelfingerspitze bei waagerecht ausgebreiteten Armen)
3. Sitzhöhe
4. Kopflänge
5. Kopfbreite
6. Länge des rechten Ohres
7. Breite des rechten Ohres (später ersetzt durch: Jochbogenbreite)
8. Länge des linken Fußes
9. Länge des linken Mittelfingers
10. Länge des linken Kleinfingers
11. Länge des linken Unterarms

Ergänzt wurden diese Messungen durch drei Fotografien des Täters in verschiedenen Stellungen und durch eine eingehende Personenbeschreibung, das sogen. portrait parlé. Von 1894 ab enthielten die Meßkarten auch Abdrücke des rechten Daumens, Zeige- und Mittelfingers. Diese Erkenntnismittel fallen aber an sich aus dem Rahmen des Körpermeßverfahrens heraus; sie gehören als Mittel der Personenbeschreibung zur Signalementslehre oder zur Daktyloskopie und sollen daher dort behandelt werden.
Auf Betreiben von *Bertillon* wurde die anthropometrische Identifikation zuerst und vor allem von der französischen Polizei verwendet. Sie besaß allein in Paris nach etwa 20 Jahren rund 900 000 Fotografien von etwa 300 000 männlichen Rechtsbrechern. Diese Fotos wurden an Hand der anthropometrischen Maße den Signalementskarten entsprechend geordnet, um von der Namensangabe unabhängig zu werden.

Zunächst teilte man die Signalementskarten nach der Länge des Kopfes in drei Gruppen ein, die jede wiederum nach der Kopfbreite in drei Gruppen gegliedert wurden. Innerhalb der so erzielten Gruppen gliederte man nach der Länge des Mittelfingers wiederum in drei Untergruppen, um sodann nach der Länge des Unterarms und schließlich nach der Körpergröße weiter zu untergliedern. – Auf diese Weise kam die Bertillon'sche Registratur bereits auf 729 Fächer, die man nun nach anderen Maßen oder sonstigen Kriterien noch weiter aufgliedern konnte.

Der 1896 in Berlin eingerichtete „Erkennungsdienst" übernahm das Bertillon'sche Verfahren in etwas modifizierter Form und setzte sich dafür ein, es in anderen Bundesländern einzuführen. Eine 1897 veranstaltete Polizeikonferenz nahm positiv zu diesem Verfahren Stellung. 1902 gab es im Deutschen Reich bei Polizei- und Strafvollzugsbehörden insgesamt 59 Meßstationen.
Gegenüber dem bloßen Registrieren von Fotografien wies dies Verfahren bereits beträchtliche Vorteile auf. So konnte allein die Pariser Polizei zunächst alljährlich etwa

400–500 Personen identifizieren, die sonst unter falschem Namen geführt worden wären. Ungewiß bleibt allerdings, inwieweit diese Erfolge auf die Anwendung der 1888 eingeführten Hilfsmittel Fotografie und Personenbeschreibung, auf welche *Bertillon* ebenfalls großen Wert legte, zurückzuführen sind. – Allerdings nahm die Zahl der Identifikationen bald wieder ab. Das mag einmal darauf zurückzuführen sein, daß manche Rechtsbrecher von dem als zwecklos erkannten Leugnen absahen. Zum anderen aber dürfte die Abnahme darauf beruhen, daß auch Delinquenten bald Unsicherheitsfaktoren dieses Verfahrens erkannten. Das Meßverfahren verbot sich nicht nur bei jüngeren Menschen, die schon damals einen erheblichen Anteil der Kriminellen stellten, sondern wurde auch bei Frauen nicht angewandt. Und selbst bei Erwachsenen konnten nicht auszuschließende Veränderungen die Meßergebnisse beeinflußen. Schließlich ließen sich einige Messungen auch durch Manipulationen mehr oder weniger leicht beeinflussen. In allen diesen Punkten war die gleichzeitig entwickelte, hier später zu behandelnde Daktyloskopie der Anthropometrie überlegen; sie wurde deshalb bald – auch in Frankreich – das wichtigste Mittel der Identifizierung.
Dennoch darf man die Verdienste von *Bertillon* nicht unterschätzen, wie sich bald bei Personenbeschreibung und Fotografie zeigen wird. Und ganz gewiß war das Körpermeßverfahren eine wissenschaftliche Methode, die mancherlei Vorteile gegenüber früher gebräuchlichen Identifizierungsmitteln aufwies.

2. Signalementslehre. Personenbeschreibung

Auch die Signalementslehre oder die Lehre von der Personenbeschreibung ist durch *Bertillon* nachhaltig gefördert worden. Sie ist zudem nicht nur für die Ermittlung oder Überführung eines tatverdächtigen, sondern auch für andere Zwecke wichtig. Vor allem wird sie heute in folgenden Fällen angewandt:

1. Ermittlung oder Überführung einer für ein Strafverfahren benötigten Person, insb. auch eines flüchtigen Beschuldigten,
2. Ermittlung einer aus amtlichem Gewahrsam entwichenen Person,
3. Identifizierung von vermißten Personen,
4. Identifizierung von unbekannten Toten.

de Audres, M.: Bertillon's „Gesprochenes Portrait" und Schönheitsoperationen – Internat. kriminalpol. Revue 1954 – 266 ff.; *Dost,* Paul: Porträtmäßiges Sehen und Beschreiben – Kriminalistik 1958 – 412 ff.; *Drescher,* Heinz: Personenbeschreibung – unter Mitarbeit von E. Steinwender – BKA 1961/2; *Kasper,* Siegfried G.: Freie Beweiswürdigung und moderne Kriminalistik – Kriminol. Schriftenreihe Bd. 61 – Hamburg 1975 – S. 65 ff.

Die Personenbeschreibung läßt sich als die systematische Zusammenfassung aller sichtbaren Merkmale des Äußeren eines Menschen charakterisieren.

a) Geschichtliche Entwicklung

Ansätze zu einer Personenbeschreibung und damit zu einer Signalementslehre finden sich schon in alter Zeit.

Schon lange vor Christi Geburt hat es, wie u.a. die Papyrusforschung bewiesen hat, in Ägypten die Personenbeschreibung als Hilfsmittel der Fahndung gegeben. Überlieferte „Steckbriefe“, die bereits eine Belohnung vorsehen, lassen auf eine hochentwickelte Signalementstechnik bereits 145 v. Chr. schließen.

Obwohl auch für die spätere Zeit aus anderen alten Gesellschaften Ähnliches berichtet wird, hat man dort anscheinend insoweit nicht ganz das Niveau der alten Ägypter erreicht. Man beschränkt sich hier auf ein abgekürztes Signalement, bei welchem neben dem Alter vor allem ungewöhnliche Formen und Farben sowie besondere körperliche Kennzeichen jedoch sehr genau beschrieben werden.

Die moderne Signalementslehre geht jedoch von den Grundlagen aus, welche der Franzose *Bertillon* im 19. Jahrhundert erarbeitet hat, welcher bei der Personenbeschreibung vom portrait parlé sprach. Allerdings ging *Bertillon* mit seinen Klassifikationsversuchen zu weit, weil er bei den sichtbaren Körperteilen des Menschen zu viele Formen unterscheiden wollte. Sein System war zu kompliziert und infolgedessen – so paradox es klingen mag – zu ungenau; denn die Grenzfälle wurden zu zahlreich.

So wollte *Bertillon* beispielsweise 30 Formen der Nase unterscheiden (Vgl. im einzelnen *Groß/Seelig (8)* I–421f.); ähnlich verfuhr er beim Ohr, beim Profil usw. Alle diese Formen wurden, um eine telegrafische Übermittlung zu ermöglichen, in einer bestimmten Reihenfolge mit Zeichen und Ziffern versehen. *Heindl* bezeichnet die von *Bertillon* erarbeitete Konzeption als das Ergebnis „einer geradezu krankhaften Klassifizierungswut“ und daher als „für die Praxis unverwertbar“.

Dennoch muß man das Bertillon'sche portrait parlé als den Ausgangspunkt der modernen Signalementslehre werten. Und die Personenbeschreibung ist auch heute ein neben der Daktyloskopie wichtiges, z.T. unentbehrliches Hilfsmittel der Personenidentifizierung, auf das man ferner oft bei der Fahndung angewiesen ist. Nicht nur Zeugen beschreiben mehr oder weniger gut die Person des Tatverdächtigen, sondern auch Angehörige eines Vermißten liefern eine Personenbeschreibung von ihm. Und immer wieder bedienen sich die Strafverfolgungsorgane intern oder bei einer Bitte an die Allgemeinheit um Mithilfe in einer Fahndung derartiger Personenbeschreibungen. Die Personenbeschreibung ist besonders wichtig, wenn Fingerabdrücke oder Vergleichsabdrücke und wenn Fotos fehlen; sie hat aber auch daneben immer noch einen Sinn.

b) Die Personenbeschreibung der Gegenwart

Die geschichtliche Entwicklung lehrt, daß wir uns bei der Personenbeschreibung vor Übertreibungen der geschilderten Art hüten müssen, wenn dieses Identifizierungsmittel für die Praxis brauchbar sein soll. Ferner ist zu beachten, daß sich mit der qualitativen Beschreibung einer Person sehr gut quantitative Angaben verbinden lassen. Man kann nicht nur die tatsächliche oder geschätzte Körpergröße, andere Maße oder Winkel, sondern festgestellte oder geschätzte Gewichtsangaben in die Personenbeschreibung aufnehmen.
Ungeachtet der Unterschiede, die sich für die Personenbeschreibung etwa bei anwesenden Personen sowie unbekannten Toten und bei nichtanwesenden Personen ergeben, konzentriert man sich heute auf Angaben zu folgenden Punkten:

Geschlecht, Alter, Größe, Gestalt, Kopfform, Gesicht (Stirn, Kinn), Haarfarbe (und ggf. Haartracht, insb. Bart, ev. Augenbrauen), Augenfarbe, Nase, Mund (ev. Zähne), Ohren (Ohrläppchen), Sprache (Stimmlage, Sprechweise, insb. Dialekt) und besondere Kennzeichen (Fehlen von Körperteilen, andere Defekte, Narben).

Selbst bei einer solchen Auswahl kann sogar die Personenbeschreibung durch Experten immer noch recht verschieden ausfallen. Und ganz besonders gilt das bei nichtanwesenden Personen, wenn die Personenbeschreibung nach den Angaben von Laien zusammengestellt wird, welche den fraglichen Menschen oft nur kurz und unter sie irritierenden Umständen wahrgenommen haben. Auf diese Dinge wird in der Kriminaltaktik bei der Fahndung (§ 19) zurückzukommen sein.
Wesentlich erscheint daher, daß man sich im nationalen Bereich und möglichst auch international über die Grundbegriffe der Signalementslehre und damit der Personenbeschreibung einigt, um eine einigermaßen einheitliche Handhabung zu erreichen, welche diese Fehlerquellen merklich reduziert.
Dazu gehört einmal, daß man die einzelnen Teile des menschlichen Körpers ungeachtet medizinischer Termini einheitlich bezeichnet. Ferner sollte man sich bemühen, das Erscheinungsbild eines Menschen und seiner Körperteile durch nicht zu zahlreiche, aber relativ einfach und einheitlich zu handhabende Begriffe zu beschreiben.

Geschlecht und **Alter** bereiten keine großen Schwierigkeiten, soweit man nicht auf Schätzungen angewiesen ist, wenngleich gerade bei jungen Menschen eine vergleichsweise frühe oder späte Entwicklung täuschen kann. Nur in seltenen Fällen – wie bei Transvestiten – kann die äußere Erscheinung täuschen.

Bei der **Größe** sollte man Angaben in Zentimetern vorziehen, weil Begriffe wie klein, mittel, groß nicht nur individuell verschieden interpretiert werden, sondern auch bei den einzelnen Völkern wegen unterschiedlicher Durchschnittsgröße problematisch sein können.

Die **Gestalt** läßt sich am besten auf vier Grundformen (stark, untersetzt, schlank, schwächlich) zurückführen, obwohl es Mischformen oder Abweichungen gibt, die man ggf. andeuten kann; hierzu zählen etwa, außer der Gesamthaltung (aufrecht, steif, gebeugt, nachlässig) das Gesamtbild beeinflussende Auffälligkeiten einzelner Körperteile (Haltung und Bewegung).

Die **Kopfform** sollte zunächst von vorn mit den Begriffen oval, rund, viereckig beschrieben werden. Nur bei signifikanter Abweichung von diesen Grundformen sollte man ferner die Begriffe kreiselförmig, pyramidenförmig, rautenförmig oder unsymmetrisch verwenden und Besonderheiten (lang, breit) erwähnen. – In besonderen Fällen kann die Kopfform zusätzlich oder nur von der Seite (Profil) beschrieben werden. Hier ist außer auf Stirn, Nase, Mund- und Kinnpartie auch auf die Form des Hinterkopfes zu achten.

Beim **Gesicht** interessieren neben der Stirn (zurückweichend, vorspringend, stark gewölbt, niedrig) Form und Fülle (voll, hager), Farbe und Beschaffenheit der Haut, wobei insbesondere Hautfalten (Stirn-, Augen-, Nasen-, Mund-, Wangen-, Halsfalten) recht charakteristisch sein können. Ferner ist auf die für das Gesicht wichtige Kinnpartie (hervorstehend, zurückspringend, senkrecht) zu achten. Das Kinn selbst kann dabei nicht nur besonders spitz oder breit, sondern auch lang oder kurz sein und Besonderheiten aufweisen (Kinngrübchen, -spalte, Doppelkinn).

Das **Haar** ist im Rahmen der Personenbeschreibung durch seine Farbe (hell- und dunkelblond, braun, schwarz, rot, grau, graumeliert, weiß) Form (dick, dünn, glatt, wellig, kraus) und Trageweise (Tracht) interessant, wobei sich gerade im letzten Punkt Unterschiede zwischen Männern und Frauen ergeben. Während man bei Männern außer auf den Haarschnitt beispielsweise ggf. auf Stirn-, Wirbel- oder Vollglatze hinweisen sollte, läßt sich bei Frauen die Haartracht gewöhnlich durch einige Frisurtypen kennzeichnen. Auch Haarfärbung oder Perücke ist ggf. zu berücksichtigen. – Die **Augenbrauen** können nicht nur in Farbe und Fülle abweichen, sondern auch durch die Form (bogenförmig, waagerecht, gewinkelt, nach oben oder unten verlaufend) charakteristisch sein. Eine Besonderheit der Haare bietet der noch stärker der Mode unterworfene **Bart,** den man nach Art (Schnurr-, Backen-, Kinn-, Vollbart), Tracht, Farbe und Form beschreiben kann.

Beim **Auge** interessiert für die Personenbeschreibung vor allem die Augenfarbe (blau, grau, grün, hell- und dunkelbraun, schwarzbraun). Besonderheiten wie hervorquellende (Glotzaugen) oder zurückliegende Augäpfel (Hohlaugen), kleine oder große Augenschlitze sowie Auffälligkeiten der Augenlider sollten nur in entsprechenden Ausnahmefällen erwähnt werden. Dasselbe gilt für Besonderheiten wie verschiedenfarbige Augen, Glasauge links oder rechts sowie für die Notwendigkeit von Augengläsern (Brille, Einglas).

Die Form der **Nase** sollte auf wenige Grundtypen (gerade, auf- oder abwärtsgerichtet, d. h. „Stups-" und „Himmelfahrtsnase" oder „Hängenase", angebogen im Sinne von „Haken-" oder „Adlernase" oder „eingebogen" wie z. B. die „Boxernase") reduziert werden, wobei man zusätzlich ggf. Charakteristika wie groß, klein, dick oder anatomische Besonderheiten (sehr spitz, schief, lädiert, weite Nasenlöcher) angeben kann.

Für den **Mund** sind außer abnormen Größen (groß, klein) vor allem Besonderheiten der Lippen (schmal, wulstig, hoch- oder herabgezogene Mundwinkel, schief) wichtig. Nicht nur bei dem mitunter ständig offenen Mund können Auffälligkeiten gerade der Schneidezähne (vorstehend, Zahnlücken) kennzeichnend sein. Selbstverständlich können zu einer genaueren Personenbeschreibung auch weitere Angaben über das Gebiß gehören, das hier jedoch im übrigen bei der Odontologie behandelt werden soll.

Das **Ohr** hat in der Signalementslehre eine große, oft allerdings überschätzte Rolle gespielt. Mehr als die Größe (sehr groß, sehr klein) interessiert hier die Form (oval, rund, viereckig, dreieckig), wobei u. U. auch das Ohrläppchen (angewachsen, freihängend) eine Rolle spielen kann. Wichtig kann ferner sein, daß Ohren besonders eng am Kopf anliegen oder aber von ihm (ggf. oben oder unten) abstehen (Henkel- oder Segelohren). Genauere Identifizierungsmöglichkeiten bietet das Ohr ansonsten erst mithilfe einer Fotografie.

Die **Sprache** als Element der Personenbeschreibung berücksichtigt außer Stimmlage (besonders tief oder hoch) und Tonfall vor allem Muttersprache und vom Betreffenden beherrschte Fremdsprachen. Schwierig ist der Dialekt, der ebenso wie ein Akzent hilfreich sein kann. Doch sollten hier die Begriffe nicht zu speziell werden, während zu allgemeine Angaben (nord- oder süddeutsch) wenig helfen. Interessanter sind mitunter die Sprechweise (fließend, sehr schnell, langsam, stockend) und etwaige Sprachfehler (stotternd, lispelnd, näselnd, heiser, krächzend, schnarrend).

Schließlich ist noch auf für die Personenbeschreibung wichtige **besondere Kennzeichen** einzugehen, die nicht unter die bisher genannten Kriterien fallen. Gerade hier aber sollte man sich vor allgemeinen Charakteristika hüten. Beispiele für wirklich spezifische Kennzeichen, die nicht einmal normalerweise ohne weiteres sichtbar sein müssen, sind Muttermale, Leberflecken, Warzen, Narben, verkrüppelte oder fehlende Glieder bzw. Körperteile, auffällige Krankheitssymtome und Tätowierungen. Sie sollten in der Personenbeschreibung zudem nach Größe, Form und Lage exakt beschrieben werden; ggf. kann auch die Farbe kennzeichnend wirken.

Aus dieser recht umfassenden Zusammenstellung möglicherweise geeigneter Angaben sollte eine auf den Einzelfall zutreffende Auswahl erfolgen. Dabei sollte man sich eher vor einem Übermaß hüten, wenngleich Experten dadurch weniger als Laien irritiert werden, sie also auch weitere Angaben zu nutzen pflegen, weshalb es auf den Zweck der Personenbeschreibung ankommt. Hierzu gehören im Rahmen der Fahndung, wie wir später sehen werden, auch Angaben über Kleidung, mitgeführte Gegenstände und sonstige Gewohnheiten des Betreffenden. Alle diese Dinge sind aber noch eher als die bisher genannten Kriterien zu verändern, obwohl man schon hier an solche Manipulationen denken sollte.
Schließlich ist nochmals zu betonen, daß die Personenbeschreibung nur relativ selten das einzige Mittel der Identifizierung darstellt, sondern es gewöhnlich zusammen mit anderen erkennungsdienstlichen Methoden wie Fotografie oder Daktyloskopie angewandt wird. Dennoch ist es ein wesentliches und selbstständiges Element des Erkennungsdienstes.

III. Daktyloskopie

Die erkennungsdienstliche Verwendung der Daktyloskopie (griech. „Fingerschau") ist relativ jungen Datums.

Zbinden S. 53ff.; *Steinwender,* Ernst: Daktyloskopie. Bedeutung und Anwendung – BKA 1955/1; *Repis,* Carl/*Jung,* Leo: Theoretische und praktische Daktyloskopie. Ein Handbuch für den Sicherheitsdienst – Wien/Stuttgart 1957; *Santamaria,* F.: Der objektive Beweiswert der Fingerabdrücke – Internat. Kriminalpol. Revue 1959 – 87ff.; *Rohrmann,* W./*Heigl,* R.: Physiologische Grundlagen für die Beweiskraft der Daktyloskopie – in: TbKrim XIV, s. 284ff. (1964); *Rother,* Hermann: Daktyloskopie. 1. Teil: Einführung in die Fingerabdruckkunde für den allgemeinen Polizeidienst – Lübeck 1967; *Kirk/Thorton* S. 59ff.; *Walls,* H. J.: Forensic Science – 2. Aufl. – London 1974 – S. 130ff.

Spezialzeitschrift:
Fingerprint an Identification Magazine – Chicago, seit 1975 New York.

Ältere Literatur (Auswahl):
Groß/Seelig (8/9) II–360ff.; *Heindl,* Robert: System und Praxis der Daktyloskopie – 3. Aufl. Berlin 1927; *Schneickert,* Hans: Der Beweis durch Fingerabdrücke. Leitfaden der gerichtlichen Daktyloskopie – 2., erw. Aufl. – Jena 1943.

Schon im 18. Jahrhundert befaßten sich europäische Wissenschaftler mit den Papillarlinien auf Fingern und Händen des Menschen. Auf den Gedanken, daktyloskopische Erkenntnisse für die Zwecke der Identifizierung zu verwenden und damit auch für die Kriminalistik nutzbar zu machen, ist man jedoch erst in der zweiten Hälfte des 19. Jahrhunderts gekommen.

1. Geschichtliche Entwicklung

Wahrscheinlich ist allerdings, daß andere Völker schon viel früher die Bedeutung der Papillarlinien für die Identifizierung erkannt haben, wenngleich manches nach wie vor dunkel ist.
Das gilt beispielsweise für die Assyrer und Babylonier, die ihre Urkunden seit etwa 2200 v. Chr. mit einem Nageleindruck (supur) siegelten. Sicherer ist, daß Chinesen und Japaner bereits im 7. bzw. 8. Jahrhundert auf Rechtsurkunden als Signatur den Fingerabdruck der Kontrahenten benutzten. Unsicher ist, inwieweit Fingerabdrücke zur Identifizierung bei Strafsachen benutzt wurden.

Da man aber nachweislich bereits im 12. Jahrhundert auch in Strafverfahren auf Fingerabdrücke stößt, darf man annehmen, daß diese Völker jedenfalls um Identifizierungsmöglichkeiten wußten. So erklärt sich zwanglos, daß die Chinesen um 1880 eine Sammlung von Daumenabdrücken der Schwerverbrecher besitzen. – Ähnlich sind die Verhältnisse anscheinend in Indien und Persien gewesen.

Dagegen war die Identifizierung durch Fingerabdruck im europäischen Alterum und Mittelalter offensichtlich unbekannt. Bei der „Handfeste", dem Handabdruck unter einer Urkunde, kam es vermutlich mehr auf die Form und andere Dinge als die Papillarlinienmuster an; sie geriet zudem im frühen Mittelalter mit zunehmender Verbreitung der Schrift in Vergessenheit.

Nach *Malipighius* (1686) u. a. werden die Papillarlinien in Europa sodann auch von Chr. J. *Hintze* (1747) und B. S. *Albinus* (1764) erwähnt. Erste Versuche, die Muster der Papillarlinien zu klassifizieren, soll der Physiologe J. E. *Purkinje* im Jahre 1823 unternommen haben, obwohl er deren Einmaligkeit anscheinend nicht erkannte.

Für die moderne Kriminalistik waren die eigentlichen Entdecker die Engländer Sir William J. *Herschel* und Henry *Faulds,* die zu gleicher Zeit, aber unabhängig an den Grundlagen der Daktyloskopie arbeiteten. *Herschel* war von 1853 bis 1878 bei der Polizei von Kalkutta tätig, während *Faulds* in Tokio physiologische Vorlesungen hielt. *Herschel* soll – vielleicht durch die angesichts der Analphabeten verbreiteten Übung veranlaßt – erstmalig 1857 einen Handflächenabdruck zum Zwecke der Identifizierung abgenommen haben. Er führte 1858 auf seiner Dienststelle praktisch die Daktyloskopie zur Identifizierung von Strafgefangenen ein. Doch erhielt *Herschel,* der 1877 vorschlug, alle Sträflinge Bengalens daktyloskopieren zu lassen, einen abschlägigen Bescheid. 1880 veröffentlichte *Herschel,* einen Monat nachdem eben dort eine Arbeit von *Faulds* publiziert worden war, in der englischen Zeitschrift „Nature" seinen Beitrag über den Identifizierungswert der Daktyloskopie. Auch die britischen Behörden, denen *Faulds* – insoweit von *Herschel* abweichend – Daktyloskopie aller zehn Finger vorschlug, lehnten das 1888 ab. Ähnlich erging es dem Berliner Tierarzt Wilhelm *Eber* im gleichen Jahr beim Preussischen Ministerium des Innern.
Durch die Publikationen aufmerksam geworden, wandte sich der englische Anthropologe Sir Francis *Galton* 1888 dem Studium der Papillarlinienmuster zu. Er veröffentlichte 1892 sein bahnbrechendes Werk „Finger Prints". In ihm erkannte er die Einmaligkeit und Unveränderlichkeit der Papillarlinienmuster an und führte diese auf vier Grundformen zurück. Auf dieser Grundlage erarbeitete der Nachfolger *Herschels* in Bengalen, Sir Edward Richard *Henry,* ein verbessertes Klassifizierungssystem aus. Dieses wurde 1897 in Britisch-Indien eingeführt und 1899 einer wissenschaftlichen Kommission vorgelegt. 1900 veröffentlichte *Henry* sein Buch „Classification and Uses of Fingerprints". *Henry* wurde nach London gerufen und führte dort am 21. 7. 1901 das Fingerabdruckverfahren ein, das als Galton-Henry'sches System noch heute die Grundlage der meisten Registraturen für Fingerabdrücke in Europa, Nordamerika und vielen Ländern des früheren britischen Empire bildet.

So führte 1902 Österreich-Ungarn die Daktyloskopie neben der Anthropometrie ein. In Deutschland geschah dies 1903 zuerst für das Königreich Sachsen in Dresden auf Vorschlag von Robert *Heindl,* der sich mit dem im Jahre 1922 veröffentlichten Buch „System und Praxis der Daktyloskopie" (3. Aufl. Berlin 1927) um dieses Erkenntnismittel verdient machte. Andere deutsche Länder folgten; so wurde in Berlin, Hamburg, Nürnberg und Augsburg 1903 mit dem Anlegen von Zehnfingerabdrucksammlungen begonnen. Obwohl Heindl bereits 1903 anregte, die den Vorschlägen von Bertillon folgenden Meßkartenzentralen aufzugeben, geschah dies erst vom Jahre 1912 an, zunächst in Bayern und Sachsen. Bis dahin war die erkennungsdienstliche Behandlung außerhalb der großen Städte oft lückenhaft. In Preußen wurde die Daktyloskopie beispielsweise erst 1927 obligatorisch. – Mitunter wurde das Galton-Henry'sche System mehr oder weniger modifiziert, was im Verkehr zwischen verschiedenen Dienststellen naturgemäß Schwierigkeiten mit sich brachte.

Es gab aber auch Forscher sowie Kriminalbeamte und daher Länder, die bei Einführung der Daktyloskopie andere Wege gingen. Das gilt beispielsweise für viele südamerikanische Länder. Durch Galtons Arbeiten angeregt führte J. *Vucetich,* der seit 1889 Leiter des Erkennungsdienstes in La Plata war, bereits am 1. 1. 1896 in Buenos Aires und damit in Argentinien die Daktyloskopie mit einem von ihm selbst erarbeiteten Klassifizierungssystem ein. Dieses erst 1905 staatlich anerkannte System wurde nicht nur von anderen Staaten Südamerikas, sondern in Europa u. a. von der Schweiz und Frankreich übernommen.

2. Grundlagen

Die nach wie vor große Bedeutung der Daktyloskopie für den Erkennungsdienst ergibt sich u.a. aus der naturwissenschaftlichen Feststellung, daß die Innenflächen der menschlichen Hand ebenso wie übrigens die Fußsohlen nicht glatt sind. Vielmehr bilden hier feine Hautlinien, eben die Papillarlinien, eine reichhaltige Musterung. Der Name Papillarlinien rührt von den Papillen her; das sind kleine warzenförmige Gebilde der Lederhaut (Corium), die von der Hornschicht der Oberhaut (Epidermis) überzogen sind. Die sonst ungeordneten, recht niedrigen Papillen stehen an den Fingerbeeren, der Handfläche und an den Fußsohlen nicht nur etwas in die Höhe, sondern so in Doppelreihen, daß sich die Papillarlinien bilden. In die Papillen münden außer den Tastnerven auch Schweißdrüsenkanäle, die mit Poren durch die Epidermis zur Oberfläche der Haut führen. Durch diese fließt das für Fingerabdrücke wichtige Schweißsekret.

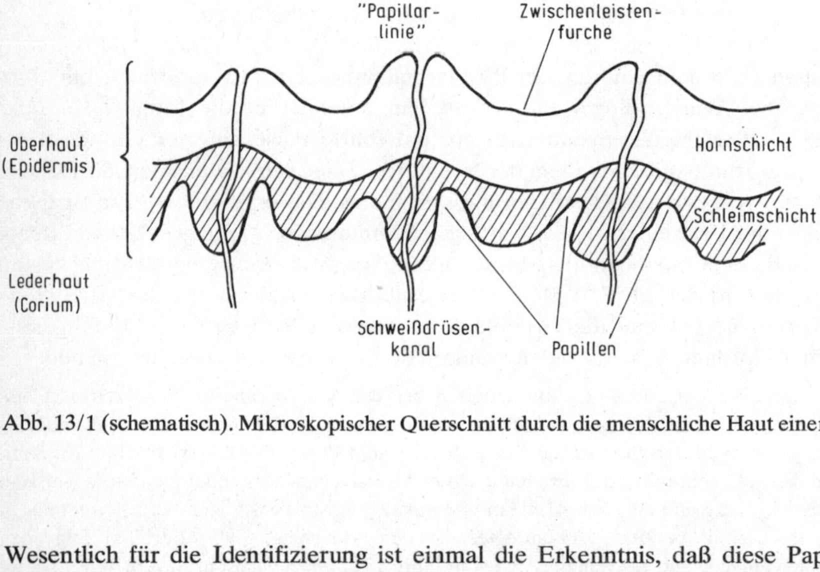

Abb. 13/1 (schematisch). Mikroskopischer Querschnitt durch die menschliche Haut einer Fingerbeere.

Wesentlich für die Identifizierung ist einmal die Erkenntnis, daß diese Papillarlinien bei jedem Menschen etwa vom dritten Monat vor der Geburt bis nach seinem Tode unverändert bleiben. Sie werden weder abgenutzt, noch können sie an sich entfernt werden. Selbst bei schweren Verbrennungen regenerieren sich die Papillarlinien alsbald wieder. Veränderungen gibt es also nur durch bleibende Narben oder durch die Papillen selbst vernichtende Eingriffe; diese aber sind ihrerseits auffällig und daher für erkennungsdienstliche Zwecke gut geeignet.

Auch die von Zweiflern aufgeworfene Frage, ob die Papillarlinienbilder vererblich sind, kann heute nach zahlreichen Untersuchungen, was die Einzelheiten anlangt, sicher verneint werden. Selbst bei eineiigen und siamesischen Zwillingen und sogar bei den bekannten kanadischen Fünflingen ergaben die Papillarlinienbilder erhebliche Divergenzen.

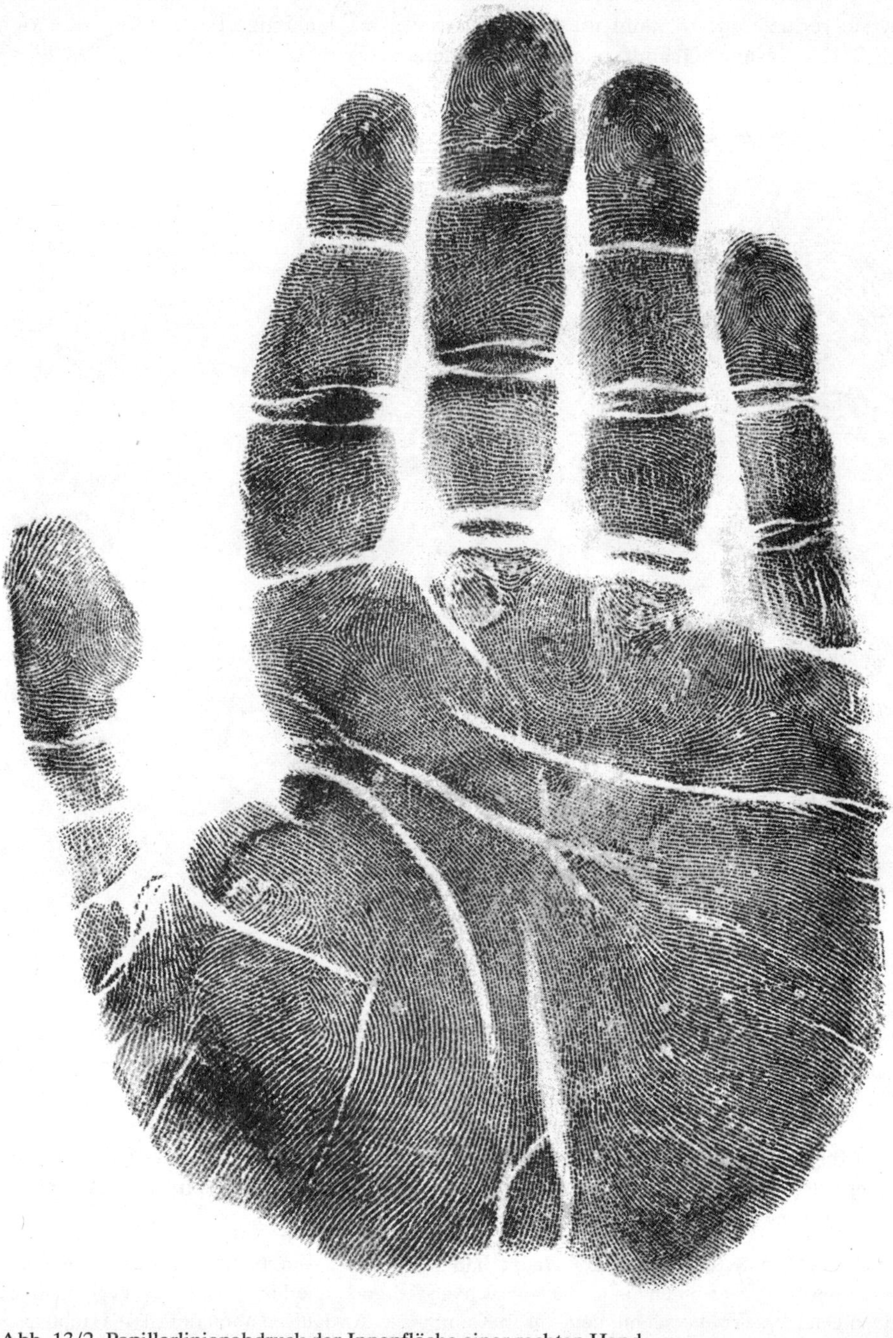

Abb. 13/2. Papillarlinienabdruck der Innenfläche einer rechten Hand.

Die den Papillarlinien eigene besondere Musterung läßt sich allerdings auf gewisse Grundtypen reduzieren; so kann man beispielsweise bei den Fingerbeeren folgende vier bzw. fünf (BKA-System) Grundtypen unterscheiden.

a)

b)

c)

d)

Abb. 13/3. Die Vier Grundtypen der Papillarlinienmuster der Fingerbeeren.
a) Bogenmuster bzw. (BKA-System) aa) Bogenmuster (U) und bb) steile Bogenmuster (T)
b) Schlingenmuster nach links (I)
c) Schlingenmuster nach rechts (E)
d) Wirbelmuster (O)

Diese Muster haben übrigens nichts mit der Einmaligkeit des Fingerabdrucks zu tun, sondern mermöglichen bzw. erleichtern lediglich die Klassifizierung, was für die erkennungs dienstliche Praxis wichtig ist.

Das geschilderte BKA-System enthält drei Haupt- und drei Unterklassen. In der Hauptklasse I wird das Vorkommen der O-Muster durch einen Zahlenbruch ausgedrückt. Die Finger werden – beginnend mit dem rechten Daumen und endend mit dem linken Kleinfinger – fortlaufend numeriert. Die Hauptklasse II weist die Grundmuster zu Zeige- und Mittelfingern aus; die Buchstabenbezeichnungen der rechten Hand werden als Zähler, die der linken Hand als Nenner eingetragen. Die Hauptklasse III wird durch arithmetische Bewertung der Sonderheiten von Daumen, Ring- oder Kleinfinger gebildet, wobei

Zahlenwerte der rechten Hand im Zähler und der linken Hand im Nenner vermerkt werden. Zwei Unterklassen ergeben sich beispielsweise bei den O-Mustern aus dem Verlauf der Papillarlinien zwischen den Delten, bei Schleifenmustern aus der Zahl der Papillarlinien zwischen Delta und Kern (Herz). Für die Unterklasse III sind die Kleinfinger ausschlaggebend.

Wichtiger für die Identifizierung ist bereits, daß durchweg schon die Finger einer Hand verschiedene Papillarlinienmuster aufweisen. Letztlich aber gründet sich die Einmaligkeit des Fingerabdrucks auf Detailmerkmale, sogen. Minutien, die man vereinfachend als Unregelmäßigkeiten der Linienbildung bezeichnen kann. Solche Unregelmäßigkeiten sind beispielsweise frei endende oder frei beginnende Papillarlinien, Gabelungen einer solchen Linie oder Vereinigungen von ihnen; von einem Haken spricht man, wenn eine Linie kurz nach der Gabelung endet. Wichtige Minutien sind ferner punkt- oder strichförmige Einlagerungen zwischen den Linien.

a) b) c) d) e)

Abb. 13/4 (schematisch). Detailmerkmale der Linienzeichnung, sogen. Minutien: a) freie Enden, b) Gabel und Kontragabel, c) Haken, d) Augen, e) Einlagerungen (punkt- und strichförmig).

Jedes Fingermuster verfügt über eine so große Zahl solcher Minutien, daß die dadurch gegebenen Variationsmöglichkeiten praktisch unendlich sind. Daher gibt es angesichts dieser Minutien nicht zwei Fingerabdrücke mit einem völlig gleichen Bild. Dies gilt ebenso wie für die verschiedenen Finger eines Menschen auch im Verhältnis zu den Papillarlinienbildern anderer Menschen. Dieses sogen. Wunder der Daktyloskopie ist nüchtern betrachtet jedoch nur ein Beispiel für das Prinzip der Individuation, welche das biologische Geschehen beherrscht.

Die für die Daktyloskopie wesentliche Einmaligkeit des Fingerabdrucks hat man auf verschiedene Weise zu untermauern versucht. Bereits Sir Francis *Galton* hat eine Wahrscheinlichkeitsrechnung durchgeführt, die von 64 Milliarden verschiedenen Mustern ausging. Bei damals 2,2 Milliarden Menschen kam er auf 22 Milliarden Finger, was in etwa drei Generationen, rund 100 Jahren, 66 Milliarden Finger ergeben würde. Geht man von 20 Detailmerkmalen aus, so ergaben sich für Galton 10485760 Milliarden Kombinationen, weshalb er annahm, daß eine Wiederholung erst nach 4666337 Jahrhunderten möglich sei. Übrigens ist selbst diese Rechnung noch anfechtbar, weil sie lediglich von der Zahl der Minutien ausgeht, die überdies auch ganz verschieden gelagert sein können.

Man kommt daher in der Praxis, wenn man die Identität eines Fingerabdrucks feststellen will, mit weniger Minutien aus, wobei selbstverständlich Übereinstimmung im Muster vorausgesetzt wird. Wieviele von ihnen man benötigt, ist umstritten, was nicht verwundern kann, weil das auch von anderen Umständen abhängt. Die Anforderungen können geringer sein, wenn man mehrere oder alle Fingerabdrücke einer Hand, u. U. auch noch den Handflächenabdruck benutzen kann. Auch gibt es anatomische Merkmale, die seltener sind als andere und daher beweiskräftiger als jene erscheinen mögen. Dennoch ist verständlich, daß man sich in der kriminalistischen Praxis um Richtwerte bemüht, wenngleich man noch nicht völlige Einigkeit erzielt hat. Beim Einzelfingerabdruck werden vielfach – so auch von der deutschen Kriminalpolizei – 12 Minutien als ausreichend für eine sichere Identifizierung angesehen, während anderweitig 8 besondere Merkmale als schon ausreichend angesehen werden. Aber dies sind – wie gesagt – Richtwerte, die den Daktyloskopen nicht zum Schematismus verführen sollten. Ebenso wie unter besonderen Umständen schon 8 Minutien oder gar weniger ausreichen können, schadet es nichts, wenn er sich in anderen Fällen auf eine noch größere Zahl als 12 stützt.

Kingston, Charles R./*Kirk,* Paul L.: Die „Zwölf-Punkte-Regel" bei der Identifizierung durch Fingerabdrücke. Ihre Geschichte und praktische Bedeutung – Internat. kriminalpol. Revue 1965 – 62 ff.

3. Die Personenidentifizierung mithilfe der Daktyloskopie

Alle diese Umstände erklären, warum man heute die Daktyloskopie als das wertvollste Mittel zur Personenidentifizierung ansieht. Das sogleich zu schildernde Verfahren ist einfach, sehr zuverlässig und in seinem Kostenaufwand bescheiden. Daher verfügt jede größere Kriminalpolizeidienststelle heute über daktyloskopische Einrichtungen mit entsprechenden Geräten und Hilfsmitteln sowie mehr oder weniger umfangreiches Vergleichsmaterial.

Steinwender, Ernst: Der „kombinierte Tisch" für Daktyloskopen – Internat. kriminalpol. Revue 1959–44 f.; *Nitz,* Erich: Neues daktyloskopisches Vergleichsgerät – Kriminalistik 1966–254 ff.

Diese für die praktische Arbeit wesentlichen Gegebenheiten sollen jetzt kurz dargestellt werden, wobei lediglich von der in den letzten Jahren aufgetauchten Frage des Einsatzes der elektronischen Datenverarbeitung abgesehen werden soll, die sich besser alsbald im besonderen Zusammenhang der EDV erörtern läßt (§ 13–IX).

Sie soll die mit dem gerade bei Zentralstellen stark anwachsenden Material verbundenen Schwierigkeiten meistern helfen, was aber an sich nichts am hier zunächst einmal interessierenden Prinzip daktyloskopischer Arbeit ändert. Man hat verständlicherweise mancherlei Geräte entwickelt, die dem Daktyloskopen die Arbeit erleichtern sollen.

Neuendorf, Paul: Datenverarbeitung und Daktyloskopie – in: Datenverarbeitung, hrsg. v. Bundeskriminalamt, Wiesbaden 1972, S. 37 ff.; *Douklias,* N./*Winzer,* G.: Holographischer Versuch der Klassifizierung von Fingerabdrücken für elektronische Datenverarbeitung – Arch. f. Krim. Bd. 151, S. 31 ff. (1973).

Die Aufnahme der Fingerabdrücke liegt ebenso wie Sammlung und Auswertung in den meisten Ländern – auch der Bundesrepublik – in den Händen der Polizei, die für diese Zwecke Daktyloskopen und Sachverständige für Daktyloskopie ausbildet; in Deutschland finden die Lehrgänge beim Bundeskriminalamt und einzelnen Landeskriminalämtern statt.

Die **Fingerabdrucknahme** weist bei Leichen einige Besonderheiten auf, die alsbald behandelt werden sollen. Bei lebenden Personen benötigt man üblicherweise vor allem eine Farbplatte, eine Farbwalze und außer der Farbe (z. B. Druckerschwärze) ein Gerät (Holzspachtel oder dergleichen) zum Verteilen derselben. Zur Reinigung der Finger benutzt man Benzin oder Terpentin. Für die Abnahme eines Handflächenabdrucks ist ferner eine konvex gewölbte Unterlage erforderlich. Schließlich gibt es gewöhnlich bestimmte Vordrucke für Zehnfinger- und Einzelfingerabdrucksammlungen.

Die Durchführung der Fingerabdrucknahme erfolgt, nachdem die Farbe mit der Walze dünn und gleichmäßig auf der Farbplatte verteilt ist und die Hände der betreffenden Person gereinigt und getrocknet worden sind, mit Einfärben des äußeren Fingergliedes und Abrollen des einzelnen Fingers ohne Druck auf der gewünschten Stelle des Vordrucks. Ferner nimmt man noch Kontrollabdrücke. Während bei Einzelfingerabdrücken entsprechend zu verfahren ist, ergeben sich bei der Handflächenabdrucknahme einige Besonderheiten. Ist keine konvex gewölbte Farbplatte verfügbar, so kann man die Farbe unmittelbar mit der Farbwalze auftragen, benötigt aber für den Abdruck dann doch eine gewölbte Unterlage.

Für die **Fingerabdrucknahme bei Leichen** (Leichendaktyloskopie), die zudem nach Lage der Dinge verschieden gehandhabt werden muß (vgl. auch § 16–A–I), benötigt man weitere Geräte wie z.B. Gummihandschuhe, Handtuch und Seife, Leichenlöffel usw. Zudem sind einige Besonderheiten zu beachten.

Simon, A./*Jordan,* H.: Die Daktyloskopie von Brandleichen mit Silikonpaste – Arch. f. Krim. Bd. 141, S. 28ff. (1968); *Petersohn,* Franz: Gerichtliche Medizin für den Kriminalisten – GrKrim 3 – insb. S. 435ff. (1969); *Jordan,* Hans/*Simon,* Axel: Die Fingerabdrucknahme von fäulnisveränderten Leichen – Arch. f. Krim. Bd. 144, S. 41ff. (1969).

Bei „frischen" Leichen, deren Finger noch nicht von der Totenstarre befallen sind, kann man in aller Regel mithilfe an den Leichenlöffel gelegter Papierblättchen die Fingerabdrücke relativ leicht abnehmen; beim Handflächenabdruck ist das schon etwas schwieriger.

Bei Leichen mit bereits oder noch erstarrten Gliedern ist die Fingerabdrucknahme schwieriger, sofern die Finger nicht doch noch etwas zurückgebogen werden können. Zwar hat man auch hier einige Methoden erarbeitet, um ohne operativen Eingriff zum Ziel zu kommen. Doch eilt die Sache im allgemeinen nicht so, daß man nicht das Lösen der Totenstarre abwarten oder dies durch Massage beschleunigen kann. Wegen der Einzelheiten ist auf das daktyloskopische und gerichtsmedizinische Schrifttum zu verweisen.

Erwähnt seien einige **besondere Leichenfälle,** um darzutun, daß auch hier unter gewissen Umständen doch noch Finger- oder gar Handflächenabdrücke genommen werden können. Dies gilt einmal für Wasserleichen mit der bekanntlich welligen „Waschhaut". Genügt bei kurzer Liegezeit vielleicht noch Säubern und Trocknen mit Fließpapier, Tuch oder Föhn, so muß man in anderen Fällen mit der flexiblen Leichenfolie arbeiten, die Haut durch Einspritzen von Paraffin glätten oder die sich bereits ablösende Waschhaut abziehen und präparieren; sie können dann – auf den behandschuhten Finger gelegt oder geklebt – in der üblichen Weise abgerollt werden. – Auch bei mumifizierten Leichenhänden hat man Verfahren entwickelt, um dennoch brauchbare Abdrücke zu erzielen. – Schwierigkeiten können sich ferner bei Brandleichen ergeben. – In allen diesen Sonderfällen sollte die Fingerabdrucknahme durch besonders geschulte Daktyloskopen oder durch den Gerichtsmediziner erfolgen.

Beim Registrieren und **Klassifizieren der Fingerabdrücke** sind im Laufe der Zeiten und auch gegenwärtig verschiedene Verfahren zu beobachten, die z. T. – wie bereits angedeutet – neuerdings durch Notwendigkeiten der Datenverarbeitung beeinflußt werden. Bei den Fingerabdrücken im eigentlichen Sinne sind von den im Zuge der erkennungsdienstlichen Behandlung gewonnenen Fingerabdruckkarten mit allen zehn Fingern einer Person, die für den Vergleich natürlich besonders wichtig sind, Einzelfingerabdrucksammlungen zu unterscheiden, die häufig durch Arbeit am Tatort erzielt worden sind. Sammlungen von Handflächen und den noch selteneren Papillarlinienbildern der Fußsohlen kommt nur eine untergeordnete Bedeutung zu.

Bei den Zehnfingerabdruckkarten sollen hier kurz zwei praktisch bedeutsame Systeme geschildert werden, um die Möglichkeiten zu verdeutlichen, obwohl es in der Praxis manche Modifikationen und auch noch andere Systeme gibt.
Im Galton-Henry'schen System wird mit einem Bruch gearbeitet, der bis zu 32/32 geht, was 1024 Hauptgruppen entspricht.

Ein Großbuchstabe bezieht sich auf Muster am rechten oder linken Zeigefinger. Die Unterklassifizierung erfolgt, was insb. für Schlingenmuster wichtig ist, nach der Zahl der Papillarlinien zwischen innerem Terminus (= Kern) und äußerem Terminus (= Delta).

Bei dem von *Vucetich* erarbeiteten System gibt es zehn Zeichen für die Grundtypen der Finger.

Die Unterklassifizierung erfolgt durch Zählen der Zwischenlinien. Dies ist wichtig, weil in größeren Sammlungen eine Gliederung allein nach 4 oder 5 Grundmustern keine schnelle und hinreichend sichere Auswertung gestattet. Doch muß hier wegen der Einzelheiten auf das Spezialschrittum verwiesen werden.
Bei den Zehnfingerabdrucksammlungen prüft man zunächst an Hand der Namenskartei, ob die betreffende Person bereits erfaßt ist. Trifft das zu, wird das alte Blatt mit dem neuen verglichen. Anderenfalls wird das Zehnfingerabdruckblatt klassifiziert und sodann mit Blättern der gleichen Untergruppe verglichen.
Die besondere Problematik bei einer Einzelfingerabdrucksammlung besteht darin, daß jeder Abdruck einzig und allein mithilfe der Merkmale der Linien gefunden werden muß. Da man vielfach nicht weiß, um welche Art von Finger es sich handelt, hat man sich bemüht, die Klassifizierung zu verfeinern.

System *Olóric*: Zu 12 verschiedenen Arten der Kernzeichnung treten 9 Arten der seitlichen Begrenzung des Kernmusters hinzu; schließlich berücksichtigt man 16 verschiedene Arten des Deltas.

System *Jörgensen:* Es wird hier nur der Kern des Musters berücksichtigt, allerdings geschieht das mit einer Registrierlupe.

Berliner System: Dies allerdings häufig modifizierte System kennt 28 Grundmuster, die nach Papillarlinienverlauf und Ausziehen derselben zwischen Kern und Delta klassifiziert werden.

Dem entspricht auch das beim Bundeskriminalamt angewandte System.

Bei Sammlungen von Handflächen- und Fußsohlenabdrücken ist die Klassifizierung besonders problematisch, weil es sich gewöhnlich nur um Teilabdrücke handelt.

IV. Kriminalfotografie

Die Fotografie ist relativ schnell nach ihrer Erfindung für die Zwecke der Kriminalistik nutzbar gemacht worden. Die ihrer stetigen Entwicklung gewöhnlich schnell angepaßte Anwendung geht zudem weit über den Erkennungsdienst hinaus, was sich nicht nur bei Spurenkunde und einzelnen kriminaltechnischen Untersuchungen, sondern auch in der

Kriminaltaktik zeigen wird; denn außer der Spurensicherung findet sie sich bei zahlreichen kriminaltechnischen Verfahren und wird u. a. kriminaltaktisch bei der Tatortarbeit und zu Beweiszwecken eingesetzt. Dennoch dürfte ein allgemeiner Überblick bereits an dieser Stelle angezeigt sein, wobei im übrigen selbstverständlich Probleme der Personenidentifizierung mithilfe der Fotografie, die schon bei der Signalementslehre erwähnt wurde, besonders berücksichtigt werden. Im übrigen wird bei der Spurensicherung und -auswertung (§§ 14, 15–VIII–3) auf die Fotografie zurückzukommen sein.

Zbinden S. 55ff.; *Hoffmann,* Wolfgang: Photographie und Photogrammetrie im Dienste der Polizei – TbKrim VII, S. 173ff. (1957); *Frei-Sulzer,* M.: Photographie und Kriminalistik – Kriminalistik 1962–446, 511ff.; *Ginner,* Franz: Kriminalistische Fotografie. Ein Leitfaden – Lübeck 1969; *Huelke,* Hans-Heinrich: Kriminaltechnik – in: HdwKrim (2) II–138ff., insb. 144ff.; *Gallus,* H.: Die Fotografie im Dienste der Kriminalpolizei – in: Kriminalpolizei und Technik, hrsg. Bundeskriminalamt Wiesbaden 1967, S. 141f.; *O'Hara/Osterburg* S. 141ff., 145ff., 168ff., 190ff.; *Tölke,* Arnim/*Tölke,* Ingeborg: Makrofoto – Makrofilm. 2. Aufl. – Leipzig 1972; *Teicher,* Gerhard (Hrsg.): Handbuch der Fototechnik – 5., v. neub. Aufl. – Leipzig 1972; *Kirk/Thorton* S. 85ff.; *Walls,* H. J.: Forensic Science – 2. Aufl. – London 1974 – S. 219ff.; *Fritsche,* Kurt: Fotofehlerbuch – 8., verb. Aufl. – Leipzig 1974.

Aus älterem Schrifttum:
Bertillon, Alphonse: Die Gerichtliche Photographie. Mit einem Anhang über die anthropometrische Clarnfication und Identifizierung (Aut., v. Verf. neu bearb. u. verm. deutsche Ausgabe) Halle 1895.

1. Geschichtliche Entwicklung. Grundlagen

Schon bald nach der Erfindung der damals nach ihrem Erfinder, dem Franzosen L. *Daguerre,* noch Daguerreotypie (1837) genannten Fotografie, die der Engländer *Talbot* bereits 1841 verbesserte, wurden in Belgien (1843) Lichtbilder von Strafgefangenen gemacht, die entlassen werden sollten, wobei allerdings nicht ganz klar war, ob es mehr um die Identifizierung Vorbestrafter oder um ein Hilfsmittel für künftige Fahndungen ging. Jedoch hat ein Friedensrichter 1854 in Lausanne von einem Unbekannten Lichtbilder herstellen lassen, um sie zu dessen Identifizierung zu benutzen. Bald finden sich derartige Berichte in vielen europäischen Staaten. Denselben Zwecken dienten auch die in den nächsten Jahrzehnten angelegten Lichtbildsammlungen, die man Verbrecheralben nannte, deren Klassifizierung aber bald Schwierigkeiten bereitete.

Beese, Wolfgang: Zur Geschichte der Polizeiphotographie. Nekrolog zum 50. Todestag von Alphonse Bertillon – Kriminalistik 1964–539ff.

Die ersten Sammlungen von Verbrecherlichtbildern dürften 1864 in Danzig und 1867 in Moskau entstanden sein. Doch die weitere Entwicklung führt bereits zur Gegenwart und ist besser dort zu schildern.

Die **Tatortfotografie** dürfte mit Aufnahmen begonnen haben, die man 1867 anläßlich eines Doppelmordes in der Nähe von Lausanne angefertigt hat. Etwa um dieselbe Zeit beginnt man, die Fotografie für die Sicherung und Auswertung von Spuren zu nutzen und zwar zunächst bei der Urkundenuntersuchung. So hat man nachweislich schon 1869 mithilfe der Fotografie eine unsichtbare Schrift sichtbar gemacht und eine Schriftfälschung bewiesen; in demselben Jahr begann *Reiss* in Lausanne eine Sammlung von Schriftfälschungen anzulegen. Mit dem 1877 gelungenen mikrofotografischen Nachweis von Menschenblut beginnt die Fotografie ihren Einzug in andere wichtige Bereiche der Kriminaltechnik. Schließlich ist die

Fotografie auch schon kriminalistisch in Form der Fotofalle genutzt worden. Bereits 1887 begann man, in Bankräumen Blitzlichtapparaturen aufzustellen, die elektrisch ausgelöst wurden, wenn jemand unbefugt den Raum betrat. Jedenfalls wurde in New York 1893 ein Täter beim Betreten eines Bankraumes durch eine solche Diebesfalle fotografiert.
Wichtig für die weite Verbreitung der Fotografie wurde sodann die um die Jahrhundertwende von dem Amerikaner Eastmann-Kodak hergestellte Rollfilm-Tageslichtpackung (Erfinder: *Goodwin* und *Turner*).
Nach dem 1. Weltkrieg wurde mit der Konstruktion der „Leica" die Epoche der Kleinbildfotografie eingeleitet.
Parallel dazu entwickelte sich der **Film,** der auch Bewegungsabläufe fotografisch festzuhalten vermag.
Im Jahre 1937 brachte die „Agfa" nahezu gleichzeitig mit der „Kodak" den ersten Farbfilm auf den Markt. Damit begann der immer noch nicht ganz ausgetragene Streit um Vor- und Nachteile der **Farbfotografie** gegenüber der Schwarzweißfotografie in der Kriminalistik. Uns scheint, daß diese Frage sich nicht allgemein beantworten läßt, sondern es einmal auf den Zweck des Lichtbilds – seine kriminalistische Funktion – und zum anderen auf den Einzelfall ankommt.

Benning, Karl: Die Fotografie im Dienste der Kriminalpolizei – Kriminalistik 1952–177 ff.; *Huelke,* Hans-Heinrich: Die Fotografie im Dienste der Kriminalpolizei – Kriminalistik 1952–223 ff.; *Frei,* Max: Farbphotographie im Dienste der Kriminalistik – Kriminalistik 1956–16 ff.; *Jung:* Die Farbfotografie im Dienste der Tatbefundsaufnahme – in: Das kriminalpolizeiliche Ermittlungsverfahren, hrsg. v. Bundeskriminalamt, Wiesbaden 1957, S. 77 ff.

Schon Tatortfoto und Personenlichtbild haben verschiedenartige Funktion; ferner kann die Lage am Tatort so verschieden sein, daß einmal diese, ein anderes Mal jene Technik aussagekräftigere Bilder zu liefern vermag. Denn das früher gegen die Farbfotografie vorgebrachte Argument einer zu komplizierten Technik, die überdies mit Einschaltung betriebsfremder Fachleute die Geheimhaltung nicht gewährleistet, läßt sich heute nicht mehr halten; dasselbe gilt für den Zeitfaktor. So bleibt heute neben dem Kostenfaktor, der bei der Farbfotografie mehr in das Gewicht fällt, die fototechnische Frage, auf welchem Wege der besere Überblick und eine etwa notwendige Tiefenschärfe erreicht wird. Deshalb ist auf diese Frage jeweils im besonderen Zusammenhang einzugehen.

Die letzte Stufe der Entwicklung stellt das **Fernsehen** (Television) dar, das sich nach dem 2. Weltkrieg stürmisch verbreitet hat, um über das Schwarweiß-Bild bereits zum Farbfernsehen fortzuschreiten.
Die **Fotografie** hält Vorgänge (Zustände oder Phasen) im Bild fest; sie kann dabei vor allem konservierend bzw. deskriptiv, mitunter aber auch explorativ wirken. Mithilfe besonderen Fotomaterials und spezieller Aufnahmetechniken lassen sich Dinge darstellen, die sich sonst der Wahrnehmung ganz oder teilweise entziehen. Allerdings ist das Lichtbild nur mehr oder weniger identisch mit dem abgebildeten Gegenstand; mitunter kann der Aussagegehalt gegenüber der Wirklichkeit sogar erheblich verändert werden. Das gilt sowohl für Schwarzweißaufnahmen als auch für Farbaufnahmen. Neben der Wahl des Kamerastandpunktes spielen dabei die verwendeten Objektive (z. B. Weitwinkel- oder Teleobjektiv) eine Rolle. Von Einfluß ist ferner die Beleuchtung; bei extrem flacher oder steiler Beleuchtung werden Höhenunterschiede stärker bzw. nehmen ab. Das gilt besonders für die von der Makrofotografie zu unterscheidende Mikrofotografie.
Das Personenlichtbild wurde – wie schon angedeutet – vor allem durch *Bertillon* für die Kriminalistik und insb. den Erkennungsdienst nutzbar gemacht; er veröffentlichte 1890 sein

Buch „La photographie judiciaire“ (zur deutschen Ausgabe vgl. oben). Bald verwendete man die Fotografie auch für Tatortaufnahmen. Im Zusammenhang damit entwickelte man die Fotogrammetrie, ein vermessungstechnisches Verfahren, das insb. auch für Unfallstellen wichtig ist. Ferner wurde die Fotografie ein wichtiges Mittel der Spurensicherung und ein Hilfsmittel bei zahlreichen kriminaltechnischen Untersuchungen.
Bei den in der Kriminaltaktik zu behandelnden Kommunikationsmitteln werden wir sehen, daß Fotos mithilfe des Bildfunks, einer elektrischen Fototelegrafie, drahtlos und schnell auf weite Strecken übertragen werden können.
Der Beweiswert der Fotografie hängt wesentlich von etwaigen **Fehlerquellen** ab. Sieht man hier von Verfälschungen bzw. Totalfälschungen ab, wie sie Retusche oder Fotomontage darstellen, läßt sich als Vorzug zwar festhalten, daß die Fotografie als Verfahren nichts willkürlich zum Vorhandenen hinzufügen kann. Allerdings darf man dabei nicht verkennen, daß die Fotografie sowohl „hervorheben“ als auch „unterdrücken“ kann, weshalb die fotografische Technik die eigentliche Fehlerquelle ist. Denn sie ermöglicht es, von ein und demselben Objekt ganz verschieden aussehende Bilder zu erzeugen. Derartige Effekte lassen sich sowohl bei der Aufnahme (Wahl von Bildausschnitt, Perspektive, Beleuchtung, Belichtung, Filter usw.) als vor allem auch beim Entwickeln, Kopieren und Vergrößern erzielen.

Neben der Wahl von Bildausschnitt und Perspektive kommt es auf das vom Fotografen benutzte Objektiv an. Scheint das Teleobjektiv zu verkürzen, so verändert das Weitwinkelobjektiv auch die Lage der abgebildeten Gegenstände. Derartigen Größenverzerrungen begegnet man dadurch, daß Maßstäbe mitfotografiert werden. Auch die Fotografie läßt sich bereits bei der Aufnahme und noch mehr beim Kopieren und Vergrößern so manipulieren, daß der Eindruck des betreffenden Bildes erheblich beeinflußt werden kann. Deshalb verlangt man hier, daß ggf. ein Graukeil oder eine Farbtafel mitfotografiert werden.

2. Personenlichtbild

Für erkennungsdienstliche Zwecke kommt es vor allem auf das Personenlichtbild an.

Huelke, H.-H.: Das Verbrecherbild – in: TbKrim VIII, S. 129ff. (1958); *Drescher,* Heinz: Personenbeschreibung – unter Mitarbeit von E. Steinwender – BKA 1961/2, insb. S. 82ff.; *Brinker,* Horst/ *Kosche,* Erich: Reihenbilder für ED- und Fahndungszwecke – Kriminalistik 1972–387ff.

Aus den Personenlichtbildern wird u. a. das sogen. Verbrecheralbum, die Rechtsbrecherlichtbildkartei, gebildet. *Bertillon,* der zwei Personenlichtbilder (Enface- und Profilbild) forderte, hatte zunächst (in seinem Buch „La photographie judiciaire“, 1890) zwei im rechten Winkel zueinander stehende Kameras vorgeschlagen. Später entwickelte er die sogen. Bertillonkamera, bei welcher die Kamera mit einem drehbaren Stuhl fest verbunden war.
Für Vergleichs- und Fahndungszwecke nimmt man heute bei der erkennungsdienstlichen Behandlung gewöhnlich drei Bilder vom Kopf der betreffenden Person auf, einmal das Profil, zum anderen von vorn und schließlich von schräg vorn ($^3/_4$ Profil), um auch die Ohrbildung usw. festzuhalten. Zu diesen drei Aufnahmen des Kopfes tritt unter gewissen Voraussetzungen noch eine Ganzaufnahme (von vorn) hinzu.

Derartige oder auch auf andere Weise – u. U. von Dritten – erlangte Personenlichtbilder sind zu einem vorzüglichen Mittel der Personenidentifizierung und der Personenfahndung geworden. Doch wird auf die Verwendung solcher Fotos zu Fahndungszwecken später genauer einzugehen sein.

Üblicherweise verwendet man beim Personenlichtbild Schwarzweißaufnahmen; Farbaufnahmen, Diapositive oder Filme sind beim Erkennungsdienst immer noch Ausnahmen, wenngleich Schwarzweißaufnahmen auch hier nicht immer befriedigen oder die Vorführung von Dias andere Vorteile haben kann. Selbstverständlich ist für die Zwecke des Erkennungsdienstes Retuschieren oder Verschönern von Aufnahmen fehl am Platze, soweit dadurch nicht Mängel der Fotos korrigiert werden. Die Einzelheiten der Aufnahmetechnik sind aus dem einschlägigen Schrifttum zu entnehmen, das auch über Verbesserungsvorschläge referiert.

Gesagt sei hier nur noch etwas zu den heutigen Verbrecherlichtbildsammlungen, die ganz anders aussehen als die in der Tat an ein Fotoalbum erinnernden alten Verbrecheralben. Die Lichtbilder bereits bestrafter oder doch geständiger bzw. sonst überführter Delinquenten werden heute üblicherweise auf Karteikarten geklebt, die auf der Rückseite einige Angaben zur Person und ggf. eine Personenbeschreibung sowie Hinweise auf die Art der verübten Kriminalität enthalten.

Die Sammlung ist gewöhnlich nach Deliktsgruppen oder -formen geordnet, kann bei größeren Sammlungen ferner noch eine Untergliederung nach persönlichen Daten (z. B. Geburtsjahr, Größe der Person) enthalten. Das kann zugleich eine zeitbedingte Aussonderung erleichtern. Im Ausland hat man auch schon Diapositive verwendet, wie man sie insb. für Fahndungszwecke benutzt. Aber dies führt zu einem anderen, später zu behandelnden Fragenkreis.

Bei Leichenaufnahmen für die Zwecke der Personenidentifizierung bevorzugt man neben einem Brustbild üblicherweise die Profilansicht der rechten Seite des Gesichts.

Die Personenidentifizierung an Hand von Lichtbildern ist seit Anfang dieses Jahrhunderts immer mehr vervollkommnet worden, wobei natürlich der ganz unterschiedliche Rahmen, in dem das geschieht, beachtet werden muß; das aber kann im wesentlichen erst im Zusammenhang der Kriminaltaktik genauer geschildert werden. Hier sei daher nur gesagt, daß es beim Erkennungsdienst wesentlich um die Auswertung der Personenlichtbilder durch Experten geht, welche die Identität einer anwesenden Person oder einer Leiche auf diese Weise festzustellen suchen. Gelegentlich geht es auch um die Gleichheit auf verschiedenen Fotos abgebildeter Personen. Wesentlich anders liegen die Dinge bereits beim Wiedererkennen einer abgebildeten Person, das aber gehört ebenso wie die Identifizierung durch Laien in den vorgenannten Fällen mehr in den Rahmen der Fahndung.

Immerhin ist erstaunlich, welche Erfolge Beamte des Erkennungsdienstes zuweilen mithilfe von Personenlichtbildern erzielt haben.

Ein 1889 geborener Maschinist, der seit 1925 in Südamerika verschollen war, wurde 1956 für tot erklärt. Nachforschungen der Fmilie führten jedoch zu einer mit angeblich anderen Geburtsdatum in Chile lebenden Person, von der die chilenische Ausländerpolizei ein Lichtbild anfertigte. Dies wurde im Bundeskriminalamt mit einem gegen Ende des 1. Weltkrieges aufgenommenen, also etwa 40 Jahre alten Familienfoto verglichen. Es ergab sich dabei völlige Identität, was später durch Untersuchungen in Chile bestätigt wurde. (BKA 1961/2 S. 90).

3. Andere Formen der Makrofotografie

Eine andere Form der Makrofotografie ist die **Tatortfotografie.** Die unterschiedlichen Aufnahmebedingungen verlangen eine besonders gute fotografische Ausrüstung. Außer Plattenkameras mit langem Balkenzug verwendet man Kleinbildkameras mit auswechsel-

baren Objektiven. Weiter benötigt man ein Stativ, u. U. ein Leiter- oder Brückenstativ, Belichtungsmesser und Blitzgerät.
Auf die Tatortfotografie, die auch bei Unfällen und Katastrophen wertvolle Hilfe leistet, wird bei der Kriminaltaktik genauer einzugehen sein.
Doch gerade im Zusammenhang mit der Tatortfotografie hat man die **Fotogrammetrie** entwickelt, die es als vermessungstechnisches Verfahren ermöglichen soll, aus Fotos ein technisch-konstruktives Zeichenbild herzustellen. Für diese Zwecke sind von den Firmen Zeiss (München) und Wild (Heerbrugg/Schweiz) Spezialgeräte mit Doppelkammern entwickelt worden, die bei relativ einfacher Bedienung für die kriminalistische Praxis völlig genügen. Allerdings sind die Anschaffungskosten nicht unerheblich.

Krummsiek, Lothar: Fotogrammetrie im Dienst der Kriminalpolizei – der kriminalist 1971/N. 9/S. 16ff.

Die Fotografie hat man zunehmend auch bei **Darstellung und Auswertung von Spuren** verwertet, was z. T. bereits in das Gebiet der Mikrofotografie führt. Im Bereich der Makrofotografie geht es vor allem um Größe und Form von Spuren und um die Fundsituation am Tatort bzw. auf dem Spurenträger. Ferner ist auf die Verwendung der Fotografie bei physikalischen Untersuchungsmethoden optischer Art hinzuweisen (vgl. unten 4), soweit nicht Techniken der Mikrofotografie erforderlich sind.

Hierher gehört auch die Lumineszenzfotografie, bei welcher Stoffe durch Einwirken von Licht oder Schatten zum „kalten Leuchten“ angeregt werden. Beschränkt sich die Lunineszenz auf die Zeit des Einwirkens, spricht man von Fluoreszenz, währt sie über die anregende Bestrahlung hinaus, nennt man das Phosphoreszenz. Kriminaltechnisch ist vor allem die Fluoreszenz bedeutsam, die man mit ultraviolettem oder kurzwelligem Licht vorwiegend mithilfe von Quecksilberdampflampen erzeugt. Im Tageslicht nicht sichtbare oder farblich gleich erscheinende Stoffe fluorestieren im UV in verschiedenen Farben. Diese Leuchterscheinungen lassen sich fotografisch festhalten. Man kann sogar unsichtbare Fluoreszenz festhalten, was jedoch ebenso wie die Röntgenfotografie im Zusammenhang der besonderen Methoden behandelt werden soll. Dasselbe gilt für die Benutzung der Fotografie im Zusammenhang mit Infrarotstrahlen.

Besonders wichtig ist die Fotographie als Mittel der Spurensicherung (§ 14–II) in Fällen, in denen latente Spuren oder chemische bzw. physikalische Reaktionen nur kurzfristig sichtbar gemacht werden können. Manche Untersuchungsmethoden wären ohne Fotografie überhaupt nicht möglich oder werden durch sie beträchtlich erleichtert.
Anders als das Lichtbild wird der **Film** bisher wenig für kriminalistische Zwecke eingesetzt. Am ehesten benutzt man ihn für die bei der Kriminaltaktik zu behandelnden fotomechanischen Fallen und natürlich zu Zwecken der Ausbildung. Kriminaltechnisch bedient man sich des Films gelegentlich für schnell ablaufende Vorgänge – z. B. Verhalten von Glas und anderem Material bei Auftreffen von Geschossen.

4. Fotografie mit besonderen Strahlen

Weniger zur Personenidentifizierung denn als Hilfsmittel bei kriminaltechnischen Untersuchungen fungiert die Fotografie mit besonderen, normalerweise unsichtbaren Strahlen. Da die folgende Darstellung sich auf UV-, IR- und Röntgenfotografie beschränkt, sei daran erinnert, daß man auch vielen anderen naturwissenschaftlichen Untersuchungsmethoden wie etwa Mikroskopie (vgl. 5 unten) und Spektrografie die Fotografie als Hilfsmittel verwendet.

Istas, Karl-Heinz: Die Fotografie mit unsichtbaren Strahlen – in: GrKrim 7, S. 73ff. (1971); *O'Hara/Osterburg* S. 217ff.

a) UV-Fotografie

Die Fotografie bei ultraviolettem Licht hat sich erst nach vielen Schwierigkeiten meistern lassen, obwohl man diese Strahlen bereits seit dem 18. Jahrhundert kennt. Die kurzwelligen (400–150 mm) UV-Strahlen sind energiereicher als anderes Licht. Zudem reflektieren oder absorbieren viele Stoffe sie anders als jenes; allerdings können UV-Strahlen Änderungen physikalischer oder chemischer Art hervorrufen, weshalb – wie wir sehen werden – bei Materialspuren Vorsicht geboten ist.
Die durch UV-Licht bewirkte Lumineszenz kann von diesen Strahlen abhängen (Fluoreszenz) ober bei festen Stoffen auch länger andauern (Phosphoreszenz). Derartige Phänomene nun kann man mithilfe der UV-Fotografie festhalten. Diese Möglichkeit nutzt man vor allem für kriminaltechnische Untersuchungen aus, deren Einzelheiten später (§ 15) dargelegt werden sollen.

Eine der vielen Anwendungsmöglichkeiten der UV-Fotografie bietet die Urkundenuntersuchung, insb. auch auf Geheimschriften hin. Außer Schreibmitteln können aber auch Farben (Gemälde), Edelsteine und Schmuck mit UV-Licht untersucht und so Gegenstand der UV-Fotografie werden.

b) IR-Fotografie

Eine andere Fototechnik arbeitet mit IR-Strahlen, deren Wellenbereich etwa bei 700 mm (bis 1400 mm) beginnt, also die gewöhnlich nicht mehr sichtbar sind (bis etwa 760 mm).

Machata, G.: Infrarotfotografie in der gerichtlichen Medizin und Kriminalistik – Arch. f. Krim. Bd. 139, S. 74 ff. (1967); *Frei-Sulzer,* Max/*Jotti,* Aldo: Fortschritte in der Infrarot-Fotografie für kriminalistische Zwecke – Kriminalistik 1969–230 ff.

Auch die 1800 entdeckten IR-Strahlen lassen sich heute mithilfe spezieller Fototechniken nutzen. So kann man das bei IR-Licht andersartige Emissionsvermögen bzw. die Reflexionskraft vieler Materien festhalten. Neben der IR-Durchleuchtungsfotografie gibt es die IR-Reflexfotografie, die für den Kriminalisten besonders wichtig ist; auch sie findet beispielsweise bei der Urkundenanalyse Anwendung.

c) Röntgenfotografie

Schließlich wird die Fotografie auch bei Röntgenstrahlen für kriminaltechnische Zwecke angewandt. Entweder wird dabei das Schirmbild festgehalten oder werden die Befunde direkt fotografiert.

5. Mikrofotografie

Anders als die Makrofotografie vermag die Mikrofotografie selbst kleinste Spuren im Detail wiederzugeben, wobei für den Befund wichtige Erscheinungen ggf. hervorgehoben werden können.

O'Hara/*Osterburg* S. 542 ff.; *Bergner,* Joachim/*Gelbke,* Eberhard/*Mehliß,* Wilhelm E.: Praktische Mikrofotografie – 2., neub. Aufl. – Leipzig 1973.

Die Mikrofotografie wird vor allem bei Darstellung und Auswertung von kleinen Spuren benutzt. Außer um die entsprechend vergrößerte Darstellung von Oberflächenstrukturen fester Materialien (insb. auch Metallen, Kunststoffen, Papier sowie anderen organischen oder anorganischem Material) kann es auch um die Form von Lacksplittern, Textilfasern sowie um die morphologische Struktur von pulverigen oder ähnlichen Substanzen (Boden-,

Staub- und Schmutzbestandteile, Abrieb, Metallspäne und dergl.) gehen. So sollte man im Mikroskop beobachtete Detailmerkmale oder Vorgänge immer auch im Lichtbild festhalten, das sowohl für die Sachverständigen als auch für die gerichtliche Beweisaufnahme besonders geeignet ist, weil es eine Kontrolle und anderen einen Eindruck von den Gegebenheiten verschaffen kann. Denn auch hier besteht ja die Möglichkeit zu entsprechender Vergrößerung. Außer dem Kameramikroskop, bei welchem die Kamera fest mit dem Mikroskop verbunden ist, verwendet man in der Mikrofotografie ebenfalls Stativ- oder Aufsatzkameras. Neuartige Kameramikroskope erlauben mit automatisch gesteuerter Belichtungszeit Serienaufnahmen bei fortlaufender Beobachtung von Vorgängen.
Erinnert sei an das bei der Daktyloskopie (§ 13–III) bereits erwähnte, auch für andere Vergleichsuntersuchungen der Kriminaltechnik wesentliche Vergleichsmikroskop, von dem man verschiedene Modelle entwickelt hat. Mithilfe der Mikrofotografie kann man hier Tat- und Vergleichsspur auf einem Foto nebeneinander abbilden, was bei Übereinstimmung besonders eindrucksvoll zu sein pflegt.

Der **Mikrofilm** kann außer zu den genannten Zwecken dazu genutzt werden, Akten, Schrift- und Bildgut raumsparend zu archivieren. Zu Vorzügen schnellen Zugriffs sowie leichter Rückvergrößerung und Vervielfältigung kann auch der Gedanke der Sicherungsverfilmung hinzutreten. Insgesamt hat der Mikrofilm, der inwzischen auch bei Kriminalpolizeidienststellen eingeführt worden ist (Mikrofilmstellen), mehr Bedeutung für die Verwaltungstätigkeit als für die eigentliche Kriminaltechnik und den Erkennungsdienst als solchen.

Schröder, Werner: Mikroverfilmung – auch bei der Kriminalpolizei – der kriminalist 1974–9ff.

V. Rekonstruktionen

Unter Rekonstruktionen sollen hier einige Verfahrensarten zumindest kurz angesprochen werden, die ebenso wie die alsbald zu schildernden Methoden zwar überwiegend als Hilfsmittel der Fahndung fungieren, aber dann und wann auch der Personenidentifizierung durch Experten oder Laien dienen.

Huelke, H.-H.: Das Verbrecherbild – in: TbKrim VIII, S. 129ff., insb. S. 148ff. (1958); *Gay,* W.: Sind gezeichnete und zusammengesetze Portraits ein brauchbares Fahndungsmittel? – Kriminalistik 1961–167f.; *O'Hara/Osterburg* S. 131ff.

1. Personenzeichnung

Das älteste Verfahren, dessen man sich – wenngleich z. T. technisch abgewandelt – schon vor der Erfindung der Fotografie bedient hat, um Menschen zu identifizieren, ist die Zeichnung oder sonstige Abbildung der fraglichen Person, insb. ihres Gesichts. Da nur ausnahmsweise ein Zeuge selbst ein solches Bild anzufertigen vermag, haben mitunter Polizeidienststellen Zeichner ausgebildet oder sich verpflichtet, die in geeigneten Fällen eine solche Zeichnung nach den Angaben des oder der Zeugen anfertigen.

Wenzky, Oskar: Vom Agnostizierungswert gezeichneter Täterbilder – Kriminalistik 1966–177ff., 236ff.; *Schriber,* Hans: Bildnisproduktion nach Signalementsangaben bei unbekannter Täterschaft – Kriminalistik 1967–463ff.

Wegen der mannigfachen Fehlerquellen, die einerseits mit Beobachtungs- und Merkfähigkeit der Aussageperson und andererseits mit Fertigkeiten und Einfühlungsvermögen des Zeichners zusammenhängen, kann derartigen Personenzeichnungen kein Beweiswert zukommen. Sie können lediglich in Fällen, die sonst keinerlei Anhaltspunkte haben, eine Fahndungshilfe sein, deren Wert man jedoch nicht überschätzen darf. Denn wenig gelungene Bilder können sogar von Tatverdächtigen ablenken oder – wie sonst bei Einschaltung der Öffentlichkeit – nutzlose Ermittlungen verursachen. Man sollte daher von der Personenbezeichnung nur behutsam und als letztem Mittel, um voranzukommen, Gebrauch machen.

2. Lichtbildrekonstruktionen

Die mit dem Zeichnen verbundenen Schwierigkeiten haben veranlaßt, Verfahren zu entwickeln, bei dem vorgefertigte Gesichtsteile nach den Angaben von Angehörigen, Zeugen usw. zusammengesetzt und ggf. retuschiert werden, um größtmögliche Ähnlichkeit zu erreichen. Auch das zusammengesetzte Täterbild birgt so zahlreiche Fehlerquellen und Risiken in sich, daß es für eine exakte Personenidentifizierung kaum in Betracht kommt, wenngleich es für den Kriminalisten ggf. ein recht nützliches Fahndungsmittel sein kann. Derartige Vorhaben hängen vor allem vom Erinnerungsvermögen und von den Aussagen von Zeugen ab.
Am bekanntesten ist hier wohl das Identi-Kit-Verfahren, welches ein visuelles Identifizierungssystem darstellt, das die Personenbeschreibung ergänzt.

McDonald, Hugh, C.: Identi-Kit Manual a System of Modern Visual Identification – Lection I–V– Santa Ana/Calif.; *Drescher,* Heinz: Personenbeschreibung – unter Mitarbeit von E. Steinwender – BKA 1961/2 – insb. S. 105 ff.

Auf einer weißen Metallunterlage wird mithilfe von etwa 520 durchsichtigen Folien, auf denen jeweils ein charakteristisches Merkmal des menschlichen Gesichts (10 Gruppen) dargestellt ist, nach den Angaben des oder der Zeugen das Bild der fraglichen Person zusammengesetzt. Das Ergebnis ist eine Strichzeichnung des Gesichts von vorn.

3. Plastische Gesichts- und Schädelrekonstruktion

Schon relativ früh hat man sich ferner in verschiedenen Ländern bemüht, durch plastische Rekonstruktionen von Gesicht und Schädel ein für Identifizierungs- und Fahndungszwecke geeignetes Instrument zu erlangen.

Grüner, O./*Helmer,* R. in Mueller (2) I–199 ff.

Hierher gehören einmal die vor allem bei unbekannten Toten von der Gerichtsmedizin erarbeiteten Methoden der Rekonstruktion der Leiche (Leichentoilette), welche die Möglichkeiten einer Identifizierung durch Dritte verbessern sollen.

Klages, Ulrich: Aufquellende Behandlung mumifizierter Leichenteile in einem Fall von Leichenzerstückelung – Arch. f. Krim. Bd. 155, S. 148 ff. (1975).

Dienen diese Rekonstruktionen ebenfalls mehr als Fahndungshilfen, so ist der Identifizierungswert von Einpaßverfahren (Superprojektionsverfahren) bereits größer. Ihr Ziel ist es,

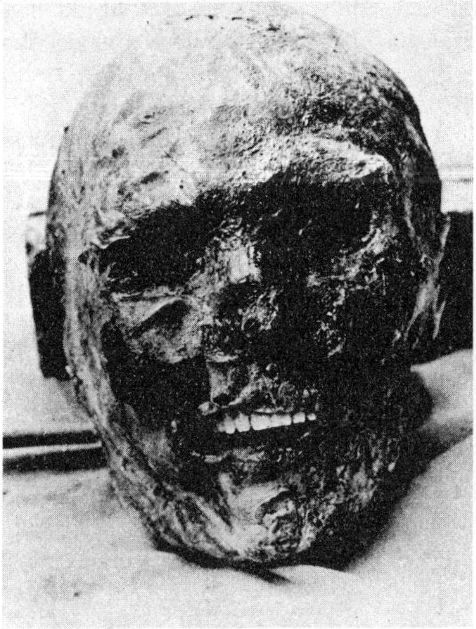

Abb. 13/5.

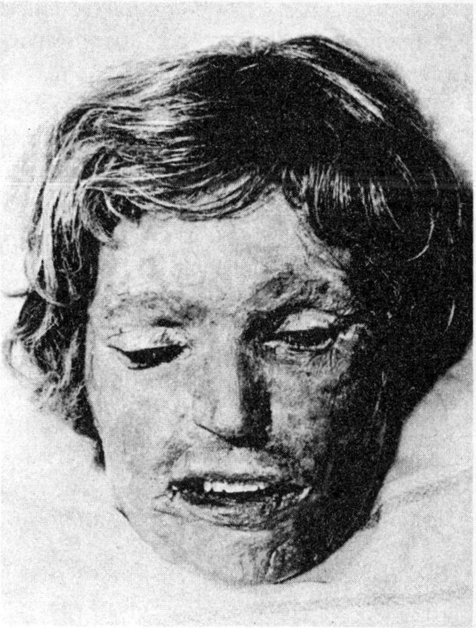

Abb. 13/6.

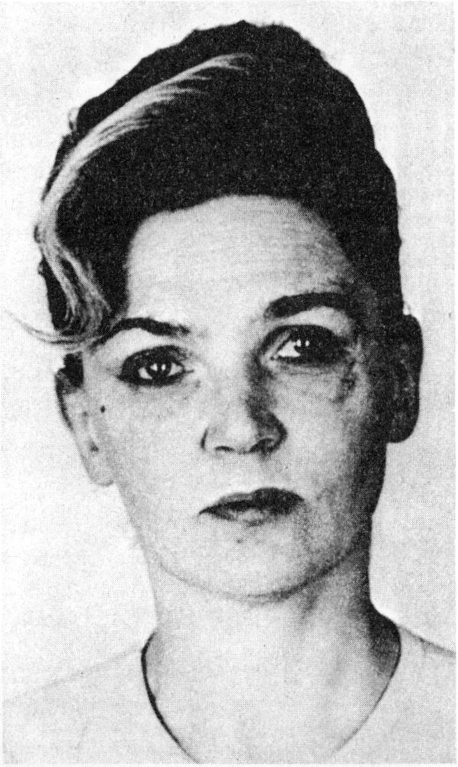

Abb. 13/7.

Abb. 13/5. Mumifizierter Kopf nach oberflächlicher Säuberung

Abb. 13/6. Ein Rekonstruktionsversuch nach aufquellender Behandlung und „Leichentoilette"

Abb. 13/7. Einige Jahre vor dem Tode der identifizierten Person aufgenommenes Foto die Identität einer Person dadurch festzustellen, daß man Bilder des knöchernen Schädels so mit einem vorhandenen Foto übereinander projeziert und prüft, ob sie deckungsgleich sein könnten. Voraussetzung ist hier, daß man über ein Foto der fraglichen Person verfügt.

Bald noch wichtiger sind schließlich Verfahren, die eine Rekonstruktion des Kopfes und sogar des Gesichts auf Grund des knöchernen Schädels oder Teilen von ihm versprechen.

Furtmayr, Moritz J./*Petersohn,* Franz: Rekonstruktion des Weichteilbildes auf der Basis des knöchernen Schädels – TbKrim Bd. XXIII, S. 251ff. (1973); *Furtmayr,* Moritz J.: Gesicht und Schädel des Menschen als mögliche Identifizierungsgrundlagen in Vergangenheit und Gegenwart – Arch. f. Krim. Bd. 155, S. 3ff. (1975).

Neben einigen ausländischen, insb. sowjetischen Methoden ist hier auf das Koordinaten-Diagramm-Verfahren von *Furtmayr* hinzuweisen, das sich auf die Einmaligkeit der Individualität gründet und so über die fototechnischen Schädelpaßverfahren hinaus sogar eine Rekonstruktion des Weichteilbildes zu erzielen sucht, das diesem Schädel entspricht. Dieses Verfahren ermöglicht also auch dann eine Fahndungshilfe, wenn weder ein Foto noch überhaupt Anhaltspunkte für die Identität des Toten vorliegen.

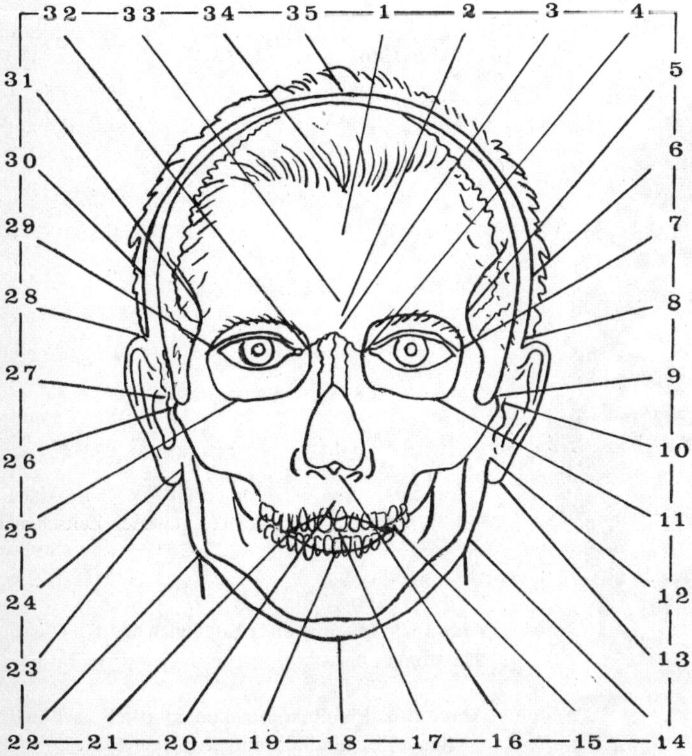

Abb. 13/8. Die Abbildung zeigt die anatomisch topographischen Meßpunkte, von denen das KDV ausgeht. Die Hilfslinien ergeben dann individuelle Schnittpunkte, welche mit einem Zirkel auf die Koordinatenachse zurückgeführt das Koordinatendiagramm ergeben.

Der kritische Punkt dieses Verfahrens ist mithin der, ob es die anthropometrische Behandlung des Schädels erlaubt, über eine Rassen- oder Gruppenzugehörigkeit hinaus Charakteristika des Weichteilbildes so exakt zu errechnen bzw. erarbeiten, daß eine individualgerechte Rekonstruktion möglich ist. Immerhin gibt es gewisse anatomische Erfahrungen, die es nicht als aussichtslos erscheinen lassen, eine gewisse Ähnlichkeit zu erzielen.

Die zunächst zeichnerische Rekonstruktion wird nach Vorbereitung des Skelettes dann mithilfe von „Münchener Künstlerplastilin Nr. 12“ modelliert. Schließlich kann ggf. der Ansatz einer Personalisierung durch Haaransatz, Augenbrauen, Alterskennzeichen erfolgen.

VI. Odontologische Identifizierung

Eine relativ neue Möglichkeit der Personenidentifizierung hat die forensische Odontologie eröffnet. Dies ist umso bedeutsamer, als das menschliche Gebiß sich nicht nur als gegen Verfall, sondern auch bei Katastrophen und anderen Unglücksfällen als verhältnismäßig widerstandsfest erwiesen hat. An Hand der Zähne lassen sich übrigens auch Anhaltspunkte für das Lebensalter und sogar für das Geschlecht der betreffenden Person finden.

Diese Möglichkeit der Identifizierung ist im Grunde nur ein Spezialfall von Verfahren vor allem medizinischer Art, welche sich auf das Knochengerüst von Menschen oder Tieren beziehen. Obwohl diese Untersuchungsmethoden im Zusammenhang der Spurenauswertung (§ 15–I–B–f.) genauer behandelt werden sollen, erscheint es doch im Hinblick auf ihren Wert für die Identifizierung angebracht, schon an dieser Stelle zumindest kurz auf die forensische Odontologie einzugehen, deren Anwendungsbereich jedoch weitaus größer ist.

Wecker, Klaus: Zahnersatz als Identifizierungsmöglichkeit – in: GrKrim. 7, S. 203 ff. (1971); *Cameron,* J. M.: Forensic Dentistry – Edinburgh/London 1974; *Rötzscher* und *Reimann* in Prokop/Göhler S. 545 ff.; *Grüner,* O./*Helmer,* R. in Mueller (2) I–187 ff.

1. Art und Alter der Zähne

Mit den Methoden der Odontologie lassen sich nicht nur die Art und damit ggf. der ursprüngliche Standort menschlicher Zähne, sondern auch ihr Alter bestimmen.

Die Entwicklung des Gebisses beginnt bereits im Mutterleib, obwohl die Milchzähne des Kleinkindes erst nach dem 6. Lebensmonat durchzubrechen pflegen. Ebenso wie es hier ein gewisses Zeitschema gibt, läßt sich ein solches – wenn auch nur nach u. U. mehreren Lebensjahren – für den gewöhnlich nach dem 6. Lebensjahr beginnenden Durchbruch der bleibenden Zähne feststellen. Brechen die 4. Backenzähne beispielsweise zwischen dem 12. und 16. Lebensjahr durch, so ist mit den sogenannten Weisheitszähnen erst zwischen dem 18. und 30. Lebensjahr zu rechnen; nicht gar so selten werden sie erst später sichtbar. Der Zahnmediziner kann somit bereits aus dieser Entwicklung der Zähne auf das Lebensalter des betreffenden Menschen zurückschließen.

2. Möglichkeiten der Identifizierung

Können schon die soeben genannten Erkenntnisse in Strafverfahren hilfreich sein, so sind die Möglichkeiten der Identifizierung einer Person an Hand ihres Gebisses noch

bedeutsamer. Vor allem ist es aber heutzutage möglich, von Bißspuren auf das Gebiß zurückzuschließen, d.h. einen Spurenverursacher festzustellen und auf diese Weise Straftaten aufzuklären. Außer einem negativen Ergebnis, das eine bestimmte Person als Spurenverursacher ausschließt, bietet die Odontologie mitunter sogar Möglichkeiten zu einer positiven Identifizierung.
Die dafür bedeutsamen Charakteristika ermittelt der Odontologe mithilfe anatomischer und röntgenologischer Methoden.
Besonders wichtig für die konkrete Personenidentifizierung sind jedoch Abnutzungserscheinungen und Besonderheiten des Gebisses.

Außer anomaler Stellung der Zähne ist hier beispielsweise an Verfärbungen zu denken, die auf Nikotingenuß oder beruflicher Tätigkeit beruhen können, welche u. U. auch mechanische Veränderungen bewirkt, wenn die Zähne z.B. häufig zum Halten oder Abbeißen von Arbeitsgerät oder -material benutzt werden.

Das Zahnschema wird umso beweiskräftiger je mehr Besonderheiten es durch Lücken, Behandlungen der verschiedensten Art und Ersatz aufweist. So kommt es, daß gerade bei erwachsenen Menschen das Gebiß eine unverwechselbare Form hat und auch entsprechende Spuren hinterläßt.
Besonders wichtig sind die odontologischen Identifizierungsmöglichkeiten – wie gesagt – in Katastrophenfällen; denn die Zähne sind nicht nur relativ widerstandsfähig, sondern erlauben vielfach sogar noch dann eine Identifizierung, wenn nur noch Teile des Gebisses vorhanden sind.

Beckmann, G./*Hühn,* H./*Hauck,* G.: Erfahrungen und Schwierigkeiten bei der Identifizierung der Opfer des Flugzeugunfalls in Teneriffa 1972 – Arch. f. Krim. Bd. 153, S. 42ff. (1974); *Endris,* Rolf Werner: Hitlers Gebiß. Eine forensisch odontologische Analyse als Identifizierungshilfe – Arch. f. Krim. Bd. 156, S. 95ff. (1975).

3. Zahn- und Gebißspuren

Nur der Vollständigkeit halber seien schon hier als ein weiteres Arbeitsgebiet der forensischen Odontologie die Zahn- und Gebißspuren erwähnt, obwohl sie als typische Tatspuren später (§ 14–I–A–1–c–ii) eingehender zu behandeln sind. Auch sie erlauben es aus den soeben (oben 2.) angedeuteten Gründen u.U., diejenige Person zu identifizieren, die eine solche Spur verursacht hat.

VII. Röntgenidentifizierung

Neben der Odontologie sei als ein anderes medizinisches Verfahren, welches gerade hier besondere Bedeutung erlangen könnte, die Röntgenidentifizierung erwähnt.

Neiss, Axel: Röntgenidentifikation – Stuttgart 1968; *Graham,* D.: X-Ray Techniques in Forensic Investigations – Edinburgh 1973; *Neiss,* A.: Personenidentifizierung durch Röntgenstrahlen – Med. Klinik Bd. 70, S. 128ff. (1975); *Grüner,* O./*Helmer,* R. in Mueller (2) I–194ff.

Die Möglichkeit einer Personenidentifizierung mithilfe von Röntgenstrahlen setzt außer dem Untersuchungsobjekt voraus, daß sich für Vergleichszwecke Röntgenbilder der

fraglichen Person (und ihrer zu untersuchenden Körperteile) im Archiv eines Krankenhauses oder bei einem Arzt finden lassen. Diese Chance ist heutzutage zumindest in den Industrieländern relativ groß.
Grundlage der Röntgenidentifizierung ist die mikroskopisch zu erfassende, morphognostisch und metrisch zu bestimmende Variablität des Skeletts, wobei wiederum Besonderheiten (Knochenbrüche u. a.) eine wichtige Rolle spielen. Doch auch sonst bieten Größen- und Formverschiedenheiten gute Ansätze, die deshalb besonders wiegen, weil auch das Knochengerüst an sich unveränderlich, d. h. signifikant für die Individualität ist.

Bei dem in der Entwicklung begriffenen, jungen Menschen ist zumindest der Anlageplan bereits vorhanden. Diesen aber kann der Röntgenologe ebenso wie spätere Abnutzungserscheinungen relativ zuverlässig einschätzen. Selbst sekundäre Veränderungen der Skeletteile durch Krankheiten, Knochenbrüche u. a. stören die Identifizierung gewöhnlich kaum, sondern können sogar sehr charakteristisch sein, sofern sie auf der Vergleichsunterlage bereits enthalten sind.

Die Röntgenidentifizierung, über die bisher in der Praxis noch wenig Material vorliegt, kommt keineswegs nur für die Identifizierung von Toten und Leichenteilen, sondern u. U. auch für lebende Personen ungewisser Identität in Betracht. Sie ist allerdings vor allem dann wichtig, wenn daktyloskopische Methoden nicht mehr anwendbar sind, weil entweder die Körperoberfläche zerstört ist oder nur Teile des Skeletts vorliegen. Außer bei entsprechenden Funden ist das bei Unfällen oder Katastrophen nicht gar so selten, weshalb man hier außer an die Möglichkeiten der Odontologie auch an die der Röntgenidentifizierung denken sollte.
Natürlich weist die relativ junge Untersuchungsmethode noch Unsicherheiten auf, die aber mehr auf mangelnde Erfahrung und Fehlerquellen bei der Anwendung zurückzuführen sind als auf das Verfahren an sich. Diese Fehlerquellen dürften sich mit vermehrten Erkenntnissen der Radiologen – auch über die Zusammenarbeit mit Gerichtsmedizinern und Kriminalbeamten – zudem noch vermindern.

VIII. Stimmidentifizierung

Neueren Datums ist schließlich auch die Stimmidentifizierung oder das Stimmabdruckverfahren, d. h. die Identifizierung an Hand der menschlichen Stimme. Obwohl hierauf bei Spurenkunde und kriminaltechnischen Untersuchungen (§ 15–III–D) näher eingegangen werden soll, weil die Stimme ebenfalls wesentlich als Tatspur verwertet wird, erscheinen hier doch einige Worte angezeigt.

Föhrmann, R.: Die Stimm- und Sprechdiagnostik im Dienste der Verbrechensaufklärung (Einführung in die Kriminalphonetik) – in: TbKrim. XIII, S. 145 ff. (1963); *Kersta,* Lawrence C.: Speaker identification. Personenfeststellung mit Hilfe des Stimmabdrucks – in: Kriminalpolizei und Technik, hrsg. v. Bundeskriminalamt, Wiesbaden 1967, S. 177 ff.; *Föhrmann,* R.: Sprechdiagnostik und Vernehmungstechnik – in: Kriminalpolizei und Technik, hrsg. v. Bundeskriminalamt, Wiesbaden 1967, S. 185 ff.; *Rother,* Hermann: Stimm-Spektrographie. Neuartiges Hilfsmittel der Kriminalistik – Kriminalistik 1967 – 233 ff.; *Habersbrunner,* H./*Sebald,* O./*Hantsche,* H.: Zur Personenfeststellung mittels Stimmen- und Sprechanalyse. Teil I: Kriminologische Problematik und Bewertung der Labor-Versuchsapparatur – Arch. f. Krim. Bd. 142, S. 3 ff. (1968); *Schroeder,* Hans Jürgen: Die technischen Voraussetzungen für die Sprecheridentifizierung – in: TbKrim XXIV, S. 187 ff. (1974); *Goydke,* Hans: Über die Grundlagen und die Leistungsfähigkeit von Verfahren zur Sprecheridentifizierung – in: TbKrim XXIV S. 211 ff. (1974).

Trotz beachtlicher Fortschritte auf diesem Gebiet in den letzten Jahrzehnten, werden diese Methoden jedoch bisher weniger erkennungsdienstlich als vielmehr im Rahmen der Aufklärung und Verhinderung bestimmter Straftaten verwendet. Vor allem handelt es sich um solche Delikte, bei denen sich der Täter oder auch sein Opfer – wie etwa bei Kindesentführung oder sonstiger Geiselnahme – des Fernsprechers, einer Tonbandaufzeichnung oder ähnlicher akustischer Kommunikationsmöglichkeiten bedient.
Hier sind jedoch einige Hinweise angezeigt, weil auch diese Verfahren u.U. erkennungsdienstlich genutzt werden können.
Neben dem in der Kriminalistik seit langem bekannten **auditiven Stimmvergleich,** der relativ unsicher ist, hat man in den letzten Jahrzehnten **Stimmabdruckverfahren** entwickelt, welche eine Stimmvergleichung visuell an Hand spektraler oder ähnlicher Darstellungen oder sogar automatisch zulassen.
Grundlage aller dieser Verfahren ist die Erzeugung von akustischen Spuren durch die menschliche Sprache, wobei verschiedene Organe in einer solchen Weise zusammenwirken, daß das Produkt als individualdiagnostisch verwertbar erscheint.
Dic Einmaligkeit der menschlichen Stimme ergibt sich somit aus dem äußerst komplizierten Sprechmechanismus, für den es außer auf die individuelle Stimmkehle auf eine Vielzahl sogen. Artikulatoren ankommt.

Denn außer an die Öffnung der Stimmritze, den Ort der Stimmtonbildung, ist u.a. an Lunge, Kehlkopf und Zunge sowie die recht unterschiedliche Artikulationsart zu denken. Oder anders ausgedrückt wirken Tonhöhe, Lautstärke, Stimmfülle, Klangfarbe sowie Sprechweise (Tempo, Ablauf, Akzentuierung und Artikulation) so zusammen, daß die Sprache für einen bestimmten Menschen charakteristisch wird.

Dadurch entstehen Unterschiede, die für den individuellen Sprecher so kennzeichnend sind, daß sie sich selbst bei Verstellung oder unter Einflüssen von Kommunikationsmitteln wie dem Frensprecher nicht völlig verdecken lassen.

Durch komplizierte Geräte – das zur Zeit bekannteste ist der „Sonograph“; der amerikanischen Firma Kay Electric – ist es gelungen, diese Sprachlaute wie bei einer Spektralanalyse sichtbar zu machen. Das Ergebnis ist das Sonogramm (Stimmabdruck). Ist Basis eines solchen Sonogramms etwa die bei einem Ferngespräch auf Tonband fixierte Stimme, so kann man sich – wie bei der Schriftvergleichung – so oder so Vergleichsmaterial besorgen, um das erste dann mit einem zweiten Sonogramm vergleichen zu können.
Die seit 1962 durchgeführten Kontrolluntersuchungen haben mäßige Fehlerraten (1–2% bei einer Mehrzahl von Sprechern) ergeben, welche dartun, daß der Sonogrammvergleich, selbst wenn er bisher noch nicht die Exaktheit der Daktyloskopie erreicht hat, doch ein kriminalistisch brauchbares Identifizierungsmittel in den Händen von entsprechend ausgebildeten Experten ist.
Natürlich muß im gegenwärtigen Stadium besonders auf gewisse Voraussetzungen geachtet werden, von denen der Erfolg der Stimmvergleichung abhängt. Erwähnt sei außer dem Umfang des Materials (insb. Dauer des Tatgesprächs) die Qualität der Aufzeichnung; auch Wortwiederholungen und mäßige Sprechgeschwindigkeit verbessern die Erfolgsaussichten ebenso wie Besonderheiten (z.B. Sprachfehler).
Selbstverständlich ist mit diesen Verfahren die auditive Stimmvergleichung in Strafsachen nicht völlig gegenstandslos geworden. In frühen Stadien des Verfahrens oder bei besonderen Umständen bleibt mitunter nur die Möglichkeit, einen Experten oder einen Laien allein mithilfe des Ohrs beurteilen zu lassen, ob eine Stimme Ähnlichkeiten mit der einer ihm

bekannten Person aufweist. Ein Vergleich muß hier natürlich besonders sorgfältig vorbereitet werden, um die nach manchen Kontrolluntersuchungen bis an 20% heranreichende Fehlerquote möglichst gering zu halten.

IX. Datenverarbeitung

Zunehmend werden Organisation und Handhabung der verschiedenen Sparten des Erkennungsdienstes durch die elektronische Datenverarbeitung (EDV) geprägt.

Kaleth, Hans: Die elektronische Datenverarbeitung. Ein Beitrag zur Automatisierung der Kriminalpolizeilichen Karteiarbeit – BKA 1961/3; *Pütter,* Paul S.: EDV-Verbund der Polizei in der Bundesrepublik. Ein Diskussionsvorschlag für die Vorgehensweise – Kriminalistik 1971 – 493ff.; *Datenverarbeitung* – Arbeitstagung ... vom 13. März bis 17. März 1972 – hrsg. v. Bundeskriminalamt – Wiesbaden 1972.

Selbstverständlich aber wirkt sich die EDV, wie wir noch genauer bei Kriminaltaktik und Organisation der Verbrechensbekämpfung sehen werden, in viel weiterem Umfang auf die kriminalistische Arbeit aus. Das aber wird ebenso wie die Hilfsfunktion bei anderen Gebieten der Kriminaltechnik später zu schildern sein. Doch erscheint es unerläßlich, bereits in diesem Zusammenhange schon einmal allgemeiner auf die Anwendungsmöglichkeiten und Konsequenzen der Datenverarbeitung einzugehen.

1. Geschichtliche Entwicklung

Historische Wurzeln der elektronischen Datenverarbeitung sind mechanische Rechenmaschinen, wie es sie schon im 17. Jahrhundert *(Pascal, Leibniz)* gegeben hat, und die in den folgenden Jahrhunderten verbessert wurden. Die mit der Erfindung der Schreibmaschine *(Mittenhofer* 1864) eingeleitete wirkliche Technisierung der Büroarbeit führte bereits um 1890 zu dem vom Deutschamerikaner Hermann *Hollerith* entwickelten Lochkartensystem. Die hier durch Lochungen auf bestimmten Feldern festgehaltenen Zahlen, die zugleich andere Begriffe zu ersetzen vermögen, konnten durch Spezialmaschinen abgetastet, sortiert und gezählt werden, wobei gewisse Rechenoperationen möglich waren. Doch mußten derartige Arbeitsläufe einzeln geschaltet oder vorher in einem Schaltbrett festgelegt werden. Die Entwicklung einer Datenverarbeitung durch speicherprogrammierte Maschinen, welche die Befehle zur Steuerung der Arbeitsabläufe aus ihrem Kernspeicher entnehmen, setzte gegen Ende des 2. Weltkriegs ein. Dies war der Beginn der elektronischen Datenverarbeitung, welche gewöhnlich mit einem Bandsystem (Magnetband) arbeitend in einer Anlage mehrere Funktionen vereinigt.

2. Die Anlagen und ihre Arbeitsweise

Eine moderne EDV-Anlage vereinigt in sich gewöhnlich folgende fünf Funktionen:

Eingabe: Aufnahme von Informationen mittels Magnetband, Lochstreifen oder Karte.
Speicherung: Verwahrung der aufgenommenen Daten bis zur Verwertung.
Steuerung: Die Maschine kann verschiedene Arbeiten selbst bewältigen, wobei bestimmten Teilen bestimmte Aufgaben zukommen.

Rechnen: Die Anlage kann außer Additionen, Subtraktionen, Multiplikationen, Divisionen auch gewisse Vergleiche durchführen.
Ausgabe: Die durch die Maschine auf Grund der angedeuteten Verarbeitung der Eingabedaten erzielten Ergebnisse werden auf Lochkarten oder -streifen, Magnetbändern, gedruckten Formularen oder Leuchtschienen fixiert.

Wesentlich ist, daß die Anlage mithin von einander abhängige Arbeitsabläufe ohne Eingriffe eines Menschen bewältigt.
Die Datenverarbeitung kann überdies in Form eines Verbundnetzes aufgebaut werden, bei welchem einzelne Anlagen örtlich weit voneinander entfernt sind. Die zentrale Anlage ist dann durch Leitungen mit anderen (regionalen) Datenverarbeitungsanlagen verbunden, denen wiederum sogenannte Terminals angeschlossen sind, die natürlich in besonderen Fällen der Zentrale unmittelbar zugeordnet sein können.
Auf die Einzelheiten der Anlagen und Versuchssysteme kann in diesem Rahmen ebenso wie auf die wegen der unterschiedlichen Entwicklung in den Staaten (vgl. *Datenverarbeitung* aaO. S. 159–249) und selbst in den deutschen Bundesländern (vgl. *Datenverarbeitung* aaO. S. 43ff., 109ff.) gegenwärtig recht verschiedenartigen Gegebenheiten an dieser Stelle nicht näher eingegangen werden.

3. Anwendungsmöglichkeiten

Die Vielfalt der Daten, welche man heute bereits elektronisch verarbeiten kann, eröffnet zahlreiche für den Kriminalisten interessante Anwendungsmöglichkeiten der EDV. Die Personendaten lassen sich als auf die Person bezogene Informationen sowohl für die Personenfahndung als auch für eine Straftäterdatei nutzen, zumal da sie mit Verwaltungsdaten (Angaben z.B. über Aktenzeichen, Sachbearbeiter, Ein- und Ausgang) verbunden werden können. Sachdaten, welche es als Informationen über Sachen ermöglichen, bestimmte Gegenstände zu beschreiben, sind beispielsweise für die Sachfahndung wichtig. Daten können sich ferner auf eine Straftat und die Merkmale ihrer Ausführung beziehen, was u.a. für die Fahndung nach einem noch unbekannten Täter und ferner genutzt werden kann, um möglicherweise zwischen einzelnen Taten bestehende Zusammenhänge erkennbar zu machen. Lassen bereits diese wenigen Hinweise erkennen, daß Programme des EDV eigentlich alle Aufgaben der für die Fahndung wichtigen kriminalpolizeilichen Karteien übernehmen können, sei ferner erwähnt, daß man sich – z.B. bereits mit Erfolg – bemüht, die Datenverarbeitung für ganz anders liegende Aufgaben nutzbar zu machen. Außer auf die Daktyloskopie, die so vom mühseligen manuellen Vergleich der Fingerabdrücke entlastet werden könnte (§ 13–III), ist ferner auf andere Spuren – etwa den Vergleich anonymer und pseudonymer Schriften – hinzuweisen. Doch kann auf derartige, weithin noch in der Entwicklung begriffene Sondergebiete in diesem Rahmen nicht näher eingegangen werden.

Barth, Karl: Datengerechte Klassifizierung der Fingerabdrücke für programmgesteuerte Rechenanlagen – Kriminalistik 1967 – 225ff.; *Barth,* Karl: Daktyloskopische Spurenauswertung mit Hilfe elektronischer Datenverarbeitung – Kriminalistik 1969 – 315ff.; *Barth,* Karl: Praktische Ergebnisse mit der „Elektronischen Daktyloskopie – Kriminalistik 1969 – 597f.; *Angst,* Ernst/*Ensmann,* Kurt: Auswertung von anonymen und pseudonymen Handschriften mit elektronischer Datenverarbeitung – Kriminalistik 1972 – 60ff.; *Neuendorf,* Paul: Datenverarbeitung und Daktyloskopie – in: Datenverarbeitung, hrsg. Bundeskriminalamt, Wiesbaden 1972, S 37ff.; *Douklias,* N./*Winzer,* G.: Holographischer Versuch der Klassifizierung von Fingerabdrücken für elektronische Datenverarbeitung – Arch. f. Krim. Bd. 151, S. 31ff. (1973).

Um die praktischen Anwendungsmöglichkeiten der EDV in der Kriminalistik zumindest etwas zu verdeutlichen, sollen im folgenden einige von ihnen aufgezeigt und ggf. an Hand der Situation in Deutschland kurz beleuchtet werden.

a) Personenfahndung
Besondere praktische Bedeutung kommt der EDV für das Gebiet der Personenfahndung zu, die bei erheblichem Arbeitsaufwand hier überdies außerordentlich beschleunigt werden kann. Dies gilt einstweilen, da es auf die Personendaten ankommt, welche bekannt sein müssen, jedoch nur für die Fahndung nach bekannten Personen bzw. Tätern. Das zentrale Datenverarbeitungssystem der deutschen Kriminalpolizei heißt „Inpol".

b) Sachfahndung, insb. Kraftfahrzeugfahndung
Im Bereich der an Sachdaten anknüpfenden Sachfahndung hat man sich beim Einsatz der EDV häufig zuerst auf die Kraftfahrzeugfahndung konzentriert, weil das für die Mobilität der Rechtsbrecher wichtige Kraftfahrzeug die mit der Datenverarbeitung ungleich schnellere Information als besonders wünschenswert erscheinen läßt. Das von der deutschen Kriminalpolizei aufgebaute EDV-System „Inpol" ist für diese Zwecke über das Bundeskriminalamt mit der Datenverarbeitungsanlage des Kraftfahrt-Bundesamtes in Flensburg verbunden.
Ein weiterer, wichtiger Fallbereich ist die Waffenfahndung, welche sich überwiegend noch in der Diskussion oder Planung befindet, obwohl sein Nutzen für die Verbrechensbekämpfung auf der Hand liegen dürfte.
Ersichtlich ist das Gebiet der Sachfahndung so vielgestaltig, daß wegen der damit verbundenen technischen, z.T. auch rechtlichen Schwierigkeiten einstweilen nur Teilbereiche in die EDV einbezogen werden können.

c) Straftäterdatei
Im deutschen Bundeskriminalamt in Wiesbaden hat man die EDV weiter für eine Straftäterdatei nutzbar gemacht, welche im Aufbau begriffen ist. Die sachbearbeitende Dienststelle, welche dezentral den eine polizeilich behandelte Person betreffenden Gesamtdatensatz erfaßt, gibt einen Grunddatensatz zu diesem Zwecke an die zentrale Anlage weiter.

d) Straftatendatei
Die gerade für die Fahndung nach dem noch unbekannten Täter, aber auch für andere Zwecke wichtige Straftatendatei befindet sich in Deutschland noch im Stadium der Planung. Dies hängt wohl nicht zuletzt damit zusammen, daß viele Fragen der für diese Daten besonders wichtigen Verbrechenstechnik (wie Modus operandi und Modus operandi-System – vgl. § 7) kriminalistisch noch weithin ungeklärt sind.

e) Andere Aufgaben
Die EDV kann schließlich – z.T. geschieht das schon – für zahlreiche andere Aufgaben wie die Zusammenstellung der Polizeilichen Kriminalistik, für einen Auskunftsdienst über Literatur, Gutachten und dergl. genutzt werden. Selbstverständlich verwendet man die EDV auch außerhalb der Kriminalpolizei für mancherlei für sie wichtige Daten wie das zentrale Strafregister oder das Ausländerzentralregister. Der deutsche Verfassungsschutz hat ein nachrichtendienstliches Informationssystem „NADIS" entwickelt.

§ 14
Spurenkunde

Die Spurenkunde umfaßt alle Erkenntnisse über Spuren im Sinne physischer, insb. naturwissenschaftlich auswertbarer Beweise. Sie ist somit gewissermaßen der allgemeine Teil der Kriminaltechnik.

Groß/Seelig (8) I–302ff., 380ff.; *Zbinden* S. 61ff.; *Mally,* Rudolf: Kriminalistische Spurenkunde I, II – BKA 2958/1, BKA 1958/2; *Wigger,* Ernst: Kriminaltechnischer Leitfaden – BKA 1965/1–3; *Huelke,* Hans-Heinrich: Spuren in der Sicherung und Verwertung von Tatortspuren. 3. Aufl. – Hamburg 1965; *Huelke,* Hans-Heinrich: Kriminaltechnik – in: HdwKrim (2) II–138ff.; *Bauer,* Günther: Moderne Verbrechensbekämpfung Bd. 2 – Lübeck 1972 – S. 73ff., 87ff., 218ff.; *Weinig,* E.: Spurenkunde, allgemeine – in: HdwRMed I–254ff.; *Schaidt:* Spurenkunde, spezielle – in: HdwRMed I–260ff.; *Kirk/Thorton* S. 74ff.; *Walls,* H. J.: Forensic Science – 2. Aufl. – London 1974 – S. 13ff.

Über den Begriff der Spur ist noch keine Einigkeit erzielt. Auch das Recht wirkt hier nicht klärend, obwohl und weil beispielsweise die deutsche Strafprozeßordnung den Begriff hier und da – wenngleich unpräzise – verwendet.

So ist etwa in den §§ 81c, 86, 103 dtsch. StPO von „Spuren“, „Spuren oder Merkmalen“ bzw. „Spur oder Folge einer strafbaren Handlung“ die Rede, während es in der zentralen Beschlagnahmevorschrift (§ 94 StPO) dagegen einfach heißt „Gegenstände, die als Beweismittel für die Untersuchung von Bedeutung sein können“. Dabei handelt es sich, soweit es um bewegliche Sachen geht, hier strikt genommen um einen Spurenträger.
Maßgebend ist hier und wohl überhaupt der kriminalistische Begriff der Spur. Während manche alles kriminalistisch Verwertbare als eine Spur ansehen, beschränken sich andere auf unbeabsichtigte oder unbewußte Spuren. Außer materiellen Spuren, die mit den Sinnen wahrzunehmen sind, wollen andere auch immaterielle Spuren einbeziehen. Richtiger aber ist es wohl, wenn man von der Kriminaltechnik ausgeht, zu verlangen, daß eine Spur – zumindest mittelbar – mit den Sinnen wahrzunehmen sein muß.

Spuren sind zunächst einmal alle durch menschliches Verhalten hervorgerufenen Veränderungen der Außenwelt, welche Rückschlüsse auf den sie verursachenden Vorgang zulassen. Dabei stehen im Bereiche der Kriminaltechnik auf kriminelles Verhalten hinweisende Veränderungen an Sachen oder Personen im Vordergrund. Gleich sollte dabei nicht nur sein, ob sie bewußt oder unbewußt verursacht werden, sondern auch, ob sie vom Täter, vom Opfer oder anderen Personen stammen. Ferner darf der Begriff der Spur, selbst wenn wir zunächst einmal auf menschliches Verhalten abgestellt haben, doch nicht so eng gefaßt werden, daß damit außer den unmittelbar vom menschlichen Körper herrührenden Spuren nur Werkzeug- oder Arbeitsspuren gemeint sind. Denn ebenso kommt es in der Kriminaltechnik auf Materialspuren an, deren Substanz ebenso wie ihre Beschaffenheit im übrigen u. U. Rückschlüsse auf den verursachenden Vorgang und damit eine möglicherweise strafrechtlich relevante Rekonstruktion des Sachverhalts zulassen. Spuren entstehen also keineswegs nur, wie man angesichts der Waffen und Werkzeuge annehmen könnte, mechanisch oder physikalisch. Vielmehr sind andere Spuren das Ergebnis eines chemischen Prozesses, der anders als bei einem Brand sogar zeitlich vor der Tat liegen kann. Schließlich gibt es wichtige biologisch-physiologische Spuren wie Blut und andere Körpersekrete.
Gleich ist dabei, ob diese Spuren ohne weiteres oder schwer mit bloßem Auge auszumachen sind oder ob man sie als latente Spuren nur mit Hilfsmitteln (Lupe, Mikroskop) erkennen kann bzw. mithilfe besonderer Verfahren sichtbar machen muß.

Ermöglichen alle diese Spuren unter gewissen Umständen die Rekonstruktion des tatsächlichen Sachverhalts, des zugrundeliegenden Geschehens, so ist nicht nur an diejenigen Anhaltspunkte zu denken, die auf den verursachenden Vorgang und seine objektiven Gegebenheiten zurückschließen lassen. Vielmehr erlauben Spuren nicht gar so selten auch Rückschlüsse auf die mitunter besonders schwierig zu ermittelnde subjektive Seite der Tat.

Spuren besonderer Art sind fingierte oder verfälschte, d.h. **täuschende Spuren,** auch Trugspuren genannt; sie lassen zwar auf Anhieb einen Sachbeweis wie bei echten Spuren als möglich erscheinen. In Wahrheit aber würde dies auf einen falschen Weg führen, weshalb in derartigen Fällen zunächst die Täuschung erkannt werden muß, um dann auf diesem Umweg möglicherweise zur Rekonstruktion des historischen Sachverhalts zu gelangen. Auf diese Problematik soll daher, obwohl im folgenden hier und da Hinweise angezeigt sind, im wesentlichen erst im Rahmen der Kriminaltaktik eingegangen werden.

Von einer fingierten oder vorgetäuschten Spur ließe sich beispielsweise sprechen, wenn der Täter, um einen Versicherungsfall vorzutäuschen, durch Einschlagen einer Fensterscheibe Spuren verursacht, die auf einen Einbruch hinzudeuten scheinen.

Dem verwandt sind verfälschte Spuren beispielsweise in Fällen, in denen es dem Täter gelingt, Fingerabdrücke eines anderen im Tatortbereich unterzubringen oder dort auf einen anderen hinweisende Gegenstände zu hinterlassen.

Im weiteren Sinne täuschend sind Spuren, die auf einen anderen Spurenverursacher hinweisen, obwohl der Täter sie ungewollt verursacht. So ist es etwa, wenn er am Tatort einen Gegenstand verliert, den er einem anderen gestohlen hat, oder mit einem solchen Gegenstand (Werkzeug, Fahrzeug) Spuren verursacht.

Alle diese täuschenden Spuren entsprechen ihrer Art nach echten Tatspuren. Sie komplizieren – wie wir sehen werden – außer der Spurenauswertung aber vor allem das Vorgehen bei den Ermittlungen, weshalb Schwerpunkt dieser Problematik die Kriminaltaktik sein dürfte.

Dasselbe gilt für das **Fehlen von Spuren** in Fällen, in denen man an sich Spuren erwarten kann. – Schließlich werden auch die sich im Zusammenhange mit sogen. Fangstoffen ergebenden Spuren im Rahmen der Kriminaltaktik zu behandeln sein, weil sie mehr die Folge der kriminaltaktischen Maßnahme des Einsatzes solcher Mittel darstellen.

Die Spurenkunde steht mithin, obwohl ein Teilgebiet der Kriminaltechnik, doch in einer Wechselwirkung mit der Kriminaltaktik. Denn von den ermittelten und ausgewerteten Spuren hängt u.U. das weitere Vorgehen bei den Ermittlungen ab.

Spurenkundliche Erkenntnisse bestimmen oft die kriminaltaktische Handhabung der Strafsache. Sie können beispielsweise den Einsatz weiterer kriminaltechnischer Mittel oder aber Vernehmungen nahelegen. Zum anderen können Spuren auch dazu benutzt werden, Geständnisse oder Aussagen zu überprüfen.

Die Spurenkunde als die Lehre von den kriminaltechnisch bedeutsamen Spuren gliedert sich in drei große Gebiete: **Spurensuche, Spurensicherung, Spurenauswertung.** Trotz der damit umrissenen, ganz unterschiedlichen Fragestellung überschneiden sich z.T. auch diese Bereiche. So können in der Praxis nicht nur Spurensuche und -sicherung zusammenfallen, sondern es gibt nicht gar so selten Fälle, in welchen nach Auffinden einer Spur die Auswertung dem Kriminalpraktiker ohne die Hilfe des Experten möglich ist. Allerdings sollte man sich hier vor falschem Optimismus hüten, weil der Experte gewöhnlich mehr Spuren findet und mit einer Spur mehr anzufangen weiß als andere, die dies dann u. U. durch falschen Eifer unmöglich machen.

Wir werden uns im Folgenden vor allem auf die Fragen der Spurensuche und Spurensicherung konzentrieren, weil die Probleme der Spurenauswertung sich in aller Regel besser im Zusammenhang mit den im § 15 zu schildernden einzelnen kriminaltechnischen Untersuchungen darstellen lassen. Insoweit werden wir uns daher zunächst auf allgemeinere Ausführungen beschränken. Und im Verhältnis von Spurensuche und -sicherung werden wir in Zweifelsfällen die Suche etwas ausführlicher darstellen, um uns dann bei der Spurensicherung mehr auf die allgemeine Methodik zu konzentrieren.

Im übrigen ist für alle drei Komplexe zu beachten, daß es hier in erster Linie um allgemeine Fragestellungen geht, denen bei den einzelnen Formen kriminellen Verhaltens naturgemäß ganz unterschiedliches Gewicht zukommt. Dennoch ist nicht nur hier schon ein allgemeiner Überblick notwendig, sondern dieser ist auch zweckmäßig, weil man sich darauf sowohl bei den einzelnen kriminaltechnischen Untersuchungsmethoden als auch bei der diesen im § 16 folgenden Darstellung der Kriminaltechnik bei einzelnen Formen kriminellen Verhaltens beziehen kann. Erst dort kann mehr über die unterschiedliche Bedeutung von Spuren und kriminaltechnischen Untersuchungsmethoden gesagt und können ggf. Besonderheiten ergänzt werden.

I. Spurensuche

Im Bereich der Spurensuche, dem ersten Komplex der Spurenkunde, geht es um die Frage, wo und wie Spuren zu suchen sind, die für die Kriminaltechnik bedeutsam sein können. Das hängt vor allem von der unterschiedlichen Art der Spuren ab, welche übrigens nicht nur für die Spurensuche selbst, sondern u. U. schon für Spurensicherung und -auswertung Konsequenzen hat.

Groß/Seelig (8) I–218 ff.

Deshalb erscheint es zum besseren Verständnis ratsam, im Überblick über die Arten der Spuren ggf. bereits auf mögliche Fundorte und besondere Probleme der Spurensicherung hinzuweisen, was mitunter durch Erfordernisse der späteren Spurenauswertung verdeutlicht wird. Erst nach einem solchen – wenn auch unvollständigen, so doch hoffentlich repräsentativen – Überblick über die verschiedenen Spurenarten erscheint es ratsam, sich allgemeiner Gedanken über den möglichen Fundort solcher Spuren zu machen; dieser kann aber nicht nur bei den einzelnen Deliktstypen, sondern sogar bei verschiedenen Verbrechenstechniken divergieren.

Mit der Art und dem Fundort der Spuren hängt die alsdann zu erörternde Frage der Dringlichkeit der Spurensuche zusammen. Wenn dieser Gesichtspunkt auch bei vielen Spuren keine besondere Rolle spielt, muß man doch wissen, daß Spuren in anderen Fällen – man denke etwa an Verkehrsdelikte oder bestimmte Witterungsverhältnisse – so sehr gefährdet sind, daß schon relativ kurze Verzögerungen den Beweiswert der Spuren vermindern oder beseitigen können.

Auch hier zeigt sich wiederum, daß die Problematik der Spurensuche sich keineswegs auf das Gebiet der Kriminaltechnik beschränkt, sondern die ersichtlich auch für das kriminaltaktische Vorgehen bedeutsam ist. Deshalb muß die Spurensuche am Tatort beispielsweise im Zusammenhang mit der in der

Kriminaltaktik zu schildernden Tatortarbeit und überhaupt der Fahndung gesehen werden. Auf diese späteren Ausführungen ist daher schon hier zu verweisen.

Ziel der Spurensuche ist es, alle im konkreten Fall für eine kriminaltechnische Untersuchung in Betracht kommenden Spuren aufzufinden und damit ihre Sicherung sowie Auswertung zu ermöglichen. Dieses setzt – wie gesagt – zunächst einmal einen Überblick über die Arten aller in Betracht kommenden Spuren voraus, die z.T. allerdings nur mithilfe eines Experten zu ermitteln sind. Schon hier sei aber erwähnt, daß die Suche sich keineswegs nur auf solche Spuren beziehen muß, die als Tatspuren so oder so im Zusammenhang mit der zu untersuchenden Straftat stehen. Denn für viele der sich darauf beziehenden spurenkundlichen Untersuchungen benötigt man Vergleichsmaterial, also andere Spuren, die mit der fraglichen Tatspur verglichen werden. Unerheblich dabei ist, ob es um die Form der Spur und damit um einen morphologischen Spurenvergleich geht, wie er außer mit dem bloßen Auge oder mit einer Lupe vor allem auch mittels verschiedener mikroskopischer Verfahren (§ 15–IV–B–a) durchgeführt wird, oder um die materielle Beschaffenheit der Spur; auch hier benötigt man für vergleichende chemische, physikalische oder biologische Untersuchungen naturgemäß Vergleichsmaterial. Derartiges Vergleichsmaterial bekommt der Kriminalist auf recht unterschiedliche Weise.

Häufig wird es ihm von einer als Spurenleger – nicht damit schon als Tatverdächtiger – in Betracht kommenden Person mehr oder weniger freiwillig überlassen. Auch dieses Überlassen von Vergleichsmaterial sieht verschieden aus. Nimmt man das Beispiel von Schriftstücken, die in mehrfacher Hinsicht Spurenträger sein können, so kann es sich einmal um bereits existente Urkunden handeln, die den Strafverfolgungsbehörden ohne weiteres ausgehändigt werden. Zum anderen kann es aber auch nötig sein, daß der Betreffende unter Aufsicht derartige Urkunden – etwa nach Diktat – herstellt zum Zwecke des Vergleichs mit der Taturkunde; hier ist allgemein Vorsicht geboten und sind bei den verschiedenen Spurenarten unterschiedliche Vorsichtsmaßregeln zu beachten. Ebenso wie hier mit Verschleierungstaktiken zu rechnen sein wird, verweigert gerade – aber nicht nur – der Tatverdächtige die Herausgabe von Vergleichsmaterial, nach welchem dann wie nach Tatspuren gesucht werden muß, wenngleich hier andere Fundorte in Betracht kommen.

A. Arten der Spuren

Schon bei den Arten der Spuren empfiehlt es sich, obwohl damit u.U. Wiederholungen verbunden sind, nach dem Fundort zwischen solchen Spuren, die am Tatort oder am Opfer gefunden werden, und jenen zu unterscheiden, die sich am Verdächtigen oder in seinem Lebensbereich finden. Denn es kommt bei der Spurensuche in der Praxis naturgemäß mehr auf den Fundort als auf die oben angedeutete Einteilung in verschiedene Arten von Spuren an, wenngleich eine oder manche von ihnen – jeweils unterschiedlich – überwiegen. Letztlich ist bei gleich oder ähnlich liegender Problematik eine Wiederholung nicht nötig, sondern kann man auf das dazu früher Ausgeführte Bezug nehmen.

Der weit zu fassende Begriff der Spur umfaßt der Art nach sehr verschiedene Phänomene. Eben deshalb stößt eine allgemein gehaltene Einteilung der Spurenarten auf erhebliche Schwierigkeiten. Dennoch soll schon hier darauf eingegangen werden, weil die damit verbundenen Termini auch bei etwas anderem, noch mehr an der Praxis orientiertem Vorgehen als hilfreich erscheinen.

a) Bei den **Formspuren** kommt es vor allem auf die Form und äußere Beschaffenheit der Spur an, was nicht bedeutet, daß beispielsweise Werkzeuge nicht u.U. auch Spuren anderer

Art – z.B. Materialspuren – hinterlassen können. Obwohl man bei Werkzeugspuren in erster Linie an Eindrücke denken wird, die ein Werkzeug bei Gebrauch auf einem Spurenträger hinterläßt, rechnen hierher u.a. auch Blutspritzer, wenn und soweit es nur auf deren Form und Lage ankommt. Schon die Fläche und Gestalt solcher Formspuren ist so verschiedenartig, daß sie größtenteils bei Anwendung entsprechend spezifischer Methoden für forensische Beweiszwecke geeignet erscheinen (Form-, insb. Paßstücke).

Turkowski, Claudius: Über die Wahrscheinlichkeit des Auftretens gleicher Muster – Arch. f. Krim. Bd. 151, S. 144ff. (1973).

Im übrigen können spurenkundlich relevante Formen recht verschieden sein. Die beim Benutzen eines Werkzeugs entstehenden bzw. die von einem Fahrzeug oder Menschen verursachten Spuren können den Charakter von Abdruck- oder Eindrucksspuren haben.
Abdruckspuren in diesem Sinne sind von dem Spurenverursacher (z.B. dem menschlichen Fuß oder einem Werkzeug) bewirkte Formveränderungen auf der Oberfläche des Spurenträgers oder dort in bestimmter Form hinterlassene Ablagerungen.
Einc für die Form der Spur wesentliche auf dem Spurenträger abgelagerte Substanz (z.B. Körpersekret beim Fingerabdruck, Schmutz- und Bodenbestandteile beim Fußabdruck) kann als solche selbständige spurenkundliche Bedeutung haben, wie wir bei den Materialspuren sehen werden.
Dagegen greifen **Eindruckspuren** mehr oder weniger tief in die Substanz des Spurenträgers ein. Außer an die für Eindruckspuren typische Materialverdrängung, die u.U. allein durch das Gewicht des Spurenverursachers oder durch seine Arbeitsweise entstehen können, ist hier fener an durch Materialverluste beim Spurenträger veränderte Formen zu denken. Derartige Spuren nennt man im Hinblick auf den verursachenden Vorgang Arbeitsspuren. Nach der Art des Zustandekommens kann man bei diesen Arbeitsspuren weiter – beispielsweise in Gleit-, Kratz-, Schnittspuren – unterscheiden.
Sind derartige Ein- und Abdruckspuren ihrem Charakter nach reproduktiv, kann man ferner auch von originalen Formspuren sprechen, für die sogenannte **„Paßstücke“** ein typisches Beispiel sind. Die Spur ist hier wie die von einer Messerklinge bei der Tat abgebrochene Spitze, die Glasscherbe einer Kraftfahrzeuglampe oder auch ein von einem Kraftwagen herrührender Lacksplitter ein ergänzender Teil, der früher zu einem anderen Gegenstand gehörte, zu welchem er in der Form paßt. Nimmt man hinzu, daß es bei derartigen Formspuren zudem auf ihre Lage auf dem Spurenträger ankommt, so wird klar, daß sie nicht immer deutlich von den später zu behandelnden Situationsspuren abzugrenzen sind.
Zu den Formspuren gehören im Grunde auch **psychisch bedingte Spuren,** die beispielsweise wie die Handschrift Gegenstand der Schriftvergleichung oder wie die menschliche Stimme der Stimmvergleichung sind.

b) Bei den **Materialspuren** kommt es demgegenüber vor allem auf die stoffliche Beschaffenheit der Spur an, also ihre physikalisch, chemisch oder serologisch signifikanten Eigenschaften. Außer an Bluntersuchungen ist hier daher an chemische Analysen beispielsweise von Stoffen bei Giftverdacht, von Schriftträgern oder Schreibmitteln sowie an physikalische Expertisen über Lacksplitter zu denken.

c) Schließlich gibt es noch die **Situationsspuren,** auch Gegenstandsspuren genannt, bei denen allein schon die besondere Lage der Spur oder des als solche zu wertenden Gegenstands (z.B. der Leiche des Opfers, der Tatwaffe, des Blutflecks) aufschlußreich ist.

Der Begriff dieser Situationsspur ist sehr weit zu fassen, wenn man etwa an den Tatort eines Gewaltverbrechens denkt, bei dem man dann auch von Situationsspuren zu sprechen pflegt.

Wenn man diese nunmehr zu charakterisierenden Situationsspuren als relative Spuren den unter dem Begriff der absoluten Spuren zusammengefaßten Form- und Materialspuren gegenüberstellt, hat das mehr theoretische als praktische Bedeutung.

Gerade diese Situationsspuren zeigen, da sie häufig zugleich mit Form- oder Materialspuren verbunden sind, daß die Einteilung der Spurenarten zwar einen gewissen Überblick ermöglicht, sie aber doch nicht zur Grundlage des folgenden, auf die praktischen Probleme der Spurensuche abstellenden Überblicks gemacht werden kann, weil dafür die Klassifikation zu grobschlächtig ist.

Zbinden S. 67 ff.

Für die Praxis wichtiger dürfte daher eine Untergliederung sein, die sich am typischen Fundort und dabei außer an der Art der Spur vor allem am Spurenerzeuger orientiert; als solcher kommen neben Mensch, Tier und Pflanze auch Gegenstände der unbelebten Welt in Betracht. Wird daher im Folgenden zwischen Spuren am Tatort und Opfer und denen am Tatverdächtigen und in seinem Lebensbereich unterschieden, so darf man allerdings mögliche Wechselwirkungen nicht verkennen.

Ebenso wie der Täter durch Finger- oder Fußabdrücke Spuren am Tatort hinterläßt, kann dieser Platz durch am Täter anhaftenden Staub oder Schmutz kriminaltechnisch bedeutsame Materialspuren bewirken. Dasselbe gilt übrigens für das Opfer, wenn beispielsweise dessen vom Tatort entfernte Leiche auf diesen hinweisende pflanzliche Bestandteile oder sonstige Substanzen aufweist. Umgekehrt kann Blut des Opfers oder Teile seiner Kleidung am Tatort Spuren erzeugen. Ebenso können Spuren wie Blut sowohl vom Opfer auf den Täter als auch umgekehrt auf das Opfer übertragen werden.

Orientiert sich der folgende Überblick mehr am Fundort, sind zwar gewisse Überschneidungen nicht zu vermeiden, die aber durch Verweise in erträglichen Grenzen zu halten sind. Denn noch wichtiger ist es, da die Fundorte insoweit zu divergieren pflegen, bei der Spurensuche im übrigen nach der Art des Zustandekommens der verschiedenen Spuren zu unterscheiden.

1. Spuren am Tatort und am Opfer

Bei den am Tatort und am Opfer zu findenden Spuren handelt es sich außer um vom Menschen, insb. dem Tatverdächtigen selbst, herrührende Spuren, um Form- (Arbeits-) und Materialspuren von Tatwerkzeugen und anderen Gegenständen sowie um Situationsspuren, beispielsweise am Tatort zurückgelassene Gegenstände oder den besonderen Ort, an welchem sich eine Form- oder Materialspur findet.
Besonders wichtig für alle Delikte mit einem Tatort ist, daß schon bei der Spurensuche darauf geachtet wird, etwa vorhandene Spuren nicht zu gefährden. Das bedeutet, wie im Rahmen der Kriminaltaktik genauer auszuführen sein wird, daß bei derartigen Gewalttaten, Bränden oder Unglücksfällen schnelle und wirksame Absperrung erstes Gebot ist. Selbst bei der Notwendigkeit erster Hilfe und jedenfalls bei der Spurensuche sollte man daher möglichst systematisch vorgehen.

Bei den unmittelbar vom Menschen herrührenden Spuren lassen sich drei Gruppen von Spurenarten unterscheiden; Spuren der oberen Extremitäten, der unteren Extremitäten und weitere Spuren.

a) Spuren der oberen Extremitäten

Da Rechtsbrecher bei der Tatausführung in aller Regel die Hände und Arme zu benutzen pflegen, ist am Tatort oder ihm vergleichbaren Objekten mit Spuren der oberen Extremitäten des Menschen zu rechnen.

Groß/Seelig (8/9) II–393 ff.
Svenson/Wendel S. 22 ff.

aa) Fingerabdrücke

Bei den Fingerabdrücken können wir uns auf das oben (im § 13–III) allgemein zur Daktyloskopie Ausgeführte beziehen.

Wagner, K.: Mehr Gründlichkeit bei der daktyloskopischen Spurensuche – in: TbKrim X, S. 253 ff., (1960); *Rohrmann,* W./*Heigl,* R.: Bedeutung und Wert daktyloskopischer Tatortspuren, ihre Entstehung, Suche und Sicherung – in: TbKrim XIII, S. 194 ff. (1963), XIV, S. 277 ff. (1969).

Ging es beim Erkennungsdienst jedoch vor allem um zum Vergleich benötigte Fingerabdrücke, haben wir es in der Spurenkunde mit Fingerabdrücken am Tatort, Opfer oder sonstigen Gegenständen zu tun. Gewiß gibt es hier bei schmutzigen oder blutigen Fingern mit bloßem Auge ohne weiteres erkennbare Fingerabdrücke, bei denen gewöhnlich mehr die Form als die stoffliche Beschaffenheit interessiert.
Wichtiger aber sind häufig spurenkundlich latente, nicht ohne weiteres optisch wahrzunehmende Fingerabdrücke. Diese Problematik wurde schon bald nach Entdeckung der Daktyloskopie erkannt (*Forgeot:* Les empreintes latentes, 1891). In der Folgezeit sind je nach Situation derartiger Fingerspuren zahlreiche und recht verschiedenartige Methoden entwickelt worden, um derartige latente Fingerabdrücke sichtbar zu machen, zu finden und zu sichern. Man verwendet feste, flüssige und gasförmige Stoffe, die an den Resten von Hautsekret bzw. Fett besser haften als an Spurenträgern bzw. eine Farbreaktion bewirken.

Als feste Stoffe verwendet man heute u. a. Rußpulver, Argentorat, Caput mortuum (Eisenoxyd) und Ähnliches.

Schon frühzeitig hat man Fingerspuren insb. auf Papier mit Joddämpfen sichtbar gemacht, wobei sich das sublimierte Jod an die Fettsäuren anlagert, was – allerdings flüchtige – Jodbilder ergibt.

Auch chemische Verfahren benutzte man zuerst vor allem bei Papier als Spurenträger, um das im Hautsekret enthaltene Kochsalz bzw. die Aminosäuren darzustellen. So bildet Kochsalz mit Silbernitrat Silberchlorid, das bei Lichteinwirkung geschwärzt wird. Zur Darstellung von Aminosäuren eignet sich das Nachweisreagenz Ninhydrin.

In der Praxis bevorzugt man das Einstauben mit festen Stoffen, weil es einfach und billig ist. Auf diese Fragen wird auch im Zusammenhang der einzelnen kriminaltechnischen Untersuchungen (§ 15) zurückzukommen sein.
Die Suche nach Fingerabdrücken ist selbst dann, wenn Anhaltspunkte für „Handschuharbeit" vorliegen, keineswegs überflüssig.
Sowohl in der Aufregung bei der Tat als auch wegen des durch Handschuhe beeinträchtigten Tastgefühls kommt es immer wieder vor, daß der Täter sich kurzfristig der Handschuhe entledigt. Auch ist an Teile von Handflächenabdrücken zu denken.

Ein Einbrecher, der bei der Tat Handschuhe getragen hatte, konnte dennoch mithilfe eines Daumenabdrucks überführt werden. Da der für Hartgeld bestimmte Einsatz einer Geldkassette nur schwer mit Handschuhen herauszunehmen war, hatte er – wohl unbewußt – für kurze Zeit einen Handschuh abgestreift.

Werden die Handschuhe, die der Täter benutzt hat, sichergestellt, lassen sich u.U. sogar an ihnen Fingerabdrücke feststellen.

bb) Handballen- oder Handflächenabdrücke

In gewisser Weise sind den Fingerabdrücken die Handballen- oder Handflächenabdrücke vergleichbar, obwohl sie gewöhnlich schwieriger kriminalistisch zu nutzen sind. Sie sind gerade dann wichtig, wenn der Täter – etwa der Einbrecher – mit relativ kurzen oder verrutschten Handschuhen arbeitet.
Für die Suche nach solchen Spuren und ihre Sicherung gilt das für Fingerabdrücke Gesagte entsprechend.
Insbesondere kann es bei „Handschuharbeit" zu Handflächenabdrücken kommen.

Ein auf einem Festerbrett gesicherter Teilabdruck der Handwurzel überführte einen Einbrecher, der sich dort abgestützt hatte; er hatte den Handschuh nicht zugeknöpft.

1957 konnte die Berliner Mordkommission den Fall eines bei masochistischen Praktiken gefesselt auf seiner Couch erdrosselten Kaufmanns auf sehr merkwürdige Weise klären. Der Täter hatte auf dem Schreibtisch ein Paar aus dem Lager der Gummi-Großhandlung, in welcher die Tat begangen worden war, entnommene Gummihandschuhe hinterlassen. Einer davon enthielt innen an der Stulpe einen Teilabdruck der linken Handfläche der als Täterin ermittelten Prostituierten. Was daktyloskopische Spuren verhindern sollte, war hier gerade zum Spurenträger geworden.

Benutzt der Täter Handschuhe oder andere Stoffe, so entstehen zwar in aller Regel keine Papillarlinienmuster, was jedoch nicht heißt, daß verwertbare Spuren fehlen müssen. Darauf wird sogleich bei den Handschuh- und Textilspuren zurückzukommen sein.

cc) Handschuhspuren

Die Handschuhspuren sind ein Beispiel dafür, daß der menschliche Körper auch dann noch Spuren verursachen kann, wenn seine Oberfläche durch Gewebe, Leder oder Ähnliches verdeckt ist.

Svensson/Wendel S. 45ff.

So kann man u.U. mithilfe eines Handschuhabdrucks – insb. auf glattem Untergrund – das verursachende Kleidungsstück identifizieren, wobei neben der Form und Größe vor allem der Charakter des Materials (Webart) oder Besonderheiten der Ver- bzw. Bearbeitung (Reparatur) sowie Defekte und Abnutzungserscheinungen bedeutsam sind. Die gewöhnlich mit bloßem Auge nicht oder nur schlecht auszumachenden – latenten – Handschuhspuren müssen noch vorsichtiger als Fingerabdrücke behandelt werden, weil diese Abdrücke verständlicherweise (ohne Schweiß) in aller Regel nicht so stark sind und deshalb beim Einstauben leichter Schaden nehmen können. Andererseits kann man sie, da der mit Handschuhen arbeitende Täter alle Vorsicht für überflüssig erachtet, sogar an in das Auge fallenden Stellen finden. Außer auf Ein- und Abdrücke ist selbstverständlich ferner auf Materialspuren zu achten, die bei Beschädigungen vom Handschuh herrühren oder auch ihm anhaften können.

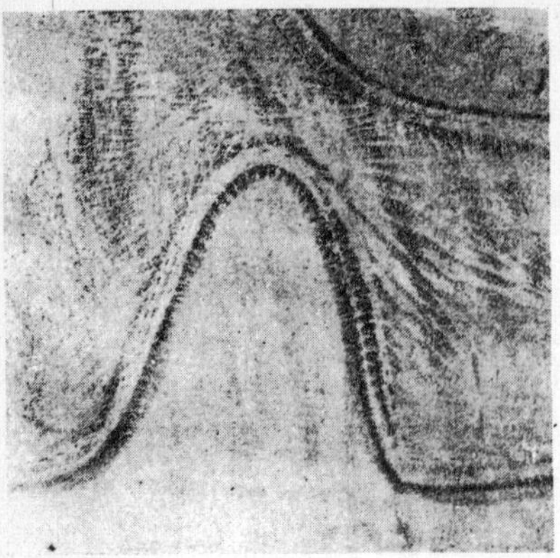

Abb. 14/1 a.

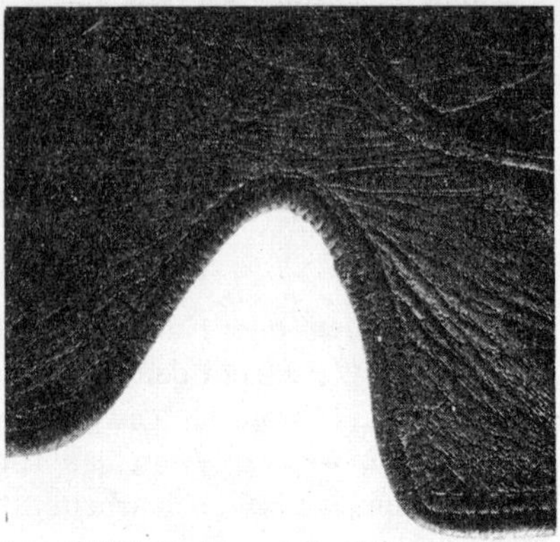

Abb. 14/1 b.

Abb. 14/1 a. Ausschnitt einer durch Einstaubverfahren sichtbar gemachten (latenten) Abdruckspur eines Handschuhs an einem Einstiegfenster.

Abb. 14/1 b. Entsprechende Bereiche des bei einem Tatverdächtigen sichergestellten Lederhandschuhs (seitenverkehrt).

Ähnlich wie bei Handschuhspuren liegen die Dinge, wenn der Täter seine Hände durch Socken, Handtücher oder andere Textilien geschützt hat.

b) Spuren der unteren Extremitäten

Die Spuren der unteren Extremitäten kommen, obwohl sie gewöhnlich mit den Füßen verursacht werden, in recht verschiedenartiger Form vor. Außer an Fußabdrücke oder -eindrücke sind hier vor allem Knieabdrücke, Fährten und Gangbilder zu nennen.

Groß/Seelig (8/9) II–416ff., 441ff.; *Svensson/Wendel* S. 64ff.; *Wigger,* Ernst: Kriminaltechnischer Leitfaden – BKA 1965/1–3–S. 123ff.; *Huelke,* Hans-Heinrich: Fußspuren – in: GrKrim 7, S. 45ff. (1971); *Kirk/Thorton* S. 74ff.

aa) Schuh-, Fuß- und Zehenspur

Am häufigsten sind in der Praxis insoweit Fußeindrücke und -abdrücke. Fußeindrücke entstehen in weichem Material wie Schnee, feuchter Erde, aber u. U. auch loser Erde oder Staub. Bei diesen Spuren kommt es vor allem auf die Form an, weshalb bei der Sicherung Abformverfahren dominieren. Obwohl bei den heutigen Lebensverhältnissen – insb. in den Städten – Fußeindrücke viel seltener als früher vorkommen, sollte dennoch die Suche nach ihnen nicht vernachlässigt werden, zumal da außer Eindrücken auch die hier möglichen Fußabdrücke kriminaltechnisch brauchbare Spuren abgeben können.

Die Fußspuren sind nicht nur als Bestandteile von Gangbild oder Fährte wesentlich, sondern können Anhaltspunkte allgemeiner oder u. U. ganz konkreter Art für den Spurenleger liefern.

Da der Fuß in aller Regel beschuht ist, kommt es insoweit vor allem auf die Schuhspur an, die mit ihrer Größe u. U. bereits Schlüsse auf Körpergröße und Geschlecht der verursachenden Person zuläßt. Aus

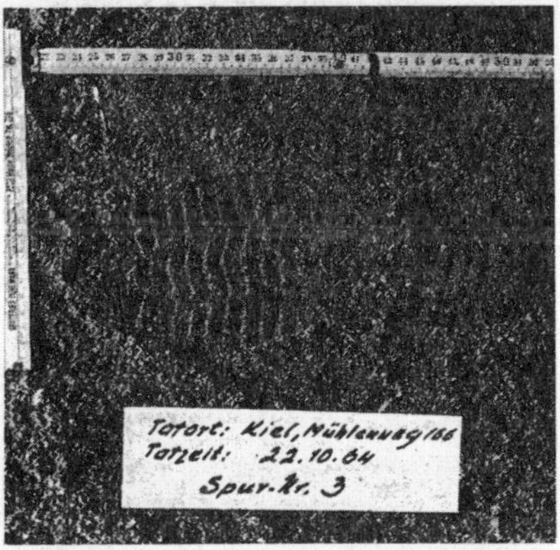

Abb. 14/2. Fotografisch gesicherte Schuheindruckspur im Erdboden.

Besonderheiten der Form und insb. aus dem Profil der Sohle kann man ferner mitunter auf das Fabrikat schließen. Mithilfe der Mikroskopie lassen sich überdies individuelle, durch Abnutzung hervorgerufene Besonderheiten feststellen, die dann recht signifikant sind. Alle diese Merkmale der Schuhspur können später durch Vergleich die Identifizierung der Schuhe und damit der die Spur verursachenden Person ermöglichen oder doch als Indiz dafür fungieren.

Bei bloßen Schuhabdrücken, deren Brauchbarkeit einmal von der Bodenbeschaffenheit und zum anderen von Schmutz an den Schuhen und dergleichen abhängt, liegen die Dinge im wesentlichen ähnlich.

Abdruckspur eines Absatzes auf einem Glasscherben am Ort des Einbruchs

Abb. 14/3 a.

Abb. 14/3 b.

Abb. 14/3 a. Der auf einem Glasscherben befindliche, dünne Treibstoffniederschlag wurde durch die erhabenen Teile abgehoben.

Abb. 14/3 b. Entsprechender Ausschnitt des charakteristisch geflickten Absatzes, der beim Tatverdächtigen sichergestellt wurde (seitenverkehrt).

Ist die Fußspur jedoch von einer auf Strümpfen gehenden Person oder durch mit Textilien verhüllte Schuhe verursacht worden, so lassen Ein- und vor allem bloße Abdrücke gewöhnlich nur allgemeinere Schlüsse zu. Anders ist es aber dann, wenn in der Spur Besonderheiten der Fabrikation oder Defekte bzw. Reparaturen erkennbar sind, die beim Vergleich eine positive Identifizierung gestatten.
Sind Spuren mit dem bloßen Fuß verursacht worden, so kann man, da die Fußsohlen Papillarlinienmuster aufweisen, auch die Methoden und Erkenntnisse der Daktyloskopie anwenden.

Eindruckspur eines mit Sacktuch verhüllten Schuhs bei einem Einbruch.

Abb. 14/4 a.

Abb. 14/4 b.

Abb. 14/4 a. Gipsabformung der Eindruckspur am Tatort.
1. Webfehler (Doppelfaden)
2. Besonders starke Fäden
3. Falte im Textilgewebe

Abb. 14/4 b. Entsprechender Ausschnitt eines Sacktuches, welches beim Tatverdächtigen sichergestellt wurde.

Alles dies gilt außer für Teileindrücke und -abdrücke des menschlichen Fußes mit einigen Einschränkungen auch für die Zehenspur.
Die Suche nach Fußspuren ist umso aussichtsreicher, je schneller sie nach der Tat einsetzt, zumal da die unterschiedlichen Bodenverhältnisse am Fundort sich oft hemmend auswirken. Inwieweit außer diesen sichtbaren Spuren auch unsichtbare Spuren mithilfe eines Fährtenhundes verfolgt werden können, wird im Rahmen der Kriminaltaktik zu behandeln sein. Bei der hier zunächst einmal interessierenden Verfolgung sichtbarer Fußspuren ist zugleich auf andere Ein- und Abdrücke zu achten, die von mitgeführten Gegenständen herrühren können.
Die Spurensicherung zeigt – wie schon angedeutet – Unterschiede bei Fußeindrücken und -abdrücken. Neben der Fotografie dominieren bei Eindruckspuren Abformverfahren, während man bei Fußabdrücken – ggf. nach Sichtbarmachen durch Einstauben – auf Abmessen und Fotografieren bzw. Asservieren der Schmutzreste mittels einer Klebefolie angewiesen ist.
Bei von Tieren herrührenden Fußspuren, wie sie etwa bei Viehdiebstählen oder Mitführen von Tieren bei der Tatausführung entstehen können, ist entsprechend zu verfahren. Man kann an Hand derartiger Spuren die Tierart feststellen, u.U. sogar auf die Tierrasse des Spurenverursachers oder gar das betreffende Tier schließen (vgl. § 15–II–B–3).

bb) Kniespuren und Ähnliches

Kniespuren und Ähnliches sind denjenigen Spuren vergleichbar, die der beschuhte Fuß hinterläßt. Zur Form der Ein- und Abdrücke kann hier ergänzend die Struktur des verdeckenden Gewebes hinzutreten, wobei Defekte besonders signifikant sind. Überwiegend und zunächst fungieren derartige Spuren jedoch als Situationsspuren, welche Schlüsse auf den verursachenden Vorgang, insb. die Tatausführung, ermöglichen.

cc) Gangbild. Fährte

Bezeichnet man als Fährte eine mehr oder weniger deutliche Folge von Veränderungen, die durch Gehen oder Laufen von Menschen oder Tieren verursacht wurden, so nennt man eine kontinuierliche Reihe solcher Ein- oder Abdrücke das Gangbild.

Groß/Seelig (8/9) II–445 ff.; *Schaidt,* G. in Mueller (2) I–146 ff.

Während man bei der Fährte nur den Weg und ggf. die Richtung feststellen kann, die der Spurenleger genommen hat, kann das Gangbild mehr Aufschluß bieten, wobei einstweilen gleich ist, ob man diese Spuren durch Messen oder fotografisch sichert. Schrittlänge, -breite und -winkel bieten oft schon recht konkrete Anhaltspunkte. Das gilt besonders, wenn krankheitsbedingte oder sonstige Störungen hinzukommen.

c) Weitere vom Menschen unmittelbar herrührende Spuren

Mögen auch die bisher behandelten Spurenarten in der kriminalistischen Praxis besonders wichtig sein, so gibt es doch noch eine große Zahl anderer vom Menschen unmittelbar herrührender Spuren, die sich kriminaltechnisch auswerten lassen. Auch hier spielt es keine Rolle, ob diese Spuren wirklich vom Tatverdächtigen oder von einem anderen Menschen herrühren, weil so oder so die Rekonstruktion des Sachverhalts ermöglicht werden kann.
Die nunmehr zu behandelnden Arten von Spuren sind so vielfältig, daß wir uns hier auf eine hoffentlich einigermaßen repräsentative Auswahl beschränken müssen, die zugleich verdeutlichen dürfte, wie unterschiedlich ihr Gewicht bei den einzelnen Formen kriminellen Verhaltens ist.

Diese Spurenarten sind z.T. nur schwer von anderen Spuren abzugrenzen. Können sie u.U. als Materialspuren zusammen mit Arbeitsspuren (unten e) auftauchen, ist ferner an Form- und Materialspuren zu denken, wie sie am Tatort zurückgelassene Gegenstände und dergleichen aufweisen, die „mittelbar" von einem Menschen herrühren. Ein solcher Grenzfall sind die von Menschen benutzten, zweckmäßig jedoch später zu erörternden Kosmetika (d–jj).
Mögen auch derartige Spuren u.U. ebenfalls durch Form oder Lage Aufschluß bieten, so kommt es hier doch schon häufiger auf den Charakter der Materialspur an. Da die Analysen der vielfältigen Substanzen regelmäßig nur bei besonderer, über die allgemeine kriminalistische Ausbildung hinausgehender Sachkunde Erfolg versprechen, ist hier daher oft die Einschaltung von Sachverständigen nötig. Das gilt nicht nur für Spurensicherung und insb. -auswertung, sondern teilweise – bei latenten oder schlecht sichtbaren Spuren – bereits für die Spurensuche.

Insgesamt genügt, da diese Fragen ausführlicher bei den gerichtsmedizinischen und anderen kriminaltechnischen Untersuchungen zu behandeln sind, hier ein Überblick für eine Spurensuche durch nicht besonders geschulte Beamte. Denn auch diese müssen über die besonderen Möglichkeiten und Erfordernisse der Sicherung und Auswertung solcher Spuren einigermaßen orientiert sein, damit sie nicht schon bei der Spurensuche derartige Chancen übergehen oder durch unsachgemäßes Vorgehen vereiteln. Selbstverständlich kann an dieser Stelle nur eine Auswahl geboten werden, die für Tatort und Opfer besonders wichtig sein sollte. Außer Blutspuren sollen daher Sperma- und Vaginalsekret, Schweiß und Speichel, Ausscheidungen des Magen-Darm-Trakts und einige andere Spurenarten hier erwähnt werden.

aa) Blutspuren

Das vor allem aus Blutflüssigkeit und Blutkörperchen bestehende Blut ist nicht nur eine für den Gerichtsmediziner wichtige Materialspur, sondern ist oft auch für Ermittlungsbeamte aufschlußreich. Außer bei Gewalttaten gegen Personen kommt es bei Verkehrsunfällen häufig zu Blutspuren, die selbst am Tatort sowohl vom Opfer als auch vom Täter herrühren können. Bei anderen Delikten – z.B. einem Einbruchsdiebstahl – kann sich der Täter verletzen und daher Blutspuren hinterlassen. Schließlich kann es mitunter – z.B. bei Wilderei oder Diebstahl – auf das Blut von Tieren ankommen. Daß insb. menschliches Blut auch in anderer Hinsicht – z.B. wegen in ihm enthaltener Giftstoffe, des Alkoholgehalts usw. – als Materialspur bedeutsam sein kann, wird bei den gerichtsmedizinischen und toxikologischen Untersuchungen genauer zu behandeln sein.

Groß/Seelig (8/9) II–475ff.; *Svensson/Wendel* S. 88ff.; *Wigger,* Ernst: Kriminaltechnischer Leitfaden – BKA 1965/1–3–S. 357ff.; *Kirk/Thorton* S. 167ff.

Bei der Spurensuche kommt es außer auf Feststellen einer Blutspur daher zunächst einmal darauf an, welche Form die Spur aufweist. So lassen sich in aller Regel Tropf-, Spritz-, Schleuder- und Wischspuren vom Kriminalisten ohne spezielle Sachkunde unterscheiden.

Tropfspuren, bei denen Blut senkrecht auf den Spurenträger gefallen ist, bewirken je nach Menge einen mehr oder weniger großen kreisrunden Blutfleck, dessen Rand mit zunehmender Höhe (von etwa 20 cm ab) unregelmäßiger wird. Bei größerer Fallhöhe (1 m und mehr) werden die Zacken sogar zu Sekundärtropfen. Für die Form und Randbeschaffenheit spielt natürlich eine Rolle, ob die Oberfläche des Spurenträgers glatt oder rauh ist, ob der Tropfen auf eine horizontale oder auf eine schiefe Oberfläche auftrifft.

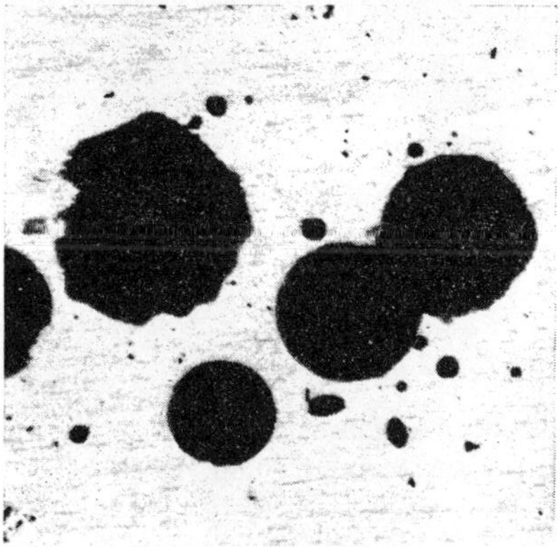

Abb. 14/5.

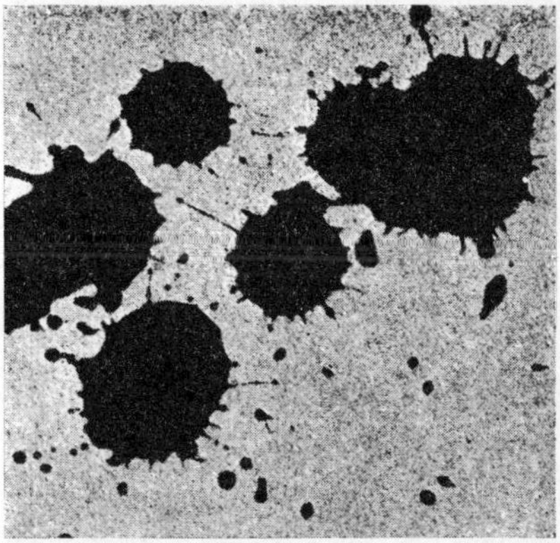

Abb. 14/6.

Abb. 14/5. Tropfspuren aus geringer Fallhöhe (etwa 20 cm).

Abb. 14/6. Tropfspuren aus größerer Fallhöhe (etwa 1 m).

Spritzspuren, bei denen Blut mit großer Geschwindigkeit gegen einen Spurenträger gespritzt wird, haben gewöhnlich eine längliche, dünne Form. Sie werden häufig durch Hineinschlagen mit einem stumpfen Werkzeug oder bei Verletzten von Schlagadern bewirkt. Dabei werden die Spritzer – wenn auch nicht gleichmäßig – in verschiedene Richtungen geschleudert. Bei schrägem Auftreffen des Werkzeugs wird beispielsweise mehr Blut nach der zunächst noch offenen, einen Winkel bildenden Seite gespritzt.

Ein Zwischending zwischen Tropf- und Spritzspuren sind Schleuderspuren, welche durch heftige Körperbewegungen des Verletzten zustandekommen.

Wischspuren entstehen dadurch, daß blutige Körperteile oder Gegenstände bewußt oder unbewußt den Spurenträger streifen. Nur der Vollständigkeit halber sei gesagt, daß Blut außerdem auch in Form von Blutlachen am Tatort zu finden ist bzw. in den Wischspuren ähnlichen Schleifspuren.

Blutspuren sind jedoch keineswegs ohne weiteres mit bloßem Auge auszumachen, weshalb man bei der Spurensuche u. U. optischer Hilfen bedarf.

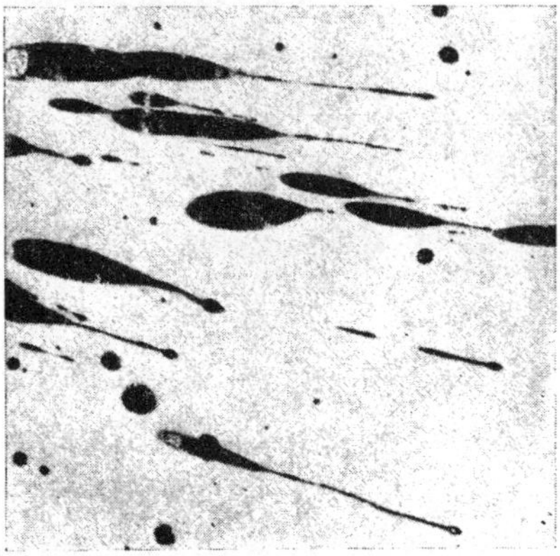

Abb. 14/7.

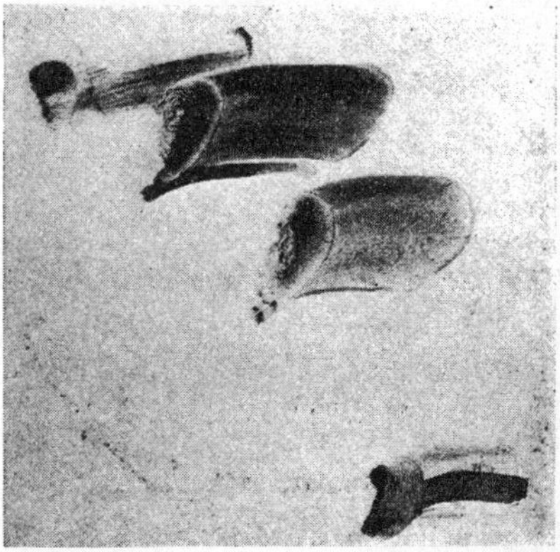

Abb. 14/8.

Abb. 14/7. Schleuderspuren (von links aufgetroffen)

Abb. 14/8. Wischspuren auf lackierter Oberfläche.

Abb. 14/9. Mit bloßem Aug nicht sichtbare Blutspritzer (Pfeile) auf Textilgewebe (Maßstab 30 : 1).

Selbstverständlich versuchen der Täter oder ihm verbundene Personen es häufig, derartige Blutspuren zu beseitigen; manchesmal werden sie auch von gutgläubigen Dritten oder durch natürliche Einflüsse zerstört. Aber selbst bei Anwendung solcher Praktiken kann man mit ausreichend empfindlichen Methoden oft noch Mikroskopspuren von Blut oder Blutreste am gesäuberten Tatort in Dielenritzen oder am Tatwerkzeug ausmachen. Natürlich ist in derartigen Fällen bei der Spurensuche auch an solche Dinge zu denken, die der Täter oder sein Helfer zur Reinigung benutzt haben könnten.

Bei der Suche nach Blutspuren empfiehlt sich oft die Verwendung künstlichen Lichts oder der Analysen-Quarzlampe, wenngleich der exakte Blutnachweis mit anderen Methoden erfolgt. Auch die Wasserstoffsuperoxyd-Methode (Besprühen mit einer dreiprozentigen Lösung) oder die Lumineszenz-Methode (100 ccm destilliertes Wasser wird entweder mit 0,1 g 3-Aminalphthalsäurehydrazid, 5,0 g Soda cale und 15 ccm 30%igen Wasserstoffsuperoxyd oder mit 0,1 g Aminolphthalsäurehydrazid, 0,5% wäßrige Natriumsuperoxydlösung versetzt) gehören noch in den Bereich der Vorproben. Dabei ist zu beachten, daß die erstgenannte Methode die Blutsubstanz zerstört. Unter Umständen läßt sich die Sichtbarkeit aber schon mit fototechnischen Mitteln erlangen.

Abb. 14/10a.

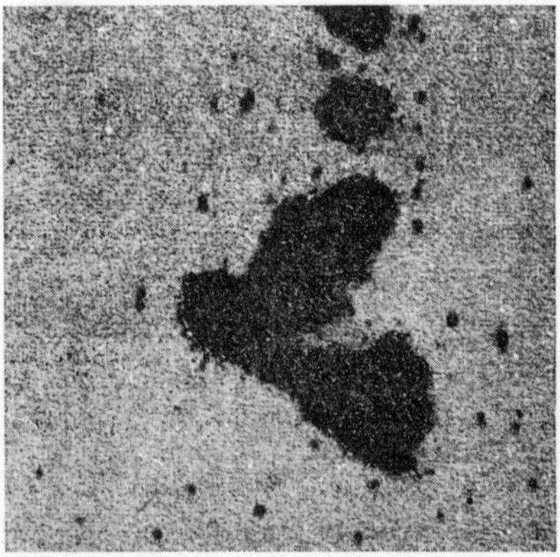

Abb. 14/10b.

Abb. 14/10a. Schwach sichtbare Blutspuren auf Textilgewebe (mit panchromatischem Film aufgenommen)

Abb. 14/10b. Dieselbe Blutspur bei Aufnahme mit orthochromatischem Material und Benutzung geeigneter Filter.

Bei allen Blutspuren ist jedoch zu berücksichtigen, daß die Farbe sich je nach Spurenträger und zudem mit zunehmendem Alter mehr oder weniger stark verändert. Besonders gilt das bei Anwendung von Praktiken, die solche Spuren beseitigen oder verschleiern sollen. Danach sind Blutungen entweder nicht mehr mit bloßem Auge zu erkennen oder erscheinen nur noch als Flecken, die nicht an Blut erinnern. Blut ist daher keineswegs immer leicht als solches zu erkennen.
Wichtig bei der Spurensuche sind schließlich die Lage der Blutspuren und die alsbald noch näher zu behandelnden Fundorte.

Abb. 14/11. Die winzigen Blutspritzer auf der Bekleidung eines Tatverdächtigen lassen (mit Stecknadeln sichtbar gemacht) Schlüsse auf den Tathergang zu.

Das für Untersuchungszwecke mitunter benötigte Vergleichsmaterial erlangt der Gerichtsmediziner durch eine Blutentnahme, wie sie auch zur Bestimmung des Blutalkoholgehalts erfolgt.

bb) Sperma. Vaginalsekret

Sperma und Vaginalsekret gehören zu denjenigen Körperausscheidungen, die als wichtige Erkenntnismittel der Kriminaltechnik bereits bei der Spurensuche zu berücksichtigen sind. Auch Spuren dieser Körpersekrete können sowohl durch ihr Vorhandensein als auch durch Lage und Form Anhaltspunkte für den Tathergang bieten oder aber als Materialspuren (für Blutgruppenbestimmung, toxikologische Analysen) aufschlußreich sein.

Groß/Seelig (8) I–306 f.; *Svensson/Wendel* S. 104 f.; *Martin,* O.: Suche, Sicherung, Untersuchung und Auswertung von Spuren in Sittlichkeitsstrafsachen – in: Sittlichkeitsdelikte, hrsg. v. Bundeskriminalamt, Wiesbaden 1959, s. 153 ff.; *Wigger,* Ernst – Kriminaltechnischer Leitfaden – BKA 1965/1–3 – S. 387 ff.; *Kirk/Thorton* S. 207 ff.

Sperma und Vaginalsekret sind naturgemäß vor allem für die Spurensuche bei Sexualdelikten bedeutsam. Da sexuelle Motive jedoch auch bei anderen Straftaten (z. B. Diebstahl, Sachbeschädigung, Tierquälerei, Brandstiftung) vorkommen, können derartige Spuren ebenso in anderen Fällen wesentlich werden, was daher zu beachten ist.
Spermaspuren, wie sie sich u. U. bei Sexualfreiheitsdelikten und anderen Gewalttaten mit sexuellem Hintergrund am Tatort oder Opfer finden, sind in getrocknetem Zustand meist

weiß- oder gelbgrau, auf Textilien gewöhnlich krustenartig verhärtet. Der Rand der Flecken erscheint gewöhnlich etwas dunkler. Kleinere Spermaflecke sind oft, z.B. bei hellem Spurenträger, nur schwer zu finden. Die Farbe ändert sich zudem, wenn Sperma mit anderen Ausscheidungen vermischt ist.

Vaginalsekret hinterläßt auf der Bekleidung meistens weißgraue Flecken; doch kann die Farbe ebenfalls durch andere Ausscheidungen (Menstruationsblut) erheblich verändert werden.

Als Fundorte solcher Spuren kommen außer Kleidungsstücken wie Unterwäsche, Strümpfe und ggf. Teile der Oberbekleidung auch Bettwäsche und andere Dinge in Betracht. Bei Scheidensekret ist in Abtreibungsfällen natürlich auch an zu diesem Zweck geeignete Instrumente zu denken.

Der Nachweis von Sperma kann mikroskopisch oder auch fermentschemisch (Phosphatasereaktion) erfolgen; es gibt auch noch die Kristallprobe nach Puranen. Sowohl bei feuchten als auch bei trockenen Spermaflecken läßt sich deren Alter in etwa bestimmen. Die bei Spermien mögliche Feststellung der Blutgruppe (75–85% scheiden in die Körpersekrete aus) erfolgt mit den bei der Blutuntersuchung genannten Methoden.

cc) Schweiß, Speichel usw.

Ausscheidungen der Körperoberfläche wie Schweiß oder der Luftwege bzw. des Rachenraumes wie Nasen- und Rachenschleim oder Speichel sind ebenfalls mitunter kriminaltechnisch bedeutsam.

Groß/Seelig (8) I–306; *Svensson/Wendel* S. 106f.

Schweißspuren, wie sie sich in Bekleidungsstücken, der Kopfbedeckung oder Taschentüchern zu finden pflegen, sind wertvolle Beweise, weil der Schweiß als Materialspur außer der Möglichkeit, die Blutgruppe des Spurenlegers zu bestimmen, auch Hinweise auf Arzneimittel oder Giftstoffe enthalten kann.

Ähnliches gilt für Nasen- und Rachenschleim, bei denen ebenfalls weitere charakteristische Substanzen auftreten können.

Speichelspuren, wie sie Ermittlungsbeamte in Taschentüchern, Strumpfmasken, an Pfeifen oder Zigarettenresten finden können, die der Täter am Tatort zurückgelassen hat, erlauben des öfteren auswertbare kriminaltechnische Ergebnisse. Kann man auch bei der Suche nach Speichelspuren auf Textilien UV-Licht benutzen, so erfolgt doch der exakte Nachweis durch Feststellung des im Speichel enthaltenen Ferments Ptyalin.

Wichtiger als die ebenfalls mögliche Unterscheidung von Menschen- und Tierspeichel (Uhlenhut'sche Reaktion) ist der Blutgruppennachweis mit den bei der Blutuntersuchung zu schildernden Methoden. Vergleichsproben können auf Löschpapier gesichert werden.

dd) Kot, Urin, Erbrochenes und Ähnliches

Eine vielleicht noch größere Rolle spielen in der Kriminalistik Körperausscheidungen des Magen- und Darm-Trakts wie Kot, Urin oder Erbrochenes.

Groß/Seelig (8) I–305ff.; *Svensson/Wendel* S. 105f.; *Jarosch,* U./*Marek,* A.: Identifizierung durch Stuhluntersuchung – Kriminalistik 1959 – 346f.; *Kirk/Thorton* S. 211ff.

Sowohl bei **Kot**spuren, die manche Rechtsbrecher aus verschiedenen, nicht immer leicht verständlichen Gründen am Tatort zu hinterlassen pflegen, als auch in Fällen, in denen beim Opfer Darmentleerung eingetreten ist, ergeben sich Möglichkeiten des Sachbeweises.

Einen Sonderfall stellt das Kindspech, der Dickdarminhalt Neugeborener, dar, der zur Aufklärung von Kindestötungen beitragen kann.

Zur möglichen, aber hier etwas unsicheren Blutgruppenbestimmung kommen beim Kot u. U. toxikologische Analysen und Identifizierung der Art der Nahrung hinzu. Kot ist, wenn er vom Täter hinterlassen wird, eine seltsame, aber kriminaltechnisch gut lesbare Visitenkarte.

Nahezu skurril mutet ein Fall an, bei welchem der Täter nicht nur aus Aberglauben Kot am Tatort zurückgelassen hatte, sondern auch zur Reinigung des Hinterteils benutztes Papier; da er für diesen Zweck den Entlassungsschein aus einem Gefängnis verwendet hatte, waren alle wesentlichen Personalangaben auch ohne Kot-Analyse klar.

Das Beispiel lehrt, daß man sich bei der Spurensuche nicht nur auf den sprichwörtlichen Dreck konzentrieren sollte, sondern auch auf damit zusammenhängende Spuren – z.B. Fingerabdrücke auf dem Papier – achten sollte.
Urinspuren sind keineswegs nur bei Sexualdelikten wichtig. Es handelt sich hierbei nicht nur um eine recht charakteristische Körperausscheidung, wenn er krankhafte Bestandteile enthält, sondern der Urin läßt auch gewisse Giftstoffe unverändert, die auf diese Weise nachgewiesen werden können. Im Urin können sich ferner Spermaspuren befinden.
Ähnlich wie bei Kot und Urin sind die kriminaltechnischen Möglichkeiten, wenn man **Erbrochenes** am Tatort findet. Vor allem gilt das für Fälle, in denen dem Opfer Gift durch die Speisewege zugeführt worden ist. Doch auch bei Trunkenheit, schweren Verletzungen oder Gehirnerschütterung kann Erbrochenes zu finden sein und kriminaltechnisch Aufschluß bieten.

Einmal betrifft dies die Nahrungsrückstände, welche mikroskopisch und chemisch untersucht werden können, um ihre Art und auch die Zeit des Verzehrs festzustellen. In Fällen von Giftverdacht, der z.T. schon durch die Farbe des Erbrochenen hervorgerufen werden kann (z.B. deuten beispielsweise rote Teilchen auf Quecksilberoxyd, gelbe auf Chromsäure und grüne auf Kupfersalze hin), eröffnen chemische Analysen mannigfache Möglichkeiten. Gewöhnlich ist auch eine Blutgruppenbestimmung möglich.

Einige Probleme bringen bei Erbrochenem Sicherung und Versand mit sich, weil zu luftdicht verschließbaren Gefäßen u. U. Kühlung hinzukommen muß.

ee) Frauenmilch. Andere Körperausscheidungen
Selbstverständlich gibt es noch andere als die bisher genannten Körperausscheidungen. Doch diese Sekrete sind, obwohl ebenfalls für eine Untersuchung geeignet, in der Praxis seltener.

Groß/Seelig (8) I–307.

Während die Wundsekrete – wie Eiter – den Blutspuren in etwa (nicht notwendig in der Farbe: gelb-grünlich) ähneln, sind Muttermilch, Tränenflüssigkeit und Ohrenschmalz eher Schweiß oder Speichel vergleichbar. In Fällen von Kindestötung oder Abtreibung kann außer dem schon erwähnten Kindspech, dem Dickdarminhalt eines Neugeborenen, auch das Fruchtwasser der Schwangeren beweiserheblich sein.

ff) Hautfetzen. Gewebefasern
Da sie für gerichtsmedizinische Analysen außerordentlich aufschlußreich sind, sollen als für Beweiszwecke verwendbare Bestandteile des menschlichen oder tierischen Körpers hier

noch Haut- oder Gewebefetzen erwähnt werden. Der Experte kann aus ihnen nicht nur für den verletzten Menschen Charakteristisches entnehmen, sondern u. U. die Verletzung lokalisieren und der Art nach einschätzen.
Genauer ist auf diese Möglichkeiten bei der Gerichtsmedizin (§ 15–I–B) einzugehen.

gg) Haare
Große forensische Bedeutung kommt den Haaren von Mensch und Tier zu. Haarspuren am Tatort oder beim Opfer können nach einem Kampf durchaus vom Täter herrühren. Auf sie ist also bei der Spurensuche besondere Obacht zu geben.

Groß/Seelig (8) I–308 ff.; *Svensson/Wendel* S. 108 ff.; *Wigger,* Ernst: Kriminaltechnischer Leitfaden – BKA 1965/1–3– S. 409 ff.; *Kirk/Thorton* S. 143 ff.; *Pohl,* Klaus Dieter: Naturwissenschaftlich-kriminalistische Spurenanalyse bei Verkehrsunfällen – Arbeitsmethoden d. med. u. naturwiss. Kriminalistik Bd. 14 – Lübeck 1975 – S. 28 ff.

Die morphologische und mikroskopische Untersuchung solcher Spuren soll zunächst einmal klarstellen, daß es sich wirklich um Haar von Menschen oder Tieren handelt. Bei menschlichem Haar versucht man sodann zu klären, von welcher Person und von welchem ihrer Körperteile das fragliche Haar stammt. Mitunter kann eine solche Haarspur auch etwas über das Alter oder andere Charakteristika des Trägers aussagen; das gilt selbst dann, wenn es gefärbt ist. Schließlich läßt sich am Haar gewöhnlich feststellen, ob es ausgefallen, ausgerissen, abgeschnitten, versengt oder sonst beschädigt ist.

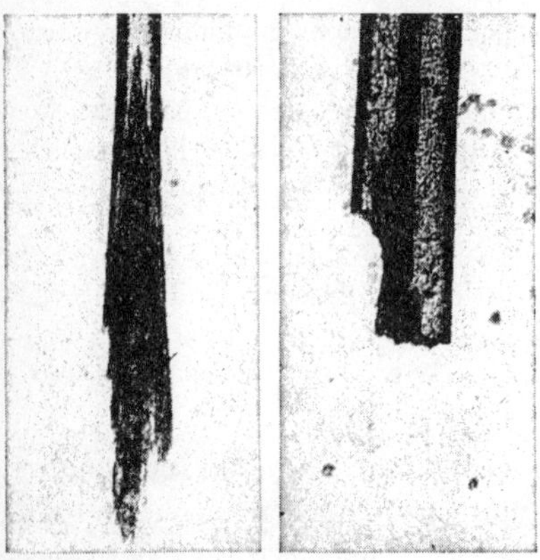

Abb. 14/12.

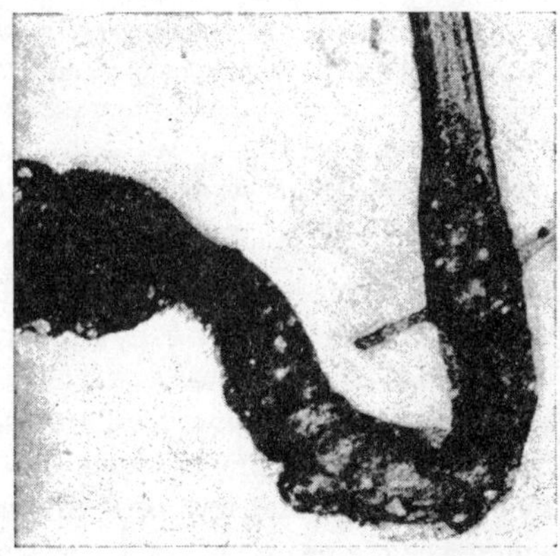

Abb. 14/13.

Abb. 14/12. Haarspuren
Links: Durch mechanische Gewalteinwirkung abgequetschtes Haar.
Rechts: Abgebrochenes Haar.

Abb. 14/13. Durch Hitzeeinwirkung veränderte Haarspitze.

Bei Haar, das von einem Tier herrührt, ist die wesentlichste Frage gewöhnlich die nach der Tierart. Erst danach kann es auf andere Besonderheiten ankommen.
Den Haaren des Menschen und des Tieres in etwa vergleichbar sind **Federn** sowie **Fischschuppen,** die jedoch in Strafsachen verständlicherweise selten als Beweisstücke

fungieren. Daher mag insoweit auf die späteren Ausführungen (§ 15–II–B–1–b) verwiesen werden.
Haarspuren finden sich außer bei Gewaltdelikten, wo sie außer auf das Opfer gerade auch (z.B. bei Abwehr) auf den Täter hinweisen können, bei Verkehrsunfällen, aber u.U. bei Einbruchdiebstahl, Brandstiftung usw. Menschliche Haare können als Materialspur bedeutsam werden, wenn sie Gift enthalten. Tierische Haare sind vor allem bei Vieh- und Pelzdiebstählen, Wilderei und sodomischen Handlungen Objekte der Spurensuche.

Abb. 14/14. Haarspuren an einem Knüppel, mit dem ein Notzuchtstäter sein Opfer geschlagen hatte.

hh) Fingernagelspuren
Dasselbe gilt für Finger- und Fußnagelspuren, zumal da der oft an ihnen haftende Schmutz in anderem Zusammenhang erörtert werden soll. Am ehesten tauchen sie als zusätzlicher Anhaltspunkt bei gewissen Tötungs- oder Verletzungshandlungen (Erwürgen) auf.

ii) Zahn- und Gebißspuren
Bei Tätlichkeiten oder Gewaltdelikten kann es durch Angriff oder Abwehr zu Zahn- oder Gebißspuren kommen, die sich außer an Menschen auch sonst am Tatort finden lassen. Derartige Zahn- oder Gebißspuren sind außer am Opfer oder Täter bei anderen Delikten wie Diebstählen an festen Lebens- und Genußmitteln zu finden. Vor allem bei Unglücksfällen können die Zähne auch versprengt sein. Die Spuren stellen für die forensische Odontologie vorzügliche Beweise dar. Auf die Möglichkeiten der Identifizierung des Spurenverursachers ist bereits beim Erkennungsdienst (§ 13–VI) hingewiesen worden.

Svensson/Wendel S. 79ff.; *Cameron,* J. M.: Forensic Dentistry – Edinburgh/London 1974 – S. 129ff.

Zuweilen sind derartige von Menschen herrührende Spuren nicht ohne weiteres von gleichartigen tierischen Spuren oder selbst von mechanisch bewirkten Spurenbildern zu unterscheiden.
Zahn- und Gebißspuren können sich – wie gesagt – außer am menschlichen Körper (insb. der Haut) auch auf anderen Materialien befinden, unter denen hier vor allem Lebensmittel typische Spurenträger sind. So sind gerade vom Täter angebissene Früchte oder Käsestücke, die sich am Tatort finden, für die Überführung wesentlich geworden.

Zahn- oder Gebißspuren lassen – wie dort ausgeführt – nicht nur Schlüsse auf Lebensalter und ggf. Geschlecht des Spurenverursachers zu, sondern erlauben auf Grund von Besonderheiten wie anormaler Zahnstellung, Abnutzung der Zähne, Behandlungsfolgen und Zahnersatz, die ein unverwechselbares charakteristisches Zahnbild ergeben, häufig seine absolut sichere Identifizierung.

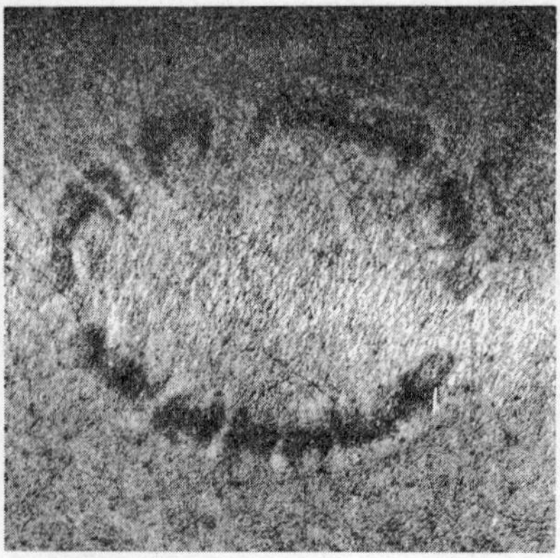

Abb. 14/15. Deutlich sichtbare Bißspuren der Oberhaut

Speziell zur Spurensicherung sei daher hier schon gesagt, daß außer an die Fotografie bei Zahn- und Gebißspuren an die verschiedenen Abformverfahren zu denken ist, die auch für Vergleichsproben benutzt werden, welche in der Praxis der Zahnmediziner durchzuführen pflegt.

Aber auch von dem odontologischen Aspekt abgesehen sind Bißwunden für den Gerichtsmediziner u. U. recht aufschlußreich. In aller Regel handelt es sich nur um Quetschungen; doch wird mitunter auch die Haut durchtrennt oder gar durch den Biß zusammen mit Gewebeteilen herausgerissen.

jj) Leiche. Leichenteile. Knochen und Zähne

Ein weites Feld verbindet sich kriminalistisch mit der Leiche, Leichenteilen oder aber auch vom Körper eines noch lebenden Menschen abgetrennten Körperteilen. Obwohl diese Fragen im Zusammenhang mit der Gerichtsmedizin in den §§ 15, 16 behandelt werden sollen, erscheinen schon hier einige Hinweise für den Kriminalpraktiker bei der Spurensuche angebracht.

Wigger, Ernst: Kriminaltechnischer Leitfaden – BKA 1965/1–3 – S. 425ff.; *Petersohn,* Franz: Gerichtliche Medizin für den Kriminalisten – GrKrim 3, insb. S. 15ff. (1969); *Simon* in Prokop/Göhler S. 301ff.

Die **Leiche oder ihre Teile** bieten gewöhnlich Spuren, welche Rückschlüsse auf Todesursache und ggf. Tötungsart zulassen. Allerdings sind diese, wie wir bei den Spuren von Tötungs- und Verletzungswerkzeugen sehen werden, so vielgestaltig, daß der allgemein ausgebildete Kriminalist regelmäßig nicht über eine sehr vorläufige Hypothese hinauszugelangen vermag. Noch wichtiger als die Leichenerscheinungen und damit die Leichenschau ist für die Todesursache die Leichenöffnung oder Obduktion, die selbstverständlich in die Zuständigkeit des Gerichtsmediziners fällt.

Für die Experten wird die Beurteilung umso schwieriger, je mehr die Leiche durch das den Tod bewirkende Ereignis (Wasser-, Brandleiche, Opfer einer Explosion oder eines Flugzeugabsturzes), durch natürliche Veränderungen (z.B. Verwesung) oder gar durch Praktiken der Leichenzerstückelung, welche die Aufdeckung verhindern sollen, in Mitleidenschaft gezogen worden ist. Auf die deshalb gebotene Umsicht, die schon bei der Spurensuche beachtet werden sollte, wird in die Kriminaltaktik zurückzukommen sein. Ohnehin ist in derartigen Fällen die möglichst schnelle Zuziehung des Gerichtsmediziners unumgänglich.

Einen besonderen Spurenkomplex, der ebenfalls später (§ 15–I–B–e) zu erörtern ist, bilden Skelett und Teile desselben wie **Knochen und Zähne** (vgl. hier auch § 13–VI). Die schon bei den Bißspuren erwähnten Möglichkeiten der Identifizierung an Hand der Zähne sind in ähnlicher Weise bei Zahnersatz gegeben. Denn die Zunahme von Zahnbehandlungen und die relative Häufigkeit des Zahnersatzes in den meisten Ländern hat die Möglichkeit vergrößert, eine Kennzeichnung des Zahnersatzes kriminaltechnisch zum Zwecke der Identifizierung seines Trägers zu nutzen.

Knochen können als solche (vgl. zur Röntgenidentifizierung § 13–VII) oder als Spurenträger kriminaltechnisch bedeutsam werden. Abnormitäten als Folge von Krankheiten oder Operationen können bei der Personenidentifizierung, Knochenbrüche bei der Rekonstruktion des Tathergangs helfen. Als Spurenträger kommen Knochen vor allem für Arbeitsspuren (unten e) von Schußwaffen oder anderen Tatwerkzeugen bzw. -mitteln in Betracht. Sie können u. U. Materialspuren aufweisen (Blut-, Gift- und Bodenspuren).

kk) Gesprochene und fixierte Äußerungen

Mitunter – bei gesprochenen und technisch fixierten Äußerungen – kann auch die menschliche Stimme eine Spur hinterlassen, die sich kriminaltechnisch auswerten läßt. Hier geht es weniger um die irgendwie festzustellende Ähnlichkeit als mehr um die beim Erkennungsdienst geschilderten Methoden der Stimmvergleichung (§ 13–VIII).

d) Am Tatort zurückgelassene Gegenstände, Form- und Materialspuren

Am Tatort zurückgelassene Gegenstände können als solche, durch die von ihnen hinterlassenen Form-, insb. Arbeitsspuren (dazu unten e) oder aber wegen der ihnen anhaftenden Materialspuren bzw. zu Vergleichszwecken beweiserheblich sein; denn ebenso wie bei vielen vom Menschen unmittelbar herrührenden Spuren (vgl. insb. oben c) kommt es hier u. U. entscheidend auf die stoffliche Beschaffenheit – das Material – an. Selbst bei den am Tatort oder am Opfer zu findenden Materialspuren ist das Erscheinungsbild außerordentlich vielgestaltig. Der Tatort bietet nicht nur als solcher – vor allem für Vergleichszwecke – wesentliches Material, sondern kann dieses auf den Täter (dazu unten 2.) oder auf das Opfer übertragen. Ferner können sich am Tatort Materialspuren finden, die vom Opfer oder vom Täter herrühren. Auch solche Materialspuren sind oft nicht ohne weiteres auszumachen, sondern müssen u. U. als latente Spuren mit optischen (z.B. künstlichem Licht, Analysen-Quarzlampe) oder chemischen Mitteln sichtbar gemacht werden. Überdies sind die Gegebenheiten der Spurensuche nicht nur bei den einzelnen Deliktstypen, sondern auch bei den jeweils benutzten Verbrechenstechniken recht verschieden.

Wigger, Ernst: Kriminaltechnischer Leitfaden – BKA 1965/1–3 – S. 251 ff.

Für derartige kriminaltechnische Untersuchungen kommt als Form- oder Materialspur eine Vielzahl von Gegenständen in Betracht, wenngleich Tatwerkzeuge, insb. Waffen hier naturgemäß besonders interessieren.

aa) Waffen

Unter den Waffen spielen die **Schußwaffen** naturgemäß eine besondere Rolle, wobei es in der Praxis vor allem um mit einer Hand bediente Faustfeuerwaffen (Pistolen, Revolver), gelegentlich auch Handfeuerwaffen wie Gewehre (Büchsen, Flinten, Maschinenpistolen) geht.

Groß/Seelig (8/9) II–216ff.; *Svensson/Wendel* S. 162ff., 165ff.; *Mally,* Rudolf: Die Spuren von Schieß- und Sprengstoffen, Schußwaffen und Munition – in: TbKrim XI, S. 190ff. (1961); *Wigger,* Ernst: Kriminaltechnischer Leitfaden – BKA 1965/1–3 – S. 73ff.; *Kirk/Thorton* S. 379ff.; *Walls,* H. J.: Forensic Science – 2. Aufl. London 1974 – S. 194ff.; *Hughes* S. 162ff.; *Millard,* John T.: Handbook of the Primery Identification of Revolvers and Semiatomatic Pistols – Springfield/Ill. 1974.

Es handelt sich hierbei um ein Spezialgebiet, das an dieser Stelle nur in etwa zu umreißen ist, weshalb im übrigen auf das Spezialschrifttum verwiesen werden muß (vgl. auch § 15–VI–B).

Am Tatort zurückgelassene Waffen können zudem selbst als Spurenträger – man denke an Fingerabdrücke und Materialspuren auf ihnen – in Betracht kommen.

Außer inländischen sind wegen des in weitem Umfang internationalisierten illegalen Waffenhandels auch ausländische Fabrikate in Betracht zu ziehen. Dennoch sind Militärgewehre und Maschinenpistolen in der Regel einfacher zu klassifizieren als die in vielen Formen vorkommenden Jagdgewehre; das gilt sowohl für die nur oder auch zum Kugelbeschuß bestimmten Büchsen als auch die lediglich für Schrot vorgesehenen Flinten. Immer wieder stößt man in Strafsachen auf – z. T. umgebaute – Sportgewehre wie Kleinkaliber-, Flobert- (Teschings) oder Luftgewehre.

Bei den Faustfeuerwaffen, die noch häufiger zu Straftaten verwendet werden, ist vom Revolver (Trommelrevolver), bei welchem der Lauf vom drehbaren Patronenlager – der Trommel – getrennt ist, die Pistole zu unterscheiden. Neben der Selbstladepistole, bei welcher die im Griff in einem Magazin untergebrachten Patronen so oder so in das Lager gebracht werden, trifft man mitunter auf – z. T. besonders bearbeitete – Gas- und Schreckschußpistolen sowie für Sportzwecke gedachte Scheibenpistolen oder Leucht- bzw. Startpistolen.

Bei der mithin komplizierten Identifizierung von Schußwaffen sollte, soweit das die tatsächlichen Umstände gestatten, auf die Art der Schußwaffe, ihre Hersteller (Fabrikat), das Kaliber und das besondere Modell Wert gelegt werden, das häufig durch besondere Kennzeichnung (Nummer) noch genauer bestimmt werden kann. Ferner ist für die Unterscheidung verschiedener Waffen außer der möglichen Schußzahl die Länge des Laufes wichtig, die beispielsweise bei einem Revolver gewöhnlich leichter als bei Pistolen festzustellen ist.

Schußwaffenähnliche Tatwerkzeuge sind **Bolzenschußapparate** (Viehschußapparate zum Betäuben von Schlachtvieh) und **gewerbliche Bolzensetzgeräte.** Häufiger trifft man bei Ermittlungen in Fällen von Selbstmord auf derartige Instrumente.

Bei diesen Geräten wird gewöhnlich mittels einer Platzpatrone ein Bolzen von 8–9 cm Länge und 10–12 mm Dicke aus der Stirnfläche herausgetrieben. Der Einschußrand ist im Gegensatz zu Geschossen scharf, weil der Bolzen vorn scharfrandig und nach innen konisch ist. Der Pulverschmauch wird bei Bolzenschußgeräten etwas anders als bei Waffen abgeleitet, weshalb diese Spuren recht charakteristisch sind.

Ist bei der Tat eine Schußwaffe verwendet worden, so ist sie gewöhnlich von ausschlaggebender Bedeutung, um den Tathergang zu ermitteln und den Täter zu überführen. Daher dürfte bei Schußwaffenverdacht regelmäßig intensive Suche geboten sein, was auch Einsatz eines Metallsuchgeräts oder sogar eines Tauchers bedeuten kann, wenn zu vermuten steht, daß die Tatwaffe versteckt oder in ein Gewässer geworfen worden ist.

Dasselbe gilt für die Suche nach Patronen oder Hülsen, welche mitunter sogar noch in der benutzten Waffe zu finden sind. Bei der **Munition** ist von den üblichen Kugelpatronen die für manche Gewehre bestimmte Schrotpatrone zu unterscheiden, die verschieden verschlossene Schrotkörner enthalten, welche in unterschiedlicher Größe (zwischen 4,5 und 2,0 mm) hergestellt werden.

Bei den Kugelpatronen unterscheidet sich die Gewehr- von der Pistolenmunition nur durch die Größe, die Revolvermunition besitzt am Boden der Hülse einen Rand. Bei den Kaliberbezeichnungen der Büchsen muß man zwischen dem insoweit maßgebundenen Bohrungskaliber (Laufdurchmesser zwischen zwei gegenüberliegenden Feldern) und dem Zugkaliber (Laufdurchmesser zwischen zwei gegenüberliegenden Zügen) unterscheiden. Bei den Flinten liegen die Dinge anders. Die üblichen Kaliberbezeichnungen für Faustfeuerwaffen gehen von 22 (= 5,8 mm) bis zu 50 (= 12,5 mm).

Die **Hülsen** verfeuerter Munition bleiben bei Revolvern – z.T. auch bei anderen Faustfeuerwaffen – in der Trommel (oder dem Patronenlager), während sie bei Selbstladewaffen wie Pistolen einzeln ausgeworfen werden; allerdings muß auch damit gerechnet werden, daß derartige Waffen mit einem Hülsenfänger versehen sind. Ferner ist bei der Spurensuche zu beachten, daß Auswurfrichtung und -weite bei den einzelnen Waffentypen verschieden sind. Bei Schrotpatronen schließlich ist auch an Deckel oder andere Abschlüsse zu denken, die das Schrot zunächst zurückhalten.
Wichtig ist in derartigen Fällen ferner die Suche nach **Geschossen** am Tatort. Hier geht es keineswegs nur um die bei der gerichtsmedizinischen Untersuchung des getöteten oder verletzten Opfers zu findenden Geschosse, sondern gerade auch um solche, die ihr Ziel verfehlt oder es durchschlagen haben. Während Geschosse, die sich im Menschen oder in Tieren befinden, im Zusammenhang mit den durch Tötungs- und Verletzungswerkzeuge verursachten Arbeitsspuren näher zu behandeln sind, ist bei der Suche nach anderen Geschossen vor allem die Flugbahn wichtig. In komplizierten Fällen sollte hier bereits bei der Spurensuche ein ballistischer Sachverständiger hinzugezogen werden.

Bei Schrotkugeln kommt es wegen der Streuung vor allem auf die sogen. Randschrote an, die mit zunehmender Entfernung – auch ohne äußere Einflüsse – mehrere oder viele Meter vom Zentrum entfernt zu finden sein können; die Streubreite vergrößert sich von etwa 25 m bei einer Entfernung von 40 m bereits bei 80 m auf ungefähr 60 m.

Die **Identifizierung von Schußwaffen** und Munition, auch Geschossen und Hülsen, geht davon aus, daß verfeuerte Geschosse und Hülsen Rückschlüsse auf die Art der verwendeten Waffe zulassen. Zudem gibt es außer Serienmerkmalen auch individuelle Besonderheiten, die dartun, daß ein Geschoß oder eine Hülse nur aus einer bestimmten Waffe abgefeuert sein können. Denn trotz maschineller Fertigung gibt es besondere Merkmale, die auf der aus einer bestimmten Waffe verfeuerten Munition ihren Niederschlag finden.
Findet man bei der Spurensuche eine Schußwaffe, so ist sie zunächst auf Material- und Abdruckspuren zu untersuchen. Sodann ist die Waffe zu entladen und versandbereit zu machen. Alles andere ist Aufgabe der Experten.
Während aus glattem Lauf verfeuerte Geschosse nur selten (Defekt!) auswertbare Spuren aufweisen, ist das anders, wenn der Schuß – wie in der Praxis üblich – aus gezogenem Lauf abgegeben wurde. Neben den Feldabdrücken, die bereits auf das Fabrikat der Waffe hinweisen können, bewirkt das Hindurchpressen des etwas größeren Geschosses durch den Lauf, daß sich die in Zahl und Größe unterschiedlichen Felder und ihre Besonderheiten in

Mikrospuren auf dem Geschoß als Formspuren (Eindruckspuren) darstellen. Durch Vergleichsgeschosse erhält der Sachverständige – wie wir sehen werden – die Möglichkeit festzustellen, ob Tat- und Vergleichsgeschoß aus derselben Waffe verfeuert worden sind.
Bei Schrotschüssen liegen die Dinge etwas komplizierter, wenngleich es – wie gezeigt werden soll – hier ebenfalls bemerkenswerte Identidizierungsmöglichkeiten gibt.
Noch besser eignet sich die Hülse für kriminaltechnische Untersuchungen. Sie weist mehr und signifikantere Spuren auf.

Das beginnt beim Einführen in das Patronenlager. Beim Abfeuern wird die Hülse gegen den Stoßboden gepreßt (Rückstoß), der Merkmale auf dem Hülsenboden bzw. Zündhütchen hinterläßt. Bei automatischen Waffen ist ferner an die Auszieher- und ggf. die Auswerferspur zu denken.

Insgesamt bieten also Schußwaffen viele und für kriminaltechnische Untersuchungen gut geeignete Spuren.

bb) Werkzeuge
Vom Täter am Tatort zurückgelassene Gegenstände, insb. von ihm als Werkzeug benutzte, können einmal deshalb beweiserheblich sein, weil Produktions- oder sonstige Bearbeitungsspuren eine Identifizierung erlauben.
Insb. entstehen bei der Produktion von Werkzeugen Gleit- oder Ziehspuren, welche wegen der Härte der Werkzeugmaschinen recht stabil sein können.

Daher läßt sich u. U. feststellen, daß ein bei Einbruchdiebstahl oder Wilderei benutztes Drahtstück zu einem im Besitz eines Tatverdächtigen gefundenen Vorrat von Drahtmaterial gehören muß.

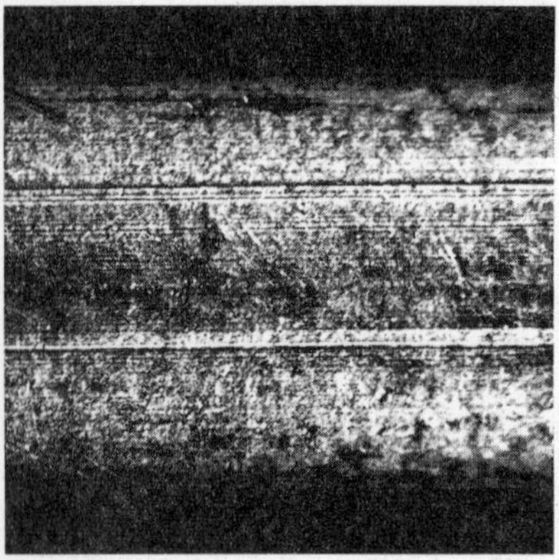

Abb. 14/16. Ziehspuren an einem 1 mm starken Eisendraht.

Natürlich können sich an einem solchen Werkzeug auch Materialspuren finden, z. B. Farbpartikel an einer Brechstange, Holz- oder Eisenspäne an Bohrern. Schließlich können derartige Werkzeuge, soweit Arbeitsspuren zu untersuchen sind, für Vergleichszwecke wichtig sein. Werden Transportmittel zur Tat verwendet, z.B. bei Unfällen oder vorsätzlicher Tötung, so können verwertbare Spuren entstehen, die jedoch gesondert (vgl. unten dd) erörtert werden sollen.
Aber sogar dann, wenn das Werkzeug selbst sich nicht mehr am Tatort befindet, kann es in Gestalt von Form- oder Materialspuren kriminaltechnisch nützliche Handhaben hinterlassen haben.

Derartige Materialspuren entstehen, wenn bei der Benutzung Substanz vom Werkzeug selbst oder einer Anhaftung (Fett, Farbe) an ihm auf den Spurenträger übertragen wird. Handelt es sich hier des öfteren um Mikrospuren, die mit bloßem Auge nicht sichtbar sind, verbessern sich die Chancen der Kriminaltechnik in Fällen, in denen mehr oder weniger große Teile oder Bestandteile vom Werkzeug abbrechen. Diese können als solche überdies Formspuren (Paßstücke) darstellen.

Kirk/Thorton S. 282 ff.

Da Werkzeuge vielfach überdies Arbeits-(Form)spuren verursachen, sind sie auch insoweit kriminaltechnisch aufschlußreich, wie später (dazu siehe unter e) noch genauer darzulegen sein wird.

cc) Verpackungsmaterial

Mitunter findet man am Tatort vom Täter herrührendes Verpackungsmaterial wie Holz, Pappe, Papier oder Seile, Bindfäden und dergl. Derartiges Material, das beispielsweise zum Transport von Tatwerkzeug benutzt worden ist, kann kriminaltechnisch in mehrfacher Hinsicht aufschlußreich sein, selbst wenn man von Form- oder Materialspuren auf ihm absieht. Die kriminaltechnische Problematik dieser Spuren ähnelt bzw. gleicht teilweise der von Schriftträgern (unten ee) oder der von Textilien und Fasern (unten ff), weshalb hier auch jene Ausführungen zu beachten sind.

Kirk/Thorton S. 136 ff.

Die stoffliche Beschaffenheit oder die Bearbeitung derartigen Materials kann beispielsweise auf eine bestimmte Herkunft hinweisen, die möglicherweise zum Täter führt. Bei ihm können sich nämlich Material gleicher Art oder passende Stücke finden. Speziell bei Seilen, Bindfäden und dergl. können Knoten oder Schlingen kriminalistisch aufschlußreich sein. Daher sollte bei der Spurensuche jeweils auch auf diese Dinge geachtet werden.

dd) Beförderungsmittel

Beim Beförderungsmittel ist nach dem soeben Gesagten weniger an Verpackungen oder auch Koffer, Kisten und Kartons, sondern mehr an Fahrzeuge wie Kraftwagen, Motorräder, Mopeds, Fahrräder und die verschiedenen Arten von Handwagen zu denken. Fahrzeuge werden des öfteren auch zur Flucht vom Tatort benutzt.

Derartige Transportmittel, die u. U. sogar als Tatwerkzeug (Unfall) fungieren können, hinterlassen nicht selten kriminaltechnisch gut brauchbare Fahrzeugspuren. Dies aber sind Arbeitsspuren, die zweckmäßig später in anderem Zusammenhang geschildert werden (siehe unten e–cc, ferner § 15–VI–E).

ee) Schriftstücke, insb. Urkunden

Ein wichtiges Objekt kriminaltechnischer Untersuchungen sind ferner Schriftstücke aller Art, insb. natürlich Urkunden. Zunächst einmal können sie zum Beweis der mit ihnen begangenen Fälschung oder Täuschung, also der Tatbehandlung selbst, dienen.

Wigger, Ernst: Kriminaltechnischer Leitfaden – BKA 1965/1–3 – S. 157 ff.; *Kirk/Thorton* S. 470 ff.

Dabei kann es sich um Total- oder Teilfälschungen handeln. Aber auch Ehrverletzungen oder Erpressungen lassen sich zuweilen durch solche Schriftstücke klären und nachweisen. Mitunter geht es aber nur um Schriftstücke, die mittelbar für die Tatausführung bedeutsam sein können, wenn man etwa an anonyme oder pseudonyme Strafanzeigen bzw. Briefe von Zeugen denkt.

Bei der Spurensuche kann es sogar um Reste oder Rückstände solcher Schriftstücke gehen, wenn diese durch Feuchtigkeit beschädigt oder durch Hitzeeinwirkung verkohlt sind. Einen Sonderfall stellen chiffrierte Schriftstücke oder solche mit unsichtbaren Geheimschriften (§ 6–III–2) dar, die für die Spurensuche besonders problematisch sind.
Der Gegenstand der kriminaltechnischen Untersuchung von Schriftstücken kann, woran man schon bei der Spurensuche denken muß, sehr verschieden sein. Geht es bei Geheimschriften darum, den latenten Text sichtbar oder den sichtbaren Text durch Entschlüsseln verständlich zu machen, so konzentrieren sich die Bemühungen in anderen Fällen entweder auf den Schriftträger oder das Schreibmaterial, die Schreibmittel. Da auf diese jedoch erst beim Tatverdächtigen näher eingegangen werden soll, interessieren hier vor allem die Schriftträger.
Ohne Rücksicht darauf, ob es sich um eine Total- oder Teilfälschung handelt, sind bei der Spurensuche zunächst einmal die oben geschilderten Fälscherpraktiken zu beachten (§ 10-I–1). Obgleich in vielen Fällen schon bei der Spurensuche ein Schriftsachverständiger oder ein Naturwissenschaftler eingeschaltet werden muß, sind doch einige Hinweise angezeigt. – Sie sollten sich auf optische Hilfsmittel beschränken und darauf bedacht sein, den Schriftträger nicht zu verändern.

Außer künstlichem Licht kommt hier eine Vorprüfung mit UV-Lampen in Betracht. Bei Totalfälschungen ist für diese Beamten nur ein oberflächlicher Vergleich mit einem echten Dokument der fraglichen Art möglich. Mitunter können auch sie Sicherungen feststellen, die ebenso wie in Banknoten auch in gewisse Ausweispapiere eingearbeitet werden.

Da es bei der Spurensuche vielfach vor allem um Anhaltspunkte für Verfälschungen geht, seien einige charakteristische Merkmale mechanischer oder chemischer Rasuren genannt. – **Mechanische Rasuren** (Radiergummi, Rasierklinge, Messer), die auf eine Fälschung hindeuten, sind mitunter schon zu erkennen, wenn man den fraglichen Schriftträger vor eine Lampe oder vor ein Fenster hält (Durchlicht) oder das Licht schräg einfallen läßt (Streiflicht). Ferner ist bei Schriftträgern mit Linien und dergl. oder Unterdruck auf Beschädigungen durch die Rasur hinzuweisen. Eine neue Beschriftung erscheint im Bereich der Rasur häufig undeutlich. – Bei **chemischen Rasuren** (Tintenentferner, Bleich- und andere Reduktionsmittel) ist die Spurensuche für nicht besonders geschulte Beamte noch schwieriger. Doch ist mitunter zumindest zu erkennen, daß durch die Rasur der Oberflächenglanz verändert wird oder Sicherungsstoffe beeinflußt werden.
Es gibt ferner Besonderheiten, die entweder mit bloßem Auge oder mit einer Lupe Verdacht erregen sollten. Bei Pausfälschungen findet man Pausspuren neben dem fälschenden Schriftzug; im Schriftbild ungewöhnliche Abstände oder Zusätze können auf eine Fälschung hinweisen. Druckteile können ungewöhnliche Symtome aufweisen.
Im einzelnen ist schon bei der Spurensuche zwischen Hand-, Maschinen- und Druckschrift zu unterscheiden. Darauf aber ist im Rahmen der kriminaltechnischen Untersuchungen (§ 15–III–C, VIII–A–1,2) näher einzugehen. Dasselbe gilt für die mannigfachen Analysen der Schriftträger und des Schreibmaterials (§ 15–IV–A–3). Doch ist schon bei der Spurensuche an alle diese Möglichkeiten zu denken, damit keine Chance vertan oder mögliche Beweise vernichtet werden.

ff) Kleidungs- und Wäschestücke. Textilien. Fasern

Kleidungs- und Wäschestücke sind als Tatspuren vor allem dann wichtig, wenn sie auf den Täter hindeuten. Doch auch sonst können diese Dinge, zu denen außer Mänteln und anderer

Oberbekleidung auch Unterkleidung (Wäsche), Kopfbedeckungen und Handschuhe gehören, sowohl als Form- oder Materialspur ebenso wie als Spurenträger (Ein- und Abdrücke, anhaftendes Material) bedeutsam werden. Teilweise ist die spurenkundliche Bedeutung wie bei Handschuhspuren (oben a–cc) oder Schuhspuren (b–aa) bereits behandelt worden, während Zubehör wie Knöpfe und Ähnliches sogleich (gg) besonders geschildert werden soll. Es kommt zudem keineswegs nur auf Bekleidungsstücke als solche bzw. die Art ihrer Bearbeitung an, sondern außer auf Tuch- und Wäschefetzen u. U. auf Fäden und Fasern, die schon als solche Objekte einer kriminaltechnischen Untersuchung (vgl. § 15-III-D-2) werden können.

Groß/Seelig (18) I–323 ff.; *Svensson/Wendel* S. 123 ff.; *Wigger,* Ernst: Kriminalistischer Leitfaden – BKA 1965/1–3 – S. 44 ff.; *Kirk/Thorton* S. 112 ff., 124 ff.; *Pohl,* Klaus-Dieter: Naturwissenschaftlich-kriminalistische Spurenanalyse bei Verkehrsunfällen – Arbeitsmethoden d. med. u. naturwiss. Kriminalistik Bd. 14 – Lübeck 1975 – S. 44 ff., 58 ff.

Dabei sind pflanzliche, tierische und synthetische (Kunststoff-)Fasern zu unterscheiden, zu denen sogar noch Mineralfasern (Glas, Asbest) treten können. Mehr als die äußere Form dieser Dinge interessieren aber gewöhnlich ihre stoffliche Zusammensetzung und auf ihnen enthaltene Verletzungs- und Materialspuren. Deshalb sei auf die Ausführungen zu Textilspuren und zu den Verletzungsspuren verwiesen, wo es insb. auch um Teile solcher Bekleidungsgegenstände geht (siehe unten e, 2–a–ee, § 15–III–D–2).
Geht es beim Opfer vor allem um Vergleichsmaterial, sofern nicht Abwehr auf den Tatverdächtigen hinweisende Spuren als möglich erscheinen läßt, kann gründliche Spurensuche am Tatort sowohl bei Gewaltdelikten als auch bei Einbruchdiebstahl und anderen Delikten dazu führen, daß derartige Spuren gefunden werden, die entweder der Täter beim Überwinden von Hindernissen hinterlassen hat oder die doch für den Hergang der Ereignisse aufschlußreich erscheinen.

gg) Knöpfe und Ähnliches. Kunststoffe

Neben den Textilien weist die Bekleidung auch andere Dinge wie Riemen, Knöpfe und Ähnliches auf, die im Einzelfall zur Aufklärung beitragen können, wenn der Täter sie am Tatort verloren hat. Diese durchweg aus anderem Material (Horn, Gummi, Kunststoff, Metall) angefertigten Zubehörteile können ebenso wie andere aus Plastik oder sonstigen Kunststoffen hergestellte Artikel als solche, durch ihre Form oder ihre stoffliche Beschaffenheit beitragen, wie das für daraus produzierte Textilien und Fasern soeben (oben ff) dargelegt worden ist.

Kirk/Thorton S. 298 ff.

Die Lage ist trotz oft andersartigen Materials ähnlich wie bei den Kleidungsstücken, was natürlich besonders dann gilt, wenn am Knopf Garn- oder Tuchreste hängen geblieben sind. Im übrigen ist außer auf das Erscheinungsbild, Eindrücke von oder Spuren auf ihnen auch an das Material zu denken, welches sich durch chemische, physikalische oder auch biologische Methoden exakt bestimmen läßt und so zur Sachverhaltsaufklärung beitragen kann.

hh) Tabak- und Aschenreste. Zigarettenstummel

Während Zigarettenstummel einmal als Träger von Speichelspuren oder Lippenstift und zum anderen als solche (Fabrikat, Marke) in Betracht kommen, geht es bei Tabak- und Aschenreste gewöhnlich um deren Substanz.

Svensson/Wendel S. 128 ff.; *Kirk/Thorton* S. 317 f.

Diese in der Praxis allerdings nicht so häufig wie in Kriminalromanen und -spielen vorkommenden Spuren sind jedenfalls wichtiger als die aus ihnen u. U. zu entnehmende Zigaretten- oder Zigarrensorte.
In diesem Zusammenhang ist ferner auf Verpackungen von Tabakwaren und Zündhölzer hinzuweisen, die als solche eine Spur darstellen oder doch ein Spurenträger (Fingerabdrücke usw.) sein können.

ii) Speise- und Getränkereste
Schließlich ist auf zuweilen am Tatort zu beobachtende Speise- und Getränkereste hinzuweisen, die dem Alter und der Zusammensetzung nach bestimmt werden können. Man kann daraus u. U. auf den Zeitpunkt des Verzehrs schließen. Wichtig werden Nahrungsreste vor allem in Fällen, in welchen Giftverdacht besteht. Das soll jedoch bei den Giftspuren eingehender geschildert werden (vgl. unten e-ff).

jj) Kosmetika u. a.
Der Vollständigkeit halber seien schließlich Kosmetika und andere Substanzen erwähnt, die von Menschen aus verschiedenen Gründen benutzt werden, weshalb Spuren von ihnen – vor allem Materialspuren – in Kriminalfällen u. U. aufschlußreich sein können.

Kirk/Thorton S. 215 ff.

Dies gilt beispielsweise für Kosmetika, wie sie als Lippenstifte, andere Mittel für das Make up (Creme, Puder), Fingernagellack, Haarspray und Haarfärbemittel von Menschen (keineswegs nur von Frauen) benutzt werden, um das äußere Erscheinungsbild einer Person zu verändern oder zu restaurieren. Alle diese Substanzen können nicht nur als solche signifikant sein und dabei Zusammenhänge mit einer bestimmten Person erkennen lassen; vielmehr übertragen sie sich außer auf Körper auf Kleidungsstücke der sie benutzenden Person u. U. auch auf andere Gegenstände oder Menschen, mit denen der Betreffende in Berührung gekommen ist.
Durch kriminaltechnische, vor allem chemische Untersuchung solcher Materialspuren, die zuweilen aber auch durch Form und Lage aufschlußreich sein können, lassen sich somit u. U. Anwesenheit einer bestimmten Person oder Kontakt bzw. Herkunft einer anderen Spur beweisen.

e) Arbeitsspuren von Tatwerkzeugen, anderen Gegenständen oder zur Tat verwendeten Substanzen
Werkzeuge hinterlassen nicht nur – wie behandelt – Form- und Materialspuren, sondern noch häufiger Arbeitsspuren, d. h. Formspuren besonderer Art, die durch Gebrauch als Tatwerkzeug entstehen. Diese Werkzeug- oder Arbeitsspuren verkörpern neben den Fingerspuren die in der kriminalistischen Praxis häufigste Spurenart.

Groß/Seelig (8/9) II–469 ff.; *O'Hara/Osterburg* S. 121 ff.; *Kirk/Thorton* S. 282 ff., 360 ff.

Diese Arbeitsspuren ermöglichen es u. U., die Art des benutzten Werkzeugs und seiner Verwendung, eventuell sogar den Grad der Fertigkeit des Benutzers, zu ermitteln; in günstigen Fällen kann man – ggf. später – mit Hilfe dieser Arbeitsspuren durch entsprechenden Vergleich sogar das benutzte Werkzeug identifizieren.

Arbeitsspuren lassen allerdings nicht immer sicher auf die Art des verursachenden Werkzeugs schließen, sondern deuten mitunter nur auf eine größere Gruppe hin. In anderen Fällen lassen sie dagegen recht deutlich eine bestimmte Werkzeugart erkennen. Und schließlich ermöglichen Arbeitsspuren, insb. wenn man die Mikroskopie und ähnliche Verfahren benutzt, nicht gar so selten, das verursachende Werkzeug mithilfe individueller Merkmale konkret zu indentifizieren. Derartige Besonderheiten entstehen vielfach schon bei der Produktion – auch der Serienproduktion – von Werkzeugen, zum anderen sind sie die Folge von Abnutzung oder Defekten.

Werkzeugspuren können recht verschiedener Art sein, wenn man sich einmal die vielfältigen Verwendungsmöglichkeiten vorstellt, wobei sich zudem die Bereiche schon beim typischen Gebrauch überschneiden können. So werden manche Werkzeugarten sowohl im Haushalt als auch handwerklich genutzt. Und wirkliches Handwerkszeug ist keinesfalls immer leicht von industriell zur Bearbeitung von Holz, Metall oder Stein benutztem Werkzeug zu unterscheiden. Wieder andere Werkzeuge verwendet man im kaufmännischen Bereich, in der Schiffahrt, bei Militär, Polizei und Hilfsdiensten. Aufschlußreicher dürfte daher eine diese Bereiche übergreifende Klassifizierung der Werkzeuge nach der Art ihrer Arbeitsweise sein. Sie ermöglicht zumindest einen groben Überblick über die Arbeitsspuren, wenn man etwa von Schnittwerkzeugen wie Messern, Scheren und Sägen Stichwerkzeuge (z. B. Dolche, Stemmeisen, Gabeln, Forken) und Schlagwerkzeuge (u. a. Hammer, Brechstangen, Axt) unterscheidet.
Kriminaltechnisch besonders wichtig sind die **Schartenspuren,** wie sie vor allem von schneidenden Werkzeugen hervorgerufen werden; dabei kann es um Trennen von Materialteilen, aber auch um das Abheben von Materialteilchen (Späne) gehen. Andere Arbeitsspuren sind Kratz- und Gleitspuren, Zwick-, Zieh- und Bohrspuren. Bei manchen Werkzeugen bieten sich geringere Ansatzpunkte, weil die Spuren sich – wie bei Sägen oder Feilen – auslöschen oder überlagern (Rillenspuren bei der Produktion).

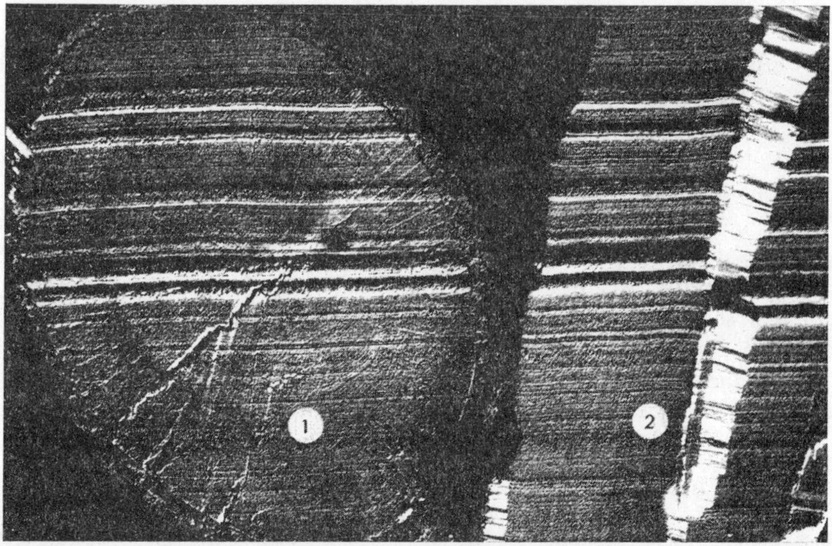

Abb. 14/17. Identifizierung einer Axt nach
1. Schartenspuren an einem Ast, der am Tatort zurückblieb.
2. Mit der Axt des Tatverdächtigen hergestellte Vergleichsspur.

Außer an derartige Schartenspuren ist auch bei Werkzeugen an darauf befindliche einfache **Ein- oder Abdruckspuren** zu denken. Ein Sonderfall dieser Art sind **Präge- oder Gußzeichen,** mit welchen Werkstücke mitunter bei der Produktion gekennzeichnet werden; das gilt außer für Werkstücke aus Metall auch für solche aus Hartgummi, Plexiglas oder Kunststoffen.

Hierzu gehören u. a. Motor- und Fahrgestellnummern, die später um eine Identifizierung des Stückes zu verhindern oder zu erschweren, vom Täter durch Ausschlagen, Abfeilen oder chemische Behandlung unlerserlich gemacht werden, was zu anderen Werkzeug- oder auch Materialspuren führen kann. Die Prägespuren kann man bei Metallen durch bestimmte Ätzmittel oder bei anderen Stoffen auch durch organische Lösungsmittel wieder sichtbar machen.

1. Auf einem Moped-Motor nach Abschmiergeln der alten Nummer, neu eingeschlagene Nummer.

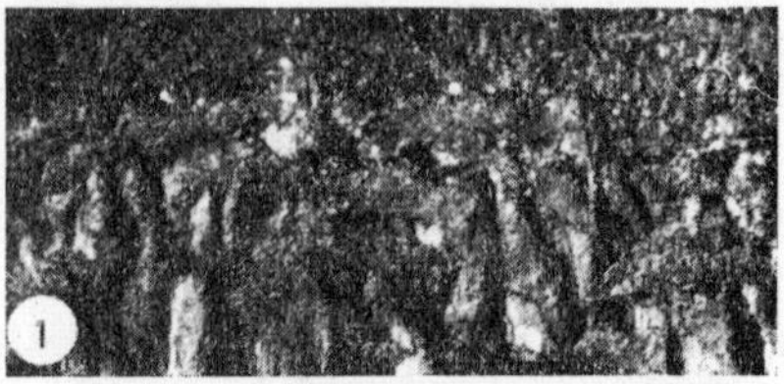

1. Durch Hammerschläge unkenntlich gemachte, eingestanzte Nummer auf einem Fahrradrahmen.

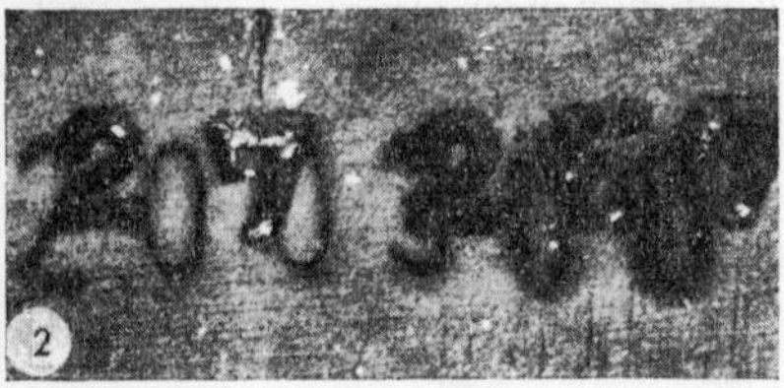

2. Die durch mechanische und chemotechnische Behandlung wieder sichtbar gemachten Originalnummern.

Abb. 14/18.

Wesentlich für alle diese Arbeitsspuren von Werkzeugen ist – wie die folgende Auswahl zeigen wird – ersichtlich die Beschaffenheit des Spurenträgers. Die von Werkzeugen, insb. Waffen an Menschen und Tieren verursachten Spuren (insb. Wunden) sind ganz anderer Art als die auf sonstigem Material; sie erfordern daher eventuell schon zur Spurensuche und -sicherung, jedenfalls aber zur Auswertung den medizinischen Experten. Dagegen können Arbeitsspuren von Werkzeugen auf Metall, Holz, Glas, Kunststoff oder Geweben besser von anderen Experten, oft schon vom erfahrenen Kriminalisten beurteilt werden.

Zur Spurensuche sei allgemein nur noch gesagt, daß man diejenigen – insb. den Geschädigten – hinzuziehen sollte, die am besten über etwaige Veränderungen Bescheid wissen. In geeigneten Fällen ist, sofern in das Auge fallende Spuren fehlen, sorgfältig nach kleinen und kleinsten Spuren – eventuell mithilfe einer Lupe – zu suchen; das gilt gerade auch für Materialspuren, die vom Werkzeug hinterlassen werden oder an ihm haften geblieben sind.

Werkzeuge lassen sich als Spurenträger oder -verursacher gewöhnlich gut asservieren. Schwieriger ist das bei Arbeitsspuren, die sich auf einem größeren Spurenträger finden. Hier ist, sofern Isolierung nicht möglich erscheint, außer an Fotografie insb. an Abformverfahren zu denken.

aa) Tötungs- und Verletzungswerkzeuge

Obwohl die durch Tötungs- und Verletzungswerkzeuge an Menschen, insb. am Opfer, oder an Tieren verursachten Wirkungen der gerichtsmedizinischen Untersuchung vorbehalten bleiben, die später zu behandeln ist (§ 15–I–B), sollte der Kriminalpraktiker doch über einige elementare Dinge unterrichtet sein, um sich schon vor dem Gutachten des Experten zumindest ein ungefähres, vorläufiges Bild machen zu können. Die Wirkungen und sonstigen Spuren können je nach Art des Werkzeugs und seiner Anwendung sehr verschieden sein.

Groß/Seelig (8/9) II–262 ff.; *Svensson/Wendel* S. 247 ff.; *Prokop/Göhler* S. 103 ff.

(a) An erster Stelle sollen die von **Schußwaffen** verursachten Spuren behandelt werden, obwohl man hier auch von einem Spezialfall stumpfer Gewalt sprechen könnte.

Mally, Rudolf: Die Spuren von Schieß- und Sprengstoffen, Schußwaffen und Munition – in: TbKrim XI, S. 109 ff. (1961); *Schwerd,* W.: Schußverletzungen – in: KLbRMed S. 58 ff.

Doch sind die Verletzungen nicht nur charakteristisch, sondern verständlicherweise auch besonders gut erforscht, weshalb dieses Vorgehen angezeigt erscheint.

Die Schußwunden ähneln vielfach der halbscharfen Gewalt, die später behandelt werden soll. An der Stelle, wo ein Geschoß die Haut auseinandergetrieben hat, findet sich ein Schürfsaum. Häufiger werden auch Materialspuren in die Haut eingesprengt.

Bei Verwendung von Schußwaffen in einem Kriminalfall von Tötung oder Verletzung wird man – von eventueller erster Hilfe abgesehen – versuchen, Ein- und Ausschuß beim Opfer festzustellen. Als eine Faustregel kann hier gelten, daß bei einem Geschoß regelmäßig die Einschußwunde kleiner als die vom Ausschuß verursachte ist.

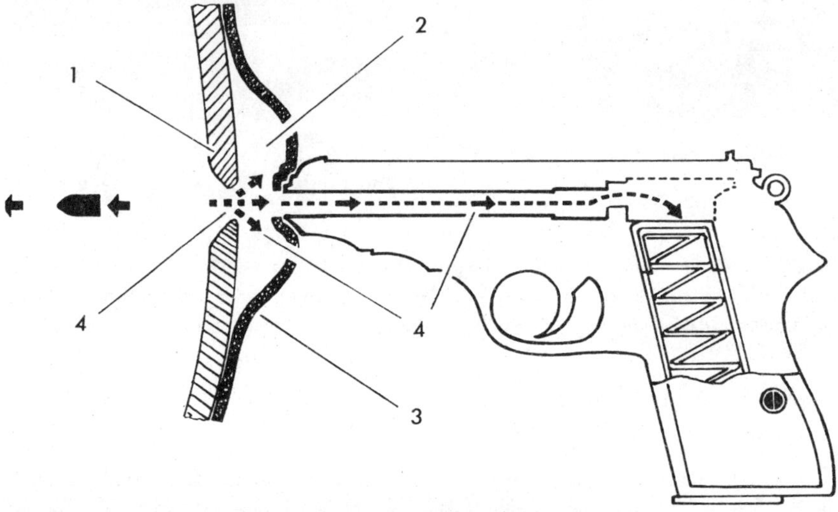

Abb. 14/19. Schematische Darstellung der Spuren beim Kontaktschuß.

1. Schädelknochen mit trichterförmiger Erweiterung des Schußkanals.
2. Schmauchhöhle.
3. Haut über dem Schädelknochen.
4. Saugwirkung infolge vakuumähnlichen Umstands im Lauf.

Allerdings kann das bei Mitreissen von Fremdkörpern oder einem Schuß mit auf den Körper aufgesetzter Waffe auch anders sein. Ein weiteres Indiz sind in Mitleidenschaft gezogene Textilien; beim Einschuß zeigen die Enden des durchrissenen Gewebes nach innen, beim Ausschuß nach außen. Beim Einschuß ist zwischen Nah- und Fernschuß zu unterscheiden, womit wir zu der häufig wichtigen Frage der Schußentfernung gelangen.

Bei einem Schuß mit aufgesetzter Waffe (**Kontaktschuß**) wird gewöhnlich durch die Pulvergase das Gewebe aufgesprengt. Mit den Rückständen dringen häufig Textilreste in die sogen. Schmauchhöhle ein. Ferner ist in der Regel eine Stanzmarke festzuhalten, eine Hautverletzung, die des öfteren das Profil der Waffe erkennen läßt. Ist die Waffe auf die Kleidung aufgesetzt worden, so ist diese üblicherweise stark zerfranst und zeigt einen ausgeprägten Schmauch- bzw. Schmutzring.

Bei einem relativen **Nahschuß** ist ebenfalls ein solcher Schmutzring zu beachten, in dem sich Blei und andere Substanzen von Geschoß und Munition nachweisen lassen; doch nimmt die Dichte mit der Entfernung ab.

Abb. 14/20. Latenter Niederschlagshof.

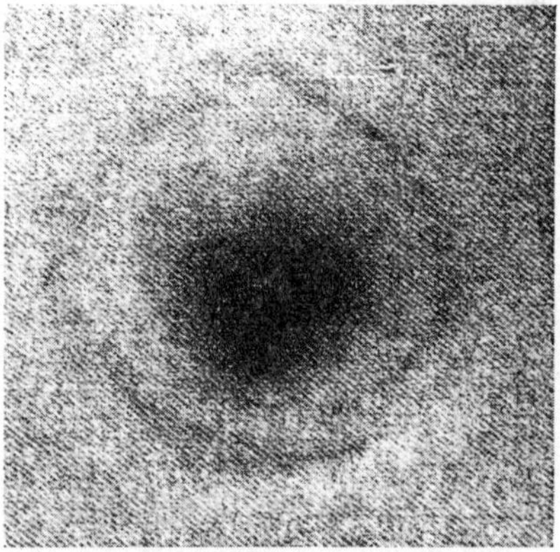

Abb. 14/21. Derselbe Niederschlagshof durch Infrarotaufnahme sichtbar gemacht.

Fehlen sie bei Faustfeuerwaffen, so ist die Entfernung größer als 30–40 cm; bei Handfeuerwaffen lassen sie sich jedoch bis zu etwa einem Meter feststellen. Von diesen Entfernungen an spricht man daher von einem Fernschuß. Genaue Methoden, um die Schußentfernung zu bestimmen, werden bei der Ballistik zu behandeln sein (§ 15–VI–B).

Etwas anders sehen die Spuren bei einem Schrotschuß aus, bei dem vor allem die Schußentfernungsbestimmung größere Schwierigkeiten bereitet.

Hanssen, W./*Kistner,* D.: Nahschußverletzungen durch neuartige Schrotmunition unter besonderer Berücksichtigung der Schrotstreuung – Arch. f. Krim. Bd. 141, S. 3ff. (1968); *Bornorden,* T./*Schewe,* G./*Lins,* G.: Schrotschußverletzungen mit moderner Plastikbecher-Munition – Arch. f. Krim. Bd. 152, S. 20ff. (1973).

Ähnliche Spuren wie am menschlichen Körper hinterlassen Schußwaffen häufiger auf Material, das in Mitleidenschaft gezogen wird. Wird Holz durchschlagen, so zeigen die

Splitter in diejenige Richtung, die das Geschoß genommen hat. Textilien können charakteristische Formspuren wie das kleeblattförmige Perforationsmuster bei moderner Plastikbecher-Munition aufweisen, wie sie jetzt für Schrot verwendet wird. Die Wirkungen bei Glas werden bei den Glasspuren behandelt.

Jauhari, Mohan/*Nigam,* Jagdish Prasad/*Chatterjee,* Soumendra Mohan/*Ghosh,* Pranab Kumar: Charakteristische Merkmale an Schußlöchern und abgesprengten Materialteilen beim Durchschlag von Geschossen durch Metallplatten – Arch. f. Krim. Bd. 150, S. 102ff. (1972).

Bevor auf typische Folgen und Spuren anderer Tötungs- und Verletzungswerkzeuge eingegangen wird, sei daran erinnert, das Gewaltdelikte mitunter primär andere Ziele als Tötung oder Körperverletzung verfolgen können, was sich dann gewöhnlich auch auf das Spurenbild auswirkt. Bei solchen Tatkombinationen sind daher die Charakteristika anderer Delikte und Spuren zu beachten. Außer für gewisse Sexualdelikte, Raubüberfälle und Verkehrsdelikte gilt das beispielsweise für Fälle der Kindesmißhandlung.
Schließlich ist auch auf Spuren am Schützen selbst hinzuweisen, welche an sich aber schon zum Tatverdächtigen und seinen Bereich zu gehören pflegen (unten 2).

Außer Verletzungen beim Gebrauch der Schußwaffe ist hier auf Schmauch und Pulvereinsprengungen an der Schießhand zu achten, die vor allem bei Revolvern ausgeprägt zu sein pflegen. Da sie heutzutage (anders war das bei Schwarzpulver) jedoch nicht mehr mit bloßem Auge sichtbar sind, hat man Tests entwickelt, die auf derartige Stoffe ansprechen. Beim Nahschuß kann die Hand (oder anderes) auch vom Opfer herrührende Materialspuren aufweisen.

Svensson/Wendel S. 238ff.; Luff: Scharfe und stumpfe Gewalt – in: HdwRMed I–198ff.; *Schwerd,* W.: Arten der mechanischen Gewalteinwirkung, ihre Ausdrucksformen und Folgen – in/KLbRMed S. 28ff.

(b) Die Wirkung anderer Tötungs- und Verletzungswaffen kennzeichnet man als **scharfe Gewalt,** womit man sagen will, daß es mehr als auf Kraftanwendung auf den schneidenden oder stechenden Effekt des Werkzeugs ankommt. Hierher gehören als Spuren also die für Schnitt- und Stichwaffen typischen Folgen.

Hughes S. 268ff.

Bei **Schnittverletzungen,** die durch Messer, Dolche, Scheren, Rasierklingen und ähnliches beigebracht werden, entstehen gewöhnlich lange und schmale Wunden, regelmäßig mit glattem Rand.

Groß/Seelig (8/9) II–295ff.; *Hughes* S. 203ff.; *Prokop* in Prokop/Göhler S. 166ff.

Charakteristisch für Schnittwunden ist die Schärfe der Wundränder. Größe und Art der Wunde hängen von der Schnittwaffe und der Art ihrer Anwendung, also auch vom beschädigten Körperteil ab. So kann die Haut ablappen oder klaffen. Der Gerichtsmediziner unterscheidet daher außer Angriffs- und Abwehrverletzungen durch Schnittwaffen z.T. auch nach dem betreffenden Teil des Körpers.

Genaueren Aufschluß über die durch eine Kombination von Zug und Druck bewirkte Verletzung und das verwendete Tatwerkzeug bringen in aller Regel erst Obduktion oder Untersuchung durch den Gerichtsmediziner. Ist der Tod eingetreten, so ist die Ursache vielfach Verbluten oder auch eine Luftembolie. Die Art der Tatausführung divergiert nicht nur bei Mord, sondern auch bei Selbstmord erheblich vom hier ebenfalls naheliegenden Unfall. – Gerade bei dieser Tötungsart kann man ferner mit Verletzungen rechnen, die sich das Opfer bei der Abwehr eines mit Schnittwaffen geführten Angriffs zugezogen hat.

Stichverletzungen entstehen durch ein- oder zweischneidige Werkzeuge wie Dolche, Stilette, Scheren; sie können aber auch – man denke an Pickel und Nägel – rund sein; wenngleich die durch derartige Instrumente bewirkten Verletzungen wegen der Struktur der Haut auch schlitzartig aussehen. Ausschlaggebend ist hier der auf den Körper wirkende Druck.

Groß/Seelig (8/9) II–296 f.; *Hughes* S. 203 ff.; *Prokop* in Prokop/Göhler s. 172 ff.

Beim Stich wird also das Gewebe durch ein relativ dünnes, mit einer Spitze versehenes Werkzeug durchtrennt. Die Wunde ist daher oft klein und sieht äußerlich häufig oval aus; anders ist es aber, wenn der Dolch oder ein so benutztes Messer beim Einstechen bewegt wird. Wichtiger ist für die Klärung des Tathergangs im allgemeinen der sich an die Wunde anschließende Stichkanal.

Der nicht besonders ausgebildete Kriminalist kann hier demnach nur schwer aus der Art der Verletzung auf das Werkzeug schließen. Die Wunden sind wegen der Dehnbarkeit und Nachgiebigkeit der menschlichen Haut of äußerlich betrachtet nicht sonderlich eindrucksvoll, dafür aber in der Regel tief. Nur der Gerichtsmediziner kann aus Verlauf und Tiefe des Stichkanals Anhaltspunkte für das Tatwerkzeug und seine Handhabung gewinnen.

In Todesfällen kommt neben äußerlichem auch inneres Verbluten in Betracht; doch selbst bei Verletzung lebenswichtiger Organe kann die Handlungsfähigkeit des Opfers noch längere Zeit erhalten bleiben. Bei Tod durch Stichwaffen ist üblicherweise an Tötung durch dritte Hand zu denken, weil diese Ausführungsart bei Selbstmord relativ selten ist.

(c) Schnitt- und Stichwaffen ähnlich ist die sogen. **halbscharfe Gewalt,** bei welcher zum schneidenden Effekt – wie bei Beil, Axt, Hacke, Holzfällermesser, Sense, Sichel usw. – der durch den Hieb erzeugte Druck hinzutritt.

Groß/Seelig (8/9) II–264 f.

Charakteristisch ist bei den durch halbscharfe Gewalt verursachten Wunden wiederum ein Schürfsaum wie bei Schnittverletzungen.

Die Verletzungen sind jedoch gewöhnlich tiefer als bei den eigentlichen Schnittverletzungen; auch werden häufiger Knochen in Mitleidenschaft gezogen. Bei Verwendung solcher Werkzeuge kann man in aller Regel annehmen, daß die Tat von einem Dritten ausgeführt worden ist. Lediglich bei den Selbstverstümmelungen finden sich dann und wann einschlägige Praktiken.

(d) Sehr häufig werden Menschen durch **stumpfe Gewalt** verletzt oder sogar getötet. Der Körper des Opfers wird durch Druck, Stoß bzw. Gegenstoß oder durch irgendeine andere Wucht in Mitleidenschaft gezogen.

Hughes S. 224 ff.; *Prokop* in Prokop/Göhler S. 179 ff.

Da es sich hierbei zugleich um eine typische Unfallwirkung handelt, für die nur Verantwortlichkeit wegen fahrlässiger Tat gegeben sein könnte, ist die Sachverhaltsaufklärung hier oft schwierig. Die Art der stumpfen Gewalt ist sehr vielgestaltig. Sie reicht von Hieben oder Schlägen mit der Hand oder Faust über die Benutzung von Bierseideln, Flaschen, Holzknüppeln, Eisenstangen, Hämmern, der stumpfen Seite von Axt oder Beil bis zu Schlagringen, Totschlägern und ähnlichen Instrumenten. Auch der Stoß des Opfers gegen harte Gegenstände, das Herabstürzen aus großer Höhe sowie das Herabwerfen von Gegenständen auf andere sind ebenso Fälle stumpfer Gewalt wie Unfälle im Haushalt,

Sport, Beruf oder Verkehr, bei denen das Opfer entweder unmittelbar verletzt oder ihm durch Schleudern Schaden zugefügt wird.

Groß/Seelig (8/9) II–292ff.

Typische Folgen stumpfer Gewalt sind neben Blutergüssen vor allem Hautabschürfungen und Hautverletzungen. Dabei kann es je nach der betroffenen Stelle und der Art der stumpfen Gewalt auch zu Riß-, Quetsch- oder Platzwunden mit einem gewöhnlich unregelmäßigen Wundbild kommen.

Für die Wunden kommt es außer auf die Richtung, aus der die Gewalt einwirkt, ggf. auch auf die Art des Werkzeugs an, das mitunter identifizierbare Ab- oder Eindrücke hinterläßt. Bei Schlagwerkzeugen stößt man zuweilen auf charakteristische Materialspuren, was übrigens auch bei Verkehrsunfällen zutreffen kann.

Stumpfe Gewalt verursacht häufig noch weitergehende Folgen, weil leicht Knochen oder Organe in Mitleidenschaft gezogen werden. Nicht gar so selten wird bei krimineller Aktivität der Kopf des Opfers das Ziel der stumpfen Gewalt. Außer Brüchen des Ober- und Unterkiefers kommen bei stumpfer Gewalt daher Schädelbrüche und Hirnverletzungen vor, die selbstverständlich ebenfalls nur vom Mediziner – ggf. bei der Obduktion – sachkundig gedeutet werden können.

Gerade bei Schädelverletzungen durch stumpfe Gewalt findet man Ein- und Abdrücke des benutzten Werkzeugs und für dieses charakteristische Folgen bzw. Defekte.

Dasselbe gilt für andere Knochenbrüche, die dem Experten Aufschluß über Art, Stärke und Richtung der stumpfen Gewalteinwirkung geben können. U.U. wird die Frage bedeutsam, ob derartige Brüche noch zu Lebzeiten des Opfers oder erst nach seinem Tod erfolgten.
Stumpfe Gewalt bewirkt aber auch mannigfache Verletzungen von Hals, Brust oder Bauch des Menschen und damit seiner inneren Organe. Gerade derartige Verletzungen sind äußerlich mitunter nicht leicht zu erkennen; hier ist etwa an die in den Blutkreislauf gelangende Fettembolie zu denken oder die bei hier möglichen Zermalmungen bzw. Zerreißungen eintretende Luftembolie.
Der Kriminalist muß bei Anzeichen, die auf stumpfe Gewalt hindeuten, sein Augenmerk auf die Begleitumstände richten. Hierzu zählen außer Schäden an der Kleidung etwa Spuren, die auf einen Kampf oder auf Wegschleifen der Leiche hindeuten. Noch komplizierter als bei Unfällen im Straßenverkehr wird die Situation bei Unfällen im Schiffs-, Schienen- oder Luftverkehr, zumal da der Unfall hier leicht das Ausmaß einer Katastrophe annehmen kann. Bei Betriebsunfällen muß häufig ein Experte beigezogen werden, um die Unfallursache oder doch die für etwaiges Verschulden maßgebenden Kriterien beurteilen zu können.

(e) Zu erheblichen Verletzungen oder zum Tode kann es ferner durch Praktiken des Erstickens (Strangulation) wie Würgen, Drosseln, Erhängen und dergl. kommen.

Svensson/Wendel S. 261ff.; *Luff:* Erstickung – in: HdwRMed I–211ff.; *Schwerd,* W.: Erstickung – in: KlbRMed S. 64ff.

Beim **Erwürgen,** das immer auf Tötung durch fremde Hand hindeutet, preßt der Täter mit seinen Händen den Hals des Opfers zusammen. Dies ist die primitivste, kriminaltechnisch aber keineswegs immer einfach zu deutende Form der Strangulation. Da die Hände beim Erwürgen verschieden zugreifen können, ist das Bild vielgestaltiger, als man zunächst

meinen mag. Doch finden sich gewöhnlich am Hals Würgemale, Blutergüsse oder sogar Eindrücke der Fingernägel.
Beim **Erdrosseln** wird der Hals mithilfe von Gegenständen wie Tüchern, Schals, Leinen, Bindfaden, Draht und dergl. zusammengepreßt. Da dieses Drosselwerkzeug üblicherweise horizontal um den Hals gelegt wird, zeigt sich dort eine entsprechende, glatt verlaufende Drosselnarbe. Allerdings finden sich in der Praxis, sofern das Drosselwerkzeug bei der Tatausführung (Widerstand des Opfers) verrutscht, mehrere Drosselfurchen, die sich sogar überschneiden können.

Gelingt es dem Täter nicht, die Überraschung seines ihm dann gewöhnlich bekannten Opfers auszunutzen, so wendet er vorher Gewalt oder Drogen an, um es bewußtlos zu machen, was dann weitere Spuren bedeutet.

Beim Erdrosseln besteht regelmäßig Mordverdacht, wenngleich zuweilen auch Selbstmörder derartige Praktiken benutzen.

Dagegen ist beim Tod durch **Erhängen** eher Selbstmord zu vermuten, weil dies eine typische Suizidtechnik ist. Denn hier wird die Strangulation durch ein um den Hals gelegtes Strangwerkzeug bewirkt. Das Eigengewicht des Körpers bewirkt sodann das Zuziehen der Schlinge und den Verschluß der Atemwege. Doch gibt es auch Unfälle – insb. bei autoerotischer Tätigkeit – durch Erhängen.
Bei Tod durch Erhängen findet man gewöhnlich das Strangwerkzeug, das allerdings auch später umgelegt sein kann, um einen Selbstmord vorzutäuschen. Eben deshalb ist auf die typischen Spuren der Strangulation zu achten.
Das Strangwerkzeug liegt beim Erhängen üblicherweise dicht unterhalb des Kinns und steigt nach hinten an, wo es meist nicht mehr fest am Körper anliegt. Da das Strangulationswerkzeug die Haut einschnürt, die abgeschürft wird und eintrocknet, gibt es eine typische Strangmarke, die allerdings bei einem Strick tiefer und ausgeprägter als bei einem weichen Werkzeug ist. Nur bei ganz kurzer Zeit des Hängens, das gewöhnlich übrigens kein freies Hängen (in den meisten Fällen liegt, hockt oder sitzt das Opfer) ist, kann eine solche Strangmarke fehlen, die ansonsten oft auch das Muster des Strangwerkzeugs und seiner Verknotung erkennen läßt.

Im Interesse der Spurensicherung darf ein solcher Knoten nicht gelöst werden, sondern ist das Strangwerkzeug nach fotografischer Sicherung unterhalb des Aufhängepunktes durchzuschneiden; denn auch die Art des Kotens kann Aufschluß über den Täter geben. Im übrigen ist auf solche Umstände zu achten, welche den Verdacht erwecken, das Erhängen könne nur vorgetäuscht sein, um Selbstmord vermuten zu lassen. Dazu gehören Kampfspuren am Körper und der Kleidung ebenso wie entsprechende Phänomene am Tatort.

Zum Tod durch **Ersticken** kann es aber auch noch auf mancherlei andere Art kommen, was naturgemäß andersartige Spuren bedeutet. So kann die lebenswichtige Sauerstoffzufuhr u.U. durch Bedecken des Opfers mit Kissen und dergl. unterbrochen werden. Diese bei Kindestötung häufige Form der Tatausführung, die ansonsten ein bewußt- oder wehrloses Opfer voraussetzt, hinterläßt kaum äußerlich erkennbare Spuren, weshalb nur der Experte die Todesursache feststellen kann. Ähnlich ist es beim Bolustod (mors e bolo = Bissentod), der durch Verschlucken von Gegenständen, welche die Luftröhre verschließen, herbeigeführt wird. Vom Aspirationstod spricht man, wenn die Atemwege durch Einatmen erbrochener oder anderer Massen verstopft werden. Liegt in allen diesen Fällen ein Unfall nahe, so besteht Mordverdacht, wenn der fragliche Gegenstand von einem Dritten als

Knebel benutzt worden sein kann. Einfacher liegt die Sachverhaltsaufklärung, zumindest was die Todesursache anlangt, bei Erstickungstod durch Verschüttetwerden des Opfers. Schließlich ist bei Tod in engen Räumen an Sauerstoffmangel zu denken, der besonders bei Benutzung sauerstoffverbrauchender Geräte eintritt; giftige Gase werden bei den Giftspuren behandelt.

(f) Dem Ersticken verwandt ist das **Ertrinken,** das als solches aber mehr auf Unfall (Badetod) oder Selbstmord hinzudeuten pflegt. Immerhin kommt auch das Ertränken als Tötungsart vor.

Hughes S. 237ff.; *Prokop/Göhler* S. 120ff.

Am ehesten noch findet man Praktiken des Ertränkens bei betrunkenen Opfern oder beim Beseitigen eines verräterischen Verletzten nach einem Verkehrsunfall. Natürlich kann es zu einem Tod durch Ertrinken auch dadurch kommen, daß jemand bei einer Auseinandersetzung in das Wasser fällt und der Täter, obwohl er das nicht beabsichtigt hatte, Hilfe bzw. Anzeige unterläßt.
Sichere Anhaltspunkte liefert hier im allgemeinen erst die Obduktion. Selbst Fesselung oder Beschwerung der Leiche kommen auch bei Selbstmord vor.

(g) Tod durch **Verbrennen** beruht überwiegend auf Unfall. Ist schon die Selbstverbrennung selten, so gehört der Mord durch Verbrennen zu den ganz seltenen Tötungsarten.

Hughes S. 244ff.; *Prokop* in Prokop/Göhler S. 141ff.

Eher schon kommt es vor, daß der Täter auf diese Weise die Leiche seines Opfers beseitigen oder einen Unfall vortäuschen will. Während Tod durch natürliche Hitze (Hitzschlag, Sonnenstich) nur unter ganz besonderen Umständen strafrechtlich relevant sein dürfte, was schon eher bei schädigenden Strahlen der Fall sein kann, werden extrem hohe Temperaturen doch mitunter in Tötungsabsicht eingesetzt. Deshalb ist auch hier schon auf die Spuren des Verbrennens und des diesem ähnlichen Verbrechens einzugehen.

Der Mediziner unterscheidet drei Grade der Verbrennung mit jeweils typischen Spuren am Körper des Betroffenen. Schon Temperaturen um 60 Grad können Hautrötung (Erythem) hervorrufen. Bei Verbrennungen 2. Grades, die außer von der Höhe der Temperatur auch von der Dauer der Einwirkung abhängen, kommt es zu Blasenbildung der Haut. Doch läßt sich bei Brandleichen nicht ohne weiteres an Hand solcher Brandblasen entscheiden, ob es sich dabei um eine vitale oder postmortale Reaktion handelt. Kennzeichnend für Verbrennungen 3. Grades ist die Nekrose, ein Auflösen und Zerstören des betroffenen Gewebes, zu dem es schon bei Temperaturen über 65 Grad kommen kann, wenn diese länger einwirken. Eine weitere Form von Brandspuren am menschlichen Körper, die aber nur bei Brandleichen anzutreffen ist, stellt die Carbonisation dar, bei welcher Gewebeteile in verkohlte Masse verwandelt werden. Natürlich gibt es noch weitere Brandspuren am und im menschlichen Körper wie die sogen. Krähenfüsse (vom Ruß helle Striche etwa durch Zusammenkneifen der Augen) oder eingeatmete Brandsubstanzen wie Rauchpartikel, Ruß in den Atemwegen.

Die an der Brandleiche vorhandenen Spuren kann nur der Rechtsmediziner sachgerecht deuten.

(h) Dasselbe gilt für Tod durch elektrischen Strom, wenngleich **Elektrizität** dann und wann auch als Tötungsmittel benutzt wird.

Svensson/Wendel S. 288ff.; *Schwerd,* W.: Einwirkung von elektrischer Energie – in: KlbRMed S. 76ff.; *Radam* u. *Strauch* in Prokop/Göhler S. 155ff.

Häufiger aber handelt es sich dann um Selbstmord. Obwohl daher der Schwerpunkt Unfälle und damit ggf. Verantwortlichkeit wegen fahrlässiger Tat sind, soll hier zumindest kurz auf Spuren von Elektrizität am menschlichen Körper eingegangen werden.

Dabei ist hier weniger an kosmische Elektrizität wie beim Blitzschlag zu denken, der strafrechtliche Verantwortlichkeit lediglich ausschließt, als vielmehr an den im Haushalt und Industrie benutzten elektrischen Strom. Gerade bei Todesfällen durch Elektrizität kommt es mehr noch als auf Stromstärke und -spannung auf Umgebung und Zustand des betroffenen Menschen an; z.B. bietet trockene Haut ungleich mehr Widerstand als feuchte. Auch Wechsel- und Gleichstrom wirken etwas unterschiedlich.

Während bei einem elektrischen Flammenbogen – insb. hochgespannten Stromes – die Spuren dem Verbrennen ähneln, sieht es bei einem körperlichen Kontakt anders aus, wenngleich es auch hier – je nach Art und Dauer – zu Rötung oder Blasenbildung kommen kann. Charakteristisch für Kontakt mit elektrischem Strom ist die sogen. Strommarke, die mitunter sogar ein Abdruck des Leiters sein kann. Sie kann aber recht schwach ausgeprägt und nur mikroskopisch exakt (verkochtes Gewebe) festzustellen sein. Bei hochgespannten Strömen kann die Strommarke geschmolzene Metallpartikel (Stromperlen) enthalten.

(i) Kälte kann zwar beim Erfrieren Todesursache sein, wird aber kaum als Tötungsmittel eingesetzt und kommt auch bei Unfällen nur selten vor. Deshalb kann Strafbarkeit sich hier nur unter ganz besonderen Umständen ergeben.
Alle diese Spuren von Verletzungs- und Tötungswerkzeugen, die bei Straftaten vor allem gegen Menschen eingesetzt werden, erfordern das Mitwirken eines Gerichtsmediziners, aber auch anderer, mit dem fraglichen Instrument oder Mittel besonders vertrauter Experten.

bb) Einbruchswerkzeuge

Einbruchswerkzeuge, die außer bei Diebstählen u.U. auch bei Raub, Hausfriedensbruch und Sachbeschädigung verwendet werden, verursachen beim gewaltsamen Aufbrechen von Türen, Fenstern, Behältnissen usw. in der Regel signifikante Ein- und Abdruckspuren, weil das Werkzeug durch Kraft unmittelbar auf Gegenstände wirkt.

Dabei ist außer an Brecheisen und sonstige Hebel auch an andere Werkzeuge wie Schraubenzieher oder Messer zu denken. Dasselbe gilt natürlich für spezifische Einbruchswerkzeuge wie den „Knabber", den man beim Aufreißen von Geldschränken verwendet. Nach Lage der Dinge können aber auch beim Einbruch Werkzeuge der oben bei Tötung oder Verletzung geschilderten Art (d–bb, e–aa) angewandt werden. In manchen Fällen kommt es auf von Werkzeugen verursachte Gleit- oder Schartenspuren an, die z.T. mit der Beschaffenheit des Werkzeugs – z.B. infolge der Produktionsvorgänge – zusammenhängen können.

Svensson/Wendel S. 50ff.;: *Nickenig,* A./*Roßgoderer,* F.: Werkzeuge, ihre Charakteristik und ihre Spuren am Tatobjekt – in: TbKrim VIII, S. 155ff., (1958); *Kirk/Thorton* S. 282ff.

Werkzeugspuren, die beim Nachschließen von Schlössern entstehen, sind dagegen in der Regel ziemlich unauffällig. Sie werden erst dann entdeckt, wenn man das Schloßinnere – insb. den Riegel und die Zuhaltungen – bzw. den bei der Tat innen steckenden Schlüssel prüft. Wird dieser Schlüssel von außen mit zangenartigen Werkzeugen gedreht, finden sich oft brauchbare Spuren. Benutzt man andere Instrumente zum Nachschließen, finden sich gewöhnlich nur leichte Kratzer oder Schleifspuren, die oft nicht exakt auf ein Werkzeug bestimmter Art hinweisen.

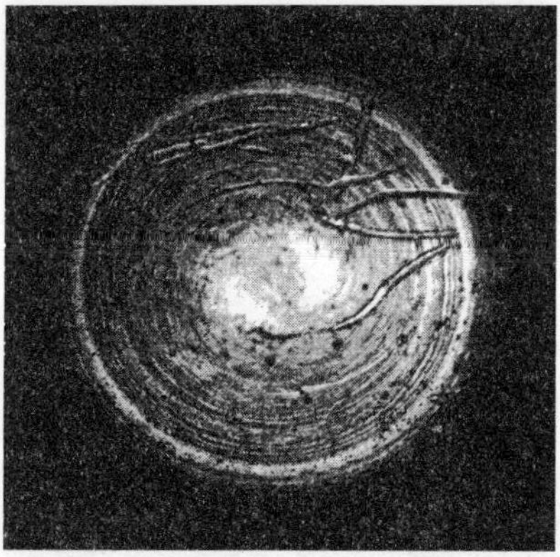

Abb. 14/22. Bei einem Öffnungsversuch entstandene Kratzspuren an einem Zuhaltungsstift (Maßstab 15:1)

Zusammen mit anderen Spuren stellen sie in allen diesen Fällen ein wichtiges Mittel der Verbrechensaufklärung dar; deshalb sollten bei derartigen Ermittlungen möglichst mit diesen Verbrechenstechniken besonders vertraute Kriminalbeamte mitwirken.

cc) Spuren von Kraftfahrzeugen, Fahrrädern usw.

Bei den bereits erwähnten Spuren von Kraftfahrzeugen, Fahrrädern und anderen Verkehrs- oder Transportmitteln sind kriminaltechnisch vor allem Radspuren wichtig, die es u.U. ermöglichen, die Art des verwendeten Fahrzeugs und sogar seine Fahrweise festzustellen. Auch hier kann es sich wie bei den Fußspuren auch um Ein- oder Abdrücke handeln.

Groß/Seelig (8/9) II–405 ff.; *Svensson/Wendel* S. 154 ff.; *Wigger,* Ernst: Kriminalistischer Leitfaden – BKA 1965/1–3– S. 123 ff.; *O'Hara/Osterburg* S. 114 ff.; *Kirk/Thorton* S. 80 ff.; *Pohl,* Klaus Dieter: Naturwissenschaftlich-kriminalistische Spurenanalyse bei Verkehrsunfällen – Arbeitsmethoden d. med. u. naturwiss. Kriminalistik Bd. 14 – Lübeck 1975 – S. 14 ff.

Bei der Suche nach Fahrzeugspuren ist wie bei den Fußspuren selbstverständlich die unterschiedliche Bodenbeschaffenheit zu beachten, die in Städten oder auf asphaltierten Straßen vielfach das Entstehen derartiger Spuren verhindert. Ausnahmsweise kann hier wie auch bei anderer Bodenbeschaffenheit am Tatort nicht nur die Richtung, die das Fahrzeug eingeschlagen hat, sondern dessen Typ ermittelt werden. Da eisenbereifte Fahrzeuge, die ebenfalls typische Ein- und Abdrücke hinterlassen können, in den meisten Ländern selten geworden sind, kommt es vor allem auf die Gummibereifung an. Diese kann außer ihrer Größe und Form auch Besonderheiten aufweisen, welche auf Unfälle oder Abnutzung zurückzuführen sind.

Schon Spurbreite, -länge und -weite lassen ebenso wie der Radabstand u. U. Schlüsse auf die Art und den Typ des fraglichen Fahrzeugs zu. Zu den Reifenmustern, die hier durch Vergleich mit Pneumatikatlas oder Reifensammlung wertvollen Aufschluß bieten, können Abnutzungserscheinungen und Defekte hinzutreten, die sogar eine positive Identifizierung ermöglichen.

Die Benutzung von Fahrzeugen kann übrigens noch andere Spuren verursachen. Außer an Verlust von Kühlwasser, Öl und dergl. ist bei Beschädigung an Materialspuren (Glas, Lacksplitter) zu denken, die kriminaltechnisch ausgewertet werden können. Ferner kann das Fahrzeug, wenn es andere Gegenstände streift, an ihnen Formspuren hinterlassen. Bei

Abb. 14/23. Reifenspuren
1. Nach einem Großvieh-Diebstahl auf einer Weide gesichtete Reifeneindruckspur;
2. Reifen des Tatfahrzeugs, der als Spurenverursacher identifiziert wurde.

Unfällen ist auch das Opfer auf von dem Tatfahrzeug herrührende Form- und Materialspuren zu untersuchen. Umgekehrt können sich am Fahrzeug Spuren vom Opfer oder einem anderen Fahrzeug finden. Typische Materialspuren, die u.U. auf ein bestimmtes Fahrzeug als Spurenverursacher schließen lassen, sind neben alsbald zu behandelnden Glasspuren (unten dd) Farb- und Lacksplitter, auf die später bei den Beschmutzungsspuren (unten 2–b) zurückzukommen sein wird, obwohl sich vom Fahrzeug des Tatverdächtigen herrührende Spuren selbstverständlich auch am Tatort finden lassen. Auf andere mit dem Kraftfahrzeug zusammenhängende Spuren wie den Zustand der Beleuchtung wird zweckmäßig erst im Rahmen der besonderen kriminaltechnischen Untersuchungsmethoden (§ 15–VI–E) einzugehen sein.

Je nach Art der Spur ähnelt die Spurensicherung mehr den Fuß- oder Fingerspuren oder sind die bei Materialspuren wesentlichen Grundsätze zu beachten. Auch die Lage der Spuren kann sehr aufschlußreich sein.

dd) Glasspuren

Die Bedeutung der Glasspuren erklärt vor allem daraus, daß Glas leicht zu brechen pflegt. Außer an mechanische Gewalt wie sie mit der Anwendung von Tötungs- und Verletzungswerkzeugen oder Einbruchswerkzeugen bzw. mit einem Unfall verbunden ist, sollte man hier aber auch an Wärme bei Bränden und Explosionen denken. In allen derartigen Fällen kann die Beschaffenheit Rückschlüsse auf den verursachenden Vorgang zulassen. Außer als Formspur kann Glas schließlich als Materialspur bedeutsam werden; denn auch ungeachtet schon äußerlich unterschiedlicher Glasarten wie Hohl-, Flach-(Fenster-), Milch- oder Verbundglas oder ohne weiteres erkennbare Farbzusätze zeigt die stoffliche Beschaffenheit bei genauerer Analyse gewöhnlich beträchtliche Unterschiede. Selbst besondere physikalische Eigenschaften erlauben es nicht selten, Glasspuren zu identifizieren.

Groß/Seelig (8/9) II–264ff.; *Svensson/Wendel* S. 138ff.; *Brandt,* Jakob: Glasbrüche – in: TbKrim XV, S. 185ff. (1965); *Schöntag,* Adolf: Schußbeschädigungen an Glasplatten bei Auftreffgeschwindigkeit von 50–300 m/sec. – Arch. f. Krim. Bd. 147, S. 16ff. (1971); *Kijewski,* Harald: Die Spannungsdoppelbrechung von Polyvinylbutyral als Hilfsmittel zur Unterscheidung von Schuß und Schlag an Verbundglasscheiben – Arch. f. Krim. Bd. 154, S. 83ff. (1974); *O'Hara/Osterburg* S. 239ff.; *Kirk/Thorton* S. 240ff., 255ff.; *Pohl,* Klaus Dieter: Naturwissenschaftlich-kriminalistische Spurenanalyse bei Verkehrsunfällen – Arbeitsmethoden d. med. u. naturwiss. Kriminalistik Bd. 14 – Lübeck 1975 – S. 205ff.

Bei Glasbrüchen kann u.a. an Hand des Bruches die Richtung ermittelt werden, aus der Gewalt mittels eines Schlagwerkzeugs oder einer Waffe angewandt worden ist. Der Bruchquerschnitt verläuft meist flach an der Bruchseite, später mehr senkrecht.

Auch die Verwendung eines Glasschneiders ist leicht zu erkennen; der durchweg senkrechte Bruchquerschnitt zeigt an der Ritzfurche kleinmuschelige Brüche. Diese Spuren sind also beweiskräftiger als der Fundort der Glasscherben. Obwohl man erwartet, daß diese auf der dem Druck entgegengesetzten Seite zu finden sind, kann die Situation bei besonderer Ausführungsart und sonstigen Manipulationen auch anders sein.

Bei mehreren Glasbrüchen ist es mitunter wichtig, ihre zeitliche Reihenfolge zu ermitteln. Hierfür hat man ebenfalls Erkenntnisse erarbeitet. Während sich z.B. beim ersten Schuß die radiären Riße ungehindert nach allen Seiten ausbreiten, enden sie beim zweiten oder folgenden Schuß an den bereits schon vorher entstandenen Rissen. Im übrigen wird darauf bei den Schußspuren einzugehen sein.
Besonderheiten ergeben sich bei Glasspuren, wenn Hitze oder Explosion einwirken. Während sich das Glas vor dem Bruch etwas zur Hitzequelle hinzubiegen pflegt, werden bei einer Explosion die Glasscherben entgegengesetzt zu der abgewandten Seite geschleudert. Glas kann schließlich als Materialspur bedeutsam werden, wenn beispielsweise die Scherben etwa bei einem Verkehrsunfall vom Tatfahrzeug herrühren könnten.

ee) Brand- und Explosionsspuren

Streng genommen weniger Arbeitsspuren von Werkzeugen, sondern mehr die Folgen physikalischer Wirkung von Kräften oder Materialspuren finden sich nach Bränden oder Explosionen. Insbesondere geht es hier um die Brandmittel, das sind Materialien oder Gegenstände, die einen Brand oder eine Explosion verursachen können; doch sind mitunter auch Form- sowie Situationsspuren aufschlußreich. Aufschlußreiche Spuren finden sich aber auch an den in Mitleidenschaft gezogenen Gegenständen. Sie alle helfen, die Brandursache zu klären sowie Entstehung und Verlauf eines Brandes oder einer Explosion zu rekonstruieren. Bezüglich der dadurch am menschlichen Körper bewirkten Spuren kann auf das bei den Tötungs- und Verletzungswerkzeugen Gesagte verwiesen werden.

Meinert, Franz: Die Brandstiftung und ihre kriminalistische Erforschung – Lübeck 1950; *Graßberger,* Roland: Spurensuche in Brand- und Explosionsfällen. Aufklärung von Versicherungsbetrug – Arch. f. Krim. Bd. 115, S. 165ff. (1955); *Wigger,* Ernst: Kriminalistischer Leitfaden – BKA 1965/1–3–S. 301ff., 483ff.; *Kirk/Thorton* S. 443ff., 458ff.

Bei den Brandmitteln ist außer an leicht entflammbare Flüssigkeiten oder andere Substanzen vor allem an Zünder zu denken, die chemisch oder mechanisch – eventuell kombiniert – wirken können. Bei Brandstiftung kommt es im Zusammenhang mit der Brandursache ferner auf die Art und Weise der Zündung an. Finden sich schon bei Initialzündung des öfteren kriminaltechnisch brauchbare Anhaltspunkte (Materialspuren oder Reste des Zündmittels), so ist die Lage häufig noch günstiger, wenn der Brandstifter, um sich ein Alibi zu verschaffen, mit einem Zeitzünder arbeitet. Denn die bei den Verbrechenstechniken geschilderten Apparaturen und Vorrichtungen hinterlassen verständ-

licherweise noch häufiger auswertbare Spuren, wenngleich die Suche nach ihnen sich an der Brandstätte schwierig gestalten kann. Die sogenannten Aschespuren können außer auf Stoffe der unbelebten Welt auch auf organische Substanzen hinweisen, die durch Verbrennen von Menschen, Tieren oder Pflanzen entstehen; gerade über die Wirkung von Hitze auf den menschlichen Organismus gibt es ein umfangreiches medizinisches Schrifttum. Noch mehr als bei vorsätzlichen Brandstiftungen, obwohl Täter auch hier diese Möglichkeiten nutzen, kommt es bei Fahrlässigkeitsbränden außer auf das entzündete Material auf die Art der Zündung an. Denn neben offene Feuer oder deren Rückstände bzw. Feuerungsanlagen sind mit der technischen Entwicklung Elektro- und Gasgeräte bzw. -anlagen getreten. Außer der hier möglichen Wärmeentwicklung kann bei entsprechenden Umständen schon die Funkenbildung für Brand oder Explosion ausreichen.
In Brandfällen ist ferner selbstverständlich an natürliche Ursachen zu denken. Außer Blitzschlag ist hier vor allem die Möglichkeit Selbstentzündung zu beachten, die auf chemische bzw. mikrobiologische Vorgänge zurückzuführen ist.

Spuren bei Selbstentzündung von Heu

Abb. 14/24

Abb. 14/25

Abb. 14/24. Freigelegter Glutkessel in einem Heustapel.

Abb. 14/25. Glutkessel in der Nähe einer Scheunenwand.

Ebenso wie Heuhaufen können sich in Handwerk oder Industrie benutzte Stoffe unter bestimmten Voraussetzungen, die mitunter als Fahrlässigkeit Verantwortlicher zu werten sind, so erwärmen, daß es zu einem Brand oder einer Explosion kommt.

Diesen Brandursachen sind andere verwandt, bei denen z. B. Reibungswärme ursächlich ist, wie sie insb. bei nicht richtig funktionierenden Maschinen oder Anlagen im Handwerk bzw. Industrie entstehen kann.
Noch komplizierter ist die Spurensuche nach einer **Explosion,** wenngleich hier noch eher als an Sprengstoffdelikte an Unglücksfälle zu denken ist, für die jedoch Verantwortung wegen fahrlässiger Tat in Betracht kommen kann. Selbstverständlich ist hier die Mitwirkung von Experten schon bei der Spurensuche unerläßlich.

Am abgesperrten Tatort ist also in allen diesen Fällen vorzugsweise von den Experten zu ermitteln. Nur von ihnen ist eine Antwort auf die Frage zu erwarten, wo der Brand entstanden sein kann (Brandherd) und daher Spuren der Brand- oder Explosionsursache gefunden werden können. Außer an sichtbare ist auch an latente Materialspuren zu denken. In vielen Fällen wird es zu diesen Zwecken nötig sein, den Brandschutt schichtweise abzutragen. Selbstverständlich ist aber auch auf andere, insb. von Tatverdächtigen hinterlassene Spuren zu achten.

ff) Giftspuren

Mit ähnlichen Zielen wie Tötungs- und Verletzungswerkzeuge setzen andere Rechtsbrecher Gifte und ähnliche Substanzen – z.B. Drogen, Rauschgifte – ein. Obwohl hier mitunter schon bei der Spurensuche der Sachverständige nötig sein wird, weshalb alles am besten bei den einzelnen kriminaltechnischen Untersuchungen behandelt wird, erscheinen doch schon hier einige Hinweise für nicht besonders ausgebildete Ermittlungsbeamte angebracht.

Groß/Seelig (8) I–320ff.; *Svensson/Wendel* S. 293ff.; *Wigger,* Ernst: Kriminaltechnischer Leitfaden – BKA 1965/1–3–S. 337ff.; *Kirk/Thorton* S. 322ff., 336ff.; *Geldmacher-v. Mallinckrodt:* Gifte und Vergiftungen – in: HdwRMed I–86ff.; *Prokop/Göhler* S. 371ff.; *Geldmacher-v. Mallinckrodt:* in Mueller (2) II–787ff.

Die bei der Toxilogie (§ 15–IV–A–2) noch genauer zu behandelnden Gifte sind organische oder anorganische Stoffe, die bereits in relativ kleinen Mengen durch chemische oder chemisch-physikalische Wirkungen Gesundheit oder Leben von Menschen gefährden.

Der Form nach kann es sich dabei um feste, flüssige oder gasförmige Stoffe handeln. Nach der Wirkung kann man beispielsweise Blut-, Organ- (Herz, Magen-Darm, Niere, Leber, Lunge), Nervengifte und andere Giftarten unterscheiden.

In der Praxis spielen Giftspuren vor allem bei Tötungen und Körperverletzungen, aber auch bei Lebensmitteldelikten, Sachbeschädigungen usw. eine Rolle. Da Giftspuren im menschlichen Körper oder in Ausscheidungen desselben der gerichtsmedizinischen Untersuchung vorbehalten sind, ist hier vor allem auf Verdachtsumstände hinzuweisen, die eine solche Untersuchung als notwendig erscheinen lassen. Allerdings bedeutet das Fehlen derartiger charakteristischer Veränderungen nicht, daß man auf den Experten verzichten kann, wenn beispielsweise andere Umstände auf die mögliche Verwendung von Gift oder ähnlichen Substanzen hinweisen.

Besteht Vergiftungsverdacht, so finden sich die besten Spuren gewöhnlich in den Körperflüssigkeiten und -ausscheidungen des Verstorbenen oder Erkrankten. Da der Giftnachweis mitunter schwierig ist, müssen aber auch andere Umstände sorgfältig festgehalten werden. Ist die endgültige Beurteilung selbstverständlich die Sache des toxikologischen Experten, sollte sich der Kriminalist doch zumindest über solche Anzeichen informieren, die in der Praxis häufiger vorkommen.

Manche Giftstoffe haben bereits einen typischen Geruch, andere pflegen die Farbe der Haut, des Gesichts, der Lippen oder der Totenflecken zu verändern. Auch ungewöhnlich gefärbter Urin oder farbige Partikel im Erbrochenen deuten auf gewisse Gifte hin. Ebenso wie besonders gefärbter Ätzschorf an der Mundpartie ein Indiz für Giftstoffe ist, deutet Haarausfall auf Thallium hin und gibt es – wenn auch nicht in jedem derartigen Vergiftungsfall – auffällige Krankheitserscheinungen, die ebenfalls schon bei den Ermittlungen festgehalten werden sollten.

Bei Todesfällen mit Giftverdacht ist auf eine schnelle Obduktion durch einen toxikologisch erfahrenen Experten Wert zu legen, ggf. muß Exhumierung erfolgen. Doch sind hier und in anderen Fällen außer der Kleidung des Opfers auch die am Fundort der Leiche greifbaren verdächtigen Stoffe zu sichern, zu denen stets Arzneimittel, Schlafmittel, Suchtstoffe und dergl. zu rechnen sind. Ferner sind Trink-, Eß- und Kochgeräte auf Rückstände zu prüfen.

Bei giftigen Gasen ist bei der Spurensuche natürlich entsprechend anders zu verfahren. Sowohl bei erfolgreicher als auch erfolgloser Suche nach Giftspuren wird man sich sodann – wie alsbald noch zu schildern sein wird (2–c–dd) – auf den Tatverdächtigen und seinen Lebensbereich konzentrieren.

2. Spuren am Tatverdächtigen und in seinem Lebensbereich

Spuren am Tatverdächtigen und in seinem Lebensbereich werden zwar gewöhnlich erst dann verfügbar, wenn die Ermittlungen bereits gewisse Erfolge gezeitigt haben. Sie sind deshalb jedoch nicht weniger wichtig, sondern sogar besonders geeignet, den Tathergang aufzuklären und den Täter zu überführen.

Svensson/Wendel S. 16ff.

Zum Teil entsprechen sie denjenigen, die man am Tatort oder Opfer findet, weshalb wir uns hier kurz fassen und auf das dort Gesagte verweisen können. Doch erscheint gliederungsmäßig ein Überblick notwendig, um die Probleme der Spurensuche in diesem Bereich hinreichend deutlich zu machen.

a) Verletzungsspuren

In diesem Zusammenhang ist auf die vielfältigen Verletzungsspuren einzugehen, die auch der Täter eines Verbrechens davontragen kann. Obwohl derartige Verletzungen recht verschiedenartig sein können, dominieren in der Praxis die drei folgenden Gruppen von Spuren. Im übrigen ist auf das oben (1–e–aa) zu den Spuren von Tötungs- und Verletzungswerkzeugen Gesagte zu verweisen.

aa) Verletzungen durch Waffen und Werkzeuge

An erster Stelle sind Verletzungen durch Waffen oder Werkzeuge zu erwähnen. Solche kann auch der Tatverdächtige bei Gewaltdelikten und anderen Straftaten wie Einbruchdiebstahl davontragen.

Hier ist zunächst einmal an Hautverletzungen und Ähnliches zu denken, die beim Laden, Entladen oder Repetieren der Waffe entstehen können. Bei einer Selbstladepistole sind solche Spuren, die durch Zurückschnellen des Wagens bewirkt werden, typischerweise zwischen Daumen und Zeigefinger zu suchen.

Bei anderen Waffen, sonstigen Verletzungswerkzeugen oder anderen Instrumenten (z.B. Einbruchswerkzeugen) kann es durch Ungeschicklichkeit oder unerwartete Umstände dazu kommen, daß der Benutzer sich damit selbst verwundet oder gar tötet. Hierzu zählen im Grund auch Verletzungen, welche sich der Täter durch ungeschickte Tatausführung – z.B. beim Zerschlagen einer Fensterscheibe – oder andere Umstände selbst zuzieht.

Schließlich kann das Opfer durch Abwehr mit Waffen oder anderen Werkzeugen den Angreifer verletzen, obwohl diese Verletzungen vom Anlaß her schon zur folgenden Gruppe von Spuren gehören, sollen sie wegen der Gleichförmigkeit der Folgen doch an dieser Stelle erwähnt werden.

bb) Kratz- und Bißwunden

Bei andersartiger Abwehr durch das Opfer – also ohne Waffen oder Werkzeuge – kann der Täter ferner Biß- oder Kratzwunden erleiden, die mithilfe der Vergleichsspuren, die vom Opfer durchweg leicht zu erlangen sind, vom gerichtsmedizinischen Experten gewöhnlich unschwer identifiziert werden können.

cc) Giftspuren

In Vergiftungsfällen können u. U. Körper oder Kleidung des Tatverdächtigen Material- oder Arbeitsspuren dieser von ihm kriminell mißbrauchten Substanzen aufweisen. Natürlich ist auch an Giftreste in irgendwelchen Behältnissen im Lebensbereich des Delinquenten zu denken, die zumindest als Vergleichsmaterial ein wesentliches Indiz werden können. Diese Dinge sind daher möglichst zusammen mit dem Spurenträger zu sichern. Im übrigen ist auch hier wie gewöhnlich der toxikologische Sachverständige einzuschalten (siehe oben e–ff., § 15–IV–A–2).

b) Beschmutzungsspuren

Mehr noch als beim Opfer interessieren beim Tatverdächtigen und in seinem Lebensbereich Beschmutzungsspuren, die insb. vom Tatort oder vom Opfer herrühren können. Sie sind geeignet, mehr oder minder beweiskräftig darzutun, daß die betreffende Person als Träger solcher Spuren am Tatort gewesen sein oder Kontakt mit dem Opfer gehabt haben muß. Es gibt hier, wie kurz angedeutet werden soll, eine ganze Reihe von Spuren, auf die man bei der Spurensuche am Tatverdächtigen und in seinem Lebensbereich achten muß.

Obwohl dann und wann kriminaltechnisch auch ein morphologischer Vergleich von Nutzen sein kann, es also auf die Form ankommt, handelt es sich hier doch überwiegend um Materialspuren, die entweder als solche vom Tatort oder Opfer herrühren können, jedoch auch „Arbeitsspuren" sein können, welche mit der Tatausführung zusammenhängen, um vom Vergleichsmaterial für Tatspuren ganz abzusehen.

Spuren, die bei Aufschweißen eines Geldschranks an der Kleidung des Tatverdächtigen entstanden sind.

Abb. 14/26

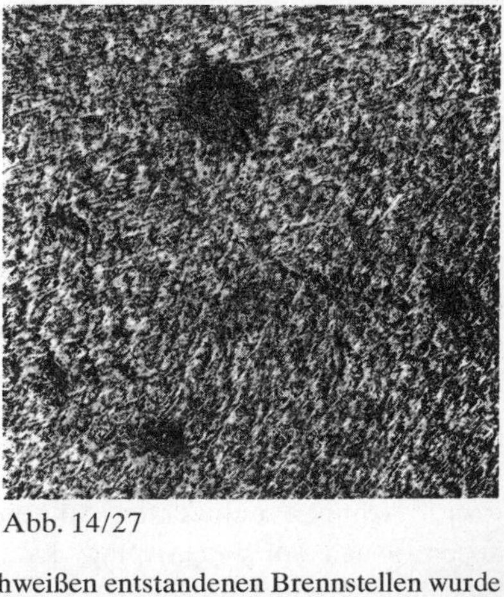

Abb. 14/27

Abb. 14/26. Jacke des Tatverdächtigen; die Lage der beim Schweißen entstandenen Brennstellen wurde durch Stecknadeln kenntlich gemacht.

Abb. 14/27. Brennstellen an der Oberfläche der Jacke. (Maßstab 1 : 3)

Derartige Spuren, die man im weiteren Sinne als Beschmutzungsspuren auffassen kann, sind aber nicht nur am Tatverdächtigen selbst und seiner Kleidung zu suchen, sondern können sich auch an Tatwerkzeugen, insb. an oder in einem vom Täter benutzten Kraftfahrzeug finden (vgl. unten c).
Im einzelnen kann allerdings des öfteren auf das zu den Spuren am Tatort bereits Ausgeführte verwiesen werden. Dennoch ist ein kurzer Überblick wegen der besonderen Bedeutung dieser Spuren hier unerläßlich.

aa) Blutspritzer. Blutflecken

Signifikante Spuren stellen gerade bei Gewaltdelikten oder auch folgenschweren Unfällen Blutspritzer und Blutflecken dar, wenn sie nämlich vom Opfer herrühren. Doch ist die Lage ähnlich wie bei Tatort und Opfer, wenngleich hier je nach Zeitverlauf mit Versuchen der Spurenbeseitigung zu rechnen ist, weshalb die Suche ggf. besonders intensiv durchzuführen ist (vgl. oben 1–c–aa).
Ähnliches gilt für Spuren anderer Körpersekrete (1–c–bb bis ee) oder ähnliche Materialspuren, wenn sie vom Körper des Opfers stammen.

bb) Staub, Schmutz und Boden vom Tatort

Staub, Schmutz oder Boden vom Tatort ermöglichen vielfach exakte kriminaltechnische Beweise. Die Möglichkeiten der Entstehung solcher Spuren sind nahezu unbegrenzt, wenn man sich vergegenwärtigt, daß derartiger Schmutz außer vom Erdboden oder aus Räumen auch von Werkzeugen, Kraftfahrzeugen oder Menschen herrühren kann, weshalb je nach Beschaffenheit die bei anderen Spuren erwähnten Möglichkeiten zu beachten sind.

Svensson/Wendel S. 117ff.; *Wigger,* Ernst: Kriminaltechnischer Leitfaden – BKA 1965/1-3–S. 471ff.; *Kirk/Thorton* S. 240ff., 273ff.

Diese Dinge sind beim Tatverdächtigen und Gegenständen seiner Habe noch wichtiger als bei der Spurensuche am Tatort, die hier mehr Zwecken des Vergleichs und zur Feststellung der Signifikanz dient. Nur ausnahmsweise können sie für das Opfer selbst relevant werden, wenn beispielsweise der Fundort einer Leiche nicht mit dem Tatort identisch ist. Dann sind selbstverständlich ebenfalls die folgenden Erkenntnisse zu beherzigen. Am Rande sei erwähnt, daß gerade die Staubpartikel auch in die Atemwege gelangen können, womit sie jedoch mehr ein Objekt der gerichtsmedizinischen Untersuchung werden.

Derartige Spuren, die organisch oder anorganisch sein können, finden sich öfter am Körper oder der Kleidung des Tatverdächtigen oder auch an von ihm bei der Tat mitgeführten Gegenständen; denn Staub, Schmutz oder Bodenbestandteile können u. U. Tatwerkzeugen oder anderen vom Täter mitgeführten Gegenständen anhaften. Dem pasteurisierten Staub ist der mit Fett angereicherte Schmutz oder, bei Gegenwart von Wasser, Schlamm vergleichbar. Beim Boden handelt es sich durchweg um organische Substanzen, die jedoch auch andere Stoffe enthalten können.

Alle diese Dinge können als Spuren kriminalistisch bedeutsam werden. So kann beispielsweise die besondere Art des Staubes oder Bodens am Tatort, wenn sie mit beim Tatverdächtigen entdeckten Spuren übereinstimmt, auf dessen Anwesenheit schließen lassen. Auch am Arbeitsplatz kann der Staub eine besondere und damit signifikante Zusammensetzung aufweisen.
Die Fundorte von Staub und dergl. sind außerordentlich vielgestaltig. Außer an Kleidungsstücke und Schuhwerk ist auch an den Körper selbst zu denken; wichtig ist hier vor allem der

Fingernagelschmutz. Aber auch in behaarten Partien, Öffnungen des Körpers und Hautfalten können sich solche Substanzen finden.
Bei Ermittlungen wegen Einbruchs oder anderer Delikte „mit einem Tatort" ist außer an Staub und Schmutz daher auch an andere Materialien am Tatort zu denken.

Bei Einbruch durch das Fenster können sich z.B. Glassplitter in der Kleidung des Tatverdächtigen finden. Mörtel- oder Farbreste können ebenso verräterisch sein wie bei einem Geldschrankknacker Anhaftungen der Füllmasse des betreffenden Kassenschrankes oder bei Schweißen mögliche Spuren. Bei Verkehrsdelikten wie Trunkenheit am Steuer ist außer an Staub- und Schmutzspuren vom Täter insb. an Farb- und Lackspuren vom Fahrzeug des Opfers zu denken. Ist das Opfer ein Fußgänger, Radfahrer oder Morradfahrer, so muß bei der Spurensuche ferner an Blutspuren, Haare, Textilfasern oder sonstige vom Opfer stammende Substanzen gedacht werden.

Die Spurensuche kann insb. dann, wenn die fraglichen Substanzen nicht oder nur schwer mit bloßem Auge auszumachen sind, in die Spurensicherung übergehen. Während man früher dabei einen durch Reiben anziehungsfähig gemachten Hartgummistab verwandte, benutzt man heute Bürsten, besondere Staubsauger oder Klebeband, das allerdings für die Auswertung Probleme mit sich bringen kann. Kommt es auf die Herkunft der Stoffe an, so sind natürlich Vergleichsproben erforderlich.

cc) Schmauch an der Schußhand

Charakteristische Beschmutzungsspuren hinterläßt – wie schon angedeutet (oben 1–e–aa–(a)) – vielfach der Gebrauch von Faustfeuerwaffen in Form von Schmauch an der Schußhand. Außer an den eigentlichen Pulverschmauch ist an Rückstände von Pulvereinsprengungen oder vom Geschoß (insb. Bleigeschossen) zu denken.

Dittmer, Reinhart: Spuren an der Schießhand – in: TbKrim XV S. 171 ff. (1965).

Besonders deutlich pflegen diese Spuren bei Revolvern zu sein; der hier zwischen Trommel und Lauf vorhandene Spalt läßt sich bei Schußabgabe mitunter soviel Rückstände entweichen, daß diese sich an nahezu allen Fingern der Schußhand niederschlagen. Bei Nah- oder Kontaktschüssen sind diese Spuren, zu denen dann sogar vom Opfer stammende Blut- oder Gewebespuren hinzutreten können, besonders deutlich.

dd) Fingernagelschmutz

Ähnlich wie bei einem Opfer, das sich zur Wehr gesetzt hat, aber in der Praxis noch häufiger, kann der beim Tatverdächtigen ggf. zu sichernde Fingernagelschmutz eine kriminaltechnische Fundgrube sein.

Schaidt, Gerd/*Michel,* Ursula: Quantitative Untersuchungen über das Vorkommen von Textilfasern im Fingernagelschmutz nach Kontakt mit Textilgewebe – Arch. f. Krim. Bd. 149, S. 21 ff. (1972).

Denn in ihm können u.a. Blutspuren, Haut- oder Gewebefetzen sowie Textilreste bzw. Fasern, die vom Opfer herrühren, zu finden sein. U. U. sind im Fingernagelschmutz ebenfalls enthaltene Staub- oder Bodenspuren vom Tatort beweiskräftig. Da diese Spuren zwar nicht so einfach, wie man sich das vorstellt, zu beseitigen sind, aber doch relativ schnell unbrauchbar werden, spielt insoweit der Zeitfaktor für die Spurensuche eine erhebliche Rolle.

ee) Pflanzen. Faserstoffe. Textilien

Pflanzen oder Faserstoffe werden insb. dann – aber nicht nur – kriminaltechnisch bedeutsam, wenn sie vom Tatort oder Opfer herrühren. Das beim Opfer zu Textil- und

Faserspuren Gesagte (oben 1–d–ff., § 15–II—D–2) gilt natürlich ebenso für die Spurensuche beim Tatverdächtigen, wenn mithilfe derartiger Dinge ein Kontakt mit dem Opfer nachgewiesen werden kann.

Wigger, Ernst: Kriminaltechnischer Leitfaden – BKA 1965/1–3–S. 447ff.; *Kirk/Thorton* S. 310ff.

Außer an Textilien und Fasern pflanzlicher Provenienz ist an Pflanzen aller Art, Teile von ihnen sowie darauf hergestellte Produkte zu denken. Bekannt ist die kriminalistische Bedeutung der für die Holzuntersuchung entwickelten Methoden (§ 15–II–C–2), welche an Struktur, Bearbeitung oder Defekte anknüpfen. Doch auch andere Pflanzen oder pflanzliche Bestandteile bis hin zu Samen und Pollen sowie ihre Asche als Verbrennungsprodukt lassen sich u. U. kriminaltechnisch nutzen.
Beim Tatverdächtigen finden sich derartige Spuren vor allem an seinem Körper und seiner Kleidung, zuweilen an Tatwerkzeugen, Kraftfahrzeugen oder anderweitig (z. B. Diebstahlsbeute, vgl. unten d).
Die den Bodenspuren mitunter ähnlichen Spuren von Pflanzen sind vor allem dann wichtig, wenn im Freien gelegene Tatorte eine besonders charakteristische und seltene Fauna aufweisen. Aber auch sonst kann es dem Tatverdächtigen schwer fallen, die Herkunft solcher Pflanzenspuren plausibel zu machen (§ 15–II–D–1).
Dieselben oder ähnliche Methoden lassen sich bei aus Pflanzen hergestellten Produkten anwenden, welche dann ebenfalls als Materialspur in Betracht kommen. Hier ist beispielsweise an vom Opfer herrührende Tuchfetzen zu denken, die eine pflanzliche Basis aufweisen.

ff) Tierische Spuren
In manchen Strafsachen kann es auf Spuren ankommen, die von einem Tier herrühren. Von ihnen lassen sich insb. Blut- und Haarspuren, wie schon dargelegt, kriminaltechnisch oft gut zur Rekonstruktion des Sachverhalts nutzen (§ 15–I–B–b, II–B–1–a).
Ähnlich liegen die Dinge bei tierischen Produkten, wenn diese beispielsweise die Beute eines Diebes geworden sind.

gg) Mikroorganismen
Mikroorganismen mögen zwar im strengen Sinne zu den tierischen Spuren gehören, ähneln in ihrer praktischen Beweisdeutung jedoch mehr den Pflanzen-, Boden- und Staubspuren. Denn als kleinste Lebewesen finden sich Mikroorganismen wie etwa Bakterien, Pilze oder Algen in bzw. an nahezu allen natürlichen oder künstlichen Gegenständen (§ 15–II–D–3).

Wigger, Ernst: Kriminaltechnischer Leitfaden – BKA 1965/1–3 – S. 483ff.; *Kirk/Thorton* S. 319f.

Es ist also außer an Luft, Wasser, Erdboden, Pflanzen, Tiere und Menschen auch an mancherlei Gegenstände zu denken, auf denen sich solche Mikroorganismen angesiedelt haben können. Je nach Art und Häufigkeit dieser Mikroorganismen können derartige beim Tatverdächtigen ermittelte Spuren dessen Anwesenheit am Tatort vermuten lassen.

Die kriminalistische Bedeutung dieser Spuren ergibt sich vor allem daraus, daß sich bestimmte Arten von Mikroorganismen oder Kombinationen solcher nur unter besonderen Umweltbedingungen (Nährboden, Klima) finden. Sie können daher etwa über die örtliche Herkunft aussagen. Mikroorganismen können ferner auf bestimmte Substanzen oder Entstehungsbedingungen (z. B. Selbstentzündung) hinweisen.

c) Tatwerkzeuge und Spuren an ihnen

Wie bei den am Tatort zurückgelassenen Gegenständen spielen ebenso im Täterbereich Tatwerkzeuge, insb. Waffen, und Spuren an ihnen eine gewichtige Rolle (oben 1–d). Obwohl die Tatwerkzeuge vor allem für Vergleichszwecke wichtig sind, ist doch auch an ihnen anhaftende Materialspuren zu denken, welche im Grunde den Beschmutzungsspuren (oben b) ähneln. Ein Beispiel für solche Materialspuren sind, da im folgenden nur eine Auswahl von Tatwerkzeugen behandelt werden kann, auch Farb- und Lackspuren oder andere Substanzen, die sich nach einem Verkehrsunfall am Fahrzeug des Tatverdächtigen finden lassen. Selbstverständlich können dann und wann auch Formspuren (Finger- und Handflächenabdrücke usw. vom Opfer) in Betracht kommen.

Da zu diesen Spurenarten bereits das Wichtigste gesagt worden ist, sollen nur noch einige Besonderheiten der Spurensuche beim Tatverdächtigen erwähnt werden.

aa) Schußwaffen. Munition

Eine beim Täter gefundene Schußwaffe kann einmal zum Zweck des Vergleichs mit am Tatort ermittelten Arbeitsspuren wesentlich sein, wobei auch an Hülsen und Munition zu denken ist. Sie kann ferner im Zusammenhang mit Materialspuren bedeutsam sein, die entweder ihr anhaften oder von ihr verursacht worden sind (vgl. oben 1–d–aa, 1–e–aa).

Kann eine Faustfeuerwaffe beispielsweise durch Fett oder Rost Spuren in der Bekleidung hinterlassen, in der sie getragen wird, so sind Schmutz- oder Staubanhaftungen häufiger aufschlußreich, um von Fingerabdruckspuren ganz abzusehen. An alle diese Spuren muß schon bei Sicherstellung einer solchen Waffe gedacht werden, damit nicht eine spätere Suche nach derartigen Spuren erschwert oder unmöglich gemacht wird.

Neben der Waffe selbst kommt vor allem die dazu passende Munition als Spur oder doch Spurenträger in Betracht. Das ist besonders wichtig, solange die Tatwaffe noch unbekannt ist, weil so Rückschlüsse auf sie möglich sind. An Hülsen verfeuerter Patronen finden sich bekanntlich Spuren, die es häufig erlauben, die Art der Waffe festzustellen oder sogar die Tatwaffe zu identifizieren. Ähnliches gilt für das Geschoß, das – wie dargelegt – an seiner Oberfläche Spuren aufweist, die auf mechanische Weise durch die Innenfläche des Laufes erzeugt werden, was vor allem bei Waffen mit gezogenem Lauf sehr deutlich ist.

bb) Schnitt-, Stich- und Hiebwaffen, sonstige Verletzungswerkzeuge

Ähnlich wichtig sind andere bei Gewaltdelikten häufig verwendete Tatwerkzeuge wie Schnitt-, Stich- und Hiebwaffen oder sonstige Verletzungswerkzeuge. Bei ihnen kann es auf die Form und von ihnen verursachte Arbeitsspuren (z. B. Vergleichsmaterial), aber auch auf ihnen anhaftende Materialspuren wie Blut, Haut- und Tuchreste ankommen. Es geht hier keineswegs nur um Vergleichszwecke, sondern durchaus um originäre Materialspuren, welche an der Waffe haftend etwa auf Tatort oder Opfer hinweisen können.

Wichtig sind die Verletzungswerkzeuge aber auch dann, wenn die Arbeitsspuren am Opfer oder Tatort – wie des öfteren bei stumpfer Gewalt – auf Anhieb wenig differenziert erscheinen. Hier kann ein geeignetes Werkzeug den Verdacht nachhaltig bestärken. Im übrigen gelten auch hier die oben geschilderten Grundsätze (1–d, e).

cc) Abtreibungswerkzeuge und -mittel

Den Tötungs- und Verletzungswerkzeugen ähneln Abtreibungswerkzeuge und -mittel, die man nur vergleichsweise selten – am ehesten noch bei tödlich ausgegangener Selbstabtreibung – am Tatort, dafür aber eher im Bereich des Tatverdächtigen finden kann; natürlich wird dieser bemüht sein, sie zu verstecken oder zu beseitigen.

Man muß sich daher bei der Spurensuche die große Skala der bei den Verbrechenstechniken geschilderten, für eine Abtreibung geeignet erscheinenden Werkzeuge und Mittel vor Augen führen.

dd) Gifte und andere schädliche Substanzen

Ebenso geht es bei Giften und anderen schädlichen Substanzen – von der damit nachgewiesenen Verfügbarkeit abgesehen – gewöhnlich mehr um den Vergleich mit am Tatort oder Opfer gefundenen Materialspuren (oben 1–e–ff., § 15–IV–A–2). Doch dürfte außer Frage stehen, daß es sich hier um ein wichtiges Glied der Beweiskette handelt, mitunter die Ermittlungsbeamten sogar erst durch Ergebnisse der Spurensuche zu der Wirklichkeit entsprechenden Hypothesen angeregt werden. Obwohl die rein toxokologische Problematik den Experten vorbehalten bleibt, ist bei Giftverdacht gerade die Spurensuche im Bereich des Tatverdächtigen eine wichtige Aufgabe der Kriminalpraktiker. Außer an den Tatverdächtigen und seine Kleidung ist an u. U. in seiner Wohnung aufbewahrte oder an seinem Arbeitsplatz zu erlangende Giftstoffe zu denken.

ee) Einbruchswerkzeuge

Eine große und vielgestaltige Gruppe von Tatwerkzeugen stellen nach dem bei den Arbeitsspuren Ausgeführten (1–e–bb) die Einbruchswerkzeuge dar. Selbst wenn sie überwiegend zu Vergleichszwecken und ggf. zum Schließen der Beweiskette benötigt werden, sollte nicht verkannt werden, daß derartige gegen Sachen angewandte Instrumente keineswegs nur bei Diebstahl wesentlich sind.

ff) Schreib- und Zeichenmaterial bzw. -gerät

Bei schreibenden Rechtsbrechern oder Delikten, bei denen Urkunden und andere Schriftstücke eine Rolle spielen, muß die Spurensuche beim Tatverdächtigen und in seinem Lebensbereich vor allem auf Schreib- und Zeichenmaterial bzw. -gerät Wert legen. Denn mithilfe solcher Gegenstände läßt sich am ehesten der Nachweis führen, daß die Schrift vom Tatverdächtigen herrührt (§ 15–IV–A–3).

Das gilt außer bei Benutzung der Handschrift auch für Straftaten, in denen der Täter mit Maschinen- oder Druckschrift arbeitet. Die für Untersuchung von Hand- und Maschinenschrift wesentlichen Schreibproben zum Vergleich werden bei der Schriftexpertise näher behandelt werden.

d) Tatbeute

Ein weites Feld soll hier schließlich mit dem Begriff der Tatbeute umrissen werden. Ähnlich wie Werkzeuge oder Stoffe, die nachweisbar bei der Tatausführung benutzt worden sind, ermöglichen Dinge, die als Tatbeute fungieren können, häufig den eindeutigen Beweis, daß bei demjenigen, der sie besitzt oder Zugang zu ihnen hat, Zusammenhänge mit diesem Verbrechen oder gar eine unmittelbare Beteiligung daran anzunehmen ist.

Walls, H. J.: Forensic Science – 2. Aufl. – London 1974 – S. 43 ff.

Außer an eine zweifelsfreie Identifizierung durch den Geschädigten ist hier kriminaltechnisch vor allem an das Feststellen von u. U. wieder sichtbar gemachten Kennzeichnungen sowie an Form- und Materialspuren zu denken, welche beweisen, daß der fragliche Gegenstand Teil einer größeren Menge im Besitz des Opfers sein oder sich an einem bestimmten Ort in dessen Lebensbereich befunden haben muß.

B. Fundort der Spuren

Schon der Überblick über die verschiedenen Arten der Spuren läßt erkennen, daß die möglichen Fundorte mitunter an ganz verschiedenen Stellen zu suchen sind. Selbst gleichartige Spuren wie Blutspritzer vom Opfer können sowohl an diesem oder am Tatort als auch an der Kleidung des Täters oder von ihm bei der Tat mitgeführten Gegenständen zu finden sein. Es sei ferner daran erinnert, daß Spurenmaterial, nach welchem zum Zwecke des Vergleichs gesucht werden muß, an ganz anderen Fundorten im Bereich des Tatverdächtigen bzw. Spurenlegers oder bei ihm irgenwie verbundenen Personen oder Stellen zu vermuten ist. Darauf wird in der Kriminaltaktik (§§ 18ff.) zurückzukommen sein.

Dzendzalowski, Horst: Die körperliche Untersuchung. Eine strafprozessual-kriminalistische Untersuchung zu den §§ 81a und 81c StPO – KrimWissAbh. Bd. 5 – Lübeck 1971 – insb. S. 48ff.; *Kirk/Thorton* S. 33ff.

Doch lassen sich für den Fundort von Spuren, wie das im vorangehenden Überblick geschehen ist, zwei große Bereiche unterscheiden: Tatort bzw. Opfer – Tatverdächtiger und sein Lebensbereich. Es ist ferner bereits hier und da hervorgehoben worden, daß manche Spurenarten in beiden Bereichen zu finden sind, während andere nur oder überwiegend in einem dieser Bereiche vorkommen.

Dabei lassen sich, wie später insb. bei Tatortarbeit und Fahndung genauer zu schildern sein wird, in beiden Bereichen weitere Situationen der Spurensuche unterscheiden, die z.T. auch wieder Gemeinsamkeiten aufweisen können. So sind beispielsweise die Gegebenheiten bei einer Spurensuche in Räumen etwas anders als im Freien. Es macht weiter einen Unterschied aus, ob Spuren an Sachen oder an Personen gesucht werden. Das Vorgehen bei Suche nach sichtbaren Spuren weicht von dem ab, was bei nicht ohne weiteres erkennbaren (latenten) Spuren angezeigt ist. Ausgangspunkt oder Anlaß der Spurensuche können Objekte sein, die entweder am üblichen Platz fehlen oder von ihm weggerückt worden sind bzw. sonst merkwürdig anmuten. Umgekehrt können Gegenstände oder Phänomene, die an diesem Ort als unüblich, ungewöhnlich oder fremd erscheinen, Anlaß der Spurensuche sein.
Da das weite Spektrum der Spurenarten wohl hinreichend deutlich geworden ist, sollen im Folgenden einige allgemeine Grundsätze für die Spurensuche aufgezeigt werden, wobei wir uns zunächst auf die Fundorte und damit die Suche als solche konzentrieren. Später soll dann noch kurz auf den für die Dringlichkeit der Spurensuche wesentlichen Zeitfaktor eingegangen werden.

Dabei soll weder den Ausführungen zur Spurensicherung und -auswertung, noch dem Überblick über die verschiedenen Arten kriminaltechnischer Untersuchungen mehr als unbedingt nötig vorgegriffen werden. Dasselbe gilt für die schließlich an Hand einzelner Formen kriminellen Verhaltens zu beleuchtende unterschiedliche Bedeutung dieser kriminaltechnischer Untersuchungen.

Vorweg sei aber nochmals auf die teilweise bereits erwähnte allgemeinere Problematik des Sichtbarmachens **latenter Spuren** hingewiesen. Denn das Auffinden mit bloßem Auge nicht oder nur schwach sichtbarer Form- (insb. Werkzeug- oder Arbeits-) oder Materialspuren ist eine wichtige und nicht selten entscheidende Aufgabe der Spurensuche. Neben Fundort und Spurenträger kommt es naturgemäß vor allem auf die Art der Spur an.
Ein- oder Abdruckspuren können manchmal bereits mithilfe künstlicher Lichtquellen sichtbar gemacht werden, weil sie bei schräg einfallendem Licht deutlicher hervortreten. In anderen Fällen empfiehlt sich – wie teilweise schon ausdrücklich erwähnt – die Verwendung besonderer Lichtarten. Schließlich ist bei Abdruckspuren an die bei der Daktyloskopie

geschilderten Verfahren wie das Verwenden von Einstaubpulver zu denken. Bei latenten Materialspuren ist man dagegen in aller Regel auf chemische oder physikalische Verfahren angewiesen.
Bei Schriftstücken und Ähnlichem kann es außer bei Fingerabdrücken auch sonst auf das Sichtbarmachen latenter Spuren ankommen. Ein typisches Beispiel dafür sind Geheimschriften. Und selbst bei Fälschungen, insb. beim Verfälschen echter Schriftstücke, kann das Sichtbarmachen der durch chemische oder mechanische Rasur beseitigten oder veränderten Schriftzeichen wichtig sein.

Ähnliche Probleme gibt es, wenn Schriftzeichen überall oder teilweise – z. B. durch Tintenkleckse – unlesbar gemacht worden sind. Schließlich kann eine Schrift – bewußt oder unbewußt – durch Einwirken von Feuchtigkeit, Licht oder Hitze unleserlich gemacht worden sein, was – wie gesagt – bis zum Verkohlen des Schriftträgers gehen kann. Auch für derartige Fälle hat man Methoden entwickelt, welche es ermöglichen, die fragliche Spur doch noch zu erkennen und somit ggf. kriminaltechnisch auszuwerten.

Das Fehlen auf Anhieb auszumachender Spuren ist also keineswegs negativ zu werten, sondern kann sogar Anlaß zu besonders sorgfältiger Spurensuche sein, wenn nämlich der Kriminalist nach Lage der Dinge Spuren dieser oder jener Art erwarten kann. Nur so läßt sich beurteilen, ob möglicherweise entstandene Spuren inzwischen – ob mit oder ohne Erfolg – beseitigt worden sind oder ob man sie u. U. durch besondere Praktiken der Tatausführung vermieden hat.

1. Tatort und Opfer

Die Spurensuche muß sich einmal, was mögliche Fundorte anlagt, auf den Tatort und auf das Opfer konzentrieren, sofern dies sich nicht mehr am Tatort befindet. Dabei ist der Begriff des Tatorts weit zu fassen. Außer der eigentlichen Stätte des möglicherweise kriminellen Geschehens muß er auch die Spuren zum und vom Tatort umfassen. Denn diese Spuren lassen also u. U. erkennen, wie der Täter zum Ort des möglicherweise kriminellen Geschehens gelangt ist, z. B. welches Fahrzeug er benutzt hat, wie er in ein Gebäude eingedrungen ist und wie bzw. in welcher Richtung er sich später wieder entfernt hat.

Groß/Seelig (8/9) II–139 ff.

Natürlich interessieren solche Spuren besonders, die auf das schließen lassen, was der Täter am betreffenden Ort getan hat. Die Spurensuche wird erleichtert, wenn dem Ermittlungsbeamten seine Kenntnis im konkreten Fall möglicherweise angewendeter krimineller Techniken Anhaltspunkte dafür liefert, wo Spuren entstanden sein müssen oder können, weil man sich dann zweckmäßig auf solche potentiellen Fundorte konzentriert.

Dabei kann es sich um Tatspuren, die von der Tatausführung als solcher herrühren, oder um Täterspuren handeln, die – wie Fingerabdrücke, Fußspuren, Blut- oder Sekretspuren – Schlüsse auf die Person des Täters zulassen.

Zu den Tatortspuren sind grundsätzlich auch diejenigen Spuren zu rechnen, die sich am Opfer, insb. an der angegriffenen Person und von ihr mitgeführten Gegenständen finden. Derartige Spuren können wie Schmutz oder Staub auf den Tatort oder aber – wie Blut- oder Haarspuren bzw. Bißwunden – sogar auf den Täter hinweisen.

Die Spurensuche am Tatort oder Opfer wird einerseits zwar gewöhnlich dadurch erleichtert, daß dieser Bereich für die Ermittlungsorgane verfügbar ist und sie, sofern nicht das Opfer getötet worden ist, regelmäßig auf dessen Kooperation rechnen dürfen. Andererseits ist er jedoch deshalb problematisch, da je nach Ausgangslage des Verfahrens zunächst nur wenige Anhaltspunkte feststehen, deshalb u. U. viele Spurenarten und alle möglichen Fundorte in Betracht kommen.

Bei der Auswahl und seinem sich danach richtenden Vorgehen ist der Kriminalbeamte in solchen Fällen – wie wir auch in der Kriminaltaktik sehen werden – vorerst auf kriminalistische Hypothesen angewiesen, selbst wenn er die Bereitschaft des Opfers und anderer mit dem Taort vertrauter Personen in der gebotenen Weise nutzt.

2. Tatverdächtiger und sein Lebensbereich

Mögliche Fundorte für kriminaltechnisch brauchbare Spuren sind ferner der Tatverdächtige und sein Lebensbereich. Denn selbstverständlich darf man sich bei vielen Spurenarten nicht allein auf die Person des Tatverdächtigen beschränken; der Gegenstand, von dem eine Material- oder Form- bzw. Arbeitspur herrührt, könnte sich ebenso wie die Tatbeute beim Tatverdächtigen oder in seinem Lebensbereich befinden.
Spuren am Körper des Tatverdächtigen sind deshalb besonders wichtig, weil sie u. U. eindeutige Schlüsse auf seine Anwesenheit am Tatort oder auf das Zusammentreffen mit dem Opfer erlauben. Als Tatortspuren, die beim Verdächtigen zu finden sein können, ist außer an Erd-, Staub- oder Schmutzspuren auch an pflanzliche Spuren oder anhaftende andere Substanzen zu denken. Zu Tatspuren am Täter kann es ferner durch Verletzungen kommen, die er sich bei Tatausführung selbst zugefügt oder die das Opfer durch seine Abwehr (Kratz- oder Bißwunden) bewirkt hat. Dies leitet zu anderen vom Opfer herrührende Spuren über.

Hier ist beispielsweise außer an Blut, Gewebefetzen oder Haare an Textilfasern und dergl. zu denken. Selbst wenn der Täter sich bemüht, derartige Spuren – etwa Fingernagelschmutz – nachher zu beseitigen, kann die Spurensuche bei empfindlichen Methoden (Mikrospur) u. U. doch noch erfolgreich sein.

Charakteristisch für die Spurensuche beim Tatverdächtigen und in seinem Lebensbereich ist, daß man hier nicht auf Kooperation rechnen darf. Das gilt nicht nur für den potentiellen Täter, sondern üblicherweise auch für seine Angehörigen und für andere Personen seiner Sympathie. Zudem kann in vielen Strafsachen die Spurensuche in diesem Bereich nach mehr oder minder langer Zeit einsetzen.

Denn nur selten wird der Tatverdächtige bei der Tatausführung ergriffen oder als solcher unmittelbar nach der Tat am Ort des Geschehens oder anderweitig gestellt, was schnelle Durchführung der Spurensuche ermöglichen könnte. Vielmehr sind oft erst, z. T. langwierige Ermittlungen nötig, bevor sich der Tatverdacht auf eine oder mehrere Personen richtet oder Tatverdächtige untersucht werden können. Je später die Spurensuche nach der Tat erfolgt, desto mehr Zeit und Gelegenheit gibt es, die verräterischen Spuren zu beseitigen bzw. zu verdecken, um von der unbewußten oder natürlichen Spurenvernichtung hier noch abzusehen.

Daher läßt sich als Faustregel festhalten, je mehr Zeit seit der Tat verstrichen ist, desto sorgfältiger muß ggf. die Spurensuche nicht nur am Körper des Tatverdächtigen, sondern vor allem in seinem Lebensbereich durchgeführt werden. Außer an Kleidungsstücke und Werkzeuge ist hier je nach Lage des Falles auch an die oft eindeutig identifizierbare Tatbeute zu denken.

Ferner darf hier wie überhaupt der Begriff Lebensbereich nicht zu eng gefaßt werden. Denn zu den typischen Vorsichtsmaßnehmen Krimineller gehört, daß sie von ihnen als verräterisch empfundene Spuren nach Möglichkeit zu beseitigen oder doch zu verbergen suchen. Sperriges Diebesgut wird der Täter daher möglichst nicht in seiner Wohnung, ja nicht einmal in deren Nebenräumen oder in Gartenlauben und dergl., sondern etwa an der Arbeitsstätte, bei Verwandten oder Freunden verwahren; mitunter können diese Personen sogar gutgläubig sein. Kommen Delinquenten auf noch andere Verstecke wie etwa die Gepäckaufbewahrung oder das Eingraben, so ist eine gezielte Spurensuche erst dann sinnvoll, wenn sich bei den Ermittlungen auch Anhaltspunkte für den Ort ergeben, an welchem man mit Spuren rechnen kann. Aber auch das führt bereits zu Problemen der Kriminaltaktik.

C. Gefährdung der Spuren und Dringlichkeit der Spurensuche

Ein anderer wesentlicher Gesichtspunkt für die Spurensuche ist der Zeitfaktor, der bereits beim Bereich des Tatverdächtigen angesprochen wurde. Aber auch davon abgesehen kann sich eine besondere Dringlichkeit der Spurensuche aus anderen, z.T. ganz natürlichen Umständen ergeben. Denn es sollte klar sein, daß die Spuren, wenn wir uns ihre verschiedenen Arten und ihre unterschiedlichen Fundorte vor Augen führen, in sehr verschiedener Weise gefährdet sind. Außer an u. U. an den Ereignissen ganz unbeteiligte Menschen ist auch an natürliche (z. B. witterungsmäßige) und zivilisatorische Umstände zu denken, welche entstandene Spuren relativ schnell vernichten oder doch erheblich in Mitleidenschaft ziehen und damit entwerten.

Zbinden S. 64 f.

1. Tatortspuren

Besonders gefährdet sind häufiger die eigentlichen Tatortspuren, weil sie je nach Lage nicht nur bewußt, sondern auch unbewußt beeinträchtigt oder gar vernichtet werden können.
In erster Linie ist hier natürlich an den Täter, seine Komplizen oder Sympathisanten zu denken, die solche Spuren nicht gar so selten bewußt zu beseitigen suchen oder durch Legen anderer, irreführender Spuren beeinträchtigen, ein Phänomen, auf das bei der Kriminaltaktik näher einzugehen ist. Dies stellt jedoch ebenso wie das mitunter unbewußte Verändern der Spuren durch den bezeichneten Personenkreis eine allgemeinere Problematik dar, an welche der Kriminalist daher bei allen Fundorten denken sollte.
In der Praxis zumindest ebenso wichtig für die Spurensuche ist die Gefährdung der Tatortspuren durch andere Personen, die dabei gewöhnlich mehr oder weniger unbewußt handeln. Außer Opfer und ihm zur Hilfe eilende oder neugierige Personen kommen hier insb. auch Organe der Strafverfolgung in Betracht; diese können entweder wegen der Notwendigkeit erster Hilfe nicht auf etwaige Spuren Rücksicht nehmen oder aber tun dies unter Mißachtung kriminaltaktischer Grundsätze nicht. Werden auf diese Weise Spuren verändert, so ist es oft schwierig oder unmöglich, den ursprünglichen Zustand des Tatorts zu rekonstruieren, was in manchen Fällen für die richtige Deutung der Spuren unerläßlich ist; zumindest wird außer Spurensuche und -sicherung die Auswertung nicht selten erheblich erschwert.

Ein besonderes Kapitel stellen in diesem Rahmen die Neugierigen dar, die vom Schauplatz eines Verbrechens ebenso wie von Unfällen oder Katastrophen anscheinend magisch angezogen werden. Besonders gilt das, wenn die Stätte des Geschehens im Freien liegt oder sonst der Allgemeinheit zugänglich ist. Das neugierige Publikum ist nicht selten vor den Ermittlungs- und Hilfsdiensten am Tatort, sondern es behindert selbst dann, wenn früher oder später eine Absperrung durchgeführt wird, die auf Hilfe und Aufklärung abzielenden Aktivitäten erheblich. Bei Verkehrsunfällen und sogar in Katastrophenfällen, aber auch bei spektakulären Geiselnahmen tauchen oft Neugierige in solchen Scharen auf, daß selbst Rettungswagen nicht mehr oder zu spät ihr Ziel erreichen können. Obwohl die sich daraus ergebende kriminaltaktische Problematik, die sogar rechtliche Konsequenzen nahelegen können, erst später zu behandeln sein wird, ist dies ein wesentlicher Gesichtspunkt für die Dringlichkeit der Spurensuche. Dabei spiegeln, wie schon hier erwähnt werden soll, bei allem Verständnis für das Interesse an Information nicht gar so selten auch die Mitarbeiter von Massenmedien eine verhängnisvolle Rolle.

Doch selbst ohne derartige Aktivitäten solcher am Tatgeschehen unbeteiligten Menschen sind die Tatortspuren mancherlei Gefahren ausgesetzt, die sich entweder aus der besonderen Situation des Tatorts oder aus klimatischen Verhältnissen ergeben. Ein gutes Beispiel für eine ungünstige Tatortsituation bilden die Verkehrsunfälle. Selbst wenn sie sich nicht, wie in der Mehrzahl, auf einer öffentlichen Straße, sondern im Schienen- oder Luftverkehrsbereich ereignet haben, kann der Unfallort in aller Regel nur für eine knapp begrenzte Zeit gesperrt werden. Zwingt hier also die Notwendigkeit schneller Wiederbenutzung der Verkehrsflächen zu alsbaldiger Suche, kann bei anderen Straftaten die Lage ebenso die für die Spurensuche verfügbare Zeit folglich relativ kurz sein.

Als besonders dringlich kann die Spurensuche ferner aus anderen, gewissermaßen natürlichen Gründen erscheinen. Das gilt häufiger für im Freien liegende, der Witterung ausgesetzte Tatorte, sofern die in Frage stehenden Spuren durch ungünstige Witterungsverhältnisse in relativ kurzer Zeit beeinträchtigt oder beseitigt werden können.

Hier ist beispielsweise auf Fuß- oder Reifenspuren im Freien, insb. bei Schnee und Regen, hinzuweisen. Zwingt in derartigen Fällen das Zusammentreffen von Tatort, klimatischen Verhältnissen und bestimmten Spurenarten zu besonderer Eile, so kann sich die Dringlichkeit der Spurensuche u. U. auch allein aus dem für Veränderungen anfälligen Charakter gewisser Spurenarten ergeben. Selbst ohne besondere Witterungseinflüsse können beispielsweise viele an der menschlichen Leiche zu findende Spuren in relativ kurzer Zeit unbrauchbar werden. Ebenso haben manche Giftspuren eine verhältnismäßig begrenzte Lebensdauer.

Diese besonderen Gegebenheiten bei Tatortspuren, welche die Spurensuche im Einzelfall sehr dringlich machen können, müssen selbstverständlich bei der kriminaltaktischen Planung und Handhabung beachtet werden.

2. Spuren am Opfer

Spuren am Opfer sind vor allem dadurch gefährdet, daß notwendige Hilfe – insb. ärztliche Behandlung – sie in Mitleidenschaft ziehen kann oder muß. In diesem Punkt entspricht mithin die Situation derjenigen, wie sie bei den eigentlichen Tatortspuren bereits geschildert worden ist. Wenngleich die Lage der Opferspuren im Hinblick auf unbewußtes Zerstören oder Beeinträchtigen durch das Opfer oder ihm verbundene Personen ähnlich ist, kann man doch wegen der anderen Interessenlage als bei Tatverdächtigen und Neugierigen von diesen Personen im übrigen regelmäßig mehr Vorsicht erwarten.

Zumal da Spuren im Lebensbereich des Opfers vielfach weder der Allgemeinheit noch zerstörenden Witterungseinflüssen zugänglich sind, kommt es für die Dringlichkeit hier außer auf die praktischen Arbeitsmöglichkeiten vor allem auf die Beschaffenheit der Spurenarten an, die mehr oder weniger stabil sein kann.

3. Spuren am Täter und in seinem Lebensbereich

Spuren am Täter und in seinem Lebensbereich sind bei äußerlich ähnlichen Bedingungen, so paradox das klingen mag, im allgemeinen noch weniger gefährdet, obwohl der Täter selbst oder eine Hilfsperson alles unternehmen werden, um etwaige Spuren zu beseitigen, zu verwischen oder zu verbergen. In der kriminalistischen Praxis ist das jedoch seltener der Fall, als man nach der Schematik von Schöpfungen der Kriminal-Phantasie (Kriminalroman, Kriminalfilm) annehmen sollte. Dafür gibt es mancherlei Gründe.
Eine derartige, gegen die Spuren gerichtete Aktivität setzt zunächst einmal voraus, daß sich der Täter oder ihm verbundene Personen überhaupt über jeweils in Betracht kommende Arten von Spuren im Klaren sind, was bei Mikrospuren vielfach nicht der Fall ist. Selbst bei Spuren, mit denen man rechnet, ist eine Beseitigung nicht oder nur sehr schwer und selten vollkommen möglich, weil beispielsweise die Latenz das Vorhaben des Tatverdächtigen und seiner Helfer ebenso erschwert wie die Arbeit der Strafverfolgungsorgane.
Ferner erscheinen solche Maßnahmen der Spurenbeseitigung oder -verheimiichung nur dann sinnvoll, wenn der Täter eine Spurensuche in seinem Lebensbereich befürchten muß. Und insoweit gehören sehr viele Delinquenten zu den unverbesserlichen Optimisten, die jedenfalls im konkreten Fall nicht mit der Polizei rechnen.

Auch auf diesen Umstand, welcher Spuren erhalten hilft, ist beim Vorgehen Bedacht zu nehmen, um den Täter nicht durch unangebrachte und sichtbare Aktivität, die ihn Verfolgungsmaßnahmen befürchten läßt, zu entsprechenden Schritten zu veranlassen. Es ist zuweilen verblüffend zu sehen, was bei einem Tatverdächtigen, der sich fälschlich in Sicherheit wiegt, noch an brauchbaren Spuren, die an sich hätten beseitigt oder verborgen werden können, zu finden ist.

Manchmal unterbleibt trotz an sich geübter Vorsicht eine hinreichend radikale Spurenbeseitigung, obwohl diese an sich möglich wäre. So scheut man etwa die Vernichtung eines Spurenträgers, da es sich dabei um die erstrebte Tatbeute oder aber ein Werkzeug bzw. Beförderungsmittel handelt, welches der Täter nicht ohne zwingenden Grund missen möchte. Er greift daher selbst als vorsichtiger Mensch nur zu weniger nachhaltigen Maßnahmen, die man bei der Spurensuche im Auge behalten muß.

Am beliebtesten ist insoweit das einfache, mehr oder minder geschickte Verbergen des Spurenträgers; dies kann allerdings nicht nur in der Wohnung des Tatverdächtigen, sondern auch bei ihm nahe stehenden Personen erfolgen. Daneben ist an Reinigungsaktionen zu denken, die aber keineswegs immer so gründlich ausfallen, wie sich das der Täter vorstellt. Und selbst wenn Gegenstände neu gestrichen oder an gewissen Stellen (Prägenummern) so behandelt werden, daß verräterische Spuren nicht mehr ohne weiteres auszumachen sind, ist die Spurensuche zwar schwieriger, aber – wie oben angedeutet – nicht schon deshalb aussichtslos.

Schließlich ist selbst in Fällen, in denen der Täter oder seine Sympathisanten verräterische Spurenträger vernichten, die Spurensuche nicht schon deshalb überflüssig. Sie muß vielmehr bei Verdacht solcher Aktivitäten nur anders angelegt werden. Denn u. U. hinterlassen derartige Aktionen ihrerseits Spuren, aus denen man auf den ursprünglichen Spurenträger und damit so oder so doch auf den historischen Sachverhalt rückschließen kann.
Alle diese Besonderheiten, die eine Spurensuche beim Täter als dringlich erscheinen lassen, sind selbstverständlich bei der kriminaltaktischen Handhabung zu berücksichtigen.

II. Spurensicherung

Erfolgreiche Spurensuche führt zur zweiten wesentlichen Problematik der Spurenkunde, der Spurensicherung oder – wie man früher sagte – der Technik der Asservierung.

Groß/Seelig (8/9) II–297ff., 393ff., 497ff.; *Zbinden* S. 65f.; *Stedry,* W.: Die Arbeit des Spurensicherers – in: TbKrim XI, S. 248ff. (1961); *Driesen,* Horst Hilmar: Probleme der Spurensicherung – in: TbKrim XV, S. 203ff. (1965); *Frei-Sulzer,* Max: Probleme der Spurensicherung – in: GrKrim 7, S. 31ff. (1971); *O'Hara/Osterburg* S. 30ff.; *Meier,* Jakob: Die Spurensicherung – Kriminalistik 1974–151ff., 202ff.

Darunter sind alle Maßnahmen, Methoden und Mittel zu verstehen, die dazu dienen, die aufgefundenen Spuren der verschiedenen Art trotz besonderer Gegebenheiten der Fundorte einwandfrei für die Zwecke späterer Auswertung sicherzustellen bzw. zu fixieren und konservieren. Hierbei ergibt sich selbst dann kein Unterschied zwischen Tat- und Vergleichsspuren, wenn letztere den Strafverfolgungsorganen freiwillig überlassen werden; denn eine andersartige Behandlung des Vergleichsmaterials bei der Spurensicherung würde die Spur u. U. verändern und damit den beabsichtigten Vergleich erschweren oder unmöglich machen. Fällt – wie angedeutet – die Spurensicherung in der kriminalistischen Praxis zum Teil auch mit der Spurensuche zusammen, so handelt es sich doch um einen besonderen Komplex, der am besten als das Bindeglied zwischen Suche und Auswertung zu begreifen ist. Zudem stellt die Spurensicherung ein typisches Arbeitsgebiet des mit den Ermittlungen beauftragten Kriminalbeamten dar.

Selbstverständlich ist die Spurensicherung in denjenigen Fällen, in denen ein Sachverständiger bereits bei der Suche eingeschaltet worden ist, Sache des kriminalpolizeilichen Experten oder des externen Sachverständigen. Dies ändert aber wenig an der Verantwortlichkeit des Kriminalbeamten dafür, daß die exakte Auswertung einer Spur nicht durch unsachgemäße Praktiken der Sicherung, auch des Transports und der Verwahrung, erschwert oder unmöglich gemacht wird.

Die Art und Weise der Spurensicherung richtet sich zunächst einmal nach Spurenart und Fundsituation. Die einfachste Art und Weise der Sicherung ist die Beschlagnahme der Spur oder genauer gesagt des Spurenträgers, von der man andere, im Folgenden zu schildernde Formen der Spurensicherung unterscheiden muß. – Allerdings sind bei der Beschlagnahme von Spurenträgern häufig bereits andere Erfordernisse der Sicherung zu beachten, da sonst durch sachwidriges Vorgehen vorhandene Spuren beschädigt oder gar zerstört werden können; dann aber gibt es nichts mehr zu sichern, was kriminaltechnisch ausgewertet werden könnte. Da somit die Beschlagnahme des Spurenträgers häufig nur eine erste Stufe der Spurensicherung darstellt, erscheint es zweckmäßig, hier mit den Methoden und Mitteln der eigentlichen Sicherung zu beginnen, die man dabei bereits bedenken sollte, um oft folgenschwere Fehler zu vermeiden.

Obwohl die Beschlagnahme zusammen mit anderen Zwangsmitteln erst im Rahmen der Kriminaltaktik (§ 20) im einzelnen zu erörtern ist, sei schon hier vor der Fehleinschätzung gewarnt, daß es sich dabei nur darum handelt, einen als Spurenträger in Betracht kommenden Gegenstand für die Zwecke einer kriminaltechnischen Untersuchung in öffentliche, amtliche Verwahrung zu nehmen.

Ist das mitunter schon wegen der Dimensionen des Gegenstandes nicht möglich oder doch tunlich, so gilt hier dasselbe wie bei unbeweglichen Gegenständen als Spurenträger, soweit nicht spurenträchtige Teile von ihnen isoliert werden können. Hier ist beispielsweise für Delikte mit einem Tatort wie gegen Personen gerichtete Gewalttaten, Einbruchsdiebstähle, aber auch Brand- und Unglücksfälle auf die diesen Gegebenheiten angepaßten Formen der Beschlagnahme durch Absperren und Versiegeln, eventuell sogar Bewachen hinzuweisen.

Ähnlich differenziert aber ist kriminalistisch – wie wir noch sehen werden – die Anwendung anderer Zwangsmittel zu betrachten, die zudem der Spurensicherung rechtliche Grenzen ziehen können. Ein Beispiel dafür sind die strafprozessualen Vorschriften für die körperliche Untersuchung, nach der die Entnahme von Blutproben zur Bestimmung des Blutalkoholgehalts und zu Vergleichszwecken erfolgt. Im übrigen ist dies Sache des Gerichtsmediziners, der dabei die von seiner Disziplin erarbeiteten Grundsätze zu beachten hat (§ 15–I–B).

Grüner; Alkohol – in: HdwRMed I–18 ff., insb. S. 25 f.

Da die Spurensicherung mithin keinesfalls nur im Wege der Beschlagnahme erfolgt, diese vielmehr oft lediglich eine Vorstufe der eigentlich sichernden Arbeit darstellt, erscheint es zweckmäßig, sich zuerst einmal auf die teilweise schon kurz bei den Spurenarten angesprochenen Methoden und Mittel der Spurensicherung zu konzentrieren.
Im Anschluß an diesen Überblick sollen ungeachtet der späteren Ausführungen im Rahmen der Kriminaltaktik kurz einige Probleme der Beschlagnahme der Spurenträger behandelt werden, bevor abschließend auf die sich im Zusammenhang mit Verpackung und Übersendung bzw. Transport ergebenden Fragen der Spurensicherung eingegangen wird.

A. Methoden und Mittel der Spurensicherung

Konzentriert man sich auf spezifische Methoden und Mittel der Spurensicherung, so muß das in diesem Rahmen doch noch relativ allgemein bleiben, weil spezielle kriminaltechnische Methoden zweckmäßiger im Zusammenhang der einzelnen kriminaltechnischen Untersuchungen (in § 15) darzustellen, sind, welche in der Praxis des öfteren damit beginnen. Daher gehört auch die schon bei den Spurenarten hier und da angesprochene Problematik von Vergleichsmaterial, das zu Kontrollzwecken dient, ebenso in jenen Rahmen wie die dabei jeweils zu beobachtenden Grundsätze für Verpackung und Übersendung.
Welche Sicherungsmethode in Betracht kommt oder doch im konkreten Fall vorzuziehen ist, hängt außer von der Art der Spur, ihrer Größe, Lage, Form usw. nicht zuletzt von der Beschaffenheit des Spurenträgers ab. Bei kleinen oder Mikrospuren erfolgt die Spurensuche und damit -sicherung – wie angedeutet – mit einem Hartgummistab oder einem Staubsauger (jeweils neue Filterscheibe!); mitunter genügt auch schon das Ausbürsten oder Ausklopfen von Kleidungsstücken oder anderen Textilien. Bei Flüssigkeiten gestaltet sich die Spurensicherung natürlich anders als bei festen Stoffen.

Pichler/Habersbrunner/Röhm: Tatortkoffer für Mikrospurensicherung – Kriminalistik 1972–198 f.; *Kirk/Thorton* S. 107 ff.

Auf die Handhabung der **Tatortarbeit** und die dafür nötige oder wünschenswerte Ausrüstung soll jedoch erst im Rahmen der Kriminalistik (§ 18–II) genauer eingegangen werden, weshalb hier einstweilen einige Literaturhinweise genügen müssen.

Huelke, Hans-Heinrich: Spurenkunde. Sicherung und Verwertung von Tatortspuren – 3., erw. Aufl. – Hamburg 1965; *Kirk/Thorton* S. 18 ff.

Am besten ist es natürlich immer, die fragliche Spur im Original zu sichern, was jedoch eine vorherige Anwendung der folgenden Sicherungsmethoden keineswegs ausschließt. Ob überhaupt eine Sicherung im Original möglich ist, hängt – wie gesagt – vor allem von der Art des Spurenträgers ab. Selbst wenn hier außer an beweglichen Sachen von nicht großem Ausmaß und Gewicht auch an die bei der Beschlagnahme zu behandelnde Form der Sicherung unbeweglicher Gegenstände zu denken ist, bleiben doch zahlreiche Fälle, in denen der Spurenträger nicht im Original erhalten oder für die Zwecke des Beweisverfahrens verfügbar gemacht werden kann. Hier kommt es dann wesentlich auf die sonst nur zusätzlich angewandten Methoden der Spurensicherung an. Wird die Spur als solche oder der sie enthaltende Teil des Spurenträgers isoliert, so sollte die Ausdehnung nicht zu klein bemessen und der Zusammenhang durch Foto und Beschreibung so klar festgehalten werden, daß er sich auch später noch beurteilen läßt.

1. Fotografie

Ein wichtiges Mittel der Spurensicherung ist die bereits beim Erkennungsdienst (§ 13–IV) behandelte Fotografie.

Groß/Seelig (8) I–365 ff.; *Groß/Seelig (8/9)* II–327 ff.; *Frei,* Max: Moderne Methoden der Tatbefundsaufnahme in der Schweiz (Stereophotogrammetrie) – in: Das kriminalpolitzeiliche Ermittlungsverfahren, hsrg. v. Bundeskriminalamt, Wiesbaden 1957, S. 71 ff.; *Jung:* Die Farbfotografie im Dienste der Tatbefundsaufnahme – in: Das kriminalpolizeiliche Ermittlungsverfahren, hrsg. v. Bundeskriminalamt, Wiesbaden 1957, S. 77 ff.; *Burghard,* Waldemar: Die aktenmäßige Bearbeitung kriminalpolizeilicher Ermittlungsvorgänge – BKA 1969/1–3 – insb. S. 65 ff.; *Schöntag,* Adolf/*Schöntag,* Berhard: Auswertung von Unfallfotos ohne zeitraubende Spurenvermessung am Unfallort – Arch. f. Krim. Bd. 148, S. 1 ff., 157 ff. (1971); *Kirk/Thorton* S. 85 ff.

Sie ist bei nicht transportablen Spurenträgern oder Gegenstands- bzw. Situationsspuren oft unerläßlich, weil sonst eine sichere Rekonstruktion später schwierig oder unmöglich ist. Außer an eine Übersichtsaufnahme vom Tatort ist an Fotografien zu denken, welche die Fundsituation der Leiche oder anderer Situationsspuren fixieren. Für die Tatortübersichtsaufnahme empfiehlt sich des öfteren ein Weitwinkelobjektiv. Für die Aufnahme kleiner

Abb. 14/28a

Abb. 14/28b

Abb. 14/28a. Am Einbruchsort fotografisch gesicherte Eindruckspur eines Absatzes in Neuschnee mit gut ausgeprägten individualcharakteristischen Merkmalen.

Abb. 14/28b. Vergleichseindruck des Absatzes eines beim Tatverdächtigen sichergestellten Schuhs.

Details benötigt man entsprechend leistungsfähige Kameras. Wegen der Fototechnik kann im übrigen auf das früher dazu Ausgeführte verwiesen werden. Aber auch andere Form- oder Situationsspuren können oder müssen fotografisch gesichert werden.
Flüssige oder feuchte Spuren müssen in aller Regel zunächst fotografisch gesichert werden, weil andere Verfahren – z. B. Klebeband – erst nach Trocknen der Substanz anwendbar sind.
Die Fotografie spielt schließlich auch beim Sichern sichtbar gemachter, zuvor latenter Spuren eine große Rolle; das gilt besonders für Fingerabdrücke und andere Abdruckspuren, bei denen man mit Nahaufnahmen zu arbeiten pflegt.
Die Fotografie fungiert mithin nicht nur als eine selbständige Methode der Spurensicherung, sondern ergänzt häufig andere diesem Zweck dienende Verfahren. Durch die hier bestehende Möglichkeit der Vervielfältigung ist dies u. U. auch für die Fahndungsarbeit von Vorteil.

2. Skizze, Zeichnung, Pause

Neben der Fotografie oder an ihrer Stelle benutzt man zum Zwecke der Spurensicherung auch Skizze, Zeichnung oder Pause. Diese Methoden der Spurensicherung sind vor allem dann wichtig, wenn es im Einzelfall nicht möglich ist, die Spur durch fotografische Aufnahme exakt zu sichern, z. B. mit Verzerrungen zu rechnen ist.

Groß/Sellig (8/9) II–298 ff.

Die Skizze kann u. U. – etwa bei Festhalten einer Fußspur oder eines Gangbildes – über die festzuhaltenden Spuren gelegt werden, was bei Verwendung von Transparentpapier exakte Maße und Form verspricht, wird aber häufig nur auf eine mehr oder weniger freie Wiedergabe hinauslaufen. Dabei sollte man jedoch einer freien Handskizze eine maßstabgerechte nicht zu kleine Zeichnung vorziehen; diese Arbeit kann man sich durch Benutzen von Millimeterpapier erleichtern. Zeigen derartige Grundrißskizzen etwa den Tatort gewöhnlich aus der Vogelperspektive, so kann u. U. auch eine Schnittskizze – z. B. bei einem Gebäude – angezeigt sein.
Der Vorzug dieser Sicherungsmethoden liegt darin, daß Wesentliches deutlich hervorgehoben wird und wichtige Maße sich – wie beim noch zu erörternden Abmessen – exakt festhalten lassen. Ein Mangel ist außer unterschiedlicher zeichnerischer Fertigkeit der, daß möglicherweise zunächst fälschlich für unwesentlich Erachtetes in der Zeichnung oder Skizze nicht oder ungenau fixiert wird. Da derartige Unterlassungssünden später kaum oder nur mit Vorbehalten zu korrigieren sind, ist zu empfehlen, derartige Skizzen, Zeichnungen oder Pausen doch von Anfang an möglichst umfassend anzulegen, sofern dadurch nicht Übersichtlichkeit und Genauigkeit beeinträchtigt werden.

3. Fotokopie, Kopie

Mitunter – z. B. bei einem Schriftstück – kann eine Fotokopie bereits eine ausreichende Sicherung sein, zumal da sie unabhängig von dem für andere Zwecke benötigten Original zur Fahndung benutzt werden kann. Sie gibt zumindest den Inhalt und je nach Vollkommenheit der angewendeten Technik auch die Formen einigermaßen exakt wieder.

Groß/Seelig (8) I–365 ff.; *Burghard,* Waldemar: Die aktenmäßige Bearbeitung kriminalpolizeilicher Ermittlungsvorgänge – BKA 1969/1–3 – insb. S. 65 ff.

Allerdings eignen sich Fotokopien – wir wir noch sehen werden – kaum jemals für eine Schriftvergleichung und jedenfalls nicht für Materialuntersuchungen. Diesem Nachteil steht der Vorteil einfacher, schneller und vielfältiger Reproduktion gegenüber.

In anderen Fällen kann oder muß man sich mit einer Kopie, d. h. Abschrift begnügen, wenn es vor allem auf den Inhalt eines Schriftstücks ankommt. Doch lassen die verbesserten Möglichkeiten der Fotokopie diese relativ aufwendige Arbeitsweise in der Spurensicherung immer seltener werden.
Fotokopierverfahren und ähnliche Methoden haben in der Spurensicherung mithin kaum selbständige, sondern mehr eine unterstützende und ergänzende Bedeutung, die vor allem für die Fahndung genutzt werden kann.

4. Abmessen

Im gewissen Sinne dem Fotokopieren und ähnlichen Verfahren vergleichbar fungiert bei der Spurensicherung das Abmessen als eine ergänzende Methode etwa im Zusammenhang mit Fotografie, Skizze oder der noch zu behandelnden Beschreibung. Obwohl man auch Maße für die Fahndung benutzen kann, überwiegt hier in der Praxis doch eindeutig die ergänzende Funktion.

O'Hara/Osterburg S. 54 ff.

Als Methode der Spurensicherung ist das Abmessen vor allem dann wichtig, wenn es auf die Größe, Länge oder Dimension einer Spur oder eines Spurenträgers sowie darauf ankommt, etwas exakt zu lokalisieren. Deshalb kann es sich hier auch um Entfernungen und Maße am Tatort handeln.
Selbst wenn die Ergebnisse des Abmessens andere Sicherungsmethoden unterstützen oder in eine Beschreibung eingehen, handelt es sich doch um ein selbständiges Verfahren der Spurensicherung, das trotz einer einfach anmutenden Technik Fehlerquellen aufweist, die dann bei der Spurenauswertung stören können. Man hat sich daher, um diese Fehlerquellen zu reduzieren, nicht nur um möglichst exakte Meßinstrumente bemüht, sondern namentlich für den Mikrobereich auch besondere Methoden erarbeitet, die hier allerdings nicht im einzelnen geschildert werden können.

Obwohl es sich mitunter – z. B. bei großen Entfernungen – nicht vermeiden läßt, das exakt ermittelte Maß durch eine Schätzung zu ersetzen, sollte man daher nicht ohne zwingende Gründe oder leichtsinnig zu einem solchen Ersatz greifen. Auch Flüchtigkeiten bei der Handhabung können ebenso wie ungenaue Bezeichnungen zu Fehlern führen. Daß man bei der Fotografie u. U. einen Maßstab mit abbildet, und so zwei Methoden in der Praxis synchronisiert, ist oben bereits erwähnt worden.

5. Abformen

Kommt es auf die räumliche Gestalt einer Spur an, so empfehlen sich für die Spurensicherung Abformverfahren, welche außer der Größe auch die Form der Spur plastisch wiedergeben.

Groß/Seelig (8/9) II–338 ff.; *Svensson/Wendel* S. 59 ff., 68 ff.; *Stedry,* Wilhelm: Sicherung und Auswertung von Fußspuren – in: TbKrim VIII, S. 207 ff. (1958); *Putz,* Dentalabdruckmassen als Hilfsmittel bei der Sicherung und Auswertung von Werkzeugspuren – Arch. f. Krim. Bd. 139, S. 65 ff. (1967); *O'Hara/Osterburg* S. 103 ff., 131 ff.; *Kirk/Thorton* S. 50 ff.

Abb. 14/29

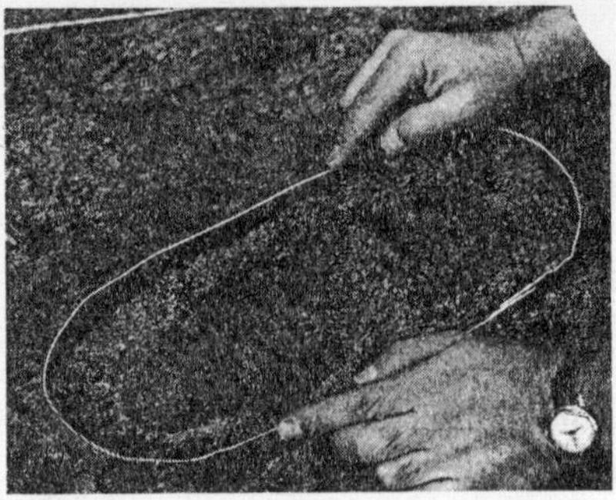

Abb. 14/30

Abb. 14/29. Vorsichtiges Entfernen von Fremdkörpern.

Abb. 14/30. Blechband soll Herausfließen des Gipsbreis verhindern.

Abb. 14/31

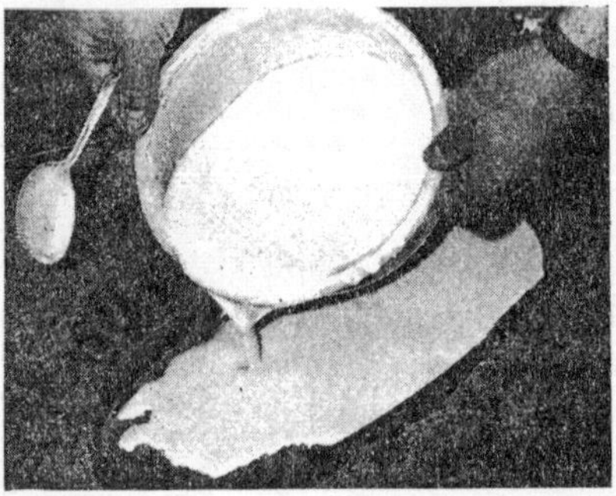

Abb. 14/32

Abb. 14/31. Vorsichtiges Hineinfüllen von Gipsbrei.

Abb. 14/32. Hineingießen weiteren Gipsbreis.

Abb. 14/33

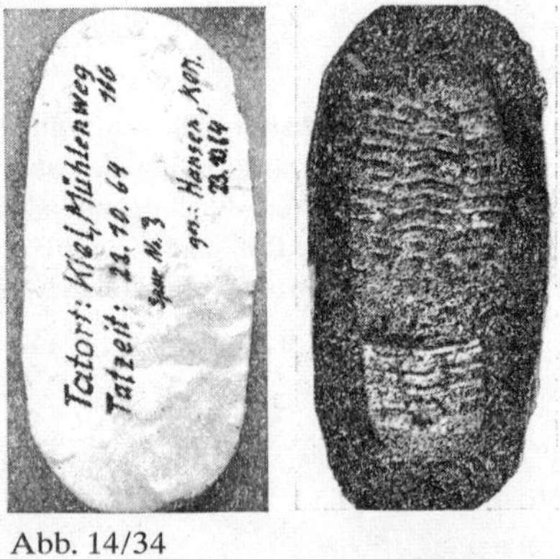

Abb. 14/34

Abb. 14/33. Vollgießen der Spur nach Hineinlegen von stabilisierendem Drahgeflecht.

Abb. 14/34. Links: Beschrifteter Gipsabguß.
Rechts: Mit fließendem Wasser gesäuberter Gipsabguß.

Das ist vor allem bei Ein- und z. T. auch bei Abdruckspuren der Fall. Neben praktischen Gesichtspunkten wie dem des Arbeitsaufwandes hängt es von den örtlichen Gegebenheiten und vor allem von der Beschaffenheit der Spur ab, welches Abformmaterial den Vorzug verdient. In der Praxis werden diese Methoden der Spurensicherung vor allem bei Eindrücken von Füssen, Gegenständen sowie Arbeitsspuren von Tatwerkzeugen oder Fahrzeugspuren angewandt; bei Zahn- oder Gebißspuren kommt diese Methode vor allem in Betracht, wenn diese sich in Lebensmitteln oder anderen Stoffen als dem menschlichen Körper befinden.

Bei Fußeindrücken verwendet man am häufigsten Gips. Nach üblicher, vorheriger fotografischer Sicherung der Fußspur wird eine relativ flüssige Abformmasse (etwa 1 kg Alabastergips und 1 l Wasser) hergestellt und nach sorgfältigem Umrühren in die fragliche Spur gegossen. Notfalls werden aus Gründen der Stabilität Hölzchen in die Masse gelegt und wird ein relativ flacher Rand mit etwas Abstand gesichert. An der dünnsten Stelle sollte die Dicke der Gipsmasse 2–3 cm betragen. Nach etwa einer Stunde kann der Abguß herausgenommen werden. Dasselbe Verfahren wendet man an, sofern Körperteile größeren Ausmasses in leicht verformbarer Substanz wie dem Erdboden Spuren hinterlassen haben.

Das Abformverfahren läßt sich bei Fuß- und anderen Eindrucksspuren in Schnee jedoch nur dann anwenden, wenn der Schnee relativ fest ist.

Pröbst, Franz: Fußspuren im Schnee. Fotografische Sicherung mit Einstauben – Kriminalistik 1969–232f.

Doch ist wegen der hierbei besonders hohen Gefährdung der Spuren unbedingt vorherige fotografische Sicherung anzuraten. Im übrigen sollte der Gipsbrei möglichst kühl (nahe 0°) sein, sofern man nicht überhaupt trockenen Gips mit einem Sieb in die Spur streut, der später mit kaltem Wasser angefeuchtet wird. Derartige Spuren kann man auch hier mit Paraffin-Wachs oder geschmolzenem Schwefel abformen.

Noch größer sind die Schwierigkeiten bei Eindrucksspuren in trockenem Sand oder ähnlichen pulverförmigen Stoffen. Hier kann man nur dann mit Gipsguß- und anderen Abformverfahren arbeiten, wenn man die Spur zuvor – etwa durch Besprühen mit Schellacklösung – gefestigt hat.

Das Besprühen muß u. U. jeweils nach Trocknen mehrfach wiederholt werden. Ein anderes Festigungsmittel ist ein Leichtölgemisch (20% gereinigtes Petroleum, 80% gereinigtes Benzin).

Ebenso wie bei Eindrucksspuren von Füssen verfährt man in der Regel bei Fahrzeugspuren, die sich ein- oder abgedrückt haben.

Bei kleinen Spuren wie etwa von Werkzeugen herrührenden Scharten- oder Gleitspuren benutzt man Abformmassen auf Silicon-Basis, wie sie auch in der zahnärztlichen Praxis verwendet werden (insb. Sta-Seal, Lastic, Impressional).

Wigger, Ernst: Kriminaltechnischer Leitfaden – BKA 1965/1–3– S. 46ff.

Derartige Siliconmassen sind nach jeweiliger Vorschrift mit einem Verdünnungsmittel zu vermischen; es ist ferner eine bestimmte Menge einer Flüssigkeit (z.B. Reaktol) beizugeben, die das Abbinden beschleunigt. Dann wird die Masse mit einem Spachtel mindestens 5 mm dick auf die Spur gebracht. Nach Abbinden (etwa 15–20 Minuten bzw. wenn Fingernägel keinen bleibenden Eindruck mehr hinterlassen) kann die Masse abgehoben werden.

Diese Massen sind nach dem Abbinden gummiartig, aber formkonstant.

Wigger, Ernst: Kriminaltechnischer Leitfaden – BKA 1965/1–3– S. 49ff.

Ferner kann auch mithilfe einer Zelluloidlösung abgeformt werden. Das Abformmittel kann leicht selbst hergestellt werden, indem man etwa 100 qcm Zelluloidfolie (0,5 mm dick) in 100 ccm Azeton auflöst; die nach rund 24 Stunden gebrauchsfertige Lösung ist in luftdichtem Behältnis aufzubewahren. Vor bzw. neben der Spur wird ein etwas größerer Streifen derartiger transparenter Zelluloidfolie mit Klebeband befestigt und dann zurückgeklappt. Vor die Folie gibt man einer der Spur sicher entsprechende Menge des Abformmittels und drückt dann die Deckfolie auf die Spur. Nach etwa einer Stunde kann die Abformung von der Spur abgezogen werden, ist dann aber – beispielsweise durch Unterbringung zwischen zwei zu verklebenden Objektträgern – gegen Verziehen zu schützen. Dies Verfahren verbietet sich, wenn der Spurenbereich acetonlösliche Substanzen enthält und empfiehlt sich weniger bei tiefen Eindruckspuren.

Schließlich gibt es noch das Abformen mit Bleifolie. Die auf die Spur gelegte Folie (1–2 mm dickes Walzblei) wird entweder mit einem waagerecht geschlagenem Hammer, einem Setzdorn oder einem ähnlichen Gerät in die Spur hineingetrieben.

Wigger, Ernst: Kriminaltechnischer Leitfaden – BKA 1965/1–3 – S. 51ff.

Das einfache Verfahren formt ohne großen Zeitaufwand auch feinste Spuren gut ab. Problematisch ist diese Methode, wenn der Spurenträger nicht sonderlich hart, die Spur tief oder schwer zu erreichen ist.
Obwohl zwischen den geschilderten Abformverfahren gewisse Qualitätsunterschiede bestehen, welche bei der Auswahl beachtet werden sollten, ermöglichen alle doch – exakt gehandhabt – eine einwandfreie Identifizierung.

Verschiedene Abformverfahren bei einer Werkzeug-(Arbeits-)spur

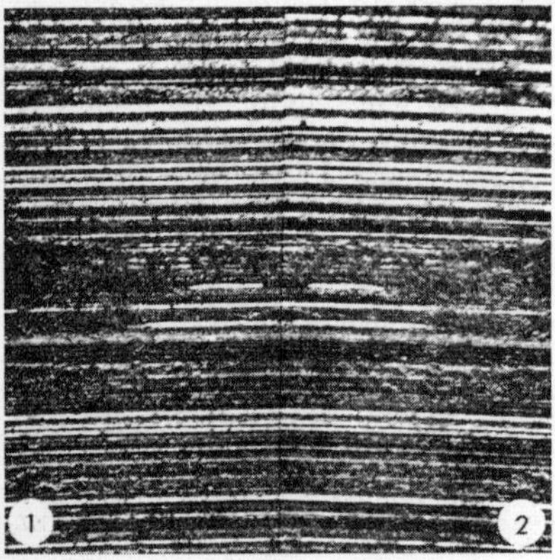

Abb. 14/35. 1. Zelluloidabformung
2. Originalspur

Abb. 14/36. 1. Sta-Seal-Abformung
2. Bleiabformung

Bei bloßen Abdruckspuren sind Abformverfahren nur bedingt brauchbar. Außer auf die Fotografie, die hier durch optische Effekte (z.B. Licht von der Seite) aussagekräftiger gemacht werden kann, und Einstaubverfahren kommt es hier in der Praxis mehr auf das Klebebandverfahren, Abmessen und Beschreiben an. Immerhin kann man bei Abdrücken, die Material hinterlassen oder die Oberfläche deutlicher verändern, d.h. bei Grenzfällen zur Eindruckspur, auch mit Abformtechniken gearbeitet werden.

6. Abziehfolie. Klebeband

Verfahren, die mit Abziehfolie, Klebeband und dergl. arbeiten, kommen vor allem bei ohne weiteres erkennbaren oder sichtbar gemachten Abdruckspuren in Betracht. Nachdem ggf. die den Abdruck ausmachenden Partikel – wie beim Einstaubverfahren – fixiert worden sind und man den Abdruck ggf. fotografisch gesichert hat, verwendet man Abziehfolien oder Klebeband, um die Spur zu schützen oder gar auf diese Weise vom Spurenträger abzuheben, d. h. zu isolieren. Dasselbe kann bei Negativabdrücken von Schmutzspuren geschehen.

Frei-Sulzer, M./*Jotti,* Aldo: Vor- und Nachteile der Spurensicherung mit Klebeband – Kriminalistik 1966 – 385 ff.; *Jordan,* H./*Fritz,* H.: Die Fingerabdrucksicherung von Aluminium und anderen polierten Metalloberflächen – Arch. f. Krim. Bd. 145, S. 101 ff. (1970); *Kirk/Thorton* S. 64 ff.

Für Finger- und Fußabdrücke sind sogar besondere Folien zum Zwecke der Spurensicherung entwickelt worden. Maßgebend für die Wahl zwischen den einzelnen Arten von Folien ist ihre unterschiedliche Klebkraft.

Dem Vorteil der einfachen und preiswerten Handhabung dieser Abziehverfahren, durch welche die gesicherte Spur sich zudem leicht im Verfahren verwerten läßt, steht mitunter der Nachteil gegenüber, daß das den Abdruck bildende Material verändert wird und nicht mehr oder nur schwer als Materialspur ausgewertet werden kann. Kommt es darauf entscheidend an, wäre eine Sicherung durch Abziehverfahren ein Fehlgriff, weil dann das fragliche Material für diese Zwecke nicht mehr brauchbar sein könnte.

7. Konservieren, Rekonstruieren

Mitunter erfordert eine ordnungsgemäße Spurensicherung zugleich konservierende Maßnahmen, worauf bei Verpackung und Transport (unter C.) noch näher einzugehen sein wird.

Groß/Seelig (8/9) II–349 ff.; *Svensson/Wendel* S. 131 ff.

Doch muß schon im Rahmen der Spurensicherung auf derartige Fälle hingewiesen werden, selbst wenn die Rekonstruktion im Grunde mehr in die Spurenauswertung gehören dürfte. Konservierende Maßnahmen sind vor allem bei Materialspuren notwendig, welche unter den üblichen klimatischen Bedingungen leicht verderben und sich damit in einer Weise verändern können, daß sie kriminaltechnisch unbrauchbar werden. Leichtverderblichkeit ist hier nicht eng zu fassen; denn bei Verpackung und Transport können auch relativ stabil erscheinende Spuren Schaden nehmen, was unbedingt verhindert werden muß. Deshalb handelt es sich keineswegs nur um Materialspuren, sondern um alle Dinge, die wie zerbrechliche oder schon defekte Spurenträger vor weiterer Beschädigung oder gar Zerstörung bewahrt werden müssen.

Feuchte Spuren oder Spurenträger sind im Regelfall ohne besondere Hitze (auch nicht direkte Sonnenbestrahlung) zu trocknen, sofern nicht nach Lage der Dinge dadurch Spuren – etwa Flüssigkeiten in Brandschutt – vernichtet werden können.

Ein bekanntes Beispiel für derartige Maßnahmen bietet die Spurensicherung bei zerrissenen oder sonst in Mitleidenschaft gezogenen und damit gefährdeten Urkunden. Selbst wenn man bei zerrissenen Schriftstücken, da das Zusammensetzen dem für die Auswertung zuständigen Experten vorbehalten bleiben muß und daher nicht immer sofort erfolgen kann, nur vollständiges Sammeln und sicheres Verwahren verlangt, ist eine konservierende Behandlung bei zerknitterten, feuchten und in ähnlichem

Zustand (z.B. angekauten) befindlichen Urkunden nötig, um weiterem Verderben vorzubeugen. Dasselbe gilt für verbrannte oder durch Hitzeeinwirkung beschädigte Papiere, sofern die Spurensicherung nicht schon dem Experten überlassen werden kann.

8. Beschreibung. Bericht

Schriftliche, tabellarische und graphische Darstellungen lassen sich als Mittel der Spurensicherung unter den Stichworten Beschreibung und Bericht zusammenfassen. Während dem Bericht als Mittel der Spurensicherung, obwohl er umfassend angelegt sein kann oder sich auf einzelne Spuren beschränkt, mehr selbständige bzw. zusammenfassende Bedeutung zukommt, ist bei der Beschreibung eher an die andere Sicherungsmethoden lediglich unterstützende Funktion zu denken.

Zillmann: Der Tatortbefund- und Schlußbericht – in: Das kriminalpolizeiliche Ermittlungsverfahren, hrsg. v. Bundeskriminalamt, Wiesbaden 1957, S. 229ff.; *Burghard,* Waldemar: Die aktenmäßige Bearbeitung kriminalpolizeilicher Ermittlungsvorgänge – BKA 1969/1–3 – insb. S. 34ff.

Dennoch sollte man den Wert einer exakten **Beschreibung** für die Spurensicherung nicht unterschätzen, weil manche zu diesem Zweck angewandte Methoden in einzelnen Punkten wenig ergiebig sein können, weshalb hier erläuternden und ergänzenden Ausführungen besonderes Gewicht zukommt. Dies gilt nicht nur für Verfahren wie die Fotografie oder Skizze, sondern allgemein für Begleitumstände, welche für die Spurenauswertung wichtig werden können.
Ähnlich liegen die Dinge bei dem gewöhnlich umfassender angelegten **Bericht,** der entweder mehr ein Zwischenergebnis oder aber abschließend das Gesamtergebnis beispielsweise der Tatortuntersuchung oder der Ermittlungen überhaupt festhalten soll. Während das im Bericht Enthaltene in das Blickfeld gerückt wird, verliert man im Vertrauen auf die Vollständigkeit das nicht oder nur unvollständig Erwähnte leicht aus dem Auge.
Sowohl bei der Beschreibung als auch bei einem Bericht greift man mitunter auf **tabellarische oder graphische Darstellungen** zurück, um die Ergebnisse der Spurensicherung bei komplizierten oder auch nur umfangreichen Komplexen bzw. Vorgängen übersichtlicher wiederzugeben.

Diese bei manchen kriminaltechnischen Untersuchungen beliebte Darstellungsart empfiehlt sich u.U. schon bei der Spurensicherung in Wirtschaftsstrafsachen oder überhaupt bei Massen- bzw. Großverfahren. Es ist deshalb in geeigneten Fällen als Ergänzung von Berichten oder auch Beschreibungen zu empfehlen.

Sicherlich ist das kriminaltaktische Vorgehen der eigentliche Schwerpunkt für die hier angedeuteten Erfordernisse von Berichten oder Beschreibungen. Das ändert aber nichts daran, daß die vielfach bereits als ein Mittel der Spurensicherung fungieren, weshalb schon hier darauf eingegangen werden mußte.

B. Beschlagnahme der Spuren bzw. Spurenträger

Unter Beschlagnahme der Spuren bzw. besser der Spurenträger sollen hier umfassend alle Maßnahmen verstanden werden, die entweder die Spur als solche oder den Spurenträger erfassen, um ihn für die Tätigkeit der Strafverfolgungsorgane sicherzustellen. Es kommt also

nicht auf den juristischen Rahmen an, den das maßgebende nationale Recht speziell der Beschlagnahme setzt und wie dieses Zwangsmittel rechtlich von anderen abzugrenzen ist (darauf soll in § 20 eingegangen werden).
Vielmehr soll hier der Zusammenhang mit den strafprozessualen Zwangsmitteln nur deshalb und insoweit angesprochen werden, als das für das Verständnis der Spurensicherung unerläßlich ist. Denn auch hier bewegt sich die kriminalistische Arbeit in einem vom Recht gesetzten Rahmen.

Freyberg, Rolf-Jürgen: Über die Beschlagnahme. Eine strafprozessuale und kriminalistische Studie zu den §§ 94–98, 101a, 107–111 StPO unter besonderer Berücksichtigung der geschichtlichen Entwicklung und der Regelungen im Ausland – Diss. Frankfurt a. M. – München 1971 – insb. S. 141ff.; *Freyberg,* Rolf-Jürgen: Die Beschlagnahme als kriminalistische Maßnahme – Arch. f. Krim. Bd. 150, S. 167ff. (1972).

Tatsächlich betrachtet fungieren Beschlagnahme oder andere strafprozessuale Zwangsmittel (z.B. die Durchsuchung) des öfteren nicht als Maßnahmen der Spurensicherung, sondern sind diese ermöglichende oder vorbereitende Maßnahmen. Aber auch und gerade dann muß man die Erfordernisse sachgerechter Spurensicherung im Auge behalten, um keine kriminaltechnisch auswertbaren Spuren zu vernichten oder zu beschädigen, bevor sie im eigentlichen Sinne gesichert werden können.
Bei Formspuren werden Beschlagnahme oder anderer Zwang keineswegs immer zugleich eine Tätigkeit der Spurensicherung sein, was etwa dann der Fall ist, wenn man Abdrücke von einem unbeweglichen Spurenträger isoliert oder Eindrücke auf ihm abformt. Bei Materialspuren stellt die Beschlagnahme jedoch häufiger zugleich die eigentliche Spurensicherung dar, wenn es sich um einzelne Glasbruchstücke oder aber Werkzeugen bzw. Gegenständen anhaftende Substanzen handelt.

Bei vielen beweglichen Gegenständen wird man die Form-, insb. Werkzeug- oder auch Materialspur jedoch zusammen mit dem Spurenträger beschlagnahmen und so die später erfolgende Spurensicherung gewährleisten. Das sollte beispielsweise – soweit nur möglich – bei Blutspuren geschehen. Ist der Spurenträger unbeweglich oder besonders schwer bzw. sperrig, so kann die Spur ggf. durch Heraustrennen eines Stückes aus dem Spurenträger gesichert werden. Hierbei ist natürlich zu berücksichtigen, ob ein wertvoller oder noch funktionstüchtiger Gegenstand auf diese Weise zerstört oder doch beschädigt wird. Bei Situationsspuren fallen Beschlagnahme und Spurensicherung gewöhnlich auseinander.

Für alle Beweisstücke, jedoch insb. für Materialspuren, gilt der Grundsatz, daß sie von Anfang an getrennt gehalten werden sollten. Auch sonst ist die gebotene Vorsicht zu beachten, weil schon das Berühren mit den bloßen Händen (ggf. also Plastikhandschuhe) das Spurenbild verändern kann. Daher sollten Untersuchungsobjekte nicht mit der Kleidung der sichernden Beamten oder Experten in Berührung kommen, weil auf diese Weise Mikrospuren übertragen werden können. Bei Sicherung von etwaigen Mikrospuren hat naturgemäß besondere Vorsicht zu walten.
In vielen Fällen ist außer Spur bzw. Spurenträger auch das für kriminaltechnische Untersuchungen notwendige Vergleichsmaterial zu beschaffen.

So sind etwa bei Werkzeugspuren alle in Betracht kommenden Werkzeuge zu sichern. Bei den Fingerabdrücken ist an Vergleichsabdrücke zu denken. Besonders wichtig ist Vergleichsmaterial jedoch bei Materialspuren. Werden derartige Dinge den Ermittlungsbeamten nicht freiwillig zur Verfügung gestellt, so bedarf es hier ebenfalls der Beschlagnahme oder anderen Zwanges, dessen Anwendung aber ebenso wie bei Tatspuren nicht mit der eigentlichen Tätigkeit der Spurensicherung zusammenfallen muß.

Bei Beschlagnahme oder anderem Zwang, durch den Spurenträger oder Spuren bzw. Vergleichsmaterial sichergestellt werden sollen, sind somit die Erfordernisse der kriminalistischen Spurensicherung und -auswertung genau zu beachten. Um hier möglichen Fehlern vorzubeugen, die ausführenden, damit jedoch nicht hinreichend vertrauten Beamten unterlaufen können, sind zweckmäßig im Rahmen der organisatorischen und Einsatzplanung entsprechende Vorkehrungen zu treffen, die dem entgegenwirken. So sollte beispielsweise zumindest der den Einsatz leitende Beamte mit diesen Dingen vertraut sein, sofern Experten bei der Beschlagnahme nicht anwesend sind.
Obwohl die Regelungen des Prozeßrechts in den einzelnen Ländern Unterschiede aufweisen und juristisch manches strittig ist, sind auch Maßnahmen der Spurensicherung, wie sie oben beschrieben wurden, jedenfalls zum Teil häufig zugleich Fälle der Beschlagnahme.

Diese darf sich, wie gerade diese Darstellung beweist, daher bei der Durchführung nicht auf die Wegnahme beweglicher Sachen zum Zwecke amtlicher Verwahrung beschränken. Vielmehr muß sich die Zwangsanwendung nicht nur kriminaltaktisch sinnvoll in das Vorgehen einfügen, sondern sie muß auch kriminaltechnisch handwerksgerecht sein. Die Durchführung strafprozessualen oder polizeilichen Zwanges hat also auch, was Juristen mitunter übersehen, eine eindeutig kriminalistische Seite.

Bei Beschlagnahme eines Spurenträgers zum Zwecke später erfolgender kriminaltechnischer Spurensicherung ist die Situation deshalb besonders prekär, da diese Maßnahme häufiger von anderen als denjenigen durchgeführt wird, welche das eigentliche Sichern der Spuren vorzunehmen haben.
Die mit der Durchführung solcher Beschlagnahmen betrauten Beamten sind außer für die Sicherstellung ferner auch für korrekte Bezeichnung, entsprechende Verpackung und einen Transport und Versand verantwortlich, der gewährleistet, daß die Spuren möglichst unverändert erhalten bleiben.

Da diese Fragen aber sogleich noch gesondert behandelt werden sollen, genügt es, hier auf diese Gefahrenquelle hinzuweisen. Diese ist zudem besonders groß, wenn eine Beschlagnahme erfolgt, ohne daß der Spurenträger als solcher in amtlichen Gewahrsam gelangt. Hier ist es im Interesse sachgerechter Spurensicherung geboten, soweit das nur praktisch möglich sein kann, daß bei der Durchführung der Zwangsmaßnahmen kriminalistisch entsprechend ausgebildete Beamte oder ggf. sogar externe Sachverständige mitwirken.

Eine im geschilderten Sinne ordnungsgemäße Beschlagnahme und Asservierung von Spurenträgern oder Spuren setzt also Vertrautheit mit den Erfordernissen kriminaltechnisch einwandfreier Sicherung und auch Auswertung von Spuren voraus. Eben deshalb sollte man bei der Diskussion von Rechtsanwendung und Rechtsentwicklung bei den Zwangsmitteln den Erkenntnissen und Notwendigkeiten der kriminalistischen Arbeit mehr Gewicht beilegen, als das bisher vielfach der Fall ist.

C. Kennzeichnung. Verpackung. Transport. Versand

Zur Spurensicherung, die – wie gesagt – im Grunde schon mit der Beschlagnahme des Spurenträgers beginnt und damit oder später zur eigentlichen Sicherungsarbeit und Asservierung führt, gehören im weiteren Sinne auch diejenigen Fragen, die sich im Zusammenhang mit Verpackung, Transport und Versand ergeben. Denn nur relativ selten fällt die Spurensicherung mit der Auswertung zusammen. Vielmehr erfordert diese ebenso wie die spätere forensische Verwertung, daß Spur bzw. Spurenträger so sicher verpackt und transportiert werden, daß Beschädigung oder Verlust nach menschlichem Ermessen als ausgeschlossen erscheinen. Die Gefährdung der Spuren im Zusammenhang mit Verpackung und Transport, insb. Versand durch die Post wird selbst in der Praxis häufig unterschätzt. Die Gefahren sind zudem bei den einzelnen Spurenarten sehr verschieden und hängen überdies davon ab, in welcher Form die Spurensicherung erfolgt ist. Schon deshalb kann in diesem Rahmen unmöglich auf Einzelheiten eingegangen werden, sondern müssen wir uns mit einem knappen Überblick begnügen, um im übrigen auf das einschlägige Schrifttum zu verweisen; in ihm finden sich die für die Praxis u. U. wichtigen Vorschriften, welche in den einzelnen Ländern naturgemäß etwas divergieren.

Wigger, Ernst: Kriminaltechnischer Leitfaden – BKA 1965/1–3 – insb. S. 58ff., 85ff., 151ff., 186f., 278ff., 350ff., 401, 479, 490ff.

1. Um Verwechslungen oder doch unnötigen Nachfragen vorzubeugen, kommt es zunächst einmal auf genaue und **sichere Kennzeichnung** des Untersuchungsmaterials an, damit jedenfalls Tatortmaterial eindeutig von Vergleichsproben unterschieden werden kann. Darüberhinaus sind Fundort und -zeit anzugeben, um zu verhindern, daß gleichartige oder ähnliche Spuren verwechselt werden oder eine Auswertung nicht bzw. nur begrenzt möglich ist. Je nach Art der Spur und ihrer Sicherung sind bei der Kennzeichnung verschiedene Gesichtspunkte zu beachten, auf die hier jedoch nicht genauer eingegangen werden kann.

2. Beim **Verpacken** ist sodann darauf zu achten, daß die Spuren beim Transport nicht beschädigt oder verwechselt werden. Sie sind entsprechend sicher zu verpacken. Dem muß insb. das Verpackungsmaterial entsprechen; auch hier richtet sich das, was geboten erscheint, nach der Art von Spur und Sicherung.

Die Verpackung soll nicht nur verhindern, daß Untersuchungsmaterial durcheinander gerät, sondern darüber hinaus gewährleisten, daß es nicht durch Reibung oder auf andere Weise beschädigt wird. Daß hier für gesicherte Fußspuren andere Grundsätze als für manche Materialspuren gelten, versteht sich von selbst.

3. Bei der Art von **Transport und Versand** ist ferner zu beachten, daß abgesehen vom Zeitaufwand einige Gegenstände wie Sprengstoff, Zündmittel oder leicht entflammbare Stoffe vom Postversand ausgenommen, andere nur bedingt zugelassen sind. Hier wird der für den Transport bzw. Versand wesentliche Aspekt der Sicherheit deutlich, der keineswegs immer hinreichend ernst genommen wird.

Schließlich ist bei Transport oder Versand von Spurenmaterial der Zeitfaktor zu berücksichtigen. Sicher gibt es viele Strafsachen, in denen eine etwas größere Zeitdauer, wie sie der Postversand gerade bei bestimmten Formen (Päckchen, Pakete) mit sich bringt, keine Rolle spielt. Doch gibt es auch Fälle, in denen zu Sicherheitserwägungen das Erfordernis schneller Bearbeitung ein hinreichender Anlaß ist, um andere Transportmöglichkeiten (z. B. Kurier) vorzuziehen. Daß man mit modernen Kommunikationsmitteln selbst die dafür benötigte Zeit noch verkürzen kann, ist z. T. bereits gesagt worden und wird sich auch bei der Kriminaltaktik wieder zeigen.

Hier ging es nur darum, auf Kennzeichnung, Verpackung, Transport und Versand als einen besonderen Komplex der Spurensicherung hinzuweisen.

III. Spurenauswertung

An die mithin nicht selten problematische und risikovolle Spurensicherung schließt sich die Spurenauswertung an. Geht es hier darum, an Hand der aufgefundenen und gesicherten

Spuren ihre Herkunft zu ermitteln und zu klären, welche Rückschlüsse sie auf den sie verursachenden Vorgang zulassen, so kann man dies Gebiet als Ziel und Schwerpunkt aller spurenkundlichen Arbeit ansehen. Dennoch können wir uns zu diesem Fragenkreis hier einstweilen relativ knapp fassen, ohne daß dadurch seine Bedeutung geschmälert wird.

Zbinden S. 79f.

Gewiß gibt es viele Fälle, in denen mit der Sicherung zugleich auch eine endgültige Auswertung der fraglichen Spur ermöglicht wird. Noch häufiger aber als bei der Spurensicherung ist gerade bei der Spurenauswertung eine besondere Sachkunde und daher das Mitwirken eines Sachverständigen nötig; dieser muß keineswegs immer ein Wissenschaftler oder sonstiger Experte sein, sondern neben in der Kriminalpolizei tätigen Wissenschaftlern können hierfür auch Beamte mit einer Spezialausbildung in Betracht kommen.
Erweist sich aber damit die Spurenauswertung als eine Domäne der Experten, so empfiehlt es sich, das dazu Notwendige im Rahmen der einzelnen kriminaltechnischen Untersuchungen (§ 15) oder erst bei ihrer Anwendung in Zusammenhang mit Kriminalfällen bestimmter Art (§ 16) auszuführen. Darauf haben wir teilweise sogar schon bei Spurensuche und -sicherung verweisen müssen.
Hier können und müssen wir uns daher auf einen allgemeiner gehaltenen Überblick über die Problematik der Spurenauswertung beschränken, die jedoch ersichtlich für das Verständnis von Spurensuche und -sicherung unerläßlich ist. – Dabei geht es vor allem um zwei nunmehr zu behandelnde Fragenkreise. Einmal müssen wir uns, obwohl dies und jenes dazu schon gesagt worden ist, ein klareres Bild von den Aufgaben der kriminalistischen Spurenauswertung verschaffen. Zum anderen sollten schon in diesem Zusammenhang die später noch zu präzisierenden Möglichkeiten und Grenzen der Spurenauswertung aufgezeigt werden.

A. Aufgaben der Spurenauswertung

Insgesamt betrachtet ist es Aufgabe der Spurenauswertung, aus den einzelnen Spuren Anhaltspunkte zu gewinnen, die so oder so Rückschlüsse auf den sie verursachenden Vorgang zulassen. Mithilfe der Summe dieser mehr oder weniger sicheren Anhaltspunkte aller Spuren sowie anderer Beweise (z.B. Aussagen, Auskünfte usw.), soll dann der möglicherweise strafrechtlich bedeutsame Hergang der Ereignisse rekonstruiert werden. Doch steht die Spurenauswertung keineswegs, wie das Gesagte vermuten lassen könnte, nur am Abschluß der Ermittlungen, sondern beeinflußt sie deren Gang oft schon früher nachhaltig. Die Rolle der Spurenauswertung ist also nach jeweiligem Stand des Strafverfahrens recht verschieden.
1. Im **Ermittlungsverfahren** werden die Spuren keineswegs nur und vor allem für das abschließende Ermittlungsergebnis gesammelt oder für die forensische Verwertung gesichert. Vielmehr sollen die ausgewerteten Spuren der Kriminalpolizei oder der Staatsanwaltschaft ebenso helfen, sich ein der Wirklichkeit möglichst entsprechendes Bild vom zugrundeliegenden Sachverhalt zu machen, um so die weiteren Ermittlungen fundierter beurteilen und planen zu können. Die Ergebnisse der Spurenauswertung fungieren insoweit vor allem als Hilfsmittel der Fahndung und damit als kriminaltaktisches Basismaterial, das nicht nur neue Informationen vermittelt, sondern auch Vergleichs- und Kontrollmöglichkeiten eröffnet.

Dies beeinflußt nicht nur den tatsächlichen Gang der Ermittlungen oft erheblich und ausschlaggebend, sondern kann auch rechtlich relevant sein, wenn es etwa um Anordnung von Zwangsmitteln (wie Durchsuchung, Beschlagnahme, Untersuchungshaft) geht; denn es kann dazu dienen, entsprechende Anträge zu begründen. Mit zunehmender Dichte und Beweiskraft der Ergebnisse kann die Spurenauswertung den Gang des gesamten Strafverfahrens entscheidend beeinflussen. Kann einmal auf diese Weise ein Entlastungsbeweis als gesichert oder doch wahrscheinlich bzw. unwiderlegbar erscheinen, ist das ausgewertete Spurenmaterial häufig ein gewichtiges Argument dafür, einen Tatverdächtigen als überführt oder doch seine Strafsache als anklagereif zu erachten. In diesem Stadium des Verfahrens werden die Ergebnisse der Spurenauswertung mehr als zuvor im Zusammenhang mit anderer Beweistätigkeit zu würdigen sein.

2. Führt das Ermittlungsverfahren dazu, daß die Staatsanwaltschaft Anklage gegen den Beschuldigten erhebt, so wird die Spurenauswertung im **Hauptverfahren** nicht nur zu einem wesentlichen Bestandteil der Anklage und damit der Beweisaufnahme vor dem Strafgericht, sondern erhalten die Spuren und ihre Interpretation ein u.U. entscheidendes Gewicht für die Beweiswürdigung durch das erkennende Gericht. Hier hat also das entscheidende Gericht das „letzte Wort" über die Spuren und ihre Auswertung. Überwiegt insoweit der Aspekt der Sicherung von Beweismaterial für die Zwecke des gerichtlichen Strafverfahrens, darf man doch nicht verkennen, daß die frühere Spurenauswertung nach wie vor eine bedeutsame Rolle spielt.

Dies wird bei der Psychologie des Strafverfahrens (§ 22) im Rahmen der Kriminaltaktik noch genauer zu beleuchten sein. Doch sollte schon hier klar sein, daß ungeachtet der zwischen Juristen einerseits und Kriminalisten, Wissenschaftlern anderer Disziplinen bzw. Experten andererseits zu beobachtenden Kommunikationsschwierigkeiten hier leicht mögliche Mißverständnisse außer durch eine insoweit immer noch unzureichende Juristenausbildung ebenso durch unklare oder schwer bzw. unverständliche Interpretation der Spurenauswertung gefördert werden. Auch darauf ist also bereits bei der Spurenauswertung Bedacht zu nehmen.

B. Allgemeines zu den Möglichkeiten der Spurenauswertung

Ohne den späteren Ausführungen vorgreifen zu wollen, sollen nunmehr die Möglichkeiten und Grenzen der Spurenauswertung in Strafsachen kurz umrissen werden.
Ungeachtet der Tatsache, daß die Spurenauswertung ein wesentliches Gebiet der Spurenkunde und damit der Kriminaltechnik darstellt, ist nicht zu verkennen, daß in manchen Fällen eine sachgerechte Auswertung selbst dem kriminalistisch nicht besonders Ausgebildeten keinerlei Schwierigkeiten bereitet. Hier können also auch Kriminalbeamte, Staatsanwälte und Strafrichter ohne besondere Sachkunde oder kriminaltechnische Ausbildung die gesicherten Spuren zutreffend deuten. Doch häufiger als man denkt gibt es Spuren, die vom Nichtfachmann nicht zuverlässig gedeutet werden können.

Hier ist es mithin ausgesprochen gefährlich, kriminalistischen Laien oder Dillettanten die Auswertung zu überlassen. Denn diese Spuren gehören in die Hand eines Fachmannes, da nur er in der Lage ist, sie mit wissenschaftlichen Methoden und auf Grund seiner besonderen Erfahrung zuverlässig zu deuten. Eben deshalb war dieses eines derjenigen Gebiete, in welchem die modernen Naturwissenschaften an der Entwicklung der Kriminaltechnik und damit der Kriminalistik besonders eindrucksvoll beteiligt waren und weiterhin sein werden.

Üblicherweise handelt es sich bei dem für eine Spurenauswertung oft nötigen Fachmann prozessual um einen Sachverständigen. Seine Stellungnahme in Form eines Gutachtens – der

Sachverständigenbeweis – zählt zwar im Strafverfahrensrecht zu den Personalbeweisen; das aber sollte nicht darüber hinwegtäuschen, daß ihm anders als bei Aussagen von Beschuldigten oder Zeugen gewöhnlich ein Sachbeweis zugrundeliegt, der aber wegen der erforderlichen besonderen Sachkunde eben durch den Sachverständigen in den Prozeß eingeführt werden muß.

Berühren sich hier also Fragen des neuralgische Sachverständigenbeweises besonders eng mit der Kriminaltechnik, so sollte man sich dennoch nicht nur auf dies Gebiet der Kriminaltechnik beschränken. Vielmehr wird in der Kriminaltaktik darzulegen sein, daß auch beim Sachverständigen als personalem Beweismittel mit Fehlerquellen gerechnet werden muß, die nur z.T. anders als beim Zeugen oder auch beim Beschuldigten liegen. Jedenfalls zeigt sich hier wiederum, wie wichtig eine Zusammenschau verschiedener Disziplinen und Erfahrungsbereiche für einen wirklichen Einblick ist. Obgleich Kontroversen sich in der Praxis häufig an der Spurenauswertung entzünden, ist damit nicht gesagt, daß die eigentlichen Mängel der Ermittlungen nicht u. U. schon im Bereiche der Sicherung oder gar Suche zu finden sind. Die Möglichkeiten der Spurenauswertung werden also nicht nur tatsächlich, sondern auch durch dem Sachverständigenbeweis gezogene rechtliche Grenzen eingeschränkt.

Gerade angesichts der relativ breit geschilderten Möglichkeiten der Spurenkunde, die durch die kriminaltechnischen Untersuchungen (§ 15) noch bestätigt und ergänzt werden dürften, sollte man ferner eine andere Schwierigkeit der Spurenauswertung nicht verkennen. Ebenso wie in der Kriminaltaktik noch Beispiele dafür berichtet werden, daß die unkritische Übernahme von unrichtigem Sachverständigengutachten zu einem Justizirrtum führen kann, werden mitunter im Wege der Spurenauswertung erzielte Ergebnisse in unserem doch überwiegend wissenschaftsgläubigen Zeitalter nicht nur vom Nichtfachmann, sondern manchmal sogar vom Experten überschätzt.

Das führt prompt zu ungesicherten oder sogar falschen Schlüssen und bewirkt fehlgeleitete Ermittlungen oder Zwangsmaßnahmen, u. U. sogar eine sachlich falsche Verurteilung. Auf einige solcher Grenzen ist bereits hingewiesen worden, wenn wir beispielsweise gesagt haben, daß ein Fingerabdruck in einem aufgebrochenen Kraftwagen oder Hause nicht Täterschaft des Diebstahls, sondern lediglich beweist, daß die betreffende Person irgendwann an diesem Ort gewesen sein muß. Andere Grenzen der Beweiskraft werden bei den kriminaltechnischen Untersuchungen oder bei ihrer Anwendung in der Praxis aufgezeigt werden. Hier sollte nur allgemein davor gewarnt werden, die Grenzen der Beweiskraft einer bestimmten Spurenauswertung zu verkennen oder doch ihren Aussagewert zu überschätzen, ein Fehler, der auch dem von seinen Methoden und seiner Arbeitsweise überzeugten Experten unterläuft.

Ist daher dem Sachverständigen insoweit Selbstkritik und Bemühen um Objektivität anzuraten, müssen jedenfalls andere für das Verfahren Verantwortliche seinen spurenkundlichen Beitrag entsprechend kritisch werten, um dessen Gewicht im Rahmen der gesamten Beweiswürdigung zutreffend – d.h. nicht zu hoch, aber auch wegen mangelnder Sachkunde nicht zu tief – einschätzen zu können. Denn der Beweiswert ist, wie nunmehr dargelegt werden soll, nicht nur bei den einzelnen kriminaltechnischen Untersuchungsmethoden schon allgemein recht unterschiedlich, sondern schwankt mitunter auch je nach Lage des Einzelfalles beträchtlich. Überdies darf die gesicherte und ausgewertete Spur im allgemeinen nicht isoliert, sondern muß im Zusammenhang mit anderen Spuren und sonstigen Ermittlungsergebnissen betrachtet werden, weil die Beweiswürdigung letztlich umfassend angelegt ist. Aus eben diesem Grunde lassen sich nur begrenzt Kriterien oder Zahlen nennen, die entweder als solche absolut zuverlässig sind oder doch für eine so hohe Wahrscheinlichkeit sprechen, daß man bereits von einem Erfahrungssatz ausgehen kann; denn über diesen könnte sich das entscheidende Strafgericht nicht oder doch nur bei Vorliegen besonderer Gründe hinwegsetzen.

§ 15
Einzelne kriminaltechnische Untersuchungen

Der Überblick über die Spurenkunde und ihre Probleme hat gerade mit der nunmehr genauer zu behandelnden Spurenauswertung deutlich werden lassen, daß sich der Kriminalist, der sich in die Gegebenheiten und Möglichkeiten der Kriminaltechnik einarbeiten will, auch mit den einzelnen hierfür in Betracht kommenden Untersuchungen, d. h. den verschiedenen Disziplinen und den von ihnen praktizierten Methoden vertraut machen muß. Diese sind – wie angedeutet – naturgemäß hier und da bereits für Spurensuche oder -sicherung wichtig.

Da letztlich, wie das zum Sachverständigenbeweis Gesagte bereits gezeigt hat, alle möglichen Wissenschaftsdisziplinen und Erfahrungsbereiche im Einzelfall bedeutsam werden können, ist klar, daß die folgende Darstellung sich auf eine Auswahl von wesentlichen Disziplinen und Erfahrungsbereichen und dabei auf die kriminaltechnisch häufiger angewandten Methoden beschränken muß. Denn auch in diesem Rahmen ist es angesichts der Vielgestaltigkeit unmöglich, ein erschöpfendes Bild von den Möglichkeiten kriminaltechnischer Untersuchungen und damit des Sachverständigenbeweises zu bieten. Dennoch erscheint ein gedrängter Überblick notwendig und sinnvoll, um jedenfalls dem kriminaltechnisch nicht besonders Versierten einen gewissen Eindruck von den Möglichkeiten dieses Gebietes der Kriminalistik zu verschaffen.

Das Folgende ergänzt – wie gesagt – einmal das zur Spurenkunde, insb. allgemein zur Auswertung von Spuren bereits Dargelegte, es bietet zum anderen eine Basis, auf die wir uns im § 16 beziehen können, wenn wir die Relevanz der einzelnen kriminaltechnischen Untersuchungen aus der für die kriminalistische Praxis besonders wichtigen Sicht einzelner Formen kriminellen Verhaltens untersuchen.

Groß/Seelig (8) I–231 ff.; *Zbinden* S. 85 ff.; *Meinert:* Kriminaltechnische Gutachten – in: Grundfragen der Kriminaltechnik, hrsg. v. Bundeskriminalamt, Wiesbaden 1958, S. 253 ff.; *Wigger,* Ernst: Kriminaltechnischer Leitfaden – BKA 1965/1–3; *Huelke,* Hans-Heinrich: Kriminaltechnik – in: HdwKrim (2) II–138 ff.; *Kasper,* Siegfried G.: Freie Beweiswürdigung und moderne Kriminaltechnik – Kriminol. Schriftenreihe Bd. 61 – Hamburg 1975.

Im Interesse eines komprimierten Überblicks erscheint es angebracht, da gewisse Überschneidungen ohnehin kaum zu vermeiden sind, die bei kriminaltechnischen Untersuchungen häufiger in Betracht kommenden Disziplinen zu einigen großen Gruppen zusammenzufassen; diese werden ggf. untergliedert, bevor ihre gerade für die Kriminaltechnik wichtigen oder charakteristischen Methoden kurz skizziert werden. Dabei versteht sich von selbst, daß es auch hier nicht so sehr um Detailfragen gehen kann, sondern das Prinzipielle im Vordergrund stehen muß; für genaueren Aufschluß muß selbstverständlich die einschlägige Fachliteratur beigezogen werden, was mithilfe der ausgewählten Literaturhinweise selbst für den spezieller Interessierten unschwer möglich sein dürfte. – Mit diesem Vorbehalt dürfte es ratsam sein, folgende neun Gruppen zu unterscheiden:

I. Medizin
II. Biologie
III. Psychologie, Pädagogik
IV. Chemie, Physik
V. Andere Naturwissenschaften

VI. Technik
VII. Andere Wissenschaftsgebiete
VIII. Berufstätigkeit und andere Erfahrung
IX. Nicht oder nicht voll anerkannte Sachverständige

I. Medizin

Die verschiedenen Sparten der Medizin haben nicht nur historisch betrachtet zuerst kriminaltechnisch bedeutsame wissenschaftliche Methoden erarbeitet, sondern sind auch in der Gegenwart ein für die Spurenauswertung besonders wichtiger Bereich. Dies kann hier nur durch einen sehr koprimierten Überblick verdeutlicht werden.

A. Psychiater

Gehen wir an erster Stelle auf die Psychiatrie ein, so ist damit nicht gesagt, daß dies die kriminaltechnisch wichtigste medizinische Disziplin ist. Sie ist nicht nur relativ früh bedeutsam geworden, sondern läßt sich von anderen Gebieten der Medizin (anders z.T. bei der Psychologie) noch verhältnismäßig einfach abgrenzen.

Groß/Seelig (8) I–245ff.; *Zbinden* S. 85; *Erhardt,* Helmut: Psychiatrie – in: HdwKrim (2) II–344ff.; *Göppinger,* H./*Witter,* H. (Hrsg.): Handbuch der forensischen Psychiatrie – 2 Bände – Berlin 1972; *Rauch:* Einführung (Richtungen innerhalb der forensischen Psychiatrie) in: HdwRMed II–291ff.; *Magyar,* István/*Szabó,* Arpád: Kriminalpsychiatrische Beurteilung sexueller Aberrationen – Arch. f. Krim. Bd. 156, S. 85ff. (1975).

Die Psychiatrie als die Lehre von den seelischen Erkrankungen und ihrer Behandlung interessiert im Rahmen der Kriminaltechnik vor allem in Form der forensischen Psychiatrie, die jedoch – wie die Gerichtsmedizin – teilweise über das Feld der Strafsachen hinausgreift. Es kommt hier zudem nicht auf die zahlreichen und gewichtigen Beiträge der Psychiater zur Erforschung der Ursachen kriminellen Verhaltens, sondern vor allem auf die Verbrechenaufklärung an, wobei natürlich mitunter auch die Persönlichkeit eine Rolle spielt.

Unsicher ist angesichts des problematischen Krankheitsbegriffs die Abgrenzung der Psychiatrie von der Psychologie, um von den bekannten Kommunikationsschwierigkeiten im Verhältnis zu anderen Kriminologen oder gar Strafjuristen noch ganz abzusehen. Kann man diesen historisch erklärbaren Kompetenzkonflikt schon in der Kriminalätiologie nicht entscheiden, sondern muß man im Bereiche der Psychopathologie beide Disziplinen als zuständig anerkennen, so muß dasselbe für die Kriminaltechnik gelten. Daher ist die Kompetenz der Psychiatrie auch über ihren klassischen Bereich hinaus, d.h. für psychopathologische Phänomene (insb. der Ausnahmezustände und der Reifezeit), gewiß zu bejahen.

Ein für die Kriminaltechnik wesentliches Arbeitsgebiet der Psychiatrie ist die Beurteilung der Schuldfähigkeit, d. h. zunächst einmal der allgemeinen **Zurechnungsfähigkeit.**

Dabei geht es keineswegs nur um endogene und exogene Psychosen im Sinne der klassischen Psychiatrie, sondern – wie gesagt – auch um den psychopathologischen Grenzbereich. Daher kommen neben dem Psychiater u. U. auch Psychologen und Gerichtsmediziner als Sachverständige in Betracht.

Zbinden S. 59ff.; *Bochnik,* H./*Legewie,* H./*Otto,* P./*Wüster,* G.: Tat, Täter, Unzurechnungsfähigkeit. Multifaktorielle Analysen psychiatrisch-kriminologischer Erfahrungen – Stuttgart 1965; *Flick,* Christmuth, M.: Alkoholrausch und Zurechnungsfähigkeit – Basel/Stuttgart 1968; *Schmitt,* A.: Probleme der Kriminalität geisteskranker Täter. Dargestellt am Krankengut des Landes Schleswig-Holstein – Kriminol. Forschungen Bd. 8 – Berlin 1970; *Langelüddeke,* Albrecht: Gerichtliche Psychiatrie – 3. Aufl. – Berlin 1971; *Szabó,* Miklos: Zur gerichtsmedizinischen Bedeutung der sogenannten Alkohol-Antaethyl-Psychosen – Arch. f. Krim. Bd. 147, S. 176ff. (1971); *Böker,* W./*Häfner,* H.: Gewalttaten Geistesgestörter. Eine psychiatrisch-epidemiologische Untersuchung in der Bundesrepublik Deutschland – Berlin/Heidelberg/New York 1973; *Reckel,* Klaus: Die Stellung des pathologischen Rausches bei der forensisch-psychiatrischen Begutachtung von Alkoholintoxikationen – Arch. f. Krim. Bd. 151, S. 65ff. (1973); *Rauch:* Schuldfähigkeit (Zurechnungsfähigkeit) bei Psychosen – in: HdwRMed II–463ff.; *Stumpfl,* F. J.: Kriminalität, Pathorhythmie, Wahn, Psychosomatisch-dynamische Strukturgesetzlichkeiten menschlicher Handlungen in Konfliktsituationen – Bern/Heidelberg/New York 1975; *Schewe,* G.: Forensische Psychopathologie – in: KlbRMed S. 202ff.

Abgesehen von den in vielen Rechten umstrittenen Kriterien der aufgehobenen oder verminderten Zurechnungsfähigkeit divergieren naturgemäß auch die dabei angewandten psychiatrischen Methoden. Und bei psychologischen Voraussetzungen der Schuldfähigkeit wie Einsichtsfähigkeit und Willensreife sind selbstverständlich die Erkenntnisse und Methoden der Psychologie zu beachten. Die Methodenfrage hängt somit ersichtlich von den in den einzelnen Ländern unterschiedlichen Regelungen ab.

Während das Gesetz in Deutschland ebenso wie in anderen Staaten der gemischten (biologisch-psychologischen) Konzeption folgt, stellt man in anderen Ländern „einspurig" entweder auf biologische (so z. B. in Frankreich, Belgien) oder psychologische Kriterien (z. B. anglo-amerikanischer Rechtskreis) ab.

Ferner können Erkenntnisse der Psychiatrie auch bei der **Strafmündigkeit Jugendlicher** und der Anwendung des Jugendstrafrechts auf Heranwachsende (18–21 Jahre) hilfreich sein.

Harbauer: Kinderpsychopathologie – in: HdwRMed II–351ff.; *Bresser:* Psychopathologie des Jugendalters – in: HdwRMed II–362ff.

Schließlich kann, und gerade das ist für die Kriminaltechnik wichtig, der Psychiater mithilfe seiner Wissenschaft dann und wann Erkenntnisse tätigen, welche die **Täterpersönlichkeit** beleuchten und auf diese Weise helfen, den Tathergang zu rekonstruieren.

Hier ist beispielsweise auf Spezialgebiete wie die Alterspsychiatrie, die Sozialpsychiatrie sowie auf die Erkenntnisse über Verhaltenstörungen (Ausdruck, Handeln, Sprache, graphische Leistungen) hinzuweisen.

de Boor, Walter: Über motivisch unklare Delikte – Berlin 1959; *Möllhoff,* Gerhard: Unerkannte paranoide Entwicklungen als Ursachen von Gewaltverbrechen – Arch. f. Krim. Bd. 149, S. 129ff. (1972)

B. Gerichtsmedizin

Das Arbeitsgebiet der Gerichts- oder Rechtsmedizin ist – wie schon das bei der Historischen Kriminalistik (§ 4) Gesagte gezeigt hat – in allen Ländern weit über die ursprünglichen Aufgaben hinausgewachsen, die man mit der Aufklärung von Fällen möglicherweise gewaltsamen Todes umreißen kann. Außer Todesfällen werden seit längerem Verletzungen untersucht, die zudem durch andere Praktiken als die der Gewalt bewirkt werden. Heute bedienen sich die Gerichtsmediziner teilweise auch ballistischer und toxikologisch-chemischer Methoden, die hier jedoch zweckmäßig in anderem Zusammenhang zu erörtern sind. Selbst die bei der Psychiatrie (oben A) behandelten Fragen der Zurechnungsfähigkeit und der alkoholbedingten Fahruntüchtigkeit werden in der Praxis häufig von Gerichtsmedizinern beurteilt, die sich z. T. sogar mit therapeutischen Maßnahmen wie Sterilisation und Kastration befaßen.

Je nach personeller und sachlicher Ausstattung kommt den gerichtsmedizinischen Instituten daher mitunter nicht nur eine Allroundkompetenz für die verschiedenen Bereiche der Medizin zu, sondern führen sie auch solche Untersuchungen durch, die hier naturgemäß an anderer Stelle behandelt werden müssen.

Groß/Seelig (8) I–238ff.; *Berg:* Die Beweiskraft medizinisch-biologischer Untersuchungsergebnisse – in: Grundfragen der Kriminaltechnik, hrsg. v. Bundeskriminalamt, Wiesbaden 1958, S. 99ff.; *Mueller,* Berthold: Gerichtliche Medizin – in: HdwKrim (2) I–274ff.; *Petersohn,* Franz: Gerichtliche Medizin für den Kriminalisten – GrKrim 3 (1969); *Dzendzalowski,* Horst: Die körperliche Untersuchung. Eine strafprozessual-kriminalistische Untersuchung zu den §§ 81a und 81c StPO – KrimWissAbh. Bd. 5 – Lübeck 1971 – insb. S. 57ff.; *Reimann,* Wolfgang/*Prokop,* Otto: Vademecum Gerichtsmedizin. Für Mediziner, Kriminalisten und Juristen – Berlin 1973; *Schnug,* G.: Sicherung und Asservierung von Beweismaterial für gerichtsmedizinische Untersuchungen – in: TbKrim XXIV, S. 295ff (1974); *HdwRMed* I und II (1974); *Leithoff,* H.: Das ärztliche Gutachten – in: KLbRMed S. 261ff.; *Prokop/Göhler* (1975); *Mueller (2)* I u. II (1975); *Gordon,* J./*Shapiro,* H. A.: Forensic Medicine. A Guide to principles – Edinbourgh 1975.

Ebenso wie der Psychiater ist auch der Gerichtsmediziner, da es hierbei keineswegs immer nur um Fragen der Psychiatrie geht, in der Lage, die Fragen der Zurechnungsfähigkeit und der Strafmündigkeit (junger Täter) zu beantworten. Hinzu kommt die für manche Strafsachen wichtige Beurteilung von Verhandlungs-, Haft- oder auch Arbeitsfähigkeit.

Naeve, W./ *Becker,* B.: Zur gerichtsärztlichen Beurteilung der Haft-, Verhandlungs- und Arbeitsfähigkeit – Arch. f. Krim. Bd. 151, S. 129ff. (1973).

Die Vielfalt der gerichtsmedizinischen Methoden läßt sich wohl in diesem Rahmen am besten an Hand einer Auswahl von Untersuchungsobjekten darstellen, die häufig ungleich für Anlässe und Ziele der Untersuchung typisch sind. Im Zusammenhang mit tödlichen Einwirkungen sollen – wie bei der Spurenkunde – jedoch zugleich auch Verletzungen des menschlichen Körpers behandelt werden, weil bei unterschiedlicher, oft mehr zufälliger Folge die Wirkungen dieselben sind.

a) Die **Untersuchung von Todesfällen** dient außer zur Feststellung des Todes (Leichenschau), die gerade in neuerer Zeit wegen verschiedener Kriterien viel diskutiert wird, vor allem der Ermittlung von Todeszeitpunkt und -ursache (Thanatologie). Sie findet also nicht nur bei Verdacht einer Straftat wie vorsätzlicher oder fahrlässiger Tötung oder eines anderen Delikts mit Todesfolge, sondern in sogenannten Leichensachen, die unbekannte Tote oder ungewöhnliche Todesumstände betreffen, zu dem Zweck statt festzustellen, ob rechtlich die Einleitung eines Strafverfahrens geboten erscheint.

Svensson/Wendel S. 310ff.; *Wagner,* K.: Verschleierte Tatbestände bei Todesfällen – in: Grundfragen der Kriminaltechnik, hrsg. v. Bundeskriminalamt, Wiesbaden 1958, S. 157ff.; *Havard,* J. D. J.: The Detection of Secret Homicides. A Study of the Medico-legal System of Investigation of Sudden and Unexplained Deaths – London 1960; *Laves,* W./*Berg,* S.: Agonie. Physiologisch-chemische Untersuchungen bei gewaltsamen Todearten – Arbeitsmethoden d. med. u. naturwiss. Kriminalistik Bd. 2 – Lübeck 1965; *Fischer,* Johann: Die kriminalpolizeiliche Todesermittlung – BKA 1968/3; *Petersohn,* Franz: Gerichtsmedizinische Leitsymptome für den Kriminalisten – in: TbKrim XIX, S. 271ff. (1969); *Schwarz,* Fritz: Der außergewöhnliche Todesfall. Erste Feststellungen am Ort des Geschehens –

Stuttgart 1970; *Reinhardt:* Leichenöffnung – in: HdwRMed I–181 ff.; *Reinhardt:* Leichenschau – in: HdwRMed I–186 ff.; *Schwrd,* W.: Forensische Thanatologie – in: KLbRMed S. 180 ff.; *Prokop/Göhler* S. 5 ff., 11 ff.; *Mueller* in Mueller (2) I–8 ff.

Hinsichtlich der **Todeszeitbestimmung** ist vor allem auf die Leichenerscheinungen wie Totenstarre und Totenflecken oder die im frühpostmortalen Intervall mögliche Temperaturmessung hinzuweisen.

Schleyer, Franz: Postmortale klinisch-chemische Diagnostik und Todeszeitbestimmung mit chemischen und physikalischen Methoden – Stuttgart 1958; *Petersohn,* Franz: Kritische Betrachtung über die kriminalistische Bedeutung der Leichenstarre – in: TbKrim XVIII, S. 182 ff. (1968); *Wagner,* H. J.: Todeszeitbestimmung – in: HdwRMed I–292 ff.; *Hughes* S. 57 ff.; *Berg,* S./*Mueller,* B./*Schleyer,* F. in Mueller (2) I–45 ff.; *Berg,* S. in Mueller (2) I–326 ff.

Als Totenstarre bezeichnet man die Folgen eines biochemischen Prozesses, der sich vom Kiefergelenk ausgehend nach 2 bis 4 Stunden innerhalb weiterer 6 bis 8 Stunden von oben nach unten auf den Körper auszudehnen pflegt; nach etwa 48 Stunden beginnt sich die Starre in gleicher Reihenfolge wieder zu lösen. – Die Totenflecken entstehen dadurch, daß das Blut infolge seiner Schwere in den Gefässen nach unten sackt, weshalb sich die Haut an solchen Stellen rot färbt.

Temperaturmessungen lassen wegen mannigfacher Unsicherheitsfaktoren nur eine ungefähre Einschätzung der Todeszeit zu, weil selbst unter günstigen Bedingungen mit Fehlern bis zu mehreren Stunden zu rechnen ist.
Liegt der Todeszeitpunkt weiter zurück, so orientiert sich der Gerichtsmediziner auch an Phänomenen der Leichenzersetzung. Diese kommt zum Teil durch noch im Körper wirksame Fermente und im übrigen durch Fäulnis und Verwesung zustande, die durch Bakterien bedingt sind. Dabei kommt es – nicht nur für den Zeitablauf – auf die klimatischen Verhältnisse und andere Umstände an.

So kommt es beispielsweise, wenn die Leiche im Wasser oder in feuchter Erde liegt, zur Fettwachsbildung. Wird die Leiche dagegen relativ schnell ausgetrocknet, wodurch Fäulnis verhindert wird, kommt es zur Mumifikation. Irritierend kann auch Tierfraß wirken.

Die Gerichtsmedizin hat ferner biochemische Analysen der Körperflüssigkeit und der Gewebe entwiclkelt, um dadurch exaktere Angaben über den Zeitpunkt des Todes machen zu können.
Bei der Leichenöffnung geht es darum, die **Todesursache** und soweit möglich den Tathergang zu rekonstruieren. Da oft die Relevanz nicht sofort zu überblicken ist, müssen die Obduktionsbefunde auch hinsichtlich zunächst belanglos erscheinender Umstände möglichst genau aufgenommen werden.

Was die Sicherheit der Feststellungen anlangt, sind Divergenzen zwischen den maßgebenden rechtlichen Regelungen zu beachten. Verlangt man in Strafsachen gewöhnlich eine an Sicherheit grenzende Wahrscheinlichkeit, so kann etwa in zivilrechtlichen Haftpflichtfällen eine geringere Wahrscheinlichkeit ausreichen.

Bezüglich der Ursachen von Tod und Verletzungen ist auf das bei den Spuren Gesagte zu verweisen, was an die Ausführungsarten knüpft (§ 14–I–1–e–aa).

Raekallio, Jyrki: Die Altersbestimmung mechanisch bedingter Hautwunden mit enzymhistochemischen Methoden – Arbeitsmethoden d. med. u. naturwiss. Kriminalistik Bd. 3 – Lübeck 1965; *Pioch,* Winfried: Die histochemische Untersuchung thermischer Hautschäden und ihre Bedeutung für die forsensische Praxis – Arbeitsmethoden d. med. u. naturwiss. Kriminalistik Bd. 5 – Lübeck 1966;

Schmidt: Hautschäden – in: HdwRMed I–132ff.; *Luff:* Scharfe und stumpfe Gewalt – in: HdwRMed I–198ff.; *Sellier:* Schuß – in: HdwRMed I–229ff.; *Prokop/Göhler* S. 103ff.; *Mueller,* O. in Mueller (2) I–353ff., 355ff., 359ff.; *Klein,* H. in Mueller (2) I–504ff., 533ff., (Hitze, Strahlen); *Sellier,* K. in Mueller (2) I–538ff., 563ff. (Elektrizität, Schußverletzungen).

Hier haben die Gerichtsmediziner beispielsweise für Schußverletzungen, Stich- und Schnittverletzungen, halbscharfe Gewalt, stumpfe Gewalt, Ersticken und Ertränken, sowie Nahrungsentzug eine ganze Reihe von Kriterien herausgearbeitet, die Rückschlüsse auf das Zustandekommen der Verletzung erlauben. Besonderheiten ergeben sich bei Mitwirken elektrischer Energie, von Hitze oder Kälte, von Giften und im Zusammenhang mit Verkehrsunfällen. Ein anderes Sondergebiet sind Fälle möglicher Kindestötung.
Muß insoweit wegen der Einzelheiten auf das gerichtsmedizinische Spezialschrifttum verwiesen werden, ist im übrigen zu beachten, daß manche ebenfalls von Rechtsmedizinern angewandte Verfahren hier in anderem Zusammenhange geschildert werden. Das gilt außer für die Toxikologie (§ 15–IV–A–2) für besondere Komplexe wie z.B. Brandermittlung, Verkehrswesen und Biologie. Im übrigen wird dieses oder jenes noch bei der kriminaltechnischen Untersuchung der einzelnen Formen kriminellen Verhaltens (§ 16) nachgetragen. So verfahren wir u. a. mit gerichtsmedizinischen Untersuchungen über für das Sexualverhalten bedeutsame Umstände wie Zeugungs-, Empfängnis- und Beschlafsfähigkeit, zweifelhaftes Geschlecht und sexuelle Aberrationen; sie sollen bei den Sexualdelikten berücksichtigt werden (§ 16–C–IV–C).
Finden sich derartige Verletzungen an einer Leiche, so erhebt sich gewöhnlich die Frage, ob nicht vitale Reaktionen festzustellen sind und ob es sich um postmortale Vorgänge handelt.

Adebahr, G./*Schewe,* G.: Vitale Reaktion und Individualtod – Arch. f. Krim. Bd. 141, S. 40 f. (1968); *Gostomzyk,* J. G./*Frei,* G. F.: Der postmortale Anstieg der Konzentration der freien Fettsäuren als Ausdruck einer vitalen Reaktion – Arch. f. Krim. Bd. 143, S. 181ff. (1969); *Schmidt,* Gg.: Perimortale Reaktionen – Postmortale Vorgänge – in: HdwRMed I–190ff.; *Schmidt:* Perimortale Reaktionen – Vitale Reaktionen – in: HdwRMed I–193ff.; *Prokop* in Prokop/Göhler S. 73ff.; *Berg,* S. in Mueller (2) I–326ff.

Auch diese Gegenüberstellung hängt selbstverständlich mit den Kriterien des Todes zusammen. Vitale Reaktionen, zu denen sogar noch agonale Vorgänge gehören, sind Lebensäußerungen oder -prozesse, die vor Todeseintritt erfolgen. Dagegen vollziehen sich postmortale Vorgänge nach diesem Zeitpunkt. An die Autolyse, das Absterben der Zellen und Gewebe, bei dem die Gerichtsmediziner etliche Phasen zeitlich ziemlich exakt zu unterscheiden vermögen, schließt sich der als Fäulnis bezeichnete mikrobielle Ab- und Umbau der Körperbestandteile an, der jedoch recht verschiden verlaufen kann.

b) Schon bei Todes- oder Verletzungsfällen kann die **Blutuntersuchung** bedeutsam werden. Diese wird aber auch in anderen Fällen angewandt.

Groß/Seelig (8/9) II–502ff., 485ff.; *Schnug:* Die methodischen Möglichkeiten beim Nachweis der Bluteigenschaften in Blut- und Sekretspuren – in: Grundfragen der Kriminaltechnik hrsg. v. Bundeskriminalamt, Wiesbaden 1958, S. 93ff.; *Schwerd,* Wolfgang: Der rote Blutfarbstoff und seine wichtigsten Derivate. Nachweis, gerichtsmedizinische und toxokologische Bedeutung – Arbeitsmethoden d. med. u. naturwiss. Kriminalistik Bd. 1 – Lübeck 1962; *Wigger,* Ernst: Kriminaltechnischer Leitfaden – BKA 1965/ 1–3 – insb. S. 380ff.; *Schleyer,* F.: Leitfaden der gerichtlich-medizinischen Blutspuren-Untersuchung – Arbeitsmethoden d. med. u. naturwiss. Kriminalistik Bd. 4 – Lübeck 1966; *Kleibauer,* E./*Stein,* G./*Schmidt,* Georg: Beitrag zur Altersbestimmung von Blutflecken – Arch. f. Krim. Bd. 140, S. 84ff. (1967); *Schwerd,* Wolfgang/*Spies,* Georg: Der Einfluß des Spurenalters bei der

Einweißdifferenzierung nach Uhlenhuth-Ouchterlony – Arch. f. Krim. Bd. 143, S. 170ff, (1969); *Kömpf,* J./*Wirth,* E.: Identifizierung einer unbekannten Leiche durch vergleichende Isoenzymbestimmungen aus Blut und Muskulatur – Arch. f. Krim. Bd. 150, S. 49ff. (1972); *Madiwale,* Madhav Shankar/*Mahal,* Harbhajansingh S./*Master,* Ravidatt William Paol: Isoenzyme der Lactat- und Malat-Dehydrogenase im Blut als Hilfsmittel für die Bestimmung der Artzugehörigkeit bei forensischen Untersuchungen – Arch. f. Krim. Bd. 150, S. 112ff. (1972); *Madiwale,* Madhav Shankar/*Mahal,* Harbhajansingh s./*Master,* Ravidatt William Paol: Der Nachweis der Blutart in Blutspuren durch Isoenzymbestimmung – Arch. f. Krim. Bd. 150, S. 160ff. (1972); *Kissling,* E./*Neumann,* W.: Beitrag zum Nachweis von H-Substanzen an Trockenblutspuren im Absorptionsverfahren und zur Erfassung schwacher Aggutinine im Agglutininwirkungsversuch nach Lattes – Arch. f. Krim. Bd. 150, S. 141ff. (1972); *Schaidt,* Gerd/*Krüger,* A.: Die Geschlechtsbestimmung an Blutproben und Blutspuren männlicher Personen – Arch. f. Krim. Bd. 151, S. 41ff. (1973); *Driesen,* H. Hilmar/*Keller,* Margot: Beitrag zur Erfassung der Antigene M und N in angetrockneten Blutspuren – Arch. f. Krim. Bd. 151, S. 180ff. (1973); *Mokashi,* Ramesh Haribhan/*Madiwale,* Madhhav Shankar: Isoenzym-Methoden zur Unterscheidung von Menschen- und Affenblut – Arch. f. Krim. Bd. 153, S. 48ff. (1974); *Kirk/Thorton* S. 182ff., 196ff.; *O'Hara/Osterburg* S. 399ff.; *Schwerd:* Blutspuren – in: HdwRMed I–263ff.; *Walls,* H. J.: Forensic Science – 2. Aufl. – Lonson 1974 – S. 133ff., 145ff.; *Prokop* in Prokop/Göhler S. 565ff.; *Weiler,* G.: Zur Bedeutung chemischer Untersuchungsbefunde an Blutextravasaten – Arch. f. Krim. Bd. 156, S. 110ff. (1975); *Kasper,* Siefried G.: Freie Beweiswürdigung und moderne Kriminaltechnik – Kriminol. Schriftenreihe Bd. 61 – Hamburg 1975 – S. 101ff., 111ff.; *Mueller,* B./*Schleyer,* F. in Mueller (2) I–107ff.

Mitunter ist zunächst einmal der Nachweis nötig, daß es sich bei der fraglichen Spur überhaupt um Blut handelt. Außer an die chemische Methode der Benzidinreaktion ist an die Möglichkeit eines histochemischen Nachweises (Acetohaemin-, Leukomalachitgrünprobe) zu denken sowie an Spektraluntersuchungen (Porphyrinprobe), Kristallisationsverfahren und den mikroskopischen Nachweis.
Mit der Praezipitinreaktion (Uhlenhuth'sche Probe) oder dem Coombs-Test wird sodann die Blutart bestimmt, was teilweise auch mikroskopisch möglich ist.

Die spezifischen Methoden erlauben es, Menschenblut etwa von Tierblut zu unterscheiden. Zum Nachweis von menschlichem Blut benutzt man heute vielfach den Antiglobulintest, der mit dem Rh-System zusammenhängt,

Die Bestimmung der **Blutgruppe** hat meist mehr negative Bedeutung, weil auf diese Weise bestimmte Menschen als Spurenverursacher ausgeschlossen werden können. Allerdings kann die Feststellung einer anderen seltenen Blutgruppe als der des Spurenträgers u. U. ein wertvolles Indiz für seine Täterschaft sein. Überhaupt erhöht sich der Beweiswert mit zunehmender Zahl besonderer Merkmale.

So ist es beispielsweise, wenn der Tatverdächtige die Blutgruppe A hat, an seiner Kleidung jedoch Blut der Gruppe B gefunden wird, das als solches vom Opfer herrühren kann. Außer derartigen klassischen Blutgruppen (0 = 42% der Menschen, A = 40%, B = 12%, AB = 6%) differenziert man heute weitere Gruppen (z. B. A_1 und A_2) und andere Faktoren (M, N und MN, Rh). Gute Ergebnisse lassen sich auch mit den Gm-Serumgruppen erzielen. Auf die erbbiologische Bedeutung der Blutgruppen wird noch zurückzukommen sein.

Inwieweit derartige Analysen gelingen, hängt außer von Menge und Alter des Blutes auch von der Beschaffenheit des Spurenträgers ab. Nicht nur aus diesem Grunde spielt gerade das Alter bei eingetrockneten Blutspuren eine wichtige Rolle.

Unter günstigen Umständen kann man sogar Genaueres zur Herkunft des fraglichen Blutes sagen, z. B. ob es sich um Menstruationsblut handelt. Auch läßt sich mitunter an Hand der morphologischen Gestalt der Kerne der weißen Blutkörperchen das Geschlecht des Spurenverursachers ermitteln.

c) Das für die Methoden der Blutuntersuchung Gesagte gilt z. T. ebenso für die gerichtsmedizinische **Untersuchung anderer Körpersekrete** (z. B. Sperma, Vaginalsekret, Frauenmilch, Speichel, Schleim), obwohl hier ebenso wie bei Gewebe- und Haaruntersuchungen besondere Analysen entwickelt worden sind, die z. T. im Rahmen der Biologie (§ 15–II) noch erwähnt werden sollen.

Berg, S.: Die Blutgruppendiagnose aus Speichelspuren und anderen Körpersekreten in der kriminalistischen Praxis – Arch. f. Krim. Bd. 116, S. 81ff. (1955); *Martin,* O.: Suche, Sicherung und Auswertung von Spuren in Sittlichkeitsdelikten – in: Sittlichkeitsdelikte, hrsg. v. Bundeskriminalamt, Wiesbaden 1959, S. 152ff.; *Wigger,* Ernst: Kriminaltechnischer Leitfaden – BKA 1965/1–3 – insb. S. 402ff.; *Walther,* Gotfried: Die Beeinflussung des Spermanachweises durch einige moderne Waschmittel – Arch. f. Krim. Bd. 140, S. 163ff. (1967); *Oppitz,* E.: Eine neue Färbemethode zum Nachweis der Spermien bei Sittlichkeitsdelikten – Arch. f. Krim. Bd. 144, S. 145ff. (1969); *Walther,* Gotfried/*Höhn,* Peter: Ein besonderer Fall von Spermaflecken-Untersuchung – Arch. f. Krim. Bd. 145, S. 106ff. (1970); *Helmer,* Richard: Möglichkeiten und Methoden der zellkernmorphologischen Geschlechtserkennung an Körpergeweben und Sekret-Spuren – Arbeitsmethoden d. med. u. naturwiss. Kriminalistik Bd. 9 – Lübeck 1970; *Giusti,* Giusto Virgilio/*Panari,* Giampaolo: Zur gerichtsmedizinischen Identifizierung von Urin und Urinflecken – Arch. f. Krim. Bd. 150, S. 21ff. (1972); *Kerék,* Györgyi: Praktische Erfahrungen bei nicht-morphologischen Prüfmethoden und Blutgruppenbestimmungen an „alten" Spermaflecken – Arch. f. Krim. Bd. 150, S. 10ff. (1972); *Meghal,* Sharadehandra K./*Chitale,* Vithal M.: Trypsin-Hemmer-Aktivität im Colostrum und ihre Anwendung in der forensischen Wissenschaft – Arch. f. Krim. Bd. 151, S. 26ff. (1973); *Eungprabhanth,* Vithoon: Die Verwendung von NH_4OH zum Freisetzen menschlicher Spermatozoen aus vermutlichen Samenflecken – Arch. f. Krim. Bd. 152, S. 156ff. (1973); *O'Hara/Osterburg* S. 426ff.; *Kasper,* Siegfried G.: Freie Beweisführung und moderne Kriminaltechnik – Kriminol. Schriftenreihe Bd. 61 – Hamburg 1975 – S. 116ff.; *Schaidt,* G. in Mueller (2) I–122ff.

Mithilfe dieser Körpersekrete, für die man spezifische Nachweismethoden entwickelt hat, lassen sich u. a. auch Feststellungen treffen, wie sie bereits bei Blutuntersuchungen geschildert worden sind. Ebenso sind hier bei Giftverdacht ggf. toxikologische Analysen möglich. Doch können überdies die Art dieser Spuren, ihr Fundort, ihr Alter ebenso wie charakteristische Besonderheiten stofflicher Art helfen, den Tathergang zu rekonstruieren.

So läßt sich beispielsweise Speichel in einer Spur durch den Nachweis von Ptyalin beweisen. Sperma kann mikroskopisch (Spermatozoen, Samenfäden) oder chemisch nachgewiesen werden. Scheidensekret ist mithilfe von Präzipitinreaktion (Uhlenhuth) und Urin an Hand des Harnstoffs zu identifizieren.

d) Es gibt eine ganze Reihe gerichtsmedizinischer Methoden, welche gerade – wenn auch nicht nur – kriminalistisch zum Zwecke der Identifizierung unbekannter Toter oder von Leichenteilen genutzt werden können. Da das Skelett und Teile desselben ebenso wie Gebiß und Zähne sogleich noch gesondert behandelt werden sollen, ist hier zunächst auf die an andere körperliche Gegebenheiten anknüpfenden Verfahren zur **Geschlechts- und Altersbestimmung** hinzuweisen.

Cassaglnoli, E./*Frei-Sulzer,* Max: Die Bedeutung des Geschlechtschromatins in der Kriminalistik – Arch. f. Krim. Bd. 140, S. 2ff. (1967); *Breul,* Dietrich: Methoden der Geschlechts-, Körperlängen- und Lebensalterbestimmung von Skelettfunden. Eine kritische Übersicht über die Literatur ... – Arbeitsmethoden d. med. u. naturwiss. Kriminalistik Bd. 12 – Lübeck 1974.; *Rauschke:* Identifikation –

Altersbestimmung – in: HdwRMed I–142 ff.; *Wagner,* H. J.: Identifikation – Geschlechtsbestimmung – in: HdwRMed I–153 ff.; *Koch,* G.: Identifikation – Kerngeschlecht (Geschlechtschromatin) – in: HdwRMed I–154 f.; *Mueller,* B./*Schleyer,* F. in Mueller (2) I–120 f.; *Grüner,* O./*Helmer,* R. in Mueller (2) I–164 ff.

e) **Skelett und Knochen des Menschen** (zu Tieren vgl. D. und § 15–II–B) sind für den Gerichtsmediziner im Rahmen der forensischen Osteologie aufschlußreiche Untersuchungsobjekte.

Reinhardt, G./*Zink,* P.: Über den Zusammenhang zwischen Fuß- und Körpergröße - Arch. f. Krim. Bd. 143, S. 129 ff. (1969); *Rauschke:* Identifikation – Altersbestimmung – in: HdwRMed I–142 ff. insb. S. 151 ff.; *Wagner,* H. J.: Identifikation – Geschlechtsbestimmung – in: HdwRMed I–153 f.; *Wagner,* H. J.: Identifikation – Knochenlänge und Körpergröße – in: HdwRMed I–155 ff.; *Cameron,* J. M.: Forensic Dentistry – Edinburgh/London 1974 – S. 60 ff.; *Prokop/Göhler* S. 501 ff.; *Grüner,* O./*Helmer,* R. in Mueller (2) I–156 ff.

Knochen und Knochengerüst des Menschen sind, wie wir bei der Röntgenidentifizierung (§ 13–VII) gesehen haben, wesentliche Dinge für die Personenidentifizierung, gerade auch bei Leichen. Der Gerichtsmediziner verwendet dabei neben anatomischen Befunden auch serologische, histologische und andere Methoden.
Man kann in ihnen im übrigen nicht nur in etwa das Geschlecht, das Alter und die Körpergröße der verstorbenen Person erkennen, sondern auch die Liegezeit einigermaßen exakt einschätzen, wenn man die unterschiedlichen Gegebenheiten der Lagerung bedenkt. Bei Folgen von Operationen oder bei anderen Defekten sind aus dem Befund Rückschlüsse auf den verursachenden Vorgang möglich, was u. U. schon in das Gebiet der Werkzeugspuren hinüberreicht.
Ähnliches gilt für Haare, Haut, Fingernägel und dergleichen, worauf im Zusammenhang mit der Biologie zurückzukommen ist (§ 15–II–B).

f) Ferner ist auf die bereits im Zusammenhang mit dem Erkennungsdienst (§ 13–VI) behandelte Forensische **Odontologie** hinzuweisen, die neben wertvollen Fahndungshinweisen zahlreiche Beweismöglichkeiten bietet. Außer an das Gebiß als solches und Zahnbefunde ist bei Ermittlungen auch an Bißspuren zu denken.

Wigger, Ernst: Kriminaltechnischer Leitfaden – BKA 1965/1–3 – Insb. S. 439 ff.; *Helfer,* Ulrich/*Sadigh,* Farhad: Nachweis der Gruppenantigene A und B an menschlichen Zähnen – Arch. f. Krim. Bd. 143, S. 173 ff. (1969); *Petersen,* Norbert/*Heide,* Karl-Günter: Nachweis von genetischen Merkmalen in der Zahnpulpa – Arch. f. Krim. Bd. 153, S. 166 ff. (1974); *Endris,* Rolf Werner: Sektionstechnik in der forensischen Odontologie – Arch. f. Krim. Bd. 155, S. 163 ff. (1975); *Rötzscher* u. *Reimann* in Prokop/Göhler S. 545 ff.; *Grüner,* G./*Helmer,* R. in Mueller (2) I–187 ff.

g) Noch wichtiger als für die Frage der Zurechnungsfähigkeit ist für die bei Verkehrsdelikten wichtige Fahruntüchtigkeit der Nachweis des **Blutalkoholgehalts,** wenngleich die Werte in den einzelnen Ländern und z. T. in verschiedenen Vorschriften erheblich divergieren.
Die für diese Zwecke erforderliche Blutentnahme ist Sache eines Arztes, weil dabei mancherlei medizinische Erfordernisse zu beachten sind.

Grüner, Otto: Der gerichtsmedizinische Alkoholnachweis – 2. Aufl. d. Werkes von Gottfried Jungenecker „Alkoholbestimmung im Blut." Methodik und forensische Bedeutung – Köln 1967; *Grüner:* Alkohol – in: HdwRMed I–18 ff., insb. S. 23 f.; *Grüner,* O. in Mueller (2) I–989 ff.

Bei einer Blutentnahme für forensische Zwecke sind außer den dafür maßgebenden Rechtsvorschriften auch einige kriminalistisch wesentliche Dinge wie das Blutentnahme-Protokoll zu beachten.
Ist die Blutentnahme kriminalistisch eine besondere Form der Spurensicherung, so muß selbstverständlich auch die Auswertung zum Zwecke der Feststellung des Blutalkoholgehalts durch einen Arzt oder doch unter seiner Kontrolle erfolgen. Von bloßen Vorproben wie Alcotest-Röhrchen, die ein unspezifisches Verfahren mit grobquantitativen Ergebnissen darstellen, sind die spezifischen gerichtsmedizinischen Methoden zu unterscheiden.

Groß/Seelig (8) I–279ff.; *Mueller,* B.: Methodik und forensische Bewertung bei Blutalkoholbestimmung – in: Grundfragen der Kriminalistik, hrsg. Bundeskriminalamt, Wiesbaden 1958, S. 167ff.; *Althoff,* H.: Ungewöhnlich große positive Blutalkoholdifferenz zwischen zwei Blutentnahmen – Arch. f. Krim. Bd. 141, S. 105ff. (1968); *Richter,* O./*Hilgermann,* R.: Versuche über Blutalkoholmaximum und Resorptionszeit bei ganz kleinen Alkoholdosen – Arch. f. Krim. Bd. 145, S. 42ff. (1970); *Brettel,* Dietrich: Blutalkohol und Blutwassergehalt. Methodik – Theorie – Praxis – Arbeitsmethoden d. med. u. naturwiss. Kriminalistik Bd. 11 – Lübeck 1972; *O'Hara/Osterburg* S. 349ff.; *Grüner:* Alkohol – in: HdwRMed I–18ff.; *Kirk/Thorton* S. 345ff.; *Walls,* H. J.: Forensic Science – 2. Aufl. – London 1974 – S. 81ff.; *Schwerd,* W.: Alkohol und Verkehrssicherheit – in: KLbRMed S. 103ff.; *Prokop* in Prokop/Göhler S. 337ff.; *Grüner,* O. in Mueller (2) II–1001ff.; *Kasper,* Siegfried G.: Freie Beweisführung und moderne Kriminaltechnik – Kriminol. Schriftenreihe Bd. 61 – Hamburg 1975 – S. 107ff.

Gebräuchlich für die Blutalkoholbestimmung sind die Methoden von Widmark und die Ferment- oder ADH-Methode.

Das (modifizierte) Widmark-Verfahren läuft im Prinzip darauf hinaus, den in einer kleinen Menge von Untersuchungsmaterial (insb. Blut) enthaltenen Alkohol im geschlossenen Widmark-Kolben in Diochromaschwefelsäure hineinzudestillieren und hierbei zu oxydieren. Nicht verwendete Säure wird titriert und aus dem Überschuß die Alkoholmenge errechnet.

Während das Widmark-Verfahren somit noch keine spezifische, wenngleich relativ genaue Methode ist, kann man das ADH-Verfahren – eine Fermentmethode – als spezifischen Alkoholnachweis werten. Es beruht auf der Fähigkeit der Leber-Alkoholdehydrogenase (ADH), eine Wasserstoff übertragende Reaktion zu katalysieren, bei welcher der Äthylalkohol in Acetaldehyd übergeführt und gleichzeitig das Co-Ferment hydriert wird. Die hydrierte Form des NAD (= NADH) unterscheidet sich durch starke Lichtabsorption im ultravioletten Bereich. Aus der bei 340 mm genauen Menge von NAD läßt sich die Menge des Alkohols ermitteln.

Bei der Auswertung prüft man die ordnungsmäßige Durchführung der Untersuchung nach beiden Verfahren, wobei Störfaktoren zu berücksichtigen sind. Ferner muß gewöhnlich eine Rückrechnung auf den Zeitpunkt der Tat bzw. des Unfalls erfolgen (siehe unten).

Da beides Mikromethoden sind, streuen die Ergebnisse selbst bei genauer Durchführung etwas; in der Praxis geht man dann vom niedrigeren Wert aus oder man verwendet die Mikrowerte mehrerer Analysen (z. B. aus drei Widmark- und zwei ADH-Untersuchungen).

Da bis zur Untersuchung der Blutprobe seit dem fraglichen Ereignis in der Regel eine gewisse Zeit verstrichen ist, muß eine Rückrechnung erfolgen, die vom üblichen Absinken oder Ansteigen – je nach Trinkende – des Blutalkoholspiegels (je Stunde 0,1–0,12‰, der exakte Durchschnittswert soll bei 1,7‰ liegen) ausgeht. Im Verhältnis zur genossenen Alkoholmenge ist ein Alkoholdefizit (10–20%) zu verzeichnen. Unsicher ist nach wie vor, ob Stoffe wie Schlaf-, Schmerz- oder Beruhigungsmittel die Alkoholwirkung verstärken oder dann und wann propagierte Ernüchterungsmittel sie verringern können. Gerade letztere Wirkung ist bisher nicht bewiesen und auch unwahrscheinlich.

Die exakteste, in der Praxis jedoch noch immer selten angewandte Methode zum Nachweis des Blutalkohols ist die Gaschromatographie, ein chemisches Verfahren (§ 15–IV–A–1–c). Besonderheiten bietet die Alkoholbestimmung im Leichenblut, die etwa nach einem tödlichen Unfall, aber auch sonst nötig werden kann. Hier ist naturgemäß auf das umfangreiche Spezialschrifttum zu verweisen.

Lautenbach: Alkoholbestimmung im Leichenblut – in: HdwRMed I–40ff.

C. Andere Gebiete der Humanmedizin

Je nach Lage der Strafsache kann es jedoch ratsam erscheinen, einen Sachverständigen aus anderen Gebieten der Humanmedizin beizuziehen.
Die besondere Bedeutung der Zahnmedizin ist bereits im Zusammenhang mit der forensischen Odontologie (§ 13–VI) hervorgehoben und auch bei der Spurenkunde berücksichtigt worden.

Bochnik, Hans Joachim: Krankheit – in: HdwKrim (2) I–482 ff.

Die Möglichkeiten medizinischer Begutachtung sind so vielfältig, daß hier nur allgemein darauf hingewiesen werden kann. Denn es geht mitunter nicht nur um eine mögliche Abtreibung, für die der Gynäkologe besondere Sachkunde besitzt, sondern beispielsweise auch um die Folgen von Verkehrsunfällen (vgl. § 15–VI–E) und andere Unfälle oder um etwaige medizinische Kunstfehler. Darauf wird nicht nur im § 16, sondern schon im Folgenden immer wieder zurückzukommen sein.

D. Veterinärmedizin

In einzelnen Fällen – man denke außer an Wilderei, Straftaten in zoologischen Gärten auch an Delikte mit sodomitischem Einschlag – muß man bei der Verbrechensaufklärung sogar auf die Veterinärmedizin zurückgreifen. Auch bei Unfällen im Zusammenhang mit Tieren kann der mit ihrem Wesen vertraute Tierarzt als Sachverständiger hilfreich sein. Weiter ist bei betrügerischem Verkauf von Tieren und selbstverständlich bei der Tierquälerei an den Veterinärmediziner zu denken.

Wigger, Ernst: Kriminaltechnischer Leitfaden – BKA 1965/1–3 – insb. S. 439 ff.; *Holzer,* Franz Josef: Beziehungen der Gerichtsmedizin zu Jagd und Jäger (II) – Arch. f. Krim. Bd. 153, S. 65 ff. (1974); *Signer,* Martin/*Nüesch,* Arnold: Nageschäden an elektrischen Kabeln. Zahme Ratte als Brandstifter – Kriminalistik 1974–439 ff.

Aus dem älteren Schrifttum:
Malkmus, E.: Handbuch der gerichtlichen Tierheilkunde – 4. Aufl., bearb. v. Th. Oppermann – Hannover 1935.

Der Veterinärmediziner vermag nicht nur Knochen und Zähne von Tieren von denen des Menschen zu unterscheiden, sondern kann aus einer solchen Spur auf eine bestimmte Tierart oder -rasse, u. U. sogar auf ein konkretes Tier schließen.
Ebenso ist seine Mitwirkung bei Spuren, die von einem Tier verursacht worden sind (Bißspuren, Fußspuren), wichtig.
Schließlich vermag er, was bei Wilderei und Viehdiebstahl wichtig werden kann, Verletzungen an Tieren sachkundig zu deuten.

II. Biologie

Ist die Biologie als die Wissenschaft von den Lebensvorgängen die Mutterdisziplin der Medizin, so sollte einleuchten, daß auch andere Sparten dieses Wissenschaftsbereiches für den Kriminalisten wichtig sind. Um dies zu verdeutlichen, sollen zumindest einige Spezialgebiete genannt werden, die häufiger für kriminaltechnische Untersuchungen relevant sind. Dabei dürfte deutlich werden, daß es hier ebenfalls Überschneidungen mit anderen naturwissenschaftlichen Disziplinen gibt.

Martin, O.: Die angewandte Biologie im Dienst der Kriminalistik – in: Kriminaltechnik, BKA 1955/2, S. 91 ff.; *Specht,* W.: Die kriminalistischen Leitelemente bei zoologischer, botanischer und bodenkundlicher Tatortuntersuchung – in: Das kriminalpolizeiliche Ermittlungsverfahren, hrsg. v. Bundeskriminalamt, Wiesbaden 1957, S. 139 ff.; *Kasper,* Siegfried G.: Freie Beweiswürdigung und moderne Kriminaltechnik – Kriminol. Schriftenreihe Bd. 61 – Hamburg 1975 – S. 91 ff.

Vor den eigentlichen Gebieten der forensischen Biologie soll jedoch kurz ein Sondergebiet erwähnt werden, das besonders eng mit der Medizin zusammenhängt und deshalb auch in der Praxis etwas anders organisiert zu sein pflegt.

A. Erbbiologie. Anthropologie

Während die Erbbiologie speziellen Zuschnitt hat, ist die Anthropologie allgemeinerer Natur; doch überwiegen heute wohl psychologische Fragestellungen (vgl. § 15–III–A).

Über den neueren Behaviorismus und die Gestaltpsychologie hat man sich vor allem bemüht, tiefenpsychologische Ansätze zu verarbeiten. Da alle diese Methoden für die Kriminalätiologie wichtiger als für die Kriminalistik sind, muß hier dieser kurze Hinweis genügen.

Zbinden S. 86; *Stumpfl,* Friedrich: Kriminalbiologie – in: HdwKrim (2) I–496 ff.; *Hoeck-Gradenwitz,* Erik: Persönlichkeitsforschung – in: HdwKrim (2) II–284 ff.; *Ziegelmeyer:* Anthropologisch-erbbiologisches Abstammungsgutachten – in: HdwRMed I–319 ff.; *Walls,* H. J.: Forensic Science – 2. Aufl. – London – S. 140 ff.; *Schwrd:* Blutgruppen – in: HdwRMed I–332 ff.; *Schwerd:* Vaterschaftsgutachten – in: KLbRMed S. 121 ff.; *Prokop/Göhler* S. 580 ff.; *Kasper,* Siegfried G.: Freie Beweiswürdigung und moderne Kriminaltechnik – Kriminol. Schriftenreihe Bd. 61 – Hamburg 1975 – S. 104 ff.; *Hartmann,* G./*Mueller,* B./*Rittner,* Ch./*Steffens,* Ch./*Wehner,* H. D. in Mueller (2) II–1212 ff.

Besondere Bedeutung kommt erbbiologisch den Blutgruppen zu, die anders als im Familienrecht in Strafsachen jedoch nur eine geringe Rolle spielen. Mit ihrer Hilfe kann man des öfteren die Vaterschaft einer gestimmten Person ausschließen.
Bedeutsamer als Beweis ist jedoch der mit den Methoden der Erbbiologie mögliche positive Nachweis der Vaterschaft. Dabei stützt sich der Erbbiologe auf eine Vielzahl im körperlichen Erscheinungsbild festzustellender Merkmale, welche mehr oder minder sicher auf Erbzusammenhänge schließen lassen. Die Gesamtbewertung ist infolgedessen schwierig, die Kontrollierbarkeit der Ergebnisse nur begrenzt gegeben. Dennoch wird bei verhältnismäßig eindeutigen Befunden, die zudem oft durch andere Beweise unterstützt werden, ein solches Gutachten auch im Strafverfahren als Beweis anerkannt; in der Praxis arbeitet man dabei mit Graden der Wahrscheinlichkeit.

Die Erbbiologie geht auch beim positiven Vaterschaftsnachweis von den Vererbungsgesetzen aus, die insb. durch die Arbeiten von Georg *Mendel* (1865) bekannt geworden sind. Während den Kriminologen, der die Ursachen kriminellen Verhaltens erforscht, vor allem interessiert, inwieweit Schwachsinn oder bestimmte Geisteskrankheiten erblich bedingt sind oder überhaupt die Erbanlagen für das Verhalten (Zwillingsforschung) bestimmend sind, kommt es in der Kriminaltechnik mehr darauf an, die Abstammung eines Kindes von einem Tatverdächtigen zu beweisen oder aber auszuschließen. Das Abstammungsgutachten geht heute von einer Vielzahl morphologischer Merkmalkomplexe aus, die im Wege der Bewertung die Vaterschaft einer bestimmten Person als wahrscheinlich oder sogar sicher erscheinen lassen.

B. Zoologie

Ähnlich wie im Bereiche der Medizin u. U. die Veterinärmedizin (§ 15–I–D) Fahndungshinweise und Beweise zu liefern vermag, so kann bei entsprechenden Strafsachen auch die Einschaltung eines zoologischen Sachverständigen ratsam erscheinen.

Groß/Seelig (8) I–359; *Walls,* H. J.: Forensic Scince – 2. Aufl. – London 1974 – S. 177 ff.; *Holzer,* Franz Josef: Beziehung der Gerichtsmedizin zu Jagd und Jäger (II) – Arch. f. Krim. Bd. 153, S. 65 ff. (1974); *Kasper,* Friedrich G.: Freie Beweiswürdigung und moderne Kriminaltechnik – Kriminol. Schriftenreihe Bd. 61 – Hamburg 1975 – S. 95 ff.

Auf Grund solcher Untersuchungen ist es möglich, die Art von Tieren oder tierischen Produkten zu bestimmen und ggf. ihre Herkunft genauer festzustellen. Dabei überschneidet sich der Tätigkeitsbereich des Biologen in der Praxis allerdings häufiger mit dem des Gerichtsmediziners.

Das gilt etwa für die bereits behandelte Untersuchung von Blut und Körpersekreten. Ein weiteres Beispiel dafür sind die Untersuchungen menschlichen Haares, die jedoch hier genauer geschildert werden sollen.

Außer bei Wilderei, Tierquälerei, Sachbeschädigung an Tieren, Diebstahl von Tieren und tierischen Produkten wie Pelzen ist der zoologische Sachverständige vor allem bei Sexualdelikten mit sodomitischem Einschlag und u. U. auch bei Verkehrsdelikten wichtig; das gilt ebenso für andere Schadensfälle durch Tiere.
Insgesamt lassen sich bei den biologischen Methoden im Bereiche der Zoologie drei große Komplexe unterscheiden.

1. Identifizierung von Tieren oder Teilen tierischer bzw. menschlicher Herkunft

Zahlreiche biologische Untersuchungsmethoden dienen in der Kriminaltechnik dazu festzustellen, um welches Tier es sich bei einer Materialspur nach Art und ggf. Rasse handeln kann und ob eine Substanz tierischer oder menschlicher Herkunft sein könnte. Insoweit sind selbstverständlich die bereits bei der Medizin erwähnten anatomischen und serologischen Methoden zu berücksichtigen. Ferner bemüht sich der Biologe im positiven Falle darum, nicht nur die Herkunft genauer zu bestimmen, sondern an Hand der Spur das Alter des Tieres oder Menschen, eventuell Größe, Gewicht, Geschlecht sowie ferner die Zeit der Spurenverursachung und eventuelle Einwirkungen auf sie festzustellen.
Wie auch sonst bei kriminaltechnischen Untersuchungen kann es weiter auf eine Identifizierung im Wege des Vergleichs mit anderem Untersuchungsmaterial ankommen. Um die Vielfalt dieser Analysen zu verdeutlichen, sollen kurz einige in der Praxis besonders wichtige Komplexe angesprochen werden.

a) Haaruntersuchungen

Haaruntersuchungen sind kriminaltechnisch deshalb wichtig, weil man auch außerhalb der Gewaltdelikte bei vielen Straftaten mit Spuren in Form menschlichen oder zuweilen auch tierischen Haares rechnen kann.

Groß/Seelig, (8) I–308ff.; *Wigger,* Ernst: Kriminaltechnischer Leitfaden – BKA 1965/1–3 – insbes. S. 420ff.; *Castagnoli,* E./*Frei-Sulzer,* Max: Die Bedeutung des Geschlechtschromatins in der Kriminalistik – Arch. f. Krim. Bd. 140, S. 1ff. (1967); *Krefft,* S.: Über postmortale Struktur- und Farbveränderungen der Haare und weiterer keratinhaltiger Hautanhangsgebilde – Arch. f. Krim. Bd. 143, S. 76ff. (1969); *Kirk/Thorton* S. 143f.; *Walls,* H. J.: Forensic Scince – 2. Aufl. – London 1974 – S. 172ff.; *Pohl,* Klaus Dieter: Naturwissenschaftlich-kriminalistische Spurenanalyse bei Verkehrsunfällen – Arbeitsmethoden d. med. u. naturwiss. Kriminalistik Bd. 14 – Lübeck 1975 – S. 28ff.; *Schaidt,* G. in Mueller (2) I–122ff.

Man kann heute nicht nur menschliches von tierischem Haar unterscheiden, sondern dies auch der Art nach bestimmen. Ferner läßt sich gerade bei menschlichem Haar häufig sogar etwas über den Standort aussagen, weil sich in vielen Fällen Kopf-, Bart-, Schamhaar und dergl. unterscheiden lassen. – Noch wichtiger ist allerdings gerade bei Haarspuren, die von einem Menschen herrühren, die individualdiagnostische Auswertung. Für diesen Zweck sind verschiedene Verfahren entwickelt worden, mit welchem man für einen morphologischen und materiellen Haarvergleich wichtige Charakteristika feststellen kann.

Ferner kann man u. U. am Befund der Haarspur erkennen, auf welche Weise das betreffende Haar vom Körper getrennt worden ist oder was außer Gewalt auffällige Veränderungen bewirkt hat.

Dieser Problematik entspricht die von tierischen Haarspuren, wenngleich die Ergebnisse hier – insb. individualdiagnostisch – häufig unsicherer als bei menschlichem Haar zu sein pflegen.

Schließlich kann Haar auch als Materialspur aufschlußreich sein. So können in ihm nicht nur – wie sich in der Toxikologie (§ 15–IV–A–2) zeigen wird – Giftstoffe gespeichert sein, sondern läßt sich mit Haar u. a. auch die Blutgruppe des Trägers bestimmen.

Helfer, Ulrich: Zum Beweiswert von ABO-Bestimmungen an Einzelhaaren – Arch. f. Krim. Bd. 142, S. 78ff. (1968); *Schaidt,* G./*Specht,* I.: Untersuchungen zur Blutgruppenbestimmung am menschlichen Einzelhaar – Arch. f. Krim. Bd. 143, S. 82ff. (1969).

b) Felle. Federn. Fischschuppen

Nicht so häufig sind in der kriminalistischen Praxis Felle, Federn oder Fischschuppen Objekt einer Untersuchung. Kann bei Fellen und dem daraus später hergestellten Produkt Pelz im Prinzip auf das für Haaruntersuchungen Gesagte Bezug genommen werden, liegen die Dinge bei Federn und Fischschuppen naturgemäß etwas anders.

Wigger, Ernst: Kriminaltechnischer Leitfaden – BKA 1965/1–3 – insb. S. 423ff.; *Pohl,* Klaus Dieter: Naturwissenschaftlich-kriminalistische Spurenanalyse bei Verkehrsunfällen – Arbeitsmethoden d. med. u. naturwiss. Kriminalistik Bd. 14 – Lübeck 1975 – S. 39.

Fischschuppen sind anders als Haare oder Federn keine Gebilde der Haut, sondern gehören mehr zum Knochengerüst. Die jahresringartige Schichtung erlaubt es, das Alter relativ exakt zu ermitteln.

Bei Federn, der Hautbekleidung der Vögel, unterscheidet man von den Konturfedern, die das äußere Federkleid bilden, die Daunenfedern, welche als flaumige Basis den Wärmeschutz bieten.

Federn können selbstverständlich auch Spurenträger sein. Ein Gänsediebstahl wurde beispielsweise dadurch erhärtet, daß man die Annahme, ein Fuchs habe die Gans gestohlen, widerlegen konnte. Denn die Gänsefedern waren offensichtlich mit einer Schere ab- und kleingeschnitten, so dann von dem Täter als falsche Fährte verstreut worden.

c) Knochen, Skeletteile, Geweih, Gehörn

Wie schon bei der Gerichtsmedizin für den Menschen angedeutet (§ 15–I–B–e), sind Knochen und überhaupt Skeletteile wertvolle kriminaltechnische Untersuchungsobjekte, die sich auch vom Biologen auswerten lassen.
Dasselbe gilt außer für Knochen von Tieren auch für Geweihe, Gehörn und dergleichen.

d) Häute, Leder, Gewebeteile

Während man bei Häuten oder Leder, das vielfach schon ein Produkt tierischer Herkunft darstellen dürfte, an Tiere denkt, weshalb für kriminaltechnische Untersuchungen neben dem Veterinärmediziner der Biologe in Betracht kommt, können Gewebeteile außer von einem Tier auch von einem Menschen herrühren. Bei derartigen Spuren können ebenfalls biologische Methoden angewandt werden.
Selbst die Finger- und Fußnägel des Menschen lassen sich u. U. zur Identifizierung benutzen.

Thomas, F./*Baert,* H.: Die kriminalistische Bedeutung des Schartenreliefs der menschlichen Nägel – Arch. f. Krim. Bd. 134, S. 76ff. (1964).

e) Exkremente, Losungen

Bei den Exkrementen, Losungen und ähnlichen Ausscheidungen von Mensch und Tier wird die botanische Auswertung häufig wichtiger als die zoologische sein, um von chemischen Analysen noch ganz abzusehen. Immerhin gibt es Fälle, in denen hier gerade der Zoologe oder der sonst mit Tieren oder Jagd Vertraute zur Sachverhaltsaufklärung beitragen kann.

2. Produkte tierischer Herkunft

Nicht so häufig – jedoch in Einzelfällen wichtig – ist die Mitwirkung eines zoologischen Experten, wenn es darum geht, festzustellen, ob eine Spur oder ein sonstiger Stoff ein Produkt tierischer Herkunft ist. Für Pelze, bei denen man natürlich auch auf Sachverständige aus der Rauchwarenbranche zurückgreift, ergibt sich das aus dem für die Untersuchung von Haaren und Pelzen Gesagten (oben 1–a).

Martin, E. P.: Zur Frage des Beweiswertes von Wollfaserspuren im Strafprozeß – Arch. f. Krim. Bd. 152, S. 172ff. (1973).

Ein Raubüberfall, bei welchem zwei alte Damen in ihrem einsam gelegenen Haus besinnungslos geschlagen wurden, konnte u. a. mithilfe von Tierhaaren (Rinderhaar, gefärbte Schafwolle) aufgeklärt werden, die neben Pflanzenfasern eine Matratzenfüllung bildeten. Der Täter hatte beim Durchwühlen der Wohnung diese Matratze aufgerissen, deren Füllung weit verstreut war. Prompt fanden sich im Hosenaufschlag dieses Tatverdächtigen Tierhaare von gleicher Art in entsprechenden Mengen.

3. Ein- und Abdruckspuren von Tieren

In Wildereifällen, aber auch in einigen anderen Strafsachen – z. B. bei Unfällen durch Tiere – kann es daraum gehen, zu erkennen, ob Ein- oder Abdruckspuren von einem Tier herrühren können, wobei neben Tierart und Rasse natürlich besondere Charakteristika interessieren, welche es erlauben, ein bestimmtes Tier als Spurenverursacher zu identifizieren.

Takácsy, L./*Kenyeres,* I.: Tötung eines Säuglings durch eine Hauskatze (Felis domistica) – Arch. f. Krim. Bd. 145, S. 169ff. (1970); *Brettel,* Hans-Friedrich/*Luff,* Karl: Aggressives Verhalten von Hunden gegenüber dem Tierhalter – Arch. f. Krim. Bd. 151, S. 49ff. (1973).

Bei Zahn- und Gebißspuren von Tieren sind natürlich die Möglichkeiten der Forensischen Odontologie (§ 13–VI) zu beachten.

Cameron, J. M.: Forensic Dentistry – Edinburgh/London 1974 – S. 130f.

Sowohl über Säugetiere als auch über Reptilien und gewisse Fische, die hier als Spurenverursacher in Betracht kommen, gibt es schon einiges einschlägiges Material.

C. Botanik

In gewissen, nicht einmal so seltenen Strafsachen – man denke an Erd- und Pflanzenspuren – kann die Botanik als ein besonderes Gebiet der Biologie zur Verbrechensaufklärung beitragen. Denn Pflanzen oder Pflanzenteile wie Blätter, Stengel, Halme, Früchte und Samen können ebenso wie daraus gewonnene Bearbeitungsprodukte (Getreide, Mehl, Kartoffeln, Stärkeerzeugnisse, Holz und Holzerzeugnisse bzw. -abfälle) in mannigfacher Form kriminaltechnisch relevant werden. Dasselbe gilt für Nahrungs- und Genußmittel auf pflanzlicher Basis sowie organische Drogen bzw. Gifte, die hier allerdings bei den toxikologischen Analysen der Chemiker behandelt werden sollen.

Groß/Seelig (8) I–359f.; *Zbinden* S. 90; *Wigger,* Ernst: Kriminaltechnischer Leitfaden – BKA 1965/1–3 – insb. S. 463ff.; *Liese,* Walter/*Eckstein,* Dieter: Die Jahresringchronologie in der Kriminalistik – in: GrKrim 7, S. 395ff. (1971); *Walls,* H. J.: Forensic Science – 2. Aufl. – London 1974 – S. 174ff.; *Kasper,* Siegfried G.: Freie Beweiswürdigung und moderne Kriminalistik – Kriminol. Schriftenreihe Bd. 61 – Hamburg 1975 – S. 92ff.

Im wesentlichen verfolgen botanische Analysen drei verschiedene Ziele, wobei einstweilen jedoch Boden- und Textiluntersuchungen ausgeklammert bleiben, da diese besser bei der Mikrobiologie zu behandeln sind, welche insoweit ergänzende Methoden bietet.

1. Identifizierung pflanzlicher Elemente

Ziel einer ganzen Reihe biologisch-botanischer Analysen ist es, pflanzliche Elemente zu identifizieren, wobei wir zunächst von unbearbeiteten Substanzen ausgehen.

Breitenecker, L.: Auffindung des Tatorts durch Spurenanalyse an den Kleidern mittels Infrarot-Bildwandler für Mikroskopie – Arch. f. Krim Bd. 141, S. 121ff. (1968); *Pohl,* Klaus Dieter: Naturwissenschaftlich-kriminalistische Spurenanalyse bei Verkehrsunfällen – Arbeitsmethoden der med. u. naturwiss. Kriminalistik Bd. 14 – Lübeck 1975 – S. 39f., 51ff.

Dabei ergeben sich kriminalistisch vor allem zwei Fragestellungen.
In manchen Fällen geht es allein darum festzustellen, ob es sich bei bestimmten Materialspuren um pflanzliche Elemente handelt und um welche. Hier ist etwa an

Substanzen zu denken, die Menschen, Werkzeugen oder anderen Gegenständen anhaften. Der Botaniker oder botanisch besonders erfahrene Biologe kann gewöhnlich nicht nur die Art und ggf. Sorte einer Pflanze feststellen, sondern hat auch – z.B. für Getreide und Kartoffeln – Methoden entwickelt, die es ermöglichen, u.U. sogar konkrete Partien einer Sorte zu identifizieren. Bei Pflanzenteilen kann die Form weiteren Aufschluß bieten; bei Schnittholz, Hobelspänen und Sägemehl sind überdies die Methoden für die Untersuchung von Werkzeugspuren wichtig (dazu § 15–VI–F).
Wird ein pflanzliches Element in einer Spur festgestellt, so stellt sich gewöhnlich die Frage, ob dieses (Samen, Blütenstaub, Sägemehl, Holzspäne) mit anderen Substanzen übereinstimmt, welche sich entweder am Tatverdächtigen und in seinem Lebensbereich oder aber am Tatort finden.

Dabei geht es nicht nur um die stoffliche Beschaffenheit, sondern häufig noch mehr – wie das Beispiel der Holzuntersuchungen zeigt – um die Herkunft, die sich zuweilen bereits durch die Form einzelner Paßstücke oder durch gleichartige Arbeitspuren beweisen läßt.

Pflanzliche Gifte, insb. auch Suchtgifte (Drogen) lassen sich durch botanische Methoden in Speiseresten, Erbrochenem oder dem Magen- und Darminhalt feststellen; dasselbe gilt für anderes Untersuchungsmaterial.

2. Identifizierung von Produkten auf pflanzlicher Basis

Von Produkten sprechen wir, wenn Pflanzen entweder mechanisch oder aber physikalisch bzw. chemisch so bearbeitet worden sind, daß der Rohstoff nicht mehr ohne weiteres zu erkennen ist. Denn auch solche Produkte spielen bei der kriminaltechnischen Untersuchung und Auswertung von Spuren eine bemerkenswerte Rolle.
Bekannt geworden und charakteristisch für Verfahren, die mechanisch bearbeitete Produkte betreffen, sind die **Holzuntersuchungen.**

Svensson/Wendel S. 133ff.

Man kann mit ihrer Hilfe nicht nur bei Holzdiebstahl, sondern selbst nach weitergehender Bearbeitung an Hand des Produktes das Rohmaterial, seine besondere Art, sein Alter (sogen. Jahresringchronologie) und die konkrete Bearbeitungsweise feststellen.
Ähnlich ist das bei Produkten der Nahrungs- und Genußmittelbranche auf pflanzlicher Basis oder bei entsprechenden Futtermitteln.
Selbst bei einer Bearbeitung, welche das Rohmaterial pflanzlicher Art physikalisch oder chemisch verändert, vermag neben Wissenschaftlern anderer Disziplinen der Botaniker mithilfe besonderer Methoden das Rohmaterial und ggf. das Produkt durch Vergleich mit anderem Material zu identifizieren. Denn es lassen sich auch hier nicht nur Sorten, sondern Partien derselben an Hand bestimmter botanischer Charakteristika unterscheiden.

3. Wirkungen auf pflanzliche Elemente

Da pflanzliche Substanzen nicht nur durch zielstrebige Bearbeitung, sondern auch auf andere Weise verändert werden können, spielen mitunter die dafür ausschlaggebenden Einwirkungen eine Rolle. Außer an Gewalt ist hier beispielsweise an Hitze oder gar Feuer zu denken, das durch Verbrennen zu Ascherückständen führt. Hier kennt der Botaniker Charakteristika – beispielsweise für Wasser, Hitze usw. – und vermag so für die Aufklärungstätigkeit wichtige Erkenntnisse beizusteuern.

D. Mikrobiologie

Obgleich mikrobiologische Methoden selbstverständlich schon in den zuvor geschilderten Bereichen angewandt werden, empfiehlt sich für die Kriminaltechnik doch eine gesonderte Darstellung.

Groß/Seelig (8) I–302ff.; *Martin,* O.: Mikrobiologie in der Kriminaltechnik – in: Grundfragen der Kriminaltechnik, hrsg. v. Bundeskriminalamt, Wiesbaden 1958, S. 109ff.; *Walls,* H. J.: Forensic Science – 2. Aufl. – London 1974 – S. 166ff.; *Kasper,* Siegfried G.: Freie Beweiswürdigung und moderne Kriminaltechnik – Kriminol. Schriftenreihe Bd. 61 – Hamburg 1975 – S. 97ff.

Die folgende Darstellung muß sich notgedrungen auf drei praktisch besonders bedeutsame Komplexe beschränken, wenngleich auch hier u.U. andere Methoden ergänzend eingreifen. Nach den Untersuchungen von Staub-, Schmutz- und Bodenproben sowie der Textilien- und Faseruntersuchung soll bei anderen Möglichkeiten der Mikrobiologie u.a. auf die Bakteriologie eingegangen werden, die sich mit einzelligen Kleinlebewesen befaßt.

Denn diese kommen in sehr verschiedenen Formen im Tier- und Pflanzenreich vor und liefern daher des öfteren für die Aufklärung von Kriminalfällen wichtige Erkenntnisse. Das gilt nicht nur im Zusammenhang mit vorwiegend zoologisch oder botanisch vom Biologen auszuwertende Befunde, sondern gerade auch für die zwei zuvor genannten Komplexe, ohne daß damit die Kompetenz entsprechend ausgebildeter Gerichtsmediziner, Chemiker oder Physiker für derartige oder ergänzende Analysen in Zweifel gezogen werden soll.

1. Untersuchungen von Staub-, Schmutz- und Bodenproben

Untersuchungen von Staub-, Schmutz- und Bodenproben stellen sogar ein Hauptgebiet für die Anwendung biologischer Methoden in der Kriminaltechnik dar, wenngleich alle diese Materialien gewöhnlich auch anorganische Substanzen enthalten, für die chemische oder physikalische Analysen in Betracht kommen.

Groß/Seelig (8) I–327f., 335f.; *Svensson/Wendel* S. 117ff.; *Thoma* u.a.: Die kritische Bewertung von Mikro-Staubuntersuchungen – in: Grundfragen der Kriminaltechnik, hrsg. v. Bundeskriminalamt, Wiesbaden 1958, S. 125ff.; *Wigger,* Ernst: Kriminaltechnischer Leitfaden – BKA 1965/1–3 – insb. S. 479ff.; *Mattoo,* B. N./*Wani,* A.K.: Zum spektrographischen Vergleich von Bodenproben in der forensischen Praxis – Arch. f. Krim. Bd. 138, S. 37ff. (1966); *Guthknecht,* Hans Joachim: Bodenvergleichs-Untersuchung – Kriminalistik 1970 – 407ff.; *Schmidt,* Gg./*Mietzko,* M.: Die kriminalistische Bedeutung des Fingernagelschmutzes – in: GrKrim 7, S. 147ff. (1971); *Röhm,* Ernst: Ausgewählte Untersuchungsmethoden inkriminierter Staub- und Erdspurenkomplexe – in: GrKrim 7, S. 355ff., (1971); *Schaidt,* G. in Mueller (2) I–140f.

Die Mikrobiologie dient, da sie Mikroorganismen allgemein und speziell nachweist und solche Befunde auswertet, bei Staub- und Schmutzspuren dazu, die in ihnen als Materialspuren enthaltenen organischen Kleinlebewesen, Stoffe oder Produkte nachzuweisen.

Dasselbe gilt für Bodenuntersuchungen, bei welchen neben der chemischen und mineralogischen (§ 15–V–B) sowie physikalischen Analyse auch biologische, insb. botanische Methoden angewandt werden. Hier kommt es außer auf Körnungsarten, Zusammensetzung, Mikrogefüge insb. auf Humusstoffe und Vegetationselemente an. Ferner lassen sich mithilfe mikrobiologischer Methoden auch Mikroorganismen wie signifikante Algen, Pilze, Hefen und Bakterien feststellen.

2. Textilien- und Faseruntersuchungen

Auch die Textilien- und Faseruntersuchung ist ein wesentliches Arbeitsgebiet der Biologie, wenngleich neben tierischen und pflanzlichen Stoffen bzw. Produkten synthetische Fasern und Kunststoffe erheblich an Bedeutung gewonnen haben, welche chemische oder physikalische Analysen bedingen. Doch bleiben davon abgesehen bei Garnen, Bindfäden, Tauwerk und dergleichen sowie bei Textilien und ähnlichen Stoffen noch viele Möglichkeiten, die Biologie und insb. die Mikrobiologie für die Kriminaltechnik nutzbar zu machen; denn auf Grund der Entwicklung sind diese Experten mit Gewebearten sowie deren Behandlung (Färbung, Appretur, Imprägnierung) ebenso vertraut wie mit Material- und Bearbeitungsfehlern (z.B. Webfehlern) oder später eingetretenen Defekten.

Groß/Seelig (8) I–323f.; Svensson/Wendel S. 123ff., 126ff.; *Reumuth,* H.: Färberei- und Textilveredelungsvorgänge unter dem Mikroskop – in: Grundfragen der Kriminaltechnik, hrsg. v. Bundeskriminalamt, Wiesbaden 1958, S. 131ff.; *Wigger,* Ernst: Kriminaltechnischer Leitfaden – BKA 1965/1–3 – insb. S. 468ff.; *Kapusz,* N./*Nagy,* L.: Schußspuren an Textilien aus Kunststoffasern – Arch. f. Krim. Bd. 140, S. 149ff. (1967); *Suchenwirth,* H./*Brück,* H. J.: Über den Aussagewert von mikrospektralphotometrischen Messungen an Textilfaserspuren – Arch. f. Krim. Bd. 142, S. 16ff., 111ff. (1968); *Schaidt,* Gerd/*Driver,* Monika: Untersuchungen zur Identifizierung von einzelnen Textilfasern aus Kunststoff durch Infrarotspektrophotometrie – Arch. f. Krim. Bd. 146, S. 145ff. (1970); *Schwar,* Günther/*Janssen,* Werner: Zur Größe und Form von Textilschäden bei Stichverletzungen – Arch. f. Krim. Bd. 149, S. 97ff. (1972); *Martin,* E. P.: Zur Frage des Beweiswertes von Wollfaserspuren im Strafprozeß – Arch. f. Krim. Bd. 152, S. 172ff. (1973); *Walls,* H. J.: Forensic Science – 2. Aufl. – London 1974 – S. 168ff.; *Pohl,* Klaus Dieter: Naturwissenschaftlich-kriminalistische Spurenanalyse bei Verkehrsunfällen – Arbeitsmethoden d. med. u. naturwiss. Kriminalistik Bd. 14 – Lübeck 1975 – S. 44ff., 58ff., 103ff.; *Althoff,* Helmut: Untersuchungen über den Aussagewert von Mikrospuren beim Tod durch Strangulation – Arch. f. Krim. Bd. 155, S. 46ff. (1975); *Schaidt,* G. in Mueller (2) I–141ff.

Bei der **Faseranalyse** geht es außer um die stoffliche Beschaffenheit auch um die Form sowie die Art der Bearbeitung und schließlich um Veränderungen und ihre Ursachen. Auf diese Weise kann man nicht nur ggf. Materialgleichheit feststellen, sondern weitere Spurenmerkmale erkennen, die kriminaltechnisch aufschlußreich sind.

Ähnlich sind die Aufgaben der **Textiluntersuchung.** Zur Feststellung der Faserart und -beschaffenheit sowie des verwendeten Nähmaterials tritt hier die Untersuchung der Gewebe (Bindung, Kett- und Schußdichte, Behandlung wie z.B. Färben) hinzu. Kriminaltechnisch noch wertvoller als das so zu ermittelnde Material, sein Alter und seine Herkunft, sind Webfehler oder andere Defekte.

Einen besonderen Komplex, bei dem man sich aber vor allem chemischer und physikalischer Methoden bedient, sind die sowohl bei natürlichen als auch bei synthetischen Fasern u.U. wichtigen Farbstoffuntersuchungen.

Durch ihre besondere Form können übrigens **Knoten und Schlingen** in manchen Fällen kriminaltechnisch sehr aufschlußreich werden. Hier kommt es aber in der Praxis mehr auf die berufliche Erfahrung (z. B. Seefahrt) an.

3. Andere Möglichkeiten der Mikrobiologie, insb. bei Mikroorganismen

Mit den beiden soeben behandelten Untersuchungskomplexen sind die Möglichkeiten der Mikrobiologie nicht einmal in etwa umrissen, sondern nur angedeutet, weshalb nunmehr kurz noch auf eine Reihe anderer Erkenntnisse und Verfahren hingewiesen werden soll; vor allem handelt es sich hierbei um solche, die an Mikroorganismen anknüpfen.

Wigger, Ernst: Kriminaltechnischer Leitfaden – BKA 1965/1–3 – insb. S. 492ff.; *Walls,* H. J.: Forensic Science – 2. Aufl. – London 1974 – S. 174ff.

Mikroorganismen können einmal schon bei den Ermittlungen wichtig werden, weil derartige Befunde fälschlich auf Gifte hinzudeuten scheinen.

Bereits 1823 hat man auf Maisbrei (Polenta) die auf kohlehydrathaltigen Lebensmitteln blutrote Kolonien bildenden Prodigiosus-Bakterien mikroskopiert. Derartige und andere Verfärbungen täuschen häufiger eine Vergiftung vor, die vom Biologen jedoch ausgeschlossen werden kann.

Kleinlebewesen können ferner durch von ihnen verursachte Sachbeschädigungen aber nicht nur die Ermittlungen irritieren, sondern liefern u. U. zugleich Leitelemente, die für einen zum Zwecke der Identifizierung erfolgenden Vergleich genutzt werden können. Typisch hierfür sind die auf Textilien und Papier vorkommenden, üblicherweise als Stockflecken bezeichneten Verfärbungen, die vor allem durch Pilze erzeugt werden. Ähnlich auswertbare Spuren finden sich aber auch auf Lebens- und Genußmitteln, auf Hölzern und sogar auf Mensch und Tier. Je nach Art und Sachlage kann allein das Vorhandensein solcher Mikroorganismen kriminaltechnisch wertvolle Anhaltspunkte darstellen.
Der Biologe kann ferner auf Grund der Entwicklung und des Zustandes solcher Kolonien von Kleinlebewesen u. U. Aussagen über Zeitabläufe – etwa die Liegezeit einer Leiche oder eines Gegenstandes – machen.
Von den im Wasser lebenden Mikroorganismen werden vor allem die Diatomeen zum Nachweis von Ertrinken benutzt, weil sie dabei in den großen Körperkreislauf zu gelangen pflegen. Sie zeigen überdies große Artverschiedenheit.

Walther, Gotfried/*Spahn,* Siegfried/*Mulert,* Hildegard: Beitrag zum quantitativen Diatomeen-Nachweis – Arch. f. Krim. Bd. 143, S. 192ff. (1969).

Die Abhängigkeit der Kleinlebewesen von der Temperatur hat Anlaß gegeben, dieses Phänomen zu erforschen und beispielsweise in Brandfällen mit angeblicher oder wirklicher Selbstentzündung pflanzlicher Stoffe (insb. Heu) beweismäßig auszuwerten (vgl. § 15–VI–D).

E. Daktyloskopie

Eine wichtige, im Kern der Biologie zuzuordnende Disziplin ist die Daktyloskopie, die bereits im Rahmen des Erkennungsdienstes (§ 13–III) genauer behandelt worden ist.

Groß/Seelig (8/9) II–359ff., insb. S. 376ff., 406ff.; *Zbinden* S. 53ff.; *Steinwender,* Ernst: Daktyloskopie. Bedeutung und Anwendung – BKA 1955/1 – insb. S. 52ff.; *Steinwender,* Ernst: Der Beweiswert der Daktyloskopie – in: TbKrim IX (1959), S. 191ff.; *Fritz,* H./*Jordan,* H.: Modifiziertes Ninhydrinverfahren zur Sicherung latenter Papillarlinienspuren auf Papier mittels UV-Bestrahlung – Arch. f. Krim. Bd. 145, S. 163ff. (1970); *Huelke,* Hans-Heinrich: Kriminaltechnik – in: HdwKrim (2) II, insb. S. 150., 155ff.; *O'Hara/Osterburg* S. 77ff.

Denn es geht dabei nicht nur um die Personenidentifizierung, sondern auch die für die Kriminaltechnik wichtige Zuordnung bestimmter Spuren – etwa der Fingerabdrücke – zu gewissen Personen. Der besondere Beweiswert gerade der Fingerabdrücke ergibt sich daraus, daß man derartige Tatortspuren mit früheren oder bei erkennungsdienstlicher Behandlung gewonnenen Abdrücken vergleichen und so u.U. den Spurenleger absolut sicher identifizieren kann.

Das oben zur Finger- oder Handflächenabdrucknahme Ausgeführte gilt natürlich ebenso für Vergleichsmaterial, soweit solches nicht schon in Sammlungen verfügbar ist. Hier ist daher vor allem noch auf Besonderheiten der Sicherung und Auswertung daktyloskopischer Tatortspuren hinzuweisen.

Zur Spurensuche und -sicherung benötigt man außer den üblichen Geräten wie Taschenlampe, Pinzette, Zentimetermaß ein Einfärbpulver und Pinsel oder Chemikalien sowie Klebeband, Fotoapparat usw. Denn häufig sind diese Abdruckspuren latent oder zumindest kaum sichtbar.

Die mit Schwarzpulver sichtbar gemachten Abdruckspuren kann man – wie dargelegt – fotografieren und mit einer hellen Klebefolie sichern. Bei anderem Untergrund verwendet man ein helles Einstaubpulver und sichert mit Schwarzfolie. Bei bestimmten Abdrücken – z.B. Öl, Fett, Schmiere, Wachs oder auch Blut beschmutzten Fingern – ist ein Einstäuben wegen Verschmierens gefährlich, weshalb hier der Abdruck auf jeden Fall zuerst fotografisch gesichert werden sollte. Für latente Fingerabdrücke auf Papier hat man mit Joddämpfen oder Jodpulver arbeitende Verfahren entwickelt. Es gibt auch andere chemische Methoden (Silbernitrat, Ninhydrin), um Fingerabdrücke sichtbar zu machen und zu sichern.

Cuelenaere, A.: Über das Ninhydrinverfahren zur Sichtbarmachung von Fingerabdrücken auf Papier – Arch. f. Krim. Bd. 116, S. 1f. (1955).

Bei Eindruckspuren kann man u.U. Abformungverfahren (§ 14–II–A–5) anwenden.

Alle diese Dinge sind ebenso wie das oben bereits erwähnte Problem der Verpackung und des Transports (§ 14–II–C) ersichtlich wichtig für die Auswertung durch den Daktyloskopen. Denn durch Vergleich der daktyloskopischen Tatspuren mit anderen Abdrücken wird die Identifizierung in dem oben bei der Personenfeststellung beschriebenen Sinne möglich. Es kommt also auch hier entscheidend auf die besonderen anatomischen Merkmale – die Minutien – an. Daher sind für die Identifizierung in der Regel mindestens 12 solcher Minutien zu fordern, wenngleich unter besonderen Umständen – wie gesagt – auch eine geringere Zahl ausreichen kann.

Rohrmann, W.: Das Parabletoskop des Bundeskriminalamts. Ein neuer Vergleichsprojektor für den kriminalpolizeilichen Erkennungsdienst und die kriminaltechnische Vergleichsarbeit – in: TbKrim XII, S. 175ff. (1962).

Diejenigen Kriminalbeamten, die durch eine besondere Ausbildung zum Daktyloskopen geworden sind, können selbstverständlich als Sachverständige in Strafprozessen fungieren.

Abgesehen von den in der Kriminaltaktik zu erörternden Schwierigkeiten sei hier lediglich gesagt, daß es gerade der Daktyloskop nicht immer leicht hat, wenn er die Prozeßbeteiligten von seinen Arbeitsergebnissen überzeugen will. Er sollte nicht nur auf Exaktheit, sondern auch auf Verständlichkeit seines Gutachtens daher besonderen Wert legen und seine Ausführungen ggf. durch vergrößerte Fotos untermauern.

Mitunter, wenngleich relativ selten, erhebt sich bei spurenkundlich bedeutsamen Fingerabdrücken die Frage, ob hier eine Fälschung vorliegen könnte.

Schmied, Erich: Die Fälschung von Fingerabdrücken – in: TbKrim IV, S. 145 ff. (1954); *Wintsch,* Max: Lassen sich Fingerabdrücke fälschen? – in: TbKrim X, S. 242 ff. (1960).

Meistens geht es aber nur darum, daß bei einer Straftat Fingerabdruckspuren von Personen, die als Beteiligte nicht in Betracht kommen, zum Zwecke der Täuschung verwendet werden.

Ein in der Strafanstalt einsitzender Berufsverbrecher hatte einem Mithäftling einen Glasscherben mit seinem Fingerabdruck mitgegeben, der von diesem am Tatort eines Kassenraubes hinterlassen Verwirrung stiften sollte.

Auf Ausweisen, die eine andere Person benutzen will, haben Fälscher deren Fingerabdruck gebracht.

Liegt in diesen Fällen im Grunde nur eine täuschende Manipulation mit einem echten Fingerabdruck vor, so läßt sich eher von einer Fälschung von Fingerabdrücken sprechen, wenn mithilfe von Stempeln oder auf andere Weise fremde, u. U. sogar künstliche Fingerabdrücke am Tatort hinterlassen werden können.

In Marseille wurde ein Engländer monatelang wegen Mordes in Haft gehalten, weil auf der in einem Taxi gefundenen Mordwaffe ein scharfer Fingerabdruck von ihm gesichert worden war. Diesen hatte sich der Täter dadurch verschafft, daß er mit dem Engländer Karten gespielt hatte. Einen dabei von dem Ahnungslosen hinterlassenen Abdruck hatte er fotografiert, um sodann mithilfe des Metallabzugs einen Kautschukstempel herzustellen; der so auf seinen Handschuh praktizierte Abdruck des Engländers war seitenrichtig.

III. Psychologie. Pädagogik

Psychologie und als ihr Untergebiet die Pädagogik sind erst relativ spät forensisch nutzbar gemacht worden und werden vielleicht heute noch nicht einmal hinreichend genutzt.

Blau, Günter/*Müller-Luckmann,* Elisabeth (Hrsg.): Gerichtliche Psychologie. Aufgabe und Stellung des Psychologen in der Rechtspflege – Neuwied/Berlin 1962; *Blau,* Günter: Der psychologische Sachverständige im Strafprozeß in: *Blau/Müller-Luckmann* aaO. S. 344 ff.; *Wüst,* Herbert: Richter und psychologischer Sachverständiger im Strafprozeß – Diss. München – München 1968.

Mehr als die Pädagogik, die etwa mit Erziehungsfehlern Ursachen der Delinquenz aufdecken kann und im übrigen vor allem zu einer sachgerechten Rechtsfolgenfestsetzung beitragen kann, interessiert den Kriminalisten die Psychologie als eine Tatsachenwissenschaft.

Die gegenwärtige Situation kann schon deshalb nicht überraschen, weil man erst seit gut 100 Jahren (1860 G. Th. Fechner „Elemente der Psychophysik") überhaupt von wissenschaftlicher Psychologie spricht und die Standpunkte z. T. auch heute noch erheblich divergieren, wenn man an die verschiedenen „Schulen" denkt. Eben deshalb ist auch deren Beitrag zur speziell forensischen Psychologie sehr verschieden.

Als ein kriminalistisch besonders wichtiges Gebiet der Psychologie soll die Handschriftenuntersuchung gesondert behandelt werden. Ähnliches gilt für die Stimmvergleichung.

A. Psychologie

Die Psychologie interessiert im Rahmen der Kriminaltechnik vor allem als forensische Psychologie, die ihrerseits ein Teilgebiet der angewandten Psychologie darstellt. Ebenso wie für die Kriminologie ist die Psychologie auch für die Kriminalistik und insb. Kriminaltechnik aufschlußreich; auf ihre besondere Bedeutung für die Kriminaltaktik wird im IV. Teil einzugehen sein.

Groß/Seelig (8) I– 237f.; *Altavilla,* Enrico: Forensische Psychologie – hrsg. Gotthold Bohne u. Walter Sax – Graz/Wien/Köln 1955; *Zbinden* S. 86f.; *Undeutsch,* Udo: Ergebnisse psychologischer Untersuchungen am Unfallort – Köln/Opladen 1962; *Undeutsch,* Udo: Forensische Psychologie – in: HdwKrim (2) I–205ff.; *Undeutsch,* Udo (hrsg.): Handbuch der Psychologie. Bd. 11: Forensische Psychologie – Göttingen 1967; *Fährmann,* Rudolf: Die Konstitutionstypologie in der kriminalistischen Praxis – Arch. f. Krim. Bd. 139, S. 86ff. (1967); *Schneider,* Hans-Joachim: Psychologie des Verbrechens – in: HdwKrim (2) II–415ff.; *Fährmann,* Rudolf: Methoden kriminalpsychologischer Forschung – in: GrKrim, S. 379ff. (1968); *Müller-Luckmann:* Einführung in die Forensische Psychologie – in: HdwRMed II–58f.; *Liebel,* Hermann/*von Uslar,* Werner: Forensische Psychologie. Eine Einführung – Stuttgart/Basel/Köln, Mainz 1975.

Schwerpunkte des psychologischen Sachverständigen sind gegenwärtig die Würdigung der Persönlichkeit des Beschuldigten, Begutachtung der Glaubwürdigkeit von Beweispersonen und Mitwirken bei der Feststellung des historischen Sachverhalts. Strittig ist nach wie vor, ob die Zurechnungsfähigkeit psychisch gesunder Täter mehr eine Aufgabe des Psychologen oder – wie das der Tradition entspricht – des Psychiaters ist. Mehr Einfluß haben demgegenüber die Psychologen auf die Feststellung der Strafmündigkeit minderjähriger Beschuldigter erlangt (siehe alsbald unten).

Koppe, Friedrich: Der Psychologe im polizeilichen Ermittlungsverfahren – in: Blau/Müller-Luckmann aaO. S. 99ff.; *Müller-Luckmann:* Die psychologische Begutachtung der Glaubwürdigkeit insbesondere in Jugendschutzsachen – in: Blau/Müller-Luckmann aaO. S. 130ff.; *Möllhoff,* G. in Mueller (2) II–1112ff.

Ein bei der Kriminaltaktik noch genauer zu behandelnder Schwerpunkt für psychologische Methoden ist die **Glaubwürdigkeitsbegutachtung,** d. h. das Gebiet der Aussage- und Vernehmungspsychologie (§ 21).

In erster Linie geht es hier um den Zeugen, dessen Glaubwürdigkeit zahlreichen Experimentaluntersuchungen unterzogen worden ist (z. B. William *Stern* „Zur Psychologie der Aussage. Experimentelle Untersuchungen über Erinnerungstreue“, Berlin 1902, und derselbe „Die Aussage als geistige Leistung und als Verhörproblem“, 1906). Ging es zunächst mehr darum, die verschiedenen Fehlerquellen der Aussage (Wahrnehmung, Erinnerung, Wiedergabe) mithilfe der hier problematischen Statistik zu ermitteln, sind die Methoden heute differenzierter. Die Geschichte der Aussage und insb. die Erforschung der Motivation erfolgt mithilfe einer ganzen Reihe von Kriterien, die es ermöglichen, den Wahrheitsgehalt der Zeugenaussage auch ohne Rücksicht darauf zu beurteilen, ob die Beweisperson im allgemeinen wahrheitsliebend ist oder nicht. Unsicherer als beim Zeugen ist die Lage bereits beim Beschuldigten; relativ wenig erforscht sind bisher die gewiß nicht zu unterschätzenden Fehlerquellen des Sachverständigengutachtens.

Sieht man einmal von der Begutachtung der Glaubwürdigkeit ab, so handelt es sich bei der Würdigung der **Persönlichkeit des Beschuldigten** um einen Fall der Mitwirkung des Psychologen bei der Sachverhaltsaufklärung. Man spricht hierbei auch vom „subjektiven Personalbeweis“ (K. *Peters*).

Bei den spurensymtomatologischen Verfahren geht es darum festzustellen, ob der Betreffende – insb. der Beschuldigte – mit dem fraglichen Sachverhalt etwas zu tun hat oder nicht. Neben Assoziationsversuchen, bei denen man schnelle Antwort auf Reizwörter erwartet, geht es um das Aufzeichnen körperlicher Begleiterscheinungen (wie Blutdruck, Pulsfrequenz, Hautreaktionen, Atmungstätigkeit). Bekannt ist hier als ein Gerät, das relativ hohe diagnostische Sicherheit gewährleisten soll, der „Polygraph", mißverständlich auch „Lügendetektor" genannt. Aber auf diese und andere Methoden wird später im Rahmen der Vernehmungs- und Aussagepsychologie genauer einzugehen sein.

Bott-Bodenhausen, Manfred: Der Zugang zum Verbrecher. Die Bedeutung der Tiefenpsychologie für Strafrechtswesen und Kriminologie – Kriminol. Schriftenreihe Bd. 20 – Hamburg 1965.

Nur kurz sei auf psychologische Methoden hingewiesen, die bei der schon im Rahmen Psychiatrie (§ 15–I–A) behandelten Frage der **Zurechnungsfähigkeit** angewendet werden können.

Jescheck, Hans-Heinrich: Die Bedeutung nicht-krankhafter Bewußtseinsstörungen und seelischer Ausnahmeerscheinungen für die Zurechnungsfähigkeit aus der Sicht der Juristen – in: Blau/Müller-Luckmann aaO. S. 208 ff.; *Heiß,* Robert: Die Bedeutung der nicht-krankhaften Bewußtseinsstörungen und die seelischen Ausnahmezustände für die Zurechnungsfähigkeit aus der Sicht des Psychologen – in: Blau/Müller-Luckmann aaO. S. 223 ff.

Am ehesten werden sie in der gegenwärtigen Praxis bei Verdacht psychopathologischer Phänomene – z. B. Möglichkeit einer Affekttat, einer Primitivreaktion oder des Handelns in einem Ausnahmezustand – benutzt.

Gerchow, J.: Triebhandlungen und Affektverbrechen – in: TbKrim IX, S. 228 ff. (1959); *Steigleder:* Affekthandlungen – in: HdwRMed II–59 ff.; *Undeutsch:* Schuldfähigkeit unter psychologischem Aspekt – in: HdwRMed II–91 ff.

Häufiger wird der Psychologe in der gegenwärtigen Praxis bei der Beurteilung der **Strafmündigkeit Minderjähriger** oder der Frage der Anwendung von Jugendstrafrecht auf Heranwachsende herangezogen, was z. T. mit der eingangs erwähnten pädagogischen Problematik zusammenhängt. Immerhin kann der Psychologe zu den hier wesentlichen Aspekten der Einsichtsfähigkeit und Willensreife Bedeutsames beisteuern.

Ottinger, Emil: Die bedingte strafrechtliche Reife (§§ 3, 105 JGG) in: Blau/Müller-Luckmann aaO. S. 130 ff.; *Bresser:* Jugendpsychologie – in: HdwRMed II–75 ff.

Aber auch von diesen Problembereichen abgesehen kann der Psychologe mitunter etwas zur Rekonstruktion des Tathergangs und den Ursachen Wesentliches beitragen. Das gilt außer für die soeben erwähnten jungen Delinquenten insbesondere auch für alte Täter oder für die Geschlechter.

N N: Alterspsychologie – in: HdwRMed II–71 ff.; *Müller-Luckmann:* Geschlechterpsychologie – in: HdwRMed II–73 f.

Derartige Spezialgebiete greifen bei Alkoholismus, anderen Suchten, im sexuellen Bereich des öfteren auf psychopathologische Phänomene über, die nicht nur für die Schuldfähigkeit, sondern ebenso für Ursachen und Tatausführung bedeutsam sein können.

Beschränkte man sich auch hier methodisch zunächst auf das Beobachten von Verhalten und Ausdruck, was nach wie vor in den Ergebnissen unsicher ist, soweit es über die durch Erfahrung gewonnene Menschenkenntnis hinausgeht, so wird heute die Beobachtung differenzierter gehandhabt und gewöhnlich mit Interviews verbunden. Kriminalistisch weniger wichtig als für die Kriminologie ist die biographische Methode. Noch unsicherer ist die später (§ 15–IX–B) zu behandelnde graphologische Methodik, obwohl darin viel Arbeit investiert worden ist. Wieder andere Wege beschritt die „verstehende Psychologie“, die sich in die Rolle des Delinquenten einzufühlen versucht.

Kriminaltechnisch kann man zwar zu einer ersten Orientierung die Erkenntnisse kriminalpsychologischer Reihenuntersuchungen verwerten, doch ist der maßgebende Ansatz die Einzelfallanalyse.

B. Pädagogik

Die Pädagogik spielt kriminaltechnisch nur eine untergeordnete Rolle, weil bei ihr – wie etwa bei der Heilpädagogik – die therapeutische Zielsetzung überwiegt.

Zbinden S. 87.

Nur vergleichsweise selten werden Erkenntnisse der Pädagogik – etwa über Reifungsanomalien und Erziehungsfehler – auch für die Ursachen kriminellen Verhaltens und die Art der Tatausführung aufschlußreich. Angezeigt kann die Beiziehung des Pädagogen u. a. in Fällen von Kindesmißhandlung oder -vernachlässigung sein.

C. Handschriftenuntersuchung

Die Handschriftenuntersuchung ist einerseits ein besonderer Bereich aus dem großen Gebiet der Urkundenuntersuchung, auf das noch des öfteren zurückzukommen sein wird (§ 15–IV–A–3, VIII–A–1, 2); denn Gegenstand dieser kriminaltechnischen Untersuchungen sind nicht nur Urkunden, sondern alle Schriftstücke und Druckerzeugnisse. Daher kann außer der hier zunächst interessierenden Beschriftung auch das Material von Schrift und Schriftträger Gegenstand kriminaltechnischer Analysen werden. Andererseits ist die Handschriftenuntersuchung ein Teilgebiet der Psychologie, und als solches soll sie hier behandelt werden.

Zbinden S. 87f.; *Wechterstein,* H.: Handschriftenuntersuchung – in: Kriminaltechnik, BKA 1955/2, S. 129ff., insb. S. 137ff.; *Mally,* R.: Der Handschriften-Erkennungsdienst – in: Kriminaltechnik, BKA 1955/2, S. 145ff.; *Bischoff,* Marc-A.: Der Beweis durch Schriftenvergleich und die Möglichkeiten seiner Verbesserung – in: Grundfragen der Kriminaltechnik, hrsg. v. Bundeskriminalamt, Wiesbaden 1958, S. 219ff.; *Wigger,* Ernst: Kriminaltechnischer Leitfaden – BKA 1965/1–3 – insb. S. 217ff.; *Becker,* Minna: Handschrift – in: HdwKrim (2) I–371ff.; *Margadant,* S.V.: Die graphometrische Methode der Schriftvergleichung – Arch. f. Krim. Bd. 141, S. 78ff., 157ff. (1968); *Kindervater,* Fritz: Der Handschriften-Erkennungsdienst – in: TbKrim XVIII, S. 95ff. (1968); *Michel,* Lothar: Die Zuverlässigkeit von Aussagen des Namenseigners über die Echtheit einer strittigen Unterschrift – Arch. f. Krim. Bd. 142, S. 127ff. (1968); *Pfanne,* Heinrich: Handschriftenvergleichung für Juristen und Kriminalisten – KrimWissAbh. 4 – Lübeck 1971; *Michel,* Lothar/*Conrad,* Wolfgang: Möglichkeiten einer Differenzierung zwischen verschiedenen Arten von Unterschriftsfälschungen – Arch. f. Krim. Bd. 149, S. 31ff. (1972); *Michel,* Lothar: Schriftvergleichung – in: HdwKrim (2) III–93ff.; *Stehling,* Jürgen: Die Urkundenfälschung. Ein Beitrag zur Kriminologie, Kriminalistik und strafrechtlichen Problematik dieser Gesetzesverstöße – Diss. Frankfurt a, M. – München 1973 – S. 201ff.; *Michel,* Lothar: Die Verstellung der eigenen Handschrift – Arch. f. Krim. Bd. 154, S. 43ff., 65ff. (1974); *Stehling,* Jürgen: Zur Kriminalistik der Urkundenfälschung – Arch. f. Krim. Bd. 153, S. 21ff. (1974); *Brandt,* Volkmar: Zum Häufigkeitsproblem von Schriftmerkmalen im Schreibraum – Arch. f. Krim. Bd. 153, S. 111ff., 159ff. (1974); *Walls,* H. J.: Forensic Science – 2. Aufl. – London 1974 – S. 213ff.; *Hecker,* Manfred R.: Die Unterschrift in ihrer Bedeutung für die Schriftexpertise – Arch. f. Krim. Bd.

155, S. 110ff. (1975); *Pfanne,* Heinrich: Zwei ungewöhnliche Fälle von Textschrift-Nachahmung – Arch. f. Krim. Bd. 155, S. 171ff. (1975); *Conrad,* Wolfgang: Empirische Untersuchung über die Urteilsgüte verschiedener Gruppen von Laien und Sachverständigen bei der Unterscheidung authentischer und gefälschter Unterschriften – Arch. f. Krim. Bd. 156, S. 169ff. (1975).

Wesentlicher Gegenstand der Schriftvergleichung ist die Handschrift als eine von einer Person hinterlassene Bewegungsspur, die normalerweise relativ konstant und mehr oder minder unverwechselbar ist. Da die Handschrift das bleibend Gegenständliche der persönlichen Schreibbewegung (*Klages*) darstellt, ist eben diese Schreibbewegung das eigentliche Untersuchungsobjekt. Die kriminaltechnische Nutzbarkeit hängt von der Objektivität und Sicherheit ab, mit welcher die graphischen Befunde erhoben werden können.

Neben der Methodik spielen natürlich auch Menge und Art des zu begutachtenden Schriftmaterials eine Rolle. Allerdings ist die fachliche Qualifikation der Schriftsachverständigen recht unterschiedlich, weshalb durch mangelhafte Fähigkeiten verursachte Fehler häufig fälschlich dieser Disziplin angekreidet werden.

Sieht man einmal von den Problemen der Beschaffenheit des Schriftmaterials ab, zu dem außer inkriminierten Schriftstücken auch Schriftproben zum Zwecke des Vergleichs gehören, so muß die Handschriftenvergleichung – wie angedeutet – im größeren Rahmen der Urkundenuntersuchung gesehen werden, an welcher u. a. auch Chemiker und Physiker partizipieren.
Nach Art der zu begutachtenden Schriftstücke und ihrer etwaigen Veränderungen lassen sich von der Unterschriftsprüfung die Untersuchung angeblicher handschriftlicher Originalurkunden und die Prüfung verfälschter Schriftstücke unterscheiden.

Da die Fälschungspraktiken bereits früher geschildert worden sind (vgl. § 10–1), sei für die Unterschriftsprüfung nur auf das Sonderproblem der Verstellung der eigenen Unterschrift hingewiesen, deren Echtheit später bestritten wird. Bei Schriftstücken, die vollständig gefälscht worden sein könnten, liegen die Dinge selbstverständlich anders als bei möglicherweise durch Veränderungen oder Zusätze zum Teil verfälschten Schriftstücken.

Aufgabe der Schriftvergleichung ist es, den Schreiber durch Vergleich des Schriftmaterials zu identifizieren. Hierbei ist, obwohl die Grenzen im Einzelfall fließend werden können, zwischen **Schriftverstellung** und -nachahmung zu unterscheiden. Bei der Verstellung der Handschrift besagt eine einzelne Übereinstimmung nichts; beweiskräftiger ist eine möglichst spezifische Konfiguration von Übereinstimmungen. Die Identität kann zudem durch eine einzige unerklärbare Diskrepanz erschüttert werden. Besondere Vorsicht ist bei Untersuchungen geboten, wenn das verdächtige Schriftmaterial im Verhältnis zur Vergleichsprobe zanlreiche Befunde enthält, die wenig spezifisch sind.
Bei der **Schriftnachahmung** ist eine positive Identifizierung noch schwieriger, zumal da das inkriminierte Material – etwa nur eine Unterschrift – in der Regel klein ist. Zudem zeigt das Vergleichsmaterial gewöhnlich kaum für die Verstellung Charakterisches. Hier gewinnen andere Methoden als die der Schriftvergleichung also noch größeres Gewicht als bei den Verstellungen der Handschrift.
Eine besondere Frage ist die, wie man die Effektivität der Handschriftenvergleichung durch **Sammlungen** erhöhen kann, in denen Handschriften enthalten sind, die entweder im Zusammenhang mit einem Strafverfahren sichergestellt oder auf andere Weise erlangt worden sind.

Nach dem bisherigen Erkenntnisstand läßt sich hier jedoch keine der Daktyloskopie ähnliche Klassifikation erzielen, sondern muß man sich auf Gruppenmerkmale beschränken, um jedenfalls die in den engeren Kreisen einer Untersuchung gehörenden Handschriften zusammenzufassen. Als Kennzeichen dürften daher nur die allgemeinen Schreibmerkmale wie z. B. die Bindungsform (Girlande, Arkade, Winkel, Faden) in Betracht kommen, wovon je nach Umfang der Sammlung 6–12 ausreichend sein dürften.

Ganz anders liegen die Probleme der Schriftvergleichung bei Maschinen- und Druckschrift. Selbst wenn man bei der Maschinenschrift schließlich auch auf individuelle Gewohnheiten und Eigentümlichkeiten des Schreibers zu achten hat, geht es hier mehr um Fragen der Technik und um chemische Vorgänge, weshalb diese Dinge besser in anderem Zusammenhang (§ 15–VIII–A–1, 2) zu behandeln sind.

D. Stimmvergleichung

Die bereits beim Erkennungsdienst (§ 13–VIII) behandelte Stimmvergleichung oder Sprechdiagnostik bzw. Kriminalphonetik kann außer für die Identifizierung des Sprechers an Hand seiner Sprache selbstverständlich auch für die Überführung eines Delinquenten genutzt werden.

Fährmann, R.: Die Stimm- und Sprechdiagnostik im Dienste der Verbrechensaufklärung – in: TbKrim XIII, S. 145 ff. (1963); *Kersta,* Lawrence, G.: Personenfeststellung mit Hilfe des Stimmabdrucks – in: Kriminalpolizei und Technik, hrsg. v. Bundeskriminalamt, Wiesbaden 1967, S. 177 ff.; *Fährmann,* Rudolf: Sprechdiagnostik und Vernehmungstechnik – in: Kriminalpolizei und Technik, hrsg. v. Bundeskriminalamt, Wiesbaden 1967, S. 185 ff.; *Fährmann,* Rudolf: Personenidentifizierung aufgrund der Stimme und Sprechweise – in: TbKrim XVII, S. 128 ff. (1967); *Schroeder,* Hans-Jürgen: Die technischen Voraussetzungen für die Sprechidentifizierung – in: TbKrim XXIV, S. 187 ff. (1974); *Goydke,* Hans: Über die Grundlagen und die Leistungsfähigkeit von Verfahren zur Sprechidentifizierung – in: TbKrim XXIV, S. 211 ff. (1974).

Die Methoden der Stimmvergleichung sind in diesem Zusammenhang vor allem bei Rechtsbrechern wichtig, die sich wie manche Erpresser oder auch Sittlichkeits- bzw. Ehrverletzungsdelinquenten eines Fernsprechers bedienen, weshalb sich ihre Äußerungen technisch fixieren lassen. Wegen der Einzelheiten kann auf das oben Ausgeführte verwiesen werden.

IV. Chemie. Physik

Chemie und Physik haben ihrem gewaltigen Aufschwung in den letzten Jahrhunderten entsprechend eine dominierende Rolle unter den für die Kriminaltechnik wichtigen Wissenschaften erlangt.

Groß/Seelig (8) I–302 ff., 353 ff.; *Leszczynski:* Die Anwendung physikalischer und chemischer Verfahren in der naturwissenschaftlichen Kriminaltechnik – in: Grundfragen der Kriminaltechnik, hrsg. v. Bundeskriminalamt, Wiesbaden 1958, S. 25 ff.; *Machata,* G.: Anwendung neuerer Verfahren in der naturwissenschaftlichen Kriminalistik – Arch. f. Krim. Bd. 127, S. 1 ff.(1961); *Curry,* A. S.: Methods of Forensic Science – Vol. III – London/New York/Sidney 1964; *Hofmann,* Werner: Methoden und Geräte in der Kriminaltechnik – in: Kriminalpolizei und Technik, hrsg. v. Bundeskriminalamt, Wiesbaden 1967, S. 219 ff.; *Walls,* H. J.: Forensic Science – 2. Aufl. – London 1974 – S. 53 ff.; *Kasper,* Siegfried G.: Freie Beweiswürdigung und moderne Kriminaltechnik – Kriminol. Schriftenreihe Bd. 61 – Hamburg 1975 – S. 76 ff.

A. Chemie

Chemische Untersuchungsmethoden sind seit langer Zeit und in zunehmendem Maße für die Kriminalistik bedeutsam. Ihr Anwendungsbereich hat sich inzwischen weit über die gewissermaßen klassischen Gebiete des Giftnachweises oder auch der Branduntersuchung ausgedehnt.

So wird beispielsweise im Rahmen der Urkundenuntersuchung außer dem Schriftttträger auch das Schreib- oder Druckmaterial chemisch analysiert. Ferner sind im Bereich der Untersuchung von Schußwaffen- und Sprengstoffdelikten zahlreiche chemische Analysen entwickelt worden. Überhaupt hat sich die Untersuchungstechnik in diesem Jahrhundert grundlegend gewandelt. Zu den gewissermaßen „klassischen" Methoden, die dadurch aber keineswegs entbehrlich wurden, sind ganz andere hinzugekommen.

Insbesondere durch die Fortsetzung auf dem Gebiet der mikrochemischen Analyse hat diese Disziplin noch mehr an Bedeutung gewonnen. Sie ist geradezu eine klassische Disziplin für die kriminaltechnische Untersuchung von Materialspuren, wenngleich hier auch die alsbald zu behandelnden physikalischen und chemisch-physikalischen Methoden an Gewicht gewonnen haben.

Zbinden S. 88f.; *Smie,* P. P.: Chemische Untersuchungen bei Sachbeschädigung, Fälschungs-, Betrugs- und Fahrlässigkeitsdelikten – in: Kriminaltechnik, BKA 1955/2, S. 45ff.; *Specht,* Walter: Chemische Untersuchungsmethoden – in: HdwKrim (2) I–106ff.; *Berninger,* H.: Gesichtspunkte zur Kontrolle und Auswertung von Analysen – Arch. f. Krim. Bd. 144, S. 20ff. (1969); *Machata,* Gottfried: Moderne physikalisch-chemische Apparate und ihr Verwendungszweck in der gerichtlichen Chemie und Kriminaltechnik – in: GrKrim 7, S. 11ff. (1971); *O'Hara/Osterburg* S. 347ff.; *Kirk/Thorton* S. 229ff.; *Kaupa,* G.: Spurenuntersuchungen aus der Sicht des Chemikers – in: TbKrim XXIV, S. 269ff. (1974); *Pohl,* Klaus Dieter: Naturwissenschaftlich-kriminalistische Spurenanalyse bei Verkehrsunfällen – Arbeitsmethoden d. med. u. naturwiss. Kriminalistik Bd. 14 – Lübeck 1975 – S. 77ff., 84ff.

Aus der großen Zahl kriminaltechnisch bedeutsamer Methoden der Chemie können hier verständlicherweise nur einige ausgewählt werden, welche für die kriminalistische Praxis besonders wichtig oder kennzeichnend sind. Denn die chemische Untersuchungstechnik ist so vielgestaltig und verändert sich auch in der Gegenwart so schnell, daß hier wegen der Einzelheiten auf die Fachliteratur verwiesen werden muß, sofern nicht im Zusammenhang mit in § 16 zu erwähnenden Fällen hier und da noch nähere Angaben gemacht werden. Obwohl wegen des Ineinandergreifens von Chemie und Physik auch auf die späteren Ausführungen (§ 15–IV–B) zu verweisen ist, soll vor Toxikologie und Urkundenuntersuchung als zwei typischen Anwendungsfällen chemischer Methoden doch kurz die Chromatographie behandelt werden.

1. Chromatographische Methoden

Mit chromatographischen Methoden, die sich allgemein als Trennverfahren bezeichnen lassen, kann man sowohl präparativ als auch analytische Ziele verfolgen. Sie haben wegen hoher Empfindlichkeit und einfacher Handhabung in der Kriminaltechnik nach dem letzten Weltkrieg weite Verbreitung gefunden.

Kasper, Siegfried G.: Freie Beweiswürdigung und moderne Kriminaltechnik – Kriminol. Schriftenreihe Bd. 61 – Hamburg 1975 – S. 86ff.

Die Verfahren beruhen auf der verschiedenen Löslichkeit der Stoffelemente der zu untersuchenden Substanz. Von zwei nicht miteinander mischbaren Lösungsmitteln ist das im Trägerstoff befindliche stationär, während das andere – mobile – die zu transportierenden Stoffelemente mit sich führt,

a) Bei der **Papierchromatographie** wird die zu untersuchende gelöste Substanz auf das Ende eines Filterpapiers aufgetragen und nach Antrocknen in ein verschlossenes Gefäß gehängt, dessen Atmosphäre mit dem Fließmittelgemisch gesättigt ist. Obwohl der Substanzflecken außerhalb des Fließmittelgemisches bleibt, durchwandert infolge der Kapillarwirkung das Fließmittel mit der von ihm gelösten Substanz das Filterpapier. Die unterschiedlichen Wanderungsgeschwindigkeiten werden gemessen (R, R_1-Wert).
Die Papierchromatographie, welche sich bei allen löslichen Stoffen anwenden läßt, wird kriminaltechnisch vor allem bei der Untersuchung von Schreibmitteln, Arzneimitteln, Giften, Alkaloiden, Fetten usw. genutzt.

b) Bei der **Dünnschichtchromatographie** wird statt des Papiers eine 0,2–0,3 mm dicke Schicht aus Kieselgel oder ähnlichem verwendet. Das Sorptionsmittel wird – mit Wasser gemischt – mithilfe eines besonderen Gerätes auf eine Glasplatte (auch Kunststoffplatte oder Aluminiumfolie) aufgebracht und getrocknet. Dann werden die zu untersuchenden Proben mit einer Mikropipette auf die Schicht aufgetragen. Durch Aufsteigen des Lösungsmittels in die Schicht wird das Chromatogramm entwickelt und sodann durch Sprühreagenz oder UV-Licht sichtbar gemacht. – Bei etwas größerem Aufwand zeichnet sich das Verfahren durch größere Trennschärfe und schnellere Entwicklung aus.
Der Anwendungsbereich der Dünnschichtchromatographie entspricht dem der Papierchromatographie, ist dieser bei im Wasser schwer löslichen organischen Verbindungen und überhaupt bei toxikologischen Analysen wegen größerer Trennschärfe überlegen; zudem lassen sich hier aggressive Entwicklungsreagenzien einsetzen.

c) Erwähnt sei ferner die **Gaschromatographie,** bei welcher ein Trägergas die sich insoweit unterschiedlich verhaltenden Moleküle der Substanzprobe einem Detektor zuführt. Das Verfahren eignet sich für organisch-chemische Verbindungen, die sich (wie Benzin, Leichtöl) unzersetzt vedampfen lassen. Das Ergebnis ist ein Gaschromatogramm. Bei geringerem Materialverbrauch hat die Gaschromatographie hohe Empfindlichkeit.

Weinig, E./*Lautenbach*, L.: Die Gaschromatographie als neue Methode in der forensischen Toxikologie und Kriminalistik – Arch. f. Krim. Bd. 122, S. 11 ff. (1958).

Die Gaschromatographie ist in der kriminaltechnischen Praxis vor allem – also nicht nur – für die Trennung und Identifizierung flüssiger und gasförmiger Stoffe wichtig. Solche finden sich beispielsweise in Brandrückständen, aber auch im Bereiche der Toxikologie und z. T. sogar bei Vermögensdelikten wie Diebstählen.

d) Schließlich ist noch die **Massenspektrometrie,** ein sehr kostspieliges Verfahren, zu erwähnen, das sich an Gas- oder Dünnschichtchromatographie anzuschließen pflegt. Mithilfe der Massenspektrometrie lassen sich u. a. die Molekulargewichte sehr genau bestimmen.

2. Toxikologie

Die Toxikologie oder Giftkunde war eines der ersten Gebiete der Chemie, das kriminalistisch nutzbar gemacht wurde. Es hat nach wie vor große forensische Bedeutung.

Schreiber, H.: Aufgabe und Charakteristik der toxikologischen Analyse – in: Kriminaltechnik, BKA 1955/2, S. 55ff.; *Weinig,* E.: Über die Veränderungen von Giften im Leichnam bis zur Exhumierung – in: Grundfragen der Kriminaltechnik, hrsg. v. Bundeskriminalamt, Wiesbaden 1958, S. 177ff.; *Wigger,* Ernst: Kriminaltechnischer Leitfaden, BKA 1965/1–3 – insb. S. 352ff.; *Geldmacher-v. Mallinckrodt,* Marika: Der forensische Nachweis von Insektiziden der Systoxgruppe – Arbeitsmthoden d. med. u. naturwiss. Kriminalistik Bd. 6 – Lübeck 1967; *Berninger,* Hans: Zur „psychodelischen" Wirkung und zum chemischen Nachweis von Lysergsäurediaethylamid, LSD – Arch. f. Krim. Bd. 139, S. 37ff. (1967); *Arnold,* Irmgard; *Arnold,* Wolfgang: Positiver Veronalnachweis in Leichenüberresten nach elfmonatiger Liegezeit im Freien – Arch. f. Krim. Bd. 139, S. 80ff. (1967); *Grusz-Harday,* Eva: Extraktion, spektrophotometrische Identifizierung und quantitative Bestimmung von Strychnin bei Vergiftungsfällen – Arch. f. Krim. Bd. 141, S. 93ff. (1968); *Weinig,* E./*Sailer,* H. F.: Über die zeitliche Veränderung der Verteilung des Thalliums im Skelett – Arch. f. Krim. Bd. 142, S. 52ff. (1968); *Geldmacher-v. Mallinckrodt,* M./*Kittel,* H./*Opitz,* O.: Akute tödliche Vergiftung mit Kupferoxchlorid. Klinischer Verlauf, pathologisch-anatomischer Befund und Kupferverteilung in Organen und Körperflüssigkeiten – Arch. f. Krim. Bd. 143, S. 127ff. (1969); *Schwarz,* J./*Glotz,* H.-J.: Über die Gefährlichkeit des sogenannten „entgifteten" Stadtgases. Untersuchung von 43 (davon 13 tödlichen) Zwischenfällen – Arch. f. Krim. Bd. 145, S. 172ff. (1970); *Geldmacher-v. Mallinckrodt,* Marika/*Ong,* Giok-Lien: Dünnschicht-chromatographische Prüfung auf cholinesterasehemmende Insektizide in der forensischen Toxikologie – Arch. f. Krim. Bd. 146, S. 154ff. (1970); *Tewari,* Swarup Narain/*Harpalani;* Shital P.: Eine neue Nachweismethode für Mikromengen von Cyaniden aus ihren Metaboliten in verwesten menschlichen Körpergeweben und ihre Anwendung bei forensischen Untersuchungen – Arch. f. Krim. Bd. 147, S. 22ff. (1971); *Pohl,* Klaus Dieter: Methodische Beiträge zum Nachweis des Haschisch-Konsums – Arch. f. Krim. Bd. 147, S. 141ff. (1971); *Tewari,* Swarup Narain: Zur Isolierung, Identifizierung und Mikromengenbestimmung von Strychninalkaloid durch Papier-Elektrophorese und deren Anwendung in der forensischen Toxikologie – Arch. f. Krim. Bd. 147, S. 158ff. (1971); *Goenechea,* Sabino: Thallium als Spurenelement und als Gift – in: GrKrim. 7, S. 257ff. (1971); *Geldmacher-v. Mallinckrodt:* Gifte und Vergiftungen – in: HdwRMed I–86ff.; *Walls,* H. J.: Forensic Science – 2. Aufl. – London 1974 – S. 101ff.; *Bösche,* Johann/*Burger,* Eberhard: Schlafmittelnachweis am Skelett und im Erdbereich nach einem halben Jahr Liegezeit im Wald – Arch. f. Krim. Bd. 153, S. 36ff. (1974); *O'Hara/Osterburg* S. 349ff., 391ff., 432ff.; *Wenig,* Emil: Gift und Vergiftung – in: HdwKrim. (2) I–333ff.; *Hughes* S. 274ff.; *Schmidt,* Georg: Zur Dokumentation chemisch-toxikologischer Befunde – Arch. f. Krim. Bd. 156, S. 153ff. (1975); *Pohl,* Klaus/*Schmidt,* Christel: Experimentelle Untersuchungen zur Toxizität von Schwel- und Brandgasen verschiedener Materialien – Arch. f. Krim. Bd. 156, S. 15ff. (1975); *Schwerd,* W.: Forensische Toxikologie – in: KLbMed S. 148ff.; *Prokop/Göhler* S. 371ff.; *Geldmacher- v. Mallinckrodt,* M. in Mueller (2) II–691ff.

Gifte sind Stoffe, welche schon in relativ kleinen Mengen Funktionen des lebenden Organismus stören. Derartige Vergiftungen können vorübergehende, aber auch dauernde Folgen wie Sichtum oder Tod bewirken.

Einen guten Überblick über die wesentlichen anorganischen und organischen Gifte sowie Vergiftungen im Zusammenhang mit der Nahrungsaufnahme vermittelt M. *Geldmacher-von Mallinckrodt* in Mueller (2) II–787ff.

Deshalb gehören auch die Suchtgifte (**Drogen**) und Narkotika in diesen Rahmen.

Möller, Manfred R.: Über die Bedeutung von Schnellnachweismethoden von Marihuana und Haschisch in der Forensischen Toxikologie – in: TbKrim. XXI, S. 317 (1971); *Pohl,* Klaus Dieter: Methodische Beiträge zum Nachweis des synthetischen (–) Δ^9-Tetrahydrocannabinols – Arch. f. Krim. Bd. 150, S. 93ff. (1972); *Röhm,* E./*Weber,* L./*Leucht,* E.: Identifizierung von Henna. Ein Beitrag zur Kenntnis eines Rauschgiftsurrogats – Arch. f. Krim. Bd. 152, S. 13ff. (1973); *Giusti,* Giusto Virgilio: Eine einfache Methode zur quantitativen Bestimmung von THC in Haschischproben. arch. f. Krim. Bd. 152, S. 86ff. (1973); *Klug,* E./*Kreutzer,* P. H.: Kann AN 1® intravenös als Rauschmittel mißbraucht werden?

– Arch. f. Krim. Bd. 152, S. 81ff. (1973); *Böhm,* Ernst/*Schmid,* Herbert Victor: Empfindliche Nachweismethoden für das Stimulanz Khat – Arch. f. Krim. Bd. 155, S. 55ff. (1975).

Ziel der verschiedenen toxikologischen Analysen ist bei Vergiftungsverdacht der Nachweis von Gift in den fraglichen Materialspuren, den sogen. Asservaten. Dabei geht es außer um die Identifizierung toxischer Stoffe gewöhnlich zugleich um eine quantitative Analyse. Die hier bestehenden Schwierigkeiten sind erstmalig mit der kriminellen Verwendung organischer Gifte deutlich geworden. Während giftige Metallverbindungen (z. B. Arsen) noch nach Jahrhunderten in Knochen oder im Erdbereich auszumachen sind, entziehen sich andere Gifte (Cyanide, Alkaloide, gewisse Schlafmittel) schnell dem Nachweis. Aber auch sonst können Obduktionsbefunde negativ oder uncharakteristisch sein. Dennoch kann der Toxikologe bei Berücksichtigung anderer Ermittlungsergebnisse nicht selten den Giftverdacht erhärten.

Specht, W./*Fischer,* K.: Vergiftungsnachweis an den Resten einer 900 Jahre alten Leiche – Arch. f. Krim. Bd 124, S. 61ff. (1959) (Papst Clemens II. – gestorben am 9. 10. 1047 – Bleivergiftung).

Nach Vorproben etwa durch Geruchsprüfung oder makrochemische Untersuchungen erfolgen heute gewöhnlich viel empfindlichere spezifische Analysen, die dann zur eingehenden chemischen Untersuchung überleiten.

Von den anorganischen, metallischen Giften sind dabei organische, aber nicht flüchtige Gifte und ferner die flüchtigen Gifte zu unterscheiden; eine vierte Gruppe bilden andere Giftstoffe, sie sich wie Salz- und Schwefelsäure oder Kleesalz bzw. Kohlenoxyd nicht nach den für die anderen Gruppen spezifischen Methoden ermitteln lassen.

Nach der Wirkung lassen sich Blutgifte, welche entweder die Blutbildungsstätten (wie radioaktive Substanzen, Benzol), die Auflösung der roten Blutkörperchen – sogen. Hämolyse – bewirken (z. B. Arsenwasserstoff, Kaliumchlorat, Säuren) oder die den Blutfarbstoff verändern (Kohlenoxyd), von Herzgiften (Bariumsalze, Fingerhut, Pfeilgifte) sowie Magen-Darm-Giften (Arsenik, Zink-, Kupfer-, Quecksilbersalze, Nikotin) unterscheiden. Daneben gibt es auch besondere Nieren-, Leber-, Lungengifte. Teilweise haben Giftstoffe mehrere Wirkungen. Die Wirkung hängt von der Menge und der Konzentration ab, wird z. T. auch von der Art der Zufuhr beeinflußt. Die vom Toxikologen ermittelten Durchschnittswerte können jedoch unzutreffend sein, wenn das Opfer entweder Überempfindlichkeit oder aber Gewöhnung aufweist.

Die mitunter zeitraubenden toxikologischen Analysen erfolgen gewöhnlich in drei Stufen bzw. Abschnitten. Zunächst wird eine Durchschnittsprobe systematisch daraufhin untersucht, ob die Spur überhaupt Anhaltspunkte für Giftstoffe aufweist. Ist der Befund positiv, so werden sodann zweckmäßig diejenigen Organe oder Körperflüssigkeiten analysiert, die erfahrungsgemäß das fragliche Gift zu enthalten pflegen. Hier lassen sich dann ggf. auch quantitative Ergebnisse erzielen. Die Methoden sind je nach der in Betracht kommenden Gifte außerordentlich verschieden. Eine besondere Rolle spielen neben der Spektralanalyse beispielsweise Flammenspektrometrie und Polarographie. Der Nachweis von Gift kann ferner dadurch erfolgen, daß Magen- und Darminhalt mikroskopisch, chromatographisch oder auch analytisch analysiert werden. Manchmal verspricht nur eine pharmakognostische Analyse zuverlässige Ergebnisse. Insoweit kommt es natürlich auch auf Vergleichsproben an.

Der Nachweis von Blut und Blutalkohol ist bereits bei den gerichtsmedizinischen Methoden behandelt worden. Ebenso sind andere chemische Analysen, die sich auf Körpersekrete wie Speichel und Sperma beziehen oder wie sie bei Brand- und Schußwaffenfällen angewendet werden, bereits in anderem

Zusammenhang erwähnt worden. Dasselbe gilt für Urkundenuntersuchungen. Im übrigen wird die kriminaltechnische Bedeutung chemischer Methoden noch in § 16 bei den einzelnen Verbrechen verdeutlicht werden.

Allgemein sei hier zu den toxikologischen Untersuchungen nur gesagt, daß außer dem Nachweis von Giftstoffen und ihrer Menge kriminalistisch ferner die Art der Giftaufnahme sowie Verteilung, Abbau und Ausscheidung der Gifte aufschlußreich sind.

Bei der Aufnahme ist außer an den Mund und die Atemwege an die verschiedenen Formen der Injektion sowie an Haut und Schleimhäute zu denken. Selbst bei einmaliger Aufnahme kann die Wirkung je nach Art des Giftes zeitlich sehr verschieden eintreten. Während sie bei Blausäure sofort eintritt, beträgt die Latenzzeit bei Schlafmitteln oft eine Stunde, bei Lebensmittel- oder Pilzvergiftungen mehrere, z. T. sogar viele Stunden. Manche Gifte wie Quecksilber oder radioaktive Stoffe wirken erst viel später, z. T. nach Monaten oder Jahren, selbst wenn eine entsprechende Dosis aufgenommen worden ist. – Anders liegen die Dinge jedoch häufig, wenn eine mehrmalige Aufnahme stattfindet.

Die Verteilung der Gifte hängt ebenfalls davon ab, ob sie akut oder chronisch und auf welchem Weg sic zugeführt worden sind. Ferner ist zu beachten, daß bei manchen Giften Abbau – u. U. zu mehreren Produkten – oder Ausscheidung erfolgt. Es kommt also keineswegs nur auf den positiven – auch quantitativen – Giftnachweis, sondern kriminalistisch oft noch mehr auf die einzelnen Vergiftungserscheinungen und überhaupt den Vergiftungsverlauf an. Die Symptome sind außerordentlich verschieden. Sie reichen von Bewußtlosigkeit und Krämpfen über auffällige Hautfarben bis zu mehr oder weniger merkwürdigen Symptomen bei Schweiß, Atmung, Kreislauf sowie beim Magen-Darm-Trakt.

Die Auswertung der toxikologischen Analysen geht also viel weiter, als das die chemischen Arbeitsweisen zunächst vermuten lassen mögen. Eben deshalb ist bei umfassenden und sorgfältigen Ermittlungen oft sogar noch nach vielen Jahren ein Giftnachweis möglich.

Intoxikationen können u. U. für die Beurteilung der Handlungs- oder Zurechnungsfähigkeit wesentlich werden, weshalb in diesen Fällen neben dem Psychiater ggf. ein Toxikologe beigezogen werden muß.

Machbert, Günter: Ausschluß eines Mißbrauchs von bromhaltigen Medikamenten zur Tatzeit nach mehreren Monaten durch Haaruntersuchungen – Arch. f. Krim. Bd. 148, S. 32ff. (1971).

3. Urkundenuntersuchung

Im Gebiet der Urkundenuntersuchung gibt es so zahlreiche chemische, physikalische und gemischte Methoden, daß sie am besten schon hier zusammenfassend dargestellt werden, wenngleich einerseits auf das zur Schriftvergleichung bereits Ausgeführte (§ 15–III–C) zu verweisen ist und andererseits manches noch später – z. B. bei Druck- und Maschinenschriften (§ 15–VIII–A–1,2) – ergänzt werden muß. Wegen der auf Urkunden u. U. ebenfalls befindlichen Fingerabdrücke sind auch hier die Möglichkeiten der Daktyloskopie (§ 13–III, § 15–II–E) zu beachten.

Mally: Kriminaltechnische Methoden und Hilfsmittel bei der Untersuchung von Banknotenfälschungen unter besonderer Berücksichtigung der Papierprüfung – in: Bekämpfung des Falschgeldunwesens, hrsg. v. Bundeskriminalamt, Wiesbaden 1954, S. 123ff.; *Windhaber,* F.: Physikalische und chemische Urkunden- und Schriftenuntersuchung – in: Kriminaltechnik, BKA 1955/2, S. 169ff.; *Schulz:* Die Papierchromatographie der Schreibmittel – in: Grundfragen der Kriminaltechnik, hrsg. v. Bundeskriminalamt,

Wiesbaden 1958, S. 229ff.; *Mally,* R./*Wundhaber,* F.: Kriminalistische und kriminaltechnische Leitelemente des Papiers – in: TbKrim X, S. 264ff. (1960); *Harrison,* Wilson R.: Forgery Detection. A practical Guide – London 1964; *Wigger* Ernst: Kriminaltechnischer Leitfaden – BKA 1965/1–3 – insb. S. 187ff.; *Huelke,* Hans-Heinrich: Kriminaltechnik – in: HdwKrim (2) II, insb. S. 176ff.; *Rentz,* Arnold: Die Bedeutung der Papiermerkmale in der Kriminalistik – Arch. f. Krim. Bd. 143, S. 67ff. (1969); *Specht,* W.: Über Synthesepapiere und ihren Einfluß auf das Clorid- und Sulfatbild – Arch. f. Krim. Bd. 144, S. 6ff. (1969); *Nölle,* Werner: Schreibmittelchromatographie beweist Verfälschung einer Rechnung – in: GrKrim 7, S. 125ff. (1971); *O'Hara/Osterburg* S. 455ff.; *Stehling,* Jürgen: Die Urkundenfälschung. Ein Beitrag zur Kriminologie, Kriminalistik und strafrechtlichen Problematik dieser Gesetzesverstöße – Diss. Frankfurt a. M. – München 1973 – insb. S. 208ff.; *Kirk/Thorton* S. 470ff.; *Stehling,* Jürgen: Zur Kriminalistik der Urkundenfälschung – Arch. f. Krim. Bd. 153, S. 21ff., insb. S. 26ff. (1974); *Walls,* H. J.: Forensic Science – 2. Aufl. – London 1974 – S. 203ff.; *Forster,* Fred/*Rinderknecht,* Robert: Universal-Makro-Vergleichsprojektor. Ein neues Arbeitsgerät für den Kriminaltechniker – Kriminalistik 1974–266ff.

a) Bei der Materialuntersuchung des **Schriftträgers** handelt es sich ungeachtet der verschiedenen Arten der Beschriftung nahezu immer um Papier. Zur Herstellung von Papier verwendet man heutzutage bis auf wenige Ausnahmen (Hadern und Lumpenpapiere) Pflanzenfasern (Holz, Altpapier); hinzugesetzt werden meistens mineralische Füllstoffe, Leimstoffe und Farbstoffe. Mehr als auf die Herkunft, insb. die der Fabrikation und Bezugsquellen, oder auf das Alter des Schriftträgers kommt es in der Kriminaltechnik darauf an, durch Vergleich oder auf andere Weise Anhaltspunkte oder gar Beweise für eine kriminelle Handlung – keineswegs nur für Urkunden- oder Falschgelddelikte – zu erlangen. Da es sich insoweit gewöhnlich um Materialspuren handelt, geht es in erster Linie um die Zusammensetzung und besondere Eigenschaften des Schriftträgers, die man physikalisch (wie Dicke, Gewicht, Glätte, Glanz, Farbe und Zerreißfestigkeit) zu ermitteln vermag. Noch spezifischere Ergebnisse aber lassen sich mit chemischen oder chemisch-physikalischen Methoden erzielen.

Alle diese Dinge sind – ggf. im Rahmen von Vergleichsuntersuchungen – für die Identifizierung beispielsweise bei Totalfälschungen wichtig. Ferner lassen sich diese Methoden weithin auch auf partielle Veränderungen des Schriftträgers anwenden, wie sie bei Verfälschungen vorkommen und insoweit kriminaltechnisch relevant sein können. Schon die Oberfläche kann beispielsweise eine mechanische Rasur mitunter ohne optische Hilfsmittel erkennen lassen. Doch hier und gerade bei chemischen Rasuren helfen gewöhnlich chemische Analysen am besten, wenngleich es auch einschlägige physikalische Methoden wie das Messen des elektrischen Widerstands der Oberfläche gibt, der sich an der fraglichen Stelle in diesen Fällen oft verändert.

Eine besondere Problematik für die Spurenauswertung bieten mehr oder weniger beschädigte Schriftträger, weil hier zu den bei der Spurensicherung erwähnten konservierenden Maßnahmen u. U. eine Rekonstruktion hinzukommen muß (vgl. § 14–II–7).

Groß/Seelig (8/9) II–349ff.

Die für die Spurenauswertung u. U. nötige Rekonstruktion kann recht verschieden geartet sein. Einmal handelt es sich darum, zerrissene Papiere, die nur in Bruchstücken sichergestellt werden konnten, so zusammenzusetzen, daß die ursprüngliche Gestalt des Schriftträgers wiederhergestellt wird.

Wird diese Arbeit, die man zweckmäßig auf einer entsprechend großen Glasscheibe vornimmt, nicht dadurch erleichtert, da die Papierteilchen noch so aufeinanderliegen, wie sie zusammengelegt zerrissen worden sind, geht man, sofern man die Seiten (z. B. beschrieben oder nicht) unterscheiden kann, wie beim Puzzle zweckmäßig von den Ecken und Rändern aus. Feuchte Papierteilchen müssen ggf. zuvor etwas ausgetrocknet werden. Nach vollständigem Trocknen der zusammengesetzten Stücke wird dann auch die Oberfläche mit einer Glastafel bedeckt. Verbindet man beide Glasscheiben dann mit Klebeband, so ist der zusammengesetzte Schriftträger zugleich auf Dauer gesichert. Bei durch Schimmel, Pilze oder andere Mikroorganismen gefährdeten Schriftstücken müssen ggf. im Rahmen der Spurenauswertung natürlich andere Konservierungspraktiken angewandt werden.

Noch schwieriger ist die Rekonstruktion und Auswertung bei angebranntem oder bereits verkohltem Papier. Diese Fälle sind nicht gar so selten, weil derartige Schäden nicht nur durch Zufall oder infolge krimineller Aktivität eintreten können, sondern auf Praktiken der Spurenvernichtung zurückzuführen sein können.

Die Spurensicherung muß in derartigen Fällen dem Experten vorbehalten bleiben, weil mit der Konservierung sofort eine noch mögliche Rekonstruktion erfolgen muß. Mithilfe chemischer oder fotografischer Verfahren kann man dann u. U. die Schrift wieder lesbar machen.

b) Die kriminaltechnische Untersuchung von **Schreibmaterial** hat nicht nur für die Handschrift gebräuchliche Schreibmittel zum Gegenstand, sondern erstreckt sich außer auf Maschinen vor allem auch auf die Druckschrift.

Naumann, E./*Rentz*, A.: Neue Mikro-Stanzmethode zur Entnahme eingetrockneter Schriften für die Dünnschicht-Chromatographie – Arch. f. Krim. Bd. 145, S. 149ff. (1970).

Für die Handschrift benutzt man außer flüssigen Stoffen wie den verschiedenen Tinten (Eisengallus-, Blauholz-, Farbstofftinten) auch pastöse wie Kugelschreiberpasten (gewöhnlich auf Kunstharzbasis) oder feste Schreibmittel wie Blei-, Kopier-, Tinten- und Farbstifte. Ferner ist an Druckfarben, die mineralische oder organische Farbstoffe enthalten können, und schließlich an Stempelfarben zu denken. Mitunter spielt auch die unterschiedliche Beschaffenheit der Schreibwerkzeuge (Federn, Füllfederhalter, Kugelschreiber, Bleistifte) eine Rolle.
Wie bei der Papieranalyse geht es bei allen diesen Schreibmitteln zunächst gewöhnlich darum, Fabrikation und spezielle Herkunft, Alter und vor allem sodann vergleichend die Identität festzustellen. Die Untersuchung beginnt gewöhnlich mit Lupe, Mikroskop und ggf. der Verwendung ultravioletten oder infraroten Lichts. Doch müssen die optisch häufig nicht zu differenzierenden Schreibstoffe für die Zwecke der Kriminaltechnik in aller Regel chemisch analysiert werden. Neben relativ einfachen Tests verwendet man dafür vor allem die Papierchromatographie, die Dünnschichtschromatographie und die Elektrophorese. Speziell bei Druckfarben greift man auch zur Emissions-Spektralanalyse oder zur Mikrosublimation.

Schon auf diese Weise läßt sich häufig feststellen, ob bei einem Schriftstück verschiedene Farbstoffe verwendet worden sind, was auf Verfälschen hinzudeuten pflegt, und ob die Materialspur mit Vergleichsproben identisch ist. Natürlich kommen dabei nicht nur je nach Art des Schreibmittels und des Schriftträgers verschiedene Verfahren in Betracht, sondern gilt dasselbe für die Bestimmung des Alters einer Schrift, wobei zunächst die Kugelschreiberpasten erhebliche Mühe und Kopfzerbrechen bereiteten.

c) Mit den bei Fälschungen häufigen Rasuren hängt auch das Sonderproblem zusammen, inwieweit man dadurch oder sonst beseitigte Schriften (zu Prägezeichen auf Metall vgl. § 15–VI–A) nicht wieder sichtbar machen kann. Beim Ausradieren von Bleistiftschrift kann u. U. schon das Betrachten oder Fotografieren bei schräg einfallendem Licht helfen. Bei Tintenschrift vermag z. B. die UV-Analysen-Lampe oder notfalls die UV-Fotografie die

beseitigten Schriftzüge durch Fluoreszieren der verbliebenen latenten Stoffe wieder sichtbar zu machen. Versagen alle diese Verfahren, so muß man auf chemische Methoden zurückgreifen; denn die physikalische Methode des Erhitzens (Geheimschriften) kann nur ein allerletztes Mittel sein, weil sie das Untersuchungsobjekt gefährdet. Bei Ruß- und Graphitzusätzen können auch IR-Strahlen benutzt werden.
Sind die ursprünglichen Schriftzüge überschmiert worden, so hängt es von der dazu benutzten Substanz ab, welche Verfahren man anwenden kann, um diese abzutragen (Ultraschall, Rasierklinge, Folie, feuchte Lösungen) oder sonst die **Schrift** wieder **sichtbar** zu **machen.**

Niedereichholz, Willi: Übermalte Kugelschreiberschrift – Arch. f. Krim. Bd. 153, S. 156ff. (1974).

Die besondere Problematik der Geheimschriften ist bereits in anderem Zusammenhang (§ 6–III–2) behandelt worden, weshalb auf das dort Ausgeführte Bezug genommen werden muß.

d) Abschließend sei noch auf einige **Sonderfälle** der Urkundenuntersuchung hingewiesen, die z. T. nur bedingt in diesen Rahmen gehören.
In manchen Fällen drückt sich eine Schrift auf unter dem eigentlichen Schriftträger befindliches Papier oder eine Schreibunterlage durch. Der fragliche Text kann dann u. U. mithilfe dieser Spuren rekonstruiert werden. Dasselbe läßt sich manchmal auch mit der Rückseite des eigentlichen Schriftträgers machen.

Die durchgedrückte Schrift läßt sich zuweilen schon bei seitlichem Licht ausmachen. Ist der Träger dieser Spuren ein Papier, so kann man chemische Methoden benutzen, sofern der Druck die Oberfläche dieses Materials deformiert hat.

Neudert, Gerth/*Suppanz,* Michael: Ein neues Verfahren zur Sichtbarmachung von Schrifteindrücken auf Schreibunterlagen – Arch. f. Krim. Bd. 143, S. 21ff. (1969).

Benutzt der Täter Kohlepapier oder ähnliche Vervielfältigungsmittel, können möglicherweise auch die darauf verursachten Spuren ausgewertet werden, was am ehesten dann Erfolg verspricht, wenn das Kohlepapier nur einmal verwendet worden ist.
Ferner ist auf Möglichkeiten der Schriftübertragung hinzuweisen, die vor allem bei flüssigen Schreibmitteln vorkommen, die nicht schnell trocknen. Das Schriftbild kann sich – seitenverkehrt – auf Umschlag, Löschpapier oder anderes Material durch Druck übertragen.

Selbst wenn derartige Spuren nicht oder schwer mit bloßem Auge auszumachen sind, sollte man an einige chemische Methoden denken, welche die Sichtbarkeit des Abdrucks solcher Kontaktschriften verbessern können.

Schließlich ist noch an die bei der Spurensicherung (§ 14–II–7) behandelten Verfahren zu erinnern, mit denen man durch Hitze oder Feuchtigkeit beschädigte Urkunden doch noch für eine kriminaltechnische Auswertung herrichten kann.

B. Physik

Die Physik als die Wissenschaft von den Vorgängen in der unbelebten Materie hat mit gewaltigen Fortschritten die Grenzen namentlich zur Chemie unsicher werden lassen. Vielfältige Erkenntnisse und Methoden der Physik haben so auch in die moderne Kriminaltechnik Eingang gefunden. Da sich manches jedoch im spezielleren Zusammenhang (insb. unter VI.) besser behandeln läßt, wollen wir hier nur auf solche Fragestellungen eingehen, die allgemeiner Natur sind oder sonst nicht mehr berücksichtigt werden.

Zbinden S. 90; *Leszczynski*, Chr.: Physikalisch-chemische Methoden in der naturwissenschaftlichen Kriminalistik – in: Kriminaltechnik, BKA 1955/2, S. 69ff.; *Wigger*, Ernst: Kriminaltechnischer Leitfaden – BKA 1965/1–3 – insb. S. 281ff.; *Hofmann*, Werner: Methoden und Geräte in der Kriminaltechnik – in: Technik und Kriminalpolizei, hrsg. v. Bundeskriminalamt, Wiesbaden 1967, S. 219ff.; *Machata*, Gottfried: Moderne physikalisch-chemische Apparate und ihr Verwendungszweck in der gerichtlichen Chemie und Kriminaltechnik – in: GrKrim 7, S. 11ff. (1971); *Kirk/Thorton* S. 240ff.

Bei dem mithin an dieser Stelle nur möglichen Überblick über kriminaltechnisch relevante physikalische und gemischte Methoden haben wir es außer mit Formspuren ebenfalls weithin mit Materialspuren zu tun.
Geht es bei **Formspuren** vor allem um exakte Maße, Gewichte oder die Gestalt, darf man sich schon die hierfür gebräuchlichen Methoden – wie wir bald sehen werden – nicht immer so simpel vorstellen, wie das bei manchen Spurenarten bereits eine Auswertung erlaubt; hierher gehören teilweise vom Menschen herrührende Fußspuren.

Groß/Seelig (8) I–433ff.; *Huelke*, Hans-Heinrich: Kriminaltechnik – in: HdwKrim (2) II, insb. S. 159f.

Vielmehr kann etwa bei Paßstücken der Nachweis des Passens auch ohne Fehlen weiterer Bruchstücke schwierig sein. Zum Teil liegen die Probleme bei diesen Formspuren ähnlich wie bei den später noch zu behandelnden Werkzeugspuren (§ 15–VI–F).

Turkowski, Claudius: Über die Wahrscheinlichkeit des Auftretens gleicher Muster – Arch. f. Krim. Bd. 151, S. 144ff. (1973).

Bei **Materialspuren** kommt es – wie in der Chemie – zunächst häufig darauf an, das Element oder die vorhandenen Elemente – auch in ihrem Verhältnis quantitativ – exakt zu bestimmen, was ebenfalls mit physikalischen Methoden erfolgen kann. Daran schließt sich u. U. eine umfassende Bestimmung des Materials an.

Pohl, Klaus Dieter: Differentialdiagnose „Ölschmutz oder Schuhcreme" – Arch. f. Krim. Bd. 150, S. 5ff. (1972).

Doch ist mit einer Materialbestimmung der Art nach vielfach in der Kriminaltechnik noch nicht sonderlich viel anzufangen, weshalb feinere physikalische Methoden benutzt werden, um das Material der fraglichen Spur exakt zu bestimmen und so ggf. durch Vergleich mit anderen Materialproben eindeutig zu identifizieren. Dabei können ggf. auch Veränderungen des Materials im Verlauf der Tat oder des verursachenden Vorgangs bzw. durch spätere Einwirkungen eine Rolle spielen.

Die Untersuchung und Auswertung von Materialspuren, bei welchen man außer physikalischen und chemischen ggf. auch andere (z. B. biologische) Methoden anwenden kann, verfolgt je nach Lage verschiedene Zwecke, die außer für die Beweisführung auch für die Fahndung hilfreich sein können. Bei der Materialspur geht es insoweit – wie schon angedeutet – gewöhnlich darum, die besonderen physikalischen und chemischen Eigenschaften des Materials zu bestimmen. Mehr noch als der Zeitpunkt des Entstehens (Altersbestimmung) interessieren jedoch individualcharakteristische Merkmale, die insb. durch Vergleichsmaterial für das Zustandekommen der Spur und damit für die Rekonstruktion des Tathergangs aufschlußreich sein können.
Ungeachtet der dabei zu berücksichtigenden anderen Verfahrensarten sollen jetzt von der Physik ausgehend einige wichtige Methoden geschildert werden. Ein hier beabsichtigter

Überblick läßt sich erzielen, wenn man diese Methoden zu fünf großen Gruppen zusammenfaßt. Allgemein sei jedoch gesagt, daß der Erfolg derartiger kriminaltechnischer Untersuchungen außer von exakter Durchführung wiederum vor allem von Menge und Qualität des verfügbaren Spuren- und ggf. Vergleichsmaterials abhängt.

a) Mikroskopische Verfahren. Andere optische Verfahren

Über die für optische Untersuchungen wichtig gewordene Mikroskopie sind wir inzwischen mit dem Elektromikroskop bereits in den Bereich submikroskopischer Untersuchungen gelangt. – Für alle diese Verfahren ist an die bei der Mikrofotografie (§ 13–IV–5) bereits erwähnte Möglichkeit zu erinnern, die mithilfe der nunmehr zu schildernden optischen Verfahren erzielten Befunde fotografisch zu fixieren.

Bessemans, A./Baert, H.: Ein Beitrag zur Geschichte des Vergleichsmikroskops – Arch. f. Krim. Bd. 125, S. 30ff. (1960); *Schams, F.: Das Elektronenmikroskop und seine Anwendung in der Kriminaltechnik – in: TbKrim XIII, S. 326ff. (1963); Hantsche,* Harald/*Schöntag,* Adolf: Die Untersuchung von Lacksplittern mit dem Raster-Elektronenmikroskop als wichtiger Beitrag zu deren Identifizierung – Arch. f. Krim. Bd. 147, S. 92ff. (1971); *Hantsche,* Harald/*Schwarz,* W.: Das Raster-Elektronenmikroskop als Hilfsmittel zur Identifizierung von Werkzeugspuren – Arch. f. Krim. Bd. 148, S. 24ff. (1971); *Böhm,* Ekkehardt: Untersuchungen an Kopfhaaren im Nahschußbereich mit dem Rasterelektronenmikroskop – Arch. f. Krim. Bd. 149, S. 65ff. (1972); *Schneider,* V.: Bemerkenswerte Fälle von Strombeibringung durch fremde Hand – Arch. f. Krim. Bd. 151, S. 149ff. (1973); *O'Hara/Osterburg* S. 521ff., 561ff., 643ff.; *Bonte,* Wolfgang: Werkzeugspurenuntersuchungen mit Hilfe der Lichtschnittmikroskopie – Arch. F. Krim. Bd. 153, S. 144ff. (1974); *Bosch,* Kyrill/*Böhm,* Ekkehardt: Zum Nachweis von Lackspuren auf Textilien – Arch. f. Krim. Bd. 154, S. 157ff. (1974); *Forster,* Fred/*Rinderknecht,* Robert: Universal-Makro-Vergleichsprojektor. Ein neues Arbeitsgerät für den Kriminaltechniker – Kriminalistik 1974 – 266ff.; *Kasper,* Siegfried G.: Freie Beweiswürdigung und moderne Kriminaltechnik – Kriminol. Schriftenreihe Bd. 61 – Hamburg 1975 – S. 77ff.

aa) Das die auch heute noch gebräuchliche Lupe weit übertreffende Vergrößerungsgerät ist das **Mikroskop,** von dem wir bei der Schußwaffenidentifizierung mit dem Vergleichsmikroskop bereits eine kriminaltechnische Sonderform kennengelernt haben.

Dem mit normalem Licht arbeitenden Lichtmikroskop sind technische Grenzen gesetzt. Sie gehen bis zu einer linearen Vergrößerung von maximal 1500; darüber hinaus lassen sich zumindest Struktureinzelheiten nicht mehr auflösen.

In die mit diesen Verfahren nicht mehr erfaßbaren Bereiche dringen jedoch die alsbald (unter bb) zu behandelnden, mit besonderem Licht bzw. mit Strahlen arbeitenden Methoden. Deren Auflösungsvermögen ist aber dreieinhalbfach größer als das der Lichtmikroskope.

Beim **Elektronenmikroskop** treten an Stelle der Lichtstrahlen die von einer Glühkathode stammenden Elektronenstrahlen und an Stelle der Glaslinsen elektromagnetische Spulen. Die an sich unsichtbaren Elektronenstrahlen, welche das dünn präparierte Objekt durchdringen, werden auf einer Leuchtplatte oder durch Foto sichtbar gemacht. Hochleistungsgeräte ermöglichen eine Punktauflösung bis ca. 0,3 Millionstel Millimeter. Daher lassen sich mit dem Elektronenmikroskop auch feinstkörnige Materialien wie Ruß oder die Oberfläche von Leichen morphologisch untersuchen.

Heutzutage sind infolgedessen morphologische und spurenkundliche Charakteristika noch besser als mit den früheren Mikroskopen zu erkennen, was man – wie wir noch sehen werden – auch in Metallurgie und Gemmologie sowie Mineralogie nutzt. Doch gibt es in der

Kriminaltechnik mancherlei andere Komplexe, in denen man Nutzen aus mikroskopischen Verfahren zieht, weshalb jedenfalls einige genannt werden sollen.
Häufig sind, was bei der Zahl der Unfälle nicht überraschen kann, Lacksplitter Gegenstand kriminaltechnischer Untersuchung, wobei es sowohl auf ihre Gestalt als auch ihre Beschaffenheit ankommt.
Bei Schußwaffenspuren kann man das Elektronenmikroskop benutzen, um die Schußentfernung an Hand von Schmauchpartikeln zu bestimmen.
Doch selbst bei Werkzeugspuren, die später behandelt werden sollen, und bei Ein- und Abdruckspuren beispielsweise von Füßen oder Fahrzeugen zieht man heute die Mikroskopie immer wieder zur Hilfe.

Wigger, Ernst: Kriminaltechnischer Leitfaden – BKA 1965/1–3 – insb. S. 152ff.; *Huelke,* Hans-Heinrich: Kriminaltechnik – in: HdwKrim (2) II – insb. S. 159ff.

bb) Andere optische Verfahren arbeiten mit **infrarotem** (IR) und **ultraviolettem** (UV) **Licht.**

Machata, G.: Infrarotfotografie in der gerichtlichen Medizin und Kriminalistik – Arch. f. Krim. Bd. 139, S. 74ff. (1967); *Istas,* Karl Heinz: Infrarot-Fotografie – in: GrKrim 4, S. 535ff. (1968); *Istas,* Karl Heinz: Die Fotografie mit unsichtbaren Strahlen – in: GrKrim 7, S. 73ff. (1971); *O'Hara/Osterburg* S. 257ff.

Das mit einer infraroten Lichtquelle bestrahlte Objekt reflektiert je nach Materialbeschaffenheit verschieden. Dieses unsichtbare optische Bild der Rückstrahlung wird durch einen IR-Bildwandler, ebenfalls ein elektronenoptisches Gerät, in ein sichtbares Bild verwandelt. Im IR-Licht kann man nicht nur Stoffe differenzieren, sondern ggf. auch Stoffe auf sie tarnender Unterlage oder unter einer Tarnung sichtbar machen, wobei man sich die größere Durchdringungsfähigkeit der IR-Strahlen zunutze macht, während es in den erstgenannten Fällen auf das Absorbieren des IR Lichts und damit das Reflektieren ankommt.
UV-Strahlen liegen jenseits der violetten Strahlung und sind regelmäßig ebenfalls für das menschliche Auge nicht sichtbar. Viele Stoffe absorbieren und reflektieren UV-Strahlen anders als Licht, weshalb man auch auf diese Weise – ähnlich wie bei IR-Strahlen – Gegenständliches sichtbar machen kann, was sonst dem menschlichen Auge verborgen bleibt. Allerdings verändern UV-Strahlen die meisten Farbstoffe, weshalb hier ggf. Vorsicht am Platze ist. UV-Strahlen bewirken bei vielen Stoffen Lumineszenz, die in Form von Fluoreszenz oder auch sogar Phosphoreszenz (Nachleuchten) auftreten kann. Dabei lassen sich verschiedene Arten der Lumineszenz (z.B. positive und negative) unterscheiden. – Kriminaltechnisch werden UV-Verfahren außer bei der Urkundenuntersuchung vor allem bei der Untersuchung von Gemälden, Edelsteinen und Ähnlichem eingesetzt.

b) Verfahren zum Bestimmen physikalischer Kennwerte

Überaus wichtig für die moderne Kriminaltechnik sind die zahlreichen Verfahren, welche man entwickelt hat, um physikalische Kennwerte festzustellen. Wir können hier nur einige wenige herausgreifen, um die Bedeutung dieser Untersuchungsmethoden zu beleuchten.

Groß/Seelig (8) I–337ff.; *Specht,* W.: Ultraschallschwingungen als Hilfsmittel in der forensisch-chemischen Forschung und Praxis – in: Grundfragen der Kriminaltechnik, hrsg. v. Bundeskriminalamt, Wiesbaden 1958, S. 61ff.; *Hofmann,* W.: Der Ultraschall in der Urkundenuntersuchung – Kriminalistik 1958 – 268ff.; *O'Hara/Osterburg* S. 68ff.

Obwohl auf **Ultraschall** beruhende Verfahren nicht nur teilweise chemische Umwandlungen zeitigen, sondern auch in der Chemie und in anderen Disziplinen als Hilfsmittel verwendet werden, soll darauf doch an dieser Stelle kurz eingegangen werden. Selbst wenn der forensische Beweiswert der mit Ultraschall erzielten Ergebnisse weithin noch etwas unsicher ist und daher nicht überschätzt werden sollte, fungieren diese Verfahren doch als keineswegs zu unterschätzende Hilfsmittel, zumal da sie dem Kriminaltechniker mannigfache Vorproben und auf einfache Weise Arbeit abnehmen. Ultraschall kann in der Kriminaltechnik aktiv und passiv genutzt werden.

So kann man z.B. auf diese Weise überschmierte Schriften durch Abtragen der Überschmierung wiederum sichtbar machen. Mithilfe von Ultraschall dispergiert man feste Stoffe relativ einfach in Flüssigkeiten (z.B. bei Präparaten für elektronenmikroskopische Untersuchungen) oder entgast sie (etwa bei Haaruntersuchungen). Man kann so u.U. auch bestimmte Bestandteile aus festen Stoffen extrahieren (Gifte aus Organteilen, Substanzen aus dem Keratin von Fingernägeln).

Die passive Anwendung von Ultraschall soll Rückschlüsse auf die Art und das Gefüge der durchstrahlten Stoffe ermöglichen, wobei sich u.U. auch Mängel oder Defekte feststellen lassen.

Für diese Zwecke hat man Geräte entwickelt, die entweder mit dem Durchstrahlungsverfahren (Sonometer) oder dem Impuls-Echo-Verfahren (Echoskop) arbeiten. Die zuerst bei der Werkzeugprüfung erkannten Möglichkeiten, auf diese Weise Defekte zu erkennen, hat die Kriminaltechnik außer bei Werkzeug- und Materialprüfung inzwischen bereits dafür nutzbar gemacht, um die Liegezeit von Knochen menschlicher Skelette zu ermitteln; denn mit der Zeit nimmt in diesen die Ultraschallgeschwindigkeit kontinuierlich ab. Allerdings ist man bisher über Differenzen von Jahrzehnten, die aber manchmal schon hilfreich sein können, noch nicht hinausgekommen.

c) Spektrographie

Eine ganze Anzahl physikalischer Verfahren läßt sich mit dem Begriff der Spektrographie zusammenfassen. Ihre Aufgabe ist es, spezifische Eigenschaften eines Stoffes oder Stoffsystems in eine brauchbare Anzeige umzuwandeln, wobei die angepeilte Eigenschaft nach Qualität und Quantität gemessen wird.

Schöntag: Die Beweiskraft der spurenanalytischen Identifizierungsmethode mit besonderer Berücksichtigung der Spektralanalyse – in: Grundfragen der Kriminaltechnik, hrsg. v. Bundeskriminalamt, Wiesbaden 1958, S. 43ff.; *Suchenwirth,* H./*Brück,* H. J.: Über den Aussagewert von mikrospektralphotometrischen Messungen an Textilfaserspuren – Arch. f. Krim. Bd. 142, S. 16ff., 111ff. (1968); *Neuninger,* H.: Die Laser-Mikrospektralanalyse in der Kriminaltechnik – Arch. f. Krim. Bd. 144, S. 121ff. (1969); *Brück,* Hans-Jürgen/*Röhm,* Ernst: Mikrospektralphotometrische Messungen im Auflicht – Arch. f. Krim. Bd. 147, S. 35ff. (1971); *O'Hara/Osterburg* S. 572ff., 625ff., 607ff.; *Martin,* Ernst P.: Zur Bedeutung spektrographischer Untersuchungsmethoden im Strafprozeß – Arch. f. Krim. Bd. 155, S. 91ff. (1975); *Kasper,* Siegfried G.: Freie Beweiswürdigung und moderne Kriminaltechnik – Kriminol. Schriftenreihe Bd. 61, Hamburg 1975 – S. 80ff.

aa) In der **Spektralphotometrie** mißt man auf Grund der Schichtdicke, Konzentration und Spezifität der Probe die Absorption, weil bei bestimmter Wellenlänge ein gesetzmäßiger Zusammenhang besteht. Das dazu dienende Spektralphotometer wird durchweg im Transmissionsverfahren angewendet, obwohl ausnahmsweise auch die Tablettenmethode angewandt wird, bei welcher die pulverisierte und mit Kaliumbromid gemischte Probe durch hohen Druck zu durchsichtigen Scheibchen gepreßt wird. Die Lage der Absorptionsbanden

im Wellenspektrum gibt Auskunft über die Qualität der Substanz, die Höhe bzw. Fläche der Banden Auskunft über die Quantität. Zur Identifizierung sind – wie sonst in der Kriminaltechnik – Vergleichs-Spektrogramme nötig.
Es handelt sich in der Kriminaltechnik vor allem um Materialspuren, bei welchen die IR-Spektroskopie einen besonders breiten Anwendungsbereich hat.

bb) Die **Emissionsspektralanalyse** beruht auf der Elektronenbewegung in den Atomen. Auf Grund der Strahlung, die durch die damit verbundene Energieabgabe erzeugt wird, können in der Spektralanalyse, da jedes Element ein charakteristisches Spektrum aufweist, Elemente und Verbindungen identifiziert werden. So ist die Spektralanalyse zu einer der ältesten und bis heute angewandten physikalischen Methode der Kriminaltechnik geworden.

Die verblüffende Empfindlich- und Genauigkeit dieser Methode wird ersichtlich, wenn man sich vor Augen führt, daß man beispielsweise bei der spektrographischen Bestimmung der Schußentfernung noch eine Absolutmenge von 0,001 Gamma Antimon nachweisen kann, was 0,000 001 Milligramm bedeutet. Ähnlich sind die Verhältnisse bei Blei, Kupfer und Thallium.

Schöntag, A.: Neue Methode: Bestimmung der Schußentfernung durch spektrographische Spurenanalyse der „Schmauchelemente" Antimon, Blei oder Barium – Arch. f. Krim. Bd. 120, S. 4 ff. (1957).

Ein Nachteil des Verfahrens ist allerdings, daß die Probe zwischen zwei Elektroden verdampft wird, um die emitierte Strahlung zerlegen und sichtbar machen zu können, also das Material vernichtet wird. Jedoch ist der Probenbedarf bei großer Empfindlichkeit sehr gering, zudem kann ein auf diese Weise erzieltes Spektrogramm 20 bis 30 Einzelbefunde enthalten.
Die Spektralanalyse wird vor allem bei Materialspuren (Metallen, Legierungen, Mineralien, Papier, Bodenspuren, Schmutz und Staub) angewandt, da sie selbst bei Fertigung nach gleichem Rezept noch charakteristische Unterschiede aufweisen kann.

cc) Ein anderes, sehr empfindliches Verfahren ist die **Atomabsorptions-Spektrophotometrie** (–Flammenphotometrie), die darauf beruht, daß ein neutrales Atom jene Wellenlängen absorbiert, die dasselbe Atom in angeregtem Zustand emittieren würde.

dd) Eine Reihe weiterer in der Kriminaltechnik gebräuchlicher Verfahren beruht auf der Fluoreszenz. Auf verschiedene Weise können die Elektronen vieler Substanzen zu einem solchen Emittieren angeregt werden, was auch schon bei optischen Verfahren ausgenutzt wird.
In die Gruppe dieser Methoden gehört u. a. die **Röntgenfluoreszenzanalyse,** welche zudem einfachere Spektren liefert als die klassische Spektralanalyse. Dafür ist sie bei größerer Probenmenge jedoch etwas weniger empfindlich. – Immerhin wird diese Methode kriminaltechnisch außer bei Bildfälschungen auch zum Nachweis von Blei im Blut und in Schußspuren sowie bei Metallproben, Lacksplittern und Staubspuren verwandt.

Liebhardt, E./*Hauck,* G./*Spann,* W.: Röntgenfluoreszenzanalytische Bleibestimmung bei bekannten Schußentfernungen – Arch. f. Krim. Bd. 144, S. 92 ff. (1969); *Pohl,* Klaus Dieter: Die Röntgenfluoreszenzanalyse bei der Untersuchung von Brandrückständen auf Zündmittel – Arch. f. Krim. Bd. 151, S. 96 ff. (1973).

Noch relativ selten wird in der Kriminaltechnik die **Elektronenmikrosonde** (Röntgenmikrosonde) benutzt, die sehr empfindliche röntgenspektrographische Analysen ermöglicht. Man kann nicht nur einen Punkt in der Größenordnung von einem Tausendstel Millimeter Durchmesser, sondern mithilfe der Scaming-Methode auch die Oberfläche einer Probe von etwa 0,5 mm Seitenlänge nach dem Vorhandensein eines bestimmten Elements und dessen Verteilung abtesten.

Schöntag, Adolf: Anwendung der Elektronenstrahl-Mikrosonde zur Identifizierung von Lacksplittern – Arch. f. Krim. Bd. 138, S. 125 ff. (1966).

Relativ jung ist auch die **Neutronenaktivierungsanalyse,** bei welcher der Kern einer Substanz durch Energiezufuhr zu einer emittierten Strahlung angeregt wird. Diese Methode ist außerordentlich empfindlich (es lassen sich noch Milliardstel Gramm nachweisen) und läßt zudem anders als die Spektralanalyse das Material unzerstört.
Man benutzt diese Methode u.a., um Metallspuren (Arsen, Thallium, Selen) in Haaren festzustellen, und zum Identifizieren von Metallegierungen. Doch auch bei der Analyse von Lacksplittern und bei Schußwaffenspuren verwendet man die Neutronenaktivierungsanalyse; während man hier bei spektrographischen Verfahren herkömmlicher Art auf eine Schußentfernung bis zu etwa 80 cm gekommen war, liegt die Leistungsgrenze dieser Methode bei ungefähr 3 m.

d) Kristallographie

Auch die sich z.T. mit den vorgenannten Verfahren überschneidende Kristallographie hat in der Kriminaltechnik bereits einen bemerkenswerten Anwendungsbereich gefunden. Man arbeitet hier ebenfalls mit Röntgenstrahlen, weil diese ebenso wie Elektronen in kristalliner Materie gebeugt werden.

Kirk/Thorton S. 222 ff.

Die **Röntgenfeinstrukturanalyse** (z.B. Debye-Scherver-Verfahren) arbeitet beispielsweise so, daß ein kreisförmig um die Probe liegender Röntgenfilm von der sich im monochromatischen Röntgenstrahl drehenden Probe geschwärzt wird. Die konzentrischen Ringe entsprechen den Netzebenenabständen der untersuchten kristallinen Substanz.
Diese Methode ermöglicht es, außer dem Nachweis von Atomsorten, wie er in der Spektralanalyse erfolgt, mithilfe der Struktur die kristalline Suiszenz zu identifizieren. So lassen sich natürliche von synthetischen Edelsteinen auch sogar frei gewachsene von gezüchteten Perlen unterscheiden.
Dieses Verfahren wird daher in der Praxis bei Mineralien, Legierungen, Farbkörpern und Schmelzstellen in Drähten bei Brand oder Unfall angewandt.

e) Nachweis der Radioaktivität

Vielleicht schon in größerem Umfange als man meint wird der Nachweis von Radioaktivität kriminaltechnisch genutzt, wenngleich hier die Möglichkeiten sicher noch nicht in etwa erschöpft sind. Neben dem bereits bekannteren Geigerzähler (sogen. Geiger-Müller-Zählrohr) gibt es andere Geräte und Verfahren, mit denen man die unterschiedliche, von gewissen Substanzen ausgehende Strahlung feststellen und ggf. messen kann.

Leszczynki: Physikalisch-chemische Methoden der naturwissenschaftlichen Kriminalistik – in: Kriminaltechnik, BKA 1955/2, S. 69 ff., insb. S. 87; *Stedry,* W.: Begegnung mit radioaktiven Substanzen – Kriminalistik 1957 – 139 ff.; *O'Hara/Osterburg* S. 380 ff.; *Kasper,* Siegfried G.: Freie Beweiswürdigung und moderne Kriminaltechnik – Kriminol. Schriftenreihe Bd. 61 – Hamburg 1975 – S.89.

Beim zeitlich sehr verschieden verlaufenden Zerfall instabiler Atomkerne senden radioaktive Stoffe eine bestimmte Strahlung aus, die sich heute recht exakt messen läßt. Der

Nachweis ist daher auch bei geringsten Spuren derartiger Stoffe möglich. Aus diesem Grunde hat man in Biologie, Medizin und Chemie zunehmend radioaktive Isotopen als Hilfsmittel eingesetzt. In der Kriminalistik hat man radioaktive Substanzen zunächst als „Diebesfalle" eingesetzt. Auch wenn die kriminaltechnischen Möglichkeiten bisher noch nicht in etwa ausgelotet sind, mußte doch auf diese versprechende Untersuchungsmethode hingewiesen werden.

V. Andere Naturwissenschaften

Auch andere Naturwissenschaften haben mit der Zeit mehr und mehr Einfluß auf kriminaltechnische Untersuchungen gewonnen, wie nun an Hand einer Auswahl gezeigt werden soll.

A. Mathematik

Biologie, Chemie und Physik bedienen sich zunehmend mathematischer Methoden, die man übrigens auch in den sogen. Geisteswissenschaften benutzt.

Rodgers, R. F.: Mathematik und Kriminalität – Internat. kriminalpol. Revue 1954 – 266ff.; *Zbinden* S. 93; *O'Hara/Osterburg* S. 657ff.

Ein besonderes Gebiet für mathematische Sachverständige hat der Einsatz der elektronischen Datenverarbeitung (§ 13–IX) mit sich gebracht.

B. Geologie. Mineralogie

Geologen und Mineralogen bzw. Gemmologen kommen dann als Sachverständige in Betracht, wenn es in einer Strafsache um Erdspuren und um entsprechende Substanzen, z.B. Diebstahl oder Fälschung von Edelsteinen geht.

Zbinden S. 89; *Guthknecht,* Hans Joachim: Bodenvergleichs-Untersuchung – Kriminalistik 1970 – 407ff.; *Murray,* Raymond C./*Tedrow,* John C. F.: Forensic Geology. Earth Sciences and Criminal Investigation – New Brunswick/N. J. 1975.

1. Mineralogie. Gemmologie

Der **Mineraloge** und der gesteinskundige Petrograph können in Strafsachen, in denen es typischerweise um Unglücksfälle oder Katastrophen geht, von Nutzen sein. Es gibt aber dann und wann auch andere Fälle. So hat man mithilfe derartiger Methoden feststellen können, daß Betonbruch, den man an Stelle von im internationalen Transport entwendeten wertvollen Gutes zum Auffüllen benutzt hatte, seiner Zusammensetzung nach aus dem Absenderland stammen mußte, die Tat also bereits dort begangen sein dürfte. Ebenso kann der Mineraloge oder Geologe u.U. die Identität gestohlenen Materials feststellen.
Experten der Mineralogie sind insb. ggf. bei der Untersuchung von Beschmutzungsspuren (§ 14–I–2–bb, § 15–II–D–1) hinzuzuziehen, d.h. von aus Bodenbestandteilen, Staub oder Schmutz bestehenden Materialspuren.

Die **Gemmologie** als Sondergebiet der Mineralogie ist vor allem hilfreich bei Straftaten, die mit Edelsteinen zusammenhängen.
Diese wertvollen Objekte sind nicht gar so selten Gegenstand oder Mittel krimineller Machenschaften wie von Diebstahl, Raub, Fälschung oder Betrug. Oft erhebt sich hier beispielsweise die Frage, ob es sich um natürliche oder künstliche (synthetische) Edelsteine oder Imitationen handelt. Ähnlich ist die Lage bei Perlen, wo überdies noch Zuchtperlen eine besondere Rolle spielen.

2. Geologie

Die **Geologie** als die naturwissenschaftliche Disziplin, welche sich mit den organischen und anorganischen Substanzen der Erde befaßt, ist relativ früh für kriminalistische Zwecke nutzbar gemacht worden.
Der Mineraloge kann außer bei der im Rahmen der Biologie (§ 15–II–D–1) behandelten Untersuchung von Staub-, Schmutz- und Bodenproben auch bei der Auswertung anderer Spuren mitwirken.

Groß/Seelig (8) I–358.

Schon gegen Ende des 19. Jahrhunderts hatte Hans *Groß* im Zusammenhang mit Verunreinigungen und anderen Materialspuren auf den mikroskopisch bzw. chemisch zu erzielenden Beweiswert von Bodenproben und dergleichen hingewiesen. Alsbald befaßten sich in Deutschland der Chemiker Georg *Popp*/Frankfurt und in Frankreich Edmond *Locard* eingehender mit diesen und konnten mithilfe dergestalt erzielter Beweise zur Aufklärung sensationeller Kriminalfälle beitragen.

Kriminaltechnisch geht es in aller Regel aber weniger um das verschiedenartige Gestein, welches auch die Oberflächenstruktur prägt, sondern mehr um die infolge der Verwitterung oder anderer mechanischer bzw. biochemischer Prozesse entstandenen, sie gewöhnlich bedeckenden Substanzen, die man Bodenproben, Staub oder Schmutz nennt. Da man allein über 2000 Arten von Gesteinen und Mineralien unterscheidet, wird der Befund oft spezifisch sein. Das so entstandene anorganische Material kann naturgemäß auch recht charakteristische organische Substanzen enthalten.
Selbstverständlich können solche Materialspuren auch das Produkt einer Bearbeitung durch den Menschen sein. Hier ist außer auf Baustoffe etwa auf Safe-Füllungen und Glasprodukte hinzuweisen. Neben den unterschiedlichen Lagen oder Schichten solcher Materialien können ferner Praktiken des Transports u. U. für den Vergleich von Proben signifikant werden.
Mehr als oben schon angesprochene Fragen der Suche nach derartigen Original- oder Vergleichsspuren und ihrer Sicherung interessieren hier verständlicherweise die Probleme der Auswertung.
Die Laboruntersuchungen erfolgen sowohl mikroskopisch – eventuell sodann mit einem Vergleichsmikroskop – als auch chemisch bzw. physikalisch. Kommt es einmal auf Strukturen und Farben an, sind im übrigen Gewicht, Dichte und stoffliche Zusammensetzung bedeutsam. Besonderheiten bringen hier aber gerade die Erkenntnisse der Geologie sowie die für sie erarbeiteten Instrumente und Methoden mit sich, welche aus der Spezialliteratur zu entnehmen sind.
An den Geologen ist daher außer bei Materialspuren, wie sie sich bei veielen Formen vorsätzlicher Straftaten (Tötung, Körperverletzung, Raub, Einbruch – insb. bei Geld-

schränken –, Sexualfreiheitsdelikten) finden auch bei Fahrlässigkeitstaten wie Verkehrsunfällen oder Unglücksfällen im Berg- und Straßenbau zu denken.

C. Meteorologie. Bioklimatologie

Auch Meteorologie und Bioklimatologie können u. U. zur Aufklärung von Straftaten beitragen, wenn Tathergang oder Spuren durch Witterungsverhältnisse oder klimatische Bedingungen beeinflußt sein können.

Groß/Seelig (8) I–209 ff.

Ausgehend von einem Fall, in welchem es vor allem darum ging, ob es am Tattage abends um 20 Uhr geregnet hatte, was ihn wochenlange Mühe gekostet hatte, da die Hauptzeugin den bereits fünf Jahre einsitzenden Verurteilten danach gesehen haben wollte, als sie sich auf einem Baumstamm für eine halbe Stunde ausruhte, nennt *Groß* bei der „Umwelt der vorgefundenen Leiche" an erster Stelle das Wetter.
Doch nicht nur für Leichen, sondern auch bei vielen anderen Straftaten spielen Witterungsverhältnisse und klimatische Bedingungen, über welche Meteorologen oder auch Bioklimatologen Auskunft erteilen können eine wesentliche Rolle. Dies gilt zudem außer für die Kontrolle von Zeugenaussagen ebenfalls für die Interpretation sachlicher Befunde. Denn außer auf mit dem Begriff Wetter angesprochenen Gegebenheiten wie Regen, Gewitter, Sonnenschein, Dunkelheit oder Nebel kann es auch auf mitunter ungewöhnliche Temperatur oder darauf ankommen, ob zur fraglichen Zeit Sicht oder Mondschein möglich war. Nicht nur bei Verkehrsunfällen können ferner Schneefall oder Glatteis eine Rolle spielen. Daher sollte der Kriminalist in derartigen Sachen an eine entsprechende Auskunft einer Wetterwarte oder das Gutachten eines Meteorologen denken, das sich u. U. sogar über einen gewissen Zeitraum erstrecken kann.
Mit Recht hat *Groß* ferner im Zusammenhang mit Entstehungsursachen der Kriminalität auf derartige Sachverständige hingewiesen. Außer an jahreszeitliche, vor allem mit der Temperatur zusammenhängende Einflüsse ist hier an die vieldiskutierte Wirkung des Föhnwetters auf manche Menschen zu denken. Zusammen mit dem Mediziner oder dem Psychologen kann der Meteorologe daher u. U. auch für die Ursachen der Straftat Bedeutsames beitragen.

VI. Technik und Ähnliches

Die Bedeutung der Technik und ihr verwandter Gebiete läßt sich unschwer an den Formspuren demonstrieren, die durch bei der Tat benutzte Werkzeuge und Hilfsmittel entstehen, die sogen. Arbeitsspuren. Sie sind schon z. T. durch die Produktion bedingt, mag sie nun maschinell oder im eigentlichen Sinne handwerklich erfolgen. Man kann daher an Hand der Arbeitsspuren – etwa durch Vergleich mit einem Werkzeug – nicht nur die Art und ggf. Herkunft des Gegenstandes, der die Spuren verursacht hat, sondern in günstigen Fällen – insb. im Wege der Mikroskopie – sogar das Tatwerkzeug identifizieren.

Groß/Seelig (8) I–303 ff.; *Zbinden* S. 90 ff.

A. Metallurgie

Die Metallurgie ist ein Sondergebiet, das u. a. Erkenntnisse von Chemie und Physik verbindet, welche sich auf Metalle beziehen. Waffen- und Sprengtechnik, die sogleich (unter B, C) behandelt werden sollen, sind ebenso wie der Verkehrsbereich (dazu unter E) auf Metallsachverständige angewiesen; deshalb wird dort noch mancherlei zu ergänzen sein. – In der Metallographie geht es speziell um das Gefüge von Metallen, um Merkmale der Herstellung und Bearbeitung ebenso wie Bruch- und Korrosionserscheinungen.

Groß/Seelig (8) I–355f.; *Zbinden* S. 89f.; *Lichtenberg:* Die Identifizierung von Gütern aus der industriellen Massenfertigung – in: Grundfragen der Kriminaltechnik, hrsg. v. Bundeskriminalamt, Wiesbaden 1958, S. 83ff.; *Kirk/Thorton* S. 282ff.

Obwohl gerade Güter der industriellen Massenfertigung, wie sie in Kriminalfällen immer wieder beweiserheblich werden, ein typisches Beispiel für die Gleichartigkeit einer Vielzahl von Produkten zu sein scheinen, belegen physikalische und chemische Erkenntnisse, daß auch hier ungleich mehr Individualität anzutreffen ist, als der Laie meint. Selbst die Morphologie gleicher Metalle oder Metallverbindungen ist oft unterschiedlich und so signifikant, daß ein Nachweis der Identität selbst ohne Formspuren möglich ist, wenn man zudem auf eine hinreichende Zahl von Meßwerten (Härte, Festigkeit, Dehnbarkeit, Korrosionsbeständigkeit usw.) abstellt.

So waren unter rund 1000 Stahlwerksanalysen nicht zwei genau gleiche zu finden, obwohl es sich um genormtes Material für die Munitionsherstellung handelte.

An diese Sachverständigen ist ferner bei Verkehrs- und Betriebsunfällen zu denken, in denen Gegenstände oder Bruchstücke aus Metall eine beweiserhebliche Rolle spielen. Dasselbe gilt für aus Metall hergestellte Tatwerkzeuge. Schließlich können sie bei gewissen Fälschungen die unkenntlich gemachten Prägezeichen – z. B. auf Motorblock oder Fahrgestell eines Kraftwagens – wieder sichtbar machen.
In der Kriminaltechnik haben wir es vor allem, wenngleich nicht nur, mit Hand-, insb. Faustfeuerwaffen zu tun, weshalb deren Geschichte und gegenwärtige Technik aufschlußreich ist.

B. Ballistik. Schußwaffenidentifizierung

Obwohl den Kriminalisten vor allem die Wirkungen der oben bei den Spuren (§ 14–I–1–d–aa, e–aa) aufgezählten Waffensysteme und ihrer einzelnen Modelle interessieren, setzt das doch auch gewisse ballistische Kenntnisse voraus. Die **Ballistik** als die Lehre vom Schuß oder Schießen befaßt sich mit Fragen wie der Reichweite von Geschossen, ihrer Flugbahn, dem Verhalten abgelenkter (Abpraller, Querschläger) oder herabfallender Geschosse.
Da die durch Schußwaffen verursachten Materialspuren bereits im Zusammenhang der chemischen und physikalischen Analysen (§ 15–IV) erörtert worden sind, sei hier nur noch etwas zu den einschlägigen Formspuren gesagt (vgl. ferner § 16–A–I). Wegen der Schußverletzungen ist allerdings das bei der Gerichtsmedizin (§ 15–I–B) bereits Ausgeführte zu beachten.

Petersohn, Franz: Medizinisch-kriminalistische Fragen zur Entstehung der Schußwunden – in: TbKrim XXI, S. 287ff. (1971).

Fehlt es, wie bei Beginn der Ermittlungen häufig, an einer verdächtigen Waffe oder Munition bzw. Teilen derselben wie Geschossen und Hülsen, kommt es vor allem auf diejenigen Spuren an, die das Geschoß am Ziel oder sonst hinterläßt. Mitunter ist bei einem Defekt fraglich, ob er durch einen Schuß oder auf andere Weise hervorgerufen worden ist. Neben Formspuren lassen sich hier – wie dargelegt – Erkenntnisse durch andere Methoden wie etwa die Spektralanalyse erzielen, für welche geringe Substanzmengen ausreichen. Die Beweismöglichkeiten sind besser, je geringer die Entfernung ist (vgl. unten zur Schußentfernung).

Man kann aus dem Befund des fraglichen Gegenstandes im übrigen u. U. folgern, ob es sich um ein Geschoß handelt, ob es sich bei der Spur um einen Ein- oder Ausschuß handelt und aus welcher Richtung das Geschoß gekommen ist. Häufiger finden sich sogar Anhaltspunkte für die Art der Schußwaffe.

Noch wichtiger für kriminaltechnische Untersuchungen sind jedoch gwöhnlich diejenigen Spuren, welche die benutzte Waffe an der Munition hinterlassen hat. Bei Benutzung von Schußwaffen erfahren – wie dargelegt – Geschoß und Hülse bestimmte Veränderungen.

Beim **Geschoß** entstehen sie durch das Laufinnere; zu den für gezogene Läufe typischen Felderspuren treten Schürfspuren hinzu, welche durch mikroskopisch feine Unebenheiten der Felder bewirkt werden. Diese Spurenverursacher werden übrigens durch normalen Gebrauch der Waffe nur sehr wenig abgenutzt, weshalb gewöhnlich das Bild selbst dann noch in etwa gleich ist, wenn nach dem fraglichen Schuß aus dieser Waffe viele andere abgefeuert worden sind. Sogar wenn durch Gebrauch kratzende Werkzeuge das Laufinnere absichtlich oder unabsichtlich verändert oder es rostig geworden ist, lassen sich diese Mikrospuren doch noch häufig hinreichend sicher feststellen.

Ebenso wie die Spuren sind bei **Schrot** auch die Untersuchungsmethoden etwas anders.

Chugh, G. P.: Empirische Untersuchungen über die Streuung der Schrote beim Schuß – Arch. f. Krim. Bd. 146, S. 109ff., 168ff. (1970); *Sellier,* Karl: Möglichkeit der Differenzierung von Schrotkörnern Arch. f. Krim. Bd. 151, S. 106ff. (1973); *Machata,* Gottfried/*Binder,* Reinhard: Differenzierung von Schroten – Arch. f. Krim. Bd. 155, S. 87ff. (1975).

Die **Hülsen** benutzter Munition weisen häufig Spuren vom Magazin, inneren Rand der hinteren Laufstirnfläche, Patronenlager und Schlagbolzen sowie Auszieher und Auswerfer auf. Dabei soll einstweilen unberücksichtigt bleiben, daß man am Tatort nur bei Selbstladepistolen Hülsen zu finden pflegt, sofern man nicht ausnahmsweise einen Hülsenfänger benutzt, während bei Revolvern und anderen Handfeuerwaffen die Hülsen anderweitig zu finden sind. Auch die Hülsen benutzter Munition können, sofern es sich um Versager handelt, dieselben Spuren aufweisen. Auf die Besonderheiten gerade moderner Schrotmunition ist bereits oben (§ 14–I–1–e–aa) hingewiesen worden.

Schließlich ist bei ballistischen Untersuchungen auch an die **Tatwaffe** oder eine als solche in Betracht kommende Schußwaffe bzw. dafür bestimmte **Munition** zu denken. Mitunter beginnen, wie wir bei der Spurenkunde gesehen haben, die Ermittlungen sogar mit einer Schußwaffe, die entweder nach Lage der Dinge als Tatwaffe in Betracht kommen kann oder sonst als Fundgegenstand verdächtig ist. Häufiger werden Schußwaffen aber erst im Zuge der Ermittlung gefunden und sichergestellt. In beiden Fällen geht es bei der ballistischen Expertise um Vergleichsuntersuchungen, weil man bei der **Schußwaffenidentifizierung** weniger mit der Waffe selbst als mit der durch sie gewonnenen Vergleichsmunition arbeitet.

Diese gewinnt man üblicherweise dadurch, daß man aus der fraglichen Waffe Munition in einen langen, mit Watte gefüllten Kasten verschießt; denn dann bleiben die Geschosse unversehrt und tragen nur die individuellen Spuren, die vom Laufinnern herrühren.

Für die als Vorprobe geltende Systembestimmung sind diese allerdings weithin unerheblich. Denn hier kommt es nur darauf an, daß aus einer Waffe bestimmter Art stammende Geschosse und Hülsen gewisse übereinstimmende Systemmerkmale aufweisen müssen.

Davon sind die Zahl der Feldereindrücke und der Drall (Links- oder Rechtsdrall) mit dem bloßen Auge zu erkennen. Dagegen müssen die Breite der Feldereindrücke (in Millimetern) und der Drallwinkel (Winkel zwischen Geschoßachse und Feldereindrücken) mit besonderen Geräten gemessen werden. Da die Herstellerfirma diese Merkmale nicht oder nur selten zu ändern pflegt, sind schon diese Spuren relativ konstant und insoweit beweiskräftig, wenngleich es in Einzelfällen Zweifel geben kann.

Ob nun zwei Geschosse oder Hülsen – Tat- und Vergleichsmunition – ein an entsprechenden Stellen übereinstimmendes Spurenbild aufweisen, was eine einwandfreie Identifizierung der Tatwaffe erlauben kann, wird durch mikroskopischen Vergleich festgestellt, dessen Ergebnis ggf. fotografisch gesichert wird. Dafür benutzt man ein Vergleichsmikroskop, durch das zwei verschiedene, getrennte Objekte ausschnittsweise durch dasselbe Okular gleichzeitig betrachtet werden können; auch ist fotografische Fixierung möglich.
Kriminaltechnische Untersuchungen sind jedoch nicht erst dann möglich und sinnvoll, wenn sowohl Tatspuren als auch Vergleichsspuren verfügbar sind. Vielmehr kann man nicht nur aus einer Tatspur – z. B. einem Geschoß, einer Hülse oder Schußwaffe – für das Verfahren wichtige Schlüsse ziehen, sondern man kann diese Spuren auch mit anderen vergleichen, die in einer für die Schußwaffenidentifizierung aufgebauten Sammlung verfügbar sind. So läßt sich beispielsweise u. U. sicher feststellen, daß bei verschiedenen Straftaten gefundene Geschosse oder Hülsen aus derselben, einstweilen noch unbekannten Waffe stammen müssen. Umgekehrt kann mithilfe einer aus einer sichergestellten Waffe gewonnenen Vergleichsmunition festgestellt werden, daß wegen übereinstimmender Spuren, die sich in der Sammlung finden, diese Waffe in einem anderen Falle gebraucht worden sein muß.
Man hat auch abgesehen von der groben Unterscheidung (absoluter oder relativer) Nah-und Fernschuß einige Verfahren erarbeitet, mit denen der ballische Experte die **Schußentfernung** zu bestimmen vermag.

Berg, Steffen: Die Durchschlagskraft von Pistolengeschossen im menschlichen Körper – Arch. f. Krim. Bd. 134, S. 17ff. (1964); *Kapusz,* N./*Nagy,* L.: Schußspuren an Textilien aus Kunststoffasern – Arch. f. Krim. Bd. 140, S. 149ff. (1967); *Sellier,* Karl/*Knüpling,* Harm: Über die Eindringtiefe von Geschossen in Knochen – Arch. f. Krim. Bd. 144, S. 155ff. (1969); *Bürger,* H./*Neuninger,* H.: Röntgenfluoreszenz- und emissionsspektralanalytische Schußentfernungsbestimmung – Arch. f. Krim. Bd. 145, S. 11ff. (1970); *Burkert/Schöntag,* Adolf: Eine schwerwiegende Fehlermöglichkeit bei der spektrographischen Bestimmung der Schußentfernung an der Haut oder an Textilgeweben – Arch. f. Krim. Bd. 145, S. 17ff. (1970); *Sellier,* Karl: Über Schußentfernungsbestimmung. Drei besonders gelagerte Fälle – Arch. f. Krim. Bd. 145, S. 65ff.(1970); *Schöntag,* Adolf/*Suchenwirth,* F.: Eine neue Methode zur Bestimmung kleiner Schußentfernungen zwischen 0,5 und 5 cm – Arch. f. Krim. Bd. 146, S. 60ff. (1970); *Jauhari,* Mohan: Zur Bestimmung der annähernden Geschoßgeschwindigkeit von Prallschüssen bei der Aufklärung krimineller Tatbestände – Arch. f. Krim. Bd. S. 7ff. (1971); *Klages,* Ulrich/*Münstedt,* Hajo/*Janssen,* Werner: Nahschußzeichen bei Handfeuerwaffen mit manipulierter Mündung – Arch. f. Krim. Bd. 148, S. 140ff. (1971); *Schmechta,* Helmut/*Ziegler,* Manfred/*Weinke,* Hubert: Studien zur Schußentfernungsbestimmung aus baugewerblichen Bolzenschußgeräten. – Arch. f. Krim. Bd. 149, S. 11ff. (1972); *Suchenwirth,* Hermann: Ein einfaches spezifisches Abdruckverfahren zum Erfassen und Beurteilen von Schmauchbildern – Arch. f. Krim. Bd. 150, S. 152ff. (1972); *Kijewski,* Harald/*Lange,* Joachim: Möglichkeiten und Grenzen einer Schußentfernungsbestimmung aus dem Schmutzring – Arch. f. Krim. Bd. 154, S. 179ff. (1974).

So gibt es chemisch-physikalische Verfahren, die entweder (*Schöntag*) die in 9 mm Entfernung von der Einschußmitte entnommene Probe auf bestimmte Schmauchelemente (Pb, So, Ba) spektrographisch quantifiziert und mit Probeschüssen verschiedener Distanz vergleicht oder ein Folienverfahren (*Leszczynski*); hier lassen sich Pb und Ba durch chemische Entwicklung sichtbar machen und mithilfe einer Spezialapparatur quantitativ einschätzen. Das Prinzip morphologischer Verfahren ist einfach; das Schmauchbild des Tatschusses wird mit den Bildern von Probe (Eich)schüssen aus verschiedener Entfernung verglichen.
Ballistische Untersuchungen haben ferner u. U. die Aufgabe, eine **Schußaltersbestimmung** vorzunehmen bzw. festzustellen, wann eine Waffe zuletzt benutzt worden ist.

Jauhari, Mohan/*Chatterjee,* Soumyendra Mohan/*Ghosh,* Pranab Kumar: Zur Bedeutung des Nachweises von Anionen und Anionenkombinationen für die Schußaltersbestimmung – Arch. f. Krim. Bd. 149, S. 107ff. (1972).

Schließlich gibt es – wie wir gesehen haben (§ 14–I–1–d–aa, e–aa, § 14–I–2–a–aa, b–cc) – noch zahlreiche andere **Untersuchungsmethoden,** mit deren Hilfe in Fällen von Schußwaffengebrauch der Sachverhalt und damit auch die Benutzung der Schußwaffe geklärt werden kann.

Tewari, Swarup Narein: Ein neues mikroskopisches Reagenz zum Nachweiß von Schußpulverrückständen in Fällen von Schußwaffengebrauch – Arch. f. Krim. 152, S. 96ff. (1973).

C. Sprengtechnik

Sprengtechnische Gutachten sind außer bei Sabotage- und Terrorakten sowie Attentaten vor allem bei Unfällen mit Sprengstoff – u. a. bei Sprengstoffarbeiten – wichtig. Dabei läßt sich im Falle einer Explosion nicht ohne weiteres beurteilen, ob das Ereignis auf Sprengstoff oder auf andere Umstände zurückzuführen ist, die sich besser im Rahmen der Brandtechnik (unten D) erörtern lassen.

Svensson/Wendel S. 197ff.; *Mally,* Rudolf: Die Spuren von Schieß- und Sprengstoffen, Schußwaffen und Munition – in: TbKrim XI, S. 190ff. (1961); *Wigger,* Ernst: Kriminaltechnischer Leitfaden – BKA 1965/1–3 – insb. S. 330ff.; *Walls,* H. J.: Forensic Science – 2. Aufl. – London 1974 – S. 191ff.

Bei Explosionen kommt es zunächst einmal darauf an, die Ursache festzustellen, um sicher zu sein, daß Sprengstoff oder vergleichbare explosionsfähige Gemische die fragliche Spur verursacht haben; denn im letztgenannten Falle kommen vor allem Methoden der Brandtechnik in Betracht.
Außer Situationsspuren am Ort der Explosion sind zu diesem Zwecke sowohl Form- als auch Materialspuren zu untersuchen, bei deren Auswertung Physiker und Chemiker sowie andere Experten von Nutzen sein können.
Aus der Art des explodierten Stoffes und aus dem Zustandekommen der Explosion lassen sich – ggf. im Wege des Vergleichs – der Tathergang rekonstruieren und Beweise für die Beteiligung bestimmter Personen ermitteln.
Gerade für Sprengstoffdelikte ist es wichtig, Reste der Zündvorrichtung (Zündschnüre, Sprengkapseln) zu ermitteln, um die Tatausführung rekonstruieren zu können.

D. Brandtechnik

Schon lange haben vorsätzliche Brandstiftungen den Ausbau einer Brandtechnik gefördert, die der Entwicklung entsprechend jedoch heute noch mehr bei Fahrlässigkeitsbränden und sonstigen verdächtigen Bränden in Betracht zu ziehen ist.

Groß/Seelig (8) I–356; *Zbinden* S. 91; *Leszczysnki,* Ch.: Der Sachverständige am Brandort – in: Das kriminalpolizeiliche Ermittlungsverfahren, hrsg. v. Bundeskriminalamt, Wiesbaden 1957, S. 87ff.; *Jach:* Brände in landwirtschaftlichen Betrieben (Eine Übersicht) – in: Grundfragen der Kriminaltechnik 1958, S. 187ff.; *Leszczynski,* Ch.: Möglichkeiten und Grenzen des kriminaltechnischen Sachbeweises im Bereich der Physik und Chemie – in: Brandermittlung und Brandverhütung, hrsg. v. Bundeskriminalamt, Wiesbaden 1962, S. 213ff.; *Magnus,* Gert: Die Brandbekämpfung unter besonderer Berücksichtigung der Zusammenarbeit zwischen Feuerwehr und Kriminalpolizei – in: Brandermittlung und Brandverhütung, hrsg. v. Bundeskriminalamt, Wiesbaden 1962, S. 259ff.; *Meyer,* Wilhelm: Klärung der Zündursache bei Bränden und Explosionen in gewerblichen Anlagen – in: TbKrim XIV, S. 253ff. (1964); *Wigger,* Ernst: Kriminaltechnischer Leitfaden – BKA 1965/1–3 – insbes. S. 330ff.; *Wagner,* B.: Technischer Fortschritt und Brandgefahr – in: Kriminalpolizei und Technik, hrsg. v. Bundeskriminalamt, Wiesbaden 1967, S. 251ff,; *Hauck,* Gerhard: Die gaschromatographische Untersuchung von Brandrückständen auf Brandlegungsmittel – in: GrKrim 7, S. 377ff. (1971); *Berke-Müller,* Paul: Entwicklung kybernetischer Arbeitsmodelle für die Brandursachenforschung. Versuche und Anregungen – in: GrKrim 8/1, S. 137ff. (1972); *Pohl,* Klaus Dieter: Die Röntgenfluoreszenzanalyse bei der Untersuchung von Brandrückständen auf Zündmittel – Arch. f. Krim. Bd. 151, S. 96ff. (1973); *Pohl,* Klaus Dieter: Apparative Möglichkeiten der Rekonstruktion von Zündung und Ausbreitung bei Bränden – Arch. f. Krim. Bd. 154, S. 29ff. (1974); *Walls,* H. J.: Forensic Science – 2. Aufl. – London 1974 – S. 181ff.; *Pohl,* Klaus Dieter: Bei Bestimmung des Brennpunkts oxidierbarer Materialien im Rahmen der Ermittlung von Brandursachen – Arch. f. Krim. Bd. 155, S. 28ff. (1975).

Nach einem Brand kommt es – wie nach einer Explosion – darauf an, die **Brandursache** festzustellen, da sich nur dann beurteilen läßt, ob möglicherweise kriminelles Verhalten mitgewirkt hat. Auf diese Weise lassen sich insb. andere Ursachen ausschließen. Außer durch offenes Feuer oder Feuerrückstände kann bei entsprechendem Material schon eine so oder so entstehende Hitzewirkung einen Brand bewirken. Neben Gas- und Elektrogeräten spielen auch elektrische oder andere Anlagen eine gewichtige, oft verhängnisvolle Rolle. Das gilt nicht nur für Fahrlässigkeitsbrände, sondern auch für Brandstiftungen, weil der Täter sich dieser Dinge bedient, um den Brand möglichst unauffällig entstehen zu lassen.

Schnell, P.: Brände durch elektrischen Strom – in: Brandermittlung und Brandverhütung, hrsg. v. Bundeskriminalamt, Wiesbaden 1962, S. 53ff.; *Blumhagen,* Hans-Joachim: Elektrotechnik für Kriminalisten und Brandsachverständige – in: GrKrim 8/2, S. 347ff. (1973).

Neben den schon bei der Spurenkunde erwähnten Situationsspuren können auch Form- und Materialspuren auf Brandherd und damit Brandursache hinweisen sowie Anhaltspunkte für den Brandverlauf liefern.

Außer der Stellung von Schaltern an elektrischen und anderen Anlagen bzw. Geräten bzw. ihrem Zustand oder Defekten wie Schmelzstellen kann auch die Schichtung des Brandschuttes aufschlußreich sein. Aus Formveränderungen verbrannter Gegenstände oder Materialien lassen sich ebenso wie aus Materialspuren wichtige Erkenntnisse gewinnen. Hier ist außer an Rückstände von Brandmitteln an stoffliche Veränderungen und dergleichen zu denken.

So erhält man durch kriminaltechnische Untersuchungen nicht nur Hinweise für die Fahndung, sondern u. U. Beweise, welche Rekonstruktion des Tathergangs und Überführung eines Tatverdächtigen erlauben, wenn beispielsweise mit den Spuren von Brandmitteln am Tatort identische Stoffe bei diesem gefunden werden; daselbe gilt für Dinge, welche im fraglichen Falle für eine Zündvorrichtung benutzt worden sind. Selbst ein am Tatort gefundenes Blattstreichholz kann als Paßstück von Wert sein.

Sowohl die vorsätzlichen Brandstiftungen als auch bei Fahrlässigkeitsbränden und vergleichbaren Explosionen sind für kriminaltechnische Untersuchungen neben einer etwaigen Zündvorrichtung vor allem die **Zünd- bzw. Brandmittel** wichtig. In der Praxis kommt es hier auf feuergefährliche oder doch relativ leicht entflammbare Stoffe an.

Jach, Wilhelm: Was der Brandermittler von leicht flüchtigen, flüssigen organischen Stoffen, insbesondere Lösungsmitteln, wissen muß – in: TbKrim XIII, S. 288ff. (1963); *Wollrab,* Otto: Brandstiftung unter Verwendung flüssiger Hilfsmittel – in: GrKrim 8/2, S. 329ff. (1972); *Jach,* Wilhelm: Methoden zur Ermittlung der brandtechnischen Eigenschaften der Kunststoffe – in: GrKrim 8/2, S. 89ff. (1973); *Westhoff,* Wolfgang: Prüfung und brandschutztechnische Klassifizierung von Baustoffen – in: GrKrim 8/2, S. 149ff. (1973).

Bei explosionsfähigen Gemischen kann schon ein elektrischer Funke u. U. verheerende Folgen haben (vgl. § 16–C–V).
Ebenso wie Maschinen zwar technisch, aber unmerklich eine zum Brand führende Hitze entwickeln können, bewirken biologische oder chemische Prozesse u. U. durch **Selbstentzündung** Feuer.

Glathe, Hans: Selbsterhitzung und Selbstentzündung bei Erntestoffen – in: Brandermittlung und Brandverhüttung, hrsg. v. Bundeskriminalamt, Wiesbaden 1962, S. 77ff.; *Paulig,* Gunter: Selbstentzündungen durch chemische Reaktionen – in: GrKrim 8/2, S. 181ff. (1973); *Pohl,* Klaus Dieter: Der Nachweis der möglichen Selbsterhitzung im Rahmen von Brandermittlungen – Arch. f. Krim. Bd. 153, S. 97ff. (1974).

Die Brandermittlung ist in derartigen Fällen, die im landwirtschaftlichen Bereich vor allem bei Lagerung von nicht ordentlich getrocknetem Heu oder Stroh seit längerem bekannt sind, besonders schwierig. Denn inzwischen hat man erkannt, daß auch in Handwerks- oder Industriebetrieben unter gewissen Umständen infolge chemischer Prozesse durch Selbstentzündung ein Brand entstehen kann.
Häufig, wenn auch nicht notwendig, bewirken Blitzschäden zugleich Brände, weshalb auf derartige Untersuchungen in diesem Zusammenhang kurz einzugehen ist. Zu Bränden kommt es durch fehlende, unvollständige oder defekte Blitzschutzanlagen, auf die sich ggf. ebenso wie bei anderen Schadensfällen die Untersuchung zu konzentrieren hat.

Blumhagen, H.-J.: Blitzschäden und Blitzschutz – in: Brandermittlung und Brandverhütung, hrsg. v. Bundeskriminalamt, Wiesbaden 1962, S. 135ff.; *Blumhagen,* H.-J.: Blitzschutz – in: TbKrim XIII, S. 228ff. (1963).

Selbstverständlich ist auch in Brandfällen an andere Spuren und damit an andere Unterschungen zu denken. So können sich beim Tatverdächtigen nicht nur Materialspuren finden, die mit denen vom Tatort identisch sind, sondern Finger- und Fußspuren ebenso wie Werkzeugspuren, die beim Eindringen in den Tatort entstanden sind, die Aufklärung des Sachverhalts erleichern. Bei Brandfällen im landwirtschaftlichen Bereich ist außer an Geräte wie Strahler und Gebläse auch an Trocknungsanlagen für Heu bzw. Körner sowie ferner an die Möglichkeit der Selbstentzündung und daher an mikrobiologische Methoden zu denken.
Schließlich sei noch erwähnt, daß der Brand oder eine entsprechende Hitzeentwicklung auch für andere Sachverständige – etwa Biologen und vor allem Gerichtsmediziner – spezielle Probleme mit sich bringt.

Berg, S.: Möglichkeiten und Grenzen des kriminaltechnischen Sachbeweises im Bereich der Medizin – in: Brandermittlung und Brandverhütung, hrsg. v. Bundeskriminalamt, Wiesbaden 1962, S. 219ff.;

Martin, Otto: Möglichkeiten und Grenzen des kriminaltechnischen Sachbeweises im Bereich der Biologie – in: Brandermittlung und Brandverhütung, hrsg. v. Bundeskriminalamt, Wiesbaden 1962, S. 227ff.; *Wollrab,* Otto: Rauchdichte und Giftigkeit von Brandgasen – in: GrKrim 8/2, S. 225ff. (1973).

Die mit einem Brand verbundene Hitze oder dabei entstehende giftige Gase bewirken nicht nur Schäden an Sachen, sondern u. U. Verletzungen oder den Tod von Menschen. Insoweit muß auf die Erkenntnismöglichkeiten der Gerichtsmedizin (§ 15–I–B) verwiesen werden.

E. Verkehrswesen

Der gewaltig gewachsene Umfang und die Kompliziertheit des Verkehrswesens hat besondere Tätigkeitsbereiche bewirkt, die auch für die kriminaltechnische Untersuchung bedeutsam sind. Ungeachtet gewisser Gemeinsamkeiten empfiehlt es sich, gerade im Hinblick auf die hier wichtigen technischen Experten, die Bereiche Kraftfahrzeug-, Schienen-, Luft- und Schiffsverkehr zu unterscheiden. Allgemein ist ferner auf die Erfahrungen und Möglichkeiten der Gerichtsmedizin im Gebiet der sogenannten Verkehrsmedizin hinzuweisen, die sich mit allen medizinisch relevanten Tatsachen befaßt, welche mit dem Verkehr zusammenhängen.

Groß/Seelig (8) I–356; *Zbinden* S. 90; *Klein:* Allgemeine Verkehrsmedizin – in: HdwRMed I–377ff.; *Wagner,* H. J.: Verkehrsunfall – in: KLbRMed S. 50ff.; *Dürwald* in Prokop/Göhler S. 208ff.; *Prokop/Göhler* S. 331ff.; *Schaidt,* G. in Mueller (2) I–144ff.; *Klein,* H. in Mueller (2) I–642ff.

1. Kraftfahrzeugverkehr

Die in vielen Ländern große Bedeutung des Kraftfahrzeugverkehrs hat eine Sachverständigenbranche entstehen lassen, welche als besonders kompetent für die Begutachtung mit dem Kraftfahrzeug zusammenhängender technischer Fragen und die mit seinem Betrieb verbundenen Probleme erscheint.

Laves, Wolfgang/*Bitzel,* F./*Berger,* E.: Der Straßenverkehrsunfall. Ursachen-Aufklärung-Beurteilung – Stuttgart 1956; *Svensson/Wendel* S. 151ff.; *Weinig,* E./*Schmidt,* Gg.: Besondere Identifizierungsmerkmale bei Kraftfahrzeugreifen = Arch. f. Krim. Bd. 127, S. 22ff. (1961); *Huelke,* Hans-Heinrich: Kriminaltechnik – in: HdwKrim (2) II, insb. S. 160 ff.; *O'Hara/Osterburg* S. 289ff., 298ff., 310ff.; *Kirk/Thorton* S. 411ff., 424ff.; *Pohl,* Klaus Dieter: Naturwissenschaftlich-kriminalistische Spurenanalyse bei Verkehrsunfällen – Arbeitsmethoden d. med. u. naturwiss. Kriminalistik Bd. 14 – Lübeck 1975.

Bei **Reifen- oder Radspuren** handelt es sich um Ein- oder Abdrücke, die ähnlich wie die vom menschlichen Fuß herrührenden behandelt werden, wenngleich die Auswertung natürlich von anderen Gegebenheiten auszugehen hat.

Tschomakov, Milko: Profilabdrücke vom Reservereifen auf der Kleidung des Getöteten bei einem Verkehrsunfall – Arch. f. Krim. Bd. 147, S. 135ff. (1971).

Eine Besonderheit stellen insoweit die bei Unfällen häufigeren Brems- und Blockierspuren dar, welche u. a. Rückschlüsse auf die Geschwindigkeit des fraglichen Fahrzeugs zulassen; sie können morphologisch und analytisch untersucht werden, wobei auch ein Vergleich des Materials der Bremsspur mit dem des Reifens möglich ist.

Die für Verkehrsunfälle typischen **Lackspuren** können – wie schon angedeutet – sowohl als Formspuren wie auch als Materialspuren bedeutsam werden, was übrigens für alle Teile eines am Unfallgeschehen beteiligten Fahrzeugs gilt.

Hantsche, Harald/*Schöntag,* Adolf: Die Untersuchungen von Lacksplittern mit dem Raster-Elektronenmikroskop als wichtiger Beitrag zu deren Identifizierung – Arch. f. Krim. Bd. 147, S. 92ff. (1971); *Eichhoff,* Hans-Joachim/*Opitz,* Joachim: Untersuchung von Lackspuren mit Hilfe der Massenspektrometrie unter besonderer Berücksichtigung kriminaltechnischer Aspekte – Arch. f. Krim. Bd. 152, S. 165ff. (1973).

Eine besondere Rolle spielen kriminaltechnisch neben diversen **Glasspuren** die **Kraftfahrzeuglampen,** weil u. U. schon ihr Schaltzustand für das Zustandekommen des Unfalls wichtig sein kann.

Zielesny, H./*Speckin,* Leonard A./*Schöntag,* Adolf/*Schmidt,* Rudolf: Neue Gesichtspunkte zur Frage: „War bei einem nächtlichen Verkehrsunfall die Fahrzeugbeleuchtung eingeschaltet oder nicht?" – Arch. f. Krim. Bd. 148, S. 79ff. (1971); *Bürger,* Heribert: Der Nachweis des Schaltzustandes intakter Kraftfahrzeug-Lampen nach Unfällen – Arch. f. Krim. Bd. 152, S. 37ff. (1973); *Kijewski,* Harald: Die Spannungsdoppelbrechung von Polyvinylbutylral als Hilfsmittel zur Unterscheidung von Schuß und Schlag an Verbundglascheiben – Arch. f. Krim. Bd. 154, S. 83ff. (1974); *Schaidt,* Gerd/*Görtler,* R.: Untersuchungen zur Feststellbarkeit der Zeitspanne zwischen Umschaltung von Biluxlampen und Bruch des Glaskolbens – Arch. f. Krim. Bd. 154, S. 161ff.(1974); *Kijweski,* Harald: Die Abnahme der Spannungsdoppelbrechung in der Bindeschicht beschädigter Windschutzscheiben als Parameter des Zeitablaufs nach einem Unfall – Arch. f. Krim. Bd. 156, S. 103ff. (1975).

Glassplitter am Unfallort können ebenso wie Lack- oder Farbspuren die Beteiligung eines Fahrzeugs beweisen, obwohl dessen Lenker Verkehrsunfallflucht begangen hat. Ferner läßt sich u. U. aus der Art des Glasbruchs – insb. bei Verbundglas – etwas über den verursachenden Vorgang entnehmen.
Außer anderen von den am Unfall beteiligten Fahrzeugen oder Personen herrührenden Formspuren ist zu beachten, daß es noch mancherlei Materialspuren gibt, die ausgewertet werden können, was etwa bei Schmierstoffen, anhaftenden organischen oder anorganischen Substanzen der Fall ist. Dabei ist gleich, ob derartige Spuren vom Opfer auf das Fahrzeug des Tatverdächtigen übertragen worden sind oder umgekehrt. Außer auf Fingerabdrücke, Blutspuren und Tuchfetzen am Fahrzeug ist ebenso auf von diesem herrührende Ein- oder Abdrücke sowie Beschmutzungsspuren am Opfer zu achten.
Aus derartigen und anderen Spuren kann daher der Kraftfahrzeugsachverständige mitunter bereits auf Art und Marke des am Unfall beteiligten Kraftfahrzeugs, seine Fahrtrichtung und seine Geschwindigkeit schließen. Unter Umständen gewinnt er sogar individualdiagnostisch bedeutsame Anhaltspunkte. Vor allem aber kann er mithilfe der verschiedenen Form-, Material- und Situationsspuren oft wesentlich zur Rekonstruktion des Unfallhergangs beitragen.
Die Unfallfolgen bei Menschen haben die Mediziner zu begutachten, welche inzwischen die Unfallmechanik gerade in diesem Verkehrsbereich einigermaßen erforscht haben.

Natürlich ist dabei nicht nur die Unfallmechanik des Fahrzeugs zu beachten, sondern sind die Begleitumstände gebührend zu berücksichtigen. Nur so läßt sich die Wirkung auf den menschlichen Körper so exakt einschätzen, daß man aus dem Befund u. U. sogar auf den verursachenden Vorgang zurückschließen kann.

Aber auch in anderer Weise kann die Gerichtsmedizin u. U. zur Rekonstruktion des Unfallhergangs beitragen, weil dabei auch das Verhalten der Beteiligten eine Rolle spielt.

Das gilt insb. für Er- oder Übermüdung des Fahrers und andere Erschöpfungszustände wie überhaupt für seine Leistungsfähigkeit unter den gegebenen Bedingungen.

Ebenso wie nach Lage des Falles, z. B. einen möglicherweise durch Wild verursachten Verkehrsunfall, die Hinzuziehung eines Veterinärmediziners oder Biologen angezeigt sein kann, ist selbstverständlich zu beachten, daß bei den erwähnten Form- und Materialspuren, wie Metallstücken, Lacksplittern, Glasbruch, Textil-, Öl- und Staubspuren neben dem eigentlichen Kraftfahrzeugsachverständigen ferner Experten beispielsweise für Chemie, Physik, Metallurgie oder Mikrobiologie in Betracht kommen.

2. Schienenverkehr

Auch der Schienenverkehr ist in den letzten Jahrzehnten in mancherlei Hinsicht komplizierter geworden. Dennoch lassen sich unter diesem Oberbegriff noch Eisen- und Straßenbahn zusammenfassen; im weiteren Sinne kann man dazu außer Zahnradbahnen auch Schwebe- und Seilbahnen sowie Lifte rechnen.

Reinhardt, G./*Fauner,* A.: Eisenspuren am Gleiskörper und ihre kriminalistische Bedeutung bei Eisenbahnüberfahrung – Arch. f. Krim. Bd. 138, S. 137ff. (1966); *Weinig,* E./*Reinhardt,* G.: Gerichtsmedizinische und kriminalistische Untersuchungen zur Rekonstruktion eines Tathergangs im Zusammenhang mit einer Eisenbahnüberfahrung – Arch. f. Krim. Bd. 139, S. 7ff. (1967).

Außer um mechanische Belange geht es hier ebenfalls um die Art des Betriebes. Als Sachverständige kommen daher neben Physikern und Chemikern vor allem Techniker und Experten von Unternehmen in Betracht, die außer mit dem rollenden Material, der Organisation des Schienenverkehrs auch mit den baulichen Anlagen vertraut sind.

3. Luftverkehr

In allen Staaten, die Luftverkehr betreiben, hat man Ämter geschaffen und besondere Experten ausgebildet, um Ursachen von Flugunfällen zu vermeiden oder doch aufzuklären; daneben ist an in der Luftfahrtindustrie oder bei Fluggesellschaften tätige Personen zu denken.

Frei-Sulzer, Max: Kriminaltechnische Aspekte bei der Untersuchung von Flugzeugabstürzen – in: Kriminalpolizei und Technik, hrsg. v. Bundeskriminalamt, Wiesbaden 1965, S. 273ff.; *Krefft,* S.: Pathologisch-anatomische Befunde beim Absturz mit Strahlflugzeugen – Arch. f. Krim. Bd. 142, S. 37ff. (1968).

Kriminaltechnisch sind bei Unfällen im Luftverkehr, insb. Flugzeugabstürzen, technische Mängel wichtig, wenngleich sie in der Praxis nicht so häufig sein dürften. Aber selbst bei den zuweilen für Flugzeugunfälle ausschlaggebenden äußeren Einflüssen (Sturm, Vereisung, Blitz) kann die Kriminaltechnik ebenso wie bei gewaltsamen Zerstörungen Aufschluß bieten.

Da Unfälle in der Luftfahrt mitunter häufiger auf menschliches Versagen – sei es des fliegenden Personals oder der am Boden für Wartung oder Flugbetrieb Verantwortlichen – zurückzuführen sind, gestalten sich derartige Ermittlungen oft besonders schwierig. Denn nicht selten sind durch den Absturz der betreffenden Maschine wichtige Zeugen nicht mehr

verfügbar und die beweistauglichen Gegenstände mit dem Flugzeug mehr oder weniger zerstört. Dennoch gelingt es häufig, durch kriminaltechnische Untersuchungen technische Mängel als Unfallursache auszuschließen und sogar Beweise für Bedienungsfehler und dergleichen zu ermitteln.
Auch die Mitarbeit des medizinischen Sachverständigen ist – allein zur Identifizierung der Unfallopfer – unerläßlich.

4. Schiffsverkehr

Für den Schiffsverkehr in denjenigen Nationen, die See- oder Binnenschiffahrt betreiben, hat man ebenfalls besondere Ämter geschaffen, welche über Experten verfügen, die mit kriminaltechnischen Untersuchungen betraut werden können. Im übrigen kann man ggf. auf Personen mit entsprechender Berufserfahrung wie Kapitäne oder Lotsen zurückgreifen.
Entspricht bei manchen Unfällen in der Seefahrt, die zum Untergang eines Schiffes auf hoher See führen, die Situation der, wie sie für Flugzeugabstürze geschildert worden ist, d. h. stehen Zeugen nicht oder nur begrenzt zur Verfügung, ist die Lage in diesem Bereich insgesamt doch etwas günstiger, weil es seltener zu Untergang oder anderem Totalschaden kommt. Und bei Schiffsuntergängen in Binnen- oder Küstengewässern läßt sich nach Hebung oder mithilfe von Tauchern der Hergang der Ereignisse häufiger noch rekonstruieren.
Im übrigen aber lassen sich ungeachtet anderer Beweismöglichkeiten (Zeugen) die Mittel der Kriminaltechnik erfolgreich einsetzen, wenn man dabei die besonderen Arbeitsvorgänge und die Lebensweise an Bord solcher Schiffe beachtet.

F. Andere Werkzeugspuren

In diesem Rahmen ist, obwohl eine Reihe gerade für die Praxis wesentlicher Spezialbereiche bereits behandelt worden ist, noch auf die kriminaltechnische Untersuchung anderer Werkzeugspuren hinzuweisen, für welche selbstverständlich die Sachkunde und Erfahrung bestimmter Experten anderer Disziplinen nutzbar gemacht werden sollte. Dies gilt außer für viele Material- auch für manche Formspuren. Wir können uns hier nach dem zur Spurenkunde Gesagten jedoch relativ kurz fassen.

Groß/Seelig (8) I–355 ff.; *Wigger,* Ernst: Kriminaltechnischer Leitfaden – BKA 1965/1–3 – insb. S. 60 ff.; *Huelke,* Hans-Heinrich: Kriminaltechnik – in: HdwKrim (2) II, insb. S. 161 ff.; *Pichler,* Georg/*Röhm,* Ernst: Späne holzbearbeitender Werkzeuge und ihre Identifizierung – Arch. f. Krim. Bd. 145, S. 90 ff. (1970); *Winkler,* Fritz: Die industrielle Massenproduktion von Schraubendrehern und die Möglichkeiten ihrer Identifizierung als Spurenleger – in: TbKrim XX, S. 91 ff. (1970); *Hantsche,* Harald/*Schwarz,* W.: Das Raster-Elektronenmikroskop als Hilfsmittel zur Identifizierung von Werkzeugspuren – Arch. f. Krim. Bd. 148, S. 24 ff. (1971); *Bonte,* Wolfgang: Werkzeugspurenuntersuchungen mit Hilfe der Lichtschnittmikroskopie – Arch. F. Krim. Bd. 153, S. 144 ff. (1974).

Bei der Auswertung von Eindruck- und Abdruckspuren, die außer von Menschen und Tieren auch von Gegenständen, insb. Tatwerkzeugen herrühren können, kommt es ebenfalls darauf an, den Spurenverursacher oder den von ihm benutzten Gegenstand dahin zu identifizieren, daß die fragliche Spur sicher oder wahrscheinlich durch ihn hervorgerufen worden ist. Außer um Größe und Form geht es hier oft um Mikrospuren, die entweder auf den

Fabrikationsvorgang oder eine spätere Veränderung (Abnutzung, Beschädigung) des fraglichen Gegenstands zurückzuführen sind.
Einen gerade für Werkzeugspuren wesentlichen Sonderfall stellen – wie oben ausführlich dargestellt (§ 14–I–1e) – die Arbeitsspuren dar, welche durch gleitenden, spanabhebenden, schneidenden oder anderen Gebrauch eines Werkzeugs entstehen. Allerdings ist hier besonders zu beachten, daß sich das ursprüngliche, mit der Herstellung entstandene Spurenbild gerade bei Werkzeugen durch Abnutzung oder Beschädigung zwischenzeitlich verändern kann.

Bonte, Wolfgang: Gesichtspunkte zur Schartenspurenidentifizierung bei Stichverletzungen – Arch. f. Krim. Bd. 149, S. 77ff. (1972).

Soweit nicht der Spurenträger die Einschaltung eines anderen Sachverständigen – z.B. bei Spuren am und im menschlichen Körper des Gerichtsmediziners – angezeigt erscheinen läßt, arbeitet der Kriminaltechniker hier ähnlich wie bei der Schußwaffenidentifizierung. Die zu vergleichenden Spurenbilder werden ggf. mithilfe eines Mikroskops betrachtet und fotografiert.

Bei Arbeits- und anderen Werkzeugspuren geht es kriminalistisch oft zunächst einmal darum, zu ermitteln, durch welche Art von Werkzeug eine Tatortspur verursacht sein könnte. Umgekehrt erhebt sich möglicherweise bei sichergestellten Werkzeugen die Frage nach der üblichen oder einer möglichen Verwendungsweise und nach der Herkunft (Fabrikat, Besitzer und Aufbewahrungsort).
Ähnlich wie bei der Schußwaffenidentifizierung kann man also auch Werkzeuge in der Weise kriminaltechnisch untersuchen, daß man mit ihnen Vergleichsspuren herstellt.
Das Alter oder der Entstehungszeitpunkt einer bestimmten Werkzeugspur läßt sich, obwohl die Oberfläche fast aller Materialien (Spurenträger) durch äußere Einflüsse im Laufe der Zeit mehr oder minder nachhaltig verändert wird, bisher nur in begrenztem Umfange einigermaßen genau bestimmen.

Nickenig, A./*Putz/Roßgoderer/Herbst:* Untersuchungen zur Altersbestimmung von Werkzeugspuren – Kriminalistik 1962 – 397ff.

Wie auf diese Weise die Identität einer Werkzeugspur mit dem verursachenden Werkzeug festzustellen ist, hängt außer von der Art und dem Vorhandensein individualcharakteristischer Merkmale von Material und Beschaffenheit des Spurenträgers ab. An Hand der inzwischen eingetretenen Veränderung der Oberfläche der Spur kann man in gewissen Fällen deren Alter einschätzen, was ebenfalls für die Rekonstruktion des Tathergangs aufschlußreich sein kann. Der Vergleich kann – wie gesagt – durch das Vorhandensein einer Werkzeugspurensammlung erleichtert werden.

Huelke, Hans-Heinrich: Zentrale Werkzeugspurensammlung – in: Grundfragen der Kriminaltechnik, hrsg. v. Bundeskriminalamt, Wiesbaden 1958, S. 89ff.

Ein Sonderfall ist gerade bei Werkzeugen die Identifizierung bzw. Wiedersichtbarmachung undeutlich gemachter Zeichen, auf die wir schon bei der Metallurgie (§ 15–VI–A) und im Verkehrswesen (§ 15–VI–E) gestoßen sind.

Vom Hersteller oder vom späteren Besitzer werden vielerlei Gegenstände aus verschiedenen Gründen mit Ziffern, Buchstaben oder sonstigen Zeichen gekennzeichnet. – Auf metallischen Objekten geschieht das durch Einschlagen mit einem Schlagstempel, durch Gravieren oder Elektrogravierung. Der Besitzer benutzt hierfür Tinte, Bleistift oder ritzende Instrumente.

Ist die Unkenntlichmachung durch Feilen oder Schleifen nicht hinreichend intensiv erfolgt, so lassen sich bei entsprechend einfallendem Licht u. U. schon Konturfragmente der Zeichen erkennen. Man kann auch gründlicher beseitigte Zeichen oft durch Erhitzen oder Ätzen – also eine physikalisch-chemische Behandlung – wieder sichtbar machen, weil das Material in der Tiefe verändert worden ist. Bei Holz, Textilien und Papier verwendet man andere Mittel und Materialien – z. B. Farbstoffe – zur Kennzeichnung, weshalb hier auf das anderweitig Ausgeführte zu verweisen ist.

VII. Andere Wissenschaftsgebiete

Schließlich sind noch einige andere Wissenschaftsgebiete zu erwähnen, um aufzuzeigen, daß die Gutachtenmöglichkeiten so vielfältig sind wie das Bild, das die Kriminalität heutzutage bietet.

A. Volkswirte. Betriebswirte

Nicht nur, aber vor allem bei der Aufklärung von Wirtschaftsdelikten (i. e. S.) oder anderen Straftaten, die im Zusammenhang mit dem Wirtschaftsleben begangen werden, ist an Volks- und Betriebswirte als Gutachter zu denken.

Groß/Seelig (8) I–361 f.; *Zirpins:* Der Sachverständige in Wirtschaftsstrafsachen – in: Wirtschaftsdelikte, hrsg. Bundeskriminalamt, Wiesbaden 1957, S. 99 ff.; *Gößweiner-Saiko,* Th. C.: Die kriminalistische Bedeutung der aktienrechtlichen Pflichtprüfung. Eine Übersicht für die Praxis des Wirtschaftsstrafrechts – Arch. f. Krim. Bd. 136, S. 165 ff. (1965); *Gößweiner-Saiko,* Th. C.: Die kriminalistische Bedeutung der kritischen Bilanz- und Betriebsanalyse – Arch. f. Krim. Bd. 138, S. 103 ff. (1968).

Neben denjenigen, die wie später zu behandelnde Buchführungsexperten mit dem kaufmännischen Rechnungswesen vertraut sind (dazu § 15–VIII–C), kommen gerade bei Wirtschaftsdelikten im engeren und weiteren Sinne Volks- und Betriebswirte als Sachverständige in Betracht, wenngleich je nach Lage auch andere kriminaltechnische Untersuchungen in Fällen von Wirtschaftskriminalität hilfreich sein können. Insgesamt aber kommt es für die Ermittlungen in Wirtschaftsstrafsachen noch mehr als auf die eigentliche Kriminaltechnik auf kriminaltaktisch sinnvolles Vorgehen an.

B. Historiker

In einzelnen Strafprozessen kann sogar der Historiker, insb. der Fachmann für Zeitgeschichte, als Sachverständiger in Betracht kommen. Beispiele für solche Strafsachen sind u. a. Kriegsverbrechen, NS-Verbrechen und ähnliche Formen kriminellen Verhaltens.

C. Soziologen

Obwohl die Soziologie eine für die Kriminalwissenschaften überaus wichtige Disziplin ist, spielt sie doch bei der Kriminaltechnik bisher eine recht untergeordnete Rolle, wenngleich ihre Erkenntnisse nicht gar so selten von anderen Wissenschaftlern auch für diese Zwecke verwendet werden. Das kann nicht überraschen, weil unmittelbare und mittelbare Einflüsse der Umwelt naturgemäß auch den Tathergang prägen und daher für dessen Rekonstruktion hilfreich sind. Insgesamt aber kann man sich, da die wesentlichen Beiträge der Soziologie die Kriminologie und die Kriminalpädagogik betreffen, bei der Kriminaltechnik relativ kurz fassen.

v. Weber, Hellmuth: Kriminalsoziologie – in: HdwKrim (2) II–63 ff.; *Schima,* Konrad: Der Wirklichkeitsbezug in der neuen Kriminalsoziologie – Arch. f. Krim. Bd. 156, S. 1 ff. (1975).

Die Mitwirkung von Soziologen bei den Ermittlungen in Strafsachen ist ausgesprochen selten und wird jedenfalls bei der kriminalistischen Aufklärungstätigkeit wohl immer begrenzt bleiben. Denn in der repressiven kriminaltechnischen Arbeit geht es nicht um Ursachen der Delinquenz und therapeutische Maßnahmen, sondern zunächst einmal um die Rekonstruktion des in der Vergangenheit liegenden Tatverlaufs. Hier jedoch helfen die mehr auf die Verbrechensursachen bezogenen Erkenntnisse vieler soziologischer Schulen, die sich mit ihren Modellen zuweilen in ziemlich spekulative Zukunftsvisionen verlieren, kaum. Sowohl kriminologisch als auch kriminalistisch könnte man noch am ehesten von einer Soziologie Nutzen ziehen, welche wirklich empirisch arbeitet und nicht nur behauptet, das zu tun.

Kann man ebenso wie in der Kriminaltechnik, wie wir noch sehen werden, so auch bei präventiven kriminaltechnischen Maßnahmen häufig Nutzen aus empirisch gewonnenen Erkenntnissen der Soziologie ziehen, kommt ihnen bei der eigentlichen Aufklärungsarbeit in aller Regel nur eine ergänzende Rolle – ähnlich wie der Geschichte – zu. Mithin dürfte vor allem bei politischen oder anderen Delikten mit ausgesprochenem Gesellschaftsbezug die Beiziehung eines Soziologen als Sachverständiger hilfreich erscheinen.

D. Kriminologen

Daß der Kriminologe als solcher nur selten als Sachverständiger bei der Verbrechensaufklärung fungiert, hängt einmal damit zusammen, daß andere Fachgutachter häufig zugleich auch kriminologisch bedeutsame Aspekte beachten. Zum anderen erklärt sich das aus der in vielen Ländern auf die Erscheinungsformen und Ursachen kriminellen Verhaltens zugeschnittenen Ausrichtung der Kriminologie.

Zbinden S. 87; *Geerds,* Friedrich: Was erwartet die Kriminologie von der Kriminalistik? – in: Kriminol. Gegenwartsfragen H. 11, Stuttgart 1974, S. 177 ff.

Die gegenwärtig für viele Länder charakteristische Situation ist also – wie bei der Soziologie – nicht nur eine Folge davon, daß die Kriminologie als Wissenschaftsdisziplin verhältnismäßig jung ist, sondern sie überdies vielerorts zu theoretisch ausgerichtet ist, um der Rechtspraxis bei der Sachverhaltsaufklärung im konkreten Fall eine Hilfe bieten zu können. Dennoch sind gewisse Möglichkeiten ausgesprochen kriminologischer Gutachten auch für diesen Zweck nicht von der Hand zu weisen. Zudem ist die Lage in den einzelnen Ländern recht verschieden; manchmal werden – wie z. B. in Österreich – kriminologische Universitätsinstitute mehr als in Deutschland in die praktische Verbrechensbekämpfung einbezogen.

VIII. Berufstätigkeit und andere Erfahrung

Berufstätigkeit und anderweitig erlangte Erfahrung sowie Sachkunde sollen hier deshalb als Basis kriminaltechnischer Untersuchungen besonders genannt werden, um darzutun, daß in manchen Bereichen – wie wir z. T. schon gesehen haben – eine wissenschaftliche Ausbildung des Sachverständigen nicht notwendig ist, wenngleich sich u. U. auch Wissenschaftler mit derartigen Sachgebieten befassen. Das hier besonders breite Spektrum kann nur durch eine Auswahl angedeutet werden.

A. Handwerk. Industrie

Manche Erkenntnisse aus den Bereichen Handwerk und Industrie sind inzwischen kriminaltechnisch so bedeutsam und geläufig, daß sich mit ihnen Experten in kriminaltechnischen Untersuchungsanstalten ebenso wie andere Sachverständige befassen. Hier wie auch bei anderen Gebieten sind die Fragestellungen aber so speziell oder doch selten, daß man dann und wann auf in diesen Bereichen Tätige zurückgreifen muß. Und selbstverständlich sind überdies – wie angedeutet – die Möglichkeiten von Chemie, Physik, Biologie usw. zu beachten.

1. Druckerzeugnisse, Papier

Im handwerklichen oder handwerklich-industriellen Bereich sei wegen der schon erwähnten Urkundenuntersuchung auf Sachverständige aus dem Druckerei- und Papiergewerbe hingewiesen. Zu den Druckerzeugnissen zählen wir hier u. a. die Produkte von Bürovervielfältigungsverfahren (Rotaprint, Büro-Offsetverfahren, Schablonendruck und Ähnliches), wobei z.T. wegen der als Vorlage dienenden Maschinenschrift aber auch der Experte für Schreibmaschinen eingeschaltet werden sollte, von dem alsbald die Rede sein wird.

Zbinden S. 91; *Leszczynski:* Kriminaltechnik der Druckfarben – in: Bekämpfung des Falschgeldunwesens, hrsg. v. Bundeskriminalamt, Wiesbaden 1954, S. 147ff.; *Windhaber,* F.: Physikalische und chemische Urkunden- und Schriftuntersuchungen – in: Kriminaltechnik, BKA 1955/2, S. 169ff., insb. S. 183f.; *Wigger,* Ernst: Kriminaltechnischer Leitfaden – BKA 1965/1–3 – insb. S. 242ff.; *Mally:* Die kriminalistischen Leitelemente der Druckschrift – in: Grundfragen der Kriminaltechnik, hrsg. v. Bundeskriminalamt, Wiesbaden 1958, S. 207ff.; *Huelke,* Hans-Heinrich: Kriminaltechnik – in: HdwKrim (2) II, insb. S. 183ff.; *Stehling,* Jürgen: Die Urkundenfälschung. Ein Beitrag zur Kriminologie, Kriminalistik und strafrechtlichen Problematik dieser Gesetzesverstöße – Diss. Frankfurt a.M. – München 1973 – insb. S. 206ff.

Außer auf die bei der Chemie und Physik beschriebenen Untersuchungsmethoden für das Material der Schriftträger und der Schreibmittel (§ 15–IV–A–3) kommt es bei Druckschriften vor allem auf drucktechnische Expertisen an, die außer mannigfachen Beweisen auch Hinweise für die Fahndung zu liefern vermögen. Diese konzentrieren sich vor allem auf drei Komplexe.
Beim fraglichen Druckerzeugnis wird gewöhnlich zunächst einmal das Druckverfahren (z.B. Hoch-, Tief-, Flachdruck) oder die z.T. erfolgende Kombination derselben festgestellt.
Sodann befaßt sich der Drucksachverständige mit dem bei dieser Schrift benutzten Drucksatz. Er versucht festzustellen, ob Hand- oder Maschinensatz und eventuell besondere Arten verwendet worden sind.

Schließlich ist für die Identifizierung bzw. die Zwecke der Fahndung der verwendete Schrifttyp besonders wichtig, der bei Besonderheiten und Defekten sogar auf eine bestimmte Druckereianlage hinweisen kann.
Am einfachsten ist die Totalfälschung z.B. einer Banknote natürlich bei vergleichender Untersuchung mit einer nachweislich echten Note festzustellen.
Ebenso wie bei der Urkundenuntersuchung kann der Schriftträger ferner genauer physikalisch und chemisch analysiert werden, wobei auf Besonderheiten wie Wasserzeichen oder die bei echten Banknoten verwendeten sonstigen Sicherungen Obacht zu geben ist.

2. Schreibmaschinenschrift

In den vergangen Jahrzehnten hat neben der schon behandelten Vergleichung von Handschriften und der Untersuchung von Druckerzeugnissen und Papier wegen vermehrter Benutzung der Schreibmaschine die Untersuchung von Maschinenschriften stetig an Bedeutung gewonnen. Auch von den hier möglichen chemischen Analysen von Schreibmaterial und Schriftträger oder der Daktyloskopie abgesehen hat man besondere Methoden für die Schreibmaschinensystembestimmung entwickelt und auch Erfahrungssätze für eine etwaige Identifizierung des individuellen Schreibers erarbeitet.

Zbinden S. 91; *Mally,* R.: Die Schreibmaschinenschrift – in: Kriminaltechnik, BKA 1955/2, S. 151ff.; *Wigger,* Ernst: Kriminaltechnischer Leitfaden – BKA 1865/1–3 – insb. s. 238ff.; *Schaidt,* Gerd/*Lautenbach,* Lothar: Zur Entzifferung von Schrifteindrücken auf Kohlepapier – Arch. f. Krim. Bd. 139, S. 48ff. (1967); *Huelke,* Hans-Heinrich: Kriminaltechnik – in: HdwKrim (2) II, insb. S. 180ff.; *Straub,* Wolfgang: Neuerungen im Schriftbild der Olympia-Pica-Schriften – Arch. f. Krim. Bd. 145, S 81ff. (1970); *Lang,* Wolfgang: Fälschung und Verfälschung von maschinenschriftlich gefertigten Urkunden – in: GrKrim 7, S. 131ff. (1971); *Stehling,* Jürgen: Die Urkundenfälschung. Ein Beitrag zur Kriminologie, Kriminalistik und strafrechtlichen Problematik dieser Gesetzesverstöße – Diss. Frankfurt a.M. – München 1973 – S. 204ff.; *Walls,* H. J.: Forensic Science – 2. Aufl. – London 1974 – S. 216ff.

Die **Schreibmaschinensystembestimmung** verfolgt das Ziel, aus der Schrift auf einem kriminaltechnisch relevanten, mit Maschine geschriebenen Schriftstück auf das System – Fabrikat, Modell, Serie und damit eventuell Baujahr – zurückzuschließen. Da nur relativ kleine Serien wirklich gleiche Schriftelemente aufweisen, kann so über den Absatz der Weg zu solchen Schreibmaschinen gesucht werden, die im fraglichen Falle benutzt sein können. Vor allem an Hand von Schriftart, -größe und Form der Zeichen hat man sogar ein Gerät (im Bundeskriminalamt) entwickelt, das diese Arbeit übernimmt.
Bei der Vergleichung von Maschinenschriften, bei welcher im Verfahren sichergestellte Schriftstücke mit Vergleichsmaterial oder Stücken und Sammlungen verglichen werden, geht es aber vor allem um die **Identifizierung der Tatmaschine,** d.h. darum, über das „System" oder die Serie hinaus spezifische Charakteristika herauszufinden, welche nur die „Tatmaschine" aufweist. Mögen schon bei Maschinen einer Serie mikroskopisch Unterschiede festzustellen sein, so helfen diese allerdings nichts, wenn sie nicht auch beim Abdruck per Farbband sichtbar werden. Der besondere Charakter der einzelnen Maschine wird aber alsbald nach Gebrauch durch Abnutzungserscheinungen und Defekte deutlicher.

Die wichtigsten solcher Identitätselemente oder -merkmale sind Defekte an der Form der Type (eventuell auch bei Austausch) und beim Typenaufschlag sowie Justierungsdefekte (Zeilen, Seitenabstand, vertikal). Doch gibt es auch noch andere Defekte, die sich im Schriftbild ausdrücken (wie bei Walzenjustierung, Umschaltung, Farbband, Typenverschmutzung). Eine sichere Identifizierung zweier Maschinenschriften als gleich setzt nicht nur mehrere solcher Merkmale, sondern vor allem auch gewisse Qualität voraus.

Nur am Rande sei erwähnt, daß man in gewissen Grenzen u.U. auch das Alter der Maschinenschrift bestimmen kann. Mitunter kann schon die Schreibmaschinensystembestimmung wertvolle Anhaltspunkte liefern, wenn zur Herstellung eines zurückdatierten Falsifikats die Maschine einer erst später produzierten Serie benutzt worden ist. Ist die fragliche Maschine ohne zeitlich fixiertes Vergleichsmaterial von ihr greifbar, so kann man beispielsweise schon aus Fehlen und Vorhandensein besonderer Identitätsmerkmale folgern, welche der Schriften älter ist.
In Strafsachen kommt es gewöhnlich nicht nur darauf an, die „Tatmaschine“, sondern den konkreten **Maschinenschreiber** zu ermitteln. Hier treten zum bisher Gesagten neben typischen Schreib- und Zeichenfehlern Besonderheiten der Schreibweise auf der Maschine hinzu. Als solche gelten u.a. Raumausnutzung, insb. Text- und Schriftanordnung, Textgliederung; auch ist an Vertrautheit mit dem Maschinenschreiben, Anschlagstärke und noch mehr an charakteristische Korrekturgewohnheiten zu denken.

Abgesehen vom hier oft problematischen Vergleichsmaterial – insb. bei „Probeschreiben“ – muß für die Identifizierung eines Maschinenschreibers das Schriftstück mehr Text als sonst aufweisen, wenn es eine eindeutige Spurenauswertung erlauben soll.

Ähnlich wie bei der Identifizierung des Maschinenschreibers ist es in Fällen, in denen die Verfälschung einer Maschinenschrift festgestellt werden soll. Außer auf kongruente Justierung fragwürdiger Stellen ist auf Identitätsmerkmale der Maschine (insb. auch Farbband, Typenverschmutzung) und Schriftzüge an den Punkten zu achten, wo strittige und nichtstrittige Schrift aneinanderstoßen.

3. Baubranche

Mancherlei Beweisfragen stellen sich auch in Strafsachen im Zusammenhang mit dem Bauhandwerk bzw. für den Bau bestimmter Produkte. Hier ist der Fachmann nötig, um betrügerische oder unfallträchtige Machenschaften erkennen zu können, die entweder Qualität oder Quantität des verwandten Baumaterials oder Arbeitsweise und -aufwand (Stundenzahl) betreffen. Die Kriminalität in der Baubranche beschränkt sich jedoch keineswegs auf Betrug oder andere Vermögens- bzw. Wirtschaftsdelikte. Vielmehr sind kriminaltechnische Untersuchungen auch im Zusammenhang mit Unfällen, durch welche Arbeitnehmer oder Dritte Schaden an Leib und Leben nehmen, oder Verhaltensweisen notwendig, welche sich als strafbare Baugefährdung darstellen könnten. Außer um Planung und Durchführung von Bauvorhaben – insb. das erforderliche Material – geht es hier vor allem um die vorgeschriebenen Sicherungen gegen Ein- und Absturz und eine gehörige Kontrolle, welche fatalen Bedienungsfehlern vorbeugen soll.
Alle diese Dinge setzen entweder eine exakte Prüfung von Baumaterial und Planung sowie eine den Sicherheitsvorschriften entsprechende Bautätigkeit voraus, was neben chemischen und physischen Experten des öfteren gutachtliche Stellungnahmen von Sachverständigen erfordert, welche mit den Gegebenheiten und Erfordernissen des Baugewerbes vertraut sind.

B. Fotografie

Die bereits im Rahmen des Erkennungsdienstes (§ 13–IV) ausführlicher behandelte Fotografie hat auch über die Personenfotografie hinaus durch die Tatortfotografie und als Methode der Spurensicherung (§ 14–II–A–1) erhebliche Bedeutung als Mittel und Hilfsmittel kriminaltechnischer Verfahren erlangt.
Die Fotografie, die wir außer als Identifizierungs- und Fahndungshilfe bereits als Mittel der Spurensicherung kennengelernt haben, ist auch bei der Spurenauswertung für Zwecke der Fahndung und des Beweises überaus wichtig geworden, was zumindest mit einigen Hinweisen beleuchtet werden soll.

Groß/Seelig (8) I–365 ff.; *Groß/Seelig (8/9)* II–327 ff.; *Tetzner,* Heinrich: Die Photographie in der Kriminalistik. Eine Einführung in die photographischen Arbeitsmethoden der naturwissenschaftlichen Kriminaluntersuchung – Berlin 1949; *Frei,* Max: Moderne Methoden der Tatbefundsaufnahme in der Schweiz (Stereophotogrammetrie) in: Das kriminalpolizeiliche Ermittlungsverfahren, hrsg. v. Bundeskriminalamt, Wiesbaden 1957, S. 7 ff.; *Jung:* Die Farbfotografie im Dienste der Tatbefundsaufnahme – in: Das kriminalpolizeiliche Ermittlungsverfahren, hrsg. v. Bundeskriminalamt, Wiesbaden 1957, S. 77 ff.; *Huelke,* Hans-Heinrich: Kriminaltechnik – in: HdwKrim (2) II, insb. S. 144 ff.; *Krummsick,* Lothar: Fotogrammetrie im Dienst der Kriminalpolizei – der kriminalist 1971/H. 9/S. 16 ff.; *Schöntag,* Adolf/*Schöntag,* Bernhard: Auswertung von Unfallfotos ohne zeitraubende Spurenvermessung am Unfallort – Arch. f. Krim. Bd. 148, S. 1 ff., 157 ff. (1971); *Kasper,* Siegfried G.: Freie Beweiswürdigung und moderne Kriminaltechnik – Kriminol. Schriftwerke Bd. 61 – Hamburg 1975 – S. 62 ff.

Die **Tatortfotografie** ist wesentliches Hilfsmittel kriminalpolizeilicher Arbeit und hat sogar Beweiswert. Für Tatorte – also auch Unfallorte – verwendet man auch die Fotogrammetrie, die von der Vermessungstechnik entwickelt worden ist.
Am Tatort oder auch sonst, nicht selten sogar bei **kriminaltechnischen Untersuchungen** werden Gegebenheiten, insb. Spuren, im Wege der Makro- oder auch Mikrofotografie festgehalten. Wir haben viele Anwendungsfälle erwähnt, bei denen diese Darstellungsweise etwa von Tat- und Vergleichsspur bei Werkzeugen sowie Schußwaffen außerordentlich eindrucksvoll ist. Bei physikalisch-optischen Verfahren – insb. auch im Bereiche der Lumineszenz an sich unsichtbarer Strahlen – hat sich die Fotografie als geradezu unentbehrlich erwiesen (sogen. Lumineszenzfotografie). Das gilt für UV-Strahlen (Emissions-Spektralanalyse) ebenso wie für Röntgenfotografie (auch Röntgenfeinstrukturuntersuchung) als auch für die Infrarotstrahlen.
Relativ wenig werden bisher Filme in der Kriminaltechnik verwendet, am ehesten noch dort, wo es bei Untersuchungen auf Bewegungsabläufe ankommt.
Im übrigen darf auf die früheren Ausführungen verwiesen werden.

C. Buchführung. Handel

Mit der Buchführung, die hier weit zu verstehen ist, wird ein Bereich der Wirtschaft angesprochen, der nicht notwendig volks- oder betriebswirtschaftliche Hochschulbildung voraussetzt (dazu oben § 15–VII–A). Diese nicht nur für die Wirtschaftskriminalität wesentliche Materie beginnt mit der Datenverarbeitung bereits zu einem Sondergebiet von Mathematik und Elektrizität zu werden. Dasselbe gilt für den Handel, der andere kaufmännische Tätigkeiten umfaßt, bei welchen besondere Sachkunde nicht notwendig eine wissenschaftliche Ausbildung voraussetzt.

Groß/Seelig (8) I–361 f.; *Zbinden* S. 91 f.; *Zirpins:* Der Sachverständige in Wirtschaftsstrafsachen – in: Wirtschaftsdelikte, hrsg. v. Bundeskriminalamt, Wiesbaden 1957, S. 99ff.; *Gößweiner-Saiko,* Theodor: Die wirtschaftskriminalistische Bedeutung des betrieblichen Rechnungswesens unter besonderer Berücksichtigung der buchhalterischen Fehlleistungen und der Automation – Arch. f. Krim. Bd. 140, S. 97 ff. (1967).

Eine nur durch einen Experten mögliche gründliche Prüfung der Geschäftsbücher und -unterlagen ist bei vielen Wirtschaftsdelikten, insb. bei unlauteren Wirtschaftsunternehmen, bestimmten Formen des Betrugs, der Untreue und der Unterschlagung, bei Steuer- und Insolvenzdelikten, aber mitunter auch bei anderen Straftaten notwendig.
Dasselbe gilt für andere kaufmännische Tätigkeiten, deren Handhabung sich auch ohne die wissenschaftliche Ausbildung zu Volks- oder Betriebswirten gerade für Spezialgebiete oft besser von anderen Experten beurteilen läßt, weil es insoweit entscheidend auf eine oft ganz spezielle Erfahrung ankommt.

D. Kunst. Antiquitäten. Philatelie

Ein weiterer Bereich, der nicht notwendig wissenschaftlich ausgebildete Experten verlangt, ist mit Kunst, Antiquitäten, Philatelie und ähnlichen Liebhabereien zu umreißen.

Zbinden S. 92 f.; *Setzepfand,* Ernst: Kunst-Expertisen – ein Problem – Kriminalistik 1967 – 320ff.

Insbesondere der wachsende Handel mit solchen Gegenständen hat zu kriminellen Praktiken geführt, die oft nur mithilfe eines Sachverständigen aufzudecken sind, wobei selbstverständlich auf gewisse bereits behandelte chemische, physikalische und biologische Verfahren zurückgegriffen werden kann oder muß.
Obwohl diese kriminaltechnischen Methoden je nach Art des Kunstgegenstandes naturgemäß divergieren, konzentrieren sich kriminaltechnische Untersuchungen doch auf zwei bzw. drei Punkte.
Zunächst einmal geht es um das Material, das verarbeitet worden ist, z.B. bei einem Gemälde die für den Untergrund benutzte Holztafel oder Leinwand sowie das Farbenmaterial. Hier läßt sich vor allem mit naturwissenschaftlichen (chemischen, physikalischen und biologischen) Methoden Wesentliches für die Frage der Echtheit des Kunstwerks ermitteln.
Sodann kann die Technik oder Arbeitsweise des Künstlers oder Kunsthandwerkers zum Gegenstand einer kriminaltechnischen Untersuchung gemacht werden. Hierfür benötigt man Experten, welche nicht nur mit der Mal- oder sonstigen Arbeitstechnik desjenigen vertraut sind, dem das fragliche Werk zugeschrieben wird, sondern die zugleich hinreichend über Fälschertricks informiert sind.
Schließlich kann die Begutachtung durch die eigentliche Stilkritik abgerundet werden, die außer entsprechendem Kunstverstand gerade auch Vertrautheit mit dem fraglichen Künstler und seiner Schaffensperiode voraussetzt. Gerade diese Stilkritik hängt weniger mit der wissenschaftlichen Ausbildung als mehr mit Einfühlungsvermögen und vor allem hinreichender praktischer Erfahrung des Experten zusammen.

IX. Nicht oder nicht voll anerkannte Sachverständige

Der ohnehin nicht erschöpfende, aber wohl doch einigermaßen repräsentative Überblick über diejenigen Wissenschaften und Sachgebiete, die häufiger für kriminaltechnische Untersuchungen von Nutzen sind, kann nur noch so präzisiert werden, daß abschließend einige Gebiete genannt werden, bei denen die Kompetenz, als Sachverständiger zu fungieren, umstritten ist oder abgelehnt wird. Selbstverständlich ergeben sich dabei Unterschiede für die einzelnen Staaten oder Rechtsgebiete.

Zbinden S. 93ff.

A. Psychoanalyse. Psychologische Tatbestandsdiagnostik

Psychoanalyse und psychologische Tatbestandsdiagnostik sind sicher ernst zu nehmende Wissenschaftsdisziplinen. Sind sie als solche etwa im Rahmen der Kriminalätiologie zu berücksichtigen, wenngleich nicht – wie es mitunter geschieht – zu überschätzen, so werden die mitunter hochgelobten Erkenntnisse doch von vielen als für die kriminalistische Verbrechensaufklärung noch zu unsicher angesehen. Deshalb ist die Verwendung derartiger Wissenschaftler als Sachverständige in Strafsachen nach wie vor umstritten, obwohl man in manchen Ländern etwas großzügiger als in anderen ist, wo derartige Methoden als zu unsichere Beweismöglichkeit u.U. sogar durch das Strafprozeßrecht ausgeschlossen werden.

Zbinden S. 95f.; *Hoeck-Gradewitz,* Erik: Persönlichkeitserforschung – in: HdwKrim (2) II–284ff.; *Schneider,* Hans-Joachim: Psychologie des Verbrechens – in: HdwKrim (2) II–415ff.

Die Entwicklung der **Psychoanalyse,** die außer mit Siegmund *Freud* mit Namen wie C. G. *Jung* und Alfred *Adler* verbunden ist, zeigt schon im Ansatz bemerkenswerte Unterschiede, welche die geschilderte Situation beeinflußt haben dürften. Fundamentaler Ausgangspunkt der Psychoanalyse ist die Existenz eines „Unbekannten“ und damit unbewußter Antriebskräfte, welche unbewußte Handlungen bedingen. Obwohl die Psychoanalyse anscheinend im Vordringen begriffen ist und sich ausbreitet, was nicht zuletzt in therapeutischer Hinsicht gilt, stehen ihr selbst noch viele Vertreter der Bewußtseinspsychologie ablehnend gegenüber. Man kann daher in diesem Rahmen einstweilen nur festhalten, daß häufig gewisse psychoanalytische Methoden die Erkenntnismöglichkeiten von Psychiatern und Psychologen zumindest ergänzen dürften; das gilt beispielsweise für Fragen der Zurechnungsfähigkeit und der Strafwürdigkeit. Eine selbständige Rolle dieser Disziplin ist damit gegenwärtig aber noch nicht begründet. Trotz z.T. in unserer Zeit beträchtlichen Einflusses psychoanalytischer Vorstellungen auf gewisse Forschungsrichtungen der Kriminologie wird die Verwertbarkeit derartiger Erkenntnisse für die Kriminalistik, bei welcher es vor allem um die Verbrechensaufklärung geht, doch überwiegend immer noch als gering, z.T. skeptisch oder ablehnend beurteilt.

Die **psychologische Tatbestandsdiagnostik** oder Psychodiagnostik, eine Entwicklung der letzten 60–70 Jahre, ist vor allem durch *Cattell, Galton, Ebbinghaus* und *Kraepelin* gefördert worden. Sie geht davon aus, daß man mithilfe eines Systems von Tests (psychometrisch, projektiv, Intelligenztests) die Persönlichkeitsstruktur eines Menschen relativ genau ermitteln kann. Diese Methoden könnten sicherlich hier und da auch für die Verbrechensaufklärung nutzbar gemacht werden, wenngleich in der Praxis vielerorts

Reserve oder Skepsis zu beobachten sind. Am ehesten werden sie noch im größeren Rahmen der psychologischen Begutachtung anerkannt.

B. Graphologie. Charakterologie

Anders als die Schriftvergleichung will die Graphologie aus dem Ausdrucksgehalt der Handschrift charakterologisch aufschlußreiche Gegebenheiten erkennen. Sie ist im Grunde also nur ein Zweig der Charakterologie.

Zbinden S. 94f.; *Wechterstein,* H.: Handschriftenuntersuchungen – in: Kriminaltechnik – BKA 1955/2, S. 125ff.; *Becker,* Minna: Handschrift – in: HdwKrim (2) I–369ff.; *Pokorny,* Richard Raphael: Psychologie in der Handschrift. Systematische Behandlung der Graphologie unter psychologischem und charakterologischem Aspekt – Basel/München 1968; *Führmann,* Rudolf: Methoden kriminalpsychologischer Forschung – in: GrKrim 4, S. 379ff., insb. S. 396ff. (1968).

Gewiß läßt sich die Graphologie als die Physiologie der Handschrift ansehen. Und sicherlich kann man aus der Handschrift etwas über Schreibreife, Bildungsgrad usw. des Schreibers entnehmen. Doch bei Intelligenz, Triebstruktur werden die Dinge häufig so unsicher, daß man sich im allgemeinen scheut, derartigen Befunden wesentliches Gewicht bei der Persönlichkeitsanalyse oder gar der strafrechtlich ausschlaggebenden Schuldfrage einzuräumen. Eben die nicht selten bei ihren Anhängern zu beobachtende Überschätzung der Möglichkeiten ist es, welche die Graphologie z. T. in Verruf gebracht hat und eine mehr oder weniger große Skepsis davor in der forensischen Praxis bewirkt hat.

C. Gebiete der sogen. Parapsychologie

Ermahnt bereits die zudem für die einzelnen Vertreter dieser Disziplinen unterschiedliche Situation in den soeben geschilderten Bereichen zur Vorsicht und zur methodischen Skepsis, obwohl man derartige Erkenntnisse sicher nicht ohne weiteres von der Hand weisen kann, wenngleich man bei der Sachverhaltsaufklärung kaum allein oder wesentlich auf sie bauen sollte, so stellen die Gebiete der sogen. Parapsychologie ein eindeutig negatives Beispiel dar.

Groß/Seelig (8/9) II–148ff., 202ff.; *Zbinden* S. 95, 96; *Prokop,* Otto: Naturwissenschaft contra Parapsychologie – Arch. f. Krim. Bd. 154, S. 100ff. (1974).

Daran ändert nichts, daß sich gerade Okkultisten häufig mit pseudowissenschaftlichem Gehabe zu dekorieren pflegen. Immer wieder greift man dennoch in vertrakten Kriminalfällen auf Menschen zurück, die sich okkulter Fähigkeiten rühmen. Das gilt für Hellseher (sogen. Kriminaltelepathen; § 6–IV–1–b–aa) ebenso wie für Pendler, Wünschelrutengänger und andere abergläubische Praktiken.

Was von alledem zu halten ist, dürfte an anderer Stelle (§ 6–IV) hinreichend deutlich gesagt worden sein. Selbst wenn man den diese Dinge praktizierenden Menschen nicht immer subjektive Unredlichkeit unterstellen kann, fehlt es hier doch eindeutig an einer exakt kontrollierbaren Methode; auch wenn es sich nicht um den in diesem Gebiet üblichen Humbug handelt, kann man doch nicht von hinreichend sicheren Erkenntnismöglichkeiten sprechen, weshalb derartige Dinge für kriminaltechnische Untersuchungen nicht in Betracht kommen.

§ 16
Zur Kriminaltechnik bei den einzelnen Verbrechen

Verstehen wir unter Kriminaltechnik die Lehre von den Verfahren, Methoden und Hilfsmitteln zur Aufdeckung von Verbrechen insb. an Hand von Sachbeweisen, so ist klar, daß die verschiedenen Sachverständigen, die derartige Beweise häufig in das Strafverfahren einführen, in der Praxis bei den einzelnen Erscheinungsformen der Kriminalität eine sehr unterschiedliche Bedeutung haben. Nachdem wir bei der Spurenkunde (§ 14) ihre Untersuchungsobjekte nach den für die Spurensuche wichtigen Arten der Spuren zusammen- und vorgestellt haben, ist sodann (§ 15) ein an den wesentlichen, sich z. T. allerdings überschneidenden Tätigkeitsbereichen kriminaltechnisch bedeutsamer Sachverständiger orientierter Überblick über die verschiedenen kriminaltechnischen Untersuchungen gegeben worden. Nunmehr empfiehlt sich eine dritte, von den Formen der Kriminalität ausgehende Betrachtungsweise. Im Folgenden wollen wir daher im Anschluß an die Verbrechenstechnik (insb. §§ 8, 9, 10, 11) aufzeigen, welche Disziplinen bzw. Erfahrungsbereiche und welche der verschiedenen Methoden bei Kriminalfällen oder gar Verbrechenstechniken bestimmter Art in der Praxis als besonders wichtig oder doch im Einzelfall instruktiv erscheinen.

Wigger, Ernst: Kriminaltechnischer Leitfaden – BKA 1965/1–3; *Meixner,* F.: Kriminaltaktik in Einzeldarstellungen – 2. Aufl. – 2 Bände – Hamburg 1965; *Martin,* E. P.: Anwendungsgebiete der Kriminaltechnik – Kriminalistik 1967 – 403 ff.

Aus dem älteren Schrifttum:

Weingart, Albert: Kriminaltaktik. Ein Handbuch für das Untersuchen von Verbrechen – Leipzig 1904 – insb. S. 171 ff.

Selbstverständlich kann hier ebenfalls keine erschöpfende Darstellung geboten werden. Vielmehr geht es vor allem um zwei bzw. drei Aspekte, welche die vorangegangenen Ausführungen entweder beleuchten oder vertiefen dürften.

Zunächst einmal soll das Folgende verdeutlichen, daß den soeben geschilderten Methoden kriminaltechnischer Untersuchung bei den verschiedenen Formen kriminellen Verhaltens eine recht unterschiedliche praktische Bedeutung zukommt. Deshalb sollte klar sein, daß die folgenden Hinweise insoweit mehr auf die praktischen Bedürfnisse abstellen, um von den Verbrechenstechniken ausgehend insoweit eine erste Orientierung für kriminaltechnische Möglichkeiten zu erleichtern. Die Hinweise dürfen also nicht dahin mißverstanden werden, daß andere als die im Folgenden genannten Methoden in derartigen Kriminalfällen nicht in Betracht kommen.

Ferner sollen die vorangehenden Ausführungen (insb. § 15) z.T. aber auch ergänzt und vertieft werden, indem bei ausgewählten Fällen genauer dargelegt wird, wie man sich in der Praxis jeweils die Erkenntnismöglichkeiten der verschiedenen Methoden der Kriminaltechnik zunutze gemacht hat und was dabei ggf. beachtet werden sollte.

Schließlich erscheinen an Fälle oder Fallgruppen anknüpfende Literaturhinweise neben der bei den einzelnen kriminaltechnischen Untersuchungen (§ 15) zusammengestellten allgemeinen Bibliographie als nützlich, weil es sich hier weniger um Belege als vielmehr um für den spezieller Interessierten weiterführende Hinweise handelt. Da sich die allgemeinen Ausführungen zu kriminaltechnischen Verfahren im § 15 finden, handelt es sich im

Folgenden vor allem um die sogen. Kasuistik, welche oben mehr zur Illustration diente bzw. wegen der dort mitgeteilten Bibliographie genannt worden ist.
Insgesamt ist somit für das Folgende also auf die Darstellung der Verbrechenstechnik in den §§ 8–11, der Spurenkunde in § 14 sowie der einzelnen kriminaltechnischen Untersuchungen in § 15 und auf das dort jeweils angegebene Schrifttum zu verweisen, welches hier zwar teilweise ergänzt, im übrigen aber nur bei besonderem Anlaß erneut zitiert wird. Aus eben diesem Grunde wird dort, wo es angebracht erscheint, jeweils in Klammern nochmals auf die obigen Darstellungen verwiesen.
Im Vorgehen lehnen wir uns im Folgenden an die Verbrechenstechnik an, wenngleich die Gliederung unter den genannten kriminaltechnischen Aspekten und bei den hier vor allem verfolgten Zielen mitunter grobmaschiger sein darf und muß.

A. Delikte gegen die Person

Im Bereich der Straftaten gegen die Person unterscheiden wir wie in der Phänomenologie bei den Verbrechenstechniken (§ 8) folgende Deliktsgruppen:

I. Vorsätzliche Tötungen
II. Fahrlässige Tötungen
III. Abtreibungen u.a.
IV. Vorsätzliche Körperverletzungen
V. Fahrlässige Körperverletzungen
VI. Nötigung und Freiheitsberaubung
VII. Delikte wider den persönlichen Frieden
VIII. Ehrverletzungen

Bei nahezu allen hier interessierenden kriminellen Verhaltensweisen – mit gewissen Vorbehalten für Nötigung und Ehrverletzungen – sind kriminaltechnische Untersuchungen von großer Bedeutung und praktisch aussichtsreich.
Zu kriminaltechnischen Untersuchungen kommt es übrigens beispielsweise nicht nur bei Verdacht vorsätzlicher oder fahrlässiger Tötung, sondern ebenso im Rahmen von sogen. Leichensachen, durch die außer der Identität des möglicherweise unbekannten Toten gerade festgestellt werden soll, ob sich Anhaltspunkte für einen unnatürlichen Tod und damit u. U. für die Einleitung eines Strafverfahrens ergeben; doch wird auf diese Leichensachen im übrigen erst in der Kriminaltaktik zurückzukommen sein.
Festzuhalten ist gerade – wenngleich nicht nur – für Personendelikte, daß es hier außer um spurenkundliche Beweistätigkeit mitunter zunächst oder nur um die **Personenidentifizierung** geht, die gerade bei **Leichen und Leichenteilen** problematisch werden kann. Ist insoweit einmal an die oben beim Erkennungsdient (§ 13) geschilderten Möglichkeiten zu denken so ist zum anderen vor allem auf die Gerichtsmedizin (§ 15–I–B) zu verweisen. Es bleibt nur noch einiges zu ergänzen.

Petersohn, Franz: Die Bedeutung der Obduktion für die Aufklärung der Todesursache und die Rekonstruktion des Tatgeschehens – in: TbKrim XVI, S. 191ff. (1966); *Fischer,* Johann: Die kriminalpolizeiliche Todesermittlung – BKA 1968/3; *Petersohn,* Franz: Gerichtliche Medizin für den Kriminalisten – GrKrim 3 (1969); *Petersohn,* Franz: Ärztliche Feststellungen zur Identifizierung von Leichen – in: GrKrim 7, S. 219ff. (1971); *Reh,* H./*Schübel,* F.: Zur Identifizierung der Bartsch-Opfer – Kriminalistik 1972 – 463ff.; *Leichensachen* – GrKrim 10 (1973); *Petersohn,* Franz: Kriminalistische Leitsymptome an der Leiche – in: GrKrim 10, S. 301ff. (1973); *Endris,* Rolf Werner: Hitlers Gebiß.

Eine forensisch odontologische Analyse als Identifizierungshilfe – Arch. f. Krim. Bd. 156, S. 95ff. (1975).

Neben den anthropometrischen Massen, dem Gewicht sowie dem Fixieren der äußeren Erscheinung, insb. Gesicht durch Foto und der Ermittlung innerer Anomalitäten durch Röntgenuntersuchung, hat vor allem die Gerichtsmedizin – wie dargelegt – verschiedene Methoden entwickelt, die bei noch unbekannten Opfern oder Tätern zu diesem Zweck angewandt werden können (vgl. z.B. auch § 15–I–B).

So läßt sich das Alter eines Menschen in etwa an Hand seiner Zähne sowie ferner an Hand von Schädel und Skelett ermitteln, mitunter reichen für die Alterbestimmung einzelne Teile, gewisse Knochen aus. Zuweilen ist es – insb. bei deformierten Leichen oder Leichenteilen – nötig, wenngleich mitunter schwierig, das Geschlecht des Toten zu bestimmen.

Sind Tote zu identifizieren, so ist außer den Methoden der gerichtsmedizinischen Thanatologie auch das zu beachten, was insoweit noch allgemein für vorsätzliche Tötungen ausgeführt wird (§ 16–A–I).
Besondere Schwierigkeiten bereitet die Identifizierung in Fällen von **Leichenzerstückelung.**

Bschor, F./*Smerling,* M./*Drews,* R.: Leichenzerstückelung nach Tötung. Aufklärung durch Zusammenwirken kriminalistischer, anthropologischer, serologischer und histologischer Untersuchungsmethoden – Arch. f. Krim. Bd. 146, S. 127ff. (1970); *Petersohn,* F./*Walther,* G.: Kriminologische Betrachtungen zu einer Leichenzerstückelung – Kriminalistik 1971–235ff.; *Smerling,* Maike: Forensische und kriminalistische Aspekte bei der Aufklärung eines Falles von defensiver Leichenzerstückelung – Arch. f. Krim. Bd. 153, S. 129ff. (1974).

Doch selbst in aussichtslos erscheinenden Fällen lassen sich, wie der folgende Sachverhalt zeigen mag, bei entsprechender kriminalistischer Arbeit noch Identifizierung und Beweise erzielen.

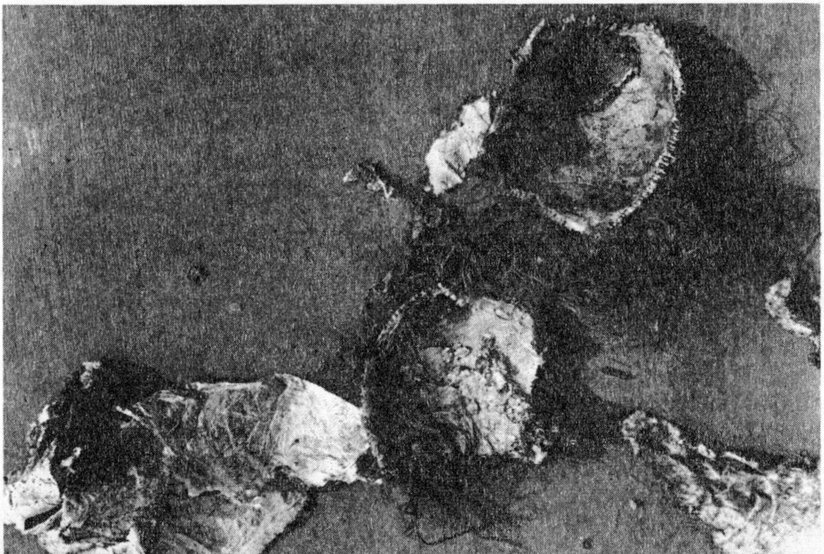

Abb. 16/1. Kindlicher Kopf. Zustand beim Auffinden.

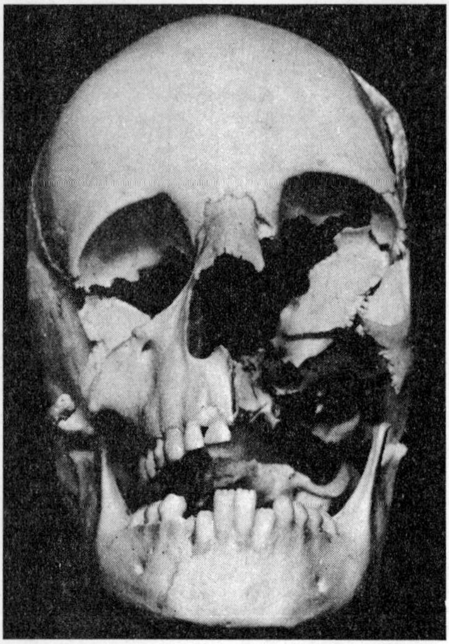

Abb. 16/2. Der rekonstruierte Schädel, der insb. mit dem Zahnbefund die Identifizierung ermöglichte.

Obwohl trotz umfangreicher Sucharbeiten (Kosten von rund DM 42 000) auf einer Berliner Mülldeponie nur eine Plastiktüte mit einem zerdrückten Schädel gefunden werden konnte (vgl. Abb. 16/1), gelang nicht nur mit der Rekonstruktion die Identifizierung (insb. auch odontologisch; vgl. Abb. 16/2), sondern ließen sich von dem zum Zerstückeln benutzten Werkzeug herrührende Sägespuren feststellen. Die Mutter hatte ihr 6 Jahre und 10 Monate altes Kind erdrosselt, zerstückelt und die Leichenteile in Mülltonnen verteilt.

I. Vorsätzliche Tötungen

Bei den vorsätzlichen Tötungen fassen wir zunächst einmal Mord und Totschlag zusammen, weil die Situation kriminaltechnisch wesentlich die gleiche ist. Zum anderen erscheint es, da sich in der Praxis die Dinge oft überschneiden, nicht einmal sinnvoll, zwischen der bewußten Tötung durch dritte Hand und Selbstmord zu unterscheiden, wie wir es noch bei der Verbrechenstechnik getan haben; denn das wird gewöhnlich erst bei den weiteren Ermittlungen wichtig, nachdem die Todesursache feststeht. Beim einseitig fehlgeschlagenen Doppelselbstmord treffen ohnehin Selbstmord und vorsätzliche Tötung zusammen, wenn der Überlebende der aktive Teil war.

Es spielt in der Kriminaltechnik zunächst nicht einmal eine so große Rolle, ob wir nach der vom Verbrecher verfolgten Technik, wie es später geschehen soll, Tötung durch Schußwaffen und Sprengstoffe, durch Schnitt und Stich, durch stumpfe Gewalt, durch Ersticken, Erwürgen, Erdrosseln und durch Gift unterscheiden.

Snyder, LeMoyne: Die Mord-Untersuchung. Anleitung zur Aufklärung von Kapitalverbrechen. Übersetzt und bearbeitet von Willy Finke – Wiesloch bei Heidelberg 1949; *Hughes* S. 57ff.

Bei einer vorsätzlichen Tötung kann man in aller Regel mit einer Leiche und mit einem Tatort rechnen. Deshalb entscheidet die im Einzelfall allerdings mehr oder weniger ergiebige Besichtigung dieser Örtlichkeiten und der Leiche gewöhnlich über den weiteren Gang der Ermittlungen. Da das Vorgehen der Kriminalbeamten jedoch erst im Rahmen der Kriminaltaktik zu schildern ist, können wir uns hier kurz fassen.

Die wichtigsten kriminaltechnischen Aufgaben fallen insoweit den Medizinern, insb. den Gerichtsmedizinern zu. Das gilt ebenso für die später noch im einzelnen zu behandelnden Spuren von Tötungs- und Verletzungswerkzeugen (bzw. -mitteln) am menschlichen Körper wie überhaupt für Leichenbefunde und die dabei besonders wichtige Obduktion. Dasselbe gilt ferner für die Untersuchung von Blut und anderen Körpersekreten, die selbstverständlich aber auch durch einen Biologen oder Chemiker erfolgen kann.

Dennoch sollte nach dem zur Spurenkunde Ausgeführten klar sein, daß genügend Arbeit für den Kriminalbeamten bleibt. Vor allem gilt dies für die Suche nach den verschiedenen Tatortspuren und ihre Sicherung, soweit nicht schon dafür der gerichtsmedizinische Sachverständige oder andere Experten in Betracht kommen. Außer an den Gerichtsmediziner ist ggf. auch an andere naturwissenschaftliche Sachverständige, z.B. Biologen, Anthropologen, daktyloskopische Sachverständige, Chemiker und Physiker zu denken; je nach Lage kann es ratsam sein, andere Experten hinzuzuziehen.

a) Feststellung der Todesursache. Grenzfälle

Wesentlich für vorsätzliche Tötungen ist es, daß außer der Todesursache zunächst überhaupt einmal Anhaltspunkte für eine Tötung durch Dritte ermittelt werden, die nicht nur fahrlässig gehandelt haben. Obwohl es insoweit selbstverständlich Überschneidungen gibt, sollen doch typische Fälle fahrlässiger Tötung gesondert behandelt werden (unter II.).

aa) Ebenso wie vorsätzliche Tötungen von derartigen Unglücksfällen zu unterscheiden sind, müssen sie ferner von den damit u.U. zu verwechselnden Fällen **natürlichen Todes** abgegrenzt werden.

Bartmann, Fritz: Dubiose Fälle. Grenzfälle von Mord, Selbstmord und Unglücksfall – Lübeck 1954; *Wagner,* R.: Verschleierte Tatbestände bei Todesfällen – in: Grundfragen der Kriminaltechnik, hrsg. v. Bundeskriminalamt, Wiesbaden 1958, S. 157ff.; *Fischer,* Johann: Die kriminalpolizeiliche Todesermittlung – BKA 1968/3; *Spann/Henn:* Tod, plötzlicher, aus natürlicher Ursache – in: HdwRM I – 299ff.; *Gillner/Lignitz* in Prokop/Göhler S. 85ff.; *Kiesler,* Josef: Plötzlicher Tod durch Fremdkörpereinspießung im Oesophagus – Arch. f. Krim. Bd. 156, S. 141ff. (1975); *Janssen,* W./*Naeve,* W. in Mueller (2) I – 248ff.

Es gibt immer wieder Fälle, in welchen merkwürdige Umstände und Befunde zunächst auf Tötung durch dritte Hand hinzudeuten scheinen, obwohl die kriminaltechnische Untersuchung dann einwandfrei natürlichen Tod ergibt.

Ein 77jähriger Mann wurde auf Anzeige der Nachbarn hin, die Stöhnen gehört hatten, tot aufgefunden. Trotz erheblicher Blutverluste war sonst keine Gewalt festzustellen. Die Untersuchung ergab, daß der Tod durch Verbluten infolge Platzens einer Krampfader verursacht worden war, weil das Bein nicht hoch lag.

Bei einer 39jährigen, korpulenten Frau, die nach den Angaben ihres Freundes auf dem Weg zur Toilette plötzlich tot zusammengebrochen sei, fanden sich an den Brüsten halbkreisförmig angeordnete blutunterlaufene Stellen, unter dem rechten Brustansatz ein etwa 10 cm langer blutunterlaufener Streifen. Diese seltsamen Verletzungen fanden bei der Obduktion, die einwandfrei Herzthrombose als Ursache ergab, eine plausible Erklärung; während der Streifen auf den zu engen Büstenhalter zurückzuführen war, stellten die anderen blutunterlaufenen Stellen Saug- und Bißspuren des stürmischen Liebhabers dar.

Irritierend ist für Kriminalfälle zuweilen der medizinisch noch recht umstrittene **Tod durch Schock,** der als solcher nur ausnahmsweise strafrechtlich relevant werden kann.

Man unterscheidet hier vom Schocktod durch äußeren Reiz (Hitze, kaltes Wasser, Elektrizität) den noch unsicherer zu umreißenden psychogenen Schock und den anaphylaktischen Schock, der auf einer Überempfindlichkeit beruht, welche eine Antigen-Antikörperreaktion bewirkt. Selbst im allgemeinen harmlos erscheinende Unfälle wie der Stich einer Biene können hier u. U. zum Tod führen. Dem verwandt ist der toxische Schock als Folge einer Gifteinwirkung.

Brettel: Schock – in: HdwRMed I – 223ff.

bb) Zum natürlichen Tod zählen im Grunde auch solche **Unglücksfälle,** für die kein Dritter, sondern höchstens das Opfer selbst verantwortlich ist. Ähnlich kann die Lage aber auch bei Unfällen sein, für die ein Dritter wegen fahrlässiger Tötung verantwortlich zu machen ist (dazu vgl. unten § 16–A–II).

Holzer, Franz Josef: Glasscherben und Versuch ermöglichen Feststellung der Unfallstelle im Bach – Arch. f. Krim. Bd. 139, S. 17ff. (1967); *Schöntag,* Adolf: Unfall oder Mord? – Arch. f. Krim. Bd. 140, S. 9ff. (1967); *Reutzel,* Walter: Thalliumvergiftung – Unglücksfall oder Mordversuch – Kriminalistik 1967 – 534f.; *Patscheider,* H.: Eine ungewöhnliche Stichverletzung der Brustorgane – Arch. f. Krim. Bd. 150, S. 44ff. (1972); *Dietz,* Gerhard/ *Waltz,* Helmut: Stichverletzung des Herzens durch Glassplitter – Arch. f. Krim. Bd. 152, S. 7ff. (1973); *Hughes* S. 332ff.

So erwies sich eine zunächst seltsame, tödlich wirkende Stichverletzung der Brustorgane einer 30 Jahre alten, schwangeren Frau als ein Unglücksfall.

Die Frau war, als sie morgens – vom Ehemann unbemerkt – aufgestanden war, um die Toilette aufzusuchen, in die Glasfüllung einer Tür gefallen. Dabei hatte ein dolchartig geformter Glassplitter von 36 cm Länge (Abb. 16/3) von der Kante der 8. Rippe den Brustkorb und noch den linken Lungenoberlappen durchbohrt (vgl. Abb. 16/4), was zum Tode führte.

Beispiele dafür sind außer tödlichen autoerotischen Unfällen auch Fälle der Selbstabtreibung mit Todesfolge. Oft erinnert die Tatsituation bei solchen Unglücksfällen aber mehr an die einer fahrlässigen Tötung.

Holzhausen, G./*Hunger,* H.: Unfälle mit Todesfolge bei autoerotischer Betätigung – Arch. f. Krim. Bd. 125, S. 164ff. (1960); *Schwarz,* Fritz: Zur versicherungsrechtlichen Beurteilung des autoerotischen Unfalls – Arch. f. Krim. Bd. 135, S. 16ff. (1965); *Schollmeyer,* W.: Strangulationstod bei Fetischismus – Arch. f. Krim. Bd. 136, S. 22ff. (1965); *Schollmeyer,* W.: Autoerotische Unfälle – Arch. f. Krim. Bd. 137, S. 17ff. (1966); *Paneth,* Gabor/ *Szabó,* Arpád: Selbsterhänung mit tödlichem Ausgang bei autoerotischer Betätigung – Arch. f. Krim. Bd. 142, S. 133ff. (1968); *Prokop,* O./*Dürwald,* W. in Prokop/Göhler S. 299ff.; *Möllhoff,* G./*Mueller,* B. in Mueller (2) I – 311f.

Todesfälle kommen bei autoerotischer Betätigung vor allem durch Ersticken, Erhängen, Erdrosseln, aber auch durch Verwenden giftiger Substanzen oder elektrischen Stromes vor. Die Ermittlungen gestalten sich insb. dann kompliziert, wenn außer dem Opfer noch ein Dritter an den Manipulationen beteiligt war.
Umgekehrt gibt es dann und wann Fälle, die auf natürlichen Tod, Unfall und damit möglicherweise fahrlässige Tötung hinzudeuten scheinen, obwohl es sich in Wahrheit um Mord handelt; sie sind für das nicht zu unterschätzende Dunkelfeld der vorsätzlichen Tötung bedeutsam.

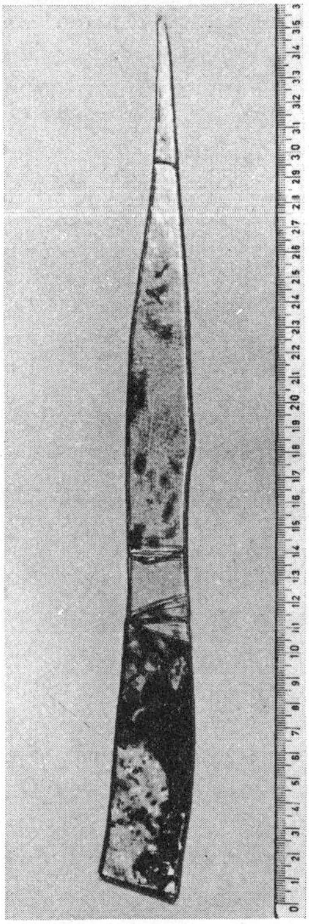

Abb. 16/3

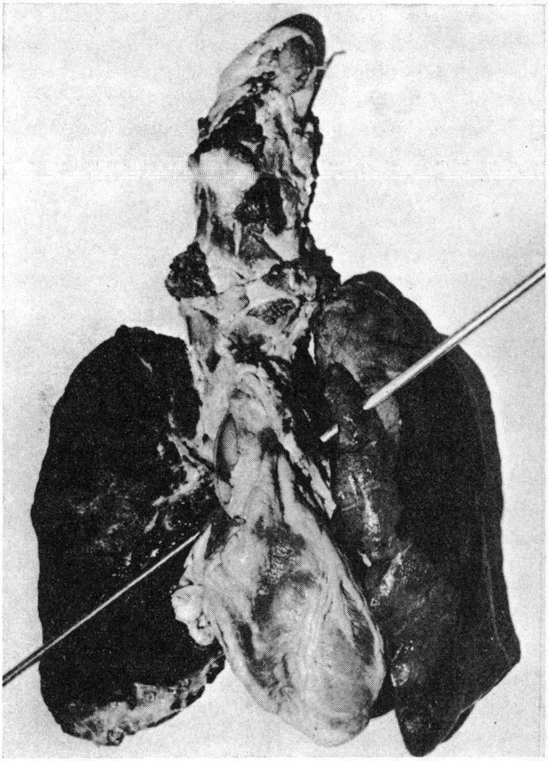

Abb. 16/4

Abb. 16/3. Der nach der Sektion wieder zusammengesetzte dolchartige Glassplitter.

Abb. 16/4. Der durch Einführen einer Sonde kenntlich gemachte Verlauf des Stichkanals (24 cm).

Männel, Günther: Zur Latenz der Tötungskriminalität – in: GrKrim 10, S. 195ff. (1973); *Naeve,* W.: Selbstmorde und Tötungsdelikte unter Vortäuschung eines autoerotischen Unfalls – Arch. f. Krim. Bd. 154, S. 145ff. (1974).

Außer auf u.U. leichtfertig ausgestellte Todesbescheinigungen und das Unterlassen notwendiger Obduktionen sind derartige Fehler oder Irrwege bei den Ermittlungen vor allem auf voreilige Schlüsse aus der Tatortsituation oder auf Gedankenlosigkeit zurückzuführen, welche dann und wann mit durch Routine oder Arbeitsüberlastung gekennzeichnetem Vorgehen zusammenhängt.

Der Tod eines jungen Mannes wurde zunächst so dargestellt, als sei dieser erheblich betrunken gewesen und an Erbrochenem erstickt. Eine Schädelverletzung sollte er sich beim Sturz auf die harte Tenne zugezogen haben. Die vom Gerichtsmediziner bei der Obduktion festgestellte Schwere der Schädelverletzung sowie die tiefe Aspiration von Getreidespelzen von der Tenne erweckte jedoch Zweifel an dieser Darstellung, zumal da die Blutalkoholkonzentration relativ gering war. Bei deshalb erneuter Tatortuntersuchung wurde auf der Tenne ein blutiges Rundeisen gefunden, an dem Haare des Toten nachgewiesen werden konnten. So wurden schließlich die Täter ermittelt, die den Angetrunkenen überfallen, zusammengeschlagen und bewußtlos auf der Tenne hatten liegen lassen.

Bei einer am 4. Januar 1959 verstorbenen, zuckerkranken Frau nahm der Hausarzt Herztod aus ungeklärter Ursache an und stellte den Totenschein aus. Am 7. Januar 1959 wurde jedoch von einer Freundin die Kriminalpolizei eingeschaltet. Sie verhinderte die Schließung des Grabes nach den Beisetzungsfeierlichkeiten und veranlaßte eine Obduktion. Diese ergab eine Überdosis Insulin, welche der Toten von der Geliebten ihres Ehemannes unter dessen Beteiligung beigebracht worden war.

cc) Wie der natürliche Tod so ist auch der **Selbstmord** oft nur schwer von vorsätzlichen Tötungen durch Dritte zu unterscheiden. Denn der Selbstmörder bedient sich häufig derselben Verbrechenstechniken.

Boltz, W.: Mord durch Erhängen oder fahrlässige Tötung? – Arch. f. Krim. Bd. 117, S. 133ff. (1956); *Mueller,* B.: Mord oder Selbstmord durch Stich? Deformierung des Stichwerkzeugs als Indiz für Beibringung der Verletzung von fremder Hand – Arch. f. Krim. Bd. 122, S. 107ff. (1958); *Simpson,* Keith: Erdrosselung: Mord oder Selbstmord? – Internat. kriminalpol. Revue 1960 – 137ff.; *Güven,* Einin: Verbrechen oder Selbstmord? – Internat. kriminalpol. Revue 1964 – 272f.; *Rauschke:* Selbsttötung (Suizid) – in: HdwRMed I – 242f.; *Möllhoff,* G./*Mueller,* B. in Mueller (2) I – 305ff.

Die Ermittlungen können sich insb. dann schwierig gestalten, wenn am Selbstmord ein Dritter irgendwie beteiligt war, der zudem – wie gesagt – dafür u. U. so oder so strafrechtlich belangt werden kann.

Simon, Axel: Auf Mithilfe dritter Hand deutende Befunde beim Suizid durch Erhängen – Arch. f. Krim. Bd. 137, S. 33ff. (1966).

Bei einem mit zwei Stirnschüssen aus einem Bolzenschußapparat tot aufgefundenen Schlachtergesellen deutete zunächst alles auf Mord hin; denn es war unwahrscheinlich, daß der Betreffende sich nach dem ersten selbst noch einen zweiten Schuß hatte beibringen können, was mit Laden usw. 10–15 Sek. Zeit beansprucht. Bei der Obduktion stellte sich jedoch heraus, daß ein Schußkanal – der erste – nur 5,4 cm lang war und schräglaufend das Stammhirn nicht verletzt hatte, während der andere – zweite – mit der vollen Bolzenlänge von 10 cm senkrecht in das Gehirn eingedrungen war. Die Handlungsfähigkeit war bei dem mit dem Gerät vertrauten Mann zunächst noch erhalten geblieben, weshalb Selbstmord angenommen werden konnte.

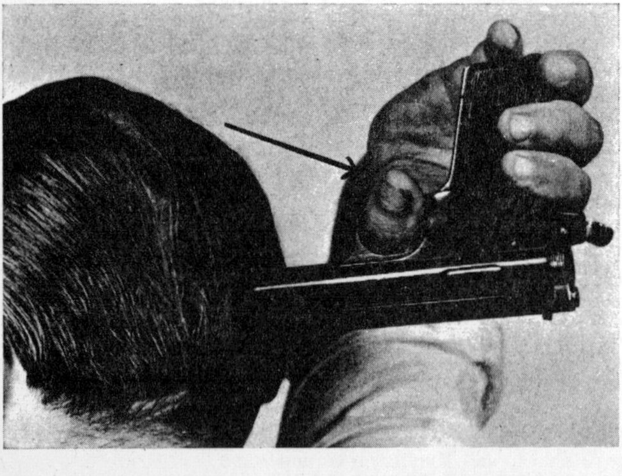

Abb. 16/5. Diese Rekonstruktion eines Selbstmordes bewies, daß der Schuß tatsächlich auf diese Weise abgefeuert sein konnte.

Reh, Herbert: Selbstmord durch zwei Kopfschüsse – Arch. f. Krim. Bd. 148, S. 37ff. (1971); *Greiner,* H.: Zur Handlungsfähigkeit nach Schrotschußverletzungen – Arch. f. Krim. Bd. 152, S. 33ff. (1973).

Mitunter kann die insoweit ungewöhnliche Art der Schußverletzung – z. B. der bei Selbstmord seltene Nacken- oder Genickschuß – fälschlich auf Mord hindeuten.

Kenyeres, Imre/*Gerensér,* György: Ein ungewöhnlicher Selbstmordfall – Arch. f. Krim. Bd. 138, S. 44ff. (1966).

Eine 62jährige Witwe, die tot in ihrem Bett aufgefunden wurde, hatte um den Hals zwei fest verknotete Damenstrümpfe. Der Obduzent schloß Selbstmord aus. Da aber die weiteren Ermittlungen keine Beweise für Fremdverschulden erbrachten, sondern sich die früher lebenslustige, in letzter Zeit vergrämte Witwe nach Schlaftabletten erkundigt und Selbstmordabsichten geäußert hatte, wurde eine erneute Begutachtung angeordnet. Bei dieser wurde nicht nur im Wege des Versuchs festgestellt, daß man sich das Strangwerkzeug tatsächlich umlegen und es festziehen kann, sondern die Einnahme erheblicher Mengen von Veronal ermittelt, weshalb doch Selbstmord durch Erdrosseln zu bejahen war.

Im Fingernagelschmutz eines Erhängten ließen sich zahlreiche Materialspuren aus dem benutzten Hanfstrick feststellen, womit sicher wurde, daß der Tote mit den Strick hantiert hatte, was die Zweifel an einem Selbstmord beseitigte.

Schwierig wird die Arbeit des Sachverständigen ferner naturgemäß in Fällen eines **kombinierten Selbstmords.** Noch komplizierter wird die Lage häufig, wenn der Tote (oder ein Dritter) den Selbstmord zu verschleiern und natürlichen Tod oder gar Mord vorzutäuschen sucht.

Im Falle eines kombinierten Selbstmords eines Metzgers, der als Brandleiche gefunden wurde, konnte erst durch Ruß in den Atemwegen festgestellt werden, daß er zunächst mit Feuerzeug und Kerze einen Brand gelegt und sich danach mit einem Viehschußapparat durch einen Schuß in die Stirn getötet hatte.

Ein unwahrscheinlich anmutender Fall eines kombinierten Selbstmordes einer Frau, die in einem Wasserdurchlaß unter der Uferstraße eines kleinen Sees in Tirol mit einem Strick in der Hand aufgefunden worden war, konnte kriminaltechnisch einwandfrei geklärt werden. Nachdem sich die Frau in einer Werkstatt an einer Hobelbank (die Spuren mit einem Sack aufgewischten Blutes aufwies) mit dem scharfen Teil einer Hacke den Kopf zu spalten versucht hatte, was aber nur 26 oberflächliche, parallel laufende Hautverletzungen bewirkte, faßte sie offenbar den Entschluß, sich zu erhängen. Da sie in der Werkstatt keinen ihr geeignet erscheinenden Platz fand, lief sie mit dem Strick in der Hand in den Garten. Erst dort dürfte sie auf den Gedanken gekommen sein, sich zu ertränken. Doch ging sie nicht zu dem See, sondern stieg zu einem kleinen, durch ihren Garten fließenden Graben hinab. Obwohl die Wasserhöhe dort nur etwa 10 cm betrug, ergab die Obduktion eindeutig Tod durch Ertrinken. Die Frau, die unter den obwaltenden Umständen Mühe hatte, die Atemöffnungen unter der Wasseroberfläche zu halten, behielt dabei den Strick in der Hand. Das Geschehen ist zugleich ein bezeichnendes Beispiel für die Hartnäckigkeit mancher Selbstmörder.

Ein Vater dessen Tochter sich aus einem im 3. Stock gelegenen Fenster gestürzt hatte, täuschte, um den ihn bedrückenden Selbstmord zu verheimlichen, einen Unfall beim Fensterputzen vor; er stellte einen Eimer mit Wasser vor den geöffneten Fensterflügel und feuchtete ein Ledertuch an. Eben diese Situation aber schloß den angeblichen Unfall aus.

Obwohl eine 45jährige, plötzlich verstorbene Frau nach Angaben der Angehörigen an Herzschlag verstorben sein sollte, stellte der mit der Leichenschau beauftragte Beamte bei Anheben des Oberkörpers gelblichen, scharf riechenden Schleim im Mund und Nase fest. Die Obduktion ergab Selbstmord mit E 605, was die Angehörigen zu verheimlichen suchten.

Greiner, Hermann: Selbstmord kombiniert mit Selbstbeschädigung – Arch. f. Krim. Bd. 154, S. 25ff. (1974).

In diesen Rahmen gehören schließlich diejenigen Todesfälle, welche als Straßenverkehrsunfälle erscheinen sollen, obwohl in Wahrheit Selbstmord durch Überfahrenlassen vorliegt (§ 8–II–8).

Müller, Elmar: Verkehrsunfall und Selbstmord – Arch. f. Krim. Bd. 135, S. 61ff. (1965); *Schneider,* V.: Verkehrsunfall – Suicid – Kriminalistik 1973–395ff.

Umgekehrt werden zuweilen vorsätzliche Tötungen als Selbstmord dargestellt.

Ein 45jähriger Hilfsarbeiter meldete eines Morgens auf dem Polizeirevier, seine mit ihm zusammen lebende 37jährige Geliebte habe sich nach einem Streit nachts, während er in der Küche genächtigt habe, am Kleiderschrank im Schlafzimmer erhängt. Dem widersprach jedoch die Spurensituation. Während das in atypischer Weise lose und kreisend um den Hals gechlungene Strangwerkzeug keine Strangfurche hinterlassen hatte, zeigten sich am Hals Würgemale. Außerdem hatte die anders vor dem Schrank liegende Leiche ausgeprägte Totenflecke auf dem Rücken. Der Täter gestand nunmehr, seine Geliebte aus Eifersucht erwürgt und erst später einen Selbstmord vorgetäuscht zu haben.

Wegen der mitunter problematischen Abgrenzung von Mord und Selbstmord wird darauf bei den Spuren einzelner Verbrechenstechniken zurückzukommen sein.

dd) Erhebliche Schwierigkeiten bieten ferner u. U. vorsätzliche Tötungen, die **zusammen mit anderen Straftaten begangen** werden, welche die eigentliche kriminelle Aktivität darstellen. Die Tötung fungiert hier entweder mehr als vorbereitendes Mittel oder aber als ein Instrument, um derartige Straftaten zu verdecken.

Hughes S. 139ff.

Des öfteren kommt es vor, daß Opfer von Sexualdelikten getötet werden. Aber auch Raubüberfälle, Geiselnahmen (Kidnapping) und andere Gewaltdelikte führen nicht gar so selten zum Tode des Opfers; oft ist dann schwierig zu beurteilen, ob der Verbrecher dies vorsätzlich oder nur fahrlässig bewirkt hat. Gerade hier spielen die für Mord und Totschlag typischen Praktiken eine bedeutsame Rolle, wenngleich Grenzfälle bleiben können.

So kann die tödliche Strangulation eines Menschen beim Sexualakt zwar vom Täter aus diesem oder jenem Grunde gewollt sein, aber bei einem masochistisch veranlagten Opfer auch einen Unglücksfall darstellen, für den dann nur Bestrafung wegen fahrlässiger Tötung in Betracht kommt.

b) Besondere Todesfälle

Schließlich sind für alle Fälle vorsätzlicher Tötung vorab noch einige kriminaltechnisch besonders liegende Situationen zu schildern.

aa) Einen dieser Fälle stellt die **Brandleiche** dar, bei der es keineswegs nur um die beim Verbrennen genauer zu schildernden Spuren der tödlichen Hitzeeinwirkung geht. Gerade um diese exakt beurteilen zu können, muß man über postmortale Brandveränderungen an einer Leiche informiert sein.

Bschor, F.: Befunde bei Brandleichen und deren Bewertung – Arch. f. Krim. Bd. 136, S. 30ff., 93ff. (1965); *Simon,* A./*Jordan,* H.: Die Daktyloskopie von Brandleichen mit Silikongummipaste – Arch. f. Krim. Bd. 141, S. 28ff. (1968); *Petersohn,* Franz: Die gerichtsmedizinische Beurteilung von Brandleichen – in: TbKrim XX, S. 137ff. (1970); *Petersohn,* Franz: Brandveränderungen an der Leiche – in: GrKrim 7, S. 187ff. (1971); *Haarhoff,* Klaus/*Reh,* Herbert: Identifizierung eines Brandtorsos mit Mordrekonstruktion – Arch. f. Krim. Bd. 156, S. 145ff. (1975).

Ein in einem ausgebrannten Gartenhaus gefundener Brandtorso (vgl. Abb. 16/6) konnte nicht nur identifiziert werden, sondern ermöglichte sogar die Rekonstruktion eines Mordes. Aus Blutaspiration und Raucheinatmung war im Zusammenhang mit am Schädel festgestellten Spuren stumpfer Gewalt zu schließen, daß der Tote bewußtlos geschlagen und dann in das Gartenhaus gebracht worden war, welches man angezündet hatte, um die Tat zu verschleiern. Die beiden alsbald festgenommenen jugendlichen Täter bestätigten dieses und die Annahme, daß die Tat auf dem Gartenweg begangen worden war. Dort hatten sie das Opfer, bei dem sie in einer Gastwirtschaft Geld gesehen hatten, beraubt, danach beschlossen, den vermeintlich Toten zu verbrennen.

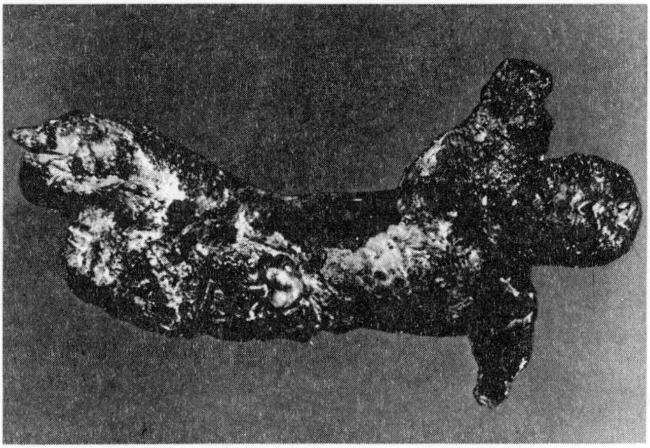

Abb. 16/6. Der verkohlte männliche Brandtorso; linker Hirnschädel und linke Bauchhöhle durch Flammeneinwirkung geöffnet. Dennoch waren Identifizierung und Rekonstruktion der Tat möglich.

Wesentliche Erkenntnisse sind durch systematische Versuchsreihen erzielt worden. So hat man nicht nur das Verhalten ganzer Leichen in Krematorien sowie das einzelner Körperteile unter Hitzeeinwirkung beobachtet, sondern auch einschlägige Fälle gründlich studiert.

bb) Eine weitere für die Kriminaltechnik problematische Situation ergibt sich bei **Wasserleichen.**

Berg, S./*Döring,* G./*Suchenwirth,* H./*Weiner,* K.-L.: Beobachtungen über das Verhalten von Fettwachsleichen in größerer Wassertiefe – Arch. f. Krim. Bd. 143, S. 148ff. (1969); *Klug,* Ernst/*Schneider,* Volkmar: Die chemische Analyse bei Leichenteilen aus dem Wasser als Hilfsmittel zur Identifizierung – Arch. f. Krim. Bd. 146, S. 83ff. (1970); *Quambusch,* Paul: Der Tod im Wasser – in: GrKrim 10, S. 253ff. (1973); *Mueller,* B. in Mueller (2) I – 469ff.

Außer den Leichenveränderungen, die das Wasser wie Waschhaut- oder Fettwachsbildung mit sich bringt, wozu je nach Lage ein Überzug mit Schlamm oder Algen kommen kann, irritieren u. U. mehr als durch Wassertiefe verursachte Schäden solche, die durch Schiffe oder beim Bergen entstanden sind. Noch schwieriger als der Nachweis des Ertrinkungstodes, der gewöhnlich auf Unfall oder Selbstmord hindeutet, ist es, überzeugende Beweise für eine vorsätzliche Tötung in den relativ seltenen Fällen des Ertränkens zu finden.

cc) Eine besondere Spurensituation findet sich bei der **Tötung Neugeborener,** welche mitunter schwierig von der Abtreibung abzugrenzen ist.

Adebahr, C.: Kindstötung – in: KLbRMed S. 92ff.; *Prokop* in Prokop/Göhler S. 247ff.; *Janssen,* W./ *Naeve,* W. in Mueller (2) I – 285ff.; *Hartmann,* G./*Mueller,* B. in Mueller (2) II – 1172ff.

Außer auf Feststellen der Lebensfähigkeit und ggf. der Reife ist es wichtig nachzuweisen, daß das Neugeborene wirklich gelebt und ggf. wie lange es gelebt hat.

Schon früh haben die Mediziner die hierfür wichtige Lungenbeatmung erkannt und experimentell nachgewiesen. Allerdings kann sich diese klassische Methode der Schwimmprobe nachteilig auf eine spätere mikroskopische Untersuchung auswirken. Eine andere Methode ist die Magen-Darm-Schwimmprobe, solange noch nicht Fäulnis eingetreten ist.

Auch für die Feststellung der Überlebenszeit haben die Mediziner einige Erkenntnisse erarbeitet.
Im übrigen kommt es, sofern das Neugeborene gelebt hat, darauf an, die Todesursache zu ermitteln, wobei selbstverständlich die bei Kindestötungen üblichen Verbrechenstechniken zu beachten sind. Doch kann es schwierig sein, deren Spuren von denen eines natürlichen, u.U. plötzlichen Todes vor oder während der Geburt sicher zu unterscheiden.

Hier ist etwa auf Verknoten der Nabelschnur, Einatmen von Fruchtwasser während der Geburt und andere Schäden hinzuweisen.

dd) Bei Tod in Verbindung mit **sexuellen Manipulationen** bieten sich gewöhnlich besonders gute Möglichkeiten für die Kriminaltechnik. Außer auf Blutspuren, Speichel kommt es hier auf Sperma, Vaginalsekret und Schamhaar an. Je nach Tötungsart und damit möglicherweise verbundenem Kampf ist in diesen Fällen außer auf die dafür charakteristischen Spuren ferner auf Bißspuren, Kopfhaar, Fingernagelschmutz und Anhaftungen vom Tatort zu achten. Irritierend können auf einen autoerotischen Unfall (vgl. oben a–bb und ferner § 16–II–8) hindeutende Spuren bei Ermittlungen sowohl bei Mord als auch bei Selbstmord wirken.

Naeve, W.: Selbstmorde und Tötungsdelikte unter Vortäuschung eines autoerotischen Unfalls – Arch. f. Krim. Bd. 154, S. 145ff. (1974).

Schließlich ist klar, daß selbstverständlich in allen Fällen auch auf Spuren zu achten ist, die, obwohl sie mit der vorsätzlichen Tötung als solcher nichts zu tun haben, entweder zur Identifizierung des Täters oder doch zur Rekonstruktion des Tathergangs beitragen können.

Das gilt außer für Finger- und Fußabdrücke ebenso für andere Formspuren wie für vom Täter herrührende Materialspuren.

Zwei Sexualmorde konnten u.a. an Hand der in diesen Fällen nicht ungewöhnlichen Bißspuren aufgeklärt werden (*Zerndt,* B.: Zur forensischen Beurteilung von Bißverletzungen – Arch. f. Krim. Bd. 133, S. 1ff. (1964)).

c) Schuldfähigkeit. Zurechnungsfähigkeit, Strafmündigkeit

Ein besonderes Problem bietet schließlich bei relativ vielen vorsätzlichen Tötungen die Schuldfähigkeit wie etwa die Beurteilung der Zurechnungsfähigkeit Erwachsener, um von der Erklärung psychopathologischer Verbrechensursachen noch ganz abzusehen. Deshalb ist es hier häufiger notwendig, einen Psychiater, Gerichtsmediziner oder Psychologen als Experten beizuziehen.

Steigleder, E.: Mörder und Totschläger. Die forensisch-medizinische Beurteilung von nicht geisteskranken Tätern als psychopathologisches Problem – Form der Psychiatrie Nr. 21 – Stuttgart 1968.

Bei jungen Tätern werden gerade in Fällen vorsätzlicher Tötung sehr leicht Strafmündigkeit Jugendlicher und Anwendbarkeit des Jugendstrafrechts auf Heranwachsende problematisch. Hierfür sind wiederum vor allem Psychiater, Gerichtsmediziner und Psychologen kompetent.
Im übrigen kommt es bei vorsätzlichen Tötungen wesentlich auf die verschiedenen Verbrechenstechniken und die für sie charakteristischen Spuren an. Selbstverständlich können im Einzelfalle auch einmal mehrere Tötungsarten kombiniert werden. Das kann beispielsweise deshalb geschehen, weil ein Werkzeug bei der Tat entweder entzwei geht oder es sich als untauglich erweist.

1. Tötung durch Schußwaffen

Nicht nur bei vorsätzlichen Tötungen, sondern ebenso bei manchen anderen Delikten stellt die Auswertung der Schußwaffen und ihrer Spuren eine bedeutsame kriminaltechnische Aufgabe dar. Außer an den Ballistiker, Chemiker, Physiker ist wegen der Folgen hier wiederum an den Gerichtsmediziner zu denken.

Sellier, Karl: Der Schuß. Eine Darstellung von Einzelproblemen – in: GrKrim 7, S. 163ff. (1971); *Bittmann,* Horst: Neuere Erkenntnisse über die Entstehung der Schußwunde anhand der bestehenden Literatur mit ergänzenden Untersuchungen über den Abrasions-Saum – in: GrKrim 10, S. 361ff. (1973); *Hughes* S. 159ff.; *Sellier:* Schuß – in: HdwRMed I – 229ff.

Ungeachtet der bei einzelnen Schußwaffen und bei den verschiedenen Arten von Munition – z.B. Geschoßpatrone, Schrotpatrone – verschiedenartigen Folgen läßt sich doch einiges vorab sagen.
Problematischer als das Durchschlagsvermögen eines Geschosses ist in der Praxis mitunter die Frage, ob eine bestimmte Verletzung durch ein herabfallendes Geschoß verursacht sein könnte.

Selbst KK-Geschosse können noch auf relativ weite Distanz gefährlich sein. So wurde ein Radfahrer von einem in seiner Kniekehle stecken bleibenden KK-Geschoß getroffen, daß ein auf Spatzen schießender Mann etwa 250 m entfernt abgefeuert hatte.

Ein – wie üblich – mit der Spitze nach vorn herabfallendes Infanterie-Geschoß traf eine Frau an der Schulter und drang bis in den rechten Lungen-Unterlappen vor.

Bei den Schußwunden ist außer auf die bei den Spuren geschilderten Verletzungen (§ 14–I–1–e) der Haut sowie beim Nahschuß den Schmauchring zu achten und ferner natürlich der Schußkanal zu untersuchen.
Wichtige Material- oder Verletzungsspuren lassen sich jedoch auch an der Schußhand des Täters finden, wobei es außer auf das Schmauchmaterial ferner auf den Fundort ankommt.

Tewari, Swarup Narain: Ein neues mikrochemisches Reagenz zum Nachweis von Schießpulverrückständen in Fällen von Schußwaffengebrauch – Arch. f. Krim. Bd. 152, S. 96ff. (1973); *Martin,* E. P./*Stürzinger,* F.: Methoden zum Nachweis von Pulverschmauchspuren an den Händen tatverdächtiger Personen – Arch. f. Krim. Bd. 154, S. 174ff. (1974).

a) Faustfeuerwaffen
Bei vorsätzlichen Tötungen oder anderen Straftaten, die mit einer Schußwaffe begangen werden, haben wir es überwiegend mit Faustfeuerwaffen zu tun, weil der Täter diese leichter für Dritte sowie das Opfer verborgen mit sich führen kann.

Selbst bei einem Mordversuch kann die Schußwaffenidentifizierung mitunter helfen, den wahren Sachverhalt aufzuklären. Obwohl ein Einbrecher zugegeben hatte, bei der Tat Pistolenschüsse auf eine Frau abgegeben zu haben, war der Fall damit nicht gelöst. Denn als Tatwaffe war inzwischen die eines gewissen Popp, der als räuberischer und mörderischer Mitfahrer berüchtigt geworden ist, gehörende Pistole identifiziert worden. Diese war bei einem Bekannten Popps gefunden worden, wo sich dann noch anderes Beweismaterial gegen das Räuberpärchen Popp/Marchlowitz fand.

Immer wieder beweisen Fälle, daß selbst bei erheblichen Schußverletzungen etwa am Kopf die Handlungsfähigkeit des Täters oder Selbstmörders noch erstaunlich lange erhalten bleiben kann.

Reh, Herbert: Selbstmord durch zwei Kopfschüsse – Arch. f. Krim. Bd. 148, S. 36ff. (1971).

Mitunter werden zur Tötung oder zum Selbstmord umgebaute, an sich für diesen Zweck nicht bestimmte Waffen verwendet.

Greiner, H.: Selbstmord mittels Schreckschußrevolver – Arch. f. Krim. Bd. 152, S. 101ff. (1973).

Bei Bolzenschußgeräten, wie sie am ehesten noch von Selbstmördern verwendet werden, findet man Fälle, in denen die Handlungsfähigkeit noch erstaunlich lange erhalten bleibt.

Schiermeyer, Hans: Suicid durch zweimaligen Bolzenschuß in den Kopf – Arch. f. Krim. Bd. 151, S. 87ff. (1973).

Ein 51jähriger Schlachtermeister hatte nach einer ersten schweren Schädelverletzung den Bolzenschußapparat erneut laden und spannen können, was wegen eines Defekts 50–70 Sekunden gedauert haben dürfte, um sich ein zweites Mal in den Schädel zu schießen. Die gerichtsmedizinischen Befunde wurden durch Untersuchung zweier in Betracht kommender Bolzenschußapparate bestätigt, von denen nur der kleinere (defekte) Spuren von Menschenblut aufwies. Auch auf Grund anderer Umstände war daher Selbstmord anzunehmen.

Beispiele für Schußwaffenidentifizierung

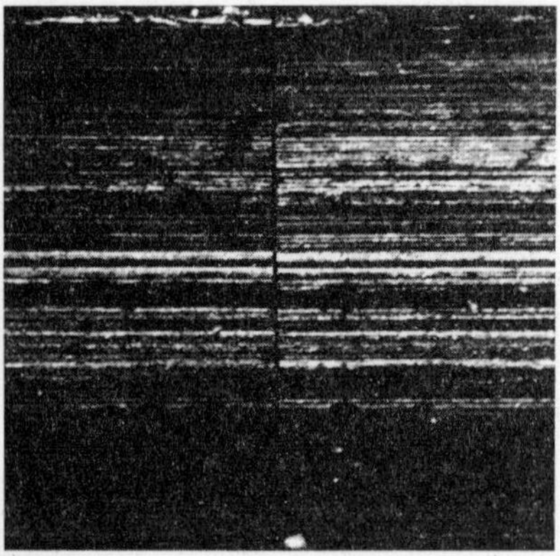

Abb. 16/7

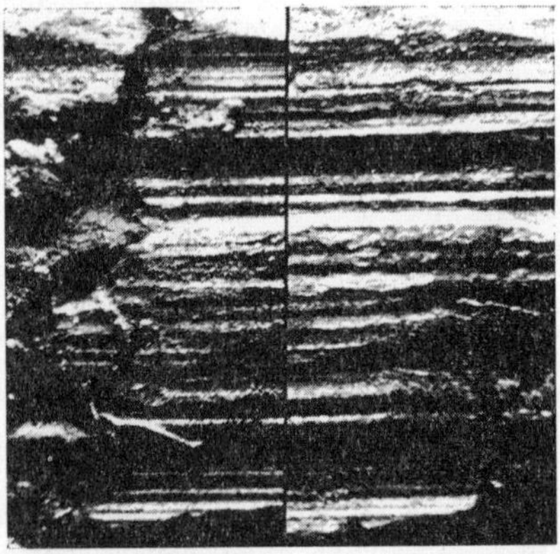

Abb. 16/8

Abb. 16/7. Übereinstimmung der Schartenspurenbilder unter dem Vergleichsmikroskop: Tatgeschoß links, Vergleichsgeschoß rechts. Die Geschosse wurden aus derselben Waffe (mit gezogenem Lauf) verfeuert. Maßstab 50 : 1.

Abb. 16/8. Beide Geschosse (Tat- und Vergleichsgeschoß) wurden aus demselben Kleinkalibergewehr verfeuert. Die Schartenspuren wurden im nicht gezogenen Lauf durch Rostnarben verursacht. Maßstab 40 : 1.

b) Handfeuerwaffen

Neben Faustfeuerwaffen aber werden bei manchen Straftaten Handfeuerwaffen verwendet, weil sie entweder gerade zur Hand sind oder vom Täter als geeigneter angesehen werden. Dabei können sich kriminaltechnisch besondere Probleme ergeben.

So war eine Tötung mit einem Kleinkalibergewehr wegen der Tatsituation aufschlußreich. Ein 26jähriger Mann meldete, er habe seine im Bett liegende Frau bei einem Streit unglücklicherweise mit dem Gewehr erschossen, das er dabei zufällig in seinen Händen hielt. Dagegen sprach jedoch, daß die Frau – wie im Schlaf – mit geschlossenen Augen im Bett lag und ihre Hände unter der Bettdecke hatte. Ferner war der Einschuß genau zwischen den Augen, der Schuß offenbar aus geringer Entfernung abgefeuert worden. Der Mann wurde daher wegen Totschlags verurteilt.

Möllhoff, Gerd: Unerkannte paranoide Entwicklungen als Ursachen von Gewaltverbrechen – Arch. f. Krim. Bd. 149, S. 129ff. (1972).

Ein 61jähriger Rentner, der im Jahre 1970 in einem kleinen badischen Weinort in ein Nachbarhaus eingedrungen war, hatte dort mit mehreren Schüssen aus einem Kleinkaliberschnellfeuergewehr seinen Nachbarn getötet, sodann dessen Ehefrau und den 21jährigen Sohn schwer verletzt; zugleich hatte er zahlreiche Einrichtungsgegenstände demoliert. Danach beging er mit derselben Waffe Selbstmord. Die zunächst auf Nachbarstreitigkeiten zurückgeführte Gewalttat erwies sich nach dem psychiatrischen Gutachten als Folge einer paranoiden Entwicklung.

Greiner, H.: Zur Handlungsfähigkeit nach Schrotschußverletzungen – Arch. f. Krim. Bd. 172, S. 33ff. (1973).

Ein Beispiel für die nach schweren, tödlichen Schußverletzungen oft noch lange dauernde Handlungsfähigkeit ist der Selbstmord eines 25jährigen Mannes. Nachdem dieser aus einem Drilling einen

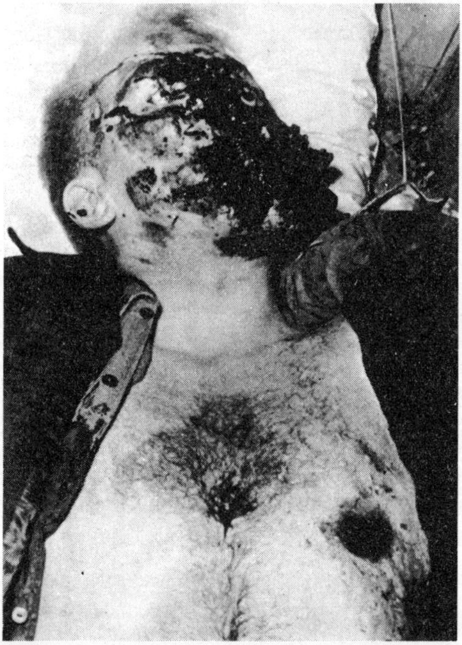

Abb. 16/9. Man erkennt sowohl den Einschuß in die linke Brustkorbhälfte als auch die verheerenden Folgen des gegen den Mundboden gerichteten zweiten Schrotschusses, welcher den Gesichtsschädel erheblich zerstörte.

Schrotschuß auf seine linke Brustkorbhälfte abgefeuert hatte, wodurch u.a. der linke Lungen-Unterlappen zerrissen wurde, lud er denselben Lauf erneut und feuerte noch einen weiteren Schrotschuß ab, der den Gesichtsschädel zerstörte.

Bei Handfeuerwaffen ist ebenfalls an umgebaute Waffen als Tatwerkzeug zu denken.

Ziegler, Manfred/*Weinke,* Hubert: Umgebautes Luftdruckgewehr als gefährliche Kleinkaliberwaffe – Arch. f. Krim. Bd. 151, S. 109ff. (1973).

Ein zum Verschießen von Kleinkalibermunition umgebautes Luftgewehr diente als Tatwaffe bei einem erweitertem Suizid.

2. Tötung durch Sprengstoff

Vorsätzliche Tötungen werden zwar verhältnismäßig selten mittels Sprengstoffs begangen, kommen aber – und das nicht nur bei Attentaten – zuweilen vor.

Hughes S. 268ff.

Noch seltener ist der Suizid mittels Sprengstoffs, wenngleich sich auch derartige Fälle – wie wir gesehen haben – mitunter ereignen. Insgesamt ist bei Tod durch Sprengstoff daher eher an Unglücksfälle zu denken, für welche ggf. ein Dritter wegen fahrlässiger Tötung verantwortlich sein kann. Vorsätzlich wird Sprengstoff vor allem von solchen Personen verwendet, die damit durch ihren Beruf oder auf andere Weise vertraut sind.
Die Ermittlungen in derartigen Strafsachen werden überdies durch die bei Sprengstoff gewöhnlich besonders schweren Zerstörungen des menschlichen Körpers erschwert. Deshalb muß bei der Rekonstruktion des Tathergangs noch mehr Aufmerksamkeit auf andere Spuren und Tatumstände als auf die Verletzungsfolgen gelegt werden.

3. Tötung durch Stich

Bei Tötungen durch Stich ist die typische Todesursache äußeres oder inneres Verbluten; doch kommen auch tödliche Organverletzungen vor.

Bonte, Wolfgang: Gesichtspunkte zur Schartenspurenidentifizierung bei Stichverletzungen – Arch. f. Krim. Bd. 149, S. 77ff. (1972); *Schwar,* Günther/*Janssen,* Werner: Zur Größe und Form von Textilschäden bei Stichverletzungen – Arch. f. Krim. Bd. 149, S. 97ff. (1972); *Bonte,* Wolfgang/*Bode,* Gerd: Zur Differentialdiagnose von Mord und Selbstmord bei Stichverletzungen des Halses – Arch. f. Krim. Bd. 154, S. 9ff. (1974).

Anders als die oben geschilderten typischen, in der Mitte selbst bei einem flachen Tatwerkzeug oft etwas klaffenden Hautverletzungen sehen mitunter die durch eine Stichwaffe verursachten Textilschäden aus, weil hierbei außer dem Material auch die ebenfalls unterschiedliche Art des Gewebes eine Rolle spielt.

Bei einer tätlichen Auseinandersetzung zwischen Ortsansässigen und Fremden in einer Gastwirtschaft war ein Ortsansässiger von einem Fremden mit einem Taschenmesser erstochen worden. Während der Tatverdächtige und seine Freunde dies als Abwehr des Würgegriffes eines auf ihm liegenden Ortsansässigen schilderten, behaupteten die Einheimischen, der Täter sei mit gezücktem Taschenmesser auf das wehrlos am Boden liegende Opfer eingedrungen. Die Obduktion ergab außer dem tödlichen Bruststich nicht nur unregelmäßige Stichverletzungen in der Bauchgegend, sondern im Gesicht der

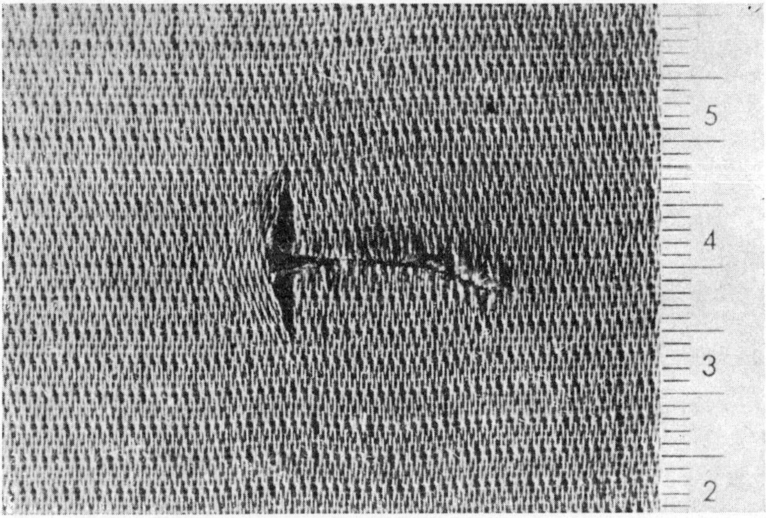

Abb. 16/10. Der T-förmige Textilschaden ist durch ein als Stichwaffe benutztes Messer (in Schußrichtung) mit Rücken und Schneide verursacht worden. Die besondere Form ist durch optimale Fädenverschieblichkeit des Materials (Kunstfaserstoff mit Atlasbindung) bedingt.

Leiche mehrere Verletzungen, die durch Schlagen mit dem noch zugeklappten Messer entstanden sein mußten. Damit aber erschien die Darstellung der Ortsansässigen als unglaubwürdig und der Tod als Folge einer Abwehrverletzung, was dann auch der zunächst eine Aussage verweigernde Wirt bestätigte.

Fungiert eine Schere als Tatwerkzeug, so kann es zu merkwürdigen Kombinationen von Stich- und Schnittspuren kommen.

Michaelis, Kurt: Selbsttötung und Tötung mittels Schere – Arch. f. Krim. Bd. 142, S. 85ff. (1968); *Althoff,* Helmut: Ungewöhnliche perforierende Scherenstichverletzungen des Schädels – Kriminalistik 1975 – 157ff.

Mitunter gibt es seltsame Stichverletzungen, die auf vorsätzliche Tötung hinzudeuten scheinen, obwohl die genauere Untersuchung ergibt, daß es sich um einen Unfall – etwa mit einer spitzen Glasscherbe – handelt.

Patscheider, H.: Eine ungewöhnliche Stichverletzung der Brustorgane – Arch. f. Krim. Bd. 150, S. 39ff. (1972); *Haarhoff,* Klaus/*Weiler,* Günter: Herzstich durch eigene oder fremde Hand? – Arch. f. Krim. Bd. 155, S. 103ff. (1975).

4. Tötung durch Schnitt

Bei Tötung durch Schnitt ist mit den oben geschilderten Spuren von Schnittverletzungen zu rechnen, die hier nicht selten zum Verbluten oder zur Luftembolie führen.

Hübner, O.: Selbstmord durch Schnittverletzung der Oberschenkelschlagader – Kriminalistik 1954 – 314ff.; *Bessemans,* A.: Die Identifizierung der Spuren von Schneide- und Hackwerkzeugen. Ein Fall von doppeltem Vandalismus – Arch. f. Krim. Bd. 116, S. 61ff. (1955); *Haumer,* Hans-Joachim/ *Leopold,* Dieter: Atypischer Selbstmord durch multiple Schnittverletzungen – Arch. f. Krim. Bd. 138, S. 164ff. (1966); *Luff:* Scharfe und stumpfe Gewalt – in: HdwRMed i – 198ff.; *Hughes* S. 203ff.

Schnittverletzungen können außer durch ihre zuweilen beträchtliche Zahl vor allem durch ganz verschiedene Arten des Zustandekommens verwirrend wirken. Sie kommen außer bei Tötungen und Selbstmord auch als Abwehrverletzungen oder schließlich bei Unfällen vor. Neben der jeweiligen Art und der Lage der Schnittverletzungen sollten daher die Begleitumstände sorgfältig beachtet werden.

Zahlreiche verschiedenartige Schnittverletzungen an Gesicht, Hals und Händen sowie ein nachfolgender Treppensturz schienen auf Tötung durch dritte Hand hinzuweisen. Dennoch ergaben die Sektionsbefunde zusammen mit anderen Ermittlungsergebnissen eindeutig einen Selbstmord infolge von Depression.

5. Tötung durch halbscharfe Gewalt

Die Tötung durch halbscharfe Gewalt wie durch einen Beilhieb weist Charakteristika sowohl der scharfen Gewalt wie beim Schnitt als auch der stumpfen auf, für die Gewicht bzw. Wucht der Einwirkung ausschlaggebend sind.
Folgen halbscharfer Gewalt sind jedoch nicht nur auf kriminelle Angriffe Dritter zurückzuführen, sondern können entweder von einem Selbstmörder oder auch durch einen Unglücksfall verursacht worden sein.

6. Tötung durch stumpfe Gewalt

Durch stumpfe Gewalt werden häufig lebenswichtige Organe unmittelbar zertrümmert oder zerrissen. Es gibt zuweilen jedoch recht komplizierte Zusammenhänge.

Hilgermann, R./*Solcher,* H.: Schneller Tod nach Fausthieb durch Blutung im Balken-Fernixbereich – Dtsch. Z. ges. gerichtl. Med. 1967 – 205ff.; *Luff:* Scharfe und stumpfe Gewalt – in: HdwRMed I – 198ff., insb. S. 201ff.; *Hughes* S. 224ff.; *Mueller,* B. in Mueller (2) I – 383ff.

Stumpfe Gewalt fungiert nicht nur besonders häufig als Tötungsmittel (§ 14–I–1–a–aa–(c)), sondern ist geradezu eine typische Ursache für fatale Unglücksfälle, wie sich bei der fahrlässigen Tötung (§ 16–A–II) sowie im Verkehr (§ 16–C–VII) und Bauwesen (§ 16–C–IX–1) noch zeigen wird. Sie kommt ferner nicht gar so selten beim Selbstmord vor. Dementsprechend kompliziert sind die Ermittlungen, für die es reichhaltiges gerichtsmedizinisches Schrifttum gibt, wenngleich zur Deutung anderer Spuren weitere Experten u.U. beigezogen werden können oder sollten.

7. Tötung durch Ersticken, Erwürgen, Erdrosseln, Erhängen

Obwohl Erwürgen, Erdrosseln und Erhängen sämtlich Phänomene der Tötung durch Ersticken aufweisen, gibt es – wie bei den Spuren dargelegt (§ 14–I–1–e–aa–(e)) – doch Besonderheiten der einzelnen Verbrechenstechniken, auf die daher bei der kriminaltechnischen Untersuchung zu achten ist.

Frei, M.: Beitrag zur Spurenkunde des Suizids durch Erhängen und Erdrosseln – Kriminalistik 1955 – 345ff.; *Holzer,* Franz Josef: Drosseln und Erhängen, Selbstmord oder Unfall? – Arch. f. Krim. Bd. 151, S. 17ff. (173); *Luff:* Erstickung – in: HdwRMed I – 211ff.; *Bonte,* Wolfgang/*Bode,* Gerd: Fremdkörper im Rachen – Mord oder Selbstmord – Arch. f. Krim. Bd. 156ff., S. 160ff. (1975).

a) Verhältnismäßig einfach liegen hier die Dinge beim **Erwürgen,** welches immer auf Tötung durch fremde Hand hinweist, wenngleich das Spurenbild vielgestaltiger ist, als man annimmt, und es im Einzelfall wenig ausgeprägt sein kann.

Schwerd, Wolfgang: Erwürgen oder Abtreibung – Arch. f. Krim. Bd. 135, S. 1ff. (1965).

Die Obduktion der in einem Gartengelände verscharrt gefundenen Leiche einer fast vollkommen entkleideten 44jährigen Frau ergab außer Verletzungen durch stumpfe Gewalt, Kratzen und Beißen, was für einen heftigen Kampf sprach, Tod durch Erwürgen. Ein am gleichen Tage als dringend tatverdächtig festgenommener 24jähriger Bergmann bestritt die Tat, deren kriminaltechnische Aufklärung in mehrfacher Hinsicht Interesse verdient (*Martin,* O.: Suche, Sicherung, Untersuchung und Auswertung von Spuren in Sittlichkeitsstrafsachen – in: Sittlichkeitsdelikte hrsg. v. Bundeskriminalamt, Wiesbaden 1959, S. 153ff., insb. S. 183ff.).

Für die Täterschaft sprachen u.a.: feinste Blutspuren am Mantel, eine Blutwischspur am Futter eines Hosenbeins, Tatortbodenmaterial an seinen Schuhen und in den Aufschlägen seiner Hose; Speichelanhaftungen an einer am Tatort ausgedrückten Zigarette, welche mit der Gruppe A zum Tatverdächtigen paßte, während das Opfer Blutgruppe B hatte. Die wegen eines am Tatort gefundenen Manschettenknopfes vom Täter aufgestellte Behauptung, er habe das Hemd nur zugeknöpft, konnte widerlegt werden, weil beide Manschetten Eindruckspuren solcher Manschettenknöpfe aufwiesen, wie einer am Tatort sichergestellt worden war.

Besondere Schwierigkeiten bereiteten zwei Bißspuren an der rechten Brust, die nach der histologischen Untersuchung kurz vor Todeseintritt entstanden sein mußten, und im linken Schambereich, die später zugefügt worden war. Da im Unterkiefer des Verdächtigen die vier Schneidezähne fehlten, stellte das erste Gutachten die Täterschaft in Frage, weil in der Spur Zahnlücken nicht auszumachen waren. Ein zweites Gutachten ging jedoch nicht von einem Frontalbiß aus, sondern von dem nach Lage der Dinge üblichen Seitenbiß (Brust rechtsseitig, Scham linksseitig). Mit einem Modell ausgeführte Versuche ergaben, daß die Spuren nicht von einem vollständigen Gebiß herrühren konnten.

Einem Bäcker konnte das Erwürgen seiner Frau, die sich heftig gewehrt hatte, u.a. dadurch bewiesen werden, daß sich neben Hautfetzen und Blutsubstanzen in ihrem Fingernagelschmutz verschiedene Stärkesorten, Hefepilze und kernlose Hornschüppchen fanden, die auf den Beruf des Mannes hindeuteten.

Ein jüngerer Mann, der eine 53jährige Frau in ihrer Küche nach heftigem Kampf erwürgt hatte, konnte erst nach zwei Tagen dingfest gemacht werden. Dennoch fanden sich in seinem Fingernagelschmutz neben Blutspuren auch von der Kleidung des Opfers herrührende Textilfasern. Der beim Opfer sichergestellte Fingernagelschmutz war im Hinblick auf den Täter natürlich viel ergiebiger (*Schmidt,* Gg./*Mletzko,* M.: Die kriminalistische Bedeutung des Fingernagelschmutzes – in: GrKrim 7, S. 147ff., insb. S. 158ff. (1971)).

Daß Obduktion und Untersuchung des Mageninhalts selbst nach längerer Liegezeit noch Beweise zu erbringen vermögen, veranschaulicht folgender Kriminalfall.

Erst am 12. April 1955 wurde eine 54jährige Prostitutierte in ihrer Wohnung erwürgt aufgefunden. Dennoch konnte die Todeszeit u.a. durch Untersuchung des Mageninhalts bestimmt werden. Denn am 1. April hatte die Frau zusammen mit einem Patenkind, das sie gegen Abend besuchte, einen Apfel gegessen. Davon fanden sich bei der Obduktion noch Schalenreste. In der Tat war die Frau bereits an jenem Tage um 24 Uhr von zwei Männern getötet worden.

b) Auch beim **Erdrosseln** denkt man gewöhnlich an Mord, obwohl diese Verbrechenstechnik vereinzelt sogar von Selbstmördern angewandt wird.

So erdrosselte sich ein Mann in einem Park mithilfe eines Trenchcoatgürtels, den er mit einem einfachen Kreuzknoten um seinen Hals schlang, weil er Trunkenheit am Steuer begangen hatte.

Weimann, W./*Spengler,* H.: Der Selbstmord durch Erdrosseln und seine Unterscheidung vom Mord – Arch. f. Krim. Bd. 117, S. 23ff., 75ff., 145ff.; Bd. 118, S. 71ff., 110ff. (1956); *von Karger,* Jobst: Suicid durch Erdrosseln – Arch. f. Krim. Bd. 144, S. 95ff. (1969); *Holzer,* Franz Josef: Drosseln und Erhängen, Selbstmord oder Unfall? – Arch. f. Krim. Bd. 151, S. 17ff. (1973)

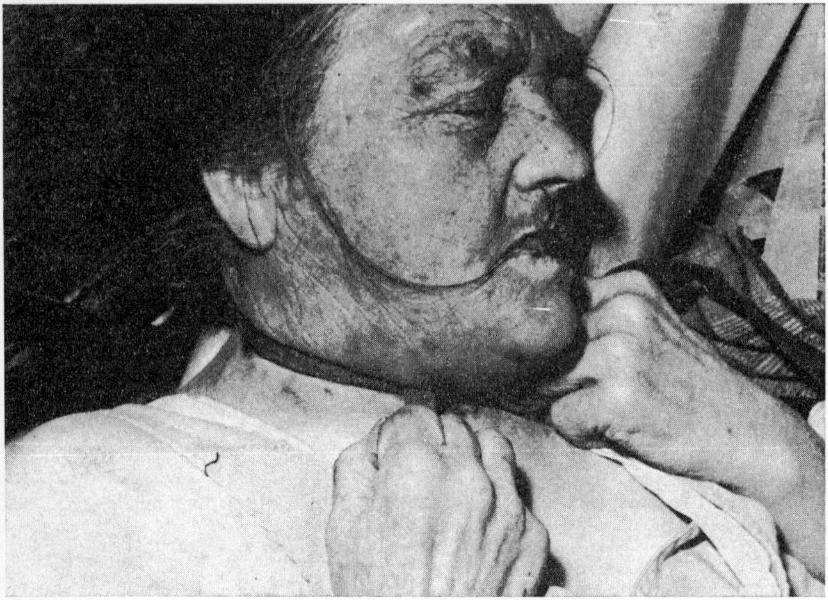

Abb. 16/11. Das mit dem sogen. Kutschergriff gehaltene Drosselwerkzeug, ein Kleidergürtel mit Schnalle, war von der Toten zum Zwecke des Selbstmords benutzt worden.

c) Beim **Erhängen** ist dagegen in aller Regel Selbstmord zu vermuten, sofern nicht andere Spuren auf Praktiken hindeuten, die eine derartige Tötung ermöglichen könnten. Eben deshalb täuschen Täter, um einen Mord zu verschleiern, häufiger Erhängen vor. Tod durch Erhängen kommt – wie schon erwähnt – auch als Unglücksfall bei autoerotischer Betätigung vor, wenn dabei nämlich Strangulationswerkzeuge benutzt werden. Der Spurenbefund kann mithin mehr deutig sein, selbst wenn der Gerichtsmediziner die Todesursache eindeutig festgestellt hat.

Holczabek, W.: Erstaunliche Aktionsfähigkeit nach Erhängungsversuch mit Reißen des Strickes. Der Tod trat erst ein, nachdem der Mann mit nicht gelockerter Halsschlinge noch 100 Meter weit gegangen war – Arch. f. Krim. Bd. 134, S. 6ff. (1964).

Die beim Tod durch Erhängen zu erwartende Strangfurche kann nicht nur überaus vielgestaltig sein, da „Hängen" vergleichsweise selten vorkommt, sondern der Spurenbefund kann nicht so selten auch sonst irritieren, weshalb die gesamte Tatsituation beachtet werden muß.

In Frankreich wurde aus einem Fluß die Leiche eines Mannes geborgen, der einen Strick um den Hals hatte. Doch schon der Gerichtsmediziner stellte fest, daß der Mann mit diesem Strick erdrosselt worden sein mußte. Bei der Faseruntersuchung ergaben sich außer teilweiser Blaufärbung noch Materialspuren in Form von Zement und Schmutz. In einer Gipserwerkstatt fand man dann schließlich einen gleichen Strick, der außer blauen Farbspuren auch Verschmutzung mit Zement und Gips zeigte.

Im übrigen ist, wenn man Selbstmord und Unglücksfälle vom eigentlichen Erhängen durch dritte Hand unterscheiden will, die Vielfalt der mitunter ganz seltsamen Strangulationspraktiken zu bedenken.

Schollmeyer, W.: Strangulationstod bei Fetischismus – Arch. f. Krim. Bd. 136, S. 22ff. (1965).

d) Fehlen beim Tod durch **Ersticken** die für Erwürgen, Erdrosseln oder Erhängen typischen Spuren, so muß nach Anhaltspunkten für andere Praktiken gesucht werden, wobei es gewöhnlich mehr auf innere Spuren – z. B. in den Atemwegen – als auf äußere ankommt. Derartige Erstickungspraktiken finden sich häufiger bei Tötungen Neugeborener und Kindestötungen.

In der Luftröhre eines Neugeborenen fand man außer kleinen Kalkbröckchen und Ruß andere amorphe Bestandteile. So konnte schließlich ermittelt werden, daß das Kind lebend in eine Mülltonne geworfen worden war.

In anderen Fällen von Erstickungstod spielen recht verschiedenartige **Knebel** eine entscheidende Rolle, die aber vereinzelt auch bei Selbstmord vorkommen.

Daß selbst ein Knebel nicht immer Mord bedeutet, sondern Begleiterscheinung eines Selbstmordes sein kann, bewies die Obduktion einer alten Frau, deren Leiche man im Bodensee entdeckt hatte. Der Tod war sicher durch Ertrinken eingetreten. Der irritierende Knebel im Mund bestand aus zahlreichen kleinen Stoffetzen aus dem Rock der Toten. Er war auch nicht in den Rachen gestopft worden. Man muß daher annehmen, daß die Frau dies selbst getan hat, um Hilferufe auszuschließen.

Fazekas, I. Gyula/*Kósa,* F.: Kombinierter Mord durch Verschließen der Nasen- und Mundöffnung sowie der Mundrachenhöhle – Arch. f. Krim. Bd. 140, S. 13ff. (1967).

8. Tötung durch Gift

Bei Verdacht einer Tötung durch Gift sollte außer dem Gerichtsmediziner, sofern dieser nicht über die dafür erforderliche Sachkunde verfügt, der toxikologisch versierte Chemiker eingeschaltet werden.

Reuter, Fritz: Giftmord und Giftmordversuch. Eine forensisch-medizinische und Kriminalpsychologische Studie mit Darstellung aller gebräuchlichen Giftmittel aus der Chemie und Pharmazie – Wien 1958; *Petersohn,* Franz: Leitsymptome der Vergiftung – in: GrKrim 10, S. 273ff.(1973); *Geldmacher-von Mallinckrodt,* M. in Mueller (2) II – 691ff., 787ff.

Nicht gar so selten wird durch eine solche kriminaltechnische Untersuchung der Giftverdacht entkräftet, weil der Tod auf natürliche Ursache zurückzuführen ist.

Ein amerikanischer Soldat kam in den Verdacht des Giftmordes an einem 17jährigen Mädchen, das ihn wegen angeblicher Schwängerung zur Rede stellen wollte. Das Mädchen, das wenige Minuten zuvor ein Glas hastig ausgetrunken hatte, welches ihr Freund eingefüllt hatte, war taumelnd aus dem Raum gekommen und unter Krämpfen auf dem Gang verstorben, während der Amerikaner zu fliehen suchte. Doch konnte das fragliche Getränk nicht nur eindeutig als normaler Whisky identifiziert werden, sondern ergab die Obduktion, bei der sich übrigens keine Schwangerschaft feststellen ließ, eine von einer Gefäßmißbildung (Aneurismus) herrührende Gehirnblutung als Todesursache.

Ein Verdacht akuter Vergiftung eines 2 Jahre und 3 Monate alten Kindes erwies sich als unbegründet. Der Tod war in Wahrheit auf eine Überempfindlichkeit gegen Krabben (Eiweißüberempfindlichkeitsreaktion) zurückzuführen, wie sie in der milderen Form des Ausschlags bei manchen Menschen nach dem Genuß von Erdbeeren zu beobachten ist.

In anderen Fällen läßt sich zwar eine vorsätzliche Vergiftung ausschließen, ist aber Selbstmord mittels Gift oder ein Unglücksfall mit giftigen Substanzen anzunehmen, für den u. U. ein Dritter wegen fahrlässigen Verhaltens verantwortlich ist.

Bei Selbstmord ist Gift als Todesursache besonders wichtig, weil dies die nach dem Erhängen in der Regel häufigste Art der Selbsttötung darstellt. Außer Leuchtgas, dessen Bedeutung abnehmen dürfte, verwenden Selbstmörder vor allem Schlaf- und Betäubungsmittel. Doch je nach Erreichbarkeit und Vertrautheit kommen hier ebenfalls andere Gifte in Betracht, wobei schnell und schmerzlos wirkende – ggf. in hoher Dosis – bevorzugt werden.

Tödliche Unglücksfälle mit giftigen Substanzen, die ggf. als fahrlässige Tötungen gewertet werden können, ereignen sich außer bei medizinischer Behandlung vor allem im gewerblichen Bereich oder im Haushalt. Mitunter kommen sie im Zusammenhang mit einer Abtreibung vor.

Timm, F.: Aethyldiamintetraessigsäure und Bleivergiftung – Arch. f. Krim. Bd. 135, S. 39ff. (1965); *Paulus,* W.: Unabsichtliche Vergiftungen – Arch. f. Krim. Bd. 142, S. 73ff. (1968); *Paulus,* W./ *Omer,* O.: Über die Verteilung der Blausäure im Körper nach tödlicher inhalatorischer Vergiftung – Arch. f. Krim. Bd. 143, S. 167ff. (1969); *Reinhardt,* Günther/*Geldmacher-von Mallinckrodt,* Marika/*Kittel,* Hans/*Opitz,* Otto: Akute tödliche Vergiftung mit Silbernitrat als Folge eines Abtreibungsversuches – Arch. f. Krim. Bd. 148, S. 69ff. (1971).

Tödliche Vergiftungen im Bereich der Medizin kommen bei fälschlich zu hoher Dosis oder Verwechslungen vor. So hatte ein Arzt zu einer Novocain-Lösung statt 4 bis 6 Tropfen etwa 50 Tropfen Corbasil-Lösung hinzugesetzt. Im Rahmen einer klinisch vorgenommenen Bandwurmkur wurde mehrfach eine 30%ige Magnesiumsulfatlösung verabfolgt. Ein Famulus verwechselte eine Methylenblau-Probelösung mit einer Kupfersulfatlösung.

Tödliche Unglücksfälle mit Gift ereignen sich ferner im gewerblich-industriellen Bereich und im Haushalt (vgl. § 16–A–II). Außer an unvorsichtigen Umgang mit Giften oder solchen Stoffen, welche sich leicht zu giftigen Substanzen umwandeln können, ist ferner an leichtsinnige Aufbewahrung zu denken, welche Dritte – insb. Kinder – gefährden kann.

Häufiger ist es allerdings so, daß ohne eine Obduktion und eine toxikologische Analyse der tatsächlich erfolgte Giftmord wohl unentdeckt geblieben wäre.

Der Hausarzt einer über 80 Jahre alten Frau, die an Epilepsie litt und schwer herzkrank war, konnte, als er von der mit ihr zusammenlebenden Tochter gerufen wurde, nur noch den mit Krämpfen verbundenen Eintritt des Todes feststellen. Obwohl der Arzt Herz- und Kreislauftod attestierte, wurde wegen merkwürdigen Verhaltens der Tochter doch eine Obduktion angeordnet. Im Mageninhalt fanden sich u. a. Apfelsinenstücke, deren chemische Analyse erhebliche Mengen von Strychnin ergab. Die Tochter hatte die Mutter gebeten, die Apfelsinenstücke in das wie Zucker aussehende Strychninpulver zu tauchen.

Als ein seit längerer Zeit herzkranker Mann in der Nacht tot vor einer Couch aufgefunden worden war, wollte der herbeigerufene Arzt bereits den Totenschein ausstellen. Dies unterblieb nur, weil Verwandte des Mannes – ohne nähere Gründe – die Ehefrau der Tötung bezichtigten. Bei der Obduktion wurden im Magen und Darm Spuren von E 605 festgestellt. Die Ehefrau hatte dieses Gift in eine von ihrem Mann vorher teilweise geleerte Bierflasche getan, die sichergestellt werden konnte.

Als eine Frau, deren Ehe zerrüttet war, nach einem gemeinsamen Bad im Rhein tot geborgen wurde, bekundeten Zeugen zwar ungewöhnliche Bewegungen im Wasser; doch blieb unsicher, ob diese durch das Verhalten des Ehemannes oder eine plötzliche Schwäche verursacht waren. Neben typischen Ertrinkungsbefunden ergab die im Zuge der Obduktion vorgenommene chemische Analyse das Vorhandensein von Coniin (Schierlingskräuterextrakt) im Mageninhalt. Dessen lähmende Wirkung hatte u.U. den Tod durch Ertrinken bewirkt, wenngleich nicht auszuschließen war, daß der Mann bei dem angeblichen Rettungsversuch in Wahrheit seine Frau ertränkt hatte (vgl. dazu *Petersohn,* Franz: Mord durch Ertränken – in: TbKrim XVII, S. 171 ff. (1967)).

Giftmorde bereiten bei den Ermittlungen oft erhebliche Schwierigkeiten, zumal da die Symptome mitunter schwach oder mehrdeutig sind, weshalb sie selbst bei medizinischer Behandlung des Opfers nicht immer als solche erkannt werden.

Hauck, Gerhard: Farbe und Geruch bei der Diagnose der E 605-Vergiftung – Arch. f. Krim. Bd. 140, S. 158 ff. (1967); *Weinig,* E./*Sailer,* H. J.: Über die zeitliche Veränderung der Verteilung des Thallium im Skelett – Arch. f. Krim. Bd. 142, S. 52 ff. (1968); *Geldmacher-von Mallinckrodt,* M./*Kittel,* H./*Opitz,* O.: Akute tödliche Vergiftung mit Kupferoxydchlorid – Arch. f. Krim. Bd. 143, S. 127 ff. (1969); *Grusz-Harday,* Eva: Vorsätzliche Vergiftungen mit Nikotin – Arch. f. Krim. Bd. 146, S. 90 ff. (1970); *Kósa,* F./*Fazekas,* I. Gy.: Mord und Mordversuch durch Bier beigemengter Nikotinlösung – Arch. f. Krim. Bd. 150, S. 84 ff. (1972); *Rengei,* R./*Leinzinger,* L.: Feststellung von Todesursache und Identität eines unbekannten Mannes – Arch. f. Krim. Bd. 151, S. 23 ff. (1973); *Fischbach,* R.: Giftmord mit einem thalliumhaltigen Rodentizid – Arch. f. Krim. Bd. 151, S. 91 ff. (1973).

Ein 1953 erstmalig in ein Krankenhaus aufgenommener Bergmann verstarb trotz mehrfacher stationärer Behandlung mit wechselnder Diagnose erst im März 1956 in einem Krankenhaus. Selbst die Obduktion soll keine auffallenden Befunde ergeben haben. Auf Grund von Äußerungen aus der Umgebung des Verstorbenen wurde die Leiche exhumiert; erst jetzt wurde in Leber, Nieren und Muskulatur Thallium nachgewiesen und der Sachverhalt aufgeklärt. Seine Frau hatte über Jahre hinweg – unterbrochen durch mehrfache Krankenhausaufenthalte – Abkochungen von „Zelio-Körnern" verschiedenen Speisen zugesetzt, u. a. sogar Marmeladen, die sie in das Krankenhaus mitgebracht hatte. Sie dürfte im Laufe von drei Jahren 4 bis 5 Packungen „Zelio-Körner" verbraucht haben, was bei dem Körpergewicht des Opfers etwa dem Fünffachen der tödlichen Dosis entsprach.

Mord oder Selbstmord durch Gift können u.U. trotz ungünstiger Umstände noch nach längerer Zeit kriminaltechnisch nachgewiesen werden.

Katte, Werner: Strychnin-Nachweis in Kindesleiche nach 5 Jahren Erdbestattung – Arch. f. Krim. Bd. 139, S. 28 ff. (1967); *Bösche,* Johann/*Burger,* Eberhard: Schlafmittelnachweis am Skelett und im Erdreich nach einem halben Jahr Liegezeit im Wald – Arch. f. Krim. Bd. 153, S. 36 ff. (1974).

Obwohl von einem jungen Mann nach 6 Monaten Liegezeit in einem Waldstück bei Heidelberg außer einigen Tuchresten nur noch das Skelett vorhanden war, ließ sich durch hohe Bromidkonzentration in den Knochen und in tieferen Erdschichten der Fundstelle die Annahme eines Verdachts von Selbstmord mit bestimmten bromhaltigen Schlafmitteln erhärten.

Ebenso wie die mit Zeitablauf eintretende Verwesung verhindern andere, den Körper u.U. erheblich zerstörende Wirkungen keineswegs immer den Nachweis von Gift.

Tewari, Swarup Narain: Nachweis von Aconitin in einer stark verbrannten und verkohlten Leiche – Arch. f. Krim. Bd. 138, s. 65 ff. (1966).

9. Andere Formen der Tötung

Neben den bisher behandelten häufiger vorkommenden Verbrechenstechniken gibt es noch zahlreiche andere Formen der vorsätzlichen Tötung und des Selbstmords.

a) Das **Ertränken** ist als Tötungsart besonders schwer vom Unfall – dem Ertrinken – zu unterscheiden; demgegenüber findet sich das Ertrinken häufiger in Selbstmordfällen.

Merli, S./*Ronchi,* Umani: Experimentelle Untersuchungen mittels im Kern-Reaktor bestrahlter Diatomeen über das Ertrinken – Arch. f. Krim. Bd. 138, S. 131ff. (1966); *Kósa,* Ferenc/*Virágos-Kis,* Elisabeth: Mord in der Badewanne – Arch. f. Krim. Bd. 146, S. 99ff. (1970); *Hughes* S. 237ff.

Auf Ertränken im Sinne vorsätzlicher Tötung durch dritte Hand läßt sich bei erwachsenen Opfern am ehesten noch dann schließen, wenn Anhaltspunkte für ihre Wehrlosigkeit (durch Gift oder Gewalt herbeigeführte Bewußtlosigkeit) oder besondere Umstände vorliegen, welche eine solche Tatausführung (z.B. Mord in der Badewanne) als möglich erscheinen lassen.

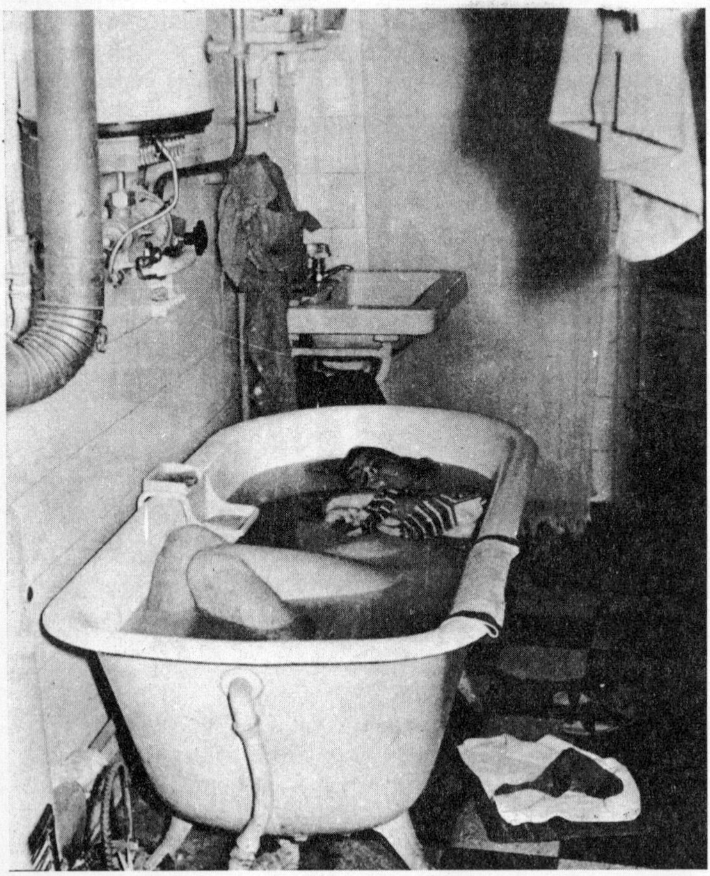

Abb. 16/12. Obwohl der abgebildete Tatortbefund mangels Spuren äußerer Verletzung zunächst sowohl einen Badeunfall als auch eine CO-Vergiftung als möglich erscheinen ließ, wurde einer der seltenen „Morde in der Badewanne" ermittelt. Der Ehemann gestand, sein Opfer dadurch verteidigungsunfähig gemacht zu haben, daß er die Beine seiner in der Wanne liegenden Frau in die Höhe gezogen hatte.

Hierher gehört u. U. der beim Giftmord bereits erwähnte Fall, in welchem ein Ehemann seiner Frau Coniin vor dem gemeinsamen Bad im Rhein beigebracht hatte, bei dem sie – eventuell auch durch Ertränken – den Tod fand.

Bei toten Neugeborenen ist deshalb besonders auf Spuren von Ertrinken zu achten, weil der Täter das wehrlose Opfer leichter ertränken kann oder die Geburt in eine Flüssigkeit hinein erfolgt (sogen. Eimergeburt).

Hier lassen sich in den Lungen und im Magen derartige Flüssigkeiten oder ihre Bestandteile nachweisen.

b) Beim **Verbrennen,** bei dem man ebenfalls leicht – jedoch vereinzelt zu Unrecht – auf einen Unglücksfall zu schließen pflegt, ist auf das zu Brandspuren und Brandleiche Gesagte zu verweisen (oben I–b–aa).

Mueller, B.: Der Schwurgerichtsprozeß in Kaiserslautern gegen den Zahnarzt Dr. Richard Müller (Fragliches vorsätzliches Verbrennen der Ehefrau im Kraftwagen) – Arch. f. Krim. Bd. 120, S. 165ff.; Bd. 121, S. 23ff., 75ff., 143ff. (1957/1958); *Roch,* Wilhelm: Zahnarzt Dr. Rich. Müller vor dem Schwurgericht – Kriminalistik 1957-256ff., 296ff., 332ff., 400ff., 484ff.; *Schollmeyer,* W. : Selbstmord durch Verbrennen, zugleich experimenteller Beitrag zur Frage der Brennbarkeit menschlicher Körpergewebe – Arch. f. Krim. Bd. 128, S. 16ff. (1961); *Bschor,* F.: Befunde bei Brandleichen und deren Bewertung – Arch. f. Krim. Bd. 136, S. 30ff., 93ff. (1965); *Kósa,* Ferenc/*Jobba,* György: Von fremder Hand vorbereiteter Verbrennungstod – Arch. f. Krim. Bd. 149, S. 144ff. (1972); *Eische,* R.: Über den Selbstmord durch Verbrennen – Kriminalistik 1974–59ff.; *Hughes* S. 244ff.

c) Dann und wann werden vorsätzliche Tötungen – noch etwas häufiger Selbstmorde – unter Verwendung von **Elektrizität** begangen. Bei Aufklärung solcher von Unfällen oft nur schwer zu unterscheidenden Taten ist neben dem Elektrofachmann wiederum der Gerichtsmediziner wichtig, der mit den spezifischen Spuren vertraut ist und sie zu deuten vermag; in Einzelfällen ist der Einsatz des Rasterelektronenmikroskops und anderer naturwissenschaftlicher Verfahren angezeigt.

Schwerd, Wolfgang/*Lautenbach,* L.: Mord mit elektrischem Strom in der Badewanne – Arch. f. Krim. Bd. 126, S. 33ff. (1960); *Pioch,* W.: Zur gerichtsmedizinischen Untersuchung von Tötungsdelikten durch elektrischen Strom – Arch. f. Krim. Bd. 142, S. 143ff. (1968); *Kósa,* Ferenc: Tötungsversuch mit elektrischem Strom – Arch. f. Krim. Bd. 146, S. 33ff. (1970); *Schneider,* V.: Bemerkenswerte Fälle von Strombeibringung durch fremde Hand – Arch. F. Krim. Bd. 151, S. 149ff. (1973).

Ein 19jähriger Täter, der zusammen mit seinem Bruder eine Zweizimmerwohnung bewohnte, überbrückte nicht nur, da die Stromzufuhr seit geraumer Zeit gesperrt war, den Zähler, sondern versuchte, seinen Bruder durch einen in dessen Bettzeug gelegten, unter Spannung stehenden Doppelstecker zu töten, weil er gegen ihn seit frühester Kindheit eine tiefe Abneigung empfunden habe. Neben etwas unsicheren Strommarken am Körper des Opfers spielten mehrere rundliche Defekte an seinem Kunstfaserhemd eine wesentliche Rolle; sie erwiesen sich bei Untersuchung mit dem Rasterelektronenmikroskop als Metallniederschläge aus Nickel von den – wie üblich – vernickelten Kontakten des Doppelsteckers.

Bei Selbstmord mittels elektrischen Stroms weisen die Vorkehrungen mitunter recht eindeutig auf diesen Tathergang hin; doch kann man sich darauf keineswegs verlassen, weshalb die Abgrenzung dieser Fälle sowohl von der vorsätzlichen Tötung als auch von Unglücksfällen recht problematisch werden kann (vgl. § 16–A–II–3ff.).

Lafrenz, Michael/*Rötscher,* Klaus: Suicid durch elektrischen Gebrauchsstrom – Arch. f. Krim. Bd. 138, S. 172ff. (1966); *Staak,* M./*Springer,* E./*Besserer,* K.: Schablonenhafte Selbsttötung durch elektrischen Strom – Arch. f. Krim. Bd. 150, S. 146ff. (1972).

Ein 18jähriger Gefangener fand mithilfe eines von einem Kopfhörer abmontierten Kupferdrahtes in einer Weise den Stromtod, die in der Ausführungsart kurz zuvor veröffentlichten Presseberichten entsprach.

d) Schließlich ist noch kurz auf Praktiken hinzuweisen, wie sie in tödlichen Fällen von **Kindesvernachlässigung** zu beobachten sind (vgl. 16–C–VIII–3–b), in welchen jedoch häufig lediglich Fahrlässigkeit zu bejahen sein dürfte.

II. Fahrlässige Tötungen

Grundsätzlich gilt für fahrlässige Tötungen kriminaltechnisch dasselbe wie für Mord und Totschlag, d.h. es handelt sich um eine Domäne des Fachmediziners, speziell des Gerichtsmediziners, bzw. bei Giftverdacht des Toxikologen. Wird der Tod eines Menschen fahrlässig durch die bereits behandelten Tötungs- und Verletzungswerkzeuge hervorgerufen, so kann daher für die Kriminaltechnik auf das soeben unter I. Ausgeführte Bezug genommen werden; das gilt insb. auch für die oben erörterte Abgrenzung dieser Taten von natürlichem Tod und von Selbstmord.
Im Folgenden konzentrieren wir uns auf diejenigen Fälle fahrlässiger Tötungen, bei denen durch die besondere Tatsituation – ein bestimmtes Unfallgeschehen – ein Spurenbild geprägt wird, welches mit Technik und Zivilisation zusammenzuhängen pflegt. Wir können uns hier daher in etwa an die Erscheinungsformen und die ihnen entsprechenden Verbrechenstechniken anlehnen, um zu verzeichnende kriminaltechnische Besonderheiten an Hand einiger Fälle zu demonstrieren. Geht es dabei zunächst um tödliche Unfälle im Straßenverkehr, soll bei entsprechenden Taten im Schienen-, Schiffs und Luftverkehr zugleich die für diese Verkehrsbereiche noch typische Situation der Katastrophenfälle behandelt werden, welche besondere Aufgaben und Schwierigkeiten für die Kriminaltechnik mit sich bringt.

Frei, M.: Mikrospuren bei der Abklärung von Unfällen – Kriminalistik 1956–211 ff.

1. Tödliche Straßenverkehrsunfälle

Obwohl die Untersuchungen der für die Ursachen derartiger Todesfälle ausschlaggebenden Spuren erst bei den Straßenverkehrsdelikten (§ 16–C–VII–A; vgl. auch § 15–VI–E–1) genauer zu schildern sind, sollen hier bereits diejenigen Untersuchungen behandelt werden, welche an die Spuren am Opfer und ggf. von ihm herrührende Spuren anknüpfen. Neben dem Gerichts- oder Verkehrsmediziner sind hier vor allem Experten des Verkehrswesens (§ 15–VI–E) wichtig, wenngleich je nach Lage auch andere Sachverständige (Physiker, Chemiker, Biologen, Daktyloskopen) eingeschaltet werden müssen, um besondere Material- oder Formspuren auszuwerten. Wichtig für die Rekonstruktion des Unfallhergangs ist schließlich eine genaue Aufnahme der Tatortsituation.
Im Straßenverkehr gibt es ebenfalls Situationen, bei denen man ohne weiteres auf fahrlässige Tötung schließen könnte, obwohl in Wahrheit natürlicher Tod oder Selbstmord vorliegt.

Ein Kraftfahrer meldete, er habe einen quer auf der Fahrbahn liegenden Menschen überfahren, weil er – wie auch sein Beifahrer bestätigte – den Körper im Abblendlicht zu spät gesehen hatte, um noch rechtzeitig bremsen zu können. Bei der Obduktion des Leiche, deren zerstörter Kopf Reifenabdrücke vom Überfahren aufwies, ließen sich trotz der schweren Verletzungen keine vitalen Reaktionen mehr feststellen. Es fehlten auch Anzeichen von Blutaspiration. Dagegen fanden sich bei der Obduktion neben altersgemäßen degenerativen Veränderungen am Skelettsystem außer einer Infarktnarbe Anzeichen für einen neuerlichen Herzinfarkt, die den zunächst klaren Fall als das Überfahren eines Toten erscheinen ließen.

Ein 18jähriges Mädchen, das bei einem Verkehrsunfall schwer verletzt worden war, verstarb einige Wochen später. Die zunächst unglaubwürdige Einlassung des Fahrzeughalters, daß nicht er, sondern das Opfer, welches keinen Führerschein besaß, den Wagen zur Zeit des Unfalls gelenkt habe, wurde durch Abdrücke der Fingerwurzelballen an der linken Seite des Lenkrads bestätigt.

Nur mittelbar hängen mit dem Straßenverkehr solche Fälle fahrlässiger Tötung zusammen, bei denen erst die Beseitigung eines vermeintlich Verkehrstoten dessen Tod – etwa durch Hineinwerfen in einen Straßengraben – verursacht.
In den meisten Fällen geht es jedoch darum, an Hand der Spuren, die sich entweder am Opfer finden oder die am Tatfahrzeug von ihm herrühren, den Tod mit dem Verkehr in Zusammenhang zu bringen und den Hergang des Unfalls zu rekonstruieren. Diese Untersuchungen haben nicht selten die Aufgabe, den wirklichen Verlauf verschleiernde Angaben eines Tatbeteiligten zu widerlegen.

Merli, Silvio/*Marchiori,* Alvaro: Zur Diagnose durch Aufprall bei Straßenverkehrsunfällen – Arch. f. Krim. Bd. 145, S. 176ff. (1970).

Der Fahrer eines Postwagens gab zu polizeilichem Protokoll, die später im Krankenhaus – bewußtlos – verstorbene Frau sei vor seinem Wagen plötzlich auf die Fahrbahn gefallen. Da unmittelbare Todesursache ein Schädelbruch war und die Beamten am Fahrzeug keinerlei Spuren eines Unfalls fanden, wurde das Strafverfahren gegen den Postbediensteten eingestellt. Die auf Betreiben des Nebenklägers erfolgte Exhumierung der Toten führte zu einer Obduktion, bei welcher der Gerichtsmediziner außer Bruch beider Oberschenkel auf dem Rücken der Leiche den Abdruck des Symbols der Automarke vom Postfahrzeug sowie in der Haut des Oberschenkels einen auch in der Höhe passenden deutlichen Abdruck des „P“ vom polizeilichen Kennzeichen des Unfallwagens feststellte.

Umgekehrt gibt es auch bei Straßenverkehrsunfällen merkwürdige Verletzungen, welche – u. U. entlastend für einen Verkehrsteilnehmer – nur durch den Mediziner richtig gedeutet werden können.

Holczabek, Wilhelm: Platzwunde am Vorderhals durch Verkehrstrauma im Genick – Arch. f. Krim. 139, S. 174ff. (1967); *Mihailovic,* M./*Hartmann,* H.: Wer war der Autolenker? – Arch. f. Krim. Bd. 149, S. 155ff. (1972).

So konnte eine wie eine Schnittwunde am Vorderhals eines Verkehrstoten aussehende Verletzung vom Mediziner so erklärt werden, daß der in die Fahrbahn hineintorkelnde Fußgänger den Angaben des Lenkers entsprechend doch von hinten angefahren worden sei. Als er dabei auf die Kühlerhaube und sein Kopf durch die Windschutzscheibe geschleudert wurde, sei wegen maximaler Überdehnung die Haut am Vorderhals geplatz und seien Luftröhre sowie rechte Halsschlagader abgerissen worden.

Nach einem Frontalzusammenstoß von zwei Personenwagen wurde zweifelhaft, ob die Einlassung des Fahrzeughalters richtig sei, nicht er, sondern sein Kollege habe den Wagen gesteuert. Da der Fahrzeughalter die Blutgruppe A, sein Freund aber die klassische Gruppe 0 hatte, konnte mithilfe der Blutspuren der Gruppe A, die sich um den rechten Beifahrersitz herum fanden, diese Aussage erhärtet werden, was ferner durch die bei Lenker und Beifahrer typischerweise verschiedene Art der Verletzungen bestätigt wurde.

2. Andere tödliche Verkehrsunfälle

Noch problematischer als die Straßenverkehrsunfälle sind für kriminaltechnische Untersuchungen nicht gar so selten tödliche Unfälle in anderen Verkehrsbereichen; denn diese erreichen relativ leicht das Ausmaß einer Katastrophe. Ungeachtet der für die Unfall-

ursachen und das Verhalten der Beteiligten wesentlichen Spuren, die zweckmäßig bei der Transportgefährdung (§ 16–C–VII–B) darzustellen sind soll hier schon – zugleich für fahrlässige Körperverletzung, die sich nur durch geringere Folgen unterscheiden – die Untersuchung der vor allem an den Opfern zu beobachtenden Spuren geschildert werden.
Dabei ist zugleich auf die für diese Massenverkehrsmittel vielfach typische Katastrophensituation einzugehen, welche bei dem Einsatz erheblicher Kräfte durch die oft große Zahl der Getöteten oder verletzten Opfer bedingt ist. So kann – und das nicht nur bei Unfällen im Luftverkehr – schon die Identifizierung der toten Opfer mitunter erhebliche Schwierigkeiten bereiten.

a) Schienenverkehr

Todesfälle im Zusammenhang mit dem Schienenverkehr sind nur sehr selten auf vorsätzliche Tötung oder auf Selbstmord zurückzuführen, sondern zwingen zur Beantwortung der Frage, ob ein Unglücksfall vorliegt oder etwa ein Unfall, für den ein Dritter wegen fahrlässiger Tat verantwortlich gemacht werden kann. Aufgabe der Sachverständigen ist es, neben der hier oft schwierigen Identifizierung ferner brauchbare Anhaltspunkte für Unfallursachen und Tathergang zu ermitteln. Außer dem Gerichtsmediziner spielt insoweit selbstverständlich der mit dem Schienenverkehr vertraute technische Sachverständige (§ 15–VI–E–2) eine große Rolle.

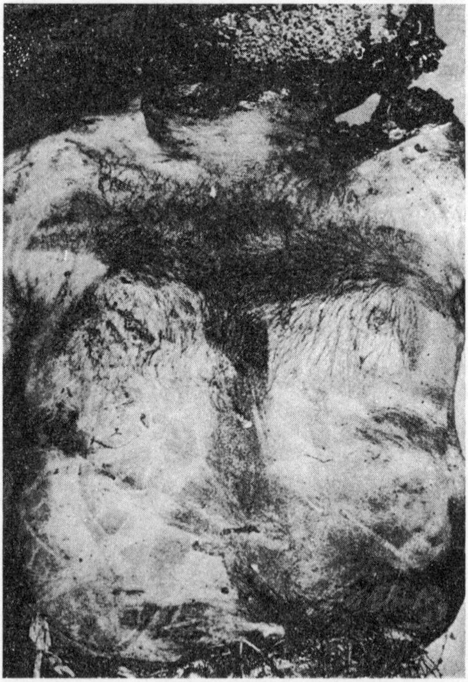

Abb. 16/13. Die Schmutzanstreifung auf der Brust des von einem Zug Überfahrenen bestand nicht, wie man zuerst annahm, aus Öl- oder Schmierstoffen, sondern erwies sich als Schuhcreme der Marke „Erdal“. Dies ließ zusammen mit anderen Befunden auf Selbstmord schließen.

Weinig, E./*Reinhardt,* G.: Gerichtsmedizinische und kriminalistische Untersuchungen zur Rekonstruktion eines Tathergangs im Zusammenhang mit einer Eisenbahnüberführung – Arch. f. Krim. Bd. 139, S. 7ff. (1967); *Böhm,* Ekkehardt: Einige charakteristische rasterelektronenmikroskopische Befunde an menschlicher Haut nach Hochspannungseinwirkung – Arch. f. Krim. Bd. 147, S. 70ff. (1971); *Pohl,* Klaus-Dieter: Differentialdiagnose „Ölschmutz oder Schuhcreme" – Arch. f. Krim. Bd. 150, S. 7ff. (1972).

Beim Fund einer Leiche mit Zeichen des Überfahrenwerdens im Bahngelände denkt man naturgemäß zunächst an einen Unfall oder an einen Selbstmord.

Der Tod auf den Schienen braucht übrigens kein eigentlicher Unfall zu sein, sondern kann – wie der folgende Sachverhalt zeigt – u. U. mit einer ganz anderen Straftat zusammenhängen, durch die dann fahrlässig der Tod des Opfers bewirkt wird.

Die sich an den Fund einer weiblichen Leiche auf dem Gleiskörper einer Bundesbahnhauptstrecke anknüpfenden Ermittlungen führten zum Ergebnis, daß die Frau zwischen den Gleisen in halb aufgerichteter Haltung von der herannahenden E-Lock erfaßt worden war. Dorthin hatte sie sich vor einem Täter, der ihr Gewalt antun wollte, geflüchtet; er konnte übrigens an Hand von Spuren an seiner Kleidung überführt werden.

b) *Luftverkehr*

Noch komplizierter sind gewöhnlich die Ermittlungen bei tödlichen Unfällen im Luftverkehr. Denn insb. bei Flugzeugabstürzen bietet der Unfallort oft das Bild einer Katastrophe. Auch hier kommt es außer auf entsprechende Experten (§ 15–VI–E–3) auf den Mediziner, insb. den Gerichtsmediziner als Sachverständigen an.
Die bei Flugzeugabstürzen verheerenden Folgen bereiten schon bei der Personenidentifizierung der Opfer gewöhnlich erhebliche Schwierigkeiten.

Abb. 16/14. Typischer Aufschlagkrater auf hartem Boden mit nachfolgender Explosion des Triebwerks. Zerstörung des Strahlflugzeugs und des Piloten in kleinste Teile. Der rundliche Krater hat einen Durchmesser von 3,5 m und eine Tiefe von 2,5 m; die Trümmerteile wurden bis zu 300 m weit geschleudert.

Beckmann, G./*Höhn,* H./*Hauck,* G.: Erfahrungen und Schwierigkeiten bei der Identifizierung der Opfer des Flugunfalls in Teneriffa 1972 – Arch. f. Krim. Bd. 153, S. 42 ff. (1974).

Neben medizinischen Befunden, bei denen insb. Zahnstatus und Röntgenidentifizierung eine wesentliche Rolle spielen, kommen Reste von Schmuck, Kleidung, Ausweisen sowie Fingerabdrücke als Identifizierungshilfen in Betracht.

Noch wichtiger ist selbstverständlich, an Hand der Spuren den Unfallhergang zu rekonstruieren und damit die Frage möglicher strafrechtlicher Verantwortlichkeit zu klären. Abgesehen von den verhältnismäßig seltenen Vorsatztaten (Sabotage, Attentat, Terrorakt usw.) geht es dabei gewöhnlich um fahrlässiges Handeln.

Krefft, S.: Pathologisch-anatomische Befunde beim Absturz mit Strahlflugzeugen – Arch. f. Krim. Bd. 142, S. 37 ff. (1968); *Krefft,* S.: Wer hat bei einem tödlichen Flugunfall das Unfall-Luftfahrzeug gesteuert? Morphologische und spurenkundliche Untersuchungen zur Klärung dieser Frage – Arch. f. Krim. Bd. 145, S. 129 ff. (1970).

Obwohl Unfälle im Luftverkehr und insb. Flugzeugabstürze je nach Art des Luftfahrzeugs, seinem Auftreffen auf den Erdboden ohne oder mit Explosion bzw. Brand recht verschieden verlaufen, sind von technischen und medizinischen Experten eine ganze Reihe von

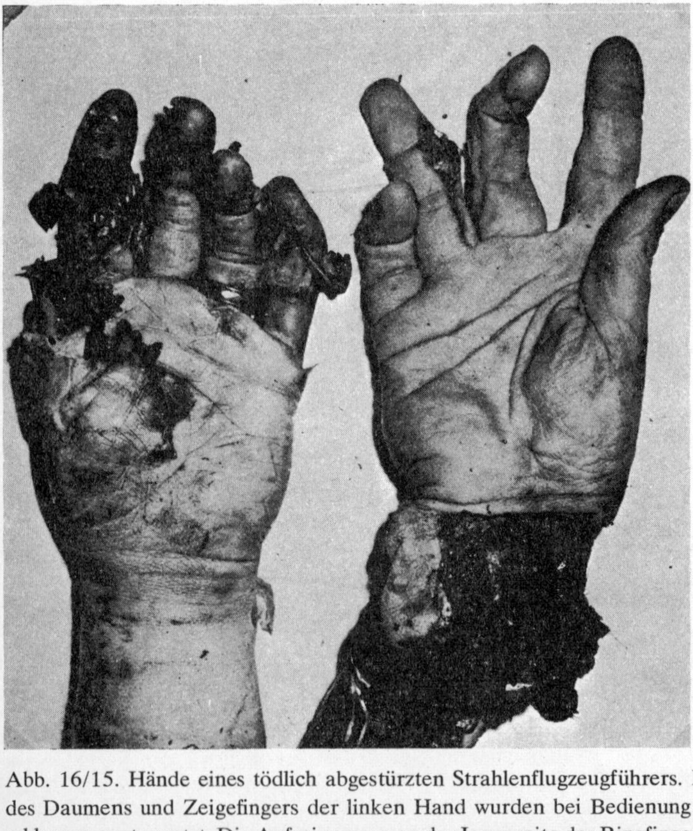

Abb. 16/15. Hände eines tödlich abgestürzten Strahlenflugzeugführers. Die Verletzungen im Bereich des Daumens und Zeigefingers der linken Hand wurden bei Bedienung des Leistungshebels im Aufschlagmoment gesetzt. Die Aufreissungen an der Innenseite des Ringfingers stammen von einem kleinen Hebel am Steuerknüppfelhandgriff.

Methoden entwickelt worden, die helfen können, Unfallhergang und -ursache zu klären. Das gilt auch für die weitgehende Zerstörung wie sie etwa bei Abstürzen von Düsenflugzeugen zu beobachten sind.
Günstiger sind die kriminaltechnischen Möglichkeiten natürlich in anderen Fällen. Hier können u. U. aus der Art der Verletzung, die Rückschlüsse auf verursachende Teile der Konstruktion oder Kleidung zulassen, Erkenntnisse über die Art und Weise der Bedienung, den Unfallhergang und damit die Ursache gewonnen werden.

c) Schiffsverkehr

Ähnlich liegen die Dinge im Schiffsverkehr, wo es ebenfalls gewöhnlich auf das Gutachten des nautischen oder sonst mit der Schiffahrt vertrauten Experten (§ 15–VI–E–4) ankommt. Immerhin ist die Beiziehung eines medizinischen Sachverständigen zumindest dann unerläßlich, wenn im Zusammenhang mit dem Unfall Leichen oder Verletzungen an lebenden Menschen zu untersuchen sind. In diesen Fällen erinnert die Situation jedoch anders als im Luftverkehr gewöhnlich mehr an die von Betriebs- und Berufsunfällen, wenngleich der seemännische Bereich modifizierend wirken kann.

3. Tödliche Betriebsunfälle

Tödliche Betriebsunfälle, bei denen der Verdacht fahrlässiger Tötung entsteht, stellen den Kriminalisten schon deshalb oft vor große Schwierigkeiten, weil er sich mit einer ihm wenig vertrauten Betriebssituation und für sie wichtigen technischen Gegebenheiten vertraut machen muß. Deshalb bedarf er in derartigen Fällen oft der Hilfe eines Sachverständigen, wobei außer an Mediziner und technische Experten ferner an Personen zu denken ist, welche die Tatsituation auf Grund ihrer Erfahrung besser als der insoweit ungeschulte Kriminalist zu beurteilen vermögen.
Ursache derartiger Betriebsunfälle können mechanische Wirkungen sein, wie sie etwa im Bauwesen (§ 16–C–IX–1), beim Betrieb oder bei Betriebsdefekten von Maschinen oder ähnlichen Anlagen auftreten. Die Art der tödlichen Verletzungen kann hier im Zusammenhang mit den Bedingungen von Technik und Arbeit helfen, die Unfallursache und damit eventuelle Verantwortlichkeiten zu klären.

Disse, Manfred/*Krannich,* D.: Seltene Entstehungsursache einer perforierenden Schädelverletzung – Arch. f. Krim. Bd. 142, S. 139 ff. (1968).

Beim Erweiterungsbau eines Mühlenwerkes wurde ein Stellmachermeister durch einen herunterfallenden Eisenträger tödlich am Kopf verletzt. Obwohl man ermittelte, daß es sich hierbei um einen Querriegel handelte, der noch die Feuchtigkeit des Mauerwerks aufwies, wurde, da das betreffende Gerüst bereits abgebrochen wurde, wegen Zusammentreffens unglücklicher Umstände ein Verschulden verneint und das Verfahren eingestellt.

Andere Unfälle im handwerklich-industriellen Bereich hängen mit Explosionen und Bränden zusammen, weshalb diese Fragen insgesamt besser an anderer Stelle zu behandeln sind (§ 16–C–V–1).
Typischer für unsere Zeit sind tödliche Betriebsunfälle im Zusammenhang mit elektrischen Geräten und Anlagen. Neben dem technischen Sachverständigen benötigt man hier wegen der Folgen am menschlichen Körper den Gerichtsmediziner.

Schmidt: Elektrische Energie – in: HdwRMed I–55 ff.

Tödliche Betriebsunfälle können schließluch durch toxische Stoffe verursacht werden. Ob überhaupt Giftverdacht besteht, kann oft nur mithilfe des Toxikologen entschieden werden, während für die Folgen wiederum der medizinische Sachverständige kompetent ist.

Paulus, W.: Unabsichtliche Vergiftungen – Arch. f. Krim. Bd. 142, S. 73ff. (1968); *Paulus,* W./*Omer,* O.: Über die Verteilung der Blausäure im Körper nach tödlicher inhalatorischer Vergiftung – Arch. f. Krim. Bd. 143, S. 167ff. (1969).

Außer Unfällen in Betrieben, welche mit giftigen Substanzen oder Stoffen arbeiten, aus denen sich leicht solche bilden können, ist hier an leichtfertige Handhabung der Schädlingsbekämpfung zu denken, die immer wieder Todesopfer fordert. Das aber leitet schon zur folgenden Problematik über.

4. Tod infolge unsorgfältiger Berufsausübung

Den tödlichen Betriebsunfällen, von denen vor allem Arbeitnehmer betroffen werden, ähneln z. T. Todesfälle infolge unsorgfältiger Berufsausübung, welche sich aber auch zum Schaden an den Arbeiten unbeteiligter Dritter auswirken kann. Einige Berufe erscheinen – wie nunmehr gezeigt werden soll – als besonders risikovoll. Als Sachverständige kommen außer den Experten für diese Berufe je nach Lage Techniker und Naturwissenschaftler sowie für die Folgen jedenfalls der Mediziner in Betracht.

a) Medizinalpersonen
In der Praxis geht es hier häufiger um das Verhalten von Ärzten und anderen Medizinalpersonen, was zum Teil allerdings auch darauf beruht, daß die Rechtsprechung hier Aufsichts- und Kontrollpflichten oft ungebührlich weit ausdehnt, weshalb es sich überwiegend um folgenschweres Unterlassen handelt. Die wesentlichen Befunde sind selbstverständlich am besten durch medizinische Sachverständige zu deuten, wenngleich es sich mitunter empfehlen kann, zugleich einen Biologen oder Toxikologen zu Rate zu ziehen.
Dies gilt weniger für die dann und wann, etwa im Bereich der Chirurgie, vorkommenden ärztlichen Kunstfehler oder inadäquate Behandlungsmethoden, als für Todesfälle durch Vergiftung, die sich infolge von falscher Dosierung oder Verwechslung ereignen können (vgl. § 16–A–I–á).

Geipel, A.: Tödlicher Zwischenfall nach Kontrastmitteleinlauf des Mastdarmes – Dtsch.Z.ges. gerichtl. Med. 1967–255ff.; *Paulus,* W.: Unabsichtliche Vergiftungen – Arch. f. Krim. Bd. 142, S. 73ff. (1968).

b) Handwerker
Doch auch die handwerkliche Tätigkeit ist in manchen Branchen besonders unfallträchtig. Das gilt – wie bei Betriebsunfällen (vgl. oben 3) – für das Baugewerbe, wo es in der Mehrzahl der Fälle um Tod durch Ab- oder Einsturz geht. Neben der typischerweise tödlich wirkenden stumpfen Gewalt kann bei Einsturz der Tod auch durch Behindern der Atembewegung verursacht werden, was vom Ersticken zu unterscheiden ist.

Strafrechtlich relevant sind hier Fälle, in denen es aus Fahrlässigkeit zu Einstürzen kommt, bei denen das Opfer verschüttet und die Expansionsfähigkeit des Brustkorbs sehr beschränkt wird. Zu einer solchen Thoraxkompression kann es auch bei Unfällen mit schweren Gegenständen kommen.

Natürlich können bei unsorgfältiger Berufsausübung u. U. sogar Betriebsfremde getötet werden. Außer durch stumpfe Gewalt kann dies beispielsweise auch durch scharfe Gewalt,

Hitze, Explosion, Elektrizität oder giftige Substanzen geschehen. Hierher gehören auch die bereits erwähnten Fälle leichtsinniger Schädlingsbekämpfung durch Kammerjäger und dergl.

c) Exekutivbeamte

Schließlich ist auf die Fälle unsorgfältiger Berufsausübung durch Exekutivbeamte hinzuweisen, die nicht nur als solche besonderen Gefahren ausgesetzt sind, sondern die z. B. wegen ihrer Bewaffnung relativ leicht für andere gefährlich werden können.

Selbst rechtsmäßiger Waffengebrauch durch Polizeibeamte kann unter unglücklichen Umständen (z. B. Querschläger, Abpraller) zum Tod von Personen führen, die mit dem dafür ausschlaggebenden Anlaß überhaupt nichts zu tun haben.

Hierher gehören ferner diejenige Unfälle bei der Bundeswehr, welche durch sachwidrigen Umgang mit Kriegsgerät zum Tod unbeteiligter Zivilisten führen.

d) Sonstige Berufe

Natürlich kommt Tod wegen unsorgfältiger Berufsausübung immer wieder auch in anderen Berufen vor, was beispielsweise z. T. mit den schon beim Verkehr behandelten Gefahren zusammenhängt.

So kann Tod durch zu hohen oder zu niedrigen Luftdruck etwa in der Luftfahrt bei fliegendem Personal oder bekanntlich bei Tauchern verursacht werden.

Im übrigen aber ist für mangelnde Sorgfalt bei Verkehrsberufen auf die bereits behandelten Verkehrsunfälle und die Erörterung der Verkehrsdelikte zu verweisen.

5. Tödliche Haushaltsunfälle

Tödliche Unfälle im Haushalt bereiten zwar mitunter kaum Schwierigkeiten, können aber doch dann kompliziert liegen, wenn besondere technische Gegebenheiten mitwirken oder mitgewirkt haben können. So gibt es auch hier Fälle, in denen die wirkliche Todesursache erst spät festgestellt wird.

Selbstverständlich ereignen sich immer wieder Unfälle in einer Weise, wie dies schon vor Jahrhunderten der Fall gewesen sein könnte. Außer an den Sturz aus dem Fenster oder von der Treppe bzw. Leiter ist beispielsweise an Unfälle zu denken, bei denen gerade Kinder – insb. Säuglinge und Kleinkinder – leicht zu Tode kommen können wie Strangulation, Ersticken oder Verbrühen mit kochendem Wasser. Hierzu zählen ferner Tierschadensfälle, bei denen außer unzureichend beaufsichtigten Hunden vereinzelt sogar Katzen beteiligt sind. Schon diese wenigen Hinweise zeigen, daß die Situation mitunter doch recht kompliziert liegen kann.

Fazekas, I. Gyula/*Kósa, F.: Säuglingstod infolge Einatmung von Geflügelfedern aus einem Kissen – Arch. f. Krim. Bd. 139, S. 168ff. (1967); Takáczy,* L./*Kenyeres,* I.: Tötung eines Säuglings durch eine Hauskatze (Felis domestica) – Arch. f. Krim. Bd. 145, S. 169ff. (1970).

Andere Haushaltsunfälle hängen deutlicher mit der Technik zusammen. Vor allem Elektro- und Gasgeräte sind bei sachwidriger Benutzung oder nach laienhafter Reparatur besonders gefährlich, wenngleich außer auf andere Weise entstandenen Bränden auch mancherlei zunächst ominös anmutende Vergiftungen vorkommen.

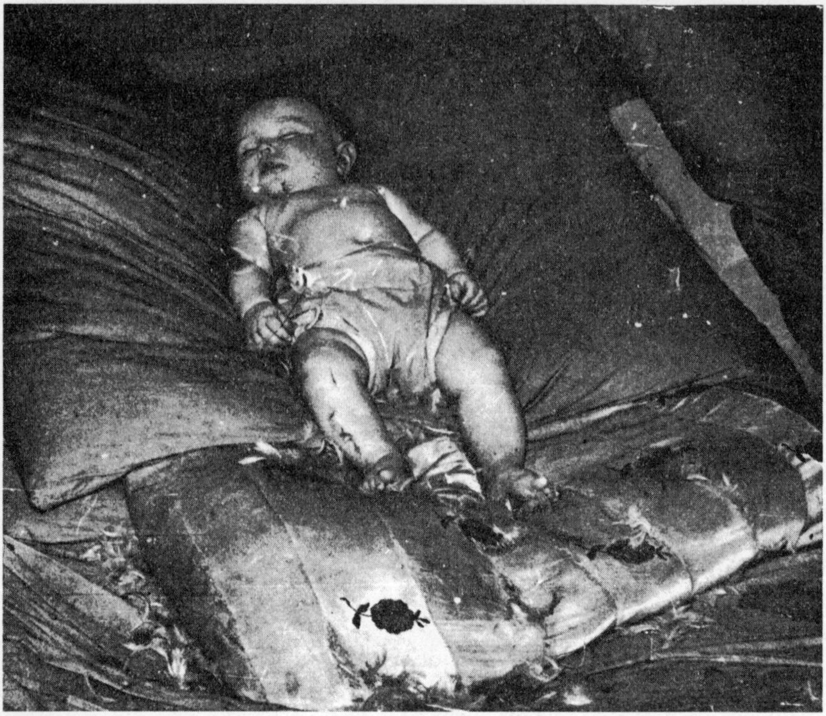

Abb. 16/16. Fundort mit dem bereits in Rückenlage gedrehten Säugling. Dieser hatte aus einem schadhaften Inlett eines Kissens, dessen Bezug zur Reinigung entfernt worden war, herausgequollene Federn eingeatmet, weil er auf dem Gesicht lag. Bei der Obduktion wurden außer einer den rechten Hauptbronchus total verschließenden Feder weitere in Rachenhöhle und Kehlkopfeingang, zwei in der Speiseröhre und drei im Magen festgestellt.

Frei, M.: Mikroskopische Spuren bei Elektrounfällen – Kriminalistik 1957–20ff.; *Dürwald,* Wolfgang/ *Holzhausen,* Gunther/*Hunger,* Horst: Elektro-Todesfälle in der Badewanne – Arch. f. Krim. Bd. 134, S. 134ff. (1964); *Patscheider,* H.: Eigenartige Vergiftungen durch Kohlenoxyd – Arch. f. Krim. Bd. 137, S. 139ff. (1966); *Paulus,* W.: Unabsichtliche Vergiftungen – Arch. f. Krim. Bd. 142, S. 73ff. (1968); *Naeve,* W./*Janssen,* Werner: Kohlenmonoxidvergiftung in einer Sauna mit Propangas-Beheizung – Arch. f. Krim. Bd. 148ff., S. 61ff. (1971); *Osterhaus,* Eugen: Zwei ungeklärte Todesfälle infolge Kohlenmonoxidvergiftung – Arch. f. Krim. Bd. 151, S. 159ff. (1973).

So hatte sich der nach dem Tod einer über 70 Jahre alten Frau hinzugezogene Arzt geweigert, einen Totenschein auszustellen, weil er keine Todesursache feststellen konnte. Dennoch gab der Richter diese Leiche ebenso wie die einer etwa 3 Monate später in dieser Wohnung verstorbenen 50 Jahre alten Frau frei. Erst als einige Zeit darauf in demselben Zimmer ein junges Mädchen verstarb, wurde eine Leichenöffnung angeordnet. Diese erbrachte den Nachweis von CO im Blut und ebenso wie bei den nunmehr exhumierten beiden Leichen als Todesursache Leuchtgasvergiftung. Erst jetzt wurde ermittelt, daß eine Gasleitung undicht geworden war und das durch die Wand als Filter in kleinen Mengen geruchlos ausströmende Gas zu einer tödlichen CO-Vergiftung bei drei Personen geführt hatte.

Ein Rentnerehepaar wurde in seiner Wohnung tot im Bett ohne Anzeichen äußerer Verletzungen aufgefunden. Da sich auch keine Anhaltspunkte für Selbstmord ergaben, war vom hinzugezogenen Arzt die

Todesursache nicht eindeutig festzustellen, wenngleich der Verdacht einer Lebensmittelvergiftung durch minderwertiges Fleisch aufkam; denn zwei Tage zuvor hatte der Arzt bei dem Mann und am Tage davor bei der Frau wegen angeblicher Magenverstimmung Haferschleim verordnet. Als jedoch nach Auffinden der toten Eheleute die 5jährige Tochter der in der Nachbarwohnung lebenden Eheleute unter den gleichen Krankheitserscheinungen in das Krankenhaus gebracht wurde, wo sie verstarb, kam man wegen des auch hier festgestellten, zunächst nicht erklärbaren karbidartigen Geruchs auf die wirkliche Todesursache. Die beiden Wohnungen grenzten mit einer Brandmauer an eine Mühle, die zugleich als Getreidelager diente. Am Tag vor der Erkrankung des Rentners war hier ein Schädlingsbekämpfungsmittel ausgelegt worden, das schon bei geringer Wärme Phosphorwasserstoffgas entwickelt. Dieses war durch die Brandmauer gedrungen und hatte, wie die Obduktionen ergaben, den Tod von drei Personen verursacht, weil die für dieses Kornkäferbekämpfungsmittel geltenden strengen Sicherheitsvorschriften (Begasungsschein, Information von Nachbarn, das Räumen angrenzender Wohnungen) nicht beachtet worden waren. – Bei derartigen Unfällen werden ersichtlich die Grenzen zur unsorgfältigen Berufsausübung fließend.

In anderen Fällen wirkt die leichtfertige Aufbewahrung von Giften oder eine ähnliche Verhaltensweise gerade für Kinder fatal.

Grusz-Harday, Eva: Extraktion, spektrometrische Identifizierung und quantitative Bestimmung von Strychnin bei Vergiftungsfällen – Arch. f. Krim. Bd. 141, S. 96ff. (1968).

6. Tödliche Spielunfälle

Tödliche Unfälle beim Spiel, bei denen es mitunter um das Unterlassen der gebotenen Aufsicht geht, bereiten gewöhnlich nur dann – von der medizinischen Begutachtung abgesehen – größere Schwierigkeiten, wenn Waffen, gefährliche Werkzeuge oder Mittel den Tod verursacht haben können, für den ein anderer verantwortlich sein könnte.

Wolff, Friedrich/*Laufer,* Margot: Tödliche Kopfschußverletzung durch Luftgewehr – Arch. f. Krim. Bd. 137, S. 78ff. (1966); *Frank,* K. H./*Eulitz,* J.: Tödlicher Ausgang beim sexuell betonten Spiel im Vorschulalter – Arch. f. Krim. Bd. 150, S. 1ff. (1972).

Allerdings gibt es, selbst wenn wir uns hier auf Kinder beschränken, noch viele andere Möglichkeiten, die zu einem tödlichen Spielunfall führen können, der beispielsweise außer durch Sturz aus der Höhe, Verschüttetwerden oder Ertrinken bewirkt werden kann.

7. Tödliche Sportunfälle

Bei tödlichen Unfällen in Zusammenhang mit dem Sport sind die Möglichkeiten der Kriminaltechnik recht verschieden gestaltet. Dabei soll der Begriff des Sports hier so weit verstanden werden, daß er sportähnliche Formen der Freizeitgestaltung umfaßt.
Kommt es zuweilen auf den medizinischen Experten an, so spielen bei anderen Sportarten – etwa Autorenn- und Schießsport – technische Sachverständige die entscheidende Rolle; immer aber kann es, da die Kriminalisten hiermit oft nicht vertraut sind, auf die Mitarbeit von Personen ankommen, die mit Regeln und Sicherheitsvorschriften der betreffenden Sportart besonders gut vertraut sind. Bekannt sind in diesem Rahmen beispielsweise Jagdunfälle, die außer Dritten auch den Schützen selbst treffen können, wenn er unvorsichtig mit der Waffe umgeht oder stürzt.

Berka, Vladimir/*Krejzlik,* Zdenek: Eine eigenartige tödliche Schrotschußverletzung – Arch. f. Krim. Bd. 140, S. 139ff. (1967).

Einer der nicht gerade seltenen Jagdunfälle ereignete sich dadurch, daß der Jäger, der zu einer von ihm getroffenen Hirschkuh geeilt war, durch das sich nochmals aufrichtende Wild überrascht diesem mit dem Gewehrkolben einen Schlag auf den Rücken versetzte. Dabei löste sich aus dem entsicherten Gewehr ein Schuß, der den Jäger in die Brust traf und tötete.

Ähnlich ist es bei Sport oder Spiel mit Schußwaffen, selbst wenn man sie wie Luft- oder Kleinkalibergewehre nicht als gefährlich ansieht, weshalb Fahrlässigkeit mitunter zweifelhaft werden kann. Insb. Bastelei an solchen Dingen kann leicht tödliche Folgen sowohl für Dritte als auch für den Handelnden selbst haben.

Lins, Günter/*Scheuch,* Fritz: Ungewöhnlicher Tod durch Erschießen – Arch. f. Krim. Bd. 154, S. 150ff. (1974).

In der Umgebung von Darmstadt kam ein 21 Jahre alter Dreher zu Tode, als er mit einer Bohrmaschine an einer im Schloß eines Karabiners (98 K (1)) steckenden Manöverpatrone herumhantierte. Da der Lauf verstopft war, ging der Schuß nach hinten los; der aus Messing bestehende Patronenboden rief als „Projektil“ die tödliche Wirkung am Hals hervor.

Als eine besonders gefährliche Sportart werten viele das Boxen, obwohl man auch hier wird differenzieren müssen.

Strassmann, Goerg/*Helpern,* Milton: Hirnverletzungen im Boxkampf – Dtsch. Z. f. gerichtl. Med. 1968–70ff.

Das weite Spektrum und damit die Vielfalt kriminaltechnischer Untersuchungen wird deutlich, wenn man sich über den eigentlichen Sport hinausgehend die Formen moderner Freizeitgestaltung vor Augen führt, welche bei Unachtsamkeit mancherlei Gefahren mit sich bringen.

Wrobel, Johann: Tod durch einen Camping-Heizstrahler – der kriminalist 1973–162 ff.

8. Fahrlässige Tötung im Zusammenhang mit einer Straftat u. a.

Zu fahrlässigen Tötungen kommt es nicht gar so selten im Zusammenhang mit einer anderen Straftat, die übrigens kein Gewaltdelikt zu sein braucht, bei welchem der Tod des Opfers jedoch besonders häufig fahrlässig herbeigeführt wird.

Eine Nachbarin, die eines Morgens einen 43jährigen Mann, da die Wohnungstür offen stand, blutüberströmt auf einer Couch vorfand, benachrichtigte die Kriminalpolizei. Im Krankenhaus konnte aber nur festgestellt werden, daß der Mann schon einige Stunden tot war; man führte den Tod, da die Leichenbesichtigung verhältnismäßig geringfügige Verletzungen des Schädels ergab, darauf zurück, daß der hochgradig Trunkene an seinem eigenen Blut erstickt sei. Denn eine erste Durchsuchung ergab keine sonst belastenden Anhaltspunkte gegen die 47jährige Wohnungsinhaberin und ihren 25jährigen Sohn. – Verdacht erweckte jedoch, daß diese zunächst nicht auffindbar waren. Sie erklärten, der Sohn habe dem Mann, der als Rauf- und Trunkenbold bekannt war, ein Schlachtermesser entrissen, mit dem er sie bedroht habe; dann habe er auf das Opfer eingeschlagen. – Die Sektion erhab jedoch massive Schädelverletzungen, die auf ein Werkzeug wie eine Flasche hindeuteten. Bei einer erneuten Durchsuchung wurde dann auch eine blutverschmierte 0,5 l fassende Flasche der Fürst-Bismarck-Quelle gefunden. Das Fehlen von Fingerabdrücken, wie sie bei bloßem Anfassen entstehen, erhärtete zusammen mit der histologischen Untersuchung der Blut-, Gewebe- und Haarspuren die Annahme, daß dies das Tatwerkzeug war. So konnte ferner mithilfe der Formspuren der Verletzungen der Tathergang aufgeklärt werden.

Eine besonders verhängnisvolle Rolle spielen insoweit die diversen Praktiken der Abtreibung (unten III.), welche verhältnismäßig oft tödlich für die Schwangere enden, was bei Beteiligung Dritter fahrlässige Tötung bedeutet.

Schwerd, Wolfgang: Erhängen oder Abtreibung? – Arch. f. Krim. Bd. 135, S. 1ff. (1965); *Reinhardt,* Günther/*Geldmacher-von Mallinckrodt,* Marika/*Kittel,* Hanns/*Opitz,* Otto: Akute tödliche Vergiftung mit Silbernitrat als Folge eines Abtreibungsversuchs – Arch. f. Krim. Bd. 148, S. 69ff. (1971).

Ein Beispiel für andere, nicht notwendig strafbare Handlungen sind sexuelle Manipulationen, an denen mehrere Personen beteiligt sind; wenn dabei ein Mensch zu Tode kommt, kann den Überlebenden u. U. Verantwortlichkeit wegen fahrlässiger Tötung treffen.

III. Abtreibungen u. a.

Kriminaltechnisch ist für Fälle der Abtreibung relativ unerheblich, ob wir es mit Erscheinungsformen der Selbst- oder der Fremdabtreibung zu tun haben. Obwohl wir nach der Tatausführung äußere Mittel bzw. Verfahren und innere Mittel unterscheiden können, dürfte dennoch klar sein, daß als Sachverständiger vor allem wieder der Fachmediziner in Betracht kommt; er kann sowohl die Folgen als vor allem auch die Arbeitsweise des abtreibenden Täters am besten beurteilen.

Svensson/Wendel S. 283ff.; *Berg,* S.: Spuren des Abtreibungsinstrumentes am Fötus – Arch. f. Krim. Bd. 122, S. 35ff. (1958); *Lawlov,* George: Haar- und Faservergleich in einem Fall von Abtreibung mit tödlichem Ausgang – Internat. Kriminalpol. Revue 1959–80ff.; *Herold,* K.: Abtreibung durch Einblasen von Luft in den Uterus – Kriminalistik 1961–253f.; *Zink,* P./*Reinhardt,* G.: Gerichtsmedizinische Untersuchungen zum Verhalten der Nabelschnur bei gewaltsamer Zerreissung – Dtsch. Z. f. gerichtl. Med. 1969–86ff.; *Schwerd,* W.: Schwangerschaftsabbruch – in: KLbRMed S. 84ff.; *Jarosch* in Prokop/Göhler S. 262ff.; *Hartmann,* G./*Mueller,* B. in Mueller (2) II–1124ff.

Kriminaltechnisch kommt es in Abtreibungsfällen zunächst gewöhnlich darauf an nachzuweisen, daß überhaupt eine Schwangerschaft vorliegt bzw. vor der Tat vorgelegen hat. Der Gerichtsmediziner und der Gynäkologe unterscheiden hier zwischen wahrscheinlichen und sicheren Zeichen für eine Schwangerschaft.

Zu den unsicheren oder nur wahrscheinlichen Schwangerschaftszeichen zählen außer dem Aussetzen der monatlichen Blutung das Ausscheiden von Vormilch, Verfärbungen im Bereich der äußeren Genitalien und verstärkte Schleimreaktion sowie die nur durch den Arzt festzustellenden Gebärmutterzeichen.

Sichere Zeichen für eine Schwangerschaft dagegen sind Fühlen der Körperteile des Kindes, Kindesbewegungen, Hören der Herztöne des Ungeborenen sowie röntgenologisches Ausmachen seiner Skelettteile. Als zumindest relativ sicher wird ferner die hormonelle Schwangerschaftsreaktion (Krötentest, Aschheim-Zondek) beurteilt.

Vereinzelt kommen sogar Fälle angeblicher Schwangerschaft vor. Ziel solcher Machenschaften sind außer dem Wunsch nach Wechsel des Arbeitsplatzes insb. Unterstützungsschwindeleien der verschiedensten Art.

Eine 23 Jahre alte, ledige Hausangestellte, die neben ständig zunehmender Körperfülle alle Anzeichen einer Schwangerschaft zeigte, sollte auf Rat ihrer Arbeitgeber einen Arzt aufsuchen. Ein „Anfall" dabei machte die Einweisung in ein Krankenhaus notwendig, aus dem die Frau – nun nicht mehr „schwanger“ – nach einigen Tagen zurückkehrte. Der Verdacht einer Abtreibung oder Kindestötung konnte vom Mediziner durch die Feststellung entkräftet werden, daß bei der Frau nie eine Schwangerschaft bestanden habe. Sie hatte sich vielmehr, um den Arbeitsplatz wechseln zu können, zunehmend Kleider und Schals um den Leib gewunden. Als sie „auf dem Weg zum Arzt“ in einer Gastwirtschaft ein Gebräu aus Alkohol, das sie mit Kölnisch Wasser und 40 Spalt-Tabletten angereichert hatte, trank, wurde ihr übel. Sie konnte sich auf der Toilette nur noch schnell der Umstandsdekoration entledigen, bevor sie in Ohnmacht fiel und in das Krankenhaus eingeliefert wurde, wo man ihr den Magen leerpumpte.

Liegen dagegen Anhaltspunkte für eine abgebrochene Schwangerschaft vor, und besteht mithin der Verdacht vollendeter Abtreibung, so ist es ferner wichtig, den erfolgten Fruchtabgang und die dafür ausschlaggebenden Ursachen nachzuweisen. Außer auf die oft zweifelhafte Frage der Geeignetheit einer bestimmten Manipulation oder eines gewissen Mittels kommt es vor allem darauf an, den Kausalzusammenhang mit Fruchtabgang bzw. Vernichtung der Leibesfrucht zu beweisen. Werden Fötus oder Nachgeburt, deren Untersuchung das erleichtert, jedoch nicht gefunden, so kommt es allein auf die medizinische Untersuchung der Genitalien an.

Dabei spielt es natürlich eine Rolle, ob der Abort kürzlich (bis zu 2 Wochen) oder schon vor einiger Zeit stattgefunden hat. Im ersten Falle ist der Gebärmutterkanal meistens erweitert und aufgelockert; zudem lassen sich gewöhnlich noch Blutungen feststellen. Die hormonellen Schwangerschaftsreaktionen sind oft noch positiv. Diese Nachweismöglichkeiten verlängern sich sogar noch etwas, wenn Reste der Nachgeburt zurückbleiben. – Ist jedoch längere Zeit verstrichen, so helfen medizinische Methoden kaum noch, sofern nicht der Fötus gefunden wird, mit dem sich die Dauer der Schwangerschaft in etwa bestimmen läßt. Kriminaltechnisch sind dann nur noch sichergestellte Abtreibungsinstrumente und -mittel von Nutzen. Ein medizinisches Gutachten ist u. U. allerdings noch nötig, um beurteilen zu können, ob die eventuell behauptete natürliche Störung der Schwangerschaft vorgelegen haben kann.

Selbstverständlich können, soweit Spuren anderer Art wichtig werden, neben dem Mediziner andere Sachverständige wie etwa Chemiker (z. B. Toxikologen), Biologen oder Apotheker in Betracht kommen. Denn die bei der Verbrechenstechnik geschilderten verschiedenen Ausführungsarten hinterlassen ebenfalls oft durch den Mediziner oder andere Experten auswertbare Spuren. Überdies muß ggf. der Zusammenhang zwischen den auf diese Weise festgestellten Manipulationen und dem Fruchtabgang dargetan werden.

Das ist nicht nur wegen dagegen gemachter Aussagen, sondern oft wegen mehrfach vorgenommener Eingriffe schwierig. Dabei sind die Symptome je nach Dauer der Schwangerschaft verschieden, wenngleich der Fruchtabgang gewöhnlich einige Zeit nach der Manipulation erfolgt.

Besteht bei einem Todesfall Verdacht der Abtreibung (vgl. § 16–A–II–8), so ist in erster Linie zu prüfen, ob sich Anhaltspunkte für eine Luftembolie oder eine Laugenverätzung ergeben; denn häufig ist hier Verantwortlichkeit Dritter wegen fahrlässiger Tötung zu bejahen. Selbstverständlich gibt es die davon nicht immer leicht zu unterscheidenden Fälle plötzlichen Todes der Mutter während der Schwangerschaft oder der Geburt sowie den natürlichen oder geburtstraumatisch bedingten Tod des Kindes, welcher unter gewissen Umständen zwar als fahrlässige Tötung, nicht aber als Abtreibung gewertet werden kann.

Die Erfahrung lehrt jedoch, daß man bei unklarem Todesfall einer Frau im gebärfähigen Alter immer an eine Abtreibung denken sollte. Die häufigsten Todesursachen bei mechanischen Abtreibungspraktiken sind – wie das Folgende noch verdeutlichen wird – Luftembolie, u. U. sogen. „Schocktod“, Sepsis, auch spätere Infektionen und Blutungen im Genitalbereich. Bei der Sektion in Fällen von Abtreibungsverdacht gibt es daher einige Besonderheiten. Selbst an der Leiche läßt sich histologisch noch beweisen, daß eine Schwangerschaft bestanden hat. Kommen chemisch-physikalische Manipulationen in Betracht, so ist vor allem auf Anhaltspunkte für eine Laugenverätzung zu achten.

Hartmann, G./*Mueller*, B. in Mueller (2) II–1143 ff.

Die Bedeutung der Kriminaltechnik in derartigen Fällen läßt sich im übrigen am besten an Hand der verschiedenen Verbrechenstechniken (vgl. § 8–III) demonstrieren.

1. Mechanische Manipulationen

Zu mechanischen Manipulationen werden – wie oben dargelegt – typischerweise Gegenstände verwendet, die geeignet sind, die Eiblase durchzustechen und so den Abgang des Fruchtwassers zu bewirken. Soweit man bei diesen Praktiken zugleich Chemikalien u. a. anwendet, sollen sie später (unter 2.) behandelt werden. Wesentlich für die hier zu erörternden Maßnahmen sind insb. die intrauterinen Eingriffe und die dabei verwendeten Instrumente, weil nur selten ohne sie – etwa mit Einbohren des Fingers in Portio und Cervix – vorgegangen wird.
Der Nachweis eines solchen Eingriffs ist bei der lebenden Frau meist nur im Wege gründlicher Untersuchung durch den Gynäkologen oder einen entsprechend ausgebildeten Gerichtsmediziner möglich. Wesentlich sind bei diesen Praktiken naturgemäß Verletzungen der Scheide oder an der Portio uteri. Gelingt dieser Beweis, so wird die Frage des Kausalzusammenhangs zwischen instrumentellem Eingriff und Abort nur selten zweifelhaft sein. Die Art der Verletzung kann auch Rückschlüsse auf die Tatausführung zulassen.

Schwerd, Wolfgang: Erwürgen oder Abtreibung? – Arch. f. Krim. Bd. 135, S. 1 ff. (1965).

Erst die medizinische Untersuchung ergab, daß eine Selbstanzeige eines Mannes, der seine mit ihm zusammen lebende, schwangere Freundin erwürgt haben wollte, falsch war. Todesursache war vielmehr eine bei einem Abtreibungsversuch mit Stärkelösung mechanisch bewirkte Luftembolie.

2. Chemisch-physikalische Manipulationen

Noch vielgestaltiger sind Abtreibungspraktiken, die auf chemische oder chemisch-physikalische Wirkungen hinauslaufen. Hier muß in aller Regel außer dem Mediziner ein toxikologisch erfahrener Experte eingeschaltet werden.

a) Ätzende Flüssigkeiten
Als Abtreibungswerkzeuge kommen hier zuächst einmal alle möglichen Arten von Spritzen in Betracht, insb. sogen. „Mutterduschen". Als das eigentliche Abtreibungsmittel fungiert dabei üblicherweise eine Seifenlösung. Außer anderen Verletzungen spielen dadurch bewirkte Defekte eine Rolle. Neben Folgen wie denen mechanisch wirkender Instrumente ist hier daher vor allem an eine Seifenintoxikation (Laugenverätzung) zu denken; lokale Verätzungen können überdies zu Entzündungen oder Nekrosen führen. Auch können Substanzen dieser Art in das Blut gelangen und dort die roten Blutkörperchen zerstören.

b) Einnehmen von Medikamenten, Chemikalien und Kräutern
Beim Einnehmen von Medikamenten, Chemikalien und Kräutern kommt es mehr als auf mechanisch bewirkte Verletzungen darauf an, das Vorhandensein einer solchen Substanz

durch chemische Analysen beispielsweise des Urins zu beweisen. Gerade bei diesen Praktiken sind, da Medikamente und andere Chemikalien häufig toxisch wirken, Komplikationen zu erwarten, welche nicht selten zum Tod der Schwangeren führen.

Reinhardt, Günther/*Geldmacher-von Mallinckrodt,* Marika/*Kittel,* Hanns/*Opitz,* Otto: Akute tödliche Vergiftung mit Silbernitrat als Folge eines Abtreibungsversuchs – Arch. f. Krim. Bd. 148, S. 69ff. (1971); *Giusti,* Giusto Virgilio/*Moneta,* Ernesto: Ein Fall von Abtreibung durch Petersilienabsud und Naphtalin – Arch. f. Krim. Bd. 152, S. 161ff. (1973); *Hartmann,* G./*Mueller,* B. in Mueller (2) II – 1150ff.

Bei einer tot in ihrer Wohnung aufgefundenen Frau konnte statt möglichen Mordverdachts eine Selbstabtreibung mit Todesfolge vor allem durch die Analyse von Erbrochenem festgestellt werden; denn das an einer gelatineartigen Masse entdeckte weißliche Pulver erwies sich als Chinin-Sulfat, welches die Verstorbene in einer Gelatine-Kapsel zu sich genommen hatte.

3. Andere abortive Maßnahmen

Bei anderen den Abort fördernden Praktiken ist, sofern es überhaupt zu einem Strafverfahren kommt, die Chance eines Sachbeweises im allgemeinen geringer, wenngleich sich auch hier zumindest nachweisen läßt, daß eine Schwangerschaft bestanden hat. Doch hinterlassen diese Praktiken wie heiße Bäder, ungewöhnliche Anstrengungen, Erschrecken der Schwangeren und Ähnliches, sofern es sich überhaupt um im konkreten Fall (Konstitution der Schwangeren!) taugliche Abtreibungsmethoden handelt, in aller Regel weniger eindeutige Spuren und dürfte oft der Zusammenhang mit Fruchtabgang bzw. Abort zweifelhaft sein.

IV. Vorsätzliche Körperverletzungen

Im Bereiche der vorsätzlichen Körperverletzungen mögen kriminaltechnische Untersuchungen nicht so notwendig erscheinen, wie es bei Tötungen der Fall ist, weil man hier mit der Aussage des Verletzten über einen Personalbeweis verfügt. Aber gerade, um diesen prüfen zu können, sollte man die Bedeutung der Kriminaltechnik nicht unterschätzen. Allerdings können wir uns relativ kurz fassen, weil die Untersuchungsprobleme zumindest im wesentlichen denen der Tötungsdelikte entsprechen (§ 15–A–I).
Ein Sonderproblem, das bei den vorsätzlichen Körperverletzungen, obwohl es vor allem bei anderen Deliktsgruppen (z.B. Versicherungsmißbrauch) vorkommt, vorab behandelt werden soll, ist das von **Selbstbeschädigung** und Selbstverstümmelung; denn derartige Fälle lassen sich nur bedingt mit dem Selbstmord vergleichen, der ebenfalls schon behandelt worden ist. Sogar die Verbrechenstechniken weichen sehr von einander ab; so benutzt man beispielsweise bei der Selbstschädigung nur sehr selten Gifte, weil deren Wirkung sich offenbar nicht recht einschätzen läßt. Im Verhältnis zu den von dritter Hand bewußt zugefügten Verletzungen können die äußerlich ähnlichen Befunde u. U. irritieren.

Brettel: Selbstbeschädigung. Selbstverstümmelung – in: HdwRMed I – 238ff.; *Mueller,* B./*Möllhoff,* G. in Mueller (2) I – 214f., 320ff.

Während Selbstbeschädigungen alle selbsttätig (eigenhändig) oder von Dritten auf Verlangen, zumindest mit Willen des Betroffenen vorgenommenen Eingriffe in die körperliche Unversehrtheit sind, die demnach sogar unabsichtlich erfolgen können, ist für den engeren Begriff der Selbstverstümmelung ein bleibender Defekt charakteristisch.

Derartige Selbstbeschädigungen sind häufiger, als man gemeinhin annimmt. Außer an Strafgefangene oder Soldaten, die auf diese Weise Verlegung oder Entlassung erreichen wollen, ist auch an solche Taten zu denken, die zum Zwecke des Versicherungsmißbrauchs begangen werden. Ferner können Geltungssucht, Angst vor Teilnahme an Gerichtsverhandlungen, an einem Sportwettkampf oder einer Klassenarbeit zu derartigen Praktiken ebenso motivieren wie eine sexuelle Aberration.

Mitunter sind derartige Selbstbeschädigungen allerdings auch nur Begleiterscheinungen eines Selbstmordes.

Greiner, Hermann: Selbstmord kombiniert mit Selbstbeschädigung – Arch. f. Krim. Bd. 154, S. 25ff. (1974).

Die Formen der Selbstbeschädigung sind überaus mannigfaltig, weshalb die Folgen oft denen gewisser vorsätzlicher Körperverletzungen entsprechen. Sind mithin nahezu alle Gebiete der Humanmedizin einschlägig, so sind doch häufiger der Chirurg, der Dermatologe und – etwa bei Verschlucken von nicht besonders gefährlichen Gegenständen – der Internist hier besonders kompetent.
Ganz überwiegend erfolgt die Selbstbeschädigung jedoch mithilfe mechanisch wirkender Verletzungswerkzeuge oder ähnlicher Praktiken.

Kósa, Ferenc: Eine ungewöhnliche Art von Selbstverstümmelung zum Zwecke eines Versicherungsbetruges – Arch. f. Krim. Bd. 152, S. 1ff. (1973).

Vereinzelt werden sogar – gerade zum Versicherungsmißbrauch – Gifte und ähnliche Substanzen benutzt, um sich selbst gesundheitlich zu schädigen; allerdings bezweckt man dann gewöhnlich nur eine zeitlich begrenzte Verschlechterung des Gesundheitszustands.
Die Tatausführung ist im Prinzip dieselbe wie bei vorsätzlichen Körperverletzungen, sofern man von gewissen Besonderheiten absieht, welche sich durch Eigenhändigkeit oder besondere Tatumstände ergeben können. Dies gilt jedoch nur für Fälle der direkten, also nicht der indirekten Selbstbeschädigung, bei welcher ein Dritter für das „Opfer" handelt.
Für die bei vorsätzlichen Körperverletzungen zu erwartenden Spuren von Tötungs- und Verletzungswerkzeugen oder -mitteln gilt ansonsten das bei den vorsätzlichen Tötungen Ausgeführte, weshalb wir uns auf einige ergänzende Hinweise beschränken können.

Schwerd, W.: Befunderhebung bei Körperverletzungen und Sexualdelikten, Spurensicherung und Spurenuntersuchung – in: KLbRMed S. 19ff.

In der Praxis ergeben sich nicht nur häufiger Schwierigkeiten bei der Abgrenzung von fahrlässigen Körperverletzungen und anderen Unfällen, sondern ist zu beachten, daß derartige Verbrechenstechniken keineswegs isoliert vorkommen. Häufiger finden sie sich als Tatmittel oder Begleiterscheinung anderer Delikte, z.B. der Gewaltdelikte. Obwohl das kriminaltechnisch insoweit keinen Unterschied ausmacht, muß daher doch auf das zu solchen Straftaten Gesagte verwiesen werden. Denn hier interessieren in erster Linie die schlichten vorsätzlichen Körperverletzungen.

1. Schußverletzungen

Schußwunden spielen bei vorsätzlichen Körperverletzungen eine geringere Rolle als bei Tötungen, weil für derartig gefährliche Waffen ein weitergehender Vorsatz charakteristisch ist; der Mordversuch aber gleicht kriminaltechnisch im wesentlichen der vollendeten Tat. Eher schon erhebt sich die Frage einer vorsätzlichen Körperverletzung in Situationen, die an der Grenze zum fahrlässigen Schußwaffenunfall liegen.

Holzer, Franz Josef: Schuß oder Stich? – Arch. f. Krim. Bd. 151, S. 81 ff. (1973).

So war aus Furcht, wegen unerlaubten Waffenbesitzes belangt zu werden, eine unabsichtliche Schußverletzung von den Beteiligten zunächst als Stich dargestellt worden.

2. Sprengstoffverletzungen

Sprengstoffverletzungen sind selten unter dem Gesichtspunkt einer vorsätzlichen Körperverletzung zu untersuchen. Denn entweder handelt es sich um einen Unfall und damit ggf. Fahrlässigkeit oder aber der Täter, der dieses gefährliche Tatmittel verwendet, beabsichtigt bzw. billigt den Tod von Menschen; bleibt es bei bloßem Gesundheitsschaden, wäre dieses Verhalten dann als Tötungsversuch zu ahnden.

3. Stichverletzungen

Ausgesprochen häufig sind dagegen in diesem Rahmen Stichverletzungen, weil Täter sowohl überlegt als bei sich ergebenden Streitigkeiten kurz entschlossen Stichwaffen oder andere stechende Werkzeuge benutzen, ohne den anderen töten zu wollen.
Die nicht immer leicht zu deutenden Stichwunden müssen vom Gerichtsmediziner begutachtet werden, der noch am ehesten etwas über die Art des Tatwerkzeugs und den Tathergang aussagen kann. Bei Kleiderschäden, die durch Stich hervorgerufen werden sein könnten, anderen Werkzeugspuren und den Tatwerkzeugen selbst sind naturgemäß ebenso wie bei Materialspuren ggf. andere Experten zu Rate zu ziehen.

4. Schnittverletzungen

Ähnlich ist die Lage bei den ebenfalls häufigen Schnittverletzungen, die – wie erwähnt – beim Opfer Abwehrverletzungen darstellen oder u. U. andere Ursachen haben können. Die medizinisch zu begutachtenden Schnittwunden können nicht nur Schlüsse auf Vorgehen und Ziele des Täters erlauben, sondern ermöglichen es des öfteren, ein Tatwerkzeug einwandfrei zu identifizieren, was selbstverständlich durch dafür besonders Sachkundige Experten anderer Art geschehen kann.

5. Verletzungen durch halbscharfe Gewalt

Seltener als bei Tötungen entsteht bei vorsätzlichen Körperverletzungen der Verdacht der Anwendung halbscharfer Gewalt, weil bei diesen Tatwerkzeugen schwerere Folgen zu befürchten sind, weshalb man gewöhnlich auf Tötungsvorsatz schließen kann. Im übrigen aber sind, wenn bei der Tat derartige Instrumente wie ein Beil benutzt worden sind, die kriminaltechnischen Probleme dieselben wie oben.

6. Verletzungen durch stumpfe Gewalt

Häufig werden vorsätzliche Körperverletzungen mittels stumpfer Gewalt begangen, wobei wiederum die Abgrenzung von fahrlässigen Taten problematisch werden kann. Neben entsprechenden Werkzeugen benutzen die Täter bei dieser Verbrechenstechnik Schläge mit der Hand oder Faust, den Stoß, den Sturz usw.

Für die kriminaltechnische Untersuchung kommen neben dem Mediziner, der gewöhnlich am besten Ursachen und Wirkung beurteilen kann, jedoch des öfteren Experten in Betracht, die andere Spuren auszuwerten vermögen, wie sie vor allem durch Werkzeuge hervorgerufen werden.

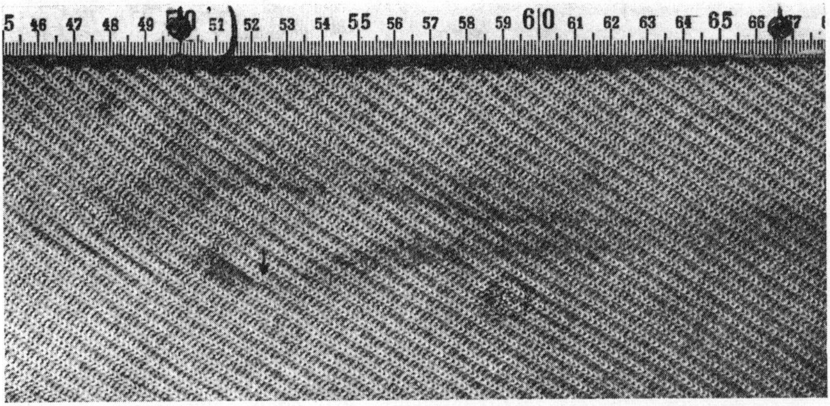

Abb. 16/17. Die mithilfe von Schottfilter RG 5 und panchromatischem Material fotographisch gesicherte Abdruckspur auf dem Rücken der von der Geschädigten getragenen roten Wollweste.

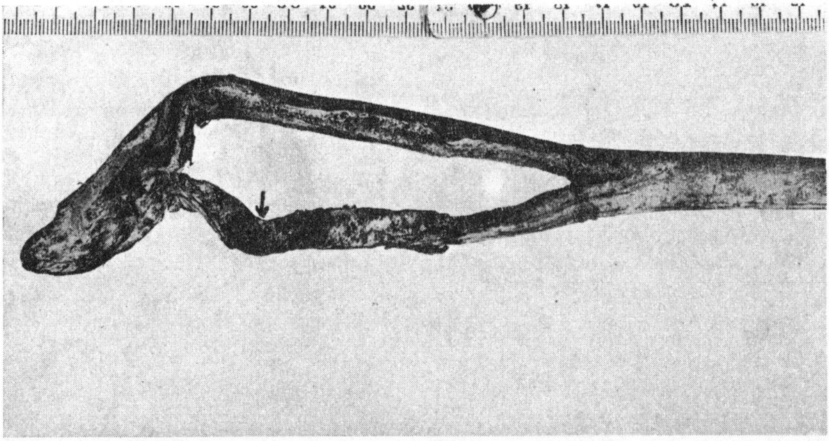

Abb. 16/18. Zum Vergleich der bei der Täterin beschlagnahmte Ochsenfiesel, welcher im nadelöhrförmigen Ende eine charakteristische Aufweitung (siehe Pfeil) zeigt, die ebenso in der Abdruckspur zu erkennen ist.

Nickenig, Albert: Stummer Zeuge einer tätlichen Auseinandersetzung – Arch. f. Krim. Bd. 139, S. 71 ff. (1967).

So konnte nach einer Wirtshausschlägerei die von der Täterin bestrittene Behauptung der Geschädigten, sie habe einen Schlag mit einem Ochsenfiesel (Ochsenziemer) auf den Rücken erhalten, durch Spuren an der Kleidung und Vergleich mit dem fraglichen Tatwerkzeug bewiesen werden.

Ähnlich ist die Lage übrigens, wenn eine Schußwaffe, was hier nicht so selten geschieht, zum Schlagen oder Stoßen benutzt wird.

Potondi, A.: Die Pistole als Schlagwerkzeug – Arch. f. Krim. Bd. 140, S. 41 ff. (1967).

7. Verletzungen durch Würgen, Drosseln usw.

Im Zuge von Tätlichkeiten kommen ferner Verletzungen durch Würgen, Drosseln und ähnliche Praktiken der Strangulation vor, ohne daß man bereits Tötungsvorsatz annehmen kann. Zur Aussage des Opfers treten hier – wie bei den Tötungen – medizinische und andere kriminaltechnische Untersuchungen hinzu, welche zugleich eine Kontrolle der Angaben ermöglichen. Auf das dort und bei den typischen Spuren Ausgeführte kann daher verwiesen werden.

8. Verletzungen durch Gift und andere Chemikalien

Die im Vergleich zur Tötung seltenen Gesundheitsschäden durch Gift oder andere Chemikalien, die wieder häufiger auf Fahrlässigkeit hinzudeuten pflegen, werden hier ebenfalls in der dort geschilderten Weise medizinisch und toxikologisch untersucht.

9. Andere Formen vorsätzlicher Körperverletzung

Ungünstiger als bei den bisher erwähnten Praktiken, die durchweg deutliche und auswertbare Spuren hinterlassen, ist die Lage bei den anderen, in der Praxis verbreiteten Formen der vorsätzlichen, insb. der „einfachen" Körperverletzung; denn zählen u. U. außer Ohrfeigen andere Verhaltensweisen, die das körperliche Wohlbefinden mehr oder weniger nachhaltig stören, dazu, ist klar, daß hier nur dürftige oder keine Sachspuren zu erwarten sind. Ebenso ist es, wenn man gemeinschaftliche Begehung oder gewisse andere Ausführungsarten bereits als erschwerte Fälle (z. B. gefährliche Körperverletzung) wertet. Denn Spuren sind dabei im allgemeinen nicht zu erwarten.
Dennoch sollte man, obwohl die Spuren am Körper des Opfers hier häufig fehlen, doch nicht die sich durch andere Form- oder Materialspuren ergebenden Möglichkeiten der Kriminaltechnik unterschätzen; das Gewicht medizinischer Gutachten tritt hier im allgemeinen jedoch zurück.

V. Fahrlässige Körperverletzungen

Die Kriminaltechnik bietet bei den fahrlässigen Körperverletzungen kaum Besonderheiten gegenüber den fahrlässigen Tötungen (§ 16–A–II). Deshalb sind auch hier die für die Erscheinungsformen kennzeichnenden Begleitumstände zu beachten. Denn diese bedingen,

daß hier neben dem Mediziner häufiger Fachleute aus den in Frage stehenden Lebensbereichen als Sachverständige beigezogen werden.
Insgesamt jedoch kann hier für kriminaltechnische Untersuchungen, da die Situation bei weniger schweren Folgen dieselbe wie bei fahrlässigen Tötungen ist, auf das dort sowie das in § 15 zu kriminaltechnischen Untersuchungen allgemein Ausgeführte Bezug genommen werden.
Es ist daher nur einiges für besonders liegende Fälle zu ergänzen, um das oben gezeichnete Bild insoweit abzurunden. Dabei orientieren wir uns wiederum an den für die Verbrechenstechniken charakteristischen Formen (§ 8–V). Noch häufiger als bei fahrlässigen Tötungen werden fahrlässig herbeigeführte Gesundheitsschäden allerdings in anderem Rahmen bedeutsam, weil sie entweder die Folge von Straftaten wie Gewaltdelikten und sonstiger Fahrlässigkeit sind oder aber sie zum Zwecke des Versicherungsmißbrauchs (§ 16–C–III–F) ausgenutzt werden.

1. Straßenverkehrsunfälle

Bei den zahlreichen fahrlässigen Körperverletzungen im Zusammenhang mit dem Straßenverkehr haben kriminaltechnische Untersuchungen vor allem die Aufgabe, eine Kontrolle der Aussagen der am Unfall Beteiligten durch Sachbeweise zu ermöglichen. Dies ist beispielsweise für Praktiken des Versicherungsmißbrauchs wichtig, weil nach derartigen Verkehrsunfällen des öfteren angebliche Gesundheitsschäden simuliert oder als schwerer bzw. länger andauernd dargestellt werden.
Was das zum Körperschaden führende Verhalten im Straßenverkehr anlangt, soll hier aber nicht der Darstellung der Verkehrsdelikte (§ 16–C–VII) vorgegriffen werden.

2. Andere Verkehrsunfälle

Dieselbe Problematik bietet sich uns bei anderen Verkehrsunfällen, wie sie sich insb. im Schienen-, Luft- und Schiffsverkehr ereignen. Denn selbst dort, wo keine Unfalltoten zu beklagen sind, kann für die Untersuchung von Ursachen und Hergang des Unfallgeschehens nichts anderes gelten als das, was für derartige fahrlässige Tötungen und für die jeweils einschlägigen Verkehrsdelikte dargelegt worden ist bzw. wird. Medizinische und anderweitige Begutachten der Überlebenden hat vor allem den Zweck, das wirkliche Ausmaß des Einzelschadens und seinen Zusammenhang mit dem Unfallgeschehen zu ermitteln. Selbst wenn sich dadurch Anhaltspunkte für Unfallursachen und -hergang gewinnen lassen, dürfte der Schwerpunkt der Begutachtung des Verkehrsverhaltens doch wohl bei den Verkehrsdelikten liegen.

3. Betriebsunfälle

Durch Betriebsunfälle verursachte Gesundheitsschäden, welche u. U. als fahrlässige Körperverletzung strafrechtlich zu ahnden sind, unterscheiden sich kriminaltechnisch regelmäßig nicht von entsprechenden fahrlässigen Tötungen oder den sonst für derartige Verhaltensweisen maßgebenden Delikten. Denn ungeachtet der hier möglichen Aussagen von Opfern, kann man schon aus Gründen der Kontrolle gewöhnlich nicht auf Sachbeweise verzichten.

Diese sollte man schon bei der großen Zahl derartiger Betriebsunfälle, welche die Strafrechtspraxis vieler Länder überdies wohl nicht ernst genug nimmt, nicht unterschätzen.

4. Unsorgfältige Berufsausübung

Obwohl Fälle unsorgfältiger Berufsausübung, die andere fahrlässig an ihrer Gesundheit schädigt, an sich leichter aufzuklären sein dürften als fahrlässige Tötungen dieser Art, läßt sich die Verantwortlichkeit des Täters, der diese gewöhnlich bestreiten wird, oft nur durch Sachbeweise überzeugend dartun. Dafür werden die Formen und Begleitumstände des unfallträchtigen Verhaltens im allgemeinen wichtiger als die medizinisch festzustellenden Folgen sein, sofern man von den hier ebenfalls möglichen Praktiken des Versicherungsmißbrauchs absieht.

5. Haushaltsunfälle

Bei erheblichem Dunkelfeld, das angesichts der weniger schweren Folgen verständlich ist, kommt kriminaltechnischen Untersuchungen bei Haushaltsunfällen besonderes Gewicht zu. Außer für dadurch in Mitleidenschaft gezogene Dritte gilt das sogar für Selbstbeschädigungen aus Unachtsamkeit, sofern davon Versicherungsansprüche abhängen. Denn wirklich oder vermeintlich verantwortliche Personen tun in der Regel alles, um das durch unrichtige Angaben oder Spurenvernichtung zu verschleiern.

6. Spielunfälle

Dem entspricht im großen und ganzen die Situation bei Spielunfällen, für die neben Spielkameraden des jugendlichen Opfers u. U. Erwachsene, insb. Aufsichtspersonen, verantwortlich sein können. Gerade angesichts der in der Situation des Unglücksfalles widerstreitenden Interessen sollte man die Möglichkeiten der Kriminaltechnik nicht ungenutzt lassen, um den wirklichen Sachverhalt möglichst exakt festzustellen.

7. Sportunfälle

Selbst bei Sportunfällen mit Schäden, für welche nur Strafbarkeit wegen fahrlässiger Körperverletzung in Betracht kommen kann, gestalten sich die Ermittlungen oft recht schwierig, weshalb der Kriminaltechnik besonderes Gewicht zukommt. Kann das medizinische Gutachten in aller Regel Art und Schwere des Gesundheitsschadens sowie die ursächliche Wirkung eindeutig feststellen, muß doch mithilfe anderer Experten ermittelt werden, welche Verhaltensweisen bei der fraglichen Sportart tatsächlich in Betracht kommen und ob sie unter den obwaltenden Umständen als so regelwidrig anzusehen sind, daß man strafrechtlich von Fahrlässigkeit sprechen kann.

Noch komplizierter als bei vielen Sportarten wird die Lage, wenn man sportähnliche Formen der Freizeitgestaltung einbezieht, bei welchen Unachtsamkeit und Leichtsinn relativ schnell Körperverletzungen Dritter bewirken können. Unfälle z. B. beim unvorsichtigen Hantieren mit Schußwaffen können selbst dann, wenn sie keine bleibenden Folgen bewirken, u U. ziemlich irritierend sein.

Holzer, Franz Josef: Schuß oder Stich? – Arch. f. Krim. Bd. 151, S. 81ff. (1973).

Ein 21jähriger Täter, der mit seiner 18 Jahre alten Braut zusammenlebte, hatte diese bei unvorsichtigem Hantieren mit einer Pistole durch einen Schuß verletzt, welcher nach Streifen eines Stuhles den Brustkorb des vor dem Herd kauernden Mädchens von rechts hinten nach vorn durchschlug. Während zunächst von einem Schuß die Rede gewesen war, den ein Fremder im Holzschuppen abgegeben haben sollte, behaupteten sie danach, die Verletzung sei durch Stich mit einer Feile entstanden. Das war angesichts von Ein- und Ausschuß, zumal da sich entsprechende Spuren an der Wollweste fanden, unglaubwürdig. Der Gerichtsmediziner konnte den verworrenen Fall überzeugend klären; die falschen Angaben dürften aus Furcht vor der damals harten Strafe wegen verbotenen Waffenbesitzes gemacht worden sein.

8. Fahrlässige Körperverletzungen im Zusammenhang mit Straftaten und anderem Fehlverhalten

Abschließend sei auf die zahlreichen Fälle hingewiesen, in welchen es nicht lediglich um eine fahrlässige Körperverletzung geht, sondern anderen Menschen durch strafbares oder sonstiges Fehlverhalten zugleich fahrlässig bleibend oder vorübergehend gesundheitlicher Schaden zugefügt wird.
Ebenso wie schwere Gewaltdelikte oder eine Abtreibungsmanipulation zum Tode des Betroffenen führen können, ist es möglich, daß die Folge sich auf einen Gesundheitsschaden beschränkt. Ist hierfür in erster Linie wiederum der medizinische Sachverständige kompetent, müssen je nach Art des dafür ursächlichen Verhaltens doch u.U. weitere Experten eingeschaltet werden. Welche das sind, hängt von der jeweils maßgebenden Tat ab, weshalb auf die Ausführungen zu jenen Delikten Bezug genommen werden darf.

Kommt es beispielsweise bei sexuellen Manipulationen zu einer Selbstverletzung oder zu einem Gesundheitsschaden beim Sexualpartner, so muß ebenso wie bei nachteiligen Folgen einer Abtreibung der Mediziner als Sachverständiger beigezogen werden.

Kósa, Ferenc: Falsche Anschuldigung zur Verschleierung autoerotischer Handlungen – Arch. f. Krim. Bd. 148, S. 106ff. (1971).

VI. Nötigung und Freiheitsberaubung

Während bei den Freiheitsberaubungen die Tat häufig gewaltsam ausgeführt wird, was Spuren am Opfer u.U. auch an Sachen zu bewirken pflegt, sind die Verhältnisse bei der Nötigung zumindest dann für einen Sachbeweis vielfach wenig ergiebig, wenn der Täter lediglich droht.
Insgesamt ist zu beachten, daß alle diese Deliktstypen nicht nur isoliert als solche verwirklicht werden, sondern der ihnen eigene schwere Zwang häufig als Mittel im Rahmen anderer Straftaten – z.B. der Gewaltdelikte – angewandt wird, weshalb bei deren Darstellung ebenfalls auf die kriminaltechnischen Möglichkeiten einzugehen ist.

1. Nötigung

Bei der Nötigung kommt es kriminaltechnisch weniger auf den vom Täter verfolgten Zweck – ein Handeln, Unterlassen oder Dulden – als auf das Nötigungsmittel an, das – wie bei der

Verbrechenstechnik ausgeführt (§ 8–VI–1) – in Gewalt oder einer Drohung bestehen kann. Bei Praktiken der letztgenannten Art sind, wie angedeutet, die Möglichkeiten für einen Sachbeweis anders und insgesamt geringer als bei den hier bisher behandelten Formen kriminellen Verhaltens.

a) Wird durch **Gewalt** genötigt, so gelten grundsätzlich dieselben Erfahrungen, wie sie bei vorsätzlichen Tötungen und Körperverletzungen dargelegt wurden (§ 16–A–I, IV), weil hier üblicherweise Spuren am Opfer und am Täter oder von ihm stammende Spuren am Tatort wichtig sind. Nicht anders ist es mit sonstigen, durch Gewalttätigkeit herbeigeführten Spuren.
Während die körperlichen Folgen der Gewalt vom Mediziner zu begutachten sind, lassen es die dabei u.U. benutzten Tötungs- und Verletzungswerkzeuge als ratsam erscheinen, andere Sachverständige beizuziehen, die bei der konkreten Tatausführung mögliche Form- oder Materialspuren auszuwerten verstehen.

b) Nötigt der Täter sein Opfer jedoch lediglich durch **Drohen,** so sind kriminaltechnische Untersuchungen regelmäßig nur in solchen Fällen möglich und sinnvoll, in denen sich der Täter nicht auf gesprochene Worte beschränkt, sondern er seine Drohung schriftlich vorbringt; hier kann man die Methoden der Urkundenuntersuchung nutzen. Denn das gesprochene Wort wird nur so selten technisch fixiert, daß es lediglich ausnahmsweise Gegenstand einer kriminaltechnischen Untersuchung werden kann. Hier wie überhaupt sind die Verhältnisse denen gewisser Vermögensdelikte, z.B. der Erpressung und des Betruges, nicht unähnlich bzw. liegen ebenso wie bei den später zu behandelnden schweren Freiheitsberaubungen (unten 2–b, c).

2. Freiheitsberaubungen

Bei der Freiheitsberaubung, bei welcher man vom einfachen Einsperren und vergleichbaren Praktiken die schweren Formen Entführung und Menschenraub unterscheiden kann (zu den Verbrechenstechniken vgl. § 8–VI–2), kommen neben medizinischen Sachverständigen, die jedoch hier bei gewaltlosem Vorgehen ebenfalls nicht so wichtig zu sein pflegen, vor allem technische Sachverständige und naturwissenschaftliche Gutachter in Betracht, welche sich über die Verschlußeinrichtungen, die Arbeitsweise und andere Tatumstände fachkundig äußern können.

a) Einfache Freiheitsberaubung
In Fällen einfachen Einsperrens oder bei vergleichbaren Praktiken, welche dem Grundtatbestand der Freiheitsberaubung zuzuordnen sind, kann man zumindest dann mit Spuren am Opfer, Tat- oder Verwahrungsort rechnen, wenn der Täter gewalttätig vorgeht. Außer an medizinische Gutachter ist hier u.U. daher an Experten anderer Disziplinen wie Biologen, Daktyloskopen, Chemiker und Physiker zu denken.
Selbst bei gewaltlos durchgeführter Freiheitsberaubung können dann und wann der Tat- oder Verwahrungsort bzw. das befreite Opfer gewisse Spuren aufweisen, die sich kriminaltechnisch auswerten lassen, wenngleich hier Spuren von Gewalt am Körper des Opfers naturgemäß fehlen. Im Grunde kommt es hier also auf die allgemeinen Erkenntnismöglichkeiten der Kriminaltechnik an.

b) Menschenraub

Ergiebiger sind die Möglichkeiten der Kriminaltechnik in Fällen von Menschenraub, der häufiger mit Gewalt verbunden ist, was ebenfalls für Geiselnahmen gilt.

Selbstverständlich kann und muß sich die Aktivität bei unbekanntem Verwahrort u.U. zunächst – wie bei vielen Erpressungen – auf die Kommunikation mit dem Drittopfer beschränken. Auf diese Möglichkeiten des Einsatzes der Kriminaltechnik ist jedoch zweckmäßig bei der Erpressung einzugehen (§ 16–B–VIII).

Danach gibt es außer den Spuren der Gewalt am Opfer und eventuell – bei Abwehr – am Täter eine Vielfalt von Ansätzen für den Sachbeweis. Bald noch wichtiger als der Mediziner ist hier allerdings die Mitarbeit von Daktyloskopen, Biologen der verschiedenen Sparten sowie von Chemikern und Physikern; dies gilt insb. für bei diesen Taten mögliche Materialspuren.

In den USA wurde beispielsweise ein gewisser Hauptmann der Kindesentführung und Tötung des Lindbergh-Babys wesentlich durch Spuren an der am Tatort hinterlassenen, selbstangefertigten Holzleiter überführt. Holzart und Spuren einer Hobelmaschine mit beschädigtem Blatt führten zu einer Maschinensägerei mit einem Holzlager, in welchem Hauptmann beschäftigt war. Außer weiteren Spuren von einem Handhobel des Täters stellte man an einem Holm vier Nagellöcher fest, die zu einem Dielenbalken in seinem Hause paßten, wo ein solches Brett fehlte.

c) Entführung

Die Entführung gleicht, was die Möglichkeiten des Sachbeweises anlangt, wiederum eher der gewaltlos durchgeführten Freiheitsberaubung. Doch ist außer an den Verwahrungsort als Spurenträger oder -verursacher hier ferner an Spuren zu denken, die entweder mit einer von dem Täter angewandten List oder der von ihm unternommenen Kommunikation zusammenhängen.

Insgesamt ist die Lage also doch etwas günstiger als bei vielen einfachen Freiheitsberaubungen und entspricht zumindest teilweise der des Menschenraubes, was beispielsweise die Geiselnahme deutlich macht, die z.T. ohne Anwendung von Brachialgewalt – also mit Drohen oder einer List – beginnt. Denn abgesehen von dem hier Platz greifenden Freiheitsentzug von längerer Dauer, der Spuren erwarten läßt, müssen die Täter in der Mehrzahl dieser Fälle früher oder später zu Verbrechenstechniken übergehen, die bei der Erpressung (§ 16–B–VIII) behandelt werden sollen.

VII. Delikte wider den persönlichen Frieden

Ungünstiger pflegt die Situation der Kriminaltechnik im allgemeinen bei Verdacht eines Delikts gegen den persönlichen Frieden zu sein, schon weil die Tatausführung hier häufiger gewaltlos und zudem oft nur mündlich erfolgt (zu den Verbrechenstechniken § 8–VII).

Dies sollte allerdings nicht zu dem Trugschluß verleiten, daß man bei Bedrohung, Hausfriedensbruch und Verletzung privater Geheimnisse nicht an kriminaltechnische Untersuchungen zu denken braucht. Es gibt, wie wir bei der Spurenkunde (§ 14) gesehen haben, selbst bei gewaltlos ausgeführten Straftaten zahlreiche Arten von Spuren, welche sich u.U. gut zum Zwecke des Sachbeweises nutzen lassen. Ein solcher ist besonders wichtig, wenn es an Personalbeweisen fehlt oder diese – soweit vorhanden – erhärtet werden müssen. Deshalb soll trotz der einstweilen noch dürftigen Materiallage nunmehr aufgezeigt werden, in welcher Weise die Kriminaltechnik bei dieser auf Anhieb dafür nicht sonderlich prädestiniert erscheinenden Deliktsgruppe dennoch nutzbar gemacht werden kann.

1. Bedrohung

Obwohl und da die Bedrohung Vorstufe und Auftakt eines Gewaltdelikts zu sein pflegt, kommt es hier weniger häufig als bei wirklicher Gewaltkriminalität auf den Sachbeweis an.

a) Am ehesten sind den bereits geschilderten Gewaltdelikten noch diejenigen Fälle der Bedrohung kriminaltechnisch vergleichbar, in denen der Täter drohenden Worten durch irgendwelche **Gewalt**anwendung Nachdruck zu verleihen versucht. Denn derartige Gewalt hinterläßt Spuren am Körper des Opfers, die nicht nur vom Mediziner wie bei vorsätzlichen Tötungen und Körperverletzungen (§ 16–A–I–IV), sondern als Werkzeugspuren u. U. auch von anderen Experten ausgewertet werden können. Dasselbe gilt für mitunter in diesen Fällen vorkommende Materialspuren.

Hierher gehören beispielsweise Warnschüsse, welche der Täter, um seiner Drohung Nachdruck zu verleihen, abgefeuert hat. Sie lassen sich unter gewissen Umständen mithilfe der bei der Ballistik dargestellten Methoden beweisen, was als Sachbeweis die vom Opfer behauptete Drohung bestätigen kann.

Ebenso kann möglicherweise an Hand von Fahrzeugspuren die Aussage einer Bedrohten bewiesen werden, daß ihr in Scheidung lebender Ehemann sie auf einer Landstraße mit dem von ihm gelenkten Bus bis an den Rand eines Straßengrabens verfolgt hatte.

b) Beschränkt sich der Täter jedoch – wie es hier häufiger geschieht – auf bloßes **Drohen,** so ist die Lage ähnlich wie bei schwerem Zwang durch eine gefährliche Drohung (§ 16–A–VI–1).

Eine vom Täter abgestrittene Bedrohung kann in Einzelfällen aber dadurch glaubhaft gemacht werden, daß das Opfer dabei benutzte Gegenstände wie Messer, Hämmer, Kraftfahrzeuge usw., die ihm sonst nicht bekannt sein können, zu beschreiben und zu identifizieren vermag, wenn diese beim Beschuldigten sichergestellt worden sind.

Allerdings erfolgt eine solche Drohung des öfteren nicht nur – wie etwa gewöhnlich in derartigen Raubfällen – verbal, sondern ähnlich wie bei der anonymen Erpressung schriftlich oder fernmündlich, d. h. in u. U. fixierter Weise. Hier ist auf die Möglichkeiten der Urkundenuntersuchung oder auch die der Stimmvergleichung hinzuweisen, die bei der Erpressung genauer behandelt werden sollen (§ 16–B–VIII).

2. Hausfriedensbruch

Beim Hausfriedensbruch sind die Möglichkeiten der Kriminaltechnik je nach der angewandten Verbrechenstechnik (§ 8–VII–2) recht verschieden, insgesamt aber keineswegs unerheblich. Denn der ebenfalls häufig als Begleittat fungierende Hausfriedensbruch ist des öfteren mit Gewalt gegen Personen oder Sachen verbunden, was Spuren zu hinterlassen pflegt. Hinzu kommen die mit dem Aufenthalt des Täters am fremden Ort möglichen, dann und wann aufschlußreichen Form- oder Materialspuren.

a) Das Eindringen

Relativ günstig sind die Möglichkeiten des Sachbeweises nach allem in Fällen des Eindringens in den geschützten Bereich, insb. sofern der Täter dabei Gewalt gegen Sachen oder gar Personen übt.

Bei Gewalt gegen Sachen ähnelt die Beweislage der des Einbruchdiebstahls (§ 16–B–I–A) und der Sachbeschädigung (§ 16–B–IV), während bei Gewalt gegen Personen die bei vorsätzlichen Tötungen und Körperverletzungen geschilderten kriminaltechnischen Möglichkeiten zu beachten sind (§ 16–A–I, IV).

Obwohl die Gewalt hier überwiegend ohne weitere Hilfsmittel durch Eindrücken von Türen, Einschlagen von Fenstern und dergl. verübt wird, ist durchaus häufiger mit brauchbaren Spuren zu rechnen. Noch versprechender sind kriminaltechnische Untersuchungen, wenn der Täter zu diesem Zweck Werkzeuge oder Gegenstände wie Zangen, Schraubenzieher, Brechstangen, Pflastersteine und dergl. benutzt, was Form- und ggf. Materialspuren hinterläßt, welche Rekonstruktion des Tathergangs und ggf. vergleichende Identifizierung des Werkzeugs ermöglichen.

Selbst wenn der Täter nicht Gewalt anwendet, sondern mithilfe einer Drohung in den Schutzbereich eindringt, dürfen kriminaltechnische Untersuchungen dennoch nicht als völlig aussichtslos angesehen werden.

In einzelnen Fällen kann die Identifizierung des Drohmittels von Nutzen sein. In anderen läßt sich die u. U. vom Beschuldigten bestrittene Anwesenheit am Tatort durch entsprechende Abdruck- oder Materialspuren beweisen.

b) Unbefugtes Verweilen

Dagegen ist beim zahlenmäßig allerdings zurücktretenden unbefugten Verweilen nur selten ein Sachbeweis möglich, weshalb es hier mehr auf den regelmäßig verfügbaren Personalbeweis ankommt. Denn die Anwesenheit des Täters im geschützten Bereich dürfte in diesen Fällen nur ausnahmsweise streitig sein; vielmehr wird ein solcher Streit bei sich widersprechenden Aussagen gewöhnlich darum gehen, ob ein „Hausverbot" erteilt worden ist bzw. ob es als rechtlich wirksam anzusehen ist.

Lediglich dann, wenn der Berechtigte den Täter mit Gewalt aus seinem Schutzbereich zu entfernen sucht, kann es wie bei anderem Widerstand zu auswertbaren Tatspuren kommen, welche sonst die Ausnahme darstellen dürften.

3. Verletzung privater Geheimnisse

Strafbare Verletzungen privater Geheimnisse (vgl. § 8–VII–3) bieten nur vergleichsweise selten Handhaben für einen Sachbeweis und damit für kriminaltechnische Untersuchungen, weil diese Taten durchweg gewaltlos und zudem oft raffiniert ausgeführt werden. Wesentlich ist im übrigen, ob das Privatgeheimnis mechanisch – etwa durch einen Briefumschlag – gesichert ist oder ob es sich ungesichert in einem besonderen Schutzbereich befindet, wobei man von Berufsgeheimnissen spricht.

a) Mechanisch gesicherte Privatgeheimnisse

Bei Verletzungen privater Geheimnisse, die durch verschlossene Briefumschläge oder dergleichen mechanisch gesicht sind, gibt es dennoch einige kriminaltechnische Möglichkeiten, sofern der Täter mit Wasserdampf, „Aufrollen" oder ähnlichen vergleichsweise primitiven Methoden gearbeitet hat, um die Sicherung zu überwinden.

Durch diese Praktiken können nicht nur Material oder Beschriftung des Umschlags bzw. der sichernden Umhüllung verändert oder mechanisch beschädigt werden, sondern auch das nach Einsichtnahme übliche Verschließen erzeugt Spuren. Denn der für diesen Zweck benutzte Klebstoff weicht gewöhnlich von der ursprünglichen Gummierung ab, was man durch physikalische oder chemische Methoden feststellen kann.

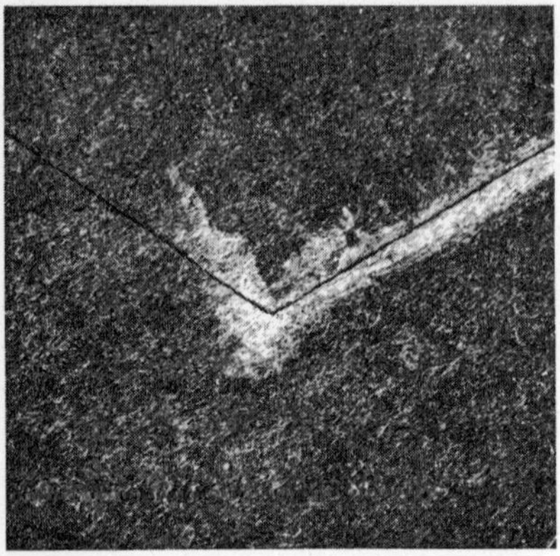

Abb. 16/19

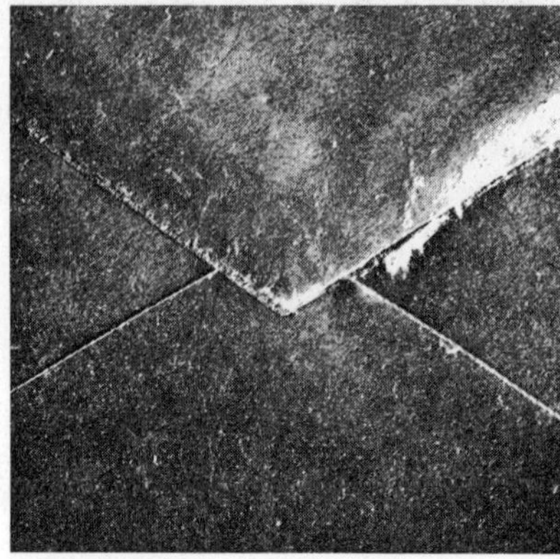

Abb. 16/20

Abb. 16/19. Durch UV-Strahlen sichtbar gemachte Klebemittelverschmierungen auf einem wieder verschlossenen Briefumschlag.

Abb. 16/20. Im UV-Licht deutlich erkennbare Papierabspaltungen an der Verschlußkante eines geöffneten Briefumschlags.

b) Ungesicherte Privatgeheimnisse in besonderem Schutzbereich

Die Verletzung von ungesicherten Privatgeheimnissen in besonderem Schutzbereich, insb. Berufsgeheimnissen, hinterläßt wie überhaupt das Erlangen mechanisch nicht oder nicht mehr geschützter Geheimnisse in aller Regel keine auswertbaren Spuren. Es kommt hier also darauf an, ob der Schutzbereich als solcher Sicherungen (verschlossene Türen, Schreibtische, Schränke, Tresore usw.) aufweist, die der Täter überwinden muß, um an das Geheimnis heranzugelangen. Muß er dann im Einzelfalle ähnlich wie beim Einbruchdiebstahl vorgehen , so kann man natürlich mit entsprechenden Spuren rechnen. Derartig rabiate Verbrechenstechniken, wie sie vor allem beim Ausspähen von Staatsgeheimnissen zu beobachten sind, findet man am ehesten noch im Bereiche von Betriebs- und Wirtschaftsspionage, aber nur selten bei anderen Privatgeheimnissen. Insgesamt handelt es sich hier also um Ausnahmefälle. Dasselbe gilt für bei Straftaten immer mögliche Form- oder Materialspuren.

VIII. Ehrverletzungen

Auch bei den Ehrverletzungen (vgl. § 8–VIII) spielt die Kriminaltechnik keine sonderlich bedeutsame Rolle. Sowohl bei Formalbeleidigungen als auch bei entehrenden Tatsachenbehauptungen gibt es keine dafür typischen kriminaltechnischen Untersuchungen, sofern die Ehrverletzung mündlich begangen wird.

Anders ist dies allerdings bei schriftlichen Ehrverletzungen, welche sich naturgemäß gut für kriminaltechnische Untersuchungen eignen, wenn beispielsweise Herkunft und Urheberschaft bestritten werden. Schließlich kann die Ehre eines Menschen außer durch Worte jedoch durch schlüssiges oder gar aggressives Handeln verletzt werden. Insb. bei Tätlichkeiten aber sind – wie bei vorsätzlichen Körperverletzungen – des öfteren brauchbare Tatspuren zu erwarten.
Es trügt mithin die bei Ehrverletzungen auf Anhieb wenig versprechend erscheinende Situation etwas, weil zumindest unter gewissen Umständen ebenfalls mit kriminaltechnisch auswertbaren Spuren zu rechnen ist.

1. Mündliche Beleidigungen

Bei mündlich geäußerten Ehrverletzungen, die etwa die Hälfte aller Fälle ausmachen dürften, kann nach allem ein Sachbeweis nur ganz ausnahmsweise Platz greifen, wenn die Äußerung, was am ehesten noch bei wiederholten (also erwarteten) Anrufen möglich ist, mithilfe eines Tonbandes aufgenommen worden ist.
Bei solcher technischer Fixierung kann in der Weise verfahren werden, wie das bei den Erpressungen darzulegen ist.

2. Schriftliche Beleidigungen

Wichtiger ist der Sachbeweis jedoch bei den allerdings sehr viel selteneren schriftlichen Ehrverletzungen, vor allem wenn der Tatverdächtige bestreitet, Urheber des Schriftstücks oder Druckerzeugnisses zu sein. Außer an die Möglichkeiten der Schriftvergleichung ist hier u.a. an chemische und physikalische Analysen von Schriftträger und Schreibmaterial, u.U. ferner an den Daktyloskopen oder Biologen zu denken.

Pommerening, Heinz: Rufmord. Anonymer Briefschreiber beunruhigte sechs Jahre lang eine süddeutsche Kleinstadt – Kriminalistik 1968 – 567ff.

3. Beleidigendes Verhalten

In den wieder etwa häufigeren fällen der Beleidigung durch schlüssiges Verhalten sind die Möglichkeiten für einen Sachbeweis recht unterschiedlich. Denn es geht hier um Realinjurien sehr verschiedener Art.

a) Wird die Ehre eines Menschen durch **schlüssiges Verhalten ohne Gewaltcharakter** verletzt, so gibt es kaum jemals Ansatzpunkte für einen Sachbeweis und damit nur selten Anlaß für kriminaltechnische Untersuchungen.

Im Einzelfall kann dennoch das beleidigende Anspucken oder eine beschmutzende Prozedur u.U. kriminaltechnisch aufgeklärt werden.

b) Bei Ehrverletzungen durch **aggressives Handeln,** der zumindest ebenso häufigen sogen. tätlichen Beleidigung, lassen sich jedoch die bei den vorsätzlichen Körperverletzungen geschilderten kriminaltechnischen Möglichkeiten nutzen (§ 16–A–IV); hier sind also die Ansatzpunkte für die Kriminaltechnik wieder merklich günstiger.

B. Delikte gegen das Vermögen

Im Rahmen der Straftaten gegen das Vermögen (vgl. § 9) lassen sich von den Eigentumsdelikten und Straftaten gegen bestimmte Vermögenswerte die Delikte gegen das Gesamtvermögen unterscheiden. Dabei wollen wir folgende Deliktsgruppen behandeln:

als Eigentumsdelikte

I. Diebstähle
II. Raub
III. Unterschlagung
IV. Sachbeschädigung
V. Wilderei
VI. Sachliche Begünstigung und Sachhehlerei

als Vermögensdelikte

VII. Betrug
VIII. Erpressung
IX. Untreue
X. Wucher u.a.

Die Situation ist für kriminaltechnische Untersuchungen bei diesen Vermögensdelikten außerordentlich verschieden. Das gilt nicht nur für Deliktstypen, die wie Diebstähle insb. in Form des Einbruchs mancherlei Ansatzpunkte bieten, während solche etwa beim Betrug als einem überwiegend intellektuellen Delikt eher die Ausnahme sind, sondern ebenso für manche Verbrechenstechniken bei einem und demselben Delikt. Im übrigen liegt schon insgesamt die Bedeutung der für kriminaltechnische Untersuchungen in Betracht kommenden Experten anders als bei den soeben behandelten Personendelikten. Da durch Vermögensdelikte nur relativ selten Menschen verletzt oder gar getötet werden, sind für hier in Frage stehende kriminaltechnische Expertisen daher oft andere Sachverständige wichtiger als der Mediziner.

I. Diebstähle

Im Bereich der Diebstähle, die einen beträchtlichen Ausschnitt der Kriminalität mit einem entsprechend weitem Spektrum umfassen, lassen sich als zwei große Gruppen von Erscheinungsformen die schweren Diebstähle wie Einbrüche, Einsteigediebstähle usw. von den einfachen Diebstählen unterscheiden. Diese Gruppen weisen auch kriminaltechnisch eine sehr verschiedenartige Konstellation auf.

A. Schwerer Diebstahl (Einbrüche u. a.)

Innerhalb der Gruppe der schweren Diebstähle, die wie Einbrüche, Einsteigediebstähle und dergl. dadurch gekennzeichnet ist, daß der Täter sich so oder so illegal Zugang zum mechanisch gesicherten Tatobjekt verschafft, haben wir in der Verbrechenstechnik zunächst einmal nach der Art und Weise unterschieden, in welcher sich der Täter derartigen Zugang – durch Türen, Fenster oder in anderer Weise – verschafft; dabei kann man auch der Arbeitsweise und nach dem Tatort noch weiter untergliedern.

Es ist klar, daß für die Kriminaltechnik hier regelmäßig nur wenige Arten von Sachverständigen größere praktische Bedeutung haben, zumindest was die Aufklärung mithilfe des Sachbeweises anlangt. Mediziner und Psychologen scheiden ebenso wie andere Sachverständige regelmäßig aus, weil diese kriminellen Praktiken üblicherweise keine Spuren am und vom menschlichen Körper bewirken. Im anders gelagerten Einzelfall kann sich ihre Beiziehung dennoch als notwendig erweisen. Insgesamt aber läßt sich für die Aufklärung von Einbrüchen u. a. mit Mitteln der Kriminaltechnik einstweilen Folgendes festhalten.

Stedry: Tatort und Spurensicherung – in: Diebstahl, Einbruch und Raub, hrsg. v. Bundeskriminalamt, Wiesbaden 1958, S. 213ff.

Beute, Tatwerkzeuge und am Tatort zurückgelassene Gegenstände sind naturgemäß besonders wichtige Spuren bzw. Spurenträger. Auf die Beute als solche soll jedoch erst im Zusammenhang der einfachen Diebstähle näher eingegangen werden (§ 16–B–I–B).
Speziell beim Einbruch ist außer mit Formspuren, die wie Finger- und Werkzeugspuren von der Gewalt gegen Sachen herrühren, mit Materialspuren am Tatort zu rechnen. Diese können entweder vom Tatwerkzeug (Bruchstücke, Tatspuren, anhaftende Substanzen) oder aber vom Täter herrühren; außer an seinen Körper (Blut- oder Sekretspuren, Haare, Hautfetzen) ist vor allem an seine Kleidung zu denken (Textilstücke, Faserspuren, abgerissene Knöpfe usw.).
Materialspuren lassen sich nach einem Einbruch mitunter sogar beim Tatverdächtigen feststellen; an seinem Körper oder seiner Kleidung können Glassplitter, Mörtel- oder Farbreste sowie Staub, Schmutz oder Bodenbestandteile und andere Substanzen vom Tatort haften. Außer dem Botaniker, der Staub, Schmutz oder Erdspuren mit dem Befund am Tatort vergleicht, kann hier u. U. der Bakteriologe oder Mineraloge wertvolle Dienste leisten, wenn sein Befund für solche Spuren oder für die Beute aufschlußreich ist.
Neben Experten für Werkzeuge und Werkzeugspuren kommen für kriminaltechnische Untersuchungen ferner beispielsweise Chemiker, Physiker, Techniker oder Personen mit besonderer Berufserfahrung in Betracht. Selbstverständlich gibt es gerade bei schweren Diebstählen des öfteren Spuren, die sich mithilfe der Daktyloskopie oder ähnlicher Methoden auswerten und als Beweis nutzbar machen lassen.
Daß unter besonderen Umständen – etwa bei vom Körper des Täters herrührenden Materialspuren (Blut, Körpersekrete u. a.) – selbst ein Einbruch mithilfe des Gerichtsmediziners, Biologen oder Toxikologen geklärt werden kann, möge folgender Sachverhalt demonstrieren.

Bei einem Warenhauseinbruch fand man Erbrochenes, das vom Täter herzurühren schien. Die Analyse ergab bei schlecht verdauten Fischresten Anhaltspunkte für eine Lebensmittelvergiftung im Magen-Darm-Trakt durch Fischkonserven. Da diese erst am Nachmittag vor dem Einbruch von einem bestimmten Lebensmittelgeschäft an wenige Stammkunden verkauft worden waren, an die man sich dort erinnerte, war der Weg zum Täter leicht zu finden. Er gehörte zu den zwei oder drei Käufern, welche diese Fischkonserven nicht beanstandet hatten.

In einzelnen Fällen – man sprach früher von Kleptomanie – kann bei Diebstählen (insb. allerdings beim einfachen Diebstahl) die Zurechnungsfähigkeit zweifelhaft werden, also eine Begutachtung durch den Gerichtsmediziner oder Psychiater als geboten erscheinen.

Gerchow, J.: Das triebhafte Stehlen (sogen. Kleptomanie) – in: Diebstahl, Einbruch und Raub, hrsg. v. Bundeskriminalamt, Wiesbaden 1958, S. 69ff.

Im wesentlichen aber ist diese Gruppe der Einbrüche sowie der Nachschlüssel- und Einsteigediebstähle nach allem die Domäne technischer und anderer naturwissenschaftlicher Sachverständiger. Denn sie vermögen am ehesten, aus der Beute und aus Arbeitsspuren oder anderen Werkzeugspuren Schlüsse auf den Tathergang zu ziehen.

Der Metallurg z. B. kann unkenntlich gemachte Prägezeichen an Metallgegenständen – Kraftfahrzeugen, Fahrrädern und Waffen – sichtbar machen. Auch vom Täter am Tatort hinterlassene Spuren bieten bei kriminaltechnischer Untersuchung durch den Metallurgen bzw. Metallographen oft wertvolle Schlüsse. So kann man mithilfe der Spektroanalyse die stoffliche Übereinstimmung eines am Tatort hinterlassenen Hosenknopfes aus Metall mit auf der Hose befindlichen Metallresten nachweisen.

Dasselbe gilt für sie kriminaltechnische Identifizierung von Einbruchwerkzeugen aus Metall oder von Waffen, wie sie mitunter bei diesen Straftaten mitgeführt und benutzt werden.

Zu den Technikern sind im Grunde die Sachverständigen aus den verschiedenen Bereichen des Handwerks und der Industrie zu rechnen, welche ebenfalls sowohl für die Beute als auch für Werkzeuge und durch sie verursachte Arbeitsspuren mit ihren Fähigkeiten und Erfahrungen wichtige Helfer der Kriminaltechnik darstellen.

Ein bekanntes Beispiel hierfür sind Geldschrankeinbrüche, bei denen sich der Kriminalist, sofern er nicht selbst über ausreichende Spezialkenntnisse verfügt, bei sogen. „heißen Verfahren" oft der Mitarbeit eines Schweißers versichern muß, der die Möglichkeiten der Verwendung autogener oder elektrischer Schweißapparate kennt.

Beim Zerstören oder illegalen Betätigen von Verschlußeinrichtungen, wo die Dinge häufig einfacher liegen, ist dennoch zuweilen die Mitwirkung eines Schlossers oder anderer Experten nötig, und zwar nicht nur in den insoweit extrem liegenden Fällen der Tresor- und Geldschrankeinbrüche.

Wie wichtig in diesem Bereich jedoch die eigene Sachkunde der Ermittlungsbeamten ist, zeigt sich am besten daran, daß die in den besonderen Kommissariaten bzw. Stellen tätigen Beamten, sofern sie nicht sogar eine einschlägige Berufsausbildung absolviert haben, sich gewisse grundsätzliche Kenntnisse über Schlösser und Verschlußeinrichtungen, oft auch über andere kriminell verwendete Praktiken verschafft haben, was z.T. die Beiziehung besonderer Sachverständiger erübrigen kann. Ähnlich sind die Verhältnisse bei den Fingerabdrücken, mit denen in der Praxis häufiger zu rechnen ist, als man nach vielen Kriminalreportagen, -romanen und -filmen zu hoffen wagt. Aus diesem Grunde bietet die Daktyloskopie gerade bei schweren Diebstählen, bei denen „Handarbeit" kaum zu vermeiden ist, wertvolle Erkenntnismöglichkeiten. Entsprechendes gilt für Handflächenabdrücke oder für Handschuhspuren, denen durchaus Beweiskraft zukommen kann.
Auszuklammern ist im Folgenden trotz gleicher oder ähnlicher Spuren die Problematik vorgetäuschter Einbruchsdiebstähle, auf welche im Rahmen der Deliksvortäuschung (§ 16–D–III–C) zurückzukommen sein wird.

Schaible: Die Technik des Einbruchdiebstahls – in: Diebstahl, Einbruch und Raub, hrsg. v. Bundeskriminalamt, Wiesbaden 1958, S. 103ff.; *Lach,* Kurt: Technik und Diebstahlskriminalität – Kriminalistik 1967–472ff.

Doch nunmehr soll an Hand der einzelnen Verbrechenstechniken (§ 9–I–A) aufgezeigt werden, welche Sachverständigen möglicherweise zu Rate zu ziehen sind und welche Erkenntnismöglichkeiten die Kriminaltechnik hier bietet.

1. Öffnen von Türen

Ein typisches Angriffsobjekt ist beim Einbruchdiebstahl die Tür, welche ein Gebäude oder einen Raum bzw. ein Behältnis verschließen und damit das dort Verwahrte sichern soll. Zumindest dort, wo der Dieb – wie beim Einbruch – mit mehr oder minder starker Gewalt gegen sichernde Sachen vorgeht, ist regelmäßig mit Spuren zu rechnen, die sich kriminaltechnisch auswerten lassen. Doch gibt es selbst bei gewaltloser Arbeitsweise des öfteren recht signifikante Spuren.

a) Gewalt gegen die Tür

Mechanische Gewalt gegen die sichernde Tür kann – wie wir gesehen haben – in verschiedener Form erfolgen, was naturgemäß für die Möglichkeiten der Kriminaltechnik bedeutsam ist.

Vergleichsweise ungünstig ist die Lage, wenn der Täter die Tür ohne besondere Werkzeuge oder Hilfsmittel etwa mit seinem Körper eindrückt oder mit den Füssen eintritt bzw. die Türscheibe zertrümmert. Immerhin gibt es mitunter schon bei dieser Arbeitsweise Fingerabdrücke und andere Formspuren, die beweiserheblich sein können. Bald noch wichtiger aber sind Materialspuren, welche am Tatort entweder vom Täter oder an diesem von der zerstörten Sicherung herrühren können. Ebenso wie sich der Täter verletzten oder er seine Kleidung beschädigen kann, finden sich zuweilen an ihm Farb- und andere Materialspuren vom Tatort; diese können unter gewissen Umständen recht signifikant sein.

Besser sind die Möglichkeiten der Kriminaltechnik, wenn der Dieb sich irgendwelcher Tatwerkzeuge bedient. Denn dann entstehen außer Material- häufig Werkzeugspuren, welche die Rekonstruktion des Tathergangs erleichtern und ggf. im Wege des Vergleichs mit Habe des Täters identifiziert werden können.

Bessemans, A.: Einbruchsaufklärung: Die nicht ganz einfache Feststellung der Größe von Bohrlöchern in Holz – Arch. f. Krim. Bd. 119, S. 61 ff. (1957).

b) Illegales Betätigen der Verschlußeinrichtung

Im Vergleich zur brachialen Zerstörung der Tür oder ihres Verschlusses mag das illegale Betätigen der Verschlußeinrichtung als eine gewaltlose Arbeitsweise erscheinen, die kaum Spuren zu hinterlassen pflegt. Das ist in Wahrheit jedoch nur seltener der Fall. Denn es muß sich dann um sehr simple Verschlüsse oder aber Täter handeln, denen es gelungen ist, sich durch Diebstahl usw. oder durch einen Abdruck vom Originalschlüssel ein wirklich gut passendes Schließwerkzeug zu beschaffen. Ist dies der Fall, dürfte der Kriminalist auf die mehr vom Zufall bzw. von der Unachtsamkeit des Rechtsbrechers abhängigen Spuren wie Fingerabdrücke und dergl. angewiesen sein.

Sehr häufig bedienen sich Nachschlüsseldiebe jedoch anderer, mehr oder weniger perfekter Intrumente, was selbst bei erfolgreichem Gebrauch zumindst in der Verschlußeinrichtung prompt Spuren hinterläßt, die teilweise recht markant sein können. Da diese mithin sowohl über das Tatwerkzeug als auch die Arbeitsweise des Diebes Erkenntnisse zu vermitteln vermögen, sind sie ein wertvolles Objekt für kriminaltechnische Untersuchungen entsprechender Experten.

2. Zugang durch Fenster und dergl.

Keineswegs selten erlangt der Rechtsbrecher bei Einbruch- oder Einsteigediebstahl durch Fenster und dergl. Zugang zur erstrebten Beute. Das verspricht in vielen Fällen – selbst bei gewaltloser Arbeitsweise wie dem Einsteigen durch ein offenes Fenster – durchaus brauchbare Spuren.

Gröpper, Ernst-August: Der Dieb kam durch das Lagerdach – Kriminalistik 1967–481 ff.

a) Gewaltsame Arbeitsweise

Ähnlich wie bei der Gewalt gegen die Tür kommt es hier zunächst einmal auf Arbeitsspuren von Werkzeugen am fraglichen Fenster oder einem ähnlichen Verschluß an. Wichtiger als dort sind hier naturgemäß Glasspuren, wenngleich Glasbruch nur seltener als Spurenträger fungieren wird. Immerhin kann auf diese Weise wesentliches über den Tathergang und die Arbeitsweise ermittelt werden.

Nickenig, A./*Katheder,* Fr.: Kreisrunde Glasbrüche – Arch. f. Krim. Bd. 121, S. 13 ff. (1958); *Nickenig,* A.: Kreisrunde Glasbrüche – Arch. f. Krim. Bd. 126, S. 99 ff. (1960).

An der Kleidung des Täters haftende Glassplitter können u. U. zudem als Materialspur wichtig sein, um von Fingerabdrücken oder Verletzungen bzw. Beschädigungen beim Dieb noch ganz abzusehen.

b) Gewaltlose Arbeitsweise

Da bei gewaltlos möglichen Zugang – beispielsweise durch offene Fenster oder Balkontüren – notwendig Spuren von Gewalt gegen Sachen fehlen, muß hier auf andere Spuren geachtet werden, welche eine kriminaltechnische Untersuchung dennoch als angezeigt erscheinen lassen können. Die Chancen dafür sind keineswegs so schlecht, wie es auf den ersten Blick scheinen mag. Denn Fenster und vergleichbare Öffnungen dienen nicht als Zugang und sind schon deshalb manchmal vom Täter nur schwierig zu erreichen. Es ist deshalb keineswegs ungewöhnlich, daß man hier Spuren von Fingern, Füssen und anderen Körperteilen, Hilfsmitteln oder auch Materialspuren (z. B. von der Kleidung) findet. Ihre Brauchbarkeit hängt naturgemäß von der Beschaffenheit des Fensters und seiner Umgebung ab.

Harder, Landolin: Autoaufbrüche durch Spuren geklärt – Kriminalistik 1970–179 ff.

c) Fassadenkletterer

Das soeben Gesagte gilt in besonderem Maße für den Fassadenkletterer, der im Grund nur ein spezialisierter Einsteigedieb ist. Selbst wenn man bei ihm zumindest, was sichtbare Spuren anlagt, daher im allgemeinen mit einiger Vorsicht rechnen muß, fördern andererseits die besonderen Schwierigkeiten dieser Arbeitsweise das Entstehen von Spuren.

Wenzky, O.: Der Kölner Fassadenkletterer-Fall – Kriminalistik 1952–145 ff., 172 ff.; *Küstens,* J. D.: Schwieriger Fang eines Einbrecher-Akrobaten, oder der Segen polizeilicher Zusammenarbeit – Internat. kriminalpol. Revue 1957–41 ff.

3. Anderer illegaler Zugang

Außer durch Tür oder Fenster gibt es je nach Art der Sicherung potentieller Diebesbeute noch viele andere Möglichkeiten des illegalen Zugangs, die jetzt kurz genannt werden sollen, um zu verdeutlichen, daß die Kriminalistik hier ebenfalls wertvolle Dienste leisten kann. Da die Art der Sicherung hier sogar durchweg ausgedehnte und intensive Gewalt bedingt, sind die Möglichkeiten bei vielen derartigen Arbeitsweisen besonders aussichtsreich.

a) Decke

Der relativ seltene Durchbruch durch eine Decke läßt sich ohne geeignetes Werkzeug, welches vielfältige Spuren hinterläßt, überhaupt nicht bewerkstelligen. Zudem fallen notwendig reichlich Materialspuren an, welche als Schmutzspuren anorganischer und organischer Art am Tatverdächtigen oder bei im sichergestellten Werkzeugen eine zuverlässige Identifizierung ermöglichen können.

b) Wand

Ähnlich ist es bei dem in der Praxis schon etwa eher vorkommenden Durchbruch durch eine Wand, Mauer oder vergleichbare Sicherung, was allerdings bis hin zu wenig stabilen Gittern und Zäunen reicht. Selbst Wände von Gebäuden sind von unterschiedlicher Stabilität, weil Material und Konstruktion recht verschiedenartig sind. Lassen sich beispielsweise Bretter- oder Faserplattenwände von Garten-, Baubuden oder Schuppen ggf. sogar ohne weitere Hilfsmittel eintreten oder eindrücken, benötigt der Täter doch in aller Regel bei Innen- und insb. Außenwänden von Gebäuden für seine Zwecke geeignetes Werkzeug, was naturgemäß wiederum Arbeits- und Materialspuren bedeutet.

Kersjes, Heinz: In $1^1/_2$ Stunden durch die Wand. Ungewöhnliche Arbeitsweise bei Einbruch in Sparkasse – Kriminalistik 1973–162 f.

Selbst bei vergleichsweise unwirksamen Sicherungen wie Gittern und Zäunen ist außer an Fingerabdrücke, Tuch- und Hautfetzen u. U. an Materialspuren zu denken, wenn der Täter etwa zum Zwecke leichteren Abtransportes seiner Beute – man denke insb. an schwere Gegenstände oder Großviehdiebstähle – Drähte und dergl. beseitigt; benutzt er dabei eine Zange oder ähnliches, verursacht er zudem Werkzeugspuren.

c) Fußboden

Dasselbe gilt für schwere Diebstähle, bei welchen sich der Täter durch den Fußboden Zugang verschafft. Diese gewöhnlich aufwendige Verbrechenstechnik, welche sich deshalb vor allem bei lohnenden Objekten findet, erfordert mit Tunnel- oder Stollenbau oft noch weitere Vorkehrungen, welche ebenfalls kriminaltechnisch recht aufschlußreich sein können.

d) Autospringer, Kollidiebe u. a.

Relativ ungünstig ist die Situation mit Spuren bei Autospringern, Kollidieben usw., selbst wenn man noch von Einbruchspraktiken sprechen kann. Denn das sichernde Material ist hier in aller Regel nicht sonderlich stabil, kann daher leicht überwunden werden. Immerhin benutzen auch diese Täter gewöhnlich Werkzeuge wie Messer, Schraubenzieher und Zangen, weshalb eine Werkzeugspurenuntersuchung durchaus in Betracht kommt. Je nach Lage des Falles ist sogar mit Materialspuren zu rechnen.

Tegethoff, Jürgen: Das Delikt der Autospringer – Krimonol. Unters. Bd. 3 – Bonn 1961.

4. Geldschrankknacker

Eine besondere Gruppe von schweren Diebstählen, bei denen zudem besonders intensive Sicherungen überwunden werden müssen, bilden die Taten der Geldschrankknacker. Ihre Einbruchstechnik pflegt daher entsprechend rabiat zu sein, zumal da Nachschlüsseltechniken hier zunehmend versagen. Insgesamt also kann man hier mit handfesten Sachbeweisen rechnen. Obwohl ihre Arbeitsweise im übrigen recht verschieden ist, lassen sich hier trotz aller Vorsicht der Rechtsbrecher gewöhnlich Spuren finden, die man kriminaltechnisch nutzen kann.

a) Warme Arbeit

Die verschiedenen Formen der „warmen Arbeit" hinterlassen am Objekt unverkennbare Arbeits- und Materialspuren, die sowohl für die Fahndung als auch die spätere Beweisführung überaus wichtig sind. Spuren dieser Art finden sich übrigens nicht nur am Tatort, sondern häufiger ebenso am Tatverdächtigen und seiner Kleidung. Das Spurenbild am Tatobjekt kann u. U. Aufschluß für die Besonderheiten der individuellen Arbeitsweise bieten, die als solche recht charakteristisch sein kann.

b) Kalte Arbeit

Nicht viel anders ist das bei den Praktiken der „kalten Arbeit", wenngleich die Ermittlungen sich hier schwieriger gestalten können, weil die Tatspuren nicht immer so signifikant sind. Doch gibt der Täter die hierfür benutzten, nicht selten besonders präparierten Geräte nicht ohne weiteres preis, weshalb am Tatort gesicherte Arbeitsspuren durchaus dazu dienen können, beim Einrecher gesicherte Instrumente als Tatwerkzeuge zu indentifizieren. Ähnlich kann man die hier anfallenden Beschmutzungsspuren für Beweiszwecke nutzen.

Enklaar, Frederik: Ein neues Einbruchsgerät und Metallsplitter beim Täterschafts-Nachweis – Kriminalistik 1956–452ff.

c) Abtransport

Weniger versprechend dürften die Möglichkeiten in denjenigen Fällen sein, in welchen der Geldschrank zunächst abtransportiert und später anderweitig geöffnet wird. Doch ist bei Gewicht und Aufstellung derartiger Behältnisse durchaus mit Werkzeugspuren und anderen Spuren am Tatort zu rechnen, zu denen Spuren des für den Transport besonders wichtigen Fahrzeugs hinzutreten können.

Da früher oder später der gestohlene, seines Inhalts beraubte Kassenschrank gefunden und sichergestellt wird, läßt sich dann mit denselben Methoden wie bei warmer oder kalter Arbeit die jeweilige Einbruchstechnik feststellen.

5. Automateneinbrüche

Als relativ primitive Form der schweren Diebstähle seien schließlich die Automateneinbrüche genannt. Diese Behältnisse bieten gewöhnlich weniger Sicherheit und sind daher trotz gewisser vorbeugender Maßnahmen von einem entschlossenen Täter leicht zu „knacken". Dazu bedarf es mithin nicht der aufwendigen Methoden von „warmer" oder „kalter Arbeit", wenngleich für Verbrechenstechniken der letztgenannten Art geeigneten Werkzeuge sicher zum Automateneinbruch benutzt werden können. Doch erreicht der Dieb hier sein Ziel in aller Regel schon mit simpleren Einbruchswerkzeugen oder, wenn er Gewalt anwendet, durch Einschlagen einer Scheibe mit einem Stein bzw. auf ähnliche Weise. Selbstverständlich kann der Automat, wie es mitunter geschieht, als solcher gestohlen und später an geiegnetem Ort aufgebrochen werden.

Helfen hier mit der Zeit entwickelte Sicherungen oder sichernde Konstruktionen bei entschlossenem Angriff wenig oder nicht, haben sie doch bewirkt, daß diese Täter heutzutage häufiger als früher mit Gewalt vorgehen müssen.
Ist mithin die Situation der Kriminaltechnik beim Automateneinbruch jetzt etwas günstiger, als das zunächst scheinen mag, hängt der in der Praxis immer noch seltene Einsatz kriminaltechnischer Mittel hier wohl mehr mit kriminaltaktischen Überlegungen zusammen, die bei vergleichsweise geringer Beute ein solches Vorgehen nur bei Hinzutreten weiterer Umstände als angezeigt erscheinen lassen.
Im übrigen ergeben sich kriminaltechnisch einige Besonderheiten bei Geld- und Warenautomaten.

a) Geldautomaten

Geldautomaten pflegen sicherer als Warenautomaten und etwa geschützter aufgestellt zu sein. Sie sind überwiegend unter Aufsicht von Personen oder aber in sie schützenden Räumen, in welche der Täter dann mittels Einbruchs eindringen muß. Eine Sonderrolle spielen hier die Fahrkartenautomaten, welche dem Publikum stets zugänglich sein müssen.
Insgesamt sind derartige Geldautomaten mehr als Warenautomaten durch stabilere Konstruktion gesichert; besonders gilt das für die Aufbewahrung des als Diebesbeute begehrten Geldes. Schwächen zeigen insoweit eher die in Räumen aufgestellten Geldspielautomaten sowie andere Glückspielgeräte.

Reuss, Gottfried: Diebstähle aus Geldspielautomaten – Kriminalistik 1974–170ff.

b) Warenautomaten

Bei den Warenautomaten kommt das Diebesgut außer der Ware das dafür genommene Geld in Betracht. Da Warenautomaten dem Publikum nach Möglichkeit stets zugänglich sein sollen, wäre an sich besondere Sicherung geboten, welche sich hier jedoch nur begrenzt erreichen läßt, wenn der Aufwand nicht ungebührlich groß werden soll. Wenngleich sich das für das Geld ähnlich wie bei Geldautomaten erreichen ließe, wird das oft durch die Art und Menge der in einem solchen Automaten angebotenen Ware erschwert, weshalb der Einbrecher es hier im allgemeinen sehr leicht hat.

B. Andere (einfache) Diebstähle

Bei den anderen, den einfachen Diebstählen mag die Situation auf den ersten Blick so unkompliziert erscheinen, daß kaum Raum für kriminaltechnische Sachverständige mehr bleibt. Obwohl daran etwas Richtiges ist, wird doch das Täuschende dieses Eindrucks bereits klar, wenn wir bespielsweise an Schlüsse denken, die man u. a. aus der Diebesbeute ziehen kann. Wenn hier auch die Bedeutung der Arbeitsspuren gegenüber Einbrüchen und dergl. erheblich zurücktritt, zeigt sich doch, daß der Kriminalist, der Erfolg haben will, nicht nur mit den Praktiken der Rechtsbrecher, der Technik des Verbrechens (§ 9–I–B), vertraut sein muß, sondern er in einer nicht unbeträchtlichen Zahl von Fällen auf die Mitarbeit bestimmter Sachverständiger zurückgreifen kann oder muß.
Dies gilt in unterschiedlichem Ausmaß für alle Formen des einfachen Diebstahls, die wir bei der Verbrechenstechnik zunächst einmal nach dem Tatort zu Gruppen zusammengefaßt haben, was hier jedoch nicht so wichtig ist. Vielmehr läßt sich allgemein für die Unter-

suchung in Fällen einfachen Diebstahls sagen, daß die Kriminaltechnik entweder am Tatort oder beim Tatverdächtigen und in seinem Lebensbereich ansetzen kann.
Am Tatort (kaum jemals am Opfer selbst) finden sich u. U. Formspuren wie beispielsweise Finger- und Handflächenabdrücke, die daktyloskopisch ausgewertet werden können. Häufiger ist das jedoch ebenso wie bei vom Täter herrührenden Materialspuren nicht der Fall.
Eher läßt sich kriminaltechnisch etwas mit der Beute anfangen, sobald diese sich in den Händen der Strafverfolgungsorgane befindet; denn diese läßt sich häufig mithilfe der Kriminaltechnik einwandfrei indentifizieren. Kriminaltechnische Erkenntnisse über Beute, nach welcher noch gesucht wird, können unter besonderen Umständen bereits für die Fahndung hilfreich sein. – Für alle diese Untersuchungen der Beute kommt es vor allem auf deren Beschaffenheit an. Diese kann nicht nur bei organischen Produkten – man denke an die Holzuntersuchungen oder gewisse Nahrungsmittel – mithilfe der Biologen u. U. sehr exakt bestimmt werden, sondern selbst handwerkliche oder industrielle Produkte können schon insoweit aufschlußreich sein. Wird die Beute hier als Materialspur gewertet, kann in anderen Fällen ihre Form oder Bearbeitung (z. B. Kennzeichnung) für den Kriminaltechniker aufschlußreich sein.
Einen Sonderfall, bei welchem man kriminaltechnisch verwertbare Spuren gewissermaßen durch den Täter produzieren läßt, stellt die **Diebesfalle** dar, auf die im übrigen erst im Rahmen der Kriminaltaktik einzugehen ist. Hier bewirken sogen. Fangstoffe am Täter die für seine Überführung wichtigen Materialspuren, bei denen es u. U. aber auch auf Form und Lage ankommen kann. Der Spurenbefund hängt natürlich wesentlich von der Arbeitsweise der Diebesfalle ab. Typischerweise sollen die Fangspuren an den Händen oder der Kleidung des Täters Materialspuren bewirken, welche entweder ohne weiteres sichtbar, aber schwer zu entfernen sind oder die als latente, vom Täter unerkannte Spuren erst durch die Untersuchung sichtbar gemacht werden. Es gibt ferner Möglichkeiten, eine potentielle Diebesbeute mit gewissen Fangstoffen zu „impfen“, damit sie später sicher indentifiziert werden kann.

Wegen Verdachts erheblicher, anders nicht aufklärbarer Benzindiebstähle in einem Kasernengelände der Bundeswehr wurde unter strikter Geheimhaltung dem Inhalt der zwei in Betracht kommenden Benzintanks eine chemische Markierungsflüssigkeit zugesetzt. Als nach Ablauf einer gewissen Zeit die Annahme begründet erschien, daß sämtliche Dienstwagen mit „geimpftem“ Benzin versehen sein mußten, ließ man die Diebesfalle zuschnappen und entnahm Proben aus den Kraftstoffbehältern sämtlicher Privateigenen Kraftfahrzeuge. In 21 von 231 stellte der an dieser Aktion beteiligte Sachverständige dabei markiertes Benzin fest.

Es zeigt sich mithin, daß selbst beim einfachen Diebstahl kriminaltechnisch häufiger als üblicherweise angenommen ein Sachverständiger mitwirken sollte; für die Praxis ist dies z. T. so selbstverständlich, daß man die Sachverständigeneigenschaft für diese Zwecke besonders geschulter Kriminalbeamter übersieht. An Hand der einzelnen Verbrechenstechniken sollen nunmehr die kriminaltechnischen Probleme der einfachen Diebstähle beleuchtet werden.

1. Diebstähle aus Wohnungen, Privathäusern und dergl.

Bei einfachen Diebstählen im privaten Bereich, wie sie typischerweise von Verwandten, Besuchern, Dienstmädchen, aber auch von richtigen und falschen Beamten bzw. Handwerkern

begangen werden, sind die Chancen für kriminaltechnische Untersuchungen gewöhnlich sehr gering. Denn es fehlt hier, da die Beute gegen den diebischen Zugriff nicht gesichert ist, an Gewalt gegen Sachen, mit welcher der Täter die mechanische Sicherung überwindet; zudem bewirkt die durchweg leichte Tatausführung, daß ebenfalls andere brauchbare Spuren zu vermissen sind.
Bleibt somit in diesen Fällen nur die Identifizierung einer bereits sichergestellten Beute, hängt es im übrigen mehr als von der jeweiligen Verbrechenstechnik von den Umständen des Einzelfalles ab, ob der Täter Fingerabdrücke und andere Formspuren oder auch einmal Materialspuren hinterläßt.
Garten-, Feld- und Forstdiebstähle sollen auch denn, wenn sie zum Nachteil von Privatpersonen begangen werden, später (unten 3–e) erörtert werden.

a) Verwandte, Hausangestellte, Besucher

Bei Verwandten, Hausangestellten oder Besuchern, die sich im Bereich des Bestohlenen aufhalten, ist die Situation für kriminaltechnische Untersuchungen besonders ungünstig. Denn selbst Fingerabdrücke solcher Personen helfen in aller Regel wenig, weil sie Folge des legalen Aufenthalts sein können. Nur Fingerspuren, die sich an solchen Stellen (z. B. dem Aufbewahrungsort der Beute) finden, welche nicht ohne weiteres zugänglich sind (besondere Räume, verschlossene Schränke oder Behältnisse) können ausnahmsweise beweiserheblich sein. Dasselbe gilt für Materialspuren.

b) Handwerker, Bettler, Hausierer

Ähnlich sind die Verhältnisse bei Personen, welche als Handwerker usw. oder Bettler, Hausierer oder ähnliches Zugang zu den Räumlichkeiten der in Frage stehenden Art erhalten. Hier ist lediglich zu beachten, daß bei Handwerkern und erst recht bei Hausierern, Bettlern und dergl. die Bewegungsfreiheit gewöhnlich sehr viel begrenzter ist als bei dem zuvor genannten Personenkreis. Deshalb kann die Chance etwas größer sein, Fingerabdrücke und andere Spuren von ihnen an Stellen zu finden, die einen Zusammenhang mit dem Diebstahl als möglich erscheinen lassen.

c) Falsche Beamte usw.

Die Lage bei Diebstählen, welche von falschen Beamten oder Personen, die sich sonst unter unrichtigem Vorwand Zutritt und damit eine Zugriffsmöglichkeit verschaffen, entspricht im wesentlichen der von solchen Tätern, welche wirklich zu diesen Zwecken Zugang erhalten. Ist er daher üblicherweise ebenfalls mehr oder weniger begrenzt, kommt hinzu, daß die Identität dieser Menschen noch häufiger als bei anderen unbekannt sein wird, die sich legal dort aufhalten. Die Untersuchung etwaiger Spuren kann daher unter diesem Gesichtspunkt sinnvoll sein.

d) Klingelfahrer

Von falschen Beamten und anderen mit einem Vorwand operierenden Dieben unterscheiden sich Klingelfahrer dadurch, daß ihre Tatausführung an sich gerade nicht auf persönlichem Kontakt dem Opfer oder einer diesem verbundenen Person beruht. Natürlich kann es Übergänge zu den zuvor behandelten Praktiken geben, wenn der Täter sich, sofern auf sein Klingeln hin geöffnet wird, eines Vorwands der genannten Art bedient, um in die Räumlichkeiten hineinzugelangen. Häufiger wird der Klingelfaher in dieser Situation aber versuchen, mit einer Frage oder Bitte einen unverdächtigen, sofortigen Abgang zu

erreichen. Denn das Klingeln oder Klopfen ist beim typischen Klingelfahrer vor allem eine Maßnahme, welche die Abwesenheit der Bewohner feststellen soll.
Da der Klingelfahrer sich illegal in den Räumlichkeit des Bestohlenen aufhält, sind von ihm stammende, kriminaltechnisch auszuwertende Spuren durchaus signifikant. Erschwerend wirkt hier allerdings die wohl in aller Regel unbekannte Identität, weil hier noch weniger als bei falschen Beamten von Zeugen Angaben zu erlangen sind, welche die Identifizierung erleichtern könnten. Immerhin läßt sich in derartigen Fällen noch am ehesten etwas mit Mitteln der Kriminaltechnik machen.

Am 10. Januar 1964 konnte ein Diebstahl mithilfe von Fußspuren in einer dünnen Schneedecke aufgeklärt werden. Der Täter war durch eine für geringe Zeit offen stehende Balkontür in das Wohnzimmer gelangt und hatte dort aus einer Handtasche eine Geldbörse mit rund DM 250 entwendet. Der von der Geschädigten, die den Verlust alsbald bemerkte, herbeigeholte Polizeibeamte konnte die vom Balkon wegführende Spur etwa eine Stunde lang – auch über eine belebte Straße hinweg bis zu einer etwa 1 km entfernt liegenden Baustellenbaracke – verfolgen. Dort stellte er ein Paar noch feuchte Arbeitsstiefel mit entsprechendem Profil und einem Defekt am rechten Schuh sicher. Der Täter war wegen der durch den Schnee bedingten Arbeitsruhe in eine benachbarte Stadt gefahren, wo er mit der Beute festgenommen wurde. Der Fall zeigt, daß man selbst in Städten unter besonderen Umständen noch Fährten folgen kann.

e) Beischlafdiebstähle

Beischlafdiebstähle bieten, wenngleich sie aus mancherlei Gründen nur selten angezeigt werden, ebenfalls relativ gute Ermittlungsmöglichkeiten. Denn außer der Beute, die hier allerdings in dem gewöhnlich nicht so aussagekräftigen Bargeld (anders Brieftaschen, Geldbörsen) zu bestehen pflegt, sind Tatort und u. U. als Täter in Betracht kommende Personen bekannt oder doch identifizierbar. Sofern nicht längere Zeit verstreicht, was Spurenbeseitigung ermöglicht, bestehen gewisse Chancen für einen Sachbeweis.

2. Diebstähle aus Läden, Geschäftshäusern, Fabriken usw.

Etwas günstiger für die Kriminaltechnik ist die Lage teilweise bei den im wirtschaftlich-industriellen Bereich begangenen einfachen Diebstählen. Mag die Tatsituation bei Arbeitnehmerdiebstählen weithin der von Privatdiebstählen gleichen oder doch ähneln, so ist die Lage dennoch bei den von Außenstehenden begangenen Kundendiebstählen mitunter deshalb anders, weil diese Täter nicht ohne weiteres an den Verwahrungsort gelangen können oder sie auch sonst mit Schutzmaßnahmen rechnen müssen; das zwingt zu vorsichtigerer Tatausführung, die aber gerade deshalb u. U. charakteristische Spuren bewirken kann.

a) Arbeitnehmerdiebstähle

Für die Arbeitnehmerdiebstähle, die von Tätern am Arbeitzsplatz entweder zu Lasten ihres Arbeitsgebers oder ihrer Arbeitskameraden begangen werden (§ 9–I–B–2–a), können wir bezüglich der kriminaltechnischen Möglichkeiten auf das zu den Privatdiebstählen Gesagte (oben 1.) verweisen; denn die Tatsituation unterscheidet sich in beiden Fällen in aller Regel nur unwesentlich, weil die Arbeitnehmer sich – wenngleich mehr oder weniger begrenzt – legal im fraglichen Bereich aufhalten.

b) Kundendiebstähle

Die Kundendiebstähle sind dagegen etwas genauer zu beleuchten, weil es hier teilweise doch noch über Privatdiebstähle hinausgehende kriminaltechnische Möglichkeiten gibt. Mitunter kann schon die Beute – typischerweise eine Handelsware – ihrer Art nach charakteristisch sein oder durch Maßnahmen des Verkäufers wie etwa Preisauszeichnung signifikant werden. Ganz besonders in diesem Bereich finden wir Verbrechenstechniken, die man als **Trickdiebstahl** bezeichnet, weil eine geschickte, eben trickreiche Arbeitsweise andere Maßnahmen, die auf Einbruch oder gar Raub hinauslaufen, erübrigt. Der als Mittel der Wegnahme verwendete Trick rückt diese Diebstähle in die Nähe des Betrugs, bei welchem allerdings das vom Täter getäuschte Opfer selbst die Vermögensverfügung vornimmt.

Aubé, Lucien: Internationale Trickdiebe – in: Diebstahl, Einbruch und Raub, hrsg. v. Bundeskriminalamt, Wiesbaden 1958, S. 89ff.; *Aubé,* Lucien: Internationale Trickdiebe – Internat. kriminalpol. Revue 1958–258ff.; *Frommelt,* K. H./*Schwarz,* K. G.: Internationale und interlokale Trickdiebe – der kriminalist 1974–32ff., 104ff., 224ff., 335ff.

Neben vielfältigen, im allgemeinen raffinierten Methoden des „Vertauschens“ finden sich beim Trickdiebstahl andere, z.T. recht primitive, aber effektive Verbrechenstechniken. Trickdiebe arbeiten nicht nur häufig international oder doch regional, sondern können ebenso an allen nachstehend behandelten Örtlichkeiten auftreten. Man findet sie im Juwelierladen wie im Warenhaus, in Cafés oder Hotels. Im Grunde bezeichnet man also mit Trickdiebstahl bestimmte Charakteristika der Tatausführung einfacher Diebstähle, auf die hier jeweils im Zusammenhang eingegangen werden soll, nachdem der verbindende Aspekt genannt worden ist.

aa) Ladendiebstähle

Auf die oben aufgezeigten Möglichkeiten beschränken sich kriminaltechnische Untersuchungen in Fällen von Ladendiebstahl, was bedeutet, daß zunächst einmal Gegenstände sichergestellt worden sind, die als Diebstahlsbeute in Betracht kommen. Denn andere Spuren sind bei der allgemein zugänglichen Örtlichkeit in aller Regel nicht beweiserheblich. Selbst hier mögliche Zeugenaussagen führen kaum jemals zu einem Sachbeweis weiter.

bb) Diebstähle in Selbstbedienungsläden

Im Grunde ähnlich ist die Situation der Kriminaltechnik bei in Selbstbedienungsläden verübten Diebstählen. Sogar hier zu beobachtende verschleiernde Manipulationen lassen nur ausnahmsweise einen Sachbeweis als denkbar erscheinen.

cc) Warenhausdiebstähle

Dasselbe gilt ferner für Warenhausdiebstähle, bei denen es ebenfalls vor allem auf die Beute und deren Kennzeichnung ankommt.

dd) Messen- und Marktdiebstähle

Messen- und Marktdiebstähle zeigen sogar eine für die Kriminaltechnik noch ungünstigere Tatsituation, weil bei allgemein zugänglichem Tatort weniger mit Kennzeichnung oder anderen Charakteristika der Ware zu rechnen ist.

ee) Kassen- und Schalterdiebstähle

Eher als bei den vorstehend erörterten Verbrechenstechniken, die man als Ladendiebstähle i.w.S. bezeichnen kann, versprechen kriminaltechnische Untersuchungen bei Kassen- und

Schalterdiebstählen Erfolg, sofern es sich nicht um ausgesprochene Trickdiebstähle handelt. Denn in den anderen Fällen lassen mehr oder weniger wirksame Sicherungen des Geldes außer Fingerabdrücken auch Werkzeug- oder Materialspuren erwarten, die sich für Beweiszwecke ausnutzen lassen.

NN: Der Schutz von Deposition- und Kreditinstituten gegen Diebstähle – Internat. kriminalpol. Revue 1964–304 ff.

ff) Hotel- und Gaststättendiebstähle

Die Lage bei Hotel- und Gaststättendiebstählen ist recht unterschiedlich. Lassen sich diese Täter häufig nur an Hand ihrer Beute überführen, zu deren Identifizierung gewöhnlich die Kriminaltechnik nicht nötig ist, gibt es bei gewichtigeren Taten dieser Art – wie gesagt – Praktiken, die in das Gebiet der schweren Diebstähle (Einbruch-, Einsteige- und Nachschlüsseldiebstahl) hineinreichen und daher relativ gute Ansätze für kriminaltechnische Maßnahmen bieten.

Billerbeck, Klaus-Dieter: Der Hoteldieb – Problematik der Bekämpfung – der kriminalist 1971, H. 7, S. 11 ff.

gg) Andere Örtlichkeiten

Für an anderen Orten im geschäftlich-wirtschaftlichen Bereich verübte einfache Diebstähle läßt sich naturgemäß nichts Allgemeineres sagen. Denn ob hier der Einsatz der Kriminaltechnik versprechend erscheint, hängt wesentlich von den sehr unterschiedlichen Gegegenheiten im Tatortbereich sowie ferner von der Art der Beute und der Arbeitsweise des Täters ab.

Ein Beispiel für derartige Taten sind die vor allem in Kirchen, Kapellen oder Museen verübten **Kunst- und Antiquitätendiebstähle,** bei welchen die Rechtsbrecher wegen besserer Sicherung zunehmend Einbruchstechniken anwenden müssen; für diese gilt das oben (A.) Gesagte. Dennoch gibt es immer wieder Fälle, in denen Diebe auch auf andere Weise zum Ziel gelangen.

Tegel, Heinrich: Kirchendiebstähle – Arch. f. Krim. Bd. 128, S. 121 ff. (1961); *Martin,* Leopold: Kirchendiebstähle in Bayern – in: TbKrim Bd. XV, S. 141 ff. (1965); *Eisert,* Peter: Schutz von Kunstwerken in Kirchen – Die neue Polizei 1969–219 ff.

Doch auch sonst gibt es im geschäftlich-industriellen Bereich Tatsituationen, welche für den Täter so günstig sind, daß er kaum noch als Kunde figurieren muß. Man denke etwa an leicht zugängliche Lagerplätze und -hallen für Material oder sogar für Fertigprodukte.

Straub/Leyendecker: Klärung von Langholzdiebstählen durch Fahrzeug- und Fußspuren – Arch. f. Krim. Bd. 115, S. 135 ff. (1955).

3. Diebstähle in der Öffentlichkeit

Die in der Öffentlichkeit begangenen Diebstähle hinterlassen in der Regel nur selten und zudem wenige Spuren, die einen Sachbeweis ermöglichen. Doch zumindest dann, wenn das gestohlene Objekt wieder verfügbar ist, sind auch hier kriminaltechnische Untersuchungen möglich und sinnvoll, sofern die Identifizierung nicht schon auf andere, einfachere Weise zu bewerkstelligen ist. Wenn verdächtige Gegenstände in die Hände der Ermittlungsorgane fallen, kommt es vor allem auf sie selbst an, ihre stoffliche Beschaffenheit, Kennzeichnung, aber u. U. ferner auf anhaftende Materialspuren oder auf Fingerabdrücke und dergl. an.

Lindner: Diebstähle von Kraftfahrzeugen und Fahrrädern (Erfahrungen aus dem Lande Nordrhein-Westfalen – Ruhrgebiet) – in: Diebstahl, Einbruch und Raub, hrsg. v. Bundeskriminalamt, Wiesbaden 1958, S. 63 ff.; *Frieden,* Kurt: Fahrzeugdiebstähle – Hamburg 1962.

a) Kraftfahrzeugdiebstähle

Bei Kraftfahrzeugdiebstählen wird das gewöhnlich aufgefundene Fahrzeug in der Regel lediglich auf Fingerabdrücke untersucht; sorgfältiger pflegt man jedoch vorzugehen, wenn mit dem gestohlenen Wagen schwerere Straftaten begangen worden sind.

Svensson/Wendel S. 131 ff.; *Weinzierl:* Bekämpfung von Kraftfahrzeugdiebstählen – in: Diebstahl, Einbruch und Raub, hrsg. v. Bundeskriminalamt, Wiesbaden 1958, S. 47 ff.

Insgesamt aber bieten sogar einfache Diebstähle bei derartigen Objekten mancherlei Ansatzpunkte für Expertisen von Metallurgen und ähnlichen Sachverständigen. Selbstverständlich können genauere Analysen beispielsweise auch von Chemikern und Physikern durchgeführt werden.

Die Möglichkeiten der Kriminaltechnik verbessern sich überdies, wenn im Zusammenhang mit dem Kraftfahrzeugdiebstahl – wie das insb. bei schweren Diebstählen der Fall ist – weitere Straftaten begangen werden. Denn entweder bewirken diese oder präparierende Maßnahmen der Rechtsbrecher weitere Spuren. Bei Manipulationen an Kraftfahrzeugpapieren, wie sie etwa von Autoschiebern vorgenommen werden, kann man Schriftsachverständige oder Fachleute aus dem Druckereigewerbe zu Rate ziehen oder Schreibmaterial und -mittel durch den Chemiker analysieren lassen.

b) Fahrraddiebstähle

Ähnlich, wenngleich nicht ganz so günstig, liegen die Dinge bei Fahrraddiebstählen, bei welchen die Ermittlungen allerdings noch weniger intensiv zu sein pflegen.

Frieden, Kurt: Fahrraddiebe – Zur Kriminologie des Fahrraddiebstahls – Kriminalistik 1955–465 ff.

c) Diebstähle von Fahrzeugteilen

Der Diebstahl von Fahrzeugteilen bietet dagegen zumindest dann, wenn das fragliche Objekt untersucht werden kann, gute Ansatzpunkte für die Kriminaltechnik. Zu Besonderheiten von Beschaffenheit und Form treten hier Spuren hinzu, die relativ genau auf die Herkunft schließen lassen; denn das für Vergleichszwecke wichtige Fahrzeug, von dem Teile entwendet worden sind, ist ja regelmäßig verfügbar, was übrigens für die Fahndung nach dem Diebesgut von Vorteil sein kann.

d) Diebstahl von Transportgütern

Vergleichbar, obwohl nicht ganz so günstig, ist die Situation bei einfachen Diebstählen an Transportgütern (Beförderungsdiebstahl). Außer an Diebstähle aus Kraftfahrzeugen, bei welchen man bereits häufiger Einbruchstechniken findet, ist selbstverständlich an andere Beförderungsmittel wie die Eisenbahn oder das Schiff zu denken.

Müller, Hein: Eisenbahntransport-Diebstähle – Kriminalistik 1965–631 ff.

Da die Tatausführung hier nur seltener brauchbare Spuren bewirkt, komm es wieder mehr auf die Beute als solche an. Diese muß dann aber für eine solche Untersuchung bereits wieder verfügbar sein. Dabei kann man außer auf anhaftende Materialspuren auch auf Fingerabdrücke und dergl. achten.

e) Garten-, Feld- und Forstdiebstähle

Garten-, Feld- und Forstdiebstähle lassen sich, da die Tatorte durchweg leicht zugänglich sind, gewöhnlich ohne große Hemmnisse begehen. Die deshalb problematischen Ermittlungen werden zuweilen durch Form- oder Materialspuren erleichtert; das gilt insb. nach Sicherstellung der Beute, welche u. U. sogar ein Paßstück darstellen kann.

Abb. 16/21. Ein Gartendiebstahl konnte dadurch bewiesen werden, daß die auf einem Grab gesicherten Pfingstrosenstengel (rechts) mit den am Tatort verbliebenen Resten der Stengel (links) zusammen paßten.

f) Taschendiebstahl

Ein Taschendiebstahl hinterläßt nur ausnahmsweise Spuren. Außer bei Verwendung von Messern und ähnlichen Werkzeugen – z.B. zum Aufschlitzen von Kleidungsstücken – ist hier eine kriminaltechnische Begutachtung eventuell bei der Beute und ferner dann sinnvoll, wenn beispielsweise die Beute beim Tatverdächtigen, der sich ihrer entledigt hat, Spuren verursacht haben könnte.

Alvarez del Castillo, Dagoberto: Die Aktentaschenaufschlitzer – Internatl kriminalpol. Revue 1958–176ff.; *Sprung:* Internationale Taschendiebe – in: Diebstahl, Einbruch und Raub, hrsg. v. Bundeskriminalamt, Wiesbaden 1958, S. 81ff.; *Sprung,* Ernst: Wie man Taschendiebe fängt – Kriminalistik 1958–219ff.; *Buchner,* August: Taschendiebstähle und ihre Bekämpfung – Kriminalistik 1961–499ff.

II. Raub

Beim Raub sind die Möglichkeiten des Sachbeweises – insgesamt betrachtet – noch besser als selbst beim schweren Diebstahl einzuschätzen, wenngleich sich sowohl infolge der verschiedenartigen Zwangsmittel als auch bei Überfällen in Gebäuden, in Verkehrsmitteln und im Freien naturgemäß einige Unterschiede ergeben.

Bauer, Günther: Raub und Räuber – GrKrim 6 – Hamburg 1970 insb. S. 276ff.; *Müller-Engelmann,* Kurt Peter: Der Raub. Zur Kriminologie und strafrechtlichen Regelung dieser Deliktstypen unter besonderer Berücksichtigung der Geschichte und der Kriminalistik – Diss. Frankfurt a. M. – München 1973 – insb. S. 170ff.

Allgemein läßt sich jedoch für die Kriminaltechnik bei Raubüberfällen Folgendes sagen. – Was die Identifizierung der Beute des Räubers anlangt, liegen die Dinge praktisch ebenso wie bei Diebstählen (§ 16–B–I).
Anders als insb. beim Einbruchsdiebstahl, wo vor allem Gewalt gegen Sachen kriminaltechnisch wertvolle Spuren erzeugt, dominiert beim Räuber, der brachialen Zwang gegen Personen anwendet, eine andere Situation hinsichtlich der Spuren insb. am Tatort und am Opfer, zuweilen auch am Täter. Beschränkt sich der Täter auf eine schwere Drohung, kann es allerdings an solchen Tatspuren fehlen.
Dennoch beginnt die Spurensuche der Kriminalbeamten bei Raubüberfällen regelmäßig, und zwar nicht nur in Fällen von Gewaltanwendung oder gar Widerstand des Opfers, mit der Besichtigung des Tatorts, der ganz überwiegend im Freien gelegen ist. Außer auf Fußspuren ist ggf. auf Fahrzeugspuren zu achten; neben Verletzungsspuren kommen ferner andere Werkzeugspuren in Betracht, wenn der Räuber gewalttätig vorgegangen ist.
Bei einem mit Gewalt begangenen Raubüberfall sind Spuren von Tötungs- und Verletzungswerkzeugen, die sich insb. am Körper und an der Kleidung des Opfers finden, selbstverständlich besonders wichtig. Im Fall von Schußverletzungen ist neben dem Gerichtsmediziner vor allem der Ballistiker zu hören, der dazu beitragen kann, den Tathergang zu rekonstruieren. Auf die kriminaltechnische Seite der Schußverletzungen und anderer Waffenspuren ist bereits im Rahmen der Tötungsdelikte ausführlicher eingegangen worden (§ 16–A–I). Hier genügt es festzuhalten, daß man diese kriminaltechnischen Erkenntnismöglichkeiten auch beim Raub nicht übersehen darf.
Zuweilen und insb. bei Widerstand bzw. Abwehr des Opfers können sich auf den Täter hinweisende Spuren beispielsweise im Fingernagelschmutz des Opfers finden; ebenso kann dessen Körper Abwehrverletzungen aufweisen, welche Schlüsse auf das Tatwerkzeug zulassen. Selbstverständlich kann eine solche Abwehr durch Verletzung des Räubers ferner zu Spuren an seinem Körper führen.
Je nach Lage des Falles können bei den Ermittlungen schließlich andere Sachverständige wie Biologen, Daktyloskopen, Chemiker, Physiker usw. von Nutzen sein.
Wird im Zusammenhang mit einem Raub eine andere Straftat – etwa eine Notzucht oder gar ein Mord – begangen, so sind überdies die für jenes Delikt wesentlichen Sachbeweise zu beachten.
Da manche Raubüberfälle mit Kraftfahrzeugen durchgeführt werden, die man alsbald nach der Tat zu finden pflegt, ist ferner auf die in solchen Kraftfahrzeugen zu sichernden Spuren wie Fingerabdrücke, Schmutz- und andere Materialspuren oder vom Täter zurückgelassene Gegenstände zu achten. Es gibt aber Fälle, in denen sich die Suche nach dem Tatfahrzeug schwieriger anläßt, weil die Täter es beispielsweise in einem Waldgelände verstecken; hier hat sich der Einsatz von Polizeihubschraubern bewährt.

Rother, Hermann/*Schröder,* Günter: Polizeihubschrauber bei Überfällen auf Geldinstitute – Kriminalistik 1968–18ff.

Ausgeklammert bleibt wiederum die Problematik fingierter Raubüberfälle, die im Rahmen der Deliktsvortäuschung (§ 16–D–III–C) erörtert werden soll.

1. Raubüberfälle in Gebäuden

Raubüberfälle in Gebäuden pflegen in der Regel wegen der hier üblichen Verbrechenstechniken mehr für den Sachbeweis geeignete Spuren zu hinterlassen als die große Zahl der im Freien begangenen Taten. Wichtig für den Einsatz der Kriminaltechnik sind die hier bei vielen Gebäuden wie Banken und Kassen erheblichen Sicherungen, welche der Täter überwinden oder umgehen muß.

Czech: Sicherungsmaßnahmen gegen Raubüberfälle auf Banken, Sparkassen und Postanstalten – in: Diebstahl, Einbruch und Raub, hrsg. v. Bundeskriminalamt, Wiesbaden 1958, S. 191ff.

a) Bankraub

Ebenso wie Fuß- und Fahrzeugspuren wegen der baulichen Gegebenheiten beim Bankraub ziemlich selten sind, gilt das für Fingerabdrücke, weil die Räuber bei diesen Taten umsichtig zu Werke zu gehen pflegen. Diese Erfahrung sollte jedoch nicht dazu verführen, auf derartige Spuren oder Handschuhspuren überhaupt nicht zu achten, die doch noch öfter, als man annimmt, vorkommen. Dagegen eröffnet die bei diesen Überfällen relativ häufige Verwendung von Schußwaffen, sei es auch nur zu Warnschüssen, mancherlei kriminaltechnische Möglichkeiten.

b) Kassenraub

Der Kassenraub entspricht kriminaltechnisch weithin dem Bankraub, wenngleich der Täter hier noch eher gewalttätig als dort vorgeht, was jedoch brauchbare Spuren bewirken dürfte.

c) Ladenraub

Eher als beim Bankraub wird beim oft ziemlich unüberlegt ausgeführten Ladenraub mit Fingerabdrücken zu rechnen sein, die der daktyloskopische Sachverständige auszuwerten vermag. Bei den häufiger recht brutal ausgeführten Taten dieser Art spielen zudem andere Tötungs- und Verletzungswerkzeuge eine noch größere Rolle als Schußwaffen, die mitunter hier ebenfalls gebraucht werden. In Fällen von so oder so verursachten Verletzungen muß der Kriminalist wie bei vorsätzlichen Tötungen und Körperverletzungen auf die Hilfe des Gerichtsmediziners oder anderer Experten zurückgreifen, die mit Wunden und mit diesen Instrumenten besonders vertraut sind.

d) Wohnungsraub

Ähnlich ist die Lage beim Wohnungsraub. Mitunter kann die Kriminaltechnik hier sogar an Einbruchspraktiken anknüpfen. Vor allem aber läßt sich wiederum aus Verletzungen des Opfers (vgl. § 16–A–I) etwas über das Vorgehen des Täters und das von ihm benutzte Tatwerkzeug entnehmen. Hier wie insb. bei sonstiger Gewaltanwendung können Spuren sogar unmittelbar vom Täter herrühren. Außer auf Fingerabdrücke, Würgemale und andere Formspuren ist hier daher auf Materialspuren zu achten, die wie Blut, Haut-, Kleiderfetzen usw. keineswegs nur bei Widerstand des Opfers am Tatort zu finden sind.

2. Raubüberfälle im Freien

Bei im Freien begangenen Raubüberfällen ist die Beweissituation insgesamt genommen weniger günstig. Denn bei vielen Taten dieser Art – z.B. einem überraschend durchgeführ-

ten Handtaschenraub – fehlt es entweder überhaupt an Gewaltanwendung oder ist diese doch so wenig intensiv, daß sich kaum verwertbare Spuren finden. Hier beschränken sich kriminaltechnische Untersuchungen daher im allgemeinen auf die Beute.
In Fällen gewaltsamer Tatausführung ist dagegen mit Verletzungsspuren zu rechnen, die sich keineswegs nur am Opfer finden lassen. Deshalb sind hier außer dem Gerichtsmediziner u. U. andere Experten beizuziehen, die aus derartigen Form- und Materialspuren auf das verursachende Werkzeug schließen und auch sonst Wesentliches zur Rekonstruktion des Tatverlaufs beitragen können. Derartige Untersuchungen sind besonders wichtig, weil man in diesen Fällen nur sehr selten klare Angaben über die Person des Täters erhält, weshalb die Ermittlungen sich insoweit gewöhnlich sehr schwierig gestalten.

a) Handtaschenraub

Diese für die Kriminaltechnik wenig günstigen Verhältnisse trifft man insb. in zahlreichen Fällen des Handtaschenraubs, sofern nicht ausnahmsweise mit einer Schußwaffe, anderen Tötungs- oder Verletzungswerkzeugen oder auf sonstige Weise Gewalt gegen das Opfer geübt wird.

b) Milieubedingte Raubüberfälle

Ähnlich wie beim Handtaschenraub ist die Lage bei den milieubedingten Raubüberfällen, wie sie in Form von Zechraub, von Überfällen auf oder von Prostituierten oder auf Homosexuelle begangen werden. Dabei gehen die Täter gerade in diesen Fällen oft außerordentlich brutal vor. Verspricht das bessere Aussichten für die Kriminaltechnik, wirken andere Gründe doch den Ermittlungen entgegen.

c) Raubüberfälle auf Kassenboten

Überfälle auf Kassenboten brauchen ebenfalls keine nennenswerten Tatspuren zu verursachen, wenngleich der Täter auch hier, sofern er Widerstand oder Abwehrmaßnahmen erwartet, des öfteren sofort gewalttätig vorgehen wird.

d) Autofallenraub

Der Autofallenraub hinterläßt dagegen außer den für Raubüberfälle typischen Wirkungen wie Verletzungen des Opfers und ggf. später die Beute überdies gewöhnlich Spuren am Fahrzeug des Opfers oder überhaupt im Tatortbereich. Denn charakteristisch für diese Verbrechenstechnik sind Vorkehrungen, um das Fahrzeug des Opfers zum Anhalten zu bringen. Das kann sogar in solchen Fällen, in welchen sich der Täter einer List bedient, Spuren bewirken, welche kriminaltechnisch ausgewertet werden können.

e) Raubüberfälle auf Geldtransporte

Dasselbe gilt für Überfälle auf Geldtransporte, sofern die Täter ihr Ziel nicht mit Tricks oder Drohung erreichen, es also bereits an technischen Vorkehrungen fehlt, welche das Transportfahrzeug zum Halten bringen sollen. Dann kommt es für die Fahndung und Überführung vor allem auf das zum Geldtransport benutzte Fahrzeug an, welches üblicherweise – seines Inhalts beraubt – alsbald nach der Tat sichergestellt wird. Selbst wenn man bei derartigen kriminellen Aktionen nur vergleichsweise selten mit brauchbaren Finger- oder Fußspuren rechnen darf, kommen dem Kriminalisten hier neben Arbeitsspuren von Werkzeugen doch mitunter andere Spuren zunutze, die vom Täter selbst oder seiner Aktivität herrühren.

3. Raubüberfälle in Verkehrsmitteln

Die Raubüberfälle in Verkehrsmitteln erinnern, was die Möglichkeiten der Kriminaltechnik anlangt, wieder mehr an die in Gebäuden begangenen Raubtaten. Hier kommt es weniger auf die mitunter ebenfalls festzustellenden Spuren von Gewalt gegen Sachen als mehr auf die wieder häufigeren Folgen von Gewalt gegen Personen an.

a) Taxiraub

Beim Taxiraub ist außer auf Spuren von Gewalt am Körper und an der Kleidung des Opfers vor allem an Form- und Materialspuren im Kraftfahrzeug zu denken. Außer Schäden am Wagen, die auf das verursachende Werkzeug und den Tathergang schließen lassen, kommen hier Fingerabdrücke und vom Täter stammende Dinge als Beweisstücke und damit ggf. Objekte kriminaltechnischer Untersuchungen in Betracht.

Riester: Raubüberfälle auf Taxifahrer – in: Diebstahl, Einbruch und Raub, hrsg. v. Bundeskriminalamt, Wiesbaden 1958, S. 175ff.

b) Räuberischer Mitfahrer

Ähnlich sind die Möglichkeiten der Kriminaltechnik beim räuberischen Mitfahrer zu beurteilen. In vielen dieser Raubüberfälle dürfte der begrenzte Benutzerkreis, wenn man z.B. an Fingerabdrücke denkt, die Ermittlungen gegenüber dem Taxiraub etwas erleichtern.

c) Eisenbahnräuber u. a.

Trotz der hier ebenfalls typischen Gewalt gegen Personen ist die Spurensituation schon deshalb gewöhnlich ungünstiger, weil es sich durchweg um öffentliche Verkehrsmittel handelt und die Tat des öfteren noch später als ein Taxiraub entdeckt wird.

III. Unterschlagung

In Fällen von Unterschlagung sind die Möglichkeiten des Sachbeweises gewöhnlich recht begrenzt. Die Beute selbst ist schon deshalb nur selten besonders aufschlußreich, weil ihre Identifizierung in aller Regel unproblematisch ist. Anderenfalls kann man ihre Beschaffenheit selbstverständlich durch vergleichende Materialprüfung feststellen oder sie auf andere Weise indentifizieren.

Die Tatausführung – die Zueignung – erfolgt üblicherweise gewaltlos, da sich die Beute bereits in der Hand des Täters befindet; deshalb ist insoweit kaum jemals mit beweiskräftigen Spuren zu rechnen. Nur ausnahmsweise kann es einmal erheblich sein, den Aufbewahrungsort der Beute auf diese Weise darzutun. Am ehesten ist der Einsatz kriminaltechnischer Mittel bei begleitenden Handlungen angezeigt, welche die eigentliche Unterschlagung entweder ermöglichen oder verschleiern sollen. So bieten beispielsweise bei Unterschlagungen, die überwiegend im Rahmen von Rechtsverhältnissen begangen werden, häufiger Schriftstücke oder andere Gegenstände Anhaltspunkte für einen Sachbeweis. Hier ist allgemein auf die Urkundenuntersuchung oder spezielle Methoden wie die der Handschriftenvergleichung hinzuweisen. Dasselbe gilt ferner für Maßnahmen des Täters, durch welche er die Tat zu verdecken sucht. So müssen Vertreter und Angestellte bei Unterschlagungen häufig Papiere fälschen, um zu verhindern, daß ihr Verhalten sofort oder alsbald aufgedeckt wird. Die hier bestehenden Möglichkeiten, welche die Mitarbeit Schrift-

sachverständiger und von Fachleuten aus dem Druckerei- und Papiergewerbe sowie gewisser naturwissenschaftlicher Sachverständiger nahelegen, sollen bei der Urkundenfälschung näher erörtert werden (§ 16–C–I–1).
Im übrigen versuchen es Täter einer Unterschlagung von Gebrauchsgegenständen zuweilen, ihre Beute so umzugestalten, daß sie im Aussehen verändert wird oder doch nicht mehr so leicht zu identifizieren ist. Dabei ist es gleich, ob sie die unterschlagene Sache selbst behalten oder ob sie diese durch Veräußern verwerten wollen. Hier sind die bei der Diebesbeute (§ 16–B–I) erwähnten kriminaltechnischen Methoden anwendbar.

1. Vorbehalts- und Sicherungseigentum

Unterschlägt der Täter Vorbehalts- oder Sicherungseigentum, so sind die Praktiken der Tatausführung meistens unergiebig; auch die Identifizierung der Beute ist kaum jemals beweismäßig von Gewicht.

2. Provisionsvertreter. Auslieferer

Mag die Lage ähnlich sein, wenn Provisionsvertreter und dergl. etwas zu Lasten ihres Auftraggebers unterschlagen, so ist doch zumindest bei unberechtigtem Kassieren oder Nichtabliefern von kassiertem Geld an Fälschungen der oben erwähnten Art zu denken.
Noch häufiger sind derartige Fälschungen, wenn die Unterschlagung zu Lasten der Kunden erfolgt. Hier bestehen also durchaus Chancen, mithilfe der Kriminaltechnik brauchbare Sachbeweise zu erlangen.

3. Auftragsverhältnisse

Auftragsverhältnisse, die vom Täter zur Unterschlagung mißbraucht werden, sind in aller Regel so persönlicher und wenig gewichtiger Art, daß bei der durchweg einfachen bzw. primitiven Tatausführung nur ganz ausnahmsweise mit Spuren zu rechnen ist, welche man kriminaltechnisch auswerten muß.

4. Dienst- und Arbeitsverhältnisse

Dasselbe gilt für Dienst- und Arbeitsverhältnisse, wenngleich hier u. U. schon der Beweis, daß die Beute sich in der Hand des Täters befunden hat, von Gewicht sein kann. Dann und wann können verschleiernde Fälschungen kriminaltechnisch auswertbare Spuren mit sich bringen.

5. Verwahrung und Aufbewahrung

Verhältnisse von Verwahrung und Aufbewahrung sind in aller Regel so persönlich geprägt, daß Sachbeweise niemals eine Rolle spielen. Nur ausnahmsweise kann der Täter dadurch überführt werden, daß man eine von ihm veräußerte Beute kriminaltechnisch identifiziert, sofern das nicht schon auf andere Weise möglich ist, was von der Art der unterschlagenen Sache abhängt.

6. Miete und Leihe

Ähnlich sind die Gegebenheiten bei Miete und Leihe, weil regelmäßig weder die Personen des Täters noch die Identifizierung der gemieteten oder geliehenen Sache problematisch ist.

7. Fundunterschlagung

Fälle von Fundunterschlagung sind kriminaltechnisch deshalb u. U. interessant, weil auf diese Weise die Beute einwandfrei identifiziert und so eine Schutzbehauptung des Täters widerlegt werden kann.
Frei, Max: Mikrospuren bei Fundunterschlagungen – Kriminalistik 1954–155 f.

IV. Sachbeschädigung

Im Gegensatz zu den soeben erörterten Fällen der Unterschlagung sind für alle Formen der Sachbeschädigung – Vandalismus, betrügerische und andere Beschädigung bestimmter Gegenstände – gewöhnlich Tatortspuren die wichtigsten Erkenntnismittel. Das gilt insb. dann, wenn es sich dabei nur um Begleittaten anderer Delikte handelt. Eben deshalb hat die Sachbeschädigung – selbst als Begleiterscheinung anderer Delikte – häufig eine Schlüsselposition, da sie wegen der für sie typischen Gewalt gegen Sachen an diesen Spuren bewirkt, die für den Kriminaltechniker ergiebig sind.
Dabei ist es relativ gleich, ob eine Sachbeschädigung in Form von Vandalismus oder als eine gegen Einzelgegenstände gerichtete Aktion begangen wird (vgl. § 9–IV), weshalb wir die kriminaltechnischen Möglichkeiten zusammenfassend behandeln können, obgleich bei Einzelgegenständen besonderer Art u. U. die Beiziehung bestimmter Experten angezeigt sein kann.

Smie, P. P.: Chemische Untersuchungen bei Sachbeschädigung, Fälschungs-, Betrugs- und Fahrlässigkeitsdelikten – in: Kriminaltechnik, BKA 1955/2, S. 46 ff.; *Frei,* Max: Spurenuntersuchungen bei Sachbeschädigung – Kriminalistik 1955–54 ff.; *Schöntag,* Adolf: Sicherung von Beweismaterial im Falle der Beschädigung eines Kraftfahrzeuges durch Säurespritzer – Arch. f. Krim. Bd. 131, S. 162 ff. (1963).

Wichtiger als die einzelnen Verbrechenstechniken, die sich zudem häufig nach Art der betroffenen Sache oder ihrem Verwahrungsort richten, sind bei der Sachbeschädigung mithin die einzelnen Arten von Spuren.
Form- oder Materialspuren finden sich an der betroffenen Sache oder in ihren Überresten sowie am weiteren Tatort, eventuell ferner an bei der Tat benutzten Werkzeugen sowie u. U. am Täter selbst, wenn er sich verletzt oder beschmutzt hat. In den letztgenannten, zahlenmäßig nicht so bedeutsamen Fällen wird man einen Mediziner, im übrigen vor allem technische, handwerkliche und naturwissenschaftliche Sachverständige sowie Daktyloskopen beiziehen. Häufiger jedoch sind Materialspuren am Körper des Tatverdächtigen oder seiner Kleidung, die entweder vom benutzten Tatmittel oder der beschädigten bzw. zerstörten Sache (außer an Häuser, Inventarstücke, Maschinen ist an Kraftfahrzeuge und Textilien zu denken) herrühren. Insoweit kann man u. U. auf diejenigen Untersuchungen zurückgreifen, welche bei schweren Diebstählen für Spuren genannt worden sind, die durch Gewalt gegen Sachen verursacht werden (§ 16–B–I–A).

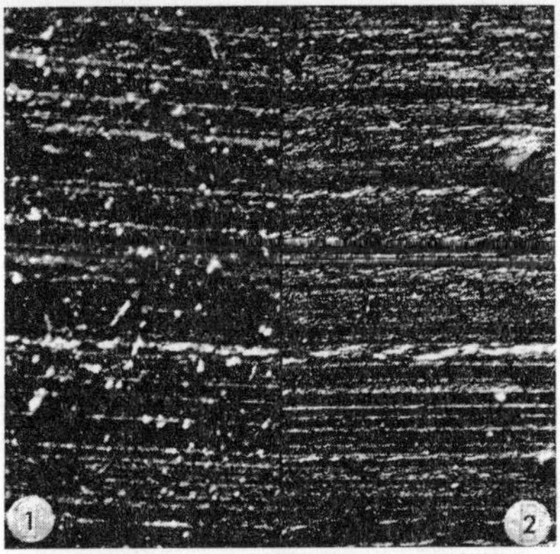

Abb. 16/22.
Identifizierung des Messers eines Reifenstechers
1. Ausschnitt aus der Stichspur am beschädigten Reifen; 2. Vergleichsspur, die mit dem Messer des Tatverdächtigen gelegt wurde. Maßstab 30 : 1.

Natürlich finden sich außer Formspuren, die das Werkzeug oder sonstiges Vorgehen des Täters am betroffenen Objekt hervorgerufen haben, an diesem und im Tatortbereich häufiger Materialspuren, welche auf Tatwerkzeug oder -mittel und sogar auf den Täter selbst hinweisen können. Häufiger als Finger- und Fußspuren sind jedoch Arbeitsspuren von Tatwerkzeugen. Die vom Täter selbst (z.B. Blut-, Haar-, Kleiderspuren) oder von der Tatausführungen herrührenden Materialspuren sind vor allem für Chemiker und andere Experten aufschlußreich. So bedient man sich beispielsweise chemischer Untersuchungsmethoden, wenn ätzende, oxydierende oder färbende Chemikalien als Tatmittel fungiert haben. Bei den in der Praxis häufiger gegen Kraftfahrzeuge gerichteten Sachbeschädigungen spielen Splitter der Autolackierung eine erhebliche Rolle; sie lassen sich physikalisch und chemisch analysieren. Ferner ist auf Beweismöglichkeiten durch Glassplitter und dergleichen hinzuweisen.

Werden Tiere oder Pflanzen durch Sachbeschädigung in Mitleidenschaft gezogen, so kommt neben dem Zoologen oder Botaniker vor allem wieder der Chemiker in Betracht, der sich toxikologischer, aber auch anderer Analysen bedient, weil des öfteren Insektizide, Pflanzenschutzmittel und ähnliches kriminell mißbraucht werden.
Alles in allem sind die kriminaltechnischen Möglichkeiten bei Sachbeschädigungen mithin recht hoch zu veranschlagen.

V. Wilderei

Im Bereich der Wilderei umfaßt die Jagdwilderei die praktisch und kriminaltechnisch im Vergleich zur Fischwilderei sehr viel wichtigeren Formen kriminellen Verhaltens.

A. Jagdwilderei

Die wesentlichen Formen der Jagdwilderei (vgl. § 9–V–A), der Wildschütze und der Schlingensteller, sind zwar recht unterschiedlich, kriminaltechnisch insgesamt aber doch noch als relativ günstig zu beurteilen.

Schäfer, Herbert: Forstkriminalistik – Hamburg 1954; *Hackl*, Franz Xaver: Jagdwilderei – Kriminalistik 1969–533ff.; *Holzer*, Franz Josef: Beziehungen der Gerichtsmedizin zu Jagd und Jäger – Arch. f. Krim. Bd. 153, S. 1ff., 65ff. (1974).

Allgemein ist für Fälle der Jagdwilderei auf die wegen der insoweit vielfach günstigen Tatsituation möglichen Fuß- sowie Fahrzeugspuren und ferner auf ggf. noch vorhandene Spuren der eigentlichen Tatausführung hinzuweisen; im Täterbereich sind vom Wild stammende Materialspuren wichtig, welche sich insb. auch in den Transportmitteln (Fahrzeuge, Rucksäcke und dergl.) befinden können.

Beine, Engelbert: Motorisierte Jagdwilderei – Kriminalistik 1962–472ff.

Vereinzelt findet man sogar vom Täter herrührende Spuren, welche nichts unmittelbar mit dem Wildern zu tun haben.

Ein Hut, der am Tatort sichergestellt worden war, enthielt Haare, vorwiegend ausgefallene Kolbenhaare. Da sie in allen wesentlichen Merkmalen mit der Haarprobe eines Tatverdächtigen übereinstimmten, konnte so die Annahme erhärtet werden, daß der fragliche Täter den Hut beim Wildern verloren hatte.

1. Wildschütze

Beim Wildschützen ist die Mitwirkung des Sachverständigen vor allem in zweifacher Richtung notwendig.
Einmal handelt es sich um das Wild selbst, an ihm festzustellende oder von ihm herrührende Spuren. Zur Auswertung solcher Spuren ist neben dem Veterinärmediziner vor allem der Zoologe berufen; daneben kann u. U. der Botaniker hilfreich sein. Nach Lage der Dinge kann sich schließlich die Mitwirkung von Experten in der Jagd empfehlen, weil diese etwas über die Herkunft des Wildes oder den möglichen Tatort auszusagen vermögen.
Zum anderen sind kriminaltechnische Untersuchungen für die Tatausführung als solche wichtig, nämlich die Arbeitsweise des Täters und die von ihm benutzten Waffen. Da der Täter hier Schußwaffen benutzt, ist vor allem an die Erkenntnismöglichkeiten der Ballistik zu denken sowie hinsichtlich der Waffen selbst an eine Identifizierung durch den Metallurgen oder ähnliche Experten. Nach Lage der Dinge können u. U. dann und wann andere naturwissenschaftliche Sachverständige, z.B. Meteorologen, Bioklimatologen, notwendig sein.
Der ertappte Wildschütze wendet seine Schußwaffe bekanntlich ggf. auch gegen Menschen an. Damit zusammenhängende Verletzungen oder Tötungen insb. von Förstern, Jägern und Wildhütern sind ebenso wie vorsätzliche Tötungen oder Körperverletzungen zu behandeln (§ 16–A–I, IV). Dort und bei den fahrlässigen Tötungen (§ 16–A–II) ist bereits auf die nicht gar so seltenen Jagdunfälle und auf Selbstmorde von Jägern eingegangen. Da die durch sogen. Förstermorde gefährdeten Personen in der Regel ebenfalls bewaffnet sind, ist umgekehrt auch beim Wilderer auf mögliche Verletzungen zu achten, die nach denselben Grundsätzen zu untersuchen sind.

Es ist des öfteren vorgekommen, daß es sogar verletzten bzw. sterbenden Förstern oder Jägern gelang, den gestellten oder sie angreifenden Wilderer durch einen Schuß zu verletzen und so gewissermaßen kriminalistisch zu kennzeichnen.

2. Schlingen- und Fallensteller

Die Jagdwilderei durch Schlingen- und Fallensteller bietet ebenfalls mancherlei Ansatzpunkte für die Kriminaltechnik.
Handelt es sich hier um die Aufklärung einer von solchen Tätern begangenen Jagdwilderei, so gilt für kriminaltechnische Untersuchungen hinsichtlich des Wildes und der von ihm herrührenden Spuren das für den Wildschützen Gesagte. Bei den Arbeitsspuren kommt jedoch der Ballistiker naturgemäß nicht in Betracht; außer dem Metallurgen finden hier Chemiker, Physiker und vor allem Techniker ein reiches Betätigungsfeld. Selbstverständlich ist des öfteren wiederum die Mitwirkung eines Fachmannes im Jagdwesen und ggf. die von Zoologen oder Veterinärmedizinern nützlich.

Pichler, Georg: Die Kriminaltechnik im Dienste der Wildererbekämpfung – in: TBKrim XII, S. 146ff. (1962).

Noch wichtiger ist für die Ermittlungen das für kriminaltechnische Untersuchungen gut geeignete Fanggerät, das man am Tatort sichert sowie entsprechendes Vergleichsmaterial aus dem Bereich des Tatverdächtigen. Zur mitunter charakteristischen Schlingen- oder Schlaufenbildung treten Materialbeschaffenheit und Bearbeitungsspuren – insb. Ziehspuren, Zwickstellen – hinzu, die bei verschiedenen Wildereivorrichtungen auf ein und dasselbe Werkzeug hindeuten können.

Ein Wolfshund, der wegen einer schweren Beinverletzung getötet werden mußte, hatte sich diese nach Art der Verletzung durch ein Schlageisen zugezogen, aus dem man ihn befreit haben mußte.

3. Benutzung von Tieren und andere Mittel

Benutzt der Wilderer dagegen Tiere oder andere Mittel zur Tatausführung, so sind kriminaltechnische Untersuchungen nur begrenzt möglich. Am ehesten sind in derartigen Fällen noch Beweise vom Chemiker oder Mediziner zu erwarten, sofern der Täter Gift als Tatmittel verwendet hat.

In einem als Wildköder verwendeten Apfel, der bei einem „Hirschdiebstahl" sichergestellt wurde, fand man die Reste einer sogen. Fuchskugel, nämlich Glassplitter und Blausäure.

Andere Vergiftungen von Rehen, Hirschen und sonstigem Wild sind jedoch u. U. auf Maßnahmen der Schädlingsbekämpfung zurückzuführen.

4. Aneignung von Fallwild und Ähnlichem

Bei Aneignung von Fallwild kann oft der Verdacht entstehen, der Betreffende habe das Wild getötet, was sich u. U. jedoch durch eine kriminaltechnische Untersuchung widerlegen läßt.

So war in Tirol ein Mann in den Verdacht von Wilddiebstahl geraten, weil bei ihm eine Gemskrücke festgestellt wurde. Eine gerichtsmedizinische Untersuchung sowohl der Gemskrücke, die offensichtlich nicht ausgekocht worden war, und des Skeletts am Fundort (reichlich Gemshaare) bestätigte seine Behauptung, er habe vor 6 Monaten einem bereits toten Tier den Schädelknochen abgedreht und zu Hause die Gemskrücke mit einem Stemmeisen gelöst; denn das Skelett dürfte bereits 9 bis 12 Monate auf der Hundsalm gelegen haben, war ansonsten auch vollständig.

Fallwild und Teile davon lassen sich des öfteren mit Mitteln der Kriminaltechnik einwandfrei identifizieren, weil sich der Mediziner oder Biologe außer auf die Materialbeschaffenheit, sofern ein Vergleich möglich ist, auf Formspuren (bei Trennung, Werkzeugspuren) und anhaftende Substanzen (z. B. Boden- und Pflanzenspuren vom Tatort) stützen können.
Da die Aneignung von Fallwild nicht selten nach Wildschadensfällen im Zusammenhang mit dem Straßenverkehr erfolgt, sei hier nur gesagt, das bei solchen Verkehrsunfällen oft dieselben Untersuchungsmethoden wie bei der Wilderei angewandt werden können. Umgekehrt lassen sich mitunter die dortigen Erkenntnismöglichkeiten zur Aufklärung dieser Wildereifälle nutzen.

B. Fischwilderei

In allen Fällen von Fischwilderei wird man dagegen nur verhältnismäßig selten zu Mitteln der Kriminaltechnik greifen; denn das bei diesen Straftaten verwendete Fischereigerät hinterläßt kaum jemals brauchbare Spuren. Selbst eine möglicherweise sichergestellte Beute läßt sich hier nur unter besonders günstigen Umständen identifizieren.
Immerhin kann man bei Verwendung von Sprengstoff und giftigen Substanzen ebenso wie bei gewissen technischen Manipulationen einen Sachbeweis durch Chemiker, Sprengstoffexperten, Zoologen und andere Sachverständige anstreben.

VI. Sachliche Begünstigung und Sachhehlerei

Bei den Erscheinungsformen der Hehlerei – dem Verbraucher- und Schiebertyp – beschränken sich kriminaltechnische Untersuchungen im wesentlichen auf das Tatobjekt, die durch eine strafbare Handlung erlangte Sache, was in etwa dem zur Diesbesbeute Ausgeführten entspricht (§ 16–B–I). Denn die üblicherweise unauffällige Tatausführung hinterläßt sonst kaum für den Sachbeweis geeignete Spuren. Eher noch ungünstiger ist es mit dem Sachbeweis in vielen Fällen der sachlichen Begünstigung (vgl. § 9–VI). Anlaß für kriminaltechnische Untersuchungen können neben Besonderheiten der Beute, die dann aber bereits sichergestellt sein muß, allenfalls gewisse Spuren der eigentlichen Tathandlung bieten.

A. Sachliche Begünstigung

Fehlt es bei den in Fällen sachlicher Begünstigung häufigen falschen Angaben über die Beute ebenso wie bei der Einflußnahme auf persönliche Beweismittel naturgemäß in aller Regel an schriftlicher Fixierung, so lassen sich bei Manipulationen mit sachlichen Beweisstücken ebenso wie an der Beute, die verborgen, verheimlicht oder für den Täter abgesetzt wird, mitunter Spuren finden, die wie etwa Fingerabdrücke auf den Begünstiger oder aber wie anhaftende Materialspuren auf ihren Aufbewahrungsort vor oder nach der Tat hindeuten. Insgesamt aber dürfte es sich um wenige Einzelfälle handeln.

B. Sachhehlerei

Bei der Hehlerei sollten sich Ermittlungs- und Beweistätigkeit zunächst einmal auf das Tatobjekt konzentrieren, die vom Vortäter durch ein Vermögensdelikt – typischerweise

einen Diebstahl – erlangte Sache. Denn selbst nach einer Beschlagnahme muß die Herkunft einer „heißen Sache“ häufig exakt bewiesen werden, weil der Hehler, der um Ausreden nicht verlegen zu sein pflegt, illegalen Erwerb abstreiten wird.
Daneben kommen Spuren in Betracht, welche mehr für die einzelnen Verbrechenstechniken der Hehlerei kennzeichnend sind.

1. Ankauf

Hehlerei durch Ankauf krimineller Beute kann außer durch Identifizierung derselben ferner u. U. durch Spuren bewiesen werden, die wie Quittungen oder gefälschte Unterlagen beim entgeltlichen Absatz entstehen. Häufig geschieht das aber wohl nicht, weil die an der Hehlerei Beteiligten solche Spuren zu vermeiden trachten; immerhin tauchen derartige Belege möglicherweise dann auf, wenn Geschäftsleute beteiligt sind.

2. Unentgeltliches Ansichbringen

Noch seltener finden sich, wenn man vom Beuteobjekt absieht, brauchbare Sachspuren, wenn der Hehler etwas aus einer Straftat stammendes unentgeltlich an sich bringt. Ebenso wie beim Ankauf wird man, sofern die Beute nicht gefunden wird, nur unter besonderen Umständen kriminaltechnisch nachweisen können, daß sie sich im Bereich des Tatverdächtigen oder sonst in seiner Gewalt befunden haben muß.

3. Verbergen

Hehlerei durch bloßes Verbergen der Beute kommt nur relativ selten vor. Hier besteht ebenfalls, sofern man nicht die „heiße Ware“ im Versteck findet, u. U. die Chance zu beweisen, daß sich die inkriminierte Sache im Bereich des Hehlers befunden hat.

4. Absatzhilfe

Hehlerei in Form der Absatzhilfe hinterläßt als intellektuelle Verbrechenstechnik nur ausnahmsweise einmal eine Sachspur; denn anders als bei An- und Verkauf im Rahmen von Beutehandel erlangt der als krimineller Makler fungierende Hehler keinen Gewahrsam an der Sache. Dann aber dürfte in aller Regel die Möglichkeit gering sein, durch Sachbeweise sein Wissen oder seine Makleraktivität zu belegen.

VII. Betrug

Ein nicht nur strafrechtlich schwer zu handhabender und kriminologisch schwierig zu erfassender Deliktstyp, sondern ein ebenso den Kriminalisten vor eine verwirrende Vielfalt von Möglichkeiten stellendes Phänomen der Kriminalität ist der Betrug. Obgleich wir hier ähnlich wie bei Erpressung und Unterschlagung auf den ersten Blick sehr viel weniger Ansatzpunkte für kriminaltechnische Untersuchungen als etwa bei Sachbeschädigung oder

Raub und schwerem Diebstahl haben, ist dennoch die Mitwirkung von Sachverständigen gerade in manchen Betrugsfällen dringend anzuraten. Denn selbst kleine Chancen für einen Sachbeweis sollte man angesichts der angedeuteten, für ein intellektuelles Delikt typischen Beweisschwierigkeiten nicht gering schätzen.

Unterscheiden wir – wie bei der Verbrechenstechnik (vgl. § 9–VII) – von der größeren Zahl der durchweg gewichtigeren Wirtschaftsbetrügereien die Fälle des Schwindels, so läßt sich für diese bei aller Vielgestaltigkeit doch wohl sagen, daß die beim Betrug ohnehin nicht berückenden Möglichkeiten der Kriminaltechnik hier insgesamt betrachtet recht gering sind.

A. Wirtschaftsbetrügereien

In Fällen von Wirtschaftsbetrug, den im Wirtschaftsleben begangenen Betrügereien, gibt es bei genauerem Hinsehen doch mancherlei Möglichkeiten für kriminaltechnisch zu erzielende Sachbeweise. Unterscheiden wir hier – wie in der Verbrechenstechnik – nach dem Mittel bzw. Objekt des Betrügers in Betrug mit Waren, mit Geld, mit Grundstücken und bei der Bauausführung, mit Beteiligung und Kaution, bei der Vermittlung und im Hinblick auf Versicherungen (vgl. § 9–VII–A), so gibt es doch eine Reihe besonderer Situationen, die kriminaltechnische Untersuchungen als aussichtsreich erscheinen lassen. Derartige Anlässe können sogar bei verschiedenartigen Verbrechenstechniken relativ gleichförmig sein. Ebenso wie sich die Fälle des Betrugs mit Waren und mit Geld teilweise zum Kreditbetrug zusammenfassen lassen, kann der kaufmännische Betrug in verschiedener Weise begangen werden. Denn entscheidend ist insoweit allein, daß der Täter in kaufmännischer Weise am Wirtschaftsleben teilnimmt. Deshalb können selbst verschiedenartige Verbrechenstechniken insoweit Gemeinsamkeiten aufweisen, an welche man kriminalistisch und kriminaltechnisch anknüpfen kann.

Ganz allgemein haben diese Betrügereien, die den Betrug als ein Wirtschaftsdelikt i.w.S. erscheinen lassen, viel Ähnlichkeit mit den echten Wirtschaftsdelikten (§ 16–C–III). Dies ist auch für kriminaltechnische Expertisen und für die Auswahl der Sachverständigen bedeutsam. Denn verständlicherweise kann das Betrügerische mancher Machenschaften überhaupt nur von solchen Menschen erkannt und exakt festgestellt werden, die über besondere Sachkunde und Erfahrung mit kaufmännischer Tätigkeit verfügen und die mit dem Wirtschaftsleben vertraut sind. Als solche Experten kommen außer Volks- und Betriebswirten sowie Kaufleuten – insb. mit spezieller Branchenerfahrung – Wirtschafts-und Steuerprüfer, andere Buchführungsexperten und u. U. sogar Fachleute für elektronische Datenverarbeitung in Betracht. Selbstverständlich können je nach Lage des Falles auch andere Sachverständige hilfreich sein, wenn es beispielsweise um die für den Wert wichtige Beschaffenheit einer Ware oder des Ergebnisses einer Dienst- oder Werkleistung geht. Während diese Fragen oft besser von Physikern, Chemikern, Biologen oder gewissen Handwerkern zu beantworten sind, ist bei Verdacht von Urkundenfälschung und dergl. als Mittel des Betruges an Experten für die Urkundenuntersuchung oder Sachverständige für Schriftvergleichung zu denken.

Schon diese wenigen Hinweise dürften deutlich machen, wie wichtig selbst beim Betrug die Erkenntnismöglichkeiten der Kriminaltechnik sind. Bei dem insgesamt hier häufigeren, jedoch oft unsicheren Personalbeweis zählen die so zu erlangenden Sachbeweise ganz besonders. Der Nachweis einer Urkundenfälschung bedeutet z.B. gewöhnlich, daß damit dem Täter zugleich ein vorsätzlich mit diesem Falsifikat begangener Betrug nachgewiesen ist. Deshalb sollen diese kriminaltechnischen Möglichkeiten, ohne sie damit zu überschätzen, im Folgenden doch etwas genauer an Hand der einzelnen Verbrechenstechniken erläutert werden.

1. Warenbetrug

Beim Warenbetrug handelt es sich entweder um ein Preisdelikt, da der Betrogene über den Verkehrswert einer Ware oder Leistung getäuscht wird, oder aber um eine besondere Form des Kreditbetrugs.

a) Betrug mit Waren

Läuft der Betrug mit Waren darauf hinaus, daß der Täter oder sein Komplize das Opfer über den Verkehrswert einer Ware oder Dienstleistung täuscht, so kommt es zunächst einmal auf diesen Wert und die dafür wesentlichen Kriterien an. Abgesehen davon, daß der Verkehrswert mitunter schon als solcher schwierig zu ermitteln ist, muß man sich in diesen Fällen kriminaltechnisch daher vor allem auf die Sache – ihre qualitative Beschaffenheit sowie ihre Funktionstüchtigkeit – bzw. auf die Leistung konzentrieren, um ihre Minderwertigkeit bzw. verminderte Brauchbarkeit feststellen zu können.

Kriminaltechnisch können hier u.U. chemische oder physikalische Methoden helfen, um zu ermitteln, ob die vom Tatverdächtigen veräußerte Ware eine andersartige oder doch minderwertige stoffliche Zusammensetzung als die aufweist, welche zugesichert, vereinbart oder verkehrsüblich ist.

Ein Beispiel dafür sind – wie bei der Warenfälschung (§ 16–C–III–B) – lebensmittelchemische und ähnliche Analysen. Natürlich können, soweit es etwa um Handelsbräuche und Verbrauchererwartung geht, auch andere Experten als Sachverständige in Betracht kommen.

An die alten Roßtäuschertricks erinnern heute beispielsweise noch Praktiken wie die der Umfärbung lebender Tiere, für welche man auf diese Weise einen höheren Preis zu erzielen sucht. Derartige Machenschaften lassen sich gewöhnlich leicht kriminaltechnisch nachweisen.

Krumbiegel, Ingo: Die Umfärbung lebender Tiere – Arch. f. Krim. Bd. 127, S. 72ff. (1961), Bd. 137, S. 10ff. (1966).

In Fällen von Raritätenbetrug, wie er gegenwärtig vor allem im Kunst- und Antiquitätenhandel begangen wird, ist u.U. schon der Verkehrswert nur mit Hilfe eines Experten zu ermitteln. Bei den hier nicht seltenen Fälschungen ist je nach Art des Handelsobjekts auf andere Scherständige und die bei Urkundenfälschung (§ 16–C–I–1) und Kunstfälschung (§ 16–C–III–B–3) zu behandelnden Methoden zurückzugreifen.

Ungünstiger steht es mit dem Sachbeweis bei der eigentlichen Täuschungshandlung, der unrichtigen Tatsachenbehauptung. Wenn man die Unrichtigkeit der Angaben und das Wissen des Täters darum nicht an Hand der Ware beweisen kann, so wird sich nur selten eine Möglichkeit ergeben, die Täuschung als solche kriminaltechnisch zu beweisen. Immerhin ist so etwas beim Nachweis der Fälschung von Unterlagen denkbar.

b) Warenkreditbetrug

Anders und insgesamt viel ungünstiger ist die Situation der Kriminaltechnik beim Warenkreditbetrug. Denn hier kommt es vor allem auf die für die Kreditwürdigkeit ausschlaggebenden Punkte an, die das Opfer zur kreditweisen Lieferung oder Leistung veranlassen. Dafür wichtige Beweisstücke, die – wie eine manipulierte Buchführung, gefälschte Urkunden u.a. – kriminaltechnisch auszuwerten sind, dürften sich jedoch nur verhältnismäßig selten finden. Im allgemeinen müssen Zahlungsunfähigkeit und -unwilligkeit daher auf andere Weise dargetan werden.

2. Geldbetrug

Ebenfalls recht begrenzt sind die Möglichkeiten eines Sachbeweises und somit der Kriminaltechnik beim Geldbetrug; das gilt sowohl für den Betrug mit Geld als auch den in der Praxis viel häufigeren Geldkreditbetrug.

Götz: Betrug im Zahlungsverkehr – in: Betrug und Urkundenfälschung, hrsg. v. Bundeskriminalamt, Wiesbaden 1956, S. 139ff.

a) Betrug mit Geld

Beim Betrug mit Geld sind Bargeld oder Gewährung von Kredit die Lockmittel des Täters. Kriminaltechnische Beweise kommen hier nur dann in Betracht, wenn der Täter mit Dokumenten oder Unterlagen gearbeitet hat, deren Urheberschaft er leugnet; diese Fälle werden bei der Urkundenfälschung (§ 16–C–I–1) genauer zu untersuchen sein.

b) Geldkreditbetrug

Mit dem Geldkreditbetrug, der nicht nur häufig vorkommt, sondern teilweise erheblichen Schaden verursacht, will der Täter entweder ein Darlehen oder aber die Stundung einer Schuld erreichen. Wenngleich alle wesentlichen Abreden mündlich erfolgen können, ist doch auf eine etwaige Fixierung zu achten. Denn durch sie läßt sich u.U. bereits die Unrichtigkeit gewisser für das Kreditgeschäft wichtiger Angaben beweisen. Überdies benutzt man beim Kreditbetrug nicht gar so selten Wertpapiere, die zu diesem Zweck ebenso wie andere Unterlagen ge- oder verfälscht werden können. Alle diese Dinge können also wie bei einer Urkundenfälschung (§ 16–C–I–1) das Objekt einer kriminaltechnischen Untersuchung werden. Im übrigen kommen für Kreditbetrügereien wohl nur die oben allgemein genannten Wirtschaftsexperten in Betracht.

Soederlund, M. I.: Betrug mit Zahlungspapieren auf internationaler Ebene – in: Betrug und Urkundenfälschung, hrsg. v. Bundeskriminalamt, Wiesbaden 1956, S. 145ff.; *Martin,* E.: Abklärung eines Bankbetrugs mit Hilfe der Kriminaltechnik – Kriminalistik 1957 – 381ff.; *Zirpins,* Walter/*Terstegen,* Otto: Wirtschaftskriminalität. Erscheinungsformen und ihre Bekämpfung – Lübeck 1963 – insb. S. 558ff., 588ff.; *Gemmer,* K. H.: Wechselmißbrauch aus der Sicht des Betrugssachbearbeiters – in: TbKrim XVI, S. 149ff. (1964).

3. Grundstücks- und Baubetrug

Wieder etwas zahlreicher und bedeutsamer sind die Möglichkeiten der Kriminaltechnik bei den verschiedenen Praktiken des Grundstücks- und Baubetrugs.

Bertling, Günter: Bau- und Wohnungswesen aus kriminalpolizeilicher Sicht – in: TbKrim V, S. 112ff. (1955).

a) Betrügerische Veräußerung und Vermietung

Besteht der Verdacht betrügerischer Veräußerungen, Verpachtungen, Vermietungen oder des Betrugs mit Baukostenzuschüssen und dergl., so kann man des öfteren mit schriftlichen – u. U. gefälschten – Unterlagen rechnen; die unrichtige Sachdarstellung des Betrügers läßt sich allerdings nicht selten auf andere Art nachweisen.

Geht es einmal um die verschiedenen Methoden der Urkundenuntersuchung, so handelt es sich im übrigen um Expertisen, welche das zu veräußernde oder zu vermietende Objekt betreffen, dessen Wert vom Betrüger zu hoch angesetzt wird, was u. a. durch Mängel tatsächlicher und rechtlicher Art verschleiernde Praktiken geschehen kann.

b) Betrügerische Bau- und Zwecksparkassen

Dem vergleichbar ist die Lage bei den Machenschaften betrügerischer Bau- und Zwecksparkassen. Denn entweder benutzen diese Täter gefälschte Unterlagen oder werden wesentliche tatsächliche bzw. rechtliche Gegebenheiten unrichtig dargestellt, was sich z. T. durch Sachbeweise kriminaltechnisch nachweisen läßt.

c) Baubetrug

Durchweg wichtig sind kriminaltechnische Untersuchungen jedoch bei den vielgestaltigen Fällen von Baubetrug. Besteht dieser – wie häufig – in einer betrügerischen Bauausführung, so kommen außer Schriftsachverständigen und Experten aus dem Druckerei- und Papiergewerbe vor allem Experten aus der Baubranche, insb. technische und handwerkliche Sachverständige sowie ggf. andere naturwissenschaftliche Gutachter in Betracht.

Es gibt zahlreiche Methoden nicht nur die vereinbarte oder übliche Güte von Baumaterial zu prüfen, sondern man kann außer der verwendeten Menge ferner den wirklichen Arbeitsaufwand ziemlich genau berechnen. Gegenstand solcher Gutachten kann ferner die tatsächliche Ausführung der Bauarbeiten sein, wenn davon Wert und Brauchbarkeit eines Bauwerkes abhängen; diese Faktoren können u. U. durch Mängel in der Planung gemindert werden, was naturgemäß nur Architekten, Baustatiker oder andere Spezialisten genau zu beurteilen vermögen.

4. Beteiligungs- und Kautionsbetrug

Selbst in Fällen von Beteiligungs- und Kautionsbetrug kann u. U. die Beiziehung eines Sachverständigen von Nutzen sein.

a) Beteiligungsbetrug

Der Wirtschaftswissenschaftler, Betriebswirt oder Kaufmann kann beispielsweise bei einem Beteiligungsbetrug mit seinem Gutachten beweisen, daß das fragliche Unternehmen, seine Umsatzchancen oder sein Lager nichts oder viel weniger wert sind, als der Täter vorgibt, welcher damit sein Opfer zu einer Beteiligung veranlassen möchte. Könnten zu diesem Zweck sogar Unterlagen gefälscht sein, so ist ferner entweder ein Buchführungsexperte oder ein Sachverständiger für Urkundenuntersuchung beizuziehen.

b) Gründerbetrug

Die soeben beim Beteiligungsbetrug erwähnten Sachverständigen können ebenfalls beim Gründerbetrug von Nutzen sein.

c) Erfinderbetrug

Handelt es sich möglicherweise um einen Erfinderbetrug, so kommt es naturgemäß vor allem auf die Erfindung als solche an. Denn diese wird vom Täter naturgemäß als gewinnversprechend dargestellt, was andere veranlassen soll, sich an dem Vorhaben finanziell zu beteiligen. Wichtiger noch als die damit verbundenen, künftigen wirtschaftlichen Möglichkeiten sind hier Neuheit, technische Ausgereiftheit und reale Verwendungsmöglichkeiten, um von der Marktsituation noch ganz abzusehen. Für die Beurteilung aller dieser Fragen kommen je nach Art der Erfindung verschiedene Experten in Betracht.

d) Pachtbetrug

Der Pachtbetrug bietet als Sonderform des Beteiligungsbetrugs kaum Besonderheiten. Außer an Experten der Wirtschaft sind ggf. solche für Urkundenuntersuchung beizuziehen, wenn nämlich der Verdacht besteht, daß der Täter mit gefälschten Unterlagen gearbeitet hat.

e) Kautions- und Lizenzbetrug

Ähnlich, wenngleich vielleicht noch ungünstiger ist die Lage, was die Kriminaltechnik anlangt, beim Kautions- und Lizenzbetrug. Denn der Täter hat es hier durchweg leicht, das als Angestellte oder Vertreter gelockte Opfer über das Ohr zu hauen; deshalb sind hier seltener für einen Sachbeweis brauchbare Spuren zu erwarten.

f) Heimarbeiterfang

Noch primitiver sind gewöhnlich die Praktiken des Heimarbeiterfangs, die man kriminaltechnisch noch am ehesten durch Materialanalysen und Untersuchung der angebotenen Aufgaben bzw. Arbeiten im Verhältnis zu den Angaben des Täters aufklären kann.

5. Vermittlungsbetrug

Im Einzelfalle zwar möglich, aber insgesamt relativ selten sind kriminaltechnische Untersuchungen bei Vermittlungsbetrug angezeigt. Häufiger handelt es sich dann um Experten für Buchhaltung oder Versicherungswesen; nur bei Verdacht einer Fälschung wird man Spezialisten für Urkundenuntersuchung einschalten.

a) Vermittlerbetrug

Beim eigentlichen Vermittlerbetrug, der sich u.a. auf Waren, Darlehen, Geschäfte, Stellen und andere Angelegenheiten beziehen kann, wird jedoch nur selten mit gefälschten Unterlagen gearbeitet. Im allgemeinen läßt sich daher die Unrichtigkeit des vom Täter Behaupteten lediglich durch Vergleich mit den realen Möglichkeiten beweisen. Immerhin gibt es dann und wann Fälle, in denen ein Sachbeweis den Betrüger zu entlarven vermag.

b) Vertreterbetrug

Eher muß der Betrüger beim Vertreterbetrug zu Lasten des Geschäftsherrn zu Machenschaften greifen, welche Sachspuren erwarten lassen. So kann er beispielsweise Aufträge fälschen, um sich die Provision dafür zu ergaunern. Oder er manipuliert Reisekosten- und Spesenrechnungen, um auf diese Weise einen überhöhten Betrag einzustreichen. In derartigen Fällen kann das Betrugsmanöver natürlich leicht durch Methoden der Urkundenuntersuchung aufgeklärt werden.

6. Versicherungsbetrug

Günstiger als in vielen anderen Fällen von Wirtschaftsbetrügereien sind die Möglichkeiten der Kriminaltechnik beim Versicherungsbetrug; denn mit einem derartigen Versicherungsmißbrauch ist überlicherweise ein Schaden verbunden, dessen Ursache und Ausmaß sich an Hand sachlicher Beweismittel leicht feststellen läßt.
Dies gilt mehr oder minder für alle einschlägigen Verbrechenstechniken wie betrügerischen Vertragsabschluß, betrügerisches Vortäuschen eines Versicherungsfalles nach Eintritt eines Schadens, betrügerisches Herbeiführen eines Schadensfalles zu diesem Zweck oder das betrügerische Ausnutzen eines wirklichen Versicherungsfalles. Obwohl auf Einzelfragen erst beim Versicherungsmißbrauch (§ 16–C–III–F) zurückzukommen sein wird, sind einige Hinweise doch schon an dieser Stelle angezeigt.
Wichtiger als die einzelnen Verbrechenstechniken sind die für die einzelnen Versicherungssparten oft recht unterschiedlichen Gegebenheiten, weshalb man kriminalphänomenologisch vor allem darauf abstellen sollte. Denn je nach Art der die einzelnen Erscheinungsformen kennzeichnenden Versicherungssparten schwankt nicht nur der Anteil der erwähnten kriminellen Praktiken, sondern divergieren die für einen Betrug wesentlichen Sachfragen. Davon aber hängt die Auswahl des richtigen Sachverständigen ab.
So kommt etwa bei Verdacht eines Betruges zum Nachteil einer Brandversicherung gewöhnlich dem brandtechnischen Gutachter eine zentrale Rolle zu, wenngleich im Einzelfalle der Experte für Sprengtechnik, Bauwesen oder – z. B. bei Selbstentzündungen in der Landwirtschaft – der Mikrobiologe wichtige Erkenntnisse über Schadensursache und -verlauf beisteuern kann. Insoweit ist also für diese Betrugsfälle auf das später zu den Brandstiftungen Ausgeführte (§ 16–C–V) zu verweisen.
Könnte eine Lebensversicherung das Opfer betrügerischer Machenschaften geworden sein, so sind die dafür wesentlichen Tatsachen in aller Regel vom Mediziner oder eventuell vom Biologen am besten zu beurteilen. Hier gelten mithin kriminaltechnisch die bei den Tötungen dargelegten Erfahrungen (§ 16–A–I, II).
Dem entspricht im wesentlichen die Situation in denjenigen Fällen, in denen u. U. eine Krankenversicherung geschädigt worden ist oder worden sein könnte. Allerdings kann es – nicht nur in Fällen von Selbstbeschädigung – dann und wann ratsam sein, andere Sachverständige (z. B. einen Psychologen) herbeizuziehen.
Sofern eine Sachschadenversicherung das Opfer von Betrug geworden sein könnte, ist selbstverständlich vor allem an technische und handwerkliche Sachverständige zu denken. Ebenso wie Experten für das Verkehrswesen die Unfallereignisse sowohl technisch als ggf. bedienungsmäßig zu beurteilen vermögen, verspricht bei Bränden oder Explosionen wiederum das Gutachten eines brandtechnischen Sachverständigen den gewünschten Aufschluß.
Diese – wie gesagt – später noch zu ergänzenden Hinweise dürften die Vielfalt der Möglichkeiten und damit die praktische Bedeutung der Kriminaltechnik bei Betrug zum Nachteil einer Versicherung bereits hinreichend deutlich werden lassen.

B. Schwindel

Etwas anders und insgesamt noch ungünstiger ist die Situation der Kriminaltechnik beim Schwindel. Denn die Unterlagen haben hier bei weitem nicht die Bedeutung wie beim

Wirtschaftsbetrug, weil der Schwindler mit anderen, durchweg primitiven Tricks arbeitet. Es gibt hier daher nur seltener Strafsachen, die Gegenstand einer kriminaltechnischen Untersuchung werden können. Dennoch kann im Einzelfall und gerade bei bestimmten kriminellen Praktiken die Einschaltung eines Sachverständigen durchaus sinnvoll erscheinen.

Gerchow, Joachim: Grundlagen und kriminologische Bedeutung pseudologischer Wandlungsfähigkeit. Ein Beitrag zur Beurteilung von Betrügern – Arch. f. Krim. Bd. 128, S. 61 ff. (1961).

1. Personenschwindel

Recht begrenzt sind die Möglichkeiten des Sachbeweises jedoch in Fällen von Personenschwindel; denn der den Schwindel kennzeichnende Trick hängt hier vor allem mit den angeblichen persönlichen Verhältnissen und Absichten des Betrügers zusammen.

a) Hochstapler

Sieht man beim Hochstapler einmal von den hier möglicherweise wichtigen Methoden der Personenidentifzierung ab, wie sie insb. von Daktyloskopen und Medizinern entwickelt worden sind (§ 13), so bleibt nur die sich gelegentlich ergebende Chance, gefälschte Ausweise, Unterlagen bzw. Hand- und Unterschriften durch einen geeigneten Sachverständigen untersuchen zu lassen.

b) Heiratsschwindler

Der Beweislage beim Hochstapler ähnelt die in Fällen von Heiratsschwindel. In dem persönlichen Verhältnis des Täters zu seinem Opfer ergeben sich nur ausnahmsweise Ansätze für einen kriminaltechnisch auswertbaren Sachbeweis.

c) Grußbesteller, Bekanntenschwindler

Noch ungünstiger ist es mit der Kriminaltechnik beim Grußbesteller oder Bekanntenschwindler, weil die Kontakte zwischen Täter und Opfer hier noch kürzer und oberflächlicher zu sein pflegen. Daher ist nur selten mit schriftlichen, eventuell gefälschten Unterlagen oder mit brauchbaren Fingerabdrücken zu rechnen.

d) Bettel- und Unterstützungsschwindler

Bettel- und Unterstützungsschwindler bieten kaum jemals Anlaß für kriminaltechnische Maßnahmen. Denn anders als bei einem zum Nachteil von Versicherungen begangenen Sozialbetrug oder dem eigentlichen Fürsorgeschwindel (unter 2–d) gaukeln diese Täter keinerlei Ansprüche vor, sondern spekulieren allein auf die Mildtätigkeit ihrer Opfer.

e) Sammelschwindler

Der Sammelschwindel kann zumindest dann, wenn der Betrüger mit gefälschten Ausweisen oder gar Quittungen arbeitet, zu einem Sachbeweis führen; während die Quittung in der Hand des Opfers sein dürfte, müßte der Ausweis allerdings zuvor sichergestellt sein.

2. Legitimationsschwindel

Etwas besser liegen kriminaltechnisch zu erzielende Beweismöglichkeiten im Bereiche der Praktiken des Legitimationsschwindels; denn hier muß die fragliche Legitimation, der eigentliche Trick dieser Betrüger, u.U. durch ein Dokument dargetan werden, welches gefälscht sein kann. Gelangt es in die Hände der Strafverfolgungsorgane, so kann es Objekt einer kriminaltechnischen Untersuchung werden.

a) Lohnvorschuß- und Heimarbeitsschwindler
Bei Lohnvorschuß- und Heimarbeitsschwindlern ist hier vor allem an diejenigen Fälle zu denken, in welchen der Täter unter falschem Namen auftritt, sich entsprechend ausweist und Unterschriften oder dergl. leistet.

b) Quittungsschwindel
Für den damit verwandten Quittungsschwindel ist das als Quittung fungierende Dokument wichtig, das in der Hand des Opfers für eine kriminaltechnische Untersuchung ohne weiteres verfügbar sein dürfte. Hier kann man also durch eine Urkundenuntersuchung oder auch vom Daktyloskopen brauchbare Ermittlungsergebnisse erwarten.

c) Brief- und Paketfallenschwindler
Unterschiedlich ist die Situation bei Brief- und Paketfallenschwindlern, weil hier übliche Praktiken häufig keinerlei Sachspuren verursachen, weshalb kriminaltechnische Untersuchungen bestenfalls nach Beschlagnahme der Beute durchgeführt werden können. Manchmal gibt es allerdings vom Täter herrührende schriftliche Unterlagen, welche dann ggf. kriminaltechnisch untersucht werden können.

d) Fürsorgeschwindel
Der Fürsorgeschwindel, der den Sozialbetrügereien im Rahmen des Versicherungsmißbrauchs ähnelt, wird dagegen häufiger mithilfe gefälschter Papiere begangen, weshalb hier die mannigfachen Methoden der Urkundenuntersuchung praktiziert werden können. Je nach Lage läßt sich die vom Täter vorgespiegelte Fürsorgebedürftigkeit u.U. durch Sachbeweise – etwa über Gesundheitszustand und Arbeitsfähigkeit – als unrichtig beweisen. Doch sind derartige Praktiken eher bei den Versicherungsbetrügereien zu erwarten. Denn vom bloßen, auf die Mildtätigkeit spekulierenden Bettel- und Unterstützungsschwindel unterscheiden sich die Fürsorgeschwindler dadurch, daß sie zu Unrecht irgendeinen Anspruch auf derartige Leistungen behaupten.

3. Leistungsschwindler

Beim Leistungsschwindel darf man unter gewissen Umständen mit der Möglichkeit eines Sachbeweises rechnen, da der Täter hier auf die Formen oder den Anschein eines Rechtsgeschäfts angewiesen ist, um sich ohne eigene Leistung von seinem Opfer eine Gegen- bzw. Vorleistung zu ergaunern. Von den einfachen, alltäglichen Rechtsgeschäften abgesehen führen derartige Machenschaften daher zuweilen zu vom Täter stammenden Unterschriften oder anderen schriftlichen Unterlagen, die kriminaltechnisch untersucht werden können.

a) Hotel-, Pensions- und Einmieteschwindler. Zechpreller
Fehlt es beim Zechpreller wohl üblicherweise an solchen schriftlichen Beweisstücken, so bieten in anderen Fällen von Hotel-, Pensions- oder sonstigem Einmieteschwindel – da

üblich – Unterschriften, Eintragungen im Gästebuch usw. doch einige Ansatzpunkte für die Kriminaltechnik. Diese sind wegen der gewöhnlich unsicheren Personenidentität trotz der hier zu erwartenden Angaben von Zeugen wichtig.

Heyn, Günter: Der Zechbetrug. Eine kriminologisch-kriminalistische und strafrechtlich-kriminalistische Betrachtung – Kriminalistik 1968 – 600ff.

b) Fahrgeldpreller

Die Fahrgeldprellerei wird dagegen üblicherweise recht primitiv und so begangen, daß man kaum jemals kriminaltechnisch auswertbare Spuren erhoffen darf. Eine Ausnahme bilden ge- und verfälschte Fahrausweise bzw. Fahrkarten.

c) Eintrittsschwindler

Dasselbe gilt für Eintrittsschwindler, denen man, sofern man sie greift, nur ausnahmsweise kriminaltechnisch beweisen kann, daß sie auf einem anderem als dem üblichen Wege an den gewünschten Ort gelangt sind.

d) Wechselschwindler

Da der Wechselschwindler üblicherweise mit intellektuellen Tricks arbeitet, die denen beim Trickdiebstahl ähneln, bieten sich hier ebenfalls kaum Chancen für einen Sachbeweis und damit für kriminaltechnische Untersuchungen.

e) Bauernfänger. Nepper

Bauernfänger und Nepper betätigen sich etwas häufiger in einer Weise, welche kriminaltechnisch zu erzielende Beweise verspricht. Das gilt insb. für minderwertige Sachen, die man dem Opfer andreht und für entsprechende „Dienstleistungen". Mag in derartigen Fällen die Person des Betrügers zunächst unbekannt oder ungewiß sein, kann doch durch eine kriminaltechnische Untersuchung der in Händen des Betrogenen befindlichen Objekte die Übervorteilung bewiesen werden. Über die besondere Arbeitsweise und mögliche Form- oder Materialspuren kann man auf diesem Wege u. U. die Fahndung erleichtern und ferner den Täter überführende Beweise erhalten.

4. Spielschwindel. Falschspiel

Bei Verdacht von Spielschwindel bzw. Falschspiel kommt es kriminaltechnisch vor allem auf Vorrichtungen oder Vorkehrungen an, die der Falschspieler getroffen hat. Kann man diese sicherstellen, so läßt sich gewöhnlich das Betrugsmanöver überzeugend durch einen Sachbeweis dartun, während rein intellektuelle Falschspielertricks kaum jemals dergestalt zu beweisen sind.

Sprung, E.: Formen und Technik des Spielbetruges (Falschspielertricks). Polizeilich-forensische Behandlung – in: Bekämpfung von Glücks- und Falschspiel, hrsg. v. Bundeskriminalamt, Wiesbaden 1955, S. 37ff.; *Taupin,* R.: Betrügerische Manipulationen beim Glücksspiel – in Bekämpfung von Glücks- und Falschspiel, hrsg. v. Bundeskriminalamt, Wiesbaden 1955, S. 107ff.; *Frisch,* Horst: Kriminaltechnische Überprüfung von Losbriefen der Sachwertlotterien mit sofortigem Gewinnentscheid – Arch. f. Krim. Bd. 129, S. 61ff. (1962).

5. Okkultschwindel

Der Okkultschwindel ist zwar ein beweismäßig heikles Gebiet, ermöglicht aber dennoch nicht gar so selten einen Sachbeweis, wie trotz der hier nötigen Bezugnahme auf die bereits an anderer Stelle geschilderten vielfältigen Praktiken (§ 6–IV) kurz aufgezeigt werden soll.

a) Kurpfuscher. Magische Heiler u. a.

Soweit es um Praktiken von Kurpfuschern, magischen Heilern usw. geht, sind selbstverständlich Mediziner, Pharmazeuten und Chemiker als Experten besonders wichtig; Produkte der sogen. Volksmedizin wiederum können u. U. aber auch von Biologen analysiert werden, um mit der Unwirksamkeit oder Gefährlichkeit des Mittels bzw. Verfahrens derartigen Schwindel zu entlarven.

Padrutt, Willy: Kurpfuscher als Betrüger. Falscher akademischer Titel und ein Wunderapparat als Täuschungsmittel – Sorgfältige Arbeit von Interpol – Kriminalistik 1959 – 335 ff.

b) Andere Okkultschwindler

Bei anderen Okkultschwindlern wie Hexenbannern, Hellsehern, Wahrsagern, Praktiken der Paraphysik usw. mag zwar die Auswahl von Sachverständigen noch problematischer sein. Dennoch sind Machenschaften dieser Art nicht selten von Naturwissenschaftlern, Technikern, Fotografen usw. als schwindlerisch entlarvt worden. Hüten allerdings sollte man sich gerade hier vor Vertretern der Parapsychologie und anderen von der Gerichtspraxis mit Recht nicht anerkannten Sachverständigen. Dagegen empfiehlt es sich bei gewissen Formen des Okkultschwindels, neben den zuvor genannten Wissenschaftlern oder sonst mit Phänomenen des Aberglaubens vertrauten Personen sogar Zauber- oder sonstige Trickkünstler einzuschalten; denn diese, die sich berufsmäßig oder als Amateur mit derlei Dingen befassen, können möglicherweise helfen, die von den Tätern verwendeten Tricks herauszufinden.

Grundmann, H.: Sogenannte „Entstrahlungsgeräte" – Kriminalistik 1955 – 92 ff.

Insgesamt gesehen gibt es also trotz mancher Grenzen für den Sachbeweis beim Betrug dennoch eine ganze Reihe von kriminaltechnischen Möglichkeiten, die man nicht übersehen sollte.

VIII. Erpressung

Wieder anders sieht kriminaltechnisch das Bild der Erpressung aus, bei welcher wir phänomenologisch (vgl. § 9–VIII) grundsätzlich zwischen vom Opfer nicht veranlaßten Erpressungen (erpresserische Bedrohung) und solchen unterscheiden, die ein wirkliches oder angebliches Verhalten des Opfers zum Anlaß nehmen (ausbeuterische Erpressung). Die prima facie recht begrenzt erscheinenden Möglichkeiten der Kriminaltechnik werden einmal dadurch erweitert, daß auch der Erpresser, um seiner Drohung Nachdruck zu verleihen, mitunter Gewalt gegen Sachen oder Personen anwendet; zum anderen handelt es sich um Machenschaften, durch die derartige Delinquenten ihre Anonymität zu wahren suchen, was sie zu mancherlei Formen von Kommunikation zwingt.

Besekow, Arno: Der Erpresser – in: TbKrim VIII, S. 70 ff. (1958); *Geerds,* Friedrich: Erpressung – in: HdwKrim (2) I – 174 ff.; *Wehner,* Bernd/*Lissy,* Hans: Aufklärung einer bundesweiten Erpressungsserie

– Kriminalistik 1967 – 37ff.; *Reinsberg,* Dietrich: Die Erpressung. Eine kriminologische, kriminalistische und strafrechtliche Untersuchung – Diss. Frankfurt a. M. – München 1970 – insb. S. 123ff.

Für alle Erpressungen – also auch die durch dem Opfer bekannte Täter – sind daher außer Spuren von Gewalt gegen Personen oder Sachen weitere vom Delinquenten herrührende Form- und Materialspuren wichtig, die – wie Fingerabdrücke oder Speichelspuren – natürlich am ehesten dann zu finden sind, wenn der um Anonymität bemühte Täter Schriftstücke zur Kommunikation benutzt.

1. Bekannte Erpresser

Beim bekannten Erpresser entfällt in aller Regel das Problem der Personenidentifizierung. Neben Spuren von Gewaltanwendung kommen hier vor allem vom Täter herrührende Schriftstücke oder andere als Tatmittel fungierende Sachen für eine kriminaltechnische Untersuchung in Betracht.

2. Anonyme Erpresser

Handelt es sich um einen anonymen Erpresser, so muß sich die Kriminaltechnik im übrigen – wie schon gesagt – vor allem auf die von ihm benutzten Formen der Kommunikation konzentrieren, womit u. U. zugleich die noch ungewisse Person des Delinquenten festgestellt oder doch Anhaltspunkte dafür gewonnen werden können.

a) Schriftliche Verbindung

Bei der in diesen Fällen immer noch häufigen schriftlichen Verbindung ist vor allem Wert auf Schriftstücke zu legen, die vom Erpresser stammen. Verwendet dieser die Handschrift, so ist außer Handschriftenvergleichung u. U. eine Analyse von Schriftträger und Schreibmaterial geboten. Bei Benutzung von Schreibmaschinen ist es oft relativ einfach, den Maschinentyp und die Serie der Maschine durch Experten feststellen zu lassen; bei den Individualitäten gebrauchter Maschinen können sogar Aussagen über die Tatmaschine und u. U. über den Schreiber möglich sein.

Ott, Georg: Rasche Aufklärung einer versuchten Erpressung durch Maschinenschrift-Vergleich – Kriminalistik 1957 – 225ff.

Greift der Erpresser, um diesen Gefahren vorzubeugen, zur Klebemethode, d. h. verwendet er zusammengeklebte Zeitungsabschnitte und dergl., so kann die Art der Abschnitte Aufschluß über den Absender geben, um von Fingerabdrücken und hier üblichen Materialspuren ganz abzusehen. Daneben bestehen weitere Aufklärungsmöglichkeiten durch naturwissenschaftliche, technische und handwerkliche Sachverständige.
In allen diesen Fällen ist selbstverständlich stets auf Fingerabdrücke zu achten, die bekanntlich eine sichere Identifizierung des Schreibers ermöglichen.
Im Rahmen der Urkundenuntersuchung kann – wie angedeutet – u. a. das Material sowohl des Schriftträgers als auch des Schreibmittels genau festgestellt werden, womit der Täter ggf. zu überführen ist.

Durch Auswertung von 60 Drohbriefen konnte beispielsweise eine Erpresserin überführt werden, die in zwei Jahren einem bei der Aufklärung dieser Tat 76 Jahre alten Rentner rund DM 10 000 abgegaunert hatte. Das Opfer hatte auf einem Spaziergang die Bekanntschaft der jüngeren Frau gemacht, über deren Identität es jedoch keine Angaben machen konnte. Da es bei einigen alsbald durchgeführten Besuchen in der Wohnung des Rentners zum Geschlechtsverkehr gekommen war, zahlte er u. a. für die angeblich an den Folgen einer Abtreibung Verstorbene DM 5 000. Da die Briefe auf der Rückseite z. T. andere Schriftzeichen (u. a. das Aktenzeichen einer Vormundschaftssache) aufwiesen, konnte die Täterin relativ schnell ermittelt werden. Sie hatte ihre 10 und 11 Jahre alten Kinder diese Briefe schreiben und das Geld abholen lassen, welches für persönlichen Aufwand nahezu vollständig verbraucht worden war.

b) Fernmündliche Verbindung

Vermeidet der Erpresser eine schriftliche Kommunikation, sondern greift er – wie das zunehmend der Fall ist – zum Fernsprecher, so kann diese Äußerung entweder vom Opfer oder von der bereits eingeschalteten Kriminalpolizei unschwer mithilfe eines Tonbands oder dergl. aufgezeichnet werden, was Methoden der Stimmvergleichung ermöglicht.

Selbstverständlich kann man derartige Tonbandaufnahmen auch für die Zwecke der Fahndung verwenden, was sowohl im Stuttgarter Fall Tillmann (1958) als auch in einem Wiesbadener Fall (1964), bei dem das Kind ebenfalls getötet worden war, die Täter außerordentlich beunruhigt hat.

c) Persönlicher Kontakt

Am ungünstigsten sind kriminaltechnisch andere Formen mündlichen Kontakts, die lediglich wegen des dann nötigen persönlichen Auftretens eines Täters oder seiner Hilfsperson u. U. Spuren (z. B. Finger- und Fußabdrücke) bewirken können, welche einen Sachbeweis ermöglichen.

IX. Untreue

Bei der Untreue liegen die Verhältnisse für kriminaltechnische Untersuchungen ähnlich wie beim Betrug. Das sollte schon deshalb nicht überraschen, weil die weitaus meisten Delikte dieser Art im Wirtschaftsleben begangen werden, obwohl Untreue sich zuweilen auch in anderen Lebensverhältnissen findet, welche eine besondere Fürsorgepflicht für fremdes Vermögen mit sich bringen. Obgleich sich daher von Untreuetaten im Wirtschaftsleben die in anderen Verhältnissen unterscheiden lassen (vgl. § 9–IX), kommt es in allen Fällen von Untreue für die Kriminaltechnik in erster Linie auf solche Spuren an, die auf Maßnahmen des Täters zurückzuführen sind, welche bezwecken, seine Pflichtverletzung entweder zu ermöglichen oder zu verdecken.

1. Untreue im Wirtschaftsleben

Bei der Untreue in der Wirtschaft, wie sie von Angestellten, Geschäftsführern bzw. Teilhabern und von Unternehmern begangen wird, muß der Täter nämlich häufig Unterlagen fälschen, weshalb Sachverständige für Schriftvergleiche, Schreibmaschinen, für das Druckerei- und Papiergewerbe besonders bedeutsam sind. Allgemein ist daher auf das bei den Wirtschaftsdelikten (§ 16–C–III) zur Kriminaltechnik Ausgeführte zu verweisen.

Zirpins, Walter/*Terstegen,* Otto: Wirtschaftskriminalität. Erscheinungsformen und ihre Bekämpfung – Lübeck 1963 – insb. S. 664 ff.

a) Angestellten-Untreue

Vergleichsweise ungünstig liegen dabei des öfteren die Fälle der Angestellten-Untreue, die nur mitunter durch besondere Manipulationen ermöglicht oder verschleiert werden müssen; denn nicht selten ist die Tatausführung hier recht primitiv. Immerhin ist ggf. an den Experten für Buchführung oder bei Verdacht der Fälschung von Unterlagen an einen Sachverständigen für Urkundenuntersuchung zu denken.

b) Geschäftsführer- und Teilhaber-Untreue

Die Geschäftsführer- und Teilhaber-Untreue hinterläßt dagegen bei gewöhnlich raffinierterer Tatausführung paradoxerweise oft deutlichere Sachspuren. Selbst wenn diese von Laien nicht ohne weiteres zu erkennen sind, kann man sie mithilfe einschlägiger Experten kriminaltechnisch für Zwecke des Beweises und der Fahndung nutzen.

c) Unternehmer-Untreue

Ähnlich ist insgesamt betrachtet die Situation bei der Unternehmer-Untreue, obwohl die Dinge hier mitunter noch komplizierter liegen, weil der Schaden dieser Taten einen Außenstehenden trifft.

2. Untreue in anderen Verhältnissen

Kriminaltechnisch liegen schließlich viele Fälle von Untreue in anderen Verhältnissen nicht wesentlich anders, weil Schriftstücke oder andere Unterlagen gefälscht werden, um die Pflichtverletzung des Täters zu ermöglichen oder zu verdecken.

Allerdings gibt es gerade in den mehr familiären Treueverhältnissen auch Fälle, in denen sich keine nennenswerten Ansatzpunkte für einen Sachbeweis finden.

X. Wucher u.a.

Abgesehen von der im Gegensatz zu den Realitäten geringen Bedeutung des Wuchers in der strafrechtlichen Praxis spielen bei den schwierigen Ermittlungen Fragen der Kriminaltechnik durchweg nur eine untergeordnete Rolle, was aber mit der oben bei der Verbrechenstechnik (vgl. § 9–X) geschilderten Situation zusammenhängen dürfte. Ungeachtet der Tatsache, daß wegen Kooperation des Opfers Fälschungen, die kriminaltechnisch aufgeklärt werden könnten, relativ selten sind, vermag im übrigen nur der mit den Vorgängen in der Wirtschaft vertraute Experte die derartige Machenschaften verschleiernden Zusammenhänge zu durchschauen. Auf diese Möglichkeiten der Kriminaltechnik soll daher an Hand der Formen des Wuchers zumindest kurz hingewiesen werden.

1. Kreditwucher

Praktiken des Kreditwuchers ermöglichen nur selten einen Sachbeweis, weil Täter und Opfer kooperieren, weshalb es gewöhnlich keiner Fälschung bedarf. Immerhin kommen solche Manipulationen u.U. zur Verschleierung vor.

Im übrigen ist auf die Wirtschafts- und Betriebsprüfung sowie die Untersuchung von Sachen oder Leistungen zu achten, weil man auf diese Weise die völlige Unangemessenheit des zugrundegelegten Preises und so im Zusammenhang mit anderen Geschäften ein wucherisches Kreditgeschäft beweisen kann.

a) Darlehenswucher

Beim Darlehenswucher ist daher außer auf Beweise für wirklich geleistete Kredite ferner auf Kopplungsgeschäfte Obacht zu geben, in denen bei unverfänglich erscheinendem Darlehensvertrag dem Täter dennoch u. U. wucherische Vorteile zugewendet werden. Häufiger als beim Bewucherten findet man derartiges Untersuchungsmaterial im Bereich des Wucherers.

b) Stundungswucher

Noch schwieriger ist gewöhnlich die Beweissituation beim Stundungswucher, weil hier das Darlehen bereits gewährt ist. Nur selten kann man mit Mitteln der Kriminaltechnik dem Täter (bzw. dem Opfer) nachweisen, daß weitere Leistungen erbracht worden sind, welche über das hinausgehen, was anscheinend gewährt wurde und üblich ist.

2. Leistungswucher

Selbst wenn der Leistungswucher im allgemeinen noch seltener als der Kreditwucher ruchbar wird, sollte doch klar sein, daß hier die Lage für den Sachbeweis zumindest teilweise wieder etwas besser ist.

a) Warenwucher

Insbesondere gilt das für Praktiken des Warenwuchers, sofern man den wirklich vereinbarten bzw. gezahlten Preis ermittelt hat, was auf ähnliche Schwierigkeiten wie beim Kreditwucher treffen kann. Denn dann kann man ggf. durch Analysen der Ware im Verhältnis zum Verkehrswert feststellen, ob hier eine unangemessene Wert-Preis-Diskrepanz vorliegt.

b) Mietwucher

Derartige Möglichkeiten fehlen jedoch weitgehend in Fällen von Mietwucher, weshalb es hier kaum jemals zu kriminaltechnischen Untersuchungen kommen dürfte.

C. Delikte gegen das Gemeinschaftsleben

Die Delikte gegen das Gemeinschaftsleben weisen nicht nur in vielen Ländern juristisch einen bemerkenswerten Nachholbedarf auf, sondern bereiten, da der Zusammenhang mit Technik und Zivilisation hier besonders eng ist, z.T. bei den Ermittlungen erhebliche Schwierigkeiten, die sich jedoch relativ häufig mithilfe der Kriminaltechnik bewältigen lassen. Obwohl das Material hier teilweise noch spärlich ist, sollen diese Möglichkeiten daher doch an folgenden wichtigen Deliktsgruppen beleuchtet werden:

I. Urkundendelikte
II. Falschgelddelikte
III. Wirtschaftsdelikte
IV. Sexualdelikte

V. Gemeingefährliche Delikte
VI. Delikte gegen die Volksgesundheit
VII. Verkehrsdelikte
VIII. Verletzungen sozialer Pflichten
IX. Andere Delikte gegen die öffentliche Sicherheit und Ordnung

I. Urkundendelikte

Das für die Sozialdelikte allgemein Gesagte gilt eindeutig für die Urkundendelikte, bei denen in der kriminalistischen Praxis vor allem den Urkundenfälschungen besonderes Gewicht zukommt. Wird hier in dieser oder jener Form über den Urheber, d.h. die Echtheit einer Urkunde getäuscht, so kommt es bei der Falschbeurkundung demgegenüber auf die inhaltliche Richtigkeit an, welche in aller Regel nur bei öffentlichen Urkunden strafrechtlich garantiert wird. Geht es hier mithin um „unwahre Urkunden", betreffen die beiden anderen Grundtypen der Urkundendelikte einmal die ungeschmälerte Benutzung von Urkunden als Beweismittel und zum anderen die mißbräuchliche Verwendung von Urkunden insb. von Ausweispapieren.

A. Urkundenfälschungen

Die Urkundenfälschungen verkörpern eine kriminaltechnisch außerordentlich wichtige Form der Kriminalität. Da es bei diesem Deliktstyp um die Urkunde als eine verkörperte, typischerweise auf einem Schriftträger fixierte Gedankenerklärung geht, sollte einleuchten, daß in allen diesen Fällen kriminaltechnische Untersuchungen wesentlich zur Aufklärung des Sachverhalts beizutragen vermögen. Allerdings ergeben sich, wie wir noch sehen werden, einige Unterschiede aus der Arbeitsweise des Fälschers.

Stehling, Jürgen: Die Urkundenfälschung. Ein Beitrag zur Kriminologie, Kriminalistik und strafrechtlichen Problematik dieser Gesetzesverstöße – Diss. Frankfurt a. M. – München 1973 – insb. S. 200ff.

Zusammenfassend ist für alle Formen der Urkundenfälschung auf die für die Urkundenuntersuchung wichtigen Sachverständigen hinzuweisen. Neben der Analyse von Schriftträger und Schreibmittel vor allem durch Chemiker, Physiker und Biologen kommt es vor allem auf die Schrift als solche an, bei der mehrere Arten zu unterscheiden sind. Neben der Prägefälschung ist als eine weitere Verbrechenstechnik das Radieren zu behandeln.

1. Fälschung durch Handschrift

Handelt es sich um eine Handschrift, so sind vor allem die Methoden der Schriftvergleichung einschlägig (§ 15–III–C). Die hier üblichen Verbrechenstechniken wie Nachahmung, Pausfälschung und freivollzogene Fälschung können sowohl zum Zwecke von Total- als auch für Teilfälschungen (Verfälschungen) benutzt werden, wobei im letzteren Falle gewöhnlich zugleich mechanische oder chemische Rasuren vorkommen, die u.U. aber auch schon als solche verfälschend wirken können. Die Manipulationen können sich – wie oben bei den

Verbrechenstechniken dargelegt – sowohl auf den Text als auch auf die Unterschrift beziehen, was besondere Probleme mit sich bringen kann.

Verfälschung eines Personalausweises durch Zusätze

Abb. 16/23

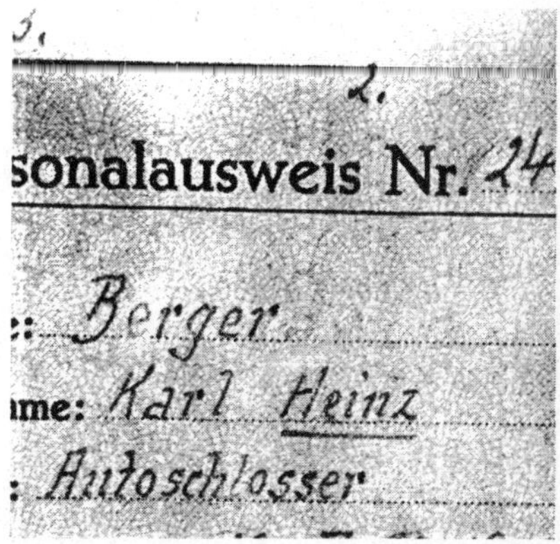

Abb. 16/24

Abb. 16/23. Der Personalausweis wurde durch Änderung des Namens (Berger in Bergende) und der Registriernummer (24 in 124) verfälscht.

Abb. 16/24. In der Infrarotaufnahme sind die nachträglich hinzugefügten Schriftzeichen nicht mehr zu sehen, weshalb die ursprüngliche Eintragung wiedergegeben wird.

Ziel des Handschriftenvergleichs ist es jedoch stets, Identität oder Nichtidentität einer fraglichen Schrift mit einer so oder so erlangten Vergleichsschrift festzustellen. Während man sich dabei früher auf die Ende des 19. Jahrhunderts vor allem von französischen Gelehrten entwickelte graphometrische Methode beschränkte, welche die graphischen Zeichen lediglich maß und sodann Durchschnittswerte errechnete, bedient man sich heute vor allem der graphischen Methode.

Sie stellt unter Einbeziehung gewisser graphometrischer Elemente vor allem auf Grundelemente der Handschrift ab, die außer einer Antwort auf die Frage, ob eine spontane, unverstellte oder ob eine verstellte bzw. nachgeahmte Schrift vorliegt, an Hand von graphischen Ähnlichkeiten und Unterschieden den Identifizierungswert solcher Schriftmerkmale zu ermitteln sucht. Wichtiger als allgemeine Charakteristika sind dabei naturgemäß Besonderheiten wie Bewegungsinkonsequenzen, Variantenbildungen und Komplexionen (Ähnlichkeiten und Unterschiede).

Der Schriftvergleich soll über die Erkenntnis hinaus, ob eine Schrift echt oder gefälscht ist, möglichst auch Anhaltspunkte für die Bestimmung des Urhebers erbringen, was am besten durch Vergleich mit Schriftproben der betreffenden Person festzustellen ist.
Besondere Probleme bietet – wie bei der Handschriftenvergleichung (§ 15–III–C) dargelegt – die Unterschrift, die nicht nur häufig gefälscht, sondern mitunter auch verstellt wird.

Brosson, Paul: Die Unterschrift und ihre geometrische Projektion. Ein neues Verfahren bei Gutachten – Internat. Kriminalpol. Revue 1959 – 34ff.; *Pfanne,* Heinrich: Eine interessante Unterschriftsvergleichung – Arch. f. Krim. Bd. 145, S. 1ff. (1970).

Bei schriftlichen Privaturkunden und soweit es bei öffentlichen und anderen Urkunden um Handschriften geht, ist selbstverständlich die Arbeit des Schriftsachverständigen kriminaltechnisch von ausschlaggebender Bedeutung.

Pfanne, Heinrich: Bestellscheinfälschung aus der Sicht des Handschriftenexperten – Arch. f. Krim. Bd. 141, S. 14ff. (1968).

In einem Verfahren entstand der Verdacht, daß Rechnungen über Briefmarkenkäufe in England durch nachträgliche Zusätze erhöht worden seien. Da alles mit einem blauen Kugelschreiber geschrieben worden war, führten optische und strahlungstechnische Methoden nicht weiter. Eine Untersuchung im Wege der Dünnschichtchromatographie ergab gegenüber einer anderen Rechnung bei einzelnen Schriftzeichen so signifikante Unterschiede, daß diese von einem anderen Kugelschreiber herrühren mußten (*Nölle,* Werner: Schreibmittelchromatographie beweist Verfälschung einer Rechnung – in: GrKrim 7, S. 125ff. (1971)).

2. Fälschung durch Schreibmaschine

Erhebt sich bei einer Schreibmaschinenschrift der Verdacht einer Total- oder Teilfälschung, ergeben sich trotz prinzipieller Übereinstimmung mit dem Handschriftenvergleich einige Besonderheiten (§ 15–VIII–A–2).

Lang, Wolfgang: Fälschung und Verfälschung von maschinenschriftlich gefertigten Urkunden – in: GrKrim 7, S. 131ff. (1971).

Bei einer bloßen Verfälschung ist der Nachweis der Unechtheit vielfach relativ leicht zu führen. Sowohl beim Entfernen als des öfteren auch beim Hinzufügen greift der Täter zu Rasuren, die in ähnlicher Weise wie bei der Handschrift durch chemische, physikalische oder biologische Analysen zu erkennen sind.
Was eine vom Fälscher hinzugefügte Maschinenschrift anlangt, ist zunächst zu prüfen, ob sie dieselben Systemmerkmale wie die echte Schrift aufweist. Ist schon das nicht der Fall, so scheiden andere Serien dieses Typs ebenso wie andere Fabrikationstypen als Tatmaschine aus.
Unabhängig von der Schreibmaschinensystembestimmung hat man ferner Methoden sowohl der absoluten als auch der relativen Altersbestimmung einer Maschinenschrift entwickelt.

Abb. 16/25. Unterschiedliche Schriftzeichen-Grundformen bei Schreibmaschinen verschiedener Systeme. Maßstab 3:1.

Führt der Systemvergleich nicht zum Ziel oder stehen Fabrikat, Modell, Serie und Baujahr fest, geht es darum, an Hand besonderer Merkmale, die vor allem durch Abnutzung und Defekte der vom Täter benutzten Maschine entstehen, diejenige zu ermitteln, die als Tatmaschine in Betracht kommt.

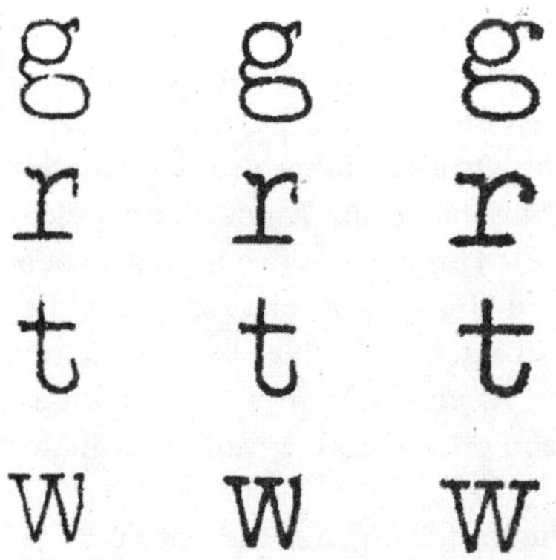

Abb. 16/26. Identifizierung einer Schreibmaschine an Hand mehrerer Typendefekte.
links: Typenabdrucke der Tatschrift
Mitte: Vergleichsschriftprobe
rechts: Abdrucke unbeschädigter Typen einer systemgleichen Schreibmaschine

Abb. 16/27

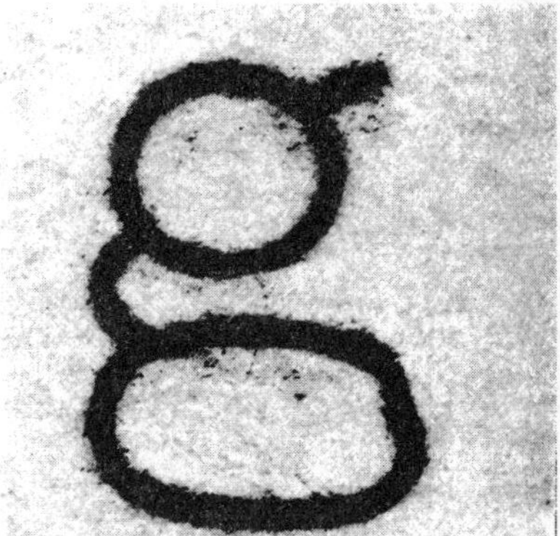

Abb. 16/28

Abb. 16/27. Starke Beschädigungen an einer g-Type. Maßstab 20:1.

Abb. 16/28. Abdruck, der durch die beschädigte g-Type (vgl. Abb. 16/27) entstanden ist.

Ist so oder so die Tatmaschine ermittelt worden, kann die Schreibmaschinenuntersuchung schließlich dazu benutzt werden, Anhaltspunkte dafür zu gewinnen wer als Schreiber in Betracht kommt. Hierbei spielen neben Stil- und Interpunktionseigentümlichkeiten vor allem die z. T. doch recht charakteristischen Schreibgewohnheiten eine große Rolle.

3. Druckfälschungen

Noch größer sind die Abweichungen bei kriminaltechnischer Untersuchung einer Druckschrift, die als ganz oder teilweise gefälscht erscheint. Derartige Druckfälschungen sind nur mithilfe von Experten aufzuklären, die mit folgenden Problemen vertraut sein müssen (§ 15–VIII–A–1).
Ein für Druckfälschungen wichtiger Punkt sind die Druckverfahren, d.h. die unterschiedlichen Herstellungstechniken wie Hoch-, Tief- und Flachdruck, die bei besonderen Druckerzeugnissen – z.B. Banknoten – kombiniert verwendet werden.
Hat der Sachverständige erkannt, um welches oder welche Druckverfahren es sich handelt, so versucht er zu ermitteln, ob es sich um Hand- oder Maschinensatz handelt und welche Schrifttypen verwendet worden sind. Schon mithilfe der für Handsatz verwendeten Typensätze läßt sich die Fahndung u. U. – von der produzierenden Gießerei unterstützt – erheblich einschränken. Bei charaktergleichen Typensätzen ist im übrigen auf Fehler bei Produktion und spätere Defekte abzustellen, um den benutzten Satz zu ermitteln. Bei Maschinensatz ergeben Fabrikat, Modell und jeweils bestehende Grenzen oder Defekte weitere Anhaltspunkte.
Bei Paß- und Ausweisfälschungen, Wertpapier- und Aktienfälschungen sowie vor allem bei Wertzeichenfälschungen und in gewissem Umfange bei Fälschungen öffentlicher Urkunden ist außer auf eine eventuelle verdächtige Handschrift also vor allem auf das Material der Unterlage, auf Druck und chemische Zusammensetzung des Druckmaterials zu achten.

Franzheim: Erkennen von Paß- und Ausweisfälschungen – in: TbKrim IX, S. 131ff. (1959); *Hofman,* W.: Die Untersuchung auf Paß-Verfälschungen mit einfachsten Mitteln – Kriminalistik 1962–208ff.

Ein angeblich dänischer Reisepaß fiel außer durch eine für Kopenhagen viel zu hohe Registriernummer durch einige merkwürdige Druckfehler auf. Es handelte sich um das Produkt einer französischen Fälscherzentrale, welche nicht über nordische Drucktypen verfügte. So erklärte sich auch die für einen Dänen seltsame Schreibweise für die Stadt „Flensbourg“.

Außer auf eventuelle Rasuren ist bei der Prüfung von Pässen und Lichtbildausweisen auf Befestigung und Stempelung des Lichtbilds zu achten.

Bei primitiven Fälschungen wird der Stempel auf dem ausgewechselten Lichtbild mit Farbstift oder Pinsel ergänzt. Geschickte Fälscher benutzen das Hektographierverfahren; doch können dabei ebenfalls Zeichenfehler unterlaufen.

Diese Fälschungen, wie sie u. a. im Zusammenhang mit Zolldelikten begangen werden, betreffen außer Ausfuhr- und Einfuhrnachweisen auch Bescheinigungen für steuerbegünstigtes Heizöl.

Koch, Walter: Falsche Zollurkunden bei der Ausführung von Wirtschaftsstraftaten – in: GrKrim. 13/1, S. 385ff. (1974).

Einen Sonderfall verkörpern die Briefmarkenfälschungen, welche jedoch vor allem als philatelistische Fälschungen von Betrügern benutzt werden, um sich zu bereichern; z.T. treten hier schon Charakteristika der Prägefälschung hinzu. Die vor allem bei der Urkundenuntersuchung und dem Druckereigewerbe geschilderten Methoden ermöglichen hier ebenfalls Sachbeweise.

Franzheim, Ludwig: Aufdeckung einer Briefmarkenfälschung durch Papieraltersbestimmung – Arch. f. Krim. Bd. 139, S. 21ff. (1967).

4. Prägefälschungen

Die Prägefälschungen ähneln den Druckfälschungen, wenngleich hier wegen anderen Materials (Metall, Stempel) noch weitere Sachverständige in Betracht kommen.

5. Fälschen durch Radierung

Das Fälschen durch Radieren ist teilweise die einzige Manipulation des Fälschers, häufiger jedoch eine vorbereitende Maßnahme, an welche dann Verbrechenstechniken der bereits behandelten Art anknüpfen, was man bei der Urkundenuntersuchung im Auge behalten muß.
Sowohl bei mechanischer als auch bei chemischer Rasur ist einmal eine Papieranalyse möglich, um hier die typische Veränderung der Oberfläche des Schriftträgers festzustellen. Im übrigen sind – insb. bei chemischer Rasur – sowohl chemische als auch physikalische Untersuchungsmethoden indiziert (§ 15–IV).
Verwandt mit der Rasur ist die Reparatur, wie sie beispielsweise bei philatelistischen Fälschungen vorkommt, welche sich mit den Mitteln der Kriminaltechnik leicht als solche erkennen lassen.

Frisch, Horst: Das Isotopenverfahren in der Urkundenprüfung – Arch. f. Krim Bd. 131, S. 22 ff. (1963).

B. Falschbeurkundungen

Sehr viel ungünstiger als bei Urkundenfälschungen sind die Chancen für einen Sachbeweis bei den Falschbeurkundungen. Da die hier gewöhnlich ausschlaggebende öffentliche Urkunde vom zuständigen Beamten verfaßt sein muß, ist die Fälschung inhaltlicher Natur und nicht so sehr eine Frage der Form, die man – wie dargelegt – relativ gut kriminaltechnisch untersuchen kann.

1. Die unmittelbare Falschbeurkundung

Bei der von einem an sich zuständigen bösgläubigen Beamten vorgenommenen (unmittelbaren) Falschbeurkundung ist ein Sachbeweis gewöhnlich nur dann wesentlich, wenn damit die inhaltliche Unrichtigkeit des Beurkundeten dargetan werden kann. Dazu ist aber nur vergleichsweise selten ein Sachverständiger nötig; welcher Experte dann in Betracht kommt, richtet sich weniger nach der Schriftform als nach dem jeweiligen Inhalt des Beurkundeten.

2. Die mittelbare Falschbeurkundung

Eher schon kommt es bei der mittelbaren Falschbeurkundung, dem Mißbrauch eines gutgläubigen Urkundsbeamten durch Dritte, zu Untersuchungen, welche etwa die Unechtheit und damit Unrichtigkeit der dem Beamten vorgelegten Schriftstücke oder sonstigen Materialien dartun.

In derartigen Fällen, in denen die Falschbeurkundung mittelbar durch eine aufgedeckte Urkundenfälschung bewiesen wird, kommen kriminaltechnisch die dort (unter A) erwähnten Möglichkeiten und Methoden kriminaltechnischer Expertisen in Betracht.

C. Beeinträchtigen des Beweiswertes von Urkunden

In denjenigen Rechten, welche Strafvorschriften kennen, die verhindern sollen, daß der Beweiswert von Urkunden beeinträchtigt oder sonst ihre Benutzung zu Beweiszwecken behindert wird, muß man sich wiederum öfter der Methoden der Kriminaltechnik bedienen.

1. Urkundenunterdrückung

Dabei erinnern die Fälle der Urkundenunterdrückung, was die kriminaltechnische Situation anlagt, entweder an die Praktiken der Sachbeschädigung oder aber die des Diebstahls. Wichtiger und erfolgversprechender sind also Beschädigung und Zerstören. Denn hier lassen sich mit den Methoden der Kriminaltechnik sowohl Beschädigungen einer Urkunde als auch u. U. bei Vorhandensein von Rückständen auch Praktiken beweisen, welche auf das Vernichten der Urkunde abzielen. U. U. läßt sich mit Mitteln der Kriminaltechnik die Schrift aus beschädigten Urkunden wieder sichtbar machen.

Abb. 16/29. Unsichtbare Schriftzeichen eines verkohlten Kontobuches wurden durch UV-Strahlen wieder sichtbar gemacht. Maßstab 1:1.

2. Grenzverrückung

Bei strafbarem Verrücken von Grenzsteinen und ähnlichen Taten kann man kriminaltechnisch einmal die Manipulationen an dem betreffenden Objekt und zum anderen beweisen, daß der neue Standort unrichtig ist. Im erstgenannten Falle sind dieselben oder ähnliche Methoden wie bei der Sachbeschädigung anzuwenden, während die Unrichtigkeit des Standorts vor allem an Hand amtlicher Unterlagen durch Vermessungen nachgewiesen werden kann.

D. Mißbrauch ordnungsmäßiger Urkunden

Für den Nachweis strafbaren Mißbrauchs von an sich richtigen und echten Ausweispapieren gibt es außer den Mitteln der Personenidentifizierung in der Praxis kaum brauchbare kriminaltechnische Ansätze. Hier sind also vor allem die beim Erkennungsdienst geschilderten Methoden zu beachten.

II. Falschgelddelikte

Für Falschgeldverbrechen ist auch kriminaltechnisch der Gegensatz von Hart- und Papiergeld wichtig.

Mally: Kriminaltechnische Möglichkeiten zur Auswertung sichergestellten Beweismaterials – in: Bekämpfung des Falschgeldunwesens, hrsg. v. Bundeskriminalamt, Wiesbaden 1954, S. 99ff.; *Schmiedl-Neuburg,* Dieter: Die Falschgelddelikte. Ein Beitrag zur Kriminologie, Kriminalistik und strafrechtlichen Problematik dieser Gesetzesverstöße – KrimWissAbh. Bd. 2 – Lübeck 1968 – insb. S. 92ff.

Vor allem kommt es hier in der Praxis jedoch auf das Herstellen von Falschgeld an, weil der Absatz als solcher – wenn man einmal von seinem Objekt absieht – relativ wenige Möglichkeiten für einen Sachbeweis bietet.

A. Herstellen von Falschgeld

Die versprechendsten kriminaltechnischen Ansätze bietet in Falschgeldsachen das kriminelle Produkt dieser Taten, weil die Falsifikate durchweg mehr oder weniger erhebliche Mängel aufweisen. Dabei ist – wie gesagt – zwischen Banknoten und Hartgeld zu unterscheiden. An Hand der Falsifikate kann man ferner u. U. auf die bei der Herstellung angewandten Verbrechenstechniken zurückschließen. Dies alles gilt selbstverständlich auch dann, wenn beim Absatz oder sonst das Falsifikat als solches erkannt wird.

1. Herstellen falscher Banknoten

Bei der in der Praxis häufigen und gewichtigen Produktion falscher Banknoten ist üblicherweise von typischen Mängeln der Falsifikate (Blüten) auszugehen.

Mally: Kriminaltechnische Methoden und Hilfsmittel bei der Untersuchung von Banknotenfälschungen unter besonderer Berücksichtigung der Papierprüfung – in: Bekämpfung des Falschgeldunwesens, hrsg. v. Bundeskriminalamt, Wiesbaden 1954, S. 123ff.

Verhältnismäßig primitiv sind Falsifikate, die durch mechanisches Präparieren anderer Druckerzeugnisse hergestellt worden sind, obwohl ihre Zahl mitunter beachtlich sein kann.

So hat man Wahlpropagandazettel, die bei der Bundestagswahl 1957 verwendet wurden, und auf einer Seite das Bild einer 10 DM-Note wiedergaben, durch simples Zusammenkleben zu Falsifikaten gemacht. Obwohl die seitengleichen Falsifikate auch materialmäßig so plump waren, daß man Zweifel haben kann, ob die Verwechslungsgefahr mit echtem Geld überhaupt bestand, wurden bis zum 1. 10. 1958 im Bundesgebiet 2075 derartige Blüten registriert.

Raffinierte mechanische Manipulationen stellen die sogen. Systemnoten dar, wenngleich bei entsprechendem Verdacht derartige Praktiken durch Messen und optische Darstellung leicht darzutun sind.

Überwiegend werden falsche Banknoten jedoch mithilfe von Druckverfahren und ggf. Fototechnik hergestellt. Hier sind, obwohl nicht immer leicht zu erkennen, Mängel deshalb häufig, weil die Produktion von Papiergeld sowohl wegen des dafür amtlich verwendeten Materials als auch wegen komplizierter Druckverfahren sowie anderer Sicherungen besonders schwierig ist.

Materialfehler sind schon aus dem Grunde häufig, weil echte Noten aus einem besonderen, im freien Handel nicht erhältlichen Papier hergestellt werden. Der Fälscher muß also entweder an derartiges Papier herankommen oder aber anderes Papier so behandeln, daß es dem dafür üblichen ähnlich ist, was nur bei Spezialkenntnissen einigermaßen zu gelingen pflegt.

Um Fälschungen vorzubeugen, arbeiten die Notendruckereien in das fragliche Papier ferner Sicherungen wie Wasserzeichen, metallische Sicherheitsfäden und fluoreszierende Elemente ein, die vom Fälscher meist nicht oder nur unvollkommen nachgeahmt werden können.

Aber auch die Beschriftung bzw. Darstellung auf echten Banknoten bereitet vielen Fälschern oft erhebliche Schwierigkeiten. Zur Kombination verschiedener Druckverfahren (z.B. Tief- und Buchdruck) treten schwer exakt nachzunahmende Bilder und Symbole sowie ausfüllende Guillochen oder Schraffuren hinzu. Auch Auswahl und Mischung der Farben sind oft so kompliziert, daß es bei Falsifikaten leicht zu verräterischen Farbabweichungen kommen kann.

Oft schon mit bloßem Auge auszumachende Darstellungsmängel falscher Banknoten sind natürlich genauer mit dem Mikroskop oder einer auf Vergrößerung abzielenden Fotografie zu verdeutlichen. Sind derartige Mängel natürlich auch für das Erkennen und Klassifizieren der „Blüten“ besonders nützlich, so bieten diese ferner für Beweiszwecke wichtige Materialspuren.

Die Analyse des Schriftträgers sowie der Druckfarben und -verfahren liefert über Anhaltspunkte für eine Fälschung hinaus vorzügliches Material für Beweiszwecke und fahndungsdienliche Rückschlüsse. Dabei kommt es ebenso wie auf die äußeren auf die inneren Eigenschaften des Papiers an. Man kann ferner Farbkörper und Bindemittel exakt bestimmen, um deren Herkunft ggf. Gleichförmigkeit mehrerer Falsifikate sicher zu erkennen. Auf diese Weise läßt sich insb. auch klären, welche „Blüten“ aus einer ggf. ermittelten Fälscherwerkstatt stammen oder doch stammen könnten.

2. Herstellen falschen Hartgeldes

Bei falschem Hartgeld gibt es ebenfalls typische Mängel, die mehr oder weniger sicher den Schluß auf ein Falsifikat zulassen.

Das Material kann z.B. deshalb fehlerhaft sein, weil der Fälscher nicht die bestimmte Legierung trifft, welche die staatliche Münze verwendet; daraus kann sich bereits ein vom üblichen abweichendes Gewicht ergeben. Noch häufiger jedoch sind Fälschungen schon von Laien am andersartigen Klang zu erkennen. Während im Gußverfahren hergestellte Münzen wie echte Massivprägungen dumpf und hart klingen, haben beispielsweise Hohlprägungen und Galvanos einen scheppernden Klang. Ferner können Unterschiede in Glanz, Farbe und Griffigkeit verräterisch wirken.

Mängel der Darstellung hängen bei Hartgeldfälschungen mit unzureichenden und andersartigen Produktionstechniken zusammen, als sie die staatliche Münze verwendet. Bei manchen Verfahren wird infolgedessen das Münzbild verbreitert oder verzerrt. Insb. bei Gußverfahren bereitet die Rändelung mit Schrift und Arabesken dem Geldfälscher erhebliche Schwierigkeiten. Selbst eine Nachbearbeitung, die derartige Mängel verschleiern soll, kann mehr oder weniger auffällige Spuren hinterlassen.
Dem Experten bereiten diese Darstellungsfehler kaum jemals Schwierigkeiten, zumal da er sie gewöhnlich schon ohne Lupe oder Miskroskop wahrzunehmen vermag. Gründlichere Analysen chemischer oder physikalischer Art erfordern jedoch eine Materialprüfung, die zudem eher Aufschluß über Herkunft des Materials und Bearbeitungsweise zu geben vermag.

B. Absetzen von Falschgeld

Beim Absetzen von Falschgeld gibt es außer durch die bereits beim Herstellen behandelten Falsifikate selbst kaum jemals Möglichkeiten für einen Sachbeweis.

1. Absatz als Ware

Beim Absatz von falschem Papier- oder Hartgeld bieten sich, wenn derartige Dinge aus dem Ausland eingeführt werden, die bei den Zolldelikten etwa in Form des Grenzschmuggels zu schildernden kriminaltechnischen Möglichkeiten an. Ansonsten kann bestenfalls Aufbewahrungsort oder Transport nachgewiesen werden.

2. Absatz als Zahlungsmittel

Beim Absatz von Falschgeld als Zahlungsmittel liegen die Dinge noch ungünstiger, wenngleich man mitunter an Hand von Fingerabdrücken oder anhaftenden Substanzen auch hier beweisen kann, daß eine dies leugnende Person Kontakt mit den Falsifikaten gehabt haben muß.

III. Wirtschaftsdelikte

Die Wirtschaftsdelikte i.e.S., die in dieser oder jener Form das Funktionieren des Wirtschaftslebens stören oder gefährden, sind eine in den meisten Ländern noch recht unterentwickelte Gruppe von Sozialdelikten. Aber nicht nur der daraus resultierende Mangel an Material, sondern auch andere Schwierigkeiten setzen dem folgenden Überblick Grenzen; denn kriminaltechnische Untersuchungen sind in diesen Fällen oft nur begrenzt möglich. Als Erscheinungsformen echter Wirtschaftsverbrechen haben wir u. a. folgende Deliktstypen bzw. -gruppen zu werten:

A. Preistreiberei
B. Warenfälschungen
C. Unlauterer Wettbewerb

D. Verletzungen von Patenten, Gebrauchsmustern und Warenzeichen
E. Unzulässige Wettbewerbsbeschränkungen
F. Versicherungsmißbrauch
G. Steuer- und Zolldelikte
H. Insolvenzdelikte

Für alle diese Wirtschaftsverbrechen gilt, soweit sie nicht zugleich in anderer Hinsicht – etwa als Betrug – kriminell sind, daß als Sachverständige vor allem Experten aus dem Bereiche der Wirtschaft überragende Bedeutung haben. Hier treffen wir also häufiger auf Volkswirte, Betriebswirte, Diplomkaufleute (§ 15–VII–A) oder überhaupt Kaufleute mit Branchenerfahrung als Gutachter (§ 15–VIII–C). Vielfach ist auch eine kriminaltechnische Untersuchung durch Wirtschaftsprüfer, Steuer- und Buchsachverständige angezeigt. Nur relativ seltener kommen andere, insb. naturwissenschaftliche Experten in Betracht wie etwa Chemiker oder Biologen bei Warenfälschungen insb. in der Lebens- und Genußmittelbranche. Insgesamt aber hat der Sachbeweis gewöhnlich nur eine untergeordnete, wenngleich zuweilen wichtige ergänzende Funktion.

Zirpins, Walter/*Terstegen,* Otto: Wirtschaftskriminalität und ihre Bekämpfung – Lübeck 1963; *Wirtschaftskriminalität.* Weiße-Kragen-Kriminalität – GrKrim 13/1 – Hamburg 1974.

Dasselbe gilt für die bereits oben (§ 10–III) ausgeklammerten Sonderfälle der Wirtschaftskriminalität wie die Praktiken von Schwindelfirmen oder Straftaten im Zusammenhang mit Handelsgesellschaften. Deshalb muß hier der Hinweis genügen, daß sich auch bei derartigen Verbrechenstechniken mitunter die Möglichkeit eines Sachbeweises bietet.

Schmid, Nikolaus: Untersuchungsprobleme bei Schwindel- und Strohmannfirmen – Kriminalistik 1971–356 ff.; *Zirpins/Terstegen* aaO. insb. S. 502 ff.

A. Preistreiberei

Bei der Preistreiberei ist wie bei vielen Wirtschaftsdelikten der Sachbeweis in der Praxis nicht sonderlich bedeutsam.
Am ehesten handelt es sich um kriminaltechnische Untersuchungen der Beschaffenheit der fraglichen Waren oder um schriftliche Unterlagen, die für die Preisgestaltung bzw. verbotene Manipulationen besonders dann wichtig sind, wenn der Tatverdächtige derartige Machenschaften bestreitet.

B. Warenfälschungen

Vergleichsweise günstig sind dagegen die Möglichkeiten der Kriminaltechnik bei der Warenfälschung. Das gilt sowohl für die Verbrauchsmittelfälschungen als auch für Gebrauchsmittel- und Kunstfälschungen.

1. Verbrauchsmittelfälschungen

Wesentlich für die Qualität einer Handelsware ist die stoffliche Beschaffenheit, die vom Fälscher manipuliert wird, was sich gerade kriminaltechnisch gut beweisen läßt. Denn mithilfe chemischer, physikalischer, biologischer und anderer Analysen kann man durchweg ziemlich exakt beweisen, daß eine Handelsware in ihrer Beschaffenheit nicht den Vorschriften oder der Verbrauchererwartung bei Waren dieser Art entspricht. Auch dafür wesentliche Kriterien wie Herkunft, Rohmaterial und Bearbeitung lassen sich des öfteren auf diese Weise bestimmen.

2. Gebrauchsmittelfälschungen

Anders und insgesamt nicht so günstig liegen die Dinge bei den Gebrauchsmittelfälschungen, weil es hier für die Qualität dieser Handelsware nicht auf die stoffliche Beschaffenheit, sondern wesentlich auf Brauchbarkeit und Funktionstüchtigkeit ankommt.
Soweit die Brauchbarkeit überdies von der Materialbeschaffenheit abhängt, können dieselben Methoden wie bei den Verbrauchsmittelfälschungen angewandt werden. Im übrigen ist jedoch eine Begutachtung durch solche Experten notwendig, welche mit den für die Brauchbarkeit wesentlichen Kriterien vertraut sind. Es geht hier also vor allem um Sachverständige aus den Bereichen Technik, Beruf und Erfahrung (§ 15–VI, VIII).

3. Kunstfälschungen

Bei den Kunstfälschungen bietet die Kriminaltechnik mancherlei Mittel und Verfahren, um kriminelle Praktiken festzustellen.

Würtenberger, Thomas: Der Kampf gegen das Kunstfälschertum in der deutschen und schweizerischen Strafrechtspflege – Wiesbaden 1951; *Würtenberger,* T.: Das Kunstfälschertum –in: Betrug und Urkundenfälschung, hrsg. v. Bundeskriminalamt Wiesbaden 1956, S. 119ff.; *NN:* Fälschungen von Kunstwerken und gewerblichem Eigentum – Internat. kriminalpol. Revue 1958–316ff.; *Meinert,* F.: Der Raritätenbetrug – in: TbKrim X, S. 53ff. (1960); *Arnau,* Frank: Kunst der Fälscher, Fälscher der Kunst. Dreitausend Jahre Betrug mit Antiquitäten – Düsseldorf 1964.

Bei Gemälden kann man, vom Untergrund abgesehen, das Material der verwendeten Farbstoffe und ihr Alter feststellen; ebenso hat man Mehoden erarbeitet, um künstliches Altern (sogen. Craquelure) nachzuweisen. Die Arbeitsweise wird mithilfe der Mikrofotografie, der Untersuchung mit UV- und IR-Strahlen oder mit Durchleuchtung mittels Röntgenstrahlen untersucht.
Bei Kunstgegenständen und Antiquitäten, die aus Holz angefertigt worden sind, kann man sich u. a. der sogen. Jahresringchronologie bedienen.

Liese, Walter/*Eckstein,* Dieter: Die Jahresringchronologie in der Kriminalistik – in: GrKrim 7, S. 395ff., insb. S. 409ff. (1971).

Diese Methode hat man vor allem bei den holländischen Meistern des 16.–18. Jahrhunderts, die auf Eichenholztafeln malten, zugeschriebenen Gemälden angewandt. Die radial aus einem Stamm hergestellten Tafeln können bis zu 300 Jahresringe enthalten. Da man so auch die frühest mögliche Fällzeit des Baumes bestimmen kann, läßt sich an Hand einer Vergleichschronologie das früheste Entstehungsjahr in etwa einschätzen. Bei einem großen geographischen Bereich benutzt man für diesen Zweck angefertigte Standardchronologien. So wurde beispielsweise ermittelt, daß ein von Kunsthistorikern auf 1620 datiertes Bild nicht von Rubens stammen konnte. Den der fragliche Baum war frühestens im Jahre 1635, wahrscheinlich aber erst um 1640 gefällt worden, weshalb, eine Liegezeit von 5 Jahren einberechnet, das Bild erst nach dem Tode von Rubens entstanden sein kann.

Frei, Max: Naturwissenschaftliche Methoden zur Aufdeckung von Geigenfälschungen – Arch. f. Krim. Bd. 116, S. 125ff. (1955).

Ein weiterer Anwendungsfall im Bereich der Kunstfälschung sind angeblich aus dem 17. und 18. Jahrhundert stammende Streichinstrumente italienischer Meister. Maßgebend sind hier die Jahresringzahlen des gewöhnlich aus Tannenholz angefertigten Deckenmaterials. Zum Vergleich dienen hier vor allem unstrittige Instrumente.

In gewissem Sinne gehören ferner philatelistische Fälschungen, wie sie schon bei der Urkundenfälschung erwähnt worden sind (§ 16–C–I–A–3), in diesen Zusammenhang, weil sie gerade für Sammler einen u. U. hohen Liebhaberwert verkörpern. Kriminaltechnisch lassen sich mit den oben genannten Methoden in aller Regel brauchbare Sachbeweise erzielen.

Frisch, Horst: Das Isotopenverfahren in der Urkundenprüfung – Arch. f. Krim. Bd. 131, S. 22ff. (1963) (Briefmarkenfälschung); *Franzheim,* Ludwig: Aufdeckung einer Briefmarkenfälschung durch Papieraltersbestimmung – Arch. f. Krim. Bd. 139, S. 21ff. (1967).

Bei aus Metall hergestellten Kunstgegenständen oder Antiquitäten ist für Kunstfälschungen die Materialprüfung – z. B. mithilfe der Spektralanalyse und anderer Verfahren – wichtig.

Die Zusammensetzung beispielsweise der Bronze hat sich je nach Erzlager und wechselnder Bearbeitung erheblich geändert. Dasselbe gilt für die stilkritisch zu begutachtenden Formen der Verarbeitung. Ähnlich ist es bei altem Zinn oder auch Gold infolge typischer Verunreinigungen.

Dieselben oder ähnliche Untersuchungsmethoden kann man bei numismatischen Fälschungen anwenden, mit denen man zahlungswillige Münzsammler zu übervorteilen sucht.

C. Unlauterer Wettbewerb

Bei Praktiken des strafbaren, unlauteren Wettbewerbs spielen kriminaltechnische Methoden wiederum nur eine untergeordnete Rolle, weil es hier vor allem um kaufmännische Gepflogenheiten geht. Allerdings kommt es für diese bei einigen Deliktstypen, wie kurz aufgezeigt werden soll, auch auf Umstände an, die sich kriminaltechnisch beweisen lassen.

1. Trügerische Reklame

Obwohl in Fällen der trügerischen Reklame die Angaben gewöhnlich schriftlich fixiert werden, ergeben sich die wesentlichen Probleme beim Personalbeweis. Immerhin kann die Unrichtigkeit täuschender Angaben in der Wirtschaftswerbung doch nicht gar so selten durch kriminaltechnische Expertisen bewiesen werden.

a) Täuschungen über das Angebot

So kann beispielsweise eine Täuschung über das Angebot u. U. dadurch nachgewiesen werden, daß man durch eine kriminaltechnische Untersuchung die Unrichtigkeit des vom Täter Behaupteten dartut.

aa) Qualitätsschwindel

Der Qualitätsschwindel, der durch Täuschungen über die Herkunft begangen werden kann, läßt sich u. U. durch Materialprüfung nachweisen, die zu dem Ergebnis führt, daß die angebliche, für das Angebot wesentliche Angabe über die Herkunft der Ware nicht stimmen kann.

Noch einfacher sind zu Werbezwecken gemachte falsche Angaben über die stoffliche Beschaffenheit der fraglichen Handelsware durch eine Materialprüfung zu verifizieren, wie sie von Chemikern, Physikern, Metallurgen oder Biologen durchgeführt wird.
Dagegen wird bei falschen Angaben über die Wertschätzung der Sachbeweis nur ausnahmsweise dann bedeutsam werden, wenn der Täter dies durch Fälschungen zu belegen sucht, die dann wie Urkundenfälschungen behandelt werden können.

bb) Preisschwindel
Ebenso bieten die Praktiken des Preisschwindels wie beispielsweise Preisverschleierung, falsche Preisbenennung oder Angaben preisgünstiger Bezugsquellen nur ausnahmsweise Handhaben für einen Sachbeweis.

cc) Verkaufsschwindel
Auch bei falschen Angaben über Vorrat, Verkaufsgrund usw. sind selbst diesbezügliche Schriftstücke im allgemeinen nicht strittig. Dasselbe gilt für falsche Angaben über den Verkaufsgrund, Verschweigen gewerbsmäßigen Handelns und Vermittlungsschwindel.

b) Täuschung über die Solidität
Eine auf das eigene Unternehmen abzielende Täuschung über die Solidität ermöglicht nur relativ selten einen Sachbeweis und damit kriminaltechnische Untersuchungen. Denn eine für den Firmenschwindel typische Werbung läßt sich eher auf andere Weise als unrichtig dartun. Dasselbe gilt auch für den Prestigeschwindel, bei welchem der Täter durch falsche Angaben über Alter und Wirtschaftskraft seines Unternehmens Wettbewerbsvorteile zu erreichen versucht.

2. Angestelltenkorruption

Bei Ermittlungen in Fällen von Angestelltenkorruption kann man ebenfalls nur vergleichsweise selten auf kriminaltechnische Untersuchungen zurückgreifen. Am ehesten dürfte das noch möglich sein, um die Minderwertigkeit der gelieferten Ware oder sonst erbrachten Leistungen darzutun, wenn derartige Machenschaften etwa durch Hingabe von Schmiergeld verdeckt werden sollen. Im übrigen kommen in diesen Fällen dann und wann schriftliche Unterlagen in Betracht, die als solche oder wegen Verfälschung die Vorteilszuwendung beweisen.

3. Geschäftliche Verleumdung

Die geschäftliche Verleumdung läßt sich ebenso wie die ihr vergleichbaren Ehrverletzungen (§ 16–A–VIII) nur ausnahmsweise mit Mitteln der Kriminaltechnik beweisen.

D. Verletzung von Patenten, Gebrauchsmustern und Warenzeichen

Etwas bedeutsamer sind Sachverständige und überhaupt Sachbeweise bei den allerdings in der Praxis nicht so häufigen Verletzungen von Patenten, Gebrauchsmustern und Warenzeichen. Denn auf diese Weise läßt sich gewöhnlich die Identität der fraglichen Waren und Verfahren unschwer beweisen.

E. Unzulässige Wettbewerbsbeschränkungen

Bei unzulässigen Wettbewerbsbeschränkungen wird dagegen nur sehr selten eine kriminaltechnische Untersuchung ausschlaggebend sein, weil der Beweis selbst dann, wenn schriftliche Unterlagen vorhanden sind, gewöhnlich vor allem auf andere Weise geführt wird.

F. Versicherungsmißbrauch

Ungleich häufiger kommt es dagegen bei Versicherungsmißbrauch entscheidend auf Sachbeweise und damit auf kriminaltechnische Untersuchungen an. Noch mehr als für andere Fälle gilt das für Schadensfälle, die einen Versicherungsfall bilden könnten. Denn Schadensursache und Verlauf des schädigenden Ereignisses lassen sich in Fällen von Versicherungsmißbrauch oft nur durch kriminaltechnische Untersuchungen exakt ermitteln.

Helmer: Betrug zum Nachteil der Versicherungen – in: Betrug und Urkundenfälschung, hrsg. v. Bundeskriminalamt, Wiesbaden 1956, S. 89ff.; *Frei-Sulzer,* Max: Aufklärung von Versicherungsbetrug durch Mikrospuren – Arch. f. Krim. Bd. 123, S. 25ff. (1959); *König,* Walter: Der Versicherungsbetrug. Aktuelle Formen und ihre Bekämpfung – Zürich 1968; *Weber,* Fritz: Betrug zum Nachteil der Versicherungen – Die Neue Polizei 1974–165ff., 184ff.; *Dürwald,* in Prokop/Göhler S. 309ff.

Dabei sind ungeachtet der sich bei den einzelnen Versicherungssparten ergebenden Divergenzen die einzelnen Verbrechenstechniken zu unterscheiden.

1. Betrügerische Vertragsgestaltung

Beim betrügerischen Vertragsabschluß, der kriminaltechnisch der für Sachbeweise nicht gerade günstigen Situation des Betrugs entspricht, sind je nach Versicherungsart u. U. Sachverständige doch dazu notwendig, um die risikoerhebliche Tatsache zu beweisen, welche der Versicherungsnehmer verschleiert oder verschwiegen hat.

2. Vortäuschen eines Versicherungsfalles

Wegen der oft unklaren Ursachen von Schadensfällen, die vom Täter fälschlich als Versicherungsfall dargestellt werden, kommt es hier jedoch in aller Regel auf entsprechende kriminaltechnische Untersuchungen an, durch welche mit Feststellung der Schadensursache und des Verlaufs zum Teil auch Mitwirken grober Fahrlässigkeit ausgeschlossen werden muß, wenn die Versicherung insoweit nicht haftet.

Hierher gehören u. a. die fingierten Verkehrsunfälle, bei denen man ein Unfallauto (Spielauto) herrichtet oder zu diesem Zweck einen Unfallwagen erwirbt, um das eigene, intakte Fahrzeug zu veräußern. Bei gängigem Typ kann man am gleichen Tage sogar mehrere Wagen „verunfallen“ lassen und den Sachverständigen dasselbe „Spielauto“ vorführen. Daß diese Manöver bei sorgfältiger kriminaltechnischer Untersuchung, die insb. auch den anderen, angeblich am Unfall beteiligten Wagen umfassen sollte, nicht gelingen können, versteht sich von selbst.

Wahl, Adolf: „Autobumser". Fingierte und provozierte Verkehrsunfälle – eine aktuelle Spielart des Betruges – Kriminalistik 1973–451 ff.

Schwieriger gestalten sich kriminaltechnische Untersuchungen bei der anderen Masche der „Autobumser", den provozierten Verkehrsunfällen, welche entweder mithilfe eines eingeweihten Komplizen oder auch eines ahnungslosen Verkehrsteilnehmers begangen werden. Da hier ein Schadensfall eingetreten ist, kommt es vor allem darauf an, die versicherungsrechtliche Seite zu klären, weshalb derartige Fälle u. U. bereits der nächsten Verbrechenstechnik zuzurechnen sind.

3. Arglistiges Herbeiführen eines Schadensereignisses zur Vortäuschung eines Versicherungsfalles

Vielleicht noch wichtiger ist die Kriminaltechnik, wenn es darum geht aufzuklären, ob ein Schadensfall eigens und bewußt zum Zwecke des Versicherungsmißbrauchs herbeigeführt worden ist. Im hier besonders bekannten Gebiet der Feuerversicherung ist beispielsweise auf die bei den vorsätzlichen Brandstiftungen noch genauer zu behandelnden kriminaltechnischen Möglichkeiten der Brandermittlung hinzuweisen; es geht hier nicht nur um die Brandursache, sondern mitunter mehr um den Brandverlauf, weil auch die Höhe des Schadens relevant sein kann. Bei Sach-, Transport- und Kraftfahrzeugversicherung müssen selbstverständlich die mit diesen Lebensbereichen besonders vertrauten Experten eingeschaltet werden, um Ursache und Schadensverlauf und damit die Frage zu klären, ob nicht doch ein Versicherungsfall vorliegt. Ebenso versteht es sich bei Lebens-, Kranken- und Haftpflichtversicherung in Fällen von Personenschaden, daß hier gewöhnlich der Mediziner als Sachverständiger hinzugezogen werden muß.

Berg, Steffen: Wie Lebensversicherungs- und sonstiger Versicherungsbetrug geklärt wurde. Die Identifizierung von Brandleichen – Arch. f. Krim. Bd. 122, S. 81 ff. (1958); *Schöntag,* A.: Aufklärung eines Brandversicherungsbetruges durch technische Untersuchung der Brandstelle – Arch. f. Krim. Bd. 126, S. 90 ff. (1960); *Poxleitner,* Johann/*Schöntag,* Adolf: Aufklärung einer vorsätzlichen Brandstiftung mit Versicherungsbetrug durch Zusammenarbeit von Kriminalpolizei und Sachverständigen – Arch. f. Krim. Bd. 130, S. 121 ff. (1962); *Teufel,* Manfred: Zum Nachweis des Versicherungsbetrugs durch steuerliche und betriebswirtschaftliche Verprobungsmethoden – Arch. f. Krim. Bd. 135, S. 135 ff. (1965); *Teufel,* Manfred: Zum Nachweis des Brandversicherungsbetrugs aus wirtschaftskriminalistischer Sicht – Kriminalistik 1972–325 ff.; *Kósa,* Ferenc: Eine ungewöhnliche Art von Selbstverstümmelung zum Zwecke eines Versicherungsbetruges – Arch. f. Krim. Bd. 152, S. 1 ff. (1973).

4. Arglistiges Ausnutzen eines Versicherungsfalles

Selbst bei der betrügerischen Schadensliquidation kommt es häufig auf Sachverständigengutachten an, um entscheiden zu können, ob ein Defekt und die damit verbundene Reparatur mit dem Versicherungsfall zusammenhängen kann, oder dieser für zusätzliche Kosten mißbraucht worden ist.

Katte, Werner: Brandversicherungsschwindel bei der Schadensangabe. Winke für die Ermittlungsbeamten der Versicherungsgesellschaften und die Ermittlungsbeamten der Polizei – Arch f. Krim. Bd. 123, S. 123 ff. (1959).

G. Steuer- und Zolldelikte

Für Steuer- und Zolldelikte ist die Kriminaltechnik vor allem dann wichtig, wenn Schriftstücke oder ähnliche Unterlagen ge- oder verfälscht worden sind. Hier entspricht die Beweissituation also weithin der bei der Urkundenfälschung.

Zirpins, Walter/*Terstegen,* Otto: Wirtschaftskriminalität. Erscheinungsformen und ihre Bekämpfung – Lübeck 1963 – S. 995ff.; *Schade,* Walter: Der Indizienbeweis im Rahmen der Aufgaben der Zollverwaltung – in: GrKrim 4, S. 485ff. (1968).

1. Steuerdelikte

Bei den Steuerdelikten ist im übrigen natürlich an Gutachten von Betriebs- und Volkswirten sowie von Buchführungsexperten zu denken.

Gößweiner-Saiko, Theodor C.: Steuerdelikte. Phänomenologie, Tatbestandmäßigkeit und Fragen der kriminalistischen Untersuchungsführung – Arch. f. Krim. Bd. 134, S. 38ff., insb. S. 103ff. (1964).

2. Zolldelikte

Noch mehr als bei Steuerdelikten kommt es bei Zolldelikten auf Fingerspuren und Werkzeugspuren an, wie sie insb. bei Praktiken des Schmuggels entstehen.

Im Zollgrenzbezirk wurde eine wegen Schmuggels einschlägig vorbestrafte Frau dabei beobachtet, daß sie nicht ganz leichtes Gepäck aus einem Omnibus in ein Haus schaffte. Die beim Verlassen desselben gestellte Täterin behauptete, der Transport sei nur ein Samariterdienst für eine körperbehinderte Mitreisende gewesen; sie habe den Inhalt nie gesehen oder berührt. Herbeigeholte Experten der Kriminalpolizei stellten auf den geschmuggelten Kaffeedosen verwertbare Fingerabdrücke der angeblich fassungslosen Frau fest, die selbst dann noch bei ihrer unsinnigen Version blieb.

In einem umfangreichen Fall von Kaffee-Schmuggel, bei dem auch ein Zollbeamter mitwirkte, wurde das Tatfahrzeug wenige Kilometer hinter der Grenze von Zollbeamten mithilfe einer Igelkette gestoppt, nachdem der Fahrer die erste Sperre durchbrochen hatte. In dem prall mit Kaffeesäcken gefüllten Mietwagen wurden auch Finger- und Handflächenabdrücke festgestellt, mithilfe derer vier Täter einwandfrei identifiziert werden konnten.

Auch Werkzeugspuren kommen bei Zolldelikten vor. Eine Frau, die geschmuggelte Kaffeedosen erworben hatte, konnte an Hand leerer Dosen, die sie nie gesehen haben wollte und die von den Kindern in ihre Wohnung eingeschleppt worden sein sollten, und eines Dosenöffners mithilfe des Vergleichsmikroskops der Lüge und damit der Tat überführt werden.

Ein Diebstahl von nicht zu verzollendem Transitgut wurde dadurch zunächst verschleiert, daß anstatt der amtlichen Zollschnur ein ähnlich aussehendes Band und bei der Plombe eine vor Jahren bei einem Zollamt abhanden gekommene Zange benutzt worden waren.

Angeblich aus den Niederlanden zollfrei importierter Bienenhonig erregte dadurch Verdacht, daß die benutzten Fässer z.T. Teerfarbenüberschmierungen enthielten. Als man diese entfernte, stellte man argentinische Bezeichnungen fest. Die Ausrede des Exporteurs, man habe diese zuvor gereinigten Fässer lediglich für den Transport benutzt, konnte durch eine biologische Expertise widerlegt werden, die im Honig Blütenpollen eines Strauches feststellte, der ausschließlich in Südamerika wächst.

Koch, Walter: Falsche Zollurkunden bei der Ausführung von Wirtschaftsstraftaten – in: GrKrim 13/1, S. 385ff. (1974).

Wegen der Begleitpapiere sind bei Zolldelikten häufiger auch Urkundenuntersuchungen nötig (siehe § 16–C–I–A), wobei übrigens angeblich ausländische Stempel besonderes Interesse verdienen. – Bei nicht einfuhrfähigen Waren frisiert man die Papiere häufig durch Fälschung auf Einfuhrländer um. Muß hier Vergleichsmaterial aus dem Ausland beschafft werden, fälscht man umgekehrt auch deutsche Warenbegleitpapiere.

3. Delikte im Außenwirtschaftsverkehr. Subventionserschleichung

Auch in diesem Bereich (vgl. § 10–III–G–3) eröffnet die Kriminaltechnik ähnliche Beweismöglichkeiten wie bei Zoll- und Steuerdelikten. Dabei kann es einmal auf die Identifizierung der betreffenden Ware und zum anderen mehr auf die das kriminelle Handeln verschleiernden Manipulationen ankommen.

Götz, Volkmar: Bekämpfung der Subventionserschleichung – Köln/Berlin/Bonn/München 1974.

H. Insolvenzdelikte

Ähnlich wie bei den Steuer- und Zollstraftaten sind die Möglichkeiten der Kriminaltechnik bei den Insolvenzdelikten einzuschätzen, wenngleich die Beweisfragen recht unterschiedlich sind und daher Experten der verschiedensten Sparten in Betracht kommen können. Dabei braucht hier nicht nach den Verbrechenstechniken untergliedert zu werden.

Zirpins, Walter/*Terstegen,* Otto: Wirtschaftskriminalität. Erscheinungsformen und ihre Bekämpfung – Lübeck 1963 – S. 918ff., insb. S. 960ff.

Sind das für die wirtschaftliche Lage des Unternehmens und die Ursachen der Pleite Experten der Wirtschaft wie Kaufleute, Betriebswirte und Wirtschaftswissenschaftler, so kommen für verschleiernde Manipulationen und Fälschungen der Buchführungssachverständige oder der Experte für Urkundenuntersuchungen in Betracht.

IV. Sexualdelikte

Obgleich die Straftaten gegen die Sittlichkeit phänomenologisch ein vielgestaltiges Bild bieten, liegen die kriminaltechnischen Verhältnisse doch eigentlich bei allen Deliktstypen ziemlich ähnlich, wenngleich die praktische Aussicht auf Erfolg selbstverständlich unterschiedlich sein kann. Man kann daher einstweilen lediglich gewisse, den Grundtypen entsprechende Gruppen von Verbrechenstechniken zusammenfassen, um die kriminaltechnische Situation etwas genauer zu beleuchten.

Martin, O.: Suche, Sicherung, Untersuchung und Auswertung von Spuren in Sittlichkeitsdelikten – in: Sittlichkeitsdelikte, hrsg. v. Bundeskriminalamt, Wiesbaden 1959, S. 153ff., insb. 158ff.; *Berg,* Steffen: Das Sexualverbrechen. Erscheinungsformen und Kriminalistik der Sittlichkeitsdelikte – Hamburg 1963; *Schwerd,* W.: Befunderhebung bei Körperverletzungen und Sexualdelikten, Spurensicherung und Spurenuntersuchung – in: KLbRMed S. 19ff.; *Hartmann* u. a. in Mueller (2) II–1053ff., 1093ff.

Dennoch lassen sich doch einige Dinge zusammenfassend für alle Sexualdelikte vorab behandeln, weil sie zumindest für kriminaltechnische Untersuchungen jeweils mehr oder weniger aufschlußreich sind.

Bei denjenigen Sexualdelikten, die wie Sexualfreiheitsdelikte, Mißbrauch der Unreife oder Abhängigkeit, abnorme Sexualkontakte sowie Kuppelei regelmäßig einen Tatort aufweisen, ist dieser natürlich genau auf Spuren sowohl der sexuellen Handlung hin als auch auf die etwa angewandter Gewalt hin zu untersuchen. Da sich hier nur wenige Abweichungen gegenüber den allgemeinen Grundsätzen der Spurensuche ergeben, erfolgt dies gewöhnlich durch Kriminalisten, wenngleich die Auswertung der z.B. dabei gesicherten Materialspuren häufig anderen Experten – etwa dem Biologen, Chemiker, Physiker oder Mediziner – überlassen bleiben muß; denn auch bei Sexualdelikten kommt es häufiger auf eine gerichtsmedizinische Untersuchung an.

Naeve, Werner: Körperliche Befunderhebung nach Sittlichkeitsdelikten – Kriminalistik 1971–340ff.; *Lautenbach:* Sexualdelikte – in: HdwRMed I–251ff.

Bei Sexualdelikten, die mit Vollendung des Geschlechtsverkehrs verbunden sind, hat der Mediziner außer einer etwaigen Virginität, die das ausschließen würde, vor allem den Verkehr nachzuweisen. Dabei ist Samenflüssigkeit in der Scheide oder im Vorhof durchweg wichtiger als ein u.U. dagegen sprechendes unverletztes Hymen. Auch andere körperliche Folgen sexueller Handlungen vermag gewöhnlich nur der Gynäkologe oder der Gerichtsmediziner feststellen.
Das gilt selbstversändlich für Sexualdelikte, die vorsätzlich oder fahrlässig zugleich zum Tode des Opfers geführt haben. Hier ist hinsichtlich der Tötung auf das zu den Tötungsdelikten Ausgeführte (§ 16–A–I) zu verweisen.

Hughes S. 139ff.

Komplizierter ist für den Mediziner die Situation gewöhnlich, wenn andere Sexualhandlungen als der Geschlechtsverkehr in Betracht kommen, was bei gewissen Deliktstypen garnicht so selten ist.
Die bei Sexualfreiheitsdelikten häufigen, aber auch z.T. sonst vorhandenen Spuren von Gewaltanwendung sind ebenfalls von Gerichtsmedizinern in der Weise, wie das oben bei anderen Gewaltdelikten geschildert worden ist, zu begutachten. Das gilt insb. von Spuren am Opfer oder in seinem Lebensbereich.

Allgemein läßt sich daher für körperliche Untersuchungen der Opfer eines Sexualdelikts sagen, daß diese möglichst schnell durchgeführt werden sollten und sich keineswegs auf den rein gynäkologischen Befund beschränken dürfen. Beide Spurenarten (Material- und Formspuren) können schon nach wenigen Stunden nicht mehr auszumachen sein.

Auch der Mediziner hat selbstverständlich auf Materialspuren zu achten, die entweder wie Sperma mit dem Sexualakt oder wie Blut-, Schmutzspuren und andere Substanzen Folgen der Gewalt oder des körperlichen Kontakts sind und so auf den Täter hinweisen können.

Die medizinische Untersuchung Tatverdächtiger entspricht nur z.T. der von Opfern eines Sexualdelikts.

Am Tatverdächtigen läßt sich ebenfalls häufig nachweisen, daß ein Geschlechtsverkehr stattgefunden hat und u.U. ein Anhaltspunkt für den Partner gewinnen. Denn außer dem insoweit wichtigen Vaginalsekret können Blutspuren vom Opfer herrühren, das beim Verkehr oder durch die Gewalt verletzt worden ist. Ferner ist an Haarspuren des Opfers, insb. Schamhaare, zu denken, die sich außer im Genitalbereich auch im Fingernagelschmutz des Verdächtigen oder an seiner Kleidung finden lassen. Auch hier ist wegen Spurengefährdung Eile geboten.

Insgesamt ist gerade bei Sexualdelikten an die hier des öfteren gebotene Beiziehung des Psychiaters oder des sonst mit psychopathologischen Phänomenen vertrauten Experten zu denken.

Szabó, M./*Buris,* L.: Zur Analyse von Sexualdelikten unter besonderer Berücksichtigung ihrer psychiatrischen Seite. Eine statistische Untersuchung – Arch. f. Krim. Bd. 146, S. 26ff. (1970).

In Fällen, die dazu Anlaß geben, ist ferner auf Alkohol- oder Rauschmitteleinfluß bei Opfer und Tatverdächtigem zu achten.

A. Delikte gegen die geschlechtliche Freiheit

Bei den Sexualfreiheitsdelikten entspricht, da es sich um Gewaltkriminalität handelt, die Beweissituation im wesentlichen der anderer Gewaltdelikte wie etwa vorsätzlichen Tötungen oder Körperverletzungen.

Dost, Oskar Paul: Psychologie der Notzucht. Untersuchung – Verfolgung – Vorbeugung – Hamburg 1963.

1. Notzucht und sexuelle Nötigung

Notzucht und sexuelle Nötigung hinterlassen als Gewaltdelikte besonderer Art nicht selten ganz charakteristische Spuren an den beteiligten Personen. Dazu gehören außer Kratzern am Hals, an den Brüsten und den Oberschenkeln des Opfers auch Schürfwunden an seinem Rücken oder Kopf sowie Spuren von Gewalt im Geschlechtsbereich. Ferner ist, wenn der Täter Gewalt mit einem Werkzeug geübt hat, an Abwehrverletzungen beim Opfer sowie dessen Fingernagelschmutz zu denken. Auch der Täter kann Spuren solcher Abwehr aufweisen. Schwieriger ist die Spurensituation bei schwerem Zwang durch Drohen. Im übrigen kommt es wie natürlich auch sonst bei Sexualdelikten auf Spuren des Sexualverhaltens etwa in Form von Sperma und Vaginalsekret an der Kleidung des Opfers oder Täters sowie dabei auf charakteristische Situationsspuren an. Auf Anhaltspunkte für sexuelle Aberrationen wird unter C. einzugehen sein.

Eine taubstumme Ehefrau, die in ihrer Wohnung vergewaltigt worden war, beschuldigte einen verheirateten Mann der Tat. Auf ihren Hinweis hin wurde bei diesem ein Taschentuch, mit dem er sein Glied abgewischt haben sollte, sichergestellt und kriminaltechnisch untersucht. Blutspuren im zentralen Bereich enthielten zwar Nasenschleimreste, was auf Nasenblut hindeutete; aber die randständigen Blutspuren waren frei von Nasenschleim- und -ephitelresten, enthielten dafür – wie erwartet – aber ein Gemisch von Sperma und Vaginal- sowie Menstruationsblut.

Ein anderer Notzuchtstäter konnte u.a. dadurch überführt werden, daß seine Bekleidungsstücke (insb. Hose und Socken) ebenso wie die der Geschädigten (insb. Rücken der Strickjacke) Teile der signifikanten Vegetation (Weizen, rotes Straußgras, Klebkraut, Roggenspelze) am Tatort aufwiesen, der am Rande eines Weizenfeldes lag. Außerdem mußte Bodenmaterial, das sich bei ihm im Knie- und Ellbogenbereich fand, von diesem Tatort stammen.

Einem Beschuldigten wurde Notzucht u.a. durch Haarbüschel des Opfers an seiner Kleidung, ein am Penis gefundenes Schamhaar von der Geschädigten und durch ein ebendort entdecktes verfilztes Klümpchen nachgewiesen, das nach der Analyse aus leuchtend gefärbten Wollfasern bestand, die völlig dem Material der Wolldecke entsprachen, auf der das Opfer bei der Tat lag.

Ein Täter, der sein Opfer in einem Personenwagen vergewaltigen wollte, jedoch sein Glied nicht einführen konnte, sollte seinem Opfer aus Wut eine Coca Cola-Flasche in die Scheide gesteckt haben. Außer durch die zerrissene Kleidung des Opfers wurde dies durch Untersuchung der im Kraftwagen des Beschuldigten sichergestellten Flasche bestätigt. Der Flaschenhals enthielt innen und außen Vaginalsekret und auf der Innenwand ein Schamhaar, das mit Vergleichshaaren der Geschädigten identisch war.

Ferner muß sich die Spurensuche – wie bei allen Gewaltdelikten – auf den Tatort konzentrieren, der häufig ebenfalls auswertbare Spuren aufweist.

Mistlberger, Karl: Untersuchung des Tatortes bei Notzuchtverbrechen – Kriminalistik 1968 – 104 ff.

2. Schändung

Vielleicht noch bedeutsamer ist der Sachbeweis, zumal hier ein Personalbeweis durch das Opfer oft unmöglich ist, in Fällen der Schändung, die ansonsten ähnliche Anknüpfungspunkte aufweisen.

Ein der Notzucht an einer Geisteskranken beschuldigter älterer Mann bestritt dies energisch, wobei er behauptete, zum Verkehr nicht mehr in der Lage zu sein, weil er keinen Samenerguß mehr habe. Die kriminaltechnische Untersuchung widerlegte das; man fand sowohl am Schlüpfer der Geschädigten als auch am Unterteil des vom Tatverdächtigen stammenden Hemdes Spermaspuren. Damit war nicht nur die Funktionsfähigkeit seiner Geschlechtsorgane erwiesen, sondern konnte auch der Tatverdacht erhärtet werden.

B. Mißbrauch der Unreife und der Abhängigkeit

Etwas weniger erfolgversprechend sind Sachbeweise und mithin kriminaltechnische Untersuchungen bei Mißbrauch der Unreife und der Abhängigkeit, obwohl auch hier das Opfer mitunter kaum brauchbare Hilfe bietet. Denn hier braucht die Tat nicht gewaltsam ausgeführt zu werden. Dennoch gibt es auch hier mitunter Gesetzesverstöße, deren Ausführung der von Sexualfreiheitsdelikten entspricht, weshalb auf das dort Gesagte verwiesen werden kann.

1. Sexueller Mißbrauch von Kindern

Beim sexuellen Mißbrauch von Kindern ist für die kriminaltechnische Untersuchung vor allem der positive Spermanachweis an der Kinderkleidung wichtig.

Einem 24jährigen verheirateten Arbeiter konnte nachgewiesen werden, daß er sein 18 Monate altes Töchterchen zum Analverkehr mißbraucht hatte. Am Kleid des kleinen Kindes wurden Verschmutzungen durch ein Blut-, Sperma- und Kotgemisch festgestellt. Im Kinderbett fanden sich überdies abgegangene Kotstückchen, die mit Blut überzogen waren, welches zahlreiche Spermatozoen enthielt.

2. Verführung Minderjähriger

Noch ungünstiger als beim sexuellen Mißbrauch von Kindern ist die Lage im allgemeinen bei der Verführung von Minderjährigen, welche jedoch eher als Beweisperson von Nutzen sein können. Denn durchweg wird hier weniger brachiale Gewalt angewandt. Es geht daher häufiger darum, den Vollzug des Geschlechtsverkehrs oder anderer sexueller Manipulationen kriminaltechnisch nachzuweisen.

3. Mißbrauch von Abhängigen

Dem entspricht im wesentlichen die Situation bei der Unzucht mit Abhängigen, bei denen der Täter des öfteren keine Gewalt anzuwenden braucht, weil er sich das Opfer auf andere Weise gefügig macht.

4. Blutschande

Die Blutschande erinnert in der Tatausführung teilweise mehr an den sexuellen Mißbrauch von Kindern, häufiger aber wohl an Verführung Minderjähriger oder Mißbrauch Abhängiger.

C. Delikte wider die Normalität des Geschlechtslebens. Sexuelle Aberrationen

Obwohl sexuelle Abnormpraktiken nur noch teilweise als solche selbständig strafbar sind, finden sich doch auch bei anderen Sexualdelikten insb. dann – wenngleich nicht notwendig – Spuren davon, wenn sie mit Gewalt verbunden sind (vgl. § 16–A–I–a, b).

Das kann beispielsweise schon bei Tötungen mit sexuellem Hintergrund der Fall sein.

Beim Verdacht von Selbstmord ist an autoerotische Unfälle mit Todesfolge zu denken, wie sie häufiger bei Strangulationspraktiken eintreten.

Bei einem Fetischisten wurde stark blutige Frauenwäsche gefunden, die auf ein Gewaltdelikt hinzudeuten schien. Die kriminaltechnische Untersuchung ergab jedoch Schweineblut, das von Sperma überlagert war, und bestätigte die Angaben des Tatverdächtigen, er ejakuliere nur beim Anblick von Blut.

Zechenter, Karl: Ein eigenartiger Fall von Sadismus und Fetischismus mit Frauensohlen – Arch. f. Krim. Bd. 140, S. 32ff. (1967).

Die **sexuellen Aberrationen** (abweichende Formen der Sexualität, Perversionen) werden hier vor allem deshalb gesondert behandelt, weil sie das Bild anderer Sexualdelikte modifizieren können, was naturgemäß auch für die Kriminaltechnik wichtig ist. Da Homophilie (Homosexualität) und Sodomie sogleich im Zusammenhang mit entsprechenden Deliktstypen behandelt werden (vgl. 1, 2), sind nur einige Hinweise auf einige andere Formen sexuellen Abnormverhaltens nötig.

Giese, Hans: Zur Psychopathologie der Sexualität – Stuttgart 1973; *Cabanis/Philip* in HdwRMed II – 246ff.; *Prokop,* O./*Dürwald,* W. in Prokop/Göhler S. 285ff.

Abweichendes Sexualverhalten gibt es in mannigfachen Formen. Dabei kann die Betätigung einmal autosexuell (z.B. Masturbation, Ersatzformen wie Exhibitionismus, Fetischismus oder Voyeurismus) und zum anderen mit einem Partner (so in der Regel Homosexualität, lesbische Liebe, Pädophilie) erfolgen. Doch ist diese Unterscheidung für den Kriminalisten nicht so wichtig, zumal da es Überschneidungen geben kann. Deshalb mag hier ein gedrängter Überblick über die des öfteren vorkommenden und strafrechtlich so oder so relevanten sexuellen Abnormpraktiken genügen.

Als **lesbische Liebe** bezeichnet man im Gegensatz zur Homosexualität, der alsbald (unten 1.) zu behandelnden gleichgeschlechtlichen Unzucht zwischen Männern, alle Sexualhandlungen, welche Frauen miteinander ausüben. Da viele Dinge hier anders als bei der Homosexualität liegen, wird die lesbische Liebe nur in wenigen Ländern noch als solche kriminalisiert, kann aber u. U. als Ehrverletzung oder Nötigung bestraft werden.

Giese aaO. S. 100ff.; *Schramm,* Horst: Ein seltener Fall von Beleidigung auf sexueller Grundlage – Arch. f. Krim. Bd. 130, S. 9ff. (1962).

Der **Sadismus** (Terminologie angeblich von dem berüchtigten Marquis de Sade, 1740–1814, abgeleitet) ist eine Bezeichnung für Verhaltensweisen aggressiver Sexualdelinquenten, welche aus Gründen geschlechtlicher Befriedigung ihren Sexualpartner quälen, Schmerzen oder Verletzungen – mitunter erheblicher Art – zufügen. In extremen Fällen kann der Trieb sogar auf Tötung eines Menschen (Lustmord) abzielen. Derartige Handlungen sind in aller Regel als Sexualfreiheitsdelikte oder als Mißbrauch der Unreife bzw. Abhängigkeit zu ahnden (vgl. oben IV–A, B).

Zechenter, Karl: Ein eigenartiger Fall von Sadismus und Fetischismus mit Frauensohlen – Arch. f. Krim. Bd. 140, S. 32ff. (1967).

Vereinzelt kommen Fälle vor, in welchen sich die Aggressivität des Sadisten gegen den eigenen Körper wendet.

Göhring, Heinrich: Sexuelle Selbstverstümmelung – Arch. f. Krim. Bd. 139, S. 113f. (1967).

Masochismus (Terminologie nach dem Schriftsteller Sacher-Masoch, 1835–1895) ist insoweit das Gegenstück des Sadismus als der Betreffende durch Mißhandlungen (Schläge, Strangulation usw.) geschlechtlich erregt und befriedigt wird. Kriminalistisch ist diese Aberration vor allem deshalb bedeutsam, weil der Masochist nicht nur bei seinen Abnormpraktiken leicht zu Tode kommen kann (autoerotischer Unfall), was eine Todesuntersuchung bedingt, sondern er das Opfer fahrlässig oder vorsätzlich handelnder Dritter werden kann.

Brettner, Heinz: Masochismus, Pyromanie, Schizophrenie? – Kriminalistik 1961 – 264ff.; *Giese* aaO. S. 100ff.

Pädophilie ist eine sexuelle Aberration, welche sich an Kindern (beiderlei Geschlechts) zu befriedigen sucht. Der Anteil schwachsinniger, geisteskranker oder sonst defekter Täter ist hier besonders groß. Von Päderastie spricht man bei geschlechtlichem Mißbrauch von Knaben in der Form des Afterverkehrs. Derartige Abnormpraktiken können regelmäßig als sexueller Mißbrauch von Kindern bestraft werden (vgl. IV–B–1).

Giese aaO. S. 93ff.

Nekrophilie nennt man alle Praktiken einer sexuell motivierten Leichenschändung. Sie läßt sich in aller Regel auch als solche strafrechtlich ahnden (§ 16–IX–4). Der Anteil psychisch Kranker oder Defekter ist bei diesen Taten erheblich. Eine besonders schwere Entartung ist der Nekrosadismus, bei dem der Täter über die sexuellen Manipulationen hinausgehend die Leiche in dieser oder jener Form beschädigt. Ebenso wie es hier nicht zur Leichenzerstückelung zu kommen pflegt, die üblicherweise mehr defensiven Charakter hat, führt Nekrophilie an sich nicht zur Tötung des Opfers, was bei Sadismus der Fall sein kann. Doch scheint eine solche Koppelung beider Aberrationen außerordentlich selten zu sein.

Huber, Hans: Nekrophilie – Kriminalistik 1962 – 564ff.; *Hartmann,* Hanspeter/*Pfister,* Oskar K.: Ein Fall von Nekrophilie – Arch. f. Krim. Bd. 131, S. 88ff. (1963); *Hakel,* Norbert: Zur Kriminologie der Nekrophilie – der kriminalist 1973 – 348ff., 458ff.; *Giese* aaO. S. 64ff.

Fetischismus (Fetisch bedeutet im Portugiesischen: Zauberding; auch: Symbolismus) ist eine Aberration, bei welcher an Stelle der natürlichen Ziele sexueller Betätigung andere Körperteile, vom Körper getrenntes Haar oder Kleidungsstücke und dergl. treten, bei denen mitunter kaum noch ein Zusammenhang mit dem eigentlichen Liebesobjekt festzustellen ist. Der als solcher nicht strafbare Fetischismus kann zu Diebstählen und anderen Straftaten oder Unglücksfällen führen, daher auch für den Kriminalisten wesentlich werden.

Holzhausen, Günter/*Hunger,* Horst: Stromtod eines Kleiderfetischisten bei autoerotischer Betätigung – Arch. f. Krim. Bd. 131, S. 166ff. (1963); *Schollmeyer,* W.: Strangulationstod bei Fetischismus – Arch. f. Krim. Bd. 136, S. 22ff. (1965); *Giese* aaO. S. 64ff.

Transvestitismus (Vestis bedeutet im Lateinischen: Kleid) bezeichnet die krankhafte Neigung bzw. triebhafte Sucht, die Kleidung des anderen Geschlechts zu tragen. In schweren Fällen, in denen der Betreffende auch sonst die Rolle des anderen Geschlechts zu übernehmen sucht, spricht man von Transsexualismus. – Obwohl das alles gewöhnlich nicht mit Strafe bedroht ist, stellen die Transvestiten für den Kriminalisten nicht nur bei der Personenidentifizierung ein Problem dar, sondern betätigen sich häufiger homosexuell bzw. begehen durch Täuschung eines Sexualpartners Delikte wie Beleidigung.

Disse, Manfred: Selbstmord oder Unglücksfall eines Transvestiten – Arch. f. Krim. Bd. 131, S. 158ff. (1963); *Giese* aaO. S. 36ff.

Exhibitionismus (exhibere lateinisch: heraushalten) ist eine Gruppe von abnormen Verhaltensweisen, welche darauf hinauslaufen, durch mehr oder weniger öffentliches Zurschaustellen des Geschlechtsteiles geschlechtliche Befriedigung zu erlangen. Diese Aberrationen werden im allgemeinen als Erregung öffentlichen Ärgernisses oder nach ähnlichen Vorschriften (unten E–1) strafrechtlich geahndet.

Giese aaO. S. 75ff.

Zwischen dem **Voyeurismus** und dem Exhibitionismus bestehen, obwohl sie gegensätzlich wirken, enge Zusammenhänge. Ein nicht unbeträchtlicher Anteil von Exhibitionisten betätigt sich zugleich als Voyeur oder Spanner, d. h. befriedigt sich sexuell durch Beobachten geschlechtlicher Vorgänge oder Körperteile bei anderen; mitunter wirken die Schauobjekte beinahe schon fetischistisch. Obwohl derartiges „Loch- oder Ritzengucken" an sich nicht strafbar ist, kommen diese Menschen mitunter doch mit dem Gesetz in Konflikt. Häufiger als um zu diesem Zweck angewandte Praktiken des Einbruchs oder Hausfriedensbruchs geht es um Reaktionen des entdeckten Spanners, der bei entsprechender Aggressivität über Ehr- und Körperverletzungen hinaus sogar zu Bluttaten veranlaßt werden kann.

1. Gleichgeschlechtliche Unzucht (Homophilie)

Bei homosexuellen Handlungen (vgl. § 10–IV–C–1) sind kriminaltechnische Untersuchungen allerdings seltener. Hier kommt es dann ggf. auf Spermaspuren in Kleidungsstücken an, die wegen der Gruppenspezifität jedoch nicht vom Träger herrühren können. Außer auf Spermaspuren in Anal- und Rektalabstrichen ist ferner auf Kotverschmutzungen in der Wäsche, im Bereich der Hosenöffnung und ggf. Kotspuren im Penisabstrich zu achten.

a) Gewalttätige und arglistige Homosexualität

Bei gewalttätig oder teilweise auch bei arglistig begangenen homosexuellen Akten ist die Situation dieselbe wie bei den Sexualfreiheitsdelikten, gibt es also oft recht gute Ansätze für die Kriminaltechnik.

b) Homosexuelle Prostitution. Eigennützige Homosexualität

Anders ist das in Fällen homosexueller Prostitution oder bei Taten, die aus Eigenutz begangen werden. Hier fehlt es üblicherweise (von Sadismus und Masochismus abgesehen) an Gewalt, die typische Spuren verursacht; und für den Nachweis der sexuellen Manipulationen ist gewöhnlich eine zu lange Zeit verstrichen, wenn es zu einer kriminaltechnischen Untersuchung kommt.

c) Andere homosexuelle Beziehungen

Noch ungünstiger ist die Beweislage, was den Sachbeweis anlangt, bei homosexuellen Kontakten, die nicht durch derartige besondere Umstände gekennzeichnet sind.

2. Widernatürliche Unzucht (Sodomie)

Häufiger – vor allem in Ländern mit einer einschlägigen Strafvorschrift – sind kriminaltechnische Untersuchungen in Sodomiefällen. Denn mit Sodomie (vom Sodom der Bibel) bezeichnet man eine Aberration, die auf sexuelle Befriedigung durch Manipulationen an oder mit Tieren abzielt. Derartige Täter sind häufig geisteskrank, schwachsinnig oder sonst psychisch defekt. In manchen Ländern sind sodomistische Praktiken als solche strafbar. Aber auch sonst kann es bei Diebstahl oder durch Schaden an den mißbrauchten Tieren (Sachbeschädigung, Tierquälerei) zu Strafverfahren kommen, in denen der Täter mithilfe von Spuren wie Tierblut, tierischem Vaginalsekret, Tierhaaren und Federn ebeno wie Kot-, Schmutz- und Mistanhaftungen (auch aus dem Tierstall) überführt werden kann.

Ein homosexuell veranlagter Landwirt war verstorben. Er wollte am Tag vor seinem dadurch bewirkten Tode beim Verrichten der Notdurft von einem Schäferhund angefallen und durch den After mißbraucht worden sein. Bei der Obduktion wurde eine Mastdarmperforation in Afternähe festgestellt. Die daraufhin kriminaltechnisch untersuchte Unterhose des Toten wies im Gesäßbereich auf der Innenseite außer reichlichen Spuren von Menschenblut Hundehaare und Hundesperma auf. Es dürfte daher eine für den Landwirt fatale sodomitische Handlung mit einem Hund anzunehmen sein.

Einem Sodomiten konnte kriminaltechnisch Einbruch in einen Hühnerstall und Mißbrauch von zwei Hühnern nachgewiesen werden. In der Schrittpartie der Hose des Täters konnten Hühnerblut (Flecken, Verschmierungen und Spritzer) sowie eine Hühnerdaunenfeder festgestellt werden. Überdies enthielten die wild zerzausten Abdominalfedern der Hühner, die Würgemale am Hals aufwiesen, u. a. menschliches Sperma, das auch bei der Sektion im Eileiter der Hühner ermittelt wurde.

D. Ausbeuten und Fördern fremder Unzucht. Prostitution

Vergleichsweise selten hilft der durch kriminaltechnische Untersuchungen gezeitigte Sachbeweis dagegen bei der Aufklärung von Kuppelei und anderen Praktiken des

Ausbeutens und Förderns fremder Unzucht, d.h. auch bei der Prostitution. Denn ganz überwiegend fehlt es hier an Charakteristika der Gewalt, weshalb man insoweit allein auf die Spuren des sexuellen Kontakts angewiesen ist, die nicht nur mehrdeutig, sondern häufiger wegen der inzwischen verstrichenen Zeit nicht mehr festzustellen sind.

1. Kuppelei

So hat beispielsweise das kupplerische Verhalten nur selten einen insoweit aufschlußreichen Gewaltcharakter. Neben den nur ausnahmsweise vorhandenen und beweiskräftigen Spuren für sexuelle Handlungen kann es daher im Einzelfall einmal auf Begleitumstände ankommen, die durch Sachbeweis zu erhärten sind.

2. Zuhälterei

Das für die Kuppelei Gesagte gilt im Grunde ebenso und noch mehr für die Zuhälterei, weil es hier nicht einmal auf Sexualakte ankommt und das wesentliche Verhältnis von Zuhälter und Dirne gewöhnlich nur auf andere Weise festgestellt werden kann.

3. Prostitution

Ebenso hilft die Kriminaltechnik in Fällen strafbarer Ausübung der Prostitution in aller Regel nur wenig. Es müssen schon besondere Umstände vorliegen, mit denen man kriminaltechnisch aber nur eine sich primär auf Aussagen stützende Beweisführung erhärten kann.

E. Delikte gegen das öffentliche Anstands- und Schamgefühl

Auch bei den Delikten gegen das öffentliche Anstands- und Schamgefühl gibt es nur vergleichsweise selten Sachbeweise, weshalb kriminaltechnische Untersuchungen hier nur unter besonderen Umständen angezeigt sind. Immerhin dürften einige Hinweise angezeigt sein, um sich im Einzelfall doch einmal bietende Chancen nicht zu übersehen.

1. Erregen öffentlichen Ärgernisses u.a.

In Fällen der Erregung öffentlichen Ärgernisses und dergl. haben kriminaltechnische Expertisen vor allem dann einen Sinn, wenn der Täter irgendwie Gewalt gegen Sachen oder Personen anwendet, um von den an ihm selbst zu findenden, auf sexuelle Vorgänge hindeutenden Spuren abzusehen, wie sie für alle Sexualdelikte typisch sind.

Einem Kleiderschlitzer konnte beispielsweise kriminaltechnisch bewiesen werden, daß er in dichtem Gedränge einer Straßenbahn einer Frau im Gesäßbereich den Pelzmantel aufgeschlitzt und durch diese Öffnung ejakuliert hatte. Außer identischen Pelzhaaren an seinem scharf geschliffenen Taschenmesser fand man in dem unter der Öffnung liegenden Futterstoff des Mantels gruppengleiches Sperma.

2. Unzüchtige oder anstößige Schriften, Abbildungen u.a.

Anders ist die Lage bei unzüchtigen oder anstößigen Schriften, Abbildungen und dergl. Hier kann dem Täter u.U. überhaupt nur mit Mitteln der Kriminaltechnik bewiesen werden, daß das inkriminierte pornographische Produkt von ihm hergestellt worden ist.
Beschränkt sich die kriminelle Aktivität des Delinquenten jedoch auf den Pornographiehandel, so sind die Chancen der Kriminaltechnik jedoch vergleichsweise gering.

V. Gemeingefährliche Delikte

Unter den gemeingefährlichen Delikten, für die sämtlich kriminaltechnische Untersuchungen besonders wichtig sind, spielen vor allem die Brandstiftungen eine große Rolle. Obwohl auch wir später vorsätzliche und fahrlässige Taten dieser Art unterscheiden wollen, kann man doch für die Zwecke der Kriminaltechnik vieles zusammenfassend behandeln, was sogleich bei den vorsätzlichen Brandstiftungen geschehen soll.
Zuvor sei aber noch darauf hingewiesen, daß Brände mitunter schwierig von Explosionen zu unterscheiden sind, die ebenfalls zum Ausbruch von Feuer führen können. Darauf wird vor allem bei den Fahrlässigkeitsbränden zurückzukommen sein. Im Anschluß daran werden wir noch kurz auf einige andere gemeingefährliche Delikte eingehen.

Meinert, Franz: Die Brandstiftung und ihre kriminalistische Erforschung – Lübeck 1950; *Graßberger,* Roland: Spurensuche in Brand- und Explosionsfällen. Aufklärung von Versicherungsbetrug – Arch. f. Krim. Bd. 115, S. 165ff. (1965); *Schwartz,* Ernst (Hrsg.): Handbuch der Feuer- und Explosionsgefahren. Chemische, physikalische und technische Grundlagen zur Verhütung und Bekämpfung der Feuer- und Explosionsgefahr – 5. Aufl. – München 1958; *Brandermittlung und Brandverhütung* – Arbeitstagung vom 9. April bis zum 14. April 1962 ... – hrsg. v. Bundeskriminalamt – Wiesbaden 1962; *Brandkriminalistik* – GrKrim 8/1 – Hamburg 1972; *Brandkriminalistik* – GrKrim 8/2 – Hamburg 1973.

1. Vorsätzliche Brandstiftungen

Im Zusammenhang mit den vorsätzlichen Brandstiftungen sind – wie gesagt – vorab einige allgemeinere Probleme zu erörtern, die ebenso bei Fahrlässigkeitsbränden auftauchen. Denn nicht nur die Brandursachen als solche sind weithin identisch, sondern mitunter haben wir es dabei – äußerlich betrachtet – sogar mit denselben oder ähnlichen Verhaltensweisen zu tun.

Sebald, Otto/*Lechner,* Max/*Schöntag,* Adolf: Brand aus scheinbar technischer Ursache als vorsätzliche Brandstiftung aufgeklärt – Arch. f. Krim. Bd. 127, S. 61ff. (1961); *Ballhause,* Werner: Ermittlungen am Brandort. Das Ausscheiden von Brandursachen – TbKrim Bd. XII, S. 213ff. (1962); *Haag,* Herbert: Überführung eines Brandstifters mit Hilfe der naturwissenschaftlichen Kriminalistik – Kriminalistik 1965 – 515ff., 578ff.

Alle Brandfälle, in denen Brandstiftung von eventuell fahrlässig herbeigeführten Bränden oder natürlichen Ursachen zu unterscheiden sind, stellen ein typisches Tätigkeitsfeld für kriminaltechnische Untersuchungen dar. Eben deshalb haben wir das oben schon als einen besonderen Komplex dargestellt (§ 15–VI–D).
Obwohl die regelmäßig komplizierte Brandermittlung schon bei bloßem Sachschaden die Einschaltung von Experten (Kriminalpolizei, Feuerwehr, Feuerversicherungen) notwendig macht und bei Personenschaden selbstverständlich ferner der Gerichtsmediziner hinzuzu-

ziehen ist, können u. U. auch andere Kriminalbeamte die bei der Kriminaltaktik ausführlicher zu behandelnde Aufklärungstätigkeit fördern.

Die vorsätzliche Brandstiftung ist ebenso wie der alsbald zu schildernde Fahrlässigkeitsbrand, der jener Straftat zumindest in den Folgen sehr ähnlich ist, eine kriminaltechnisch besonders ergiebige Deliktsgruppe. Wichtiger als bei vielen anderen Straftaten sind hier Situationsspuren. Doch gibt es je nach Art der Tatausführung daneben mancherlei Formspuren und eigentlich immer wichtige Materialspuren. Aus der lokalen Situation, der Lage von Brandherd und bestimmten Brandspuren kann man ebenso wie aus dem Zustand von Schaltern und Anlagen oft bereits wichtige Schlüsse auf Brandursache und Brandverlauf ziehen. Bei den Formspuren ist vor allem an charakteristische Formveränderungen von Gegenständen (Schmor- oder Schmelzstellen, Mauerrisse bei Blitzschlag und dergl.) zu denken. Materialspuren sind neben Rückständen von Zündvorrichtungen und Brandmitteln vor allem stofflich veränderte Gegenstände, wie sie sich im Brandschutt und an der Brandstätte finden.

Schon während des Brandes lassen sich übrigens am Tatort mancherlei Spuren beobachten, die – wie Flammen- und Rauchbildung – auf das Entstehen und die Entwicklung schließen lassen. Sie sollten nach Möglichkeit selbst dann festgehalten werden, wenn die Experten noch nicht zur Stelle sind. Ebenso wie Feuerwehrleute hier mit Auskünften helfen können, ist ferner darauf zu achten, bei den Löscharbeiten derartige Spuren nicht unnötig zu vernichten oder zu beschädigen.

Die sofort und jedenfalls nach dem Brande abzusperrende Brandstelle ist von den Experten zu besichtigen, weil nur sie die Dinge richtig zu deuten vermögen. Der die Spuren ebenfalls möglichst schonenden Besichtigung der Brandstätte folgt gewöhnlich eine genaue Untersuchung der Gebäude- und Mobiliarreste sowie ggf. des Brandschuttes. Auch hier dienen Fotos der Spurensicherung. Durch Vergleich mit dem Zustand vor Brandausbruch lassen sich nicht nur der Schaden, sondern oft auch der Zeitpunkt des Brandbeginns, vor allem aber Brandherd und Brandursache feststellen.

Der Brandherd, der für die Brandursache besonders aufschlußreich zu sein pflegt, ist üblicherweise diejenige Stätte, an welcher entweder das Feuer zuerst bemerkt worden ist oder wo dies am meisten zerstört hat. Findet man mehrere Brandherde, so spricht das in aller Regel für vorsätzliche Brandstiftung, sofern nicht Funkenflug oder andere Gründe einen solchen Brandverlauf plausibel machen. Den Verdacht einer Brandstiftung begründen ferner Vorkehrungen, die wie das Lagern leicht brennbaren Materials, das Öffnen von Türen oder Fenstern, die Ausbreitung des Feuers erleichtern, sofern es für einen solchen Befund nicht andere einleuchtende Gründe gibt. Noch stärkere Indizien stellen schließlich beiseite geschaffte oder unbrauchbar gemachte Löschmittel oder -geräte dar. Auf alle diese Spuren ist daher besondere Obacht zu geben, wenn man die Brandursache ermitteln und Anhaltspunkte für das Vorliegen von Brandstiftung oder eines Fahrlässigkeitsbrandes erhalten will.

Die Brandstiftungen stellen mithin ein Gebiet dar, auf dem kriminaltechnisch nicht nur besonders versprechende Möglichkeiten, sondern bei sachgerechtem Vorgehen auch gute Erfolgsaussichten bestehen.

a) Schnell- und Zeitzünder

Wichtig für die kriminaltechnische Brandermittlung ist gerade bei vorsätzlichen Brandstiftungen zunächst einmal die Art der Zündung. Sowohl Zeit- als auch Schnellzünder hinterlassen mancherlei brauchbare Spuren.

aa) Das gilt naturgemäß für Brandstiftungen, bei denen der Täter sich eines **Zeitzünders** bedient, der vielfach trotz aller Überlegung und Raffinesse verräterische Spuren hinterläßt.

Heusser: Brandstiftung vermittels Zeitzünder – Kriminalistik 1955 – 69f.

bb) Daß selbst bei dem üblicherweise als **Schnellzünder** fungierenden Zündholz die Kriminaltechnik helfen kann, sollen folgende Fälle beweisen.

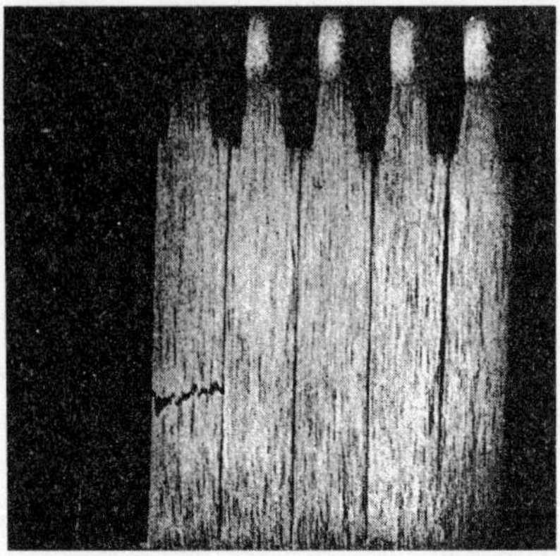

Abb. 16/30. Nachweis der ursprünglichen Zusammengehörigkeit (Paßstück) eines abgebrannten Streichholzes zu einem beim Tatverdächtigen sichergestellten Streichholzheftchen.

In einer Brandsache (*Martin,* Otto: Möglichkeiten und Grenzen des kriminaltechnischen Sachbeweises im Bereich der Biologie – in: Brandermittlung und Brandverhütung, hrsg. v. Bundeskriminalamt, Wiesbaden 1962, S. 227ff., insb. S. 230f.) waren am Tatort sechs angebrannte Blattstreichhölzer und ein unangebranntes sichergestellt worden. Ein Vergleich mit zwei beim Tatverdächtigen beschlagnahmten Heftchen Jupiter-Streichhölzer ergab völlige Identität, was die Größe, das tangential geschnittene Papier, roten Farbstoff und Imprägnierung anlangt. Die gefundenen Zündhölzer mußten mithin aus derselben Fabrikation stammen. Überdies zeigte eines der abgebrannten Zündhölzer am unteren Ende eine ganz individualcharakteristische Holzabsplitterung, weshalb es auch in der Form als Paßstück angesehen werden konnte.

Einem anderen Täter, der im Wasserwerk einer westdeutschen Stadt nachts zwei Brände gelegt hatte, wurden Bodenspuren an seinen am nächsten Morgen sofort sichergestellten Schuhen zum Verhängnis (vgl. *Martin* aaO. S. 231f.). An Sohlenrändern und Absätzen fanden sich auf lehmhaltigen Anhaftungen, die zwar mit der Tatausführung selbst nichts zu tun hatten, aber die wesentlichen Spuren fixierten, reichlich Quarzsandkörner und größere Steinchen aus Magnomasse, welche eigens für die Wasserfilterung (zum Entsäuern) hergestellt wird. Dies war mit der Vergleichsprobe des Kiesbelages von dem das Wasserwerk umgebenden Gartenweg nach Material und Größe identisch, wie chemische und mineralogisch-petrographische Untersuchungen ergaben. Mithilfe des außerordentlich seltenen Streuguts konnte die Anwesenheit am Tatort bewiesen werden.

Ein Bauhilfsarbeiter, der in betrunkenem Zustand nachts eine Scheune in Brand gesetzt hatte, konnte auf Grund von Vegetationsanhaftungen der Brandstiftung überführt werden, obwohl er die an seiner Kleidung und den Schuhen gesicherten Strohreste darauf zurückführen wollte, daß er auf einem Strohhaufen unter einer bestimmten Autobahnbrücke genächtigt habe. Die Materialspur stimmte mit der Vergleichsprobe nach Zusammensetzung (Haferstroh, Haferkörner, Spelze der Weizenähre, Grannenbruchstücke, Blattfragmente von Disteln) und dem Verhältnis der Anteile völlig überein, während die Vergleichsprobe an der Autobahnbrücke ganz anders zusammengesetzt war.

b) Zündmittel. Zündmaterial

Sowohl bei Schnell- als auch bei Zeitzündern ist außer dem Zündapparat auf die für die kriminaltechnische Untersuchung ebenfalls wichtigen Zündmittel zu achten. Sind darunter beispielsweise brennende Zündhölzer, Kerzen, Feuerzeuge oder Zeitzünderkonstruktionen zu verstehen, so läßt sich von diesen Zündmitteln das Zündmaterial (Brandmittel) unterscheiden, welches auf diese Weise entflammt das Feuer dem eigentlichen Brandobjekt mitteilen soll; denn häufiger ist dieses so schwer entflammbar, daß der Täter derartiges Zündmaterial benötigt oder doch für zweckmäßig hält, um die für den Brand des Objekts erforderliche Hitzewirkung zu erzielen.

Zündmaterial sind häufig leicht entflammbare Substanzen, die entweder – wie Papier, Pappe usw. – fest oder – wie Benzin, Heizöl, Petroleum – flüssig sein können, seltener verwendet der Brandstifter Chemikalien.

Specht, W./*Fischer,* R.: Ist der analytische Nachweis von Kerzenbrandstiftungen gesichert? Neuer Beitrag zur Bewertung von Brandmittelrückständen – Arch. f. Krim. Bd. 122, S. 18ff. (1958); *Wollrab,* Otto: Brandstiftung unter Verwendung flüssiger Hilfsmittel – in: GrKrim 8/1, S. 329ff. (1972).

Die großen Schwierigkeiten der kriminaltechnischen Untersuchung „krimineller Brände", auf die wir im Rahmen der Kriminaltaktik noch näher eingehen werden, hängen nicht nur mit Manipulationen des Täters, sondern manchmal auch mit Fehlern der Ermittlungsbeamten zusammen.

Zu dem viel diskutierten Fall des Zahnarztes Dr. Müller, dessen Frau im Februar 1954 in einem brennenden Borgward-Personenwagen umkam, siehe

Mueller, B.: Der Schwurgerichtsprozeß in Kaiserslautern gegen den Zahnarzt Dr. Richard Müller – Arch. f. Krim. Bd. 120, S. 165ff.; Bd. 121, S. 25ff., 75ff., 143ff. (1957/1958); *Petersohn,* Franz: Medizinisch-kriminalistische Rekonstruktion am Beispiel eines Autobrandes – in: GrKrim 8/1, S. 377ff. 380ff. (1972).

c) Brandbriefe

Brandbriefe, die vor oder nach der Tat geschrieben werden, stammen gewöhnlich vom Täter. Briefschreiber sind nahezu ausschließlich Männer. Hier ergeben sich also zusätzliche Beweismöglichkeiten durch die Urkundenuntersuchung.

Eschenbach, Eberhard: Brandbriefe – Brandstifter – Brandermittler in: TbKrim IX, S. 98ff. (1959).

2. Fahrlässigkeitsbrände

Bei den Fahrlässigkeitsbränden haben wir drei Gruppen von Verbrechenstechniken unterschieden (§ 10–V–2), die sämtlich für die Kriminaltechnik bedeutsame Spuren erwarten lassen.

Geerds, Friedrich: Fahrlässigkeitsbrände – in: Brandkriminalistik, GrKrim 8/1, S. 37ff. (1972).

a) Leichtsinniger Umgang mit offenem Feuer

Ebenso wie unvorsichtig gehandhabte offene Feuer oder Feuerrückstände können Feueranlagen zu Bränden führen.

Quambusch, Paul: Feuer an Bord – in: GrKrim 8/2, S. 281ff. (1973).

Das gilt beispielsweise für die fehlerhafte Bedienung von Ölöfen.

Schmitz Günther/ *Wartenberg,* Gerhard: Zigarette als Brandursache – in: GrKrim 8/1, S. 309ff. (1972).

Fahrlässigkeitsbrände entstehen nicht gar so selten durch Arbeiten mit heißen Geräten.

Wollrab, Otto: Brände durch Schweißen, Löten, Schleifen u. a. – in: GrKrim 8/2, S. 203ff. (1973); *NN:* Temperaturen von Brennerflammen und bei Feuerarbeiten – in: GrKrim 8/2, S. 217ff. (1973).

Außer an das Abtropfen glühender Masse und Funkenflug ist hier auch an das Erwärmen leicht entflammbaren Materials zu denken.

Typisch brandgefährliche Arbeiten dieser Art sind Schweißen, Löten, Brenn- oder Trennschneiden sowie Schleifen. Bei der kriminaltechnischen Untersuchung von Brandfällen ist also auch auf diese Brandursachen zu achten.

Als in einem ehemaligen Wasserturm ein Aussichtsrestaurant eingerichtet wurde, dessen Wände man bereits mit Holz verkleidet hatte, kam es zu einem Brand, der durch Schweißarbeiten an den hinter der Zwischenwand liegenden Heizungsrohren hervorgerufen worden war.

In diesem Zusammenhang ist auch auf die oben erwähnten, häufig mit Feuer verbundenen Explosionen einzugehen, die sich vor allem in Form von Gas- und Staubexplosionen ereignen. Eine Zwischenform ist die Verpuffung.

Kühnen, Gustav: Staubbrände und Staubexplosionen – in: GrKrim 8/2, S. 253ff. (1973).

b) Leichtsinniger Umgang mit feuergefährlichen Geräten und Anlagen

Einen weiteren wichtigen Komplex kriminaltechnischer Untersuchungen bei Fahrlässigkeitsbränden stellen Fälle von leichtsinnigem Umgang mit feuergefährlichen Geräten und Anlagen dar, zu denen hier u.a. Öfen, Heizungen, Schornsteine und dergl. zählen. Bedeutsamer als allgemeine Bauvorschriften sind heute die mit Elektro- und Gasgeräten – bzw. entsprechenden Anlagen – verbundenen Gefahren. Wichtiger als Fehler der Anlagen oder Geräte sind zudem später entstandene Defekte oder unfachmännische Reparaturen. Hier ist ebenso wie bei Bedienungsfehlern an mit Elektrizität und Gasen vertraute Sachverständige zu denken.

Dabruck, Egon: Infrarotstrahlheizung als Brandursache – Kriminalistik 1958 – 420f.; *Schöntag,* Adolf: Aufklärung eines Wohnhausbrandes bei 25° unter Null – Arch. f. Krim. Bd. 137, S. 39ff. (1966); *Schöntag,* A.: Brandzündung durch einen elektrischen Heizofen. Die technische Untersuchung widerlegt die Zeugenaussagen und überführt den Schuldigen – Arch. f. Krim. Bd. 138, S. 71ff. (1966); *Schöntag,* Adolf: Aufklärung der Brandursache allein durch die Brandasservate – Arch. f. Krim. Bd. 146, S. 121ff. (1970); *Hackl,* Franz-Xaver: Elektrizität als Brandursache – Die Neue Polizei 1971 – 25ff.; *Bender,* Helmut: Die Ursachen-Ermittlung der Explosionskatastrophe im Schlachthof Baden-Baden am 18. 9. 1973 – Kriminalistik 1975 – 73ff.; *Bender,* Helmut: Dokumentation der Explosionskatastrophe im Schlachthof Baden-Baden am 18. 9. 1973 – der kriminalist 1975 – 76ff., 134ff.

Bei den sowohl im gewerblich-industriellen als auch im häuslichen Bereich besonders gefährlichen Geräten handelt es sich – wie gesagt – überwiegend um Gas- und Elektrogeräte, welche durch Hitzeentwicklung Feuer entstehen lassen.
Mitunter kann die Kriminaltechnik aber auch hier den Verdacht fahrlässiger Brandverursachung widerlegen, weil ein möglicher Defekt an der elektrischen Leitung nicht mehr als Ursache, sondern als Folge des Brandes erscheint.

Specht, W.: Brandursache oder Brandfolge – Arch. f. Krim. Bd. 148, S. 134ff. (1971); *Blumhagen,* Hans-Joachim: Elektrotechnik für Kriminalisten und Brandsachverständige – in: GrKrim 8/2, S. 347ff. (1973).

Eines Nachts waren auf einem Werftgelände zwei dicht nebeneinander liegende je 200 m lange Baracken abgebrannt. Neben einer Fülle technischer Möglichkeiten kam als Brandursache auch vorsätzliche Brandstiftung – eventuell sogar durch Sabotage – in Betracht. Die kriminaltechnische Untersuchung der Gasheizkörper ergab jedoch Abschmelzungen an den gußeisernen Heizrippen, wo diese an das Flammrohr grenzen. Die bei dieser Materie ungewöhnlichen Abschmelzungen waren damit zu erklären, daß der Druckminderer, der das mit 2 Atü Druck vom Hochofenwerk herangepumpte Gas auf den Betriebsdruck von $^1/_4$ Atü bringen sollte, durch Ölverschmutzung defekt geworden war. Der infolgedessen kaum oder überhaupt nicht mehr verminderte Gasdruck hat die Flammenlänge so verändert, daß sie die gußeisernen Heizrippen erreichen, diese zum Glühen und Schmelzen bringen und damit den Brand hervorrufen konnte.

Ein Großbrand in einem Kaufhaus (*Magnus,* Gert: Die Brandbekämpfung unter besonderer Berücksichtigung der Zusammenarbeit von Feuerwehr und Kriminalpolizei – in: Brandermittlung und Brandverhütung, hrsg. v. Bundeskriminalamt, Wiesbaden 1962, S. 259ff., insb. S. 262ff.) entstand dadurch, daß eine für Bauarbeiten in dem auf dem Dach gelegenen Maschinenraum benutzte 1000 Watt-Lampe eingeschaltet blieb, weil der dafür verwendete Stromkreis nicht vom Hauptschalter erfaßt wurde. Die an einem eingeschlagenen Nagel aufgehängte Glühlampe hatte die aus Holzfaserplatten bestehende Verkleidung des Maschinenraums in Brand gesetzt. Brennende Teile waren in die Lüftungsschächte gefallen und hatten dort die entgegen den Bauvorschriften zur Abdeckung der Luftkanäle brennbaren Teile in Brand gesetzt. Da im 3. Obergeschoß Verpackungsmaterial und Celluloidspielwaren vom Feuer erfaßt wurden, war hier der Schaden am größten.

Schließlich ist zu beachten, daß die für einen Brandausbruch notwendige Hitze bei gewissen Maschinen bereits durch auf Defekte zurückzuführende Reibungswärme entstehen kann. Bei Vorhandensein feuergefährlicher Stoffe (vgl. unten c) können u.U. schon geringe Temperaturen genügen.

Schöntag, A.: Das Becherwerk als Brandursache – Arch. f. Krim. Bd. 139, S. 99ff. (1967).

c) Leichtsinniger Umgang mit feuergefährlichen Stoffen

Feuergefährliche Stoffe, wie sie sich außer im Haushalt häufig auch im wirtschaftlich-industriellen Bereich finden, können leicht zu einem Brand führen.

Hörner, Willi: Explosionen durch Destillier- und Brennereianlagen – Kriminalistik 1963 – 358ff.; *Specht,* W.: Experimentelle Ergebnisse zur Beurteilung von Brandursachen in Kunststoffe verarbeitenden Betrieben – Arch. f. Krim. Bd. 139, S. 144ff. (1967); *Specht,* W.: Zur Beurteilung von Brandursachen in Kunststoffe verarbeitenden Betrieben – Arch. f. Krim. Bd. 141, S. 61ff. (1968); *Specht,* W.: Explosion einer Destillationsanlage für Perchloräthylen infolge von Fertigungsmängeln an Apparateteilen – Arch. f. Krim. Bd. 142, S. 26ff. (1968).

Unvorsichtiger Umgang mit feuergefährlichen Stoffen führt auch in der See- und insb. Binnenschiffahrt immer wieder zu Bränden und Explosionen, durch die insb. Tankschiffe gefährdet sind.

Quambusch, Paul: Feuer an Bord – in: GrKrim 8/2, S. 281ff. (1973).

Wichtiger als Konstruktionsmängel scheinen unvorsichtiger Umgang mit offenem Feuer sowie das Nichtbeachten anderer Sicherheitsvorschriften zu sein.

Am 9. März 1970 ereignete sich im Maschinenraum eines Tankschiffes, das in Köln-Niehl am Kai lag, eine Explosion. Der Schiffsführer und zwei Matrosen, die als „brennende Fackeln" an Deck kamen und sofort in das Wasser sprangen, hatten im Maschinenraum den Motor mit Benzin reinigen wollen. Als Zündquelle wurde die Pilotflamme der Ölheizung im benachbarten Heizungsraum ermittelt.

Fälle der **Selbstentzündung** sind zuerst in der **Landwirtschaft** – insb. bei Lagerung feuchten Heus – bekannt geworden.

Hussain, Hadi Mohammed: Biologische Selbsterhitzung von Heu und ihre Weiterentwicklung bis zur Selbstentzündung – in: GrKrim 8/1, S. 359ff. (1972); *Wollrab,* Otto: Selbstentzündung pflanzlicher und tierischer Fette in Haushalt und Betrieb – in: GrKrim 8/1, S. 347ff., insb. S. 271ff. (1972); *Paulig,* Gunter: Selbstentzündungen durch chemische Reaktionen – in: GrKrim 8/2, S. 181ff. (1973); *Wollrab,* Otto: Die Selbstentzündung von Holz – in: GrKrim 8/2, S. 195ff. (1973); *Schrader,* Herbert: Schiffsbrände – in: GrKrim 8/2, s. 271ff. (1973).

Bei Heu und ähnlichen Stoffen bewirken Mikroorganismen eine Erwärmung, die über chemische Umwandlung zum Brand führen kann.
Ebenso wie in der Landwirtschaft gibt es jedoch auch in **Industrie, Handwerk und sogar Haushalt** Möglichkeiten der Selbstentzündung, die stets kriminaltechnisch untersucht werden sollten.

Zu derartigen Selbstentzündungen kann es einmal dadurch kommen, daß leicht entflammbares Material erhitzt wird oder mit heißen Gegenständen in Berührung kommt, und zum anderen infolge bestimmter Lagerung. Zu den erstgenannten Fällen gehören u.a. die Brände in Siedefettgeräten (z.B. Fritüren), während im übrigen biologische oder chemische Prozesse zur Erwärmung und schließlich Selbstentzündung führen.

Bei Selbstentzündungen in Betrieben geht es vor allem um ungesättigte Öle und Fette, Nitrocellulose, bestimmte Metalle in Form von Staub oder Spänen (pyrophore Substanzen), Alkalimetalle, Oxidationsmittel und Hilfsstoffe bei der Kunststoffherstellung. Derartige Brände können sich außer bei Lagerung auch bei Transport solcher Stoffe – z.B. in Schiffen – ereignen.

Ein Brand in einem Tischlerbetrieb war dadurch entstanden, daß der mit dem Entfernen von Leinölfirnislachen beauftragte Lehrling dafür Sägespäne benutzt hatte, die sich alsdann in der Spänekiste entzündeten.

Im Lagerraum einer Filmfirma entzündeten sich aus Nitrocellulose hergestellte sogen. Nitrofilme infolge von Selbstzersetzung, die durch Säurespuren gefördert wird. Die Verbrennung verläuft oft explosionsartig.

Beim Reinigen von Glasgefäßen unbekannten Inhalts mit Wasser kam es zu einer Explosion, durch die eine Frau schwer verletzt wurde. Es handelte sich bei der Substanz, die festgestellt wurde, um das oxidierte Alkalimetall Natrium, das sich durch Wasser zu Natriumhydroxyd und Wasserstoff zersetzte, entzündete sich und bewirkte die Explosion des Wasserstoff-Luftgemisches.

In der Spritzkabine einer Möbelfabrik, in welcher Möbelteile sowohl mit Nitrolack als auch mit Polyester-Kunstharz-Lack (mit Härtezusatz) gespritzt werden, entzündeten sich Rückstände auf dem Fußboden. Der beim Härtevorgang erwärmte Polyester-Lack hatte, wie die Untersuchung ergab, die darunter liegenden Nitrolackschichten entzündet.

3. Andere gemeingefährliche Delikte

Ähnlich wie bei Bränden kommt der Kriminaltechnik auch bei Explosionen eine führende Rolle zu, wobei es keineswegs nur um Sprengstoffdelikte geht. Obwohl man sich bei den gemeingefährlichen Delikten vor allem an Verhaltensweisen orientieren sollte, welche Naturgewalten entfesseln, was insb. auch für das Wasser gilt, gibt es doch gerade in der modernen Zivilisation Dinge, welche zu einer vergleichbaren Gefahrenquelle werden können.

a) Sprengstoffdelikte

Die bekanntesten Kriminalfälle dieser Art aber sind die in den Folgen den Brandstiftungen ähnelnden Sprengstoffdelikte. Allerdings bedingen die andersartigen Ursachen auch andere Experten und Untersuchungsmethoden (§ 15–VI–C).

Meier, Jakob: Sprengstoffe und Sprengstoffdelikte aus kriminaltechnischer Sicht – Kriminalistik 1972 – 113ff., 173ff.; *Hughes* S. 268ff.

Eine Explosion, die am 28. 6. 1966 in der Nähe eines Industriewerkes, dem mit einem Anschlag gedroht worden war, einen Trichter von 12 m Durchmesser und 4,5 m Tiefe in eine Wiese riß, konnte an Hand sichergestellter Splitter auf eine amerikanische Fliegerbombe bestimmter Bauart zurückgeführt werden, die – wie man später feststellte – 1944 durch Notwurf an diese Stelle gekommen war.

Komplizierend können außer besonderer Tatortsituation ferner bestimmte Konstruktionen oder Vorkehrungen wirken, wie sie sich des öfteren bei Attentaten oder Sabotageakten finden.

Dvorak, Alfons: Ermittlung des anonymen Absenders eines Sprengstoffpaketes – Arch. f. Krim. Bd. 119, S. 154ff. (1957).

Im März 1969 fand man nach einem Sprengstoffanschlag auf ein Flugzeug, das auf einem Flughafen vor gut einer halben Stunde abgestellt worden war, keinerlei Splitter, Einsprengungen oder Uhrwerksteile. Im systematisch untersuchten Brandschutt wurden eine nicht detonierte Ladung kompletter Säurezünder mit Sprengkapsel und 50 g ausländischem Sprengstoff und weitere Fragmente ähnlicher Art gefunden. Auf der Sprengladung fand sich seitenverkehrt der Abdruck einer Zeitung, in deren Papier die Ladung verpackt gewesen sein dürfte; die Ausgabe war erst $5^1/_2$ Stunden vor dem Anschlag erfolgt.

Die Gefährlichkeit des Sprengstoffs und die oft schlecht einzuschätzende Arbeitsweise der Zünder bringt in Fällen, in denen eine Detonation noch nicht erfolgt ist, mancherlei Risiken mit sich, auf die man bei Spurensuche und -sicherung Obacht geben muß, worauf später zurückzukommen sein wird.

Gansau, Helmuth: Aufnehmen, Verbringen und Delaborieren von sprengstoffverdächtigen Objekten – in: GrKrim 8/1, S. 445ff. (1972).

Noch verheerendere Wirkungen als Sprengstoff kann die **Kernenergie** hervorrufen, obwohl sie gerade deshalb besonders genau kontrolliert wird, um Unfälle und erst recht kriminellen Mißbrauch zu vermeiden. In derartigen Fällen ist neben dem Experten für Kernenergie auch der mit Strahlenschäden vertraute Mediziner zu Rate zu ziehen.

Schmidt: Elektrische Energie – in: HdwRMed I – 55ff., insb. S. 59ff.

b) Herbeiführen einer Überschwemmung. Beschädigung von Wasserbauten

Schon die Seltenheit dieser Delikte bewirkt Spärlichkeit des Materials, obwohl die oft technisch geartete Tatausführung die Mitwirkung eines mit Wasserbauten vertrauten Sachverständigen erforderlich machen dürfte.

c) Delikte gegen wichtige Versorgungs- oder Fernmeldeanlagen

Selbst wenn diese Taten mitunter mehr an Praktiken der Sachbeschädigung oder auch Sprengstoffdelikte bzw. Brandstiftungen erinnern, bedingt das technische Tatobjekt doch auch die Einschaltung entsprechender Sachverständiger.

VI. Delikte gegen die Volksgesundheit

Auch bei denjenigen Sozialdelikten, die sich unter dem Begriff der Straftaten gegen die Volksgesundheit zusammenfassen lassen, da Leben und Gesundheit einer oft unbestimmten Vielzahl von Menschen gefährdet oder geschädigt werden, spielen kriminaltechnische Analysen eine beträchtliche Rolle. Das gilt ebenso wie für das Verbreiten von ansteckenden Krankheiten und Herstellen bzw. Inverkehrbringen gesundheitsschädlicher Gegenstände auch für Rauschgift- und Umweltdelikte.

1. Verbreiten ansteckender Krankheiten

In Fällen des strafbaren – vorsätzlichen oder fahrlässigen – Verbreitens von ansteckenden Krankheiten und dergl. lassen sich weder die in Frage stehende Krankheit noch Möglichkeit bzw. Eintritt einer Infektion sowie deren Folgen ohne medizinische oder biologische Gutachten überzeugend beweisen.

2. Herstellen und Inverkehrbringen gesundheitsschädlicher Gegenstände

Ähnlich ist das beim Herstellen gesundheitsschädlicher Gegenstände und bei deren Absatz. Die Tatsituation erinnert bei diesen Delikten weithin an Fälle der Warenfälschung, weist aber insoweit Besonderheiten auf, als die nur medizinisch bzw. biologisch oder chemisch festzustellende Gesundheitsschädlichkeit hinzutritt.

Die gesundheitsschädliche Beschaffenheit aller dieser Produkte kann einmal mit ihrer Gewinnung, Herstellung oder der weiteren Bearbeitung und zum anderen mit gleiche Gefahren bewirkenden Praktiken des Aufbewahrens, Verpackens oder Transports zusammenhängen. Die gefährliche Beschaffenheit und deren eventuelle Folgen lassen sich vielfach nur durch den Lebensmittelchemiker bzw. Toxikologen, den Biologen oder aber den Mediziner feststellen.

Landry, Klaus: Inverkehrbringen und Herstellen gesundheitsschädlicher Gegenstände (§§ 324, 326 StGB, 3 und 11 LMG). Eine strafrechtliche und kriminologische Untersuchung unter besonderer Berücksichtigung der Verfahren im Oberlandesgerichtsbezirk Schleswig-Holstein in den Jahren 1962 bis 1964 – Diss. Kiel – Kiel 1966 – insb. S. 88 ff.

Da wir uns in der Verbrechenstechnik an der Tatausführung orientiert haben, wurden dort folgende Praktiken unterschieden (§ 10–VI–2):

a) Gesundheitsgefährliches Gewinnen
b) Gesundheitsgefährliches Herstellen
c) Gesundheitsgefährliches Bearbeiten
d) Gesundheitsgefährliches Aufbewahren

e) Gesundheitsgefährliches Befördern

f) Gesundheitsgefährliches Verpacken

Beim folgenden kriminaltechnischen Überblick erscheint es im Interesse der Praxis doch besser, von den unterschiedlichen Arten der Handelsware auszugehen, weil dies für die Wahl des Gutachters und auch seiner Methoden wichtiger sein dürfte als die verschiedenartigen Verhaltensweisen, welche die gesundheitsgefährliche Beschaffenheit bewirken.

a) Gesundheitsschädliche Verbrauchsgegenstände

Bei den gesundheitsschädlichen Verbrauchsgegenständen, die abgesetzt oder aber für diesen Zweck hergestellt werden, handelt es sich ganz überwiegend um Nahrungsmittel, aber mitunter auch um Genuß-, Heilmittel, Drogen oder Kosmetika. Da der bestimmungsgemäße Verbrauch hier überwiegend im Verzehr besteht, ist die Gefahr besonders groß, zumal der betroffene, unbestimmte Personenkreis beträchtlich sein kann.

aa) Gesundheitsschädliche Nahrungsmittel

Gesundheitsschädliche Nahrungsmittel finden sich vor allem bei Fleischwaren. Neben leicht verderblichem Rohfleisch sind aber auch Fleischprodukte gefährlich. Diese Gefahren werden mitunter erst dann erkannt, wenn Menschen dadurch bereits Schäden erlitten haben.

In einem Falle stellte der Veterinärmediziner schädliches Rohfleisch fest, das von einem hochgradig tuberkulösen Rind stammte.

Bei den Fleischprodukten wird die Gesundheitsgefährlichkeit vor allem durch unsachgemäße, z. T. zu lange Lagerung bewirkt.

Bei einem Schlachter fanden sich in überlagertem Hackfleisch Staphylokokken, Proteusbakterien und Mesentericuskeime. Drei Menschen waren bereits erkrankt.

In einem Fall wurde festgestellt, daß ein Schlachter ungekühlt aufbewahrtes Fleisch, das bereits starken Befall mit pathogenen Keimen aufwies, zu Bratwürsten verarbeitete.

Gesundheitsgefährlich werden Rohfisch und Fischprodukte vor allem wegen der leichten Verderblichkeit.

Wichtig sind hier also Analysen auf Fäulnisintoxikationen. Diese sind u. a. angezeigt, wenn bei Fischkonserven die Dosen bombiert sind.

Bei Getreide und Mehl spielen in diesen Fällen Verunreinigungen eine verhängnisvolle Rolle.

Eine kriminaltechnische Untersuchung von Brotgetreide ergab das Vorhandensein von giftigen Unkrautsamen und Schmarotzerpilzen. – Noch wichtiger sind heute aber ungeeignete chemische Behandlungsmethoden. Ein von Kornwürmern befallener Weizen war fälschlich mit Chlorkalkdämpfen durchräuchert worden.

Mehl kann schon dadurch gesundheitsschädlich werden, daß man es beispielsweise aus ungeeignetem, Arsen enthaltendem gebeizten Saatgetreide herstellt. Häufiger wird es durch innere Zersetzung oder Schädlinge, die sich leicht feststellen lassen, gesundheitsschädlich.

Auch bei Backwaren hat man Verunreinigungen mechanischer und chemisch-bakteriologischer Art festgestellt.

Bei den Meiereiprodukten spielen Käsegifte eine besonders verhängnisvolle Rolle.

Einen hinter das Regal im Lagerkeller gefallenen Käse, der nach Monaten gefunden wurde, hatte man abgewaschen und verkauft. Er war verschimmelt und hatte sich zersetzt.

Bei Speiseeis und Süßigkeiten kommt es vor allem durch ältere Zutaten und zu lange Lagerung bzw. unsaubere Gefäße zu Mängeln.

Des öfteren hat man bei Speiseeis hohe Gesamtkeimzahlen mit Kolibakterien und pathogenen Keimen festgestellt; derartige Mängel hat man besonders häufig bei Schmelz(Soft-)eis beobachtet.

Gemüse und Obst sind ggf. außer auf Spuren giftiger Pflanzenschutzmittel auch auf unzureichende Konservierungs- oder Verpackungsmethoden zu untersuchen. Natürlich können diese Waren ferner durch Verderben gesundheitsschädlich werden.

Bei Zitrusfrüchten ist wiederholt zur Oberflächenbehandlung gegen Schimmelbefall verwendetes Diphenyl oder Orthophenylphenol festgestellt worden.

Getränke und andere flüssige Nahrungsmittel müssen gewöhnlich auf Gesundheitsgefahren hin analysiert werden. Neben insoweit gefährlichen Verunreinigungen finden sich hier zuweilen gesundheitsschädliche Chemikalien oder Mikroorganismen, weshalb in derartigen Fällen ebenfalls der Chemiker oder ein Biologe hinzuzuziehen ist.

Als Verursacher einer Typhusepidemie wurde im Jahre 1965 ein Landwirt ermittelt, der 25000 Liter Jauche auf eine hartgefrorene Wiese schütten ließ; die Jauche lief hangabwärts und verseuchte eine nur 30m entfernt liegende Quelle, aus welcher Trinkwasser für den Ort entnommen wurde.

Neben ungenügender Flaschenreinigung hat man bei Mineralwässern Verunreinigungen durch gefährliche Metalle wie Blei, Kupfer und Zink festgestellt. Bei Fruchtsäften ist ferner an Spuren von Pflanzenschutzmitteln zu denken. Erkrankungen von Säuglingen in einer Kieler Kinderklinik ließen sich auf pflanzenschutzmittelhaltigen Karottensaft zurückführen.

Auch Milch kann außer durch Krankheit der Tiere, durch Verunreinigung oder Infektion auf dem Weg zum Verbraucher gesundheitsgefährlich werden.

bb) Gesundheitsschädliche Genußmittel

Bei den gesundheitsschädlichen Genußmitteln sind vor allem Alkoholika und mitunter auch koffein- und teinhaltige Getränke Objekte kriminaltechnischer Untersuchung.

Die gefährliche Beschaffenheit von Schnäpsen und Likören ergibt sich meistens durch Verwendung genußuntauglichen Alkohols (z.B. Methylalkohol). Bei Wein ist insb. auf gefährliche Zusätze zu achten, die den Geschmack verbessern oder einem schnellen Verderb vorbeugen sollen. Beim Bier handelt es sich vorwiegend um Verunreinigungen bei Produktion oder Absatz.

cc) Gesundheitsschädliche Heilmittel

Heilmittel werden außer durch Verwendung schädlicher Substanzen und andere Mängel bei der Herstellung mitunter auch durch unsachgemäße oder zu lange Lagerung gefährlich. Dabei soll hier noch ganz von den Wundermitteln der Kurpfuscher abgesehen werden.

Redel, Ch.: Der Schutz gegen tödliche Arzneien – Internat. Kriminalpol. Revue 1958–232ff.; *Reh,* Herbert: Lebensgefährliche rezeptpflichtige Alkoholentwöhnungsmittel im Versandhandel – Kriminalistik 1962–500ff.

Ein Aptheker benutzte beim Herstellen eines Wundpulvers die gesundheitsgefährliche Bleiglätte. Ein Präparat „Alcorpin“, das Nachwirkungen des Alkoholgenusses vorbeugen sollte, wies eine gefährliche Menge Pyramidon auf.

dd) Gesundheitsschädliche Drogen und Kosmetika

Selbst Drogen oder Kosmetika, die man äußerlich anwendet, können die menschliche Gesundheit gefährden, wenn sie schädliche Substanzen enthalten oder durch falsche Verpackung Schaden genommen haben.

So hat man beispielsweise bei einem bekannten Rasierwasser einen mit 33% zu hohen und bei ständigem Gebrauch für die Augen gefährlichen Gehalt an Chloroform festgestellt. – Ein Apotheker fertigte vor etlichen Jahren eine Sommersprossensalbe an, die etwa 5% Quecksilberpräzipitat enthielt.

Zahnpasta hat man beispielsweise in bleihaltige Tuben abgefüllt, wodurch deren Inhalt vergiftet werden konnte.

b) Gesundheitsschädliche Gebrauchsgegenstände

Ebenso wie bei Verbrauchsgegenständen kann sich auch bei manchen Gebrauchsgegenständen die Frage erheben, ob sie eine gesundheitsschädliche Beschaffenheit aufweisen, was kriminaltechnische Untersuchungen notwendig macht, für die neben dem Mediziner vor allem der Chemiker und andere naturwissenschaftliche Experten in Betracht kommen.

aa) Bekleidung

Bekleidungsstücke können toxisch wirkende Bestandteile enthalten, welche die Haut schädigen oder so in das Körperinnere gelangen können.

In einem Falle haben sich an Putzmacherinnen verkaufte künstliche Blumen als arsenhaltig erwiesen.

bb) Haushaltswaren

Noch bedenklicher für die menschliche Gesundheit sind insoweit gefährliche Haushaltswaren, weil sie häufig mit Nahrungs- oder Genußmitteln in Kontakt kommen.

Sowohl bei Siphons für kohlensaures Wasser als auch im Dekor aus Japan importierten Porzellans fanden sich untragbare Bleimengen.

cc) Spielwaren u. a.

Bei Spielwaren oder für Erwachsene zum Zwecke der Unterhaltung bestimmten Gegenständen ist mitunter ungeeignetes Material verwendet worden.

In Feuerwerkskörpern wurde beispielsweise Schwefelzyanquecksilber ermittelt, das beim Verbrennen eingeatmet wurde.

dd) Produktions-, Zubereitungs- und sonstige Hilfsmittel

Gebrauchsgegenstände, die bei Produktion und Zubereitung von Nahrungs- und Genußmitteln verwendet werden, können u. U. ebenfalls die Gesundheit des Verbrauchers gefährden.

Bei importierten Schlagsahneapparaten, die den Rahm mit einem Gemisch von 80% Lachgas und 20% Kohlendioxyd aufschäumten, ermittelte man, daß das Lachgas teilweise in die Schlagsahne überging.

3. Rauschgiftdelikte

Bei den Rauschgiftdelikten spielt kriminaltechnisch neben der Suche nach anderen Spuren wie Transportmitteln, Behältern, Bearbeitungs- und Konsumgeräten vor allem die chemische Analyse eine große Rolle. Soweit im Zusammenhang mit Rauschgiftdelikten andere Straftaten begangen werden, gilt das bei ihnen Gesagte.

Népote, J.: Weltproblem Rauschgift – Internat. Kriminalpol. Revue 1960–198ff.; *David,* J.: Die Heroen des Heroins – Internat. Kriminalpol. Revue 1960–233ff.; *Goenechea,* Sabino: Rauschgifte der Wohlstandsgesellschaft in chemisch-toxikologischer Hinsicht – in: GrKrim 7, S. 295ff. (1971); *O'Hara/Osterburg* S. 342ff.; *Bauer,* Günther: Rauschgift. Ein Handbuch über die Rauschgiftsucht, den Rauschgifthandel, die Bekämpfungsmaßnahmen und die Hilfen für Gefährdete – Lübeck 1972.

Mit den Rauschgiften und dem Drogenmißbrauch befaßt sich vor allem der Chemiker im Rahmen der Toxikologie (§ 15–IV–A–2). Doch auch die Medizin hat mancherlei wertvolle Erkenntnisse erarbeitet. Auf alle diese Möglichkeiten ist daher bei Rauschgiftdelikten stets Obacht zu geben, wenngleich je nach Art des kriminellen Verhaltens auch andere Experten in Betracht kommen können.

a) Illegale Produktion

Bei der illegalen Produktion, die nur bei einzelnen Drogen im Inland zu erfolgen pflegt, sofern es sich bei anderen nicht um ein „Anbauland" handelt, kommt es vor allem auf Transportmittel, Behälter und Bearbeitungswerkzeuge an, die für diesen Zweck geeignet sein müssen. Besonders beweiskräftig sind natürlich Materialspuren der fraglichen Substanz. Dafür gibt es mancherlei chemische Analysen.

b) Illegaler Handel und Absatz

Ähnlich liegen die Dinge beim illegalen Handel und Absatz von Rauschgiften, sofern sich der Täter dabei nicht zugleich anderer, ebenfalls krimineller Praktiken bedient. Denn es geht um den Nachweis, daß der Handel Substanzen dieser Art betrifft, zumal da der Handel als solcher kaum kriminaltechnisch zu beweisen ist.

c) Illegales Anschaffen von Rauschgift

Beim illegalen Anschaffen und Konsum von Rauschgiften ist außerdem an Konsumgeräte, Spuren der Beibringung (Injektion) sowie an die Möglichkeiten des Nachweises von Drogenkonsum und seiner Wirkungen zu denken.

Bei Rezeptfälschungen ist ferner an die Methoden der Urkundenuntersuchung (§ 15–IV–A–3) und der Schriftvergleichung (§ 15–III–C) zu denken, während für Apothekeneinbrüche und dergl. auf das beim schweren Diebstahl Gesagte (§ 16–B–I–A) zu verweisen ist.

4. Umweltdelikte

Eine bisher strafrechtlich, kriminologisch und daher auch kriminalistisch kaum ansatzweise erfaßte Form kriminellen Verhaltens verkörpern die Umweltdelikte, die jedoch mit Sicherheit in besonderem Ausmaß von kriminaltechnischen Untersuchungen abhängen werden. Denn die Gefährdung unserer natürlichen Umwelt wie Luft, Wasser usw. ist nicht zuletzt deshalb so spät erfaßt worden, weil sie nur mithilfe z.T. komplizierter Methoden festzustellen ist.

Eben deshalb lassen sich Umweltdelikte kaum ohne die Hilfe der mit den verschiedenen Bereichen (§ 10–VI–4) vertrauten Wissenschaftler, Techniker und Experten aufklären.

Bröschweiler, Walter: Wasserqualitätsanalysen in Seen und Flüssen – Kriminalistik 1975–261f.

VII. Verkehrsdelikte

Die bereits für die gegenwärtige Praxis sehr bedeutsamen Verkehrsdelikte sind, obgleich die Verhältnisse im einzelnen unterschiedlich liegen, vielfach Straftaten, bei denen kriminaltechnische Untersuchungen von großem Wert sind. Denn die Ursachen eines Unfalls und die Rekonstruktion seines Verlaufs lassen sich häufig nur mithilfe der für das Verkehrswesen wichtigen Disziplinen und Methoden hinreichend sicher feststellen. Das ist vor allem dann der Fall, wenn die Schadensfolgen das Ausmaß einer Katastrophe erreichen. So erklärt sich auch, weshalb wir das Verkehrswesen bei den kriminaltechnischen Untersuchungen bereits als einen besonderen Komplex behandelt haben (§ 15–VI–E). An das dort Ausgeführte anknüpfend sollen nunmehr gerade für die Belange der Praxis die Möglichkeiten der Kriminaltechnik für diesen Bereich aufgezeigt werden.

Fink, Adolf-Oskar: Verkehrsunfälle und ihre Untersuchung. Handbuch für Beamte im Verkehrsdienst – Hamburg 1956; *Julier,* Maximilian: Die polizeiliche Untersuchung von Verkehrsunfällen – 3. Aufl. – Berlin 1957.

Werden bei einem Verkehrsunfall Menschen getötet oder verletzt, so sind – wie ebenfalls schon erwähnt – überdies die Erkenntnisse der Gerichts- und Unfallmedizin wichtig. Die bei der Kollision entstehenden Materialspuren sowohl am Opfer, seinem Fahrzeug oder auch dem Tatort als auch am Fahrzeug des Verdächtigen oder ihm selbst lassen sich außer durch Verkehrsexperten vor allem durch Physiker, Chemiker und andere Experten auswerten.

A. Gefährdungen des Straßenverkehrs

Für alle Unfälle im Straßenverkehr lassen sich einige kriminaltechnische Probleme vorab behandeln.

Schöntag, Adolf/*Schöntag,* Bernhard: Auswertung von Unfallfotos ohne zeitraubende Spurenvermessung am Unfallort – Arch. f. Krim. Bd. 148, S. 1ff., 157ff. (1971); *Göbel,* Rainer: Die kriminaltechnische Untersuchung von Kfz-Verglasungen – in: GrKrim 7, S. 81ff. (1971); *Pohl,* Klaus Dieter: Naturwissenschaftlich-kriminalistische Spurenanalyse bei Verkehrsunfällen – Arbeitsmethoden d. med. u. naturwiss. Kriminalistik Bd. 14 – Lübeck 1975.

Das an Kraftfahrzeugen befindliche Glas ist in mancher Hinsicht kriminaltechnisch aufschlußreich. Außer an die Fensterverglasung, insb. die nunmehr häufig aus Verbundglas bestehenden Windschutz- oder Frontscheiben, ist hier an Scheinwerferglas und andere Glaspuren (Rück-, Bremsleuchten usw.) zu denken, die sowohl durch Formspuren (Paßstücke) als auch durch ihre Materialzusammensetzung helfen können, den wirklichen Sachverhalt festzustellen.
Weitere gerade bei Verkehrsunfällen wichtige Materialspuren stellen Lacksplitter und andere Substanzen dar, die sowohl vom Fahrzeug des Täters als auch des Opfers herrühren können. Hier sind vor allem physikalische und chemische Untersuchungsmethoden hilfreich. Ein anderer Komplex ist die Untersuchung von Glühlampen oder Bruchteilen davon.

Thiele, Roland: Untersuchung von Kraftfahrzeuglampen nach einem Verkehrsunfall – Internat. Kriminalpol. Revue 1958–78ff.; *Schöntag,* Adolf: War das Scheinwerferlicht des Motorrads eingeschaltet oder nicht? Untersuchung einer Fahrzeuglampe, deren Glaskolben beim Unfall nicht zerstört wurde –

Arch. f. Krim. Bd. 137, S. 1ff. (1966); *Frei-Ssulzer,* Max: Untersuchungen von Glühbirnen im Zusammenhang mit Verkehrsunfällen – in: GrKrim 4, S. 561ff. (1968); *Schöntag,* Adolf: War am Fahrrad im Augenblick des Unfalls die Rückleuchte eingeschaltet oder nicht? – Arch. f. Krim. Bd. 142, S. 1ff. (1968); *Schöntag,* Adolf: Eine wichtige neue Beweismöglichkeit für den Leuchtzustand von Kfz-Glühbirnen bei nächtlichen Verkehrsunfällen – Arch. f. Krim. Bd. 147, S. 1ff. (1971); *Bürger,* Heribert: Der Nachweis des Schaltzustandes intakter Kraftfahrzeug-Lampen nach Unfällen – Arch. f. Krim. Bd. 152, S. 37ff. (1973); *Schaidt,* Gerd/*Görtler,* R.: Untersuchungen zur Feststellbarkeit der Zeitspanne zwischen Umschaltung von Biluxlampen und Bruch des Glaskolbens – Arch. f. Krim. Bd. 154, S. 161ff. (1974).

Wichtig sind auch dem Unfallwagen anhaftende andere Materialspuren oder derartige Spuren am Opfer, wenn sie von dem betreffenden Kraftfahrzeug herrühren. Denn solche Berührungsspuren, die aus Schmutz, Staub oder ähnlichen Substanzen bestehen können, lassen sich häufig mit den Mitteln der modernen Kriminaltechnik für die Zwecke eines Sachbeweises benutzen.

Brüning, A.: Berührungsspuren als Beweismittel bei Verkehrsunfällen – Kriminalistik 1954–200ff.; *Prokop,* O./*Dürwald,* W./*Reimann,* W.: Die Feststellung von Anfahren bzw. Überfahren durch PKW oder LKW mittels Staubuntersuchung unter Zuhilfenahme der Stereolupe – Arch. f. Krim. Bd. 130, S. 134ff. (1962).

Ein Unfall, bei welchem ein Jugendlicher getötet wurde, konnte u. a. durch einem am vorderen Kotflügel gesicherten Stoffetzen aufgeklärt werden, der nach Form sowie stofflicher und farblicher Beschaffenheit zum Mantel des Opfers paßte; er wies auch Stücke weiser Fäden vom Futter auf.

Derartige Materialspuren wie Haare oder Stoff- bzw. Faserstücke können überdies auch durch Formspuren beweiserheblich werden, die entweder auf die Funktion eines Paßstückes hinauslaufen oder Schlüsse auf den verursachenden Vorgang zulassen. Als Spurenträger können sie ferner die sogleich zu behandelnden Ein- oder Abdruckspuren aufweisen.

Schöntag, Adolf: Ein seltener Fall der Bestimmung der Bewegungsrichtung eines Radfahrers – Arch. f. Krim. Bd. 145, S. 69ff.(1970); *Schöntag,* Adolf: Zur Bestimmung der Streifrichtung des Kraftfahrzeugs an Kleidungsstücken des angefahrenen Fußgängers – Arch. f. Krim. Bd. 137, S. 129ff. (1971).

Mitunter kommt es auch bei Verkehrsunfällen auf Abdruck-, Streif- oder Schleifspuren an, welche sich außer an den Fahrzeugen auch am Opfer oder am Tatverdächtigen finden können.

Schöntag, Adolf: Eine neue Methode für den Nachweis von Abdruckspuren von Kleidungsstücken des Verletzten auf der Lackschicht des Kraftfahrzeugs – Arch. f. Krim. Bd. 136, S. 3ff. (1965); *Suwald,* Günter: Verkehrsunfall und Kriminaltechnik – Kriminalistik 1966–630ff.; *Schöntag,* A.: Streifspuren an der Schuhsohle als Beweismittel bei Verkehrsunfällen – Arch. f. Krim. Bd. 137, S. 135ff. (1966); *Feldmüller,* Manfred: Der Beweiswert von Schleifspuren an den Schuhsohlen im Straßenverkehr verunglückter Personen – Arch. f. Krim. Bd. 140, S. 72ff. (1967); *Lautenbach,* L./*Schaidt,* G.: Abdruckspuren an Schuhsohlen von Kraftfahrern – Arch. f. Krim. Bd. 146, S. 75ff. (1970); *Tschomakov,* Nilko: Profilabdrücke von Reservereifen auf der Kleidung des Getöteten bei einem Verkehrsunfall – Arch. f. Krim. Bd. 147, S. 135ff. (1971).

Bei den einzelnen Verkehrsdelikten erhebt sich mitunter die vom Mediziner zu beantwortende Frage der allgemeinen Fahrtauglichkeit der an einem Unfall Beteiligten (zu Spezialfragen unten 1, 2).

Klein: Allgemeine Verkehrsmedizin – in: HdwRMed I–377ff.

Die eigentliche Domäne der Gerichtsmedizin sind natürlich die Unfallfolgen am menschlichen Körper, sowie davon infolge des Unfalls herrührende Materialspuren.

Berg, S./*Stumpf,* G.: Klärung eines Verkehrsunfalles durch Exhumierung und Analyse der Knochenverletzungen $^1/_2$ Jahr nach dem Tod – Arch. f. Krim. Bd. 129, S. 144ff. (1962); *Merli,* Silvio/*Marchiori,* Alvaro: Zur Diagnose der Verletzungen durch Aufprall bei Straßenunfällen – Arch. f. Krim. Bd. 145, S. 176ff. (1970); *Mihailovic,* M./*Hartmann,* H.: Wer war der Autolenker? – Arch. f. Krim. Bd. 149, S. 55ff. (1972); *Hughes* S. 256ff.

Für diese Untersuchungen, die gerade auch bei Unfalltoten wichtig sind, hat man eine ganze Reihe von Grundsätzen erarbeitet.

Nach einem schweren Autounfall war zweifelhaft, ob statt des Kraftfahrzeughalters – wie behauptet – sein Freund das Fahrzeug gelenkt habe. Aus Lage und Beschaffenheit der Blutspuren sowie dem unterschiedlichen, jeweils typischen Bild der Verletzungen ließ sich jedoch entnehmen, daß der Besitzer zur Zeit des Unfalls tatsächlich auf dem Beifahrersitz gesessen haben dürfte.

Vom Selbstmord nach einem Verkehrsunfall ist der mitunter vorkommende Selbstmord durch einen Verkehrsunfall zu unterscheiden (vgl. § 16–I–a–cc).
Spuren an und von Tieren, die einen Unfall verursacht haben, sind zweckmäßig durch einen Veterinärmediziner oder Zoologen zu untersuchen.
Schon im Straßenverkehr können Unfälle – etwa bei Busunglücken oder Massenkarambolagen – das Ausmaß einer Katastrophe bekommen.

1. Trunkenheit am Steuer

Zu den bei Unfällen angezeigten oder möglichen kriminaltechnischen Untersuchungen über Unfallursache und -hergang tritt bei Trunkenheit am Steuer als wesentliche Beweisführung die Feststellung des Blutalkoholgehalts durch den Gerichtsmediziner hinzu.

Rose, C./*Glass,* F.: Reaktionsleistung und -verhalten bei Blutalkoholkonzentrationen zwischen 0,25 und 1,24 ‰ – Arch. f. Krim. Bd. 145, S. 109ff. (1970); *Schwerd,* W.: Alkohol und Verkehrssicherheit – in: KLbRMed S. 103ff.; *Walls,* H.-J.: Forensic Science – 2. Aufl. – London 1974 – S. 85 ff.

2. Andere Fälle der Fahruntüchtigkeit

Fahruntüchtigkeit kann außer durch Alkohol ferner durch Arzneimittel, Drogen oder auch körperliche Defekte bedingt sein, was kriminaltechnische Expertisen eines Mediziners oder Toxikologen notwendig werden läßt.

Pribilla, Otto: Arzneimitteleinfluß bei Verkehrsteilnehmer – in: GrKrim 7, S. 269ff. (1971); *Wagner,* H. J.: Arzneimittel – in: HdwRMed I–44ff., insb. S. 47ff.; *Wagner,* H. J.: Verkehrsmedizin – in: KLbRMed S. 97ff.

Bei Arzneimitteleinfluß im Straßenverkehr ist vor allem an Analgetica, Sedativa, Hypnotica und Psychopharmaca zu denken. Der Nachweis erfolgt vor allem mithilfe von Harnproben durch chemische oder chemisch-physikalische Methoden.
Andere körperliche Defekte, welche die Fahrtauglichkeit – zumindest ohne besondere Vorkehrungen – vermindern, sind Fehlen oder Unbeweglichkeit gewisser Gliedmaßen, bestimmte Krankheiten sowie Sehschwäche und Lärmschäden.

3. Gefährliches Fehlverhalten im Straßenverkehr

Bei anderen kriminellen Gefährdungen des Straßenverkehrs kommt es, sofern es sich um ein Fehlverhalten von Verkehrsteilnehmern handelt, außer auf die vorab erwähnten kriminaltechnischen Methoden mitunter auf Untersuchungen an, die sich auf eine besondere Verkehrssituation beziehen. Trotz der üblichen Beteiligung von Kraftfahrzeugen an Unfällen im Straßenverkehr ist ferner an Motorrad-, Moped- und Fahrradunfälle zu denken, die jedenfalls dann anders verlaufen, wenn diese Verkehrsmittel nicht nur vom Opfer benutzt worden sind. Denn ebenso wie viele Fahrfehler lassen sich auch für einen Unfall u. U. ausschlaggebende Mängel nur durch einen Experten zuverlässig beurteilen.

4. Gefährliche Eingriffe in den Straßenverkehr

Dagegen ähneln gefährliche Eingriffe in den Straßenverkehr, die gewissermaßen mehr von außen erfolgen, eher den Sachbeschädigungen oder gewissen gemeingefährlichen Delikten, wenngleich auch hier Technik im allgemeinen und Verkehrswesen im besonderen naturgemäß eine wichtige Rolle spielen. Je nach Lage des Falles sind hier auch andere als die schon erwähnten Sachverständigen zu Rate zu ziehen.

B. Transportgefährdung

In anderen Verkehrsbereichen – wie Schienen-, Luft- und Schiffsverkehr – führen kriminelle Praktiken der Transportgefährdung ebenso wie sonstige Ursachen zu Schadensfällen, die hier besonders leicht das Ausmaß von Katastrophen haben können.

Hughes S. 321ff.

Auch in diesen Verkehrsbereichen muß man mit Selbstmord rechnen, über den die Unfallsituation leicht hinwegtäuschen kann.

Die genaue Untersuchung einer auf den S-Bahn-Gleisen in Berlin gefundenen, hochgradig zerstückelten menschlichen Leiche ergab in der Bauchhaut zahlreiche Stichverletzungen, die der Mann sich auf den Schienen stehend beigebracht haben muß.

Insgesamt kann man für die Fälle der Transportgefährdung mithin sagen, daß wegen der Kompliziertheit der Verkehrsmittel in diesen Bereichen und der oft nur schwer zu überblickenden Organisation kriminaltechnische Untersuchungen hier noch wichtiger als im Bereich des Straßenverkehrs sind.
Die unter dem Begriff der Transportgefährdung zusammengefaßten Verkehrsbereiches sind als solche bereits bei den kriminaltechnischen Untersuchungen gesondert behandelt worden (§ 15–VI–E–2, 3, 4), weshalb auch auf die dortigen Ausführungen Bezug genommen werden muß, was die Sachverständigen und ihre Methoden anlangt.

1. Schienenverkehr

Der Schienenverkehr ist in diesem Zusammenhang weit zu fassen, weshalb außer den schon verschiedenartig betriebenen Eisenbahnen auch S- und U-Bahnen sowie Straßenbahnen erfaßt werden; selbst Berg- und Seilbahnen gehören in diesen Bereich.

Weinig, E./ *Reinhardt,* G.: Gerichtsmedizinische und kriminalistische Untersuchungen zur Rekonstruktion eines Tatherganges im Zusammenhang mit einer Eisenbahnüberfahrung – Arch. f. Krim. Bd. 139, S. 7ff. (1967); *Pohl,* Klaus Dieter: Differentialdiagnose „Ölschmutz oder Schuhcreme" – Arch. f. Krim. Bd. 150, S. 5ff. (1972).

Bei einer in der Nähe von Elze am Bahndamm der Strecke Hannover-Göttingen gefundenen Leiche wurde neben auf Überfahrenwerden hindeutenden Verletzungen am Brustkorb eine rußartige, klebrige Schmutzspur gefunden, die irritierend wirkte. Spektrographische, fluorometrische und dünnschichtchromatographische Untersuchungen ergeben, daß es sich nicht um Ölschmutz, sondern um eine Schuhcreme der Marke „Erdal" handelte, was zusammen mit anderen Umständen die Annahme von Selbstmord erhärtete.

2. Luftverkehr

Der relativ junge Luftverkehr stellt einen besonders komplizierten Bereich dar, der schwierige kriminaltechnische Probleme bietet.

Guldimann, Werner: Arbeiten auf dem Trümmerfeld nach Flugunfällen – Kriminalistik 1959–420ff.; *Neuninger,* H./*Arlt,* H. H.: Ungewöhnliche Ursache eines Flugzeugabsturzes – Kriminalistik 1968–639ff.; *Krefft,* S.: Die „7 goldenen W" der Kriminalistik bei der Flugunfalluntersuchung – Arch. f. Krim. Bd. 143, S. 7ff. (1969); *Krefft,* S.: Wer hat bei einem tödlichen Flugunfall das Unfall-Luftfahrzeug gesteuert? Morphologische und spurenkundliche Untersuchungen zur Klärung dieser Frage – Arch. f. Krim., Bd. 145, S. 129ff. (1970); *Beckmann,* G./*Hühn,* H./*Hauck,* G.: Erfahrungen und Schwierigkeiten bei der Identifizierung der Opfer des Flugunfalles in Teneriffa 1972 – Arch. f. Krim. Bd. 153, S. 42ff. (1974).

Diese beginnen bereits mit der wegen der Katastrophensituation gewöhnlich sehr schwierigen Identifizierung der Opfer, die vor allem eine Aufgabe für medizinische Sachverständige (insb. auch Zahnmediziner) ist, obwohl mitunter Schmuck und andere Gegenstände hilfreich sein können.

Am 1. November 1955 stürzte 11 Minuten nach dem Start in Denver/Colorado eine viermotorige DC 6 B der „United Airlines" mit 44 Personen an Bord ab. Nach 14 Tagen hatten FBI-Beamte zusammen mit Experten der Flugbehörde, der Fluggesellschaft und der Douglas-Werke den 23 jährigen Mechaniker Graham überführt, die Tat zum Zwecke des Versicherungsbetruges begangen zu haben, nachdem er seine unter den Opfern befindliche Mutter vor dem Abflug durch Einwurf von sechs 25-Cent-Stücken in einen Versicherungsautomaten für rund 37500 Dollar versichert hatte.

Die Experten hatten den Absturz-Hergang exakt ermittelt. An Hand der über 5 Meilen verstreuten Trümmer konnten sie sogar die Explosionsstelle im Flugzeug lokalisieren. Das als Weihnachtspäckchen getarnte Paket Dynamit hatte der damit vom Straßenbau her vertraute Graham mit einem Zeitzünder im Koffer seiner Mutter verstaut, wie er unter dem Eindruck der kriminaltechnischen Beweise gestand.

Häufiger erhebt sich bei Unfällen im Luftverkehr allerdings die Frage nach Verantwortlichkeit für fahrlässiges Handeln, die außer dem fliegenden Personal auch Bodenpersonal, u. U. sogar Konstrukteure bzw. für die Fabrikation oder Reparatur Verantwortliche treffen kann.

Bei den in der Praxis seltenen technischen Mängeln ist beispielsweise an Ermüdungsbrüche zu denken, wie sie bei einer Serie von Cornet-Maschinen auf Langstreckenflügen vorgekommen sind.

Bei einer Piper-Club-Maschine sank auf einem bis dahin normal verlaufenen Flug im österreichischen Alpengebiet die Motorendrehzahl bedrohlich, obwohl noch genügend Benzin vorhanden war. Die im engen Tal unvermeidliche Notlandung mißglückte. Die Maschine wurde weitgehend zerstört, zwei Menschen wurden schwer verletzt. Ursache war ein durch Lacksplitter von der Innenwand des Treibstofftanks besetzter Nippel zwischen Tank und Vergaserleitung.

Äußere Einflüsse für Luftunfälle, bei denen strafrechtliche Verantwortlichkeit in aller Regel zu verneinen ist, sind neben Blitzschlag vor allem Sturm, Nebel oder Vereisung. Hier kann ebenso wie bei Kollisionen mit Vögeln die Kriminaltechnik oft den Tathergang klären. – Zerstörungsmaßnahmen, die einen Unfall bewirken, gehören regelmäßig zu den vorsätzlichen Luftverkehrsgefährdungen.

Am häufigsten ist aber wohl menschliches Versagen die Ursache für Unfälle im Luftverkehr. Außer an Alkoholgenuß des Piloten ist an Erkrankungen oder andere körperliche Handikaps zu denken, die seine Funktionsfähigkeit beeinträchtigen.

Noch typischer für diese Fallgruppe sind jedoch Bedienungsfehler, die auch erfahrenen Piloten unterlaufen können. Sie ereignen sich am häufigsten im Zusammenhang mit Start und Landung. Manchmal aber werden auch äußere Einflüsse falsch eingeschätzt und daher oder aus anderen Gründen Fehler beim Flugplan gemacht, die sich kriminaltechnisch rekonstruieren lassen.

3. Schiffsverkehr

Beim Schiffsverkehr ergeben sich naturgemäß Unterschiede zwischen der See- und Binnenschiffahrt.
Manchmal wird ein Schiffsunglück fälschlich behauptet, um so zuvor begangene Straftaten zu verdecken.

Lehrreich ist hier etwa der dänische Fall eines gewissen Breving, der angeblich am 30. 12. 1957 bei Middelfart von einem Schiffsunglück betroffen worden war, dem seine Frau, sein 3jähriges Kind und zwei Freunde zum Opfer gefallen waren. Durch Versagen des Motors und eine Explosion sei auf dem Motorboot ein Brand ausgebrochen, die Genannten seien ertrunken, als sie sich vom brennenden Boot retten wollten. Eine Lebensversicherung in Höhe von 30000 Kronen wurde ausgezahlt.

Erst zwei Jahre später erfuhr man, daß Breving schon 1956 als Insasse einer Heilanstalt mit den Ereignissen übereinstimmende Einzelheiten erzählt hatte. Man ermittelte nun das untergegangene Boot und stellte fest, daß dessen Motor völlig intakt war. Ferner ergaben Versuche, daß Frau Breving sich die Schwimmweste zu Lebzeiten nicht so anlegen konnte, wie das bei der Leiche festgestellt worden war; auch hätte sie die zu großen Schuhe beim Schwimmen verlieren müssen. Ebenso wie bei ihr wurde nun nach drei Jahren die Leiche eines anderen „Ertrunkenen“ obduziert und als wirkliche Todesursache Gift (Para-Nitrophenol) festgestellt. Breving wurde, obwohl er bei seinen Angaben blieb, verurteilt.

Im übrigen aber ist neben technischen Sachverständigen selbstverständlich auf Experten aus der See- und Binnenschiffahrt Wert zu legen, die man in den Seeämtern, Seefahrtsschulen und entsprechenden Berufen findet.

C. Verkehrsunfallflucht

Die Verkehrsunfallflucht, die es ebenso wie im Straßenverkehr auch in anderen Verkehrsbereichen gibt, bringt außer den bereits allgemein für Verkehrsunfälle oder bei besonderen Deliktsgruppen geschilderten Problemen noch einige andere Punkte mit sich, welche die Mitwirkung technischer, medizinischer oder biologischer Sachverständiger als notwendig erscheinen lassen. Dabei sehen wir hier noch von anderen, in manchen Ländern strafbaren Verschleierungspraktiken als der Flucht ab, die mit einem mehr oder weniger schnellen

Verlassen des Unfallortes verbunden ist. Doch auch bei derartigen Praktiken der Nichtanzeige, der Nichtrückkehr zum Unfallort oder falschen Angaben bzw. Verursachen von irritierenden Spuren – z. B. des wahren Blutalkoholgehalts durch wirklichen oder angeblichen Nachtrunk – kann man vielfach ebenfalls auf die oben geschilderten Untersuchungsmethoden zurückgreifen.
Auch abgesehen von den von ihm zu begutachtenden Unfallfolgen kann der Gerichtsmediziner mitunter wesentlich zur Rekonstruktion derartiger Taten beitragen.

Svensson/Wendel S. 155ff.; *Schöntag,* Adolf: Die technisch-mechanische Seite bei der Aufklärung von Verkehrsunfällen mit Fahrerflucht – Arch. f. Krim. Bd. 138, S. 8ff. (1966); *Schöntag,* Adolf: Aufklärung eines Verkehrsunfalls mit Fahrerflucht durch klassische Methode – Arch. f. Krim. Bd. 141, S. 68ff. (1968); *Reckel,* K.: Psycho-dynamische Aspekte der Verkehrsunfallflucht – MoKrim 1973–33ff. (56. Jg.); *Jarosch:* Unfallflucht – in: HdwRMed I–434ff.; *Walls,* H. J.: Forensic Science – 2. Aufl. – London 1974 – S. 48ff.

Sowohl bei sofortiger kopfloser als auch bei überlegter, ggf. späterer Flucht ist nach einem Verkehrsunfall mit mancherlei Materialspuren zu rechnen, weil Täter und Opfer – zumindest mit ihren Fahrzeugen – kollidiert sind. Am Tatort und Opfer bzw. dessen Fahrzeug finden sich häufig Farb-, Schmutz- und Staubspuren oder Glasscherben bzw. andere Teile vom Fahrzeug des Täters. Umgekehrt lassen sich am Fahrzeug des Verdächtigen, weniger an ihm selbst, ähnliche Spuren vom Fahrzeug des Opfers, von seiner Kleidung oder seinem Körper feststellen. Alle diese Materialspuren können – wie auch sonst bei Verkehrsdelikten – durch Chemiker, Physiker und andere Experten kriminaltechnisch zur Rekonstruktion des Unfalls und zum Nachweis der Beteiligung an ihm benutzt werden.

So entlastete ein Handflächenabdruck des Toten am Lenkrad den Fahrzeughalter, da daraus zu schließen war, daß der Getötete, obwohl er nicht im Besitze einer Fahrerlaubnis war, den Unfallwagen selbst gelenkt hatte.

VIII. Verletzungen sozialer Pflichten

Die Straftaten gegen Personenstand, Ehe und Familie, Personenstandsfälschung, Ehe- und Familiendelikte weisen eine kriminaltechnisch sehr unterschiedliche Konstellation auf, wie hier nur kurz aufgezeigt werden soll; denn auch die praktische Bedeutung dieser Delikte divergiert sehr und ist z. T. außerordentlich gering. Manche Komplexe wie der Jugendschutz oder der Schutz am Arbeitsplatz sind strafrechtlich in den meisten Ländern noch so unvollkommen oder unübersichtlich erfaßt, daß sich bisher kein brauchbares kriminologisches und kriminalistisches Material findet, obwohl die Kriminaltechnik in manchen dieser Fälle durchaus nützliche Hilfe leisten könnte.

1. Personenstandsfälschung

Für alle Erscheinungsformen der Personenstandsfälschung ist bezeichnend, daß sie mittels Fälschung irgendwelcher Unterlagen begangen werden, sofern sich das Verhalten des Täters nicht ausnahmsweise auf bloße Angaben beschränkt. Hier bieten sich normalerweise also nur Untersuchungsmöglichkeiten für Schriftsachverständige oder für andere Experten der Dokumentenuntersuchung. Im übrigen kann sich hier u. U. auch einmal ein erbbiologisches Gutachten als angezeigt erweisen.

2. Delikte gegen die Ehe

Bei den Ehedelikten sind die Erscheinungsformen des Ehebruchs und der Doppelehe auch kriminaltechnisch zu unterscheiden, wenngleich derartige Untersuchungen hier relativ selten sind.

a) Doppelehe
Bei der Doppelehe sind die Verhältnisse im wesentlichen der Personenstandsfälschung vergleichbar.

b) Ehebruch
Beim Ehebruch, der im allgemeinen nur durch ein außerehelich gezeugtes Kind bewiesen werden kann, haben wir in der kriminaltechnischen Untersuchung vor allem wieder an das erbbiologische Gutachten zu denken. Selbstverständlich kommen daneben andere biologische Gutachten, z.B. die Blutgruppenuntersuchung, und gewisse medizinische Gutachten in Betracht.

3. Verletzung von Unterhalts- und Fürsorgepflichten

Größere praktische Bedeutung hat die Kriminaltechnik bei einigen Fällen strafbarer Verletzung von Unterhalts- und Fürsorgepflichten, weil die sich oft negativ auf den Körper des Opfers auswirkenden Folgen u. a. Rückschlüsse auf die verursachende Handlung zulassen.

a) Verletzung der allgemeinen Hilfspflicht
Die Verletzung der allgemeinen Hilfspflicht besteht zwar durchweg in einem bloßen Unterlassen; die Folgen derartigen Verhaltens aber sind den Gewaltdelikten oder Unfällen ähnliche Verletzungen oder gar der Tod des Opfers, weshalb es insoweit oft entscheidend auf ein Sachverständigengutachten ankommt, das in aller Regel vom Gerichtsmediziner erstattet werden dürfte. Doch kann das medizinische Gutachten u. U. auch für Begleitumstände wie die Erforderlichkeit und Erfolgsaussichten einer Hilfeleistung von Nutzen sein, wenngleich darüber u. U. auch andere Experten etwas aussagen können.

b) Verletzung der Sorgepflicht gegenüber Minderjährigen
Bei Verletzung der Sorgepflicht gegenüber Kindern und Jugendlichen, die insb. in der Form der Kindesmißhandlung unter Strafe gestellt zu werden pflegt, spielen der Sachbeweis und damit die Kriminaltechnik eine besondere Rolle. Denn die Aussagen des Opfers, der Tatverdächtigen oder auch dritter Personen sind des öfteren recht problematisch oder gar zweifelhaft.

Ullrich, Wolfgang: Die Kindesmißhandlung in strafrechtlicher, kriminologischer und gerichtsmedizinischer Sicht – Strafrecht. Strafverfahren. Kriminologie Bd. 8 – Neuwied/Berlin 1964; *Bauer,* Günther: Die Kindesmißhandlung. Ein Beitrag zur Kriminologie und Kriminalistik sowie zur Anwendung des § 223 b StGB – KrimWiss Abh. Bd. 3 – Lübeck 1969 – insb. S. 127 ff.; *Hughes* S. 295 ff.

Die sichersten Beweise einer Mißhandlung oder Vernachlässigung (vgl. § 10–VIII–3–b) liefern deren **Spuren am Körper** des Opfers. Bei der **Kindesmißhandlung,** die in schweren Fällen sogar zum Tod führen kann, handelt es sich im Grunde um dieselben Wirkungen, wie sie bei vorsätzlichen Tötungen oder Körperverletzungen geschildert worden sind; denn auch diese Taten werden gewöhnlich mit den dort behandelten Tötungs- und Verletzungswerkzeugen oder auf eine dort dargelegte Weise begangen. Mit einigen Vorbehalten gilt dasselbe für Fälle der **Kindesvernachlässigung.** Allerdings geht es hier, da Spuren von Gewaltanwendung fehlen, mehr um die körperlich feststellbaren Folgen und die Frage, ob derartige Gesundheitsschäden mit dem Unterlassen der in Frage stehenden Fürsorge zusammenhängen können.

Im übrigen sind Tatsituation und Spurenbild bei Verletzungen der Sorgfaltspflicht durch Praktiken der **Kindesmißhandlung** häufig ganz anders als in Fällen entsprechender Kindesvernachlässigung.

So kann hier u. U. die Bekleidung des Opfers beweiserheblich werden; denn außer durch Tatwerkzeuge hervorgerufene Defekte oder Formspuren sind hier u. U. als Folge der Mißhandlung auch Blut- oder andere Materialspuren zu finden.

Ferner ist wie bei allen Gewaltdelikten gerade in Fällen der Mißhandlung an Materialspuren – insb. Blut- und Haarspuren – im weit zu fassenden Tatortbereich zu denken. Daneben können u. U. auch Form- oder Situationsspuren für die Aufklärung des Sachverhalts bedeutsam werden.

Schließlich ist – und zwar nicht nur für die Zwecke eines kriminaltechnischen Vergleichs – die Sicherstellung möglicher Tatwerkzeuge wichtig, die mitunter erst brauchbare Anhaltspunkte für die Tatausführung geben. Auch ihnen können beweiserhebliche Materialspuren – Blut, Hautfetzen, Haare – anhaften.

Dagegen kommt es in Fällen von **Kindesvernachlässigung** mehr auf die Gesamtsituation an wie etwa den Zustand der Örtlichkeiten, an denen das Kind lebt, seine Kleidung usw.

c) Verletzung der Unterhaltspflicht

Weniger gebräuchlich sind kriminaltechnische Methoden bei Verletzungen der Unterhaltspflicht gegenüber Angehörigen, obwohl derartige Gesetzesverstöße ebenfalls relativ häufig begangen werden.

Hier kommen kriminaltechnische Untersuchungen vor allem dann in Betracht, wenn Urkunden gefälscht oder Krankheiten und ähnliches vorgegeben werden, um die angeblich mangelnde Leistungsfähigkeit plausibel zu machen.

IX. Andere Delikte gegen die öffentliche Ordnung und Sicherheit

Bei anderen Delikten gegen die öffentliche Ordnung und Sicherheit kommt dem Sachbeweis und damit der Kriminaltechnik z. T. erhebliche Bedeutung zu, weil Art der Handlung und Verantwortlichkeit sich ebenso wie bei Unfällen nur durch eine genaue Untersuchung der Folgen und anderer Gegebenheiten klären und feststellen lassen. Obwohl die Materiallage dennoch teilweise völlig unbefriedigend ist, dürfte dies durch das Folgende hinreichend dargetan werden.

1. Baugefährdung

Das soeben Gesagte gilt u. a. für die Baugefährdung, die ebenfalls durch nicht selten komplizierte technische Sachverhalte gekennzeichnet wird, weshalb man kaum ohne einschlägige Experten auskommt.

Maulhardt: Bauliche und technische Mängel als Brandursache – in: Brandermittlung und Brandverhütung, hrsg. v. Bundeskriminalamt, Wiesbaden 1962, S. 95ff.; *Velten,* Rolf-Jürgen: Die Baugefährdung (§ 330 StGB). Eine strafrechtliche und kriminologische Untersuchung – Diss. Kiel – Kiel 1965; *Maranta,* G.: Fahrlässige Tötung und Gefährdung durch fahrlässige Verletzung der Regeln der Baukunde – Kriminalistik 1965 – 647f.

Da derartige Gefährdungen häufig erst dann verfolgt werden, wenn ein Schaden eingetreten ist, muß für Personenschäden allgemein auf medizinische Sachverständige hingewiesen werden, welche nicht nur die Verletzungen von Menschen bzw. die Todesursache exakt festzustellen vermögen, sondern des öfteren sogar wesentliches zum Hergang des Unfalls und seinen Ursachen beisteuern.

a) Der gefährliche Bau

In den zahlenmäßig zurücktretenden Fällen des gefährlichen Baus sind im übrigen vor allem Sachverständige der Baubranche und Technik notwendig, um die ausschlaggebenden Fehler der Planung und Ausführung zu ermitteln.

aa) Unsachgemäße Planung

Die Gefährdung von Menschen oder von Sachwerten, die von einem Bau ausgehen kann, beruht mitunter schon auf Planungsfehlern.

In Hamburg stürzte ein fünfstöckiges Wohnhaus infolge von Bauarbeiten auf dem Nachbargrundstück zusammen; drei Menschen wurden schwer verletzt. Das Gutachten stellte Sandlinsen fest, die der für den benachbarten Neubau verantwortliche Architekt nicht bemerkt hatte, weil er keinerlei Bodenuntersuchungen vorgenommen hatte.

Fehler der statischen Berechnung wirken sich immer wieder verhängnisvoll aus, wie Decken- und Brückeneinstürze beweisen. Dies gilt auch für den Gerüstbau und für Abbrucharbeiten.

bb) Verwendung unzureichenden Baumaterials

Zur Gefährdung von Menschen oder zu Unfällen mit Personenschaden durch Bauten kann es ferner dadurch kommen, daß unzureichendes Baumaterial verwendet wird, was sowohl aus Nachlässigkeit als auch aus finanziellen Gründen geschehen kann. Hier kommt es natürlich vor allem auf die Materialprüfung durch einschlägige Experten an.

Die Verwendung nicht hinreichend auf seine Eigenschaften geprüften Tonerde-Schmelzzements war der Grund dafür, daß Anfang der 60er Jahre in Deutschland u.a. Betondecken in Schulgebäuden einstürzten.

Häufiger sind jedoch, wie die Untersuchungen ergaben, die Herstellungsmethoden fehlerhaft, weshalb die Folge mangelhaftes Baumaterial ist. Historisch bekannt sind insoweit die betrügerischen Machenschaften beim Bau des Westwalls vor dem 2. Weltkrieg. Das Mischungsverhältnis von Kies und Zement war, um Geld zu sparen, teilweise so unzureichend, daß der Beton mit dem Stiefelabsatz beschädigt werden konnte.

cc) Unsachgemäße Ausführung der Arbeiten am Bau

Aus ähnlichen Gründen oder wegen mangelnder Aufsicht kann ferner die Ausführung der Bauarbeiten so unsachgemäß sein, daß infolgedessen der Bau für Menschen gefährlich wird.

Der Brand eines Wohnhauses war dadurch bewirkt worden, daß die dabei verwendeten Kunststoff-Rauchrohre nicht vorschriftsmäßig besonders ummauert worden waren.

Beim Bau eines Personentunnels hatte man nicht die statisch erforderlichen 12er-Eisen, die gerade nicht auf der Baustelle waren, sondern – wie sich herausstellte – nicht hinreichend stabile 8er-Eisen verarbeitet.

b) Das gefährliche Bauen

Noch vielseitiger sind die Möglichkeiten der Kriminaltechnik in den viel häufigeren Fällen des gefährlichen Bauens, d.h. der für Leib und Leben von Menschen gefährlichen Art und Weise der Durchführung von Bauarbeiten. Mehr als auf die Untersuchung dadurch entstandener Personen- und Sachschäden kommt es hier auf die eindeutige Feststellung der Gefahrenquelle und des sie bewirkenden Verhaltens an. Außer um eine Materialprüfung geht es daher in diesen Fällen oft darum, Planung und Durchführung der Bauarbeiten zu begutachten, was an einigen typischen Formen der Baugefährdung demonstriert werden soll.

aa) Falsche Bedienung von Baumaschinen

Fehler beim Betrieb von Baumaschinen sind weniger auf technische Mängel der Maschine, z.B. als Folge von Wartungsfehlern, sondern mehr auf falsche Aufstellung oder Bedienung zurückzuführen. Man benötigt daher Experten, die mit der fraglichen Maschine und ihrer ordnungsgemäßen Handhabung vertraut sind.

Zu tödlichen Unfällen kann es bereits bei fehlerhafter Aufstellung von Baumaschinen wie Turmdrehkränen oder Aufzügen kommen. – Ein Turmdrehkran kippte z.B. deshalb um, weil der Kranführer den Ausleger zu weit auslud, um ein Bündel Eisen zu erreichen; der Kran war infolgedessen überlastet.

Ein 16jähriger Hilfsarbeiter bediente unzulässigerweise einen Anstellbauaufzug. Als er die Entladestelle einmal nicht erreichte und daher die Höhe korrigieren wollte, vergriff er sich. Die Plattform rauschte wieder zur Erde und erschlug einen Maurer.

bb) Mangelhafte Sicherung der Bauarbeiter gegen Ab- und Einsturz

Die zahlenmäßig wichtigste Gefahrenquelle bei der Bautätigkeit ist die mangelhafte Sicherung gegen Ab- und Einsturz. Die Folgen haben in vielen Fällen zunächst einmal die auf dem Bau Tätigen zu tragen.

Neben Aufzügen bieten nicht abgedeckte oder versperrte Öffnungen in Decken oder Wänden eine häufige Gefahrenquelle.

Zu Abstürzen kann es bei unzureichenden Gerüsten oder defekten bzw. falsch gehandhabten Leitern kommen.

Hilfreich sind bei solchen Strafsachen neben Experten der Berufsgenossenschaften solche Techniker und ggf. Wissenschaftler, die mit diesen Dingen vertraut sind.

cc) Mangelhafte Sicherung des Publikums

Schließlich kann die gefährliche Bautätigkeit auch das Publikum in Mitleidenschaft ziehen. Das gilt vor allem für den Hochbau, weil hier durch Einsturz von Gerüsten, Herabfallen von Baumaterial oder anderen Gegenständen das häufig in nächster Nähe befindliche Publikum geschädigt werden kann.

2. Volltrunkenheit

Bei Straftatbeständen der Volltrunkenheit oder der gefährlichen Trunkenheit kommt es außer auf die für die in diesem Zustand begangenen Taten passenden Untersuchungsmethoden selbstverständlich auch auf solche Verfahren an, wie sie bereits bei der Trunkenheit am Steuer erwähnt worden sind (oben VII–A–1).

3. Störung oder Gefährdung des Gemeinschaftslebens

Die Situation und die Möglichkeiten für die Kriminaltechnik sind bei den Störungen und Gefährdungen des Gemeinschaftsfriedens recht unterschiedlich, bei Störungen insgesamt aber günstiger, weil mit dem hier üblichen Eintritt von Schäden eher brauchbare Spuren zu erwarten sind. Zu Störungen des Gemeinschaftsfriedens kommt es bei Delikten wie Landfriedensbruch, Aufruhr und Landzwang, während bei der Gefährdung mehr an Aktivitäten krimineller Vereinigungen und andere illegale Verbindungen und ferner an die Öffentlichkeit beunruhigende Äußerungen wie das Auffordern zum Ungehorsam gegen die Gesetze hinzuweisen ist.

a) Störungen des Gemeinschaftsfriedens

Bei den Delikten gegen den Gemeinschaftsfrieden sind kriminaltechnische Untersuchungen vor allem dann angezeigt, wenn es zu Gewalt gegen Personen oder Sachen gekommen ist. Die Situation entspricht in diesen Fällen der bei Gewaltdelikten bzw. der bei Einbruch oder Sachbeschädigung, d.h. es kommt entweder auf den Mediziner, ggf. auch den Ballistiker oder aber auf technische Experten bzw. bestimmte Berufspersonen an.

b) Gefährdungen des Gemeinschaftsfriedens

Bei Straftaten, welche den Gemeinschaftsfrieden lediglich gefährden, bei denen es also am Eintritt eines Schadens sicher fehlt, hängt es von der Art und Weise der Handlung ab, ob ein Einsatz der Kriminaltechnik überhaupt sinnvoll erscheint. Während das bei Verbindungsdelikten, die auf andere Weise aufgeklärt werden, kaum jemals der Fall ist, erscheint bei Äußerungsdelikten jedenfalls dann eine Expertise – ähnlich wie bei Ehrverletzungen – als möglich, wenn der Täter sich schriftlich äußert. Hier können Urkundenuntersuchung, Handschriftenvergleiche und auch Methoden, wie sie bei Druck- und Maschinenschrift erwähnt worden sind, zur Klärung des Sachverhalts beitragen.

4. Delikte gegen das Pietätsempfinden

Die Strafsachen wegen eines Delikts gegen das Pietätsempfinden ähneln beweismäßig teilweise den Sachbeschädigungen und teilweise den kriminaltechnisch nicht so ergiebigen Ehrverletzungen. Es muß daher auf die dortigen Ausführungen verwiesen werden.

5. Tierquälerei

Die Tierquälerei wird oft durch Praktiken begangen, die man bedingt als Sonderfälle der Sachbeschädigung auffassen kann, wovon ein kleiner Ausschnitt bereits im Rahmen der Sexualdelikte bei der Sodomie behandelt worden ist. Im übrigen ist hierfür der Zoologe und ggf. der Veterinärmediziner besonders kompetent; neben dem Gerichtsmediziner kann ebenso wie in Fällen der Wilderei (§ 16–B–V) auch der Biologe (Botaniker, Mikrobiologe) als Sachverständiger von Nutzen sein.

6. Bettelei. Landstreicherei. Müßiggang

Bettelei, Landstreicherei und Müßiggang bieten als Deliktstypen nur selten kriminaltechnische Probleme, sofern man von der hier mitunter notwendigen eindeutigen Personenidentifizierung absieht.

7. Verbotenes Glücksspiel

Eher kommen Methoden der Kriminaltechnik ebenso wie beim Falschspiel (§ 16–B–VII–B–4) auch bei verbotenem Glücksspiel zum Zuge, zumal da die Grenzen in der Praxis ohnehin oft fließend werden. Das gilt allerdings weniger für die Spielpraktiken als mehr für die Gerätschaften und Vorkehrungen.

Bekämpfung von Glücks- und Falschspiel – Arbeitstagung ... vom 23. Mai bis 28. Mai 1955 – hrsg. v. Bundeskriminalamt – Wiesbaden 1955.

a) Spiele

In diesem Rahmen interessieren heute allerdings nur noch die recht verschiedenartigen Glücksspiele.

Winkler, Fritz: Corriger la fortune! Eine kriminaltechnische Betrachtung über Falsch- und Glücksspiele – in: TbKrim XXI, S. 273 ff. (1971); *O'Hara/Osterburg* S. 247 ff.

aa) Kartenspiele

Bei den Spielkarten ist auf mechanische oder chemische Rasuren sowie kleine Farbabdeckungen auf den Rückseiten zu achten. Es gibt sogar Systeme für eine solche Zinkung.

bb) Würfelspiele

Spielwürfel oder ihnen in etwa entsprechende „Quirle" weisen außer falscher Zahlenkombination nicht übereinstimmende Kanten oder metallische Einschließungen auf, die entweder den Schwerpunkt verändern oder auf eine Magnetplatte ansprechen.

cc) Tafelspiele

Auch bei Tafelspielen wie dem Roulette kann man, obwohl in manchen Ländern derartige Spielbetriebe staatlich überwacht werden, Verbrechenstechniken beobachten, die einen Sachbeweis gestatten.

dd) Spielautomaten

Ein ebenfalls teilweise legalisiertes Gebiet ist das der Spielautomaten, soweit diese Glücksspiele betreffen.

Klemt, M.: Prüfung, Zulassung und Überwachung von mechanisch betriebenen Spielgeräten – in: Bekämpfung von Glücks- und Falschspiel, hrsg. v. Bundeskriminalamt, Wiesbaden 1955, S. 137 ff.

b) Wetten

Auch der z.T. konzessionierte, d.h. vom Staat zugelassene Wettbetrieb kennt mancherlei kriminelle Praktiken, die man u.U. mit Methoden der Kriminaltechnik beweisen kann.

c) Unerlaubte Lotterien und Ausspielungen

Eine noch geringere Rolle spielen unerlaubte Lotterien und Ausspielungen, soweit sie nicht im Zusammenhang mit dem Wirtschaftsleben stehen. Insoweit kann auf das bei der Wirtschaftskriminalität zu den Möglichkeiten der Kriminaltechnik Ausgeführte verwiesen werden.

D. Delikte gegen den Staat und seine Organe

Die Delikte gegen den Staat und seine Organe sind nicht nur als solche, sondern auch in der Tatausführung so unterschiedlich, daß der Wert der Kriminaltechnik hier recht verschieden und z.T. sehr speziell geartet ist. Zudem läßt die insgesamt zahlenmäßig geringe Bedeutung dieser Gesetzesverstöße hier nur einen knappen Überblick als angezeigt erscheinen, bei dem folgende Deliktsgruppen unterschieden werden sollen.

I. Politische Delikte
II. Delikte gegen die Legislative
III. Delikte gegen die Judikative
IV. Delikte gegen die Exekutive

I. Politische Delikte

Besonderheiten, welche nur begrenzt Parallelen mit anderen Verbrechen gestatten, bieten bereits die politischen Delikte. Die diesen Taten eigenen Besonderheiten sind zudem wichtiger als die rechtlichen Unterschiede zwischen Hochverrat, Staatsgefährdung und Landesverrat. Insgesamt überwiegen ungeachtet der hier ebenfalls vorkommenden Gewalttaten, insb. Attentate, gegen Personen und Sachen doch so sehr die Gegebenheiten der Geheim- und Nachrichtendienste sowie der Spionageabwehr, daß die hier bestehenden besonderen Untersuchungsmöglichkeiten den Rahmen dieser Darstellung sprengen würden. Wir wollen uns daher kurz fassen, um ggf. auf einschlägige Ausführungen zu anderen Delikten hinzuweisen.

A. Hochverrat

Bei den verschiedenen Formen des Hochverrats, die in vielen entwickelten Staaten selten geworden sind, käme es darauf an, revolutionäre oder auch anarchistische bzw. terroristische Praktiken mit denjenigen Mitteln und Methoden aufzudecken und zu beweisen, mit denen Geheimdienste oder Institutionen wie eine besondere, politische Staatspolizei arbeiten. Hier aber sind andere Dinge gewöhnlich wichtiger als die herkömmliche Kriminalistik, wenngleich auch sie mitunter mit Erfolg zur Aufklärung solcher Straftaten eingesetzt werden kann.

B. Staatsgefährdung

Dasselbe gilt für Praktiken der sogen. „kalten Revolution“, welche das wesentliche Arbeitsgebiet des Verfassungsschutzes und ähnlicher Nachrichtendienste bilden. Obwohl man hier teilweise ebenfalls mit Mitteln der Kriminaltechnik arbeitet, ist die Situation insgesamt betrachtet doch eine andere, weshalb darauf in diesem Rahmen nicht näher eingegangen werden kann.

C. Landesverrat

Beim Landesverrat schließlich geht es um Machenschaften der Spionage, weshalb Spionageabwehr und ähnliche geheimdienstliche Organisationen die wesentliche Arbeit zu leisten haben, die weithin doch recht wenig mit der üblichen Kriminaltechnik zu tun hat.

D. Delikte gegen das Völkerrecht

Delikte gegen das Völkerrecht wie Attentate auf fremde Staatsoberhäupter oder Amtsträger, Beleidigungen derselben oder Anschläge auf Symbole oder Einrichtungen anderer Staaten bieten dagegen kriminaltechnisch kaum Besonderheiten.
Richten sich derartige Straftaten gegen die Person eines ausländischen Würdenträgers, so handhabt man die Ermittlungen entweder so wie bei den Gewaltdelikten oder aber wie bei Äußerungsdelikten, z. B. Ehrverletzungen, weshalb auf das dort Gesagte verwiesen werden kann.
Wird dagegen Gewalt gegen Sachen geübt oder arbeitet der Täter mit Fälschungen, so liegt kriminaltechnisch die Parallele zur Sachbeschädigung, Brandstiftung usw. oder zur Urkundenfälschung und ähnlichen Straftaten auf der Hand.

II. Delikte gegen die Legislative

Weniger Besonderheiten bieten die in der Praxis heutzutage jedoch vergleichsweise selten begangenen Delikte gegen die Legislative, wie nunmehr kurz aufgezeigt werden soll.

A. Delikte gegen die Volksvertretung und andere Verfassungsorgane

Bei den Delikten gegen die Volksvertretung handelt es sich von der Tatausführung her einmal um Gewaltdelikte oder ähnlichen Zwang gegen Personen, weshalb die Lage ähnlich wie bei Gewaltkriminalität und Nötigung oder Hausfriedensbruch ist.
Sofern diese Straftaten in Gewalt gegen Sachen bestehen, kann man sich bei den kriminaltechnischen Möglichkeiten in etwa an Sachbeschädigung oder auch Landfriedensbruch orientieren.

B. Delikte gegen die Ordnungsmäßigkeit der Wahlen und Abstimmungen

Bei den Delikten gegen die Ordnungsmäßigkeit der Wahlen und Abstimmungen handelt es sich gegenwärtig weniger um das Anwenden von Zwang als um Praktiken der Korruption, die bei Exekutivbeamten genauer behandelt werden sollen.

III. Delikte gegen die Judikative

Wichtiger für die kriminalistische Praxis sind im Rahmen der Straftaten gegen den Staat und seine Organe die Delikte gegen die Judikative. Doch selbst bei diesen Formen kriminellen Verhaltens sind die Möglichkeiten der Kriminaltechnik insgesamt ziemlich begrenzt.

A. Aussagedelikte

Das wird besonders bei den Aussagedelikten deutlich, die einen Personalbeweis betreffen, dessen Unrichtigkeit nur relativ selten durch einen mit Mitteln der Kriminaltechnik erzielten

Sachbeweis darzutun ist. Denn sowohl eidliche und uneidliche falsche Aussage als auch falsche Versicherung an Eides Statt, die man hier daher nicht zu unterscheiden braucht, bieten nur dann und wann Ansätze für einen Sachbeweis, der überdies gewöhnlich nur dazu dient, die Unrichtigkeit der Aussage darzutun.

Wille, Reinhard/*Schwarz,* Jürgen: Aussagedelikte der Kindesmutter aus gerichtsärztlicher Sicht – MoKrim 1966 – 263 ff. (49. Jg.).

Die Beiziehung eines medizinischen Gutachters wird so nur dann angezeigt sein, wenn es um in ihrem Wahrheitsgehalt zweifelhafte Aussagen über Krankheiten, Verletzungen oder andere Befunde körperlicher bzw. psychischer Art geht.
Etwas häufiger kommt es vor, daß unrichtige Aussagen oder Versicherungen vom Täter durch Dokumente belegt werden, deren Echtheit fraglich erscheint. Hier kann u. U. mithilfe der bei der Urkundenuntersuchung dargelegten Methoden der Nachweis der Fälschung und damit zugleich für das Aussagedelikt wesentliche Tatumstände bewiesen werden.
Selbstverständlich kann je nach Inhalt der zweifelhaften Aussage auch ein anderer Sachverständiger zu Rate zu ziehen sein, der für das den Gegenstand der Aussage bildende Gebiet als kompetent erscheint.

B. Falschverdächtigung

Auch die Falschverdächtigung ist im Kern ein Äußerungsdelikt, weshalb kriminaltechnische Untersuchungen nur relativ selten Erfolg versprechen. Eine kriminaltechnische Untersuchung ist am ehesten noch dann angezeigt, wenn durch sie die Unrichtigkeit des vom Tatverdächtigen Behaupteten überzeugend dargetan werden könnte.

Mihm, Peter: Kriminalistisches Denken beweist falsche Anschuldigung – Kriminalistik 1963 – 224 f.; *Kósa,* Ferenc: Falsche Anschuldigung zur Verschleierung autoerotischer Handlungen – Arch. f. Krim. Bd. 148, S. 106 ff. (1971).

Eine 38 jährige Frau, deren Ehemann sich seit zwei Jahren im Gefängnis befand, behauptete, als der Gynäkologe, den sie aufgesucht hatte, eine Kartoffel aus ihrer Scheide entfernte, sie sei von einem näher bezeichneten Mann vergewaltigt worden. Doch weder die körperliche Untersuchung, noch das Gutachten des Textil-Sachverständigen ergaben irgendwelche objektive Anhaltspunkte für eine Vergewaltigung, weshalb das Verfahren gegen den Beschuldigten eingestellt wurde. Denn alle Befunde deuteten darauf hin, daß die Kartoffel während einer Onanie in der Scheide steckengeblieben war und die Frau das aus Scham mit einer Falschverdächtigung verschleiern wollte.

C. Vortäuschen einer Straftat

Etwas eher mögen kriminaltechnische Experten beim Vortäuschen einer Straftat Erfolg versprechen, wenn nämlich zusätzlich zu bloßen Angaben vom Täter diese unterstützende Manipulationen an irgendwelchen Gegenständen vorgenommen werden.

Wagner, Karl: Zum Erkennen vorgetäuschter Einbruchdiebstähle – in: TbKrim VIII, S. 189 ff. (1958); *Zirpins,* Walter: Fingierte Überfälle – in: TbKrim XV, S. 153 ff. (1965); *Holzer,* F. J.: Zur Aufklärung fingierter Überfälle – Arch. f. Krim. Bd. 143, S. 1 ff., 96 ff. (1969); *Meissner,* Ludwig: Die Vortäuschung einer Straftat. Ein Beitrag zur strafrechtlichen und kriminologischen Bedeutung des § 145 d StGB unter Berücksichtigung der Rechtsvergleichung und der Kriminalistik – Diss. Frankfurt/M. – München 1970 – insb. S. 145 ff.

Ein wesentlicher Punkt für derartige Verfahren ist jedoch bereits die gründliche Untersuchung des Tatorts, der bei vielen Verbrechen gegeben sein muß, wenn entsprechende Angaben glaubwürdig sein sollen. In derartigen Fällen muß der Delinquent also entweder Spuren vortäuschen oder etwa vorhandene Spuren in seinem Sinne verändern, weil eine ergebnislose Spurensuche seine Angaben als zweifelhaft erscheinen lassen würde.

Nur selten liegen die Fälle jedoch so simpel wie jener, in welchem die Täter aus einer sonst unbenutzten Tür eine Türfüllung herausgebrochen hatten, um einen Einbruch vorzutäuschen. Denn obwohl sich durch das so entstandene Loch ein Mensch nur mit Mühe hindurchzwängen konnte, war die Staubschicht auf der Leiste unterhalb des ominösen Loches unversehrt.

Wesentlich für derartige Ermittlungssachen ist, daß die meisten Spuren falsch sind, sie also auf eine Tat oder einen Täter hinweisen, die es nicht gibt. Auf diese besondere Problematik soll jedoch erst in der Kriminaltaktik eingegangen werden. Wichtiger und hier zu behandeln ist dagegen die Frage, ob diese oder andere Spuren, die sich kriminaltechnisch auswerten lassen, es nicht auch ermöglichen, den Sachverhalt zu klären und den Täter der Deliktsvortäuschung zu überführen.

Denn auch in diesen Fällen gibt es ebenso wie sonst Spuren, die auf den Täter hinweisen, d.h. die von ihm herrühren. Da er deshalb vielfach mit besonderer Umsicht zu Werke gehen wird, kommt es naturgemäß vor allem auf latente Spuren an, die – wie Fingerabdrücke – sichtbar gemacht und zum Beweis genutzt werden können. Mitunter finden sich aber auch andere Form- oder Materialspuren, die vom Körper des Tatverdächtigen herrühren. Es ist also außer an Fuß- und andere Ein- oder Andruckspuren auch an Blut-, Sekret- und Haarspuren zu denken. Da sich aber der Tatverdächtige gewöhnlich am fraglichen Ort aufzuhalten pflegt, hängt die Beweiskraft solcher Spuren nicht selten vom besonderen Fundort ab. Dasselbe gilt naturgemäß für Gegenstände wie Tatwerkzeuge, Kleidungsstücke oder Teile von ihnen.

Bei einem angeblichen Überfall auf eine Krankenschwester war ein zur Knebelung des Opfers verwendetes Taschentuch am „Tatort" zurückgeblieben. Mit Hilfe der Infrarot-Technik konnte jedoch nachgewiesen werden, daß auf diesem Taschentuch früher die Initialen der Krankenschwester angebracht waren.

Noch wichtiger sind Spuren, die als Beweis dafür genutzt werden können, wie die Deliktsvortäuschung durchgeführt bzw. vorbereitet worden ist.

Da der Täter nicht selten Gewaltdelikte behauptet, ist er vielfach bemüht, diese Angaben dadurch zu untermauern, daß er sich selbst oder mithilfe eines Dritten Verletzungen an seinem Körper beibringt, sofern sie nicht schon auf andere Weise als behauptet entstanden sind. In beiden Fällen kann daher die gerichtsmedizinische Untersuchung solcher Verletzungsspuren oder auch eine Textiluntersuchung wesentlich zur Klärung des Sachverhalts beitragen.

So finden sich mitunter Schuß- oder Stichverletzungen – je nach Rechts- oder Linkshändigkeit des Täters – an der falschen Seite oder sind seltsamerweise Kleidungsstücke nicht oder nicht an den entsprechenden Stellen beschädigt worden.

Das angeblich begangene Delikt soll ferner häufig durch Spuren – insb. Werkzeugspuren – an Sachen glaubwürdig gemacht werden.

Ein Beispiel dafür sind fälschlich behauptete Einbruchdiebstähle, bei denen sorgfältig untersucht werden muß, wie der Zugang erfolgt sein muß. Dabei spielen Glasspuren wegen des Zerschlagens von Scheiben häufig eine wichtige Rolle.

Auch Einbruchswerkzeuge werden mitunter von Tätern falsch angesetzt. Bei einem angeblichen Kellereinbruch ergab die kriminaltechnische Untersuchung, daß die Bolzen der Türangel bei geschlossener Tür gar nicht zu entfernen gewesen wären.

Bei angeblichen Nachschlüsseldiebstählen sollte skeptisch stimmen, wenn sich im Schloß keinerlei Arbeitsspuren finden.

Bei echten Überfällen zeigen sich in aller Regel nicht nur deutliche Spuren am Körper des Opfers, sondern auch im Tatortbereich.

Wesentlich ist, da sich Täter häufig damit begnügen, falsche Angaben zu machen, durch eine kriminaltechnische Untersuchung zu beweisen, daß nach seiner Darstellung zu erwartende Tatspuren fehlen.

Ein 20 Jahre alter Webergehilfe, der behauptete, überfallen, geschlagen, gedrosselt, aufgehängt und beraubt worden zu sein, wollte seinen Lohn nicht – wie üblich – zu Hause abliefern, sondern auf sein Sparkonto schaffen, um sich ein Fahrrad oder Moped anschaffen zu können. Da der Gerichtsmediziner keinerlei zu den angeblichen Verbrechenstechniken passende Tatspuren fand, konnte der Täter schnell zu einem Geständnis veranlaßt werden.

D. Strafvereitelung

Bei der Strafvereitelung sind die Möglichkeiten der Kriminaltechnik wiederum sehr unterschiedlich, was den recht verschiedenen Erscheinungsformen und Verbrechenstechniken entspricht.

1. Verbergen einer Person

Beim Verbergen einer Person kann es auf Spuren ankommen, die entweder den Aufenthalt des Gesuchten im Bereich des Täters oder aber zu seinem Verbergen dienstliche Praktiken beweisen.

2. Ermöglichen der Flucht

Auch die Fluchthilfe bietet unter gewissen Umständen Chancen für einen kriminaltechnisch auswertbaren Sachbeweis.

So läßt sich u. U. beweisen, daß die gesuchte Person sich im Kraftwagen des Täters befunden haben muß. Oder Spuren an diesem Kraftwagen zeigen, daß er zum Abschleppen des Unfallwagens benutzt wurde.

3. Falsche Angaben

Wird Strafvereitelung jedoch – wie in der Praxis häufig – allein durch falsche Angaben begangen, so besteht ebenso wie bei Äußerungsdelikten nur selten ein Anlaß, die Kriminaltechnik einzusetzen.

4. Einflußnahme auf persönliche Beweismittel

Bei der Einflußnahme auf persönliche Beweismittel werden kaum jemals kriminaltechnische Methoden angewandt, weil hier alles mündlich zu geschehen pflegt. Nur bei anonymen

Briefen, aufgezeichneten Ferngesprächen oder Zuwendungen für die Tat kann die Lage ausnahmsweise einmal anders sein.

5. Einflußnahme auf sachliche Beweismittel

Dagegen ist bei Einflußnahme des Täters auf sachliche Beweismittel häufiger eine kriminaltechnische Untersuchung erfolgversprechend.

So hinterläßt beispielsweise das Vernichten der Tatbeute sehr häufig verräterische Spuren, wenn man am rechten Ort mit entsprechend empfindlichen naturwissenschaftlichen Methoden recherchiert.

Ein Vater, der seine Tochter vergewaltigt hatte, warf deren Neugeborenes den Schweinen zum Fraß vor, um auf diese barbarische Weise Notzucht und Kindestötung durch Vernichten wesentlicher Sachbeweise zu verschleiern.

Auch das Verstecken der Beute oder anderer Beweisstücke kann brauchbare Spuren hinterlassen, z.B. wenn ein Unfallwagen in der Garage des Strafvereitelers untergestellt wird.

Schließlich kann der Strafvereiteler ähnlich wie bei der Deliktsvortäuschung durch Legen falscher Spuren versuchen, den Sachbeweis zu beeinflußen.

6. Sabotage durch Strafverfolgungsorgane

In diesen Fällen ist eine kriminaltechnische Untersuchung nur dann angezeigt, wenn man auf diese Weise Spuren einer mit Gewalt gegen Sachen verbundenen Sabotagehandlung zu erlangen hofft. Dann aber kann man der Art der Gewaltanwendung entsprechend kriminaltechnisch wie bei Einbruch, Sachbeschädigung usw. vorgehen.

E. Gefangenenbefreiung. Gefangenenmeuterei u.a.

Gefangenenbefreiung oder -meuterei haben in der Praxis nicht selten Gewaltcharakter, weshalb insoweit die Einschaltung eines Sachverständigen angezeigt sein kann. Außer für verletzte bzw. getötete Beamte oder Mitgefangene gilt das ferner ebenso für Spuren an Sachen sowie vom Tatverdächtigen herrührende Materialspuren.

F. Nichtanzeige von Verbrechen

Die Nichtanzeige von Verbrechen ist demgegenüber als echtes Unterlassungsdelikt in aller Regel kriminaltechnisch unergiebig, zumal da die rechtzeitige Kenntnis von dem verbrecherischen Vorhaben durchweg auf andere Weise bewiesen werden muß.

G. Richterkorruption u.a.

In den seltenen Fällen von Richterkorruption bestehen nur die allgemein bei der Korruption gegebenen Beweismöglichkeiten, welche bei Exekutivbeamten geschildert werden sollen. Ähnliches gilt für Rechtsbeugung und Fälle unzulässiger Strafverfolgung und -vollstreckung.

IV. Delikte gegen die Exekutive

Die Delikte gegen die Exekutive, die ebenfalls z.T. Gewaltcharakter haben oder haben können, bieten infolgedessen teilweise gute Gelegenheiten für kriminaltechnische Untersuchungen. Das soll an Hand einiger Beispiele zumindest kurz aufgezeigt werden.

1. Beamtennötigung. Widerstand gegen die Staatsgewalt

Noch mehr als bei Behörden- und Beamtennötigung bietet in Fällen von Widerstand gegen die Staatsgewalt die gewöhnlich gewalttätige Tatausführung versprechende Möglichkeiten für einen kriminaltechnisch auszuwertenden Sachbeweis. Denn die Lage entspricht hier vielfach der bei vorsätzlichen Körperverletzungen (§ 16–A–IV).

2. Verletzung staatlicher Rechte

Ebenso pflegen Verletzungen staatlicher Rechte regelmäßig kriminaltechnisch brauchbare Spuren zu hinterlassen, weil sie mit Gewalt gegen Sachen verbunden sind. Die kriminaltechnischen Untersuchungen entsprechen denen bei Sachbeschädigung (§ 16–B–IV) und Einbruchdiebstahl (§ 16–B–I–A).

a) Siegelbruch
So ist beispielsweise beim Siegelbruch außer auf die das Siegel beschädigenden Praktiken (Werkzeugspuren) auch auf die Möglichkeiten der Daktyloskopie zu achten.

b) Verstrickungsbruch
Zumindest ähnlich ist die Lage beim Verstrickungsbruch, weil die öffentliche Verstrickung durch dem Pfandsiegel entsprechende technische Vorkehrungen dokumentiert wird. Und diese muß der Täter entweder mit List umgehen oder mithilfe von Gewalt außer Funktion setzen.

c) Verwahrungsbruch
Selbst der Verwahrungsbruch erinnert nicht gar so selten an die Praktiken des Einbruchs, weshalb in diesen Fällen häufig gut mit kriminaltechnischen Methoden zu ermitteln ist.

3. Delikte gegen die Landesverteidigung

Dagegen stellen die Delikte gegen die Landesverteidigung ähnlich wie die politischen Delikte ein Sondergebiet dar, das nur teilweise Ähnlichkeiten mit anderen Formen kriminellen Verhaltens aufweist. Hierauf aber kann in diesem Rahmen nicht näher eingegangen werden.

4. Amtsanmaßung und dergl.

Amtsanmaßung und ähnliche Delikte führen nur selten zu kriminaltechnischen Untersuchungen, weil diese Taten vor allem durch Worte begangen werden.

5. Verletzungen der Amtsverschwiegenheit

Unterschiedlich ist die Situation in Fällen von Verletzung der Amtsverschwiegenheit. Sofern nicht Gewalt gegen Sachen gübt wird, was Einbruchdiebstahl und Sachbeschädigung entsprechen würde, kann es außer auf die bei der Verletzung von Privatgeheimnissen (§ 16–A–VII–3) erwähnten Untersuchungsmethoden zuweilen auf die Urkundenuntersuchung ankommen, um den Urheber einer inkriminierten Schrift zu ermitteln.

6. Korruption in der Exekutive

Bei der Korruption in der Exekutive sollte man die Möglichkeiten der Kriminaltechnik ähnlich wie bei der Wirtschaftskriminalität nicht überschätzen.
Für kriminaltechnische Untersuchungen brauchbare Spuren bieten einmal die Vorteile, die – wie Schmiergeld – dem Beamten vom Täter zugewendet werden; natürlich sind andere Dinge hier beweiskräftiger als Bargeld.
Ferner kann die Korruption mitunter auch dadurch aufgeklärt werden, daß sich Anhaltspunkte für die Art und Weise, in welcher der Vorteil zugewandt wird, oder gar für die Absprache der Beteiligten ergeben. Die hier üblichen Verschleierungspraktiken lassen sich zuweilen noch eher als beim bestechlichen Beamten selbst bei dem ihn Bestechenden durch eine Betriebsprüfung oder mithilfe der Urkundenuntersuchung nachweisen. Man sollte trotz der in Korruptionsfällen großen Bedeutung der Personalbeweise daher diese Möglichkeiten der Kriminaltechnik nicht übersehen.

Sachregister

(wichtige Fundstellen sind Kursiv ausgezeichnet)